Johann Wolfgang Goethe, geboren am 28. August 1749 in Frankfurt am Main, ist am 22. März 1832 in Weimar gestorben.

Christiane Vulpius, geboren am 1. Juni 1765 in Weimar, ist am 6. Juni 1816 dort gestorben.

Goethes Ehe mit Christiane Vulpius war für die Zeitgenossen ein Ärgernis, das auch in späteren Zeiten anhielt. Zwei Schablonen, die diese Beziehung zu erklären suchen: »Dankbarkeit« für die Lebensrettung bei der Besetzung Weimars oder »Bettschatz«, die Anziehungskraft eher einfacher Frauen für geistig höchststehende Männer. Es sind dies unhaltbare Stereotypen, wie der Briefwechsel belegt.

Diese Lebensgemeinschaft dauerte mehr als ein Vierteljahrhundert, zunächst als »Geistesehe«, so einst die Bezeichnung für ein nicht verheiratetes zusammenlebendes Paar. Am 19. Oktober 1806 schließlich ließen sich Goethe und Christiane in der Sakristei der Weimarer Hofkirche trauen. Der Briefwechsel, vom Herausgeber reich annotiert, reicht bis 1816, dem Todesjahr von Christiane.

»Für Goethe war dieser seelische Zufluchtsort seine Ehe mit Christiane, die ihn unendlich geduldig mit Nachtwesten und anderen Fürsorglichkeiten wärmte. Gerade in den Kleinigkeiten verraten die hier ungekürzt vorgelegten Briefe, wie abhängig literarische Produktion vom ›Funktionieren‹ der Mitmenschen sein kann.« *Frankfurter Allgemeine Zeitung*

insel taschenbuch 1625
Goethes Ehe in Briefen

Goethes Ehe in Briefen

Der Briefwechsel zwischen

Goethe und Christiane Vulpius

1792-1816

Herausgegeben von

Hans Gerhard Gräf

Mit zeitgenössischen Abbildungen

Insel Verlag

insel taschenbuch 1625
Erste Auflage 1994
Insel Verlag Frankfurt am Main und Leipzig
© Insel Verlag Frankfurt am Main 1989
Alle Rechte vorbehalten
Hinweise zu dieser Ausgabe am Schluß des Bandes
Vertrieb durch den Suhrkamp Taschenbuch Verlag
Umschlag nach Entwürfen von Willy Fleckhaus
Satz: LibroSatz, Kriftel
Druck: Nomos Verlagsgesellschaft, Baden-Baden
Printed in Germany

2 3 4 5 6 7 - 03 02 01 00 99 98

Inhalt

Einführung
von Hans Gerhard Gräf

Auf das entschiedenste hat Goethe es jederzeit verurteilt, wenn man das Privatleben eines Menschen »vor den allgemeinen Richterstuhl der Sittlichkeit« ziehen wollte, »vor welchen ihn eigentlich nur seine Frau und Kinder, seine Hausgenossen, allenfalls Mitbürger und Obrigkeit zu fordern hätten«. »Niemand gehört als sittlicher Mensch der Welt an. Diese schönen allgemeinen Forderungen mache jeder an sich selbst, was daran fehlt, berichtige er mit Gott und seinem Herzen, und von dem, was an ihm wahr und gut ist, überzeuge er seine Nächsten. Hingegen als das, wozu ihn die Natur besonders gebildet, als Mann von Kraft, Tätigkeit, Geist und Talent gehört er der Welt. . . . das nehme denn auch die Welt mit Dank an und bilde sich nicht ein, daß sie befugt sei, in irgendeinem andern Sinne zu Gericht zu sitzen[1].«

Durch Veröffentlichung der Briefe, die Goethe mit Christiane gewechselt hat, wird nun das Privatleben, wird die Ehe Goethes keineswegs erst »vor den allgemeinen Richterstuhl der Sittlichkeit« gezogen; vor diesem Richerstuhl steht sie leider schon seit mehr als hundert Jahren dank der allgemeinen Schwäche der menschlichen Natur. Mit- und Nachwelt hat sich über diesen Ehebund immer aufs neue den Kopf zerbrochen, erst Goethe verurteilt, dann bedauert, Christiane beneidet, verachtet und bis in die neueste Zeit hinein geschmäht und verlästert. Bei dieser Lage der Dinge hieß: Goethes Briefwechsel mit seiner Frau veröffentlichen nichts anderes als endlich die Akten vorlegen, die Urkunden

1 Rameaus Neffe, Anmerkungen (Abschnitt: Rameaus Neffe).

aufdecken, aus denen jedermann mit eigenen Augen ersehen kann, wie es denn eigentlich gewesen ist; war also weder eine Taktlosigkeit noch eine Befriedigung gemeiner Neugier, sondern im Gegenteil lediglich eine Pflicht des Anstands und der Dankbarkeit.

Konnte man in früherer Zeit, angesteckt durch den gleich einem bösen Unkraut fortwuchernden Weimarer und auswärtigen Klatsch, »nicht Worte gnug der Zunge finden«, um Christianens Unbildung, ihr sogenanntes »niedriges« Herkommen, ihre angebliche Trunksucht, ihre Tanzwut und was nicht alles zu brandmarken, oder aber schwieg man verlegen, als ob hier peinliche, üble Dinge zu verheimlichen seien, so ist in den letzten Jahrzehnten ein starker Umschwung zugunsten Christianens eingetreten, namentlich unter dem Eindruck der herzvollen Briefe von Goethes Mutter an den Sohn, die Schwiegertochter und den Enkel, die 1889 erschienen, sodann durch Goethes eigene Briefe an Christiane, die während der Jahre 1892 bis 1902 in der großen Weimarer Ausgabe ans Licht getreten sind. In dem löblichen Bestreben, altes Unrecht gutzumachen, in der Erkenntnis, wie lächerlich die Annahme gewesen war: Goethe habe ein so minderwertiges Geschöpf, als welches man bis dahin Christianen angesehen hatte, 28 Jahre lang nicht nur in seiner Nähe dulden, sondern sogar herzlich lieben können, begann man nunmehr, Christianen, zumal Charlotte v. Stein gegenüber, zu erheben. Selbst ein so nüchterner, klarverständiger Beurteiler wie Gustav Freytag sprach, als von Goethes Briefen an Frau v. Stein die Rede war, seine Meinung dahin aus: »Die Vulpius war in der Tat eine Befreiung und Erhebung[1].« So ist es kaum zu verwundern, daß die immer mehr sich verbreitende Überschätzung Christianens sich endlich geradezu zu der wunderlichen Behauptung

[1] Brief an seine spätere zweite Frau Anna Strakosch, 4. Januar 1890 (Gustav Freytag: Briefe an seine Gattin, Berlin [1912], S. 405).

verstieg, sie sei die einzig passende Lebensgefährtin für Goethe gewesen.

Wer sich ein wahrheitsgetreues Bild von der vielberufenen Verbindung Goethes mit jener »Mamsell Vulpius« verschaffen will, der muß vor allem die zwischen beiden gewechselten Briefe lesen und ihren Inhalt mit unbestochener, von Vorurteilen freier Liebe betrachten. Danach wird es immer noch Sache des Gefühls und des ästhetischen Geschmacks jedes einzelnen bleiben, wie er sich zu dem Abschnitt »Christiane« in Goethes Leben stellen will. Verschwinden aber sollte endlich und für immer die böse Sucht, Goethen anders haben zu wollen, als er war; mit Ehrfurcht wird man sodann innewerden, wie er, der große und gute Mensch, sich auch in seiner Ehe als Lebenskünstler und Muster bewährt hat für uns alle.

*

»Aus Italien, dem formreichen, war ich in das gestaltlose Deutschland zurückgewiesen, heiteren Himmel mit einem düsteren zu vertauschen; die Freunde, statt mich zu trösten und wieder an sich zu ziehen, brachten mich zur Verzweiflung. Mein Entzücken über entfernteste, kaum bekannte Gegenstände, mein Leiden, meine Klagen über das Verlorne schien sie zu beleidigen, ich vermißte jede Theilnahme, niemand verstand meine Sprache[1].« – So schildert Goethe seinen Gemütszustand nach der Heimkehr aus Rom. In Rom, Neapel und Sizilien hatte sich in strenger Selbstbesinnung seine Wiedergeburt vollzogen; als »Künstler«, wie er sagt, hatte er sich wiedergefunden, als Künstler, das heißt: als Dichter. Zu gleicher Zeit aber war in ihm die »entschiedenste Wendung gegen die Natur«, das heißt: zur Natur hin, eingetreten[2]. Und so kehrte

---

1 Zur Morphologie (Die Metamorphose der Pflanzen), Abschnitt: Schicksal der Handschrift.
2 Campagne in Frankreich 1792, Abschnitt: Zwischenrede.

er freudig nach Weimar zurück, gewillt, durch die Gunst seines Fürsten fortan befreit von der Last zerstreuender, ihm wesensfremder Berufsgeschäfte, als Dichter und Naturforscher sein Leben der Kunst und der Wissenschaft zu widmen. Karl August, mit dem ihm angebornen, großartigen »Respect vor der Ausbildung des Einzelnen aus sich selbst«, hatte dem Freunde gern die zweijährige Muße und Lernzeit gewährt; dankbar erkennt Goethe fortan als seine Maxime: »Dem Herzog alles zu Liebe und dem Seinigen alles zum Besten»[1].

Schwer aber waren für den Zurückgekehrten die Monate des Übergangs, des Wiedereingewöhnens aus der Weltweite in die Enge der Weimarischen Verhältnisse und Menschen, die inzwischen nicht gleichfalls gewachsen und wiedergeboren waren. »Niemand verstand meine Sprache« – selbst jene Frau nicht, nach deren Stimme Goethe sich in der Ferne am meisten gesehnt, Charlotte v. Stein, an die er einst die Worte gerichtet hatte:

> Sag, was will das Schicksal uns bereiten?
> Sag, wie band es uns so rein genau?
> Ach, du warst in abgelebten Zeiten
> Meine Schwester oder meine Frau[2].

Ein Irrtum ist es, zu glauben, Goethe sei nach Italien geflohen, um die Bande zu zerreißen, die ihn ein Jahrzehnt hindurch an diese Frau geknüpft hielten. Tiefste Dankbarkeit erfüllte ihn dauernd für die Besänftigerin, Trösterin, Leiterin, Bildnerin, die sie während seiner ersten Weimarer Jahre ihm gewesen war. Von Terni aus hatte er ihr am 27. Oktober 1786 geschrieben: »Wie verwöhnt ich bin, fühl ich erst jetzt. Zehn Jahre mit Dir zu leben, von Dir geliebt zu

---

1 Schema zur Fortsetzung von »Dichtung und Wahrheit« (Werke 29, 352).
2 In dem Gedicht »Warum gabst du uns die tiefen Blicke«.

sein, und nun in einer fremden Welt. Ich sagte mirs voraus, und nur die höchste Notwendigkeit konnte mich zwingen, den Entschluß zu fassen. Laß uns keinen andern Gedanken haben, als unser Leben miteinander zu endigen.« »Miteinander zu endigen«, das kann nur heißen: nach Rückkehr in Weimar auf neuer, noch zu findender Grundlage dauernd fortzuführen. Vier Monate später aber heißt es in einem Briefe aus Rom vom 21. Februar 1787: »An Dir häng ich mit allen Fasern meines Wesens. Es ist entsetzlich, was mich oft Erinnerungen zerreißen. Ach, liebe Lotte, Du weißt nicht, welche Gewalt ich mir angetan habe und antue, und daß der Gedanke, Dich nicht zu besitzen, mich doch im Grunde, ich mags nehmen und stellen und legen, wie ich will, aufreibt und aufzehrt.« Das Aufreibende, Aufzehrende in diesem Verhältnis hatte mit den Jahren sich immer mehr gesteigert; lange Zeit mag Goethe es sich nicht gestanden haben, sich nicht haben gestehen mögen, doch schon 1784 (30. August) entschlüpft ihm einmal das Bekenntnis: »Mon amour pour toi n'est plus une passion, c'est une maladie.« Die letzte Spur dieser krankhaften Leidenschaft war jetzt, ohne daß es ihm deutlich bewußt geworden, in der großen Genesung unter südlichem Himmel verschwunden. Und gerade das war es, was Frau v. Stein, mit weiblich scharfem Auge, bei seiner Heimkehr sofort erkannte. Der Bruch war somit unvermeidlich geworden; er wurde keineswegs erst veranlaßt, wohl aber beschleunigt durch den Eintritt Christianens in Goethes Leben, der in der kleinen Stadt nicht lange unbemerkt bleiben konnte. Diese Entdeckung mußte Frau v. Stein im tiefsten Grunde ihres Lebens treffen. Durch Goethe hatte ihr Dasein erst recht eigentlich Bedeutung, Gehalt und Glanz gewonnen; dichterisch verklärt durfte sie das Beste ihres Wesens und Wollens in den unter ihren Augen erblühten Dichtungen »Iphigenie« und »Tasso« wiedererkennen. Die Liebe dieses Dichters hatte sie verloren, damit war ihr

Dasein verarmt und verödet; daß aber ein nach ihrer Meinung so tief stehendes Geschöpf wie »Mamsell Vulpius« ihre Erbin sein sollte, das war zu viel der Bitternis. Die beiderseitigen Versuche, sich brieflich zu verständigen, mußten fehlschlagen. Charlotte v. Stein litt unerträglich; alle bösen Geister gekränkter Liebe: verletzte Eitelkeit, Neid, Haß, Verleumdung mußten die Fesseln sprengen, ihr Leben vergiften und mit Zerstörung bedrohen. So verlor die unglückliche Frau für lange Zeit jene einst von Goethe an ihr gepriesene Fähigkeit: »die Welt zu sehen, *wie sie ist*, und *doch durchs Medium der Liebe*[1].« Und wer dürfte ihr einen Vorwurf daraus machen, daß ihr Blick nicht klar genug war, um die Notwendigkeit in dieser Entwicklung der Dinge zu erkennen, ihr Herz nicht groß genug, um, an der Erinnerung einstigen Glückes sich genügen lassend, sogleich liebevoll zu entsagen[2]?

Auch Goethe litt. Nicht nur an Italien, auch an Frau v. Stein mag man denken bei den leidvollen Versen:

Eine Liebe hatt' ich, sie war mir lieber als alles,
    Aber ich hab' sie nicht mehr! Schweig und ertrag
                    den Verlust.

»Schweig und ertrag den Verlust« – so befahl er jetzt sich wieder, wie damals, als das Verlöbnis mit Lili sich löste; und wie damals, so hätte er auch jetzt wieder ausrufen können:

1 Aus der Unterschrift Goethes unter einem Schattenriß der Frau v. Stein, Straßburg 1775 (Brief Zimmermanns an Frau v. Stein, 22. Oktober 1775).

2 Es scheint, daß Frau v. Stein jene goldene Gabe: »die Welt durchs Medium der Liebe« zu sehen, wenigstens in bezug auf Goethe niemals wieder gewonnen hat; denn noch 22 Jahre nach dem Bruche mit ihm, 1810, als sie nahe an 70 Jahre alt war, berichtet Eduard d'Alton während eines Aufenthaltes in Tiefurt und Weimar an Knebel: ». . . nirgends bin ich mit so viel Vertraulichkeit mißhandelt worden als hier; so hat z. B. die alte Stein mir alle ihre Geheimnisse vertraut, weil sie sich in ihren Fehlern geehrt glaubte, sie klagte mir Goethes Untreue, der ihr versprochen, ihren Sohn zu Breslau zum Erben zu machen und nie zu heurathen, und Gott weiß was alles, ohne alle Veranlassung von meiner Seite« (K. Th. Gaedertz: Bei Goethe zu Gaste, S. 255).

Weg, du Traum, so Gold du bist,
Hier auch Lieb und Leben ist[1].

Neue Liebe, neues Leben hatte ihm inzwischen das »Gute Glück«, dem er vorzeiten in seinem Garten am Park fromm ein Denkmal errichtet, nahe diesem in lieblicher Mädchengestalt herangeführt; und er, römischer Tage gedenkend, hatte die Gabe der Göttin Gelegenheit beherzt ergriffen.

Der übersinnliche sinnliche Freier in ihm verlangte, aus Italien zurückgekehrt, gebieterisch für Körper und Geist endlich das harmonische Gleichgewicht. Nach dem zweijährigen Wirtshaus- und Kneipenleben im Süden ersehnte er begreiflicherweise das Behagen eigener Häuslichkeit, für das auch er, der Ehescheue, von jeher wie kaum einer Sinn und Verständnis gehabt hatte. Nach so vielen schmerzlichsüßen Erfahrungen in Liebessachen mochte der nunmehr schon Neununddreißigjährige sich am Ende im stillen sagen wie Friedrich Nietzsche: Das Vernünftigste »wäre vielleicht eine gute wirtschaftliche Gattin für mich, welche ihre Aufgabe darin sähe, mich in dem Zustand zu erhalten, in dem ich meiner überschweren Lebensaufgabe *am besten* nachkomme. Aber alles, was ich von Weibern kennengelernt habe, ist mir, auf *diese* Mission angesehen, als unzureichend erschienen: so daß ich eigentlich in diesem Punkte keinen Glauben mehr habe. Sie müßte *jung* sein, *sehr* heiter, *sehr* rüstig und *wenig* oder gar nicht ›gebildet‹ und außerdem eine gute Wirtschafterin, aus eigener Neigung[2]«. In der Tat, Christiane vereinigte all diese Vorzüge in sich: sie war jung (23 Jahre alt), *sehr* heiter, *sehr* rüstig und *wenig* oder gar

1 Gedicht »Auf dem See«.
2 Nietzsche an seine Schwester, Herbst 1885; gleichfalls an seine Schwester schreibt Nietzsche im Sommer 1886: »Für einen Menschen, wie ich bin, gibt es keine Ehe, es sei denn im Stil unseres Goethe« (Elis. Förster-Nietzsche: Das Leben Friedrich Nietzsches, 2 (2), 585).

nicht »gebildet«; sie war gut und wirtschaftlich, und vor
allem: sie sah ihre Lebensaufgabe darin, Goethen das häusliche Behagen zu bereiten, in dem allein er »seiner überschweren Lebensaufgabe *am besten* nachkommen« konnte.
Da Goethe jedoch diese Tugenden erst nach und nach ken-
nenlernen konnte, so mußte sie in ihrem Wesen etwas Besonderes haben, das den Dichter beim ersten Begegnen ins
Herz traf: kein Zweifel, es war das Kindliche, Treuherzige,
Naturwüchsige, Volksliedhafte, das den Schöpfer Gretchens
und Klärchens bezauberte.

> Im Schatten sah ich
> Ein Blümchen stehn,
> Wie Sterne blinkend,
> Wie Äuglein schön,

so einfach, so kindlich, warm und herzlich schildert Goethe
den ersten Eindruck des kleinen »Naturwesens«[1] in jenem
Gedicht, das er Christianen 1813, nach fünfundzwanzigjäh-
riger Ehe, als zarte Huldigung übersandte. –

Der 12. Juli (1788) wurde von Goethe und Christiane
alljährlich im stillen als der Tag ihres Liebesbundes gefeiert.
Daß Goethe von Anfang an diesen Bund als Eheschließung
aufgefaßt habe, scheint mir gewiß. Als er im Jahre 1790
einen Bekannten zum Heiraten bereden wollte und darauf-
hin gefragt wurde: warum er selbst denn nicht heirate, gab
er die ernste Antwort: »Ich bin verheiratet, nur nicht mit
Zeremonie[2].« Er war dem Beispiel der beiden Philosophen
Hamann und Lichtenberg gefolgt und lebte, wie sie, zunächst glücklich in einer Gewissensehe.

---

1 Vgl. S. 142
2 Gespräche I, 174.

Lieb und Leidenschaft können verfliegen,
Wohlwollen aber wird ewig siegen[1].

Zu dem tiefen Wohlwollen, das beide Gatten beseelte, gesellte sich die Gewohnheit, deren Macht Goethe oft genug hervorgehoben hat, so in dem Epigramm:

Neigung besiegen ist schwer; gesellet sich aber
                                  Gewohnheit,
Wurzelnd, allmählich zu ihr, unüberwindlich ist sie[2],

und an anderer Stelle mit den Worten: »Es ist einer eignen Betrachtung wert, daß die Gewohnheit sich vollkommen an die Stelle der Liebesleidenschaft setzen kann; sie fordert nicht sowohl eine anmutige, als bequeme Gegenwart, alsdann aber ist sie unüberwindlich. Es gehört viel dazu, ein gewohntes Verhältnis aufzuheben, es besteht gegen alles Widerwärtige[3].« So wird es verständlich, daß dieser höchst ungleiche Bund Dauer gewann.

Aus Rücksicht auf seine amtliche und gesellschaftliche Stellung geschah es, selbstverständlich zugleich aber auch aus Schonung für die Geliebte, daß Goethe sie nicht sofort durch kirchliche Trauung vor der Welt zu seiner Frau erhob. Wie wäre Christiane fähig gewesen, sich in den aristokratischen Kreisen Weimars, in die Goethe sie hätte einführen müssen, angemessen zu bewegen! Wie hätte er als Gatte die Demütigungen und Schmähungen ertragen können, denen Christiane in diesen Kreisen ausgesetzt gewesen wäre! Davor mußte er seinen Schützling und sich selbst bewahren. Er kannte die Menschenwelt, er verhehlte sich nicht, daß er ihr durch diesen Schritt schweres Ärgernis bereitete; aber er

1 Zahme Xenien III.
2 Vier Jahreszeiten. Sommer.
3 Aufsatz: Verhältnis, Neigung, Liebe, Leidenschaft, Gewohnheit.

wußte zugleich, wie wenig die Leute »auch nur ahnden, in welcher unzugänglichen Burg der Mensch wohnt, dem es nur immer Ernst um sich und um die Sachen ist[1]«. Schiller prophezeite ihm einmal brieflich (18. November 1796): »Ihnen wird man Ihre Wahrheit, Ihre tiefe Natur nie verzeihen«; das ist, auf Goethes Verbindung mit Christianen angewandt, gleichfalls eingetroffen und trifft zum Teil noch heute zu. Übrigens hielt Schiller es bereits im Jahre 1790 für sehr wahrscheinlich, daß Goethe Christianen »in wenigen Jahren« heiraten werde; und Körner, dem er dies, einigermaßen ironisch, mitteilt (1. November), antwortet mit wohltuendem Verständnis (11. November): »Seine Heirat mit der Vulpius würde mich nicht sehr befremden. Erstlich fragt sich vielleicht, ob die schlimmen Gerüchte von ihr gegründet sind, und dann wäre es wohl möglich, daß man ihn sein bisheriges Verhältnis nicht in Ruhe fortsetzen ließe. Denke Dir den Fall, daß er dem Mädchen gut ist, daß alle Welt auf sie loshackt, daß er ihr in einer kleinen Stadt keine erträgliche Existenz verschaffen kann, ohne sie zur Frau zu nehmen[2].«

Daß Goethe ein Liebesverhältnis zu einem hübschen Mädchen angeknüpft hatte, das verargte die Welt ihm nicht;

1 Brief an Schiller, 5. Dez. 1796.
2 Diesem maßvollen Urteile Körners sei folgende Stelle aus einem Briefe August Ludwig Hülfens an Friedrich Schleiermacher vom 13. April 1800 angeschlossen: »Zu Ihrem Urteil über Göthe muß ich noch bemerken, daß das Verhältnis zwischen ihm und seiner Geliebten doch vielleicht reiner ist. Die christliche Einsegnung ist freilich nicht erfolgt, aber diese Negation will für das schöne Verhältnis der Geschlechter auch wahrlich nichts sagen. Ich weiß, daß Göthes Genossin keineswegs eine Magd im Hause war. Ich selbst habe beide Hand in Hand und in traulichen Gesprächen öffentlich spazieren gehen sehen, und ein schöner munterer Knabe geleitete sie. Auch habe ich die Frau selbst gesprochen und könnte nicht sagen, daß es ihr an Bildung fehlte. Sie hat sehr viel Einnehmendes, und ich sehe besonders mit Wohlgefallen ihre Liebe zu dem trefflichen Knaben, der mich ganz bezaubert hat. Ferner weiß ich auch, daß sie sogar bei Staatsvisiten die Honneurs im Hause macht, welches mir unter anderm die Geheimderätin von Koppenfels in Weimar erzählt hat, die auch Besuche von ihr erhielt und sie erwiederte« (Mitteilungen aus dem Literaturarchive in Berlin, Neue Folge 8, Berlin 1913, S. 36).

aber daß er diesem Mädchen die Treue hielt, daß er es als sittliche Pflicht empfand, die Geliebte und ihr Kind dauernd zu schützen und bei sich zu behalten, anstatt sich ihrer zu entledigen, das verargte man ihm, denn man verstand es nicht. Goethe aber hielt fest an seiner Überzeugung:

> Viel lieber, was ihr euch unsittlich nennt,
> Als was ich mir unedel nennen müßte[1].

Wenn Goethe auch schwerlich jemals bereut hat, durch seine Verbindung mit Christiane in Widerspruch zu Herkommen und Sitte getreten zu sein (denn er hielt mit Lessing die Reue für die »unnützeste von allen unangenehmen Empfindungen[2]«, schwer, sehr schwer hat er, der leidenschaftliche Kämpfer für Ordnung und Gesetz, zuzeiten unter diesem Mißstande gelitten. Und gerade diese bitteren Erfahrungen, die er infolge seiner Gewissensehe mit der Welt machen mußte, werden es gewesen sein, welche die Strenge und Hoheit seiner Anschauungen über die Ehe mit den Jahren nur noch immer mehr steigerten. Behauptete er auch: »fast alle Gesetze seien Synthesen des *Unmöglichen*, z. B. das Institut der Ehe«, so hielt er es doch für gut, daß dem so sei, »es werde dadurch das Möglichste erstrebt, daß man das Unmögliche postuliere[3]«. Ein junger Verehrer des Dichters teilte diesem einmal mit, er gedenke sich gesetzmäßig zu verehelichen, und bemerkte bei dieser Gelegenheit: »Es ist ... für uns Nordländer Pflicht, die Maximen einer höhern Sittlichkeit zu befolgen, die uns auf das Gesetzmäßige verweist. Nur als Ausnahme mag es der begünstigsten Natur des Nordens einmal vergönnt sein, um abzuweichen, und doch eigentlich das Gesetzliche, Rechte in seinem

---

1 Torquato Tasso, Aufzug 2, Auftritt 3.
2 Brief Lessings an Ramler, 6. Dez. 1760.
3 Gespräch mit dem Kanzler Müller, 19. Okt. 1823.

höchsten Sinne durchzuführen. Das Beispiel, das Ew. Exzellenz gegeben, darf man anstaunen, bewundern, aber man darf es nicht nachahmen wollen – weil wir nicht Sie sind[1].«

Auf diese einigermaßen kühne Auslassung antwortet Goethe (7. November 1821): »Zuvörderst aber will ich meinen Segen zu einer schleunigen Verehelichung geben, sobald Ihre Hütte einigermaßen gegründet und gedeckt ist. Alles, was Sie darüber sagen, unterschreibe Wort für Wort, denn ich darf wohl aussprechen, daß jedes Schlimme, Schlimmste, was uns innerhalb des Gesetzes begegnet, es sei natürlich oder bürgerlich, körperlich oder ökonomisch, immer noch nicht den tausendsten Teil der Unbilden aufwiegt, die wir durchkämpfen müssen, wenn wir außer oder neben dem Gesetz, oder vielleicht gar Gesetz und Herkommen durchkreuzend [einhergehen] und doch zugleich mit uns selbst, mit Andern und der moralischen Weltordnung im Gleichgewicht zu bleiben die Notwendigkeit empfinden.«

Den Begriff der »Heiligkeit der Ehe« hielt Goethe für eine »Kulturerrungenschaft des Christentums von unschätzbarem Wert«, obgleich, wie er hinzufügt, »die Ehe eigentlich unnatürlich« sei; »überall hat man vor ungeregelten, ehelosen Liebesverhältnissen eine gewisse unbezwingliche Scheu, und das ist recht gut. Man sollte nicht so leicht mit Ehescheidungen vorschreiten. Was liegt daran, ob einige Paare sich prügeln und das Leben verbittern, wenn nur der allgemeine Begriff der Heiligkeit der Ehe aufrecht bleibt. Jene würden doch auch andere Leiden zu empfinden haben, wenn sie diese los wären[2]«. Und in jenem tiefsittlichen Bekenntnisbuch, das lange Zeit von den Kurzsichtigen für ebenso unmoralisch gehalten worden ist wie Goethes Ehe, in den »Wahlverwandtschaften« (Teil I, Kap. 9), läßt Goethe durch Mittler seine eigene Anschauung über die Ehe in den

---

1 Brief K. E. Schubarths an Goethe, 13. Okt. 1821.
2 Gespräch mit dem Kanzler Müller, 7. April 1830.

bündigsten Worten so aussprechen: »Wer mir den Ehstand
angreift, wer mir durch Wort, ja durch Tat, diesen Grund
aller sittlichen Gesellschaft untergräbt, der hat es mit mir zu
tun; oder wenn ich sein nicht Herr werden kann, habe ich
nichts mit ihm zu tun. Die Ehe ist der Anfang und der
Gipfel aller Kultur. Sie macht den Rohen mild, und der
Gebildetste hat keine bessere Gelegenheit seine Milde zu
beweisen. Unauflöslich muß sie sein: denn sie bringt so
vieles Glück, daß alles einzelne Unglück dagegen gar nicht
zu rechnen ist. Und was will man von Unglück reden? Un-
geduld ist es, die den Menschen von Zeit zu Zeit anfällt,
und dann beliebt er sich unglücklich zu finden. Lasse man
den Augenblick vorübergehen, und man wird sich glücklich preisen, daß ein so lange Bestandenes noch besteht.
Sich zu trennen, gibts gar keinen hinlänglichen Grund.
Der menschliche Zustand ist so hoch in Leiden und Freuden gesetzt, daß gar nicht berechnet werden kann, was ein
Paar Gatten einander schuldig werden. Es ist eine unendliche Schuld, die nur durch die Ewigkeit abgetragen werden kann. Unbequem mag es manchmal sein, das glaub
ich wohl, und das ist eben recht. Sind wir nicht auch mit
dem Gewissen verheiratet, das wir oft gerne los sein möchten, weil es unbequemer ist, als uns je ein Mann oder eine
Frau werden könnte?«

So sprach Goethe, bald nachdem er seine achtzehnjäh-
rige Gewissensehe durch die kirchliche Trauung vor der
Welt hatte befestigen lassen; so und ähnlich mag er auch
während der vorhergehenden Jahre in stillen Stunden mit
Christiane gesprochen haben. Das Gefühl, einem Manne
von solchen Gesinnungen anzugehören, mußte die kleine
Frau stark machen, mit frohem Mut ihre schöne Lebensaufgabe zu erfüllen, allen Anfeindungen der Welt zum
Trotz.

*

Wenden wir uns nunmehr zur Betrachtung des Briefwechsels beider Gatten, als der wichtigsten urkundlichen Quelle, die uns zur Erkenntnis dieser Ehe, insbesondre zur Erkenntnis von Christianens wahrem Wesen führen kann.

Leider gilt auch von diesem Briefwechsel Goethes, was wir bei so manchen seiner andern Korrespondenzen beklagen müssen, er ist sehr unvollständig erhalten. Wie die Briefe von Goethes Mutter, von Knebel, von Karl August und anderen an Goethe, so fehlen auch diejenigen Christianens bis zum Jahre 1792. Alle diese Briefschaften, mit Einschluß der eignen Briefe Goethes an Christiane vor 1792, sind wahrscheinlich bei jenem großen Brandopfer in Rauch aufgegangen, das Goethe im Jahre 1797 vor Antritt seiner Reise in die Schweiz glaubte veranstalten zu müssen, und das er später selbst schmerzlich bedauert hat. Auch nach 1797 muß Goethe wiederholt Briefschaften in Masse vernichtet haben; mit ihnen werden die Briefe Christianens aus den Jahren 1804 bis 1809 zugrundegegangen sein. Trotz allen diesen Verlusten beläuft die Zahl der erhaltenen Briefe sich immer noch auf 601, 354 von Goethe, 247 von Christiane. Von Goethes Briefen sind sehr viele eigenhändig geschrieben, die Mehrzahl aber ist diktiert. Mißwollende oder oberflächliche Beurteiler haben diesen Umstand dahin gedeutet, daß Goethes Gefühl für Christiane in den späteren Jahre an Wärme verloren habe; zu Unrecht, denn sehr früh hat Goethe sich an das Diktieren gewöhnt; die mechanische Tätigkeit des Schreibens hinderte den Fluß seiner Gedanken, es ging ihm zu langsam. »Ich bin niemals zerstreuter, als wenn ich mit eigner Hand schreibe: denn weil die Feder nicht so geschwind läuft, als ich denke, so schreibe ich oft den Schlußbuchstaben des folgenden Worts, ehe das erste noch zu Ende ist, und mitten in einem Komma fange ich die folgenden Perioden an; Ein Wort schreibe ich mit dreierlei Orthographie, und was die

Unarten alle sein mögen[1].« So ist es denn ganz natürlich, daß Goethe sich auch bei seinen Briefen an Christiane vielfach der gewohnten Hilfe des Schreibers bedient. Dabei empfindet er sehr wohl, daß das eigenhändig Geschriebene für den Empfänger größeren Wert haben muß, und so greift er am Schluß der Briefe häufig genug doch noch zur Feder. Für Christiane war das Schreiben eine noch größere Pein als für Goethe. Schon das zum Schreiben unerläßliche Stillsitzen ist eine wahre Folter für ihre lebhafte Natur. Nicht das Was macht ihr Schwierigkeiten, stets weiß sie genau, was sie mitteilen will, aber das Hantieren mit Feder, Tinte und Papier, das ist ein saures Stück Arbeit für sie. Oft genug mochte die gerade zur Hand liegende Gänsefeder nicht zum besten geschnitten sein; sie untersucht deren Schreibfähigkeit, gelegentlich sogar auf dem zur Beantwortung vor ihr liegenden Briefe Goethes; sie schreibt das erste Wort, es mißglückt; kurz entschlossen wischt sie die nasse Schrift mit dem Finger aus, dreht das Blatt um und fängt tapfer von neuem an. Endlich gelingt's, die Feder schreibt gut. Nun aber kommt die Rechtschreibung! Mit ihr lag Christiane in noch ärgerer Fehde als Goethes Mutter. Tröstlich mußte es für sie sein, daß Frau Rat ihr einmal über sich selbst schrieb (16. Mai 1807): »Daß das Bustawiren und gerade Schreiben nicht zu meinen sonstigen Talenten gehört – müßt Ihr verzeihen – der Fehler lage am Schulmeister.« Auch bei Christiane wird es mit am Schulmeister gelegen haben und an der mangelnden Übung; aber sie schämt sich doch gerade der Schwiegermutter gegenüber, besonders in der ersten Zeit, ihrer Unfähigkeit sehr, bittet Goethe wiederholt, sie deshalb bei Frau Rat zu entschuldigen, und fügt hinzu: »Ich bin recht böse auf mich selbst, daß ich auch gar nichts kann.« In der Tat bieten die Briefe Christianens in ihrer Verschmel-

---

1 Brief an Josephine O'Donnell, 24. Nov. 1812.

zung von unleserlicher und unorthographischer Handschrift an manchen Stellen der Entzifferung unüberwindliche Schwierigkeiten. Es finden sich Wörter, bei denen man den Eindruck hat, als habe die Schreibende, ungeduldig, vorwärtszukommen, in ihrer Ratlosigkeit die Buchstaben auf gut Glück nur so hingeschüttet. Besonders ist dies der Fall bei den aus Lauchstädt geschriebenen Briefen, wenn Christiane nach vielstündigem Tanz, etwa des Morgens halb 3 Uhr vom Ball heimkehrend, noch zur Feder greift, um dem »liebsten Schatz« die erlebte Freude recht frisch zu schildern. Das dann entstandene Durcheinander von Buchstaben glücklich zu entwirren, gibt es nur Ein Mittel: sich die Worte solange laut vorzulesen, bis das Ohr allmählich Sinn und Bedeutung herausahnt. Dies gelingt denn auch zumeist, da Christiane unbewußt dem Grundsatz folgt: schreibe, wie du sprichst. Die Originale ihrer Briefe lassen deutlich erkennen, daß sie die unverfälschte weimarische Mundart gesprochen hat[1].

1 Einige Beispiele für Christianens Orthographie: Arckam (Organ), kram (Graben), gin (gingen), nückse (Nixe), Schäsichr (Sächsischer), Efijenige (Iphigenie), Grüdick (Kritik), ankassirt (engagiert), Eeckibbasche (Equipage), dies kaste (Tischkasten), dehedansag (Thé dansant), einsiegeliebter (einzig Geliebter), förichen (Ferien), konsdannigen (Kastanien), Sahte (sagte), dunh (tun), griechen (kriegen), Bermond (Pyrmont), browieren (probieren), schamrachten (Smaragden), Adiege (Adieu), Ecks Sembelar (Exemplar), gehat (gehabt), für bar (vier Paar), Iidaligen (Italien), Abordiere (Ouvertüre), bediene (Bettina), Saß (Schatz), nnahtiessche (nach Tische), Biebeldäck (Bibliothek), liedratdur (Literatur), bommo (Bonmot), Emliser Barreider (Englischer Bereiter). Sehr viele Wörter enthalten auch Buchstaben, die sich gedruckt überhaupt nicht wiedergeben lassen, man müßte denn, wie Bernhard Suphan sagt (Goethe-Jahrbuch 10, 71), »einige irrationale Lettern und Zeichen einführen für Striche und Züge, die alles bedeuten können«. Eine buchstabengetreue Wiedergabe war also unmöglich; aber selbst, wenn sie möglich gewesen wäre, hätte sie meines Erachtens doch nicht ausgeführt werden dürfen. Denn durch sie würde eine Nebensache in ganz ungerechter Weise betont worden sein. Man darf wohl sagen: Der Stil ist der Mensch, aber nicht: Die Orthographie ist der Mensch. Auch bei den Briefen von Goethes Mutter, so unschätzbar es ist, daß wir sie in buchstabengetreuer Wiedergabe besitzen, wird durch diese an vielen Stellen beim Lesen eine komisch erheiternde Wirkung hervorgebracht, die von der Schreiberin keineswegs beabsichtigt war. Es erschien mir daher als das richtigste, Christianens Schriftzüge

Recht unorthographisch, wenn auch bei weitem nicht in dem Maße wie Christiane, schrieben außer Goethes Mutter noch gar manche »gebildete« Damen jener Zeit. Das beweisen die Briefe der Herzogin Anna Amalia, der Frau v. Stein, der Frau des Jenenser Theologen Griesbach und viele andere. Auch die Briefe Bettinas, die einmal an Goethe schreibt: »Gelt, ich machs grade wie Dein Liebchen, schreibe, kritzele, mach Tintenkleckse und Orthographiefehler und denk, es schadet nichts, weil er weiß, daß ich ihn liebe[1].«

»Weil er weiß, daß ich ihn liebe« – so dachte auch Christiane, und das gab ihr die Unbefangenheit und Sicherheit, aller Unorthographie zum Trotz, immer frischweg an den geliebten Mann zu schreiben, wie ihr's vom Herzen und in die Feder kam. Was kümmerte Goethe sich um die Rechtschreibung ihrer Briefe, er, der von sich selbst bekannte, freilich in humoristischer Übertreibung: »Ein Wort schreibe ich mit dreierlei Orthographie«, und der auf Christiane das Epigramm dichtete:

Welche Schrift ich zwei-, ja dreimal hinter einander
Lese? Das herzliche Blatt, das die Geliebte mir schreibt.

Gelacht wird Goethe oft genug haben über die Wort- und Buchstabenungetüme, die Christiane ihm vorsetzte; gewiß hat er manche Stelle nicht enträtseln können, auch mag er sich mit ihrer Entzifferung weniger abgemüht haben als der späte Herausgeber. Bei Goethe hatte es Christiane jedenfalls weit besser, als sie es bei Theodor Storm gehabt haben

durch Lichtbildaufnahme eines ihrer Briefe dem Leser vor Augen zu führen (der abgebildete ist für Christianens Verhältnisse *sehr gut* geschrieben; ich wählte ihn zur Wiedergabe wegen der Unterschrift), im Druck dagegen, mit selbstverständlicher Wahrung alles Mundartlichen (wie des »mir« statt »wir«), ihre Briefe in der Rechtschreibung und Zeichensetzung von Goethes Briefen wiederzugeben.

1 Goethes Briefwechsel mit einem Kinde, 5. März 1808.

würde. Dieser treffliche Mensch und Dichter wird schon als Bräutigam nicht müde, seiner lustigen Braut Vorhaltungen zu machen wegen ihrer Tintenkleckse, wegen ihrer zu blassen Tinte, über die er sich »tagelang grämen« kann; daß die Braut »freun-dlich« abteilt statt »freund-lich«, mutzt er ihr gar unfreundlich auf und ist sehr ungehalten, daß die Ärmste »trotz heiliger Versicherungen, es niemals wieder zu thun, wieder einen Brief geschickt, wo oben der Wochentag fehlt[1]. Datumlose Briefe sind bei Christiane nicht Ausnahme, sondern Regel, ein Umstand, der zwar dem Herausgeber manche Mühe verursachen mußte, der aber den Empfänger nicht störte. Hat Christiane einmal einen besonders ausführlichen Brief zustande gebracht (und es gibt deren von 14 und mehr Seiten), oder hat sie sich außerordentliche Mühe gegeben, schön zu schreiben, dann unterläßt Goethe in seiner Antwort gewiß nicht, sie zu loben und aufzumuntern: »Es geht schon wirklich mit dem schreiben, wenn Du es nur recht üben willst.« Und der Schreibunlustigen macht der Erfolg selbst Freude. »Heute«, so hebt sie einmal mit Genugtuung hervor, »ist mein Brief gewiß besser geschrieben, denn ich habe mir sehr große Mühe gegeben«; der Wahrheit die Ehre lassend, fügt sie jedoch gleich hinzu: »Es ist mir aber auch schon 2mal schlimm geworden, und wär der Brief nicht an Dich, ich hätte längst schon aufgehört.« Deshalb war Christiane auch froh, als in späteren Jahren ihre Gesellschafterin Caroline Ulrich oder andere die Mühe des Schreibens übernahmen und sie selbst nur die Schlußworte hinzuzufügen brauchte. Das einzige, worüber Goethe dann und wann zu schelten hatte, war das Nichtbeantworten der einen oder andern seiner Fragen oder das Vergessen dieses oder jenes seiner zahlreichen Aufträge, oder die allzu große Kürze mancher Briefe. Dann schreibt er etwa, milde

1 Theodor Storms Briefe an seine Braut (Braunschweig 1915), S. 53. 71. 197/98.

wie immer: »Ihr seid recht liebe Kinder, aber ich bitte, wenn ihr schreibt, so seht die letzten Briefe an und meldet das Gewünschte«, oder: »Ihr sagt mir in Eil, daß ihr euch wohl befindet, das ist freilich besser, als wenn ihr mit vielen Worten von einem schlechten Zustand Nachricht gäbet; doch hätte etwas mehr auch nicht geschadet.«

Oft genug ließ die Sorge für das Hauswesen, für die Gärten und das Krautland Christianen kaum Zeit, dem geliebten Manne nur das Notwendigste mitzuteilen. Bald mußten alle Zimmer des weitläufigen Hauses gereinigt werden, bald gab es große Wäsche, bald galt es, Kleider herzurichten; Küche und Keller waren zu versorgen, um den Heimgekehrten und seine zahlreichen Gäste mit allem Gewünschten stets reichlich bewirten zu können. Und nicht nur den Heimgekehrten; auch während der oft monatelangen Aufenthalte Goethes in Jena mußte Christiane diesen vielfach mit des Leibes Notdurft und Nahrung versorgen, weil ihn das Essen, das es in Jena gab, fast immer »beinahe zur Verzweiflung« brachte. Bei so vielfachen Haussorgen muß Goethe sich denn oft genug mit gar kurzen Zettelchen Christianens begnügen, wie etwa dem folgenden: »Mir haben seit Montag gewaschen und getrocknet und heute bügeln mir, und die Stähle glühen, da kann ich Dir nicht mehr schreiben. Leb wohl und behalte Deinen Haus-Schatz lieb.« Ein andermal schreibt sie: »Gestern haben wir von früh bis um 9 Uhr des Abends nur immer Vorhänge gebügelt, und heute bin mit den Kellern und Vorräthen beschäftiget, um alles, da es so kalt wird, vor dem Frost zu bewahren.« Man merkt es Christianens Berichten über ihre häusliche Tätigkeit deutlich an, daß sie ihr große Freude macht, daß sie mit dem Herzen dabei ist und keine Mühe scheut. Tüchtige Arbeit steigert ihr den Humor; und wenn sie sich dann, um zu verschnaufen, hinsetzt und an Goethe berichtet, macht dieser Humor sich in urwüchsiger Weise Luft. Da schreibt sie denn: »Nun, mein allerbester, superber, geliebter Schatz, muß mich ein bißchen mit Dir unterhalten, sonsten will es gar nicht gehen. Erstens muß ich Dir sagen, daß ich Dich ganz höllisch lieb habe und heute sehr hasich[1] bin; zweitens, daß ich am Montag meine Wäsche aufgeschoben habe wegen des übeln Wetter, und erst heute Nacht gewaschen wird, und ich sehe zu meinem größten Vergnügen, daß das Wetterglas steiget.« Und nach einam langen Drittens, Viertens, Fünftens fügt sie schalkhaft hinzu: »Nun hoffe ich aber auch, daß mein Allersuperbester auch ein Laubthälerchen an mich wenden wird, weil ich so ein großer tugendhafter Schatz bin.«

Ein andermal heißt es: »Lieber, ich habe heute Abend große Lust, Dir noch ein paar Worte zu schreiben. Vors erste, daß ich heute Deine Fenster-Vorhänge gewaschen und getrocknet habe, und alles, was noch sonsten schmutzig war, die grünen Stühle, die schwarzen ausgebessert habe, und daß ich nach aller der vielen Arbeit noch sehr lustig bin und mir alleweile meinen Schatz wünsche. Da Du nun aber nicht da bist, so muß ich mich schriftlich unterhalten. Das Bübechen ist auch sehr vergnügt, wär es aber freilich mehr, wenn das Väterchen da wäre. Aus lauter Hasigkeit möchte ich, wenn es nur einigermaßen anginge, ein Wägelichen nehmen und mit dem Bübechen zu Dir fahren, damit ich nur recht vergnügt sein könnte. Da es aber nicht geht, so will ich sehen, ob ich nicht irgend jemand finde, der mit mir im Garten herumspringt.«

Kein Zweifel, Goethe, der vor allem die aufs Wirkliche gerichteten, praktischen Naturen, die tätigen Frauen schätzte, er hatte seine herzliche Freude an Christianens häuslicher Tätigkeit und an ihren frischen Berichten darüber. In dieser Beziehung, was das leibliche Wohl betraf,

---

1 In der Ehesprache Goethes soviel wie: zärtlich (vgl. S. 141).

wußte er sich bei ihr aufs beste versorgt; und das war gewiß
nicht gering anzuschlagen. In den Zahmen Xenien finden
wir den Spruch:

> Ich wünsche mir eine hübsche Frau,
> Die nicht alles nähme gar zu genau,
> Doch aber zugleich am besten verstände,
> Wie ich mich selbst am besten befände.

Dieser Wunsch war ihm in Erfüllung gegangen. Christianens Umsicht hatte das Hauswesen so gut geordnet, daß sie
selbst gelegentlich auch einmal abwesend sein konnte, ohne
befürchten zu müssen, daß es Goethe an etwas fehlen würde.
Und so konnte er ihr bei solcher Gelegenheit auch wahrheitgetreu melden: »Im Hause geht alles recht ordentlich und zu
meiner Zufriedenheit. Dein Geistchen scheint darin umzugehen und alles anzuordnen.«

Einer Haupttugend jeder tüchtigen Hausfrau, des Sparens, durfte Christiane sich gleichfalls rühmen; sie übte sie
fleißig, belobt von Frau Rat, die einmal an sie schreibt (16.
Mai 1807): »Eine neue Probe Ihrer Erfindsamkeit im sparen
ist, daß Sie den alten schwartzen Lappen haben noch benutzen können.« Daß aber trotz allem Sparen selbst der umsichtigsten Hausfrau das Wirtschaftsgeld bisweilen ausgeht, zumal am Vierteljahrschluß, das hat auch Christiane oft genug
erfahren, und in dieser üblen Lage hatte sie sogar manchmal
Mühe, ihren guten Humor zu behalten. Ein Beispiel für
viele, in welcher Art sie sich dann hilfesuchend an Goethe
wendet: »Wenn ich nicht gewiß geglaubt hätte, Du würdest
heute kommen, so hätt ich Dir am Mittewoche geschrieben,
daß ich kein Geld mehr habe, und so gehet es mir nun sehr
schlecht, ich bin in größter Noth, denn ich gebe der Köchin
alleweile meinen letzten kleinen Thaler ... Denn bei jetziger Zeit ist es würklich Kunst; denn, wenn Du nicht da bist,

es sind unser doch immer 6 zu Tische, und ich habe es die Zeit, daß Du nicht da warst, sehr eingetheilt, so daß die Köchin immer nicht mit mir zufrieden ist. Freilich, weil der Bube krank war, habe ich wieder manche paar Groschen mehr ausgegeben und ihm auch wieder etwas Apartes kochen müssen. Er ist aber wieder wohl und gehet wieder aus. Von dem Carolin, den Du mir schicktest, habe ich das Komödie-Abonnement bezahlen müssen und Starke den Thaler. 2 Paar Strümpfe vor Dich, habe Holz lassen machen, dem Kutscher Trinkgeld, und wenn ich nur nicht den Dukaten von Dir angewandt hätte, so hätte ich doch noch was. Die Weiber, die sich etwas schmu machen, thun doch nicht ganz übel, um im Nothfall was zu haben. Sei so gut und schicke mir durch einen Expressen oder durch die Post was.«

Eine andre Not, die Christianen, wie den meisten guten Hausfrauen, zu schaffen machte, waren die Dienstboten. Aus eigenster Erfahrung sind die Worte geflossen, die Goethe den wackern Hermann zu Dorothea sagen läßt:

Aber du hast gewiß auch erfahren, wie sehr das Gesinde
Bald durch Leichtsinn und bald durch Untreu plaget die Hausfrau,
Immer sie nötigt zu wechseln und Fehler um Fehler zu tauschen.

Christiane, gewohnt, alles und jedes, was ihr das Herz bedrückt, dem Gatten mitzuteilen, berichtet ihm auch über ihre Dienstbotennöte. Und daß der Gustel die Leiden seines Mütterchens auf diesem Gebiete treulich geteilt hat, das beweist der Neujahrswunsch des Neunjährigen: »An meine liebe Mutter! Ich wünsche Ihnen zum Neuenjahre eine gute Köchin, die Sie niemals ärgern tut. Von August Goethe am 1. Januar 1799.«

Was besagten aber alle häuslichen Sorgen und Unzuträglichkeiten für sie gegen den Kummer, den ihr die häufige Trennung von ihrem Geliebten, ihrem Beschützer machen mußte! Und es handelte sich da nicht um Tage und Wochen, sondern um Monate, um Viertel- und halbe Jahre; 1814 war Goethe drei Monate, 1792, 93, 97, 1808 und 1813 je vier, 1815 fünf, 1810 sechs, 1790 gar sieben Monate von Weimar abwesend, und häufig genug nicht in dem leicht erreichbaren Jena, sondern in weiter Ferne: in Venedig, in Schlesien, in Frankreich, in der Schweiz und in Böhmen. Kein Wunder, daß in den Briefen, zumal in denen Christianens, Trennungsschmerz und Sehnsucht oft genug laut werden. Das immer und immer wiederholte »Behalt mich nur lieb«, »Vergiß mich nicht« in den Briefen der Einsamen erinnert rührend an das von Goethe auf sie gedichtete Epigramm:

Deine liebliche Kleinheit, dein holdes Auge, sie sagen
Immer: Vergiß mein nicht! immer: Vergiß nur nicht mein!

»Ohne Dich ist doch alles nichts«, schreibt Christiane; »Seit Du weg bist, bin ich nicht recht freudig«; »Du glaubst gar nicht; wie lieb ich Dich habe, ich träume alle Nacht von Dir«; »Als ich nach Hause kam, fehlte mir mein lieber Schatz. Da küßte ich den Gustel und schlief ein.« Nach der Trennung in Frankfurt, 1797, als Goethe in die Schweiz reiste, Christiane nach Weimar zurückgekehrt war, macht sie ihrem Herzen folgendermaßen Luft: »Es ist mir heute so zu Muthe, als könnte ich es nicht länger ohne Dich aushalten. Es hat auch heute alles im Hause schon über meinen übelen Humor geklagt. Ich weiß gar nicht, was ich vor Freuden thun werde, wenn ich von Dir hören werde, daß Du wieder auf der Rückreise bist. Ohne Dich ist mir alle Freude nichts; ich habe, seit ich von Frankfurt weg bin, keine rechte vergnügte Stunde gehabt. Ich habe Dir es immer seither verschwiegen, aber länger will es nicht gehen. Ich habe mir auch alle mögliche Zerstreuung gemacht, aber es will nicht gehen; selbst das Schauspiel will nicht recht schmecken. Sei ja nicht böse auf mich, daß ich Dir so einen gramselichen Brief schreibe, er ist ganz aus dem Herzen raus ... Und wenn Du nach Italien oder sonst eine lange Reise machst und willst mich nicht mitnehmen, so setze ich mich mit dem Gustel hinten darauf; denn ich will lieber Wind und Wetter und alles Unangenehme auf der Reise ausstehen, als wieder so lange ohne Dich sein.«

Der »Gustel« war ein lieber, lustiger Trost für die einsame Frau. Sie freut sich seiner glücklichen Entwicklung und berichtet dem Vater mit Stolz darüber: »er wird alle Tage vernünftiger, so daß ich oft vor ihm erschröcke.« Das Wachstum dieses kindlichen Geistes läßt sich an den kleinen, allerliebsten Zettelchen, die August den Briefen der Mutter an Goethe beilegt, ansprechend genug verfolgen. Von fünf Kindern, die Christiane geboren hatte (drei Söhnen und zwei Töchtern)[1], war August das einzige überlebende; kein Wunder, daß die Mutter ihn mit fünffacher Liebe umfaßt und einigermaßen verzogen hat. Goethe ist in seinen Briefen bemüht, den Knaben aus der Ferne zu leiten, so gut es gehen will; oft genug mochte der Gedanke ihn peinigen, daß die Seele des Kindes unbewußt leiden mußte unter dem ungesetzlichen Bande, das Vater und Mutter während seiner ersten 17 Lebensjahre verband. »Schicke das Bübchen fleißig zu Frau v. Stein« und ähnlich schreibt er des öftern an Christiane; der Herzenskenner wußte, wie Charlotte den Knaben liebte. In »Wilhelm Meisters Lehrjahren« (Buch 7, Kap. 8) läßt er Madame Melina es aussprechen: »Die Eigenheit haben wir Weiber, daß wir die Kinder unserer Liebhaber recht herzlich lieben, wenn wir schon die Mutter nicht

---

1 1. Am 25. Dez. 1789 *August*; 2. am 14. Okt. 1791 ein totgeborener Knabe; 3. am 21. Nov. 1793 *Caroline* (gestorben am 4. Dez.); 4. am 30. Okt. 1795 *Karl* (gestorben am 18. Nov.); 5. am 16. Dez. 1802 *Kathinka* (gestorben am 19. Dez.).

kennen oder sie von Herzen hassen.« – Nahm Goethe das Söhnchen einmal mit auf die Reise, nach Ilmenau etwa oder nach Pyrmont, dann war die kleine Mutter freilich doppelt allein; aber meisterhaft, geradezu rührend versteht Goethe es dann, ihr ein Bild von dem guten Leben zu entwerfen, das Vater und Sohn zusammen führen. Und nicht nur für den Gustel waren diese Reisen überaus genuß- und lehrreich, Goethe selbst fühlte sich verjüngt durch den hellen Blick des Knaben in die Welt. Aus eigenster Erfahrung sind ihm die Worte geflossen, die er den Herzog in der »Natürlichen Tochter« aussprechen läßt:

> Nur durch der Jugend frisches Auge mag
> Das längst Bekannte neubelebt uns rühren,
> Wenn das Erstaunen, das wir längst verschmäht,
> Von Kindes Munde hold uns widerklingt[1]. –

Goethe seinerseits überzeugte sich auf seinen vielen Reisen immer wieder von der Wahrheit seines Spruches:

> Von Osten nach Westen,
> Zu Hause am besten.

»Liebe mich«, schreibt er, »wie ich am Ende aller Dinge nichts Besseres sehe, als Dich zu lieben und mit Dir zu leben.« Und ein andermal: »Nun muß ich Dir noch mit eigener Hand einiges hinzufügen und Dir sagen: daß ich Dich recht herzlich, zärtlich und einzig liebe, und daß ich nichts sehnlicher wünsche, als daß Deine Liebe zu mir sich immer gleich bleiben möge. Mit meinen Reisen wird es künftig nicht viel werden, wenn ich Dich nicht mitnehmen kann. Denn jetzt schon möchte ich lieber bei Dir zurück sein, Dir im grünen Alkoven eine gute Nacht und einen guten

1 Aufzug 3, Auftritt 4.

Morgen bieten und mein Frühstück aus Deiner Hand empfangen.« »Ich freue mich, Dich wiederzusehen, um einmal
wieder ganz offen mich mittheilen und ausreden zu können.« Gelegentlich beglückt er die kleine Frau wohl auch
durch eine lustige dichterische Huldigung aus der Ferne, so
im Frühjahr 1813 mit den muntern Versen:

> Ich habe geliebet, nun lieb ich erst recht!
> Erst war ich der Diener, nun bin ich der Knecht.
> Erst war ich der Diener von allen;
> Nun fesselt mich diese scharmante Person,
> Sie thut mir auch alles zur Liebe, zum Lohn,
> Sie kann nur allein mir gefallen[1]. –

Nur ganz vereinzelt begegnen Spuren wirklicher Eifersucht
in den Briefen beider Gatten; so schreibt Goethe 1792 aus
dem Lager vor Verdun: »Behalte mich ja lieb! Denn ich bin
manchmal in Gedanken eifersüchtig und stelle mir vor: daß
Dir ein andrer besser gefallen könnte, weil ich viele Männer
hübscher und angenehmer finde als mich selbst. Das mußt
Du aber nicht sehen, sondern Du mußt mich für den besten
halten, weil ich Dich ganz entsetzlich lieb habe und mir
außer Dir nichts gefällt.« Im Grunde war Goethe von Christianens Treue ebenso fest überzeugt wie sie von der seinigen; das beweist der Ton der unbedingten Wahrhaftigkeit,
der Offenheit, des Vertrauens, der gleichmäßig durch alle
Briefe hindurchgeht, und der einen ihrer Hauptreize ausmacht. Sie waren ihrer Liebe gegenseitig sicher, deshalb
konnten sie einander kleine, gelegentliche Liebschaften –
»Äugelchen«, wie es in ihrer Ehesprache heißt – leicht und
froh nachsehen. Jenes Wort der trefflichen Therese in »Wilhelm Meisters Lehrjahren« (Buch 7, Kap. 6): »daß eine Frau,
die das Hauswesen recht zusammenhalte, ihrem Manne jede

1 »Gewohnt, gethan«, Strophe 1.

kleine Phantasie nachsehen und von seiner Rückkehr jederzeit gewiß sein könne«, trifft auch auf Christiane zu; sie hat unserm größten Frauenkenner, der als Dichter der mannigfaltigsten, immer neuen Eindrücke durch Mädchen und Frauen bedurfte, das Leben nicht schwer gemacht, jedenfalls hat sie ihn in dieser Beziehung weit weniger gehindert, als dies bei einer »ebenbürtigen« Gattin der Fall gewesen wäre. Dafür war Goethe ihr im stillen dankbar, belohnte und beruhigte sie durch vollkommene Offenheit und erlaubte ihr seinerseits jede Freiheit. »Daß ich hier«, schreibt er einmal von Karlsbad aus, »in Gesellschaft der alten Äugelchen ein stilles Leben führe, dagegen hast Du wohl nichts einzuwenden; auf alle Fälle wirst Du Dich zu entschädigen wissen, wovon ich mir getreue Nachricht ausbitte.« Und ein andermal: »Ich zweifle nicht, daß alter und neuer Äugelchen vollauf sein wird, dazu wünsche ich Glück.« Christiane ihrerseits bekennt ihm treuherzig: »ich bin Dein Hase und möchte nur immer bei Dir sein. Äugelchen könnte ich hier genug machen, aber ich finde kein Vergnügen daran. Wenn Du hier bist, mache ich eher manchmal welche; aber wenn Du nicht da bist, geht es gar nicht. Ich bitte Dich recht sehr, mache ja in Jena nicht zu viel; es träumt mich alle Nacht davon. Es ist aber, weil ich immer am Tage daran denke.« Gelegentlich wird es ihr auch wohl einmal ein wenig bange vor all den schönen und geistreichen Frauen, die sich um ihren Erwählten wie Planeten um die Sonne bewegen; dann schreibt sie einigermaßen kleinlaut: »Ist denn die Bettine in Karlsbad angekommen und die Frau von Eybenberg? Und hier sagt man, die Silvie und Gottern gingen auch hin. Was willst Du denn mit allen Äuglichen anfangen? Das wird zu viel[1]. Vergiß nur nicht ganz

---

1 Im Jahre 1810 vermerkt Riemer, unmittelbar vor Goethes Abreise nach Karlsbad, in Jena unterm 14. Mai: »Zu Knebel, wo Goethe und seine Frau. Eifersüchtiges Weinen derselben. Deßhalb bald nach Hause. Nachher zusammen, doch Sie ohne Antheil«, und unterm 15.: »Mittags die Geh. Räthin zu Tische. Verdrießlichkeiten aus Eifersucht. Apaisirt hernach.«

Dein ältstes, mich, ich bitte Dich, denke doch auch zuweilen an mich. Ich will indeß fest auf Dich vertrauen, man mag sagen, was man will. Denn Du bist es doch allein, der meiner gedenkt.«

Dies wahrhaft kindliche Vertrauen, wie hätte Goethe es täuschen können? Nein, er lohnte so »bescheidnen Glaubensmuth« mit gleichem Vertrauen, mit gleicher Treue.

In diesem Gefühl sicheren Besitzes, wie schmerzlich auch die langen Trennungszeiten für Christiane sein mußten, hätte ihr Leben doch dauernd sonnig und froh sein können, wenn nur nicht immer wieder, und besonders während Goethes Fernsein, der tausendzüngige Klatsch in Verleumdung und Mißreden sich über die Vielbeneidete ergossen und ihr manchen Tag vergiftet hätte. Es muß uns aufrichtig schmerzen, zu beobachten, wie durch dies fortschleichende Gift auch grundedle Männer, wie Schiller, Wilhelm v. Humboldt, Achim v. Arnim, Wilhelm Grimm und andre, schließlich angesteckt wurden, und nun gar Christianens Geschlechtsgenossinnen! Liest man zum Beispiel die Briefe von Schillers Frau an Fritz v. Stein oder an die Prinzessin Karoline von Mecklenburg-Schwerin, so erstaunt man über die Lieblosigkeit mancher Bemerkungen, über die in ihnen zutage tretende Verkennung von Goethes Wesen. Und stand es so in den Kreisen der höheren Gesellschaft, der wahrhaft Gebildeten, was mußte Christiane gelegentlich in dem Bereich des Weimarer Spießbürgertums erleben! Zu diesem traurigen Kapitel nur ein Beispiel. Christiane schreibt an Goethe: »Itzo gehen bei uns die Winterfreuden an, und ich will mir sie durch nichts lassen verbittern. Die Weimarer thäten es gerne, aber ich achte auf nichts. Ich habe Dich lieb und ganz allein lieb, sorge für mein Bübchen und halte mein Hauswesen in Ordnung, und mache mich lustig. Aber sie können einen gar nicht in Ruhe lassen. Vorgestern in der

Komödie kommt Meißel[1] und fragt mich ohne Umstände, ob es wahr wär, daß Du heurathst, Du schafftest Dir ja schon Kutsche und Pferde an. Ich wurde den Augenblick so böse, daß ich ihm eine recht malicieuse Antwort gab, und ich bin überzeugt, der fragt mich nicht wieder. Weil ich aber immer daran denke, so habe ich heute Nacht davon geträumt. Das war ein schlimmer Traum, den muß ich Dir, wenn Du kommst, erzählen. Ich habe dabei so geweint und laut geschrien, daß mich Ernestine aufgeweckt hat, und da war mein ganzes Kopfkissen naß. Ich bin sehr froh, daß es nur ein Traum war. Und Dein lieber Brief macht mich wieder froh und zufrieden.« In der Tat verstand Goethe es meisterlich, durch ein warmes, kräftiges Wort des Trostes die Gedrückte wieder aufzurichten, wenn der Chor allzu laut wurde, »der ohn Erbarmen mehret ihres Herzens Noth«. »Laß die Menschen reden, was sie wollen«, schreibt er, »Du weißt ja die Art des ganzen Geschlechts, daß es lieber beunruhigt und hetzt, als tröstet und aufrichtet.« Oder: »Daß sie in Weimar gegen Frau von Staël Übels von Dir gesprochen, mußt Du Dich nicht anfechten lassen. Das ist in der Welt nun einmal nicht anders, keiner gönnt dem andern seine Vorzüge, von welcher Art sie auch seien; und da er sie ihm nicht nehmen kann, so verkleinert er, oder läugnet sie, oder sagt sogar das Gegentheil. Genieße also, was Dir das Glück gegönnt hat, und was Du Dir erworben hast, und suche Dirs zu erhalten. Wir wollen in unsrer Liebe verharren und uns immer knapper und besser einrichten, damit wir nach unserer Sinnesweise leben können, ohne uns um andre zu bekümmern.« Und ein andermal: »Wenn die Leute Dir Deinen guten Zustand nicht gönnen und Dir ihn zu verkümmern suchen, so denke nur, daß das die Art der Welt ist, der wir nicht entgehen. Bekümmre Dich nur nichts drum, so heißts auch nichts. Wie mancher Schuft macht sich jetzt ein Geschäft

1 Er war Lehnsekretär in Weimar.

daraus, meine Werke zu verkleinern, ich achte nicht drauf und arbeite fort.«

Man sieht, der Weise ließ der Welt ihren Lauf. Nur einmal, soviel mir bekannt ist, griff Goethe nach außen hin zu kräftiger Abwehr, als ihm der Klatsch zu bunt wurde. Bald nach seiner kirchlichen Trauung erschien im November 1806, durch Meister Ubique Böttiger veranlaßt, in der »Allgemeinen Zeitung« die Nachricht: »Goethe ließ sich unter dem Kanonendonner der Schlacht mit seiner vieljährigen Haushälterin, Dlle. Vulpius, trauen, und so zog sie allein einen Treffer, während viele tausend Nieten fielen«[1]. Diese geschmacklose, überdies ungenaue Nachricht bezeichnet Goethe in seinem Abwehrbrief an den Verleger Cotta (25. Dezember 1806) als »sehr unschicklich und unanständig«; in der ersten, später verworfenen Fassung dieses Briefes spricht sein Grimm sich noch viel deutlicher aus: »Man weiß sehr gut, daß der Friede, wie das stehende Wasser, solches Ungeziefer hervorbringt; wenn es aber im Kriege erscheint, dann ist es erst recht ekelhaft«; »Ich bin nicht vornehm genug, daß meine häuslichen Verhältnisse einen Zeitungsartikel verdienten; soll aber was davon erwähnt werden, so glaube ich, daß mein Vaterland mir schuldig ist, die Schritte, die ich thue, ernsthaft zu nehmen: denn ich habe ein ernstes Leben geführt und führ es noch.« –

Fünf Tage nach der Schlacht bei Jena, Sonntag, den 19. Oktober (also nicht »unter dem Kanonendonner der Schlacht«), wurde in aller Stille die Trauung in der Sakristei der Hofkirche vollzogen. Damit gab Goethe seiner tiefen Dankbarkeit für Christianens Treue, die sich noch in den letzten drangvollen Kriegstagen aufs schönste bewährt hatte, Ausdruck vor aller Welt. Von dieser Welt, wie sie nun einmal ist, künftighin weniger Kränkungen, mehr Achtung zu erfahren als bisher, durfte Christiane als Frau Geheimde

1 Goethe-Jahrbuch 16, 19.

Räthin hoffen. Goethe beeilt sich, seine Gemahlin, wie es die Pflicht gebot, sofort in die gebildeten Kreise einzuführen; mit größter Dankbarkeit erkennt er jeden freundlichen Hilfsdienst, der ihm in dieser peinlichen Übergangsepoche von einzelnen Seiten geleistet wird, so insbesondere von Johanna Schopenhauer; auch von Caroline v. Wolzogen, die meinte, »daß sehr viele von jeher aufs rechtmäßigste verheiratete Damen um kein Haarbreit amüsanter seien[1]«. Viele bekamen ja nun überhaupt erst Gelegenheit, Christiane wirklich kennenzulernen, und sie mußten, je nach ihrem eigenen Charakter willig oder unwillig, zugeben, daß die Vielgeschmähte weit besser war als ihr Ruf. Statt vieler Beispiele sei hier nur eines angeführt, das Urteil Elisas von der Recke. Diese schreibt nach Christianens Tod an Johanna Schopenhauer: »Wodurch die Verstorbene sich mir empfohlen hat, ist, daß ich sie nie von Andern Böses sprechen hörte; auch war ihre Unterhaltung, soweit ich sie kannte, immer so, daß ich mir es wohl erklären konnte, daß ihr anspruchsloser, heller, ganz natürlicher Verstand Interesse für unsern Goethe haben konnte, der mir seine Frau mit diesen Worten vorstellte: Ich empfehle Ihnen meine Frau mit dem Zeugnisse, daß, seit sie ihren ersten Schritt in mein Haus that, ich ihr *nur Freuden* zu danken habe[2].«

Frau von der Recke hebt Christianens »hellen, ganz natürlichen Verstand« hervor. Damit stimmt folgendes Urteil von Knebels Frau überein: ». . . sie hatte sehr viel natürlichen, hellen Verstand. Goethe hat uns oft gesagt, daß, wenn er mit einer Sache in seinem Geiste beschäftigt wäre, sich die Ideen zu stark bei ihm drängten, er dann manchmal zu weit käme und sich selbst nicht mehr zurecht finden könne, wie er dann zu ihr ginge, ihr einfach die Sache vorlege und oft erstaunen

1 Brief W. v. Humboldts an seine Frau, 7. Dez. 1808.
2 Goethe-Jahrbuch 13, 143. (Das kursiv Gedruckte ist im Brief unterstrichen.)

müßte, wie sie mit ihrem einfachen, natürlichen Scharf-
blicke immer gleich das Richtige herauszufinden wisse, und
er ihr in dieser Beziehung schon manches verdanke[1].«

Goethe wußte genau, daß er sich in allen Fragen des
gesunden Menschenverstandes auf Christiane verlassen
konnte; deshalb war ihm ihr wohltätiger, manchen Streit
schlichtender Einfluß auf die Mitglieder des Weimarer Hoftheaters von so großem Werte; deshalb auch schickte er seine
Frau nach Frankfurt, als dort nach der Mutter Tode die
Erbschaftsangelegenheiten geregelt werden mußten[2].

[1] Aufzeichnung von Rudolphine v. Both (nach der Handschrift mitgeteilt von
Wilhelm Bode: Stunden mit Goethe 3, 268/69). – Hier sei noch das Urteil einer
dritten Frau angeschlossen, die Christianen persönlich gut gekannt hat und deren
Schilderung gleichfalls durchaus den Stempel der Wahrhaftigkeit trägt; es ist die
Gattin des Theologen und Orientalisten Augusti, der von 1798 bis 1812 an der
Universität Jena wirkte. Sie erzählt:»Auf einem der Universitätsbälle, zu denen
Goethe mitunter sein Kommen refüsirte und die Geheimräthin gewöhnlich in
Begleitung von Fräulein U. [Ulrich], nachheriger Professorin R. [Riemer], eines
schönen, liebenswürdigen Mädchens, erschien, machte ich ihre Bekanntschaft.
Frau von Goethe war eine nicht große, etwas gedrungene Gestalt mit starken
Zügen, etwas geröthetem Teint und gutmüthigem Ausdrucke. Obgleich unbedeu-
tend, nicht mit den Geistesgaben ausgerüstet, ihres Mannes gewaltigem Gedan-
kengange folgen zu können, war sie jedoch weit entfernt davon, mißstimmend auf
ihn zu wirken. Im Gegentheil war ihr heiterer, lebensfroher Sinn eine Erfri-
schung für ihn geworden, und allmählich hatte sie ihr äußeres Wesen so zu bilden
verstanden, daß sie mit allem Anstande die Honneurs ihres Hauses machen
konnte. Die Ehe war eine zufriedene, Keiner störte den Andern; Goethe setzte
etwas darein, seine Frau auch öffentlich zu ehren und seine Zuneigung zu ihr ein-
zugestehen. Oft sah ich sie, von seinem Arme geführt; es lag dann eine stolze Zufriedenheit in ihren Mienen, und stets hegte sie einen an Furcht grenzenden
Respect vor ihrem Manne, der sich oft unverhohlen, äußerst komisch aussprach.
Wenn sie in Jena war, besuchte sie mich oft; sie wußte dann immer eine Menge
Neuigkeiten und plauderte so heiter in einem fort, daß es amüsant war, ihr zuzu-
hören. Mitunter brach sie dann plötzlich auf, um fortzueilen, und wenn ich sie zu
bleiben bat, sagte sie: ›Ich kann nicht, der *Geheimerath* zankt sonst, wenn ich
länger bleibe.‹ – So steht sie mir lebendig vor Augen; doch mag sie nicht immer
so angenehm gewesen sein« (Kölnische Zeitung 1864 vom 23. Okt., Nr. 295;
B. R. Abeken: Goethe in meinem Leben, S. 82).

[2] Henriette Schlosser, eine Tochter von Goethes Schwager aus dessen zweiter
Ehe, schrieb damals über Christiane (4. Dez. 1808): ».. . sie betrug sich liberal
und schön bei der Theilung, bei der sie sich doch gewiß verrathen hätte, wenn
Unreines in ihr wäre. Es freut uns alle, sie zu kennen, um über sie nach Verdienst
zu urtheilen und sie bei andern vertheidigen zu können, da ihr unerhört viel
Unrecht geschieht« (Briefe von Goethe an Johanna Fahlmer, S. 143).

Mit hellem Verstande vereint sich in Christiane ein schwer zu trübender Frohsinn, das zeigen fast alle ihre Briefe an Goethe; sie war eine Frohnatur wie Goethes Mutter, von dieser nur dem Grade, nicht dem Wesen nach verschieden. Und eine *heitere* Gefährtin, das war es vor allem, was Goethe bei seinem furchtbaren Lebnsernst notwendig neben sich brauchte. Von »der Betrachtung strenger Lust« sich in kindlicher, ja kindischer Fröhlichkeit zu erholen, war geradezu ein Lebensbedürfnis für ihn. »Ich wollte«, schrieb er einmal an Frau v. Stein (24. Juni 1780), »Sie könnten an Platituden so eine Freude haben wie ich«, das zeigt Goethes Naivität, die mit Christianens naivem Wesen auf das glücklichste übereinstimmte. Der gesellig heitern Art seines »kleinen Naturwesens«, wie Goethe Christiane zu nennen liebte, verdankte er jenes häusliche Behagen, das einen so reichen Flor herzvoller, geselliger Lieder zur Blüte brachte, wie wir sie kaum bei einem andern unsrer Dichter finden.

Daß ein so hübsches, gesundes, lebensfrohes Weib wie Christiane Freude daran findet, sich zu schmücken und geschmückt zum Tanze zu gehen, ist nicht mehr als natürlich. Diese Schwächen, wenn es wirklich welche sein sollten, hat Goethe stets liebevoll begünstigt. Es ist rührend zu beobachten, wie er auf Reisen beständig darauf sinnt, durch Übersendung eines ausgesucht hübschen Kleiderstoffes, eines zierlichen Schals oder eines bescheidenen Schmuckstückes die Daheimgebliebene zu erfreuen. Wenn dann die Herrlichkeit in Weimar eintraf, oft lag auch für Augustchen und die Hausgenossen etwas Hübsches bei, dann war der Jubel groß. »Ich bin vor Freuden außer mir«, meldet dann flugs die kleine Frau, »und springe herum wie ein Kind«; oder: »ich und Caroline waren für Freude keine Menschen«, und ähnlich. Wie neckisch Christiane bisweilen ihre Wünsche vorzubringen weiß, dafür nur ein Beispiel: »Nun wünschte ich nur, der heilige Christ verlör in Jena 10 Ellen weißen Halb-Atlas, die Elle zu 12 Groschen, das wären 5 Thaler; das wäre dem heiligen Christ ein Leichtes. Oder nur 5 und ½ Elle Calico-Halb-Atlas, das wäre nur 2 Thaler 18 Groschen, die Elle zu 12 Groschen. Das müßte der heilige Christ aber bald verlieren; solltest Du ihm etwas unverhofft begegnen, so kannst Du mit ihm darüber sprechen. Du mußt aber ja nicht böse werden, daß ich Dich mit einem solchen Auftrage beschwere; ich werde auch nicht böse, wenn es mir abgeschlagen wird. Wenn er nichts verliert, so ziehe ich mich wieder wie das vorige Mal an und bin auch zufrieden.« Übrigens verstand Christiane auch die schätzenswerte Kunst des Kleidersparens, Altes in Neues zu verwandeln; aus Rand und Band konnte sie geraten, wenn dergleichen recht nach Wunsch gelang. Auch über solche mühsame Flickarbeit, die sie mit Hilfe ihrer Schwester vollführt, berichtet sie Goethen, denn er muß ja alles erfahren: »Ich und Ernestine machen jetzo aus alten Kleidern Chemisen, und gestern ist der gelbkattunene besonders gut gerathen, und ich bilde mir ein, daß er mir gut stehe. Da wurde, stelle Dir vor, vor lauter Freuden um 2 Uhr die Flasche Champagner auf Dein Wohlsein von mir, der Tante und Ernestine verzehrt, und dann ging es mit mir in die Komödie, aber von Äuglichen gab es nichts.«

Dieser urwüchsigen Lust am äußern Schmuck und des kräftigen Ausdrucks derselben in Christianens Briefen hat Goethe sich herzlich gefreut; nie hätte er ihr diese Freude stören können durch Bemerkungen, wie Theodor Storms Braut sie in den Briefen ihres Bräutigams zu hören bekam: »Wie ist es möglich, daß Du zugleich mich lieben und Dich über Ballkleider freuen kannst[1]?«

Auch Christianens Tanzlust verstand Goethe und hinderte sie in keiner Weise, ihr nachzugehen. So hat er denn

---

1 Theodor Storms Briefe an seine Braut (Braunschweig 1915), S. 166.

auch seine Freude dran, wenn sie ihm in ihren Briefen fröhlich davon vorzwitschert: »Itzo stricke ich mir ein Netz zur Redoute am Freitag, worin ich wieder recht hupsen will, denn da bist Du wohl auch wieder bei mir. Ich freu mich, Dich bald wiederzusehen, denn alsdenn bin ich noch lustiger.« Einmal bekennt sie ihm: »Je mehr ich Bewegung habe, desto besser befinde ich mich«, und so betrachtet sie das Tanzen, ebenso wie Reiten und Schlittschuhlaufen, geradezu als Gesundheitskur. Aus Lauchstädt meldet sie: »Seit zehn bis zwölf Tagen haben wir täglich einige Stunden getanzt und dieses, glaube ich, vollendet meine Cur besser, nebst dem Wasser, als alle Medicin, denn die Ärzte behaupten so, ich wäre vor lauter Gesundheit krank.« Christiane muß eine sehr gewandte Tänzerin gewesen sein, aber noch 1810, als Fünfundvierzigjährige, glaubt sie in dieser Kunst nicht ausgelernt zu haben und nimmt bei einem neuen Tanzmeister fleißig Unterricht. Mag sein, daß sie sich dem Tanzen bisweilen im Übermaß hingegeben hat; ein Paar neue, an einem Abend durchgetanzte Ballschuhe machen jedoch weder sie selbst noch Goethen stutzig, er verlangt sie »mit nächster Gelegenheit« zugeschickt, um »nur wieder etwas von ihr zu haben und an sein Herz drücken zu können«.

Sind die Klatschgeschichten über Christianens »Tanzwuth« sicherlich übertrieben, so sind es auch die über ihren angeblich maßlosen Weingenuß. Goethe selbst trank viel und gut; seine Wiege hatte nicht fern vom weinfrohen Rheingau gestanden, und kräftig vertrat er allezeit seine Meinung:

Der Wein, er erhöht uns, er macht uns zum Herrn,
Und löset die sklavischen Zungen[1].

1 »Gewohnt, getan«, Vers 20/21.

Christiane war derselben Ansicht; und wenn in Goethes Abwesenheit der Weinvorrat einmal zur Neige gegangen ist, dann kann sie in ihren Briefen gar beweglich klagen: »Vergiß nicht, an Zapff zu schreiben, denn itzo sehe ich erst, wie nothwendig der Wein ist, weil ich keinen habe. Mein Mägelchen thut mir gewaltig wehe, wenn ich keinen trinke.« Wie manche von Goethes häufigen Erkrankungen gewiß mit durch den allzu reichlichen Weingenuß hervorgerufen oder verschlimmert worden sind, so hatte auch Christiane sicherlich an den Folgen eines Zuviel in dieser Hinsicht wiederholt zu leiden. Man wird diese verderbliche Neigung verurteilen, aber man wird sie auch verstehen, wenn man bedenkt, daß beide Gatten Tag für Tag, jedes in seiner Weise, stark und bis zur Erschöpfung arbeiteten. Christiane hatte ja nicht nur den Haushalt im engern Sinne zu führen, auch die Sorge für die Gärten und Ländereien war ihr anvertraut, und da gab es während dreier Vierteile des Jahres reichlich und ununterbrochen zu schaffen. Ihre Freude an der Natur, am Wechsel der Jahreszeiten, an Pflanzenwuchs, Blumen und Bäumen war, der Goethes verwandt, ursprünglich und tief. Deshalb bedeutete die Pflege der Gärten für sie eine Quelle reinster Freuden; oft beklagt sie in ihren Briefen, daß der Abwesende sich nicht mit ihr freuen könne an dem gerade sich entfaltenden Flor dieser oder jener Lieblingsblume, und noch im vorletzten, wenige Wochen vor ihrem Tode geschriebenen Briefe findet sich folgende Schilderung des Hausgartens: »Dein Garten steht gegenwärtig in seiner größten Pracht, und es macht wirklich verdrüßlich, daß die üble Witterung so wenig im Freien zu sein erlaubt. Die Äpfelbäume blühen in höchster Fülle, es steht Blüthe an Blüthe, die Rabatten vor Deinen Fenstern schmücken die schönsten gefüllten Tulipanen, deren schöne Farben die stolzen Kaiserkronen verdunkeln, und trotz der geringen Wärme und den kühlen Nächten reift doch alles der Voll-

kommenheit entgegen. Möge Dich die schöne Blüthe in
Jena für diese Entbehrung reichlich entschädigen.« Diese
von einem dichterischen Hauch belebten Worte lassen uns
ahnen, warum Goethe, wenn er das wahre Wesen seiner
kleinen Frau poetisch aussprechen will, sich immer wieder,
Vergleiche suchend, dem Pflanzenreiche zuwendet, bis er
findet: »Was im Garten am reichsten blüht, das ist des
Liebchens lieblich Gemüt.«

> Ein immer offen,
> Ein Blütenherz,
> Im Ernste freundlich
> Und rein im Scherz[1].

Fruchtbaren Boden hatten jene sinnigen botanischen Zwie-
gespräche gefunden, die Goethe mit der Geliebten gleich in
den ersten Jahren ihrer Verbindung gepflogen hatte und die
er uns später in der Elegie »Die Metamorphose der Pflanzen« mit nie genug zu bewundernder Anmut geschildert hat.
Wenn der Dichter hier mit den herrlichen Worten ab-
schließt:

> Freue dich auch des heutigen Tags! Die heilige Liebe
> Strebt zu der höchsten Frucht gleicher Gesinnungen auf,
> Gleicher Ansicht der Dinge, damit in harmonischem
> Anschaun
> Sich verbinde das Paar, finde die höhere Welt –

so müssen wir es freilich beklagen: *dieses* Ziel konnte der
Dichter, wenn er auch wirklich danach gestrebt hätte, mit
Christiane nicht erreichen; dazu waren diese beiden Naturen
zu verschieden organisiert. Und sehen wir genauer zu, so

---

1 »Frühling übers Jahr«, Vers 25/28.

findet sich, daß Goethe in der Tat niemals danach gestrebt hat. Es fiel ihm gar nicht ein, Christiane zur gebildeten Dame entwickeln zu wollen; er ließ sie wachsen von innen heraus, er hütete sich, ihre Unbefangenheit zu stören. Glücklich, das wußte der Menschenkenner, konnte sie ja doch nur nach »ihrer Weise« sein. Er wünschte sie glücklich an seiner Seite, darum machte er keine Bildungsversuche[1]; der Naturforscher nahm ihren Charakter, wie jeden andern, als ein Gegebenes hin und betrachtete mit Ehrfurcht, wie das kleine, ihm in Liebe ergebene Wesen sich nach den Gesetzen der eignen Natur entwickelte. »Bei Personen, die man liebt«, sagt Rousseau einmal, »nährt das Gefühl nicht nur das Herz, sondern auch den Geist, und man ist nicht sehr benötigt, anderswo Nahrung für den Geist zu suchen. Ich lebe mit meiner Therese so angenehm wie mit dem genialsten Menschen der Welt[2].« So war es auch zwischen Goethe und Christiane. Und das wahrte der im Vergleich zu ihrem Gatten gänzlich Bildungslosen die Lebenssicherheit und herzerquickende Unbefangenheit an seiner Seite.

Bedauern müssen wir es schmerzlich, daß Christiane ganz und gar unfähig war, das geistige Leben ihres Gatten auch nur einigermaßen zu schätzen oder gar zu teilen, aber wir müssen uns mit dieser Tatsache abfinden; Goethe selbst tat es. »Sollte man wohl glauben«, sagte er gelegentlich scherzweise, »daß diese Person[3] schon zwanzig Jahre mit mir gelebt hat? Aber *das gefällt mir eben an ihr, daß sie nichts von ihrem Wesen aufgibt* und bleibt, wie sie war[4].«

Wie zum Schreiben, so fehlte Christianen auch die Geduld zum Lesen; nur aus Langeweile konnte sie des Abends, wenn keine Komödie war, zu einem Buche greifen. »Aber

1 Er ließ Christianen also auch keine »Aufsätze« schreiben (vgl. zu Nr. 98).
2 Bekenntnisse, Buch 7.
3 »Person« keineswegs in geringschätzigem Sinn (wie heute meist), sondern wie oben S. LVII »scharmante Person«.
4 Gespräche I, 554.

einmal«, so berichtet sie Goethen, »bin ich so ins Lesen hineingekommen, daß ich bis um 1 Uhr gelesen habe; und wenn der Gustel auf dem Kanapee sich nicht geregt hätte, ich hätte noch länger gelesen. Das war die ›Heilige Genoveva‹ von Tieck; das ist sehr schön.« Von Wielands Gattin wird erzählt, sie habe nie ein Buch ihres Mannes gelesen; und Goethe äußerte dem Grafen Reinhard gegenüber: »Zuerst muß ich Ihnen sagen, daß von allen meinen Werken meine Frau keine Zeile gelesen hat[1]. Das Reich des Geistes hat kein Dasein für sie, für die Haushaltung ist sie geschaffen. Hier überhebt sie mich aller Sorgen, hier lebt und webt sie; es ist ihr Königreich. Dabei liebt sie Putz, Geselligkeit und geht gern ins Theater. Es fehlt ihr aber nicht an einer Art von Kultur, die sie in meiner Gesellschaft und besonders im Theater erlangt hat. Überhaupt glaubt man nicht, wie sehr das Theater, wenn man so zehn Jahre lang es alle Abende besucht, bildet[2].« Adam Oehlenschläger, der 1806 in Weimar und bei Goethe mehrmals zu Gaste war, erzählt in seinen »Lebens-Erinnerungen« von Christiane: »Für Poesie hatte sie durchaus keinen Sinn, und Goethe sagte einmal selbst im Scherz: ›Es ist doch wunderlich, die Kleine kann gar kein Gedicht verstehen[3].« Freuen wir uns dieser »paradiesischen Literaturlosigkeit[4]« der »Kleinen«, anstatt sie zu beklagen oder uns gar vergeblich zu bemühen, aus vereinzelten Stellen ihrer Briefe doch eine bescheidene Anteilnahme an Goethes geistigem Schaffen herauszulesen.

Humorvoll vergleicht Christiane einmal ihre Tätigkeit mit der des Gatten: »Mit Deiner Arbeit ist es schön; was Du einmal gemacht hast, bleibt ewig, aber mit uns armen

---

1 Stark übertrieben! Jedenfalls *nicht wörtlich* zu nehmen, vgl. S. 50 und vor allem Brief Nr. 170!
2 Gespräche I, 498.
3 Gespräche I, 452/53.
4 Gertrud Bäumer: Goethes Freundinnen, 2. Aufl. S. 309.

Schindludern ist es ganz anders. Ich hatte den Hausgarten sehr in Ordnung, gepflanzt und alles. In Einer Nacht haben mir die Schnecken beinahe alles aufgefressen, meine schönen Gurken sind fast alle weg, und ich muß wieder von vorne anfangen ... Doch was hilft es? ich will es wieder machen; man hat ja nichts ohne Mühe. Es soll mir meinen guten Humor nicht verderben.«

Zuzeiten macht freilich Goethes beharrlicher Fleiß Christianen auch ungeduldig; dann schreibt sie einigermaßen ärgerlich: »Die Optik hat mich gar nicht gefreut; der Gustel hat auch gleich gesagt: Nu kömmt das Väterchen noch nicht«; oder sie versucht ihn von Jena nach Weimar herüberzuschmeicheln: »Deine Zimmer, mein Lieber, und das ganze Haus ist in Ordnung und erwartet seinen Herrn mit der größten Sehnsucht. Es würde vielleicht mit den Arbeiten hier besser gehen als sonst. Du kannst hier wie in Jena im Bette dictiren, und ich will des Morgens nicht ehr zu Dir kommen, bis Du mich verlangst. Auch der Gustel soll frühe nicht zu Dir kommen. Komm nur bald.«

Daß die Anfangsworte des »Reineke Fuchs«: »Pfingsten, das liebliche Fest«, das einzige Zitat aus Goethes Werken sind, das sich in Christianens Briefen findet, sei nebenbei bemerkt; der Dichter hat sicherlich seinen Spaß daran gehabt, noch mehr daran, daß sie ihn vom großen Reinmachen im Hause mit den Worten benachrichtigt: »Der Zauberlehrling ist in allen Zimmern eingekehrt.«

Die Tagebücher Goethes lassen uns erkennen, daß er die stillen Abende mit Christiane keineswegs nur bei Whist- und Rabougespielen verbrachte, sondern daß er ihr auch mancherlei Eigenes vorlas, so »Hermann und Dorothea«, so seine Bearbeitung von »Romeo und Julia«, so vor allem, frisch aus dem Manuskript, »Dichtung und Wahrheit«. Mehr als einmal mag es auch vorgekommen sein, daß Goethe, wenn ein neues Lied entstanden war, stracks zu seiner

Frau hinüberging, um es ihr vorzulesen[1]. Und so wird, wenn auch leider nicht im vollen, so doch in bescheidenem Maße, jenes Epigramm auf Christiane der Wirklichkeit entsprochen haben:

> Alle Freude des Dichters, ein gutes Gedicht zu erschaffen,
> Fühle das liebliche Kind, das ihn begeisterte, mit.

Und wieviel Anregung und Genuß Christiane im Zwiegespräch mit Goethe dem *Dichter* gegeben hat durch ihr treuherziges Geplauder, durch ihre frischen Berichte, voll Anschaulichkeit in Sprache, Gebärde und Mienenspiel, über tausend Dinge und Begebenheiten, das können wir nur ahnen. Es wird sicherlich oftmals zwischen Christiane und Goethe so gewesen sein, wie wir im Tagebuch aus seinen letzten Jahren lesen (27. Janur 1831): »Mittag Ottilie. Allen Stadtklatsch durchgearbeitet, wobei denn doch gar hübsche novellenartige Verhältnisse zum Vorschein kamen.«

Davon jedenfalls kann keine Rede sein, daß die Verbindung mit Christiane Goethen der Dichtkunst entfremdet, ihn »abpoetisiert« hätte[2]. Dagegen zeugt die erstaunliche Fülle der herrlichsten poetischen und literarischen Früchte, die in den achtundzwanzig Jahren dieser Ehe gereift sind. Zu beklagen ist es, daß Goethe nicht dazu kam, uns sein weimarisches Leben, seine Ehejahre im Stile von »Dichtung und Wahrheit« zu erzählen; kein Zweifel, daß er dann auch von der dichterischen Ernte, die sein »realistisch Bündnis[3]« gezeitigt hat, manches liebliche und tiefsinnige Bild würde entworfen haben.

*

1 Es zu »probieren«, wie es im Tagebuch unterm 4. Jan. 1813 heißt.
2 Frau v. Stein an Schillers Frau, 13. Juni 1798 (Charlotte v. Schiller und ihre Freunde 2, 329).
3 Schema zu »Dichtung und Wahrheit« (Werke 53, 382).

Diese kurze Musterung des Briefwechsels der beiden »ungleichen Hausgenossen« hat uns das wahre Wesen Christianens in zumeist erfreulichem Lichte gezeigt; vor allem hat sie uns deutlich gemacht, daß die vielgeschmähte Frau weit besser war als ihr Ruf damals und heute. Freilich hat auch diese Prüfung uns nicht befreien können von dem schmerzlichen Gefühl, das uns immer wieder erfüllen muß, wenn wir Goethes Ehe etwa vergleichen mit der Lessings oder Schillers. Verglichen mit diesen erscheint sie, trotz allen Vorzügen Christianens, als ein Abenteuer, als ein gefährliches, nur halb geglücktes Experiment. Daß dem so war, hat Goethe selbst oft genug schmerzlich gefühlt; er hat sich bemüht, Herr zu werden über diese Schmerzen, indem er sie auszusprechen versuchte, bald in heiterem Märchenspiel, bald in tiefem, elegischem Ernst. Dafür zeugen, um nur zwei Beispiele zu nennen, jene Erzählung von der »Neuen Melusine« und, wahrhaft erschütternd, die Elegie »Amyntas«. Wir ahnen etwas von der tiefen Trauer, von dem Gefühl der Einsamkeit, die den großen Mann zuzeiten beschleichen mußten; sehr wohl möglich, daß Goethe in einzelnen Augenblicken zu sich selbst gesagt haben mag, was Gottfried Keller ihn in jener grandiosen Vision aussprechen läßt:

Ach, am Ende war ich König,
Aber ohne Königin[1]!

Wir suchen Beruhigung in dem Glauben, daß Christiane ein heilsames, unentbehrliches Erdgewicht war gegen das unablässig aufs höchste Geistige gerichtete Streben seiner Natur, der notwendige Ballast, dessen sein Schiff bedurfte zur glücklichen Fahrt. –

Der Tag kam, an dem Christianens »froh glänzend Auge«

---

1 »Der Apotheker von Chamounix«, Zweiter Teil, V.

sich für immer schloß. Nun war ihr Bild eingegangen in den unermeßlichen Schatz von Goethes Lebenserfahrungen; dort hegt er es treu noch ein halbes Menschenalter hindurch in dankbarer Erinnerung. Kindlich heiter und fromm spricht er es aus:

> Gott hab' ich und die Kleine
> Im Lied erhalten reine.
> So laßt mir das Gedächtnis
> Als fröhliches Vermächtnis.

Als ein liebes, reines Bild lebt Gestalt und Wesen der kleinen Frau fort in den weltweiten Gedanken des Greises bis ans Ende. Inbegriffen ist auch sie in dem frommen Dankgesang, den Goethe-Lynkeus, im höchsten Alter wandelnd, nächtlicherweile anstimmt:

> Ihr glücklichen Augen,
> Was je ihr gesehn,
> Es sei, wie es wolle,
> Es war doch so schön!

*

Die Briefe

1792

Dem Wunsche des Herzogs Karl August entsprechend, ihn während des Feldzugs gegen Frankreich zu begleiten, verließ Goethe trotz mancher Bedenken am 8. August Weimar, begleitet von seinem Diener Paul Götze. Heinrich Meyer, der während der Abwesenheit Christianen und den kleinen August beschützen, sowie die nötigen Umbauten im Hause am Frauenplan leiten sollte, gab dem Freunde bis Gotha das Geleit.

1. *Goethe*

Es ist gar zu nichts nütze, daß man sich von denen entfernt, die man liebt, die Zeit geht hin und man findet keinen Ersatz. Wir sind in Gotha angelangt, und ich denke bald wieder weg zu gehen, ich habe nirgends Ruhe. Meyer wird Dir erzählen, wie ich gleich in Erfurt bin von Wanzen gequält worden und wie ich mich auch hier vor der Nacht fürchtete. Da sind die Zimmerleute besser, die doch nur Morgends pochen. Ich bin aber wohl und hoffe, es soll mir noch wohler werden, wenn ich erst einmal Eisenach im Rücken habe. Von hier schicke ich Dir nichts als den schönsten Gruß und die Versicherung, daß ich Dich sehr liebe. Von Frankfurt soll aber bald das zierlichste Krämchen ankommen. Lebe wohl, liebe mich, halte alles gut in Ordnung und küsse den Kleinen. Gotha, den 9. August 1792.   G.

2. *Goethe*

Frankfurt, den 17. August 1792.

Heute hab ich Deinen Brief erhalten, meine liebe Kleine, und schreibe Dir nun auch, um Dir wieder einmal zu sagen, daß ich Dich recht lieb habe, und daß Du mir an allen Enden und Ecken fehlst.

Meine Mutter habe ich wohl angetroffen und vergnügt, und meine Freunde haben mich alle gar freundlich empfangen. Es gibt hier mancherlei zu sehen, und ich bin diese Tage immer auf den Beinen geblieben. Meine erste Sorge war das Judenkrämchen, das morgen eingepackt und die nächste Woche abgeschickt wird. Wenn es ankommt, wirst Du einen großen Festtag feiern, denn so etwas hast Du noch nicht erlebt. Hebe nur alles wohl auf, denn einen solchen Schatz findet man nicht alle Tage.

Lebe wohl. Grüße Herrn Meyer und küsse den Kleinen. Sag ihm, der Vater komme bald wieder. Gedenke mein. Bringe das Haus hübsch in Ordnung und schreibe mir von Zeit zu Zeit.   G.

3. *Goethe*

Heute geh ich, liebe Kleine, von Frankfurt ab und nach Mainz. Ich muß Dir nur sagen, daß [es] mir recht wohl gegangen ist, nur daß ich zu viel habe essen und trinken müssen. Es wird mir aber noch besser schmecken, wenn mein lieber Küchenschatz die Speisen zubereiten wird. Das Judenkrämchen geht auch heute ab und wird nicht lange nach diesem Briefe eintreffen. Ich wünschte ein Mäuschen zu sein und beim Auspacken zuzusehen. Es hat mir recht viel Freude beim Einpacken gemacht. Hebe nur alles wohl auf. Adieu, mein liebes Kind. Äugelchen hat es gar nicht gesetzt.

Behalte mich nur so lieb wie ich Dich. Adieu, grüße Herrn Meyern, küsse den Kleinen und schreibe mir bald. Frankfurt, den 21. August 1792.   G.

4. *Goethe*

Trier, den [25.] August 1792.
Wo das Trier in der Welt liegt, kannst Du weder wissen, noch Dir vorstellen, das schlimmste ist, daß es weit von Weimar liegt, und daß ich weit von Dir entfernt bin. Es geht mir ganz gut. Ich habe meine Mutter, meine alten Freunde wiedergesehen, bin durch schöne Gegenden gereist, aber auch durch sehr garstige, und habe böse Wege und starke Donnerwetter ausgestanden. Ich bin hier, ohngefähr noch eine Tagreise von der Armee, in einem alten Pfaffennest, das in einer angenehmen Gegend liegt. Morgen gehe ich hier ab und werde wohl übermorgen im Lager sein. Sobald es möglich ist, schreibe ich Dir wieder. Du kannst um mich ganz unbesorgt sein. Ich hoffe bald meinen Rückweg anzutreten. Mein einziger Wunsch ist, Dich und den Kleinen wiederzusehen, man weiß gar nicht, was man hat, wenn man zusammen ist. Ich vermisse Dich sehr und liebe Dich von Herzen. Das Judenkrämchen ist wohl angekommen und hat Dir Freude gemacht. Wenn ich wiederkomme, bringe ich Dir noch manches mit, ich wünsche, recht bald. Lebe wohl. Grüße Meyern und sei mir ein rechter Hausschatz.

Adieu, lieber Engel, ich bin ganz Dein.   G.

5. *Goethe*

[Lager bei Longwy,] den 28. August 1792. Gestern bin ich im Lager bei dem Herzoge angelangt, habe ihn recht wohl und munter gefunden und schreibe Dir in seinem Zelte mitten unter dem Geräusch der Menschen, die an einer Seite Holz fällen und es an der andern verbrennen. Es ist fast anhaltender Regen, die Menschen werden weder Tag noch Nacht trocken, und ich kann sehr zufrieden sein, daß ich in des Herzogs Schlafwagen eine Stelle gefunden habe, wo ich die Nacht zubringe. Alle Lebensmittel sind rar und theuer, alles rührt und regt sich, um sich seine Existenz nur ein wenig leidlicher zu machen. Dabei sind die Menschen meist munter und ziehen bald aus diesem, bald aus jenem Vorfalle einen Spaß. Gestern kamen zwei erbeutete Fahnen, himmelblau, rosenroth und weiß, einige Pferde, zwei Kanonen und viele Flinten an, worüber man sogleich Regen und Koth vergaß.

Schreibe mir gleich, wenn Du diesen Brief erhältst. Herr Meyer ist so gut und gibt ihn Herrn Geh. Assistenz-Rath Voigt. Ich kann in sieben Tagen Deinen Brief haben. Schreibe mir, wie es im Hause aussieht, was der Kleine macht und ob das Judenkrämchen Dir Freude gemacht hat?

Grüße Herrn Meyer und Seidel. Es ist mir auf der Reise ganz wohl gegangen. Von Trier habe ich Dir geschrieben, und Du wirst wahrscheinlich den Brief schon haben.

Dieses schreibe ich Dir auf französischem Grund und Boden nicht weit von Longwy, das die Preußen vor einigen Tagen eingenommen haben. Sei meinetwegen unbesorgt, ich habe Dich recht lieb und komme sobald als möglich wieder. Küsse den Kleinen, an den ich oft denke.

Auch an alles, was um Dich ist, an unsre gepflanzten Kohlrüben und so weiter; lebe wohl, mein Liebstes.   G.

6. *Goethe*

Du mußt, liebes Kind, bald wieder ein Briefchen von mir
haben. Wir sind schon weiter in Frankreich, das Lager steht
bei Verdun. Die Stadt wollte sich nicht ergeben und ist
gestern Nacht beschossen worden. Es ist ein schrecklicher
Anblick, und man möchte sich nicht denken, daß man was
Liebes darin hätte. Heute wird sie sich ergeben und die
Armee weiter gegen Paris gehen. Es geht alles so geschwind,
daß ich wahrscheinlich bald wieder bei Dir bin. Es war recht
gut, daß ich bald ging. Ich befinde mich recht wohl, ob mir
gleich manche Bequemlichkeit und besonders mein Liebchen fehlt. Behalte mich ja recht lieb, sorge für Haus und
Garten, grüße Herrn Meyer, küsse den Kleinen und iß Deine
Kohlrabi in Frieden. Um mich sei unbesorgt. Leb wohl, ich
liebe Dich herzlich. Aus Paris bringe ich Dir ein Krämchen
mit, das noch besser als ein Judenkrämchen sein soll. Lebe
recht wohl. Im Lager vor Verdun, den 2. September 1792. G.

7. *Goethe*

Wir stehen noch bei Verdun, werden aber wohl bald vorwärts gehen; ich befinde mich recht wohl und habe keine
Zeit, hypochondrisch zu sein. Wäre es möglich, daß ich Dich
um mich hätte, so wollte ich mirs nicht besser wünschen. Ich
denke immer an Dich und den Kleinen und besuche Dich im
Hause und im Garten und denke mir schon, wie hübsch alles
sein wird, wenn ich wiederkomme. Du mußt mich aber nur
lieb behalten und nicht mit den Äugelchen zu verschwen-
derisch umgehen.

Eh wir hier abreisen, wird ein Körbchen abgehen mit
Liqueur und Zuckerwerk, davon genieße was mit Herrn
Meyer, das übrige hebe auf, ich schicke Dir noch allerlei in

die Haushaltung. Wenn dieser Brief ankommt, bist Du vielleicht schon im vordern Quartier. Richte nur alles wohl ein und bereite Dich, eine liebe kleine Köchin zu werden. Es ist doch nichts besser, als wenn man sich liebt und zusammen ist. Lebe recht wohl und bleibe mein. Ich habe Dich recht herzlich lieb.

Bei Verdun, den 8. September 1792.   G.

8. *Goethe*

No. 1.

Ich habe Dir schon viele Briefchen geschrieben und weiß nicht, wenn sie nach und nach bei Dir ankommen werden. Ich habe versäumt, die Blätter zu nummeriren, und fange jetzt damit an. Du erfährst wieder, daß ich mich wohl befinde, Du weißt, daß ich Dich herzlich lieb habe. Wärst Du nur jetzt bei mir! Es sind überall große breite Betten, und Du solltest Dich nicht beklagen, wie es manchmal zu Hause geschieht. Ach! mein Liebchen! Es ist nichts besser als beisammen zu sein. Wir wollen es uns immer sagen, wenn wir uns wieder haben. Denke nur! Wir sind so nah an Champagne und finden kein gut Glas Wein. Auf dem Frauenplan solls besser werden, wenn nur erst mein Liebchen Küche und Keller besorgt.

Sei ja ein guter Hausschatz und bereite mir eine hübsche Wohnung. Sorge für das Bübchen und behalte mich lieb.

Behalte mich ja lieb! Denn ich bin manchmal in Gedanken eifersüchtig und stelle mir vor: daß Dir ein andrer besser gefallen könnte, weil ich viele Männer hübscher und angenehmer finde als mich selbst. Das mußt Du aber nicht sehen, sondern Du mußt mich für den besten halten, weil ich Dich ganz entsetzlich lieb habe und mir außer Dir nichts gefällt. Ich träume oft von Dir, allerlei confuses Zeug, doch immer daß wir uns lieb haben. Und dabei mag es bleiben.

Bei meiner Mutter hab ich zwei Unterbetten und Küssen von Federn bestellt und noch allerlei gute Sachen. Mache nur, daß unser Häuschen recht ordentlich wird, für das Andre soll schon gesorgt werden. In Paris wirds allerlei geben, in Frankfurt gibts noch ein zweites Judenkrämchen. Heute ist ein Körbchen mit Liqueur abgegangen und ein Päcktchen mit Zuckerwerk. Es soll immer was in die Haushaltung kommen. Behalte mich nur lieb und sei ein treus Kind, das Andre gibt sich. Solang ich Dein Herz nicht hatte, was half mir das Übrige, jetzt da ichs habe, möcht ichs gern behalten. Dafür bin ich auch Dein. Küsse das Kind, grüße Meyern und liebe mich.

Im Lager bei Verdun, den 10. September 1792.   G.

9. *Goethe*

No. 3.

[Lager bei Hans,] den 27. September 1792.

Dein Briefchen mit dem großen Tintenklecks habe ich erhalten und freue mich, daß es Dir und dem Kleinen wohlgeht, und daß Du im Stillen der Bequemlichkeit und des Guten genießest, wie ich Dir es hinterlassen habe. Ich stelle mir vor, wie Du das Judenkrämchen in Stücken schneidest und verarbeitest. Die schönen Spitzen zerschneide nur nicht, denn es ist eben zu einer schönen Krause gerechnet. Wenn Du ein braver Hausschatz bist, so wirst Du erst Freude haben, wenn ich mit allerlei guten Sachen beladen wiederkomme. Ich hoffe bald wieder in Frankfurt zu sein, und das ist alsdann, als ob ich schon wieder bei Dir wäre.

Wir erleben viel Beschwerlichkeiten, besonders leiden wir vom bösen Wetter. Davon werde ich mich in Deinen Armen bald erholt haben. Recht wohl bin ich übrigens und munter. In meinem nächsten Brief kann ich Dir vielleicht mehr sagen. Lebe wohl. Küsse den Kleinen und liebe mich und mache schön Ordnung, wenn Du nun hervorziehst. Adieu, mein süßes, liebes Kind.

G.

10. *Goethe*

Verdun, den 10. October 1792.

Deine Briefe habe ich nun alle, mein liebes Herz; das Packet, das so lange außenblieb, hab ich auch erhalten und zwar in einem Augenblicke, wo ich große Langeweile hatte. Ich war recht vergnügt, so viel von Dir zu lesen.

Die Freude über das Judenkrämchen kann ich mir vorstellen. Ich mache mir Vorwürfe, daß ich nicht Spielsachen für den Kleinen eingepackt und den Sohn über die Mutter vergessen habe; er soll nun auch was haben, entweder bring ichs mit oder schicke es voraus.

Du wirst nun wohl schon wissen, daß es nicht nach Paris geht, daß wir auf dem Rückzuge sind. Vielleicht bin ich, wenn Du diesen Brief erhältst, schon wieder in Deutschland. Der Krieg geht nicht nach Wunsch, aber Dein Wunsch wird erfüllt, mich bald wieder nahe zu wissen.

Ich habe viel ausgestanden, aber meine Gesundheit ist ganz fürtrefflich, es fehlt mir nicht das Mindeste, und an Hypochondrie ist gar nicht zu denken. Du wirst einen recht muntern Freund wieder kriegen.

Du hast wohlgetan, mir nichts vom Übel des Kleinen zu schreiben, bis es vorbei war. Ich wünsche euch beide bald wiederzusehen und euch an mein Herz zu drücken.

Wenn ich Dir etwas schrieb, das Dich betrüben konnte, so mußt Du mir verzeihen. Deine Liebe ist mir so kostbar, daß ich sehr unglücklich sein würde, sie zu verlieren, Du mußt mir wohl ein bißchen Eifersucht und Sorge vergeben.

Ich hoffe, Du bist nun in Helmershausens Quartier, auf

alle Fälle habe ich dem Herrn Geh. Assistenz-Rath ein Wort geschrieben. Ich hoffe, bis ich komme, soll die Treppe und der Hausplatz auch fertig werden und alles recht einladend und gemüthlich sein. Es wird eine recht gute Zeit werden, wenn wir uns wiedersehen.

In wenigen Tagen hoffe ich Dir wieder näher zu sein, und Du erhältst wieder einen Brief. Nun wirst Du ja auch wieder in die Komödie gehen und die Abende wenigstens eine kleine Lust haben.

Lebe wohl, küsse den Kleinen und sei vergnügt in Deinem Hauswesen.

Diesen Brief schreibe ich Dir aus Verdun, wo ich mich einmal wieder im Trocknen bei einem Kaminfeuer erquicke.

Venus ist sehr krank und auch in der Stadt. Das Wetter ist entsetzlich und der Koth überall abscheulich.

Gedenke mein und lebe wohl.

Verdun, den 10. October 1792.   G.

Luxemburg, den 15. October.
Wir mußten eilig aus Verdun, und nun sind wir seit vorgestern in Luxemburg, in wenig Tagen geh ich nach Trier und bin wahrscheinlich vor Ende dieses Monats in Frankfurt. Sobald ich dort ankomme, schreib ich Dir.

Wie froh ich bin zurückzukehren, kann ich Dir nicht ausdrücken, das Elend, das wir ausgestanden haben, läßt sich nicht beschreiben. Die Armee ist noch zurück, die Wege sind so ruinirt, das Wetter ist so entsetzlich, daß ich nicht weiß, wie Menschen und Wagen aus Frankreich kommen wollen.

Wir wollen es uns recht wohl sein lassen, wenn wir nur erst wieder zusammen sind. Lebe recht wohl, liebe mich und küsse den Kleinen.

Schreibe mir nun nicht eher, bis Du einen Brief aus Frankfurt erhältst. Es ist gar schön, daß ich hoffen kann, Dir bald näher zu kommen.

11. *Goethe*

Coblenz, den 4. November 1792.
Mein schöner Plan, Dich bald wieder zu sehen, ist auf einige
Zeit verrückt. Ich bin glücklich in Coblenz angelangt, es ist
eine prächtige Gegend, und wir haben das schönste Wetter.
Das alles kann mich aber nicht freuen, weil ich von Dir
entfernt bin. Die Franzosen haben Frankfurt noch besetzt,
und selbst der Weg durch Hessen ist nicht ganz sicher. Ich
muß hier acht Tage zusehen, vielleicht besuch ich indessen
Jacobi in Düsseldorf. – Denn ich möchte doch gerne meine
Mutter sehen. Wahrscheinlich verlassen die Franzosen bald
Frankfurt. Alsdann geh ich hin und bin bald bei Dir. Lebe
indeß recht wohl. Ich hoffe, daß Du nun eingezogen und in
der Ordnung bist, daß die Treppe immer weiter rückt. Ge-
brauchet ja die Zeit, die ich abwesend bin, um so viel fertig
zu machen, als die Wittrung erlaubt. Grüße Herrn Meyer.
Ich habe mitunter lange Zeit. Der Herzog ist hier angekommen, morgen kommt der König, und in wenig Tagen ist die
ganze Armee am Rhein. Lebe wohl, küsse den Kleinen.
Schreibe mir nicht, denn ich wüßte nicht zu sagen wohin. G.

12. *Goethe*

Ich muß Dir wieder sagen, mein liebes Kind, wo ich bin und
wie mirs geht. Von Coblenz eilte ich nach Düsseldorf, meinen alten Freund Jacobi zu besuchen, in dessen Umgange
ich mich so wohl befinde, als ich mich vor einem Monat übel
befand. Er ist sehr schön eingerichtet, und ist, mit den
Seinigen, sehr gut gegen mich.
   Wegen meiner Rückreise bin ich in Verlegenheit. Sehn-
lichst verlange ich Dich wiederzusehen und bin noch immer
wie von Dir abgeschnitten. Frankfurt ist noch in den Hän-

den der Franzosen, der Weg durch Hessen ist noch nicht sicher. Wenn es in acht Tagen nicht anders wird, gehe ich durch Westphalen. Die übeln Wege sollen mich nicht abhalten, wenn ich nur endlich einmal wieder bei Dir sein kann.

Ich hoffe, daß Du wohl bist, denn leider hab ich lange nichts von Dir gehört; ich denke immer an Dich und an den Kleinen und stelle mir vor, wie Du Dich immer artiger einrichtest, wie das Haus fertiger wird und wie hübsch es sein wird, wenn ich zu Dir komme.

Sei vergnügt, mein liebes Kind, genieße der Ruhe, indeß so viele tausend Menschen, von Haus und Hof und allen ihren Gütern vertrieben, in der Welt herumirren und nicht wissen wohin. Küsse den Kleinen und liebe mich. Mein einziger Wunsch ist, Dich bald wieder zu besitzen. Antworte mir nicht, denn eh Dein Brief ankommen könnte, bin ich schon hier weg. Eh ich abreise, schreibe ich Dir und melde Dir, wenn ich bei Dir sein kann.

Düsseldorf, den 14. November 1792.   G.

*

Am 4. Dezember verließ Goethe Düsseldorf, besuchte Plessing in Duisburg und verweilte eine Woche lang im Kreise der Fürstin Gallitzin in Münster. Von hier aus muß er Christianen den Tag seiner Heimkehr mitgeteilt haben, denn später schreibt er an Jacobi (31. Dezember): »Von Münster kann ich nur sagen, daß ich dort sehr glücklich war und daß ich ohne meine übereilte Anmeldung zu Hause noch einige Tage geblieben wäre.« Auf schlimmen Wegen, durch »Heidegebüsch und Gesträuche, Wurzelstumpfen, Sand, Moor und Binsen« ging die Fahrt von Münster nach Paderborn; von hier gelangt Goethe über Kassel nach Eisenach und kehrt, nach einer Abwesenheit von mehr als vier Monaten, in der Nacht vom 15. zum 16. (oder vom 16. zum 17.) Dezember heim. »Meine Ankunft in Weimar«, heißt es in der »Campagne«, »sollte auch nicht ohne Abenteuer bleiben; sie ereignete sich nach Mitternacht und gab Anlaß zu einer Familienscene, welche wohl in irgend einem Roman die tiefste Finsterniß erhellen und erheitern würde. – Nun fand ich das von meinem Fürsten mir bestimmte, erneuerte, wohleingerichtete Haus schon meistens wohnbar, ohne daß mir die Freude ganz versagt gewesen wäre, bei dem Ausbau mit- und einzuwirken. Die Meinigen entgegneten mir munter und gesund, und als es an ein Erzählen ging, contrastirte freilich der heitere ruhige Zustand, in welchem sie die aus Verdun gesendeten Süßigkeiten genossen, mit demjenigen, worin wir, die sie in paradiesischen Zuständen glaubten, mit aller denkbaren Noth zu kämpfen hatten. Unser stiller häuslicher Kreis war nun um so reicher und froher abgeschlossen, indem Heinrich Meyer zugleich als Hausgenosse, Künstler, Kunstfreund und Mitarbeiter zu den Unsrigen gehörte und an allem Belehrenden sowie an allem Wirksamen kräftigen Antheil nahm.«

1793

Glücklich verlebt Goethe die ersten Wochen des neuen Jahres unterm eignen Dach im Kreise der Seinen. Um den Geist von der Betrachtung der leidigen Welthändel abzuziehen, schlägt er die »unheilige Weltbibel« auf, den »Reineke Fuchs«, und vollendet, rastlos tätig, den ersten Guß in Hexameter bis Anfang Mai. Manche Stunde mag da unter Fröhlichkeit und Lachen hingeschwunden sein, wenn Goethe, einen neuen, tagsüber vollendeten Gesang vorlesend, sein kleines abendliches Publikum: Christiane und Heinrich Meyer, mit den verwegenen Streichen des Erzschelms Reineke bekannt machte. –

»Meine Kleine ist im Hauswesen gar sorgfältig und thätig«, schreibt Goethe Anfang Februar an Jacobi, vermerkt sich aber auch um diese Zeit im stillen das gewiß aus eigener Erfahrung geschöpfte Xenion:

> »Die ihrem Mann allein gewährt vergnügte Stunden,
> Ich gehe noch herum! ich hab sie nicht gefunden.« –

Der Herzog Karl August wünschte Goethen im Feldlager zu sehen; schon am 18. Februar hatte er ihm von Frankfurt aus darüber geschrieben. Und so konnte Goethe bereits am 17. April an Jacobi berichten: ». . . ich bin schon wieder reisefertig und werde, wenn sich Mainz nicht kurz resolvirt, der Blockade oder Belagerung beiwohnen. Gegen Ende dieses Monats gehe ich hier ab.« Bis Mitte Mai verzögerte sich die Abreise. Kurz vorher war Christiane mit ihrem an den Blattern erkrankten Söhnchen nach Jena gereist, wahr-

scheinlich um die Krankheit durch den dortigen ausgezeich-
neten Arzt Stark behandeln zu lassen (vgl. Brief 13). Unter
diesen Umständen mußte Goethe für die Seinigen die Nähe
des Freundes Knebel besonders tröstlich sein; ihm schrieb er
am 11. Mai nach Jena: »Meinen Kleinen empfehl ich Dir, er
kommt, hoff ich, glücklich durch ... Lebe tausendmal
wohl.«

*

13. *Christiane*

Jena, den 13. Mai [1793].
Lieber, ich wünsche Dir, daß Du glücklich angekommen
bist, mit den August geht es sehr gut. Der Herr Hof-Rath hat
gesagt, daß mir den 17. Mai wieder nach Weimar zurückkehren könnten. Du wirst Dich sehr freuen, wenn Du wieder
zurückkömmst und ihn gar nicht von Blattern verändert
siehst, er hat nicht viel und sie schwären nicht tief und er ist
auch recht wohl. Mir gefällt es auch in Jena, aber auf den
Lande doch noch besser. Gestern sind mir in Burgau gewesen, da hat mir die Gegend sehr wohl gefallen, die Saale und
die schönen Berge und die Dörferchen[1]. Der junge Hage hat
uns auch den Wasserbau an der Saale gewiesen, nun weiß ich
dann auch, was es ist, ich habe immer davon reden hören.
Auf den Mittwoch wollen mir nach Lobeda und wollen den
August mitnehmen, der wird sich recht freuen. Es ist sehr
gut, daß Du mich nicht in Weimar gelassen, ich sehe hier
immer viel Neues, aber ich wünsche mir nur immer, daß ich
das alles mit Dir sehen könnte, und wir könnten so ein paar
Schlampams-Stündchen[2] halten, da wär ich recht glücklich.
Ich will aber recht artig sein und mir immer denken, daß die
schönen Stunden auch wiederkommen, und wir wollen sie

1 trüfergen.
2 Schlandens Stüngen.

1. Christiane Vulpius.
Federzeichnung von Goethe, um 1789

recht genießen. Es ist mir aber sehr lieb, daß mir diese Woche wieder nach Weimar gehen, denn man ist hier doch nicht recht in seiner Ruhe. Schreibe mir nur bald und denke an das Judenkrämichen.

In unserm Hause muß man sich ein bißchen stille halten, denn es geht gar zu lose zu, der Jule dauert alle Nacht bis um 12 Uhr.

Sobald ich wieder in Weimar bin, schreibe ich. Behalt mich lieb und denke an mich.

Leb wohl, Du Süßer. Deine Dich ewig liebende Christel.

[*Beilage:* August]

Lieber Vater, ich bin wieder bald gesund, schicke mir was.

14. *Goethe*

Frankfurt, Freitag, den 17. [Mai 1793] Abends. Ich melde Dir, meine Liebe, daß ich heute Nachmittage glücklich hier angekommen bin, daß es in meinem Hause ganz ruhig ist, und daß ich nur wünschte, Du wärest bei mir, Du würdest es recht artig finden. Meine Mutter ist in Gesellschaft gegangen, ich sollte auch mit, mache es aber hier wie dort und bin am liebsten zu Hause. Nun wird zuerst an Dein Zettelchen gedacht und für das Krämchen gesorgt. Lebe wohl, küsse den Kleinen und schreibe mir, was er macht, und wenn ihr von Jena zurückkehrt. Lebe wohl, ich bin immer bei euch.   G.

Wende um!

Meine Mutter hat mir einen sehr schönen Rock und Caraco für Dich geschenkt, den ich Dir sogleich mit schicke, denn ich kann Dir, wie Du weißt, nichts zurückhalten. Dabei liegen Zwirn-Bänder, wie Du sie verlangtest. Das andre kommt nach und nach. Lebe wohl! meine Liebste.

N. B. Es sind fünf Blätter zum Rock und ein Blatt zum Caraco, von dem die grünen Streifchen abgeschnitten und aufgarnirt werden. Wenn Du Dirs machen lässest, so frage jemand, der es versteht.

Adieu! küsse den Kleinen.

Wie wär es, wenn Du Dir den Rock und das Caraco auf Deine nächsten Umstände machen ließest, es ist ja Zeug genug, Du kannsts immer enger machen lassen. Ich schickte Dir noch einen großen Shawl, und da wärst Du in der Krabskrälligkeit recht geputzt.

15. *Christiane*

Weimar, den [24. (?) Mai 1793].
Mein Lieber, Du erhältst nun schon den 2. Brief von mir, und ich habe noch keine von Dir, das betrübt mich; übermorgen ist es doch schon 14 Tagen, daß Du weg bist. Aber freuen wirst Du Dich, wenn ich Dir sage, daß ich heute vor 8 Tagen gesund und wohl mit dem Kleinen zurückgekommen bin. Er ist recht wohl. Das war eine Freude, wie die beiden Kinder den Schloßthurm wieder erblickten! Da schriee der Kleine: »Mutter! da ist ja Weimar, nu bin ich froh, da komm ich beis Väterchen.« Denn er glaubt, Du müßtest da sein. Und bin auch froh, daß ich wieder da bin, es ist doch nie nirgends besser als zu Hause, in unserm Häusechen, nur Du fehlst mir, alsdenn wär ich sehr glücklich. Aber meine Schwester kam mir mit der schönen Nachricht entgegen, daß Du bald wiederkämst, da will ich auch recht ruhig sein. Mit der Arbeit im Hause geht es sehr

geschwinde; ich habe mich gewundert, wie ich wiederkam, daß so viel fertig war.

Mit den Garten und Acker geht es auch gut, im Hausgarten ist es sehr angenehm, ich komme nicht heraus; wir haben heuer einen Vauxhall[1] mit Janitscharen-Musik, das hört man in unserm Garten ganz herrlich, aber noch besser in meinem kleinen Hinter-Stübchen, da ist es, als ob es vor einem wäre. Gestern war ich in der Komödie, da habe ich Jacobin gesprochen; der hat sich sehr verändert, ist außerordentlich lustig. Da kann man mit Recht sagen: Stille Wasser sind tief. In Jena habe ich ihn nicht gesehen, weil ich gar nicht ausgekommen bin; nach Lobeda bin ich auch nicht gekommen, weil ich in Burgau erfuhr, daß die Frau Burgemeistern verreist sei; ich habe es aber in Burgau versprechen müssen, um Johanni nach Burgau zu kommen. Alsdenn soll es auch nach Lobeda gehen, da wollen mir den Kleinen mitnehmen. Ich bin recht wohl mit der Krabskrälligkeit. Und nun noch eine Bitte an Dich. In Jena und in Weimar habe ich eine große Bequemlichkeit zu den Pfuiteufelchen gesehen. Das sind so weiße Saloppen von klaren weißen Zeuge ohne Streifen, ganz glatt; sie werden es in Frankfurt schon wissen. Wenn Du mir so was schicken wolltest, aber bald, sei aber ja nicht böse, daß ich Dich schon wieder plage.

Leb recht wohl und behalte mich recht lieb, ich liebe Dich unaussprechlich. Gehe ja nicht in Krieg und denke an mich. Adieu[2], mein Bester.

[Nachschrift auf besonderem Blatt]

In aller Eile.

Itzo, da ich Deinen Brief zumachen will, kömmt das Packet mit dem schönen Habit, ich bin vor Freuden außer

---

1 Facksal.
2 Atgie.

mir und springe herum wie ein Kind. Wenn Du mir so was zu einer weißen Saloppe schickest, so kann ich mich recht putzen. Ich bin so vergnügt, daß ich einen Brief von Dir habe. Die Frau kam, und alles ist zusammen berufen worden, und vor lauter Freuden wird auf Deine Gesundheit eine Flasche[1] süßer Wein getrunken. Leb wohl, ich sehe, wie Du an mich denkst.

16. *Goethe*

[Lager bei Marienborn,] den 29. Mai 1793. Ich bin nun wieder, meine Beste, im Lager angelangt, und es sieht ein gut Theil besser aus als vor dem Jahre. Man muß nur alles Gute und Bequeme, was man zu Hause verließ, eine Zeit lang aus dem Sinne schlagen, so kann es wohl angehen. Abwechslung gibt es genug und viel zu sehen und zu hören. Der Herzog ist recht wohl. Die Armee steht um eine große Stadt, über ein paar Flüsse weg, und man schießt Tag und Nacht. Ich wollte, Du wärst bei mir, so möchte das andre hingehn. Ich war in ein Dorf recht schön einquartiert, da haben mich die Wanzen wie gewöhnlich herausgejagt. Nun schlafe ich wieder im Zelte, angezogen, in einer Strohbucht und habe eine Decke, die uns, hoffe ich, bald wieder zusammen zudecken soll. Ich denke viel an Dich, küsse Dich und den Kleinen in Gedanken.

Du wirst nun das zweite Packet erhalten und Dich gefreut haben. In Frankfurt steht noch das Bügeleisen, die Schuhe und Pantoffeln waren noch nicht fertig. Bald gehe ich wieder hinein und packe Dir wieder ein Kästchen.

1 falsche.

Den 31.

Heute Nacht sind wir unsanft geweckt worden. Die Franzosen attaquirten das Hauptquartier, ein Dorf, ohngefähr eine halbe Stunde von uns. Das Feuer war sehr lebhaft, sie wurden endlich zurückgetrieben.

Deiner Bitte eingedenk, bin ich erst, da es Tag war und alles vorbei, hinunter geritten. Da lagen die armen Verwundeten und Todten, und die Sonne ging hinter Mainz sehr prächtig auf.

Behalte mich lieb, ich werde mich um Deinetwillen schonen, denn Du bist mein Liebstes auf der Welt. Küsse den Kleinen. Ich hoffe, wir sehen uns bald wieder. Ich schreibe Dir von Zeit zu Zeit.   G.

17. *Goethe*

[Lager bei Marienborn,] 3. Juni 1793.

Dein Brief hat mich sehr gefreut, und die Nachricht, daß ihr wohl seid. Daß Dir das Kleid gefallen hat, kann ich denken. Du hast nun auch einen großen seidnen Shawl, mit dem Du die pfui Teufelchen zudecken kannst. Wenn ich wieder nach Frankfurt komme, will ich Dir auch für etwas Weißes sorgen. Küsse den Kleinen, grüße Meyern! mich betrübts, daß er wieder krank ist. Ich bin recht wohl und wünsche bald wieder bei Dir zu sein. Lebe wohl. Behalte mich lieb und schreibe bald.

Vor Mainz, im Lager.   G.

Wir haben kalt Wetter gehabt, Gewitter und Regen. Heut war ein sehr schöner Tag. Es fehlt an nichts und es ist viel lustiger als vor dem Jahre.

Die Gegend ist gar schön. Leider wird viel verwüstet. Lebe wohl, ich freue mich auf die guten Stunden, die auch wieder kommen werden.

18. *Christiane*

Weimar, den 7. Juni [1793].

Lieber, ich habe das schöne Tuch und alles erhalten und
mich herzlich gefreut, aber der Gruß von der lieben Mutter
ging mir über alles, ich habe vor Freuden darüber geweint.
Ich habe was ohne Dein Wissen gethan, ich habe an die liebe
Mutter geschrieben und mich bei ihr bedankt, mein Herz
ließ mir es nicht anders zu, ich mußte schreiben, Du wirst
doch nicht böse darüber? Der Brief wird nun freilich nicht
recht sein, aber bitte die liebe Mutter, daß sie nicht böse auf
mich wird, und sage ihr, daß ich es nicht besser kann. Ach,
Lieber, wenn Du nur hier wärst und sähest, wie ich mich
über das alles freue, aber am meisten freu ich mich, daß die
liebe Mutter nicht böse auf mich ist, das macht mich sehr
glücklich, denn das hat mich noch mannichmal betrübt. Im
Stillen habe ich darüber nachgedacht. Itzo fehlt mir nichts
als Du, mein Lieber, daß mich mit Dir freuen könnte und
ich Dich an mein Herz drücken könnte und Dir sagen
könnte, wie ich Dich immer herzlicher liebe und Du mein
einziger[1] Gedanke bist, denn jede Freude ist nur halb, wenn
Du nicht dabei bist. Komm nur recht bald wieder. Im Hause
geht alles gut, der Tapezier fängt an, mein Kämmerchen ist
fertig und künftige Woche werde ich in Ordnung kommen;
ich komme nicht viel weg, es gibt immer im Hause herum
zu gräbeln, ich sehne mich auch nicht aus dem Hause. Die
Schätzchen[2] besuchen mich immer, die Wernern und die
Burkhardtin[3], auch ein paar Kose-Weiber haben mich besucht, vermuthlich aus Neugier wegen der Krabskrälligkeit,
die itzo ziemlich augenscheinlich wird. Ich und der Kleine,
mir sind gesund, nur weiter fehlt mir nichts, als daß ich mit

1 Eimscher.
2 schäßgen.
3 Burkardin.

dem einen Fuß nicht recht fort kann und er ist sehr schmerzlich und dicke, ich habe mit [dem] Doctor gesprochen, der
hat mir aber versichert, es thue nichts, es vergehe auch
wieder. Ich fahre mannichmal eine Stunde spazieren, das
hat er mir erlaubt. Am Sonntag habe ich das neue Negligé
angehabt und bin in [der] Kirche gewesen, weil Herder
predigte. Nach Mittage sind wir auf den Vauxhall, da wurde
das schöne Kleid bewundert und gelobt. Aber die Werner,
die immer lustig ist, machte lauter dummes Zeug und auf
einmal sagte sie: morgen würde Huschke sehr viel zu thun
haben, »denn morgen muß alles nach Vomitiven[1] schicken,
denn ich sehe es manchen Leuten an«. Bald hätte ich Dir
vergessen zu schreiben, daß der Kleine sich sehr freut über
sein *abc*Buch und will das *abc* lernen, er sagt: »Daß ich auch
was kann, wenn der liebe Vater wiederkömmt.« Aber Du
sollst ihm ja einen Säbel und eine Flinte mitbringen. Leb
wohl und gehe nicht in Gefahr und denke an uns und
behalte mich lieb, ich liebe Dich über alles. Leb wohl, Du
Liebster.   V.

19. *Goethe*

Im Lager bei Marienborn, den 7. Juni 1793.
Mit jeder Gelegenheit schreibe ich Dir ein Wort. Du mußt
nun schon viel Briefchen von mir haben.

Nicht wahr, das Kleid und der Shawl waren schön? Ich
wünsche Dir schönes Wetter, daß Du es oft anziehen kannst.
Meine Mutter hat mir noch ein schönes Tischzeug mit zwölf
Servietten geschenkt, das kommt auch bald an, und sonst
wird noch allerlei gekrabselt.

Ich bin recht wohl und wünsche mir kein besser Leben,
wenn Du nur in der Nähe wärst. Das Wetter ist schön.

Wären gewisse Umstände nicht, Du müßtest mich besu-

1 fommediefen.

chen. Wir müssen uns gedulden und hoffen, daß wir uns bald wiedersehen.

Richte die Haushaltung ein, wie Du es recht hältst, und behalte auch die Magd, da sie nöthig ist und Du mit ihr zufrieden bist.

Küsse den Kleinen und lebe recht wohl.   G.

Bei Mainz, den 7. Juli [Juni] 1793.

20. *Christiane* No. 6.

[Weimar,] den 14. J[uni 1793].
Lieber, Du mußt nun schon 5 Briefe von mir haben, ich habe Dir auch einen von Jena aus geschrieben. Aber ich und Herr Meyer besorgen immer, der Ernst besorgt die Briefe nicht ordentlich, denn er ist immer sehr leichtsinnig, daß man in allem seine Noth hat. Deßwegen bestellt sie Herr Meyer immer selbst. Über alle die schönen Sachen habe ich eine große Freude, in den großen Shawl kann ich mich mit allem wickeln. Gesund bin ich und mache mir immer was zu schaffen. Heut bringe ich Deine Schränke und Sachen in Ordnung und will mich recht freuen, wenn Du wieder-kömmst und Dir es recht ist. Der Saal wird gemacht, die Stube und alles ist in 14 Tagen fertig. Dann will ich alle Stuben im ganzen Hause sauber machen lassen, und so will ich es in der schönsten Ordnung erhalten, bis Du wieder-kömmst und Dich darüber freust. Denn dießmal ist mir es immer, als kämst Du bald wieder. Denn ich weiß, weil Du mich lieb hast, wirst Du mich in den Umständen nicht bis auf die letzte allein lassen, denn man ängstet sich doch immer. Denn hier ist [es] abscheulich, denn ehe ich Deinen vorigen Brief bekam, habe ich vor Angst Tag und Nacht nicht ruhen können, denn es hieß, es wäre alles gefangen. Ich danke Dir recht von Herzen, daß Du mir von Zeit zu Zeit

schreibst, denn hier sind die Lügen groß. Ich freu mich, wenn ich höre, daß Du gesund bist, habe mich nur hübsch lieb und begib Dich nicht mit Gewalt in Gefahr. Ich und der Kleine lieben Dich herzlich, der Kleine redet immer von Dir und lernt sehr fleißig sein *abc*, das deutsche und lateinsche. Wenn Du nur unsern Garten sehen sollst, er ist schön, daß man sich gar nicht heraus sehnet. Ach Gott, wenn die schöne Tage erst wieder kommen, wo wir zusammen drin herumgehen, alsdenn will ich mich recht freuen. Die Mamsell Rudolf ist bei mir gewesen und hat mich mit dem Kleinen nach Tiefurt geladen, aber ich bin nicht nunter gegangen, sie logirt[1] bei der Herzogin neben ihrem Zimmer. Heute hat sie mir expreß[2] durch einen Bedienten sagen lassen, auf den Montag nunter zu kommen, da werde ich doch wohl nunter müssen. Herr Meyer ist immer unten.

Leb wohl und denke an Dein Christelchen, das Dich recht zärtlich liebt, und mache nicht so viel Äuglichen.

21. *Goethe*

Du hast recht wohl gethan, an meine Mutter zu schreiben, sie wird es ja wohl lesen können. Sie ist Dir recht gut, denn ich habe ihr erzählt, wie Du so brav bist und mich so glücklich machst.

Ich wünsche, daß Dein Übel am Fuße bald vergehen möge, es ist mir recht betrübt zu wissen, daß Du leidest.

Küsse den Kleinen und halte ihn wohl, ich freue mich euch wiederzusehen.

Schreibe mir auch etwas von den Gärten, ich höre gern, daß im Hause die Arbeit hintereinander weg geht.

Wir haben hier ein unruhiges Leben und doch herzlich

1 luschiert.
2 Ecks Prse.

langweilig mitunter. Lebe wohl, ich habe Dich über alles lieb.

[Lager bei Marienborn,] den 14. Juni 1793.   G.

22. *Christiane*

[Weimar, 17. oder 18. Juni 1793.]
Tausendmal des Tages denke ich bei dem kalten und stürmischen, nassen Wetter an Dich, mein Lieber, was Du wohl
dabei leiden mußt, ich bin deßwegen sehr in Sorgen, denn
bei uns ist [es] erschröcklich kalt, man muß einheizen. Heute
scheint sich etwas zu ändern. Das böse Wetter hat mich auch
zurückgehalten von Tiefurt. Im Hause werden die Tüncher[1]
bis morgen fertig und der Saal wird sehr schön. Im Hause
gibt es immer zu thun, heut und gestern sind die Öfen in
Ordnung gebracht worden. In Gärten und auf dem Lande ist
alles gepflanzt und zurechte. Aber diese Woche habe ich
auch eine große Betrübniß gehabt, ich hatt die Gurken so
schöne gewartet und gegossen. Schicket der Hofgärtner vom
Belvedere[2] die Pflanzen vom Spargel, und die müssen gar
tief mit einem Graben gepflanzet werden, und da gingen die
Gurken beinahe alle zu Grunde, so daß ich habe frische
legen müssen, ich weiß aber nicht, ob etwas daraus wird. Du
sagtest es dem Gärtner gleich, aber der wollte es besser
wissen. Der Hofgärtner hat sie selbst pflanzen lassen. Das
muß unser Gärtner übelgenommen haben, denn er hat sich
nicht wieder sehen lassen. Ich wollte Dich auch wegen des
Bauverwalters wegen des Weines erinnern und Dir auch
melden, daß das kleine Häuschen neben[3] uns itzo verkauft
wird, es ist aber noch Zeit, wenn Du dem Bauverwalter etwa

1 Düger.
2 Pelfeder.
3 nehm.

Commission geben willst. Hier folgt auch ein Brief, den er mir geben hat, an Dich zu bestellen. Auch der Geheime Kammer-Rath Gülicke hat mich bitten lassen, das Schreiben so bald als möglich an Dich zu schicken. Hier folget beides.

Ich und der Kleine befinden uns ganz wohl, der Kleine spricht sehr viel von Dir und fragt mich immer: »Wenn kömmt denn das Väterchen wieder?« und erfährt [er], daß ein Brief von Dir da ist, spricht er allemal: »Hat mir der Vater keinen Kuß geschrieben?« Das Pfuiteufelchen hat sich gemeldet, und es wird wohl seinen Besuch im October machen. Da bist Du doch wohl wieder da. Ach ja, da läßt Du mich nicht allein! habe mich nur lieb und denke an mich, ich habe Dich ja jeden Augenblick im Sinn und denke nur immer, wie ich im Haushalt alles in Ordnung bringen will, um Dir mit etwas Freude zu machen, weil Du mich so glücklich machst. Leb wohl, behalte mich lieb und denke an mich, ich und der Kleine küssen Dich tausendmal. Schreibe mir bald wieder.

Du schriebst mir in einem Briefe, es wäre Zwirn dabei, aber ich habe keinen bekommen.

23. *Goethe*

Den 22.Juni 1793, bei Marienborn. Deinen Brief vom 14. erhalte ich eben. Es ist recht gut, daß man sich doch ein Wort sagen kann, wenn es gleich fatal genug ist, daß die Tage und Nächte vergehen, ohne daß man beisammen ist. Deine Briefe habe ich alle erhalten und mich ihrer gefreut, ich habe Dir auch oft geschrieben, und Du wirst meine Briefe nach und nach empfangen. Ich hoffe Dich bald wiederzusehen, richte mir das Hauswesen nur recht gut ein und putze mir recht auf, daß ich mich freue, wenn ich zurückkomme, und das Untröstliche vergesse, das ich hier täglich und stündlich sehen muß.

Ich bin ruhig und sicher; glaube den Leuten nicht, die alles vergrößern, vorzüglich üble Nachrichten, ich werde mich nicht muthwillig in Gefahr begeben, es lobt einen niemand darum und man hat nur den Schaden.

Sage Deinem Bruder, er möge mir nur manchmal von unserm Theaterwesen ein Wort melden.

Küsse den Kleinen und erzähle ihm vom Vater, daß er ihn lieb behält.

Behalte mich auch lieb. Denn das ist das Beste für Dich und für mich. Das Gute in der Welt ist viel schmäler gesät, als man denkt; was man hat, muß man halten.

Lebe wohl, liebes Kind. Die Zeit wird mir lang, bis ich zu Dir komme.   G.

Wir haben seit 10 Tagen sehr bös Wetter, kalt und regnicht, daß es höchst unangenehm zu leben ist.

24. *Christiane*

[Weimar, Ende Juni 1793.]
Die Frau Räthin hat mir einen recht lieben Brief geschrieben. Der hat mir einen rechten vergnügten Tag gemacht. Sei nur so gut und entschuldige mich wegen meinem Schreiben. Sie hat sich bei mir nach dem Kleinen erkundigt, und da habe ich ihr wieder geantwortet, ich wünsche mir nur, sie noch einmal in meinem Leben zu [sehen] und zu sprechen. Sie muß eine recht gute Frau sein, Dich hat sie auch recht lieb. Im Garten geht alles mit den Pflanzen[1] gut, nur der Gärtner und der Hofgärtner von Belvedere sind nicht einig wegen dem Spargel, und die jungen Bäume hat gewiß unser Gärtner nicht tief genug gepflanzet. Deßwegen kömmt mor-

---

1 falzen.

gen der Hofgärtner von Belvedere herunter und hat unsern Gärtner auch bestellt. Darein lege ich mich aber nicht, das mögen sie selbst ausmachen. Viel wird dieß Jahr mit Gemüse und Einmachen nicht werden, wenn mir keine bessere Witterung bekommen, es ist so kalt, daß gar nichts wachsen kann. Ich habe Dir vergessen zu schreiben, daß Jacobi 2mal bei uns gewesen ist, er ist allemal 2 Tage dageblieben. Der wird itzo mehr als zu munter. Nun wollte ich Dir nur sagen, daß Du mich hübsch lieb behältst und mannichmal an mich denkest, mir kömmst Du nicht aus den Gedanken. Ich bin immer betrübt, ich habe es Dir nicht schreiben wollen, aber seit Du weg bist, kann ich mich über nichts recht freuen.

Leb wohl und denke an mich, ich liebe Dich über alles.

Wenn es möglich ist, so besorge, daß ich nur den Barchent und die Federleinwand bekomme. Itzo, da ich noch herum gräbele, kann ich noch das Bett besorgen. Denn wir müssen [es] haben, weil ich das, [das] mir gehabt haben, wieder fortgeschickt[1] habe.

25. *Goethe*

Marienborn, den 3. Juli 1793.
Du bist ein recht liebes Kind, daß Du mir so viel schreibst, dagegen sollst Du auch wieder gleich von mir einen Brief haben.

Das Wetter war 14 Tage hier ebenso schlimm, als es bei euch nur sein konnte. Erst verfror der Weinstock, und dann hatten wir Kälte, Regen, Sturm und mußten unter unseren Zelten viel erdulden. Jetzt ist es desto schöner, nicht gar zu heiß. Besonders sind die Nächte gar angenehm. Wenn wir nur nicht das traurige Schauspiel ansehen müßten, daß alle

1 geschütt [also vielleicht: geschüttet?].

Nacht die Stadt bombardiert wird und nun so nach und nach vor unsern Augen verbrennt. Die Kirchen, die Thürme, die ganzen Gassen und Quartiere eins nach dem andern im Feuer aufgeht. Wenn ich Dir einmal davon erzähle, wirst Du kaum glauben, daß so etwas geschehen könne. Tröste Dich ja über Deine Gurken und sorge recht schön für alles, Du machst mir recht viel Freude dadurch. Wir wollen ja aneinander festhalten, denn wir fänden es doch nicht besser. Behalte mich ja lieb, wie ich Dich. Meine Mutter hat Dir geantwortet, es wird Dich gefreut haben. Sie denkt gar gut gegen Dich. Wenn kein Zwirn bei den Sachen lag, so muß ich ihn vergessen haben einzupacken, vielleicht liegt er noch zu Hause bei dem Bügeleisen und andern Sachen.

Wegen des Häuschens habe ich dem Herrn Geh. Assistenz-Rath Voigt geschrieben. Den Wein kann ich nicht schicken, bis die Hitze nachläßt. Grüße aber indeß den Bauverwalter und sage ihm, daß [er] ein Fäßchen haben soll. Er mag doch auch mit dem Gärtner ein vernünftig Wort reden, daß nichts stockt.

Nimm Dich auch hübsch in Acht, daß Du Dir und dem Ankommenden nicht schadest, küsse den Kleinen und behalte mich recht lieb. G.

26. *Christiane*

Weimar, den 5. Juli [1793].
Deine Briefe, mein Lieber, habe ich alle nach und nach erhalten, der heutige ist vom 22., ich hatt in vierzehn Tagen keinen von Dir erhalten und hoffte recht herzlich auf ein Wort von Dir. Im Hause reißen sie sich drum, wenn sie sehen, daß es ein Brief von Dir ist, es will mir ihn ein jedes bringen, denn sie sehen es alle gerne, wenn ich mich freue. Ich will mich recht freuen, wenn ich von Dir höre, daß Du

wieder zurückkömmst. Im Hause und Garten sollst Du alles aufs sauberste finden, ich denke, in 8 Tagen soll der Saal ganz aufgeputzt sein. Du glaubst mir nicht, was ich mich auf den Augenblicke Deines Wiedersehns freue, das ist mein angenehmster Gedanke. Behalte mich nur recht lieb, so wollen wir wieder recht glücklich sein. Ich befinde mich nicht besser als zu Hause, im Garten bei meinem Bübchen; über den wirst Du Dich gewiß auch herzlich freuen, er wird itzo recht gescheut[1] und so gut. Er hat sich wieder einen Zahn ausreißen lassen, da sagt' er: »Wenn es der Vater haben will, [will] ich mir sie alle lassen ausreißen, daß er mich recht lieb hat, wenn er wiederkommt.« Er hat Dich sehr lieb und freut sich recht, wenn ichn sage, daß Du bald wiederkömmst. Mit Herrn Meyer habe ich wegen dem Essen wenig zu thun, aber desto mehr mit seiner Wäsche, weil er immer in Tiefurt ist; ich muß fast alle 8 Tage waschen. Denn das kann ich nicht leiden, wenn die Wäsche nicht ordentlich ist. Das kleine Stübchen habe ich mir auch recht artig raus geputzt, Du wirst Dich gewiß freuen, wenn Du es siehst; ich denke mir schon, wie ich Dich rum führen will, und was ich Dir alles zu erzählen habe, das ich Dir doch nicht schreiben kann. Ich sehe schon in voraus, wie wir alsdann wieder glücklich sind, und freue mich herzlich, denn Du bist mein einziger Gedanke. Gesund bin ich auch, ich trinke alle Morgen Selzerwasser mit Milch und das bekommt mir wohl. Adieu, Du Engel, behalt mich nur lieb, ich küsse Dich in Gedanken.

Wenn es möglich wär, daß Du besorgen könntest, daß ich die Federleinwand und den Barchent zum Bette bekäm, ich brauche es nothwendig.

Leb nochmals wohl.

---

1 geschit [vielleicht beabsichtigt: geschickt].

27. *Goethe*

Im Lager bei Marienborn, den 10. Juli 1793.
Es ist mir sehr angenehm, oft von Dir zu hören, und ich
schreibe Dir auch gern, Dir zu sagen, daß ich Dich liebe und
mich wieder zu Dir sehne. Wir haben jetzt schön Wetter, fast
zu heiß. Es wird Tag und Nacht kanonirt, die Stadt hält aber
noch immer fest. Du bist recht gut, daß Du mir viel schreibst
und mir sagst, wie es im Hause aussieht. Putze mir nur den
Saal recht auf, denn ich freue mich besonders darauf. Nach
und nach wird unser Haus recht hübsch werden, und Du
wirst mich immer recht lieb behalten.

Das Zeug zu den Betten wird meine Mutter schicken und
ein Tafelzeug. Auch, wenn die Einquartierung vorbei ist,
kriegen wir noch ein paar Unterbetten und Küssen, die
schon für mich bestimmt waren. Ich bin recht wohl und
hoffe das Gleiche von Dir und dem Kleinen. Küsse ihn recht
herzlich und grüße ihn vom Vater. Lebe wohl, mein Liebchen, ich habe Dich herzlich lieb.   G.

Du weißt vielleicht schon, daß der arme *Moritz* todt ist.

28. *Christiane*

[Weimar, Mitte Juli 1793.]
Daß Dir meine Briefe Freude machen, macht mich recht
glücklich, und da will ich Dir recht oft schreiben. Und Du
bist auch recht gut, daß Du mir so oft schriebest. Ich danke
Dir von ganzem Herzen vor Deine lieben Briefe, die trösten
mich noch. Daß es sehr traurig bei Dir aussieht, kann ich mir
denken, ich denke immer an Dich und an das alles, man wird
beinahe hier nicht frohe. Mein einziger Wunsch ist nur,
wenn Du nur hier wärst. Wir wollen uns nur recht lieb

behalten, das ist noch das Beste auf der Welt, und wenn mir wieder zusammen sind, uns es einander recht oft sagen, wie hübsch es ist, einander treu zu sein. Im Hause ist nun alles fertig, der Saal wird zu Ende jener Woche möblirt, die Stühle sind in der Arbeit; itzo werden noch die Ställe ausgeräumt, und ich halte so viel als möglich alles in Ordnung. Habe recht viele Gänse und Hühner angeschafft, und habe meine Freude so an dem Wesen. Über meine Gurken bin ich schon etwas ruhiger, ich habe spät welche gelegt, die sind recht gut, und wenn mir einen guten Herbst kriegen, so hoffe ich, soll alles gut werden. Es wird überhaupt heuer alles etwas später, auch der Waizen steht gut, und im alten Garten ist es itzo ganz herrlich: die Rosen blühen und die Kirschen wollen reif werden. Etwas kriegen mir dieß Jahr doch, wenn es bleibet. Das Abendbrot wird meist im Garten verzehrt. Wenn Du nur wiederkömmst, wenn noch schöne Tage sind, daß wir noch mannichmal im Garten am Hause schlampampsen können, da freue ich mich darauf. Der Kleine spricht immer: »Der Vater kömmt ja noch nicht!« Er spricht immer von Dir, wie er Dir alles sagen will, was er kann. Itzo ist er sehr glücklich, wenn er im Garten eine reife Kirsche[1] sieht, da freut er sich so, daß ich mich mit freun muß. Sonst gehe ich auch nirgends hin als in alten Garten, weil ich nicht gut mit meinem Fuß fortkommen kann. Aber so bin ich recht gesund und wohl, ich habe schon vom Doctor 9 Bouteillen[2] Selzer Wasser bekommen, und das habe getrunken mit Milch, und das bekam mir wohl. Er will aber haben, ich soll es noch den ganzen Monat trinken.

Herr Meyer will den Brief zumachen, da muß ich schließen. Leb recht wohl und behalt mich lieb, mein Einziger.

1 kärsche.
2 Budelgen.

29. *Christiane*

Weimar, den 19. [Juli 1793].
Daß Du mir so oft schreibest, beruhigt mich noch in dieser
Zeit, denn man wird über alles das, was man hört, gar nicht
froh. Die gute Frau Räthin hat auch schon alles besorgt, und
das schöne Tafelzeug hat mich recht gefreut, und ich denke
mir schon, wenn ich Dir einmal ein Essen zubereite, wie ich
es aufdecken lassen will. Und das Bette[1] wird genäht. Heute
habe ich zum ersten Mal aus dem alten Garten Kirschkuchen gebacken, und aus dem Garten im Hause habe ich
schon einmal Kohlrabi und 2mal Artischocken[2] gegessen.
Mit dem Gärtner geht auch alles gut, ich habe alles wieder
in Ordnung gebracht; mit Leuten, die gut sind, muß man
nur vernünftig reden, so geht es alles gut. Denn es war nur
ein Hetzer unter die Menschen gekommen, wie es oft geschieht, der Gärtner Reichert konnte doch, da er selbst kam,
beinah nichts tadeln[3], und so geht es wieder gut.

Komm nur bald wieder, mein Lieber, im Hause soll Dir
es gewiß gefallen. Der Kleine läßt Dich schön grüßen und
wünscht auch sehnlich, daß Du möchtest wiederkommen.
Ich werde aber nicht ruhig, denn, wie man hört, so soll es itzo
im Lager gar gefährlich sein, und wie kann ich froh sein,
wenn Du in Gefahr bist. Es ist doch recht übel, daß, wenn
man glücklich ist, auch immer Betrübniß haben muß. Leb
wohl und behalt mich nur recht lieb, und verzeih mir
meinen kramseligen Brief.

1 ledete.
2 Erdisoken.
3 dadellen.

30. *Christiane*

Weimar, den 25. [Juli 1793]
zum Mittag um 2 Uhr.

Die freudige Nachricht, daß Mainz über sei, war 2 Tage ehr
in Weimar als Dein Brief, ich glaubte es aber nicht ehr, bis
ich Deinen lieben Brief erhielt, weil immer so viel Unwahr-
heit geredt wird. Aber da [es] wahr ist, bin ich sehr vergnügt,
weil ich nunmehro große Hoffnung [habe], Dich bald wiederzusehen. Das macht mich sehr vergnügt, denn ich bin
immer recht verdrüßlich. Itzo muß ich in [den] Gärten und
auf dem Lande sorgen, daß immer gerecht und gehackt
wird. Es scheint doch, als ob alles gut gerathen wollte, aber
ich muß immer selbst darnach sehen. Dem Ernsten will
immer die Arbeit nicht schmecken. Ich will alleweile in
Garten und Kirschen lassen pflücken, es werden welche
eingemacht und auch gedörrt. Ich hoffe, wenn Du wiederkömmst, sollst Du Freude an meiner Einrichtung haben.
Das wird wieder eine recht schöne Zeit werden, wenn es nur
noch gute Tage sind, wenn Du wiederkömmst. Nun muß ich
Dir doch auch etwas vom Kleinen schreiben; der sieht ganz
anders aus, viel hübscher, mir kömmt es vor, er sehe Dir sehr
ähnlich. Er hat seine Freude sehr an Thieren und einem
lebendigen Habicht im Garten und einem Eichhörnichen,
das hat sich aber diese Nacht von der Kette los gemacht und
ist fort, da hat er den ganzen Morgen geweint. Herr Meyer
will den Brief zumachen. Leb wohl, Du Lieber, und behalt
mich ja lieb und komm bald wieder.

31. *Goethe*

Mainz, den 1. August 1793.

Nun bin ich, meine Liebe, wieder in Mainz, nachdem ich einige Tage in Schwalbach und Wiesbaden mit wenig Freude und Interesse war. Es fand sich gute Gesellschaft am ersten Ort, unter andern Umständen hätte man sich wohl da vergnügen können.

Ich gehe nun mit Herrn Gore und Kraus[1] nach Mannheim, spreche in Heidelberg mit meinem Schwager und kehre alsdann nach Frankfurt zurück. Wenn es möglich ist, so komme ich bald zu Dir. Von Frankfurt schreibe ich Dir wieder. Ich bin wohl und sehne mich Tag und Nacht zu Dir. Adieu, mein Bestes. Küsse den Kleinen, grüße Herrn Meyer und schreibe mir nach Frankfurt.   G.

32. *Christiane*

Weimar, den 8. A[ugust 1793].

Ich war schon sehr in Sorge, ich glaubte, Du wärst mit der Armee weiter, weil ich so lange nichts von Dir hörte, aber Dein Brief, mein Lieber, von Mainz hat mich wieder beruhigt, und die Hoffnung, daß Du vielleicht bald kömmst, geht mir über alles. Wenn ich mir einen rechten vergnügten Augenblick machen will, denke ich mir Deine Ankunft und erzähle meinem Bübchen, wie mir uns freuen wollen, und das gute Thierchen freut sich mit. Ich denke mir immer, wenn Du nur noch zu Ende dieses Monats kämst und noch ein paar gute Tage im Garten genießen könntest und auf dem Altan, ich komm nicht heraus, es ist itzo alles recht ordentlich. Und im Hause sieht es auch sonst aus, als wenn

1 Krause.

alles Deine Ankunft erwartet. Denn es werden alle Eckchen gescheuert und gekehrt. Diesen Monat gehet auch das Einmachen an, überhaupt[1] gibt es immer zu tun, wenn man eine Wirthschaft in Ordnung halten will, und wenn nur alles in seiner Ordnung geht, das macht mir Freude. Im Garten auf der Wiese geht es nun bald mit Obst an, daß dadrauf Acht gegeben werden muß. Und am Hause gibt es auch was. Besonders sehr viel Wein, den, hoffe [ich], sollst Du selbst noch am Stocke sehen. Ich bin auch wohl, und freue mich nur, wenn ich höre, daß Du auch wohl bist. Ich sehne mich aber recht nach Dir; wenn es möglich ist, komm ja bald wieder. Leb wohl, mein Einziger. Viel Grüße vom Kleinen, und Du sollst bald kommen. Herr Meyer ist seit ein paar Tagen in Tiefurt.

33. *Goethe*

Frankfurt, den 9. August 1793.
Deinen lieben Brief vom 25. find ich erst hier, nachdem er mich überall gesucht hat. Ich kann nun hoffen, balde bei Dir zu sein und mich mit Dir zu freuen. Deine Schuhe, das Bügeleisen und andre Kleinigkeiten bringe ich mit, auch ist der Säbel für den Kleinen fertig. Grüße ihn recht schön und halte ihm allerlei Thiere, da er Freude daran hat. Wie sehr verlange ich wieder nach Ruhe bei Dir, denn es geht alles so confus um mich her. Ich schicke Dir ein Späßchen, ein paar Blätter mit Devisen. Behalte mich lieb und laß mich das Hauswesen recht ordentlich und zierlich finden. Es ist doch gar schön, wenn man seiner Geliebten wieder näher kommt. Im nächsten hörst Du mehr. Lebe wohl. Meine Mutter grüßt.   G.

1 über Haud.

34. *Goethe*

Frankfurt, den 16. August 1793.
Noch bin ich hier, mein liebes Herz, und befinde mich bei
meiner Mutter, bei alten und neuen Freunden ganz wohl.
Wenn Du bei mir wärest, so möchte ich wohl noch gern eine
Weile hier bleiben, so aber wird mirs gar zu lange, bis ich
Dich wieder habe, und denke bald weg zu gehen und Dich
wieder in meine Arme zu schließen. Deine Briefe habe ich
erhalten und freue mich herzlich, daß Du wohl bist und
Dich im Hause beschäftigst. Ich verlange recht, das neue
Zimmer zu sehen, es muß hübsch geworden sein. Wir wollen
bald wieder im Stillen vergnügte Tage zusammen verleben.
Lebe wohl. Küsse den Kleinen, grüße Herrn Meyer und
behalte mich lieb wie ich Dich.   G.

*

Drei Tage nach diesem Briefe schreibt Goethe, noch aus
Frankfurt, an Jacobi: »Mein herumschweifendes Leben und
die politische Stimmung aller Menschen treibt mich nach
Hause, wo ich einen Kreis um mich ziehen kann, in welchen
außer Lieb und Freundschaft, Kunst und Wissenschaft
nichts herein kann.« – Am 22. August trifft Goethe wieder
in Weimar ein, wo er für den übrigen Teil des Jahres bleibt,
einige kurze Aufenthalte in Jena abgerechnet. Während
eines derselben sind die beiden hier folgenden Briefe Christianens geschrieben.

35. *Christiane*

[Weimar, Ende September oder Anfang October 1793.]
Wie ich heute einen Brief von Götzen kriegte und nichts von
Dir sah, betrübte ich mich, aber ich will doch nicht so böse
sein, und Dir ein freundlich Wörtchen sagen. Ich hoffe recht

darauf, Dich wiederzusehen, denn mir ist es ein bißchen courios[1] zu Muthe. Wenn Du aber hier bist, ist es doch besser. Fertig ist alles, die Zimmer sind gedielt und ist alles in der besten Ordnung. Die Nüsse habe ich aufgehoben, aber etwas ist doch davon verzehrt worden, weil sie die Mutter und das Bübchen sehr gerne essen und sie besonders gut sind. Das Bübchen erkundigt sich immer bei mir, ob das Väterchen noch nicht bald wiederkömmt.

Hier schicke ich die Briefe, die angekommen, es sind auch 3 Packete da, die habe ich aber liegen lassen. Leb wohl und behalt mich so lieb wie ich Dich.   C. V.

36. *Christiane*

[Weimar, Anfang October 1793.]
Ich danke herzlich vor das Überschickte. Daß Dirs gut gehet, freut mich, ich befinde mich auch noch leidlich wohl. Wenn aber die Post rüber geht oder den Mittwoch und wolltest so gut sein und mir nur schreiben, wie die Krabskrälligkeit heißen soll, denn einen Taufnamen muß es doch haben. Ich glaube, es wird so lange warten. Adieu, mein Lieber, behalte mich lieb, keine Briefe sind nicht da. In aller Eile.

*

Am 22. November gebar Christiane ihr drittes Kind (ein Mädchen), das bereits am 4. Dezember starb. »Dem kleinen Mädelein seine Rolle war kurtz –«, schreibt Frau Rat lakonisch am 19. Dezember dem Sohne, »Gott! Erhalt dich und was noch übrig ist.« In einem zwei Tage nach dem Tode der Kleinen an Jacobi gerichteten Briefchen Goethes heißt es: ». . . die trübe Jahreszeit hat mir trübe Schicksale gebracht. Wir wollen die Wiederkehr der Sonne erwarten.«

1 kurigos.

1794

Hatte Christiane während der Jahre 1792/93 den Gatten und Beschützer monatelang schmerzlich entbehren müssen, so durfte sie sich während des Jahres 1794 fast ununterbrochen seiner Gegenwart erfreuen. Meyer, der liebwerte Hausgenosse, reiste Anfang Mai für mehrere Monate nach Dresden, um in der Galerie Gemälde zu kopieren. »Ich habe mich in Ihre Zimmer einquartiert«, schreibt Goethe ihm am 15. Mai, »und lasse die Gartenstuben indeß einrichten, es wird ein artig klein Quartier.« Es ist dies das allbekannte Arbeitszimmer Goethes mit der anschließenden Schlafkammer. Bevor diese Räumlichkeiten wohnbar wurden, begleitete er seinen Fürsten Ende Juli nach Wörlitz und Dessau und fuhr sodann über Leipzig nach Dresden, wo er mit Meyer zusammentraf und in gemeinsamem Anschauen der Kunstschätze eine genußreiche Woche verlebte.

*

37. *Goethe*

Wörlitz, Mittwoch den 30. Juli 1794. Wir haben hier schöne Tage und mancherlei Vergnügen gehabt, morgen gehen wir nach Dessau, wo der Kattun wird gekauft werden, und ich schreibe diesen Brief, weil ich Herteln das Packet mitgeben will, das Du Sonntags haben kannst, denn die Herzogin geht Freitag[1] von Dessau ab. Laß Dir gleich ein Hauskleid machen, damit mein Kind geputzt ist, wenn ich wiederkomme.

1 Über gestrichenem Sonnabends.

Sonnabends geh ich mit dem Herzog nach Dresden. Von da schreibe ich Dir, wie mir es weiter geht. Befinde Dich recht wohl, grüße den Kleinen und mache, daß alles recht hübsch sei, wenn ich wiederkomme. Es ist nichts Bessers als sich lieb haben. Adieu.   G.

Dessau, Freitag, den 1. August 1794.
Das Packet wurde nicht fertig, und so konnt es Hertel nicht mitnehmen; es geht mit der Post, und Du wirst es zu Deinem Geburtstage erhalten, zu dem ich Dir Glück wünsche. Auch ein paar Halstücher sind dabei, ohn die konnte es wohl nicht abgehen. Lebe wohl. Liebe mich. Küsse den Kleinen.   G.

38. *Goethe*

Sonnabends, den 10. August 1794, Dresden.
Morgen, mein liebes Kind, gehen wir von hier wieder ab, nachdem ich recht angenehme acht Tage hier zugebracht und meist mit Meyern verlebt habe. Wir gehen wieder auf Dessau, und es kann wohl noch 14 Tage währen, bis ich Dich wiedersehe. Wende die Zeit an, daß so viel möglich alles in Ordnung kommt. Den Kattun und die Halstücher wirst Du erhalten haben und schon geputzt sein. Grüße und küsse den Kleinen. Meyer grüßt Dich und hat Dir ein recht artig Bildchen gemalt, das ich mitbringe. Schreibe mir nicht, denn ich weiß nicht, wo mich Dein Brief treffen könnte. Wenn wir zusammenkommen, soll es wieder gute Zeit werden. Lebe wohl. Liebe mich.

*

Früher, als er gedacht, schon am 14. August war Goethe wieder in Weimar. Meyer blieb noch in Dresden, um erst Ende September zurückzukehren. An ihn schrieb Goethe,

15. September: »Meine kleine Haushaltung zeigt wenig Neues; seitdem ich in meinen kleinen Stuben bin, arbeite ich fleißig an allerlei ... Die Kleine grüßt, das Bildchen hat große Freude gemacht«; und am 22. September, den Küchenwünschen der »Kleinen« Rechnung tragend: »Was die niedern Bedürfnisse betrifft, bitte ich zur Grütze noch von jeder Nudel-Sorte ein Pfund packen zu lassen, auch einige Zettel der Fabrik-Adresse und Behandlung der Nudeln. – ... Alles geht bei mir gut. Schiller ist schon acht Tage bei mir und bringt durch seinen Antheil viel Leben in meine oft stockenden Ideen.«

1795

Sonntag, den 11. Januar, fährt Goethe mit Heinrich Meyer nach Jena. »Da man doch einmal nicht in seiner Mutter Leib zurückkehren kann«, schreibt er an C. G. Voigt (16. Januar), »so ist es wenigstens manchmal verjüngend, in den Uterus der Alma mater sich wieder zurück zu begeben.« Die Heimkehr nach Weimar erfolgt am 23. Januar.

*

39. *Christiane*

[Weimar, 12. Januar 1795.]
In aller Eile schreibe ich Ihnen[1] nur ein paar Worte. Ich bin noch sehr müde von der Redoute, wo es mir recht wohl gefallen hat, aber wie ich nach Hause, da gefiel mir es nicht. – – Mit der Gänseleberpastete habe ich mir alle Mühe gegeben, aber umsonst, es sind keine Gänselebern zu kriegen und keine Trüffeln[2]. Ich wünschte, daß Sie bald wieder zurückkommen und mich recht lieb haben. Leben Sie recht lieb. Der Kleine wünschte auch sehr, daß Sie möchten kommen.

[*Beilage:* August]

Lieber Vater,
ich bedauere recht sehr, daß Sie nicht bald wiederkommen, aber Sie werden mir schon was mitbringen.
                                        Ihr lieber August.

1 Ihm.
2 drifelen.

40. *Christiane*

[Weimar, 14. oder 16. Januar 1795.]
Mir ist es sehr leid, wenn ich mir denke, daß Sie vielleicht in der Kälte sich nicht wohlbefinden. Ich lasse mir es so wohl als möglich in den schönen Stübchen sein. Am Sonntag haben mir Ball gehabt bis frühe um 2 Uhr. Gestern war ich in der Komödie, wo es leidlich voll war, und sehr viel Beifall erhielt; die Schauspieler[1] spielten alle sehr gut, besonders aber die Madame Beck und Herr Malcolmi. Vor itzo ist weiter nichts vorgekommen. Ich wünsche mir, daß Sie bald wiederkommen; seien Sie doch so gütig und schreiben Sie mir ein Wort auf Sonnabend.

Morgen will ich mit der Matiegzeck auf dem Schlitten fahren, weil sie mir nicht ehr Ruh gelassen hat, bis ich es ihr versprochen habe. Die ist den ganzen Tag bei mir, und wenn ein Schlitten kommt, ist sie ganz unklug. Einstweilen wird sich auf die Redoute gefreut. Das Bübchen spricht den ganzen Tag von Ihnen; alleweile muß ihm Ernestine die Hand führen, daß er Ihnen[2] einen Brief schreiben will. Der gute Junge macht mir viel Freude. Leben Sie wohl und behalten mich recht lieb. Wenn Sie nicht bei mir sind, so sehe ich recht, wie lieb ich Sie habe. Adieu[3].

*

Vom 29. März bis zum 2. Mai war Goethe abermals mit Heinrich Meyer in Jena.

*

1 Schusihler.
2 ihm.
3 Adiege.

41. *Goethe*

Es geht mir, mein liebes Kind, hier recht gut, ich bin fleißig und mache meine Sachen weg. Beim schönen Wetter gehe ich spazieren, beim unfreundlichen bleibe ich zu Hause. Der Biskuit-Kuchen wird Sonnabends anlangen, und ich wünsche, daß Du ihn vergnügt verzehren mögest. Ich habe Dich recht lieb und werde Dir etwas mitbringen. Grüße den Kleinen. Wenn ich länger ausbleibe, so komm einmal herüber und bring ihn mit. Lebe recht wohl.

[Jena,] Freitag den 3. März [April] 1795.   G.

Schicke mir doch sechs Bouteillen Wein und eine gute Salvelatwurst, denn was das Essen betrifft, lebe ich schlecht und theuer.

42. *Goethe*

Da ich an Geh. Rath Voigt einen Boten schicke, so muß ich Dir sagen: daß es mir wohlgeht und daß ich beim übeln und schönen Wetter spaziere und arbeite. Was machst denn Du und der Kleine? Wie ist euer Osterfest abgelaufen?

Ich bleibe noch einige Zeit hier; wenn Du einmal auf einige Tage herüber kommen willst, so soll es mir lieb sein. Dem Kleinen wird es viel Freude machen. Besser wäre es, ihr wartetet noch eine Woche, weil es alsdann schon grüner und anmuthiger ist. Lebe recht wohl und liebe mich.

Die Chocolade fängt an zu fehlen. Schicke mir doch welche, auch Sonnabend wieder Wein. Jena, den 9. April 1795.   Goethe.

43. *Christiane*

[Weimar, 9. April 1795.]

Daß Du Dich wohlbefindest, ist mir sehr lieb. Das Bübchen hat sich außerordentlich gefreut; daß er zu Dir kommen soll, freut ihn noch mehr. Er sagt: »Wenn er doch nur da wär und sähe, wie es so schön im Garten wird.« Unser Osterfest ist sehr vergnügt abgelaufen. Die Schätzchen[1] sind alle sehr vergnügt gewesen; weil es schlechtes Wetter war, so wußten mir nicht recht, was mir anfangen sollten. Da wurden 2 Violinen herbeigeschickt [?] und die Damen spielten das Clavier und sangen, endlich kamen noch 2 und ein Baß, und es wurde in meinem zukünftigen Zimmer getanzet, und so blieben sie bis 2 Uhr. Ich kochte Thee, und dann schieden sie, wovon ich Dir noch mündlich manches zu erzählen habe. Chocolade folget 2 Pfund, der Wein soll auch besorget werden.

Mit dem nüberkommen weiß [ich] nicht gewiß, weil ich wieder 3 Tage sehr krank gewesen bin. Itzo bin ich wieder besser; wenn es nur so bleibt, so will ich auf den Sonnabend schreiben, wenn mir künftige Woche denken zu kommen. Leb wohl und behalt mich nur recht lieb; ich wünsche mir immer schon, Du wärst wieder da. Da Du aber so lange drüben bleibst, so wäre es wohl billig, daß Du mir was Seife mitbrächtest. Doch ich meine nur so. Adieu, meiner Lieber, denke so viel an mich wie ich an Dich. Viel Dank vom Bübchen und viel Grüße.

Die Chocolade ist theuer, das Pfund 1 Thaler 12 Groschen.

---

1 Schäß.

44. *Goethe*

Hiermit, mein Liebchen, schicke ich Dir fünf leere Bouteillen und sogar die Stöpsel dazu, damit Du siehst, daß ich ein gut Beispiel in der Haushaltung nachzuahmen weiß. Es freut mich, wenn ihr euch lustig gemacht habt, ich dachte schon, das Wetter hätte euch den Spaß verdorben.

Sonntag Abends kommt Meyer hinüber und bleibt die Nacht. Er wird Dich an den Mangold erinnern. Das Säckchen liegt in meiner Bibliothek, und Du wirst wohlthun, wenn Du ihn bald in die Erde schaffst.

Richte Dich ein, wenn Du herüberkommst, daß Du einige Tage bleiben kannst. Grüße mir das Bübchen. Ich wünsche zu hören, daß Deine Uebel leidlich sind, wenn sie nicht sich bald gar entfernen. Lebe recht wohl.

Jena, den 10. April 1795.   G.

45. *Christiane*

[Weimar, 11. April 1795.]
Hier folgen 6 Bouteillen[1] Wein. Ich hätte mir nicht gedacht, daß Du so lange in Jena bleiben würdest. Den Dienstag oder Mittewoch komme ich mit dem Bübchen, der freut sich sehr. Das Kind hat sein Väterchen sehr lieb, aber das Mütterchen auch. Ich freu mich auch, Dir näher zu kommen. Daß ich nicht ehr kam, ist die Ursache, weil ich es dann den Leuten erst gewiß schreiben muß, wenn mir kommen wollen, und habe auch noch viel auf dem Acker und Gärten zu besorgen; im untern Garten hoffe ich in 8 Tagen so, daß er so ziemlich in Ordnung sein [wird], im Hausgarten sieht es auch recht gut aus. Wenn Du rüberkommst, kann ich Dir von dem

1 Pudeljen.

Blattkohl vorsetzen. Du wirst Dich wundern, wie schön er
steht, die 2 Länder am Altärchen. Der Garten macht mir viel
Freude, ich komme beinahe nicht weg. Heute will ich in
[den] alten Garten und alsdann in die Komödie. Leb wohl
und behalt mich [lieb] und mache ja nicht so viel Äugelchen.
Mit mir ist nichts zu befürchten, denn ich sehe erbärmlich
aus und habe Dich auch gar sehr lieb. Ich freue mich recht
sehr auf die Reise.

Adieu, mein Lieber, Dieß Journal[1] schicke wieder, wenn
Du es gelesen, die sechs Exemplare[2] von ›Wilhelm‹ will ich
mitbringen oder Herr M[eyer].

*

Am 14. April fuhr Christiane mit August nach Jena; ihre
Rückkehr nach Weimar erfolgte am 16. (oder 17.).

*

46. *Christiane*

[Weimar, 16. (oder 17.) April 1795.]
In der größten Eile schreibe ich Dir, mein Lieber, daß mir
glücklich angekommen sind, und hier folgt das verlangte[3]
Bier und Wein, ich will wünschen, daß es Dir recht gut
schmecken möge. Leb wohl und behalt mich lieb.

47. *Christiane*

[Weimar, 18. (oder 19.) April 1795.]
Mit den Pflanzen hast Du mir, mein Lieber, eine Freude
gemacht, hier sind sie noch sehr theuer; sie werden auch

---

1 Schor Nehl.
2 Ecks Sembelar.
3 velamtem.

gleich gepflanzet. Heute habe ich auch dem Bübchen etwas ausgenommen [?], ich wünschte, ich hätte das Rothe hüben, ich ließ' ihm gleich ein Röckchen machen. Ich habe erst gestern wieder gesehen, daß es vor Kinder gar gut läßt. Wenn Du nicht bald rüberkommst, so schicke mir es, ich will ihm eins machen lassen. Ich bin recht wohl und das Bübchen auch, wir haben Dich sehr lieb und sprechen immer von dir. Leb wohl und komm bald wieder. Das Bübchen läßt Dich grüßen. Der Wein ist angekommen.

48. *Christiane*

[Weimar, 19. (oder 20.) April 1795.]
Daß Du heute oder morgen nicht kommen werdest, mein Lieber, hätte ich nicht geglaubt. Ich hatte schon alle Anstalten gemacht. Aber künftige Woche doch. Mir wird die Zeit sehr lang. Ich wollte, ich wär noch bei Dir, ohne Dich ist doch alles nichts. Der Kleine war auch ganz betrübt, als er hörte, daß Du noch nicht kämst. Er läßt Dich recht schön grüßen. Leb wohl und denke an mich und behalt mich lieb. Hier folget der Wein. Wenn Du noch ohne viele Kosten von den Pflanzen haben kannst, sie sind sehr schön. Weil Du so lange drüben bleibest, werde ich wohl etwas Seife bekommen. Adieu.

*

Ende Juni begibt Goethe sich nach Jena und reist am 2. Juli nach Karlsbad ab, wo er am 4. abends eintrifft, um eine vierwöchige Badekur zu gebrauchen.

*

49. *Goethe*

Eh ich weggehe, muß ich Dir noch, mein Liebchen, ein Wort
sagen, daß ich Dich liebe und an Dich denke. Donnerstag
früh gehe ich weg und küsse Dich und den Kleinen in
Gedanken. Hier geht mirs wohl. Lebe wohl und denke mein.
Aus dem Karlsbad schreib ich Dir gleich. Jena, den 2. Juli
1795.   G.

50. *Goethe*

Nachdem ich leidliche und böse Wege zurückgelegt, bin ich
glücklich in Karlsbad angekommen. Die ersten Tage waren
sehr regnicht, jetzt fängts an besser zu werden. Ich habe
angefangen den Brunnen zu trinken und habe viel Bekanntschaft gemacht. Äugelchen setzts auch genug, dabei wünsche ich mir, daß ich Dir die Felsen und Gegenden zeigen
könnte. Einige Spaziergänge sind sehr schön. Hier schicke
ich euch eine Schachtel getrocknetes Obst. Grüße den Kleinen. Ich freue mich schon, das Haus wieder recht ordentlich
zu finden. Lebe wohl und behalte mich lieb. Karlsbad, den
7. Juli 1795.   G.

51. *Goethe*

Dem Fuhrmann, der Herrn von Oppels Küch und Keller
hergebracht hat, gebe ich dieß Blatt an Dich mit. Es ist mir
bisher recht wohl gegangen, der Brunnen bekommt mir gut
und fegt alles Böse aus; ich hoffe, recht ausgespült zu Dir zu
kommen. Die Gesellschaft ist sehr zahlreich und angenehm,
es gibt manchen Spaß und Äugelchen die Menge, wobei ich
mich immer mehr überzeuge:

Von Osten nach Westen,
Zu Hause am besten.

Ein schöner Taft wird meinen kleinen Schatz erfreuen, sie sind so schön hier, daß einem die Wahl weh thut. Und noch was, das Du gerne hast.

Lebe wohl, grüße und küsse Gusteln. Adieu. Liebe mich, wie ich am Ende aller Dinge nichts Besseres sehe, als Dich zu lieben und mit Dir zu leben.

Hier kommt gleich etwas zum Vorschmack.

Karlsbad, den 15. Juli 1795.   G.

Grüße Meyern.

52. *Goethe*

Nun bin ich vierzehn Tage hier und sehne mich herzlich wieder nach Hause. Die Cur schlägt sehr gut an, obgleich das Wetter ganz abscheulich ist. Ich lebe sehr zerstreut, den ganzen Tag unter Menschen, es werden viel Äugelchen gemacht, die Dir aber keinen Abbruch thun, denn man sieht erst recht, wie sehr man Ursache hat, seinen treuen Hausschatz zu lieben und zu bewahren.

Alle Hoffnung auf Arbeit, und was ich hier vornehmen wollte, muß ich aufgeben und bringe meine Papiere zurück, wie ich sie mitgenommen habe. Dagegen will ich im August in Deiner Nähe desto fleißiger sein. Lebe wohl. Ich freue mich auf Dich, aufs Bübchen und auf unser Haus und Hauswesen, und damit der Brief nicht ganz leer geht, lege ich Dir etwas bei. Adieu, liebe mich. Karlsbad, den 19. Juli 1795.   G.

Nun fängt, mein liebes Herz, die Sehnsucht nach Dir und dem Kleinen mich wieder an zu beunruhigen, und ich zähle die Tage, nach denen ich euch wiedersehen werde. Das Wasser bekommt mir sehr wohl, und ich hoffe alles hinwegzuspülen, was mich künftigen Winter quälen könnte. Ich habe auch keinen Augenblick hier gehabt, in dem ich die mindeste Unpäßlichkeit gespürt hätte. Die nothwendigen Sachen sind hier sehr wohlfeil, am meisten gebe ich aus, weil ich, wegen der Gesellschaft, nicht von Conzerten, Bällen und dergleichen mich ausschließe. Ich sehe viel Menschen, und das macht mir viel Vergnügen. Dafür wollen wir denn auch wieder recht allein sein. Der Taffent ist gekauft, ich hoffe, er soll Dir gefallen. Die Äugelchen nehmen sehr ab, denn es kann von beiden Seiten kein Ernst werden. Behalte mich nur recht ernstlich lieb. Wenn ich nach Jena komme, schicke ich Dir einen Boten und frage, wie es zu Hause aussieht? ob ich kommen kann, oder ob Du mich in Jena besuchen willst? Lebe wohl, küsse den Kleinen, grüße Meyern und behalte mich recht lieb. Karlsbad, den 25. Juli 1795.   G.

Dieser Brief kann noch vor mir bei Dir ankommen, ich werde ihm aber bald folgen. Es geht mir sehr wohl, und das Wasser ist mir ohngeachtet des abscheulichen Wetters gut bekommen. Ich habe nun zu trinken aufgehört und bereite mich zur Abreise. Die Gesellschaft ist sehr angenehm, und ich gebe vielleicht noch einige Tage zu. Ich freue mich herzlich, Dich wiederzusehen und Dir zu sagen: daß zu Hause, bei seinem Liebchen, das Beste in der Welt ist, denn am Ende wers nicht hat, sucht ein Zuhause und ein Liebchen. Grüße das Kind, ich weiß noch nicht, was ich ihm mitbringe, fürs Mütterchen war schon eher gesorgt. Ich hoffe, ihr werdet wohlsein, im Hause wird die Arbeit zurucken, und ich werde euch vergnügt antreffen. Lebe recht wohl, grüße Herrn Meyer und behalte mich lieb. Karlsbad, den 29. Juli 1795.   G.

*

Kurz vor seinem Geburtstag, am 25. August, wird Goethe durch den üblen Zustand der Poch- und Schmelz-Werke in Ilmenau dorthin gerufen. Der kleine August durfte ihn begleiten. Die Rückkehr nach Weimar erfolgte am 5. oder 6. September.

*

55. *Goethe*

Wir kommen, meine Liebe, nicht zurück, wie Du uns erwartest. Es finden sich der Geschäfte so viele, daß ich wohl noch acht Tage hier bleiben muß. Ich behalte den Kleinen bei mir, er ist so artig, als sich nur denken läßt. Er hat schon vieles gesehen: den Schacht, das Pochwerk, die Porzellanfabrik, die Glashütte, die Mühle, worauf die Marmorkugeln zum Spiele der Kinder gemacht werden, und überall hat er etwas mitgenommen und spricht gar artig von den Sachen. Dann hält er sich zu allen Leuten und ist schon überall bekannt. Hier schickt er Dir einen weißen Pfefferkuchen, den er selbst gern gegessen hätte. Grüße Herrn Meyer und sage ihm: er möchte das Wasser recht fleißig trinken. Wenn etwas an mich angekommen ist, so schicke es mir durch Venten, der Dienstag herausfährt. Gustel grüßt Dich recht schön; er sitzt eben auf dem Canapee, ich habe ihn ausgezogen, und wir sind die besten Freunde. Lebe wohl, behalte uns lieb. Ilmenau, den 29. August 1795.

Nun, mein Liebchen, werde ich bald wieder bei Dir sein. Sonntag früh gehe ich hier ab. Es ist mir und dem Kleinen recht wohl gegangen. Wir haben gutes Wetter und mitunter recht schönes gehabt, heut ist ein herrlicher Tag. Der Kleine ist gar zu artig und freut sich über die vielen Sachen und Arbeiten, die er sieht, er behält alles recht gut und fragt gar vernünftig. Er hält sich mit allen Leuten. Ich hab ihm einen Berghabit machen lassen, und morgen, da die Bergleute einen Aufzug haben, soll er mitgehen. Das macht ihm großen Spaß, aber in die Kirche will er nicht mit hinein. Er bringt Dir eine Tasse mit, die man ihm geschenkt hat, und füttert sich überhaupt aufs beste. Des Morgens um 5 Uhr sind wir wach, Abends aber gehts auch bald zu Bette. Lebe wohl, ich hoffe, Dich wohl und das Haus in guter Ordnung zu finden. Ich bringe einen Wildpretsbraten mit und will nächste Woche Gäste darauf bitten. Lebe wohl und liebe uns. Ilmenau, den 2. September 1795.   G.

*

Im folgenden Monat mußte Christiane, die abermals einer Entbindung entgegensah, den Gatten wieder einige Zeit entbehren, da ihn der Herzog Karl August zu sich nach Eisenach berief. Goethe verließ Weimar am 11. Oktober und kehrte erst am 20. (oder 21.) heim.

*

57. *Goethe*

Nur so viel, mein liebes Kind, daß ich in Eisenach bin und wohl so bald nicht fortkomme; ich hatte nicht ohne Grund gesorgt, denn die Österreicher sind mit 60 tausend Mann über den Main gegangen und werden sich wohl um Frankfurt herum mit den Franzosen balgen.

Lebe wohl, schicke, was an mich kommt, nur Herrn Geh. Rath Voigt; die Sachen treffen mich noch hier. Küsse den Kleinen. Eisenach, den 13. October 1795. G.

58. *Christiane*

Dein Brief, mein Lieber, hat mich wieder getröstet, denn hier spricht man schon, als wären die Truppen schon in Eisenach, und noch nie ist mir ein Abschied schwerer worden als dieser. Ich habe mich die paar Tage gar nicht beruhigen können, aber daß Du mir schriebst, danke ich Dir herzlich. Daß ich weiß, daß Du mir noch so nah bist, macht mich wieder etwas froh. Ich dächte, wenn es nicht besser wird, käme der Schatz bald wieder, ich will einstweilen alles in Ordnung bringen lassen. Aber der Koffer und die arme Frau Räthin kommt mir den ganzen Tag nicht aus den Gedanken. Der Kleine lernt sehr artig und spricht immer von Dir. Er läßt Dich recht schön grüßen und bittet auch, das Väterchen möchte bald wiederkommen. Laß nur manchmal ein paar Worte von Dir hören, wo Du bist, mein Lieber. Leb wohl und [behalt] mich recht lieb.

Weimar, den 16. O[ctober 1795].

59. *Goethe*

Du kommst um den Muff und das Kind um die Pelzmütze, denn ich gehe nicht nach Frankfurt, sondern komme bald wieder. So viel habe ich Dir nur melden und Dich schönstens grüßen wollen. Eh ich von hier abgehe, schreibe ich Dir wieder, vielleicht bleibe ich einige Tage in Gotha. Lebe wohl. Küsse den Kleinen. Eisenach, den 16. October 1795. G.

Lieber, daß Du so fleißig an mich denkst, freut mich sehr.
Hier spricht man, Du kämst wieder zurücke. Eine große
Freude wär es für mich, wenn es wahr wär; im Hause sollst
Du alles in Ordnung finden. Es ist auch Wein angekommen.
Ich bin leidlich wohl und gräble noch immer herum. Das
Bübchen ist gesund und munter, fragt aber immer nach Dir
und spricht: »Wenn ich nur mit dem Vater wär!« Er ist
gestern zu dem Prinz Bernhard geladen worden und dagewesen, und es hat ihm sehr wohl gefallen und er hat sich
auch gut aufgeführt und wird soeben wieder eingeladen, das
auf heute Nachmittag. Da ist er sehr glücklich. Herders
August ist hier und läßt sich bestens empfehlen, er hat mich
schon 2 mal besucht.

Aus diesen Briefen, die hier folgen, wirst Du sehen, was
angekommen ist, ich habe es in gute Verwahrung genommen, mein Wunsch ist, Dir es recht bald überliefern zu
können. Leb wohl und behalt mich lieb.

Weimar, den 16. O[ctober 1795].

*

»Heute komme ich nicht, mein Lieber«, schreibt Goethe am
25. Oktober an Schiller, »aber ich hoffe bald. Jeden Tag
erwarte ich einen neuen Weltbürger in meinem Hause, den
ich doch gern freundlich empfangen möchte«; und wieder
am 28., mit Bezug auf Schillers zweijähriges Söhnchen Karl:
»Das Schwiegertöchterchen säumt noch.« Zwei Tage später,
am 30. Oktober, gebar Christiane einen Sohn, und Goethe
beeilt sich, das frohe Ereignis alsbald (1. November) dem
Freunde in Jena mitzuteilen: »Statt eines artigen Mädchens
ist endlich ein zarter Knabe angekommen, und so läge denn
eine von meinen Sorgen in der Wiege. Nun wäre es an
Ihnen, zu Bildung der Schwägerschaft und zu Vermehrung

der dichterischen Familie für ein Mädchen zu sorgen. Ich komme nun bald.« Am 5. fuhr Goethe nach Jena.

*

61. *Goethe*

Ich bin hier recht vergnügt und fleißig, wenn ich nur auch wüßte, daß Du und der Kleine recht wohl bist. Laß mir doch so bald als möglich ein Wort schreiben. Vielleicht bleibe ich bis zu Ende der Woche hier, denn im stillen Schloß läßt sichs recht gut denken und arbeiten. Abends bin ich bei Schillern, und da wird bis tief in die Nacht geschwätzt. Ich wünsche Dich recht wohl zu wissen, und daß der Kleine brav trinkt, ißt und zunimmt. Lebe recht wohl und behalte mich lieb.

Jena, den 9. November 1795.   G.

62. *Christiane*

Es thut mir leid, daß ich Dir nicht schreiben kann, daß wir beide wohl sind. Ich bin recht wohl, so daß ich außer Bette sein kann. Aber das Kleine ist seit 2 Tagen sehr matt und schläft den ganzen Tag. Und wenn es essen und trinken soll, so muß man es aufwecken. Und da ißt es auch. Der Doctor und die Liebern trösten zwar gut, aber ich läugne es nicht, ich bin sehr ängstlich dabei. Ich wollte Dir, mein Lieber, erst nichts schreiben, aber es ist doch besser, Du weißt es, und deßhalb schicke ich Dir einen Boten[1], daß ich auch gleich ein Wort von Dir höre und etwas getröstet werde. Durchlaucht[2] Herzog hat heute schon 2 mal geschicket, ob Du noch nicht zurück wärst. Der Gustel läßt Dich schönstens grüßen und freut sich, Dich bald wiederzusehen. Sei so gut und schreibe

1 bamdem.
2 Dular.

mir ein Wort zu meinem Trost. Leb wohl, zu Ende der Woche erwarte ich [Dich]. Behalte mich lieb.

Weimar, den 10. N[ovember 1795.]

*

Dieser Besorgnis erregende Brief bewog Goethen, sofort nach Weimar zurückzukehren. Wenige Tage später, am 16. November, starb das Söhnchen. Goethes Brief an Schillers Frau vom 17. beginnt mit den Worten: »Der arme Kleine hat uns gestern schon wieder verlassen, und wir müssen nun suchen durch Leben und Bewegung diese Lücke wieder auszufüllen.«

1796

Am 3. Januar begibt Goethe sich für zwei Wochen nach Jena.

*

63. *Goethe*

Ich muß Dir nur sagen, meine Liebe, daß es mir ganz wohl geht. In acht Tagen hoffe ich mit dem siebenten Buche zu Stande zu sein, und dann werde ich vergnügt zurückkehren. Alle Morgen gehe ich spazieren und die Abende war ich bei Schillern. Nun bin ich auf drei Abende in die Stadt geladen, und damit geht die Zeit so hin. Das Wetter begünstigt mich sehr, und in allem befinde ich mich leidlich. Die Götzen kocht nicht übel, nur, weil sie im Ofen kocht, sind die Sachen wohl einmal rauchrigt. Vor einigen Tagen hatte ich Gäste, die mir meinen Keller ziemlich aufräumten. Dagegen hat Herr von Milkau mir wieder englisch Bier zukommen lassen. Lebe recht wohl. Der Preßkopf und das Leberwürstchen dauert noch. Von Wein schicke mir etwas Werthheimer, aber kein Bier. Lebe wohl, grüße Gusteln und behalte mich lieb.

Jena, den 8. Januar 1796.   G.

64. *Christiane*

Du mußt mir verzeihen, daß ich am Mittewoche nicht geschrieben habe, ich war aber sehr krank. Ich habe doch schon immer über meinen Magen geklagt und am Dienstag, wie Schmidts[1] bei mir waren, ein bißchen zu viel Eis gegessen. Die Nacht war ich recht krank, und den ganzen Mittewoch mußte[2] ich im Bette liegen. Es ist aber wieder vorüber, und ich befinde mich und das Kind recht wohl. Das Bübchen wünschte sehr, daß sein Väterchen wiederkäme, mir ist es auch, als wärst Du schon sehr lange weg. Ich freu mich aber sehr, da ich aus Deinem Briefe sehe, daß Dir es wohl geht und Du vergnügt bist. Leb wohl und behalte uns recht lieb.

Weimar, den 9. J[anuar 1796].   C. V.

Hier schicke 3 Bouteillen Werthheimer und Eine Rheinwein.

65. *Goethe*

Du besorgst, mein liebes Kind, die inliegenden Packete nach den Aufschriften.

Mir geht es recht wohl, und ich werde wohl mein siebentes Buch zu Ende bringen.

Wenn Du auf den Sonntag, wird sein der 17., wohl bist und es hübsch Wetter ist, so könntest Du mich abholen. Du müßtest aber unsern gewöhnlichen Kutscher nehmen, denn der letzte Wagen stieß abscheulich.

Du kämst morgens bei Zeiten und äßest mit mir, und wir führen etwa um drei Uhr wieder ab.

Schreibe mir gleich Antwort, ob Du kommen willst, damit ich mich darauf einrichte.

Auf alle Fälle schickst Du mir den Wagen; aber, wie schon gesagt, den gewöhnlichen. Wenn Du kommst, bringst Du

1 Schmiest.
2 muß.

das Bübchen mit. Grüße es recht schön, und behalte mich lieb, ich freue mich, Dich hier zu sehen.

Jena, den 12. Januar 1796.   G.

66. *Christiane*

[Weimar, 13. Januar 1796.]
Keine größere Freude, mein Lieber, hättest Du mir nicht machen können als die, daß ich Dich abholen soll. Es ist sehr gehuppst worden, und das Bübchen hat mit gehuppst. Ich komme Sonntag ganz gewiß, wenn es nur leidlich Wetter ist. Sollte es aber ganz schlechtes Wetter sein, so dächte, Du bliebst noch einen Tag, und mir kämen den Montag. Schreibe mir noch ein Wort, ob Dir es so recht ist, und ob ich bei dem Schloß absteigen soll oder vor der Post. Ich dächte, weil wir uns nicht lange aufhalten, ich stieg' bei dem Schloß ab, doch schreibe mir, ob es Dir recht ist. Ich freu mich sehr darauf[1], mit Dir herüberzufahren. Ich denke, den Sonntag, wenn es nur ein bißchen leidlicht ist, um 10 Uhr bei Dir zu sein, und mir wollen recht vergnügt sein.

Ich und das Bübchen sind recht wohl und bald vor Freuden unklug. Ich will auch den Freitag nicht so lange auf der Redoute bleiben, damit ich den Sonntag recht heiter bin. Gestern waren ›Die Geschwister‹, und die Madame Becker verdiente durch ihr schönes Spiel würklich ein Präsent. Überhaupt ist es sehr gut gespielt worden und hat allgemein gefallen, daß man den abscheulichen ›Prozeß‹ gar nicht darauf sehen konnte. Leben Sie wohl, es bleibt dabei, mir kommen. Das Bübchen läßt Dich vielmals grüßen. Behalte uns beide lieb.

1 da ruf.

67. *Goethe*

Ich erwarte Dich mit Freuden, mein liebes Herz, auf den
nächsten Sonntag früh. Das Wetter wird hoffentlich gut
bleiben, nimm aber doch meinen Pelz mit und wickle Dich
und das Kind recht ein. Mein siebentes Buch ist fertig und
das achte wird auch bald nachfolgen. Wie angenehm ist
mirs, daß ich denken kann, Dich bald in meiner Stube zu
sehen. Du fährst nur gleich im Schlosse an, und ich will
bestellen, daß das Bübchen aufs Cabinet kann. Lebe recht
wohl und liebe mich. Jena, den 15. Januar 1796.   G.

*

Aus unbekannten Gründen unterblieb Christianens Besuch
in Jena, Goethe kehrte bereits am 17. Januar nach Weimar
zurück. – Vom 16. Februar bis zum 16. März ist Goethe in
Jena.

*

68. *Christiane*

[Weimar, 17. oder 18. Februar 1796.]
Mein Wunsch ist, mein Lieber, daß Dich dieser Brief recht
wohl und vergnügt antreffe. Wir beide illuminiren sehr
stark – und wenn das fortgehet, werden mir das Buch in
Deiner Abwesenheit beinahe fertig bringen. Müller hat das
Krautland angesehen, es ist sehr nah von unserm Garten aus,
ungefähr so lang wie Treuters Garten und über die Hälfte
breit. Es hat sehr wenig Abgaben, und der Besitzer bietet es
60 Thaler. 55 Thaler sind ihm schon geboten, er will aber
nicht anders als 60 Thaler. Müller sagt, es wärs werth.
Mittag um 2 Uhr will ich mitgehen und es ansehen. Nun
schreiben Sie uns Ihre Meinung. Bloß bittet um Nachricht,
wo er das Geld bekomme vor die 12 Mann Statisten und 4

Jungen zu löhnen[1]. Ob er es auslegen soll oder an wen er das Zettelchen machen soll. Leben Sie recht wohl und behalten mich lieb.

69. *Goethe*

Ich habe Dir gestern gleich wegen des Krautlandes geschrieben. Wie gesagt, wenn es Dir gefällt, so kaufe es, denn diese Fleckchen werden täglich theurer werden. Liegt es denn am Bache oder wo? beschreibe mir es doch genauer.

Mit dem Essen geht es mir wieder recht schlecht, schicke mir einige Flaschen oberweimarisches Bier.

Das beikommende Packet schickst Du an Graf Dumanoir, wie die Adresse ausweist. Lebe recht wohl und behalte mich lieb.

Jena, den 19. Februar 1796.   G.

Sage Deinem Bruder, daß ich das für Böttcher bald schicken werde.

Du bist doch die Abende, besonders wenn Du in die Komödie gehst, hübsch besorgt, daß das Haus nicht allein steht?

Nimm den eingesiegelten Schlüssel hervor in Dein Schreibepult.   G.

Bloß meldet sich wegen seines Aufwandes bei der Fräulein von Göchhausen.

1 lälen.

70. *Christiane*

[Weimar, 20. Februar 1796.]

Alleweile komm ich wegen des übelen Wetters ganz müde vom Krautland zurück und bin mit der Lage sehr zufrieden, es liegt ganz an der Lotte, nicht weit von Knebels Garten, mir gefällt es sehr. Müller will es handeln. Und wenn Du wiederkömmst, wollen wir zusammen hin gehen. Es wird Dir gewiß gefallen. Du bist doch wohl? Daß es mit dem Essen schlecht gehet, thut[1] mir sehr leid. Wenn ich Dir nur kochen könnte! Das arme Bübchen ist sehr krank gewesen, aber heute ist er doch wieder außer Bette, er hatte sich sehr stark verkältet. Er hat mir nicht Ruhe gelassen, ich sollte es dem Väterchen schreiben. Du brauchst Dir aber keine Sorgen zu machen, denn er ist heute wieder ganz munter und will wieder illuminiren. Er freut sich, das Väterchen abzuholen.

Wegen des Hauses kannst Du ohne Sorge sein. Das Schlüsselchen habe ich, sobald Du weg warst, zu mir genommen.

Itzo bin ich fleißig und bringe wieder alles in Ordnung und freue mich, Dich bald wieder zu sehen, denn ohne Schatz will mir es in dem Hause gar nicht gefallen. Willst doch so gut sein und wegen der Köchin[2] mit der Trabitius[3] reden. Ich habe mit ihr ausgemacht: wenn sie ein gutes Lob hätte, wollte ich sie nehmen; wenn das nicht wär, so muß ich mich nach einer andern umsehen.

Leb wohl und behalt uns beide lieb.

---

1 du.
2 Nach gestrichenem neuen.
3 drabinsgus.

Ich habe beim Einpacken das Beste vergessen, nämlich das siebente Buch meines Romans und die Papiere, die sich aufs achte beziehen. Es liegt alles beisammen in dem Schreibtische an der Thüre, in der untersten Schublade nach dem Ofen zu. Packe nur alles, was in dieser Schublade liegt, wohl zusammen und schicke mirs durch August Herder, der Dir diesen Brief überbringt. Wenn der Schlüssel, wie ich vermuthe, eingeschlossen ist, so kannst Du mit dem Schlüssel, den ich hier überschicke, das rechte Schränkchen meines Schreibetisches aufmachen, wo Du ihn bald erkennen wirst; schicke mir den Schlüssel mit den Papieren wieder zurück und lebe recht wohl. Jena, Sonnabend, den 20. Februar 1796.   G.

72. *Christiane*

Hier, mein Bester, schicke ich Dir, was Du verlangst, es ist alles, was in der Schublade war. Das Bübchen ist wieder besser. Es bittet sich was vom Jenaischen Conditor vom Väterchen aus und läßt Dich schönstens grüßen. Der ›Knicker‹ ist gestern sehr gut gegangen, man ist allenthalben mit dem neuen Sänger zufrieden, freut sich über seinen schönen Gesang und seine gute Aussprache und saget, das Übrige werde sich schon geben. Er kann auch mit applaudiren zufrieden sein, welches denn freilich[1] alles von den Schätzchen herkam. Er hat aber mit einer Dreustigkeit gespielt, die unglaublich ist. Zum Roman wünsche ich den besten Humor, und daß das 8. Buch bald fertig werde, damit ich Dich bald wieder bei mir habe, denn ich bin den ganzen

---

[1] freulin.

Tag allein. Die arme Werner ist auch sehr unglücklich, ihr
Bruder, der Musicus[1], hat auf einmal 2 Blut-Stürze bekommen, und weiß niemand, wovon, und ist sehr schlecht. Da
kommt die auch nicht zu mir. Morgen will ich mir die Zeit
mit bügeln vertreiben.

Leben Sie wohl und [behalten] mich lieb.

Mit der Köchin vergiß nicht.

Weimar, den 21. F[ebruar 1796.]   Christiana.

73. *Christiane*

Hier folget wieder Bier; keine leeren Flaschen habe ich nicht
bekommen, sehen Sie darauf, daß sie Geist ordentlich rüber-
schickt. Der Köchin will ich heute durch die Boten-Frau
sagen lassen, daß ich sie nicht brauchen könnte; mit der
Bedingung ist es geschehen.

Ich habe aber zu Hause eine[2] schöne Entdeckung gemacht. Weil ich allemal, wenn Sie verreisen, den Hausschlüssel zu mir nehme, so sehe ich ihn vorgestern Abend
an der Wand hängen, und da fiel mir, ich weiß nicht wie,
ein: der sieht aus wie dein Capital[3]! ich hin und probirt, so
schloß er meine Thür und Kammer, hinten bei mir meine
Wäschekammer und alles! Nunmehr weiß ich, wie mir
meine Betttücher und alles, was mir gefehlt hat, genommen worden ist. Der hat auch, ehe ich das Vorlege-Schloß
vorlegte, meinen Weinkeller geschlossen. Es muß der eigentliche Hausschlüssel gar nicht sein. Es ist ein ordinärer
Hauptschlüssel, ich will ihn also verschließen und heute
den Schlosser einen ordinären Hausschlüssel machen lassen, denn den kann ich nicht wieder zum Hausschlüssel

1 Mußsich kus.
2 Nach gestrichenem zufälliger Weise.
3 kabbidal.

hergeben. Das ist wieder ein neuer Beweis, daß man in einem Haus nicht genug auf alles Acht haben kann. Ich bin itzo noch immer mit der Wäsche beschäftigt und befinde mich leidlich. Und das Bübchen ist wieder recht wohl, grüßt sein Väterchen schönstens, und danken von Herzen vor das Überschickte. Es freut sich das Mütterchen und das Bübchen auf das Abholen. Ich dächte, mir machten es wieder wie das vorige Mal. Denn, weil die Werner nicht mit kann, mag ich auch nicht gern allein bei den Leuten bleiben. Du wirst uns schon schreiben, wann mir kommen sollen.

Leb wohl und vergnügt und behalt uns sehr lieb.

Weimar, den 24. F[ebruar 1796].

74. *Christiane*

[Weimar, 27. Februar 1796.]
Mit meiner Wäsche bin ich nunmehro in Ordnung, nun will ich künftige Woche scheuern und reine machen lassen, wenn es nicht so erbärmlich kalt ist. Es scheint, als wenn es noch wieder werden wollte, wir könnten beinahe hier auf dem Schlitten fahren. Und gestern konnten mir die Zimmer zur Gesellschaft gar nicht erheizen. Heute will ich mit Bübchen in das ›Käppchen‹ gehen. Es ist recht wohl und läßt sein liebes Väterchen schönstens grüßen. Der Köchin wollte ich kein Miethgeld geben, sie ließ mir aber keine Ruhe und kam den andern Morgen wieder und sagte zu mir: wenn der Herr Geheimbde Rath von ihr, wenn sie nüberkäme, nicht das beste Lob hörten, wollte sie mir es gleich wiederschicken; mit der Beding gab ich es ihr, und so schien sie mir ganz leidlich, ich hätte nicht gedacht, daß es so mit ihr stünd, ich will mich aber um die paar Groschen nicht herumstreiten. Es ist wieder eine Lehr vor mich, vorsichtiger zu sein. Es

war der Redoutentag, da ist man überhaupt[1] etwas leichtsinnig. Da wirst Du mir auch verzeihen. Daß Du so lange
drüben bleiben willst, ist mir nicht ganz recht, denn seit Du
weg bist, bin ich nicht recht freudig. Ich weiß gar nicht, ich
bin dasmal so verdrüßlich, als wärst Du noch so weit von
hier. Ich bin noch gar nicht aus dem Hause gekommen als in
die Komödie. Du wirst mir schon schreiben, wenn mir Dich
abholen sollen. Daß es mit dem Roman nicht gehen will, ist
ja curios; doch vielleicht gehet es noch, man muß nicht
gleich verzagen. Bei uns wird sehr fleißig gesponnen, ich
habe wieder etwas Flachs gekauft, aber es ist nicht viel damit
zu profitiren. Sollte in Jena nicht ein Pröbchen zu machen
sein?

Hören Sie doch ein bißchen an der Trabitiusen, die spinnt
gewiß auch.

Leb wohl und denke an   Christiana V.

75. *Christiane*

Mein Bruder sagt mir gestern, daß er Dir schrieb, und ich
sahe, daß ich einen Brief von Herrn Meyer hatte; da habe ich
sie, was angekommen war, mitgeschicket, die wirst Du also
gestern erhalten haben. Hier folget, wie ich sehe, wieder ein
Brief von Mariannichen[2]. Das ist eine fleißige Schreiberin,
das wird am Ende noch gefährlich werden. Ich habe immer
vergessen, Dir zu schreiben, daß es mit dem Handel des
Krautlandes richtig ist. Ich habe müssen einen Laubthaler
darauf geben, mit der Kaufsumme wollen sie warten, bis Du
zurückkömmst. Mir macht es große Freude, weil es so nahe
ist und so hübsch liegt. Mit dem neuen Sänger wollte es am
Sonnabend nicht gehen, überhaupt ging meinen Gedanken

1 über Habut.
2 Marigamigen.

nach das ganze ›Käppchen‹ nicht gut. Desto besser spielten sie gestern den ›Vetter aus Lissabon‹. Ich und Ernestine machen itzo aus alten Kleidern Chemisen[1], und gestern ist der gelbkattunene besonders gut gerathen, und ich bilde mir ein, daß er mir gut stehe. Da wurde, stelle Dir vor, vor lauter Freuden um 2 Uhr die Flasche Champagner auf Dein Wohlsein von mir, der Tante und Ernestine verzehrt, und dann ging es mit mir in die Komödie, aber von Äuglichen gab es nichts. Daß Du mir was vom Flachs geschickt hast, freut mich sehr, ich danke Dir auch herzlich dafür; wenn Du 1 Thaler 12 Groschen gegeben hast, so ist gewiß noch zu profitiren. Ich will mich gleich darüber machen und ihn zurecht machen, damit mir sehen, wie er sich hält. Daß Du so lange drüben bleiben willst, ist mir freilich nicht recht; aber wenn der Roman nicht fertig ist, so hilft es doch nichts. Aber abholen müssen wir Dich, und wenn es auch kalt ist, mir wollen uns schon verwahren. Das Bübchen zählet alle Tage und fragt mich immer: »Wenn holen mir denn das Väterchen?« Es läßt Dich schönstens grüßen. Hier folget Chocolade[2], es ist die selbe, nur andere Täfelchen.

Lebe wohl und behalt mich lieb. Die vielen Briefe von dem Mariannichen machen mir doch ein bißchen Angst.

Ch. V. [Weimar,] den 2. M[ärz 1796.]

76. *Christiane*

Daß Du noch mehr Flachs hast, freut mich sehr. Denn es wird sehr viel gesponnen, und wenn Du wiederkömmst, sollst Du den großen Vorrath von Garn zu sehen bekommen. Aber daß es so lange währt, bis Du wiederkommst, ist nicht recht. Wegen des Ackers wollen mir mündlich mit einander

1 Schmüßse.
2 Coulade.

reden. Dieß Jahr müssen mir ihn nothwendig behalten. Die größte Neuigkeit ist, daß die ›Aussteuer‹ über alle Maßen gefallen und allenthalben von nichts als von dem Stücke gesprochen wird.

2tens, daß der Schwansee[1] sehr gefroren ist und stark gefahren wird, daß die Gräfin Egloffstein sehr umgeworfen worden ist. Ich bin gestern auch da gewesen mit dem Kinde von 2 Uhr bis 5 Uhr. Es haben den Kleinen zwei Jäger geführt, und er ist auch im Schlitten gefahren worden und wollte gar nicht wieder nach Hause. Es waren alle Schätzchen da, und Äuglichen gab es die Menge. Wenn es so bleibt, so habe ich ihm versprechen müssen, daß mir morgen wieder hingehen wollen. Heute gehen mir alle beide in das ›Sonnenfest‹. Nun ein Wort von der Freitagesgesellschaft: den ersten Freitag waren sie beinahe alle da, den 2. nur etliche, und gestern gar kein Mensche. Ich hatte alles wie immer besorget, und das schöne Holz verbrennt, und halb 1 Uhr kam der junge Voigt und sagt erst, daß niemand käme. Ich dächte, da Du noch eine Woche drüben bleibst, so sagtest Du es durch den Geheimen Rath Voigt auf, denn es ist nunmehro so Ostern, und es bleibt so lange Tag, man verbrennt das Holz, gibt das Geld aus, und es kommt kein Mensch. Laß mir bis Mittewoch Deine Gesinnung wissen. Hier folgen auch vier Paar[2] Bücklinge zu Frühstück mit und Schinken und Bier. Das Bübchen läßt fragen, ob es bald kommen soll.

Leb wohl.

C. V. [Weimar,] den 5. M[ärz 1796].

1 Swamse.
2 für bar.

77. *Goethe*

Da das Wetter so hübsch und leidlich ist, und ich noch einige Zeit hier verweilen werde, so wünsche ich, Dich mit dem Kleinen einmal bei mir zu sehen[1]. Du kannst Deinen Bruder und Ernestinen mitnehmen, ihr steigt im ›Bären‹ ab, wo ich eine warme Stube bestellen werde, Du kommst zu mir herüber, und die andern können drüben zu Mittage essen. Sorge dafür, daß Du Abends den Kleinen gut einpacken kannst.

Ich habe so viel gearbeitet, daß ich es ganz satt habe und mir auch wieder einmal mit Dir und dem Kleinen was zu Gute thun möchte. Ich freue mich sehr, Dich wiederzusehen. Du mußt mir aber Geld mitbringen. Nimm nur den eingesiegelten [Schlüssel] und bringe mir das Silbergeld, das in der kleinen Schublade, linker Hand, auf meinem Schreibtische sich befindet.

Lebe wohl. Ich muß Dich einmal wieder an mein Herz drücken und Dir sagen, daß ich Dich recht lieb habe.

Jena, den 7. März 1796.   G.

Da der Bote nicht wieder zurückgeht, so brauche ich auch keine Antwort, Du kannst nun Dienstags oder Mittewochs, morgen oder übermorgen kommen, so ist es mir ganz recht; ich bestelle nur im ›Bären‹ nichts, und ihr könnt immer da abtreten, eine Stube ist bald geheizt.

*

Vom 8. bis 12. März war Christiane mit Söhnchen, Bruder und Schwester in Jena. Daß die kleine Gesellschaft sich in diesen Tagen fleißig mit Schlittenfahren und wohl auch

---

1 Hier folgt, nachträglich in Klammern gesetzt und durchgestrichen: Schreibe mir durch diesen Boten zurück, ob Du Dienstags oder Mittewochs kommen willst, das heißt, morgen oder übermorgen.

Schlittschuhlaufen vergnügte, läßt Goethes Tagebuch vermuten, das am 9., 10. und 11. nichts weiter vermerkt als: »Auf dem Eise.« — Vier Tage später, am 16. März, kehrt Goethe selbst nach Weimar zurück, um sich erst am 28. April abermals nach Jena zu begeben.

*

78. *Goethe*

Ich habe Götzen aufgetragen, Dir einige Schock Kohlrabipflanzen zu schicken, damit wir doch einen Anfang machen. Versäume ja nicht, sogleich Spinat zu säen.

Noch kann ich nicht viel sagen. Meine Sachen sind im Werden. Ich hoffe, es wird gut gehen.

Lebe recht wohl und liebe mich. Jena, den 29. April 1796.

G.

79. *Goethe*

Ich bitte Dich recht herzlich, mein liebes Kind, die schönen, guten Tage zu genießen, die Du vor so vielen andern haben kannst, und Dir das Leben nicht zu verderben, noch verderben zu lassen. Du weißt, daß ich zu Hause nicht zur Sammlung kommen kann, meine schwere Arbeit zu endigen, vielleicht gelingt mir es auch hier nicht und ich muß doch nach Ilmenau. Lebe recht wohl, grüße und küsse das Bübchen, ihr sollt mich bald besuchen.

[Jena,] Sonntag, den 1. Mai 1796.   G.

80. *Goethe*

So mag ich es gerne sehen, wenn Du vergnügt bist in guter Gesellschaft und dann wieder zu Hause fleißig und sorgfältig bist. Genieße ja der guten Tage und behalte mich lieb.

Da Herr Cotta sich in verschiednen Geldsorten wohl gehalten hat, so schicke ich Dir auch etwas davon.

Lebe wohl! Grüße und küsse den Kleinen. Karl läßt ihn schön grüßen.

Mir geht es auch recht gut, nur daß der Roman nicht rücken will.

Jena, den 4. Mai 1796.   G.

81. *Goethe*

Hier schicke ich Dir eine gute Art Brezeln, die sich lange halten und die, von Zeit zu Zeit, mit einem Gläschen rothen Wein genossen, Dir und dem Kleinen wohl schmecken und bekommen werden. Das abwechselnde Wetter hindert mich sehr am spazierengehen, und mit dem Roman will es auch nicht recht fort, hoffentlich kommt es mit dem bessern Wetter auf einmal. Lebe recht wohl, grüße den Kleinen und schreibe mir, wie ihr euch befindet. Jena, den 10. Mai 1796.
G.

82. *Christiane*

[Weimar, 14. (oder 18.?) Mai 1796.]
Ich will zu Dir kommen, mein Lieber, ich wünsche recht herzlich, Dich wiederzusehen, und bei dem schönen Wetter bringe ich Dir vielleicht Lust zu dem Roman mit. Das Bübchen ist vor Freuden ganz ausgelassen, daß es Dich besuchen soll. Schreib uns nur bald, wenn mir kommen

sollen, denn ich bin auf alle Stunden eingerichtet mitzurei-
sen, und schreib mir zugleich, ob ich etwas von Wein mitbringen soll oder sonst etwas. Mir können ja in dem Neben-
stübchen sein, ich bringe mir was zu arbeiten mit. Leb wohl
und liebe mich.

Ich freue mich sehr.

*

Am 19. Mai scheint Christiane mit August in Jena eingetroffen zu sein. Am 23. macht Goethe mit ihnen einen Ausflug
nach Dornburg, und den Jahrmarkt in Lobeda am 25. werden sie nicht unbesucht gelassen haben. Wann Christiane
nach Weimar zurückgekehrt ist, bleibt unbestimmt. August
war, wie Goethes Tagebuch beweist, am 30. Mai noch in
Jena.

Goethe kehrt am 8. Juni nach Weimar zurück und begibt
sich zu längerem Aufenthalt erst wieder am 18. August nach
Jena. In der Zwischenzeit (13. Juli) hatte er an Schiller
geschrieben: »Heute erlebe ich auch eine eigne Epoche,
mein Ehstand ist eben 8 Jahre und die französische Revolu-
tion 7 Jahre alt.«

83. *Goethe*

Durch den Bauverwalter, der zurückkehrt, sag ich Dir nur
ein Wort und Gruß. Mittwoch, mit den Botenweibern, hörst
Du mehr.

Aus dem Feuerwerk wird nichts, vielleicht nehm ich euch
was von hier mit, und wir brennen es bei uns ab.

Mit der Küche stehts ein wie allemal; wenn mich nicht
Schillers manchmal mit Schwarzwurzeln und Spinat erquickten, so sähe es schlecht aus. Übrigens geht es mir ganz
gut, und meine Versuche und Arbeiten aller Art gehen
bestens von Statten.

Lebe wohl, ich freue mich, Dich zu Ende der Woche wiederzusehen, und werde euch, sobald ich nur einmal gewiß weiß, daß ihr kommt, ein recht ordentliches Gastmahl zubereiten.

Jena, den 22. August 1796. G.

84. *Goethe*

Aus dem Feuerwerk, wie ich Dir schon geschrieben habe, wird nichts, und ich erwarte Nachricht, ob Du mich Sonnabend besuchen wirst, worauf ich mich sehr freue; ich kann noch nicht mit hinübergehen, ich kann euch aber auch nicht da behalten, denn es ist noch sehr viel zu thun, wobei ich mir ganz allein überlassen sein muß. Schicke mir mit den zurückkehrenden Botenweibern drei kleine Fläschchen Pyrmonter und bringe mir etwa 6 große mit; deßgleichen schicke drei Bouteillen rothen Wein und bringe 6 Stück mit. Sonst weiß ich weiter nichts, als daß ich wünsche, daß euch das Späßchen auf den Sonnabend und Sonntag wohl gerathen möge. Grüße den Kleinen und lebe wohl. Jena, den 23. August 1796. G.

Willst Du aber, wenn auch kein Ball wäre, Sonnabend herkommen und Sonntag wieder fortfahren, so sollst Du mir auch mit dem Kleinen willkommen sein. Du könntest auch, wenn Du Werners mitbringen wolltest, Sonnabend spät wieder wegfahren. Das heißt, wenn kein Ball wäre, oder Sonntags kommen und auch Sonntags wieder wegfahren, oder es noch 8 Tage verschieben, da ich denn gewiß wieder mit zurückginge; genug, ich überlasse Dir, was Du thun willst, wenn ich Deine Entschließungen nur morgen Abend weiß.

*

Am 27. und 28. August waren Christiane und August in Jena, um Goethes Geburtstag miteinander zu feiern.

*

85. *Goethe*

Da Du Dich beschwerst, nichts durch den Boten von mir gehört zu haben, so muß ich Dir nur mit der Post etwas schreiben: vor Ende dieser Woche werde ich hier mit meinen Sachen nicht fertig. Am Heft Cellini habe ich bis Freitag zu thun, wo es fortgeht. Die Raupen, deren noch viele eingekommen sind, beschäftigen mich in den übrigen Stunden, und das Licht, das auch wieder zur Sprache kommt, nimmt noch einen Theil weg. Erst künftigen Freitag kann ich Dir sagen, wenn ich komme. Dann wird die Camera Obscura stark besucht werden.

Gib doch dem Hofmedicus inliegendes Heft, er kennt es vielleicht noch nicht, es ist sein sehr hübscher Aufsatz über das schwere Zahnen der Kinder darin; es freut mich, wenn man die Meinung des Verfassers als wahr annehmen kann, daß er Gusteln bisher auch auf diese Weise, durch abführende Mittel, curirt hat.

Laß doch durch Deinen Bruder auf beiliegenden Zettel das Buch von der Bibliothek holen und schick es mir Mittwoch mit den Botenweibern wohl eingepackt.

Du hast ja wohl meine Uhr auf dem Schreibtische gefunden? Ich habe sie vermißt, und sie kann nirgends anders liegen. Schicke Inliegendes an Böttiger. Lebe recht wohl und behalt mich lieb. Jena, den 4. September 1796.   G.

Sollte das Buch nicht auf der Herzoglichen Bibliothek sein, so kann man es durch Jagemann von der Bibliothek der Herzogin Mutter erhalten.

86. *Goethe*

Noch kann ich Dir heute nicht sagen, wenn ich kommen werde. Auf den Sonnabend wird sichs entscheiden lassen, die Sachen gehen nicht so geschwind, als man denkt, man verrechnet sich im Kleinen immer um Tage, wie im Großen um Wochen und Monate.

Bringe ja Deinen Haushalt recht in Ordnung und richte Dich ein, daß wir ein gut Stück des Octobers hier zubringen können; sorge für Deine Reitequipage, und was dazu gehört; denn da wir die Reitbahn im Hause haben, und der Stallmeister auf jede Art gefällig ist, so wäre es unverantwortlich, wenn ich Dir den Spaß nicht machen sollte.

Laß die Bücher, die ich auf beiliegendem Blättchen verzeichnet habe, durch Deinen Bruder in meiner Bibliothek aufsuchen und schicke mir sie durch die rückgehenden Botenweiber.

Chocolade schicke mir auch. Grüße das Bübchen und schicke es fleißig zur Frau von Stein. Jena, den 6. September 1796.   G.

87. *Goethe*

Ich kann Dir nicht sagen, mein liebes Kind, ob ich in den nächsten Tagen kommen werde, es kommt alles darauf an, ob sich die Lust bei mir zu einer neuen Arbeit einfindet. Geschieht das, so bleibe ich hier, es ist nämlich die große Idylle, von der Du weißt; könnte ich diese noch diesen Monat fertig machen, so wäre ich über alle Maßen glücklich.

Schicke mir auf alle Fälle warme Strümpfe, denn es fängt schon an Morgens sehr kalt zu werden.

Auch liegt das Schlüsselchen zu meinem Schreibtische bei, in dem rechten Schränkchen desselben wirst Du die ersten gedruckten Bogen des siebenten Buchs meines Romans finden. Sag mir, wie Du lebst, grüße das Bübchen und behalte mich lieb.

Jena, den 9. September 1796.   G.

88. *Goethe*

Ich habe mich, wie ich Dir schon gestern schrieb, um so mehr entschlossen, hier zu bleiben, als Du die ersten Tage der Woche mit Vorbereitungen zu dem Hochzeitsfeste und die letzten mit dem Feste selbst zubringen wirst. Ich wünsche, daß Du recht vergnügt sein mögest, schreibe mir, was Du brauchst, und wie es mit dem Gelde steht. Ich denke, bis heute über acht Tage schon ziemlich weit in meiner Arbeit zu sein, und komme wohl alsdann hinüber. Wir haben alsdenn noch drei Wochen zur Weinlese, die eigentlich dießmal nur Gelegenheit zu einem Vergnügen geben wird, denn mit den Trauben selbst sieht es schlecht aus. Gestern war Pickenick, wobei ich vier Dreher getanzt habe. Du hast mir noch nicht geschrieben, ob Du meine Uhr gefunden hast? ich vermuthe es aber, weil Du nichts davon sagst. Was ich etwa sonst noch brauche, schreibe ich Dienstag mit den Botenweibern. Lebe recht wohl und grüße den Kleinen.

Jena, den 11. September 1796.   G.

89. *Goethe*

Hier ist, mein liebes Kind, die unterzeichnete Quittung, schicke mir eine Rolle von 60 Stück Laubthaler mit den Botenweibern herüber, ich habe eine Zahlung für Meyern nach Italien abzuschicken. Er grüßt Dich schön, ist aber in Florenz sehr unruhig. Ich fürchte fast, er packt auf und kommt zurück, da wäre denn Dein Wunsch erfüllt. Er schickt sogar ein Recept zu forcirtem Sauerkraut mit.

Zu der Hochzeit wünsche ich Dir viel Vergnügen, erkundige Dich, was die andern geben, und gib weder zu viel noch zu wenig.

Diese Woche will ich noch hier bleiben, mit meiner Idylle geht es sehr gut, sie wird aber viel größer, als ich gedacht habe. Den Sonnabend erfährst Du, was ich weiter vorhabe, vielleicht komm ich die andere Woche geradezu hinüber, und wir können wegen der Weinlese immer noch beschließen, was wir wollen, und wie sich die Umstände zeigen. Lebe recht wohl und verzehre das Obst, das ich Dir schicke, mit dem Kleinen, den Du recht hübsch grüßen magst. Jena, den 13. September 1796.   G.

Laß Dich doch bei Starken erkundigen, ob ich etwa einen Probedruck von dem bei ihm bestellten Kupfer sehen kann, und schicke mir ihn durch die Botenweiber.

90. *Christiane*

[Weimar, 14. (?) September 1796.]
Mit dem Buchbinder habe ich es besorgt, und der Stein zum Ofen ist auch besorgt. Auf das Gut sind gleich 500 Thaler mehr geboten worden, und der Bauverwalter wollte wieder 100 Thaler bieten und fragt, ob ich es verantworten wollte; da sagt ich, ja. Hier folget Wein und Chocolade. Mit Geldausgaben habe ich beinahe alles besorgt, und wenn ich alle Zettel und den Gärtner bezahle, wird wohl beinahe nichts übrig bleiben. Das betrübt mich sehr, und hier ist es in kurzer Zeit einen guten Theil theurer worden, und in Ilmenau soll es noch ärger sein. Das Kind ist wieder ganz wohl und läßt Dich schönstens grüßen. Leb wohl und behalt mich lieb.

Es ist wegen der Soldaten publicirt worden, daß wer ihnen[1] Quartiergeld gibt, kann sie gleich wieder fortschicken. Der Herr Geheime Rath Voigt und Schmidt geben dem Mann die Woche 12 Groschen vor alles, und wir geben die Woche 16 Quartiergeld vor 2 Mann und die Kost, da kommt es uns beinahe 3 Thaler die Woche. Wolltest Du auch dem Mann 12 Groschen wie jene geben, oder soll es bleiben, wie es war? Das kann man morgen über 8 Tage, weil sie da wieder frisch umquartirt werden. Schreib mir darüber Deine Meinung. Die Abdrücke von Starken sind noch nicht fertig.

Leb wohl.

*

Zwischen diesen Brief und die folgenden Zeilen (eine eilige Nachschrift zu einem Brief von Christianens Bruder an Goethe) fällt ein längeres Beisammensein in Jena, vom 19. September abends bis zum 25. morgens.

*

91. *Christiane*

[Weimar, 25. September 1796.]
Der Buchbinder will 2 Hundert Stück in 6 Tagen liefern und, wenn sie nicht gar zu stark sind, vor das Stück einen Groschen haben. Leben Sie recht lieb. In Eile.   C. V.

92. *Christiane*

[Weimar, 30. September oder 1. October 1796.]
Daß Du bei solchen Umständen wenig Freude hast, kann ich mir wohl denken, und wenn man weiß, wie wehe es thut, ein

1 ihm.

Kind zu verlieren, so empfindet man den Verlust mit jedermann. Ist es denn das kleine oder das große? Mir ist es auch
gar nicht vergnüglich zu Muthe. Ich dachte mir gewiß, daß
Du heute kommen wirst, die kalten Tage und die langen
Abende wollen mir gar nicht gefallen. Das Bübchen sagt
heute: »Ach, du lieber Gott! kömmt denn mein Vater wieder
nicht?« Der Buchbinder arbeitet fort bis zum Kupfer und
Decke, die von Starke habe ich, 300. Das Exemplar bekommt kein Mensch von mir. Auf den Christ-Kram freue
ich mich, aber Du mußt beim Aufmachen sein, sonst ist es
kein Spaß. Daß das Äugelchen bald bei der guten Frau
Räthin sein wird, darum beneide ich sie. Leb wohl und
behalt mich lieb.   V.

Ich muß Dir die 300 überschicken, und morgen will Dir
Starke selbst schreiben. Die künftige Woche wird alles fertig.

                              *

Am 5. Oktober kehrt Goethe nach Weimar zurück. Ende des
Monats fordert das Ilmenauer Bergwerk seine Gegenwart;
am 30. reist er in Begleitung seines Söhnchens dahin ab.

                              *

93. *Goethe*

Die Fahrt war, ohngeachtet des bösen Wegs, doch bei so
schönem Wetter sehr angenehm, und Gustel war sehr lustig
und unruhig, sowie er auch heute Nacht sein Väterchen oft
aufgeweckt hat. Nachdem wir erst den Ofen haben ver-
schmieren lassen, der gestern Abend über die Maßen
rauchte, wird nun unser Zimmer ganz freundlich werden,
und ich hoffe einzuwohnen und auch etwas zu arbeiten.
Lebe recht wohl, Gustel läßt Dich grüßen und fragen, ob das
Judenkrämchen nicht angekommen ist? Dieses bringt ein

Kammerbote, der aber nicht zurückgeht. Ich schicke wahrscheinlich erst Donnerstags einen Boten. Ilmenau, den 31. October 1796.

Das Wetter war heut früh trübe und klärt sich auf. Wenn es sich hält, so habe ich übrigens hier angenehme Zeit.

Gestern Abend wollte mirs gar nicht gefallen. Es war so ungewöhnlich in dem Wirthshause, und der Rauch des Ofens machte meinen Wunsch nach Hause rege. Nach und nach wird es schon besser gehn. Lebe wohl, liebes Kind. Der Bube ist gar artig. G.

                            Dienstag, den 1. November.
Das Vorstehende sollte schon gestern fort, ist aber liegen geblieben, nun schicke ich diesen Brief durch eine Botenfrau, die wieder zurückkehrt. Wenn Du also dieses erhältst, so schicke alles, was an mich eingekommen ist, versteht sich von Briefen und kleinen Packeten, an Herrn Geh. Rath Voigt. Noch will mirs hier nicht recht behagen, denn der Kleine, so artig er auch übrigens ist, läßt mich die Nächte nicht ruhig schlafen und Morgens nicht arbeiten. So geht mir die Zeit verloren und ich habe noch nicht das Mindeste thun können; ich werde deßhalb wohl, sobald meine Geschäfte einigermaßen gethan sind, wieder zurückgehn, denn ich sehe nichts Bessers vor mir, besonders da das Wetter feucht und regnich ist.

Schreibe mir, wie es im Hause aussieht, und was etwa sonst vorgefallen ist. Lebe recht wohl. G.

Ich bin gestern aus dem ›Löwen‹, wo ich in mehr als Einem
Sinne höchst unangenehm lebte, aus und zu Herrn Ober-
forstmeister von Fritsch gezogen, wo es mir sehr gut geht.
Ich hätte mich in jenem Gasthofe noch so hingeschleppt,
wenn nicht der unvermuthete Tod des Wirthes zu dieser
Veränderung Anlaß gegeben hätte.

Mein Geschäft hier ist so leicht nicht abgethan, und ich
komme schwerlich vor künftigem Mittewoch. Übrigens ist
auch in müßigen Stunden keine Lust, denn das Wetter ist
ganz abscheulich; es ist nur gut, daß ich eine hübsche Stube
habe, einen freundlichen Wirth und nicht weit vom Berg-
rath wohne, an dessen Mineraliencabinet ich mich unter-
halte.

Der Kleine ist sehr vergnügt und findet den ganzen Tag
etwas zu treiben und zu spielen; Bergraths Fritz, der nun
auch sein Nachbar ist, ist nun auch gesetzter und verständiger geworden. Lebe recht wohl. Ich sehe zwar gegenwärtig,
wie nothwendig es war, daß ich hierher ging, und wie ich
auch noch einige Zeit bleiben muß, bis alles wieder im Gang
ist, allein ich versichre, daß mir die Expedition keineswegs
Spaß macht, und daß ich wieder recht bald bei Dir zu sein
wünschte. Hast Du mir etwas zu schicken oder zu schreiben,
so sende es nur an Herrn Geheime Rath Voigt. Ilmenau, den
3. November 1796.   G.

95. *Christiane*

Weimar, den 6. November [1796].
Seit Du weg bist, bin ich gar nicht recht ruhig geworden,
denn gleich, wie Du weg warst, erfuhr ich, daß in Ilmenau
viele Leute krank wären und stürben, und da bin ich um

Dich und um das Bübchen sehr in Angst. Ich dächte, Du kämst so bald, als Dein Geschäfte vorbei ist, zurück, denn ich bin nicht ehr ruhig, bis ich Dich wiederhabe. Zur Kirchweihe will ich nicht gehen, denn ich könnte doch nicht vergnügt sein. Laß, Lieber, das Kind nur nicht bei geladnes Gewehr gehen. Leb wohl und behalte mich lieb. Grüße das Bübchen.

Schiller[1] hatte an mich geschrieben; ich habe ihm geschickt, was er mir geschrieben hat. Ich weiß nicht, ob es recht ist.

*

Am 9. November kehrt Goethe mit August nach Weimar zurück. − Zu Ende des Jahres begleitet er den Herzog Karl August nach Leipzig und Dessau; die Abreise erfolgt am 28. Dezember.

[1] Schülr.

1797

96. *Goethe*

Leipzig, den 1. Januar 1797.

Ehe ich von hier weggehe, muß ich noch ein Lebenszeichen von mir geben und kürzlich meine Geschichte melden. Nachdem wir am 28. December uns durch die Windweben auf dem Ettersberg durchgewürgt hatten und auf Buttel-städt gekommen waren, fanden wir recht leidliche Bahn und übernachteten in Rippach. Am 29. früh um 11 Uhr waren wir in Leipzig und haben der Zeit eine Menge Menschen gesehen, waren meist Mittag und Abends zu Tische geladen, und ich entwich mit Noth der einen Hälfte dieser Wohlthat. Einige recht interessante Menschen haben sich unter der Menge gefunden, alte Freunde und Bekannte habe ich auch wieder gesehen, sowie einige vorzügliche Kunstwerke, die mir die Augen wieder ausgewaschen haben.

Nun ist noch heute ein saurer Neujahrstag zu überstehen, indem früh Morgens ein Cabinet besehen wird, Mittags ein großes Gastmahl genossen, Abends das Konzert besucht wird, und ein langes Abendessen darauf gleichfalls unver-meidlich ist. Wenn wir nun so um 1 Uhr nach Hause kommen, steht uns, nach einem kurzen Schlaf, die Reise nach Dessau bevor, die wegen des eingefallenen starken Thauwetters einigermaßen bedenklich ist; doch wird auch das glücklich vorübergehen.

Ich erwarte eben den Juden Elkan, der mir Ketten brin-gen wird und überhaupt sehr geschäftig ist. Es geht mir im Ganzen recht gut, doch macht mir das Thauwetter den

Aufenthalt hier sehr unangenehm, und eine große Schlittenfahrt, die das Militar angestellt hatte, verlor dadurch allen Glanz.

Von allen diesen Dingen werde ich Dir manches erzählen, schwerlich aber werde ich den Gedanken, länger hier zu bleiben ausführen; es ist in dieser Jahreszeit kein Heil und keine Zufriedenheit zu erwarten. Lebe recht wohl und grüße den Kleinen. G.

97. *Goethe*

Es geht ein Bote nach Weimar, und ich will Dir mit demselben nur einige Worte schreiben. Wir sind zwar auf dem *Schlitten*, aber nicht auf dem *Schnee* hier angekommen und haben eine sehr übele Fahrt gehabt; nun sind wir hier in Dessau, und das Wetter scheint nicht besser zu werden. Freitag Abends sind wir wieder in Leipzig und werden etwa Donnerstag, den 12.[1], oder Freitag, den 13.[2], wieder in Weimar sein.

Der Jude hat mir, als ein wahrer Jude, abscheuliche alte Ketten gebracht, und ich will, wenn ich wieder nach Leipzig komme, selbst zu Rost gehen; denn wenn ich auch etwas mehr zahlen muß, so habe ich doch dafür auch gewiß etwas Gutes, das Dir Freude macht.

An das Gedicht habe ich wenigstens gedacht und werde den Plan ausarbeiten, so weit mir nur möglich ist; so kann es alsdann einmal, ehe wir es uns versehen, fertig sein. Lebe recht wohl, grüße Herrn Jacobi und macht euch auf der Redoute recht lustig. Dessau, den 3. Januar 1797. G.

*

1 Geändert aus: 5.
2 Geändert aus: 6.

Am 10. Januar abends 11 Uhr trifft Goethe wieder in Weimar ein. – Am 20. Februar begibt er sich zu längerem Aufenthalt nach Jena; Christiane und August geben ihm bis zu dem Dorfe Kötschau das Geleit.

*

98. *Christiane*

[Weimar,] Dienstags Abend, den 21. [Februar 1797.] Ich und Dein liebes Bübchen sind glücklich und wohl wieder zu Hause angelangt, die Ernestine und Werners kamen uns bis Umpferstedt entgegen. Heute den ganzen Tag habe ich mich [mit] der Reinlichkeit Deiner Zimmer beschäftigt und bin in der Komödie gewesen. Morgen werden vom ganzen Hause die Vorhänge gewaschen und den Donnerstag gebügelt, und überhaupt habe ich mir diese Woche vorgenommen, das Haus vom Boden bis runter in Ordnung zu bringen, den Sonntag mich mit dem rothen Kleid zu putzen und künftige Woche die Aufsätzchen in Ordnung zu bringen, und alsdenn das Übrige wird sich finden. Stell Dir vor, wie lieb Dich Deine beiden Hasen haben: wie Du in Kötschau von uns weg warst, gingen mir raus und sahen auf dem Berg Deine Kutsche fahren, da fingen mir alle beide eins an zu heulen, und sagten beide, es wär uns so wunderlich.

Der Kleine läßt Dich grüßen, er ist heute bei Gakala gewesen.

Mittewoche, den 22.
Hier schicke ich Dir, was Du verlangst, die Uhr, das Buch und 6 Bouteillen Wein. Es folgt auch das Geld; ich habe 10 Stück Laubthaler raus genommen, weil der Tapezier vor Pferdehaare, Leinwand, Garn, Nägel und Macherlohn vor die Stühle und das Kanapée 14 bis 15 Thaler haben will. Ich

141

habe es nachgerechnet, und sie kommen uns doch nicht so theuer wie die vorigen.

Ich wünsche Dir, daß der Herr von Schönfuß [?] bei Dir einkehren möchte und Dir die allerbeste und förderseligste Laune zum Gedicht mitbringe.

Leb wohl und behalt lieb

Dein kleines Naturwesen.

99. *Goethe*

Es war mir neulich auch gar nicht recht, euch zu verlassen, wir waren, obgleich nicht gesprächig, doch gar wohlbehaglich beisammen. Die Botenweiber haben alles richtig überbracht. Buch, Uhr, Geld, und was sonst von Packeten und Briefen war, auch den Wein; dießmal habe ich nichts zu verlangen und sage Dir nur: daß ich wohl bin und an allerlei Dingen arbeite, in Erwartung der Laune zum Gedicht. Beiliegende Austheilung gib Deinem Bruder und sag ihm: daß ich ihm ehestens wegen des ›Nathans‹ schreiben würde. Das andere schicke sogleich an Herrn Geheimde Rath Voigt.

Lebe recht wohl, grüße den Kleinen, und wenn das Haus in der Ordnung ist, besorge alsdann die Aufsätzchen auf das allerschönste; indessen will ich sehen, was ich hier vollbringen kann. Jena, am 24. Februar 1797.   G.

100. *Christiane*

[Weimar, 25. Februar 1797.]

Daß Dir es gut gehet, freut mich sehr, ich will recht beten, daß es bald an das Gedicht kommt, daß wir es uns alsdann können recht wohl sein lassen. Wenn Du so weg bist, sehe ich immer, wie schlecht es mir zu Muthe sein wird, wenn Du in

2. *Christianes Handschrift. Aus dem Brief Nr. 98:*
21. und 22. Februar 1797

ja wird sehr freuen. Nadrin ver trie liebe
daß deine bey den Herren Herlen vie
du vie im bürgen wird ich Naß wahr
gar wie erwird und sagen auf deine
brauß dein briße gehören da ..... wir
wbenbey ...... von zu Gatilew ud hesten
bey da ... sihr ... so ....
das blein bäß dich gewißen ...
freudn bey Gabala Garlasten

Utida Jahr den 22

hie gibn ich dir das du ... braucht
die ... das ... lich ... 6 ... ...

so schickst auch das Geld ich habe 10 Rthl

... hier steht mir ... will der

dabei ... ... Herrn ...

... ... und ... ...

... ... und dass ... 10 bis 15

Thaler haben will ich ... es ... ...

... und ... ... dass nicht ... ...

... wir dir ... ...

ich wünsche dir dass dir der Herr ...

... ... bei dir einen ... ...

und dir ... ... und ...

... ...

leb wohl und behalt lieb

dein ... und ...

Italien[1] sein wirst. Vielleicht kann ich auch das weg beten. Ich denk, es geht mir, seit ich mit dem Schatz bin, alles zum Guten aus, so wird es da auch so gehen. Der gute Schatz[2] macht mich so oft mit allerlei glücklich, daß ich doch auch einmal zu Deiner Glückseligkeit etwas beitragen muß, und das besteht in Schwarzwurzlen, die hier folgen. Das Haus wird fertig, und auf den Dienstag ist Redoute und der Ernestine ihr Geburtstag, da habe ich mir einen kleinen Spaß ausgedacht, der ist nämlich[3] dieser: es wird morgen der Sonntagsbraten gespart und nur Fleisch gegessen, und den Mittewoch nach der Redoute wollte ich ihn feiern mit einem kleinen Mittag-Essen und dazu unsere jungen Freundinnen und Freunde von hier und die von Jena, welche sich zur Redoute[4] von unsern Ball-Freunden einfinden, einladen. Sonst ist hier nichts Merkwürdiges. Das Bübchen läßt das liebe Väterchen grüßen. Leb wohl und mache auf dem heutigen Ball ja nicht zu viel Äuglichen.

101. *Christiane*

[Weimar, 1. März 1797.]
Ich will Dir, Lieber, nur mit wenig Worten sagen, daß die Redoute zufrieden und fröhlich ist geendet worden, und der Bürgemeister ist zu Beschluß auch da gewesen. Und heute bei mir, hoffe ich, soll es auch recht vergnügt hergehen. Die guten Freunde bleiben alle da und nehmen mit mir vorlieb.

Daß Du die Decke verlangst, kommt mir vor, als wenn das Gedicht nicht in Jena fertig werden wollte. Da hätte mein Gebet dießmal nichts geholfen.

Leb wohl und behalt mich nur recht lieb.

1 Jidaligen.
2 Saß.
3 mehlig.
4 Reude.

Nun kann ich Dir die gute Nachricht sagen: daß das Gedicht wieder im Werk ist und daß es wahrscheinlich in kurzem fertig sein wird. Ein leidiger Katarrh, den ich mir wahrscheinlich durch einen Spaziergang zuzog, hat mich diese Tage her geplagt, jedoch, weil ich zu Hause bleiben mußte, meine Arbeit mehr gefördert als gehindert. Man kann schon zufrieden sein, wenn das Übel nur zu etwas gut ist.

Ich sehe indessen auch die ersten Gesänge durch, und so wird eins mit dem andern fertig werden. Bis heut über 8 Tage wird alles entschieden sein, und ich wünsche zu hören, daß Dirs recht wohl geht. Lebe wohl und grüße und küsse den Kleinen und laß die inliegenden Packete gut besorgen. Jena, den 3. März 1797. G.

103. *Christiane*

Weimar, Freitags, den [3. März 1797.] Das Gastmahl ist auch recht gut und vergnügt vollendet worden, und nach Tische[1] wurde eine kleine Spazierfahrt[2] gemacht. In dem Burgemeister seinem Wagen fuhr ich, die Werner, Eberwein und August, und der Burgemeister kutschirte; in Eckert seinem Wagen Ernestine, die Jungfer Wernern, Bohl[3] und Treuter, und Eckert kutschirte. Mein Bruder und die übrigen Herren hatten einen hiesigen Wagen, und so ging es nach Ober-Weimar, wo mir Kaffee tranken und alsdenn in [die Komödie] gingen, wo die Jagemann wieder sehr schön spielte. Aber gestern, Lieber, fehltest Du, um mich zu trösten. Ich bin so erschrocken, daß ich

---

1 nnahtimssche.
2 Spaß siert fart.
3 Puhl.

noch immer mich nicht recht erholen kann. Es wurde Feuer gerufen, und ich sahe zum Fenster naus und sahe gleich Rauch und Flammen zusammen, es war auf dem Plan, 2 Häuser von dem Schneider, wo nichts als Schindeldächer waren. Aber durch die guten Anstalten ist bald wieder gelöscht worden. Du kannst Dir aber mich denken, ich war beinahe todt, und in 2 Minuten war auch schon unsere ganze Stube voll gute Freunde, die mir beistehen wollten. Und in Gedanken wünschte ich nur Dich. Heute hab ich Wein abgezogen, und morgen wollen mir Flachs hecheln.

Leb wohl.

Es wird mir sehr schlecht gehen, wenn Du weggehest, denn ich sehe es schon, ich mache mir alle mögliche Beschäftigung, gehe immer aus, aber ohne Dich will mir gar nichts[1] gefallen.

Sonnabend [4. März].

Daß Du Dich nicht wohl befindest, ist mir gar nicht lieb; daß aber das Gedicht im Werden ist, freut mich, da habe ich doch Hoffnung, Dich bald wiederzusehen. Die Bohlen[2] möchte auch gern ein paar Tage in Jena sein, sie hat sehr viel Bekannte da, wo sie logiren kann. Da habe ich mir es so ausgedacht: wenn das Gedicht fertig wäre, aber nicht ehr, so kämen mir, ich, die Bohlen und die Wernern und August, in der Bohlen ihrem eigenen Wagen. Die Wernern ging' nach Lobeda und Bohl zu ihren Freunden, und blieb' ein paar Tage bei Dir und mir führen alsdann zusammen herüber, und die Werner und die Bohlen brächte der Burgemeister in seinem Wagen wieder zurück. Wenn Du aber gleich, wenn das Gedicht fertig ist, herüber willst, so schreib mir ja, daß ich Dich abholen soll mit dem Bübchen, welches sich schon

1 Jarn nichts.
2 Pfuhellen.

sehr darauf freut. Da fahren mir recht frühe aus und Abends mit Dir zurück. Leb wohl, Lieber, und werde bald wieder gesund.

104. *Goethe*

Ich habe von Hamburg Nachricht, daß 6 Spickgänse an mich unterwegs sind. Es wird eine mit dem Porto keinen halben Thaler kosten, und dafür kann man sie brauchen; hebe sie sorgfältig auf, wenn sie ankommen. Man fragt auch an, was ich etwa sonst noch wünsche? Da die Jahrszeit schon so gelind ist, möchte nicht wohl räthlich sein, etwas Anders als etwa geräucherte Zungen kommen zu lassen; sage mir Deine Meinung darüber und schreibe mir gleich, wenn die Gänse ankommen. Du hast doch eine einzelne neulich in einer Schachtel erhalten?

Ich kann denken, wie Du über das Feuer erschrocken bist, und bedaure Dich herzlich; doch kann es, bei unsern guten Anstalten, nicht schaden, wenn manchmal ein kleines Unglück begegnet, damit nur die Aufmerksamkeit nicht einschläft. Ich will aber doch, sobald ich hinüberkomme, die Treppe an Deiner Seite hinaufwärts machen lassen und Hornyen, auf einen solchen Fall, die Sorge für das Museum übertragen; dadurch wärest Du schon einer großen Sorge überhoben.

Mit dem Gedichte geht es gut, wie es aber mit meinem Kommen oder Deinem Abholen werden kann, läßt sich noch nicht sagen. In der nächsten Woche erwarte ich einige Besuche, vielleicht auch den Herzog. Lebe Du indessen recht wohl mit dem Kleinen. Jena, am 5. März 1797.   G.

Inliegendes laß gleich besorgen.

Ich schicke Dir hiermit einige Packete, die Du sogleich wirst abgeben lassen. Ich kann Dir nur so viel sagen, daß ich mich wieder sehr nach Dir und dem Kleinen sehne. Mein Katarrh ist wieder ziemlich vorbei, doch hat er mich mehr, als billig war, geplagt. Mit dem Gedichte geht es ganz gut, und ich bin nahe am Ende, doch weil ich die ersten Gesänge wieder vornehmen muß, so gibt es noch manches zu thun, und ich will daran arbeiten, so lange ich Lust behalte, damit ich mich so viel als möglich frei davon mache. Ich will deßwegen lieber etwas länger hier bleiben und mich aller der Vortheile bedienen, die ich aus der hiesigen Lage ziehen kann, wir können nachher desto ruhiger eine Zeit lang zusammensein. Ich habe bisher wegen des Katarrhs keinen Wein getrunken, Du brauchst mir also nichts zu schicken.

Aber ein Paar Pantoffeln mußt Du mir gleich bestellen, da meine alten gar zu schlecht geworden sind; Du läßt sie mir wie die vorigen mit Leinwand füttern und schickst mir sie so bald als möglich. Lebe wohl, grüße den Kleinen und sage[1] mir, wie es euch ergeht.

Wegen Riehls wird sich die Sache vielleicht machen lassen. Ich will erst hören, was mir der Hofkammerrath schreibt, ich will alsdann meine Meinung sagen. Auf alle Fälle leide ich keine Wohnung im Komödienhause mehr; das Übrige, was dabei für Vortheile sind, die kann ich ihm so gut als einem Andern gönnen.

Lebe nochmals recht wohl.

Jena, am 7. März 1797.

Laß doch bei Starken fragen, ob die *Silhouetten* noch nicht fertig sind? sowie auch bei Facius nach dem *Siegel*.   G.

---

1 Von Goethe geändert aus sagt.

[Weimar, 8. (?) März 1797.]

Ich habe letzt eine geräucherte Gans erhalten. Die 6 kannst
Du brauchen vor diesen Preis; sobald sie ankommen, will ich
Dir schreiben. Ich dächte, wegen der Jahrzeit ließ' sich
immer noch was von Zungen und Rindfleisch transportiren,
besonders wenn Du noch einige solche Spick-Aale kriegen
könntest. Daß Du Dich auch wieder nach uns sehnest, freut
mich, weil es mir ebenso geht. Mir ist alles gar nicht recht;
man sagt sogar, ich habe sehr übeln Humor. Ich sehe nicht
ein, wie ich es ein halbes Jahr aushalten soll. Und der Kleine
fragt mich den ganzen Tag: »Holen mir denn das Väterchen
noch nicht bald ab?« Ich will Dich auch wegen des nüber-
kommens nicht quälen, und wenn ich es nur 2 Stunden vorher erführ, daß mir Dich holen sollten, so will ich bereit sein.
Sollte es Dir aber gemüthlicher sein, einmal, wenn Du fertig
bist, allein rüber zu uns zu kommen, so wirst Du Dein Haus
immer in der besten Ordnung finden. Du mußt Dich wegen
uns in nichts irre machen lassen. Denn mir waren schon
einmal schuld, daß das Gedicht nicht fertig wurde. Und
besonders bitte ich Dich, doch nicht ehr herüber zu gehen,
bis Dein Katarrh völlig vorbei ist.

Ich freu mich recht, wieder bei Dir zu sein. Man sollte,
wenn man zusammen ist, immer fröhlich und lustig sein; ich
habe mir es auch fest vorgenommen, wenn ich bei Dir bin,
immer froh zu sein.

Wenn wegen des Riehl was zu thun ist, bitte ich darum.
Der Hofkammer-Rath thut auch, als wenn er sehr gut gegen
ihn wäre.

Es ist überhaupt wegen des Diensts bei mir nicht leer
geworden, ich soll vor alle ein gut Wort einlegen. Auch ein
gewesener Unteroffizier Rommel, den der Herr Geheime
Rath sehr gut kennen sollen, hat bei Durchlaucht Herzog

darum nachgesucht, und ich soll ihn auch bei Dir empfehlen.

Hier folgt auch deßhalb ein Schreiben von dem Maler
Walter, es ist der alte, der Eckebrecht war.

Ich komme auch noch mit einer Bitte bei Dir an: es steht
mit meiner Seife schlecht, und hier ist sie wieder theuer
geworden. Ich dächte, wenn das Gedicht fertig wär, bekäme
ich einen halben Stein.

Leb wohl. Ich will wünschen, daß, wenn mein Brief
ankommt, der Katarrh vorbei ist. Das Kind läßt Dich vielmals grüßen; wir leben in der Hoffnung, bald bei Dir zu sein.

107. *Goethe*

Durch die Anwesenheit des Herzogs bin ich ein wenig an
meinem Gedicht gestört worden, doch ist es noch recht gut
im Gange und wird gewiß fertig, wenn ich mir nur die
gehörige Zeit lasse. Ich will nicht eher von hier weggehen,
bis das Ganze beisammen ist, und bis die ersten drei Gesänge
abgeschrieben und fortgeschickt sind. Dadurch gewinne ich
auch ein paar Monate die schönste Ruhe und Freiheit, denn
ich möchte jetzt um vieles nicht den guten Gang unterbrechen, in welchen ich diese Arbeit eingeleitet habe.

Sobald das Gedicht fertig ist, soll die Seife ankommen und
noch etwas dazu, damit Du Dich auch auf Deine Art mit mir
freuen könnest.

Das Packet, was in der Pappe liegt, schickst Du an Fräulein Gore, die Pappe selbst aber an Starke, dem Du zugleich
einen Thaler bezahlst.

Mein Katarrh hat sich recht hübsch gegeben, es ist nur
noch ein wenig rauher Hals übrig geblieben.

Lebe recht wohl, grüße das Kind und sag ihm, daß ich es
recht lieb habe. Der Brief, den Du mir durch die Essigfrau

geschickt hast, ist auch soeben angekommen; es war recht schön, daß Du mir die guten Nachrichten von Meyern so bald schicktest, er sitzt noch ganz ruhig in Florenz. Er grüßt Dich und das Kind aufs allerschönste.

Jena, den 10. März 1797.   G.

108. *Christiane*

[Weimar, 12. (oder 13.) März 1797.]
Lieber Schatz, ich bin sehr in Sorge, Du bist kränker, als Du mir schriebest. Man sagt hier, Du wärst sehr krank, ich bin recht in Sorge. Aber nicht wahr, Lieber, Du hättest mir es gewiß geschrieben oder mich zu Dir kommen lassen. Dem Bübchen darf ich gar nichts davon wissen lassen, sonst weint es den ganzen Tag. Warte Dich nur recht ab und bleib so lange drüben, als Du es vor nöthig hältst. Mache uns nur die Freude, daß mir Dich abholen dürfen, da fahren mir bei Zeiten aus und sind bei guter Zeit bei Dir. Riehl ist bei dem Hofkammer-Rath gewesen und hat auch ein Schreiben an die Direction übergeben; er ist auch recht gut gegen ihn gewesen. Dem Friedrich seine Frau besorget die Sachen gewiß einstweilen. Ich bitte Dich recht sehr, daß Du doch den Dienst[1] nicht sogleich vergäbest. Ich wünschte Dich erst mündlich darüber zu sprechen. Werde aber ja nicht böse auf mich; dem alten Riehl sein jetziger Dienst ist gar zu schlecht. Hier folgen auch warme Schuh, ich wünsche, daß sie recht sein mögen.

Leb wohl und behalt mich lieb.

---

1 Diems.

Die Tage waren bisher nicht schön, und das Wetterglas prophezeit noch keine bessere, darum tröste ich mich in meiner Einsamkeit, denn der Schloßhof ist noch kein guter Spielplatz.

Mein Katarrh mag den Leuten schlimmer vorgekommen sein, als er war, da ich ganzer 8 Tage zu Hause blieb, jetzt befinde ich mich wieder völlig hergestellt und habe nichts verloren, da mein Gedicht sich zu Ende neigt; ich will aber, da ich einmal so weit bin, von hier nicht weggehen, bis das Ganze fertig ist und die drei ersten Gesänge nach Berlin abgeschickt sind.

Die warmen Schuhe sind leider zu klein, ich bringe sie wieder mit, und wir können sie ja wohl vertauschen. Ich will mich indessen mit den alten behelfen.

Da ich von Schillers das Essen habe, so geht es mir von der Seite recht wohl. Man hat uns von Beutnitz Schwarzwurzeln versprochen, ich dächte, ich nähm auch eine Partie.

Lebe recht wohl, grüße den Kleinen, schicke mir, was indessen angekommen ist, und behalte mich lieb.

Jena, am 14. März 1797.

Die Stelle des Theaterdieners vergebe ich nicht, bis ich wieder nach Weimar komme.   G.

110. *Christiane*

Weimar, den 15. M[ärz 1797].
Daß Du wieder wohl bist, ist sehr lieb, und daß das Gedicht zu Ende geht, ist mir auch recht; da habe ich doch Hoffnung, Dich bald wiederzusehen. Mir und dem Bübchen wird die Zeit sehr lang, bis mir wieder bei Dir sind.

Wenn Du Schwarzwurzeln kriegen kannst, so nimm [?]¹ sie ja.

Nun etwas vom alten Garten. Ich dächte, mir geben Wächtern wieder den Garten, denn voriges Jahr haben mir eingebüßt, und er käm doch wieder in Ordnung, und es ist doch beinahe die Hälfte, was der Gärtner bekommt, und man bekömmt es dann miteinander alles so zugleich [?] in Stand [?]². Schreib mir Deine Meinung darüber. Itzo will ich mit dem Kind ein bißchen spazieren gehen. Leb wohl und behalt mich lieb.

Adieu, bester Schatz.

*

Unter dem 17. März vermerkt Goethe im Tagebuch: »Früh nach Kötschau, daselbst zu Mittag gegessen, Abends um 5 Uhr wieder zurück.« Wie der folgende Brief beweist, war Christiane nach Kötschau gekommen.

*

111. *Goethe*

Ich muß Dir noch, indem ich das Geld absende, einen guten Abend sagen. Es war mir gar zu angenehm, Dich einmal wiederzusehen, und ich habe jetzt wieder Lust, noch die Sachen wegzuarbeiten, die zunächst vor mir liegen, damit ich Dich recht frei und heiter wiedersehen kann. Lebe recht wohl. Grüße das Kind und behalte mich lieb. [Jena,] den 17. März 1797.   G.

---

1 müd.
2 Kaum zu enträtseln.

112. *Christiane*

[Weimar, 18. (?) März 1797.]

Lieber Schatz, es ist doch sehr gut, wenn man sich recht lieb hat! es ist mir heute noch so eine angenehme Erinnerung, wenn ich mir denke, daß mir uns so vergnügt sahen und sprachen und uns lieb hatten. Nur sehr schlecht war mir zu Muthe[1], wie ich so allein zu Hause ankam. Dem Kind sagt ich es, und er freute sich sehr über die Soldaten, fragt' aber gleich: »Wenn kömmt denn aber mein liebes Väterchen?« Er ist wieder etwas besser und bedankt sich schönstens. Ich habe das Schlüßlichen aufgemacht und schicke Dir hier, was Du verlangtest, und lebe nunmehro in der guten Hoffnung, Dich bald bei mir zu sehen. In unserm Garten sieht es sehr gut aus. Morgen ist kein Conzert, die Regierende Herzogin ist nicht wohl.

Leb wohl und behalte lieb Deinen Schatz. Viele Grüße vom Bübechen.

113. *Goethe*

Ich bin nun so weit, daß die letzte Hälfte des Gedichts nun auch rein abgeschrieben ist, freilich nicht zum letzten Male; indeß ist schon viel gewonnen, die erste Hälfte ist beinah ganz im Reinen, doch gibts immer dabei noch genug zu thun; es wird sich nun bald ausweisen, wann ich wiederkommen kann.

Schicke mir einige Bouteillen Wein und laß doch auf die Stöpsel recht Acht haben, es waren einige gar zu schlecht.

Sonst weiß ich weiter nichts zu sagen, denn ich habe mich

---

1 schlät wahr mier Zu mude (von Goethe mit Blei berichtigt).

diese Zeit fast bloß mit dem Gedicht beschäftigt und fast
weiter nichts gehört, noch gesehn. Lebe recht wohl und
grüße mir das Kind. Jena, am 21. März 1797.   G.

114. *Christiane*

Hier schicke ich Dir 4 Bouteillen Wein; sollte es nicht genug
sein, so schreib mir den Freitag, so will mehr schicken. Weil
Du nichts bestimmt hast, wußte ich [nicht], wie viel ich
schicken sollte. Dieser Brief sollte gestern mit Böttiger seinem fortgeschickt werden, es war aber zu spät.

    Leb wohl.   Weimar, den 22.März [1797].

[*Beilage:* August]

Lieber Vater,
mir wird die Zeit sehr lang, bis Sie wiederkommen, ich bin
noch immer krank und darf nicht ausgehen, muß in der
Stube bleiben.

    Leben Sie wohl und behalten Sie lieb Ihr Söhnichen
August.

115. *Goethe*

Ich habe nunmehr festgesetzt, daß ich heute über 8 Tage,
den 31. März, wieder bei Dir anlangen will. Alle meine
Sachen sind bisher recht gut gegangen, und ich habe sogar
wieder allerlei neue Ideen, die auf die Zukunft gute Frucht
bringen werden. Denn es ist nun einmal nicht anders, daß
man, sobald man fertig ist, gleich wieder was Neues im
Sinne haben müsse. Schicke mir doch die grüne Manchester-
beinkleider, ich bin einmal wieder in allem auf das erbärm-

lichste heruntergerissen, und es ist auch deßwegen höchst nöthig, daß ich wieder nach Hause komme. Schicke mir etwa noch 4 Bouteillen Wein, und was sonst noch angekommen ist, und lebe recht wohl und liebe mich.

Jena, am 24. März 1797.   G.

116. *Christiane*

[Weimar, 25. März 1797.]

Es folgen 4 Bouteillen Wein. Wenn ich nicht gewiß geglaubt hätte, Du würdest heute kommen, so hätt ich Dir am Mittewoche geschrieben, daß ich kein Geld mehr habe, und so gehet es mir nun sehr schlecht, ich bin in größter Noth, denn ich gebe der Köchin alleweile meinen letzten kleinen Thaler. Ich habe auf das Buch Einen Carolin ausgelehnt, ich wär also noch künftige Woche ausgekommen, und alsdann ist das Vierteljahr um. Und man hat doch immer auch was in Vorrath, ohne das man doch nicht sein kann. Wenn ich das alles rechne, komme ich doch gewiß ordentlich aus. Denn bei itziger[1] Zeit ist es würklich Kunst; denn, wenn Du nicht da bist, es sind unser doch immer 6 zu Tische, und ich habe es die Zeit, daß Du nicht da warst, sehr eingetheilt, so daß die Köchin immer nicht mit mir zufrieden ist. Freilich weil der Bube krank war, habe ich wieder manche paar Groschen mehr ausgeben und ihm auch wieder etwas Apartes kochen müssen. Er ist aber wieder wohl und gehet wieder aus. Von dem Carolin, den Du mir schicktest, habe ich das Komödie-Abonnement bezahlen müssen und Starke den Thaler. 2 Paar Strümpfe vor Dich, habe Holz lassen machen, dem Kutscher Trinkgeld, und wenn ich nur nicht den Dukaten von Dir schon angewandt hätte, so hätte ich doch noch was.

1 jzier.

Die Weiber, die sich etwas scheu machen, thun doch nicht ganz übel, um im Nothfall was zu haben. Sei so gut und schicke mir durch einen Expressen oder durch die Post was. Ich muß auch deßhalb Antwort haben: der Rath Kraus[1] will künftigen Montag das große Bild von Meyern haben, soll ich es hingeben oder soll ich sagen, ich könnte nicht dazu? Der Herzog will es in das Römische Haus haben. Antworte mir ja bald. Leb wohl und behalt mich nur lieb.

[*Beilage:* August]

Lieber Vater,
ich und mein liebes Mütterchen betrüben uns sehr, daß Sie heute nicht kommen. Ich bin wieder recht gesund. Wenn ich nur wieder bei Sie wär. Leben Sie recht wohl. Ihr August.
    Weimar, den 25. März 1797.

117. *Goethe*

Hier schicke ich Dir, mein liebes Kind, etwas Geld, damit Du diese Woche versorgt seist. Wie gern käme ich gleich heute zu Dir, denn ich habe eigentlich hier nichts mehr zu thun. Nur möchte ich abwarten, bis Schiller mit einem Stück seiner Arbeit fertig ist, das er mir vorlesen will. Alles Andre könnt ich recht wohl drüben, in der Nachbarschaft meiner lieben Kinder thun. Ich sehne mich recht, euch wiederzusehen, und komme vergnügt zurück, da mir alles nach Wunsch gelungen ist. Lebe recht wohl und behalte mich lieb.
    Jena, den 26. März 1797.   G.

1 Grauße.

118. *Christiane*

[Weimar, 28. oder 29. März 1797.]

Ich und das Kind freuten uns sehr, wenn mir uns dachten, daß mir Dich bei dem schönen Wetter gewiß abholen dürften. Denn bei uns ist das Wetter sehr schön. Da es aber nicht ist, wollen mir Dich recht fröhlich zu Hause erwarten, den Freitag. Ich freu mich sehr auf Deine Zurückkunft, zumal da Du zufrieden und vergnügt wiederkommst.

Leb wohl und behalt mich lieb.

Geist soll die Wein-Bouteillen mitbringen, er hat noch 8 Stück.

*

Am 31. März kehrt Goethe nach Weimar zurück; vom 19. Mai bis zum 16. Juni ist er abermals in Jena.

*

119. *Christiane*

[Weimar, 24. (?) Mai 1797.]

Ich bin mit dem Bübchen sehr vergnügt in Tiefurt gewesen, er hat auch als Hochzeit-Gast mit am Tische sitzen müssen neben dem Bräutigam, und er hat sich sehr artig betragen, einen Habtanz und einen Dreher mit getanzt. Die Mamsell Rudolf und Mamsell Pielern (?) waren auch da; um 8 Uhr waren mir wieder da. Weil ich zu einem großen Ball bei der Eberwein eingeladen war, da bin ich erst um 1 Uhr nach Hause gekommen, und heute um 9 Uhr muß ich wieder nach Tiefurt. Vom Spargel muß ich Dir doch den großen schicken, es ist mir, als ob ich den nicht essen könnte. Vor die Krebse[1] danke ich recht herzlich, morgen sollen sie zum Feste verzehrt werden. Das Bübchen grüßt schönstens.

Auf den Sonnabend ein Mehreres. In Eile.

1 Grläbesse.

Ich hoffe, daß ihr euch bei dem schönen Wetter wohlbefindet, und freue mich, daß euch der Hochzeitspaß so gut gelungen ist. Die übersendeten Steine sind gut angekommen, wie auch der schöne Spargel.

Ich bin die Zeit auf allerlei Art fleißig gewesen und hoffe, noch manches in diesen Tagen zu Stande zu bringen.

Gestern Abend fuhr ich allein auf die Trießnitz, wo es recht lustig herging, ich hätte Dich und das Kind dabei gewünscht.

Schicke mir ein oder zwei Paar weiße, seidne Strümpfe, es kommen doch mancherlei Fälle, wo man sie nicht entbehren kann.

Lebe recht wohl, grüße das Kind, schicke mir, was angekommen, und schreibe, was allenfalls vorgefallen ist. Jena, am 26. Mai 1797.

Inliegende Quittung übersendest Du Ulmann.   G.

Wenn Herr Rath Jagemann Bücher schickt, so schicke mir solche wohlgepackt baldmöglichst herüber.

121. *Christiane*

[Weimar,] Freitag [26. Mai 1797], des Abends um 6 Uhr. Lieber, ich habe heute Abend große Lust, Dir noch ein paar Worte zu schreiben. Vors erste, daß ich heute Deine Fenster-Vorhänge gewaschen und getrocknet habe, und alles, was noch sonsten schmutzig war, die grünen Stühle, die schwarzen ausgebessert [1] habe, und daß ich nach aller der vielen Arbeit noch sehr lustig bin und mir alleweile meinen Schatz

---

1 aus gebußert.

wünsche. Da Du nun aber nicht da bist, so muß ich mich schriftlich unterhalten. Das Bübechen ist auch sehr vergnügt, wär es aber freilich mehr, wenn das Väterchen da wäre. Aus lauter Hasigkeit möchte ich, wenn es nur einigermaßen anginge, ein Wägelichen nehmen und mit dem Bübechen zu Dir fahren, damit ich nur recht vergnügt sein könnte. Da es aber nicht geht, so will ich sehen, ob ich nicht irgend jemand finde, der mit mir im Garten herumspringt. Nun aber komme ich auch mit einer Weheklage. Der unglückselige Theater-Dichter ist in der größten Noth und Betrübniß. Er bitte sehr, daß Du, Lieber, seinen bestimmten Gehalt von Ostern angehen lassen möchtest, weil er schon Vorschuß bekommen hat. Und wenn daher nichts auf [1] hat, daß er dann nur etwas auf Johanni herausbekäm, weil er von dem Gelde von der Bibliothek[2] noch sein Fähnichen bei den Juden zu bezahlen hat. Auch bitte er sehr, daß Du ihm doch etwas bestimmen solltest, denn der Hofkammer-Rath wär zwar gut gegen ihn, wenn es aber Geld beträfe, so wär er keines Menschen Freund. Er hat mir im Vertraun gesagt, daß er schon an ihm gemerket hat, daß er ihm auch den Operhandel [entziehen werde], wenn er eine Besoldung bekäm. Er hat gewiß auch schon welche verhandelt, worüber Kranz, der von meinem Bruder die Hälfte kriegt, auch sehr ärgerlich ist. Kurz, der arme Mann[3] ist sehr betrübt. Ich bitte Dich recht sehr, daß Du Dich seiner ein bißchen annimmst, er verspricht auch, fleißig zu sein. Du wirst Deinen Hasen nicht unerhört lassen. Leb wohl.

Morgen ein Mehres.

1 Unleserlich.
2 Biebelbäck.
3 Könnte allenfalls auch Narr heißen.

122. *Christiane*

[Weimar,] Sonnabend [27. Mai 1797], früh.
Ich bin heute noch sehr hasig, aber gestern war ich gar
ausgelassen. Spargel schick ich Dir heut nicht, die Frau von
Stein hat sich erkundigen lassen, weil Du nicht da wärst, ob
sie nicht etwas Spargel kriegen könnte. Da habe ich heute 2
Pfund hingeschickt durch das Bübechen. Er wird immer
größer und schmeckt gar vortrefflich. Alleweile kommt
Brecht[1] zu mir und sagt mir, daß Gerning geschrieben hat,
daß er fragen sollte, ob Sie[2] an Meyern was mitzugeben
hätten; wenn es nicht viel wäre, so wollte er es mitnehmen.
Auf den Dienstag geht Brecht[1] fort, und auf Pfingsten
wollen sie von Frankfurt fort.

Leb wohl, die Wenzel kömmt.

123. *Goethe*

Es hat mich recht sehr gefreut, daß Du mir auch einmal
einen langen Brief geschrieben hast, und ich antworte Dir
sogleich mit der Post, um Dir zu sagen: daß es mir auch ganz
wohl geht, ob gleich, wenn ich die Wahl hätte, lieber in
meinem Hause wäre, weil die Veränderung von Schillers
Wohnung und das warme Wetter, bei dem man bei Tage
nicht gut ausgehen kann, mir gar nicht behaglich ist.

Brechten gibst Du beiliegenden Brief und drei Hemden
mit, Du kannst sie nur in ein paar große Bogen einschlagen
und zusiegeln.

Der Frau von Stein schicke ja von Zeit zu Zeit etwas
Spargel und schicke das Kind überhaupt manchmal hin.

Die Angelegenheit, von der Du mir schreibst, will ich

1 Bercht.
2 sie.

besorgen, ich kann wohl einsehen, warum man damit zu langsam ist. Lebe recht wohl, Dienstag ein Mehreres. Sage Brechten, den Brief an Herrn Gerning wollte ich auf der Post schicken. Jena, am 28. Mai 1797.

Herr Cotta hat sich mit lauter schönen Doppellouisd'oren gezeigt, an denen ich nur erst eine Freude haben kann, wenn ich Dir sie aufzähle, oder sie zu Deinem und des Kindes Nutzen anlege.

Sage mir, was Du lieber magst: ein Goldstück für Dich, zum Spaße, oder etwas in die Haushaltung, wie man hier mancherlei anschafft.

Lebe wohl. Liebe mich. Sobald ich nur kann, komme ich zurück. Wenn ich aufrichtig sein soll, so ist mir hier noch keinen Tag wohl geworden.

In die Veränderung von Schillers Wohnung kann ich mich nicht schicken, es ist mir alles so unbequem und hinderlich. Adieu, mein Liebes, grüße das Kind.   G.

124. *Christiane*

Weimar, den 29. Mai [1797].
Lieber, ich muß Dir nur schreiben, daß kein Brief als der an Voigt in meinem Brief eingeschlossen war, und Du schriebst mir, ich sollte beiliegenden Brief Brecht mitgeben. Und wie ich über Herrn Meyers Koffer komme und die Hemden aufmache, so sehe ich, daß [sie] innewendig sehr schlecht sind und es nicht der Mühe werth, Herrn Gerning zu beschweren, denn es sind ganz alte und nur 2, das übrige ist gar nicht zu brauchen. Wenn Du wiederkömmst, wirst Du mir Recht geben. Aber da ich wieder in dem Koffer nachgesehen habe, ist ein Stück ganz neue Leinwand darin; ich habe ihm einmal 2 Stücke kaufen müssen, er sagte zu mir, sie wär vor Lips[1]. Da

1 liebes.

hat er eins davon behalten. Es war von dem Mann, der sie so wohlfeil gab, wenn Du Dich noch erinnern kannst. Ich dächte aber, der Meister müsse noch Hemden haben, denn da keine im Koffer sind, so hat er doch ein Dutzend ganz neue mitgenommen ohne die alten. Mir geht es ganz wohl, ich bin noch immer sehr vergnügt. Wenn Du nur bei mir wärst! Am Sonnabend bin ich auch mit der besten Laune in dem ›Petermännchen‹ gewesen[1] trotz des abgeschmackten[2] Stückes, und da, weil Du nicht da warst, alles ziemlich confus ging, zum Exempel: die Walter [?] kam aus der Coulisse und ging auch so wieder hinein, und mehres dergleichen weiße Teufel[3]. Aber die kleine Götzen hat aufs erste Mal ihre Sache recht artig gemacht. Nur daß man an dem armen Kind so viel gespart hatte; es war sehr schlecht angezogen, sie bekam aber derb applaudirt. Der Herr Hofkammer-Rath scheint ihr auch nicht ganz günstig zu sein. Der Vater war aber ganz glücklich; er kam gestern zu mir und sagte: So viel Ehr wär ihm so lange, als er am Hofe wär, nicht widerfahren als am Sonntag, bei Hofe freute sich alles über das Kind, die Herzogin hätte ihm auch was drüber gesagt, und das geschähe nicht leicht, und wenn Du hier wärst, wär es gewiß besser mit ihr gegangen. Das Äuglichen war auch hier; und was sagst Du dazu? weil sie nicht that, als sähe sie mich, bin ich zu ihr gegangen und habe lange mit ihr gesprochen, bin sehr artig gewesen und habe das Bübechen zu Carlinchen sitzen lassen. Das arme Kind fiel von der Bank; wenn es ihr nur nichts geschadet hat. Daß der Herr Cotta sich so schön gezeiget hat, freut mich sehr. Wenn Du gern was in die Haushaltung kaufen willst, so soll mich es auch freuen. Aber etwas werde ich doch davon grabsen müssen, ich will Dir auch sagen warum. Gores schicken

---

1 gewemsunn.
2 abgeschamden.
3 Vielleicht weiß der Teufel

gestern 2 Florkleider zu mir: eins boten sie 3 Laub[thaler], das war ganz neu und sehr schön, mit einer Bordüre[1]; vor 2 sollte ich es haben, ich bot aber nur 2 und ½ Thaler und kriegte es nicht. Und eins ist prächtiger[2], weißer Flor, das boten sie 2 Laubthaler, und bot einen und bekam es. Das ist unter 2 Louisd'ors nicht gekauft. Ich will Dirs erst zeigen; wenn es Dir nicht gefällt, so kann ich es wieder zu Florkanten verkaufen und gewinne noch daran. Aber wenn Du hier wärst, Du hättest mir das neue gewiß gekauft. Es hat der schönen nicht gefallen, die lahme aber hat ihrs behalten; sie werden itzo auch sparsam und verschenken nicht alles, sondern verhandeln auch.

Der Frau von Stein habe ich heute wieder Spargel geschickt. Wenn Du drüben etwas Sommergewächs kriegen kannst, so schicke mir was.

Leb wohl und behalt mich lieb.

Das Bübchen grüßt schönstens.

[*Beilage:* August]

Lieber Vater!

Ich habe eine sehr große Sammlung von Sommervögeln, die sich täglich noch vermehrt, es fehlt aber ein Kasten, wo ich sie gut aufbewahren könnte, die Kanker haben mir schon einige beschädigt. Lassen Sie mir also, lieber Vater, einen Glasrahm machen, denn es wäre schade, wenn der Schwalbenschwanz, der Todtenkopf, der Citronenvogel, das schöne silberne C auch noch zu Grund gingen, denn ich habe mich oft eine halbe Stunde mit einem herumgejagt, ehe ich ihn fangen konnte. Ich habe noch eine andere Bitte. Ich bin lange nicht in Jena gewesen; wollten Sie mir also nicht erlauben, daß ich Sie mit meiner Mutter abholen darf. Zum

1 budur.
2 brähtier.

Jahrmarkt habe ich mir ein recht schönes Kegelspiel für 3 Groschen gekauft und Töpfchen, Schüsselchen und andere schöne Sachen, aber bei dem Drechsler habe ich mir nichts gekauft, weil alles so theuer war. Der kleine Götze drüben hat mir eine kleine Scheere mitgebracht und eine hölzerne Pfeife.

Leben Sie wohl und behalten Sie mich lieb.   August.

Von der Frau von Stein habe ich 8 Groschen zum Jahrmarkt bekommen.

125. *Goethe*

Den inliegenden Brief an meine Mutter gibst Du Mittwoch Abend auf die Post und das Stück vom *Reichsanzeiger* schickst Du gleichfalls auf die Post zurück, man hat es mir aus Irrthum unter den andern Zeitungen zugeschickt.

Ich bin hier fleißig, so wie es gehen will, und mache eins nach dem andern fertig. Besorge nur von Deiner Seite, daß wir packen und reisen können, sobald wir wollen, und daß ich nachher damit keine Sorge, noch Beschwerlichkeit habe. Für alles Übrige, was nöthig ist, will ich sorgen.

Ich sehe aus dem Brief des Zapffs, daß seine Frau in seiner Abwesenheit, weil sie keinen rothen Wein hatte, einen Eimer Wertheimer geschickt hat. Es ist auch kein Unglück, und ich sage Dir es nur, damit Du beim Abfüllen nicht etwa deßwegen besorgt wirst.

Schicke mir doch meine Sporn, die Stiefel sind so weit, daß sie mir fast von den Füßen fallen. Lebe wohl und schicke mir, was indessen angekommen ist. Jena, den 30. Mai 1797.
                                                         G.

126. *Christiane*

[Weimar, 31. Mai 1797.]

Heute frühe, wie ich aufwachte, freut ich mich sehr auf ein
Briefchen von Dir, aber es war nichts. Wenn die Botenweiber
kommen, und ich bekomm keinen Brief von Dir, so ist es mir
betrübt. Ich habe gestern auf dem Jahrmarkt alles vor Dich
recht schöne eingekauft und wünsche mir, wenn Du kömmst,
daß Dir alles mag recht sein. Nun wollen wir uns an die Hemden machen. Erst glaubte ich, Du würdest Pfingsten wieder
hier sein, aber da Du mir heute nichts schreibest, so wird es
wohl nicht sein. Heut gehe ich zur Gambyn und in die Komödie wegen der Madame; sie ist nicht ganz schlecht, aber mir
sind nur ihre Aussprache nicht gewohnt. In   [1]
hat sie mir recht artig gefallen. Ihre Statur und Anzug gleicht
der Madame Blumenfeld, auch ihr Gesicht. Ich wünschte
mir, die Feiertage bei Dir zu sein; wenn Du wiederkommst,
laß uns ja Dich abholen. Hier folgt etwas vom Buchbinder.
Dieses fehlt an der Litteratur[2]-Zeitung; soll ich es im Comptoir holen lassen, oder liegt es bei Dir? Ich habe mir auch gestern Seife gekauft; aber wenn mir der Schatz nur ein halbes
Viertel[3]-Steinichen mitbrächte, so wäre es gar[4] nicht übel, es
ist nur wegen des Grabsens. Hasig bin ich noch immer. Am
Sonntag haben mir in dem Garten, wo die geschlossene
Gesellschaft ist, gefrühstückt mit meinem Bruder, und alle
die Weiber, wo ihre Männer dabei sind, waren da. Und
einige haben mit gekugelt, ich und das Bübechen auch. Die
Herrn haben von 24 geschossen, die Damen von 16 und
Bübechen von 12; ich habe 6 Kegel bezahlt bekommen und
das Kind 4, es hat mir sehr wohl gefallen.

1 Zwei nicht zu enträtselnde Worte: bedrülen Schem.
2 liedratdur.
3 Fridel.
4 jahr.

Leb wohl; ich wünsche nur, Du wärst hier, weil ich immer so vergnügt bin.

Alleweile kommt der Berg-Rath Scherer und bringt mir Deinen Brief.

Ich will, so viel als möglich, alles in Bereitschaft halten.

*

Goethes Tagebuch vom 1. Juni: »Kamen früh die Meinigen, wir fuhren Abends nach Dornburg«; 2.: »Früh nach Jena zurück; nach Tische fuhren sie wieder ab.«

*

127. *Christiane*

[Weimar, 2. Juni 1797.]

Lieber, mir sind glücklich und wohl angekommen, und ich danke Dir noch herzlich vor das vergönnte Späßchen. Das Bübechen läßt Dich schönstens grüßen, es freute sich sehr, sein Väterchen[1] zu sehen. Heute bleibe ich zu Hause, denn im Garten kommt es mir stupend[2] schön vor. Leb wohl und behalt uns lieb. In Eile.

128. *Christiane*

[Weimar, 3. (?) Juni 1797.]

Heute kann ich Dir noch nicht so viel, als ich wünschte[3], schreiben, weil ich, wie es gehet, wenn man ein paar Tage nicht da war, allerlei zu thun findet. Der Bauverwalter war da und fraget, ob Sie nichts befohlen hätten, und wegen der bewußten Sache würde[4] er wohl nicht eher [als]

1 Dein Mütterchen.
2 Stubend.
3 wüste.
4 wär [es schwebte vor: wär er wohl nicht eher im Stande usw.].

bis zu Ende künftiger Woche nüberkommen, weil Sie erst
den beiden Pächtern ihre Meinung abwarten müßten.
Auf Rossel ist wieder seit Ihrem Gebot dreimal geboten;
das beste[1] ist noch nicht 8 Tage, das ist von Grunern in
Jena, und der alte Pachter Hoffmann liegt am Tode. Mir
sind recht wohl wieder angekommen, aber ein bißchen
betrübt. Im Wagen haben mir um die Wette ein bißchen
geheult.

Leben Sie recht wohl.

Ich danke noch vielmal vor alles.

129. *Christiane*

[Weimar, 5. Juni 1797.]
Ich schicke Dir diesen Brief mit der Post, weil er von der
Frau Räthin ist. Pfingsten, das liebliche Fest, ist dieses Mal
nicht lieblich, denn ich sitze zu Hause, und mir ist alles
verdrüßlich.

Und um vergnügt zu werden, muß ich an Schatz schreiben, und es ist mir schon, als ob es besser wär. Das Wetter
ist aber sehr nutzbar[2]. Wenn ich mir die 2 Tage denke, daß
mir bei Dir waren, freue ich mich noch immer; mir waren
doch sehr vergnügt. Und ich und das Bübchen sprechen
immer: es ist doch ein gutes Väterchen. Die kleine Götzen
hat mich heute sehr gebeten, ich möchte doch ein gutes
Wort bei Dir vor sie einlegen, daß sie doch mit nach
Lauchstädt gehen dürfte; und sie möchte es doch gerne ein
bißchen voraus wissen, weil sie sich noch allerhand anschaffen müßte.

Heute wird die Demoiselle Schmidt mit Herder in Herders Hause vom alten Herder getraut, und heute ist bei

1 Vielleicht ist gemeint: letzte.
2 mußbahr.

Herders großes Gastmahl, und morgen ist es bei Schmidts, wo auch Ball ist. Itzo will ich mich, weil ich nichts besser weiß, zu [den] ›Jesuiten‹ bereit machen. Leb wohl. Das Bübchen empfiehlt sich bestens, es ist alleweile mit einem Raritätskasten beschäftigt.

Behalte uns nur recht lieb.

130. *Goethe*

Unsere Spazierfahrt war noch zur rechten Zeit angestellt, denn der Regen hat gestern besonders alle Trießnitzliebhaber sehr an ihren Freuden gehindert.

Schreibe mir doch, ob Böttiger Dir die 100 Ducaten mit einem Briefe von mir überschickt hat? ob Du den Schein abgegeben und das Geld verwahrt hast?

Ich schicke drei Täschchen zurück, eins hab ich behalten. Zwar hab ich die Zettelchen verloren, aber ich erinnere mich, daß es einige Groschen über einen Thaler angesetzt war; vielleicht läßt er es für einen Thaler, mehr ist es auch nicht wert.

Dir schicke ich 1 Pfund Spargel, die sehr schön sind, und dem Kinde Erdbeeren. Meine Mutter hat mir die Nummer des Looses geschickt, sie befindet sich wohl und grüßt.

Sind die Hemden für Meyer Montags abgegangen?

Der Schluß des Gedichtes hat sich noch nicht gezeigt, dagegen habe ich aber eine große Gespenster-Romanze für den Almanach in diesen Tagen fertig gemacht.

Wir müssen nun eben noch so manches abwarten und uns in der Stille zu unserer Expedition vorbereiten.

Die Sachen, die Du mir empfohlen hast, sind auch besorgt. Lebe recht wohl und grüße das Kind. Da es uns neulich auf unserer kleinen Reise zusammen so gut

*3. Christiane, im Gartenhäuschen am Park
eingeschlafen. Bleistiftzeichnung von Goethe,
1789*

gegangen ist, so wünsche ich mir bald eine größere; versäume nicht, mit Schilling zu sprechen. Jena, am 6. Juni 1797.   G.

131. *Christiane*

[Weimar, 7. Juni 1797.]
Den Brief und das Geld habe ich erhalten und den Schein zurückgegeben. Ich hatte vergessen, Dir Dein Schlüsselchen zu schicken, und da war es gut, daß ich es noch habe, ich habe das Geld zu dem andern gethan. Das Röllichen nahm sich wieder recht gut aus. Die Hemden sind am Montag fort. Ernestine ist sehr fleißig; Deine sind auch bald fertig, und ich habe schon wieder 3 vor Meyern geschnitten.

Nun ein Wort vom Schauspiel. In den 2 Spectakel-Stücken haben die Herrn Studenten[1] auch sehr gespectakelt, gepocht und getrommelt, daß es eine Art hatte; ich behaupte, daß mancher nur einen halben Sporn mit nach Hause gebracht hat. In [den] ›Jesuiten‹ war es so arg[2], daß die meisten Damen heraus gingen, und ich bin auch nach dem 3. Act heraus gegangen, denn es war zu arg. Ich möchte nur wissen, vor was 2 Husaren da stünden[3]. Gestern in ›Oberon‹ war es wieder zum erdrücken voll, das Meiste Studenten, und weil die Herrschaft da war, schienen sie im Anfang ganz ruhig zu sein. Da es aber ihnen bei dem dritten Aufzug etwas zu lang schien, ehe es aufging, so fingen sie nicht nur an zu trommeln, sondern auch zu pfeifen. Und es geschieht immer der Anfang auf unserer Seite, und das kommt daher, weil kein Husar da steht. Ich dächte, wenn Du noch weggingst, daß Du es ausdrücklich beföhlst[4], daß einer nüberkäme.

---

1 Studten.
2 rarchi.
3 Stüdenten.
4 befühlts.

Denn die vernünftigen Studenten ärgern sich selbst über den Spuk; ich glaube, es sind lauter neue, die diesen Spuk machen. Einer zeichnet sich besonders aus, er heißt Lavater[1], es soll ein natürlicher Sohn vom Lavater sein. Das ist ein ganz unvernünftiger Mensch, er sieht aus wie ein englischer Bereiter[2] mit einem Helm mit Federn und einer rothen Jacke.

Daß wieder etwas fertig sein würde, dachte ich mir gleich, der Schatz muß immer fleißig sein. Ich dächte aber, Du fingst nichts Neues an, und sähest, daß vielleicht das Gedicht fertig wär, und machtest itzo eine Weile[3] nichts mehr, denn es ist doch ein bißchen zu arg, und am Ende könnte es Dir doch auch schaden. Und bei dem übeln Wetter kannst Du auch nicht ausgehen, und bist immer allein, das betrübt mich ordentlich. Das Kind dankt herzlich vor die schönen Erdbeeren, und ich vor den Spargel.

Ich habe vorhin vergessen zu schreiben, daß gestern ›Oberon‹ sehr gut gegangen ist, und daß sie alle recht sehr gut gespielt haben, die Jagemann außerordentlich und Leißring auch sehr gut; und bei der Weyrauch war alles Mögliche gethan, um es durch den Anzug zu zwingen. So schön ist noch keine Actrice als Türkin angezogen gewesen. Die Gräfin Egloffstein hat ihr den ganzen Anzug gegeben, und sie hat sich auch da anziehn müssen; die Gräfin hat sie selbst hoher Hand geputzt. Warum dieß geschieht, wirst Du Dir schon denken; sie hatte Schmuck um sich, der war fürstlich, aber sie hat doch die Jagemann nicht ausgestochen bei Fremden und Einheimischen.

Mit Schilling habe ich gesprochen. Er will, wenn er vor nichts stehet, 2 Thaler des Tages haben; auf das Futter könnte er sich gar nicht einlassen, weil es immer an einem Orte

---

1 lavadert.
2 Emliser Barreider.
3 weilele.

theurer als am andern wäre. Aber er möchte gerne wissen, ob wir künftige Woche verreisen wollten, daß er keine Fuhre von den Schauspielern annehme. Wenn ich nur auf den Sonnabend darüber Antwort erhalte, da ist es noch Zeit, da[1] morgen über 8 Tage die Schauspieler fortgehen. Es ist billig, denn Ventin[2] reist nach Hannover und hat dem Adler-Wirth seine Fuhre, muß vor alles stehen und muß des Tages 2 Thaler 12 Groschen geben. Er thuts, weil mir immer mit ihm fahren. Leb wohl. Wegen der Reise vergiß nicht, mir zu schreiben.

Ich sehe Dich doch bald wieder?

Alleweile kommt Götze zu mir und sagt mir, daß ihn der Hofkammer-Rath hat kommen lassen und ihm gesagt hat, daß sie mitgehen sollte, und er wollte davor sorgen, daß die Madame Beck sie zu sich nähme; aber sie müsse nicht denken, wenn sie was könnte, daß sie etwa in ein paar Jahren fortginge. Da sagte der alte Götze: davor stünd er als Vater, ich sollte es dem Herrn Geheimen Rath schreiben, daß er, wenn Sie es verlangten, es schriftlich von sich geben wollte, daß sie, so lange er lebte, sich nicht unterstehen dürfte, aus Weimar zu gehen. Aber nun hat er noch eine Bitte. Der Herr Hofkammer-Rath will ihr draußen gar nichts in die Hände geben, sondern der Madame Beck alles Kostgeld. Das ist er auch recht wohl zufrieden, aber er meint doch so, daß es nur etwa 4 Groschen die Woche in [die] Tasche bekomme; sie wäre doch nur noch ein Kind, und die Kinder hätten doch manchmal auch außer Tischzeit Appetit, und es [ent]stünd manchmal allerhand Übel daraus. Und 2tens hätte sie doch den ganzen Winter Saison mitgemacht und noch nie etwas bekommen. Er bittet also nur um ein Carolin oder etwas; er müßte ihr doch allerlei kaufen und mitgeben, und der Herr

1 den.
2 Vänzen.

Geheime Rath wüßten wohl, was ein armer Hofbedienter hätte, daß es ihm nur nicht gar zu schwer fällt.

Leb wohl. Das war ein langer Brief.

[*Beilage:* August]

Lieber Vater!
Hier schicke ich Ihnen ein Bild, das ich von der Frau von Stein bekommen habe. Ich danke Ihnen für die Erdbeere, die Sie mir heute früh geschickt haben, und die mir recht gut geschmecket haben, ich habe sie diesen Morgen nur halb gegessen, und Nachmittag will ich mir die übrigen zum Nachessen auch gut schmecken lassen. Leben Sie wohl und behalten Sie mich lieb.

August Göthe.

132. *Goethe*

Das Wetterglas ist diese Tage stark gefallen, es fängt an zu regnen, und ich fürchte, bei abnehmenden Mond wird es noch schlimmer; wir wollen daher unsere Fahrt noch aussetzen, sage das Schilling, damit er sich die Fuhre nach Lauchstädt nicht verschlägt.

Ich schicke hierbei schöne Erdbeere und wünsche, daß sie gut ankommen, leider sind sie schon einige Tage alt; sage dem Kind, wenn es mir hübsche Briefe schreibt, so sollen auf dem Mittwoch noch frischere ankommen.

Schicke mir doch auch 4 Krüge frisches Seltzer Wasser, es ist mir diese Tage recht ein Bedürfniß geworden.

Für Deinen langen Brief danke ich Dir recht sehr, es geht schon wirklich mit dem schreiben, wenn Du es nur recht üben willst.

Hier schicke ich Dir einen Brief meiner Mutter, daraus

Du sehen kannst, wie gut sie denkt. Alle Einrichtungen können nunmehr aufs beste gemacht werden, und ehe 14 Tage herumgehen, kann alles in der besten Ordnung sein.

Die beste Nachricht, die ich Dir zu geben habe, ist denn doch wohl, daß das Gedicht fertig ist, und so wäre es recht gut, wenn ich nur sonst ruhen könnte; es wird aber jezt unermüdet am Almanach gearbeitet, der denn auch recht stattlich ausgestattet werden soll. Lebe recht wohl, besorge inliegende Briefe und Packete sogleich. Noch 8 Tage, so wird schon vieles klärer, und wir werden einander hoffentlich näher sein.

Jena, den 9. Juni 1797.   G.

133. *Christiane*

[Weimar, 9. (?) Juni 1797.]
Ich danke Dir vor alles Überschickte, wie auch vor den lieben Brief von der Frau Räthin. Meine einzige Beschäftigung ist itzo mit Garten und Krautland, und das Wetter ist mir zu meinen Pflanzungen sehr günstig, und wenn es so bleibt, glaube ich künftige[1] Woche so ziemlich fertig zu werden, und ich kann alsdann ohne Sorgen hinreisen, wohin ich will. Wenn Du wiederkömmst, so mußt Du aber auch alles erst ein bißchen ansehn, damit ich auch ein bißchen gelobt werde.

Niemand ist unglückseliger als Götzen. Ich habe es gleich von Anfange gemerkt, daß der Hofkammer-Rath keine Lust dazu hatte; wenn er nur nicht vorgestern die Leute hätte rufen lassen und als so gewiß versprochen hätte. So macht er es auch mit dem armen Riehl; der hat mir auch seine Noth geklagt. Der muß doch alles thun und noch mehr als Friedrich[2] gethan hat, und er beschneidt [?] doch den Dienst auf

1 Nach diese Woche (nur letzteres Wort gestrichen).
2 Frierich.

alle Art, und Bloß der muß ihm zu allem behilflich sein, weil er dem den Dienst versprochen hat. Er bekommt nicht ein Stückchen[1] Licht, und das [ist] früher sein Hauptaccidens gewesen. Das macht alles Bloß, und der hat auch den Garten. Ich möchte immer bei meiner guten Laune sagen: das ist ein rechter   [2]. Das Kind schickt Dir einen Brief, er ist nicht bleistiftüberzogen, den andern hat er mir gestern geschickt. Hier hat mir auch die schöne Marianne [?][3] geschrieben.

Ich habe bis alleweile in der ganzen Stadt herumgeschickt, auch bei dem Hofkammer-Rath, aber es ist kein Selzer Wasser zu kriegen. Hier schicke ich was Pyrmonter[4]. Wenn ich nur erst wieder um Dich bin, so sollst Du gewiß wieder heiter werden; da soll der Herr von Schönfuß [?] viel [?] da sein.

Leb wohl in Eile.

[*Beilage 1:* August]

Lieber Vater!
Ich bedanke mich für die Erdbeere und für die Kirschen, sie haben mir recht gut geschmeckt, ich habe sie aber diesen Morgen nicht alle gegessen, weil ich die übrigen nach Tische essen will. Heute früh bin ich bei der Frau von Stein gewesen, die mich diesen Mittag zu Gaste geladen hat. Sie gab mir auch 8 Pfennige. Leben Sie wohl.   August Göthe.

1 Kann auch Stümpchen heißen sollen.
2 Nicht enträtseltes Wort: Schembhund oder Schembhud (ebenso S. 232, 452).
3 marain.
4 bernoder.

[*Beilage 2:* August]

Liebe Mutter!
Wir reisten vor kurzem, wie Sie wissen, von Jena nach
Dornburg, ein hübscher Ort, der mir wegen seiner Lage an
der Saale sehr gefallen hat. Der Schieferhof liegt besonders
schön, man hat von ihm eine ziemlich weite Aussicht auf die
Wiesen an der Saale, auf eine Mühle, die so alt ist, daß man
sich wundern muß, warum sie das Wasser nicht schon längst
mitgenommen hat. Ich wäre gern in der schönen Gegend
noch einige Tage geblieben und hätte im Schieferhofe gern
noch die jungen Küchelchen gefüttert, obgleich der böse
Truthahn mich immer gejagt und gebissen hat, aber ich
mußte mit Ihnen nach Jena. So viel für heute, bald ein
Mehreres. Leben Sie wohl.   August Göthe.

                    134. *Christiane*

                          [Weimar, 10. oder 11. Juni 1797.]
Lieber,
Soeben schicket mir die Frau Vice-Präsident diesen Brief
und läßt mir sagen, daß ich aber gleich einen Expressen zu
Dir mit diesem Brief schicken müßte. Da es nun aber schon
8 Uhr ist, wirst Du diesen Brief wohl etwas spät bekommen;
es ist mir aber ausdrücklich gesagt worden, es müsse sein.
Leb wohl und schicke mir auch[1] ein paar Worte durch diesen
Boten, daß ich weiß, ob Du es richtig erhalten.

                                        Hase in Eile.

1 aus.

Ich schicke Dir das gewöhnliche Packet, Du wirst so gut sein
und die Einlagen bald bestellen. Das Barometer steht noch
immer tief, und wir werden unsere große Tour wohl nicht
machen können. Indessen erkundige Dich doch, wenn Schillings Wagen von Lauchstädt zurückkommt? Da kannst Du
mich abholen, denn es ist nun Zeit, daß ich einmal wieder
meinen Aufenthalt verändere. Indessen habe ich alle Ursache, dießmal zufrieden zu sein, indem ich nicht allein viel
gearbeitet, sondern wieder zu künftigen Arbeiten gar manchen Gedanken gefaßt habe.

Lebe wohl, grüße das Kind, und gedenket mein, wenn ihr
das Obst, das ich euch schicke, zusammen verzehrt. Jena, am
13. Juni 1797.   G.

Es versteht sich, daß ich vorher den Tag schreibe, wenn
Du herüberkommst.

136. *Christiane*

[Weimar, 14. Juni 1797.]
Daß Du immer so an mich und das Bübchen denkest und uns
immer etwas schickest, dafür danke ich Dir von ganzem
Herzen. Du meinst es sehr gut mit uns, aber mir haben Dich
dafür auch sehr lieb, und wenn mir allein sind, sprechen mir
immer von Dir. Daß aus unserer Reise nunmehro nichts
werden könnte, habe ich mir gedacht, weil es Dir nun wohl
zu spät wird. Wenn Du aber noch bis Montag, den 19.,
drüben bleiben willst, so will ich Dir einen Vorschlag thun.
Ich bin mit Werners auf den Sonntag nach Lobeda zu einem
Ball bei den Burgemeister eingeladen. Er will den Sonnabend früh mit der Kutsche rüberkommen und uns abholen.
Da führen mir nach Mittag weg und wären auf den Sonn-

abend gegen Abend in Jena. Da käm es nun auf Dich an, ob ich sollte im ›Bären‹ absteigen mit dem Kind und blieb’ bei Dir und führ’ erst nach Tische den Sonntag nach Lobeda, oder ob ich gleich nach Lobeda führ und nur das Kind bei Dir ließ’. Ich blieb’ aber lieber bei Dir. Ernestine bliebe hier in Weimar. Und den Montag führen mir herüber. Sollte Dir es aber zu lang werden, und ich sollte Dich ehr abholen, so bin ich es recht wohl zufrieden; ich besteh[1] nicht auf den Ball, so können Werners allein fahren. Schilling kommt erst den Sonntag wieder, kann also auch nicht ehr fahren bis Montag; ich dächte, wenn ich drüben wär, nehmen mir Schäfers Wagen zum rüberfahren. Sei so gut und schreib mir den Sonnabend Deine Meinung darüber. Ich bitte aber nochmals: es muß Dich nicht geniren, denn ich bin alles zufrieden, wenn es nur Dich nicht verdrüßlich macht. Soll ich einen andern Wagen nehmen und Dich abholen, oder willst Du etwa Schäfers Wagen nehmen und den Sonntag herüberfahren, so bleibe ich recht gern zu Hause. Ich freu mich, Dich auf alle Fälle bald zu sehen und Dir sagen zu können, wie lieb ich Dich habe.

Alleweile kam Riehl und war ganz unglücklich, da er nach so vielem, was er an dem Dienste verliert, auch heute vom Hofkammer-Rath gehört hat, daß Bloß auch die Zettel in Lauchstädt rumtragen soll. Da er es dem Hofkammer-Rath hat beweisen können, daß es Friedrichen gehört hat, so hat er ihn, wenn er es nicht mit Bloß theilen wollen, auf die Wache setzen wollen. So hat er [es] sich, weil Sie nicht da wären, gefallen lassen, aber nur für dieß Jahr; er will alles, was am Dienst fehlt, aussetzen und Sie es in einem Schreiben übergeben. Seine Frau hat sich über alle diese Geschichten so angenommen und geärgert, und liegt am Tode. Das ist ein großes Unglück vor den Mann und vor die armen Kinder.

Leb wohl. Mündlich ein Mehres.

1 beste.

Lieber Vater!
Ich war gestern früh mit meiner Mutter im alten Garten und
fand in meinem kleinen Gärtchen ein Stückchen Silber, das
mir Dortchen verkauft und dafür einen Groschen gebracht
hat. Mein kleines Gärtchen ist jetzt im guten Zustande, die
Gurken stehen besser als meiner Mutter ihre, meine Bohnen
wachsen auch recht schön in die Höhe, aber meinen Kohl
haben mir die garstigen Schnecken fast ganz weggefressen.
Für die schönen Kirschen, die Sie mir heute geschickt haben,
danke ich Ihnen. Leben Sie wohl und behalten Sie mich lieb.

August Göthe.

137. *Goethe*

Ich muß Dir wieder einen Boten schicken, damit Du inliegenden Brief heute Abend noch auf die Post gibst. Gerning
lädt mich ein, mit ihm über Regensburg und Wien nach
Italien zu gehen; ich kann mich aber nicht darauf einlassen,
weil ich noch Nachricht von Meyer erwarte und ungewiß
bin, ob dieser nicht gar wegen seiner Gesundheit heraus und
in die Schweiz geht.

Schicke mir durch diesen Boten, was Du den Botenweibern mitzugeben gedachtest; zwar wird er auch nicht früher
wieder herüberkommen.

Ich wünsche, nun bald wieder bei Dir zu sein, denn meine
hiesigen Arbeiten sind vollbracht; nur noch wenige Dinge
sind zu berichtigen, dann schreibe ich Dir entweder, daß Du
mich abholen sollst, oder komme einmal unvermuthet
selbst. Lebe wohl und liebe mich und küsse das Kind.

Jena, den 14. Juni 1797.   G.

*

Am 16. Juni abends kehrt Goethe nach Weimar zurück. Sofort beginnen die Vorbereitungen zur dritten Reise in die Schweiz. Schon am 7. Juli meldet Goethe dem Freund Heinrich Meyer nach Stäfa am Züricher See: er werde bald »so los und ledig als jemals« sein. »Ich gehe sodann nach Frankfurt mit den Meinigen, um sie meiner Mutter vorzustellen, und nach einem kurzen Aufenthalt sende ich jene zurück und komme, Sie am schönen See zu finden . . . Unsre Hausfreundin grüßt Sie aufs schönste.« − Gegen Ende des Monats erledigt Goethe, im Hinblick auf die Reise, seine Testamentsgeschäfte. Am 22. teilt er dem Herzog Carl August mit: seine Mutter habe auf seine »sämmtliche Erbschaft renunciirt«, und bittet, der Herzog wolle verfügen: »daß nach meinem erfolgenden Ableben keine Obsignation Statt habe, vielmehr meine Erben ohne dieselbe und ohne weitere gerichtliche Inventur zu dem Besitz meines Nachlasses gelangen.« Der Herzog genehmigte die Bitte, Goethes Testament wurde am 27. Juli durch eine Deputation bei ihm abgeholt. Am selben Tage wendet Goethe sich brieflich an den Kanzler v. Koppenfels mit der Bitte um einen Reisepaß für seine Person. »Da ich aber auch meine kleine Familie bis Frankfurt mitzunehmen denke und sie besonders auf dem Rückwege, den sie allein zurücklegen, sich selbst überlassen muß, so hätte ich auch für Mutter und Sohn um einen besonderen Paß zu bitten. Ich überlasse Ew. Hochwohlgebornen, ob Sie unbedenklich finden, etwa einen dergleichen auf *Frau Vulpius und Sohn* ausfertigen zu lassen, oder was Sie sonst schicklich und zweckmäßig finden. Es ist ohnehin nur auf allen Fall, indem Reisende, besonders auf dieser Route, sehr selten um Pässe gefragt werden.« Mit Bezug auf diese Angelegenheit teilt Goethe dem Kanzler v. Koppenfels am 28. Juli noch mit: »Der Name der Mutter ist Christiane und das Alter des Sohnes sieben und ein halbes Jahr.«

Am 29. endlich vermerkt das Tagebuch: »Alles in Ord-

nung.« Tags darauf, nachmittags 3 Uhr, reist Goethe mit
Christiane und August von Weimar ab, zunächst bis Erfurt,
das man am 31. Juli früh ¼5 verließ, um über Mechterstädt
und Eisenach nach Marksuhl zu gelangen. Von hier ging die
Fahrt am 1. August früh 4 Uhr weiter über Vacha, Buttlar,
Hünfeld und Fulda; am 2. August früh ½6 Uhr über
Schlüchtern, das Kinzigtal hinab, bis Gelnhausen. Hier
trennt Goethe sich für kurze Zeit von den Seinen und fährt
am 3. August früh 1¼ mit Extrapost nach Frankfurt, wo er
morgens 8 Uhr eintrifft. Dies geschah wohl mit Rücksicht
auf den Wunsch der Frau Aja, die am 25. Juli nach Weimar
geschrieben hatte: »Mir wäre es sehr lieb wenn du es einrichten könstes bey hellem Tag in Goldenen brunen deinen
Einzug zu halten – des Nachts ankommen liebe ich nicht –
zumahl in einem dir gantz frembten Hauß – Hir hast du
meine Willens meinung.« Schwiegertochter und Enkel folgten dem Sohne zwölf Stunden später und trafen abends 8
Uhr in Frankfurt ein. Freilich nur für dreimal vierundzwanzig Stunden. »In diesen ersten Tagen«, schreibt Goethe am
5. August dem Freunde in Stäfa, »bin ich nur beschäftigt,
diesen Fremdlingen alles zu zeigen, da sie Montags, den 7.,
schon wieder abreisen.« Unter diesem Datum vermerkt
denn auch Goethes Tagebuch: »Fuhren die Meinigen um 3
Uhr fort.« Diese Trennung bedeutete für Christiane ein
Alleinsein von mehr als einem Vierteljahr; wie tapfer sie es
ertrug, zeigen die folgenden Briefe.

*

138. *Christiane*

[Hanau, 7. August 1797.]
Ich will Dir durch Deinen Geist nur ein paar Worte sagen.
Ganz zufrieden bin ich freilich nicht, daß Du, mein Lieber,
nicht bei mir bist, ich will mich aber recht gut aufführen und

nicht gramseln und mir nur immer denken, wie lieb Du
mich hast, und wie gut Du es mit mir meinst. Ich danke Dir
noch vor alle Liebe und Güte. Ich bin nur zufrieden, wenn
ich mir denke, daß der gute Schatz bei der lieben Frau Rath
ist, wo es Dir gut geht. Empfiehl mich ja noch vielmal, und
ich will ihr von Weimar schreiben. Leb wohl.

In Eile.

[*Beilage:* August]

Lieber Vater,
Thun Sie mir den Gefallen und reisen Sie nicht in die
Schweiz, sagen Sie der lieben Großmama viele Grüße, und
ich hätte Sie recht lieb.

Leben Sie wohl und sein Sie mein gutes Väterchen.

Ihr August.

Hanau, den 7. August [1797].

139. *Goethe*

Ich bin euch immer in Gedanken nachgefolgt, und gestern
Abend in der ›Müllerin‹, die mir nur theilweise Vergnügen
gemacht hat, dachte ich oft, daß ihr nun ruhig in Schlüchtern
sitzen würdet. Ich verlange recht sehr zu hören, wie ihr eure
Reise zurücklegt, und hoffe das Beste. Eure Briefchen von
Hanau haben mir viel Freude gemacht; sage dem Kleinen,
daß ich seine Briefe aufhebe und sehen will, wie er nun immer besser schreibt. Ich habe angefangen, einiges zu überlegen und zu dictieren, aber es wird ganz unmöglich sein, in dieser Wohnung etwas zu arbeiten; ich will noch etwa acht Tage
zusehen und dann irgend einen Entschluß fassen. Wenn Du
wieder stille zu Hause bist, so wirst Du erst recht gewahr werden, was für eine Menge Gegenstände Du gesehen hast.

Wenn Packete angekommen sind, so mache sie nur auf; wenn eins mit Noten dabei ist, so schickst Du es an den Kämmerier Wagner. Lebe recht wohl, schreibe mir bald und behalte mich lieb. Frankfurt, den 9. August 1797.

G.

140. *Christiane*

[8.–11. August 1797.]

Saalmünster, Dienstag den 8. August, Mittag 12, im Gasthaus zum ›Stern‹.

Gestern in Hanau, wie Du weißt, ist mir nichts Merkwürdiges passiert, als daß ich habe sehr viel bezahlen müssen. Heute frühe in Rothenbergen[1] kam das erste Schröcken auf der ganzen Reise: bei Rothenbergen[1], wo man nicht ausweichen kann, da kamen Fuhrleute, und es fiel ein Pferd und der ganze Kram[2] wäre bald auf unsere Kutsche gefallen; aber es ging, Gott sei Dank, noch gut ab. Alsdenn kam aber ein lustig Abenteuer, das war Folgendes. Es hatten die Kaiserlichen Husaren exercirt, und mir mußten halten, daß sie vor uns vorbei konnten. Da kamen etliche von den Husaren-Officiers zu uns an den Wagen und unterhielten sich mit mir und fragten mich, wo ich her käme, wo ich hin wollte. Ich beantwortete alles mit der größten Hasigkeit und habe ihnen sehr dummes Zeug weißgemacht. Es wurde auch über die Pistolen gesprochen, die ich, da ich Soldaten kommen sahe, ein bißchen weiter als sonst herausgucken ließ. Sie waren gar nicht garstig; wär ich nicht so betrübt gewesen, daß Du nicht bei mir warst, es hätte gewiß ein bißchen Äuglichen gegeben; aber so ging es dießmal so ab. Das Späßchen[3] muß ich Dir einmal

1 Rodenberg.
2 Karm [Karren ist wohl kaum beabsichtigt].
3 Säsgen.

erzählen. Das Kind ist sehr brav und gut. Das Mittagessen war hier *schlecht*[1].

Den 8.

Abends 8 Uhr in Neuhof. Der Kutscher kam nicht wieder. Wir sind sehr schlecht logirt[2] und werden nicht viel zu essen haben. Das ganze Haus ist voll Kaiserliche Soldaten; ich bin mit meinen 2 Pistolen durch ein 50 Mann ins Haus gegangen, und es hat keiner gepiepst[3].

Mittag, den 9. August, Mittewoch, im Dorfe Rasdorf[4],
eine Stunde von Buttlar,

wo es wieder sehr schlecht ist. An was ich mich und das Bübchen erhole, ist der Wein, den ich im ›Weißen Schwan‹ habe mitgenommen, und Semmeln. Was hilfts? man muß nur immer gutes Muths sein. Wir legen doch alle Tage ein gutes Stück Weg zurück. Ich habe hier von Götzen einen Schwager angetroffen, einen Roß-Händler. Er war in Frankfurt und hat alles verkauft, auch sein Reit-Pferd. Den will ich, solang er mir nicht beschwerlich wird, mitnehmen und eine Geldkasse mit 2000 Gulden. Er ist, wie er mir sagt, immer in starker Connexion[5] mit dem Herrn Geheimen Rath Schmidt, von dem er, wenn er Louisd'ors braucht und nirgends keine kriegen kann, 19 g. gibt.

Den 9. Abends um 10 Uhr in Marksuhl
zur ›Goldnen Krone‹.

Heute ist doch der Roß-Händler zu etwas gut; er brachte die Wirthsleute heraus, und ich bin hier recht leidlich logirt.

1 *Schlät.*
2 lusirt.
3 gebies.
4 Daßdorf.
5 konneckssieonn.

Donnerstag, den 10. August, Morgens.
Der Herr Gericht-Secretär empfiehlt sich bestens, und der Kutscher hat seine Halfter wieder da geholt. Das Kind hat auch seine Schafnüsse in Fulda[1] wieder bekommen; wir fragten an, als wir vorbeifuhren.

Den 10. August, Mittag um 11 Uhr.
Nun bin ich wieder in Eisenach im ›Halben *Mond*‹. Ich wollte heute hier bleiben, aber Gille ist nicht hier; er ist in Creuzburg und kommt erst morgen Abend wieder. Das ist mir zu lang. So viel, nach Tisch weiter. Wehe, denn es sieht mit meinem Gelde schlecht aus, es werden [?]   [2]
Leb wohl, Lieber. Das Kind ist gar zu artig, aber ohne Dich reist sichs doch nicht gut. Die Reise ist sehr schön und gut, werde nur nicht über das Geld verdrüßlich. Wir können Gott danken, daß wir [sie] so glücklich gemacht haben.

Donnerstag, den 10., Abends um 1 Uhr, Gotha,
im Gasthaus zur ›Schelle‹.
Hier ist es recht artig; heute ist uns alles recht gut gegangen, und mir haben, ich und das Kind, immer von Dir gesprochen. Bei dem Hörsel[3], so weit als mir den Inselsberg nur sehen konnten, hieß es immer: Ach, wenn nur der gute Vater bei uns wär! Morgen um 12 Uhr denke ich in Weimar zu sein, und schicke Dir dieß und noch ein Briefechen. Leb wohl.

Freitag, den 11. August, Mittag 3 Uhr in Weimar.
Mir sind beide gesund und wohl angekommen und haben auch zu Hause alles in rechtem gutem Stand gefunden. Das Kind läßt Dich und die liebe Groß-Mama grüßen. Und Du,

1 Pfulte.
2 vol däcken. Nicht zu enträtseln. Der ganze Satz nachträglich eingeschoben.
3 Hirsall.

Lieber, wirst mich bei der lieben Frau Rath auch entschuldigen, daß ich heute nicht schreibe. Ich bin heute von der Reise sehr echauffirt[1], daß mir diese paar Zeilen fürchterlich heiß machen. Leb wohl und behalt mich so lieb wie ich Dich.

Weimar, den 11. August.

[*Beilage:* August]

Lieber Vater!
Ich bin glücklich nach Weimar gekommen und habe unter meine Kinder Zuckerbrod ausgetheilt, das ich in Erfurt gekauft hatte. Ich danke Ihnen sehr, daß Sie mich in Frankfurt herumgeführt und mir so viel Schönes gezeigt haben. Leben Sie wohl und behalten Sie mich lieb. August Göthe.

141. *Goethe*

Ich denke mir nun, daß ihr glücklich zu Hause angelangt seid, und erwarte mit vielem Verlangen Nachricht von eurer Reise; ihr werdet nun genug erzählen von allem, was ihr gesehen habt, und indem ich mich in Frankfurt umsehe, finde ich noch manches, das euch Vergnügen machen wird, wenn ihr wieder herkommt, und das zweite Mal macht es fast noch mehr Vergnügen, weil man mit den Gegenständen mehr bekannt ist und sie besser genießen kann.

Sei nur so gut, alles, was Packete und größere Briefe sind, aufzumachen und nach dem Inhalte etwa ans Theater und sonst, oder auch wenn etwas eingeschlossen ist, dasselbe nach der Adresse abzugeben, die kleineren Briefe schickst Du mir hierher; Du kannst ja allenfalls Deinen Bruder

---

1 eschäffiert.

notiren lassen, was angekommen ist, damit ich nur in kurzem erfahre, was zurückbleibt. Die Hitze ist wieder sehr groß, und die Gewitter, die von Zeit zu Zeit aufsteigen, gehen mit wenig Regen vorüber, die Gärtnerei verlangt sehr nach ein wenig Feuchtigkeit. Schreibe mir ja, wie Du Dein Hauswesen gefunden hast, und grüße das Bübchen.

Die Mama schickt Dir eine schöne Chocoladen-Tasse, über welche jetzt ein Futteral gemacht wird, und wenn ich weiter reise, so soll es auch an allerlei guten Gaben nicht fehlen. Ich bleibe gerne hier, aber die Zerstreuung ist so groß, daß ich zu keiner Besinnung komme. Lebe recht wohl und schreibe fleißig.

Frankfurt, den 12. August 1797.   G.

142. *Christiane*

Weimar, den 13. August [1797].

Lieber Schatz,

Ich habe heute Deinen Brief erhalten vom 9. August, Du wirst nun auch unsere Reise erhalten haben. Wenn Du diesen Brief der lieben Frau Räthin gibst, so entschuldige mich ja wegen meines Schreibens, ich bin recht böse auf mich selbst, daß ich auch gar[1] nichts kann. Vor die schöne Reise und vor die viele Mühe und Beschwerlichkeit, die Du mit uns gehabt hast, sage ich Dir noch vielen Dank. Ich werde noch sehr lang davon zu erzählen haben; in Weimar sind die Leute sehr neugierig und haben sich wegen unserer Reise allerhand Mährichen gemacht, die ich Dir, wenn mir wieder zusammen sind, erzählen will.

In meiner Haushaltung habe ich alles in der größten Ordnung gefunden. Meine guten Freunde haben mich ge-

1 Jahr.

stern alle besucht, und es ist Rath gehalten worden, wie der schwarze Chemis[1] gemacht werden soll. Die Strümpfe vor die Frau Räthen sind auch besorgt. Mit der nächsten Post soll auch der fehlende ›Merkur‹ erscheinen.

Gestern bin ich auch wieder im Römischen Hause gewesen und habe die schönen Leuchter [?][2] gesehen; der Kammerdiener Venus war darin und hat uns gerufen. Der vortreffliche[3] Hofkammer-Rath ist vorgestern auch wieder zurückgekommen. Mit der Jagemann soll ein unerhörter Spectakel gewesen sein, und der Herr Hofkammer-Rath hat die Ehrenbezeugungen alle gewiß, weil sie in Einem Hause logiren, auf seine Rechnung mit angenommen und sich was Rechts darauf zu Gut gethan. Dieß alles hat mir Schmidt, der da war, erzählt. Die Jagemann aber läßt sichs[4] auch schon sehr merken, sie richtet auch schon ihr Compliment darnach ein.

Ich bin sehr heiter und vergnügt, wenn ich an unsere Hinreise nach Frankfurt denke; wie Du, Lieber, so gut warst und uns so lieb hattest, das werd ich nie vergessen. Und die liebe Frau Rath hat uns so gut aufgenommen! ich glaube, ich bin nach der Reise ganz anders, ich komme mir ganz glückselig vor. Ich werde wohl nie wieder gramselen. Die Ernestine will, weil sie das Einmachen einmal übernommen hat, auch es dieß Jahr allein machen. Dieß lass ich mir, da ich sehe, daß sie es ordentlich macht, sehr gern gefallen und will nun auch alle meine guten Freunde besuchen und etwas von Frankfurt erzählen. Das Kind ist sehr wohl und war sehr vergnügt, seinen Spielcamerad wiederzusehen. Es ist kein Wein, kein Globus, kein Aal, kein Packet angekommen. Wenn nur etwas Wein käme, sonst werde ich doch ein

1 Schimss.
2 leuder.
3 vorderöfeliche.
4 sich.

bißchen unglücklich, denn den Wertheimer liebe ich mir nicht, und mir haben auch nicht viel; und auf Deinen Geburtstag da müssen doch auch etliche Bouteillen aufgehn, denn da werden meine guten Freunde, jung[1] und alt, eingeladen. Wenn ich nur ein paar Fläschchen Malaga hätte! Was recht übel war, daß mir in Frankfurt keine Flasche Champagner getrunken haben. Das betrübt mich ordentlich. Leb itzo wohl. Aber wenn Du wiederkommst, da will ich Dich auch lieb haben, so wie Du Dir es gar nicht denken kannst. Adieu, liebe mich wie ich Dich.   Christiane V.

143. *Goethe*

Du hast mir sehr viel Vergnügen gemacht, daß Du mir gleich den Tag Deiner Ankunft geschrieben und Dein Tagebuch geschickt hast; fahre ja fort, mir fleißig zu schreiben, damit ich wisse, wie es Dir geht, und was bei euch vorfällt.

Es freut mich gar sehr, daß Deine Hinreise zwar nicht ohne Unbequemlichkeit, doch glücklich und mit bester Ordnung vollbracht worden, so wie mir unsere ganze Expedition Lust und Muth gegeben hat, mit euch künftig dergleichen mehr zu unternehmen, und mit dem Kinde wird es, je älter es wird, immer eine größere Lust sein.

Ich habe die Zeit oft an euch gedacht und euch zu mir gewünscht, besonders in der ›Palmira‹, welche vergangenen Sonntag gegeben wurde. Die Repräsentation war überhaupt sehr gut und anständig, die Decorationen besonders ganz fürtrefflich. Ich habe nun meistens meine alten, guten Freunde gesehen und die nothwendigsten Visiten gemacht, auch finde ich mancherlei und sehr gute Unterhaltung; doch reizt das schöne Wetter, das sich bald in Regen abkühlt, bald

---

1 juchn.

in klaren Tagen gar vergnügliche Stunden macht, mich zur weitern Reise.

Ich will heute über 8 Tage von hier abgehen und kann, wenn Du mir den nächsten Freitag schreibst, Montag Abend noch den Brief hier erhalten. Auf alle Fälle setzest Du außen drauf: *gefällig nachzuschicken*, und adressirst überhaupt alles immer fort an meine Mutter.

In meinem vorigen Briefe habe ich Dir schon wegen ankommenden Packeten und Briefen geschrieben, ich will mich hier noch umständlicher erklären:

Alle Arten von Packeten machst Du auf, siehst, was sie enthalten, und läßt sie alsdann entweder liegen oder gibst sie dahin ab, wohin sie allenfalls gehören; die Briefe aber schickst Du an meine Mutter.

Wenn Du mir schreibst, so mußt Du immer zugleich auf die Adresse setzen: *gefällig nachzuschicken*, und mußt Deinen Brief noch besonders siegeln, wenn Du ihn auch in ein Packet legst; das Packet aber wird jederzeit an meine Mutter adressirt, damit sie es aufmachen und mit den inliegenden Briefen nach meiner Anweisung verfahren kann. So viel von dieser Sache.

Von Hamburg wird ein kleines Fäßchen an mich kommen, worin Seeschnecken sich in Brandewein befinden werden. Denke nicht etwa, daß es eine Eßwaare ist, sondern thu die Geschöpfe in ein Zuckerglas und halte sie mit Brandewein bedeckt, bis ich wiederkomme. Sonst weiß ich nichts zu erinnern, denn das Übrige haben wir ja alles abgeredet.

Schreibe mir ja, wie das schwarzseidne Kleid gerathen ist, und wann Du es zum ersten Mal angehabt hast; sage dem guten August, daß der Säbel, den ich mitbringe, da er sich so gut auf der Reise aufgeführt hat und gewiß auch in meiner Abwesenheit ein gutes Kind bleiben wird.

Seit eurer Abreise bin ich noch einigemal ausgefahren und oft gegangen und habe noch manchs gefunden, das ihr mit Vergnügen sehen werdet, wenn ihr einmal wieder in diese Stadt kommt. Auf alle Fälle werden wir uns bequemer und auf längere Zeit einrichten können.

An das Wasser bin ich nicht wieder gekommen und habe in der Komödie immer nach der Loge hinaufgesehen, wo wir so vergnügt zusammen waren.

Und nun, zum Lebewohl, noch ein paar Worte von meiner Hand. Ich liebe Dich recht herzlich und einzig, Du glaubst nicht, wie ich Dich vermisse. Nur jetzt wünschte ich reicher zu sein, als ich bin, daß ich Dich und den Kleinen auf der Reise immer bei mir haben könnte. Künftig, meine Beste, wollen wir noch manchen Weg zusammen machen. Meine Mutter hat Dich recht lieb und lobt Dich und erfreut sich des Kleinen. In acht Tagen will ich hier weggehen, denn an eine Arbeit ist nicht zu denken, Du hast selbst die Lage gesehen; und so will ich die Zeit wenigstens anwenden, um viel zu sehen. Lebe recht wohl, halte alles in Ordnung, denke an mich und behalte mich recht lieb. Eh ich weggehe, schreibe ich Dir noch einmal. Küsse das Kind.

Frankfurt, den 15. August 1797. G.

144. *Christiane*

Weimar, den 16. August [1797].

Lieber,

Hier schicke ich der Frau Rath den ›Merkur‹ und habe auch zugleich von diesem Monat diesen mit beigelegt. Ich bin mit dem Kinde recht wohl und vergnügt, ich glaube, die Reise hat uns beide sehr heiter gemacht. Wenn ich nur bei Dir sein könnte, das ist meine einzige Betrübniß; und manchmal werden die Wehe sehr groß, denn ich habe Dich nur immer lieber. Gestern ist Hunnius[1] hier angekommen und hat mir

1 Hunigus.

gleich seine Visite gemacht; dem war es auch gar nicht recht, daß Du nicht da warst. Heute will mir seine Frau und ihre Schwester den Besuch machen. Ich muß Dir auch ein Bonmot[1] von der Vohsen schreiben, das gar nicht übel ist. Wie in Lauchstädt der Lärm mit der Jagemann gar zu groß ist, und der Hof-Kammer-Rath die Jagemann nach der Komödie nach Hause führt, so stehen die Studenten in 2 Colonnen und applaudiren; so gehet die Vohsen ganz vergnügt hinterdrein und singt immer die Strophe »Pflücket die Rose[2], ehe sie verblüht«.

Ich habe nun 2 Briefe von Dir und freue mich, daß Du so gut bist und mir so fleißig schreibst. An Dich ist auch kein Brief und gar nichts angekommen. Vergiß nicht, wenn Du von Frankfurt weggehest, den Wein an den Bauverwalter zu besorgen.

Die Frau von Wedel hat gestern zu mir geschicket, ob ich nicht etwas von Antwort an den Herrn von Fouqué[3] mitgebracht hätte, oder ob Geist Dir das Packet, das Dir Frau von Wedel geschickt hätte, Dir nicht übergeben hätte. Alleweile schickt sie wieder, ich möchte ja deßwegen schreiben. Sei doch so gut und schreibe ihr darüber ein paar Zeilen.

Leb wohl und behalte mich ja lieb.

Alleweile schicket die Frau von Wedel wieder, ob etwa das Packet liegen geblieben wäre. Schreibe ihr ja bald.

[*Beilage:* August]

Lieber Vater!
Jetzt habe ich sehr viel Vergnügen in unserm Garten, denn die schönen Birnen sind reif und werden nun abgenommen.

---

1 Bommo.
2 Plicket die Rosse.
3 Vucket.

Am Dienstage um 4 Uhr habe ich die Birnen von dem kleinen Bäumchen abgenommen, das bei dem türkischen Waizen steht, ach! da waren viel Birnen, ich hätte sie nicht alle herabgebracht, wenn mir mein liebes Mütterchen nicht geholfen hätte. Sagen Sie meiner Großmama viele tausend Grüße, und behalten Sie mich lieb.

Göthe.

145. *Christiane*

Weimar, den 18. August [1797].
Wenn ich mir es gleich schon lange vorgestellt habe, daß Du reisen würdest, so ist es mir doch heut, als ich Deinen Brief erhielte, sehr schwer aufgefallen. Ich und das Kind haben beide sehr geweint. Es soll nach der Schweiz auch wegen des Kriegs übel aussehen. Ich bitte Dich sehr, schreibt mir nur bald. Und wenn Du in der Schweiz bist, laß mich auch immer etwas von Dir hören, und ich bitte Dich um alles in der Welt, gehe itzo nicht nach Italien! Du hast mich so lieb, Du läßt mich gewiß keine Fehlbitte thun. Was mich die Menschen hier ängstigen, daß Du nach Italien gingest, das glaubst Du gar nicht; dem einen hat es der Herzog selbst gesagt, das andere weiß es von Dir gewiß, ich will gar keinen Menschen mehr sehen und hören. Lieber, Bester, nimm mir es nicht übel, daß ich so gramsele, aber es wird mir dießmal schwerer als jemals, Dich so lange zu entbehren; mir waren so aneinander gewöhnt. Die Wege in [den] Garten sind nicht allein groß, alles im ganzen Hause kommt mir groß und leer vor. Bleibe ja nicht so lange aus, ich bitte Dich sehr. Ich tröste mich immer damit, daß Dir das Reisen zu Deiner Gesundheit dienlich, weil Dir das zu Hause Sitzen doch nicht gut ist; aber gehe nur nicht weiter als in die Schweiz. Du glaubst gar nicht, wie lieb ich Dich habe, ich träume alle

Nacht von Dir. Heut hatte ich auch von Dir und der lieben Frau Rath geträumt; und ich hatte etwas lang geschlafen, da wurde ich durch Deinen Brief aufgeweckt. Das Kind ist nicht recht wohl, aber der Doctor sagt, es hätte nichts zu bedeuten, es wär von der Reise, wegen des andern Wassers. Der Kleine will Dir es selbst schreiben. Wenn Du nur die Güte hättest und etwa wegen des Weines von Frankfurt aus an Herrn Zapff schriebest. Ich habe gar nichts zu trinken. Das schwarze Kleid ist noch nicht fertig; ich denke, ich werde es auf den Sonntag anziehen und in die Kirche gehen. Ich habe aber eine große Bitte an Dir: zu dem schwarzen Kleid kann man nicht gut was umthun als ein paar schöne, dicke Goldschnuren mit Quasten. Die kosten 2 Laubthaler. Wenn Du mir schriebest, ob ich mir von den Ducaten nehmen dürfte und mir eine Schnur dazu machen lassen dürfte. Einen von den Ducaten habe ich schon dem Kutscher geben müssen, ich habe nur noch 2. Das Silbergeld reichte nur bis Erfurt; in Marksuhl war ein Jude, da habe ich noch vor 2 Laubthaler cattune Halstücher gekauft. Denn Du weißt wohl, wie es ist; es hieß doch: ich käme von Frankfurt, und ich wollte doch auch ein bißchen Aufsehen machen. Du wirst gewiß nicht böse darüber werden. Wenn Du wiederkömmst, will ich Dir die Rechnung geben. Auf dem Wege habe ich gar genau[1] gelebt. Was Du mir wegen der Packete und Briefe geschrieben hast, will ich pünctlich[2] besorgen. Es ist aber itzo nichts als der Brief, den ich Dir hier schicke, angekommen. Heute kommen die Schauspieler und gehen morgen nach Rudolstadt. Es ist die Markgräfin von Baden hier mit 2 Prinzessinnen, eine ist 14, die andere 15 Jahr; die älteste ist gewiß mit dem König von Schweden versprochen und ist noch nicht confirmirt. Sie soll hier confirmirt werden, und man sagt, auch die Vermählung sollte hier sein. Der

1 genua.
2 bücklich.

König von Schweden ist incognito[1] dagewesen, aber er ist wieder weg. Die Solennitäten gehen alle im Römischen Hause vor, wo sich die armen Bedienten bald die Beine weglaufen müssen. Heute soll Concert sein. Leb wohl. Ich wünsche Dir eine vergnügte Reise, Gesundheit und gutes Wetter. Behalte mich nur lieb und schreibe mir bald. C. V.

Vergiß nicht, mir wegen der Frau von Wedel ein Wort zu schreiben.

[*Beilage:* August]

Weimar, den 18. August.
Lieber Vater!
Ich bin jetzt etwas krank, meine Augen thun mir sehr wehe, besonders das linke, welches auch ziemlich roth ist, doch ist es nicht mehr so schlimm, als es vor einigen Tagen war. Auch habe auf dem Nacken einen Ausschlag, der mir sehr juckt, so daß ich immer kratzen möchte. Ich muß alle Tage 6 mal einen Trank einnehmen, der recht garstig schmeckt. Kommen Sie bald nach Weimar, ich sehne mich recht nach Ihnen. Meiner lieben Großmama sagen Sie viele schöne Grüße. Leben Sie wohl, und behalten Sie mich lieb.

August Göthe.

146. *Christiane*

[Weimar, vor 24. August 1797.]
Lieber,
Ich schicke Dir diesen Brief gleich nach, weil mir die Fräulein Waldner sagen ließ, ich möchte ihn Dir gleich nachschicken; die fremde Herrschaft hätte ihn mitgebracht, und sie kämen in drei Wochen wieder, da wollten sie die Antwort

1 in Comido.

mitnehmen wegen des Scheines, der darin läge. Du sollst nur die Antwort an die Fräulein Waldner schicken. Ich melde Dir auch zugleich, daß es mit dem Bübchen besser ist; er würde Dir selbst schreiben, aber er ist zu müde. Gestern ist das schwarze Kleid angezogen worden und hat sich im Park präsentirt; es ist sehr schön gerathen, und die Leute sagten auch, es stünde mir gut. Am Sonnabend war Ball bei Hof, und ich und alle guten Freundinnen haben uns in Fritz Stein wegen seines schönen Tanzens in ihn verliebt. Die Eberwein hat Verlöbniß gehabt, und ihr Liebhaber kommt als Hofmusicus nch Rudolstadt, wo sie heute zum Vogelschießen hin gereist sind. Das ist mir sehr fatal; die hätte auch zu einer andern Zeit heurathen können als itzo. Nun bin ich ganz allein. Vergiß nicht, an Zapff zu schreiben, denn itzo sehe ich erst, wie nothwendig der Wein ist, weil ich keinen habe. Mein Mägelchen[1] thut mir gewaltig wehe, wenn ich keinen trinke; denn keinen Wertheimer nehm ich nicht, und was ich habe, muß [ich] auch auf Deinen Geburtstag aufheben. Denn wie Du weggingst, waren nur noch 16 Bouteillen da, und davon sind die Sonntage wieder welche getrunken worden, und kaufe ich doch nicht gerne welchen.

Das Kind grüßt Dich vielmals und sagt immer: »Nun kommt mein Vater gewiß bald.« Leb wohl und behalte mich nur lieb, und grüße Meyer und sage ihm: wenn er bald käme, so sollte er die besten Suppen haben.

147. *Goethe*

Vor allen Dingen muß ich Dich bitten, mein liebes Kind, daß Du Dich über meine weitere Reise nicht ängstigst und Dir nicht die guten Tage verdirbst, die Du haben kannst. Du hast

1 Mächlichen.

Dich mit Deinen eignen Augen überzeugt, daß ich in meiner hiesigen Lage nicht würde arbeiten können, und was sollte ich sonst hier thun? da das Allgemeine der Stadt bald beobachtet ist, und ich kein besonderes Verhältniß weder habe, noch haben mag. Die Jahreszeit ist so schön, daß man schon den täglich beneidet, den man zum Thor hinaus fahren sieht.

Du weißt überhaupt und hast auch auf der letzten Reise gesehen, daß ich bei solchen Unternehmungen sorgfältig und vorsichtig bin, Du kannst leicht denken, daß ich mich nicht von heiler Haut in Gefahr begeben werde, und ich kann Dir wohl gewiß versichern, daß ich dießmal nicht nach Italien gehe. Behalte das für Dich und laß die Menschen reden, was sie wollen; Du weißt ja die Art des ganzen Geschlechts, daß es lieber beunruhigt und hetzt, als tröstet und aufrichtet. Halte gut Haus und richte Dich so ein, daß Du mich entweder empfangen oder auch vielleicht wieder zu mir kommen kannst. Du hast bei Deiner kurzen Abwesenheit gesehen, wie sich Deine Leute betragen haben, und was Du allenfalls für Einrichtungen machen müßtest, wenn Du länger wegbleiben solltest. Sorge ja für das Kind und rede mit dem Doctor ab, was man allenfalls künftig auf der Reise thut, wenn das Übel wiederkommen sollte.

Ich bin recht wohl zufrieden, daß Du Dir die goldnen Schnuren anschaffst und Dich recht hübsch herausputzest; auch liegt ein Blättchen an Herrn Zapff bei, laß es von Deinem Bruder ordentlich siegeln und überschreiben.

Auch für einen Eimer Markobrunner 81ger für den Bauverwalter ist gesorgt, wovon Du Nachricht geben kannst; es ist ein excellenter Wein, ich habe ihn gestern ausgesucht. Ich werde ihn unter meiner Adresse und, um mehrerer Sicherheit willen, unfrankiert schicken, Du übergibst dem Bauverwalter gleich den Wein und bezahlst die Fracht, Accis und Tranksteuer.

4. *Der 42jährige Goethe. Kreidezeichnung*
von Johann Heinrich Lips, 1791

Hierbei liegt auch eine Anweisung auf zweihundert Thaler, die Du bei Herrn Geheimde Rath Voigt auf Michael erheben kannst.

Ich lege Dir auch die Preise von verschiednen Victualien bei, wie sie gegenwärtig hier bezahlt werden; Du wirst Dich freuen, daß Du in Deiner Küche nicht so theure Ware brauchst.

Die gute Mama schickt Dir eine sehr schöne Tasse und noch einiges Zuckerwerk fürs Kind und Dich; laß dagegen sogleich durch Deinen Bruder, wenn Du es selbst nicht finden kannst, *Hufelands* Buch *über das lange Leben*, in zwei Bänden, in meiner Bibliothek suchen und schicke es ihr mit einem dankbaren, heitern Briefe. Laß auch den Kleinen schreiben, denn sie ist gar zu gut gegen euch gesinnt.

Mein Koffer ist nunmehr nach Stuttgart fort, und ich erwarte nur, daß das Wetter sich ein wenig bestätigt. Denn vor acht Tagen hatten wir ein Gewitter, das 15 Stunden dauerte, und seit der Zeit ist das Wetter kühl, trübe und veränderlich.

Lebe recht wohl, behalte mich lieb, grüße den Kleinen und gib ihm beiliegendes Blättchen. Schreibe mir bald, Du sollst auch immer von mir hören. Frankfurt, den 24. August 1797.   G.

148. *Goethe*

Heilbronn, den 28. August 1797.
Zu meinem Geburtstage, den Du gewiß in Ruhe und Zufriedenheit feiern wirst, aber nicht ohne Verlangen, mich bei Dir zu sehen, muß ich Dir einige Worte sagen und Dir zugleich, wie es mir bisher gegangen ist, erzählen.

Freitag, den 25., nahm ich früh von der guten Mutter

Abschied, nicht ohne Rührung, denn es war das erste Mal nach so langer Zeit, daß wir uns wieder ein wenig aneinander gewöhnt hatten. Der Tag war neblig und bedeckt und sehr angenehm, ich hätte Dir nur die schöne Bergstraße, in die ich kam, eben als der Himmel sich aufheiterte, zeigen mögen; ich hoffe auch, wir sehen sie noch einmal miteinander. In Heppenheim ward ich aufgehalten und kam deßwegen spät in der Nacht nach Heidelberg.

Den 26., an einem außerordentlich klaren und schönen Tag, blieb ich in Heidelberg und erfreute mich an der schönen Lage der Stadt, die am Neckar zwischen Felsen, aber gerade an dem Puncte liegt, wo das Thal aufhört und die großen fruchtbaren Ebenen von der Pfalz angehen. Den 27. hatte ich eine schöne, aber zum Theil warme Reise hierher. Heute habe ich mich hier umgesehen, habe die Stadt ein wenig durchstrichen und umgangen. Sie liegt gleichfalls am Neckar, hat aber die schöne, fruchtbare Ebene vor sich und im Rücken sehr weit ausgebreitete Weinberge. Da ich ein artiges Zimmer habe, so werde ich mich wohl verleiten lassen, morgen noch da zu bleiben.

Stuttgart, am 31. August.
Hier bin ich vorgestern Abend im Kühlen angelangt, nachdem ich die heiße Zeit des Tags in Ludwigsburg abgewartet hatte. Ich wünschte, daß Du die unendliche Fruchtbarkeit zwischen Heilbronn und hier, an Feldbau, Obst-, Garten- und Weinbau sehen könntest; man kann wohl sagen, daß auf der ganzen Tour kein Fuß breit Landes ungenutzt ist.

Hier gefällt es mir sehr wohl. Die Stadt liegt in einem Kreis von Bergen, die alle bebaut sind, mitten in Gärten und Weinbergen, das Obst ist sehr gut gerathen, und ich habe mich gestern zum ersten Mal seit langer Zeit wieder in fürtrefflichen Mirabellen satt gegessen, die ich doch Dir und dem Kinde lieber gegönnt hätte. Ich habe einige alte Bekannte gefunden und auch neue gemacht, die meistens Freunde von Schillern sind.

Stuttgart, den 4. September.

Ich habe in diesen Tagen viel Bekanntschaft gemacht und mich in der Stadt, sowie in der Gegend umgesehen, und es ist mir recht wohl gegangen; ich habe fleißig aufgeschrieben, wovon Du künftig auch einmal lesen sollst. Übermorgen gedenke ich nach Tübingen abzugehen, wo ich von Deinen Briefen zu finden hoffe, und woher ich Dir auch wieder schreiben werde; heute will ich nur dieses Blättchen abschicken, damit Du nicht länger ohne Nachricht von mir bleibst. Lebe recht wohl und küsse den Kleinen.

Um den 15. kannst Du denken, daß ich bei Meyern bin. Lebe wohl und behalte mich recht lieb. G.

149. *Goethe*

Tübingen, den 11. September 1797.

Ob ich mich gleich nur langsam von Dir nur immer entferne, so will ich Dir doch um desto geschwinder wieder schreiben, damit Du niemals an meinen Nachrichten Mangel hast; denn der Brief, wenn er nur einmal abgeschickt ist, geht doch immer seinen Gang und kommt zur rechten Zeit an, Dir zu sagen, daß ich immerfort an Dich denke. Je mehr ich neue Gegenstände sehe, desto mehr wünsche ich, sie Dir zu zeigen; Du würdest finden, daß überall grader Verstand, gute Wirthschaft und Neigung und Beharrlichkeit den Grund von allen Zuständen ausmacht, und Du würdest noch einmal so gern mit mir und in dem Meinigen leben, wenn Du die Art zu sein so vieler andern Menschen gesehen hättest. Besonders wünschte ich, daß Du die große Fruchtbarkeit, Feld-, Wein- und Gartenbau, die mich bisher immer begleitet haben, hättest mit ansehen können.

Ich bin nun jetzt wieder in einem höhern Lande, wo alles weniger gedeihet, und auf meinem Wege nach der Schweiz werde ich nicht wieder in solche fruchtbare Gegenden kommen, als ich verlassen habe; aber bei allem diesem werde ich Deiner gedenken und werde Dir um so lieber etwas davon sagen, als du auf Deiner Reise nach Frankfurt schon einige Idee von dem sonderbaren Wechsel erworben hast, dem Berge und Flächen unterworfen sind, und wie die Höhen, sowohl wegen ihrer rauhen Luft, als ihrem weniger guten Boden nicht zu der Fruchtbarkeit als glücklich gelegne Thäler gelangen können.

Von Menschen habe ich manche kennen lernen, deren Umgang ich auch Dir wünschte, und von übrigen angenehmen Zuständen, als künstlichen Gärten, Theatern u. s. w., habe ich manches gesehen, wobei Du, eben wie bei dem Frankfurter Theater, Dich verwundern würdest, weil Du schon eben was Bessers, wenn gleich nicht so etwas Großes und Weitläufiges, kennst.

Mein einziger Wunsch bleibt immer, daß ich mit Dir und dem Kinde, wenn seine Natur ein bißchen mehr befestigt ist, und mit Meyern noch einmal eine schöne Reise thun möchte, damit wir uns zusammen auch auf diese Weise des Lebens erfreuen.

Hier bin ich bei Herrn Cotta sehr gut aufgehoben, die Stadt selbst ist abscheulich, allein man darf nur wenige Schritte thun, um die schönste Gegend zu sehen. Die Stadt liegt auf einem Bergrücken, zwischen zwei Thälern, und hat um sich herum viel Fruchtbarkeit, wenn diese auch gleich dem untern Lande nachsteht[1].

1 Hier folgt, durchgestrichen: Da Deine Briefe über Frankfurt gehen, so erhalte ich sie spät; schicke mir, was Du mir künftig schreibst, wie gewöhnlich unter meiner Adresse, nur mit der Beischrift: bei Herrn Buchhändler Cotta in Tübingen.

Den 12. September 1797.

Ich höre durch Herr Geheimde Rath Voigt, daß Du in den letzten Tagen des August eine doppelte Sorge und Angst gehabt hast, indem der Kleine krank war, und das Feuer die Scheunen vorm Erfurter Thor verzehrte. Ich kann mir vorstellen, wie sehr Du in beiden Fällen gelitten hast, und weiß, daß Du mich in diesen Augenblicken hundertmal zu Dir gewünscht hast. Ich höre zu meiner Beruhigung, daß der Kleine wieder auf gutem Wege ist, grüße ihn herzlich und halte ihn aufs beste. Herr Eisert mag auch in Absicht aufs Lernen mit ihm nur spielen und die Zeit hinzubringen suchen, damit er bald wieder zu Kräften komme.

Ich sehe der Zeit mit Sehnsucht entgegen, da ich euch wieder antreffe und durch meine Gegenwart vollkommen beruhigen werde.

Lebe recht wohl und schicke Deine Briefe an mich mit nachstehender Adresse, ohne weitern Einschlag, nur unmittelbar ab:

Herrn Geheimde Rath von Goethe
bei Herrn Buchhändler Cotta
frank.   in Tübingen.

Nun muß ich Dir zum Schluß auch noch mit eigener Hand sagen: wie sehr ich Dich liebe und wie sehr ich wünsche, bald wieder an Deiner Seite zu sein. Behalte mich lieb, wie ich Dich, damit wir uns herzlich mit Freuden wieder umarmen können. Küsse den Kleinen tausendmal.   G.

150. *Goethe*

Morgen, den 16., gehe ich von hier ab und kann in drei Tagen in Zürch sein. Von dort schreibe ich Dir gleich.

So oft ich von einem Ort weggehe, wünsche ich immer,

mich Dir wieder zu nähern, und freue mich schon auf die Zeit, wenn es geschehen wird, und noch mehr bei dem Gedanken, mit Dir einmal eine größere Reise zu machen.

Hier ist mirs bei Herrn Cotta recht gut gegangen; ich wünsche, daß Du Dich mit dem Kleinen wohlbefindest, und daß das gute Kind sich wieder erholt haben mag. Von Dir habe ich nun, seitdem ich aus Frankfurt bin, keine Briefe und hoffe, sie sollen mir bald nachkommen.

Lebe wohl und liebe mich wie ich Dich.

Tübingen, den 15. September 1797.   G.

151. *Christiane*

[Weimar,] den 25. [September 1797.]

Lieber Schatz,

Von Tübingen habe ich 2 Briefe von Dir erhalten und danke Dir herzlich dafür, daß Du doch immer an mich denkest. Den halben August habe ich sehr betrübt zugebracht, was ich, wenn Du wieder zurückkommst, erzählen will, und sehr viel schlaflose Nacht wegen dem guten Gustel. Itzo ist er aber ganz außer Gefahr. Und ich habe mich zeither mit dem Obstabnehmen im alten Garten und mit dem Krautland beschäftigt, und ich bin mit beiden sehr zufrieden. Ich habe 15 Körbe Kartoffeln gebaut. Dieses macht mich wieder etwas heiter. Und auch, daß die Komödie ihren Anfang nimmt; den 23. die ›Rothe Kappe‹, wo Hunnius als Schulze mir außerordentlich gefallen hat. Den 24. war[1] ›Hamlet‹, wo die neue als Ophelia mir gar nicht gefallen hat. Ob es nur macht, daß sie dem jenaischen Äuglichen gleicht und auch so spricht, oder ob es machte, daß die gute Beckern den selben Tag im Leichen-Haus stand? Daß Du, mein Lieber,

1 wahtr (also vielleicht beabsichtigt: war der, doch schreibt C. meist wahrt für war).

aber meine Briefe noch nicht hast, betrübt mich sehr, ich habe [jede] Woche geschrieben, ich wollte aber lieber, Du wärst wieder hier. Ich will nicht gramseln; aber ich weiß nicht, es ist mir dießmal, als wär mir es [un]möglich, länger ohne Dich zu leben. Ich bitte herzlich[1], komm bald und laß mich bald von Dir hören, daß [Du] zurückkommst. Es ist diese Zeit sehr betrübt gegangen, mein einziger Wunsch ist, Dich bald wieder bei mir zu sehen und Dich an mein Herz zu drücken. Leb wohl und grüße Meyern auf das beste. Ch. V.

[*Beilage:* August]

Lieber Vater!
Ich bin ein rechter geplagter Mensch, ich habe 2 böse Finger, die mir so viel Schmerzen machen, daß ich mit meiner lieben Mutter des Nachts gar nicht gut schlafen kann. Aber ich bin sehr froh, daß diese bösen Finger an der linken, nicht aber an der rechten Hand sind, sonst könnte ich jetzt nicht an Sie schreiben. Leben Sie wohl und behalten Sie mich lieb.
August Göthe.

152. *Goethe*

Stäfe, am 23. September 1797.
Ich habe nun endlich glücklich diesen Ort erreicht und bin mit Meyern sehr vergnügt und zufrieden bei den Seinigen, in einem sehr reinlichen und artigen Hause, umgeben von einer ganz herrlichen Gegend. Wie mir es seit Tübingen gegangen ist, erfährst Du in der Beilage. Ich wünsche nichts so sehr, als daß ich Dir dereinst und dem Kleinen die schönen und herrlichen Gegenstände auch zeigen könnte.

---

1 herzlichlich (vielleicht beabsichtigt: herziglich).

Von Dir habe ich seit langer Zeit nichts gehört, wahrscheinlich stocken Deine Briefe, weil sie bisher über Frankfurt gegangen sind, irgendwo; desto regelmäßiger wirst Du die meinigen empfangen haben.

Durch Herrn Geheimde Rath Voigt habe ich vernommen, daß der Kleine krank und auf der Bessrung war, heute schreibt mir Herr Hofrath Schiller, daß das Kind wieder völlig hergestellt sei; sein Brief ist vom 7. September, ich bin also hierüber beruhigt, da ich vermuthen kann, daß das Außenbleiben Deiner Briefe nur etwas Zufälliges ist.

Bis jetzt ist es mir sehr wohl gegangen, und ich hoffe, das gute Glück soll mich auch fernerhin begleiten. Wir gedenken nun, nach einigen Tagen eine kleine Fußreise durch einige Gegenden der Schweiz zu machen und ohngefähr in 14 Tagen wieder zurück zu sein. Ich füge eine Adresse bei, wie Du künftig Deine Briefe nur unmittelbar auf die Post geben kannst.

Wenn alles geht, wie sich jetzo vermuthen läßt, so sind wir vielleicht Ende[1] Octobers schon wieder in Frankfurt, worüber Du wohl ganz zufrieden sein wirst. Halte daher alles aufs beste zurecht, es soll dagegen auch, da wir einmal im Lande der Musseline sind, an einem hübschen Kleide von dieser Art nicht fehlen. Das Beste wird aber doch sein, daß wir wieder zusammenkommen und einander in Freude und Leid beistehen können.

Nun muß ich Dir noch mit eigener Hand einiges hinzufügen und Dir sagen: daß ich Dich recht herzlich, zärtlich und einzig liebe, und daß ich nichts sehnlicher wünsche, als daß Deine Liebe zu mir sich immer gleich bleiben möge. Mit meinen Reisen wird es künftig nicht viel werden, wenn ich Dich nicht mitnehmen kann. Denn jetzt schon möchte ich lieber bei Dir zurück sein, Dir im grünen Alkoven eine

1 Nach gestrichenem vor.

gute Nacht und einen guten Morgen bieten und mein Frühstück aus Deiner Hand empfangen. Auch ist unser Plan
gemacht, bald zurückzukehren und, wo nicht Ende October,
doch Anfang November in Frankfurt zu sein. Diese Nachricht wird Dich gewiß erfreuen, und noch mehr wirst Du
Dich vergnügen, wenn Du uns wieder bei der guten Mutter
weißt, von da aus wir in wenigen Tagen bei Dir sein können.
Sage aber niemanden noch davon und laß die Leute im
Ungewissen, ob und wann ich komme. Denke meiner und
mache nicht zu viel Äugelchen; am besten wäre es, Du
machtest gar keine, denn es ist auch mir auf der ganzen
Reise noch kein einziges vorgekommen. Dagegen wird nur
an Dich gedacht, und ein schönes Musselin-Kleid ist im
Handel. Lebe wohl. Küsse den Kleinen, den ich wieder recht
wohl anzutreffen hoffe. Grüße Ernestinen und die Tante.
Behalte mich lieb und bereite alles schönstens zu unserm
Empfang.

Unter meine gewöhnliche Adresse setzest Du nur: *bei
Herrn Ott zum ›Schwerdt‹ in Zürch*, und gibst den Brief ohne
weiters auf die Post und *frankirst bis Schaffhausen.*   G.

Heute erhalte ich einen Brief von Geheimde Rath Voigt vom
11., der mir schreibt, daß Gustel ihn wieder besucht hat und
wohl und artig ist. Ich bin dadurch recht getröstet und
erfreut, ob ich gleich noch keinen Brief von Dir habe.   G.

Stäfa, den 26. September 1797.

[Beilage]

Kurze Nachricht von meiner Reise von Tübingen nach Stäfe.
Den 16. September fuhr ich von *Tübingen* über *Hechingen,
Balingen* und *Wellendingen* nach *Tuttlingen.* Die Tagereise
ist groß, ich machte sie von 4 Uhr des Morgens bis halb 9 Uhr
des Abends. Anfangs gibt es noch fürs Auge angenehme

Gegenden, zuletzt aber, wenn man immer höher in der Neckarregion hinaufsteigt, wird das Land kahler und weniger fruchtbar, erst in der Nacht kam ich in das Thal oder die Schlucht, die zur Donau hinunterführt; der Tag war trüb, doch zum Reisen sehr angenehm.

Den 17. von *Tuttlingen* auf *Schaffhausen.* Bei dem schönsten Wetter, fast durchgängig, die interessanteste Gegend. Ich fuhr von *Tuttlingen* um 7 Uhr bei starkem Nebel aus, aber auf der Höhe fanden wir bald den reinsten Himmel, und der Nebel lag horizontal im ganzen Donauthal. Indem man die Höhe befährt, welche die Rhein- und Donau-Region trennt, hat man eine bedeutende Aussicht, sowohl rück- als seitwärts, indem man das Donauthal bis *Donaueschingen* und weiter überschaut. Besonders aber ist vorwärts der Anblick herrlich, man sieht den *Bodensee* und die Graubündner Gebürge in der Ferne, näher *Hohentwiel* und einige andere charakteristische Basaltfelsen. Man fährt durch waldige Hügel und Thäler bis *Engen*, von wo sich südwärts eine schöne, fruchtbare Fläche öffnet; darauf kommt man *Hohentwiel* und die andern Berge, die man erst von ferne sah, vorbei und gelangt endlich in das wohlgebaute und reinliche Schweizerland. Vor *Schaffhausen* wird alles zum Garten. Ich kam Abends bei schönem Sonnenschein daselbst an.

Den 18. widmete ich ganz dem Rheinfall, fuhr früh nach *Laufen* und stieg von dort hinunter, um sogleich der ungeheuern Überraschung zu genießen. Ich beobachtete die gewaltsame Erscheinung, indeß die Gipfel der Berge und Hügel vom Nebel bedeckt waren, mit dem der Staub und Dampf des Falles sich vermischte. Die Sonne kam hervor und verherrlichte das Schauspiel, zeigte einen Theil des Regenbogens und ließ mich das ganze Naturphänomen in seinem vollen Glanze sehen. Ich setzte nach dem Schlößchen Wörth hinüber und betrachtete nun das ganze Bild von vorn und von weiten, dann kehrte ich zurück und fuhr von *Laufen* nach der Stadt. Abends fuhr ich an dem rechten Ufer wieder hinaus und genoß von allen Seiten, bei untergehender Sonne, die herrliche Erscheinung noch einmal.

Den 19. fuhr ich, bei sehr schönem Wetter, über *Eglisau* nach *Zürch*, die große Kette der Schweizergebürge immer vor mir, durch eine angenehme, abwechselnde und mit Sorgfalt kultivierte Gegend.

Den 20., einen sehr heitern Vormittag, brachte ich auf den Zürcher Spaziergängen zu. Nachmittags veränderte sich das Wetter, Professor Meyer kam, und weil es regnete und stürmte, blieben wir die Nacht in Zürch.

Den 21. fuhren wir zu Schiffe, bei heiterm Wetter, den See hinaufwärts, wurden von Herrn Escher zu Mittag auf seinem Gute bei *Herrliberg*, am See, sehr freundlich bewirthet und gelangten Abends nach *Stäfe*.

Den 22., einen trüben Tag, brachten wir mit Betrachtung der von Herrn Meyer verfertigten und angeschafften Kunstwerke zu, sowie wir nicht unterließen, uns unsere Beobachtungen und Erfahrungen aufs neue mitzutheilen. Abends machten wir noch einen großen Spaziergang den Ort hinaufwärts, welcher von der schönsten und höchsten Kultur einen reizenden und idealen Begriff gibt. Die Gebäude stehen weit auseinander, Weinberge, Felder, Gärten, Obstanlagen breiten sich zwischen ihnen aus, und so erstreckt sich der Ort wohl eine Stunde am See hin und eine halbe bis nach dem Hügel ostwärts, dessen ganze Seite die Kultur auch schon erobert hat. Nun bereiten wir uns zu einer kleinen Reise vor, die wir nach *Einsiedeln*, *Schwyz* und die Gegenden um den Vierwaldstätter See vorzunehmen gedenken.

Weimar, den 2. October [1797].

Lieber,

Heute frühe war mein erster Gedanke, ich würde einen Brief von Dir bekommen, aber ich habe dießmal vergebens gehofft. Des Abends ist mein letzter Gedanke an Dich und des Morgens ist es wieder der erste. Es ist mir heute so zu Muthe, als könnte ich es nicht länger ohne Dich aushalten. Es hat auch heute alles im Hause schon über meinen übelen Humor geklagt. Ich weiß gar nicht, was ich vor Freuden thun werde, wenn ich von Dir hören werde, daß Du wieder auf der Rückreise bist. Ohne Dich ist mir alle Freude nichts; ich habe, seit ich von Frankfurt weg bin, keine rechte vergnügte Stunde gehabt. Ich habe Dir es immer seither verschwiegen, aber länger will es nicht gehen. Ich habe mir auch alle mögliche Zerstreuung gemacht, aber es will nicht gehen; selbst das Schauspiel will nicht recht schmecken. Sei ja nicht böse auf mich, daß ich Dir so einen gramselichen Brief schreibe, er ist ganz aus dem Herzen raus. Nun etwas vom Theater; Den Hunnius in der »Lilla« zu sehen, ist der Mühe werth; das ganze Parterre war außer sich, und ich glaube, sein Gesang und Spiel sind charmant. Und seine Frau ist auch nicht schlecht, aber nicht so gut wie er. 2 Neue sind hier, aber keine ist eine Beckern. Die vermißt man überall. Die beiden kommen mir wie die Frankfurter vor. Äugelchen könnte es überall geben, aber ich mag gar keine machen. Von der guten Mutter habe ich wieder einen Brief bekommen, das hat mich recht gefreut. Aber sie schrieb mir, daß sie keinen Brief von Dir hat und alle meine Briefe noch ganz ruhig bei ihr liegen, weil sie nicht wüßte, wo sie sie hinschicken sollte. Angekommen an Dich ist gar nichts, kein Globus, kein Aal, keine Seeschnecken, gar nichts; an mich keine ›Horen‹, kein ›Hermann und Dorothea<[1]. Dieses nur zu Deiner Nachricht. Kurz, wenn Du nicht da bist, ist es alles nichts. Und wenn Du nach Italien oder sonst eine lange Reise machst und willst mich nicht mitnehmen, so setze ich mich [mit] dem Gustel hinten darauf; denn ich will lieber Wind und Wetter und alles Unangenehme auf der Reise ausstehen, als wieder so lange ohne Dich sein. Es ist, als wär es gar nicht möglich. Im Hause ist alles in Ordnung, Du magst kommen des Tages oder die Nacht. Und der gute Meyer soll auch alles auf das beste finden. Komm nur bald und hab mich so lieb, wie ich Dich haben will.   Leb wohl.

[*Beilage:* August]

Lieber Vater!
Ich spiele jetzt in meinen freien Stunden mit Kastanien, die ich mit dem kleinen Kästner bei Ober-Weimar aufsuche. Wir tragen sie in großer Menge nach Hause, durchbohren sie, reihen sie an einen Bindfaden und behängen unsern ganzen Körper mit Kastanienketten. – Am ersten October feierte Hertels Wilhelm seinen Geburtstag, er bat mich auch dazu und tractirte mich mit Milch, Zucker und Kuchen. Auf den Abend spielten wir ein Schattenspiel, das uns viel Vergnügen machte; da kamen ein Hanswurst mit seiner Columbine, ein Nachtwächter, ein Teufel, der Doctor Faust, ein Höllendrache, Bäume, Häuser, Blitze, ein Zauberer, eine Einsiedlergrotte und zuletzt eine lebendige Katze vor, welche das Licht auslöschte. Ehe uns aber die Katze diesen Streich machte, nahm der Teufel den Hanswurst, die Columbine und den Doctor Faust mit sich fort in die Luft. Leben Sie wohl und behalten Sie mich lieb. August Göthe.

1 Dorrodea.

154. *Goethe*

Stäfe, am 13. October 1797.

Ich will die heutige Post nicht versäumen, Dir zu sagen, daß wir von unserer Berg- und Seereise glücklich zurückgekommen sind. Wir haben 11 Tage dazu gebraucht und manchen sauern Stieg zurückgelegt, aber auch manche angenehme Stunde gehabt; nun wird eingepackt und alles in Ordnung gebracht, um unsere Reise über Zürch und Basel zurück nach Frankfurt anzutreten. Du schreibst mir nun auf diesen Brief nicht weiter, bis Du vernimmst, wo mich Deine Briefe sicher treffen können. Ich habe Dir seit Frankfurt oft geschrieben und will ein Verzeichniß meiner Briefe hier hinten anschreiben lassen. Aber ich begreife nicht, wie es zugeht, daß ich seit Frankfurt keinen Brief von Dir erhalten habe? Von Schillern habe alle acht Tage Briefe, durch Cotta, und meiner Mutter habe ich doch auch die Adresse an Cotta gelassen und sie gebeten, mir alles dahin nachzuschicken. Ich bin zwar nicht unruhig darüber, denn es wird sich wohl aufklären, aber ich hätte doch gewünscht, unter der Zeit etwas unmittelbar von Dir zu hören und zu sehen. Beunruhige Dich auch nicht darüber, denn es hilft doch nicht, besonders da ich bald von hier weggehe. Ich bin recht wohl und vergnügt, und Meyer ists auch; wir wünschen beide, bald bei Dir zu sein. Wir sind jetzt daran, verschiednes von Musselin zu kaufen, können aber nicht recht einig werden; ich wollte, Du wärest selbst da, daß Du Dir was aussuchen könntest, ich denke aber, wir wollen nicht das Unrechte wählen.

Es ist jetzt Weinlese hier, und ich wollte wohl, daß Du mit dem Kleinen auch daran Theil nehmen könntest. Bis vor einigen Tagen haben wir sehr schön Wetter gehabt, und die Lage des Ortes ist gar anmuthig. Laß dem Herrn Geheimde Rath Voigt durch den Kleinen eine Empfehlung sagen, daß ich von der Bergreise zurück bin und nächstens schreiben werde.

Grüße und küsse mir das liebe Kind, auch alles im Hause grüße. Behalte mich lieb, ich denke immer an Dich und wünsche Dich zu mir. In acht Tagen hörst Du weiter unsern Entschluß, und wie es mit unserer Reise werden kann. Adieu, mein gutes, liebes Kind.   G.

Ich habe auch ein Paar Docken vom schönsten Hanf eingepackt, damit die Spinnerinnen auch dieses Material kennen lernen.

Abgegangene Briefe
Von Frankfurt
         am 24. August.
Von Stuttgart
         am 4. September.
Von Tübingen
         am 12. September;
         am 15. September.
Von Stäfe
         den 26. September.

155. *Goethe*

Noch immer habe ich keine Briefe von Dir erhalten und entbehre dadurch meiner besten Freude, zu wissen, wie Dirs mit dem Kinde geht; vielleicht löst sich das Räthsel bald auf, wo Deine Briefe stecken, und sie kommen vielleicht alsdann auf einmal. Ich schreibe Dir Gegenwärtiges nur, um Dich zu beruhigen, wenn Du hörst, daß der Krieg wieder anzufangen droht. Ich gehe in einigen Tagen nach Zürch, und wenn es am Rheine wieder unruhig werden sollte, so gehe ich durch

Schwaben und Franken den Weg, den Wieland vor einem Jahre nahm. So viel für heute, Du hörst in kurzer Zeit mehr von mir. Lebe recht wohl und küsse den Kleinen. Zur Nachricht muß ich Dir noch sagen, daß schon ein Stück klein geblümter Musselin gekauft ist, wie auch 10 größere und kleinere Halstücher; wegen anderer ähnlichen Waaren bin ich noch im Handel, ich habe auch sehr schöne Proben von gesticktem Musselin da, leider aber werden sie nicht, wie die andern, hier gemacht, und die Fabriken sind über 14 Stunden abgelegen; demohngeachtet denke ich auch noch etwas von dieser Art mitzubringen. Lebe wohl und schreibe mir mit *umgehender* Post nur ein Wort unter der Adresse: *des Herrn Buchhändler Cotta in Tübingen.* Lebe recht wohl und gedenke mein, sei vergnügt und in allen Fällen ruhig, Du wirst mich bald wiedersehen.

Stäfe, am 17. October 1797.   G.

156. *Goethe*

Endlich habe ich, mein liebes Herz, Deine letzten Briefe erhalten, die Du mir unmittelbar schicktest. Ich weiß nicht, was die gute Mutter machte, indem sie die andern bei sich liegen ließ, da ich ihr doch Cottas Adresse gegeben und alles umständlich verabredet hatte. Nun ich weiß, daß Du mit dem Kinde wohl bist, bin ich ruhig und habe mich recht gefreut, wieder etwas von Deiner Hand zu sehen. Habe jetzt nur noch ein wenig Geduld, denn ich komme bald wieder; auch mir ist es in der Entfernung von Dir nie recht wohl geworden, wir wollen uns nunmehr desto lebhafter des Zusammenseins freuen. Der Gefahr wegen hätte ich wohl nach Italien gehen können, denn mit einiger Unbequemlichkeit kommt man überall durch, aber ich konnte mich nicht so weit von euch entfernen. Wenn es nicht möglich

wird, euch mitzunehmen, so werd ich es wohl nicht wiedersehen. Grüße den Kleinen und danke ihm für seine Briefe,
sie machen mir viel Freude. Da ich nicht über Frankfurt
gehe, weiß ich noch nicht, [welchen Weg]; wenn ich über
Nürnberg komme, so finde ich gewiß etwas Nützliches und
Erfreuliches. Dafür ist schon für die weibliche Welt besser
gesorgt. Einen genähten Musselin für Dich von besonderer
Schönheit, ein mit Blümchen gewirkter für Ernestinen
und Halstücher mit allerlei Kanten, damit von der Tante
an die übrigen Hausgenossen erfreut werden können. Ich
habe mir auch kleine Tücher um den Hals gekauft, fürchte
aber, Du wirst mir sie wegkrapseln, denn sie werden auch
um den Kopf artig stehen. Alles zusammen ist nach der
neusten Mode, besonders ist Dein Kleid sehr schön, es ist
aber auch nicht wohlfeil. Ich habe es noch nicht, denn ich
habe es nach dem Muster aus der ersten Hand gekauft und
erwarte es von Sanct-Gallen, wo die Fabrik ist. Bei den
Mustern that einem die Wahl weh, aber Meyer und ich
waren doch zuletzt einig.

Daß nichts bei Dir ankommt, wundre Dich nicht, es geht
mir ebenso, ich habe auch noch keinen ›Hermann‹. Da ich
Deine ersten Briefe nicht erhalten habe, so weiß ich nicht, ob
der Wein für den Bauverwalter angekommen ist, den ich
doch so gut und sorgfältig bestellt hatte. Wäre er nicht
gekommen, so schreibe meiner Mutter und frage, wie es
damit steht; wenn er nur nicht gar zu spät ins Jahr verschickt
wird. Freilich ists eine böse Sache, wenn man einmal weggeht, so ists beinahe, als wenn man todt wäre. Geheimde
Rath Voigt und Hofrath Schiller haben mich am treulich-
sten begleitet.

Meyer grüßt schönstens, er ist recht wohl und munter.
Geist macht seine Sachen im Ganzen recht ordentlich. Lebe
wohl. Wenn Du dieses erhältst, bin ich schon in Tübingen.
Von da schreib ich Dir wieder und so fort, wie ich mich

nähere. Ich freu mich herzlich, Dich wiederzusehen, und habe Dich über Alles lieb. Zürch, den 25. October 1797. G.

Du schreibst mir nun nicht mehr.

Sage Deinem Bruder, es sei mir angenehm, daß die Todtenfeier gut aufgenommen worden, und daß er zu der ›Amalfi‹ gute Hoffnung habe. Was sein Werk betrifft, so möchte er es nur recht durchdenken und einen ausführlichen Aufsatz darüber machen. Ich will alsdann versuchen, es einem Verleger annehmlich zu machen.

157. *Goethe*

Wir haben, meine Liebe, die Baseler Tour aufgegeben und sind von Zürch gerade nach Tübingen gegangen. Wir haben auch recht wohlgethan, denn die Jahrszeit ist äußerst verdrießlich, die Wege schlecht und alles unglaublich theuer. Nun weiß ich nicht, ob wir über Frankfurt oder Nürnberg gehen, auf beiden Seiten brauchen wir *acht Tage* Reise; wenn ich nun noch einigen Aufenthalt hie und da dazu rechne, so können wir in der Mitte Novembers wohl bei Dir sein. Das ist Dir ja wohl ganz recht, Deinen Freund so bald wiederzusehen. Ich kann aber auch wohl sagen, daß ich nur um Deinet- und des Kleinen willen zurück gehe. Ihr allein bedürft meiner, die übrige Welt kann mich entbehren. Lebe recht wohl und habe mich so lieb wie ich Dich. Ich freue mich unaussprechlich, Dich wiederzusehen.

Tübingen, den 30. October 1797.   G.

*

Am 20. November kehrt Goethe in Begleitung Heinrich Meyers, nach einer Abwesenheit von nahezu vier Monaten, nach Weimar zurück.

1798

Vom 20. März bis zum 6. April Goethe in Jena.

*

158. *Christiane*

[Weimar,] den 20. [März 1798.]
Dienstags nach der Komödie.
Das Kind habe ich mit kaltem Kuchen doch wieder etwas beruhigt. Allweile schläft er ganz ruhig. Die alte Kotzebuen habe heute nicht in der Komödie gesehen. Mir ist es heute sehr gramselich zu Muthe. Hier in meiner Stube sitzt alles um mich herum und strickt, das Bübchen liegt auf dem Kanapé, und es will mir ohne Schatz gar nicht gefallen. Die Liebe ist groß. Nun will ich in das Bette gehen und an Dich denken; Du denkest gewiß auch an mich. Morgen ein Mehres.

Den 21.
Mittewoch Morgens. Heute ist der Kleine, wie wir[1] aufstiegen, zu Herrn Meyern gegangen, der hat ihm kleine Kupfer geschenkt; das hat ihn sehr glücklich gemacht. Das Wetter ist abscheulich, man kann auch nicht einmal spazieren gehen. Ich gehe heute zur Bohlen. Du mußt das kleine versiegelte Schlüsselchen wieder in Gedanken eingeschlossen haben, ich kann es nicht finden; übrigens ist alles besorget, was Du befohlen hast. Leb wohl und laß Dir es wohl sein. Deine

1 vivar.

Kinder werden auch so vergnügt sein, als sich thun läßt. Adieu, mein Liebster. Schreibe mir ja den Freitag, wie Dir es gehet.   C. V.

Geist soll mir vor 2 Groschen Safflor auf den Freitag rüberschicken. Ich will mir etwas roth färben und kann hier keinen bekommen. Er kriegt ihn in Würzläden oder in der Apotheke.

159. *Goethe*

Die beiden ersten Tage wollte es nicht recht gehen; da ich aber die Art schon weiß, wie es mir bei solchen Veränderungen zu Muthe ist, so wartete ich die üble Zeit mit ruhiger Beschäftigung ab und bin jetzt schon um vieles weiter.

Deine erste Sendung ist Mittwoch Abends wohl angekommen, und ich hoffe, daß mein hiesiger Aufenthalt wieder gute Frucht bringen soll.

Der Bauverwalter schreibt mir, daß sich abermals ein Pachter aus dem Blankenhainischen gemeldet habe, der durch den Köttendorfer[1] empfohlen ist. Ich wollte, es zeigten sich ihrer noch mehr, damit man die Auswahl hätte.

Lebe recht wohl und vergnügt und grüße den Kleinen, ich hoffe von ihm auch ein Briefchen zu erhalten.

Jena, am 23. März 1798.   G.

160. *Christiane*

Weimar, den 24. März [1798].

Der Pachter Fischer[2] ist wieder bei mir gewesen und hat mir gesagt, daß er dreimal bei dem Bauverwalter gewesen wäre

1 Kettendorfer.
2 Fiesser.

wegen der Puncten, die ihm vorgelegt werden sollten. Aber er hat noch nichts von ihm erhalten. Er wollte haben, er sollte ihm die Puncte schriftlich aufsetzen, und Fischer wollte es ihm alsdenn beantworten. Ich war auch bei dem Bauverwalter; da hat er schöne über Fischer losgezogen, und sagt, er hätte sich alle mögliche Mühe gegeben, daß er den Dritten bekommen hätte. Der Fischer weiß auch schon, daß der Pachter von Köttendorf einen in Vorschlag hätte; der Köttendorfer Pächter und der Bauverwalter sind sehr gute Freunde. Der Fischer meinte aber, vor dem wäre ihm nicht Angst, denn wenn Du den sähest, so möchtest ihn gewiß nicht, er wär auch nicht älter als der Hoffmann ihr Sohn und ein wahrer Bauer; und wenn er noch den Köttendorfer Pachter wollte, da könnte er auch das nicht geben, was er geboten hätte. Fischer hat auch von seiner Schwester die Anfrage an Dich, ob Du ihren Antheil auf dem Gute stehn lassen willst. Er hat mir gesagt, daß er nächstens in Jena was zu thun hätte, da würde er selbst mit Dir darüber sprechen. Dieses alles schreibe ich Dir nur, wie ich es gehört habe. Ich wünsche, daß es Dir recht gut gehn möge, und daß Du zuweilen an mich denkest. Mir sind alle wohl und vergnügt, und meine guten Freundinnen[1] lassen mich keinen Augenblick allein. Gestern habe ich bis Abends 11 Uhr die Stube voll Spinnerinnen gehabt und bin sehr vergnügt gewesen.

Leb wohl und behalt mich lieb.   C. V.

[*Beilage:* August]

Lieber Vater!
Sind Sie denn glücklich in Jena angekommen? ich bedaure Sie sehr, daß Sie bei dem garstigen Wetter immer zu Hause bleiben müssen und gar keinen Spaziergang machen kön-

---

1 Fridin.

nen. Der Winter hat sich wieder bei uns eingestellt; alle Morgen, wenn ich aufstehe, sehe ich, daß in der Nacht Schnee gefallen ist, der aber bald wieder zu Wasser wird. Was macht denn der kleine Karl, ist er noch wohl und springt er recht vergnügt in seinem Hause herum? wenn Sie ihn sprechen, so seien Sie so gut und sagen Sie ihm einen Gruß von mir. Ich sehne mich recht sehr nach Ihnen, besonders des Abends, weil ich da nicht bei Ihnen sein und manches Schönes sehen und Nützliches lernen kann; ich tröste mich aber damit, daß Sie bald wieder nach Weimar zurückkommen werden. Leben Sie wohl und behalten Sie mich lieb.   August Goethe.

161. *Goethe*

Bis jetzt kann ich meinen hiesigen Aufenthalt weder ganz loben, noch ganz schelten; ich habe zwar schon manches bei Seite gebracht, aber das noch nicht gethan, was ich wünschte. Ich muß die guten Stunden abwarten und indessen thun, was sich thun läßt. Das Wetter hat mir die letzten Tage erlaubt, immer einige Stunden des Morgens spazieren zu gehen, wobei ich mich recht wohl befinde.

Hier schicke ich Dir eine Rehkeule, die Du mit Freund Meyer vergnügt verzehren magst. Mit meinem Essen geht es mir jetzt recht gut, und die beliebten Gemüse werden fleißig aufgetischt. Lebe recht wohl und grüße den Kleinen, für den ich ein Blättchen beilege. Jena, am 27. März 1798. G.

Sei doch so gut und schicke mir wieder 1 Pfund Chocolade herüber.

162. *Christiane*

[Weimar, 28. März 1798.]

In Eile will ich Dir nur schreiben, daß Du mir mit dem Rehe-
keulichen eine rechte Freude gemacht hast. Mir haben seit
Montag gewaschen und getrocknet und heute bügeln mir,
und die Stähle glühen, da kann ich Dir nicht mehr schreiben.

Leb wohl und behalte Deinen Haus-Schatz lieb.

[*Beilage:* August]

Lieber Vater!

Am vorigen Sonnabende bin ich im Schauspielhause gewe-
sen und habe ›Cosa rara‹ gesehen. Die vielen Jäger, welche
theils rothe, theils gelbliche Jäckchen anhatten, mit langen
Spießen und Säbeln bewaffnet und mit schön glänzenden
Waldhörnern versehen waren, haben mir sehr gut gefallen.
Herr Benda machte mir aber nicht viel Spaß, denn er sang
so lange Arien, wobei mir die Zeit lang wurde; doch gefiel
mir dieß von ihm, daß er Steine in eine Stube warf, wo vier
Leute aßen. Am Montage nach Mittag war ich mit Herrn
Eiserten, dem kleinen Kästner und Fritzen im alten Garten,
wo wir zuerst den Ball spielten und Veilchen suchten; hierauf bewaffneten wir uns mit Rechen und Hacken und
fingen an, mein kleines Gärtchen von Laub und Unkraut zu
reinigen, so daß es nun recht hübsch aussieht. Leben Sie
wohl und behalten Sie mich lieb.   August Goethe.

163. *Goethe*

Mit beikommendem Billet schickst Du die zwei Flur-Karten
von Ober-Roßla an den Lieutnant Vent und besorgst die
übrigen Einlagen.

Das Wetter ist mir hier gar nicht günstig, und ich habe bisher zwar manches gearbeitet, nur gerade das nicht, was ich wünschte. Indessen wird doch vieles vorbereitet, und man kommt weiter, ohne es selbst zu merken. Ich will noch einige Zeit Geduld haben, zuletzt muß es sich doch geben.

Ich hoffe, Du bist wohl und geschäftig; schreibe mir, womit ich etwa dem Kleinen zu Ostern ein Vergnügen machen könnte? Frage Herrn Eiserten und kaufe allenfalls das Buch, was er neulich wünschte, oder was sonst Kindern für nützlich und erfreulich gehalten wird. Wenn Du ein Trinkgeld versprichst, so binden sie Dirs vor Ostern auch noch ein.

Wir müssen nun noch die ersten Tage der nächsten Woche abwarten, bis die Erklärungen der Interessenten wegen des Guts eingekommen sind; alsdann denke ich, wenn das Wetter nur einigermaßen erträglich ist, nach Roßla zu reisen und, durch eigne Ansicht, das Feld- und Hausinventarium gewissermaßen zu suppliren, denn man muß nun einige Schritte thun, um die Sache geschwind ins Klare zu setzen, weil man mit dem Entschluß des Verpachtens nicht lange zögern kann. Lebe recht wohl. Schreibe mir, wie es geht. Jena, am 30. März 1798.   G.

164. *Christiane*

[Weimar, 31. März 1798.]
Ich hatte mir mit meiner zu großen Beschäftigung[1] eine Verkältung zugezogen und habe davor 2 Tage im Bette zubringen müssen; es ist aber wieder vorbei und es ist mir wieder wohl. Und heut will ich wieder in [die] Komödie gehen.

1 Beschädigun.

Hier folget der Brief an die liebe Mutter; schicke mir ihn den Mittewoch wieder, und den Freitag will ich ihn fortschicken. Das Kind ist recht gut und brav; ich will morgen mit Herrn Eisert sprechen und hören, mit was man ihm Freude macht. Und Du bist unser lieber Vater, der uns immer so gerne Freude macht. Wenn der Tag der Erklärung des Guts vorbei ist, und Du hast es erfahren, daß Du es bekommst. so hielt' ich vor sehr gut, Du ließt mich zu Dir kommen; ich habe vieles mit Dir wegen Fischers mündlich zu sprechen und von dem Bauverwalter, das ich Dir nicht schreiben kann. Die Fischern kommt immer zu mir und hat mir keine Ruhe gelassen, ich bin auch in Ober-Weimar gewesen und habe ihre Wirthschaft gesehen, die mir sehr wohl gefallen hat. Besonders haben die Leute sehr schönes Gefieder-Vieh, davon kannst Du Dich selbst überzeugen, wenn Du nach Ober-Weimar gehest. An Wäsche, Betten und Silber, so viel solche Leut brauchen, fehlt es ihnen auch nicht. Der Bauverwalter hat ihn aber 5 mal abgewiesen und ihm keine Puncte vorgelegt. Und wegen des andern Pachter will ich Dir auch, sobald ich Dich spreche, alles, was ich denke, sagen. Auch hat mir Treuter wieder sehr vieles wegen der Übergabe gesagt und besonders wegen eines neuen Pacht-Contracts und eines neuen Inventarium, worüber ich Dich selbst zu sprechen wünschte. Oder wenn Du es gewiß weißt, daß Du das Gut hast, so komm nach Ostern herüber, da ist im Hause alles wieder in Ordnung, und verpachte es hier und bringe die Geschichte[1] bei Seite und gehe alsdann wieder nach Jena. Und vielleicht geht es auch alsdann besser mit Deiner Arbeit, denn bei der Pacht-Sache müssen mir noch vieles miteinander schwätzen. Oder komm zu Ostern, wie Du willst. Schreibe mir nur einen Tag vorher, damit Du alles in der größten Bequemlichkeit findest. Die Madonna[2],

1 Geschiede.
2 Madtom.

wovon Du Herrn Meyern geschrieben hast, wird Dir künftigen Montag Herr von Lützow[1] recht wohlbehalten überschicken. Er fährt allein nüber, da habe ich ihn darum gebeten, daß er sie mitnimmt. Schreibe mir über alles Deine Meinung. Ich dächte, es wäre das Beste, Du kämest bald herüber und brächtest hier alles in Ordnung, und gingst zu besserer Jahrzeit wieder nüber. Leb wohl und behalte Deinen Schatz lieb.

C. V.

[*Beilage:* August]

Lieber Vater!
Ich danke Ihnen für den schönen Brief, den Sie mir vorigen Mittwoch geschickt haben. An eben diesem Tage gingen wir des Nachmittags in den alten Garten und machten uns das Vergnügen, mein kleines Gärtchen umzugraben. Wir hatten aber kaum eine halbe Stunde gehackt und gegraben, als es mit einemmal heftig zu graupeln anfing, so daß wir geschwind in das Gartenhaus laufen und lange warten mußten, ehe es zu graupeln aufhörte und wir trocken nach Hause kommen konnten. Auch muß ich Ihnen, lieber Vater! die Neuigkeit schreiben, daß ich meinen Brief an die liebe Großmama geendigt habe. Wollen Sie ihn lesen, so sein Sie so gütig und lassen mir es wissen, daß ich Ihnen denselben nach Jena sende. Leben Sie wohl und behalten Sie mich recht lieb.

August Goethe.

---

1 Liezo.

165. *Christiane*

[Weimar, 2. April 1798.]

Lieber Schatz,

Der Bote ist zu mir gekommen und fragt, ob ich was zu bestellen hätte. Da schicke ich Dir, was eben angekommen ist. Du kannst mir vielleicht durch diesen auf meinen Brief antworten. Ich möchte Dich gar zu gerne sprechen; ich dächte, Du schriebst mir, daß Du bald kämst. Leb wohl. In Eile.

166. *Goethe*

Durch den rückkehrenden Boten sage ich Dir nur so viel, daß der Herzog Mittwoch hierher kommt und den Donnerstag bleibt, so daß ich also vor Freitag nicht nach Weimar könnte, wenn ich auch wollte.

Heute ist der Termin herum, und ich muß nun abwarten, was die Commission resolvirt. Sobald ich das weiß, wird sich das Übrige geben. Ich glaube selbst, daß es am besten ist, wenn ich hinüber komme, damit alles besprochen und auf einmal abgethan werden kann; darüber sollst Du bald das Nähere hören.

Lebe recht wohl. Grüße das Kind und lob ihn, daß er seinen Brief an die Großmama wieder so gut geschrieben hat. Jena, am 2. April 1798.   G.

167. *Goethe*

Ich kann Dir heute nur wiederholen, was ich gestern schon gesagt habe: daß ich die paar Tage abwarten muß, bis ich mich entschließen kann; Donnerstag Abends erfährst Du das Nähere durch des Herzogs Leute, welche zurückkehren. Ich habe Herrn Meyer den Vorschlag gethan, mit der Kutsche, die mich abholt, herüber zu gehn und eine Zeit lang hier zu bleiben. Er kann recht bequem im Schlosse wohnen, das jetzt ganz leer ist.

Lebe hübsch wohl und grüße den Kleinen. Auf das, was Du mir etwa morgen mit den Botenweibern überschreibst, kannst Du auf den Donnerstag Abend Antwort haben. Ich bin fleißig, es ist mir aber doch nicht gegangen, wie ich wünschte. Jena, am 3. April 1798.   G.

168. *Christiane*

[Weimar, 3. April 1798.]
Daß Du [das] Gut bekömmst, ist gewiß, denn die Hoffmann macht schon alle Anstalten in ihrem andern Hause; ich habe deßwegen recht herum geschwätzt und überall etwas zu unserm Besten gehört. So was läßt sich aber nicht schreiben, dieses muß man, wie mir es heißen, selbst begieren. Des Hauses wegen kannst Du kommen, wenn Du willst; es ist alles bereitet. Aber im Garten oben ist nichts gethan, das Wetter war zu schlecht; ich glaubte, ich wollte es zwingen, und weil es gestern schien, als wollte es besser werden. Aber heute ist es wieder abscheulich. Ich bin nun in den 14 Tagen nicht ausgekommen als in die Komödie. Der Gustel hat große Lust, mit dem Herrn Meyer hinüber zu fahren, dem Karl den Brunnen zu bringen und Dich abzuholen. Ich dächte, das ginge an. Willst Du, wenn gutes Wetter ist, daß ich auch mitkommen soll, so bin ich auch bereit; wenn aber nicht, so erwarte ich Dich auch gern zu Hause. Leb wohl und antworte mir auf den Donnerstag.

Lieber Vater!
Am letzten Sonnabende ging ich in das Komödienhaus, um
die ›Hochzeit des Figaro‹ zu sehen. Dieses Stück hat mir sehr
gut gefallen, besonders habe ich über die alte Marzeline sehr
viel lachen müssen, weil sie sich immer so steif verneigte
und sich häßlich gemalt hatte. Auch hat mir der Musikmei-
ster, den Herr Benda vorstellte, sehr viel Spaß gemacht; er
hatte einen dicken Bauch, einen schwarz gemalten Bart, und
veränderte seine Sprache immer auf eine sehr komische Art.
Herr Becker als Schloßgärtner konnte sich recht gut betrunken stellen, er taumelte von einer Ecke zur andern und
konnte kein Wort ganz herausbringen, so schwer war ihm
seine Zunge. Den Sonntag darauf bin ich sehr vergnügt
gewesen. Der kleine Unrein, Schwarze, Kästner und der
kleine Rühl waren bei mir; da spielten wir mit den bleiernen
und hölzernen Soldaten. Leben Sie wohl und behalten Sie
mich lieb.   August Goethe.

169. *Goethe*

Unser hoher Gast ist heute nicht gekommen, das Wetter ist
so abscheulich und bei dem Schmutz der Aufenthalt hier gar
zu unangenehm; ich werde also wohl Freitag oder Sonnabend zu Dir kommen, je nachdem die wenigen Geschäfte,
die noch vor mir liegen, abgethan sind. Grüße Herrn Professor und sag ihm, daß wir eine bessere Zeit abwarten wollen,
um hier einige vergnügte Tage zusammen zuzubringen. Ich
nehme eine Kutsche von hier, und so sehen wir uns bald
wieder. Ich wünsche Dir recht wohl zu leben. Grüße den
Kleinen. Jena, am 4. April 1798.   G.

*

Am 6. April mittags trifft Goethe wieder in Weimar ein; am 20. Mai nachmittags reist er abermals nach Jena.

*

170. *Goethe*

Diese ersten Tage habe ich zwar noch nicht das Rechte, aber doch schon mancherlei gethan, und da es hauptsächlich darauf ankommt, daß ich vieles in Ordnung und in Gang bringe, so ist mein jetziger Zustand ganz günstig. Wenn ich nur erst vier Wochen unablässig so fortgearbeitet habe, so wird alles schon anders aussehen. Grüße Freund Meyer und sag ihm, daß ich unsere gemeinschaftlichen Arbeiten vorgenommen, durch- und überdacht habe, und daß die Sache bald in Gang sein wird. Eine allgemeine Übersicht wird er finden, wenn er herüber kommt.

Wegen der Nahrung geht es nicht ganz so gut. Da Schillers im Garten wohnen, muß ich sehen, wie ich es mit der Trabitius mache; ich wollte es im Ballhaus probiren, es ging aber nicht. Ich will indessen schon sehen, wie ich zurecht komme, sei nur so gut und schick mir ein Fläschchen von unserm gewöhnlichen Öl zum Salat. Denn das beste hier ist nicht eßbar.

Das Wetter wird bei euch auch noch immer regnig sein, ich habe noch kein Pyrmonter getrunken.

Grüße den Kleinen. Heute früh wurden in der Mühllache Schafe gewaschen, da hätte ich ihn wohl zu mir gewünscht.

Lebe wohl und sei fleißig; ich hoffe Dir auch bald Nachricht zu geben, daß meine Geschäfte gut gehen.

Jena, am 22. Mai 1798.

Ersuche doch Herrn Meyern, daß er mir ein kurzes Verzeichniß schickt, mit welchen Materien, die in unserm Werke abgehandelt werden sollen, er vor Ende dieses Jahrs fertig zu werden glaubt?

Weimar, den 22. Mai [1798], Abends.

Nun, mein allerbester, superber, geliebter Schatz, muß mich ein bißchen mit Dir unterhalten, sonsten will es gar nicht gehen. Erstens muß ich Dir sagen, daß ich Dich ganz höllisch lieb habe und heute sehr hasig bin; zweitens, daß ich am Montag meine Wäsche aufgeschoben habe wegen des übeln Wetter, und erst heute Nacht gewaschen wird, und ich sehe zu meinem größten Vergnügen, daß das Wetterglas steiget. Drittens habe ich mit Fischer gesprochen. Der will, sobald der Herr Geheimer Rath Voigt wiederkömmt, gleich das Geld hinbringen. Viertens war die Frau Pastorin[1] von Rossel bei mir, welche ich sehr gut gefüttert[2] habe und welche sich es für eine große Genade schätzt und sehr glückselig ist, wenn mein Vortrefflicher bei ihr logiren will. Fünftens sind die Hochzeiten sehr mit Pracht und Herrlichkeit begangen worden; es ist das ganze Komödien-Hauß mit Guirlanden von lebendigen Blumen ausgeschmücket gewesen und soll alles außerordentlich schön gewesen sein. Heute bin ich auf dem Jahrmarkt gewesen und habe mir Seife gekauft. Nun hoffe ich aber auch, daß mein Allersuperbester auch ein Laubthälerchen an mich wenden wird, weil ich so ein großer tugendhafter Schatz bin. Für heute Abend leb wohl, morgen ein Mehres.

Den 23. Morgens.

Daß Dir es mit dem Essen nicht gut geht, betrübt mich; ich wünschte, ich könnte mich alle Tage ein paar Stunden unsichtbar machen und Dir kochen, da sollte es wohl schmecken. Die alte Götzen könnte aber der Trabitiusen alles sagen, wie Du es gerne issest, und laß Dir ein paar junge

1 Pstadorin.
2 gefüeder.

Hasen schießen, und es gibt auch schon in Jena junge Hühner, habe ich gehört. Hier schicke ich Dir was Spargel. Und nun muß ich Wäsche aufhängen. Leb wohl. Bald ein Mehres.

Behalt mich lieb.

[*Beilage:* August]

Lieber Vater!
Ist es denn in Jena einige Tage daher auch so kaltes und windiges Wetter gewesen, und hat es auch so viel geregnet wie hier? Unser Jahrmarkt hat gar keinen guten Anfang genommen, am Montage regnete es beinahe den ganzen Tag, welches mich verhinderte, den Markt zu besuchen. Dieß konnte daher erst gestern Nachmittag geschehen, das ich auch in Gesellschaft meiner Tante, der Frau Fischern und meiner lieben Mutter that. Meine Tante hat mir einen englischen Bleistift, meine Mutter einen Groschen, mein Onkel auch einen Groschen, die Frau Fischern eine Apfelsine und Herr Fischer ein Federmesser zum Jahrmarkt geschenkt. Ich selbst kaufte mir ein Pennal für achtzehn Pfennige, ein paar Strumpfbänder und für sechs Pfennige zwölf kleine Pfefferscheiben, die mir recht gut geschmeckt haben. Heute will ich mit Mienchen von Ober-Weimar wieder auf den Markt gehen. Grüßen Sie den kleinen Karl und die Frau Trabitius von mir und leben Sie wohl und behalten Sie mich lieb.   August Goethe.

172. *Christiane*

[Weimar, 23. Mai 1798.]
Lieber Schatz, ich schreibe Dir nur mit wenig Worten, daß ich heute Wäsche trockne und dazu schönes Wetter habe, das

mich sehr vergnügt macht. Diese Woche habe ich sehr viel zu thun, welches mir Freude macht. Aber auf den Sonntag will ich auch meinen Jenaischen und Weimarischen Freunden ein kleines Fest geben. Leb wohl und behalte mich lieb.

[*Beilage:* August]

Lieber Vater!
Ich bedanke mich recht sehr für die vielen Erdbeere, welche Sie mir heute in einer Schachtel herübergeschickt haben. Weil sie die ersten waren, die ich dieses Jahr zu essen bekam, und weil sie mir sehr gut schmeckten, so habe ich sie alle auf einmal in Milch verzehrt. Gestern Nachmittag um 5 Uhr sind wir am Froschteiche gewesen, wo wir einen großen Frosch gefangen haben, den wir weit in das Webicht mitnahmen und nach einer Stunde bei unserer Rückkehr wieder in den Froschteich thaten, wo er sich sogleich wieder erholte und davonhüpfte. In dem Webichte war ich auch so glücklich, einen Maulwurf zu fangen. Der kleine Kästner sahe ihn zuerst, erkannte ihn aber für eine Maus und schrie: »Ach! die große Maus«, wollte ihn aber nicht angreifen. Ich lief hinzu und ergriff ihn am Hinterfuße, aber er bog sich immer in die Höhe und kratzte mich mit den Vorderfüßen in die Hand; ich faßte ihn daher an beiden Hinterfüßen, da mußte er das Kratzen bleiben lassen. Auf dem Wege hatten wir mit ihm viel Spaß; ich legte ihn oft auf die Erde, wo er sogleich sich einwühlte. In dem Hausgarten band ich ihm einen Bindfaden um das Bein, ließ ihn wühlen und machte ihn todt. Leben Sie wohl und behalten Sie mich lieb.

August Goethe.

Es freut mich sehr, wenn Du in meiner Abwesenheit thätig bist und Dich dabei des Lebens und des Zustandes erfreust, in dem Du Dich befindest, und der nur insofern für uns beide angenehm ist, als Du überall gute Ordnung halten magst, damit man die übrige Zeit desto freier und sorgloser leben könne.

Ich habe die wenigen Tage, die ich hier bin, schon sehr genutzt, nicht allein für die Gegenwart, sondern auch für die Zukunft. Du wirst lachen, wenn ich Dir erzähle, durch welche zufällige Kleinigkeit ich wieder einen schnellen und besondern Antrieb zum Fleiße bekommen habe; indessen ist es recht merkwürdig, wie sehr mich die vorjährige Reise ganz aus dem Geschicke gebracht hat, und wie ich jetzt erst wieder anfange, mich zu finden.

Mit meiner leiblichen Nahrung geht es nun auch schon besser, die Trabitius bereitet die Spargel sehr gut, so wie auch gelegentlich einen Eierkuchen; Schillers versorgen mich mit Braten, und Dein Öl macht mir den Salat wieder schmackhaft, wodurch ich nun für den Mittag völlig geborgen bin. Abends bin ich bei Schiller im Garten, wo wir bisher viel Interessantes zusammen gelesen und gesprochen haben; nur wird mir Abends der Rückweg ein wenig sauer, denn ich habe eine völlige Viertelstunde zu gehen.

Dafür schlafe ich auch recht wohl, indem ich mir überdieß noch des Tags viel Bewegung mache und ohnerachtet des üblen Wetters jederzeit ein paar Stunden im Freien bin.

Herr Geheimde Rath Voigt ist nicht verreist, Fischer kann ihm also das Geld gelegentlich bringen. Wegen einem kleinen Spaße, den man den jungen Leuten in Roßla bei der Übergabe machen könnte, will ich Dir meine Gedanken schreiben. Ich wünschte, entweder an diesem Tage, oder vielleicht noch schicklicher den Sonntag darauf, welches zugleich das Johannisfest ist, die Leute mit einem Fest nach meiner Art zu überraschen. Doch davon nächstens mehr.

Nun lebe wohl. Für den Kleinen lege ich ein Briefchen bei. Die Seife soll nächstens ankommen; übrigens muß noch viel gethan werden, ehe ich Dich wiedersehe. Lebe indessen recht wohl und versorge unsern Meister aufs beste.

Jena, am 25. Mai 1798.

Dazu sende ich Dir eine Rehkeule und wünsche, daß ihr sie zusammen recht vergnüglich verzehren möget.   G.

174. *Christiane*

Weimar, den 25. [Mai 1798.]

Lieber,

Mit der Wäsche bin ich in Ordnung, aber heute wird auf meiner Seite gescheuert und rein gemacht, auch backe ich ein paar Kuchen, um mir das Fest mit dem Bübchen und Herr Meyern in der größten Ordnung etwas zu Gute [zu] thun. Und nach dem Feste will ich Deine Zimmer wieder in Ordnung bringen. Morgen wird eine Spazier-Fahrt angestellt und den 2. Feiertag gehen mir zu Fischers nach Ober-Weimar. Ich habe sie das Jahrmarkt auch bei mir zum Essen gehabt, wie die Frau Pastorin da war. Der lange Baron kommt heute und bleibet das Fest hier. Ich bin recht gesund und wohl und habe auch guten Humor. Die Ernestine beträgt sich auch recht gut bei ihrer Geschichte, und da habe ich auch keinen Verdruß. Ich danke Dir recht sehr vor das Wildpret. Dießmal leb wohl, ich muß meinen Kuchen machen, und behalte mich aber nur recht lieb.

Lieber Vater!
Ich bin am Donnerstage mit Dortchen und Mienchen nach
Ober-Weimar gegangen und habe hier gesehen, wie die Schafe
geschoren werden. Achtzig Schafen ungefähr wurde die Wolle
genommen, unter welchen sich auch meine Schäfchen befanden, deren Wolle ich aber nicht bekommen habe, sondern Herr
Fischer hat mir die Wolle von einem andern gegeben, weil die
von meinem Schäfchen nicht viel taugte. Vier Leute waren
mit dem Scheeren beschäftigt und schoren die Schafe ganz
kahl, welche darüber erbärmlich blökten und machten, daß
die Schafe, welche noch im Stalle waren, auch in das Geschrei
mit einstimmten, wodurch ein klägliches Heulen entstand,
worüber ich lachen mußte. Die Leute brachten von Morgen bis
Abend mit dieser Arbeit zu, und weil mir die Sache sehr viel
Vergnügen machte, blieb ich auch den ganzen Tag da und kam
erst den Abend um sechs Uhr wieder nach Hause. Leben Sie
wohl und behalten Sie mich lieb.   August Goethe.

175. *Christiane*

Das Wetter scheint besser zu werden, und Du wirst Deinen
Pyrmonter besser trinken können, und mit der Arbeit wird
es auch schon gehen. Mit Deiner Arbeit ist es schön: was Du
einmal gemacht hast, bleibt ewig; aber mit uns armen
[1] ist es ganz anders. Ich hatte den Hausgarten sehr
in Ordnung, gepflanzt und alles. In Einer Nacht haben mir
die Schnecken beinahe alles aufgefressen, meine schöne
Gurken sind fast alle weg, und ich muß wieder von vorne
anfangen. Es ist noch ein Trost, daß mir es nicht allein so

---

1 Schembhunden (oder Schembhuden) wie auf S. 174, 452.

geht; Treuters und alle, die Gärten haben, klagen. Es soll eine besondere Art Schnecken sein, die alles aufzehren. Es kommt gewiß von dem vielen Regen. Doch was hilft es? ich will es wieder machen; man hat ja nichts ohne Mühe. Es soll mir meinen guten Humor nicht verderben. Es sind viele Bekannte von Jena hier, da habe ich mir vorgenommen, morgen Abend bei mich einzuladen. Die Mamsells Ruhne [?] logiren bei Treuters, und sie haben mich immer auch zu sich geladen, wenn ich in Jena war. Und da will ich Treuters dazu bitten. Und auf den Freitag [1] sind mir bei Treuters. Frühe bin ich immer sehr fleißig. Lieber wär mir es freilich, ich wär bei Dir. Da es aber nicht sein kann, so sehe, wie ich Tag für Tag[2] immer etwas Nützliches thue, und wenn ich fertig bin, gehe ich aus, bin lustig, so gut als es gehen will, und freu mich schon wieder in Gedanken auf die Zeit, wo mir zusammen schwätzen. Neues gibt es gar nichts hier, als daß man sehr viel von der Neuzeit und dem Römischen Hause spricht. Der Wein von dem Herrn von Wolzogen soll die Bouteille 8 Groschen und etliche Pfennige kosten; er müßte aber diese Woche Antwort haben, ob Du welchen haben willst oder nicht. Leb wohl und behalte Deinen Schatz lieb. Das Kind grüßt vielmal, und auf den Sonnabend solltest Du wieder ein Briefchen von ihm haben.

Weimar, den 30. [Mai 1798.]

August hat doch noch geschrieben.

[*Beilage:* August]

Lieber Vater!
Sie kommen doch bald wieder nach Weimar? ich sehne mich recht sehr nach Ihnen, besonders des Abends, weil ich ge-

1 Freuda.
2 daje dach.

wöhnlich um diese Zeit bei Ihnen bin. – Gestern habe ich in dem Hausgarten einen sehr schönen Schmetterling gefangen; es ist vermuthlich der Fenchelvogel oder der kleine Schwalbenschwanz, denn er hat gelbe Flügel, welche an ihren Seiten schwarz eingefaßt sind. Der kleine Rühl hat den großen Schwalbenschwanz mit der Hand gefangen, wodurch er aber sehr beschädigt worden ist, denn es waren ihm die beiden Schwänze und ein Flügel ausgerissen, ich habe ihn zuletzt unversehens zertreten. Götze hat mir ein Denkmal in unsern Garten errichtet; er machte an dem großen Birnbaume einen Felsen, den er aus sechs Steinen zusammensetzte, so künstlich, daß er aus der Erde gewachsen zu sein scheint. Vor dem Felsen steht ein Sandstein, der wie ein Rechteck aussieht und glatt zugehauen ist. Auf der oberen Seite desselben hat er gar artig mit einem Nagel meinen Namen eingegraben. Leben Sie wohl und behalten Sie mich lieb. August Goethe.

*

Noch am selben Tage erhielt Christiane folgenden Brief, den der Schreiber Geist in Goethes Auftrag abgefaßt hatte:

Jena, am 30. Mai 1798.

Wertheste Demoiselle!

Auf einen Brief, den der Herr Geheimde Rath soeben von dem Herrn Geheimde Rath Voigt von Weimar erhalten hat, findet er sich genöthigt, nach Weimar, wenigstens auf einen oder ein paar Tage, zurückzukehren, und wir werden also morgen ohngefähr gegen 9 Uhr (als den 31. Mai) bei Ihnen wieder ankommen. Ich bringe Ihnen die schmutzige Wäsche und auch zugleich Seife mit, indem ich den Herrn Geheimen Rath noch dran erinnert habe. – Der Herzog geht, wie ich vom Herrn Geheimde Rath gehört habe, den Freitag nach Eisenach ab, und deßwegen wird er wohl den

Herrn Geheimen Rath noch einmal sprechen wollen. Er empfiehlt sich Ihnen, sowie Augustchen bestens und hofft, alles in dem besten Wohlsein anzutreffen. Dieses ist auch der Wunsch Ihres

dienstwilligen L. Geist.

*

Am 4. Juni nachmittags kehrt Goethe nach Jena zurück.

*

176. *Christiane*

Lieber, bester Schatz, die Karten sind gleich den Tag bei Rühlemann gekommen. Heute kann ich Dir keinen Spargel schicken, weil ich ihn morgen selbst brauche; aber was ich vom Montag bis Mittewoch steche, sollst Du auf den Mittewoch haben. Keine Äpfel habe ich nicht mehr, sie haben sich nicht mehr gehalten.

Die Badewanne will der Bauverwalter besorgen. Wir sind hier so ziemlich in Ordnung und sind lustig und froh. Die bewußten Sachen sind gut verhandelt, und die Ernestine hat sich bei der Gamby einen großen Hut gekauft, der ihr sehr gut steht, und ich und mein Bruder haben auch noch allerlei von unserer Garderobe verkauft. Es war vorgestern eine ordentliche kleine Auction bei uns. Das hat uns recht Freud gemacht, aus so altem Kram Geld zu lösen, genug, es ist auch vor die Ernestine ein halbseidenes Kleidchen im Handel, mir müssen sie doch etwas herausputzen. Es ist überhaupt zwischen uns 3 Geschwister eine große Einigkeit, welches mir ordentlich als eine seltsame Erscheinung vorkommt. Daß Du Lützow auch vor einen guten Menschen hältst, hat Ernestine sehr zufrieden gemacht. Wenn Du, mein Bester, wieder bei uns in Weimar bist, wollen mir Dir, mein Guter, vor alles Gute den besten Dank sagen. Leb wohl und denke zuweilen an Deinen Schatz, der Dich von ganzem Herzen liebt und schätzt. Leb nochmals wohl. Mein Bruder sagt mir soeben, ich sollte Dir zu dem blau Packet[1] gratuliren[2]. Adieu, Lieber.

Weimar, den 8. Juli [Juni 1798].

[*Beilage:* August]

Lieber Vater!
Sie sind doch ein recht gutes Väterchen, daß Sie mir alle Markttage so schöne Erdbeere schicken, die heutigen waren sehr schön und groß und haben mir so gut und süß geschmeckt, daß ich sie alle auf einmal gegessen habe. Ich freue mich schon auf die schönen Kirschen, welche Sie mir über 8 Tage schicken wollen, Sie sollen auch von mir recht schön geschriebene Briefe erhalten. Am vorigen Mittwoche habe ich mich in dem Hausgarten in einem Brühfasse gebadet, weil die Hitze in diesen Tagen immer sehr stark war und ich mich einmal etwas abkühlen wollte; den Abend ging ich in die Komödie und sahe die ›Schachmaschine‹, worinne mir Herr Vohs sehr wohl gefallen hat, weil er so komische Späßchen machte. – Heute habe ich den ersten Versuch gemacht, mich allein anzuziehen, ich habe alle meine Kleidungsstücke selbst angezogen, auch habe ich mich selbst gewaschen; nur kann ich mit dem Kämmen noch nicht zu Stande kommen, ich hoffe aber, daß ich meine liebe Tante bald auch von dieser Mühe befreien werde. Leben Sie wohl und behalten Sie mich lieb. August Goethe.

1 baiket.
2 krauduliere.

Du erhältst hier verschiednes, was ich sogleich zu bestellen und alsdann die Botenfrau abzufertigen bitte:

1. Einen Zettel auf 8 Flaschen und 2 Nößel, die Du in der Kellerei holen lässest.

2. Einen Brief an Gores[1], auf welchen Du Antwort erhalten wirst.

Dieses beides nebst dem Spargel, so viel Du stechen kannst, übergibst Du der Botenfrau, welche gegen Abend bei Zeiten wieder dasein mag.

Die Papiere, die Herrn von Knebel betreffen, besorgst Du auch bald möglichst.

Weiter weiß ich für dießmal nichts zu sagen, als daß es mir wohlgeht, und daß mir der Pyrmonter nebst der Bewegung recht gut bekommen. Ich wünsche von euch gleichfalls zu hören, daß ihr wohl und vergnügt seid.

Das Packet an den Hofkammerrath bedarf keiner Antwort.

Lebe recht wohl und grüße den Kleinen, der auf den Sonnabend wieder etwas Obst erhalten soll.

Jena, am 11. Juni 1798.   G.

Das Eingesiegelte an das Geheime Conseil wird auf die Geheime Canzlei geschickt.

178. *Christiane*

[Weimar, 12. Juni 1798.]

Hier, mein Bester, schicke ich Dir alles, was Du verlangst. Und mir befinden uns alle zusammen wohl und vergnügt.

---

1 Goors.

Ernestine ist in Ober-Weimar und hilft der Fischern nähen, und Abends gehe ich naus und hole sie ab. Im Garten ist itzo gar nichts zu machen, es fehlt so sehr an Regen. Da muß man es abwarten. Aber ich bin bei allen Sachen so heiter und vergnügt, und es kann mich itzo nicht leicht etwas von meiner guten Laune bringen; und ich freue mich recht, wenn Du wiederkömmst und mich sehen wirst, ich bin so glatt[1] als sonst. Ich weiß auf einmal nicht, wie mir geschehn ist, ich bin wie neugeboren. Wenn mir wieder beisammen sind, will ich Dir es auch sagen, wie es zuging. Am Sonntag sind mir sehr vergnügt gewesen. Ich hatte alles recht gut eingerichtet.

Schreibe mir doch gleich heute Abend, wo ich die Eisenacher Quittung[2] hin schicke; die eine kommt an Ludecus. Das Andere will ich auf das beste besorgen. Leb wohl und behalte mich ja recht lieb, denn ich habe auch kein Tüpfelchen[3] mehr. Adieu, lieber Schatz.

179. *Goethe*

Hier kommen wieder gute Erdbeeren für das Kind.

Inliegendes schickst Du auf die Geheime Canzlei.

Die Stiefel sind mir heute überbracht worden.

Das Gedicht auf die Beckern ist fertig; ich bin sehr froh, daß nur etwas wieder einmal im Gange ist, nachdem ich so lange Zeit pausirt habe.

Im Anfang künftiger Woche schreibe ich, wenn mir allenfalls wegen Roßla etwas einfällt; ihr richtet euch auf alle Fälle auf euer Johannisfest ein.

Ich weiß noch nicht ganz gewiß, ob ich grad von hier

1 glamt.
2 Qüduch.
3 Diedlichen.

hinüber gehe, oder ob ich über Weimar komme. Lebe recht wohl und grüße den Kleinen schönstens.

Jena, am 12. Juni 1798. G.

Der Eisenacher Kammerbote bringt wahrscheinlich nebst andern die Pension für Herrn v. Knebel auch nach Weimar. Du mußt also die Quittung so lange aufheben, bis er sich meldet; allenfalls befragst Du Dich bei Treutern, der Dir wohl darüber Auskunft geben kann. Ich gratulire zu dem glatten Gesicht und wünsche vergnügt zu leben.

Mir geht es recht wohl, und wenn ich noch ein paar Gedichte für den Almanach vor Johanni fertig habe, so gehen wir bald nachher zusammen herüber.

Gores[1] und die französische Gesellschaft kommen erst Donnerstags zu mir.

Nochmals ein Lebewohl und Gruß an den Kleinen. G.

180. *Christiane*

[Weimar, 13. Juni 1798.]
Heute ist meine Beschäftigung[2] Wäsche [?][3] zu waschen und zu trocknen, und Betten liegen im Garten, werden geklopft. Ich trinke alle Morgen Selzer Wasser, und das bekommt mir sehr wohl. Du wirst Dich gewiß über mich freun, wenn mir zusammenkommen. Auf die Zeit, die ich in Jena zubringen werde, freu ich mich außerordentlich. Darum mußt Du mich nicht bringen! Mir ist es alles recht, wenn Du erst wieder zu mir kommen willst oder gleich nach Rossel gehest. Wegen des Geldes wär mir es lieber, Du kämst den Dienstag oder Mittewoch, da könnten mir doch unser Geldgeschäfte

1 Goors.
2 beschädiegung.
3 weyzen.

erst vor der Übergabe abthun. Denn Geld brauche ich sehr nothwendig, weil ich auf das Buch ausgelegt habe. Ich glaube, es wär besser, Du kämst erst rüber, und nachher gingen mir bald zusammen hinüber. Mir müssen doch noch vorher allerhand zusammen sprechen. Nun kommt aber auch eine große Bitte: ich, Ernestine und die bei Werners, wir wollten gerne den Sonntag nach Erfurt fahren, und Lützow und der Burgemeister wollen reiten. Ob Du mir es erlauben wolltest? Schreibe mir den Sonnabend Antwort. Die Tante und mein Bruder wollen das Haus bewachen. Leb wohl und denke an mich und behalte mich lieb. Das liebe Kind wird Dir selbst schreiben.

[*Beilage:* August]

Lieber Vater!
Ich bedanke mich vielmals für die schönen Erdbeere, die Sie mir heute geschickt haben, ich habe sie diesen Morgen nur zur Hälfte gegessen; die übrigen will ich mir dann gut schmecken lassen, wenn ich diesen Brief werde geschrieben haben und wieder nach Hause komme. – Am Montage war ich in Ober-Weimar und sahe zu, wie ein neuer Stall, der jetzt in des Herrn Fischers Hause gebauet worden ist, gerichtet wurde. Ein Zimmermann stand oben auf dem Gerüste und hatte ein mit rothen Bändern, einem blauen Tuche und mit Rosen geputztes Tannenbäumchen in der Hand. Er hielt eine kleine Rede, von der ich weiter nichts verstanden habe als den Schluß, in dem er dem Herrn Vent viele Gesundheit wünschte und ausrief: »Es lebe unser Bauherr, der Herr Vent!« wobei der viel Bier aus einem Glase trank, welches er zuletzt in die Luft warf. Auch war ich im Kloster und ging in zwei Ställe, in denen viele Kühe waren; in dem einen waren auch drei Brummochsen, von denen einer ganz schwarz und so wild ist, daß er sich die Kette tief ins Fleisch

gerieben hat. Leben Sie wohl und behalten Sie mich lieb.
August Goethe.

181. *Christiane*

[Weimar, 16. Juni 1798.]
Das war heute Morgen eine Freude, als die Boten-Frau kam.
Das Mütterchen und Bübchen schrieen alle beide zusammen: »Was das für ein guter Vater ist! wie der immer vor uns
sorgt!« Ich danke Dir herzlich für alles, auch für die Freude,
die ich mir machen darf, nach Erfurt zu reisen. Ich hätte
gern gesehen, wenn ich Dich vor der Übergabe wiedergesehen hätte; aber so es nicht sein kann, will ich es erwarten.
Fischers gehn den Mittewoch oder Dienstag schon nach
Rossel und werden alles besorgen. Wegen des Essen habe ich
mit der Fischern alles besorgt; auch auf das Johannes-Fest ist
alles besorgt. Meine Späße werde ich künftige Woche besorgen. Nur mußt Du mir schreiben, wie Du es mit dem Wein
machen willst, ob Du ihn noch aus der Kellerei haben willst;
so schicke mir einen Zettel. Den Mittewoch und den Donnerstag kann ich ihn durch Fischers Mägde[1] nunterschicken.
Der Bauverwalter hat große Lust, sich um das Essen zu
bekümmern; er kommt morgen zu Dir, da kannst Du ihm
selbst sagen, daß schon bei der Fischern bestellt ist. Es ist vor
Bier und alles gesorgt; nur wegen des Weines ist es noch zu
besorgen, und den wollen mir, dächte ich, auch der Fischern
übergeben.
    Nunmehro habe ich aber auch an meinen lieben Schatz
eine große Bitte, daß Du Dich auf die Übergabe über nichts
ärgerst und die Sachen nimmst, wie sie sind; denn der Bauverwalter ist sehr gut wieder mit der Hoffmann, das weiß ich
ganz gewiß. Bis dahin leb wohl und behalte mich lieb.

---

1 Mächte.

Lieber Vater!

Ich sage Ihnen vielen Dank für die vielen und schönen
Kirschen und für das süße Zuckerbrot, das ich diesen Morgen von Ihnen erhalten habe. Als die schönen Sachen ankamen, lag ich noch im Bette und konnte meine Augen nicht
aufbringen, welches aber sogleich geschahe, sobald ich die
Schachtel erblickte; diese machte mir so viele Freude, daß
ich mehrmals im Bette hoch aufsprang. Wir öffneten zuerst
die Schachtel mit den Kirschen und aßen etwas davon, den
noch übrigen, größern Theil habe ich mir auf diesen Mittag
aufgehoben, wo sie mir sehr gut schmecken sollen, weil sie
schöner — und reifer sind, als die wenigen waren, welche ich
bisher gegessen habe. Aus der Zuckerbrotsschachtel habe ich
auch einige Stückchen Kuchen gegessen. Ich freue mich sehr
auf die Reise nach Roßla, wenn das Hammelschießen ist;
doch kommt es darauf an, ob Sie wollen. Leben Sie wohl und
behalten Sie mich lieb. August Goethe.

182. *Goethe*

Ich schicke Dir hiermit einen Aufsatz, wie es mit Quartier
und Bewirthung bei der Roßlaer Gutsübergabe gehalten
werden soll, der Bauverwalter wird weiter mit Dir darüber
sprechen.

Ich habe gleichfalls einen Zettel beigelegt, worauf Du
meine Gäste verzeichnet siehst; wenn Dir noch jemand
einfällt, so darfst Du mir es nur schreiben.

Herrn Professor Meyer, dächt ich, lädest Du auf Johannis
hinaus, denn bei der Übergabe wird schlechte Lust sein.

Von Herrn von Wolzogen lässest Du noch Franzwein
holen; er wird Dir etwa 30 Bouteillen schicken, thue von

denen, die noch vorräthig sind, so viel dazu, daß es 50 werden, diese gibst Du sämmtlich der Fischern mit, sowie auch die 12 Nößel Dessertwein, für welche hier der Zettel an die Kellerei mitfolgt. Was den Sonnabend übrig bleibt, wird auch Sonntag zu Statten kommen. Fischers sorgen also für alles, wie das beiliegende Blatt näher ausweist, was die Bewirthung meiner Gäste betrifft, und Du berechnest Dich nachher mit ihnen.

Ich wünsche, daß Du mir mit der nächsten Post schriebst oder mir allenfalls einen Boten schicktest, wenn Du noch etwas Besonderes zu erinnern hast; sonst mag es bis den Mittwoch anstehen.

Schreibe mir auch, ob eure Erfurter Lust auch lustig abgelaufen ist.

Um übrigens vom Künftigen zu reden, so denke ich Sonnabend, den 30., wieder in Weimar zu sein; ich bleibe alsdann so lange, bis wir zusammen herüber gehen.

Lebe indessen recht wohl, grüße das Kind und halte alles in guter Ordnung.

Schicke mir mit den Botenfrauen etwa noch ein halb Dutzend Flaschen Pyrmonter.

Jena, am 17. Juni 1798.   G.

Bei der Übergabe verspreche ich Dir als bloßer Zuschauer zu erscheinen und mich nichts anfechten zu lassen; welches mir um so leichter werden wird, als ich Rühlemann zum Beistande habe. Lebe übrigens recht wohl. Mittewochs hörst Du noch von mir und Sonntags findest Du ein Briefchen in Roßla.

Lebe recht wohl und küsse den Kleinen.

Herrn Bauverwalter gibst Du mein stählernes Siegel, das auf meinem Schreibtische liegen wird; wenn es eingeschlossen sein sollte, so brichst Du das eingesiegelte Schlüsselchen auf.

183. *Christiane*

[Weimar, 18. Juni 1798.]

Lieber Schatz,

Wegen Rossel habe ich mit der Fischern alles abgeredet, und meine Hoffnung ist, es soll alles gut gehn. Unsere Fahrt ist sehr gut abgelaufen. Das aber muß ich Dir alles mündlich erzählen. Da ich nunmehr ganz glatt bin, kannst Du Dir denken, was die Leute wieder vor Äugelchen mit mir machen wollen; und mir haben uns alle sehr geputzt, und es sind uns sehr viel Ehrenbezeugungen gemacht worden, und wo Lützow ist, muß man ihm nachsagen, daß es alles auf einem sehr honetten Fuß gehen muß. Die Reise soll uns in Schlampamsstündchen[1] unterhalten, denn ich habe Dir sehr viel zu erzählen; und Bekanntschaften gibt es nunmehro[2] in Jena bald aus allen Welttheilen. Unser Fest soll in Rossel gut werden. Leb wohl. In Rossel treffe ich ein Briefchen von Dir, und ich freu mich sehr auf Sonnabend über 8 Tage, Dich wieder bei mir zu sehn, und daß ich Dir sagen kann, daß ich Dich nur ganz allein liebe und mich mit Dir wieder freuen kann. Denn alle Freuden sind doch ohne seinen Schatz nichts. Alle andere Männer und Äuglichen kommen mir abgeschmackt vor. Leb wohl und liebe mich so wie ich Dich.

Hier folget die Quittung, sei so gut und schicke mir sie nächstens wieder mit. Das Geld habe ich; ich hab nur davon genommen, was ich vor Dich ausgelegt habe. Das andere mag stehn, bis Du kömmst. Leb wohl.

Das Kind grüßt das lieb Väterchen bestens, es freut sich auf Rossel.

Was ich den Freitag bestellt habe zu essen:

1. Erstens eine Sago-Suppe.
2. Rindfleisch mit Senf.

1 salbemszünden.
2 nueor.

3. Grüne Erbsen mit jungen Hühnern.
4. Forellen oder Back-Fische.
3. [5.] Wildprets[1]-Braten und Gänse[2].
5. [6.] Torte und Rührkuchen.

184. *Vulpius* (in Christianens Auftrag)

Weimar, den 19. Juni 1798.
Ew. Excellenz soll ich, da meine Schwester eben nicht sehr geschwinde mit der Feder fortkömmt, schreiben, wie sie meint, daß es mit der Festlichkeit zu Roßla könne gehalten werden. Sonntags soll sehr früh dahin gefahren, von der ganzen Gesellschaft in die Kirche gegangen und, da dieselbe arm ist, der Klingelbeutel reichlich bedacht werden. Sodann, nach dem Mittag-Essen und der Kirche, werden die Dorfbewohner mit Musik vor das Gut kommen und dort den Hämmel abholen. Von hier aus soll nun der Zug nach dem Wirthshause also gehen:
1. Die Dorfmusik.
2. Die jungen Pursche; Paar und Paar.
3. Die Mädchen.
4. August und eine kleine Bäuerin, mit dem Hämmel.
5. Die Stadtfrauenzimmer; Paar und Paar.
6. Die Herren.
7. Unsere Musik.
Bei dem Wirtshause wird den Leuten der Hämmel übergeben, ein kleiner Ehrentrunk angenommen und sodann nach dem Gute zurückgezogen, wo gegen Abend (wenn die Frauenzimmer es erwarten können) der Ball anheben und dann nach Weimar zu rechter Zeit wieder zurückgefahren werden soll.

1 Villbeers.
2 Ganze.

Es war mir sehr erfreulich zu hören, daß eure Erfurter Tour glücklich und vergnügt abgelaufen ist; die Gewitter, welche sich Abends nach jener Gegend zu sehen ließen, hatten mir einige Sorgen gemacht. Nun wünsche ich euch zu Johanni einen schönen Tag; die Einrichtung von eurem Feste, wie sie mir der Registrator schreibt, ist recht gut, ich wünsche auch viel Spaß dabei.

In Roßla findest Du einen Brief, durch den Du erfährst, wie es mir Freitags und Sonnabends ergangen ist.

Was bis Sonnabends früh bei Dir einläuft, auch allenfalls ein Brief von Fräulein von Göchhausen, schickst Du mir mit den Botenweibern, daß ich es des Abends bei meiner Rückkehr finde.

Die nächste Woche will ich noch fleißig sein, ich habe eben ohngefähr noch 8 Tage zu thun und fange schon an, wieder nach Hause zu verlangen.

Die Arbeiten, die ich mir vorsetzte, sind schon glücklich vollendet. Grüße Deinen Bruder, danke ihm für die Nachricht und sag ihm, daß Professor Woltmann noch nicht wieder nach Jena zurück ist.

Jena, am 20. Juni 1798.   G.

Auch gib Deinem Bruder beiliegenden Zettel.

Ich hoffe, daß Du Dein glattes Gesichtchen, so wie die Äugelchen für den Schatz aufheben wirst.   G.

Hierbei liegt auch Götzens Quittung, dem Du das Quartal bald möglichst sendest.

186. *Christiane*

[Weimar, 20. Juni 1798.]

Lieber, hier folgt das Pyrmonter Wasser. Und wir danken für die schönen Beere und Kirschen. Das Kind kann heute nicht schreiben, weil es was abzuführen eingenommen hat, und ich bin, weil es etwas geregnet hat, sehr im Garten beschäftigt. Der Regen fehlt sehr bei uns. Leb wohl.

Ich hoffe sehr, Dich bei mir zu sehen.

187. *Goethe*

Da ich keine Reitpferde bekommen konnte, so mußte ich von Jena herüber fahren, der Weg ist aber so abscheulich, daß ich ihn nicht zurückmessen mag; deßwegen will ich *Sonnabends* von hier auf Weimar fahren und Dich heimlich besuchen, Du mußt aber gegen niemand nichts merken lassen; ich werde eher spät als frühe kommen.

Die Jenaischen Pferde holen mich ab, der Jenaische Wagen ist hier stehen geblieben, Du hast also für weiter nichts zu sorgen. Sonntags früh fahre ich wieder nach Jena, und Du fährst nach Roßla, wir können indeß doch alles Vorgefallne besprechen, welches zu mancherlei nütze ist. Lebe recht wohl. Beim Herrn Pfarrer ist es recht hübsch. Ober-Roßla, den 21. Juni 1798.   G.

188. *Christiane*

Weimar, den 22. [Juni 1798.]

Lieber, ich freue mich, Dich bei mir zu sehen; komm nur bald, Du kannst ja zum Garten neinkommen. Und wenn Du dableiben willst, so kannst Du auch gleich hier bleiben; wir können deßwegen doch nach Roßla fahren. Kein Aal ist nicht zu kriegen, auch in Weimar kein Pfund anderer Fisch; aber ich bekomme 12 Pfund Forellen von unserm Gärtner. Auf das Sonntagsfest freu ich mich auch recht.

Leb wohl. Morgen sehe ich Dich; wenn Du kommst, bleibe lieber bei mir. Morgen früh um 4 Uhr geht der Bote nach Weimar, der den Fisch holt, da kannst Du mir ein Briefchen mitschicken.

189. *Goethe*

Ober-Roßla, am 22. Juni 1798.

Ich will Dir nur mit wenigen Worten sagen, daß alles gut geht; ich habe mir vorgenommen, mich nicht zu ärgern, und konnte es leicht halten, denn außer den Kleinlichkeiten, die wir schon wissen, ist nichts Neues und Besondres vorgekommen. Dagegen erhält Fischer sehr schönes Inventarium-Vieh, und es kommen noch einige Puncte vor, die, wenn sie durchgehen, zu meinem und seinem Nutzen sein werden.

Die Gegenwart des Herrn Landkammerrath Rühlemann ist von ganz besondrer Bedeutung.

Durch den Hofadvocat Schenk, der das Gegenwärtige besorgt, kannst Du mir wieder antworten. Doch bleibt es dabei, daß ich morgen Abend komme. Laß nur hinten den Garten auf, ich lasse Geisten durch die Stadt fahren. Lebe recht wohl und grüße das Kind.   G.

*

Unterm 23. Juni vermerkt Goethes Tagebuch: »Abends über Oßmannstedt nach Weimar.« Am 2. und 3. Juli forderten Gutsangelegenheiten Goethes Anwesenheit in Ober-Roßla; vom 6. bis 9. Juli war er mit den Seinigen in Jena. Am 18. Juli sollte in Ober-Roßla das Kirchweihfest begangen wer-

den; Christiane begab sich, um die Vorbereitungen zu treffen, mit August ein paar Tage früher dahin.

*

190. *Christiane*

Lieber, allerbester, einziggeliebter Schatz,
Ich habe hier alles sauber und in der besten Ordnung gefunden, und die Schätzchen sind sehr vergnügt. Nur mit mir
will es nicht recht gehen; zumal wenn ich so vor mich allein
bin, da mache ich mir noch allerlei Gedanken. Ich bitte Dich
nur, Lieber, nicht anders als sonst von mir zu denken und
mich nur lieb zu haben. Das ist mein einziger Wunsch. Wenn
es Dich morgen nicht so viel schadet, so komme ja morgen,
das ganze Dorf wird sich freun. Die Leute sind alle so
freundlich und gut. Die jungen Bursche [hatten] sich von
dem Müller eine Erle geben lassen, und wie sie [sie] haben
setzen wollen, ging sie in der Mitten vonander; so kamen sie
alle ins Gut und baten mich sehr, daß ich ihnen doch eine
andere geben möchte. Da habe ich ihnen eine von der Eigel
[?] geben lassen, ich habe es nicht abschlagen können; die
haben den Baum mit Musik gesetzt und werden sich selbst
bedanken. Mündlich will ich Dir alles erzählen; man kann
hier nicht in Ruhe schreiben, Gille und der junge Fischer ist
hier. Sei nicht böse, daß ich Dir es wegen des Baumes nicht
erst geschrieben habe; aber es war gestern schon spät, und sie
wollten sie doch gern gestern setzen. Leb wohl, mein Lieber,
Fischer und seine Frau empfehlen sich bestens.
Ober-Rossel, den 16. [17.?] Juli [1798].

[*Beilage:* August]

Lieber Vater!
Mir gefällt es hier sehr gut und mir fehlt weiter gar nichts,

als daß das Väterchen da wäre. – Die Fischern hat sehr gute Kuchen gebacken.

Leben Sie wohl und behalten Sie mich lieb.

August Goethe.

*

Am 1. August nachmittags 5 Uhr begibt Goethe sich für zwei Wochen wieder nach Jena.

*

191. *Goethe*

Ich habe zwar hier schon verschiednes verrichtet, es muß aber noch besser kommen, wenn ich mit verschiednen Dingen, nach meinem Wunsche, fertig werden soll; indessen gibt sich doch schon das Nothwendigste, wozu die große Hitze beiträgt, die mich den ganzen Tag im Zimmer hält.

Ich wünsche, daß Deine Geschäfte gut von Statten gehen, und daß Du Dich nach und nach frei machst, um Dich zur rechten Zeit einmal wieder in Roßla vergnügen zu können.

Für den Kleinen, den Du grüßen wirst, folgt hier etwas Obst, das freilich nicht so schmackhaft als vorm Jahr das Frankfurter sein wird. Lebet recht wohl und gedenket mein. Geist wird verschiednes schreiben, das ich geschickt wünsche.

Jena, am 3. August 1798.   G.

Ich wünsche, daß Herr Professor Meyer mir so bald als möglich das Manuscript von der ›Niobe‹ schickte.

Die auf beiliegendem Zettel verzeichneten Bücher erwarte mit den Botenfrauen.

Lieber Vater!

Es freuet mich sehr, daß Sie während Ihres Aufenthalts in Jena so schöne Tage haben; nur bedaure ich Sie, daß Sie bei der großen Hitze, welche in Jena noch viel stärker als hier zu sein pflegt, mehr im Zimmer als im Freien zubringen müssen. Wir können hier nicht eher uns eine Bewegung machen als des Abends von sechs bis sieben Uhr, welche Stunde zur Raupen-, Puppen- und Schmetterlingsjagd angewandt wird. Unsere Raupen befinden sich noch ganz wohl, welches sie dadurch zu erkennen geben, daß sie immer einen sehr guten Appetit haben und alle Tage eine große Menge Wolfsmilch fressen. Wir haben am Mittwoche von einem Jungen eine Tannenraupe für drei Pfennige gekauft, welche ich sehr lieb habe und alle Tage mit frischen Futter versorge. Sie sieht röthlich aus, hat dünne schwarze Streifen und ist auf drei Zoll lang. Leben Sie recht wohl und behalten Sie mich lieb. Weimar, den 3. August 1798.   August Goethe.

192. *Goethe*

Hier schicke ich Dir, mit einem herzlichen Wunsche zu Deinem Geburtstag, einiges Obst, damit Du es mit August verzehrst und Dich dabei meiner Liebe erinnerst. Wie sehr wünschte ich, dieses Fest im Stillen mit Dir zu begehen, allein ich habe wohlgethan, mich nach Jena zu begeben; selbst hier wird es mir schwer, mich wieder völlig zu sammeln, und ich habe bisher eigentlich noch nichts Rechts gethan. In der nächsten Woche, denk ich, soll es werden, da ich denn sehr zufrieden sein will, indem die Zeit zu drängen anfängt. Mache Deine Sachen in Ordnung und gehe sodann nach Roßla und erfreue Dich an den ländlichen Beschäftigungen. Es ist recht gut, wenn Du alles näher kennen lernst. Betrübe Dich nicht über das, was außer Dir vorgeht! die Menschen sind nicht anders gegen einander, im Großen wie im Kleinen. Denke, daß ich Dich liebe, und daß ich keine andre Sorge habe, als Dir eine unabhängige Existenz zu verschaffen; es wird mir ja das auch wie so manches Andre gelingen.

Thue nur jeden Tag das Nöthige, weiter bleibt uns in guten und bösen Zeiten nichts übrig. Sorge für das gute Kind und denke, daß uns nichts fehlen kann, so lange wir beisammen sind.

Ich will mit allem Fleiße sorgen, daß ich das Nöthigste wegarbeite, dann sehen wir uns wieder. Lebe recht wohl. Grüße den lieben Gustel und behalte mich lieb.

Jena, den 5. August 1798. G.

193. *Christiane*

[Weimar, 5. August 1798.]
Ich danke Dir von ganzem Herzen, daß Du an meinen Geburtstag denkest. Du bist dießmal der einzige; alle meine Freundinnen scheinen ihn auf einmal vergessen zu haben. Ich bin aber gar nicht mehr betrübt darüber. Ich habe Deine Liebe und bin überzeugt, daß Du mich sehr liebst. Diese soll mich immer, wenn die Menschen mich betrüben, wieder zufrieden und froh machen. Und unser gutes Kind macht mir auch viel Freude. Er freut sich auch recht auf Rossel. Ich bin heute sehr mit der Wäsche beschäftigt; Du mußt mir also verzeihen, wenn ich Dir nur so ein kleines Briefchen schicke. Ich danke Dir nochmals vor alle Liebe, die Du vor mich hast. Itzo leb wohl und behalte mich lieb. Ich freu mich, Dich wiederzusehen und Dir mündlich danken zu können.

In Eile. V.

[Weimar, zwischen 7. und 9. August 1798.]
Ich kann Dir, da ich heute mit bügeln muß, nur wenig
schreiben. Wir sind sehr fleißig, mir schneiden alle Nacht bis
12 Uhr Bohne, und am Tage haben mir mit der Wäsche zu
thun. Heute wird alles aufgehangen[1] und morgen wird alles
gezählt und die übrige Zeit die Zimmer in Ordnung gebracht. Ich denke, den Sonnabend nach Mittage nach Rossel
zu gehen. Ich wollte Dich fragen, ob ich darf ein paar
Bouteillen Wein von dem rothen mitnehmen, oder ob Du
mir einen Zettel auf ein paar Bouteillen Wertheimer
schicken willst. Von Rossel schreibe ich Dir. Behalte mich
nur lieb.

[*Beilage:* August]

Lieber Vater!
Ich bedanke mich vielmals für das Schächtelchen mit schönen Aprikosen, welche Sie mir am vorigen Sonnabende
herübergeschickt haben. Sie waren sehr schön süß und wohlschmeckend, ich habe sie aber dennoch nicht alle an Einem
Tage verzehrt, sondern einen Theil davon habe ich am
Sonntage zu meinem Frühstücke gegessen. Mit meinen
Raupen scheint eine große Veränderung vorzugehen, die
meisten derselben haben sich in die Erde verkrochen und
nur einige laufen auf der Wolfsmilch herum und lassen es
sich noch immer vortrefflich schmecken. Vermuthlich bereiten sich die ersten in der Erde ein Lager, wo sie sich
verpuppen können. Ich will von nun an immer nach ihnen
sehen, damit ich beobachte, wie es mit der Verwandlung der
Raupen zugeht. Meine Tannenraupe muß krank sein, sie

---

1 aufgehan.

frißt nicht und ist sehr zusammengeschrumpft; ich will erwarten, was aus ihr werden wird. Am Montage wurde in der Grotte bei der Sternbrücke ein Mann von einen Steine getödtet. Leben Sie wohl und behalten Sie mich lieb.

August Goethe.

195. *Goethe*

Aus Deiner Antwort erfahre ich, ob Du noch nach Roßla gehst. Sorge nur, daß das Haus nicht allein stehen bleibt, und immer jemand zur Aufsicht und Wache bleibt. Meine Arbeiten gehen langsam, doch aber gehen sie; vielleicht kommt es in einigen Tagen besser.

Lebe wohl! Küsse das gute Kind, ich verlange herzlich, wieder bei euch zu sein.

Schreibe mir von Roßla nicht eher, als bis Du mir sagen kannst, wie es mit diesem und jenem steht. Ich schicke euch alsdann etwas Obst. Nimm nur rothen Wein mit, was Du brauchst.

Sonntag fährt Herr Meyer zu mir herüber mit Professor Thouret.

Lebe recht wohl. Jena, den 10. August 1798.　　　G.

196. *Christiane*

Roßla, den 13. August [1798].

Gestern sind mir in Zottelstädt bei dem Müller Hage gewesen; mir sind aber da so tractirt worden, daß ich erstaunt bin. Der Müller hat da Steinkohlen entdeckt, wovon ich Dir ein Stück mitschicke; der Berg-Rath Voigt von Ilmenau ist itzo auch da und hat sie untersucht und findet sie wie die in Wickerstädt. Hier schicke ich Dir ein Stückchen mit. Bei uns hier im Gute ist weiter noch nichts gemacht. Der Herr Canzler ist ein Windbeutel; ich habe ihn gestern selbst erinnert, und er versprach, heute zu kommen, aber er ist nicht gekommen. Mit der Ernte geht es recht gut, mit dem Korne sind sie fertig. Wegen der Kühe-Tröge sind sie nur in Verlegenheit; Häser meinte, wenn er nur eine Eiche hätte, da wollte er welche machen lassen. Ist denn keine Eiche im alten Garten? Wenn Du nicht kommen kannst, Lieber, so will ich den Sonnabend wieder nach Weimar. Kämst Du aber künftige Woche hierher, so will ich hier bleiben, bis Du kämst. Wenn Du könntest wegen Canzler herkommen, wäre es gut. Sonst gefällt es mir sehr gut, und ich bin hier sehr zufrieden. Wenn Du mir etwa könntest eine kleine Melone mit schicken; und wenn sie in Jena etwa wohlfeile Heringe haben, so schicke mir einen mit. Gustel und Götze sind sehr glücklich. Leb wohl und behalte mich lieb. Ich freue mich, Dich bald wiederzusehen. Adieu, Lieber.

[*Beilage:* August]

Lieber Vater!
Ich war gestern in Zottelstädt[1] bei den Müller Hage. Es hat mir bei ihn recht gefallen. Ich bin fast alle Tage in den Tröbel. Fischers haben einen Laubfrosch, Fischers ist ein Schaf krepirt; ich bin übrigens ganz wohl. Leben Sie wohl und behalten Sie mich lieb.   August Goethe.

[Nachschrift Christianens]
Dem Überbringer dieses geben Sie kein Geld, es ist der kleine Knecht, lassen Sie aber etwas zu essen geben.

*

1 Zotzelst.

Drei Tage später, am 16. August, kam Goethe morgens von
Jena aus nach Ober-Roßla, am 17. kehrte er mit den Seinen
nach Weimar zurück. Erst am 22. September ging er für den
Rest des Monats wieder nach Jena.

*

197. *Christiane*

[Weimar, 26. (?) September 1798.]
Ich freu mich sehr, daß es Dir gut geht. Fischer und sein
Bruder sind heute zu Mittag bei mir; nach Mittage gehe ich
zur Bohlen ins Concert, wo es heute viele Äugelchen geben
wird. Und auf den Freitag, wenn es besser Wetter wird,
wollen mir nach Buttstädt zu dem Roßmarkt. Da wollen mir
das Kind mitnehmen. Sei nur so gut und schreibe mir den
Sonnabend, wenn Du kömmst. Bis dahin leb wohl und
behalt mich lieb. Adieu; ich muß lohnen.

[*Beilage:* August]

Lieber Vater!
Ich danke Ihnen für die schönen Weintrauben und für die
großen Pfirschen, welche Sie mir heute von Jena geschickt
haben. Die Weintrauben sind gegessen, aber die Pfirschen
habe ich aufgehoben, damit nicht alles auf einmal verzehrt
werde, was Sie mir schicken. Bei dem schönen Wetter, das
wir einige Tage hatten, habe ich mir auch ein Vergnügen
gemacht. Am Montage nach Mittag bin ich in Gesellschaft
meiner lieben Mutter und noch anderer Personen in Tiefurt
gewesen, wo mir die Frau Grobin zwei große Kürbisse
gezeigt hat, welche sie mir schenken will. Wenn ich sie
erhalten habe, will ich mir große Schiffe daraus machen
oder ich will sie aufheben; vielleicht sind Sie, liebes Väterchen, so gütig und machen mir mit demselben wieder einen

Spaß wie vor dem Jahre, wo Sie mir aus einem Kürbisse einen bösen Manneskopf machten, welcher mir mit seinen feurigen Augen und seinem weiten Maule sehr furchtbar war. Gestern bin ich in Lützendorf gewesen, wo ich mir Sprenkel machte, die ich im alten Garten stellen will. Leben Sie wohl und behalten Sie mich lieb.   August Goethe.

198. *Goethe*

Hier ist die Quittung für das Geld, das Du wohl verwahren magst. Meine Arbeiten gehen immer gut von Statten; Sonntags denke ich fertig zu sein und Montags früh von hier abzugehen, damit ich zu Mittag in Weimar bin und den Nachmittag nutzen kann. Lebe indessen wohl und vergnügt und grüße das Kind.

Keine Nüsse in den grünen Schalen sind nicht mehr zu haben; wenn Du sie aber ohne Schalen magst, so darfst Du es Sonnabends nur schreiben.

Jena, am 27. September 1798.   G.

199. *Christiane*

[Weimar, 29. September 1798.]
Lieber, allerbester Schatz, ich freu mich sehr, Dich den Montag wieder bei mir zu sehn, denn ohne Schatz gefällt es mir nicht recht zu Hause. Und da sind mir alle Tage ausgewesen; man könnte aber dadurch leicht liederlich werden, und das wäre nichts. Gestern waren mir in Buttstädt, wo es dem Kinde sehr gefallen hat. Und wegen des Theaters ist es auch gut, daß Du kömmst, denn mir kommt es vor, als wenn die 8 Tage nicht so viel gemacht wär, als wenn Du da bist. Bis dahin leb wohl und behalte mich lieb. Mir wollen Dich recht

fröhlich empfangen, und im Hause wirst Du alles recht sauber finden.

200. *Christiane*

[Weimar, 30. September 1798.]
Sei so gut und quittire diesen Zettel; auf der Kammer wollen sie gerne das Geld los sein. Lützow geht heute wieder rüber, da kannst Du es wieder mitschicken. Wir sind hier sehr lustig und vergnügt; ich wünsche, daß Dir es auch so gehen mag, und wir werden uns vergnügt wiedersehen. Und alsdann wollen mir auch hier vergnügt sein.

Leb wohl und behalte mich recht lieb.

*

Am 1. Oktober vormittags kehrt Goethe nach Weimar zurück; vom 14. bis zum 22. ist er wieder in Jena.

*

201. *Goethe*

Laß durch den Registrator die beiden Bücher
        Drelincourt: Achilles Homericus und
        Diderot: Sur la Peinture
aufsuchen, sie stehen beide auf dem Bücherbrett an der Thüre in meinem Wohnzimmer, und gib sie diesem Boten, wenn er zurückkehrt, mit.

Bei dem schönen Wetter geht es mir hier recht wohl, und ich hoffe fleißig zu sein. Ich wünsche Dir gleichfalls, recht vergnügt zu sein. Wenn mir noch was vorkommt, so schreibe ich mit den Botenweibern noch ein Wort. Kaufe auf dem Jahrmarkt einiges Werkzeug und Geräthe, was wir nach Roßla allenfalls brauchen. Jena, am 15. October 1798.

Laß die Botenfrau bei Dir im Hause warten und schicke die mitkommenden Sachen herum, Du packst das, was an mich soll, alsdenn selbst zusammen und gibst es ihr mit; wenn man sie in der Stadt herumlaufen ließe, könnte es Confusion geben.

Also

1. Ein Brief an Herrn Geh. Rath Voigt mit einer Schachtel; auf den ist allenfalls keine Antwort nöthig.

2. Ein Brief an Herrn Kammerrath Riedel mit einer Schachtel; auf den muß eine Antwort erfolgen, denn ich lade den Prinzen zur Weinlese ein.

3. Einen Brief an Herrn Hofkammerrath Kirms; dagegen erhalte ich ein kleines Packet.

4. Ein Brief an Kupferstecher Müller, von welchem ich auch ein Packet erwarte.

5. Einen Zettel auf 12 Bouteillen Wein, die Du im Keller holen lässest und entweder dieser Frau oder morgen den Botenweibern mitgibst, welches mir im Grunde einerlei ist.

————

Das Nothwendigste überhaupt ist die Antwort vom Kammerrath Riedel und das Packet von Müller, das Übrige hätte allenfalls bis morgen mit den Botenweibern Zeit; denn ich wünschte, daß Du diese Frau bald abfertigtest, weil ich, ehe die Botenweiber heute Abend abgehen, gern gewiß wissen möchte, ob der Prinz Donnerstags kommt. Lebe recht wohl.

202. *Christiane*

[Weimar, 15. October 1798.]
Mir sind eben in Begriff, nach Tiefurt zu gehen. Von den Büchern haben mir nur eins finden können. Von Müller ist die Antwort dabei. Böttiger hat Ihnen das heute vom Hof-

kammer-Rath gewiß schon überbracht. Den Wein sollen Sie morgen haben.

Übrigens in Eile. Morgen ein Mehres.

203. *Christiane*

[Weimar, 16. October 1798.]
Lieber, dieses Jahrmarkt ist es bei mir von Müllern, Pachtern und Pfarrleuten nicht leer geworden. Und die Freunde[1] dazu, dieß alles hat mir den Kopf ganz warm gemacht, daß ich schon mehr als einmal gewünscht habe, die Ferien[2] möchten vorbei sein. Mir ist es nicht recht, daß Du nicht besser Wetter hast zur Weinlese. Hier folgt der Wein. Mündlich habe ich Dir viel zu erzählen. Daß Johler[3] mit dem Nacht-Stuhl diese Woche ganz fertig wird, glaube ich nicht; Du wirst wohl bis Montag weg bleiben müssen. Auf den Sonnabend will ich Dir schreiben, wie weit es ist. Leb wohl und [behalte] mich recht lieb, und mache nicht zu viel Äuglichen.

[*Beilage:* August]

Lieber Vater!
Am Montage bin ich in der Komödie gewesen und habe den ›Fähndrich‹ spielen gesehen. Ich ging mit meinem Onkel in Ihre Loge, wo ich alles sehr gut sehen konnte. Das Stück hat mir aber nicht gefallen, es war zu langweilig, die Komödianten haben aber gut gespielt. Gestern früh war ich mit meiner lieben Mutter auf dem Jahrmarkte, da war es gar schön, ich habe mir auf dem Töpfenmarkte 4 kleine Pfännchen ge-

---

1 Frude (also vielleicht Freude beabsichtigt).
2 förichen.
3 da Foller.

kauft, mit denen ich aber nicht spielen will, sondern sie sollen als Lampen auf meinem Theater gebraucht werden; daher habe ich sie schon mit Wachs angefüllt und mittenhinein ein Docht gesetzt. Auch habe ich mir 2 kleine Spiegelchen und einen bleiernen Säbel auf das Theater gekauft. Meine Mutter hat mir ein paar Strümpfe und 6 Schnupftücher zum Jahrmarkt geschenkt, und von dem Herrn von Lützow habe ich einen Bogen Soldaten und einen Bogen Pferde nebst zwei großen Soldaten erhalten. Heute will ich mir wieder einige Pfannchen kaufen. Leben Sie wohl und behalten Sie mich lieb.   August Goethe.

204. *Christiane*

[Weimar, 19. October 1798.]

Lieber Schatz,

In Deinem Zimmer ist alles fertig, nur der Tünch ist noch nicht ganz trocken; aber bis Montag wird alles gut sein. Du kannst Montag so frühe ausfahren, als Du willst, soll alles in der besten Ordnung sein. Diese Woche habe ich auch recht fleißig sein müssen, die viele Wäsche in Ordnung zu bringen; alles wieder von vorn gezählt; aber es trifft alles, und dieses macht mich froh. Wegen des Hauses kannst Du außer Sorge sein, ich werde doch nicht itzo anfangen, liederlich zu sein. Ich bin diese Woche Einmal ausgewesen, das war in Tiefurt und in der Komödie; außerdem war ich die ganze Zeit zu Hause. Ich [freue] mich, wenn Du wieder bei mir bist; ich habe Dir allerlei zu erzählen. Leb wohl, Lieber, und behalte mich lieb.

*

Montag, den 22. Oktober, kehrt Goethe gegen 11 Uhr vormittags nach Weimar zurück; vom 11. bis zum 29. November ist er abermals in Jena. Der erste Brief Christianens während dieser Trennung, am 13. oder 14. November geschrieben, scheint sich nicht erhalten zu haben.

*

205. *Goethe*

Du schreibst mir von einem Briefe, den ich nach Frankfurt schicken soll, den ich aber in dem Packet nicht finde. Vielleicht kommt er heute Abend mit den Botenweibern. Auf alle Fälle kann der meinige erst Freitag Abends von Weimar abgehen. Ich schicke doch einen Boten morgen an Professor Meyer, und da kann ich Dir ihn mitsenden, damit Du ihn fortschickst.

Es thut mir sehr leid, zu hören, daß Du nicht wohl gewesen bist. Ich wünsche, daß Du gesund und munter bleibst.

Meine Geschäfte gehen zum Anfang ganz gut, doch muß es noch besser kommen.

Lebe recht wohl und grüße das gute Kind.

Jena, am 14. November 1798.   G.

206. *Christiane*

[Weimar, 14. November 1798.]
Hier schicke ich alles, aber zu den Westen kann ich nichts mehr bekommen. Sehe zu, ob Du in Jena welche kriegen kannst. Lieber, Guter, ich danke Dir herzlich vor den Wein. Ich bin sehr fleißig und nehme allerlei vor. Den Brief an die Mutter hatte ich Dir gestern vergessen einzupacken. Gerning ist hier und wohnt in der Nachbarschaft, ich habe ihn aber noch nicht gesprochen; am Montag war ich noch krank und konnte ihn nicht annehmen. Diese Woche will [ich] mit

aufräumen und Ordnung zubringen, künftige zu bügeln und dann zu schlachten[1].

Leb wohl und sei vergnügter als hier.

207. *Christiane*

[Weimar, 15. November 1798.]
Lieber, mit meiner Gesundheit ist [es] wieder etwas besser, aber es ist mir doch nicht ganz so wie sonst, ich weiß selbst nicht, was mir fehlt; ich will es ein paar Tage mit ansehen, und wenn es mir nicht besser wird, mit Huschken sprechen. Der Herr Gerning war gestern bei mir, er wird Dich bald in Jena besuchen. Er hat der guten Mutter ihre Silhouette mitgebracht, sie ist in Lebensgröße und ist sehr getroffen und hält Deine Silhouette in der Hand. Mir hat er ein seidenes Tuch von Florenz mitgebracht und auch etwas Kastanien[2]. Gestern habe ich mein neues Reitkleid angehabt, wofür ich Dir nochmals herzlichen Dank sage. Die Oper ging gestern sehr gut. Der Herzog war mit einem freundlichen Gesicht in Deiner Loge. Der Bauverwalter kommt alle Tage und fragt, ob ich nichts zu befehlen habe. Der hat gewiß Lust, denke ich aber allemal, Dir wieder etwas zu Leid zu thun, und lasse mich in nichts mit ihm ein.

Leb wohl und behalt mich lieb und schreibe mir manchmal ein freundliches Wort.

Gerning speist heute bei Hof.

1 Schladenn.
2 konsdamigen.

[Weimar, 17. (?) November 1798.]

Lieber, ich schreibe Dir heute nur wenig, weil ich kochen muß; ich habe heute Mittag Gerning bei mir zu Tische. Der Professor meinte doch, man müsse artig gegen den Knicker sein. Alleweile sagt mir der Professor, ich soll doch die Matiegzek[1] dazu einladen, und ich will es thun.

Leb wohl und behalte mich lieb. Ich wollte, Du wärst hier.

[*Beilage:* August]

Lieber Vater!

Ich befinde mich jetzt ziemlich wohl, nur habe ich manchmal des Morgens Kopfschmerzen, welche mich so angreifen, daß ich oft vor Schwäche hinfalle, doch ist das Beste dabei, daß die Schmerzen nicht lange dauern. Der ›Hieronymus Knicker‹, welcher am Mittwoche gespielt wurde, machte mir viel Spaß, besonders habe ich sehr über Malcolmi lachen müssen, der immer falsch hörte und erzählte, wie die Ochsen brummen: mu!! wie die Kanonen knallen: puff, puff! wie die Glocken summen: bumm, baum!! Die Geister nahmen sich auch artig aus und sangen immer: lilla, lilla, lilla!!

Ich kann nun das Activum der ersten und zweiten Conjugation, amo und doceo weiß ich fertig herzusagen. Wenn Sie wieder herüberkommen, so können Sie mich fragen, welches tempus und welchen modum Sie wollen, ich werde alles beantworten. Auf Weihnachten werde ich die Conjugationen können und dann mit dem Übersetzen anfangen. Leben Sie wohl und behalten Sie mich lieb. August Goethe.

---

1 Madize.

209. *Christiane*

Weimar, den 22. [vielmehr 19.] November [1798].
Da mir Herr Gerning soeben sagen läßt, daß er morgen nach
Jena geht, so will ich Dir nur sagen, daß ich und das Kind uns
beide recht wohl befinden, und daß morgen bei uns großes
Schlachtfest ist, und daß, wenn Du bei mir hier wärst, mir
gar nichts fehlte, und daß ich mir aber feste vorgenommen
habe, Dich unverhofft zu besuchen. Wenn Du einmal auf
den Abend nach Hause kommen wirst, so wirst Du Dein
Schätzchen finden und Dich gewiß freun. Ins Theater gehe
ich allemal. Das ist noch das Einzige, was mir itzo Freude
macht; und mit der Matiegzek freue ich mich auf die Redoute. Vielleicht bist Du da auch hier. Schreibe mir, wie es
Dir mit Deinen Arbeiten geht. Mir ist es, als wärst Du schon
sehr lange weg; wenn es Dir nicht glücken will, so komm
lieber zu mir. Du mußt mir es nicht übelnehmen, ich bin
Dein Hase und möchte nur immer bei Dir sein. Äugelchen
könnte ich hier genug machen, aber ich finde kein Vergnügen daran. Wenn Du hier bist, mache ich eher manchmal
welche; aber wenn Du nicht da bist, geht es gar nicht. Ich
bitte dich recht sehr, mache ja in Jena nicht zu viel; es träumt
mich alle Nacht davon. Es ist aber, weil ich immer am Tage
daran denke.

210. *Goethe*

Ich will Dir einmal selbst schreiben, um Dir herzlicher zu
sagen, daß ich Dich liebe und mich über Deine und des
Kindes Gesundheit freue. Wegen des Kopfwehs, worüber
August manchmal klagt, müßte man doch den Doctor gele-
gentlich fragen.
  Meine Arbeiten fangen an zu rücken, doch langsamer als

sonst. Ich bitte Dich daher, nicht unvermuthet herüber zu kommen; ich muß es wieder auf meine gewöhnliche Art halten und hier so lange in Einem Stücke arbeiten, als ich mag und kann. Alsdann wollen wir wieder vergnügt beisammen sein. Äugelchen gibts hier gar nicht, die alten sind abgestorben, und Neues ist nichts nachgewachsen.

Lebe recht wohl, grüße das liebe Kind. Zur Redoutenfreude wünsche ich im Voraus Glück. Lebe wohl und liebe mich. Jena, den 20. November 1798.   G.

211. *Christiane*

[Weimar, 21. November 1798.]
Gestern Abend war ich bei der Matiegzek, und wir saßen ganz ruhig und nähten. Auf einmal kam Herr Richter, und er hat uns bis 10 Uhr recht artig unterhalten. Aber, unter uns gesagt, er ist ein Narr; und ich kann mir nun denken, wie er bei den Damen[1] Glück gemacht. Ich denke, ich und die Matiegzek, mir wollen noch oft unsern Spaß haben. Wenn Du wiederkömmst, sollst von Wort zu Wort unsere Unterhaltung erfahren. Die Matiegzek sagt, er spräche zu gelehrt, aber ich versteh beinahe alle Worte. Er hat mir gesagt, daß er Sonnabend nach Jena eingeladen wär bei Schütz, wo er Dich auch antreffen würde. Er hat sich bei mir beklagt, daß er sich niemals in unserm Hause finden könne; er hätte zu dem Herrn Professor gewollt, hätte sich aber nicht finden können und hätte wieder fortgehen müssen. Wenn ich es aber itzo erlaubt', so wollt er erst bei mir anfragen und mich bitten, daß ich ihn zurecht führen ließ'.

Heute gehe ich wieder in die Komödie. Es geht bei dem Theater alles gut. Der Herzog ist allemal in Deiner Loge.

---

1 Damonen.

Hier schicke ich Dir etwas von meinem Schlachtfest. Ich bin nicht so ganz mit meinem Schwein zufrieden; ich denke aber, es soll mit dem Speckschwein besser werden. Von dem Bauverwalter seiner Gefälligkeit hast Du gar keinen Begriff; ich muß oft ihm bald ins Gesicht lachen. Und er hat es so zu machen gewußt, daß ich ihm habe wider meinen Willen eine Schlacht-Schüssel schicken müssen; und den Pferde-Mist darf ich von keinem andern Menschen nehmen. Ich ließ unsern Mist im Hofe ausfahren, und er kam dazu. Da hat er mir schöne den Text[1] gelesen, warum ich es ihm nicht hätte sagen lassen; er versicherte mir, ich könne verlangen, was ich nur wollte, ich könne es von ihm verlangen, und wenn es sein Leben beträfe, so sollte ich es haben.Und wenn er eine von meinen Mägden[2] sieht, so befiehlt er ein unter-thäniges Compliment. Aber nur desto mehr fürchte ich mich vor ihm. Übrigens geht es mir ganz gut; nur mit meiner Köchin habe ich meine Noth, die nimmt mir alles untern Händen weg, und ich muß den ganzen Tag die Augen auf alles haben. Ich habe mir aber eine andere gemiethet; auf Weihnachten muß sie fort. Wenn mir es nicht um die Leute wär, so schickte ich sie gleich fort, denn sie macht lauter dumme Streiche, die ich Dir alle erzählen will, wenn Du wiederkömmst. Die Marie aber wird alle Tage braver, und wenn ich die nicht hätte, ging' es mir schlecht. Leb wohl und behalt mich nur recht lieb.

[*Beilage:* August]

Lieber Vater!
Ich bin jetzt wieder ganz wohl, meine Kopfschmerzen haben aufgehört, und ich spüre des Morgens auch keine Schwäche im Kopfe mehr. Gestern war ein großes Fest für mich, denn

1 Decks.
2 Mächten.

wir haben zwei kleine Schweine geschlachtet. Ich war dabei, als sie in den Hals geschnitten wurden, das eine schrie mehr als das andere. Dann habe ich auch gesehen, wie die Würste gemacht werden. Die Schweine wogen 130 Pfund. Die Blasen habe ich bekommen, ein Mann hat sie mir aufgeblasen, wodurch sie sehr groß wurden. Gestern habe ich mich auch von einem Jungen in die Hoffischerei auf dem Schlitten fahren lassen, wobei ich aber bald die Zehen erfroren hätte. Der Herr Professor Meyer hat mir heute einen Theil von der blauen Bibliothek geschenkt, der mir viel Spaß machen soll. Leben Sie wohl und behalten Sie mich lieb. August Goethe.

212. *Christiane*

[Weimar, 24. November 1798.]
Ich danke Dir vor das Rehebrätchen. Itzo gehen bei uns die Winterfreuden an, und ich will mir sie durch nichts lassen verbittern. Die Weimarer thäten es gerne, aber ich achte auf nichts. Ich habe Dich lieb und ganz allein lieb, sorge für mein Bübchen und halte mein Hauswesen in Ordnung, und mache mich lustig. Aber sie können einen gar nicht in Ruhe lassen. Vorgestern in [der] Komödie kommt Meisel und fragt mich ohne Umstände, ob es wahr wär, daß Du heurathst[1], Du schafftest Dir ja schon Kutsche und Pferde an. Ich wurde den Augenblick so böse, daß ich ihm eine recht malicieuse Antwort gab, und ich bin überzeugt, der fragt mich nicht wieder. Weil [ich] aber immer daran denke, so habe ich heute Nacht davon geträumt. Das war ein schlimmer Traum, den muß ich Dir, wenn Du kommst, erzählen. Ich habe dabei so geweint und laut geschrien, daß mich Ernestine aufgeweckt hat, und da war mein ganzes Kopfkissen

---

1 heuerachts.

naß. Ich bin sehr froh, daß es nur ein Traum war. Und Dein lieber Brief macht mich wieder froh und zufrieden. Es gibt recht gutes Eis, und ich will wieder Schlittschuh fahren, und morgen wollen mir mit auf dem Schlitten nach Kötschau fahren, ich, Ernestine, Matiegzek und die Bohlin. Und hernach fahren die Freunde nach Jena und wir nach Weimar. Auf die Redoute freuen mir uns sehr. Wenn Du hier wärst, wäre uns freilich noch lieber; aber da ich höre, daß es Dir mit Deinen Arbeiten gut gehet, das ist besser als Redouten-Freude, weil ich weiß, wenn es Dir mit Deiner Arbeit gut geht, Du auch recht vergnügt wiederkömmst. Und dann wollen mir sehr vergnügt zusammen sein. Aber allem Anschein nach kriegen mir einen starken Winter, denn hier liegt der Schnee schon eine Elle hoch. Leb wohl und behalte mich lieb.

Die Matiegzek empfiehlt sich bestens; und auf den Mittewoch ist die ›Zauberflöte‹, und den Sonnabend nach der Redoute und auf den Montag wollen mir das Pannier[1]-Kleid ausnähen [?].

[*Beilage:* August]

Lieber Vater!

Am Donnerstage bin ich zum ersten Mal auf dem Eise gewesen und habe von halb 2 bis halb 3 Uhr mit Herrn Eisert gefahren. Der Schwansee trug aber noch nicht so, daß man ganz um denselben hätte fahren können, wir fuhren daher bloß von dem Häuschen bis herunter an den Baumgarten, so weit die Bahn ging. Auch gestern habe ich von 4 bis 5 Uhr gefahren, ich bin aber noch nicht um den Teich oft herum gekommen, weil noch keine Bahn gekehrt war und es mir zu sauer wurde, im Schnee zu fahren. Herr Eisert will

1 banninn.

nun alle Tage, wenn es gefroren ist, mit mir fahren und zwar allemal von 1 bis 2 Uhr, weil es da am schönsten ist und ich um diese Zeit eben keine Lernstunde versäume. Ich bekomme morgen ein paar Frieshosen und eine Pelzjacke, worauf ich mich sehr freue. Leben Sie wohl und behalten Sie mich lieb. Weimar, den 24. November 1798. August Goethe.

213. *Goethe*

Da Du mir schreibst, daß Du heute nach Kötschau fährst, so will ich Dir, da eben ein Bote geht, dahin einen Gruß senden. Es freut mich, daß ihr schön Wetter habt, und wünsche, daß Dir dieses Vergnügen, so wie alle andre Freuden dieser Woche recht wohl anschlagen und alle Grillen und Träume verjagen mögen. Mit meinen Arbeiten geht es sehr gut, und wenn es noch eine Zeit lang dauert, so werden wir uns Ostern einer guten Einnahme zu erfreuen haben. Lebe recht wohl und grüße Deine Gesellschaft.

Jena, den 25. November 1798.   G.

214. *Goethe*

Heute sage ich Dir nur einen Gruß und bitte Dich, mir die stärkste von den gestreiften Westen zu schicken, damit ich doch zwei habe, wenn ich die eine von meinen gelbgestreiften muß waschen lassen.

Die Würste, die Du mir geschickt hast, haben mir recht wohl geschmeckt.

Hast Du einen Brief erhalten, den ich Dir am Sonntag schrieb? und der Dich in Kötschau oder Weimar finden sollte.

Die Schlittenbahn hat nicht lange gedauert, aber sie

5. *Christiane im Jägerhaus in Weimar.*
Zeichnung von Johann Heinrich Lips, 1791

haben sichs hier die wenigen Tage recht zu Nutze gemacht, die Philisterpferde haben was ausstehen müssen.

Meine Arbeiten gehen jetzt sehr gut und schnell; es ist nun einmal nicht anders, daß ich mich wenigstens erst acht Tage sammeln muß; ich will nun auch nicht aufhören, bis es entweder nicht mehr geht, oder bis ich durch etwas Nothwendiges abgerufen werde.

Lebe recht wohl und grüße das Kind.

Ich wünsche, daß die zweimalige ›Zauberflöte‹ so wie die Redoute gut ablaufen möge. Jena, am 27. November 1798. G.

215. *Christiane*

[Weimar, 27. November 1798.]
Deinen lieben Brief habe ich in Weimar erhalten, weil nichts aus unserer Fahrt nach Kötschau geworden ist. Die Verliebten hatten übele Laune, und allein wollt ich nicht; da sind mir bloß hier herumgefahren. Aber ich bin sehr froh, daß ich nicht von den Launen so eines ehrbarlichen Liebhabers abhänge. Denn es ist was Elendes, so eine lange Liebschaft. Wir waren auch durch diesen Brief, den ich Dir hier mitschicke, auf heute zu einer Schlittenfahrt eingeladen, aber ich habe es gleich abgeschlagen. Die Bohlen aber und die Glüsingen sind nüber und können auf Schmutz fahren. Wenn Du was zu bestellen hast, die Bohlen fährt morgen wieder rüber; sie ist bei der Schütz. Den Herrn Richter habe ich, seitdem er sich in Jena ein Räuschchen getrunken hat und sich in die Madame Mereau verliebt, nicht gesehen. Daß es Dir gut geht, das freut mich; wenn Du mir aber schreiben würdest, daß Du kämst, so will ich mich auch recht freuen. Weil Dir meine Würste geschmecket haben, so schicke ich Dir wieder etwas. Leb wohl und habe Deinen Schatz lieb.

[*Beilage:* August]

Lieber Vater!
Nun ist die Lust auf dem Eise schon wieder zu Ende, alles ist
aufgethauet, und man sieht fast keinen Schnee mehr. Am
Montage nach Mittag habe ich das letzte Mal gefahren, ich
bin aber da meinem Versprechen untreu geworden, denn
statt daß ich mich nur jedesmal, wie ich mir vor kurzem
vornahm, eine Stunde auf dem Eise aufhalten wollte, habe
ich an diesm Tage 2 Stunden von 2 bis 4 Uhr gefahren. Ich
würde dieß aber gewiß nicht gethan haben, wenn meine
liebe Mutter nicht auch auf dem Eise gewesen wäre, von
welcher ich mich nicht gern trennen wollte. Von einem
Geschenke, das mir Herr Meyer von Jena gemacht hat, will
ich Ihnen bald Nachricht geben. Leben Sie wohl und behalten Sie mich lieb. Aug. Goethe.

*

Am 29. November nachmittags kehrt Goethe nach Weimar
zurück und trifft in seinem Hause ein, als Christiane mit
August gerade in einem Konzert ist. Sie finden, heimkehrend, zwar nicht Goethe, der ausgegangen war, aber das
mitgebrachte Geschenk von Süßigkeiten und bedanken sich
dafür, ehe sie sich schlafen legen, in den folgenden beiden
Briefchen.

*

216. *Christiane*

[Weimar, 29. November 1798.]
Lieber Schatz,
Da wir von der Harmonika zurückkamen, hatten wir sehr
großen Hunger; wir suchten lange in Deinem Zimmer, ob
Du uns etwas mitgebracht hättest, und endlich entdeckten

wir die schöne Düte und haben es uns recht wohl schmecken lassen und Dich immer sehr dabei gelobt, daß Du immer sehr, bei allen Gelegenheiten, vor Deine Kinder sorgetest und uns recht lieb hättest; und wir waren sehr vergnügt. Itzo hoffen mir nur, daß Du bald nach Hause kämst, und wir Dir sagen könnten, wie lieb mir Dich hätten. Ich wünsche mir nur immer, daß ich Dir auch so viel zu Lieb thun könnte, wie Du mir thuest; aber Verdruß will ich Dir gewiß mit meinem Wissen nie machen. Leb wohl und behalte mich nur lieb. Dein treuer Schatz.

[*Beilage:* August]

Lieber Vater!
Ich bin in dem Komödienhaus bei der Harmonika gewesen, aber dieß ist mir nicht wohl bekommen, denn ich habe Kopfschmerzen bekommen; übrigens war die Musik sehr schön. Wie mir nach Hause kamen, freuten wir uns, daß Sie uns so was Schönes mitgebracht hatten. Ich will aber auch recht fleißig lernen, daß ich auch meinem lieben Vaterchen Spaß mache. August Goethe.

1799

Vom 7. bis zum 28. Februar ist Goethe in Jena. Leider sind die ersten Briefe Christianens aus diesem Jahre nicht bekannt; nur die ihnen beigelegten Briefchen des kleinen August haben sich erhalten.

*

217. *Goethe*

Nachdem unsere gestrige Fahrt so vergnügt und glücklich ablief, entschloß ich mich heute früh abermals zu einer Schlittenfahrt mit Götzen. Die Kälte war aber so groß, daß wir beide zufrieden waren, als wir uns wieder zu Hause befanden. Wir waren bis Burgau gefahren, und die Gegend sieht bei ihrer Mannigfaltigkeit auch in dieser Jahrszeit noch ganz freundlich aus. Ich bin auch heute schon ganz fleißig gewesen und wünsche nur, daß es so fortgeht.

In meinem hintern Vorzimmer neben dem Mikroskop liegen Bücher, unter denen mir Dein Bruder den Theophrastus de coloribus aussuchen mag, den Du mir mit den Botenfrauen schicken kannst. Indessen lebe recht wohl und grüße mir den Kleinen schönstens, er soll mir ja recht fleißig schreiben. Jena, den 8. Februar 1799.   G.

[Weimar, 9. Februar 1799.]

Lieber Vater!

Sie werden wohl vorgestern auf dem Wege nach Jena sehr gefroren haben, weil die Luft so kalt wehete, daß ich mich selbst auf dem Eise nicht länger als eine halbe Stunde aufhalten konnte. An demselben Tage bin ich auch sehr erschrocken. Ich war in den Stunden, als die Frau Professorin schnell zu uns herauf kam und sagte: es sei Feuer in der Stadt. Wir sahen gleich hinaus und hörten das Stürmen und das Laufen der Menschen, von denen einige sagten: das Feuer sei in Ober-Weimar. Als wir nach dieser Gegend sahen, erblickten wir einen feuerrothen Schein. Wir erfuhren dann, daß das Feuer in Ehringsdorf sei, wo 6 Häuser und 13 Scheunen abgebrannt sein sollen. Leben Sie wohl und behalten Sie mich lieb. A. Goethe.

218. *Goethe*

Ich habe mich heute wieder verführen lassen, eine Stunde Schlitten zu fahren. Die Kälte war viel erträglicher als neulich, und ich finde mich von der Bewegung ganz heiter.

Meine Arbeiten gehen bis jetzt recht gut von Statten, und ich werde in den nächsten drei Wochen schon etwas vor mich bringen. Es war aber auch endlich einmal nöthig, daß etwas geschah.

Ich schicke Dir hierbei etwas Wildpret, daran es mir hier nicht fehlt. Mit meinem Essen steht es überhaupt ganz gut, ich lasse mir von der Trabitius Morgens wieder Wassersuppen kochen, denn es scheint doch, daß die Chocolade mir nichts taugt. Wer weiß auch, was sie bei der Fabrication hineinmischen. Lebe recht wohl, grüße das

Kind und gib ihm inliegendes Briefchen. Jena, den 12. Februar 1799. G.

Das Buch ist mir richtig überbracht worden.

218 a. *August*

[Weimar, 12. oder 13. Februar 1799.]

Lieber Vater!

Sie werden sich noch zu erinnern wissen, daß ich Ihnen einmal Ihre Uhr, die Sie bei Ihrer Abreise von hier nach Jena mitzunehmen vergessen hatten, in einem kleinen Schächtelchen hinüber geschickt habe, auf dessen Deckel ein Bildchen war. Wollten Sie nicht so gütig sein und mir dasselbe wieder zurückschicken, wenn es noch zu finden ist? ich möchte gern einen Theil meiner Soldaten hinein packen. Am Montage war ich in der Komödie und sahe das Stück: ›Stille Wasser sind tief‹. Vohs machte immer tiefe Complimente und wußte einen dummen Menschen sehr gut zu machen; Beck machte auch viel närrisches Zeug, er sagte immer: »Mich hungerts« und wollte sich über Vohsen halb todt lachen. Leben Sie wohl und behalten Sie mich lieb. August Goethe.

219. *Goethe*

Ich danke Dir für Deine Briefe, die doch dießmal so gar kurz nicht sind.

Ich freue mich zu hören, daß ›Albert von Thurneisen‹ euch recht gerührt hat. Es ist bei diesem Stück darauf angelegt, daß nicht leicht jemand mit trocknen Augen herausgehen soll.

Ich bin diese Tage fast jeden Morgen eine Stunde auf dem Schlitten gefahren und befinde mich ganz wohl davon.

Mit den Pferden ist es mein völliger Ernst; nur muß man sich voraussagen, daß bei dem Vergnügen und Nutzen, den man sich davon verspricht, auch manches sehr Unangenehme vorkommt, worüber man sich denn hinwegsetzen muß. Da Du diese Art von Besorgungen gern übernimmst, so wird es Dir leicht werden, und Du wirst für die Mühe und für den Verdruß auch manche gute Stunde haben.

Meine Arbeiten fördern so ziemlich, doch, hoffe ich, soll es täglich besser gehen.

Für heute lebe wohl und besorge die Inlagen sogleich aufs beste. Jena, am 15. Februar 1799.   G.

220. *Goethe*

Die Botenweiber wollen wieder um Mittage fort, deßwegen sage ich Dir nur mit wenigem, daß ich mich wohlbefinde und fleißig bin. Wenn sonst nichts vorfällt, gedenke ich noch 14 Tage hierzubleiben; da könntest Du Sonnabend, den zweiten März, herüberkommen und Montag, den vierten, wieder mit hinübergehen.

Doch darüber können wir noch Abrede nehmen.

Lebe wohl, grüße das Kind und sei vergnügt.

Es wird ein Packet mit Geld ankommen, welches Du wohl verwahren wirst.

Jena, am 19. Februar 1799.   G.

Schicke mir doch ein Stängelchen von des Doctors Pflaster, ich habe wieder einen kleinen Schwären auf dem Rücken bekommen, der zwar gar nichts bedeutet, aber mich doch incommodirt.

220 a. *August*

Lieber Vater!

Ich bedanke mich recht sehr für die Täubchen, Aprikosen, Kärtchen, Bildchen, Herzchen und für die andern schönen Sachen von Zucker, welche Sie mir am vorigen Sonnabend in dem Schächtelchen geschickt haben. Am Montage nach Mittag ging ich durch den Park spazieren, wo es ziemlich glatt war, so daß ich einigemal hingefallen bin. An den Seiten der Chaussée nach Belvedere war unter den Bäumen sehr viel gefrornes Wasser, auf dem man vortrefflich herumgleiten konnte. Hierauf ging ich in das Theater und sahe zuerst: ›Wie machen sie es in der Komödie?‹ und dann den ›Juristen und Bauer‹. Da letzte Stück hat mir am besten gefallen; Becker hatte sich gräßlich gemalt, gähnte immer und schnitt komische Gesichter. Nachher war er betrunken und taumelte auf dem Theater herum, worüber ich viel gelacht habe. Leben Sie wohl und behalten Sie mich lieb. Weimar, den 20. Februar 1799. August Goethe.

221. *Goethe*

Da meine Arbeiten, auf die ich dießmal rechnen konnte, so ziemlich vollbracht sind, so könntest Du allenfalls auch schon den nächsten Sonntag, den 24. dieses, herüberkommen. Ich schreibe Dir dieses vorläufig, damit Du Deine Einrichtung machen kannst. Ich wünsche, daß Du den Freitag eine vergnügte Redoute haben mögest, Sonnabend wohl ausschläfst, eine hübsche Komödie sähest und Sonntag leidliches Wetter hast. Die Frau Postverwaltern wird Dich mit Vergnügen aufnehmen. Lebe wohl, grüße das Kind; den Freitag schreibe ich mehr.

Jena, am 20. Februar 1799.

Mein Verlangen, Dich und das liebe Kind wiederzusehen, ist gar zu groß, daß ich Dich eher, als ich wollte, berufen muß. Lebe wohl und behalte mich recht lieb.   G.

221 a. *August*

Lieber Vater!
Meine liebe Mutter und ich, wir freuen uns recht sehr, daß Sie uns durch einen Husaren haben einen Brief zugeschickt, in welchem Sie uns einladen, nach Jena zu kommen, um Sie zu besuchen. Ich habe eine große Sehnsucht, meinen lieben Vater wiederzusehen und zugleich die Saale in Augenschein zu nehmen, welche jetzt sehr angeschwollen sein und viele große Eisschollen vor der Stadt vorbei treiben muß. Es thut mir daher leid, daß ich den Sonnabend noch nicht kommen kann, weil meine Mutter noch viel zu thun hat, aber auf den Sonntag werde ich Ihnen in Jena ein Küßchen geben. Den kleinen Karl grüßen Sie von mir. Leben Sie wohl und behalten Sie mich lieb. Weimar, im Februar [20.] 1799.

August Goethe.

221 b. *August*

[Weimar, 22. (?) Februar 1799.]
Lieber Vater!
Es ist mir recht lieb, daß es nun ernstlich anfängt zu thauen, ich glaubte, es würde gar kein Sommer wiederkommen. Am Mittwoche des Nachmittags ging ich bei dem schönen Wetter mit dem kleinen Ernst und Herrn Eisert nach Ehringsdorf, um die Brandstätte zu sehen. Der Weg auf der Chaussée bis nach Ober-Weimar war gut gebahnet, nur war das nicht schön, daß uns die Holzwagen und Schlitten zu oft nöthig-

ten, in den Schnee zu treten. Wir sahen in Ehringsdorf die
6 abgebrannten Häuser und mehrere Scheunen; die Bretter
am Kirchthurme waren schwarz, weil er schon zu brennen
angefangen hatte; eine alte Linde bei der Kirche hat auch
einige Äste verloren. Die Brandstätte würde noch schrecklicher ausgesehen haben, wenn der tiefe Schnee nicht manches bedeckt hätte. Wir kamen zwar müde nach Hause, aber
es war uns doch wohl. Leben Sie wohl und behalten Sie mich
lieb.   August Goethe.

*

Goethes Tagebuch vermerkt am 24. Februar: »Kamen die
Meinigen«, am 25.: »Mittags in Winzerla gegessen«, am 28.:
»Abreise von Jena.« – Drei Wochen später, Gründonnerstag,
den 21. März, begibt Goethe sich abermals nach Jena; sein
erster Brief an Christiane (vom 22. März) ist leider nicht
bekannt.

*

222. *Christiane*

Das Geld von der Eisenachschen Kammer und von der
Weimarischen habe ich beides an den Herrn von Knebel
geschicket, das von Ludecus aber habe ich nicht bekommen
und also in der Buchhandlung nicht bezahlen können. Vor
das Überschickete danke ich herzlich; von dem Bischof[1] wird
alle Tage zum Frühstück nur ein kleines Gläschen getrunken. Daß Dir es mit arbeiten so gut geht, freut mich; ich
werde unterdessen recht lustig sein. Den Donnerstag werden
mir in Kötschau sein. Du sollst von morgen an ein kleines
Tagebuch von mir erhalten; alle Abend will ich Dir schreiben, wie mir es den ganzen Tag ergangen ist. Heute muß ich

---

1 Pisschofft.

Kuchen backen und kann Dir also nicht so viel schreiben; meine einzige Bitte ist, mich Hasen nur recht lieb zu behalten.

Weimar, den 23. März [1799].   V.

[*Beilage:* August]

Lieber Vater!
Ich muß Ihnen doch schreiben, wie es mit dem Eiersuchen abgelaufen ist. Am Donnerstage um 3 Uhr ging ich zu dem kleinen Stein, bei dem sich schon 4 Kinder versammelt hatten, um Eier zu suchen. Es waren 5 Nester, in einem jeden lagen 6 Eier. Mein Nest, das im Ofen lag, fand ich zuerst. Hierauf spielten wir bis nach 5 Uhr mit dem hölzernen Pferde. Gestern war nun Eiersuchen bei mir. Der kleine Stein, Kästner mit seiner Schwester und Götze waren da. In jedem Neste, welche in dem Garten versteckt waren, lagen 3 Eier, ein rothes, gelbes und weißes, außerdem ein Brottörtchen, eine Makrone, Bisquit und ein spanisches Butterbrot. Ich und Götze fanden unsere Nester zuerst. Nach diesem Spaße ließen wir 2 mit Lanzen bewaffnete Soldaten mit einem Drachen kämpfen. Leben Sie wohl und behalten Sie mich lieb.   August Goethe.

*

223. *Christiane*

[Weimar, 27. März 1799.]

Lieber, Bester, itzo will ich Dir sagen, wie es mir in Deiner Abwesenheit ergangen ist.

Freitag, den 22., war ich in der Kirche und auf den Abend bei der Matiegzek. Sonnabend am Tage bin ich fleißig gewesen und habe allerlei in Ordnung gebracht; und auf den

Abend war die Matiegzek bei mir. Sonntag in der Kirche und nach dieser nach Belvedere. Montag waren die Freunde bei mir, und wir gingen in die Komödie; das Stück ging sehr gut. Dienstag frühe habe ich mich mit dem Gartenwesen beschäftigt, welches mir dieß Frühjahr recht viel Freude machen wird; auf den Abend Redoute, wo ich wieder einen sehr schönen Tänzer habe kennen lernen, der mit dem Namen Eisert heißt. Heute muß ich mich erkundigen, was es vor ein Landsmann ist. Mit dem habe ich so viel getanzet, daß ich ein paar ganz neue Schuhe habe durchgetanzt; habe aber auch 1 kleinen Thaler gewonnen, und es war sehr schön, es hat mir sehr gefallen, und ich bin heut ganz munter und vergnügt. Heute habe ich Dich schon oft gewünscht, daß Du hier wärst, daß ich Dir alles erzählen[1] könnte. Ich habe gestern viel Freude gehabt; nur als ich nach Hause kam, fehlte mir mein lieber Schatz. Da küßte ich den Gustel und schlief ein. Heute habe ich wieder allerlei zu besorgen, und auf den Abend werde ich den Herrn Spitzeder sehen. Morgen geht es nach Kötschau, und auf den Freitag wollte ich nach Roßla fahren und da allerlei ins Gleiche bringen.

Wenn Du wiederkömmst, wirst Du mir es schon schreiben. Leb wohl und denke manchmal an Schatz. Adieu, Lieber.

[*Beilage:* August]

Lieber Vater!
Diese Feiertage habe ich sehr vergnügt zugebracht. Ich habe meist im Garten gespielt, besonders mit Götzen und Ernsten viel gekegelt. Am zweiten Feiertage habe ich den ›Hamlet‹ gesehen, der mir sehr gefallen hat; Malcolmi machte den Geist sehr gut, er sprach in einem tiefen Tone und betrug

---

1 herzälen [aber doch wohl das Obige beabsichtigt].

sich wirklich wie ein Geist, vor dem man sich fürchten muß. Vohs gefiel mir als Hamlet sehr gut, besonders da, wo er die kleine Komödie aufführen läßt. Gestern wurde im Garten an meinem kleinen Häuschen gemauert, in das ich das Wasserhuhn logiren will. Hierauf schossen wir mit dem Bogen, dann spielte Stein und Götze mit meinem Dorfe, das ich durch den Drachen verwüsten ließ. Die Redoute gefiel mir nicht, weil nichts Komisches zu sehen war. Leben Sie wohl und behalten Sie mich lieb.

Julius August Goethe.

224. *Christiane*

[Weimar, 30. März 1799.]

Itzo, mein Lieber, folgt meine Fortsetzung. Der Herr Spitzeder ist, glaube ich, mehr vor ernste Rollen als vor komische, hat aber eine sehr gute Aussprache. Und ich glaube, wenn man ihn gewohnt ist, wird er besser gefallen. Den Donnerstag waren mir [in] Kötschau sehr vergnügt. Es gingen einige theatralische Szenen vor, die ich Dir alle so des Abends erzählen will; dann mußt Du gewiß lachen. Gestern war ich [in] Roßla und habe den Reimann gesprochen; der ist in der völligen Arbeit, und zu Ende der künftigen Woche wird er mit setzen der Bäume fertig werden. Ich habe mit ihm gegessen, und ich hatte etwas Wein mit, das war gut. Ich habe auch dem Pachter seinen Bruder auf ein paar Tage mitgenommen. Nunmehro sind unsere Lustpartieen am[1] Ende, und sobald es gutes Wetter wird, will ich mich sehr viel mit meinem Gartenwesen beschäftigen[2]; und alsdenn haben wir vielleicht auch wohl Pferde, die mir alsdann viel Freude machen werden und Arbeit. Daß Du aber bald

---

1 ein.
2 beschädigen.

einmal nach Roßla mußt, ist sehr nöthig; es ist so vieles zu bereden, ich muß aber auch dabei sein. Wenn Schiller[1] nicht zu der Zeit, wo Du rüberkömmst, mitkömmt, und es wäre schönes Wetter, so könntest Du nach Roßla reiten, und ich käme mit dem Wagen und holte Dich, und auf den Abend führen mir herein. Daß Dir es mit Deinen Arbeiten gut geht, freut mich sehr, aber noch mehr, daß Du vergnügt bist. Ich bin auch ein Hase, wenn ich nur nicht seit der Redoute[2] schon ein Meerweibchen wäre. Leb wohl und denke an Deinen Schatz, der Dich immer lieber hat.

[*Beilage:* August]

Lieber Vater!
Gestern war ich mit meiner Mutter in Roßla, wo ich mich sehr lustig gemacht habe. Wir fuhren um 9 Uhr von hier weg und waren um 11 Uhr unten. Ich verzehrte nun ein Stück Brot, Eier und Schinken, dann ging ich mit Götzen von 12 bis 3 Uhr in die Schule, wo zuerst 2 Jungen an die Tafel geschriebene Noten absingen mußten, ich sahe indeß Bilder an; dann mußten dieselben Jungen ein Liedchen absingen, wobei ich sehr gelacht habe, weil sie immer jede Zeile 4-6 Mal wiederholten und zwar immer in andern Tönen. Nun wurde geschrieben, ich schrieb eine Vorschrift ab, in welcher die Größe der Erde angegeben war. Nachher wurden einige Wörter buchstabirt. Nach der Schule hüpften wir im Strohe herum. Leben Sie wohl und behalten Sie mich lieb. August Goethe.

1 Schüler.
2 Rude.

225. *Goethe*

Wenn ich Dir diese Zeit über wenig geschrieben habe, so war es, weil ich gar wenig zu sagen hatte. Meine Arbeit ging gut von Statten; anfänglich beim schönen Wetter ging ich spazieren und jetzt bei der Kälte bleib ich zu Hause. Abends geh ich zu Schiller, und so vergeht ein Tag nach dem andern. In diesen nächsten acht Tagen denke ich noch manches zu thun; sollte das Wetter einmal recht schön werden, so entschließe ich mich vielleicht, nach Roßla zu reiten, und schicke Dir einen Boten, damit Du auch hinauskommst. Schickt sich das aber nicht, so gehen wir einmal von Weimar zusammen hin.

Es ist gut, daß die Baumpflanzung zu Stande ist, denn es war freilich die höchste Zeit, und man wird, wenn es einen dürren[1] Sommer gibt, dennoch gießen müssen.

Du hast ja wohl den Schlüssel zum Schreibepult, der in Roßla steht?

Ich füge noch mit eigner Hand hinzu: daß ich Dich herzlich lieb habe und bald wieder mit Dir zu sein wünsche. Grüße das liebe Kind und sag ihm, er soll mir schreiben. Lebe recht wohl und behalte mich lieb.

Jena, den 2. April 1799.   G.

226. *Christiane*

[Weimar, 2. April 1799.]
Lieber, ich danke Dir, daß Du mir nur einige Zeilen geschrieben hast. Diese Woche will ich noch recht fleißig sein und meine Kleider alle in Ordnung bringen und das weiße Kleidchen machen[2], um daß, wenn Du wiederkömmst, wir

---

1 ein dürrer.
2 Könnte auch nähen heißen sollen.

rechte Schlampamps-Stündchen haben können. Hier schicke ich Dir den Brief, den ich soeben von dem Barmer Herrn von Hendrich erhalten habe. Sei so gut und schreibe mir bald, was ich ihm antworten soll. Kämst Du aber in dieser Zeit, so wär es wohl noch besser. Ich glaube, er braucht Geld zur Leipziger Messe; Du hast nun einmal Deinen Gefallen daran, so laß Dich auch einige Thaler nicht reuen.

Leb wohl und behalte mich lieb. C. V.

[*Beilage:* August]

Lieber Vater!
Es war hier ein Riese zu sehen, der sich in der ›Sonne‹ aufhielt und ein geborner Türke gewesen sein soll, ich habe ihn aber nicht gesehen; am Sonntage wollte ich zu ihm gehen, aber er war schon abgereist. Er hatte noch einen Zwerg von 27 Jahren, so groß wie ich, bei sich. Am Montage war ich in der Komödie und sahe den ›Fremden‹. Das Stück hat mir ziemlich gefallen, besonders habe ich über Vohs viel lachen müssen; seine Frau hatte in ihrem Schranke einen Drachen, auf dem etwas von ihrem Manne stand; sie sagte ihm aber, es wäre ein Vögelchen darin, da ging Vohs hin und rief: »Gut Männchen, gut Männchen!« Leben Sie wohl und behalten Sie mich lieb. August Goethe.

227. *Christiane*

Ich freu mich sehr, daß ich Dich künftigen Mittewoch wiedersehe, und bis dahin sollen sowohl Deine Zimmer, als auch des Herrn Hofraths seines in Ordnung sein.

Mit Roßla wollen mir es sein lassen, bis Du hierher kommst. Da wirst Du doch wohl einen Tag abbrechen können, daß wir zusammen nunterfahren können.

Mit dem Herrn von Hendrich steht der Herr von Schardt in Handel; und ich denke, was der gibt, kannst Du ohne Bedenken etwas mehr geben, denn der wirft nichts weg.

Heute ist ein Eimer Wein von dem Herrn Zapff angekommen. Ich glaubte, Du hättest ein Ohm[1] bestellt, weil er besser auf Bouteillen wird und auch itzo besser zu transportiren ist. Ich dächte, Du ließest noch einen Eimer kommen; wenn es möglich ist, will ich ihn abziehen, ehe Du kömmst. Mir ist, als wärst Du schon lange weg. Wenn es über 14 Tage ist, nach[her] kann ich vor Sehnsucht immer nicht anders denken, als es wäre schon lange Zeit, daß Du weg bist. Leb wohl, ich bin heute mit Wäsche beschäftigt. Weimar, den 5. April [1799].   V.

[*Beilage:* August]

Lieber Vater!
Ich sehne mich sehr nach Ihnen und freue mich herzlich, daß es nun keine Woche mehr dauern wird, wo wir uns wiedersehen und uns recht lieb haben können. Sie haben meiner lieben Mutter geschrieben, daß der Herr Hofrath Schiller mit Ihnen nach Weimar kommen werde; ich muß Sie daher bitten, den kleinen Karl mitzubringen, mit dem ich gern wieder einmal spielen möchte. Am Donerstage war ich bei dem neuen Hause, wo das umher spritzende Wasser des Wasserfalls sich an der Seite als Eis angehäuft und sich an Stückchen Holz und an die Äste desselben sehr schön angesetzt hatte. Ich trug ein Stück nach Hause. Leben Sie wohl und behalten Sie mich lieb.   August Goethe.

1 Ome.

Lieber, was ich mich und das Kind freuen auf das gute Väterchen, kannst Du Dir nicht vorstellen, und wir streiten uns des Morgens im Bette, wer Dich zuerst grüßen will. Wenn Dir es möglich ist, so schreibe mir noch ein Briefchen, ob Schiller gleich mit Dir kommt, und ob ich ein Abend-Essen zurecht machen soll. Es geht doch wohl bis Mittwoch jemand herüber, und Du kannst mir ja auch noch ein Wort durch die Botenweiber schicken. Heute gehe [ich] in die ›Zauberflöte‹ zum 30.[1] Mal. Mit meinen Gärten geht es auch ziemlich vorwärts; der Garten am Hause ist ganz in Ordnung. Und wenn es schönes Wetter ist, wirst Du wohl nicht viel heraus kommen. Leb wohl, bis ich Dich wiedersehe, ich erwarte Dich mit großer Liebe und Sehnsucht. Weimar, den 6. April [1799].

C.

*

Am 10. April kehrt Goethe nach Weimar zurück. Schiller begleitet ihn, um einer Wiederholung der ›Piccolomini‹, sowie den Proben und der Uraufführung des ›Wallenstein‹ (20. April) beizuwohnen; am 25. früh fährt Schiller nach Jena zurück.

In diesen Tagen wird zu Christianens größter Freude der Ankauf eines stattlichen Gefährts vollzogen; in Goethes Tagebuch lesen wir darüber, 24. April: »In Belvedere die Pferde probirt. Abschluß des Pferdekaufes«; 25.: »Abends zu Hause die Angelegenheit wegen der Equipage in Ordnung gebracht«; 26.: »... ausgefahren durch Ober-Weimar und ums Webicht.« Auch unter dem 28., 29. und 30. April vermerkt das Tagebuch Spazierfahrten; und als Goethe am 1. Mai für vier Wochen Schillern nach Jena folgte, mußte

1 03.

Christiane nicht nur vom Gatten, sondern auch von ihren zwei Rößlein Abschied nehmen.

*

229. *Goethe*

Der Herr Professor wird Dir schon erzählt haben, daß wir mit den Pferden ohne Anstoß herübergekommen sind, ich bin schon zweimal spazieren gefahren, und es geht recht gut damit. Ich lasse ihnen den Tag 3 Metzen geben, da können sie sich schon ausfüttern; ich werde sie aber auch dafür nicht schonen; sobald das Wetter nur ein wenig freundlicher ist, will ich nach Dornburg fahren und vielleicht sonst noch einige Touren machen.

Wie es mit dem Heideloffischen Packet gegangen ist, kann ich nicht begreifen. Es ist hier nicht zu finden, und Geist will so gut als für gewiß behaupten, es müsse schon im Februar nach Weimar gekommen sein. Nach meinem Calender habe ich Dir am 15. Februar ein großes Packet geschickt, das in grünem Wachstuch eingepackt war; es steht freilich nicht angemerkt, daß das Heideloffische Packet sich dabei befand, es war aber zur damaligen Zeit schon angekommen, und ich finde weiter keine Spur. Besinne Dich doch und frage etwa die Leute, ob sich niemand etwas erinnert; der Fall ist mir gar unangenehm und mir gar noch nicht passirt.

Von meiner Arbeit kann ich noch nichts loben, doch das wird ja wohl auch kommen. Heute nichts weiter, grüße das gute Kind und lebe recht wohl.

Jena, am 3. Mai 1799.   G.

230. *Christiane*

[Weimar, 3. Mai 1799.]

Wegen des Packet an Heideloff bin ich verdrüßlich, und alle Bestellungen von Dir sind mir so nothwendig, daß ich sie nicht geschwind genug aus dem Hause bringen kann. Und Du wirst auch noch nicht gehört haben, daß ein Brief oder Packet, das Du mir schicktest, liegen geblieben wäre. Daß ich im Februar[1] ein grünes Wachstuch, wo viele Packete drin waren, [erhalten habe,] weiß ich; aber Geist kann nach seiner Art gedacht haben, er hat das Packet eingepackt, und hat es bei siche liegen lassen. Denn hier wäre manches auch nicht besorgt, wenn ich es nicht besorget. Daß es bei mir nicht weggekommen ist, davor wollt ich mit meinem Leben stehen. Damals, als die Gemälde weg waren, sagte Geist auch: er hätte es der Tante gegeben. Marie hat mir gesagt, sie hätt einmal was an Heideloff in das Komödienhaus getragen; aber sie weiß nicht, ob es ein Brief oder Packet gewesen ist. Daß Du mit Deinen Pferdchen zufrieden bist, freut mich. Fahr nur alle Tage, damit sie nicht so muthwillig werden. Wir sind alle sehr fleißig, um Dir das Haus wieder recht aufzuputzen. Den Montag habe ich große Wäsche. Den Wein-Zettel schicke ich Dir wieder, weil Dir ihn Geist nicht hat unterschreiben lassen; schick mir ihn den Mittewoch wieder mit.

Leb wohl und behalte mich nur lieb.

[*Beilage:* August]

Lieber Vater!

Ich habe mich sehr gefreut, daß Ihre Pferde Sie gut den Steiger hinabgefahren und glücklich nach Jena gebracht haben. Am Mittwoche war ich in der Komödie und sahe ›Das

---

1 Feberaur.

Epigramm<, das Stück hat mir ziemlich gefallen. Cordemann als Hauptmann Klinker und Becker als Blinder haben
ihre Sachen gut gemacht. Benda war ein Bedienter, der noch
dicker war als Genast, der als Hippeltanz mir auch gefallen
hat. Er wurde wegen eines Gutachtens, das er nicht selbst
gemacht hatte, von dem Fürsten abgesetzt, die Pagen hatten
ihm einen papiernen Haarbeutel angehängt. Leben Sie wohl
und behalten Sie mich lieb. Weimar, den 3. Mai 1799.

August Goethe.

231. *Goethe*

Versprochener Maßen werde ich Dir die Pferde zu den
Feiertagen schicken, etwa Freitag sollen sie von hier abgehen. Sie sind mir jetzt ein wahres Bedürfniß, denn mit
meinen Fußpromenaden will es gar nicht recht fort.

Ich wünsche, daß Du in der Feiertagswoche nach Roßla
gehst und Dich dort umsiehst; wenn Du mir die Pferde
Freitag, den 17., wiederschickst, so bin ich zufrieden.

Wegen des Heideloffischen Packetes ist mir eingefallen,
ob es nicht gar ein Irrthum von seiner Seite ist? Da sich Marie
erinnert, daß sie ihm etwas ins Komödienhaus gebracht hat,
so frag ihn[1] doch: ob er in der Hälfte Februars ein Packet erhalten hat? denn es wäre möglich, daß er von einem neuern
Packet spräche, das noch nicht angekommen ist.

Ich fahre in meiner Arbeit immer fort und will sehen, wie
lange es mir dießmal gelingt, dran zu bleiben.

Wenn Du im Hause alles in Ordnung hast, so wünsche ich
Dir vergnügte Feiertage. Jena, den 7. Mai 1799.   G.

Sei doch so gut und schicke mir meine guten schwarzen
Strümpfe mit den Botenweibern herüber.

---

1 ihm.

[Weimar, 7. Mai 1799.]

Daß Dir die Pferde zu Deinem Vergnügen dienen, freut
mich; ich denke denn, sie sollen Dir und mir noch manche
Freude machen. Auf die Brunnen-Fege mußt Du mich ja
kommen lassen, die wird den Donnerstag oder Freitag nach
dem Feste sein. Wenn ich Dir die Pferde schicken soll, so
könnte ich und das Kind mitkommen und den andern Tag,
wenn der Spaß vorbei ist, wieder zurückfahren und Dir
alsdann die Pferde wieder schicken. Wegen Fischers werde
ich itzo sehr verdrüßlich, ich habe noch kein Geld; und das
Jahrmarkt habe ich allerhand zu kaufen und kein Geld. Das
Fest kommt auch. Mit Heideloffen ist es so, wie Du
schreibst, er hat das Packet im Februar erhalten.

Im Hause komm ich diese Woche ganz in Ordnung.
Donnerstag und Freitag wird gebügelt, und alsdenn sind mir
alles fertig. Der Bauverwalter hat mir gesagt, daß morgen
der Stuccateur kommt; seine Gesellen sind schon da. Hier ist
auch etwas Spargel für Dich. Ich bin gesund, und wenn ich
mein Geld hätte, wäre ich auch recht zufrieden und fröhlich.

Du wirst Dich gewiß über das Haus freuen, wenn Du
wiederkömmst.

Leb wohl und behalte mich lieb.

[*Beilage:* August]

Lieber Vater!

Ich habe am Sonnabende den Herrn Dietrich in seinen[1]
Gewächshäusern besucht. In dem kleinen, das größtentheils
mit Glasscheiben umgeben ist, sahen wir sehr viel Ananas,
der in sehr heißer Erde stand, die von unten herauf mit

---

1 seinem.

Steinkohlen erwärmt wird. Auch sahen wir das Zuckerrohr, den Chocoladenbaum, und noch viele andere Pflanzen, die ich aber nicht lange ansehen konnte, weil die Hitze zu stark war. Das große Gewächshaus enthielt viele Blumen, mein Citronenbäumchen ist sehr groß. Ich bekam einen schönen Strauß. Leben Sie wohl und behalten Sie mich lieb. Weimar, den 6. Mai 1799.   August Goethe.

233. *Goethe*

Da ich Gelegenheit habe, so schreibe ich Dir heute und melde Dir die Pferde an, welche morgen kommen sollen, und wünsche, daß sie sich so gut bei Dir als bei mir halten mögen. Mit dem Kutscher bin ich auch ganz wohl zufrieden. Mit der Fourage geht hier alles ganz ordentlich.

Geist fährt morgen mit hinüber, er soll mir verschiednes holen, das ich nicht so genau in einem Briefe bezeichnen kann. Er geht zu Fuß zurück.

Wegen der Bornfege will ich Dir es nicht gewiß versprechen. Es kommt darauf an, wie weit ich mit meinen Arbeiten bin, und ob ich einige Tage pausiren kann. Du erfährst es zur rechten Zeit. Ich will mich indessen erkundigen, wie und wann dieses Fest gefeiert wird. Lebe recht wohl, behalte mich lieb und grüße das liebe Kind.

Jena, den 9. Mai 1799.   G.

Wenn der Kutscher hinüberkommt, so laß ja gleich einen eisernen Hemmschuh machen, der gut an unsere Räder paßt. Mit der bloßen Hemmkette werden die Räder zu sehr verdorben.

[Weimar, 10. Mai 1799.]

Die Pferde sind glücklich bei mir angekommen, aber am Wagen ist etwas zerbrochen, das ich gleich muß lassen machen; ich glaube, es heißt die Wage. Morgen wollen mir nach Roßla, wenn es nicht regnet. Die vorige Woche hatten mir zu thun, da war es schönes Wetter; aber nun mir fertig sind, regnet es. Ich denke aber, es soll das Fest besser werden, daß mir ein bißchen nach Belvedere fahren können. Ich will diese Woche auch an die Mutter schreiben; ich hätte ihr gerne so ein schönes Exemplar von ›Hermann und Dorothea‹ mitgeschicket, aber es sind noch keine angekommen. Man sagt hier, Du hättest vor die zweite Auflage wieder 800 Thaler bekommen, und ich lasse die Leute dabei. In unserm Garten sieht es sehr gut aus; wenn Du wiederkömmst, wirst Du Dich freun. Mit meinem nüberkommen mache es nur so, daß ich Dich nicht störe; ich möchte Dich nicht verdrüßlich machen. Wenn Du die Pferde wieder haben willst, wirst Du mir schreiben. Ich freu mich nur, daß sie Dir Spaß machen. Leb wohl, behalte mich lieb und sei nicht zu fleißig.

[*Beilage:* August]

Lieber Vater!
Ich habe gestern einen Brief an meine liebe Großmama geendiget, den ich am Montage angefangen hatte. Auf 16 Seiten habe ich ihr außer mancherlei andern Neuigkeiten auch das geschrieben, was ich mir zum Jahrmarkt gekauft habe. Dieser ist sehr gut abgelaufen, wir hatten sehr schönes Wetter und konnten gut einkaufen. Am Dienstage kaufte ich mir für 2 Groschen 2 Bilderbogen, die ich ausmalen will; am Mittwoche kaufte ich mir ein Milchfläschchen, ein Näpf-

chen zur Kaltschale und ein Butterbüchschen. Leben Sie
wohl und behalten Sie mich lieb. Weimar, den 10. Mai 1799.

Julius Aug. Goethe.

235. *Christiane*

[Weimar, 12. Mai 1799.]

Ich freute mich zu sehr, daß ich Dich den Sonnabend besuchen sollte! aber ich höre, daß [Du] sollst herüberkommen,
da ist [es] mit meiner Freude wieder aus. Wenn es nicht sein
muß, so komm nicht, denn ich freu mich sehr, in dem
Garten-Haus zu sein. Wenn du meinst, so kann ich auch
Götzen mitnehmen, daß ich jemand habe, der mir einen
Weg gehen kann. Doch alles, wie Du willst. Schreibe mir nur
Mittwoch, wie es ist. Wenn Du rüber mußt, so könnten mir
auf den Sonnabend zusammen wieder nüberfahren.

Leb wohl in Eile.

236. *Goethe*

Da die famose Brunnenfege erst Montag, den 20., sein wird,
so geht es recht gut an, daß Du mich besuchest, denn ich
habe diese Woche Zeit, das Nöthige zu vollenden.

Du kommst also Sonnabend, den 18., Abends gegen sechs
Uhr hier an. Geist soll Dir entgegen gehen, daß Du gleich
am Garten anfahren kannst, wo es Dir gewiß recht wohl
gefallen wird.

Bringe aber einiges mit, als

Sechs Flaschen rothen Wein,
Ein paar Fläschchen Bischofessenz,
Etwa Salvelatwurst und

für den ersten Abend etwas Kaltes zu essen. Auch einige Stückchen Wachslicht.

Sonst sollst Du alles artig eingerichtet finden, und wir können uns einige Tage gar wohl zusammen vergnügen und ausschwätzen.

Bringe auch noch etwas gutes Öl mit, und wenn Du sonst noch etwas zu so einer ländlichen Wirthschaft nöthig glaubst; denn es soll mir ganz lieb sein, wenn Du einige Zeit dableiben willst, da ich im Schloß ganz ungestört arbeiten kann.

Ich schicke Dir von ›Hermann und Dorothea‹ zwei Exemplare, eins für die Mutter und eins für Dich; lasse aber Deins nicht durch viele Hände gehen, indem ich Dir, wenns beschmutzt ist, keins so leicht wieder schaffen kann, und lebe indessen recht wohl. Jena, am 12. Mai 1799.   G.

237. *Christiane*

[Weimar, 15. Mai 1799.]
Ich freu mich sehr, Dich wiederzusehen; und daß ich im Garten wohnen soll, darüber freu ich mich auch. Ich will mir schon ein kleines Wirthschäftchen mitbringen; und dann können wir auch zusammen wegfahren, die Pferde gehen itzo recht gut.

Bei dem Hofgärtner sind die Kästchen noch nicht angekommen, er wartet alle Posttage darauf. Ich habe es meinem Bruder gesagt, daß, wenn ich weggehe, und es kommt, soll er es besorgen und sogleich an die Mutter schicken. Sei so gut und bestell mir so ein Knaul Baumwolle. Der Herr von Lützow hat geschrieben. Mündlich davon ein Mehres.

Lebe wohl, bis wir uns wiedersehen.   C. V.

[*Beilage:* August]

Lieber Vater!
Ich habe mich sehr über den Brief gefreut, den Sie mir am
Montage geschickt haben. Ich saß eben bei Tische, wie er
ankam, und war sehr vergnügt, als ich las, daß ich Sie
künftigen Sonnabend besuchen sollte, weil ich Sie gern
sehen und sprechen möchte. Gestern war ich bei dem kleinen Stein, der seinen Geburtstag feierte. Es waren 7 Jungen
und 5 Mädchen da. Zuerst machten wir Soldaten. Nachher
bekamen wir Kaffee, ich trank Milch und aß ein großes
Stück Kuchen. Zuletzt spielten wir mit den Mädchen Blin-
dekuh. Dem kleinen Stein gab ich meine Festung. Leben Sie
wohl, behalten Sie mich lieb. Weimar, den 15. Mai 1799.

A. Goethe.

*

Nachdem Goethe schon am 14.Mai in einem nicht bekannten Briefe an Christiane »wegen ihrer nächsten Ankunft«
(wie das Tagebuch vermerkt) und wohl auch in dem ebenfalls nicht bekannten Briefe an sie vom 17. Mai über das
bevorstehende Zusammensein in Jena geschrieben hatte,
traf Christiane mit August am 18. in Jena ein. Im Tagebuch
lesen wir über diese Zeit unterm 18.: »Abends kamen die
Meinigen, mit denen im Garten gegessen«; 19.: »Spazieren
gefahren gegen Lobeda ... Mit den Meinigen Nachmittag
zu Schiller, wo sich Frau von Stein befand ... Nachts im
Garten gegessen«; 21.: »Nach Dornburg mit den Meinigen.«
Vom 22. an gedenkt Goethe im Tagebuch der Seinigen nicht
mehr ausdrücklich, doch deuten die Vermerke vom 22.:
»Früh im Garten«, 23.: »[Früh] In den Garten. Um 11 Uhr
spazieren gefahren gegen Lobeda. Mittags im Garten gegessen«, 25.: »[Abends] im Garten« ihre Anwesenheit an. Am
27. Mai früh erfolgt die Rückkehr nach Weimar.

Die beiden folgenden Monate, Juni und Juli, verbringt

Goethe in Weimar. Vom 10. bis 16. Juni erfordern Gutsgeschäfte seine Anwesenheit in Ober-Roßla; daß Christiane ihn diesmal nicht begleitete, scheint aus dem Tagebuchvermerk vom 16. Juni hervorzugehen: »Gegen Abend fuhr ich auf Weimar zurück.« – Zwei Tage später erscheint in Goethes Haus ein erlauchter Wohngast, der sechzehnjährige Erbprinz Carl Friedrich, um für zwei Wochen daselbst Quartier zu nehmen, weil seine Gemächer im Fürstenhause durch den Besuch des Königs und der Königin von Preußen in Anspruch genommen wurden. Goethes Tagebuch berichtet darüber unterm 18. Juni: »Anstalten, den Erbprinzen ins Haus zu nehmen . . . Der Erbprinz zog Abends ein«; 19.: »Mit dem Prinzen im Mineraliencabinet«; 24.: »Nachmittag dem Prinzen einige Kupfer und Zeichnungen vorgewiesen.« – Gegen Ende des Monats scheint Christiane sich mehrere Tage in Naumburg aufgehalten zu haben, wo das Weimarer Hoftheater vom 16. bis 30. Juni ein Gastspiel gab. Im Tagebuch findet sich unterm 27. Juni der Vermerk: »Kam Demoiselle Vulpius von Naumburg zurück.« – Am 31. Juli zog Goethe für sechs Wochen in sein Gartenhäuschen am Park, um ganz ungestört seinen Arbeiten leben zu können, unter denen die Sammlung und Anordnung der Gedichte für den 7. Band seiner ›Neuen Schriften‹ obenan stand. Frau und Sohn schickte er inzwischen nach Jena, wo sie vermutlich wieder das nämliche Gartenhaus bewohnten wie im Mai dieses Jahres. »Lassen Sie August«, schreibt Goethe unterm 7. August an Schiller, »manchmal bei sich gut aufgenommen sein; da ich nicht nach Jena entweichen konnte, so mußten die Meinigen weichen, denn dabei bleibt es nun einmal: daß ich ohne absolute Einsamkeit nicht das Mindeste hervorbringen kann.« Ein Glückwunschbrief Goethes an Christiane zum 6. August ist nicht bekannt; sie selbst schrieb an ihrem vermeintlichen Geburtstag, wie folgt.

*

[Jena, 6. August 1799.]

Wir sind hier in Jena beide, ich und der Bube, sehr wohl und vergnügt. Am Sonntag waren wir in der Trießnitz, den Montag auf der Leuchtenburg, wo mir es gefallen hat. Mündlich will ich Dir alles näher erzählen. Heute wollen mir nach Wöllnitz. Sei so gut und schreibe mir, wie es Dir in meiner Abwesenheit gehet, und ob es nothwendig ist, daß ich Donnerstag kommen soll. Sonst, dächte ich, käm ich erst Freitag Abend oder Sonnabend frühe. Schreibe mir aber ja, ob es Dir recht ist, sonst komm ich, wenn Du es haben willst. Es ist hier sehr schön, und es geht uns sehr gut. Heute hat mich der Gustel und die Tante jedes mit einem großen Kuchen angebunden, und ich denke, wir wollen heute noch recht vergnügt sein; und wenn wir wieder beisammen sind, will ich Dir alle unsere Späße erzählen. Schreibe mir auch, wie es im Hause steht, ob sie ihre Sachen gut machen. Leb wohl und behalte mich lieb.

C. V.

[*Beilage:* August]

Lieber Vater!
Es gefällt mir hier recht sehr, alle Tage fahre ich mit meiner lieben Mutter wo anders hin; vorzüglich gefiel mirs auf der Leuchtenburg, wo ich gleich Bekanntschaft mit einem Tambour[1] machte, der mich allerwegens herumführte. Wenn ich wieder zu Ihnen komme, so habe ich viel davon zu erzählen, auch gehe ich oft zu den Karl, da sind wir auch recht vergnügt und spielen. Ich habe hier auch die Springer gesehen, welche mir sehr viel Freude gemacht haben, beson-

---

1 Tampur.

ders da der eine durch ein Feuerwerk sprang, das war sehr schön. Leben Sie wohl und behalten Sie mich lieb. Ihr gehorsamer Sohn August Göthe.

Weimar [Jena], den 6. August 1799.

*

Goethes Antwort auf Christianens Brief ist nicht bekannt. Freitag, den 9. August, kehrte sie mit August von Jena zurück, nur für etwa eine Woche, wie es scheint, nach deren Verlauf sie eine »Lustreise« nach Rudolstadt unternahm, um an dem dortigen Vogelschießen teilzunehmen und ihrem Gatten über den Erfolg der Weimarer Bühnenkünstler zu berichten, die vom 19. August bis 23. September in Rudolstadt spielten. Es ist zu bedauern, daß Christianens Briefe aus dieser Zeit sich nicht vorgefunden haben.

*

239. *Goethe*

Ich danke Dir, mein liebes Kind, daß Du mir zweimal geschrieben und Nachricht von Deinem Wohlbefinden und Deiner Zufriedenheit gegeben hast; ich wünsche nichts mehr, als daß alles sich dergestalt schicke und füge, damit Deine Reise auch sich als eine Lustreise endige. Mir ist es diese Zeit ganz gut gegangen, und ob ich gleich nicht so viel gethan habe, als ich wünschte, so ist doch meine Zeit nicht unnütz verstrichen. Ich habe mehr Besuch, und es kommen verschiedne Personen, die der Garten anlockt, die ich lange nicht gesehen habe.

Den August habe ich gestern mit nach Tiefurt genommen, wo er sich bei der Frau Grobin gar gut aufgeführt hat, indeß ich bei der Herzogin war. Ein paar Stück Kirschkuchen, die ich ihm hinbrachte, haben ihm sehr gut geschmeckt. Heute Abend habe ich eine Gesellschaft guter Freundinnen bei mir und hoffe, daß die Köchin ihre Sache leidlich machen wird.

Lebe recht wohl und vergnüge Dich aufs beste.

Weimar, am 23. August 1799.   G.

*

Wie lange Christiane sich noch in Rudolstadt vergnügt hat, wissen wir nicht. Jedenfalls wird sie geraume Zeit früher nach Weimar zurückgekehrt sein, bevor Goethe am 15. September seinen stillen Garten an der Ilm verließ. Tags darauf, am 16. September, siedelt Goethe für vier Wochen nach Jena über, vor allem um die Übersetzung von Voltaires ›Mahomet‹ auszuführen.

*

240. *Goethe*

Hier schicke ich eine Schachtel mit Obst, woran sich Mutter und Sohn erquicken mögen, es soll von Zeit zu Zeit ein solcher Transport ankommen. Sei nur so gut, mir folgende Puncte zu besorgen:

1. Versäume nicht, wegen des *Fouqueti*schen Brunnens mit dem Röhrenmeister zu sprechen.

2. In dem Fache unter dem Schreibtisch, in der Decken-stube, wird eine Pappe liegen, blau überzogen, mit runden Vertiefungen, worin Münzen gelegt werden können. Wenn Du sie da oder sonst wo findest, so schicke mir sie.

3. Frage Deinen Bruder, ob er mit der Schwester des Herrn von Haren gesprochen.

4. Dein Brucher möchte mir Vossens ›Georgica‹ schicken, sie befinden sich mit unter den Büchern, die aus dem Garten herauf gekommen sind und hinten, in meiner grünen Stube, auf dem großen Schreibtische stehen.

5. Schicke zu Facius und laß Dir die Meißel ausbitten, womit wir die Löcher zu den Münzen ausschlagen.

Nun lebe wohl, grüße den Herrn Professor.

In den wenigen Stunden, die ich hier bin, habe ich schon ziemlich wo nicht gearbeitet, doch wenigstens manches bei Seite gebracht. Grüße das Kind. Jena, am 17. September 1799.   G.

Die Schachtel schicke jederzeit wieder zurück, damit ich sie wieder kann aufs neue füllen lassen. Wenn Du etwa noch Schachteln von der Trabitius hast, so sende sie doch auch mit, denn sie sind hier rar und theuer.

241. *Christiane*

[Weimar, 18. September 1799.]
Es ist mir heute gar nicht gelegen, daß es kein besser Wetter ist; doch bin ich in der Hoffnung, daß es besser wird morgen zu meiner Wäsche. Diese Woche habe ich mit der Wäsche zu thun und künftige Woche mit dem Obst im alten Garten. Ich habe alles besorget. Von dem Brunnen-Meister sollst Du einen Aufsatz haben, woran es liegt, daß der Brunnen nicht läuft.

Vor das Obst danken wir schönstens. Und ich wünsche Dir, daß Deine Arbeiten mögen gut von Statten gehen. Bis künftige Woche soll auch alles wieder im Hause in Ordnung sein; und wenn ich fertig bin, will ich meinen Schatz wieder zu mir einladen. Bis dahin leb wohl und vergnügt.   C. V.

[*Beilage:* August]

Lieber Vater!
Ich danke recht sehr für das schöne Obst, das Sie uns geschickt haben. Ich war gestern in dem alten Garten, wo wir

die Sommeräpfel abgenommen und die übrigen Althansbirnen, die noch daran waren, wir aßen auch unten, dann
gingen wir herauf. Dieser Brief ist bei meiner Mutter geschrieben. Leben Sie wohl und behalten Sie mich lieb.

August Goethe.

1799.

241 a. *August*

Lieber Vater!
Ich danke Ihnen vielmals für das schöne Obst, das Sie uns
heute geschickt haben, die rothen Pflaumen sind eine wahre
Delicatesse für mich. Vorigen Mittwoch kaufte ich mir auf
dem Markte die Columbam domesticam für 2 Groschen 9
Pfennige, den Tauber und das Täubchen, zwei artige Thierchen. Die Columba dasypus, welche auch Trommeltaube
heißt, und welche ich mir heute im Hause gekauft habe,
kostet aber 3 Groschen 6 Pfennige. Sie sieht weiß und
schwarz aus, und an der Brust hat sie roth, blau und schwarz
glänzende Federn. Leben Sie wohl und behalten Sie mich
lieb. Weimar, den 21. September 1799.   August Goethe.

242. *Christiane*

[Weimar, 25. September 1799.]
Deine Zimmer, mein Lieber, und das ganze Haus ist in
Ordnung und erwartet seinen Herrn mit der größten Sehnsucht. Es würde vielleicht mit den Arbeiten hier besser
gehen als sonst. Du kannst hier wie in Jena im Bette dictiren,
und ich will des Morgens nicht ehr zu Dir kommen, bis Du
mich verlangst. Auch der Gustel soll frühe nicht zu Dir
kommen. Komm nur bald; Du mußt doch bei der Einrich-

tung des Theaters das Beste thun, sonst wird es wie immer nichts. Hier ist das Geld vor Götzen, Geist soll sich die Quittung geben lassen. Leb wohl.

[*Beilage:* August]

Lieber Vater!
Ich danke Ihnen für die süßen Pflaumen, Birnen und Zwetschchen, die Sie uns geschickt haben, die Pflaumen habe ich zuerst gekostet, und sie haben mir sehr schön geschmeckt. Die Zimmer, welche Sie künftig bewohnen wollen, sind fertig, kommen Sie also nun bald herüber, denn ich sehne mich sehr nach Ihnen. Am Montage waren wir im alten Garten und nahmen Äpfel ab, ich machte mit Ernsten bei meinem Hüttchen ein Grabeland, das ich mit Mohnen umzäunen will. Ich habe im Wäldchen einen Sprenkel gestellt; wenn sich ein Vögelchen fängt, so ist es Ihnen. Leben Sie wohl. Weimar, den 25. September 1799.

August Goethe.

243. *Christiane*

[Weimar, 28. September 1799.]
Ich glaubte[1] ganz gewiß, daß Du mir heute schreiben würdest, daß Du morgen kämst. Denn wegen der Plätze im Theater wartet alles sehnlich auf Dich. Ich habe gehört, Du hättest ein lahmes Pferd. Das bedaure ich sehr, ist es denn wahr?

Gestern habe ich auch an die Mutter das Packet fortgeschickt. Leb wohl und komm bald.

---

1 glaub (daß glaubte beabsichtigt, beweist der ausgelöschte Anfang des Briefes auf der 4. Seite des Bogens).

Lieber Vater!
Ich danke Ihnen vielmals für das schöne Obst, das wir heute
von Ihnen erhalten haben. Die Zwetschchen schmeckten so
gut als die vorigen; die Feige, welche ich gegessen habe, war
auch sehr süß. Gestern war ich mit meiner Mutter bei dem
Herrn Rentsch, wo ich mit dessen Kindern Haschemänn-
chen spielte; dann führte mich der älteste Sohn zu dem
Taubenschlage, als wir aber hineinsahen, flogen sie alle
heraus; wir gingen nun in den Hof, wo wir sie oben auf dem
Dache des Taubenschlages sahen, der Hühnerschwanz und
die Türken gefielen mir sehr. Grüßen Sie den kleinen Karl
und Ernst. Leben Sie wohl und behalten Sie mich lieb.
Weimar, den 28. September 1799. A. Goethe.

244. *Christiane*

[Weimar, 2. October 1799.]
Da Dir es mit Deinen Arbeiten gut geht, mein Lieber, so
muß ich wohl zufrieden sein, daß Du noch nicht kömmst.
Ich habe aber eine Bitte an Dir, daß, wenn die Frau oder
Herr Geheimer Rath Schmidt an Dich schreiben wegen der
Köchin, daß Du Dich auf nichts einläßt, als daß die Köchin
wegen ihres doppelten Vermiethens bestraft werde. Denn
ich habe es ganz der Polizei übergeben, und man wird
nunmehro an Dich kommen, denn man will sie nicht her
lassen wegen Nähe der beiden Gärten. Ich werde sie wohl
auch nicht kriegen; aber sie müssen mir mein Miethgeld, das
bei der Polizei liegt, und itzo meinen Schaden ersetzen. Das
hat mir auch Undeutsch[1] gesagt. Ich habe itzo 2 junge

---

1 Undeys.

Mädchen im Hause, die will ich recht gut einrichten, daß alles gut geht, wenn Du wiederkömmst. Ich bin itzo mit dem Obst beschäftigt. Wenn das vorbei ist, geht es an Kartoffeln und Kraut. Ich habe sehr viel Zwetschgen getrocknet und Äpfel. Wenn Du noch so lange bleibest, so könntest Du, wenn Du mit Deiner Arbeit fertig wärst, uns den Wagen schicken, daß wir Dich abholten; oder ist die Weinlese noch später? Da Du so lange weg bist, mußt Du mir zweimal so viel Baumwolle mitbringen. Meine Bank gönnt uns niemand, sie möchten gar zu gerne uns einige Plätze abnehmen. Am Tage habe ich itzo viel zu thun und Abends gehe ich in [die] Komödie oder lese. Denn die Menschen werden mir immer mehr verhaßt. Ich will nächstens auch mit auf die Leuchtenburg ziehen.

Adieu, lieber bester Schatz! leb wohl und behalte mich lieb.

Sei so gut und schicke mir einen Zettel auf ein paar Flaschen Wein; die 4 sind alle.

[*Beilage:* August]

Lieber Vater!
Ich danke Ihnen für die schönen Feigen und Birnen, ich habe von beiden gekostet und sie recht wohlschmeckend gefunden. Es thut mir sehr leid, daß das Unglück, welches Ihr Pferd am Fuße gelitten hat, Sie bisher hinderte, alle Tage eine kleine Spazierfahrt zu machen. Auch wurde ich sehr traurig, als ich in Ihrem Briefe, für den ich Ihnen vielmals danke, die Worte las, daß Sie Ihrer Geschäfte wegen noch 10 Tage in Jena bleiben würden; kommen Sie, wenn es möglich ist, bald, denn ich möchte Ihnen gern ein Küßchen geben. Leben Sie wohl. Weimar, den 2. October 1799.

Goethe.

Da ich so lange von Dir weg bleibe, so muß ich auch ein Blatt
von meiner eignen Hand schicken und Dir sagen, daß ich
Dich von Herzen liebe und immer an Dich und an das gute
Kind denke. Die ersten vierzehn Tage habe ich fleißig zugebracht, aber es waren nur einzelne Sachen, die nicht viel auf
sich hatten. Zuletzt machte ich mich an eine Arbeit, die mir
zu gelingen anfing. Du hast mich wohl sagen hören, daß
Durchlaucht der Herzog ein französisches Trauerspiel über-
setzt wünschte, ich konnte immer damit nicht zurecht kommen. Endlich habe ich dem Stück die rechte Seite abgewon-
nen, und die Arbeit geht von Statten. Wenn ich mein Mög-
liches thue, so bin ich bis den 12. fertig und will den 13.
abgehen. Bis ich das Stück ins Reine bringe und es spielen
lasse, habe ich doch in den trüben Wintertagen etwas Interessantes vor mir, und dann wollen wir uns zusammensetzen
und es ansehen.

Daneben hab ich noch manchen Vortheil und Genuß
durch Schillers Umgang und andrer, so daß ich meine Zeit
gut anwende und für die Folge manchen Nutzen sehe. Das
wird Dich freuen zu hören, weil es gut ist und mir für die
nächste Zeit Gutes verspricht.

Ich bin übrigens recht wohl und lebe sehr einfach. Auch
bin ich viel spazieren gegangen, diese acht Tage, in denen
ich das Pferd mußte stehen lassen. Es ist wieder ganz geheilt.
Der Stallmeister hat seine Cur recht gut gemacht. Ich werde
ihm dafür ein halb Dutzend Bouteillen Wein verehren.

Die Trabitius bleicht schon an Deiner Baumwolle im
Hofe und hat sie doppelt mit Roth unterbunden, weil sie
feiner ist als die übrigen Stränge, um sie ja nicht zu verwechseln. In wenig Zeit bin ich wieder bei Dir, und dann wollen
wir manche gute Stunde zusammen zubringen.

Was die Menschen überhaupt betrifft, so thu ihnen nur so

viel Gefälligkeiten, als Du kannst, ohne Dank von ihnen zu erwarten. Im Einzelnen hat man alsdann manchen Verdruß, im Ganzen bleibt immer ein gutes Verhältniß.

Lebe recht wohl. Behalte mich lieb, wie mein Herz immer an Dir und an dem Kinde hängt. Wenn man mit sich selbst einig und mit seinen Nächsten, das ist auf der Welt das Beste. Jena, den 3. September [October] 1799.   G.

246. *Christiane*

Dein Brief, mein Lieber, hat mich sehr gefreut. Wir wollen wie immer uns nur recht lieb haben. Ich habe Dich lieb und bin fleißig und thue in allem meine Schuldigkeit. Gefällig bin ich nur gegen alle Menschen zu viel, ich glaube nur, ich bin zu gut, und die Menschen mißbrauchen meine Güte. Das habe ich von neuem bei der Marien und Gille erlebt. Ich könnte an ihrer Statt gute Freundinnen genug haben, aber ich werde immer mißtrauischer gen alle Menschen, weil sie nur immer aus Interesse mit mir umgehen. Ich werde es freilich nicht anders machen, Ich will mich also darüber wegsetzen und meinen Weg vor mich gehen, meine Haushaltung gut versehen und meinen Schatz lieb haben, und meine Freude an dem Buben sehen, und dann mannichmal eine steife Kaffee-Visite machen. Ich bin letzt bei Kammer-Secretär Scheiben[1] gewesen und bei Gerichts-Sekretär Rentschens. Da kann [ich] Dir aber versichern, daß in solcher Gesellschaft beinahe kein vernünftiges Wort gesprochen wird und so gelogen wird, daß man erschrickt; wovon ich Dir allerlei zu erzählen habe. Denn ich glaube, wenn Du wiederkommst, kommt auch meine frohe Laune wieder. Ich freu mich schon voraus auf das Stück, ob ich es gleich nicht

---

1 Scheynen.

kenne. Und wenn Du vergnügt bist, das ist mir lieber als
alles. Du schreibst mir, daß Du den 13. kommen willst, das
ist gerade auf den Zwiebeljahrmarkt; da wär es besser, Du
kämst einen Tag früher oder später. Doch wenn Du auch
diesen Tag kommen willst, sollt Du mir lieb sein, ich habe es
nur zu Deiner Nachricht geschrieben. Heute Nachmittag
gehe ich zu der Kammerdiener Kämpfern und auf den
Abend in die Komödie. Mit meinem Obst bin ich sehr
zufrieden, daß ich es behalten habe; es wird mir vor diesen
Winter großen Nutzen bringen. Auf künftige Woche werde
ich Muß kochen. Hier sind gar keine Nüsse mit Schalen zu
haben; könntest Du mir Mittewoch etwas mitschicken, so
geschäh mir ein großer Gefalle, ich muß grüne Schalen ins
Muß haben. Ich freu mich diesen Winter auf die Komödie,
wenn wir auf der Bank zusammen sitzen werden, und überhaupt auch auf die Winterabende, wenn wir zu Hause
miteinander schwätzen. Leb wohl und vergnügt und behalte
mich so lieb wie ich Dich. Ich danke Dir herzlich vor Deinen
Brief.

Weimar, den 6. October [1799].   C. V.

[*Beilage:* August]

Lieber Vater!
Ich danke Ihnen für die schönen Feigen und Birnen, womit
Sie uns diesen Morgen sehr erfreut haben. Ich aß 2 Feigen
und eine Birn zum Frühstück und beides schmeckt mir noch
immer gut. Gestern schüttelten wir viele Zwetschchen und
legten sie ins Gartenhaus auf Stroh. Wir haben nur noch
einen Aepfel- und einen Birnbaum abzunehmen. Diesen
Morgen um 8 Uhr war ich bei dem Herrn Geheimrath Voigt
und trug ihm Aepfel und Birnen hin, ich habe aber nur die
Frau Geheimeräthin gesprochen. Der Frau von Stein will
ich auch so bald als möglich etwas Obst bringen. Leben Sie

wohl und behalten Sie mich lieb. Weimar, den 6. October
1799. A. Goethe.

247. *Christiane*

[Weimar, 7. October 1799.]
Ich werde Dir den Dienstag den August mit Meyern schik-
ken; laß aber bei der kalten Witterung gut vor ihn sorgen,
daß er ja nicht krank wird. Es thut mir leid, daß ich nicht
mit kann. Desto freudiger will ich Dich den 14. empfangen.

Den Dienstag nach Tische will Meyer von hier weg
gehen, und da wird August gegen Abend bei Dir sein. Leb
wohl und behalte mich lieb.

[*Beilage:* August]

Lieber Vater!
Ich freue mich recht sehr auf die Reise nach Jena, welche ich
mit Herr Meyer machen soll. Leben Sie wohl und behalten
Sie mich lieb. Weimar, den 7. October 1799. August Goethe.

248. *Christiane*

[Weimar, 8. October 1799.]
Es ist mir, als könnte ich den Gustel gar nicht allein zu Dir
gehen lassen. Aber ich habe hier noch sehr viel zu thun, sonst
wär ich doch auf ein paar Tage zu Dir gekommen. Mit dem
Obst und mit dem Mußkochen bin ich beschäftigt. Denn
diesen Winter muß man sich mit allem gut vorsehen. Der
Korb Kartoffeln kostet hier schon 1 Thaler 12 Groschen; ich
habe anstatt 16 Körbe 6 bekommen. Daß die Kartoffeln so

viel kosten, macht die armen Menschen sehr unglücklich. Ich habe vor diesen Winter zugesorgt. Leb wohl und habe mich auch so lieb wie August.

249. *Goethe*

Heute früh war ich mit Götzen ins Mühlthal gefahren und begegnete Gusteln, der sich sehr freute, mich da zu finden. Ich hatte auch große Freude, ihn wiederzusehen. Er sagt mir, Du seist nicht recht wohl, auch Dein Bruder erzählte es. Sprich doch ja gleich mit dem Hofmedicus, daß Du Dich nicht ohne Noth plagst, denn Du bist ja sonst gesund und frisch, und so schaffe Dir so bald als möglich die zufälligen Übel vom Halse. Die Doctoren haben manchmal einen guten Einfall.

Ich freue mich, daß Du das Haus auf den Winter gut versorgst, es thut freilich noth; dagegen bin ich auch recht fleißig und bringe mit, was uns Vergnügen machen und Vortheil bringen soll. In kurzer Zeit bin ich bei Dir, um Dir zu sagen, daß ich Dich herzlich liebe. Lebe wohl. Gedenke mein. Jena, den 8. October 1799.   G.

250. *Christiane*

[Weimar, 9. October 1799.]
Lieber, bester Schatz, ich habe dem Gustel gesagt, er soll nicht sagen, daß ich nicht wohl bin. Muß es mein Bruder doch sagen! Da Du es nun einmal weißt, will ich es Dir auch sagen. Seit Du weg bist, habe ich alle Tage Zahnwehe gehabt; ich habe mir auch eine spanische Fliege legen lassen, da ist es etwas besser. Aber gestern Morgen, ehe der Gustel wegfuhr, bekam ich so wie eine Ohnmacht. Ich schickte[1]

1 sicke.

gestern nach dem Doctor, ich wollte Salz einnehmen; er wollte es aber nicht haben, er meinte: da ich noch kein Zahnwehe gehabt hätte, so könnte es etwas Anderes zu bedeuten haben. Er hat mir etwas geschickt, worauf ich mich zwar etwas besser befinde, aber Ziehen in Zähnen habe ich doch noch. Es wird nicht besser werden, als bis Du wiederkömmst, denn nun habe ich auch den Gustel nicht, da ist mir alles gar nicht recht. Ich dächte, Du kämst den Montag, daß Du den Mittag mit mir essen könntest, oder komm den Sonnabend zum Essen. Den Sonnabend erwarte ich Nachricht darüber. Leb wohl, ich freu mich sehr, Dich bald wiederzusehen.

251. *Goethe*

Ich wünsche, mein liebes Kind, um so mehr bald bei Dir zu sein, als du nicht wohl bist, und meine Gegenwart Dir wieder Freude machen kann. Doch muß ich diese paar Tage noch hier verweilen, damit ich mit meiner Arbeit weiter komme und einiges Andre bei Seite bringe.

Der August ist gar artig und brav und macht mir viel Freude. Wir sprechen oft von der lieben Mutter.

Herzlich lieb habe ich Dich und freue mich, Dir es bald zu sagen.

Montag zu Mittag bin ich bei Dir. Lebe recht wohl und schone Dich, daß ich Dich gesund und vergnügt antreffe. Jena, den 11. October 1799.   G.

[Weimar, 11. oder 12. October 1799.]
Ich will Dir nur ein paar Worte schreiben, weil ich mit
meinem Kuchen beschäftigt bin. Es ist mir wieder besser;
der Zufall ist vom Blut, ich bin so vollblütig, und da geht mir
immer alles nach dem Kopfe. Ich will Dich recht gesund und
munter den Montag empfangen. Dem guten Gustel danken
alle vor seine Briefe, und davor soll ihm auch ein kleiner
Kuchen aufgehoben werden. Leb wohl und behalte mich
lieb; ich freu mich, Dich bald wiederzusehen.   V.

*

Am 14. Oktober kehrt Goethe nach Weimar zurück und
begibt sich erst am 10. November wieder nach Jena. Von den
während dieser neuen Trennung an Christiane geschriebenen, zahlreichen Briefen (das Tagebuch vermerkt unvollständig deren sechs) sind leider nur zwei bekannt.

*

253. *Christiane*

[Weimar, 13. November 1799.]
Es freut mich sehr, mein Lieber, daß Dir es gut gehet. Man
spricht auch hier sehr, Du seiest zur guten Stunde nach Jena
gekommen, denn sobald man nur Deine Ankunft erfahren
hätte, so wär auch alles ruhig gewesen. Du erscheinst überall
immer als ein guter Engel. Ich freu mich schon wieder auf
Deine Ankunft. Ich bin fleißig und sorge vor meine Kinder,
die sich recht wohl befinden. Der Gustel hat auch einen
Brief an die Mutter fertig, und da will ich auch schreiben,
und den Freitag wollen wir es wegschicken. Leb wohl und
behalt mich recht lieb.   C. V.

Lieber Vater!
Es war zwar schon am Montage Martini, bei uns aber wurde
er erst gestern gefeiert. Er hat den kleinen Schiller und mich
gleich freigebig beschenkt. Wir bekamen von ihm Aepfel,
ein jeder eine Pfefferscheibe, Karl ein Zuckerweibchen und
ich ein Zuckermännchen, endlich erhielt Karl ein Zucker-
strezelchen, ein Anisbrötchen und einen Wachsstock, ich
aber zwei Zuckerstrezel und einen Wachsstock. Nachher
belustigten wir uns damit, daß wir an die Zuckerfiguren
angezündeten Wachsstock klebten. Leben Sie wohl und behalten Sie mich lieb. Weimar, den 13. November 1799.

A. Goethe.

254. *Christiane*

[Weimar, 16. November 1799.]

Ich konnte Dir, Lieber, heute nicht weiter schreiben, weil
unser Pachter zu mir kam und Schwaben von Nieder-Roßla
mitbrachte, wovon ich Dir mündlich alles erzählen will. Ich
komme eben mit Karlen und Gustelen aus der Komödie, wo
Karl sehr glücklich war. Morgen habe ich eine kleine Gesellschaft bei mir. Was mich noch ängstet, das ist, daß es noch
nicht besser ist mit dem Pferd[1]; wenn das erst wieder, will
ich recht froh sein. Vor itzo leb wohl und behalte mich lieb.
Abends um 9 Uhr.

V.

---

1 Nach Pferd folgt geht.

[*Beilage:* August]

Lieber Vater!
Karl befindet sich bei uns sehr wohl, er ist den größten Theil
des Tages bei dem kleinen Wolzogen, weil er nicht mit mir
in die Schule gehen will. Seine Furchtsamkeit ist sehr groß;
er bleibt nicht allein in der Schoppe, besonders nachdem ihn
vor kurzen Hertels Ziegen, welche an der Schoppenmauer
stehen, durch ihr plötzliches Mäckern so in Schrecken setzten, daß er schnell davonlief. Gestern Abend machte ich mit
meiner lieben Mutter einen Besuch, da hat er gar nicht
allein zu Bette gehen wollen. Er bittet Sie, daß Sie viele
Complimente an seine lieben Eltern bestellen möchten.
Leben Sie wohl und behalten Sie mich lieb. Weimar, den 16.
November 1799. A. Goethe.

255. *Christiane*

[Weimar, 20. November 1799.]
Lieber, ich glaube nun nicht, daß Du diese Woche kömmst.
Die Optik hat mich gar nicht gefreut; der Gustel hat auch
gleich gesagt: »Nu kömmt das Väterchen noch nicht.« Ich
bin in meiner Art fleißig, und Du wirst Dich recht über den
alten Garten freuen, wenn Du wiederkommst. Die Kinder
vertragen sich sehr gut zusammen, und Karl läßt beinahe
keine Spur von Eigensinn merken. Wenn das Kind ordentlich behandelt wird, ist es das beste Kind von der Welt. Er hat
sich so an mich gewöhnt, daß er überall mit mir herumgeht
und mich nur seine gute Damela nennt; und nach und nach
soll er auch mit zu Herrn Eisert gehen, man muß nur sachte
mit ihm zu Werke gehn. Er hat auch Furcht vor mir, er kniet
auf keinen Stuhl mehr, er holt sich eine Hitsche oder so
etwas, wenn er zum Fenster naus sehn will. Wenn Geist

Kartoffeln kriegen kann, so soll er sie nur in einen Sack thun und, wenn Sie rüberfahren, auf den Wagen vorne binden. Es ist auch noch ein Nößelfläschchen mit nüber gekommen, schicken Sie mir es mit, es gehört in Keller. So habe ich weiter keine Betrübniß, nur mein armes Pferd dauert mich sehr. Das Bein ist sehr schlimm geworden, und das arme Thier muß sehr viel leiden. Aber mit dem Kutscher bin ich recht zufrieden, was der sich Mühe mit dem Pferde gibt; und er selbst ist nicht froh und arbeitet den ganzen Tag, was er kann.

Ich wünsche Dir, daß Dir es gut geht und wieder vergnügt bei uns kommst. Indeß leb wohl, behalte mich lieb.   C. V.

[*Beilage:* August]

Lieber Vater!
Sie haben mich gestern etwas niedergeschlagen, als Sie alle Ihre Schriften nach Jena holen ließen, woraus ich den Schluß mache, daß Sie so bald nicht wieder nach Weimar kommen wollen; Sie bleiben aber doch nicht zu lange aus? — Meine Täubchen befinden sich wohl, sie haben sich um einige Paar vermehrt, welche ich von Wittichs geschenkt bekommen habe; sie haben immer sehr guten Appetit, so daß ich nicht Gerste genug streuen kann. In dem Hausgarten baue ich mir einen Pferdestall. Leben Sie wohl und behalten Sie mich lieb. Weimar, den 20. November 1799. A. Goethe.

256. *Christiane*

[Weimar, 21. (?) November 1799.]
Da Du mir, mein Lieber, schriebest, daß Du noch nicht kommst, so wollte ich Dich um etwas bitten. Sei so gut und schicke mir einen Zettel auf ein paar Flaschen Wertheimer

Wein und ein Fläschchen Ofner. Ich hatte am Sonntag Kammer-Secretärs Scheibes[1] und Rentschens und Schmids und den lieben Secretär Meissel auf den Abend bei mir zu Tische, und da ist mein bißchen Wein alle geworden. Sei aber nicht böse, daß ich Dich immer plage. Leb wohl und behalte mich ja recht lieb.   C. V.

257. *Christiane*

[Weimar, 23. November 1799.]
Daß Dir es, mein lieber Schatz, so gut geht, das ist mir sehr lieb. Das Wetter ist dieses Jahr auch besser. Ich danke Dir vor den Weinzettel. Heute bin ich wieder wohl, aber drei Tage habe ich im Bette gelegen und bin recht krank gewesen. Der Herr Professor wollte Dir einen Boten schicken, aber ich that es nicht, denn ich kenn meine Natur schon: ich bin gleich sehr krank, aber es vergeht auch bald wieder. Es ist hier so eine Seuche, es ist eine Art von Ruhr, und wer sich nicht abwartet, so wird es schlimm. Aber ich habe recht eingenommen und mich gut gehalten, so ist [es] nun vorüber. Den Gustel habe ich heute was abzuführen einnehmen lassen, damit er mir nicht auch krank werde; und morgen soll[2] Karl auch etwas kriegen. Der August ist mir nicht vom Bette gekommen; er wird alle Tage vernünftiger, so daß [ich] oft vor ihm erschröcke. Daß es mit der Frau Hofräthin so gut geht, das freut mich. Der Karl befindet sich wohl und ist vergnügt. Mit dem Pferde ist es doch so weit, daß es nicht mehr eitert; nun wird man sehen, ob es besser wird.

Leb wohl und behalte mich lieb.

---

1 Scheinems.
2 so.

Ich danke Dir, mein liebes Herz, daß Du mir von Deinem
Übel nichts gesagt hast, bis es vorbei war, Du weißt, welchen
herzlichen Antheil ich an Dir nehme. Es ist mir tröstlich, das
gute Kind bei Dir zu wissen.

Mein Fleiß fängt jetzt erst recht an, wie es immer geht,
wenn ich einmal 14 Tage hier bin; das gute Wetter führt uns
sanft gegen des Jahres Ende, und ich kann einen viel bessern
Winter als den vorigen hoffen. Wenn Du mir nur gesund
bleibst.

Ich küsse Dich und das Kind in Gedanken, und meine
Abwesenheit wird mir dadurch leidlich, daß ich für euch
arbeite. Lebet wohl und liebt mich.

Jena, den 24. November 1799.   G.

[Weimar, 25. November 1799.]
Ich danke Dir von ganzem Herzen vor Deinen lieben Brief.
Ich bin wieder munter und wohl; es hatte mich aber sehr
mitgenommen. Es mußte so etwas eine ganze Zeit in mir
gelegen haben, denn ich war immer verdrüßlich und gram-
selig. Itzo ist es aber wieder der ganze Hase wie sonst. Es
wird wieder an der Redoute gearbeitet, und wenn nichts
darein kommt, so werde ich doch hingehen müssen. Ich bin
nur froh, daß das Übel 8 Tage früher gekommen ist, sonst
hätte es mich um eine Redoute gebracht. Ich bin nur zufrieden, daß es Dir so gut geht und Du wohl bist. Ich weiß, wenn
Du fertig bist, kommst Du wieder zu Deinem Schatz, der
Dich unaussprechlich liebt. Und dann wollen wir den Winter wieder sehr vergnügt sein und uns recht lieb haben.
Schmidt ist wieder hier von Frankfurt. Der kommt Abends,

wenn keine Komödie ist zu uns und erzählt uns von Frankfurt; besonders von dem ›Titus‹ hat er uns sehr viel erzählt.
Da der Gustel heute bei Dir ist, so wird er Dir selbst alles
erzählen. Leb wohl und behalte mich lieb.   C. V.

260. *Christiane*

Auf den August bin ich dießmal in Ernst böse; er ist gegen
meinen Willen mit nach Jena gekommen. Ich wollte haben,
daß beide dableiben sollten; aber bei dem Gustel half kein
Bitten und Flehen, und war es nicht zu Dir, so hätte ich mein
Mutterrecht gebraucht, und er hätte zu Haus bleiben müssen. Denn ich darf mir nicht denken, daß so etwas in einem
andern Fall geschehn könnte, wenn er älter wäre. Das
könnte mich sonst sehr betrüben. Indeß will ich nicht hoffen, daß so etwas auf die Zukunft Einfluß hat; davor ist mir
sein gutes Herz Bürge. Wenn Du ihn und den Karl gern
wieder rüber haben willst, so kann ihn Meyer, der mit
Bertuch rüber zur Redoute kömmt, mitbringen. Du kömmst
wohl noch nicht. Ich sehne mich recht nach Dir, denn [es] ist
nun schon viel länger, als ich mir dachte. Grüße den Gustel
von mir und leb wohl. Mit meinen Geldumständen sieht es
schlecht aus. Hier folgen auch Sachen vor den Karl; das
Übrige, was er noch bei uns hat, ist in der Wäsche, und wenn
[er] nicht wiederkommt, so will [ich] es mit den Botenweibern schicken. Nicht wahr, ich sehe ich Dich bald wieder?
Leb wohl und behalt mich lieb. Weimar, den 27. [November
1799.]   V.

261. *Christiane*

[Weimar, 29. November 1799.]

Lieber, die Redoute ist glücklich und vergnügt abgelaufen. Die beiden Kinder, den Karl und Ernst, will ich sehr gern nehmen, denn Du weißt, daß ich gerne alles thu, was Du wünschest. Aber mit der Amme und [dem] kleinen Kinde geht es ohnmöglich an; ich will Dir es mündlich auch sagen, warum, und Du wirst mir Recht geben. Ich dächte, die könnte recht gut bei Wolzogens sein. Ich sehne mich recht nach Dir und dem Kinde; Du wirst doch nunmehro bald kommen? es wartet alles auf Dich. Und der Gustel hat nicht einmal einen Gruß an sein Mütterchen geschrieben; ich lasse ihn schön grüßen, und er soll mich hübsch lieb behalten. Heute kann ich nicht viel schreiben, ich bin ganz müde. Leb wohl und behalte mich lieb, und komm bald, auch wegen dem alten Garten.

262. *Goethe*

Für dießmal wirst Du nur Deine alten Freunde, mich und August, wieder beherbergen. Wegen Schillers Kindern wird es bei unserm guten Willen bewenden. Er gedenkt sie gleich zu sich zu nehmen und mit ihnen fertig zu werden. Du erwartest also nur mich und das Kind. Wir sind hier recht vergnügt zusammen, er ist gar artig, und wenn er mich mitunter hindert, so macht er mir auch viel Spaß.

Laß an den Fuhrmann, den Rudolph bringen wird, den Koffer mit den Büchern, der unten im Hause steht, abgeben und schicke mir einen von den größeren Koffern leer, denn ich habe allerlei hier, was ich endlich hinüber nehmen muß.

Meine Arbeiten gehen gut von Statten, und ich denke, mit allem Nöthigen fertig zu werden, daß ich den Rest des

Jahres frei habe und die bösen Tage ruhig abwarten kann. Lebe recht wohl und liebe mich, wie ich Dich herzlich lieb habe. Mit den Boten schreibe ich Nähres. Grüße den Herrn Professor. Das Kind grüßt.

Jena, den 1. December 1799.   Goethe.

263. *Christiane*

[Weimar, zwischen 3. und 7. December 1799.]
Lieber Schatz, ich erwarte Dich sehnlich, ich habe so viel mit Dir zu sprechen, zu reden und zu überlegen. Wenn ich vier Wochen ohne Dich bin, nachhero will es nicht mehr gehen. Geist soll Folgendes nicht vergessen mir mitzubringen oder zu schicken: die 2 großen Schachteln, die Nößel-Bouteille und die Kartoffeln.

Leb wohl und behalte mich lieb.

*

Am 8. Dezember kehrt Goethe nach Weimar zurück.

1800

Das erste Viertel des neuen Jahres verbringt Goethe in Weimar. Am 28. April reist er zur Ostermesse nach Leipzig und schickt von dort alsbald ein Paket mit Geschenken an die Seinigen; der Begleitbrief ist leider nicht bekannt.

*

264. *Christiane*

Weimar, den 3. Mai [1800].

Lieber, Bester,

Deine Messe hat sehr große Freude bei uns gemacht, der August hat über die Mütze viel Vergnügen, und ich bin nach meiner Art etliche Mal um den Tisch herum gehuppt[1]. Eine noch größere Freude hättest Du uns gemacht, wenn Du mit dabei gewesen wärst. Du hast aber sehr wohl gethan, nicht gleich wieder mit zurück zu reisen; ich glaube, daß Dir es recht gut sein soll, daß Du Dich einige Zeit da aufhältst. Ich bin indeß recht fleißig im Garten und Hause gewesen, und ich hoffe, bis Du wiederkömmst, soll alles in der größten Ordnung sein, auch sollst Du mich da schon in einem Kattunkleidchen sehen. Der Herr Bury[2] hatte auch eine sehr große Freude über das Tuch, er ist auch fleißig und mannich-mal wird auch etwas gehast. Gestern waren wir im alten Garten, und morgen wollen wir nach Erfurt, wo ich ihm schon im voraus gesagt habe, daß da Äuglichen gemacht werden. Das will er aber nicht leiden, also wird es nichts

1 gehoubts.
2 biro.

werden, und ich werde mich darein finden müssen. In Leipzig wird es wohl auch nicht wenig Äuglichen geben. Hier schicke ich Dir auch alles, was Du verlangest durch den Herrn Legations-Rath Bertuch, der sich ein großes Vergnügen daraus macht, es mitzunehmen.

Danken will ich Dir vor alles, wenn Du selbst bei mir bist; es betrübt mich der schöne Spargel, den ich alle Tage, da Du nicht da bist, daß [ich] ihn verkaufen muß. Leb wohl und komm bald wieder.   C. V.

Adieu, mein Lieber, behalte mich lieb, ich freu mich herzlich, Dich wiederzusehen.

[*1. Beilage:* August]

Lieber Vater!
Sie haben mir eine große Freude gemacht, daß Sie mir von Leipzig die schöne Mütze und den Geldbeutel geschickt haben. Eine solche Mütze habe ich mir schon längst gewünscht, ich trage sie sehr gern, denn ich gefalle mir darinne. In dem Geldbeutel verwahre ich einen neuen Gulden, 3 Groschen, 1 Pfennig und 1 Heller. Es ist Schade, daß ich Sie in Leipzig nicht besuchen kann, weil mein Onkel nicht in die Messe reiset. Bleiben Sie recht gesund und behalten Sie mich lieb. Weimar, den 3. Mai 1800. A. Goethe.

[*2. Beilage:* Bury]

Herzlichen Dank für das schöne grüne Gewand!
Wenn Sie echten Chinesischen Zinnober bekommen könnten, wäre es sehr gut, um die Farbe des Mantels herauszubringen; beiliegende Probe ist von unserem gewöhnlichen, der Chinesische fällt mehr ins Carminartige.

Kommen Sie recht bald, daß wir uns alle wieder an Ihnen erfreuen können.   Bury.

Ich habe Dich in meinem Briefe, den ich Kämpfern mitgab, gebeten, mir den August mit Deinem Bruder zu schicken; ich erwarte ihn alle Tage, und es würde ihm die Messe gewiß große Freude machen.

Ich will diese Woche noch hier bleiben und thue Dir vielleicht den Vorschlag, daß Du mich zu Anfang der künftigen etwa abholst. Das heißt, etwa Sonntags, den 11. Mai. Erkundige Dich vorläufig: was ein Kutscher für die Hin- und Herreise und ein paar Tage in Leipzig verlangt. Denn wenn Du zwei bis dritthalb Tage hier bist, so hast Du alles gesehen, und man könnte noch mancherlei einkaufen. Nur muß ich Dich inständig bitten, niemand nichts davon zu sagen, damit nicht etwa jemand auf den Einfall kommt, Dich zu begleiten.

Es ist hier alles sehr theuer, besonders sind gar keine Quartiere zu finden. Ich muß morgen schon zum zweiten Mal ausziehen, weil die Zimmer auf gewisse Tage bestellt sind; Du wirst Dich, wenn Du herkommst, behelfen müssen, aber für Eine Person findet sich doch immer noch ein schickliches und artiges Quartier.

Schreibe mir Deine Gedanken hierüber. Es sind viele Weimaraner hier, und Du kannst Mittwochs wahrscheinlich schon wieder durch Gelegenheit einen Brief haben.

Lebe recht wohl, grüße Meyer und Bury.

Ich freue mich darauf, Dich hier zu sehen. Denn ohne Dich und das gute Kind schmeckt mir kein Genuß.

Leipzig, den 4. April [Mai] 1800.   G.

266. *Vulpius* (in Christanens Auftrag)

Weimar, den 5. Mai 1800.
Ganz kurz vor Abgang der Post ist Ihr Brief an meine
Schwester kommen. Es ist Wäsche und ein ewiges Reinmachen im Hause. Man glaubt nicht fertig zu werden. Ich muß
also schreiben.

Schillings Fuhre nach Leipzig würde etwa 20 Thaler
kosten. – Meine Schwester will aber lieber, weil des Herrn
Geh. Raths Wagen und Räder fertig werden, ein Pferd dazu
miethen und mit eigenem Geschirre fahren, wo es weniger
kosten würde. Ich würde, da Opitz jetzt anfängt, Entschuldigungen zu machen, mit Kürze der Zeit, der *Censur* pp., und
das Schauspiel ›Rinaldini‹ nicht aufführen will (in dieser
Messe), *nicht* nach Leipzig gehen. Wenn aber meine Schwester nicht allein reisen *soll* (was freilich nicht gut ist), so will
ich, wenn es der Herr Geh. Rath haben *wollen*, allenfalls
mitgehen. Logis für *mich* wird sich wohl finden.

Auf diesen Brief müßten der Herr Geh. Rath mit *umgehender* Post antworten, sonst bekömmt meine Schwester den
Brief nicht Donnerstags, wo sie doch Ihre Entschließungen
wissen muß. Die Post eilt zum Abgehen.

Ich bin Ew. Excellenz
unterthänigster Diener
C. A. Vulpius.

267. *Goethe*

Das Packet durch Herrn Legationsrath Bertuch habe ich
wohl erhalten, so wie Du meinen Brief, den ich gestern
durch[1] Gelegenheit abschickte, wirst empfangen haben.

---

1 Nach gestrichenem erst.

Da August nicht mit Deinem Bruder kommen kann, so soll es um desto mehr dabei bleiben[1], daß Du mich abholst. Du schreibst mir nur, wann Du hier ankommen willst, denn der Kutscher kann das auf eine Stunde sagen.

Es wird Dir und dem Kind viel Freude machen, Leipzig in dieser schönen Jahreszeit zu sehen; die Spaziergänge um die Stadt sind so schön, als man sie nur wünschen kann.

Das sogenannte Panorama, worin man die ganze Stadt London, als stünde man auf einem Thurm, übersieht, ist recht merkwürdig und wird euch in Verwunderung setzen.

An der Komödie ist nicht viel, Du sollst sie aber auch sehen, nur um der Vergleichung willen. Sonst gibt es noch mancherlei, und besonders die vielerlei Waaren werden euch großen Spaß machen. Und ganz ohne kaufen wird es nicht abgehen, das sehe ich schon im voraus. Du kannst Deine Fahrt auf die Naumburger Messe vielleicht dadurch ersparen.

Ich überlasse Dir, ob Du unsern Wagen nehmen willst oder den Wagen des Kutschers, von dem Du die Pferde nimmst. Doch wäre es gut, wenn die Equipage ein bißchen artig aussähe, denn man fährt doch spazieren, und da mag man gern ein bißchen geputzt erscheinen.

Bringe nichts als weiße Kleider mit, man sieht fast nichts Anders. Ein Hütchen kannst Du gleich hier kaufen.

Nimm einen mittlern Koffer, damit meine Sachen auch hineingehen.

Übrigens thue noch sonst, was Du glaubst, das gut und nützlich ist.

Vielleicht wäre es am artigsten, wenn Du Sonnabends hierher kämest, weil ein Meßsonntag gar lustig ist und alles spazieren reitet und fährt und geputzt ist. Wir machten alsdenn in ein paar Tagen unsere kleinen Geschäfte, führen

---

[1] Von Goethe geändert aus so wollen wir es um desto mehr dabei belassen.

Dienstag Nachmittag weg und wären Mittwochs in Weimar. Genug, Du richtest Dich mit der Hin- und Herreise auf 6 Tage ein, das Übrige wird sich finden.

Du schreibst mir hierüber mit der Post, die Donnerstags von Weimar abgeht.

Du fährst auf alle Fälle am Hôtel de Bavière an, und wie Du unterkommst, will ich indeß schon Sorge tragen.

Lebe recht wohl, grüße Herrn Professor Meyer und Bury recht schön. Es freut mich, wenn dem letzten das grüne Tuch gefallen hat. Küsse das gute Kind und [sage] ihm nicht eher, daß er nach Leipzig soll, als bis es fortgeht.

Leipzig, am 5. Mai 1800.   G.

Ich gebe diesen Brief dem Landcommissär Schäfer mit, welcher ihn Dir durch einen Boten schicken wird.

*

Fünf Tage später, am 10. Mai, macht Christiane sich mit August auf die Reise nach »Klein-Paris«. Goethes Tagebuch läßt ungefähr ahnen, welche Genüsse er den Schaulustigen bereitete; es vermerkt unterm 10.: »Nachmittags kamen die Meinigen. Abends spazieren und im Garten gegessen«; 11.: »Früh durch die Stadt gegangen; in der Nikolaikirche. In Auerbachs Keller. Mittags zusammen an der Table d'hôte. Nach Tische um die Stadt gefahren. Nach Gaschwitz und Connewitz. Abends nach der Funkenburg, zusammen zu Nacht gespeist«; 12.: »Früh verschiednes einzukaufen ausgegangen, dann zu Herrn Unger, Cattuntapeten und Bordüren besehen. Mittags zusammen an der Table d'hôte . . . Abends noch durch die Buden, verschiedne Waaren aufgesucht. Sodann in die Komödie. ›Ariadne auf Naxos‹. ›Die Entdeckung‹ von Steigentesch«; 13.: »Abends in die Komödie, ward ›Aballino‹ gegeben«; 14.: »Abends ins ›Requiem‹ [von Mozart], sodann in Rudolphs Garten zu Herrn Unger und Gesellschaft.« Am 15. Mai hat das Tagebuch keinen Eintrag, unterm 16. heißt es: »Von Leipzig zurückgekommen.« –

22. Juli: Goethe begibt sich nach Jena, um seine Übersetzung von Voltaires »Tancred« zu fördern, und weil er in Weimar, wie er am selben Tage noch Schillern mitteilt, »ein für allemal zu keiner Art von Besinnung gelange«.

*

267 a. *Geist* (in Goethes Auftrag)

Glücklich und gut sind wir hier angelangt. Nun würden Sie dem Herrn Geheimde Rat einen großen Gefallen thun, wenn Sie ihm ein Nößel von dem guten Öl zum Salat herüberschickten; vielleicht haben Sie auch einen kleinen Schinken, den Sie mitschicken könnten, um manchmal auf den Abend noch etwas davon zu genießen.

Leben Sie recht wohl.

Die Schachtel mit Obst folgt bei.

Jena, am 22. Juli 1800.   Ihr ergebenster Diener
                                                          D. Geist.

268. *Christiane*

                                          [Weimar, 23. Juli 1800.]
Lieber, ich wünsche Dir, daß Dir alles gut von Statten geht, was Du Dir vorgenommen hast. Ich lebe so ganz stille und zufrieden. Morgen wollen wir nach Holzdorf in die Schoten fahren. Gestern war ich noch im alten Garten und kam kurz vor dem Regen nach Hause. Heute ist das Wetter schön, und ich mache mir allerhand Beschäftigung im Garten.

Leb wohl und behalte mich lieb.   C. V.

[*Beilage:* August]

Lieber Vater!
Ich danke Ihnen für die schönen Herzkirschen, die Sie mir
geschickt haben. Sie waren des Nachts um 12 Uhr hier
angekommen, und am folgenden Morgen, sobald ich aus
dem Bette gestiegen war, sprang ich hinab in die Kutsche
und holte die schöne Schachtel, in welcher sich die süße
Waare befand. Meine liebe Mutter gab mir einen Theil
davon, den ich mit einem Stück Brot verzehrte. Wir freuen
uns sehr auf den Tag, wo wir Sie von Jena abholen sollen,
sein Sie nur so gütig und schreiben Sie uns, wenn wir
kommen sollen. Leben Sie recht wohl. Weimar, den 22. [23.]
Juli 1800. A. Goethe.

269. *Christiane*

[Weimar, 26. Juli 1800.]
Hier schicke ich, was Du verlangest, und wünsche, daß es
Dir alles nach Wunsch geht. Ich bin wohl und beschäftige
mich mit der Wirthschaft. Morgen kommt Meyer von Holzdorf[1], da wollen wir nach Tiefurt gehen oder fahren. Es sind
wieder 3 Fuhren Holz diese Woche herein gekommen. Ich
freu mich, Dich bald wiederzusehen.

Leb wohl und behalt mich nur recht lieb.

[*Beilage:* August]

Lieber Vater!
Ich danke Ihnen für die schönen Mandeln, die Sie mir heute
geschickt haben, es ist aber Schade, daß ich sie jetzt bloß

---

1 hollstorf.

ansehen muß und nicht genießen kann, dann ich habe starke Zahnschmerzen, welche mich die vorige Nacht aus dem Bette trieben und nur durch unsere Tinctur etwas gestillt wurden. Am Freitage holte ich meinen Vogelbauer, den die Frau Legations-Räthin für mich erstanden hat. Er ist 6 Fuß lang und 1 Fuß breit und hat oben ein Thürmchen. Meine Vögelchen befinden sich in dem neuen Häuschen sehr wohl. Leben Sie wohl und behalten Sie mich lieb. Weimar, den 26. Juli 1800. August Goethe.

270. *Goethe*

Gib, meine Liebe, Inliegendes an Bury. Es geht recht gut mit meinen Arbeiten. Grüße den guten August und sag ihm, daß ich ihn recht lieb habe. Er soll mir nur bald wieder schreiben.

Jena, den 27. Juli 1800.   G.

271. *Goethe*

Ich schreibe Dir nur einen Gruß, und daß ich mich wohlbefinde, denn wenn ich Herrn Professor nicht unrecht verstanden habe, so bist Du nach Roßla gefahren. Ich bin wohl und fleißig und freue mich, wenn es euch auch gut geht. Auf den Sonnabend erfährst Du, wie es weiter mit mir wird. Lebe indessen recht wohl und grüße den August.

Jena, am 29. Juli 1800.   G.

272. *Christiane*

[Weimar, 30. Juli 1800.]
Lieber, ich war gestern in Roßla, wovon ich Dir von allem
mündlich Nachricht geben will. Ich habe auch heute gleich
mit Schenk gesprochen, und er kömmt noch diese Woche,
daß, wie eingefahren ist, die Scheunen verschlossen werden.
Der Gustel war wieder sehr glücklich. Wir haben
5   ¹ mitgenommen. Wir essen alle Abende im
Garten und sind sehr vergnügt und freuen uns, Dich bald
wiederzusehen. Leb wohl und behalte mich lieb.   C. V.

[*Beilage:* August]

Lieber Vater!
Ich habe von dem Herrn Professor Meyer gehört, daß Sie
künftigen Montag wieder nach Weimar kommen wollen,
und da dächte ich, Sie erlaubten mir, daß ich den Sonnabend
mit meiner lieben Mutter nach Jena käme, wo wir uns den
Sonntag in der Trießnitz ein Vergnügen machten und dann
den Montag mit² dem Väterchen nach Weimar zurückkehrten. Am Dienstage war ich mit meiner Mutter auf dem
Gute, wo ich mich fast den ganzen Tag mit dem Fisch- und
Krebsfange belustigt habe. Leben Sie wohl und behalten Sie
mich lieb. Weimar, den 30. Juli 1800. A. Goethe.

*

Sonnabend, den 2. August, traf Christiane mit August in
Jena ein; das Tagebuch vermerkt: »Abends die Meinigen«;
3.: »Abends nach Lobeda spazieren«; 4.: »Früh nach Weimar.« – Das diesjährige Gastspiel des Weimarer Hoftheaters
in Rudolstadt begann am 18. August. Wie der folgende Brief

1 Nicht enträtseltes Wort karblaum.
2 Davor nach Weimar.

zeigt, reiste Christiane an diesem Tage nach Rudolstadt; wer sie begleitete, wissen wir nicht, wahrscheinlich ihr Bruder oder ihre Schwester.

273. *Christiane*

Weimar [Rudolstadt], den 19. August [1800].
Lieber Schatz,
Wir sind gestern glücklich[1] Abends um 7 Uhr in Blankenhain angekommen, wie auch glücklich heute frühe um 1 Uhr in Rudolstadt glücklich angelanget; wir haben auch ein leidliches Quartier, und ich denke, wenn uns alles so gut geht, so wird es uns gewiß gefallen. Meine größte Sorge ist nur, daß es Dir alles gut gehen möge; und wenn wir nichts schreiben, so bleibt es dabei, daß der Kutscher den Sonntag ausfährt, und den Montag sind wir bei Zeiten in Weimar. Leb wohl und behalte mich recht lieb. Viele Grüße und Küsse dem August, und hier schicke ich ihm, was zu haben ist, in Eile.

Adieu, Lieber.

C. V.

*

Wie das Tagebuch bestätigt, kehrte Christiane Montag, den 25, August, nach Weimar zurück. – Am 3. September begibt Goethe sich wieder nach Jena, diesmal insbesondere, um die Arbeit an ›Helena‹ zu fördern. Die Gutsangelegenheiten führten ihn am 8. September nach Ober-Roßla; am 9. vermerkt das Tagebuch: »Mittag mit den Meinigen nach Nieder-Roßla. Gegen Abend nach Weimar zurück«; am 10. war Goethe wieder in Jena. Seine Briefe an Christiane vom 12. und 16. September sind nicht bekannt.

*

1 glüch.

[Weimar, 13. September 1800.]
Lieber, bester Schatz, ich kann Dir weiter nichts schreiben,
als daß ich Dich recht von ganzem Herzen liebe und recht
fleißig bin. Habe mich nur auch so lieb wie ich Dich.

Leb wohl.

[*Beilage:* August]

Lieber Vater!
Ich danke Ihnen vielmals für die schönen jungen Nüsse, von
welchen mir schon einige recht gut geschmeckt haben; auch
sage ich Ihnen dafür vielen Dank, daß Sie so gut für die
Ernährung meiner Vögel gesorgt und ihnen ein schönes
Futter geschickt haben. Ich befinde mich mit meinen Vögeln recht wohl, nur daß für meinen Magen immer besser
gesorgt wird als für die Mägen meiner Vögel. Heute ist der
Geburtstag unseres lieben Freundes Karls, den wir vielleicht
feiern werden. Leben Sie wohl. Weimar, den 13. September
1800.   A. Goethe.

275. *Christiane*

[Weimar, 17. September 1800.]
Ich freu mich, daß Du Dich wohlbefindest; das Andere wird
auch schon werden. Ich bin auch nach meiner Art fleißig.
Des Morgens und Nachmittags gehe ich manchmal aus. Ich
wollte Dich bitten um einen Zettel zu Wertheimer Wein;
von dem vorigen Zettel[1] sind wieder, ehe Du weggingst,
6 Bouteillen nach und [nach] zu Hause aufgegangen.

1 Zelte.

Da wahrscheinlich Meyer den Sonnabend kommen wird, so wollte ich, wenn Du nichts dagegen hast, eine kleine Gesellschaft von jungen Leuten bitten den Sonntag. Das Wetter ist hier so schön, daß man es gar nicht so erwartet hat. Heute will ich spazieren fahren, und aber immer denke ich: wenn ich nur mit Dir führe, da ist es doch am besten. Wenn Du aber wieder da bist, da wollen mir recht oft zusammen fahren. Leb wohl und behalt mich nur recht lieb und mache ja nicht zu viel Äuglichen.

[*Beilage:* August]

Lieber Vater!
Am Montag war ich mit Ernsten und Herrn Eisert im Webicht[1], wo ich mit Ernsten unter den Fliegenschwämmen und den Knollenpilzen eine große Niederlage angerichtet habe, wir trugen aus dem Holze einen großen Haufen Schwämme zusammen und schlugen sie nachher mit Stöcken zu einem Brei. Gestern ging ich mit meiner lieben Mutter zu der Madame Schellhorn in Garten. Heute kaufte ich für 1 Groschen ein Rothschwänzchen und ein Rothkehlchen. Leben Sie wohl und genießen Sie das schöne Wetter. Weimar, den 17. September 1800.   A. Goethe.

276. *Christiane*

[Weimar, 20. September 1800.]
Ich und Gustel sind gesund und wohl, und da wir die Pferde haben, so wollen wir morgen ein bißchen nach Roßla fahren. Meyer ist den Donnerstag Abend angekommen und läßt sich Dir vielmals empfehlen. Er will Mittewoch oder Donnerstag nach Jena; wenn Du uns da haben willst, so will ich und

1 Wewicht.

Gustel mitkommen. Der Wege-Commissär Brunnquell
wünschet sehr, daß Du noch einmal, ehe der Herzog wiederkäme, nach[1] Roßla kämst. So könnten wir den Donnerstag
nach Roßla fahren von Jena aus und führen denn wieder
zurück mit Dir nach Jena, und den Freitag führe ich wieder
mit Gusteln nach Weimar. Du könntest Brunnquell den Tag
schreiben, durch den Herrn Professor den Brief mitschicken.
Auch sei so gut und schreibe mir deßhalb ein paar Worte.
Mündlich Mehres. Leb wohl und behalte mich lieb. Ich
freue mich, Dich bald wiederzusehen.

[*Beilage:* August]

Lieber Vater!
Ich danke Ihnen für die schönen Birnen und Weintrauben,
welche vortrefflich schmecken. Herr Meyer kam am Donnerstage hier an und brachte mir viele Geschenke mit, 2
schöne Silbermünzen, Haare aus dem Maule des Walfisches
und ein Stück von den Kiemen dieses säugenden Seethieres,
drei kupferne französische Münzen und einen hübschen
Stein; auch hat er mir einen Affen mitbringen wollen, aber
er war so schwer zu transportieren. Wollen Sie nicht so gütig
sein und uns die Bitte gewähren, von der meine liebe Mutter
in ihrem heutigen Briefe an Sie spricht??? Leben Sie wohl
und behalten Sie mich lieb.

    Weimar, den 20. September 1800.   A. Goethe.

277. *Goethe*

So gern ich euch und mir das Vergnügen machte, daß ich
euch diese Woche hier sähe, so muß ich es uns doch versagen.
Ich bin bisher sehr gestört worden. Donnerstag waren Mel-

---

1 daß du nach.

lishens, Freitag Voigts da. Heute geht der Tag mit Schiller
hin, und ich habe noch wenig gethan, ob ich gleich meine
Zeit möglichst zu nutzen suche. Grüße Herrn Brunnquell
und sage ihm: da Durchlaucht der Herzog erst gegen die
Mitte des Octobers wiederkommen, so wollten wir eine
Zusammenkunft in Roßla noch aufschieben.

Wenn ich nun noch ein vierzehn Tage gearbeitet habe, so
reite ich einmal nach Roßla, ihr kommt auch hin, Brunnquell kann uns besuchen, und wir gehen sodann zu Pastor
Günther und bringen ein paar vergnügte Tage zusammen
zu.

Willst Du Meyern unsre Pferde zum herüberfahren geben, so ist mirs ganz recht, ich behalte sie alsdann einige
Tage hier.

Die beiden zugesiegelten Packete an die Herzogin und an
den Herzog schicke in das Fürstenhaus. Letztes an Cämme-
rier Wagner, mit dem Ersuchen, es liegen zu lassen, bis der
Herzog wiederkommt. Herrn Geh. Rath Voigt schicke auch
ein Exemplar meiner neusten Gedichte. Du weißt ja, wo sie
liegen. Laß es aber den Registrator von den übrigen abson-
dern, damit es ein complettes Exemplar sei, weil Du Dich in
den Lagen irren könntest.

Lebe recht wohl und liebe mich. Dem guten Kinde
schicke ich etwas Süßes. Jena, den 21. September 1800.

G.

278. *Christiane*

[Weimar, 24. September 1800.]
Es freut mich sehr, daß Du leidlich wohl bist; den Stark bitte
ich mir auch zum Doctor aus, dem seiner Meinung bin ich
gewiß auch, daß Du nicht so wenig Wein trinken sollst und
Champagner besonders. Hier auf unserm Plan ist doch das

Scharlachfieber erschröcklich, es sind auf dem kleinen Fleck 3 junge Burschen gestorben. Götze fing sich an zu klagen und hatte alle Zeichen zu dieser Seuche; ich war sehr bange, denn wenn es in ein Haus kommt, so müssen alle dran. Da habe ich ihn mit 2 Gläser rothen Wein so weit gebracht, daß er des andern Tages wieder rumlief. Mein Bruder, der hat sich auch so curirt. Gestern wurde Ernestine auf einmal auch so schlecht; der gabe ich ein Glas Wertheimer mit etwas Magentropfen[1], und wir gingen alsdenn zusammen aus, und heute ist ihr wieder ganz wohl. Itzo ist mir nicht ganz recht, aber soll gewiß auch bald wieder besser werden, denn es ist itzo nichts als Verkältung. Ich schicke Dir den Wein und das Wasser mit dem Wagen. Dem Meyer habe ich den Wagen geben, weil ich ihm doch auch gerne was Artiges erzeigen mochte, denn er hat uns allerlei mitgebracht. Den Wagen hätte ich gern zu Anfang künftiger Woche wieder, weil ich itzo den Kutscher sehr nothwendig brauche im alten Garten. Wir haben diese und jene Woche schon viele Arbeit verrichtet, aber es ist unten noch viel zu thun. Es kommt aber auf Dich an; wenn Du den Wagen brauchst, so kann Meyer einen Wagen drüben lehnen[2]. Nun kommt aber eine große Bitte: ich habe gar kein Geld mehr. Wenn Du mir keins schicken kannst, so schreib dem Professor, daß er einstweilen 3 Carolin gibt, bis Du wiederkommst; ich brauche es sehr nothwendig. Ich sage es ihm nicht gern selbst; ich denke, er dächte, ich wollte es für mich haben. Geist soll mir, wenn der Wagen zurückkommt, die große Schachtel schicken, die letzt mit übergekommen ist. Wein 8 Bouteillen sind das vorige Mal und itzo übergekommen. Er soll mir hübsch die leeren schicken; auch, wenn das Wasser getrunken wird, die Bouteillen aufheben, denn es kostet hier eine Glas-Bouteille 3 Groschen. Sonst weiß ich weiter nichts zu schreiben, als daß

1 machendruben.
2 Nelenn.

Du mich recht lieb behalten sollst, und daß ich Dich bald wiederzusehen wünsche. Adieu, mein Lieber.

[*Beilage:* August]

Lieber Vater!
Ich danke Ihnen für die schönen Weintrauben, die Sie uns heute geschickt haben, ich lag noch im Bette, als die Schachtel mit der süßen Waare ankam. Am Sonntage war ich in Roßla, wo ich noch meinen im Ofen versteckten Vorrath von Sprenkeln fand, von welchen ich hier im Garten 2 aufgestellt, aber noch nichts gefangen habe. Ein Junge in Roßla schenkte mir ein Rothkehlchen. Am Sonnabend fingen wir in dem Froschbache neun Frösche, die meinem Milvius sehr gut schmeckten. Leben Sie wohl und behalten Sie mich lieb. Weimar, den 24. September 1800. A. Goethe.

279. *Christiane*

[Weimar, 27. September 1800.]
Weil Du vielleicht noch eine Weile in Jena bleibst, so schicke ich Dir die Quittung; der Kammermeister hat sie mir geschickt. Sei so gut und unterschreibe sie und schicke mir den Mittewoch die Quittung wieder mit, da will ich mein Vierteljahr-Geld davon nehmen, und was am nothwendigsten zu bezahlen ist; das andere gut verwahren, bis Du wiederkömmst. Es ist itzo das Vierteljahr, wo ich am nothwendigsten Geld brauche, um alles vor dem Winter einzurichten. Es wird aber hier alle Tage theuerer, daß man bald mit aller guten Laune zuletzt mißmuthig werden muß. Ich bin auch recht verdrüßlich, daß bei uns so viel aufgeht, und richte es doch so genau ein als möglich, und es will doch nicht reichen. Wenn ich das Gemüs itzo nicht hätte, so wüßte ich nicht, wie ich auskommen wollte. Ich

bin so verdrüßlich, daß mein armer Schatz so viel Geld ausgeben muß, und man wird nie recht froh dabei.

Die Karte von Jena kann niemand finden; Gustel sagt, Du
hättest sie schon in Jena gehabt. Es folgen auch 4 Bouteillen
Wein. Leb wohl und behalte mich nur recht lieb. Deine
Liebe ist noch mein einziger Trost.

Geist muß mir folgende leere Bouteillen liefern:

    12 Bouteillen von rothem Wein,
     2 Bouteillen von Franz-Wein,
     2 Nößel – –,
     6 Bouteillen Wasser.

[*Beilage:* August]

Lieber Vater!
Auch für die süßen Weinbeere, welche Sie uns heute geschickt haben, sage ich Ihnen vielen Dank. Ich befinde mich
ganz wohl, nur betrübe ich mich, daß ich Sie erst nach 14
Tagen wieder sehen und sprechen kann. Meine zwei jungen
Täubchen, von denen ich Ihnen schon in einem Brief geschrieben habe, sind nicht mehr; ich fand sie am Donnerstage früh todt, welches mir sehr leid that, doch nützten sie
im Tode noch dadurch, daß sie meinem Milvius ein köst-
liches Frühstück gaben. Nun will ich die Frau von Stein
besuchen. Leben Sie wohl und behalten Sie mich lieb.
Weimar, den 27. September 1800.   A. Goethe.

280. *Christiane*

[Weimar, 29. September 1800.]
Lieber, bester Schatz,
Ich habe das Geld von der Kammer bekommen und habe
davon genommen, was am nothwendigsten war; denn die

Leute sind es gewöhnt, was bei uns Ordinär-Ausgaben sind, daß sie es bekommen, wenn das Vierteljahr um. Und da sind sie gleich mit den Zetteln da. Da wurde mir ganz Angst, denn ich kann niemand, der Geld bekommt, gut abweisen. Nun ist es aber wieder gut; und gestern hab ich einen rechten Rathkauf mit Flachs gethan, da wars gut, daß ich Geld hatte. Das muß ich Dir aber mündlich erzählen, wie es zuging, daß ich [es] so wohl getroffen habe. Heute will ich schon hecheln[1] und recht fleißig sein und sehen, ob er auch so gut ist, als mir denken. Wenn es nur nicht so nasses Wetter wäre, daß ich meine Kartoffeln könnte ausmachen lassen; und an meiner ganzen Herbstarbeit hindert es mich. Indeß will ich mich mit meinem Flachs beschäftigen und recht fleißig sein, bis mein Liebster wiederkömmt. Leb wohl und behalt mich lieb. Wenn es Dir möglich, so schreib mir ein paar freundliche Worte. Der Gustel grüßt herzlich.

281. *Christiane*

[Weimar, 1. Oktober 1800.]

Soeben ist der Herr Ramann von Erfurt bei mir gewesen und hat mir gesagt, daß er itzo ganz vortreffliche Weine habe. Mein Bruder hat welchen bekommen, da kannst Du ihn versuchen. Und er meinte, Du solltest lieber Deine Bestellung vor den ganzen Winter davon machen; denn sie wüßten nicht, ob sie den Winter wieder so guten bekämen. Mit der Zahlung müsse es nicht gleich sein. Und wenn Du alle halbe Jahr oder alle Jahr bezahlest, darauf käm es gar nicht an; aber die Bestellung müsse bald geschehn, denn in 3 Wochen könnte er vielleicht alle sein. Über das Mißverständniß bin ich gar nicht böse, denn so schöne Trauben habe ich hier rum noch nicht gegessen. Heute Abend freue ich mich auf die

1 hezegelln.

Komödie; ich bin recht froh, daß die Abende wieder etwas ist, denn ich habe alle Abende vor langer Weile gelesen und bin allemal um halb 9 Uhr zu Bette gegangen. Aber einmal bin ich so ins Lesen hineingekommen, daß ich bis um 1 Uhr gelesen habe; und wenn der Gustel auf dem Kanapée sich nicht geregt hätte, ich hätte noch länger gelesen. Das war die ›Heilige[1] Genoveva‹ von Tieck, das ist sehr schön. Über den Gustel wirst Du Dich recht freuen, denn er kommt mir alle Tage verständiger vor. Wir haben uns recht lieb und unterhalten uns immer zusammen. Heute ist mein Brief gewiß besser geschrieben, denn ich habe mir sehr große Mühe geben. Es ist mir aber auch schon 2mal schlimm geworden, und wär der Brief nicht an Dich, ich hätte längst schon aufgehört. Der Conducteur Götze hat mir seinen Zettel geschickt; soll ich es bezahlen oder willst Du es ihm drüben auszahlen? Leb recht wohl und behalte mich lieb, ich freue mich herzlich, Dich bald wiederzusehen.

Ich wollte, es würde wieder gutes Wetter, daß wir unsre Landpartie nach Roßla und nach Mattstädt machen könnten. Der Bierlich möchte so gerne mit Dir wegen des Lerchen-Strichs[2] reden, es ist sonst[3] alles bestellt. Unser 19 Acker-Stück ist schon aufgegangen; wenn Du würdest sehen, würdest Du Dich freun.

[*Beilage:* August]

Lieber Vater!
Ich danke Ihnen für die schönen Weintrauben, die Sie uns gestern Abend geschickt haben. Ich habe mich diesen Morgen von einer großen Sorge befreit, denn ich habe nun meinen Milvius nicht mehr zu ernähren; ich habe ihn heute

1 Heuliche.
2 lergen Strigen.
3 somh.

dem Prinzen geschenkt, bei welchem ich von 9 bis beinahe 12 Uhr gewesen bin, und der sich über dieses Geschenk sehr freuete. Auf künftigen Sonnabend will ich Ihnen hiervon mehr schreiben. Leben Sie indeß recht wohl. Weimar, den 1. October 1800. August Goethe.

*

Wie Goethes Briefe an Christiane vom 26., 28. und 30. September, so ist auch der am 3. Oktober an sie geschriebene nicht bekannt; er enthielt, wie das Tagebuch vermerkt, die »Anzeige meiner morgenden Abreise«. Am 4. Oktober vormittags traf Goethe in Weimar ein und kehrte erst am 14. November nach Jena zurück.

*

282. *Christiane*

[Weimar, 15. November 1800.]
Lieber Schatz, mit Ausräumen der Stube bin ich fertig. Morgen will Heideloff anfangen, und er denket es in 3 Tagen fertig zu haben. Ich denke es Dir wieder recht hübsch auszuputzen, daß Dir es wieder bei mir gefallen soll. Von Wanzen haben wir bei allem nicht Eine Spur entdeckt und auch keine Wanze gesehen. Und wir haben gewiß alles sorgfältig angesehen.

Ich wünsche Dir, daß es Dir alles gut von Statten gehe. Leb wohl und behalte mich nur recht lieb und sei ja nicht böse auf mich.

[*Beilage:* August]

Lieber Vater!
Wenn Sie gestern bei dem schönen Wetter glücklich in Jena angekommen sind, so soll es mich freuen. Ich habe gestern

die schöne Mittagsstunde beim Spazierengehen genossen, worauf mir aber auch das Mittagsessen ganz vortrefflich schmeckte. Heute haben wir wieder einen schönen Tag zu erwarten, von dem ich auch etwas genießen will; denn sobald ich meinen Brief werde geendiget haben, will ich die Frau von Stein besuchen und mich im Parke belustigen. Leben Sie recht wohl und behalten Sie mich lieb. Weimar, den 15. November 1800. August Goethe.

283. *Christiane*

[Weimar, 19. November 1800.]
Ich und das Kind sind beide wohl. Bei den schönen Tagen sind wir alle Tage ein Stückchen spazieren gefahren und waren recht vergnügt zusammen. Überhaupt, seitdem ich Dir meine Betrübniß offenbart habe, bin [ich] wieder ein Hasenfuß, und es wird nun wieder stark an die Redoute gedacht. Am Sonnabend waren sehr viele Äuglichen hier, und ich wurde von einem Äuglichen zum Picknick eingeladen, welches er entreprenirt[1] auf übermorgen. Ich habe es aber nicht zugesagt und nicht ab. Deine Stube wird, wie ich hoffe, morgen Abend fertig, und ich hoffe Dich bald wiederzusehen, oder sollen wir Dich abholen? Leb wohl und behalt mich lieb.

[*Beilage:* August]

Lieber Vater!
Gestern war ich mit meiner Mutter in Lützendorf, wo es mir gefallen hat, denn vor dem Gasthofe ist eine schöne Wiese, wo ich mich mit dem kleinen Stein im Laufen und Springen

1 anderbrennonirt.

übte. Neben dieser Wiese fließt ein Bächelchen, wo wir
einen Schutz baueten und uns dann an dem Rauschen des
Wassers belustigten, wenn wir den Schutz wieder öffneten.
Am Montage sprach ich im Theater mit dem Herrn Hofgärtner Dietrich über verschiedene Pflanzen, und da versprach
er mir ein Pflanzenbuch zu schenken, das ich nachher holen
will. Leben Sie wohl. Weimar, den 19. November 1800.
August Goethe.

*

Wie das Tagebuch berichtet, kam August am 22. November
nach Jena, um den Vater zu besuchen und ihn (vermutlich
am 25.) nach Weimar zurückzuholen. Doch mußte Goethe,
um die Übersetzung des ›Tancred‹ in Ruhe beendigen können, vor Jahresschluß nochmals nach Jena übersiedeln; es
geschah am 12. Dezember nachmittags.

*

284. *Christiane*

[Weimar, 13. December 1800.]
Ich kann Dir heute weiter nichts schreiben, als daß ich mich
recht wohl befinde und mich mit dem Weihnachten be-
schäftige und alleweile ein bißchen auf das Eis gehen will.
Ich sehe mit Verlangen dem Montag entgegen, daß ich das
Kistchen auspacken kann. Leb wohl und behalte lieb Deinen
Hasen.

[*Beilage:* August]

Lieber Vater!
Es soll mich sehr freuen, wenn Sie gestern Abend gesund und
glücklich nach Jena gekommen sind. Wir haben heute einen
kalten Morgen gehabt, aber der heitere Himmel ist so einla-

dend, daß wir uns auch heute einige Stunden auf dem Eise belustigen wollen. Ich will heute den ersten Versuch machen, auf Ihren Schlittschuhen zu fahren, ich muß mir aber erst Bänder daran kaufen. Diesen Abend will ich ein Stück von Iffland, ›Die Selbstbeherrschung‹, sehen. Grüßen Sie in meinem Namen den Herrn Geheime Hofrath Loder und bitten Sie ihn, sich in mein Stammbuch zu schreiben. Leben Sie wohl. Weimar, den 13. December 1800. A. Goethe.

285. *Goethe* [nicht abgesandt]

Meine Arbeit geht gut von Statten, indessen muß ich, um ganz fertig zu werden, noch acht Tage dableiben.

Das Theater für August ist bestellt, und ich habe schon mit Götzen gesprochen, der mir helfen will, das Portal und die Straßendecoration zu malen, womit ich denn etwa heut über acht Tage Abends anlangen werde. Auf den Sonnabend erfährst Du, wann ich den Wagen wünsche.

Schicke mir doch etwa wieder vier Bouteillen rothen Wein.

Hast Du diese Zeit nichts von Meyer von Bamberg gehört? ich will doch jemand hier, der dorthin Correspondenz hat, ersuchen, sich nach ihm zu erkundigen.

Lebe wohl und schreibe mir, wie es euch geht. Jena, am 16. December 1800.   G.

286. *Christiane*

[Weimar,] den 16. December [1800], Abends 9 Uhr. Heute, mein Lieber, ist das Kistchen von Frankfurt angekommen, ich habe mich sehr gefreut! Es waren 20 Ellen seidenes Zeug darin vor mich und auch ein Paar schöne

Schuh und ein Paar seidene Strümpfe, schöne Spitzen und vor August sehr schönes Tuch 3 und ½ Elle und Knöpfe auch zu einer Weste. Die gute Mutter! es kostet ihr gewiß viel, denn es ist alles sehr schön. Aber auf die Redoute kann ich es nicht anziehen, es ist mehr zu einem Staatskleide, aber sehr schön. Wenn Du nur schon da wärest, daß ich es Dir alles zeigen könnte! Ich habe eine sehr große Freude darüber. Nun wünschte ich nur, der heilige Christ verlör in Jena 10 Ellen weißen Halb-Atlas, die Elle zu 12 Groschen, das wären 5 Thaler; das wäre dem heiligen Christ ein Leichtes. Oder nur 5 und ½ Elle Calico-Halb-Atlas[1], das wäre nur 2 Thaler 18 Groschen, die Elle zu 12 Groschen. Das müßte der heilige Christ aber bald verlieren; solltest Du ihm etwa unverhofft begegnen, so kannst Du mit ihm darüber sprechen. Du mußt aber ja nicht böse werden, daß ich Dich mit einem solchen Auftrage beschwere[2]; ich werde auch nicht böse, wenn es mir abgeschlagen wird.

Wenn er nichts verliert, so ziehe ich mich wieder wie das vorige Mal an und bin auch zufrieden.

Auch hat Meyer, welcher noch lebendig ist, einen sehr langen Brief geschrieben.

Zur Feier des Jubiläums gehet ein Circular herum. Der Herr Professor hat sich heute auch aufgeschrieben, und sobald Du wiederkommst, so wird es auch zu Dir kommen. Für heute schlaf recht wohl. Morgen ein Mehres. Gute Nacht.

[17. December.] Ich schicke Dir hier die Quittung. Wenn ehr als den Sonnabend Gelegenheit herüber gehet, so schicke mir sie ehr. Ich glaubte, Du kämst den Freitag wieder. Ich will mein Vierteljahr-Geld und nur die nöthigen Ausgaben davon nehmen.

Du mußt aber ja mit dem Theater den Mittewoch kom-

---

1 gacklieko halbt adlas.
2 beschwöre.

6. *Christiane und ihr*
dreijähriger Sohn August, 1792.
Gemälde in Wasserfarben von
Heinrich Meyer.

men, denn sonst könnte ich dem Gustel gar keinen Spaß
machen, weil ich weiter nichts zu spielen habe. Den August
soll ich entschuldigen, daß er nicht geschrieben hat; er ist zur
Frau von Stein gegangen. Am Sonnabend sollst Du einen
rechten großen Brief haben. Leb wohl und behalte uns recht
lieb. Schreib doch der guten Mutter nur ein paar Worte, daß
das Kistchen angekommen ist.

287. *Christiane*

[Weimar, 20. December 1800.]
Vor die Maske will ich Dir, wenn Du kommst, mit tausend
Küssen danken, wenn Du wieder bei mir bist. Wenn[1] es
möglich, so komm den Dienstag Abend; es ist besser, als den
heilig Abend. Wir haben doch noch allerhand zu sprechen.
Vor den Herrn Professor soll alles in Ordnung sein.

In Eile.

[*Beilage:* August]

Lieber Vater!
Ich habe mich sehr gefreut, als ich sahe, daß der Herr
Geheime Hofrath Loder sich in mein Stammbuch geschrieben hatte, ich danke Ihnen vielmals für Ihre gütigen Bemühungen dabei. Der Herr Hofrath Schiller hat mir auch am
Donnerstage etwas sehr Schönes eingeschrieben; heute will
ich nun auch die Frau von Stein und morgen den Herrn
Vice-Präsident Herder und den Herrn Geheimerath Voigt
um eine gleiche Gefälligkeit bitten. Meine liebe Mutter hat
mir gesagt, daß Sie auf den Montag den Wagen haben
wollen, dieß hat mich sehr gefreuet, denn nun werden Sie

---

1 Nach gestrichenem es wäre besser.

wohl den Weihnachten bei uns sein. Leben Sie indeß wohl. Weimar, den 20. December 1800. August Goethe.

288. *Christiane*

[Weimar,] Dienstag Abends [23. December 1800.] Da es freilich nicht möglich war, daß Du kommen konntest, so muß ich mich darin schicken; aber betrübt bin ich doch, denn wenn Du morgen nicht hier bist, so ist der ganze Spaß nichts. Das Theater ist aber sehr schön, und der Gustel wird sich recht freun. Meine Schüttchen sind mir dießmal auch nicht so gut gerathen wie sonst.

Nun muß ich mich nur über meinen Redoutenanzug freun, der wird recht artig. Aber Du mußt ja kommen! Es soll alles in der besten Ordnung sein, und ich erwarte Dich zu Mittag. Heute hat die gute Mutter wieder eine Schachtel Confect geschickt. Schlaf wohl. Ich bin sehr müde.

*

Warum Goethe die dringenden Bitten der Seinigen, das Weihnachtsfest mit ihnen zu verleben, nicht erfüllte, wissen wir nicht. Unterm 24. Dezember vermerkt das Tagebuch die Arbeit am ›Tancred‹ als »geendigt«, aber erst am 26. kehrt Goethe nach Weimar zurück. Ein heftiger Katarrh, der ihn in den zur Winterszeit unwirtlichen Zimmern des Jenaer Schlosses befallen hatte, sollte sich am Anfang des neuen Jahres zu einer lebensgefährlichen Erkrankung steigern.

1801

In den Tagen vom 7. zum 9. Januar erreichte Goethes
Krankheit (ein von hohem Fieber begleiteter Krampfhusten
mit starker Anschwellung der Umgebung des linken Auges)
den Höhepunkt. Christiane, fassungslos, harrte getreu bei
dem Kranken aus und lauschte sorgenvoll den Worten des
von Schmerz übermannten, in Fieberphantasien laut spre-
chenden Gatten, der »mit wahrhafter Begeisterung in die
beweglichsten, herzergreifendsten Reden an den Erlöser
ausbrach«; es scheint, daß Goethe hier Stellen aus einem
seiner ältesten Gedichte, den ›Poetischen Gedanken über die
Höllenfahrt Jesu Christi‹, die Christianen unbekannt waren,
laut deklamiert hat. Im ersten Briefe, der uns aus dem Jahre
1801 erhalten ist, an Elisa Gore gerichtet, schreibt Goethe,
17. Januar: »Nach einer schrecklichen Krise der Natur, in
welcher sich das Individuum zu verlieren schien und welche
etwa zehen Tage mag gedauert haben, befinde ich mich
wieder ganz leidlich und, ich könnte sagen, wohl, wenn
nicht die Geschwulst des linken Auges mich noch an die
Gewalt des vergangenen Übels erinnerte. Doch behaupten
die Chirurgen, daß auch das Auge sich bald wieder in seinem
natürlichen Zustande befinden werde.« Und an seine Mutter berichtet der Genesende am 1. Februar: »Wie gut, sorgfältig und liebevoll sich meine liebe Kleine bei dieser Gelegenheit erwiesen, werden Sie sich denken, ich kann ihre
unermüdete Thätigkeit nicht genug rühmen. August hat
sich ebenfalls sehr brav gehalten, und beide machen mir bei
meinem Wiedereintritt in das Leben viel Freude.« –
Von Mitte März an nahm die Sorge für das Gut in Ober-

Roßla Goethen sechs Wochen hindurch lebhaft in Anspruch. In den Tag- und Jahres-Heften hat, ein Vierteljahrhundert später, der Greis rückschauend von dieser bitter-süßen Epoche eine Schilderung entworfen, die hier nicht fehlen darf, weil man hinter ihrer liebenswürdig kräftigen Selbstironie Christianes lustige Augen meint leuchten zu sehen. Goethe erzählt: »Der erste Pachter war auszuklagen, ein neuer einzusetzen, und man mußte die Erfahrungen für etwas rechnen, die man im Verfolg so fremdartiger Dinge nach und nach gewonnen hatte. – Zu Ende März war ein ländlicher Aufenthalt schon erquicklich genug. Ökonomen und Juristen überließ man das Geschäft und ergötzte sich einstweilen in freier Luft, und weil die Conclusion ergo bibamus zu allen Prämissen paßt, so ward auch bei dieser Gelegenheit manches herkömmliche und willkürliche Fest gefeiert; es fehlte nicht an Besuchen, und die Kosten einer wohlbesetzten Tafel vermehrten das Deficit, das der alte Pachter zurückgelassen hatte. – Der neue war ein leidenschaftlicher Freund von Baumzucht; seiner Neigung gab ein angenehmer Thalgrund von dem fruchtbarsten Boden Gelegenheit zu solchen Anlagen. Die eine buschige Seite des Abhangs, durch eine lebendige Quelle geschmückt, rief dagegen meine alte Parkspielerei zu geschlängelten Wegen und geselligen Räumen hervor; genug, es fehlte nichts als das Nützliche, und so wäre dieser kleine Besitz höchst wünschenswerth geblieben. Auch die Nachbarschaft eines bedeutenden Städtchens, kleinerer Ortschaften, durch verständige Beamte und tüchtige Pächter gesellig, gaben dem Aufenthalt besondern Reiz; die schon entschiedene Straßenführung nach Eckartsberga, welche unmittelbar hinter dem Hausgarten abgesteckt wurde, veranlaßte bereits Gedanken und Plane, wie man ein Lusthäuschen anlegen und von dort an den belebenden Meßfuhren sich ergötzen wollte; so daß man sich auf dem Grund und Boden, der einträglich hätte werden sollen, nur neue Gelegenheiten zu vermehrten Ausgaben und verderblichen Zerstreuungen mit Behagen vorbereitete.« – Länger als einen Monat, vom 25. März bis zum 30. April, lebte Goethe als Landwirt in Ober-Roßla, zeitweilig in Gesellschaft Christianens, wie der folgende Brief beweist, der geschrieben wurde, als Goethe für einige Tage in Weimar zu tun hatte.

*

289. *Christiane*

[Ober-Roßla, 16. April 1801.]

Lieber Schatz,
Die Weiden sind gesetzt, und Du wirst Dich freun. Gestern wurde ich nach Nieder-Roßla zu einem Punsch eingeladen; ich bin, weil es zu spät wurde, da geblieben und heute frühe um 7 Uhr wieder herüber gegangen. Die Pachtern hat alle ihre Kammern, die sie noch inne hat, selbst versiegelt und ist fort. Sie wird wohl nicht eher bis zum 24. wiederkommen. Gestern habe ich erfahren, daß morgen Redoute ist, und möchte gar zu gern hin; ich thue Dir also den Vorschlag: wenn Du haben willst, daß ich morgen nach Tische hier weggehen soll, so schicke mir einen Boten morgen ganz frühe, so wollt ich alles darnach einrichten. Nämlich der Kutscher müßte morgen frühe noch fahren mit dem Wagen; Nachmittage sollen 2 Taglöhner den Zaun im Äpfelgarten machen, weil sich die Nachbarn über den Durchgang beschweren, und der alte Taglöhner soll im Hausgarten den Wein anbinden und die Rabatte graben. Und ich verspreche Dir, sobald ich den Sonnabend die Augen aufthue, so will ich gleich wieder runterfahren, daß der Kutscher den Sonnabend wieder fahren kann. Wenn es Dein Wille ist, so mußt Du mir aber ja den Boten morgen frühe bei Zeiten schicken und Ernestine befehlen, daß diese mir etwas anzuziehen

zurecht macht, es mag sein, was es will, ich überlasse es ihrem Geschmack. Doch kommt alles darauf an, ob Du es gerne siehst. Den Boten kannst Du bei dem Bauinspector haben. Ich bin ja bloß zwei halbe Tage von hier entfernt, und Du kannst alsdann erst den Dienstag oder Montag kommen. Ich dächte, es ging' an.

Leb wohl und sei nicht böse auf Deinen tanzlustigen Schatz. Viele Grüße an August und Ernestine.

290. *Christiane*

[Weimar, 27. April 1801,] Abends um halb 10 Uhr. Lieber, ich danke Dir nochmals, daß Du mich hast zu der Fahrt beredet; ich kann mich doch ein bißchen abwarten und denke bald wieder heiter und wohl zu werden. Den Herrn Gern kann ich noch nicht recht beurtheilen. Die Tänzer aber haben mir sehr gefallen, und morgen werden sie es noch besser machen. Wenn nur mein Schatz hier wäre, so wär ich noch vergnügter. Schenk hat noch keinen Caution-Schein. Gute Nacht. Morgen ein Mehres. [28. April.] Den Spargel laß Dir diesen Mittag machen. Es ist hier alles sehr schön, und wenn [wir] wieder zusammen sind, so wollen wir recht zufrieden und vergnügt sein. Hier folgt auch die Schachtel mit dem Wein. Es ist auch ein Kistchen da, das ist aber zu groß; es scheint auch Wein darin zu sein, ich weiß aber nicht, woher. Leb wohl und schicke mir ja den Freitag die Pferde, daß wir den Gern zusammen hören den Sonnabend. Es ist mir itzo, als könnte ich gar nicht mehr vergnügt sein ohne Dich. Die Liebe ist sehr groß, und behalte mich nur lieb. Den Mai wollen wir hier recht zufrieden und glücklich sein.

Adieu, mein Lieber.

Lieber Vater!
Nehmen Sie es nicht übel, daß ich Sie nicht geschrieben habe. Ich freue mich, Sie bald wiederzusehen. Ein ander Mal mehr. Leben Sie wohl und behalten Sie mich lieb. Ich habe eine sehr schlechte Feder gehabt.   *August Goethe.*

[*Nachschrift:* Christiane]

Lassen Sie Sophien und die Hofmeistern auf dem Lindenberge gießen.

*

Am selben 28. April klagt Goethe Schillern, er habe in diesen Tagen »mit der rohen Natur und über das ekelhafteste Mein und Dein« im Streite gelegen. »Heute bin ich meinen alten Pachter erst los geworden, und nun gibt es so manches zu besorgen und zu bedenken, da der neue erst Johannis anzieht ... Ich habe der Versuchung nicht widerstehen können, mir einen Spaziergang hier anzulegen, da man vorher keinen Schritt im Trocknen thun konnte bei feuchtem Wetter und keinen im Schatten bei Sonnenschein. Nun hat mich das etwas weiter geführt als billig, und ich muß hier bleiben, bis die Anlage fertig ist, weil sie mir sonst zuletzt noch verpfuscht werden könnte. Leben Sie indessen wohl in einer bessern Welt.« Um gleichfalls in diese zurückzukehren, verläßt Goethe sein Tuskulum am 30. April. –
Noch immer fühlt Goethe sich nur als Genesender, nicht als genesen. So folgt er gern dem Rat der Ärzte und Freunde zu einer gründlichen Erholung und beschließt, das Bad Pyrmont aufzusuchen, um dort seine volle Rüstigkeit wiederzugewinnen. Augustchen darf mit, um ein neues Stück Erde kennenzulernen. Am 5. Juni früh 5 Uhr reisen Vater,

Sohn und Geist (der Schreiber Goethes) von Weimar ab und
gelangen am 6. abends nach Göttingen. Noch am selben
Tage wird das folgende Schreiben an Christiane von Geist
und Goethe selbst fertiggestellt.

*

291. *Goethe* (und Geist)

Göttingen, am 6. Juni 1801. Abends 6 Uhr.
Wertheste Demoiselle,
Soeben sind wir glücklich und gesund hier angelangt und
finde es nun für meine Schuldigkeit, Ihnen doch eine kleine
Skizze von unserer Reise zu geben:

Am 5. Juni kamen wir zeitig in Erfurt an und hielten
Mittag in Gräfin-Tonna, einem artigen gothaischen Dorfe;
von da gingen wir durch Langensalze und kamen bei guter
Tageszeit noch in Mühlhausen an, der Herr Geheimde Rath
und Augustchen (welche auf das herzlichste grüßen) gingen
sogleich miteinander ein wenig spazieren, und als dieselben
zurück ins Wirthshaus kamen, so sagte ich Augustchen, daß
sich auch ein Trupp Schauspieler hier aufhielte, und selbst
diesen Abend das Stück: ›*Die neuen Arkadier*‹ aufgeführt
würde; sobald er das von mir gehört hatte, so konnte er nicht
einmal, vor Begierde, diese Gesellschaft zu sehen, diesen
Abend ruhig essen, und nachdem es der Herr Geheimde
Rath erlaubt hatten, so gingen wir beide, diesem Spiel
beizuwohnen; aber dem Himmel seis geklagt, wie erbärmlich und elend fanden wir alles, das Local war sehr schlecht,
in einem Hause, wo kein einziges Fenster mehr ganz war.
Terkalion hatte sein ganzes Gesicht feuerroth gemacht und
sich rund um mit Sand angefüllten Därmern behängt, welches Schlangen vorstellen sollten, so daß bei seinem Toben
und Wüthen ein Darm davon aufging und den Musicis im
Orchester in die Augen flog; auf einmal gerieth alles in

Stocken, und wenn die Schauspieler ihren Gesang nicht fortgewinselt hätten, so hätten sie alle schließen müssen. Hier hat Augustchen ganz entsetzlich gelacht und sich sehr darüber lustig gemacht. Doch hievon genug.

Heute als den 6. Juni gingen wir früh 5 Uhr wieder von Mühlhausen weg und kamen über Dingelstädt und hielten Mittag in *Heiligenstadt*; von hier durch einige unbedeutende Dörfer, bis wir endlich glücklich und gut Göttingen erreichten, unser Logis ist in der ›Krone‹. Der Fuhrmann hat uns sehr gut gefahren, und der Herr Geheimde Rath sind sehr zufrieden mit ihm. So weit schreibe ich diesesmal und empfehle mich mit aller Hochachtung Ihrem gütigen Wohlwollen. Augustchen bittet recht sehr um Verzeihung, daß er Ihnen nicht selbst ein Briefchen geschrieben hat, er verspricht aber alles noch nachzuholen.

Da wir glücklich angekommen sind, wollte ich mit August, weil es noch heller Tag war, um die Stadt gehen. Die Promenade hat uns viel Vergnügen gemacht. Geist hat indeß unsre Reise beschrieben, und ich habe nichts hinzuzusetzen, als daß das Kind sehr gut und artig ist, und daß wir oft vom Mutterchen sprechen und uns freuen, Dich wiederzusehen. Lebe wohl, die Reise bis hierher ist mir sehr wohl bekommen. Lebe recht wohl.

G.

*

Über das Zusammensein mit dem Söhnchen findet sich wenige Tage später, in einem Brief an Schiller vom 11. Juni folgende, das an Christiane Geschriebene willkommen ergänzende Bemerkung: »Mein Reisegefährte August, der Karln schönstens grüßen läßt, ist auch Schuld an meinem mindern Fleiß, indem er mich zerstreut und manche Betrachtung ableitet; doch ist er sehr glücklich, er gewinnt in manchem Sinne, und auch mein Verhältniß gegen die Menschen wird durch ihn gelinder und heiterer, als es vielleicht außerdem hätte sein können.« – Am 13. Juni nachmittags langten die Reisenden in Pyrmont an. Leider sind die Briefe, die wo nicht Goethe, so doch Geist noch von Göttingen aus und in der nächstfolgenden Woche an Christiane geschrieben haben wird, nicht bekannt, von den Briefchen Augusts ganz zu schweigen.

*

292. *Christiane*

[Weimar, 23. (oder 24.) Juni 1801.]
Ich hoffe recht sehnlich auf einen Brief von Dir, um zu hören, daß Du Dich mit dem guten Kinde wohlbefindest. Ich bin ganz wohl, aber so ganz ohne das zu sein, was man herzlich liebt, will mir gar nicht behagen, und bei aller Zerstreuung, die ich mir mache, ist doch immer, als wenn mir das Beste fehlte. Mit Roßla bin ich ganz in Ordnung. Es ist alles wieder zu Hause an Ort und Stelle, und auf den Freitag zieht der neu Pachter ein, und auf den Montag ist die Übergabe.

Ich bin auch am Sonntag vor 14[1] Tagen in Jena gewesen, in der Trießnitz, da war es recht schön.

Auch in Erfurt waren wir recht vergnügt.

Und in [den] Gärten ist alles in der größten Ordnung; und mit meiner Viehzucht bin ich recht wohl zufrieden und füttre alles selbst, damit ich Dich, wenn Du wiederkömmst, auf das beste damit regaliren kann. Auf Cassel freu ich mich sehr. Wenn meine Freude nur nicht in Brunnen fällt! Dieß ist immer der Fall, wenn man sich so sehr freut. Sage ja dem Gustel, daß er mir auch etwas schreibt. Neues ist bei uns nichts Merkwürdiges vorgefallen, als daß der Prinz von Baden hier war.

1 14 über gestrichener 8.

Schreibe mir ja bald und behalt mich nur recht lieb. Ich bin recht eifersüchtig auf das Bübchen.

Leb wohl, mein Lieber.   Christiana.

293. *Goethe*

Da eine Depesche an Herrn Hofkammerrath Kirms, in theatralischen Angelegenheiten, abgeht, so will ich auch ein Blättchen für Dich beilegen.

Die Cur wird mir hoffentlich gut bekommen, ob sie mir gleich beim Gebrauch unbequem ist, indem sie mir den Kopf einnimmt und mich nicht das Mindeste arbeiten läßt.

August ist sehr glücklich. Das lange Schlafen, Spazierengehen, ein wenig Wasser-trinken, Kirschen- und Erdbeeren-essen, Baden u. s. w. bekommt ihm fürtrefflich.

Gestern waren wir auf einem Hügel ⁵/₄ Stunden von hier, wo Versteinerungen und Krystallisationen angetroffen werden, deren Suchen und Auffinden das größte Fest war.

Das Wetter ist seit ohngefähr 8 Tagen sehr schön und der Aufenthalt deßwegen recht angenehm, da sehr viele und schattenreiche Alleen sich ganz nahe hier mitten in dem Ort befinden.

Wegen der Leinwand habe ich meine Gedanken geändert, da in[1] den letzten Tagen sehr schöne gedruckte Musseline und Battiste angekommen sind, unter welchen ich Dir wohl ein Kleid aussuchen werde. Man hat mir gerathen, noch damit zu warten, weil noch einige Kaufleute fehlen, die noch vielleicht etwas Neueres und Geschmackvolleres mitbringen. Übrigens denken wir sehr oft an Dich, und August trinkt täglich Deine Gesundheit.

Unsere Lebensart ist sehr einfach. Früh um 6 Uhr wird aufgestanden, bis 8 Uhr Brunnen getrunken, um 9 Uhr

1 Nach gestrichenem ich.

gefrühstückt, bis 11 Uhr herumgeschlichen und discurrirt, dann über den andern Tag bis gegen 12 Uhr gebadet, um 1 Uhr zu Hause gegessen, ein paar Stunden nach Tische zugebracht, wie es gehen will, und des Abends in der Gegend bald da-, bald dorthin spazieren gegangen.

Die Lage um Pyrmont ist sehr angenehm, und in der Nähe gibt es allerlei Merkwürdigkeiten, Mineralien, Ruinen, und was dergleichen sein mag.

Morgen bin ich nun schon 14 Tage hier, und Du sollst von Zeit zu Zeit hören, wie es mir geht, und was ich vorhabe, damit Du Dich darnach einrichten kannst. Lebe wohl und gedenke unser. Pyrmont, am 26. Juni 1801.   G.

294. *Goethe*

Mein Brief aus Göttingen ist, wie ich von Professor Meyer höre, erst spät angekommen; Du wirst indessen einen andern von Pyrmont erhalten haben, und ich sage Dir durch einen zurückgehenden Boten, der mir die Ankunft Durchlaucht des Herzogs in Pyrmont meldete, nur einige freundliche Worte. Es geht mir und dem Kinde noch immer recht gut, nur bleibe ich bei der Cur zu aller Art von Arbeit untüchtig, welches mir denn doch ein wenig lästig ist.

Durchlaucht des Herzogs Ankunft wird denn freilich meine Plane einigermaßen verrücken, ich hoffe aber doch, daß das Vergnügen, das wir uns wegen Cassel ausgedacht, noch Statt finden soll.

Ich freue mich zu hören, daß Du Dich die Zeit über auf verschiedene Weise amüsirt hast. Es wäre hier auch ganz artig, wenn nur nicht, wie gesagt, der Brunnen einen so gewaltig angriffe. Du hörst bald wieder von mir.

Grüße Herrn Professor Meyer und gratulire ihm zu der Acquisition des schönen Siegels.

August grüßt, betrübt sich aber, daß er nicht ein paar Zeilen von Dir erhalten hat. Er ist sehr vergnügt, führt sich aber auch recht gut auf.

Lebe wohl und gedenke unserer.

Pyrmont, am 30. Juni 1801.   G.

295. *Christiane*

Es geht mir, mein Lieber, itzo wieder ganz leidlich, aber 8 Tage war ich recht krank und wußte doch nicht, was mir fehlte. Ich glaube, es war Sehnsucht nach Dir und dem guten Kinde. Man sollte sich eigentlich gar nicht von dem, was man recht liebt, trennen. Und doch kann man nicht immer beisammen sein. Ich danke Dir, daß Du mir so oft schriebst, auch dem lieben Gustel, und wenn ich wieder schriebe, so soll er auch ein kleines Briefchen bekommen. Ich glaube, daß alles sehr theuer in Pyrmont ist; und wenn Du mir gar nichts mitbringest, so bin ich auch zufrieden. Ich freue mich nur schon auf den schönen Tag, wo ich euch beide gesund und wohl wiedersehe. Hier spricht man, Du kämst gleich zurück, sobald Durchlaucht Herzog hier wäre; so sagt auch der Herr Professor. Aber ich denke, Du wirst es schon machen und mir gewiß vorher etwas wissen lassen, worauf ich mich einrichten soll. Manchmal denke ich, wenn ich nur eine Stunde bei euch sein könnte; und wenn es mir dann gar nicht mehr zu Hause gefällt, so gehe ich spazieren, und alles erinnert mich wieder an Dich; und manchmal bin ich ordentlich in Gedanken dort. Heute ist es nun schon 4 Wochen, daß Du weg bist; mir ist es aber, als wär es ein Vierteljahr. Du wirst aber mit meinen Gartenarbeiten und neuen Spargelanlagen recht zufrieden sein. Ich betrübe mich nur, daß Gustel die Erdbeeren nicht gesehen hat; aber er kriegt gewiß noch welche, denn sie hängen noch recht voll. Auch die frühe Birn, denke ich, soll nicht ehr, bis er kömmt, reif werden. Und sein Feigenbaum hat 2 reife Feigen.

Adieu, Lieber. Leb recht wohl und behalt mich lieb. Grüße August herzlich.

Weimar, den 3. Junius [Juli 1801].   C. V.

296. *Goethe*

Ehe ich von Pyrmont gehe, will ich Dir noch ein paar Worte selbst schreiben, ich habe mich leidlich befunden und hoffe noch gute Folgen von der Cur. Das Beste dabei war die Bewegung und Zerstreuung. Ich habe viele Menschen gesehen, mit vielen gesprochen und kann auf mehr als Eine Weise zufrieden sein. Nur war das Wetter gar zu schlimm und ist gegenwärtig am allerärgsten. August hat sich gar artig betragen und hat mir viel Freude gemacht, Du wirst Dich über ihn verwundern, wenn Du ihn wiedersiehst.

Die Ausgaben waren mäßig, ich habe mich aber auch durchaus eingeschränkt. Einiges habe ich Dir eingekauft. Einiges sollst Du Dir in Cassel selbst kaufen, wo alles so gut wie hier zu haben ist.

Mittwoch, den 15., gehe ich nach Göttingen, wo ich noch einige Zeit bleibe, und Du sollst auf alle Fälle zur rechten Zeit hören, wann Du mich in Cassel triffst. Ich schreibe Dir alles umständlich. Sage nur dem Herrn Professor: daß er sich vorläufig einrichtet, um mit Dir kommen zu können. Wir freuen uns beide recht herzlich darauf, Dich wiederzusehen. Gustel wünscht nur, daß wir in Cassel besser Wetter haben als hier.

Lebe recht wohl, beschäftige Dich mit Deinen Gärten, wo ich mit Dir vergnügt bald herumzuwandeln hoffe.

Pyrmont, den 12.[1] Juli 1801.   G.

1 Aus 15.

Ich will noch ein paar Worte hinzufügen und Dir sagen, daß wir beide Dich herzlich lieb haben und oft Deine Gesundheit trinken. Ich wünsche nichts mehr, als wieder bei Dir zu sein, wir wollen den Rest des Sommers vergnügt zusammen zubringen. Auf Cassel freue ich mich besonders.

Von Augelchen war wohl manches artige hier, es will aber mit mir nicht recht mehr in den Zug kommen.

Der Herzog ist munter und lustig, dagegen war ich die letzte Zeit recht mißmuthig. Das Wetter zerstörte alles, Cur und Spazierengehen und Geselligkeit; heute stürmts und regnets. Ich habe einheizen lassen.

Mit Freuden werde ich Koppenfelsens Scheungiebel wieder sehen und Dich an mein Herz drücken und Dir sagen, daß ich Dich immerfort und immer mehr liebe.   G.

*

Am 17. Juli verläßt Goethe Pyrmont und trifft am 18. abends in Göttingen ein.

*

297. *Goethe*

Nun bin ich acht Tage hier und befinde mich ganz leidlich. Obgleich Pyrmont mich nicht gänzlich von meinen Übeln befreit hat, so muß ich doch hoffen, daß (wie die Ärzte sagen) die beste Wirkung nachkommt. Ich will mich hier noch einige Zeit in Ruhe halten und im Stillen fleißig sein, wozu ich auf der Bibliothek die beste Gelegenheit habe. Indessen, da die Briefe von hier aus manchmal so langsam gehen, will ich Dir voraus meinen Plan sagen: Ich wünsche, daß Du Sonnabend, den 15. August, in Cassel eintreffest, ich werde an demselbigen Tage auch anlangen. Du kehrst im Posthause am Königsplatz, bei Madame Goullon ein; wer zuerst kommt, macht Quartier, so daß wir zwei Zimmer haben, eins für Dich und Gustel, eins für mich und den Professor. Mache diesem mein schönstes Compliment und sage ihm, daß er ja sich losmachen und mit Dir kommen soll. Indessen sagt niemanden, daß ich so lange ausbleibe. Bringe einiges Geld mit, etwa 100 Thaler, und laß Dir von unserm Nachbar Goullon ein Briefchen mitgeben, das Du aber erst in den letzten Tagen zu fordern brauchst.

Ich freue mich herzlich, Dich wiederzusehen und mit Dir in Cassel, unter so viel neuen und schönen Sachen, einige Tage zuzubringen. Ein recht zierliches Unterröckchen und einen großen Shawl, nach der neusten Mode, bring ich Dir mit. In Cassel kannst Du Dir ein Hütchen kaufen und ein Kleid, sie haben die neusten Waaren dort so gut als irgendwo.

August ist gar lieb und gut und macht mit allen Menschen Freundschaft, Du wirst Dich recht freuen, wie er zugenommen hat, wenn Du ihn wiedersiehst. Lebe wohl, behalte mich lieb und sei überzeugt, daß meine Liebe gegen Dich unveränderlich ist. Schreibe mir gleich, wenn Du diesen Brief erhältst, damit ich doch auch weiß, wie Dirs geht, und setze auf die Adresse: *Bei Herrn Instrumentmacher Krämer, an der Allee.*

Göttingen, den 24. Juli 1801.   G.

298. *Christiane*

Weimar, den 27. August [Juli 1801].
Deinen Brief, mein Lieber, habe ich dießmal balde erhalten, er ist nur 3 Tage unterweges gewesen. Ich beschäftige mich mit allem, was nur gehen will: sorge vor den Winter; von dem, was ich itzo erspart habe, kaufe ich mir meine Winterbutter. Aber alle meine Geschäfte thu ich nicht mit dem Vergnügen und der Freude, als wenn Du hier bist. Es ist

freilich länger geworden, als ich mir dachte, Du bist nun schon auf den Freitag 8 Wochen fort. Ich glaube aber, es ist gut, daß Du in Göttingen wieder etwas ausruhest. Das Ganze wird Dir gewiß besser bekommen, als Du es denkest. Und wenn wir erst wieder zusammenkommen, alsdann wird alles gut werden. Ich freu mich recht, Dich und Dein liebes Bübchen wiederzu[sehen] und euch an mein Herz zu drücken. Ich will alles besorgen, wie Du es geschrieben hast, und Mittwoch, den 13. August, will ich von hier abreisen, damit wir die Pferde nicht so stark anzugreifen brauchen. Ich werde alle Stunden und Tage zählen, bis ich zu Dir komme und Dir sagen kann, wie herzlich ich Dich liebe. Die gute Mutter hat mir auch einen schönen Brief geschrieben, den will ich mitbringen. Auch will ich Dir alle Briefe mitbringen, es sind viele da. Das wird eine große Freude sein, wenn wir uns wiedersehn. Ich freu mich unaussprechlich darauf. In Gedanken war ich schon immer bei Dir; schreiben wollte ich nicht, ich glaubte immer, Du wärst nicht mehr in Pyrmont, denn der Hofrath Loder hat hier überall gesagt, daß Du vier Wochen in Göttingen eingemiethet hättest, und wenn Dirs gefiehl', würdest Du wohl noch länger da bleiben. Deinen Brief vom 12. aus Pyrmont habe ich erst 24. erhalten, also hatt ich in 3 Wochen keinen Brief. Da war ich sehr in Angst; ich habe manchen Tag gar nicht essen können. Nun aber, da ich wieder was von Dir höre, schmeckt es mir wieder. Ich bin ganz wohl, und es steht auch alles gut mit der Häuslichkeit.

Leb wohl. Wir werden gewiß den 15. August in Cassel bei der Madame Goullon eintreffen und zusammen recht vergnügt sein.

Da unsere Briefe nun wieder auf einer besseren Poststraße einen geschwindern Weg nehmen, so werde ich Dir noch einigemal schreiben, um die Zeit zu verkürzen, die wir noch von einander getrennt zubringen. Ich bin hier thätig und fleißig und befinde mich viel besser als im Anfange, da ich hierher kam.

August ist sehr glücklich, doch hält es sehr schwer, ihn auch nur kurze Zeit an den Schreibtisch zu bringen. Indessen lege ich hier einen Brief an Dich und an den Legations-Rath Schmidt bei.

Wir haben hier Gewitter und Regengüsse, und ich höre aus Briefen von Loders, die hierher geschrieben sind, daß es bei euch auch nicht anders ist.

Ich habe ein artig Quartier, an einer Art von Esplanade und nahe am Walle, auf den ich alle Tage spazieren gehe. August hat seine Glückseligkeit an Versteinerungen, die er auf einem nahe gelegenen Berge aufsucht. Auch hat er angefangen, Schach zu lernen, und es geht schon ganz artig damit.

Lebe recht wohl! ich freue mich recht sehr, Dir in Cassel wieder zu begegnen, ich wünsche uns daselbst nur recht schönes Wetter. Alles bleibt bei der Abrede.

Göttinge, am 31. Juli 1801.   G.

300. *Christiane*

Ich habe mich recht sehr gefreut, wieder etwas von Dir zu hören. Auch ist es mir lieb, daß Du Dich noch einige Zeit in Ruhe hältst, ob mir gleich alles nicht recht ist. Aber Deine Gesundheit geht über alles. Ich habe Dir sehr viel zu erzählen von meinen Häuslichkeiten, als auch von andern Sachen, und zähle immer, wenn ein Tag und eine Nacht vorbei ist, und freue mich, daß es nun wieder eins[1] weniger ist. Es bleibt dabei, daß wir Donnerstag, den 13. August, von hier abreisen. Das Wetter ist hier bei uns auch so, alle Tage Regen und Gewitter, großes Wasser haben wir gehabt, auch Überschwemmung. Aber bei uns, sowohl in [den] Gärten, als auf dem Krautlande, hat es keinen Schaden gethan.

Du wirst Dich recht mit mir über alles freun; ich kann es kaum erwarten, bis ich wieder mit Dir herumspazier. Und auf Cassel freu ich mich auch recht sehr. Gutes Wetter werden mir gewiß haben, denn ich bin sehr fromm gewesen. Auf den lieben August freu ich mich auch sehr, grüße ihn herzlich und sage ihm, daß er auch etwas Schönes von mir bekäm. Er soll nur recht brav sein und seinem lieben Vater folgen.

Von allerhand Äuglichen kann ich Dir auch erzählen, aber ich habe dießmal auch kein einziges gemacht. Der arme Herr von Mellish dauert mich aber sehr; der ist recht krank. Er hat eine Nervenkrankheit und hat es heute selbst vor den Herrn von Bindoff gesagt, daß er gewiß sterben würde. Es kann aber auch wieder besser werden. Morgen kommt Durchlaucht Herzog wieder, und im Schloß geht es geschwinde mit bauen. Der Bauinspector aber wünschte Dich sehr zurück; und alle Stuccateure und alles, was hinten arbeitet, erkundigt sich bei mir, ob Du bald kämst. Ich tröste sie immer von einer Woche zur andern.

Leb wohl und behalte mich nur recht lieb. Ich freue mich nun, Dich bald wiederzusehen; es sind [in] dieser Woche 10 Wochen, daß Du weg bist, und in 10 Tagen bin ich bei Dir und kann Dir selbst sagen, wie lieb ich Dich habe.

Weimar, den 5. August [1801].

---

1 ein.

Lieber August, ich schreibe Dir nur, daß ich Dich herzlich liebe und mich recht freu, Dich wiederzusehn. Folge ja Deinem lieben Vater und sei mein braves Kind. Mündlich will ich Dir alles erzählen, was hier vorgegangen ist, seit Du weg bist. Du weißt, ich schreibe nicht gern.

Die Tante Ernestine und alles läßt dich herzlich grüßen; sie wünschen alle, Dich bald wiederzusehn.

*

Goethes Abreise von Göttingen erfolgte am 14. August vormittags 11 Uhr; in Dransfeld wurde der weite Blick in das Tal der Leine genossen und übernachtet. In einem späteren Briefe an Georg Sartorius in Göttingen (vom 10. Oktober) gedenkt Goethe ausführlich der herrlichen Rundschau von Dransfeld aus und fügt hinzu: »August wollte mit bloßen Augen die Theile des Hainbergs erkennen, wo er die Versteinerungen aufgesucht, und behauptete, die Stallgebäude von dem Weender Gut deutlich zu sehen. – Wie dem auch sei, so fühlten wir beide, daß wir Göttingen ungern verließen, wo es uns in manchem Sinne so wohl gegangen.« – Über Münden gelangten die Reisenden tags darauf, am 15., nachmittags 2 Uhr nach Kassel, und im Posthaus am Königsplatz fand ein frohes Wiedersehen mit Christiane und Freund Meyer statt. Über den fünftägigen Aufenthalt in Kassel und die gemeinsame Rückreise bis Gotha entnehmen wir dem Tagebuch folgendes: 16. August: »Fuhr ich mit den Meinigen nach Wilhelmshöhe, wo die Wasser sprangen«; 17.: »Abend in ›Camilla‹«; 21.: »Früh 4 Uhr von Cassel ab . . . Abends bis Creuzburg«; 22.: »Früh 7 Uhr von Creuzburg ab . . . Um 10 Uhr in Eisenach, gegen Abend die Wartburg und den Metilstein besucht . . .«; 23.: »Früh 7 Uhr nach Wilhelmsthal und der Ruhl«; 24.: »Früh 10 Uhr von Eise-

nach ab. Nachmittags in Gotha um 2 Uhr«; 25.: »Gingen die
Meinigen nach Weimar ab.«

*

301. *Christiane*

[Weimar, 26. (oder 27.) August 1801.]
Ich will Dir nur mit ein paar Worten sagen, daß ich und das
Bübchen gesund und wohl angekommen sind, und daß wir
unser liebes Väterchen in Sehnsucht erwarten. Und wenn
wir gewiß wüßten, wenn Du kämst, so kämen wir Dir
entgegen. Der August ist ganz glücklich, daß er wieder zu
Hause ist. Wie er die Thürme von unserm alten Weimar
wieder sahe, so war er ganz ausgelassen. Mündlich ein
Mehres.

Leb wohl. C. V.

*

Am 30. August kehrt Goethe nach Weimar zurück. –

Das letzte Drittel dieses Jahres verbringt er in Weimar,
abgesehen von zwei kurzen Aufenthalten in Jena; während
des letzten (vom 31. Oktober bis 10. November) sind die drei
folgenden Briefchen geschrieben, der Brief Christianens
vom 4. November ist nicht bekannt, ebensowenig der Goethes vom 6.

*

301 a. *August*

Lieber Vater!
Der Ball bei dem Prinzen ist am Sonnabende sehr gut
abgelaufen. Wir fingen um 5 Uhr an zu tanzen, und einige
Musici aus der Capelle machten Musik. Unsere Tänzerinnen
waren: 2 Comtessen von Egloffstein, die jüngste Imhof, die

kleine Schuhmann; die Tänzer aber die beiden Egloffsteine, Graf Marschalls Theodor, Steins Dieterich, ich, Böhme und Schumann. Die Herzogin und die Prinzessin sahen uns einige Zeit zu, ich konnte ihnen aber meine Tanzkünste nicht zeigen, weil ich keine Dame hatte. Das Confect und die Äpfeltorte haben mir sehr behagt. Um 9 Uhr war der Ball zu Ende. Leben Sie wohl. Weimar, den 4. November 1801. August Goethe.

302. *Christiane*

[Weimar, 7. November 1801.]

Lieber Schatz,
Ich freue mich sehr, daß Du immer in vergnügter Gesellschaft bist. Ich habe diese Woche recht viel zu thun gehabt, um alles wieder in Ordnung zu bringen. Gestern haben wir von früh bis um 9 Uhr des Abends nur immer Vorhänge gebügelt, und heute bin mit den Kellern und Vorräthen beschäftiget, um alles, da es so kalt wird, vor dem Frost zu bewahren. Morgen aber will [ich] nach Belvedere und heut die Jagemann wieder singen hören.

Leb wohl und behalte mich recht lieb. Auf den Dienstag will ich Dir recht vergnügt entgegen kommen und Dich recht lieb haben.

[*Beilage:* August]

Lieber Vater!
Der heutige Morgen ist so schön, daß ich in Jena zu sein wünschte, um auf den Bergen herumzuklettern und Versteinerungen zu suchen; vielleicht ist es aber auch künftigen Montag noch so schönes Wetter, wo Sie[1] mir erlaubt haben,

1 sie.

Ihnen in Jena einen Besuch zu machen, welches mir sehr viel Vergnügen gemacht hat. Ich spiele jetzt auf dem Clavier das schöne Stückchen: »Jüngst sprach mein Herr, der Bader«, welches ich Ihnen auch in Jena vorsingen will. Morgen bin ich bei dem Herrn Legationsrath Schmidt gebeten, um den Geburtstag der Mechtilde mit zu feiern. Leben Sie wohl. Weimar, den 7. November 1801. August Goethe.

*

Tagebuch, 9. November: »Gegend Abend kam Herr Professor Meyer mit August«; 10.: »Nachmittag von Jena ab nach Weimar.«

1802

Am 17. Januar begibt Goethe sich nach Jena, um den Nachlaß des im Oktober 1801 daselbst verstorbenen Sprach- und
Naturforschers Christian Wilhelm Büttner zu ordnen, ein
»mühevolles und dem Geiste wenig fruchtendes Geschäft«,
dessen Erledigung in den Tag- und Jahres-Heften ergötzlich
geschildert wird.

*

303. *Goethe*

Es ist recht gut, daß ich Pferde und Schlitten drüben gelassen,
hier ist völliges Thauwetter, bei euch wirds nicht anders sein.

Mein Mittagstisch ist wie immer nur zur Noth genießbar;
gestern habe ich mir, durch ein Gericht Meerrettig, den
ganzen Nachmittag verdorben. Götze hat mir fürtreffliche
Knackwürste ausgemacht, sie mögen nur ein klein bißchen
zu stark gesalzen sein. Deine bleiben noch immer die besten.
Sorge ja bei der neuen Schlacht dafür, daß sie gut werden,
weil ich zum Frühstück nun daran gewöhnt bin.

Die Abendessen sind desto besser, indem, in kleiner Gesellschaft, allerlei Gutes aufgetischt wird; allein ich muß
mich Abends in Acht nehmen und esse also nicht, wo ich zu
essen finde, und wo ich essen möchte, habe ich nichts.

Schicke mir ja das Schweinewildpret, damit ich Lodern
eine Artigkeit erzeigen kann, und frage beim Hofkammer-
rath an: ob er Dir etwas Caviar ablassen möchte? Wenn Du
mich damit versorgst, so bringe ich Dir auch einige Flaschen
Champagner mit. Jena, am 19. Januar 1802.   G.

304. *Christiane*

[Weimar, 20. Januar 1802.]

Es betrübt mich recht, daß mein lieber Schatz so übel mit dem Essen daran ist; das ist immer das Schlimme bei Deinem Aufenthalt in Jena. Ich wollte, ich wär darüben, ich wollte Dir gerne alles selbst kochen. Wenn wir wieder zusammenkommen, so sollst Du alles auf das beste haben. Der Schnee geht leider hier auch fort, aber ich habe mir die paar Tage noch große Freude gemacht: der Kutscher hat mir das Fahren gelernt, und ich habe selbst gefahren. Gestern habe ich mich ganz allein in Schlitten gesetzt und gefahren, und der Kutscher hat hinten darauf gestanden und mit einer rechten großen Karbatsche[1] geklatscht, und ich bin in der Stadt durch alle Gassen und um alle Ecken recht gut gefahren und habe mir großen Ruhm erworben. Der Herr von Hinzenstern und der Hauptmann Egloffstein, die haben mich sehr gelobt. Wenn Du wiederkommst, und wir kriegen etwas Schnee, so mußt Du mir erlauben, daß ich Dich einmal fahren darf. Den August habe ich auch gefahren, und übers Jahr muß es der August lernen. Wenn Du wiederkömmst, so wollen wir recht vergnügt zusammen sein, denn wenn Du nicht da bist, ist alles Vergnügen nur halb. Man sollte, wenn man zusammen ist, nur immer recht vergnügt sein, denn wenn man einen guten Schatz hat, der einen liebt[2], so ist es doch recht hübsch auf der Welt.

Hier schicke ich Dir das ganze Wildpretkeulchen, wie ich es bekommen habe, und 2 Feldhühner, die laß Dir aber selbst von der Trabitiusen braten; da hast Du doch 2 Mittage was. Der Hofkammerrath hat mir auch Caviar versprochen.

Alleweile läßt mir der Hofkammerrath sagen, daß kein

1 kurwasse.
2 lieb [also vielleicht einem lieb].

Caviar mehr da sei; aber mit Anfang der nächsten Woche
wird wieder welcher erwartet.

Leb wohl und behalte mich lieb.

[*Beilage:* August]

Lieber Vater!
Sie haben mir mit dem blauen Gyps, den Sie mir heute
geschickt haben, eine sehr große Freude gemacht, wofür ich
Ihnen vielmals danke. Ich befinde mich sehr wohl. Am
Dienstage hat mich die liebe Mutter, weil wir nicht mehr
auf dem Eise fahren konnten, selbst auf dem Schlitten
gefahren. An demselben Tage war auch eine große Schlittenfahrt. Der Adel führ ungefähr in 20 Schlitten nach Ettersburg und kam des Abends mit Pechfackeln wieder zurück, welches sich mit der Musik sehr gut ausnahm. Grüßen
Sie den Onkel von mir. Leben Sie recht wohl. Weimar, den
20. Januar 1802. August Goethe.

305. *Goethe*

In meinen Arbeiten und Geschäften geht alles gut von Statten, nur finde ich doch, daß es nicht gut ist, mir gar keine Bewegung zu machen. Schicke mir deßwegen Montags den
Wagen und laß Augusten mitfahren, so daß er früh um 10 Uhr
hier ist. Es wird ihm ein unsägliches Vergnügen machen, bei
der Eröffnung des Büttnerischen Nachlasses gegenwärtig zu
sein, denn von einer solchen Gerümpel-Wirthschaft hat man
gar keinen Begriff; so sind z. B. ein halb Dutzend Dreh-
Orgeln und Hackebretter, die auch durch Walzen bewegt
werden, unter dem Zeuge. Eine Menge Schubkästchen mit
allerlei antiken Kleinigkeiten, physikalische Spielereien,
und was nur so ein Kindskopf wünschen kann.

Da wir nun überdieß noch in wenigen Tagen räumen müssen, weil das Quartier für den neuen Commandanten bestimmt ist, so kann er mit schleppen und tragen und seine Zeit vergnüglich hinbringen. Was zur Redoute Noth thut, das ist ja wohl vorher alles berichtigt, laß aber allenfalls bei der Gräfin anfragen, ob er abkommen kann? und wann er wieder da sein soll. Lebe recht wohl und gedenke mein.

Jena, am 22. Januar 1802. G.

Es thut mir leid, daß Deine Übung im Schlittenfahren so bald unterbrochen worden ist, und es scheint, als wenn für diesen Winter wenig Bahn mehr zu hoffen wäre.

Von den Feldhühnern habe ich eins verzehrt, und Loders haben mir auch von dem Schwarzwildpret eine sehr gut zugerichtete Portion zugeschickt, und so geht mirs ganz leidlich.

Doctor Meyer danke für die überschickten akademischen Zahnstocher.

Die Abende gab es meist gesellschaftliche Unterhaltung. Schreibe mir, wie Dirs gegangen ist.

Den vorigen Brieftag hast Du Dich recht gut gehalten.

306. *Christiane*

[Weimar,] Freitag [22. Januar 1802], Abends. Ich schreibe Dir, daß ich wohl und vergnügt bin; aber bei dem übeln Wetter wird mir die Zeit lang. Ich lese, aber meine Geduld dazu ist auch nicht weit her. Ich gehe zu dem armen Professor, der noch immer nicht besser ist; hätte er mehr Vertraun zu meiner Cur, so wär er lange besser. Der Meyer sagt' heute: wenn es nicht bald besser mit ihm würde, so müßte er sich ihm vertraun, und er wollte ihn gewiß curiren. Kurz, ich thue alles, was ich kann, um mir die Zeit

373

zu verkürzen, aber es will ohne Schatz nicht gehen. Ich zähle
alle Tage, Dich bald wiederzusehen. Nur wenn Du hier bist,
vergehen mir Tage und Wochen wie nichts. Das Kind ist sehr
artig; nur sehe ich ihn zu wenig. Auf den Sonntag hat er
mich gebeten, daß ich ihm alle Egloffsteins-Kinder habe
müssen einladen lassen. Ich habe es auch gethan, auch den
kleinen Stein und den Marschall. Und die Kinder freuen sich
unendlich, und die alte Großmama hat mich gegen den
August sehr gelobt und sich gefreut, daß ich den Kindern so
einen Spaß machen wollte; und der August sinnt nur aus,
wie er die Kinder mit seinen Künsten unterhalten will.

Sonnabend [23. Januar] frühe.
Den Gustel beneide ich recht sehr und bin deßhalb ein
bißchen grämlich; das mußt Du mir verzeihen, denn ich
wär, denn ich wär auch gerne bei Dir. Das Bübchen wird Dir
es gewiß erzählen. Ich bitte Dich aber, wenn es möglich ist,
daß Du den Donnerstag kommst, weil noch gar nichts fertig
ist vor August; daß wir ihm noch den Tag vorher alles
anprobiren und zurechtmachen können. Ich soll noch 4
Bouteillen Wein mitschicken den Montag; sage aber ja Geisten, daß ich die leeren Flaschen wieder ordentlich zurück
bekomme. Leb wohl und behalt mich recht lieb.

[*Beilage:* August]

Lieber Vater!
Ich danke Ihnen vielmals für den schönen Schriftstein, den
Sie mir geschickt haben, und für die Erlaubniß, daß ich den
Montag nach Jena kommen und mancherlei schöne Sachen,
besonders auch das hinterlassene Gerümpel des verstorbenen Büttners sehen soll. Bei der Frau Gräfin von Egloffstein
bin ich diesen Morgen gewesen, und sie ließ mir sagen, daß
ich nicht eher als den Freitag Abends in meinem Anzuge

hinzukommen brauchte. Die alte Frau von Egloffstein läßt
sich Ihnen empfehlen. Auf den Montag sprechen wir uns.
Leben Sie indeß wohl. Weimar, den 23. Januar 1802. August
Goethe.

307. *Christiane*

[Weimar, 25. Januar 1802.]
Hier schicke ich Dir unser liebes Kind mit großer Betrübniß,
daß ich nicht mit kann. Laß ihn aber ja nicht etwa auf der
Saale fahren. Ich habe ihm Begleitung mitgegeben, denn so
ein Kind, ganz allein im Wagen, schläft ein und könnte zum
Wagen raus fallen, und man könnte unglücklich sein. Die
Frau Gräfin läßt Dich bitten, daß August ja den Donnerstag
da wäre, weil sie sonst die Quadrille nicht tanzen könnten,
wenn sie nicht vorher probirt hätten. Schreibe mir den
Mittewoch, wennehr Du kommst. Leb wohl und vergnügt.

*

Tagebuch, 25. Januar: »Kam Augustchen. Mittag bei Herrn
Geh. Hofrath Loder mit demselben. Nachmittag Entsieg-
lung der Büttnerischen Sachen«; 26.: »Früh sämmtliche
Büttnerische Zimmer geräumt und damit den ganzen Tag
zugebracht.« Leider ist Goethes Brief an Christiane von
diesem Tage nicht bekannt, er wird Augustchens Hilfelei-
stung bei der großen Räumerei anschaulich geschildert haben. Am 28. Januar früh 9 Uhr reist Goethe mit August nach
Weimar zurück, um schon am 8. Februar, diesmal für längere Zeit, wieder nach Jena zu gehen.

*

308. *Christiane*

[Weimar, 10. Februar 1802.]
Das war heute eine große Betrübniß, daß ich keinen Brief
bekam, und das gottlose Bübchen hat sich gefreut, daß er
einen hatte, und wurden bald uneinig darüber. Heute beschäftige ich mich mit meinem Redoutenstaat, und morgen
wird geschlachtet. Da will ich Dir nächstens schreiben, wie
ich mit meinem Schweinchen zufrieden, und will Dir vortreffliche Würste bereiten lassen. Schreibe mir nächstens
doch, ob der Kalbeskopf gut gerathen ist.

Mein Halsband ist fertig, und ich habe mich sehr darüber
gefreut. Es ist recht schön, daß Rubinen und Smaragden raus
sind; und sage Dir noch den schönsten Dank vor die schöne
Steine. Der Chrysolith nimmt sich sehr schön aus. Wenn ich
Dich wiedersehe, will ich Dir mit einem herzlichen Kuß vor
alles danken.

Leb wohl.

[*Beilage:* August]

Lieber Vater!
Ich danke Ihnen, daß Sie mir die Schachtel mit den Mineralien geschickt haben. Gestern war bei dem Prinzen eine
Redoute. Der Prinz stellte einen Wilden vor, Staff einen
Türken, Marschall einen französischen Bauer, Böhme einen
Savoyarden, Stein einen Römer, Egloffsteins Karl einen
Ritter und Heinrich einen Gärtner, Schumann den Jon und
ich einen Spanier. Die jüngste Imhof machte ein Gärtner-
mädchen, die 1. Comtesse von Egloffstein eine Türkin, die 2.
eine Spanierin und die 3. ein Opfermädchen; die Schuman-
nin hatte griechische Tracht. Der Herzog walzte mit der
Göchhausen und der Prinzessin. Leben Sie wohl und behalten Sie mich lieb. Weimar, den 10. Februar 1802. A. Goethe.

309. *Goethe*

Heute schicke ich nur, mit einem Wort an Dich, die beikommende Schachtel für August. Es geht mir recht wohl, nur will die Arbeit nicht fördern, die ich gerade am liebsten thäte. Die Kocherei ist sehr gut gerathen, und es war mancher Spaß dabei. Lebe recht wohl und sage mir, wie Du Dich auf der Redoute befunden hast. Jena, den 12. Februar 1802.

G.

310. *Christiane*

[Weimar, 13. Februar 1802.]
Die Redoute war recht artig, nur ich habe ein bißchen zu viel getanzet und bin heute sehr müde, habe Dir über allerlei zu erzählen, wenn Du wieder bei mir bist.

Vorgestern habe ich mich recht wegen des Professor geängstet; der war recht krank. Aber heute ist es besser. Wenn er nur nicht so wunderlich wäre und folgte mir und dem Meyer. Denn seine ganze Krankheit ist nur noch Schwäche. Aber es ist auch gar nichts mit ihm anzufangen, er besteht auf seinem Kopf und nimmt nie[1] die abscheuliche Medicin ein. Es wird nicht ehr besser, bis Du wiederkömmst und er mit Gewalt folgen [muß]. Hier schicke ich Dir etwas von meinem Schweinichen.

Dießmal sage ich Dir nur, daß ich Dich recht lieb habe und mich schon wieder freue, Dich bald wiederzusehen.

Leb wohl.

1 nier.

Lieber Vater!

Es ist recht schön, daß Sie mir wieder eine Schachtel mit Mineralien geschickt haben. Sie werden nicht unwillig sein, wenn ich Ihnen sage, daß ich gestern auf der Redoute gewesen bin. Ich habe zwei englische Tänze mit meiner Tante Ernestine und der Actuarius Rentschin getanzt. Es waren nicht viele Masken da, und wir konnten sehr bequem tanzen. Ich traf zu meiner großen Freude zwei gute Freunde, Egloffsteins Karl und Breitenbauch, mit denen ich mich sehr belustiget habe. Hier ist ein sehr großer Schnee gefallen. Leben Sie wohl und kommen Sie bald wieder. Weimar, den 13. Februar 1802.   A. Goethe.

311. *Goethe*

Ich habe Dir, mein liebes Kind, heute den Wagen zurück geschickt, theils um den Bauinspector hinüber zu bringen, theils aber die Equipage los zu werden, die mir hier gar nichts nützt. Denn bei den schlechten Wegen und der, durch Schnee und Wasser, verunstalteten Gegend ist es keine Lust, spazieren zu fahren, indessen Du zur Komödie und Redoute den Wagen besser brauchen kannst. Ich befinde mich übrigens recht wohl und mache das, was ich mir vorgenommen habe, hintereinander weg. Nur in poetischen Angelegenheiten will es gar nicht gehen, vielleicht kommt es noch unverhofft. Lebe indessen recht wohl und sage mir auch wieder, etwas umständlicher, wie es bei euch aussieht. Die Inlagen besorge bestens, sowohl in der Stadt, als auf die Post. Jena, am 16. Februar 1802.   G.

312. *Christiane*

[Weimar] Dienstag [16. Februar 1802],
des Abends um 8 Uhr.

Den Professor haben wir wieder auf einem recht leidlichen
Fuß durch unsere Curen, wo ich mich bald hinter Huschken,
bald hinter unsern Haus-Doctor stecke. Und wenn ich Dir
alle meine kleinen Listen erzähle, so wird es Dir gewiß Spaß
machen. Denn er muß immer bei seinem Eigensinn denken,
daß alles nach seinem Kopfe gehe; und ich gebe ihm in allem
Recht und habe mich recht bei ihm in Gravität gesetzt. Nur
ist nöthig, daß immer jemand bei ihm ist. Ich gehe immer
bei ihn, wenn ich mit ihm trinke[1]; der Meyer aber macht
sich recht verdient um ihn, denn der ist fast den ganzen Tag
bei ihm und fährt mit ihm aus, denn wir haben ihn beredet,
daß er Ihren Wagen, aber andre Pferde hat nehmen müssen.
Und was habe ich vor einen prophetischen Geist! ich habe
heute den ganzen Tag gesagt: daß mir gewiß der Schatz die
Pferde schicken würde, weil so viel Schnee zu haben ist,
denn hier hat den ganzen Winter nicht so viel Schnee
gelegen als itzt, und es wird hier auch sehr gefahren. Und
wenn es noch friert, so wird es eine köstliche Bahn. Und ich
danke Dir recht schön, daß Du mir wieder so eine kleine
Freude gemacht hast. Denn niemand ist so gut als Du. Du
hättest sie gewiß auch gern behalten, und doch schickest Du
sie mir. Ich beschäftige mich hier so gut als möglich [so-
wohl] mit häuslichen als andern Geschäften. Auch habe ich
schon zwei Tanz-Stunden gehabt und denke, Du sollst auch
noch sehen, wie ich recht gerade einhergehe. Die neue
Schauspielerin will mir nicht gefallen, sie ist noch beinahe
einen Kopf kleiner als ich und dazu noch stärker.

Itzo will ich zu Bette gehen, denn es ist 9 Uhr, und dieß ist
itzo meine Schlaf-Stunde. Schlaf wohl. Morgen ein Mehres.

1 drücke.

[17. Februar.] Alleweile habe ich mich schon ein halbes Stündchen selbst gefahren; und auch für *die*[1] Freude danke ich Dir. Nun ist auch Meyer krank; er hat sich schon seit einigen Tagen beklagt[2], aber heute sieht er ganz erbärmlich aus. Ich habe ihn aber doch beredet, daß er mit dem Professor ausfährt. Ich bin ringsum mit kranken Freunden umgeben, und wenn ich nicht gar zu frohen Muth hätte, so sähe es schlecht aus. Diese Woche gibt es nichts zu tanzen, als den Sonntag ist Concertball, wozu schon Spitzen und alles gewaschen wird. Wahrscheinlich werden wir Dich diese Woche wohl nicht sehen. Mit der neuen Schaupielerin wird es heute als Kathinka auch gewiß schlecht ablaufen. Sobald ich nur Gelegenheit habe, so schreibe ich Dir. Wenn Du hier wärst, so dürfte sie in der Rolle gewiß nicht auftreten, denn dadurch muß sich so ein kleiner Zwerg zu Grunde richten. Leb wohl und gedenke mein und behalte mich nur so lieb, wie ich Dich. Ich will sehn, wie ich mir mit meinen Kranken durchhelfe.

Hier schicke ich Dir eine Wurst. Die muß aber auf dem Roste gebraten werden.

Ich habe Geist nun vier Schachteln geschickt, aber ich bekomm keine wieder.

[*Beilage:* August]

Lieber Vater!
Sie sind so gütig gewesen und haben mir einen Katalog von Büttners Mobilien mit der Erlaubniß geschickt, einige Dinge auszusuchen, die ich gern besitzen möchte. Ich schicke Ihnen daher den Katalog wieder zurück, worin ich das unterstrichen habe, was ich gern zu haben wünsche. Die Mutter hat sich sehr gefreuet, daß Sie die Pferde geschickt

1 die.
2 geklagt.

haben. Gestern war ich bei dem kleinen Stein zum Frühstück; der Prinz, Staff, Böhme, Marschall, Renaldo und die
beiden Egloffsteine waren auch da. Wir sättigten uns sehr
gut mit Speise und Trank und fuhren dann in Marschalls
Garten auf dem Schlitten. Leben Sie recht wohl. Weimar,
den 17. Februar 1802.   A. Goethe.

313. *Christiane*

[Weimar, 18. Februar 1802.]
Ich muß Dir nur schreiben, daß die neue Schauspielerin eine
recht gute Aussprache hat und mir viel angenehmer in
ihrem Organ vorgekommen ist, als die Caspers. Ich glaube
aber, die Rolle hat ihr die Unzelmann einstudirt, denn wenn
man die Augen zuthat, so glaubt' man gewiß die Unzelmann
zu hören. Und ich sehe, die kleinen Leute sehen doch auch
nicht übel aus, und es kann sich auch einmal ein Zar in einen
kleinen Schatz verlieben. Nun aber noch etwas: unser Doctor
hat sich zu Bette legen müssen und ist recht schlecht dran,
und er hat sich nach einem Brownianer umgesehen als Arzt
und hat sich den Hunnius erwählt. Nun aber muß doch auch
jemand um ihn sein; so hatte er heute an den Herrn von
Tümpling [?] nach Jena geschrieben, das ist ein guter
Freund von ihm, daß der bei ihm bleibt, bis es besser oder
schlimmer wird. Ich muß aber sagen, es ist mir bange um
ihn, denn ich habe es schon lange an ihm gesehen, daß es
nicht recht mit ihm gehet. Mit dem Herrn Professor ist es
aber auf einen rechten guten Wege. Wenn es so bleibet, so
denke ich, soll er recht bald wieder hergestellt sein. Ich wär
bald heute zu Dir auf dem Schlitten gekommen, denn es soll
sehr gute Bahn sein, aber ich traute mich doch nicht, um
alles mündlich mit Dir [zu] besprechen. Du kommst aber
wohl bald. Leb wohl, behalte mich lieb.   C. V.

Ich freue mich, daß die Pferde eben zu rechter Zeit eingetroffen sind, und daß Du nun die Schlittenbahn genießen
kannst; doch thut es mir leid, daß der Doctor krank geworden ist. Sorge für ihn, so gut Du kannst, und besuche ihn
manchmal. Du kannst ja Ernestinen mitnehmen, daß es
nicht etwa falsch gedeutet wird. Zu des Professors Genesung
wünsche ich Glück. Er schreibt mir: daß er sich auf den
Champagner wohlbefindet und von Lodern[1] noch etwas
haben möchte; ich glaube aber kaum, daß dieser Freund
noch hergeben kann und mag. Indessen, bis ich das ausma-
che, will ich ihm ein paar von den unsrigen überlassen und
deren Erstattung auf irgend eine Weise annehmen.

Eine Fahrt herüber will ich Dir nicht rathen, besonders
gehts im Mühlthale so oft durchs Wasser und Eis, daß der
Schlitten sich nicht wohl dabei befinden dürfte. Auch will
ich von meinen Lieben nichts sehen, bis ich hier fertig bin.

Mit meinem Geschäft geht es gut, auch mit einigen
poetischen Arbeiten. Wenn ich beide bis zu einem gewissen
Punct gebracht habe, dann komme ich gleich.

Der Beifall, den Demoiselle Maaß erlangt, freut mich,
und ich wünsche sie bald selbst zu sehen.

Wenn Du mir das Nachtwestchen, das Du mir ver-
sprachst, nun wolltest machen lassen, geschähe mir ein
Gefalle; ich gehe nun den ganzen Tag am liebsten in so
einem leichten Wämschen, und da trifft mich manchmal
jemand in meinem gegenwärtigen an, das nicht zum besten
aussieht.

Lebe recht wohl und behalte mich so von Grunde des
Herzens lieb wie ich Dich.

Jena, den 19. Februar 1802.   G.

---

1 Nach gestrichenem dem.

315. *Christiane*

[Weimar, 20. Februar 1802.]

Daß Deine Arbeiten gut von Statten gehen, freut mich; daß ich aber Dich noch so bald nicht sehe, ist mir nicht recht. Mit dem Professor geht es alle Tage besser. Mit Doctor ist es so schlimm nicht, als er sich es denket; er glaubt gewiß, daß er stürbe, denn er denket, er habe ein Brustgeschwüre. Aber Hunnius sagt, es wäre ein starkes Katarrhalfieber. Er klagt aber auch sehr über den Unterleib. Mit den beiden Kranken habe ich aber wegen des Essen recht meine Noth und muß wieder sehr meine Geduld beweisen. Früh fahre ich mit dem Professor aus, und Nachmittags fahre ich ein Stündchen Schlitten, um mich von meiner Noth zu erholen. Und nun gibt es diese Woche auch nichts zu tanzen, denn es ist kein Liebhaber-Concert auf den Sonntag. Und die nächste Woche kommt alles zusammen. Den nächsten Freitag ist Ball auf dem Stadthause, wozu ich eingeladen bin; den Sonntag drauf ist Concert und Ball; den Dienstag ist Redoute. Das ist starke. Sehr viel, was ich nicht gut schreiben kann, habe ich Dir zu erzählen. Die eine Geschichte muß zu bösen Häusern ausgehen, es ist gar zu starke; man führt sich am Arm über die Straße, und ist gar zu arg zärtlich. Es war auch große Schlittenfahrt hier, und der Herr von Kotzebue fuhr die Frau Gräfin; und wenn ich ausgehe, oder wir fahren aus, so stehn die schwarzen Schecken immer vor der Thüre. Ich und der Professor haben immer unsern Spaß darüber.

Leb wohl und behalte mich ja recht lieb. Und vergiß mich mit der Seife nicht.

[*Beilage:* August]

Lieber Vater!
Ich habe mich sehr gefreuet über den schönen Abguß, den
Sie mir heute geschickt haben. Gestern Abend hat mir der
kleine Wolzogen ein Geschenk mit einem silbernen Rubel
gemacht. Vor einigen Tagen habe ich auch von dem Doctor
Meyer einen Abguß von einem Silberling bekommen. Ich
freue mich auf die schönen Sachen, die wir in der Auction
erstehen werden. Den armen Karl Schiller habe ich am
Donnerstag besucht. Er hat einen bösen Husten und sieht
sehr dürre aus. Er muß eine sehr große Menge Arzenei
einnehmen und darf nicht an die Luft. Leben Sie recht wohl.
Weimar, den 20. Februar 1802. A. Goethe.

*

Tags darauf, am 21. Februar, kommt Goethe nach Weimar
herüber, um bei der Abschiedsfeier für den Erbprinzen Carl
Friedrich am 22. und bei Zelters Besuch in Weimar (24. bis
28. Januar) gegenwärtig zu sein; am 4. März begibt er sich
nach Jena zurück. Die ersten Briefe Christianens aus dieser
Zeit sind leider nicht bekannt, nur Augusts Begleitbriefchen
haben sich erhalten.

*

315 a. *August*

Lieber Vater!
Ich hoffe, daß Sie recht gut nach Jena gekommen sind und
sich noch gesund befinden. Wollten Sie nicht die Güte haben
und mir künftigen Mittwoch die übrigen geerbten Mineralien schicken, besonders wünsche ich die Akanticone zu
haben. Am Donnerstage wurde ich vom Prinzen zu einem
Abendbesuche eingeladen, wo wir sehr vergnügt waren.

Außer mir und Staffen war nur noch der junge Marschall da.
Wir spielten in dem Garten, belustigten uns mit der Laterna
magica und aßen Zuckerbrezeln. Leben Sie recht wohl.
Weimar, den 6. März 1802. August Goethe.

316. *Goethe*

Ich habe von denen Tagen, die ich hier zugebracht, nicht viel
zu sagen, indem ich wohl einiges gelesen, aber nichts gearbeitet habe. Übrigens ist es hier ganz munter, indem Frau
von Ziegesar mit ihrer jüngsten Tochter hier ist, bei Lodern
wohnt und manche Gesellschaft veranlaßt. Übrigens denke
ich, wenn ich nur Geduld habe, so wird mein dießmaliger
Aufenthalt auch nicht ganz ohne Nutzen sein.

Schicke mir doch eine Flasche von dem Hendrichschen
Goldwasser und schreibe mir, wie es übrigens bei euch
aussieht.

Auch vergiß nicht, ein paar Gerichte eingemachte Bohnen zu schicken. Der Schinken ist sehr gut und wird immer
zum Frühstück genossen.

Lebe recht wohl und behalte mich lieb.

Jena den 9. März 1802.   G.

316 a. *August*

Lieber Vater!
Ich danke Ihnen für die Mineralien, die Sie mir heute
geschickt haben. Diesen Morgen um halb sieben Uhr wurden wir durch Feuerlärm sehr schnell aus den Betten getrieben. Ich hielt anfangs das Stürmen für das Schlagen der Uhr,
doch schienen mir die Schläge zu schnell auf einander zu
folgen; endlich sagte mir die Köchin, es wäre Feuer. Es

brannte die Esse im Hause des Landkammerraths Rühlemann. Das Feuer wurde aber bald gelöscht. Ich bin nicht
sehr erschrocken, aber die Mutter war in großer Angst.
Leben Sie recht wohl. Weimar, den 10. März 1802. A. G.

317. *Goethe*

Hierbei erhältst Du, mein liebes Kind, einen Brief an den
Maler Hoffmann nach Cöln. Du lässest, wie wir abgeredet
haben, das Kästchen, das in meiner Hinterstube liegt, in
Wachstuch einnähen und lässest die gleichfalls beiliegende
Adresse, welche mit der auf dem Brief völlig gleichlautend
ist, auf das Wachstuch nähen. Da das Kästchen frankirt
werden muß, und es eine Sache ist, die den Schloßbau
angehet, so könnte der Bauinspector Steffany solches auf die
Post schicken und selbst frankiren. Wolltest Du mir die
Sammtweste und außerdem noch ein paar leichte ordinäre
Westen schicken, weil es für die dicken Westen jetzt zu warm
wird. Sonst weiß ich nicht viel zu sagen, als daß es mir ganz
leidlich geht, ob ich gleich nicht sonderlich fleißig gewesen
bin. Lebe recht wohl und grüße August schönstens.

Die inliegenden Briefe laß gleich besorgen. Wegen des
Skeletts sprich etwa mit Dr. Meyern, daß er es mir überläßt.
Ich will ihm recht gute Kupfer dagegen geben, auch wohl
Geld. Da ich Lodern, bei meinem hiesigen Aufenthalt, gar
zu manches schuldig werde, so will ich ihm gern diese
Artigkeit erzeigen. Lebe recht wohl, genieße der schönen
Tage und liebe mich. Jena, den 12. März 1802.   G.

Wenn die Exemplare meiner letzten Gedichte, welche ich
Deinem Bruder gegeben, damit er sie binden lasse, gebunden sind, so schicke mir zwei Exemplare davon herüber.

Auch bitte ich noch um 6 Bouteillen rothen Wein.

318. *Christiane*

[Weimar, 13. März 1802.]

Am Mittewoch war unser Pachter bei mir und wünschte gar zu sehr, daß eins nunter käme, um die Quelle zu sehen im Tröbel, die gar zu stark wär. Gestern bei dem schönen Tag ließ mir Gustel keine Ruhe, ich mußte mit, und wir nahmen den Doctor mit. Und ich muß sagen, ich hatte mir es so stark nicht vorgestellet; aber wenn man zum[1] Tröbel 'nein geht, so hört man es schon rauschen, und man hat einen kleinen Graben durch den Sandweg gemacht nach der Wiese zu, und bis bei die alte Linde steht ein kleiner Teich, und wenn es so bliebe, so könnte man den ganzen Tröbel damit wässern. Der Pachter wünschte aber, daß Du es sähest, damit Du es angäbest, wie man es machte. Er denket schon, er verliert ein bißchen Gras. Ich dächte aber, man sähe erst zu, ob es auch bliebe. Wenn Du wieder zurückkommst, so wollen wir nunter, es geht sehr gut auf der Chaussée. Wir fuhren um halb 10 Uhr und um halb 12 Uhr waren wir da. Es sieht aber recht wirthschaftlich und gut aus; der ganze Hof ist lauter Mist, man sieht fast gar keine Sotte[2] mehr. Und die Rinne übern Hof kam mir vor wie bei einem Salzwerke. Wir gingen nach Tische nach Nieder-Roßla, und um 7 Uhr waren wir wieder in Weimar. Und so haben wir den schönen Tag recht genossen. Morgen ist wieder Concert und Ball. Der Gustel sagt mir, er würde mit meinem Bruder die nächste Woche zu Dir gehn. Da könnte ich mitkommen, weil ich gern, wenn Du noch lange weg bliebest, verschiednes mit Dir sprechen wollte. Wir führen etwas frühe aus, und ich führe Abends wieder zurück. Denn er hat große Hoffnung, bei der Auction zu sein. Leb wohl und gedenke mein.

1 zu.
2 Sode.

Lieber Vater!

Am Freitage bin ich mit meiner lieben Mutter und dem Doctor Meyer in Roßla gewesen. Wir fuhren nach 9 Uhr von hier weg und waren um 11 Uhr unten. Der Pachter war nach Leipzig gereiset. Der Brunnen im Tröbel ist so hoch gestiegen, daß er übergelaufen ist. Man hat daher von demselben einen kleinen Canal gegraben, worin das Wasser herab auf die Wiese läuft, wo auch schon ein kleiner Teich entstanden ist. Den Nachmittag gingen wir nach Nieder-Roßla, um den Herrn Wirsing zu besuchen, wir trafen aber nur seine Tochter. Um 7 Uhr waren wir wieder in Weimar. Leben Sie recht wohl. Weimar, den 13. März 1802.   A. G.

319. *Christiane*

Da ich Gelegenheit habe, Dir einige Worte zu sagen, so schreibe ich Dir was von unserm gestrigen Concert und Ball. Das Concert war sehr schön, besonders sang die Mademoiselle Jagemann recht hübsch, ferner die Frau von Schiller; mir kams vor, als wäre die Composition von Zelter, denn es hatte Ähnlichkeit mit ›Dem Gott und der Bajadere‹. Der Ball war nicht sehr voll, aber schön. Nun sind unsere Tanzlusten auch bald vorbei. Den Sonntag über 8 Tage ist das letzte Concert; da solltest Du hier sein und mitgehen. Bis dahin bist Du ja auch wohl wieder bei uns. Übrigens ist alles uneinig, und nieman weiß recht, wozu [er] sich halten soll. Die Schätzchen sind kratzig und sehen erbärmlich aus, blieben auch nicht zum Ball gestern. Der Herr Gerning ist auch wieder[1] und weiß nicht recht, wohin er sich wenden soll. Das

---

1 Nach wieder fehlt ein Wort (etwa unschlüssig).

Wetter ist mir wegen meinen Gärten recht ungelegen gekommen; ich war auf so einem guten Wege, und nun kostet[1]
es mich, ehe es alles wieder aufgeht, gewiß 14 Tage Zeit. Das
ist recht ärgerlich; doch bin ich zufrieden, daß die Mistbeete
fertig und der Spargel gegraben.

Sonst geht es mir recht wohl, ich freue mich, Dich bald
wiederzusehen und Dir sagen zu können, wie lieb ich Dich
habe. Leb wohl und denke auch bei den Äuglichen mannichmal an Deinen Haus-Schatz.

Weimar, den 15. März [1802].

320. *Goethe*

Ich danke Dir, daß Du mir einige Nachricht vom sonntägi-
gen Concert und von Deinem Wohlbefinden gegeben hast.

Gestern war ich mit Geh. Hofrath Loder in Drakendorf,
wo wir vergnügt genug waren und bei schlechtem Wege spät
nach Hause kamen. Weder Deinen Bruder, noch August
werde ich diese Woche herüberkommen lassen, das Wetter
ist noch so unfreundlich, daß jener sich in der Bibliothek und
dieser im Freien übel befinden würde.

Sonntag, den 28., bin ich auf alle Fälle wieder in Weimar
und gehe vielleicht mit in das letzte Concert, und hernach
können wir ja einmal nach Roßla fahren. Ich bin selbst
neugierig, an einem schönen Tag einmal wieder den Tröbel
zu sehen.

Lebe recht wohl, grüße den Gustel; was in der Auction für
ihn erstanden wird, schicke ich ihm bald hinüber, und gib
ihm inliegenden Brief. Jena, am 15. März 1802.   G.

1 halte [Christiane wollte schreiben: hält es mich . . . 14 Tage auf].

321. *Goethe*

Gestern, da die Botenweiber fortgingen, wurde ich verschiedentlich gestört und habe daher einiges vergessen, welches ich heute nachhole.

Zuerst möchte ich einiges Geld, etwa 2 Carolin.

Zweitens ein hübsches Stück Schinken.

Drittens einige Gerichte Bohnen. Die letzten waren das einzige Gute und Schmackhafte, was ich die ganze Zeit zu Hause genossen habe. Auswärts gibt es manchmal noch einen guten Bissen.

Übrigens befinde ich mich ganz leidlich und denke nach und nach auf meine Abreise, um so mehr, als es dießmal mit arbeiten nicht recht gehen will. Grüße August und sag ihm, daß ich hoffe, morgen etwas Erwünschtes für ihn zu erstehen.

Jena, am 17. März 1802.   G.

322. *Christiane*

[Weimar, 17. März 1802.]

Lieber, ich freu mich sehr, daß Dir es gut gehet und Du vergnügt bist. Ich bin auch heiter und wohl und mache allerlei Späßchen. Doch denke ich immer dabei an Dich. Denn nun ist es schon vierzehn Tage, daß Du weg bist, und mir kommts vor, als wäre es noch länger. Ich freue mich recht, Dich bald wiederzusehen. Alleweile kam der Bauinspector und sagte: der Herr Geheime-Rath Voigt schicke ihn her, es wäre der Schlüssel zu Deinem Pulte mir geschicket worden, und er wollte die 2 Quittungen von Hoffmanns und Schlevoigt[1] haben. Da habe ich [mit] dem kleinen Schlüssel

---

1 schlämvoigt.

aufgemacht und sie dem Bauinspector geben und habe es mir attestiren lassen, daß er sie rausgenommen hat. Das Allerneuste ist, daß in 4 Wochen Löwensterns kommen und in Fritschens Haus wieder ziehen; und der Herr von Kotzebue geht nach Berlin und von da nach Wien, wo er für immer bleiben will. Leb wohl und liebe Deinen kleinen Schatz.

[*Beilage:* August]

Lieber Vater!
Am Sonntage früh war ich bei dem kleinen Wolzogen. Ich hatte ihm vorher bleierne Soldaten gegeben, und er schenkte mir jetzt chinesisches Papier, auf welchem einige Charaktere stehen, seine Mutter gab mir einen Deckel von einem chinesischen Theekasten, worauf ein Bild mit einem Baume geklebt ist, auf welchem Früchte hängen und ein Vogel sitzt. Den Nachmittag war ich bei dem kleinen Stein, wo wir sehr viel marschierten. Renaldo führte sich nicht gut auf, so daß ihn sein Hofmeister wegführen mußte. Bei der Auction vergessen Sie die Orgel nicht und schicken Sie mir sie bei der ersten Gelegenheit. Leben Sie wohl. Weimar, den 17. März 1802. A. Goethe.

323. *Christiane*

[Weimar, 20. März 1802.]
Ich bin sehr vergnügt, Dich so bald wiederzusehen. Wir haben sehr viel zusammen zu besprechen; und ohne Schatz will mir es gar nicht gefallen. Den Montag schicke ich Dir den Wagen und Dienstag erwarte ich Dich mit Freuden. Alleweile höre ich, daß dem Gerning sein Vater gestorben ist.

Der August bittet, daß Du nicht böse wirst, daß er nicht geschrieben hat; er hat zu viel zu thun. Leb wohl.

*

Am 22. März kehrt Goethe nach Weimar zurück. Vom 5. April an ist er für einige Tage in Ober-Roßla mit Gutsangelegenheiten beschäftigt. »Zwar hatte sich«, erzählt Goethe in den Tag- und Jahres-Heften von 1802, »schon deutlich genug hervorgethan, daß, wer von einem so kleinen Eigenthum wirklich Vortheil ziehen will, es selbst bebauen, besorgen und als sein eigener Pachter und Verwalter den unmittelbaren Lebensunterhalt davon ziehen müsse, da sich denn eine ganz artige Existenz darauf gründen lasse, nur nicht für einen verwöhnten Weltbürger. ... Auch Wielanden [in dem benachbarten Oßmannstedt] fing dieser Naturzustand an bedenklich zu werden; einmal setzte er sehr humoristisch auseinander, welches Umschweifes es bedürfe, um der Natur nur etwas Genießbares abzugewinnen. Er wußte die Umständlichkeiten des Erzeugnisses der Futterkräuter gründlich und heiter darzustellen: erst brachte er den sorgsam gebauten Klee mühsam durch eine theuer zu ernährende Magd zusammen und ließ ihn von der Kuh verzehren, um nur zuletzt etwas Weißes zum Kaffe zu haben.« Wie dem auch sei, die ländliche Stille und Abgeschiedenheit war Goethen auch diesmal höchst wohltätig; mit liebevollem Blick ruhte sein Auge auf der bescheiden-lieblichen Landschaft. Der Frühling war, wie immer, seiner dichterischen Tätigkeit günstig, und so entstanden jetzt einige lyrische Kleinigkeiten, zu denen wohl auch das innige Gedicht ›Die glücklichen Gatten‹ gehört, dessen Eingang sogleich das ganze Glück ländlichen Daseins atmet:

> »Nach diesem Frühlingsregen,
> Den wir so warm erfleht,
> Weibchen, o sieh den Segen,

Der unsre Flur durchweht.
Nur in der blauen Trübe
Verliert sich fern der Blick;
Hier wandelt noch die Liebe,
Hier hauset noch das Glück.«

*

324. *Goethe*

Es geht mir hier ganz gut, indem ich schon einiges gearbeitet habe, was mir Vergnügen macht.

Was ich von Reimanns Anstalten sehe, gefällt mir recht wohl; auch hat er eine weit bessere Art als sein Bruder, indem er das, was er wünscht, nach und nach und gelegentlich anbringt.

Nun möchte ich gern diese Woche haußen bleiben und wünschte, daß Du mit August Sonnabend kämest, um mich abzuholen. Möchten Herr Hofrath Schiller und Herr Professor Meyer Sonntags herauskommen, um sich eine Motion zu machen, so wäre es recht artig, und wir führen, in zwei Wagen, Sonntag Abends wieder nach Hause.

Du müßtest aber auf alle Fälle etwas von Speisen mitbringen und auch Wein, so wie Du mir durch Überbringer dieses noch drei Bouteillen rothen Wein schicken mußt.

Wie bringen wir aber die botanischen Sträucher, die drinne eingeschlagen sind, herunter?

Lebe recht wohl und grüße den August.

Ober-Roßla, am 6. April 1802.   G.

*

Ob der gesellige Ausflug nach Ober-Roßla stattgefunden hat, wissen wir nicht; am 11. April kehrt Goethe von dort nach Weimar zurück. Am 26. siedelt er für zwei Wochen nach Jena über; unmittelbar vor der Abreise wendet er sich wegen Augusts Konfirmation brieflich an Herder: »Du willst, verehrter, alter Freund, die Gefälligkeit haben, meinen Sohn in die christliche Versammlung einzuführen, auf eine liberalere Weise, als das Herkommen vorschreibt. Ich danke Dir herzlich dafür und freue mich, daß er den, für Kinder immer apprehensiven Schritt an Deiner Hand auf eine Weise macht, die mit seiner gegenwärtigen Bildung zusammentrifft. Er wird sich Dir, mit seinem Lehrer, nächstens vorstellen, empfang ihn freundlich und ordne alles nach Gefallen, indem Du meiner gedenkst.«

*

325. *Christiane*

[Weimar, 28. April 1802.]
Ich befinde mich leidlich wohl, bin aber sehr fleißig. Gestern bin ich den ganzen Tag auf dem Krautland gewesen und habe Kartoffeln und Türkisch Korn gelegt, und heute Morgen bin ich schon wieder um 6 Uhr in den alten Garten gegangen und habe da auch Kartoffeln gelegt. Es gibt nun sehr viel in beiden Gärten zu thun. Bei uns hat es heute schon recht gedonnert, und ich denke doch, daß wir nunmehro keine Nachtfröste mehr kriegen werden. Wenn es so bleibet, wie es itzo aussieht, so können wir ein rechtes gutes Obst-Jahr haben.

Leb wohl in größter Eile.

[*Beilage:* August]

Lieber Vater!
Gestern konnte ich nicht bei den Herrn Präsident gehen, weil ich zu dem Prinzen eingeladen wurde und ich es ihm nicht zum zweiten Mal abschlagen konnte. Ich ging um 5 Uhr zu ihm, und er führte mich sogleich zur Herzogin,

welche uns sehr viel Zuckerwerk schenkte, das sie eben erst erhalten hatte. Nun gingen wir in den Garten, wo wir noch 7 andere Spielkameraden fanden. Auch war die Prinzessin mit mehreren Damen da. Einige Prager machten Musik. Wir bekamen bei dieser Gelegenheit einige sehr schöne Dinge zu genießen, Bisquittorte, Apfelsinen pp. Wir blieben bis 10 Uhr da. Weimar, den 28. April 1802. Leben Sie wohl. A. Goethe.

326. *Christiane*

[Weimar, 1. Mai 1802.]

August und ich, wir hofften heute früh sehr auf ein Wort von Dir, und da wir gar nichts von Dir hörten, so betrübten wir uns sehr. Ich bin recht fleißig im alten Garten und freu mich sehr über die Baumblüthe; denn wenn es so bleibt, als es aussieht, so kriegen wir dieß Jahr Obst, daß wir nicht wissen, wohin damit. Das macht mich schon recht glücklich, und ich mache schon Rechnung wie das Milch-Mädchen. Auf den Mittewoch werde ich doch hören, wenn Du kömmst? Komm ja die nächste Woche, damit Du noch etwas von der Baumblüthe zu sehen kriegest; im obern Garten ist es ganz prächtig. Leb wohl. Ich freu mich schon, Dich bald wiederzusehen.

[*Beilage:* August]   Weimar, den 1. Mai 1802.

Lieber Vater!

Wir gingen am Donnerstage zu dem Herrn Präsident Herder. Da er aber in der Kirche die Confirmanden examinirte, gingen wir hinüber und hörten etwas zu. Um 11 Uhr erwarteten wir ihn, bis er kam. Weil er mich nicht kannte, fragte er mich nach meinem Namen. Auf seiner Stube sagte ihm

Herr Eisert, was er bisher in den Religionsstunden mit uns
getrieben habe. Nun fragte er mich und Ernsten nach unsern[1] Alter. Mich fand er alt genug, aber Ernst war ihm zu
jung. Da er aber hörte, daß ich mich nicht gern allein
confirmiren lassen möchte, so sagte er, daß wir beide in die
Vorbereitungsstunden kommen sollten, wenn er es uns sagen
ließe. Leben Sie wohl.   A. Goethe.

327. *Christiane*

[Weimar, 2. Mai 1802.]
Gestern Abends nach der Komödie erhielt ich einen Brief
von Geist, worin er 6 Bouteillen rothen Wein verlangte. Ich
schickte auch gleich aus, ob kein bekannter Wagen da sei;
aber ich konnte es nicht mit fortbringen. Ich schicke Dir ihn
also durch diese Gelegenheit. Alleweile fahr ich nach Belvedere und probire das Pferd. Ich wollte aber lieber, ich wär in
der Trießnitz, da muß es heut sehr schön sein. Wenn es über
8 Tage so schön ist, so will ich mit meiner Gesellschaft nüber.
Leb wohl und denke an mich und schreibe mir, wie es Dir
gehet.

328. *Goethe*

Ich habe diese Tage nicht geschrieben, weil ich sehr fleißig
bin, und mir, was ich vornehme, recht gut von Statten geht.
An den heißen Tagen komme ich gar nicht aus, nur Abends
gehe ich einige Stunden spazieren. Die Blüthen sind hier
außerordentlich schön, wie sie bei der günstigen Witterung
wohl weit und breit sein werden; besonders ists hinter Gries-
bachs Garten ganz bewundernswürdig.

1 aus unserm.

Mit der Kost geht es recht gut, indem ich mit Herrn von Hendrich esse, der eine so gute Küche führt, daß man nur fast zu viel ißt und zu lange bei Tische bleibt. Ob ich Dich auf den nächsten Sonntag einladen werde, weiß ich nicht; denn da ich noch bis in künftige Woche hier bleiben kann, so wünsche ich, auf meine ganz ungestörte Weise meinen Weg fortzugehen.

So viel kann ich Dir melden, daß der zweite Aufzug, des bewußten Stückes, fertig ist, und wenn ich noch acht Tage Zeit habe, so kann wohl der dritte sich dazu gesellen.

Schicke mir noch einige Fläschchen Port und Madera! Wenn Du ein gut Gericht Spargel hast, so schicke es doch auch, denn daran fehlt es hier gar sehr, besonders da die Griesbachischen, welche nun zu lange stehen, anfangen abzunehmen.

Jena, den 4. Mai 1802.   G.

329. *Christiane*

[Weimar, 5. Mai 1802.]

Ich freue mich sehr, daß [es] Dir so gut mit Deiner Arbeit geht. Mir geht es auch wieder etwas besser, aber ich bin einige Tage recht krank gewesen. Ich werde wohl einmal etwas Ordentliches brauchen müssen, denn es ist mir schon eine ganze Zeit nicht wohl; ich glaubte aber immer, es sollte wieder vergehen. Wenn ich nicht geglaubt hätte, daß es Spargel genug gebe, so hätte ich Dir schon längstens welchen geschicket, aber heute ist er gerade nicht so dicke als die Zeit, wo es so warm war. Wir haben keinen gegessen; ich habe vor 2 Thaler 12 Groschen verkauft. Wenn es nur erst wieder gutes Wetter wird, daß man wieder in Garten gehen kann.

Ich freu mich recht, wenn Du wiederkömmst, etwas von

dem neuen Stück zu hören. Wir haben hier eine Ariadne gesehen, das war vor Lachen nicht auszuhalten; ich will Dir sehr viel davon erzählen. Cordemann als Theseus kam einem wie [ein] Gott dagegen vor, und alle Zuschauer waren froh, daß er Ariadne verlassen hatte. Adieu, mein Lieber, Bester, leb wohl und behalte mich recht lieb.

Die Bücher gehören meinem Bruder.

[*Beilage:* August]

Lieber Vater!
Ich befinde mich recht wohl. Am Sonntage war ich bei Egloffsteins, wo wir gespielt, gemalt, gegessen und getrunken haben. Die Schauspielerin Elise Bürger gefiel mir am Montage als Ariadne gar nicht. Sie hatte ihren Rock weit über die Knie aufgesteckt und hinten eine lange Schleppe daran, welches nicht schön aussahe. Ihre Declamation war den Ohren sehr unangenehm, auch sprach sie traurige Dinge in einem freudigen Tone, so daß man mehr lachte, als gerührt wurde, zumal da ihre Action sehr ungeschickt war. Leben Sie wohl und behalten Sie mich lieb. Weimar, den 5. Mai 1802. A. Goethe.

330. *Goethe*

Mir geht es noch immer ganz gut in meinen Geschäften und andern Arbeiten, und ich werde nun so bis zu Ende der andern Woche fortfahren.

Wegen Deines Befindens mußt Du einmal Hofrath Stark[1] fragen und Dich alsdann auch zu der Verordnung halten. Ich glaube, daß Dir das Baden das Zuträglichste wäre, wenn Du Dich ordentlich abwartetest.

1 Starke [meist so].

Grüße mir das Kind und gedenke an mich, der ich Dich immer herzlich lieb habe. Mehr sage ich nicht, denn weiter wüßte ich nichts zu sagen. Es geht ein Tag immer so stille nach dem andern hin.

Jena, den 7. Mai 1802. G.

[Nachschrift links unter der Adresse]
Ich bitte noch um 6 Bouteillen rothen Wein.

331. *Christiane*

[Weimar, 8. oder 9. Mai 1802.]
Ich befinde mich wieder etwas besser, aber ganz recht ist mir doch nicht, und ich kann auch nicht recht sagen, was mir fehlt. Auch schlafen kann ich fast gar nicht. Sobald der Schatz aber wiederkommt, so wird es schon wieder besser werden. Ich will mich diese Woche noch ganz mit meinem Garten beschäftigen, daß, wenn Du wiederkommst, es Dir recht bei mir gefällt.

Der August läßt Dich vielmals grüßen und entschuldigt sich, daß er nicht geschrieben hat; er hat gar zu viel zu thun.

Ich freu mich aber sehr, daß es Dir mit Deinen Arbeiten so gut geht, und noch mehr freue ich mich, Dich bald wiederzusehen. Leb wohl und behalte mich nur so lieb, wie ich Dich liebe.

332. *Goethe*

Vorausgesetzt, daß ›Iphigenie‹ Sonnabend, den 15., gegeben wird, kommst Du Donnerstag Nachmittag herüber und logirst bei Madame Keil, wie Dir Dein Bruder weitläufiger erzählen wird. Es soll mich sehr vergnügen, wenn Du wieder einmal ein paar gute Tage in Jena findest. Das liebe Kind bringe auch mit, wir wollen ihn schon unterbringen.

Wäre aber ›Iphigenie‹, wie beim Theater so mancherlei vorfällt, nicht Sonnabend, so will ich noch acht Tage hier bleiben, weil meine Arbeiten gut von Statten gehen, und Du kämst Donnerstag über acht Tage. Weßhalb Du von Herrn Hofrath Schiller die beste Nachricht haben kannst.

Ich freue mich sehr, Dich und das Kind wiederzusehen, und bin guten Humors, weil ich verhältnismäßig viel gethan habe. Könnte ich noch vierzehn Tage hier bleiben, so wäre das Stück fertig. Lebe wohl und liebe mich.

Jena, den 11. Mai. 1802.   G.

Dein Bruder hat ja wohl die Gefälligkeit, indeß in unsrer Hinterstube zu schlafen, daß jene Seite nur nicht ganz allein steht.

Bringe einige Fläschchen Port und Madera mit, welche dem Herrn Kammerherr und Major sehr gut schmecken.

Dein Bruder wird erzählen, wie gut uns Madame Keil bewirthet hat.

333. *Christiane*

[Weimar, 12. Mai 1802.]
Da ›Iphigenie‹ den Sonnabend gegeben wird, so werden wir uns morgen einfinden; ich denke nach 1 Uhr mit dem Gustel auszufahren und so um 4 Uhr bei Dir zu sein. Wir freuen uns beide außerordentlich. Du hast uns eine rechte Freude gemacht. Aber wenn ich mich gleich recht nach Dir sehne, so hätte ich doch gewünschet, daß Du wegen Deiner Arbeit noch 8 Tage hättest dableiben können.

Mündlich ein Mehres. Leb wohl.

[*Beilage:* August]

Lieber Vater!
Ich habe von meiner lieben Mutter erfahren, daß wir Sie
morgen abholen sollen, wenn die ›Iphigenia‹ auf den Sonnabend gegeben würde. Dieß Stück wird nun wirklich aufgeführt, und wir werden also morgen kommen. Den Brief an
den Herrn Hofrath Blumenbach will ich noch heute vollenden. Am Sonntage war die gewöhnliche Sonntagsgesell-
schaft bei mir, und ich habe sie mit einer kalten Schale und
gedörrten Zwetschchen gespeiset. Bei dieser Gelegenheit
wurden Schiller und Brunnquell als Glieder der Gesellschaft
aufgenommen. Leben Sie wohl. Weimar, den 12. Mai 1802.
A. Goethe.

*

Das in dieser Zeit recht lückenhafte Tagebuch Goethes
berichtet nichts über den Besuch der Seinigen in Jena. Die
Rückkehr nach Weimar erfolgt am 15. Mai vormittags. –
Vom 19. bis 27. ist Goethe in Lauchstädt, Halle und Giebichenstein; Briefe der beiden Gatten aneinander aus dieser
Zeit sind nicht bekannt. Dem Freunde Nikolaus Meyer
gegenüber schüttet Christiane ihr Herz in einem Briefe vom
20. Mai aus: ». . . seit 4 Wochen befinde ich mich so übel, daß
mir alle Lust zum Leben vergeht, . . . Der Geheimde Rath
war in Jena und itzo ist er wieder in Lauchstädt. Der gute
Mann betrübt sich wegen meiner Gesundheit, ich gebrauche
immer Dr. Stark, entweder wird es besser, oder man geht
sachte zur Ruh, was doch am besten ist. . . . Ich kann mir
jetzo recht gut vorstellen, wie Ihnen zu Muthe war, als Sie
krank waren: nun geht es mir ebenso, alles ist mir verhaßt,
und doch fehlt mir eigentlich nichts, ich habe alles, was ich
nur wünsche, es geht aber nichts auf dieser Welt über
Gesundheit und frohen Muth; wenn man das nicht hat, so ist

das ganze Leben nichts. . . . wenn Sie schreiben, erwähnen
Sie nichts von meiner Krankheit, denn ich weiß nicht, ob es
recht sein könnte, daß ich davon geschrieben habe.« — Am 5.
Juni begibt Goethe sich für einige Tage nach Jena, um das
Vorspiel ›Was wir bringen‹ für Lauchstädt zu fördern.

*

334. *Goethe*

Ich sage nur so viel, daß es mir mit meiner Arbeit recht gut
geht, und daß ich zur rechten Zeit hoffe fertig zu werden.
Schicke mir den Wagen Donnerstag Abends. Freitag will ich
einen Besuch in Drakendorf machen und den Sonnabend
nach Weimar fahren; ob ich aber zu Tische komme oder erst
gegen Abend, weiß ich nicht, Du erfährst es auf alle Fälle
durch die Boten.

Lebe recht wohl, grüße das Kind und schicke mir noch
zwei Flaschen Wein. Jena, am 8. Juni 1802.   G.

*

Am 12. Juni abends kehrt Goethe nach Weimar zurück;
unterm 13. vermerkt das Tagebuch: »Wurde Augustchen
confirmirt. Mittag zu Tische: Herr Consistorial-Rath Günther, Herr Professor Kästner und Frau, Herr Eisert«; am 14.
schreibt Goethe an Herder: »Mit herzlichem Danke emp-
finde ich die Neigung, mit der Du das gestrige Geschäft
vollbracht hast, empfehle Dir den Knaben auch für die
Zukunft und lege die Note bei.« Es ist dies der vorletzte aller
Briefe, die Goethe an seinen alten Anreger, Lehrer und
Freund geschrieben hat. Ihre Wege hatten sich inzwischen
getrennt. Bei einem letzten Zusammensein, nicht lange vor
Herders Tod, konnte der grämliche, verbitterte Mann seine
alte Neigung zu vernichtendem Spott, unter der Goethe
schon als Straßburger Student hatte leiden müssen, nicht

7. *Christiane und der vierjährige August. 1793.*
Radierung von K. W. Lieber (1821) nach einer Federzeichnung
von Goethe

unterdrücken und erwiderte auf Goethes arglose Frage, ob ihm die ›Natürliche Tochter‹ nicht gefalle: »O doch! – am Ende ist mir aber doch Dein natürlicher Sohn lieber als Deine Natürliche Tochter.« –

Wenige Tage nach Augusts Konfirmation galt es für Christiane, die Familie reisefertig zu machen zu einem Besuch in Lauchstädt, wo am 26. Juni das neue Theatergebäude festlich eingeweiht werden sollte. Fünf Tage vorher, am 21., reist die Familie Goethe mit Freund Heinrich Meyer nach Lauchstädt ab. Über die Eröffnungsfeier berichtet Christiane an Nikolaus Meyer: »Im ersten Stück, das mit einem kleinen Vorspiel vom Geheimen Rath anfing, betitelt ›Was wir bringen‹, waren 8 hundert Menschen, wir waren auf dem Balcon in einer sehr schönen Loge, und wie das Vorspiel zu Ende war, so ruften die Studenten: »Es lebe der größte Meister der Kunst, Goethe«; er hatte sich ganz hinten hin gesetzt, aber ich stand auf, und er mußte vor und sich bedanken. Nach der Komödie war Illumination und dem Geheimen Rath sein Bild illuminirt und sein Transparent, und wir speiseten im Salon, wo auch wieder alles illuminirt war und der ganze Saal mit Blumen-Guirlanden geschmücket.« Christiane brauchte, wie Goethe, fleißig die Bäder und fühlte sich sehr glücklich, um so mehr, als es viel Gelegenheit zum Tanzen gab; an Offizieren war Mangel, desto zahlreicher hatten die Studenten aus Halle sich eingefunden. »Ich tanze«, heißt es in demselben Briefe Christianens an Nikolaus Meyer, »auf jedem Ball mit einem wie mit dem andern, weil sie mir alle gleich sind, sie erweisen mir alle, wo ich bin, sehr viel Artigkeit, sie haben auf den Geheime Rath und mein Vivat gerufen.« – Vom 9. bis zum 20. Juli hielt Goethe sich in Halle und Giebichenstein auf. Er fuhr mit Frau und Sohn hin (Christiane berichtet über ihre Hallenser Erlebnisse in dem genannten Briefe an Nikolaus Meyer) und behielt Augusten dort, während Christiane

wohl schon nach einem oder zwei Tagen wieder nach Lauchstädt zurückkehrte.

*

335. *Christiane*

[Lauchstädt,] den 15. J[uli 1802.]
Ich freue mich sehr, daß es Dir gefällt und Dir so wohlgehet.
Ich bin auch leidlich wohl, aber seit Du weg bist, habe ich
mich sehr ennuyirt, und es will mir gar nicht gefallen. Wir
hatten 2 schöne Bälle und haben wieder recht getanzt. Wie
Du aber hier warst, so war alles schöner. Ich lebe in der
Hoffnung, Dich bald wiederzusehen. Itzo will ich etwas
anfragen. Den Dienstag gehet der Bote wieder nach Weimar, so sei so gut und schreibe mir, wennehr ich Pferde
kommen lassen soll. Das Heimwehe quälet mich sehr. Leb
wohl und schreibe mir bald ein Wort. Grüße meinen lieben
August recht vielmal.   C. V.

336. *Christiane*

[Lauchstädt, 16. oder 17. Juli 1802.]
Da ich von dem Wöchener erfahren habe, daß Du vielleicht
erst Mittewoch zurückkommst, so will ich Dir nur schreiben,
wie die Sachen stehen.

Der Professor muß bis Donnerstag fort, weil sein Quartier
alsdann wieder besetzet ist, und ich habe doch auch Lust
wieder zu Hause, denn bis Donnerstag bin ich 4 Wochen da.
So wollte ich den Mittewoch die Pferde kommen lassen, und
den Donnerstag ging' ich mit fort, weil mir alle zusammen
auch nicht fort können. Ich führ freilich auch gern mit Dir;
aber wenn Du noch so lange hier bleibst, wie Becker sagte,
so würden es 6 Wochen, und es kostet überall Geld, denn

man kommt keinen Tag ohne Geld weg. So wollte ich Dich um Deinen guten Rath bitten, ob ich die Pferde kommen soll lassen und soll mit dem Professor weggehen, oder ob der Professor von hier Pferde nehmen soll und allein fahren soll, und wir wollten zusammen fahren. Der Professor will gern darüber Antwort haben. Ich möchte doch aber gern, ehe ich wegging', Dich noch über manches sprechen; ich sehne mich auch wieder recht nach Dir. Du mußt ja nicht böse werden, daß ich Dir einen Boten schicke. Ich möchte gerne wissen, wie [ich] es am besten und zu Deiner Zufriedenheit machte. Leb recht wohl und schreibe mir, wie alles werden soll.

Adieu, Lieber, und gedenke mein.   C. V.

*

Tagebuch, 20. Juli: »Um 2 Uhr von Giebichenstein abgefahren. Abends mit Professor Meyer und den Meinigen zu Nacht gegessen«; 25. Juli: »Früh 5 Uhr von Lauchstädt ab. Mittag in Herrengosserstädt. In der Apotheke in Buttstädt eingekehrt. Abends 9 Uhr zu Hause in Weimar.« – Schon am 3. August begibt Goethe sich wieder für längere Zeit nach Jena; sein Brief vom 6., der einen Gruß zu Christianens (vermeintlichem) Geburtstag enthalten haben wird, ist nicht bekannt.

*

337. *Christiane*

[Weimar, 4. August 1802.]
Mein Lieber, ich hoffe, daß Du glücklich angekommen bist. Mir geht es auch gut, nur daß ich niemals schlafen kann, wenn Du nicht da bist. Heute Nacht habe ich beinahe kein Auge zuthun können; ich weiß gar nicht, was das ist. Heute haben wir Wäsche, ich will sehen, daß ich mich recht müde

mache, daß es besser wird. Ich sehe immer, daß ich Dich lieber habe, denn ohne Dich will mir es nirgends gefallen. Leb wohl und denke mein.

[*Beilage:* August]

Lieber Vater!
Ich danke Ihnen für die schönen Aprikosen, welche Sie uns geschickt haben. Am Donnerstage und Freitage stieg hier um 6 Uhr ein Luftball, welcher 36 Fuß hoch und 90 Fuß im Umfange war. Er stieg im ›Sterne‹ in die Höhe und an dem Fallschirme war ein Säckchen befestiget, in welchem sich eine junge Katze befand. Das erste Mal fiel er in unserm Garten nieder, und am Freitage nahe bei den Rädern der Burgmühle. Morgen soll er noch einmal steigen. Der Mineralienhändler, dessen Sachen ich gestern besehen habe, hat meine Mineralien auch gesehen und sie gelobt. Wir haben uns wechselweise etwas geschenkt. Leben Sie wohl.
    Weimar, den 7. August 1802.   A. Goethe.

338. *Christiane*

[Weimar, 7. August 1802.]
Morgen wird mein Bruder mit Pferden kommen; der Nie-der-Roßler Pachter hat sie angesehen und sagt, er sähe keinen Tadel daran, als daß die eine Mähne nicht so ausfiel' als die andere. Sobald als die Pferde aber heute bei mir ankommen, so will ich den Bauinspector und den Reit-schmied kommen lassen und will Dir auch schreiben, was diese gesagt haben. Der Preis soll 32 Carolin sein; aber unsre Pferde [will er] nicht, er hätte noch 2 und könnte unsere Pferde nicht brauchen. Nun wär mein Rath dieser: wir behielten unsre Pferde noch bis heute über 8 Tage und

ließen diese Woche noch das Holz reinfahren, und heute über 8 Tage verauctionirten wir sie. Darüber schreibe mir Deine Meinung. Unterdessen könnten sich die Füchse recht rausfüttern. Im Januar aber, sagt der Pachter, sollst Du den Stallmeister fragen, ob die Pferde gut sind. Und ich dächte, es ging' auch etwas von dem Preis ab. Wenn Dir die Pferde gefallen, und sie sind gut, so dächte ich, Du schriebst dem Bauinspector, daß dieser den Handel machte. Über alles dieses schreibe mir. Mein Bruder wird Dir auch alles mündlich sagen. Leb wohl und behalte Deinen Schatz lieb.

339. *Christiane*

[Weimar, 11. August 1802.]

Lieber, es ist hier gar zu heiß; in meinen itzigen Umständen ist es beinahe nicht zum aushalten. Es ist mir überall, als wäre gar keine Luft mehr zu kriegen, und schlafen kann ich gar nicht. Es ist nur gut, daß noch etwas Wasser im Keller ist; das werde ich aber wohl austrinken, denn Bier macht mir noch mehr Hitze, und Wein darf ich wegen dem vielen Blute gar nicht trinken. Wenn nur der Hofrath einmal wiederkömmt, daß ich mit dem ordentlich sprechen kann. Ich glaube, wenn die Hitze nicht wäre, so wäre ich ganz wohl, denn es ist wohl nur vom Blute.

Die Pferde haben wir nicht behalten. Vor das erste waren sie vor den Preis nicht schön genug; vor 2. hat der Kutscher bei dem Herüberfahren noch allerlei Fehler entdeckt. Bis Dienstag werden wir mit unsern Holzfuhren fertig, alsdann wollen wir unsre verkaufen. Der Herr Stallmeister von Jena hat einen Kaufmann zu dem großen, und zu dem kleinen wird sich schon auch einer finden. Wenn sie mit dem Holze fertig sind, füttere ich sie noch ein paar Tage gut, und dann will es der Kutscher den Herrn Stallmeister wissen lassen.

Ich wünsche Dir, recht wohl zu leben, und bitte mich recht lieb zu behalten.

Hier folgt das Geld vor Götzen. Geist hat es vergessen mitzunehmen.

[*Beilage:* August]

Lieber Vater!
Ich danke Ihnen für die schönen Aprikosen, die uns diesen Morgen sehr erquickt haben. Ich bedauere Sie sehr, daß Sie bei der drückenden Hitze gerade in Jena zubringen müssen. Heute wird hier eine Frau begraben, welche auf dem Felde umgefallen und todt geblieben ist. Der Mineralienhändler wird heute in Jena eintreffen und Ihnen seine Sachen zeigen. Sein Sie so gütig und schicken Sie mir die Mineralien, welche entweder in oder auf der braunen Kommode in einem Kästchen liegen. Grüßen Sie den Onkel und behalten Sie mich lieb. Weimar, den 11. August 1802.   A. Goethe.

340. *Christiane*

[Weimar, 14. August 1802.]
Ich bin itzo sehr fleißig und beschäftige mich mit allerlei. Ich bleiche mein gutes Tischzeug, das diesen Winter sehr viel bei den Kränzchen gelitten hat, bin viel im alten Garten und lebe so stille hin. Geist soll dem Herrn Stallmeister sagen, daß der Mann, der das große Pferd haben will, soll den Donnerstag kommen, wenn er es noch haben will; und den Mittewoch kann mir Geist deßhalb Antwort schreiben. Der August ist sehr artig und recht freundlich mit mir; er ist so gefällig und zuvorkommend, als er noch nicht gewesen ist, und wir sind beide recht vergnügt zusammen. Leb wohl und behalte Du auch Deine Kinder recht lieb.

[*Beilage:* August]

Lieber Vater!
Ich danke Ihnen für die schönen Aprikosen und Pflaumen, welche mir heute als Morgenbrot so gut geschmeckt haben. Die Äpfel, welche Sie uns am Donnerstage geschickt haben, schmeckten ganz vortrefflich. Mit dem Theatergepäcke werden nun auch bald die Kasten mit meinen Mineralien ankommen, welche ich dann aufmachen und auspacken werde. Gestern sind die mehresten Schauspieler angekommen. Sagen Sie dem Onkel, er möchte mir doch auch einmal schreiben, dann wollte ich ihm auch ein Briefchen schicken. Leben Sie wohl. Weimar, den 14. August 1802.

A. Goethe.

341. *Goethe*

Ich wünsche, daß es euch diese Zeit über möge wohlgegangen sein. Ich habe mich ganz leidlich befunden, ob gleich einige unangenehme Dinge vorgekommen sind, z. B. daß des Herrn von Hendrichs Sohn ertrunken ist, wodurch ich auch mit berührt worden bin. Dießmal wüßte ich weiter nichts zu sagen und zu verlangen. Ich wünsche nur, daß der Pferdehandel leidlich möge von Statten gehen.

Ich schicke wieder einiges Obst und denke, daß ihr euch in euren Gärten etwas dabei zu Gute thun sollt.

Thue Dir, mein liebes Kind, überhaupt etwas zu Gute und gedenke an mich mit Liebe.

Jena, den 17. August 1802.   G.

[Nachschrift unter der Adresse]

Herr Geh. Hofrath Loder bittet Sie ergebenst, ihm die Lorgnette, welche er Ihnen einstmals in der Komödie geliehen hat, wieder gefälligst zuzuschicken.

342. *Christiane*

[Weimar, 18. August 1802.]
Der Vorfall mit des Herrn von Hendrichs Sohn hat mich auch recht erschreckt, und so mehr, da August auch immer in der großen Hitze Lust hatte zu schwimmen und zu baden. Ich ließ es aber nicht zu. Mit den Pferden wollen wir uns nicht übereilen, denn hier folgt ein Brief, wo Dir wieder ein paar angeboten werden. Und der Stallmeister sagte, vom Preis ging' auch etwas runter. Ich läugne nicht, daß ich itzo mehr als jemals wünschte, daß wir Pferde hätten, weil ich mir wegen meines Fußes wenig Bewegung machen kann, und sie mir doch so noth thut. Am Sonntag wagte ich es, mit Ernestine und August nach Belvedere zu gehen. Aber bei dem Heruntergehen ward der Schmerz sehr groß; es bekam mir aber, und ich konnte die Nacht recht gut schlafen. Schreibe mir aber doch so bald als möglich, wenn eine Gelegenheit herüber geht, wie es mit meinem Bruder geht. Man sagt hier, er hätte das hitzige Fieber. Und er hat auch heute nicht eine Silbe geschrieben. Seine Frau weiß noch nichts und soll auch nichts erfahren. Aber ich bin selbst auch deßhalb wegen Dir in Angst. Über etwas bin ich auch recht verdrüßlich: daß die Bohnen nicht gerathen; denn wir haben noch keine kochen können. Wenn nun die Nächte so kalt bleiben, so wird auch wenig wachsen. Wenn in Jena etwas zum einmachen zu haben wäre, so soll Geist welche kaufen und sie mit Gelegenheit rüber schicken, daß ich im Nothfall nur etwas vor Dich einmachen kann.

Leb wohl. Und ich hoffe, Dich auch bald wiederzusehen.

Den Brief vom Doctor schicke mir auch wieder zurück, weil ich ihm gleich antworten will.

Alleweile erfahren wir, daß morgen die Herzogin Mutter eine freie Redoute gibt! Das wird ein schöner Spectakel werden. Aus Neugier müssen wir doch auch hingehen. Sollte jemand rüber fahren, schreibe mir ja, wie [es] mit meinem Bruder steht. Adieu, Lieber.

[*Beilage:* August]

Lieber Vater!
Ich danke Ihnen für die schönen Aprikosen, Pflaumen und Birnen, welche Sie uns geschickt haben. Die großen Birnen und Pflaumen waren ganz vortrefflich, und das übrige Obst hat mir auch sehr gut geschmeckt. Der Herr Doctor Meyer hat mir geschrieben, und ich bin jetzt beschäftiget, ihm einen langen Brief zu schreiben, worin ich ihm meine Reise erzählen will. Die Kasten sind von Lauchstädt angekommen, und ich habe alles ausgepackt und ordentlich in einen Kasten gelegt. Das große Stück mit den Pflanzenabdrücken ist gut erhalten angekommen. Grüßen Sie den Onkel und erinnern Sie ihn nochmals an ein Briefchen. Leben Sie wohl.

Weimar, den 18. August 1802.   A. Goethe.

343. *Goethe*

Dein Bruder bringt diesen Brief selbst und wird Dir die Geschichte seines Übelbefindens erzählen.

Den Brief wegen der Pferde sende ich zurück. Ich wünschte freilich, daß wir endlich auf gute Weise zu ein paar brauchbaren Geschöpfen kämen; besonders bei diesen schönen und warmen Tagen hättest Du sie wohl brauchen können.

Der Brief von Dr. Meyer liegt auch bei, grüße ihn von mir, wenn du schreibst.

Wegen Bohnen zum einmachen ist auch hier noch nichts zu thun; doch will ich der Trabitius Auftrag geben. Vielleicht schicke ich bald etwas, oder bringe es mit.

Ich verlange sehr, euch bald wiederzusehen. Grüße mir das liebe Kind, und macht euch auf der Redoute einmal wieder lustig.

Jena, den 19. August 1802.   G.

Das beikommende Obst laßt euch schmecken.

344. *Christiane*

[Weimar, 21. August 1802.]
Daß ich Hoffnung habe, Dich bald wiederzusehen, freut mich sehr, denn ich war Zeit her sehr verdrüßlich. Und was einen so verdrüßlich und mißmuthig macht, das ist, daß man hier nichts als traurige Geschichten[1] hört. Es sind in kurzem drei greuliche Sachen geschehn, die ich Dir mündlich ausführlich erzählen will. Nun von der Redoute! Der große Spaß war, daß alles hin ging, um die Preußen zu sehen, und es kam auch nicht einer hin. Ich habe 2 Tänze und eine Quadrille getanzt und bin dann wieder zu Hause gefahren; habe aber von allen Damen großen Beifall wegen meines Kopfputzes gehabt, es sahe auch bei Nacht ganz wie gediegenes Gold aus, wovor ich Dir nochmals danke. Heute ist es wieder sehr heiß, da muß ich allemal recht viel am Fuß leiden. Wenn morgen die Pferde kommen, und sie sind brauchbar und schön, so schicke ich Dir sie den Montag. Du kannst alsdenn damit kommen, wenn Du willst. Ist es aber nichts, so schreibe mir den Mittewoch, ob

1 Geschidnih [vielleicht beabsichtigt: Geschehnisse].

ich Dir die alten schicken soll. Der Mann von Jena hat den Großen durch jemand ansehen lassen. Nun kann sich Geist deßhalb bei dem Herrn Stallmeister erkundigen, ob er ihn noch will.

Leb wohl und komm bald, damit Du auch noch etwas von den Levkojen im Garten siehest, sie sind just noch recht schön. Leb wohl und behalte mich recht lieb.

[*Beilage:* August]

Lieber Vater!
Ich freue mich sehr, daß Sie nun bald wieder zu uns kommen wollen. Am Donnerstage wurde im Webicht von einem Schlosserburschen ein Kind todtgeschlagen, welches der Frau gehört, die an der Webichtsallee Eßwaaren und Getränke zu verkaufen hat. Der Mensch konnte der Frau das Getränk nicht bezahlen, das er zu sich genommen hatte. Darüber kommt er mit der Frau in Streit, und indem er nach ihr schlägt, trifft er das Kind und tödtet es. Andere sagen, er habe die That mit Vorsatz verübt. An demselben Tage war ich auch auf der Redoute, auf welcher sich aber nur ein einziger preußischer Offizier mit großen Stiefeln einfand. Ich ging nach 11 Uhr wieder fort, weil es mir nicht gefiel. Leben Sie wohl und kommen Sie bald zu uns. Weimar, den 21. August 1802.   A. Goethe.

345. *Christiane*

[Weimar, 25. August 1802.]
Ich freu mich recht sehr, Dich wiederzusehen, und es ist aus vielen Ursachen auch recht nöthig, daß Du wieder hier bist. Ich habe heute sehr viel mit Bett-Geschichten[1] zu thun und

1 Bet Gesichten.

kann Dir also weiter nichts sagen, als daß ich mich unaussprechlich freue, Dich wiederzusehen. Leb wohl.

[*Beilage:* August]

Lieber Vater!
Sie haben uns heute wieder schöne Birnen und Pflaumen
geschickt, wofür ich Ihnen also vielmals danke. Es freuet
mich sehr, daß Sie künftigen Freitag wieder zu uns kommen
wollen. Ich habe seit dem Sonntage einen bösen Hals und
Kopfweh gehabt, ich bin aber jetzt wieder gesund. Gestern
Abend habe ich einen großen Nachtvogel gefangen, welcher
am Seifenkraute im Garten herumflog. Der Herr Professor
Meyer hat sehr starke Zahnschmerzen. Er sitzt, in seinem
Mantel eingehüllt, den ganzen Tag in der Stube. Den Brief
an den Herrn Doctor Meyer hat die Mutter fortgeschickt.
Leben Sie wohl. Weimar, den 25. August 1802.   A. Goethe.

*

Am 27. August abends kehrt Goethe heim, eben rechtzeitig,
um seinen Geburtstag im Familienkreise zu verleben. – Den
Rest des Jahres verbringt er, von zwei kurzen Aufenthalten
in Jena abgesehen, in Weimar. Anfang November löst sich
die langjährige, liebe Hausgenossenschaft mit Heinrich
Meyer, der ein eigenes Heim gründet, um zu Beginn des
nächsten Jahres seine Braut, Luise von Koppenfels, als Frau
hineinzuführen. August bezieht sogleich Meyers Zimmer,
überglücklich, nunmehr seine Steinsammlung und die andern Naturschätze nach Belieben ausbreiten zu können. »Er
ist noch immer passionirt für dieses Fach«, schreibt Goethe
unterm 15. November an Sartorius in Göttingen, »und ich
bin neugierig, ob er einmal Ernst aus diesem Spiele machen
wird.« Die Hoffnung, dem Sohne endlich ein Brüderchen
oder Schwesterchen zu schenken, sollte abermals scheitern;

Christianens Niederkunft erfolgte am 16. Dezember. »Ich erfahre soeben zufällig«, schreibt Schiller an diesem Tage an Goethe, »daß man Ihnen zu einem angenehmen Ereigniß im Hause Glück zu wünschen hat. Ich wünsche es von Ihnen bestätigt zu hören . . . Empfehlen Sie mich der Kleinen recht freundschaftlich und versichern sie meines besten Antheils.« Goethe erwidert am selben Tage: »Herzlich danke ich für den freundschaftlichen Antheil. Ein ganz kleines Mädchen ist bei uns angekommen. Bis jetzt geht alles gut. Die Kleine wird sich Ihres Andenkens recht erfreuen.« Drei Tage später, am 19., meldet er Schillern: »Bei uns geht es nicht gut, wie Sie mir vielleicht gestern in der Oper anmerkten. Der neue Gast wird wohl schwerlich lange verweilen, und die Mutter, so gefaßt sie sonst ist, leidet an Körper und Gemüth. Sie empfiehlt sich Ihnen bestens und fühlt den Werth Ihres Antheils.« Noch am selben Tage starb das Kindchen.

1803

Das erste Viertel des neuen Jahres, das auf dem Theater mit
›Paläophron und Neoterpe‹ eröffnet wird, verbringt Goethe
in Weimar. Am 2. April geht ›Die natürliche Tochter‹ zum
ersten Male über die Bretter. Am 17. April begibt Goethe
sich für den Rest des Monats nach Jena; sein erster Brief an
Christiane (vom 19.) ist nicht bekannt.

*

346. *Christiane*

[Weimar, 20. April 1803.]
Es ist mir recht leid, daß das Wetter so übel ist und Du im
Schloß sitzen mußt. Und mir ist es auch wegen der Blüthen
sehr bange; es ist hier sehr kalt. Am Sonntag waren wir recht
vergnügt; ich hatte Ehlers und Oels[1] und die Silie mit
eingeladen, und es wurde viel gesungen, und die ganze
Gesellschaft war zufrieden. Heute Abend freu ich mich auf
die ›Lilla‹, denn die Abende ohne Dich sind unausstehlich;
ich gehe aus oder ins Bette.

Du hast nichts geschrieben, ob Du Sonnabend noch zurückkömmst. Da mein Bruder nüber kommt, so kann ich es
wohl durch den erfahren. Leb wohl und behalte mich lieb.

*

An welchem Tage Goethe nach Weimar zurückkehrt, wissen
wir nicht (das Tagebuch ist während dieser Monate sehr

---

1 Öhlers und Älles.

lückenhaft). Über Goethes Simmung in dieser Zeit belehrt uns ein Brief Christianens an Nikolaus Meyer vom 21. April (also drei Tage nach dem Obigen geschrieben), in dem es heißt: ».. . ich lebe ganz still und sehe fast keinen Menschen. Das Theater ist noch einzig und allein meine Freude. Ich lebe aber wegen des Geheimraths sehr in Sorge, er ist manchmal ganz Hypochonder, und ich stehe viel aus; weil es aber Krankheit, so thue ich Alles gern, habe aber so gar niemand, dem ich mich vertrauen kann und mag. Schreiben Sie mir aber auf dieses nichts, denn man muß ihm ja nicht sagen, daß er krank ist; ich glaube aber, er wird wieder einmal recht krank.« — Am 1. Mai reist Goethe nach Jena, am 2. bis Naumburg, am 3. nach Lauchstädt, um daselbst die zweite Theaterspielzeit vorzubereiten.

*

347. *Goethe*

Nachdem wir sehr böse Wege überstanden haben, sind wir glücklich in Lauchstädt angelangt. Die Pferde haben mich oft gedauert; allein da der Kutscher auf jede Weise sorgfältig fuhr, so ist alles gut abgelaufen, und daß sie sich wohlbefinden, zeigt der gute Appetit. Es war ein Glück, daß wir trocknes Wetter hatten. Geist und Bloß sind wohl den halben Weg gegangen, und ich habe mich auch oft auf die Beine gemacht.

Hier in Lauchstädt ist es ganz angenehm, die Linden theilweise grün, andere im Ausschlagen. Die Kastanienbäume fangen an zu blühen, und die sämmtlichen Obstpyramiden, um den Teich, stehen in voller Blüthe.

Der neue Gärtner hat sich sehr thätig bewiesen, und das Ganze wird ordentlicher und reinlicher aussehen als vorm Jahre. Besonders hat man den guten Einfall gehabt, das ganze Heckenwesen, unten im sogenannten Bosquet, wegzuschlagen, wodurch man eine freie Aussicht, über so viele schöne Lindengänge, bis hinaus auf die Wiese hat.

Zwischen dem Theater und der Landstraße haben sie eine Lindenanlage gemacht, die nicht ganz zu tadeln ist. Das alte Schauspielhaus ist abgebrochen, und es sieht aus, als wenn der Platz nunmehr planirt, und der alte Leimenhügel, der schon ziemlich geschmolzen ist, völlig abgetragen werden sollte. Genug, es sieht aus, als ob die Herren Sachsen sich, nach unserm Beispiel, auch einmal rühren wollten.

Das Haus hat sich den Winter durch recht gut gehalten, und wenn es nun noch abgeputzt wird, so, denke ich, soll sichs von außen auch gut ausnehmen.

Ferner wirst Du die Hallen neu angestrichen finden, und was dergleichen mehr ist, woraus Du siehst, daß man die Gäste gut zu empfangen denkt. Ich werde morgen, als den 5., nach Halle und Giebichenstein gehen. Wie es nachher weiter mit mir wird, weiß ich selbst noch nicht. Grüße Gusteln aufs beste und lebe recht vergnügt.

Lauchstädt, am [4. und] 5. Mai 1803.   G.

*

Am 10. Mai verläßt Goethe Lauchstädt, um über Merseburg und Naumburg nach Weimar zurückzukehren; schon am 15. begibt er sich für einige Tage nach Jena.

*

348. *Christiane*

[Weimar, etwa 18. Mai 1803.]
Von Geist habe ich erfahren, daß Du ausgeritten bist; ich freu mich recht sehr, da ich höre, daß es Dir bekömmt. Ich bin diese Zeit im alten Garten sehr beschäftigt gewesen. Und im Hause wirst Du auch alles ordentlich finden. Wir

freun uns recht, Dich bald wiederzusehen. Leb wohl und
behalte uns lieb.

*

In einem undatierten Briefe an Nikolaus Meyer aus dem
Mai 1803 schreibt Christiane: »Vor itzo befindet er [Goethe]
sich in Jena, wo ich bis [vielleicht zu lesen: diesen] Freitag
auch hingehe zu einem großen Ball auf der ›Rose‹, wozu ich
heute eingeladen worden bin; die Tanzlust will sich bei mir
noch immer nicht verlieren.« Vielleicht hängt damit der
Tagebuchvermerk Goethes vom 20. Mai, einem Freitag,
zusammen: »Schickt ich den Wagen nach Weimar.«

*

349. *Christiane*

[Weimar, etwa 27. Mai 1803.]
Es ist uns beiden nicht recht, daß wir Dich dieses Fest noch
nicht wiedersehen. Besonders ist bei mir großer Geldman-
gel. Heute frühe, wie wir es hörten durch Deinen Brief, habe
ich und Gustel die Tage gezählt, bis Du wiederkömmst.
Wegen der Pferde habe ich es geahndet und bin deßhalb
sehr in Sorge. Es war letzt zu viel in Einem Tage 2 Male die
Tour. Ich habe mir wie immer das Schlimmste vorgestellt.
Ich hoffe aber von meinem Bruder, wenn der heute kömmt,
zu hören, daß es nicht so schlimm ist. Ich freu mich sehr,
Dich zu sehen. Im Hause sollst Du alles ordentlich finden.
Und wir wollen recht vergnügt sein. Zelter reist gewiß itzo
schon von Dresden ab, kann also in etlichen Tagen hier sein.
Leb wohl und gedenke mein.

[*Beilage:* August]

Lieber Vater!
Ich freue mich recht, daß Ihnen das Reiten so wohl bekömmt, und wünschte, daß ich mit reiten könnte. Es betrübt
mich sehr, daß Sie erst den Mittwoch kommen, denn ich
sehne mich sehr nach Ihnen; auch dachte ich, Sie würden zur
›Saalnixe‹ wiederkommen, welche Sie in Jena freilich näher
haben. Ich habe mich diese Zeit recht wohl befunden und
bin, wenn es gut Wetter war und wenn ich Zeit hatt, öfters
spazieren gegangen. Sein Sie so gütig und sagen Sie dem
Herrn Bergrath Lenz, daß er Ihnen mein neues Mineral
mitgeben soll. Eine Betrübniß muß ich Ihnen auch sagen,
daß unsere Schlange bei der Häutung gestorben ist. Leben
Sie recht wohl.

    Weimar, den [27. ?] Mai 1803.   August Goethe.

*

In Lauchstädt begann diesmal die Spielzeit des Weimarer
Theaters schon am 11. Juni, zwei Wochen früher als im
Jahre 1802. Christiane war, wie ihre folgenden Briefe zeigen, vor Beginn des Gastspiels annähernd vier Wochen als
Badegast und Berichterstatter über Theatersachen in Lauchstädt; August leistete ihr Gesellschaft. Goethe selbst wurde
in Weimar zurückgehalten, vornehmlich infolge der not-
wendigen Übereignung seines Gutes an den bisherigen
Pächter Reimann. Anfang Juni war der Verkauf bereits
abgeschlossen. In den Tag- und Jahres-Heften preist Goethe
sich glücklich, sein »Verhältniß zu den Erdschollen von
Roßla« endlich völlig aufgehoben zu haben. »War der vorige
Pachter ein Lebemann und in seinem Geschäft leichtsinnig
und nachlässig, so hatte der neue als bisheriger Bürger einer
Landstadt eine gewisse eigene, kleinliche Rechtlichkeit, wovon die Behandlung jener bekannten Quelle ein Symbol sein

mag. Der gute Mann, in seinen Gartenbegriffen einen Springbrunnen als das Höchste befindend, leitete das dort mäßig abfließende Wasser in engen Blechröhren an die niedrigste Stelle, wo es denn wieder einige Fuß in die Höhe sprang, aber statt des Wasserspiegels einen Sumpf bildete. Das idyllische Naturwesen jenes Spaziergangs war um seine Einfalt verkümmert, so wie denn auch andere ähnliche Anstalten ein gewisses erstes Gefallen nicht mehr zuließen. — Zwischen allem diesem war der häusliche Mann doch auch klar geworden, daß die Besitzung für den, der sie persönlich benutze, ganz einträglich sei, und in dem Maße, wie mir der Besitz verleidete, mußte er ihm wünschenswürdig erscheinen, und so ereignete sichs, daß ich nach sechs Jahren das Gut ihm abtrat, ohne irgend einen Verlust als der Zeit und allenfalls des Aufwandes auf ländliche Feste, deren Vergnügen man aber doch auch für etwas rechnen mußte. Konnte man ferner die klare Anschauung dieser Zustände auch nicht zu Geld anschlagen, so war doch viel gewonnen und nebenbei mancher heitere Tag im Freien gesellig zugebracht.«

*

350. *Christiane*

[Lauchstädt,] 13. [Juni 1803,] Montag,
Abends um 7 Uhr.

In Buttstädt kamen wir an, aßen etwas Kaltes und waren sehr vergnügt. Nach Tische kam Herr Schwarz und holte uns zu einem Punsch in sein Haus, wo wir recht vergnügt waren. Um 12 Uhr gingen wir unter Begleitung des Herrn Schwarz nach Hause, und es begegnete uns ein Abenteuer, wo sich unser Karl recht herzhaft bezeigt hat. Es kam nämlich der närrsche Creutzburg hinter uns drein mit einem großen Dolche unterm Rocke. Und als wir ins Haus waren, so kam er auch und wollte zu Lauterbach, und als der kam, wollte er ihn erstechen und brachte den Dolch unter dem Rocke vor und wurde ganz wüthend. Karl aber verhinderte es; ich lief in mein Zimmer und schloß mich ein. Nun wollte er zu mir, und ich stand Todesangst aus. Am Ende brachte ihn Karl in Güte noch fort. Ich konnte aber vor Angst die ganze Nacht nicht schlafen, und halb 3 Uhr stand ich auf, weckete alles, um 5 Uhr fuhren wir fort, bekamen schönes Wetter, und es fiel nichts vor, und wir waren recht vergnügt. Als wir nach Schafstädt kamen, stieg ein sehr schöner Luftballon so hoch und weit, als ich noch keinen gesehen habe. Und um 4 Uhr waren wir in Lauchstädt. Der Weg war nicht zum besten, und wir sind sehr langsam gefahren, um den Pferden nichts zu Leide zu thun. Sie befinden sich auch recht wohl, und es schmeckt ihnen gar herrlich. Man vermuthete mich nicht, und die Silie war nicht zu Hause. Und als sie kam, freute sie sich sehr. Ich packte aus, zog mein Reitkleidchen an, und als ich angezogen war, so erschienen die jungen Herrn vom Theater und bewillkommten mich alle. Und Unzelmann ist ganz glücklich, und er soll sich recht gut betragen. Es ist ihm auch schon 2 Mal bravo gerufen worden, in der ›Braut von Messina‹ und in ›Alte und Neue Zeit‹[1]. Und als wir am[2] Tische saßen und speisten, so ließen mir[3] die Herrn ein Ständchen bringen. Wir gingen in die Allee, und ich sprach den Herrn von Heinitz, der außerordentlich artig war. Wir freuten uns, einander wiederzusehen, und versprachen uns hier sehr viel Vergnügen. Um 10 legten wir uns zu Bette, und um 11 Uhr bekamen wir wieder ein Ständchen, das gar nicht enden wollte; es wurden 9 Tänze gespielt, die ganz neu waren. Und so müde als man war,

1 Alte . . . Zeit aus einem Lustspiel.
2 Nach gestrichenem aßen.
3 wir.

mußte man doch aufstehen und ein bißchen huppen[1]. Und um 1 Uhr bekamen wir eins mit lauter Clarinetten und Flöten, »Es waren so selige Tage« und so weiter.

Viel Badegäste sind noch gar nicht hier, aber es ist alles bestellt und fast kein Quartier mehr zu haben. Alles aber erwartet Sie und Schiller. Ich habe auch gesagt, daß Sie beide so bald, als es Ihre Geschäfte zuließen, kommen würden. Ich bin sehr heiter und vergnügt; es ist mir, als hätte ich wieder ganz neues Leben bekommen. Und dieß danke ich alles Dir, Lieber, und werde ewig dankbar sein.

Mittewoch [Dienstag], den 14.

Heute frühe gingen wir in die Allee, und es wurde eine Wasserfahrt gemacht, und wir waren alle recht vergnügt. Der Herr von Firks[2] ließ uns Musik dazu kommen. Nach Tische gab ich in der Allee eine Chocolade, und wir gingen nach Schottendorf[3]. Wie ich zurückekomme, sehe ich die Jagemann und dachte gleich, daß ich Dir, Lieber, diesen Brief schicken wollte. Du mußt aber ja herkommen, weil alles auf Dich hofft, und wenn auch itzo nicht, aber wenn Du kannst. Bis Sonntag wird wohl der erste Ball erst sein. Leb recht wohl und grüße August recht herzlich und sage ihm: er soll sich nicht betrüben, es gäbe noch gar keine Kirschen, und die ›Saalnixe‹ würde unter 3 Wochen auch nicht gegeben.

Leb wohl und behalte mich nur recht lieb. Das bittet Dich Dein treuer Schatz. Ch. V.

1 huben.
2 Fercks.
3 schaden Dorf.

[Lauchstädt, 15./20. Juni 1803.]

Mittewoch, den 15.[1], Abends kam die Mamsell Jagemann zu uns. Nach Tische gingen wir in die Allee und wurden zu dem Italiener, der auf dem Kohlhof wohnt, eingeladen. Und als wir hinkamen, fanden wir viele Gesellschaft, sehr guten rothen Champagner und waren recht vergnügt; wovon ich Dir mündlich allerhand erzählen will.

Donnerstag, den 16.[2], haben wir in der Eisbude gefrühstückt; gingen spazieren, wurden aber von einem Regen erwischt, welches uns großen Spaß machte. Nach Tische kam ein großes Gewitter, welches sehr viele Fremde zurückhielt. Wir, ich und die Silie, fuhren in die Komödie hinein, es war ›Nathan der Weise‹. Die Einnahme betrug nur 50 Thaler. Aber das Stück wurde sehr gut gegeben, außer der Maaß, die spielte mit einer abscheulichen Kälte. Bei dem Zuhausefahren wurden unsere Pferde von den Hallensern sehr gelobt und bewundert, welches mich recht freute. Es sind aber auch prächtige Thiere. Nach der Komödie wurde ich und Silie [und] Madame Beck zu einem Punsch von Doctor Schwabe[3] eingeladen, und es war recht artig.

[17. Juni.]

Früh, wie mir aufstanden, haben mir dieses Gedicht gemacht.[4]

Freitag, den 17.[5], machten wir Mamsell Jagemann die Gegenvisite und waren recht ausgelassen.

Die Wöchner aber sind recht unglücklich über das Wetter. 12 Bade-Gäste sind itzo hier.

1 Über gestrichenem Dienstag, den 14.
2 Über gestrichenem Mittewoch, den 15.
3 Swawe.
4 Dieser Satz ist nachträglich eingeschoben.
5 Unter gestrichenem Mittewoch Donnerstag.

Heute sind wir in Merseburg gewesen und haben einen besondern Postmeister kennen lernen, der uns großen Spaß gemacht hat.

Abends hatten wir wegen Feier dieses Gedichtes Punschgesellschaft und bekamen ein schönes Ständchen. An wen dieß Gedichte ist, müssen Sie rathen.

Sonnabend, den 18., frühe schick[t]en wir zu dem ›Opferfest‹ noch allerhand[1]. Nach Tische hatten wir mit dem Anzug zu thun. Ich ließ der Jagemann den Wagen anbieten, und die Silie und diese fuhren beide zusammen. Die Oper ging recht gut, die Silie wurde applaudirt, und [die] Jagemann und ihre Gespielen mußten das Quartett »Kind, höre meine Lehren« da capo singen, und die Jagemann hat großen Beifall eingeerntet. Auch Ehlers wurde applaudirt. In andern Stücken haben sie ihr Applaudissement noch nicht so hören lassen. Und es war ziemlich voll; die Einnahme betrug 106[2] Thaler.

Sonntag, den 19. Heute wollen wir sehen, wie es gehen wird, ob auch ein Bällchen zum Vorschein kommt. Heute beim Erwachen habe ich mich recht zu Dir und dem lieben August gewünscht; nun kommt doch auch die Sehnsucht wieder. Ich habe aber große Hoffnung, daß Du und das Kind herkommen soll. Wenn die ›Natürliche Tochter‹ gegeben wird, so soll Becker einen expressen Boten an den Professor Gentz schicken; der will herkommen. Da sollst Du auch Nachricht davon haben und könntest mit herkommen; und wenn Du nicht hier bleiben wolltest, so ließt Du mir den Gustel da, damit ich doch etwas hätte. Denn itzo reut es mich sehr, daß ich ihn nicht mitgenommen habe. Die Meerweiblichkeit ist itzo[3] da, [da] habe ich noch nicht baden können. Sobald es aber vorbei ist, so will ich anfangen. Hier wird es

---

1 aller haten.
2 100 und 06.
3 jo.

wohl schön werden, wenn ich wieder fort muß, denn Bade-Gäste wollen sich noch gar nicht sehen lassen. Den Herrn Canzler habe ich gesprochen und diesen Brief an den Hofkammerrath von ihm erhalten; es liegt gewiß auch einer an Dich drin. Diesen Brief erhältst Du durch Treutern; aber der Bote gehet auch den Dienstag, und da schreibe mir ja auch ein paar Worte. Leb wohl und gedenke mein. Ich denke recht oft an Dich.

Heute war bei uns zu Tische Herr Grüner, Ehlers, die Madame Beck. Nach dem gingen wir in die Komödie; es wurde das ›Schreibe-Pult‹ gegeben. Mir war es beinahe nicht zum aushalten. Die Einnahme war 95 Thaler. Nach der Komödie wurden wir zu einem kleinen Bällchen eingeladen. Wir gingen hin, und es war recht artig. Besonders waren die Herrn Offiziere sehr artig, besonders ein Graf von Oertzen[1]. Meine Pferdchen machen nur so viel Aufsehens; ich muß Dir noch herzlich danken, daß Du sie mir mitgegeben hast.

Montag, 20., waren wir wieder in Merseburg und haben in der Kirche und auf dem Schlosse sehr schöne Sachen von Lukas Cranach [gesehen], welche Du, wenn Du herkömmst, sehen mußt.

Ehlers läßt Dich bitten: ob es der Herr Hofrath Schiller wegen der Frei-Exemplare auch bei Herrn Cotta besorget hätte.

Leb recht wohl und gedenke mein. Viele tausend Grüße an meinen lieben August.

[Beilage]

An diesem erfreulichen Tage
begrüßen recht freundlich wir dich!
Wirf von dir die größte Plage
sei in Procentchen recht glücklich;

1 Erzen.

nimm hin dieß kleine Gedichte —
es ist zwar eine curiose Geschichte,
daß wir es wagen zu meditiren,
denn du verstehst leider mehr als multipliciren.

Käme es nur von da drüben herüber,
es hilfe dir am Ende wohl gar vors Fieber;
jetzt aber mußt du dich begnügen,
sollt es auch nach Stümpern riechen.
Wir setzten die Worte gern recht scharmant,
wenn uns nur kämen die Musen zur Hand;
käm eine nur her, sich zu baden,
so wär uns gleich gerathen.

Genug, es muß dein Herz schon rühren,
wenn wir nur die Feder führen,
das sind wir überzeugt,
drum wirds uns auch so leicht.
So wünschen wir dir Glücks die Menge
in die Ferne, in die Breite und in die Länge;
wir wünschen dir zu sein recht froh
unter Palästen und Hütten von Stroh.
Nun aber müssen wir schließen,
um deine Augen zu schonen,
denn Thränen sehen wir fließen,
und dieß schon kann uns lohnen.

352. *Goethe*

Mit dem schlechten Wetter müßt ihr freilich Geduld haben
und sehen, wie ihr euch in Sälen und sonst unterhaltet;
dagegen kann es bald recht schön werden, und ich sehe gern,
wenn Du so lange dort bleibst, als Dirs gefällt. Im Hause

vermissen wir Dich sehr, und Ernestine wird für Sorgen schon ganz mager, auch muß ich manchmal ein neu Gemüs oder sonst was zukaufen, weil das Ausgesetzte nicht reichen will. Das ist aber eigentlich ein Spaß, und August ist sehr thätig bei dieser Gelegenheit. Er wird Dir selbst schreiben. Wir kommen fast nicht voneinander, und er ist gar unterhaltend und artig. Nach Lauchstädt möchte er gar zu gern. Vor allem will ich Schillers Reise abwarten und dann auch an die meinige denken. Jetzt arbeite ich an dem kleinen Stücke und will sehen, wie weit ich komme. Fahre nur fort, mir täglich zu schreiben, wenn es auch nur wenig ist. Mir macht es viel Vergnügen, zu vernehmen, wie Du Deine Zeit hinbringst. Lebe wohl und gedenke mein. Ich liebe Dich herzlich.

Weimar, den 21. Juni 1803.   G.

Ehlers soll wegen seiner Exemplare unbesorgt sein. Grüße alles.

353. *Christiane*

[Lauchstädt, 20./26. Juni 1803.]
Alleweile komm ich aus ›Marie Stuart‹, welches ganz vortrefflich vorgestellt wurde. Die Jagemann hat so noch nicht gespielt, auch Cordemann und alle. Die Herrn Offiziere haben fast alle geweint. Herr Grimmer hat als französischer Gesandter sich sehr gut producirt und hat eine recht angenehme Sprache. Seine Figur ist noch besser als Haide; er wird aber auch schon recht beneidet. Die Einnahme war 192 Thaler[1].

Wenn nur mehr Bade-Gäste hier wären, daß es auch mehr

1 Dieser Satz ist am oberen Rand der Seite nachgetragen und die Zahl 192 aus 122 geändert.

zu tanzen gäbe. Heute sind wieder 4 Wagen voll gekommen, aber Alte. In Deinem Logis wohnt ein Sächsischer Offizier, der uns auch sehr die Cur machen will. Wir haben manchen Spaß mit ihm, so auch mit Graf Oertzen.

Dienstag, den 21., waren wir in Halle. Wir brachten Schwaben dahin, und Ehlers nahmen wir mit, weil Becker immer nicht von der Miller wegkam. Wir aßen im ›Goldnen Löwen‹ und gingen nach Tische zu Niemeyers, wo wir sehr gut aufgenommen wurden. Ehlers und die Silie sangen, und wir kamen spät zurück.

Den Mittewoch, den 22., wie ich frühe aufwachte, war ich sehr krank und wußte nicht, wovon. Ich hielt mich im Bette und curirte mich nach meiner Art mit Portwein. Und heute, den 23., frühe habe ich mir von dem Italiener einen Sardellensalat holen lassen, und bin wieder ganz wohl. Um 3 Uhr kamen Niemeyers zu mir; ich setzete ihnen eine Bouteille Wein vor, und alsdann gingen wir zusammen in die Loge J. Es war ›Die Fremde aus Andros‹; es wurde sehr gut gegeben, besonders gefiel Niemeyern Oels und die Silie, und Becker und Ehlers konnte man gar nicht erkennen[1]. Es gefiel auch, aber nicht allgemein; und das war Schuld, glaube ich, daß es Niemeyer nicht verschwiegen hatte, daß es von ihm sei, denn es war hier und in Halle schon allgemein bekannt. Und wie wir hinkamen, so hatte ich es gar noch nicht erwähnt, so fing er gleich davon an; und bei der Aufführung war fast nur sein Pädagogium[2] da. Er meinte aber, es müsse noch einmal gegeben werden. Die Einnahme war 61 Thaler. Wir speisten im Salon und waren sehr vergnügt. Alsdann ging ich[3] zu Hause, und auf dem Wege kamen Cotta und Hain zu mir und sagt[en] mir, daß sie schon 2 Mal zu Hause bei mir gewesen wären, es wär Gesellschaft bei Sangusto, die Silie

1 zu Erkenn.
2 Prädgoim.
3 Zuerst gingen wir.

wär auch da. Ich ging hin und hörte wieder allerlei Meinung, welche ich Dir in Schlampamps-Stündchen alles mittheilen will.

Freitag, den 24.

Heut frühe um 5 Uhr höre ich[1] und bekomme Deinen Brief, wo ich mich freue, aber auch betrübe, wenn nicht alles so geht, als ich wünschte. Wenn Du auch, Lieber, Ernestine etwas geben mußt, ich will schon alles wieder in das Gleise bringen, wenn ich wiederkomme. Sei nur ja nicht verdrüßlich darüber.

Heute frühe fuhren wir spazieren; da freuen mich nur immer die Pferdchen, und allemal danke ich in Gedanken Dir, daß Du sie mir hier gelassen hast. Ich bin wieder recht wohl und sehr vergnügt. Heute war es in der Allee sehr zahlreich. Es sind wieder Bade-Gäste gekommen, und es wird schon wieder besser werden. Sehr viel Offiziere sind da. Heute haben sie uns wieder einen von Berlin vorgestellt, von den Gensd'armes. Ein Herr von Nostitz, der mit seinem Vater da ist, so was Großes habe ich noch nicht gesehen. Und da er sahe, daß er bewundert wurde, brachte ihn seine Eitelkeit dahin, daß er Schärpe, Kartusche und alles umhing, um sich zu zeigen. Und mit solchen Späßen vertreiben wir uns die Zeit. Abends war eine große Gesellschaft in der Eisbude, wo wir recht vergnügt waren.

Sonnabend, den 24. [25.]

Itzo kommen auch Kirschen die Menge. Auch habe ich hier allerlei bei dem Italiener entdeckt: Lachs, Hamburger Rindfleisch, Zungen. Wenn Du herkommst, so können wir uns allerlei mitnehmen. Morgen ist der große Ball in Halle, wo der August dabei war.

1 Folgen zwei unleserliche Wörter Deß Seiht wahrt.

Heute nach Tische ging ich in die Allee und fand auch
2 Hallenser, die vorm Jahr da waren, und die Bekanntschaften wurden erneuert. Und es wurden viele Bälle versprochen. Es war der Herr von Spiegel und der Herr von Eichen-
berg. Und von morgen verspricht man sich viel. Auch habe
ich Madame Grey [?] gesprochen und ihre Tochter, welche
sehr artig war. Die heutige Vorstellung war die ›Offene
Fehde‹ und ›Scherz und Ernst‹; beide Vorstellungen gefielen
sehr, besonders die Jagemann in letzterm. Die Einnahme
war 126 [Thaler]. Nach der Komödie gingen wir in Salon,
auch wurde zum ersten Mal getanzet[1]; und speisten da und
waren besonders lustig, und da man weiter nichts zu thun
hat, so kann man sich Mühe geben, gut zu sprechen und
vorher allerlei zu überlegen. Weil man schon allenfalls weiß,
mit wem man in Gesellschaft kommt, so geht es mir itzo
recht gut vom Munde, und ich muß oft der Silie mit durchhelfen. Besonders die Herren Offiziere machen uns viel zu
schaffen; sie sind aber sehr artig, und wir haben manchen
Spaß.

Wenn nur nicht alles so theuer wäre! und ich hätte 14
Tage später kommen sollen, denn nunmehro geht der rechte
Spuk erst an. Morgen frühe gebe ich meinen guten Freundinnen eine Chocolade in der Allee. Da werden freilich auch
einige Äuglichen sich mit einschleichen. Es ist ein prächtiges Leben; wenn Du nur auch hier wärst und Dich noch so
mitfreuen könntest! ich bin sehr glücklich, und so glücklich
machst Du, Lieber, mich! Ich kann Dir nicht genug dafür
danken. Heute sind wieder 5 Familien Badegäste angekommen, worunter auch 2 hübsche Juden-Mädchen sind. Ich
freue mich nur, daß ich Hoffnung habe durch Deinen letzten Brief, Dich auch hier zu sehn, und wenn es nur 8 Tage
wären. Lustig bin [ich], wie Du nicht glauben kannst, und

---

1 Die Worte auch bis getanzet nachträglich zwischengeschrieben.

solche Einfälle, als ich hier habe, kommt mir kein einziger in Weimar in die Gedanken.

Sonntag, den 26. Heute frühe wurden wir und eine ganze Gesellschaft von den Herren Bode und Hain zu einem Frühstück bei Sangusto eingeladen, wo wir bei einigen Sardellen-Salaten recht vergnügt waren und bis 1 Uhr da zubrachten, alsdann aßen und nach Tische spazieren fuhren. Alsdann ging es in die Allee, wo es recht voll war; besonders viele Offiziere von Querfurt waren da, worunter auch der junge Böhme [?] aus Weimar war, mit dem ich auch getanzt habe. Es wurde gespielt ›Der Herbsttag‹. Die Einnahme war 117 Thaler. Wir speisten im Salon, alsdann war ein sehr artiger Ball, wo ich einen rechten artigen Menschen aus Breslau[1] habe kennen lernen, so ein Äuglichen von der ganz jungen Art. Aber er spricht sehr gut und unterhält mich immer, wenn die Silie zu thun hat, sehr gut. Nach Giebichenstein kann ich gar nicht kommen, weil die Silie und Ehlers immer zu thun haben. Aber auf den Freitag ist es fest beschlossen. Gesprochen habe ich sie hier schon vor der Komödie in ›Maria Stuart‹.

Leb wohl, und sei ja nicht böse, wenn es auch zu Hause nicht so geht als sonst. Wenn wir wieder zusammen sind, wollen wir auch wieder recht vergnügt sein. Sollte Ernestine kein Geld mehr haben, so gib ihr etwas, ich will es alsdann ins Buch schreiben, wenn ich zurückkomme. Leb wohl! Gedenke mein, Lieber und Liebstes auf der Welt.

[*Beilage:* Christiane an August, Lauchstädt, 26. Juni 1803.]

Lieber August, itzo gibt es Kirschen und alles hier, nur teuer ist es. Es wird aber alles noch besser, ehr Du kömmst. Die Herren Hallenser freun sich sehr auf Dich. Du mußt

---

1 Brauslau.

aber ja Dein Stammbuch nicht vergessen, denn darauf wartet man sehr. Auch sehr schöne grüne Mützen sind hier zu
haben von allerlei Façon. Wir wollen recht vergnügt sein,
wenn wir uns wiedersehen. Leb wohl und stehe Deinem
Vater immer bei und führe Dich überhaupt gut auf. Leb
wohl, lieber Junge.

354. *Goethe*

Du bist recht lieb und gut, daß Du so viel schreibst, fahre nur
fort, denn es macht mir viel Vergnügen, auch im Einzelnen
zu wissen, wie Dirs geht. Bleibe nur in Lauchstädt, so lange
Du Lust hast; auf alle Fälle sehe ich gern, wenn Du Dich den
ganzen Monat Juli dort aufhältst, denn ich habe eine wichtige Arbeit vorgenommen, wobei mir die Einsamkeit wohl-
tut, ob ich mich gleich oft genug nach Dir sehne. Bin ich
damit zu Stande, so komme ich, Dich abzuholen, das mir
auch gut sein wird.

Im Hause läßt sichs auch besser an, und da der Herzog
wieder hier ist, werde ich öfter nach Hofe geladen; manchmal bin ich in Tiefurt, und da ich öfters reite, so vermisse ich
die Pferde auch nicht. Sei also nur froh und außer Sorgen.

August hält sich sehr brav und bleibt gern bei mir, auch
gehen wir oft zusammen spazieren.

Der guten Mutter ist eine große Freude begegnet, wie Du
aus beiliegendem Blatt sehn kannst. Zeige das Blatt niemand, ob Du gleich das Allgemeine der Geschichte erzählen
kannst.

August grüßt. Er hat das Heumachen besorgt, gehauen ist
es und wird, bei dem schönen Wetter, auch wohl glücklich
hereinkommen. Lebe tausendmal wohl.

Weimar, den 28. Juni 1803.   G.

Ich mache den Brief wieder auf, um noch einiges hinzuzufügen.

Bis den 14. Juli, wo das Gut übergeben wird und Reimann
zahlt, muß ich auf alle Fälle hier bleiben, weil bei so einer
Gelegenheit doch mancherlei vorfällt.

Schreibe nur wie bisher hübsch ausführlich und umständlich, wie es Dir geht.

Ich werde wohl auch auf einige Tage hinüber nach Jena
gehen.

Wenn Du Geld brauchst, kannst Du Dir das Nöthige vom
Cassier geben lassen.

Auf den Sonnabend geht Professor Gentz nach Lauchstädt, durch welchen Du ein paar Worte erhalten sollst.

Grüße alles und besonders auch, was von Halle und
Giebichenstein kommt.

355. *Goethe*

Da sich eine Gelegenheit findet, Dir zu schreiben, so sage ich
Dir nur, daß ich heute nach Jena gehe, wohin ich freilich
hätte schon früher gehen sollen. Es wird Zeit, daß die
Taschenbücher in Ordnung kommen. Ich werde das Kind
mitnehmen und nicht lange drüben bleiben.

Heute, Sonntag, wird es wohl sehr brillant bei euch sein.
Herr Hofrath von Schiller ist nun auch dort, und ich wünsche Dir viel Vergnügen.

Was Du mir mit dem Boten schreibst, gib den Wöchnern,
daß es an Herrn Hofkammer-Rath eingepackt wird; dieser
schickt es mir gleich nach Jena.

Zwölf Bouteillen Wein hast Du erhalten, ich will sehen,
ob ich Dir bei dieser Gelegenheit noch 6 andre mit fortschaf-
fen kann.

Lebe wohl, gedenke mein! Ich liebe Dich herzlich und

verlange sehr, Dich wieder zu besitzen. Weimar, den 3. Juli
1803.   Goethe.

356. *Christiane*

[Lauchstädt, 27. Juni bis 4. Juli 1803.]
Montag, den 27. Es wurde die ›Turandot‹ gegeben. Die
Einnahme war 82 Thaler. Nach der Komödie gingen wir
nach Hause zu Tische, und alsdann noch in die Allee. Wir
müssen auf unsrer Hut sein, man will uns unsre Äuglichen
und Curmacher wegkapern, den Oertzen und Stüscken [?];
wir wollen nur erst sehen, daß wir etwas Anders kriegen und
etwas Besseres, alsdann kann sie die Jagemann bekommen.
Es ist recht lustig, wie man da keine Barmherzigkeit mit
einander hat; das macht mir viel Spaß, und ich habe Dir
allerhand lustige Streiche zu erzählen.

Dienstag, 28., gingen wir frühe in die Allee, Ehlers und
der Herr von Firks gingen mit uns. Von [da] gingen wir in
das große Haus vom Kirchhof gegenüber, wo eine neue
Wirthschaft angelegt ist, und wo man sehr gut essen soll,
und wo wir nächstens auch essen wollen. Man kann sich da
seine Gesellschaft aussuchen und kann da recht gut essen.
Das wär da so was vor Dich und Schiller. Nach Tische fuhren
wir nach Delitz[1], um den König und die Königin zu sehen.
Sie spannten da aus, und ich [habe] beide recht nahe gesehen. Der König grüßte mich und die Silie sehr freundlich.
Die Jagemann ging zur Königin an Wagen, aber die Königin
war nicht sehr gnädig. Graf Oertzen reicht' ihr Erfrischungen; die nahm sie an. Der Herr von Nostitz und die andern
Offiziere traten an den Wagen, und da wurde sie etwas
freundlicher.

Itzo sind wir zurückgekommen. Und in dem neuen Hôtel

---

1 Debeles.

sind recht schöne Logis, wo die Zimmer in Garten gehen. Es ist aber nichts schöner, als Abends unter dem Zelte, etwa eine Gesellschaft von 16 Personen, da ist es gerade recht.

Alleweile, Abends um 10 Uhr, kommen wir von Sangusto, wovon ich Dir mündlich erzählen will. Heb nur das auf; wenn ich zu Dir komme und es wieder durchlese, so erinnre ich mich nachhero wieder an alles.

Mittewoch, den 29., frühe gingen wir in die Allee, und zu unsrer Lust sehen wir, daß wir wohl einen von unsern Begleitern loswerden werden; das macht uns aber Spaß, denn nun kommt wieder etwas Andres. Und die Jagemann muß doch auch etwas haben. Es war Probe von ›Iphigenie‹[1]. Da habe ich sehr viel mit Haide gesprochen, an das Du mich auch erinnern mußt. Nach Tische ging ich die Allee, und mein schwarzköpfichtes Breslauerchen war da. Wir gingen in die Loge. Und die Offiziere hatten mit der Jagemann bei Demski gespeist und waren alle molum; der Herr von Deinel [?] wollte in unsre Loge. Der Cassir aber sagte, die Loge wär mein, wen ich [nicht] mitnähme, der könnte nicht hinein; und so wurden wir ihn los. Es wurde ›*Die Schachmaschine*‹ gegeben, und die Einnahme war 66 Thaler.

Nach der Komödie speisten wir unter dem Zelte in Demskis Garten; die Madame Beck und die Götzen war mit, auch Bode und Hain, und es war eine bürgerliche Gesellschaft. Es waren auch ein paar artige Studenten dabei, und es war recht hübsch; auch haben wir etwas getanzet.

Donnerstag, den 30. Juli [Juni], frühe hatte ich mit meinem Putz zu thun und alles wieder in Ordnung zu bringen. Alsdann gingen wir in die Allee, und es wurde eine Fahrt nach Naumburg für morgen besprochen; mit mir fährt Silie und Ehlers und seine Frau und Becker und die Miller

1 Efigenige.

und die Teller, die Jagemann, ihre Schwester und Graf Oertzen.

Alleweile bekam ich Deinen Brief und bin vor Freude außer mir, und der guten Mutter Brief hat mir auch große Freude gemacht. Wie ich Dir für alles Gute danken will, weiß ich gar nicht. Du machst mich sehr glücklich. Mit meinem Gelde will ich wohl noch reichen. Aber nur wegen der Pferde ist nur 3 Wochen gesorget, aber es macht etwa gegen Weimar die Woche nur 2 Thaler Unterschied, und das verdienen sie hundertfach. Und Du, mein Lieber, gibst es gerne. Denn freilich nun wird es erst recht schön und lustig.

Freitag, den 1. Juli, fuhren wir um 2 Uhr Morgens nach Naumburg. Die Fahrt war so, wie ich Dir sie beschrieben habe; nur zu Pferde war Hain und Bode mit uns. Um 7 Uhr kamen wir dann an und um 8 Uhr gingen wir zur Matiegzek, die ganz außer sich vor Freuden war. Alsdann frühestückten wir zusammen auf dem Keller, wo viele Juden kamen; es wurde sich aber sehr tugendhaft betragen und nichts gekauft. Alsdann gingen [wir] wieder zur Matiegzek und holten die ab und speisten auf einem sehr brillanten Kaffee-Hause, wo es mir sehr viel Vergnügen machte, denn es wurden hier ganz ›Die Theatralischen Abenteuer‹ aufgeführt. Der Director machte der Matiegzek die Cur und so weiter; welches für uns auch eine gute Unterhaltung gibt.

Alsdann gingen wir in [den] Bürger-Garten, wo ich auch ein recht spaßhaftes Abenteuer hatte, indem ich von einem sehr artigen jungen Berliner ein rechtes spaßhaftes Abenteuer hatte, der mich vor eine Weimarische Schauspielerin hielte; wovon ich allerlei erzählen will. Aber Ehlers hatte mir den Spaß ohne seinen Willen verdorben, und es wurde sehr gelacht. Alsdann gingen wir in [die] Komödie, wo ›Die Hussiten‹ aufgeführt wurden. Ein schlechtes Stück unter aller Kritik aufführen zu sehen, das ist schrecklich. Nach der

Komödie um 11 Uhr fuhren wir zurück, und um 4 waren wir zu Hause.

Sonnabend, den 2. Juli, schliefen wir bis 1 Uhr Mittags, schliefen wir bis 1 Uhr! Ist das erlaubt? wirst Du sagen. Aber auch 2 Nächte nicht geschlafen!

Es kamen Fremde von Leipzig, die Silie kannte; ich mußte mich putzen und mit in die Allee gehen. Alsdann ging ich allein [in] die Komödie; es wurde ›Wallensteins Lager‹ gegeben und ›Der Stammbaum‹, die Einnahme war 148 Thaler. In die Loge zu mir kam Herr von Nostiz, der große Offizier, und ladete mich zu dem Ball ein. Ich tanz[t]e die erste Ecossaise mit ihm vor. Aber, mein Gott, wie schön tanzte der! ich habe selbst noch nicht so schön getanzet. Alles sahe uns zu, und es wurde auch mit ihr [?] getanzet. Dieses schreibe ich noch, als ich um 1 Uhr vom Balle komme. Das war ein Tänzer! so habe ich noch mit keinem getanzet. Ich habe aber auch 6 Tänze mit ihm getanzt.

Vor der Komödie kam Schiller und der Professor Gentz. Ich habe von beiden den Wein erhalten und danke Dir herzlich dafür. Das ist wieder ein Beweis Deiner großen Liebe, wie sehr Du an mich denkest. Wenn ich Dir nur auch so viel Gutes erzeigen könnte! Aber lieben thue ich Dich immer mehr und unaussprechlich. Daß Schiller hier ist, gibet gleich ein anderes Leben. Nur wünschet man auch Dich; wenn Dir es möglich ist, komm ja. Und von Dir soll es ganz allein abhängen, wenn ich kommen soll. Sehr schöne ist es hier; es sind noch mehr Bade-Gäste hier, und man ist noch artiger als voriges Jahr gegen mich. Das macht aber auch der Bediente, Kutscher und die schönen Pferde.

Sonntag, den 3. Juli, habe [ich] in der Allee ein Déjeuner[1] gegeben, den Leipzigern und denen, die hier artig gegen mich sind. Es waren 18 Personen. Der Karl und der Kutscher

---

1 theschene.

mußten aufwarten. Es war sehr artig und anständig. Auch habe ich Schiller gesprochen. Ich sollte mit im Salon speisen, aber es war zu brillant, und ich war nicht darauf eingerichtet. Die Jagemann kam aber in ihrem ganzen Schmuck; so geputzt habe ich sie in Weimar nicht gesehen. Ich zog mich ganz simpel an, aber schön; that nichts von Ketten und gar nichts um, ging die Allee und wurde gleich auf den Abend zu dem Ball eingeladen und wurde auch zugleich auf 10 Tänze engagirt. ›Die Braut von Messina‹ war, und die Einnahme war 248 Thaler. Es war aber nicht im Theater auszuhalten vor Gluth; ich ging heraus und kam kaum bis am Salon, als ein großes Gewitter kam. Ich habe mit Schiller an Einem Tische gesessen, und wir waren sehr vergnügt. Nach Tische wurde getanzet, und ich habe dem Herrn von Nostitz seinen Vater kennen lernen, er ist Oberforstmeister hier; auch die Gräfin Schulenburg und Comtesse. Und es hat mich etwas von dem Herrn von Nostitz sehr gefreut, das ich Dir mündlich erzähle. Das ist einmal eine Ausnahme von einem gewöhnlichen Offizier. Gestern habe ich nur einmal mit ihm getanzet, aber fast wieder alles sah es. Auch war mein Schwarzköpfchen und Herr von Spiegel [da] und viele Bekannte. Denn ich habe mehr Bekanntschaft als voriges Jahr. Kurz, es gefällt mir höllisch, und Du hast mich sehr glücklich gemacht. Und wenn Du noch hierher kommst, so bin ich ganz glücklich. Auch nach dem August sehne ich mich recht. Manchmal denke ich mir aber doch, daß [ich] Dir vielleicht nöthig bin. Bei Zahlung des Geldes da wirst viel zu thun haben, und ich wäre Dir doch wohl nützlich. Schreibe mir darüber; ich möchte Dir gerne auch beistehen.

Schiller logiert auf dem Kohl-Hofe. Nach dem Balle brachten sie ihm ein Vivat mit Trompeten und Pauken.

Schreibe mir nur aufrichtig, wie es in der Haushaltung geht, und sei nicht verdrüßlich, und denke nur, wie glücklich und vergnügt Du mich machst. Leb wohl und denke mein. Deine Gesundheit wird oft im Salon getrunken. Morgen will ich nach Giebichenstein fahren und übermorgen baden. Adieu, mein Liebstes.

Geist soll Karlen noch ein Schreibebuch machen und mitschicken.

357. *Goethe*

Gegenwärtiges schreibe ich Dir aus Jena und hoffe, es soll noch durch Dürrschmidt zu Dir gelangen. Hierher mußte ich gehen wegen des Drucks der Taschenbücher, wobei, wenn sie artig werden sollen, gar manches beobachtet werden muß. Besonders machen die Noten von Ehlers manches zu schaffen; ich denke indessen, daß auch diese Hefte artig werden sollen. Grüß ihn von mir.

August setzt sich nun in die Lenzischen Stunden und beschäftigt sich sonst den Tag über, auf diese und jene Weise, daß er mir nicht zur Last fällt.

Mit meinem Vornehmen und Unternehmen komme ich auch etwas weiter, und die übrigen Dinge gehen so ganz leidlich.

Höchst erfreulich war mirs, daß Herr Hofrath von Schiller sich entschloß, nach Lauchstädt zu gehen, und ich verlange sehr, zu hören, wie es Sonnabend, Sonntag und Montag ergangen ist.

Ob ich komme, weiß ich nicht. Laß Dich aber dadurch nicht irre machen und bleibe, so lange es Dir gefällt. Gefällt es Dir nicht mehr, so laß einspannen und fahre nach Hause.

Grüße die Wöchner! auch wer sonst, auf eine heitere Weise, ins Ganze des Geschäftes eingreift. Ich wollte, sie hätten alle Lust an dem, was sie thun, weil sonst ohnehin dabei weiter nichts herauskommt.

Fahre nur ja fort, Dein Tagebuch zu führen, damit ich mir vorstellen kann, wie Dirs geht. Jena, am 5. Juli 1803.   G.

358. *Goethe*

Gestern habe ich Deinen Brief erhalten, der mir viel Vergnügen macht. Fahre ja so fort, mir täglich zu schreiben, was Dir begegnet, wir lesen alsdann zusammen das Tagebuch, und manches fällt Dir dabei wieder ein. Ich will versuchen, diesen Brief auf die Post zu schicken, und bin neugierig, wann er in Deine Hände kommt.

Mit den Äugelchen geht es, merke ich, ein wenig stark, nimm Dich nur in Acht, daß keine Augen daraus werden. Nach Deiner Beschreibung muß es jetzt sehr artig in Lauchstädt sein; und da Du leicht in die Nachbarschaft fahren kannst, so gibt es doch auch Abwechslung genug. Genieße das alles mit frohem Herzen. Mit der Geldzahlung habe ich gar keine Plage, es geschieht nur in meiner Gegenwart, Berechnung und alles machen übrigens Stichling und Kirchner.

Seit einigen Tagen bin ich in Jena, wo auch die Sachen ganz gut gehen. Geheimer Rath Hufeland von Berlin ist hier, da sind Abends große Thees und dergleichen.

Meine Arbeiten rücken vor, und ich denke Sonnabend wieder hinüber zu gehen, und mit dem nächsten Boten hörst Du mehr von mir.

Wie sehr von Herzen ich Dich liebe, fühle ich erst recht, da ich mich an Deiner Freude und Zufriedenheit erfreuen kann.

Durch Ludecus und Demoiselle Probst hast Du wieder einigen Wein erhalten. Bei nächster Gelegenheit will ich sehen, Dir noch etwas hinzuschaffen.

Grüße Herrn Hofrath Schiller! Ich wünsche, daß er sich wie Du in Lauchstädt gefalle und lange dort bleibe.

Auch die Silie grüße schönstens. Lebe wohl und liebe mich und gedenke mein, wie ich mit Sehnsucht an Dich denke. August ist mit hier und beträgt sich sehr artig. Jena, Donnerstag, den 7. Juli 1803. Bemerke ja, wenn Du diesen Brief erhältst. Möge er Dich zur guten Stunde treffen.   G.

359. *Christiane*

[Lauchstädt, 4./10. Juli 1803.]
Montag [4. Juli] Abends.

›Die natürliche Tochter‹ hat sehr gefallen und allgemein, aber man wünschte sie nur noch einmal zu sehen. Sie haben auch alle recht gut gespielt, besonders Graff und die Miller haben besser als in Weimar gespielt. Und man wünschte nur, daß Du hier sein möchtest. Niemeyers waren bei mir in der Loge. Und ich[1] ging mit der Silie in Salon. Niemeyers waren von dem Prinz Eugen eingeladen in Salon und die Jagemann und Schiller und mehre. Es gefiel uns nicht recht bei Tische, und wir wollten nach Hause. Da kam Hain, Bode und der Herr von Wangenhein und ein Geheimer [Rath] Schmalz aus Königsberg. Und wir mußten mit zu Sangusto gehen, wo wir noch Sardellen-Salat und Wein verzehrten; und es wurden sehr viel Anekdoten von dem König und der Königin erzählet, und wir waren recht vergnügt. Auch wurde das von der guten Mutter mit dem Halsband erzählt; es steht gewiß in der Zeitung. Als wir aber so da saßen, kam Niemeyer und seine Frau, die Jagemann, eine Menge Offiziere, der Prinz, Schiller und eine ganze Gesellschaft. Niemeyers kamen und sagten mir, daß die Mara in Halle singen wird, und ich sollte doch nüberkommen; und alsdann so gingen sie weg, und ich habe es versprochen. Die große Gesellschaft wurde sehr

---

1 Nach gestrichenem nach Tische.

lustig, es wurde das Reiterlied und »Ein freies Leben« gesungen und dabei sehr viel Champagner getrunken. Ich sprach lange mit dem Herrn Hofrath Schiller; und als die Herren Offiziere zu lustig wurden, so gingen wir mit unserer Gesellschaft weg und fuhren noch bei Mondenschein auf dem Kahn. Das hat mir sehr gefallen. Sehr oft dachte ich aber: wenn nur der gute Schatz auch dabei wär! Der Geheime Rath war auch ein rechter lustiger Mann. Die Einnahme in der ›Natürlichen Tochter‹ war 209[1].

Dienstag, den 5. Wein habe ich erhalten 6 von dem Herrn Professor Gentz, 6 von Herrn Hofrath Schiller, 6 vom Stallmeister Müller und 3 [von] Mademoiselle Probst, wofür ich Dir den besten Dank sage. Man gibt mir Schuld, ich brauche eine Weincur; es ist aber auch zu viel. Von dem bessern sollst Du, wenn Du kömmst, noch finden. Heut frühe blieb ich zu Hause, um allerlei in Ordnung zu bringen. Nach Tische kam ein sehr großes Gewitter. Die Wetter sind sehr stark hier. Unter der ›Braut von Messina‹ kame so ein heftiges Gewitter, daß allen angst und bange wurde. Ich hatte mich aber bei Zeiten heraus und [in den] Salon geflüchtet. Dienstag Abends speisten wir bei Demski unter dem Zelte, wo es recht angenehm und unterhaltend war. Der Herr von Nostitz hat uns sehr gut unterhalten, denn der gehört nicht zu den lärmenden und platten Offizieren. Leb wohl und behalte mich lieb. Denn hier unter allen denen ist kein Mann wie Du; wenn man sie näher kennt, kann man sie alle nicht achten. Lustig aber bin ich sehr und habe Dir sehr viel zu erzählen.

Mittewoch, den 6. Heute[2] frühe war ich bei Mamsell Probst. Nach Tische fuhren wir spazieren und wollten uns Tauben [?] holen, bekamen aber keine. Erdbeer-Kalte-Schaale mache ich mir sehr oft. Wenn man gar nichts hat, ist

---

1 Geändert aus 299.
2 Über gestrichenem Gestern.

das das Allerbeste. Nach Tische gingen wir in die Allee und wurden vom Graf Oertzen und von Herrn von Nostitz und von dem Lieutenant Stümler auf morgen frühe zu einem Frühstück und zu einem kleinen Manöver[1], das sie machen wollen, eingeladen. Es soll bei Bündorf[2] sein; da wollen wir hinfahren. Ich freu mich, es zu sehn. Wer 3 Hiebe bekömmt, ist gefangen und muß bei der Zurückkunft 3 Bouteillen Champagner geben. Und wer in das Kornfeld reitet, der ist ersoffen. Also wollen wir sehen, wie es abläuft. Es ist schade, daß morgen die Jagemann weggehet; sie sagte aber, sie käme wieder. Heute wollte man vor gewiß sagen, Du kämest nicht; das hat mich den ganzen Tag verstimmt. Schiller scheint sich aber hier gut zu amüsiren. Heute frühe fuhren sie auf dem Kahn, und Bode wurde auf dem Entenhäuschen ausgesetzt, und alsdann schickte man die Wache, ihn abzuholen, und es ging nicht. Da fuhr Schiller allein hin und holte ihn. Alsdann fuhren wir auch. Abends gingen wir in das Theater, ich nahm Mamsell Probst mit. Die Einnahme war 73. Es wurde ›Die Verwandtschaften‹ von Kotzebue gegeben. Und dießmal gingen wir zeitig zum ersten Mal zu Bette. Trotz den vielen Vergnügen aber fällt mir sehr oft ein, daß ich nun schon lange hier bin, und daß es Dir doch auch viel kostet. Darum bitte ich Dich, wenn Du wieder von Jena zurück bist, so schreibe mir, ob Du noch Lust hast, zu kommen. Denn ich weiß wohl, daß es Dir keinen Spaß macht hier. Sobald Du mir dieß ordentlich schreibst, so komm ich auch gleich. Denn mit dem Kutscher und allem ist es doch ein bißchen zu stark, daß ich die Ausgabe allein mache. Ich weiß wohl, daß Du sehr gut bist und mir alles gerne gönnest; aber mir ist es selbst nicht recht und habe Vergnügen genug gehabt. Sei also ja so gut und schreibe mir. Denn wenn Du nicht kömmst, so denke ich etwa so gegen

1 man meber.
2 Bienendorf.

den 20. abzureisen, und da wird es wohl recht sein. Schreibe mir ja darüber Deine Meinung.

Donnerstag, den 7. Juli. Alleweile kommen wir von dem Feldzuge, und ich habe mich sehr amüsirt, es war prächtig, es hat mir außerordentlich gefallen; so etwas habe ich noch nicht gesehen. Eine Partie hatte grüne Büsche und eine weiße Binde, das waren die Schweden; eine Partie Wagen und Reiter waren auf der, die andern auf der andern Seite. Ich war bei den grünen Büschen, Schiller war neutral[1]. Gefangen ist keiner worden, und unsere Partie ist verrathen worden, und es hat keiner gesiegt. Mir war nur bange vor unsern Pferden wegen des Schießen, denn es wurde höllisch geschossen. Es wurde unter einer Brücke mit Flinten geschossen, um und neben uns; erst machten die Pferde ein bißchen Spectakel, aber sie gaben sich bald nachher. Wie es vorbei war, so ritten die andern alle in Ordnung herein und Schiller mit; wir fuhren nach, und übern Marcht und nach dem Kohl-Hof. Auf einmal kamen die Reiter zurück, und gleich dicht neben unserm Wagen stürzte der Herr von Deinel [?][2], daß ich sehr erschrocken bin. Es hat ihm aber nichts gethan, es ist gut abgegangen; nur Nostitz ist etwas an der Hand blessirt. Und um 11 Uhr kamen wir zurück und frühstückten bei Sangusto. Wir wurden auch zu Mittag in Salon eingeladen, aber wir gingen nicht hin, weil es doch nun ein bißchen zu lustig werden wird. Aber Schiller ist bei allem. Den übrigen Tag blieben wir zu Hause; auf den Abend ging ich in das Theater, mit Mamsell Probst, und habe mich sehr ernsthaft mit Herrn von Nostitz unterhalten. Welches ich Dir mündlich erzählen will. Die Herrn hier sind gegen mich und die Silie außerordentlich höflich und artig. Man muß sich aber nur von Anfang in eine Art von Respect setzen, und das haben wir gethan. Die Mamsell Probst hat

1 Neuderall.
2 Diennnel.

sich recht über uns gewundert, aber auch gefreut. Es ist uns noch nichts Unangenehmes begegnet; aber andern ist schon mancherlei geschehn. Es wurden ›Die Brüder‹ und ›Der Hausverkauf‹, beides sehr gut, gegeben. Die Einnahme war 78 Thaler. Nach der Komödie speisten wir im Salon und waren sehr vergnügt. Morgen ist der erste Thé dansant; wir sind alleweile von dem Herrn von Lietwitz [?][1] eingeladen, gehen aber nicht hin. Wir wollen nach Giebichenstein.

Freitag, den 8. Heut frühe war ich in der Allee und habe etwas zu dem Mitbringen vor die Mägde eingekauft, und unser Schwarzköpfchen[2]   . Wir gingen zusammen spazieren, es ist ein sehr artiger junger Mann. Nach Tische fuhren wir, ich, die Silie und Ehlers, nach Giebichenstein und wurden sehr freundlich aufgenommen. Und ich muß sagen, es hat mir sehr gefallen. Seine Frau hat mir, wie sie ist, sehr gefallen. Im Garten ist es sehr hübsch; ganz oben, wo man auf einer Seite Halle sieht und auf der andern Seite die Felsen und die Saale, da ist es ganz himmlisch. Da, an der Mauer, ist eine Bank gemacht und heißt Goethens Bank. Und nun etwas von den Mädchens. Die ältste ist sehr betrübt, ihr Bräutigam ist in Italien gestorben. Die Lottchen wird den 14. Juli mit ihrem Bräutigam verheirathet. Julichen ihren Bräutigam habe ich auch kennen lernen. Die hübsche Dicke weiß ich nicht, wie sie heißt, aber sie läßt Dich recht schön grüßen und verspricht, wenn Du hinkämst, keinen Thee mehr zu trinken.

Ich mache noch allen Hoffnung, daß Du kämst, aber aus Deinem gestrigen Briefe sehe ich wohl, daß Du nicht kommen wirst. Und quälen will ich Dich auch nicht. Und wenn es nur nicht gleich so viel kostete, so hätten wir sollen, wenn Du gekommen wärst, über Dessau und Wörlitz nach Hause gehen.

1 lietwiez.
2 Folgt ein unleserliches Wort (etwa weinsalte, reinholte, einholte).

Und weißmachen thue ich noch allen, daß Du kämst, denn es thäte[1] dem Ganzen Schaden. Hätte ich Deinen itzigen Brief ehr erhalten, so wär ich itzo abgereist. Aber Du schriebest mir, ich sollte diesen ganzen Monat hier bleiben, und da habe ich die Pferde wieder bis zu dem 26. Juli veraccordirt. Siehest Du aber lieber, ich kam, so will [ich] auch sehen, wie sich es machen läßt. Schön ist es freilich erst seit 8 Tagen. Aber ein paar Carolin werde ich mir wohl noch geben lassen müssen von dem Cassir, sonst komme ich mit meinem Gelde nicht aus. Denn den Karl und den Kutscher habe ich freilich auch, und alles ist theuer. Aber wie ich alles eingerichtet habe, wirst Du gewiß mit mir zufrieden sein. Ich habe hier für das sehr viel gemacht und habe mir auch allerlei gekauft.

Sonnabend, den 9. Heute frühe sind sehr viel Weimaraner gekommen, Hennig, Linker, Grein [?] und Schmidt, Seyffarth, Treuter und Gille. In 8 Tagen bringt Gille Marianne als Frau hierher. Die Madame Giese [?] aus Leipzig ist auch heute auf 14 Tage angekommen. Die 14 Tage wird es noch schön werden. Aber den 26. komm ich gewiß.

Heute frühe wurde der Putz vor morgen zugerichtet; denn itzo muß man gut erscheinen. Es sind sehr viel Comtessen hier, die recht herausgeputzt sind.

Nach Tische gingen wir in die Allee und trafen da alle Weimaraner an; wir gingen zu Sangusto und blieben da bis zur Komödie. Es war ›Das Mädchen von Marienburg‹, welches mir noch nicht so gefallen hat. Die Maaß hat dießmal sehr schön gespielt. Die Einnahme war 84 Thaler. Nach der Komödie speisten wir im Salon, und es war sehr voll; nach Tische war Ball. Auf dem Ball kam der Herr von Nostitz zu mir und der Silie und ladete uns Montag nach der Komödie zu einem Soupé ein; er sagte, Herr Hofrath von Schiller wär

1 Stähde.

auch dabei. Und morgen Mittag sind wir von den Weimaranern zu Tische geladen, und auf den Dienstag will ich bei mir die Herren, die uns hier allerlei Vergnügen gemacht, zu Mittag einladen. Der Silie ihre Mutter macht mir alles sehr billig, und wir haben uns schon allerhand dazu eingekauft. Enten, die füttern wir schon lange selbst.

10. [Juli], Sonntag. Heute wird es sehr voll; und frühe wollen wir den Herrn Hofrath besuchen, um zu hören, ob es wahr ist, daß er fort will. Ich kann mir gar nicht vorstellen, wie es hier jemand nicht gefallen kann. Wenn ich reich wär, so ging' ich alle Jahr hierher; mir ist es, als finge ich erst an zu leben. Und im Stillen danke ich Dir, Lieber, immer dafür und bitte Gott, daß er Dir für diese Güte wieder allerlei Gutes erzeigen möchte; denn ich weiß sehr gut, daß es kein anderer Mann thät. Du sollst mich aber auch noch in der Ewigkeit dankbar finden.

Mittag waren wir im Salon sehr lustig. Wir speisten im Salon und mit dem Herrn Hofrath Schiller an einem kleinen runden Tische, wo es mir sehr gefallen hat. Aber Herr Hofrath will fort, weil er hört, daß Du nicht kömmst. Deinen Brief habe ich unter [der] Komödie erhalten Sonntag um 7 Uhr. Dieser Brief hat mich sehr glücklich gemacht! Wie Du gibt es keinen Mann in der ganzen Welt. Und wegen der Augen kannst Du ganz außer Sorge sein; aber Äuglichen gibt es, daß man sich nicht zu retten weiß. Heute Abend ist Ball, und ich bin schon 10 Tänze engagirt. Leb wohl, ich muß schließen. Behalte mich nur so lieb wie ich, Dein Dich ewig liebender Schatz.

360. *Christiane*

Was mir Dein lieber Brief gestern vor Freuden gemacht hat,
kann ich Dir gar nicht beschreiben. Und Genast hat ihn
schon zu Mittag gehabt. Der Cassir sagt' mir, Genast hätte
einen Brief, der wäre mir commandirt, und alles nichts [?],
ich ging gleich auf das Theater und ließ mir ihn geben, ging
gleich zu Hause und schrieb noch ein paar Worte dazu. Du
wirst ihn durch Schmidt erhalten. Es wurde ›Der argwöhnische Liebhaber‹ gegeben. Die Einnahme war 202 Thaler.
Becker und Haide wurden herausgerufen. Nach der Komödie speisten wir im Salon, wo ich mit einer Fräulein von
Biedersee Bekanntschaft macht und mit mehren Damen, die
ich noch werde alle kennen lernen. Überhaupt, man ist hier
sehr artig gegen mich; ich kann sagen, man ist artiger gegen
mich als gegen andere Leute. – Mich hat es sehr gefreut, daß
so viel Weimarer hier sind, die dieses alles mit ansehen. Der
Ball war so schön, als ich hier noch einen erlebt habe; es
waren gewiß 100 Frauenzimmer und meistens lauter Fräulein und Comtessen, und ich habe alles getanzet, was getanzet worden. Ich weiß auch gar nicht, wie es dieß Jahr ist, das
Tanzen wird mir so leicht, ich fliege nur so, und vergnügt bin
ich immer sehr. Schöne Mädchen sind dieß Jahr hier; die
Fräulein von Biedersee ist ein liebenswürdiges Kind.

Madame Grey [?] hat auch sehr nach Dir gefragt; auch
alle Studenten fragen nach Dir. Ich sage allen, Du kämst
noch. Der Kanzler ist auch sehr betrübt, daß Du nicht
kömmst; er hat es gewiß von dem Herrn Hofrath erfahren.
Ich sagt ihm aber, daß ich noch etwas Hoffnung hätte, Dich
hier zu sehen.

Heute ist ›Die Jungfrau von Orléans‹, und es wird unmenschlich voll werden. Nach der Komödie haben uns die

Herren Offiziere und Herr Hofrath Schiller zu einem Soupé und Ball bei Chryselius eingeladen. Morgen sollst Du auch erfahren, wie es da war. Das Baden habe ich mehre Tage ausgesetzt, denn bei dem vielen Tanzen will es doch nicht recht gehn; aber Mittewoch, so soll es wieder angehn. Ich komm mir schon viel schmäler vor; ob es wahr ist oder Einbildung, weiß [ich] nicht. Aber schön ist es hier, immer kommen noch Bade-Gäste an, und wird noch immer mehr bestellt. Wenn Du nur nicht verdrüßlich wirst, wenn ich noch 14 Tage hier bleibe. Wenn ich freilich gewußt hätte, daß ich so lange hier bleibe, so hätte ich die Pferde wieder zurückgeschickt; aber so sieht es freilich stattlicher aus. Heute will ich wieder ein bißchen ausfahren. Zu erzählen habe ich Dir gewiß auf ein ganzes Jahr. Mein Breslauer Äuglichen hat sich so stattlich herausgeputzt, daß es sehr gut aussieht, und tanzen thut es auch sehr gut. Genug, die Weimaraner waren erstaunt.

Aber es muß immer aus Einer Zerstreuung in die andere gehn; sonst, wenn ich zu Hause bin, habe ich manchmal den Gedanken, Du willst morgen anspannen lassen und fort reisen, denn nach Dir sehne ich mich sehr, auch nach dem Kinde, und an die Garten- und Haushaltung darf ich gar nicht denken, so werde ich doch ängstlich. Schreibe es mir ja, wie es geht, und sage doch der Ernestine, sie soll ein Loos das Jahrmarkt von Töpferwaare nehmen. Nun gingen wir in die Allee, von da in die Probe von der ›Jungfrau‹, wo es sehr lustig war. Wie aber der Zug soll zusammenkommen, weiß ich noch nicht; die Wöchner sind noch ganz untröstlich. Ich sollte auch der Silie ihren Bräutigam machen, aber ich habe mich schön bedankt; denn wenn so was herauskäme, ich ließ' mich nicht wieder sehn. Ich werde mich heute recht schön in [die] Loge setzen, denn Niemeyers haben[1] es mir sagen lassen, daß sie kommen werden. Unter [der] Probe

1 Über gestrichenem werden.

haben wir bei Sangusto gefrühstücket, und es war sehr artig. Es ist nur so hübsch, daß, wenn man so eine Weile mit denen Menschen bekannt ist, daß man so allerlei an ihnen kennen lernt. Ich habe dießmal sehr viel wieder erfahren, und es ist das Beste: man denket, ich weiß alles schon. Es wird Dir gewiß Freude machen, wenn ich wiederkomme und Dir alles erzähle. Ich freue mich auch recht herzlich auf den Tag, wo wir uns wiedersehen. Auf heute Abend bin ich sehr neugierig. Und morgen ist schon auch der ganze Tag versagt. Morgen frühe sind wir vom Schiller [?] und Herrn von Firks und mehren Damen zu Frühstück eingeladen; morgen Mittag ist Gesellschaft bei mir, morgend Abend sind wir zu Thé dansant eingeladen, und zum Abendessen bei Demski, wo unter einem großen Zelte gespeiset wird. Nun, Lieber, lebe wohl. Und heut und morgen will ich und die Silie Deine Gesundheit im Stillen trinken; sowie[1] sich letztere auch in Deine Gnade empfehlen läßt. August grüße herzlich, und er soll mir schreiben, was ich ihm mitbringen soll. Leb wohl.

361. *Christiane*

[Lauchstädt, 12. und 13.Juli 1803.]
Dienstag, den 12., frühe um ½23 Uhr. Alleweile komme ich von dem Soupé und Balle, wo es sehr artig war, und wovon ich Dir allerlei zu erzählen habe. Von dem Herrn Hofrath hat es mich sehr gefreut, daß er sich bei Tische zu uns setzete, denn es waren sehr viel lustige Offiziere da, die sich aber alle sehr gut benommen haben. Es wurde auch sehr viel getanzet. In der ›Jungfrau‹ war es sehr voll. Die Einnahme war 358 Thaler. Die Miller wurde rausgerufen, und alles war zufrieden. Auch hat die Miller eine sehr schöne goldene Kette auf das Theater geschickt gekriegt.

1 Nach gestrichenem letz[tere].

Heute frühe gingen wir in die Allee, denn ich mußte mir Schuhe kaufen, weil sie alle durchgetanzt sind. Alsdann hatten wir zu Tische Bode, Hain, das Schwarzköpfchen und den Cassir, denn mit diesem [1] dürfen wir es doch auch nicht ganz verderben. Nach Tische gingen wir in die Allee, wo uns Herr von Nostitz und mehrere erwarteten und uns zum Thé dansant führten, wo es sehr schön war, und wo ich alles getanzet habe, was getanzt worden war, und wo ich auf der Stelle die neuen Schuhe durchgetanzt habe. Itzo habe ich 3 Tage hintereinander getanzet, und nun bin ich erst recht dabei. Gestern, habe ich nachher erfahren, hatte sich ein Graf vorgenommen, mich mit einer Quadrille recht müde zu machen, denn es wurde sehr rasch getanzet. Aber ich ward nicht einmal müde; und man spricht hier sehr viel von mir wegen des Tanzen, und ich glaube, die Comtessen haben mitunter doch eine kleine Bosheit auf mich, lassen sich aber nichts merken.

Nach dem Ball mußte[2] ich mich aber ganz umziehn, denn ich war wie aus dem Bade gezogen. Karl brachte mir aber gleich[3] mein Schälechen, und ich zog mich warm an und ging zu Demski, wo folgende Gesellschaft war: Madame Beck, Maaß mit ihrer Tochter, ich, die Silie und [4] Götz, von Herrn: Bode, Hain, das Schwarzköpfchen und noch 2 artige Studenten, der Cassir, der Doctor Stoll. Und der Herr Hofrath Schiller hatte auch kommen wollen, war aber auf dem Sopha eingeschlafen und kam nicht. Auch war ein Polacke[5] da, der eine sehr schöne Stimme hat; der spielte auf der Guitarre und sang, und wir waren alle sehr vergnügt.

1 Schembjuden (?) (vgl. S. 174, 232).
2 muß.
3 Gichl.
4 Nach gestrichenem mit Ihrer.
5 Nach gestrichenem Bolle.

Mittewoch, den 13. Heute frühe muß [ich] alles wieder, was zu[1] am Zeug war, in Ordnung bringen, denn ein Staat ist hier, und da muß man doch auch nur sehen, daß man ein bißchen reinlich aussieht. Es ist gut, daß Du nicht hier bist, denn es sind 3 Putzhändlerinnen hier; und wenn Du hier wärst, so würde gewiß allerlei gekauft. Ach Gott, es sind gar zu schöne Sachen, ich sehe gar nicht hin. Doch trotz alle dem Putz tanze ich mehr als die überputzten Damen und bin sehr lustig. Wenn Du nicht kömmst, welches ich wohl glaube, so bleibt es dabei, daß ich Dienstag, den 26. Juli, nach dem Thé dansant abreise und Mittewoch, den 27., zu Mittag in Weimar bei Dir wieder bin, worauf ich mich sehr freue. Diesen Brief muß ich nun schließen, weil morgen der Herr Hofrath Schiller ihn mitnehmen will. Heute ist ›Der Hausfriede‹. Heute Morgen bin ich ausgefahren. Das vergess ich Dir immer zu schreiben; aber Du glaubst gar nicht, was so eine Equipage[2] und Bedienter vor einen Respect verschafft. Es macht mir mannichmal rechten Spaß. Wenn ich aber zu Hause komm, wirst Du mich sehr schmal finden, denn alles ist mir zu weit; es ist von dem vielen Tanzen und Baden. Ich befinde mich aber außerordentlich wohl dabei. Aber zu Dir sehne ich mich recht herzlich, und meine Erzählung wird Dir gewiß Freude machen. Ja viele Grüße an meinen lieben August! und wenn Rudolf Platz hat, so will ich ihm Kirschen mitschicken. Mit diesem Wagen könnte, wenn jemand dabei wäre, August mitkommen, aber allein ja nicht, denn da könnte er ein Unglück nehmen. Denn ich möchte doch jemand wiedersehen. Wenn Du es aber wärst, so wäre ich ganz glücklich. Leb wohl und behalt mich nur lieb und schreibe mir, ob Du 2 Briefe durch Schmidt, einen durch den Herrn von Hennig bekommen hast. Schreibe mir ja durch diesen Kutscher ein paar Worte. Leb wohl und gedenke mein. C. V.

1 Nach zu ist das Eigenschaftswort (etwa schlecht) von C. ausgelassen worden.
2 Eeckiebbassehe.

362. *Goethe*

[Weimar,] Dienstag, den 12. Juli 1803.

Erst heut erwarteten wir Deinen Brief, der uns desto größere Freude machte, als er schon gestern Abend unvermuthet ankam. Daß Dir alles glücklich von Statten geht, freut mich sehr, Du verdienst es aber auch, da Du Dich so klug und zierlich zu betragen weißt. Mache Dir wegen der Ausgaben kein Gewissen, ich gebe alles gern, und Du wirst zeitig genug in die Sorglichkeiten der Haushaltung zurückkehren. Sonnabend, den 16., werden die Kaufgelder bezahlt, da es denn hinterdrein manches zu bedenken und zu besorgen gibt. Aus dieser und andren Ursachen komme ich nicht nach Lauchstädt, wo ich ohnehin, außer Dir, nichts zu suchen habe.

Dir aber wollte ich rathen, nach Dessau zu fahren und etwa Demoiselle Probst mitzunehmen, damit Du dort auf eine anständige Weise erschienst. Schlösse sich noch andre Gesellschaft an, so wäre es auch schicklich. Doch das wirst Du schon selbst am besten einrichten. Du brauchst vier bis fünf Tage zu dieser Tour, wenn Du alles sehen und mit einiger Ruhe genießen willst, und so ginge Dir der Monat vergnügt hin. Die Kosten mußt Du nicht scheuen! Mein einziger Wunsch ist, daß Du heiter und liebend zurückkommst. Auf Deine Erzählungen freu ich mich sehr. Wenn ich es kann möglich machen, so schicke ich Dir Gusteln, damit[1] Du ihn nach Dessau mitnehmen kannst. Übrigens ist er gar artig und hat so auf die Lauchstädter Reise ziemlich Verzicht gethan.

---

1 Nach gestrichenem auf.

Mittwoch, den 13.

Deinen Brief von gestern habe ich heut nach Tische erhalten und freue mich, Dir immer zu folgen, wohin Du gehst, und aus Deinen Nachrichten zu sehen, daß es Dir recht gut geht.

Seit meiner Rückkunft von Jena greift sich die Köchin besonders an und kocht sehr gut. Die Bohnenstangen sind auch angekommen, die noch fehlten, das war das Einzige, was im Garten abging; und ich wüßte überhaupt nichts, was Dir Sorge zu machen brauchte.

Donnerstag, spät.

Herr Hofrath ist angekommen und hat mir Deinen Brief[1] gebracht. Ich freue mich Deiner Freude und schicke Dir Gegenwärtiges durch einen lieben Boten.

Er wird, hoffe ich, glücklich bei Dir eintreffen und Dir sagen, wie viel wir an dich gedacht haben. Dem Kutscher habe ich einen Kronenthaler mitgegeben, daß er für August unterwegs bezahlen soll; höre, was übrig geblieben ist, und gib dem Menschen ein gutes Trinkgeld. Auch erhältst Du noch 6 Bouteillen Wein.

Jetzt, da Du Augusten hast, besinne Dich nicht lange und fahre auf Dessau und wieder auf Lauchstädt zurück, bleibe noch etliche Tage und komme Ende des Monats wieder; so hast Du einen hübschen Genuß gehabt, und ich werde mich an Deiner Erzählung nachfreuen.

Schicke mir mit nächster Gelegenheit Deine letzten, neuen, schon durchgetanzten Schuhe, von denen Du mir schreibst, daß ich nur wieder etwas von Dir habe und an mein Herz drucken kann. Lebe wohl. Grüße Silien und danke ihr für ihren artigen Brief.

Schreibe mir so bald als möglich wieder.

Weimar, den 14. Juli 1803. G.

1 Aus deine Briefe.

Deine Briefe habe, wie Du siehst, sämmtlich erhalten.

Da Du mehrere Personen in Lauchstädt findest, welche in Dessau gewesen, so erkundige Dich nur nach der Art und Weise, wie man dort verfährt. Die Trinkgelder in Wörlitz, wo man an so viel Gärtner und Castellane zahlen muß, betragen vielleicht einen Carolin. Ein Lohnbedienter macht das gewöhnlich. Du mußt ja alles sehen. Lebe recht wohl und liebe mich.

363. *Christiane*

[Lauchstädt, 14/18. Juli 1803.]
Mittewoch wirst Du von dem Herrn Hofrath erfahren haben, wie die Komödie abgelaufen ist. Es war ›Der Hausfriede‹. Die Einnahme war 69 Thaler 12¹ Groschen. Ich befand mich wegen der Meerweiblichkeit nicht ganz wohl und hatte mich sogleich nach der Komödie ins Bette gelegt. Da kam die Frau Director Niemeyerin vor das Bette zu mir und ladete mich auf den Freitag zu Mittag nach Halle ein; und es half nichts, ich mußte es versprechen.

Donnerstag, den 14., hielte ich mich den ganzen Tag zu Haus. Die Vorstellung von ›Alarcos‹ war. Die Einnahme war 92 [Thaler]. Haide hat sehr gut gespielt und wurde rausgerufen; überhaupt hielt Haide und Graff das ganze Stück zusammen. Die Maaß hat abscheulich gespielt. Und eine kleine Partie hatte sich vorgenommen, zu pfeifen, aber die größere siegte mit applaudiren und bravorufen, und es wurde »Pereat Coubu!« und »Vivat Schlegel!« gerufen. Überhaupt, das war dieß Jahr der erste Lärm im Theater; denn gesungen ist noch gar nicht worden. Und ich muß sagen: die Hallenser sind brave Leute und echt biedere

---

1 Soll vielleicht 11 heißen.

Jungen. Freitag frühe, heute, um 7 Uhr fuhren wir nach Halle und um 9 Uhr waren wir da, ich, die Silie und Ehlers. Wir gingen zur Parade, wo Herr von Firks war, und der führte uns nach dem Berg-Garten, wo wir Herrn von Wangenheim antrafen. Wir frühstückten hier, und um 12 Uhr gingen wir zu Niemeyers, wo wir folgende Gesellschaft antrafen: den Lafontaine und seine Frau, den Historiker Voß [?] und Frau, einen Oberhofprediger aus Potsdam und Frau, den Oberhofprediger aus Halle und Frau, eine Nichte von Lafontaine; überhaupt waren es 22 Personen. Es waren auch noch einige junge Leute da, Verwandte von Niemeyer, worunter ein Dichter war, der mich gleich mit einem Exemplar von seinen Gedichten beschenkt hat.

Bei Tische war alles prächtig; ich saß bei Lafontaine und bei dem jungen Dichter und habe mich gut unterhalten. Von Lafontaine müssen wir aber mündlich viel sprechen. Nach Tische spielte Ehlers etwas, und alles war zufrieden. Auch waren wir im Garten. Und um 7 Uhr gingen wir in [den] Gasthof zurück. Aber als wir dahin kamen, kam ein schröckliches Gewitter, und der Kutscher hatte keinen Muth, zu fahren, denn es wurde mit einmal ganz dunkel, als wollte die Welt untergehn, und wir entschlossen uns, im Gasthof zu bleiben. Kaum hatte das der junge Dichter erfahren, so standen auch gleich einige Erfrischungen da, als: Erdbeere, Wein, Kirschen, Backwerk, Kuchen. Auch das Schwarzköpfchen kam. Wir speisten zusammen, und heut, Sonnabend 16., frühe fuhren wir weg und waren um 8 Uhr in Lauchstädt; und wie groß meine Freude war, als ich ankam und den lieben August antraf, kann ich Dir nicht beschreiben.

Ich ging gleich mit ihm in die Allee, kaufte ihm Schuh und grünes Mützchen, welches überhaupt getragen wird. Alles freute sich, ihn hier zu sehen; nur hat er sein Stammbuch vergessen und läßt seinen lieben Vater bitten, es ihm zu schicken. Es liegt im Bücher-Schranke, die Schlüsseln liegen in seinem Tischkasten. Denn nach Halle muß ich doch mit ihm, und auch nach Merseburg; aber nach Dessau wird es wohl nichts werden. Die Ursachen will ich Dir alle mündlich erklären, und Du wirst mir gewiß Recht geben. Die Sehnsucht nach Dir ist sehr groß; wär Gustel nicht hier, ich wär gestern schon abgereist. Aber da soll es dabei bleiben: Dienstag, den 26., nach dem Thé dansant fahren wir weg und sind Mittewoch bei Zeiten bei Dir. Worauf ich mich sehr freue, denn nun habe ich alles satt und genug.

Sonnabend Abend gingen wir nach der Komödie; es wurde ›Das Epigramm‹ von Kotzebue gegeben. Die Mamsell Maaß wurde krank und konnte die letzte Scene mit Haide nicht spielen. Aber Haide [hat] sich so gut und die andern mit extemporiren geholfen, daß man es gar nicht merkte. Weil es die letzte Scene, ward es gar nicht bemerkt. Und nach der Komödie war ich im Salon; so sagte mir Mamsell Jagemann, daß es nichts als Verstellung gewesen sei; sie hat sich früh über Haide geärgert, wo sie wegen des ›Alarcos‹ sprachen, welches ich gehört habe. Ich war dabei. Haide sagte ihr, sie solle doch in so einem Stücke nicht lachen, es störte im Spiel, und so weiter.

Es war auch Ball, und ich [habe] mich sehr amüsirt.

Sonntag, den 17., war ich mit August in der Allee, dann in der Probe, und alsdann frühstückten wir bei Sangusto mit dem Herrn von Spiegel. Wir wollten im Salon speisen, aber um 11 Uhr waren schon alle Plätze bestellet; und so voll ist es hier, vor[1] Abends haben itzo [viele] schon Plätze bestellet. Nach dem Soupé ist ein Feuerwerk. Abends um 1 Uhr. Alleweile komme ich vom Ball. Das Feuerwerk hat mich 16 Groschen gekostet, es war aber herzlich schlecht. Gespielt wurde ›Der Neffe als Onkel‹ und ›Wallensteins Lager‹. Beides ging sehr gut. Die Silie hat seit gestern Abend[2] der Maaß

1 Nach gestrichenem Abends.
2 Nachträglich über der Zeile.

ihre Rolle gelernt im ersten Stück. Die Einnahme war 250[1] [Thaler]. Nach der Komödie gingen wir mit August in [den] Salon und speisten da, alsdann zu dem Feuerwerk[2]; und nachher war Ball. Ich habe heute wieder sehr viel und alles getanzet; besonders mit 2 schönen Husarenoffizieren, die mich in Weimar gesehen haben wollen[3]. Auf der Redoute tanzten auch recht charmante. Aber es gefällt mir alles nicht mehr, ich möchte gern bei Dir sein, ich kann es fast vor Sehnsucht nicht aushalten.

Die Jagemann hat heute und gestern auch sehr viel getanzt. Ich habe Dir wohl nicht geschrieben, daß die Matiegzek mich hier besucht hat; aber Du wirst es wohl durch den Herrn Hofrath Schiller erfahren haben. Und heute habe ich erfahren, daß sie durchgegangen ist. Ihr Director suchte sie hier, sie ist aber nach Dresden. Mündlich hiervon sehr viel. Überhaupt, was ich die 5 Wochen Erfahrungen gemacht habe, die sind was werth. Wenn man nicht von Hause wegkommt, so ist man gar nichts werth. Ich kann Dir es niemals verdanken, daß Du dieß alles an mich wendest. Itzo schlaf wohl; es schlägt ½22 Uhr. Heute sind wir schon in Merseburg gewesen und haben dem Gustel alles zeigen lassen. Aber ich habe keinen einzigen Wunsch, als bei Dir zu sein. Und Mittewoch, den 27., Mittag sind wir zusammen. Leb wohl und behalte mich lieb.

364. *Christiane*

[Lauchstädt, 18. und 19. Juli 1803.]
Es waren den Montag ›Die Jäger‹. Die Einnahme 82 Thaler. Man will sie aber auch hier nicht mehr sehn; ich selbst konnt

---

1 Die Zahl ist nicht in der offen gelassenen Lücke, sondern am Rande nachgetragen mit Wiederholung des ganzen Satzes.

2 Die letzte Silbe ist ausgestrichen, offenbar weil Christiane das Wort orthographischer schreiben wollte, was aber unterblieb.

3 Aus wollten.

es nicht aushalten und mußte zuweilen rausgehen. Es war der junge Niemeyer, der Dichter, hier, und wir haben uns gut unterhalten. Überhaupt, den Hallensern lass ich nichts thun; so artig, wie sie sich im Allgemeinen gegen mich betragen, ist sehr hübsch. Wenn ich in [den] Salon komme, und es ist kein Platz mehr da, so stehen gleich 5 bis 6 auf und bieten mir ihre Plätze an, die ich aber nicht annehme.

Dienstag, den 19. Heut wollte ich lieber, daß es der 26. wär, so ging' es doch heute fort! Wenn ich nur erst wieder bei Dir bin, da bin ich doch allein ganz glücklich. Heute bin ich zu Thé dansant geladen und habe mir deßhalb ein neues Kleid machen lassen, weil [ich] gar nichts mehr anzuziehn habe. Ernestine wird sich, wenn ich ihr nichts mitbrächte, nicht über mich freuen, denn sie bekömmt schön zu thun. Ein schönes, weißes Kleid habe ich mir machen lassen, und das muß ich noch mit Spitzen garniren.

Gestern Abend habe ich [mich] mit dem Doctor Stoll sehr unterhalten; er hat mir recht gefallen in seiner Unterhaltung. Von diesem Gespräche habe ich Dir auch viel mitzutheilen; Du mußt mich nur daran erinnern, sonst vergesse ich eins mit dem andern. Schreibe mir ja, wenn ich kommen soll. Etwa ehr als den 27.? Denn wenn ich es August nicht zu Liebe thäte, so bliebe ich nicht hier.

Und schreibe mir doch, ob ich was vom Sangusto mitbringen soll, Lachs oder sonst etwas. Wenn ich nur bei Dir wäre! ich kann es gar nicht erwarten und zähle alle Tage. Leb wohl und gedenke mein, wie ich Dein gedenke.

Alleweile gehe ich mit August zu dem Thé dansant. Ich bin von dem Herrn von Spiegel eingeladen worden.

August läßt Dich herzlich grüßen.

365. *Goethe*

Ob ich Dir gleich alles Gute gönne und Dir mit August eine
Reise nach Dessau wohl gewünscht hätte, so ist es mir doch
auch sehr angenehm, daß Du früher zurückkommst, denn
freilich fehlst Du mir an allen Enden.

Mit der Gutsübergabe ist es recht artig und glatt gegangen. Kirchner (der Kammerconsulent) hat als Notarius sein
Hocuspocus recht ordentlich gemacht, am Schlusse ließ ich
etwas Kaltes aufsetzen. Das Geld schaffe ich wieder fort, und
durch eine Verbindung von Umständen komme ich mit den
Intressen sehr leidlich weg. Wenn Du zurückkommst, wollen wir unsern Haushalt recht schön ordnen und von alten
Sünden völlig reinigen.

Thue mir aber nun die Liebe und übertreib es diese letzte
Zeit nicht mit tanzen und schließe Deinen Aufenthalt mit
einem mäßigen Genuß. Grüße August. Ich erwarte Dich mit
herzlicher Sehnsucht.

Weimar, den 20. Juli 1803.   G.

366. *Christiane*

[Lauchstädt, 23. Juli 1803.]
Montag, den 18.[1], Abends waren ›Die Jäger‹, und die Einnahme war 80 [Thaler]. Die Adlichen fangen an, allerhand
dummes Zeug zu machen; man erzählt allerlei, was sie
gegen die Bürgerlichen haben. Ich selbst weiß nichts, gegen
mich sind sie alle artig. Es gibt auch grobe Bürgerliche, und
denen geschieht es recht.

Dienstag, den 19.[1], frühe haben wir eine Spazierfahrt
nach Schadendorf gemacht, und nach Tische gingen wir

---

1 Die Datumbezeichnung nachträglich über der Zeile.

zum Thé dansant, wo August auch den Hern von Nostiz kennen hat lernen; und August ist wegen seines Tanzens recht gelobt worden. Abends gab der Cassir, August zu Ehren, einen Punsch, und wir waren sehr vergnügt.

Mittewoch, der 20., ging stille hin, denn ich habe doch alles sonst satt. Es war ›Der Wildfang‹; die Einnahme war 64 [Thaler][1]. Donnerstag, den 21., war ich viel bei Mamsell Probst. August fing Insecten. Abends waren ›Die Räuber‹. Es waren wenig Studenten hier; sie stehen fast alle in Halle itzo unter der Zahlungs-Commission, darum sind dieses Jahr nicht so viel hier. Es wurde in altdeutscher Tracht gegeben, und das Lied wurde nicht gesungen. Aber als der Vorhang fiel von dem 4. Acte, wo es hätte sollt gesungen werden, so sangen es die Studenten; das war pächtig. Die Einnahme war 124 Thaler. Genast hat sich sehr betrübet. Freitag, den 22., war ich mit August in Halle, von wo ich Dir allerhand zu erzählen habe. Denn in Gedanken bin ich schon seit 8 Tagen immer bei Dir; ich habe hier keine Ruhe mehr, es gefällt mir auch nichts recht. Ich möchte immer fort, bloß dem Kinde zu Liebe bin ich noch so lange geblieben. Ich komme einen Tag ehr, als ich Dir geschrieben habe. Ich will Montag, den 25., Abends weg und bin Dienstag Mittag, wenn es nicht schlechtes Wetter wird, bei Dir. Laß uns etwas zu essen machen, denn auf dem Weg ist nicht viel zu haben. Den Dienstag ist wieder großer Ball und Concert, die Mara kommt. Deßhalb will ich Montag weg, sonst komm [ich] vor Donnerstag alsdann nicht weg, und es ist mit tanzen und äugeln just genug. Heut, den Sonnabend, ist ›Die Saalnixe‹, und es wird unmenschlich voll werden; und heute und morgen wird getanzt. Morgen ist der ›Herr von Hopfenkeim‹ und Montag ist ›Die Mohrin‹ und ›Der Bürgergeneral‹. Leb wohl. So

1 Der ganze letzte Satz nachträglich am oberen Seitenrande.

wie ich mich freue, Dich wiederzusehen, kann ich nicht ausdrücken. Ich bin schon seit mehren Tagen ganz bei Dir. Und Gustel aber, der ließ' sich es noch eine Weile gefallen. Aber es wird in allem genug. Die Ausgabe und alles, Deine Güte ist so groß gegen uns, daß ich gar nicht weiß, wie [ich] mich dankbar genug bezeugen soll. Sei doch so gut und sage es Ernestine auch, daß ich Dienstag Mittag komme.

Lebe wohl, mein Liebstes.

*

Tagebuch, 26. Juli: »Kamen die Meinigen von Lauchstädt.« – Vom 7. bis zum 11. August ist Goethe in Jena.

*

367. *Christiane* (und *August*)

Lieber Vater!
Ich freue mich sehr, daß Sie sich recht wohl befinden. Am Montage Abends um 6 Uhr kamen die Münzen an, worüber ich eine sehr große Freude hatte. Den Dienstag früh packte ich sie und legte sie alle in Kasten. Sie werden eine rechte große Freude über diese Münzen haben, weil eine große Menge Päpste darunter sind. Ich habe die Päpste von den andern Münzen getrennt, ich brauchte 10 Kasten, um sie gehörig auszubreiten. Kommen Sie den Donnerstag früh, weil Sie den Freitag mit den Schauspielern zu thun haben. Leben Sie wohl.

 Weimar, den 10. August 1803.   Aug. Goethe.

[Christianens Nachschrift]

Auch ich bin sehr erfreut, daß Du Dich wieder wohlbefindest; ich bin auch fleißig und vergnügt und freu mich, Dich so bald wiederzusehen. Heute Abend ist die Komödie bei Lievie [?][1], sie haben August auch ein Billett mit seinem Namen geschickt.

Leb wohl

und gedenke

mein

C. V.

*

Während eines Ausfluges, den Christiane mit ihrem Bruder nach Jena machte (17./22. August), wurden die folgenden beiden Briefe gewechselt.

*

368. *Christiane*

[Jena, 17./19. August 1803.]

Mittewoch, den 17., kamen wir frühe an, um 1 Uhr, und gingen gleich in den Garten des Herrn Göpfert, aßen zu Mittag da und gingen nach Tische mit dem Herrn Major spazieren, meinem Bruder und Herrn von Hartwig. Alsdann gingen wir wieder in [den] Garten und speisten da zu Abend. Donnerstag, den 18., früh um 6 Uhr fuhren wir nach Ziegenhain, frühstückten da und gingen auf den Fuchsthurm, wo es mir sehr gefallen hat. Zu Mittag speisten wir bei dem Herrn Major von Hendrich, gingen zusammen spazieren, und des Abends speisten wir auch da; und es ist bis itzo noch ganz stille zugegangen, und nichts zu tanzen. Der Herr Major läßt sich Dir bestens empfehlen und Dir zu wissen thun, daß gestern in Camburg eine Noth- und Hülfs-Conferenz wegen Halle gewesen sei. Heute, Freitag den 19., sind wir zu dem Frühstück zu meinem Bruder, wo ich alleweile schreibe; zu Mittag essen wir wieder im Garten. Alsdann

---

1 Könnte auch Bievie heißen sollen (oder Sylvie?).

wollen wir nach Burgau und Lobeda fahren und da Fische essen. Mein Bruder wird aber schon auch den Sonntag dafür sorgen, daß wir auch da nicht tanzen. Wir nehmen ihn aber auch nicht viel mit. Morgen wollen wir nach Dornburg bei Obstfelder.

Und Montag bin ich wieder bei Dir. Leb wohl und gedenke mein und grüße meinen lieben Gustel vielmal. Und Ernestinen lasse ich die Bohnen bestens empfehlen; auch soll sie zu der Frau Doctorin gehen und sagen, daß von Schmidts sich alles wohlbefindet. C. V.

369. *Goethe*

Hierbei ein Brief von Silien, die ihre Mutter verloren hat.

Damit Du aber siehst, daß es nicht gut ist, wenn man immer in der Welt herumfährt und gar nicht zu Hause bleiben kann, so vermelde ich Dir, daß gestern das Schwarzköpfchen hier gewesen ist und sich eine ganze Hand voll Haare ausgerissen hat, als er Dich nicht fand.

Lebe indessen wohl und vergnügt. Gustel grüßt.

Weimar, den 20. August 1803. G.

Herrn Major viele Empfehlungen und Dank für die Nachrichten.

*

In der ersten Septemberhälfte tritt eine wichtige Veränderung in Goethes Hause ein. Der Philologe Friedrich Wilhelm Riemer, ein Schlesier, der Hauslehrer bei Wilhelm v. Humboldt gewesen war, kommt nach Weimar und wird Augusts Lehrer bis zu dessen Abgang zur Universität. Etwa am 7. September schreibt Goethe über ihn an dessen ehemaligen Lehrer Friedrich August Wolf: »Herr Riemer, der mit Herrn Professor Fernow aus Rom gekommen, hat sich entschlossen, diesen Winter bei uns zu bleiben und besonders den Unterricht meines Knaben im Griechischen und Lateinischen über sich zu nehmen. Sie kennen den lebhaften Knaben und wissen, daß es mit seiner Kenntniß der alten Sprachen nicht sonderlich aussah, worüber ich zwar bisher manche Sorge hatte, dem Übel aber nicht abhelfen konnte. Nun glaube ich, geborgen zu sein und auch für mich persönlich nicht wenigen Vortheil von diesem Umgang zu haben.«

Am 1. November begibt Goethe sich für einige Tage nach Jena. Seine Briefe an Christiane aus dieser Zeit (das Tagebuch vermerkt deren drei, unterm 4., 6. und 8. November) sind nicht bekannt.

*

370. *Christiane*

[Weimar, 5. November 1803.]
Ich freu mich sehr zu hören, daß Du wohl bist. Wir sind auch gesund und froh wieder von Roßla zurückgekommen. Nur fand ich alle Hände voll zu thun, um meine Vorräthe vor dem Frost zu schützen, denn hier ist es schröcklich kalt, und heute Nacht hat es schon ein bißchen in meinem Gewölbe gefroren. Heut bin ich beschäftigt mit den Keller zu verwahren, damit ich diesen Winter meinem guten Schatz immer einen guten Trunk holen kann. Auf den Freitag ist Redoute und auf den Dienstag ein Ball bei der ›Harmonie‹. Das sind auch schöne Aussichten.

Der alte Wirsing hat sich von mir ausgebeten, ihn manchmal zu besuchen und jemand vom Theater mitzubringen. Ehlers hat ihm etwas vorgesungen und Grüner was vorerzählt, und er hat uns versichert, daß es, seit er weg war von uns, seine vergnügteste Zeit gewesen wär. Wolff und Grüner besuchen mich fleißig und sind auch recht fleißig, und sind

*8. Blick auf die Kirche von Ober-Roßla
nach einer Fotografie von Johann Gräf*

so gut und fragen nur immer, mit was sie Dir vielleicht eine Freude machen könnten. Wolff soll sehr schön in der ›Versöhnung‹ gespielt haben.

Weiter weiß ich nichts. Leb wohl.

Und behalte mich so lieb wie ich Dich.

[*Beilage:* August]

Lieber Vater!
Wir sind am Dienstage gut, aber sehr erfroren nach Rossel gekommen. Der alte Wirsing befand sich wieder besser, aber er war noch sehr schwach. Die Kirchmesse ist recht gut abgelaufen. Es passirte ein rechter Spaß, der Kammersecretär Scheibe nämlich ging auf die Jagd. Nach einiger Zeit hörten wir ein Geschrei, wir sprangen an die Fenster, welche in den Schloßgraben gehen und [sehen] den Herrn Kammersecretär und mehrere Leute einen Hasen verfolgen. Wir sprangen hierauf alle mit Stangen bewaffnet ihm nach und besetzten die Ausgänge. Einige jagten dem Hasen nach. Herr Grüner, welcher eine große Hopfenstange hatte, fiel in einen Graben, indem er nach dem Hasen schlug. Er stürzte gerade auf den Hasen, aber er entwischte doch. Über diesen Vorfall lachte der alte Wirsing ganz erschrecklich. Herr Riemer ist jetzt herüber gezogen, und es gefällt ihm recht gut. Leben Sie recht wohl.

Weimar, den 5. November 1803.　　　　August Goethe.

371. *Christiane*

[Weimar, 9. November 1803.]
Ich freu mich nur einzig, wenn Du Dich wohlbefindest; wir sind alsdenn lustig und guter Dinge. Von dem Doctor ist sehr viel angekommen: herrliche Bricken und eine schöne

Büchse Eingemachtes und ³/₁ halbe Eimer und ein Viertels-Eimer Wein. August hat ein bißchen Schulenkrankheit gehabt, es ist aber ganz wieder besser.

Grüner und Wolff waren vor Freuden bald außer sich, als ich ihnen von Deinem Briefe sagte; sie sagten, Du dürfest nur befehlen, ob sie Dich in Jena besuchen sollten. Sie wollten gleich zu Fuße gehen und nicht mal fahren. Wolff sagt mir oft, daß er gar nicht wisse, wie er Dir genug danken soll, und hat mir seine ganze Geschichte erzählt. Sie kommen beide alle Tage zu uns, und wir haben sie alle gerne; aber mir ist nun schon wieder bange vor den Leuten, weil Du nicht hier bist, und die kommen. Redoute ist nicht, erst über 8 Tage. ›Die deutschen Kleinstädter‹ haben, trotzdem daß alles so gut spielte, nicht gefallen. Die Baranius hat recht artig gespielt, und Becker hat jemand copirt, worüber Du gewiß lachen mußt. Ich freute mich recht, aber es wollte sich keine Hand rühren, und der Vorhang fiel ganz stille runter. Auch nicht bei dem amassiren[1] wurde applaudirt. Heut ist ›Der Lorbeerkranz‹. Wolff freut sich, daß er nur immer zu thun hat. Manchmal singen wir zusammen und sprechen eine ganze Stunde vom Tanzen; sie sind beide recht froh, daß sie in unser Haus kommen dürfen, weil sie nicht gern auf das Kaffee-Haus oder in andere Gesellschaften gehen mögen. Auch spielen sie gern mit August. Auch die Silie kommt mannichmal; aber ich glaube, es[2] ist ihr auch nicht recht, daß die Leute zu mir kommen. Man kann nicht allen recht thun. Ich bin vergnügt, habe meinen Schatz lieb und ganz allein lieb. Wenn Du wiederkommst, alsdenn wollen wir uns recht lieb haben und lustig sein. Leb wohl und denke an mich. Adieu, Lieber.

1 amagsiern.
2 Nach gestrichenem mir.

Lieber Vater!
Ich danke Ihnen für die schönen Weintrauben, welche Sie
uns geschickt haben. Sie haben mir, da ich ein wenig krank
war, sehr gut geschmeckt. Ich hatte nämlich einen bösen
Hals und Kopfschmerzen, welches jetzt beides sich fast ganz
gelegt hat. Herr Grüner hat mir, da ich im Bette liegen
mußte, viel aus der Campischen Reisebeschreibung vorgelesen und ist immer bei mir geblieben. Herr Wolff hat mich
auch besucht, es sind ein Paar recht gute Leute. Heute will
ich wieder recht fleißig sein und nachholen, was ich versäumt habe. Sein Sie so gütig und lassen Geisten noch einige
Zettel für den Herrn Riemer schreiben und schicken Sie sie
auf den Sonnabend herüber.

Weimar, den 9. November 1803.   A. Goethe.

*

Am 12. November von Jena zurückgekehrt, begibt Goethe
sich am 24. abermals und zwar für vier Wochen dahin. Leider
fehlen auch aus dieser Zeit alle seine Briefe an Christiane, an
die er nach dem Tagebuch siebenmal, am 25. November, 6.,
9., 13., 16., 19. und 20. Dezember geschrieben hat.

*

372. *Christiane*

[Weimar, 29. (?) November 1803.]
Es sind Kastanien von der Mutter und Märkische Rübchen
von Herrn Sander angekommen, wo ich Dir von beiden was
überschicke, wie auch Wein. Die Redoute war sehr brillant
und voll. Die Herren von Erfurt waren auch hier, haben sich
aber sehr artig benommen. Ich habe auch mit dem jungen
Wartensleben getanzet, und mit dem Herrn Wolff ist auch

sehr viel getanzet worden; kurz, es war sehr schön, und ich
bin ganz leicht [und] wohl. Bin aber sehr spät aufgestanden
und schreibe deßhalb[1] so wenig.

Leb wohl und gedenke mein.   C. V.

373. *Christiane*

[Weimar, 30. November 1803.]
Es geht mir auch ganz leidlich hier. Nach der Redoute
befand ich mich wieder recht leicht und wohl und bin es
auch noch; bin aber auch ein sehr starkes Meerweibchen. Ich
besorge meine kleine Wirthschaft, gehe aus und habe Besuch. Und so vergeht die Zeit. Herr Wolff hat heute im
›Portrait der Mutter‹ dem Haide seine Rolle übernehmen
müssen; der Hofkammerrath hat sie ihm geschickt. Du sollst
auf den Sonnabend erfahren, wie er gespielt hat. Er hat mich
darum gebeten, daß ich es Dir doch melden möchte. Die[2]
neue Rolle, Don Ranudo, hat ihn sehr glücklich gemacht.
Aber der Grüner hat diese Woche gar nichts zu thun, und
auch sich recht betrübt, daß er in allen den drei neuen
Stücken nichts zu thun hat. Er liest mir manchmal was vor,
nur, Du weißt, sitze ich nicht gerne lange stille. Keine
Akademie hat der Genast auch nicht gehalten. Sie wünschen
sehnlich, Dich bald wieder hier zu sehen. Auch ich habe es
doch lieber, wenn der gute Schatz zu Hause ist; da geht mir
alles besser von Statten. Das Wetter ist schändlich, und es ist
recht schön von Dir, daß Du mir die Pferde hier gelassen
hast. Es ist auch alles wieder gut geheilt. Empfehlen läßt
sich die kleine Brand, die große Silie

und Dein ganz kleines[3] Schätzchen.

---

1 Nach gestrichenem sehr.
2 Nach gestrichenem über.
3 Nach gestrichenem Schatz.

Lieber Vater!
Hier übersende ich Ihnen die Pinienkerne, welche Sie verlangt haben, und wünsche, daß sie gut aufgehen mögen. Wir
befinden uns hier alle recht wohl und wünschen, daß es
Ihnen auch recht wohl gehe. Es ist hier sehr schlechtes
Wetter; heute hat sich der Himmel wieder ein wenig aufge-
hellt, aber der Wind geht noch immer sehr stark. Ich habe
von dem Manne, der die Sandgrube hat, drei versteinerte
Knochen bekommen, worunter auch der Huf eines Hirsches
ist. Die andern beiden Stücke sind ein Gelenke und ein
Röhrknochen. Sein Sie doch so gütig und lassen Sie wieder
einige Zettel für den Herrn Riemer schreiben. Auf den
Zettel für den Sonnabend setzen Sie noch zwei Gallerie-
billets.

Leben Sie recht wohl.

Weimar, den 30. November 1803.   August Goethe.

374. *Christiane*

Daß Du Dich wohl befindest, ist mir das Liebste zu hören.
Wir sind auch lustig und wohl. Der Schnee[1] ist auf einmal
wieder verschwunden, aber der Bärenwirth hat doch gestern
gefahren. Wenn Du hier wärst, hätte ich gewiß auch fahren
müssen. Es ist alles vom Schlittenzug bereit. Gestern ist der
Herr von Spiegel wieder hier angekommen, und der Haide
hat ein großes Mittagessen gegeben, und auf den Abend hat
der Herr von Spiegel ein Soupé gegeben. Wolff war dabei,
und von dem werde ich das Nähere erfahren. Morgen ist in
Erfurt ›Die Jungfrau von Orleans‹, und die Jagemann und

---

1 Schnön.

viele von der Gesellschaft wollen hinüber. Und vielleicht fahre ich auch hin mit unsern Pferden. Doch ist es noch nicht gewiß, ich muß erst sehen, wie sich alles arrangirt. Die Madame Müller ist mit einem Sohn heute Nacht niedergekommen; Mittag will ich [sie] besuchen. Und ich bin wie immer Dein lustiger, zufriedener und glücklicher Schatz. Itzo stricke ich mir ein Netz zur Redoute am Freitag, worin ich wieder recht hupfen will, denn da bist Du wohl auch wieder bei mir. Ich freu mich, Dich bald wiederzusehen, denn alsdenn bin ich noch lustiger. Leb wohl und gedenke mein.

Weimar, den 3. December   V.

Galla [?] schicket alleweile her, ob ich das Glas nicht schicken wollte, und ich weiß nicht was vor eins. Sei so gut und schreibe mir was vor eins. Mit Erfurt wird es von meiner Seite wohl nichts werden.

[*Beilage:* August]

Lieber Vater!
Am Mittwoch früh war es hier noch sehr schlechtes Wetter, aber gegen Mittag war es auf der Straße ganz gefroren, und nach Tische war der Boden schon ganz weiß. Gestern sprach die Mutter über Tische immer vom Schlittenfahren, ich machte daher einen Spaß. Ich schlich mich nämlich vom Tische und ging in die Bedientenstube, ließ mir ein Schellengeläute holen und schellte zum Fenster hinaus. Dann ging ich wieder hinauf und fand sie alle an den Fenstern. Ich habe sie alle recht ausgelacht. Vergangene Nacht ist alles wieder aufgethauet. Leben Sie recht wohl. Weimar, den 2. December 1803.   August Goethe.

375. *Christiane*

[Weimar, 7. December 1803.]

Vors erste schicke ich Dir die Ducaten; in dem Beutel waren mit den doppelten 28 und in Papier 40. ›Hermann[1] und Dorothea‹ habe ich mit August gesucht und nicht gefunden; wir haben den ganzen Morgen beinahe gesucht, aber es ist nicht in der Schublade und auch nicht in dem ganzen Schreibetische. Besinne Dich, vielleicht hast Du es wo anders hin gethan. Unzelmann wollen wir den Sonntag auch mitbringen. Ich will schon sehen, wie ich alles arrangir; schreibe mir nur, wie viel ich Wein mitbringen soll. Heute schicke ich Dir 2 Steinwein und 4 Rothe. Sie freun sich alle sehr darauf, besonders Brand[2]. Grüner ist auch wieder sehr vergnügt, er hat einen Hauptmann in dem ›Hugo Grotius‹ bekommen. Wenn Du noch was wünschest, so kannst Du ja den Sonnabend noch schreiben. Itzo muß ich einpacken, der Bote kommt. Leb wohl.

[*Beilage:* August]

Lieber Vater!
Gestern war Ball beim Prinzen, und ich war auch dazu gebeten; es tanzten aber nicht nur Kinder, sondern auch sehr viel große Leute. Die Herzogin Mutter und die Herzogin Luise, der Herzog, der Graf Reuß mit seinen beiden Söhnen und Tochter, nebst sehr vielen Andern, welche theils spielten, theils tanzten; ich habe auch sehr viel getanzt. Hier ist wieder ein recht starker Schnee gefallen, und wir werden bald Schlitten fahren. Die Mutter hat mir gesagt, ich sollte Sie abholen, welches mich sehr gefreut hat. Sein Sie so gütig und schicken Sie mir die Jerichorose, welche an einem

1 Nach gestrichenem Die natür[liche Tochter?].
2 barmd.

Nagel an der Kammerthüre hängt. Leben Sie recht wohl. Weimar, den 7. November [December] 1803.

Herr Riemer läßt Sie auch vielmals grüßen.   A. Goethe.

376. *Christiane*

[Weimar, 9. December 1803.]
Ich hoffe, daß morgen alles zu Deinem Wunsche ausgehen soll. Nur habe ich durch Bitten mich bereden lassen, den Grimmer mitzubringen, weil er sich ganz unglücklich gefühlt, wenn mir ihn nicht mitgenommen hätten. Den Champagner schicke ich Dir durch den Boten, denn im Wagen könnte leicht eine zerspringen. 12 Bouteillen Rothen will ich in unserm Wagen mitbringen. Übrigens freun wir uns alle sehr, ich mich besonders. Verzeih mir, daß ich nicht mehr schreibe, ich bin noch von der Redoute ganz confus. Leb wohl. Mündlich ein Mehres.   C. V.

[*Beilage:* August]

Lieber Vater!
Gestern war hier Redoute, auf welcher die Mutter wieder sehr viel getanzt haben soll; ich bin aber zu Hause geblieben. Ich bin sehr über die beiden Briefe erfreut gewesen, welche Sie mir geschickt haben, auch danke ich Ihnen für die Jericho-Rose und den ausgestopften Vogel. Es freut mich sehr, daß Sie die Nachricht von der Reise zu Ihnen bestätigt haben. Heute früh habe ich alles an die Gesellschaft bestellt, und sie werden gewiß nichts vergessen. Leben Sie recht wohl. Weimar, den 9. December 1803.   A. Goethe.

*

Sonntag, den 11. Dezember, vermerkt das Tagebuch: »Früh Gesellschaft von Weimar [d. h. Christiane mit August, die Schauspieler Wolff, Grüner, Grimmer, der Opernsänger Brand und vielleicht noch Andere], wobei aus Jena die Herren Fernow, Frommann, Thibaut, Seidler und die Familie des letzten war.«

*

377. *Christiane*

[Weimar, 13. December 1803.]
Lieber, ich bitte Dich, ja nicht des Abends von Jena wegzufahren, sondern, wenn es sein muß, morgen frühe erst, denn wir haben Lebensgefahr ausgestanden bis nach Hohlstedt, und die Braunen waren ganz fertig. Da ist das Beste, daß Du lieber die 2 Thaler gibst, als daß den Pferden etwas geschehe. Schicke mir durch den Boten ja Antwort, ob Du morgen frühe kommst. Heute will ich tanzen und morgen frühe Dich recht freudig empfangen. Leb wohl.

*

Gleichzeitig übersendet Christianens Bruder einen Brief von Kirms an Goethe, der diesen im Auftrag des Herzogs dringend ersucht, sofort nach Weimar zu kommen, da Frau von Staël eintreffe; in Übereinstimmung mit Christianens Brief bemerkt Vulpius: »Meine Schwester wagt es nicht, Ihre Pferde anspannen zu lassen, da die letztere Fuhre denselben gar sehr zugesetzt haben soll, und es soll der Weg gar schlimm sein.« Goethe bleibt in Jena und bittet, gleichfalls am 13. Dezember, Schillern, ihn zu vertreten, »denn niemanden fällt bei dieser Gelegenheit der Taucher wohl ein als mir, und niemand begreift mich als Sie. Leiten Sie daher alles zum besten, . . . in diesem Wetter zu fahren, zu kommen, mich anzuziehen, bei Hof und in Societät zu sein, ist rein unmöglich.«

378. *Christiane*

[Weimar, 14. December 1803.]

Ich bin recht vergnügt und glücklich, daß ich wieder einmal
Deine Gedanken errathen habe. Der Herr Hofkammerrath
wollte mich übereilen, aber ich überlegte; und es ist ihm
gewiß nicht recht gewesen. Ich bekümmre mich aber um
niemand, wenn ich nur Dir recht thue. Unser gestriger Ball
ist gut abgegangen. Der Gustel hat auch brav mit getanzet,
liegt aber noch im Bette und wird dießmal wohl nur wenig
schreiben. Ich bin munter und wohl. Gestern auf dem Ball
habe ich einen jungen Menschen kennen lernen, den gewiß
die Frau von Staël[1] überall vorausschicket; er hießt sich
Doctor Cassel [?], er wird mir diesen Morgen seine Aufwartung machen, er scheint mir ein Franzose und ein Narr. Ich
habe im Saal einheizen lassen und habe Grüner und Wolff
gebeten, 11 Uhr da zu sein, denn was soll ich mit so einem
Narren allein machen? Diese Woche werden die Kleider von
Frankfurt gemacht, daß wenn Du wiederkommst, ich Dir
darin gefalle, und der Weihnachten und die Schüttchen
besorgt. Wenn Du bald wiederkömmst, so freu ich mich,
aber nur nicht so gehetzt, sondern mit Ruhe und Gemäch-
lichkeit. Da geht alles gut. Schone Dich ja in dieser Zeit,
denn Deine Kinder lieben Dich sehr.

Leb wohl und liebe mich wie ich Dich.

[*Beilage:* August]

Lieber Vater!

Gestern war ich schon sehr betrübt, als ich hörte, daß ich
nicht nach Jena reisen könnte, weil Sie herüber kämen. Jetzt
aber bin ich wieder froh, da ich weiß, daß Sie mich wollen
zu sich kommen lassen. Gestern war Ball auf dem Stadt-

1 Säll.

476

hause, bei welchem ich auch war. Die Mutter hat entsetzlich viel getanzt, und wir waren alle recht lustig. Am Montage war ich auf dem Eise und bin tüchtig gefahren. Herr Riemer empfiehlt sich Ihnen ergebenst.

Leben Sie recht wohl. Weimar, den 14. December 1803.

A. Goethe.

379. *Christiane*

Alleweile kommt der junge Herr von der Frau von Staël wieder zu mir im Namen der Frau von Staël, welche mich bitten läßt, ihr Nachricht zu geben, ob Du bald wieder zurückkämst, oder: ob sie besser thue, Dich in Jena zu besuchen. Ich habe wohlweislich geantwortet: Du würdest wohl bald wieder zurückkommen, wärst aber itzo sehr beschäftigt; aber bis Sonnabend könnte ich nähre Nachricht geben. Nun schreibe mir, was ich sagen soll. Der Hofmeister hat gleich Bekanntschaft mit dem Riemer machen wollen und hat gleich den August mit zu ihrem Sohn genommen; der ist wieder zurück und hat mir gesagt, daß er nicht viel Deutsch könne. Morgen frühe kommt der Hofmeister mit dem Sohn zu August, in seine Stube zu sehen. Nun bitte ich Dich nur, wie ich mich bei allem dem zu verhalten habe. Lebe recht wohl und denke an mich.

Weimar, den 15. December [1803].   C. V.

380. *Christiane*

[Weimar, 17. December 1803.]
Besorgen will ich Dir alles pünctlich und Dir auch morgen den Wagen schicken; aber freilich hätte ich lieber gesehen, wenn Du nun wieder hier wärst. Zu lange will es nicht

gehen, ich fange schon an, verdrüßlich und grämlich zu werden; die Ernestine sagte es gestern: sie wollte, Du wärst wieder hier, daß ich wieder freundlich würde. Wenn ich aber nur höre, daß es Dir gut geht, so will ich mich in alles finden. Sei aber so gut und schicke mir mit der Post oder erster Gelegenheit die Quittung von Deiner Besoldung; ich will die alte Rechnung abschließen. Und was ich noch auf das alte Buch bekomme, habe ich von dem Packet im Kasten genommen, und will mir ein neues Buch machen und von der Besoldung nehmen, was das Nöthigste ist, besonders das Geld zu dem Neuen Jahr, wo ich zu dem Packetmachen immer ein paar Nachmittage brauche. Und die Feiertage ist doch nicht viel Zeit dazu, dann ist August sein Geburtstag, wozu ich doch ein paar junge Leute bitten muß; den 2. Komödie, den 3. Redoute, und so weiter. Wenn Du die Feiertage, wie es scheint, nicht kommst, so schreib mir, ob ich Dir ein Schüttchen schicken soll. Auch schreibe mir, ob ich dem Riemer Geld geben soll und wie viel; er hat schon etwas weg von Dir, das könnte man abziehen, denn es scheint mir, als brauchte er es. Über dieses alles schreibe mir ausführlich, wie ich alles am besten machen soll. Ich möchte Dir gern immer alles recht machen und Dich mit nichts verdrüßlich machen. Herr von Stein hat mir 2 Assignationen[1] geschickt, wovon ich eine Dir schicken soll, und eine hab ich nach Schwansee geschickt. Ob Du aber das bis Mittewoch haben wirst, weiß ich doch nicht; ich will Dich nur darauf aufmerksam machen. Es ist auch ein Packet, wovon ich den Brief beilege, mit 300 Thalern an Werth angekommen. Soll ich dieß liegen lassen oder es Dir schicken? Die Pastete ist bestellt; und wenn Du sonst noch etwas willst, so kannst Du mir Mittewoch noch schreiben. Heute hätte ich auch das letzte Billet vor Riemer. Auch fängt es an, mit unserm

[1] Assichnassiang.

rothen Wein schlecht zu stehn; ob wir etwas verschreiben? sonst müssen wir ihn nachher gleich trinken.

Leb recht wohl und denke an Deinen Schatz.

Wegen des Geldes schreibe mir ja bald! es kommt das Weihnachtswesen und alles zusammen, und das möchte ich alles gern in Ordnung haben, ehe Du wiederkömmst. Dann könnten wir wieder recht vergnügt zusammen sein.

[*Beilage:* August]

Lieber Vater!

Ich betrübe mich sehr, daß ich nicht zu Ihnen hinüber kommen kann, denn ich sehne mich sehr nach Ihnen. Es ist hier sehr schönes Eis zum Schlittschuhfahren; aber ich muß darauf Verzicht thun, weil ich keine Schlittschuhe habe. Sagen Sie doch Geisten, daß er den Mann, welcher die Schlittschuhe macht, etwas treiben möchte, denn sonst bin ich genöthiget, mir ein Paar neue hier zu kaufen. Ich habe mir eine große Menge Zeisige gekauft, welche ich in einen Bauer gethan habe. Sie sind recht munter und singen sehr schön, es sind auch zwei Meerzeisige dabei, die sich dadurch unterscheiden, daß sie grau sind und einen rothen Kopf haben.

Leben Sie recht wohl.

Weimar, den 17. December 1803.

August Goethe.

381. *Christiane*

[Weimar, 18. December 1803.]

Ich will Dir nur sagen, daß ›Der Wasserträger‹ sehr gut gegangen ist. Die Jagemann und Ehlers haben außerordentlich gespielt, und das Ganze ist sehr gut gewesen. Es wurde schon bei der Ouvertüre[1] applaudirt, man behauptet, Müller soll sehr gut dirigirt haben; das verstehe ich nicht.

Aber ängstlich bin ich wegen Dir. Der junge Mann von der Frau von Staël sagt' mir gestern, Du wärst nicht wohl. Schreibe mir ja, wie Dir es geht.

Leb wohl und gedenke mein, und wenn Dir etwas fehlt, so laß mich kommen.   C. V.

382. *Christiane*

[Weimar, 21. December 1803.]
Ich schreibe Dir nur mit ein paar Worten, daß ich sehr beschäftigt bin wegen Fest und backen; und wegen Deiner Ankunft habe heute sehr viel eingekauft und erwarte Dich Sonnabend bei Zeiten mit großem Vergnügen und Freude. Und ich hoffe, Du sollst alles finden, wie Du wünschest. Itzo lebe wohl. Viele herzliche Grüße von der kleinen Brand, die den ganzen Morgen hier sitzt und näht.

Lebe recht wohl und gedenke mein.   C. V.

[*Beilage:* August]

Lieber Vater!
Ich habe die Schlittschuhe empfangen, und sie gefallen mir sehr gut; doch sagen Sie auch Geisten, er möchte die alten Schlittschuhe nicht vergessen, weil sonst die Mutter nicht fahren kann. Hier ist ein sehr großer Schnee gefallen, und es geht schon sehr gut auf dem Schlitten.

Leben Sie recht wohl.

Weimar, den 21. December 1803.   August Goethe.

*

1 Abordiere.

Am 24. Dezember endlich trifft Goethe wieder in Weimar ein; als Mittagsgäste empfängt er Frau von Staël, Schiller nebst dessen Frau und Hofrat Stark, »wozu Serenissimus kamen«, wie es im Tagebuch heißt.

1804.

Von 1804 bis 1809 klafft in diesem Briefwechsel leider eine
bedauerliche Lücke, da Christianens Briefe an Goethe aus
diesen sechs Jahren nicht bekannt sind. Auch Goethes Briefe
an Christiane von 1804 sind nur unvollständig; so fehlen die
während seiner Aufenthalte in Jena: im Mai und, mit August, 22. Juni bis 7. Juli, an Christiane gerichteten Schreiben.
– Unterm 4. Juli teilt Christiane ihrem Freunde Nikolaus
Meyer mit: »Der Geheime Rath ist vor jetzt in Jena und hat
mir soeben aufgetragen, mich nach der Ursache Ihres
Schweigens zu erkundigen . . . .. Sobald der Geheime Rath
von Jena zurückkommt, welches in einigen Tagen geschieht,
gehe ich wieder auf etliche Wochen nach Lauchstädt und
werde da das Tanz- sowohl als das Wasserbad gebrauchen.
Die große Tanzlust will sich bei mir immer noch nicht
verlieren.« Das Gastspiel des Weimarer Theaters in Lauchstädt begann in diesem Jahre am 23. Juni. Christiane wird
etwa am 10. Juli von Weimar nach Lauchstädt abgereist
sein. Die Badeliste verzeichnet sie unterm 13. Juli als 150.
Gast, wohnhaft bei Herrn Franke.

*

383. *Goethe*

Ich habe mich lange nicht so wohl befunden als diese Tage
her, sogar habe ich wieder Lust zum ›Götz‹; deßwegen ist
mirs doppelt lieb, daß Du auch vergnügt in Lauchstädt bist.
Bleibe so lange dort, als es Dir gefällt, und laß Dir vom Cassir
geben, was Du brauchst. Von Deiner Leipziger Reise hoff ich

Gutes zu hören. Es ist recht artig, daß Du diese Stadt auch einmal außer der Messe siehst.

Die Geschichte von der Stall-Cassiren wird Genast ausführlich erzählen. Die Dummheit ist noch größer als das Verbrechen. Schlagt es euch aus dem Sinne; denn weiter ist nichts zu thun.

Lebe recht wohl und vergnügt. Im Hause geht alles recht ordentlich und zu meiner Zufriedenheit. Dein Geistchen scheint darin umzugehen und alles anzuordnen. Alles grüßt. Weimar, den 17. Juli 1804.   G.

384. *Goethe*

Dein Brief mit der Post kam zu rechter Zeit an, auch der heutige durch den Boten. Ich wünsche Dir Glück, daß alles so gut geht, und freue mich herzlich darüber. Hier im Hause geht alles auch in der Ordnung. Voßens waren vier Tage hier, und da war das Essen recht ordentlich. Es ist noch kein Verdruß vorgefallen. Karl besonders macht alles nach meinem Sinn.

Ich bin am ›Götz‹, und wenn ich noch vierzehn Tage fortfahre, so kann ich damit zu Rande kommen.

Nun dächte ich, Du schicktest Sonntag, den 29., den Wagen, da könnte Dienstag, den 31. Juli, Gustel und Herr Riemer abfahren, und es hinge von Dir ab, Montag, den 6. August, oder acht Tage später zurückzukommen. So lange Dirs Freude macht, so lange bin ich es auch zufrieden. Die Stunden, die ich sonst mit Dir verplaudere, arbeite ich am ›Götz‹, und so wird auch Dir ein Vergnügen auf Deine Rückkunft bereitet.

Grüße die Theaterfreunde und mache ihnen begreiflich, daß die freimüthigen und eleganten Mißgönner erst ihren Zweck erreichen, wenn man sich ärgert. Freilich muß es die

Neider verdrießen, wenn die Königin Mutter von Preußen überall sagt und wiederholt, daß sie in Berlin so eine Vorstellung nicht zusammenbringen wie die vom ›Tell‹, die sie in Lauchstädt sah. Das macht bös Blut und Galle, die sie dann in ihren Blättern ausschütten.

Lebe recht wohl und vergnügt, und schreibe fleißig. Waschwasser kommt mit, Wein soll folgen. Weimar, den 24. Juli 1804.   G.

Dem Herrn Kanzler die besten Empfehlungen.

385. *Goethe*

Die Kutsche ist glücklich angekommen, und August war außer sich vor Freuden, als er vernahm, wo es hinaus sollte. Er kommt nun mit Riemer, und ich wünsche euch zusammen viel Vergnügen. Ich freue mich sehr, daß Dir alles nach Wunsch geht, und bin recht wohl zufrieden, daß Du den 6. August, auf Deinen Geburtstag, nach Tische bei mir wieder eintreffest. Ich will eine Flasche Champagner parat halten, um Dich gut und freundlich zu empfangen. Denn mich verlangt sehr, Dich wieder zu haben. Im Hause geht alles ordentlich. Nach Lauchstädt kann ich nicht. Sage aber der Gesellschaft, daß, wie sie ankommen, Leseprobe vom ›Götz‹ sein wird. Grüße alles. Und gedenke mein. Auf baldiges Wiedersehn. Weimar, den 28. Juli 1804.   G.

386. *Goethe*

Daß ihr den Montag wiederkommt, freut mich sehr, ich wollte, ihr wärt schon da. Wenn man zusammen ist, so weiß man nicht, was man hat, weil man es so gewohnt ist. Wir wollen recht vergnügt diese schönen Monate noch zusammen leben.

Im Hause geht alles recht gut, und ich kann durchaus zufrieden sein. Auf Deine Erzählungen freue ich mich sehr, auch hier passirt einiges Merkwürdige.

Schiller ist leider in Jena sehr krank gewesen, aber wieder außer Gefahr. Die Frau ist glücklich von einer Tochter entbunden.

Lebet recht wohl, und vergnügt euch und kommt glücklich wieder. Ich liebe Dich von ganzem Herzen.

Weimar, den 1. August 1804.   Goethe.

*

Vierzehn Tage später entschließt Goethe sich, dieses Jahr doch noch nach Lauchstädt zu gehen. Er reist am 17. August dahin ab, verlebt zwei Wochen mit Christiane daselbst und in Halle und kehrt mit ihr am 3. September nach Weimar zurück.

1805

Die ersten Monate des neuen Jahres brachten für Goethe wieder eine schwere Erkrankung. Christiane schildert, was sie während dieser Zeit an Sorgen durchgemacht, in einem Briefe an Nikolaus Meyer unterm 12. April: »Der Geheime Rath hat nun seit einem Vierteljahr fast keine gesunde Stunde gehabt und immer Perioden, wo man denken muß, er stirbt. Denken Sie also mich, ich, die außer Sie und dem Geheimen Rath keinen Freund auf dieser Welt habe, . . . wie uns zu Muthe ist, ich bin wahrhaftig ganz auseinander. Und dann kommt noch dazu, daß die Ernestine sich abzehrt und auch dem Grabe sehr nahe ist, und die Tante ist auch sehr schwach, es ist also die ganze große Last der großen Haushaltung auf mich gewälzet, und ich muß fast unterliegen. Es wollen zwar die Leute behaupten, man sehe es mir nicht an, aber lange kann es doch nicht so fortgehen. Und hier ist kein Freund, dem ich so alles, was mir am Herzen liegt, sagen könnte; ich könnte Freunde genug haben, aber ich kann mich an keinen Menschen wieder so anschließen und werde wohl so für mich allein meinen Weg wandeln müssen. – Vor 2 Tagen [schon am 4. April] begleitete ich August, der mit einer Gesellschaft nach Frankfurt geht zur Messe, bis Erfurt; ich verließ den Geheimen Rath wohl. Ich war kaum ein paar Stunden da, als ich einen Boten erhielt, daß er sich sehr übel befände; ich reiste gleich zurück und fand ihn sehr schlecht. Jetzo, daß ich Ihnen das schreibe, befindet er sich durch Hülfe des Herrn Hofrath Stark besser, aber nicht außer Bette, und stelle mir nichts Gutes vor . . . . Ach Gott, wenn Sie nur hier wären! Ich glaube, die Ärzte kennen seine

Krankheit nicht recht, oder es ist ihm nicht mehr zu helfen. Ich weiß gar nicht, was ich denken soll, der Zufall kommt gewöhnlich alle vier Wochen mit den größten Schmerzen, wobei er gewiß noch unterliegen muß. Ich glaube, es sind Hämorrhoidalumstände, denn der Schmerz ist im Unterleibe, aber Stark will nichts wissen; ich bitte Sie aber nochmals, wenn Sie mir auf diesen Brief antworten, den Brief nicht geradezu an mich zu adressiren, weil er sonst immer in seine Hände kommt.«

Anfang Mai kehrt August von Frankfurt zurück; er konnte das schriftliche Zeugnis der Großmutter vorweisen, daß er sich »brav und musterhaft aufgeführt, so daß es das Ansehen hat, als habe er den Ring im Märchen (Nathan des Weisen) durch Erbschaft an sich gebracht, der den, der ihn besitzt, angenehm macht vor Gott und Menschen.« Goethe bemerkt in seinem Dankbrief an die Mutter unterm 6. Mai: »Dieser erste Versuch, in die Welt hinein zu sehen, ist ihm so gut gelungen, daß ich für seine Zukunft eine gute Hoffnung habe. Seine Jugend war glücklich, und ich wünsche, daß er auch heiter und froh in ein ernsteres Alter hinüber gehe.«

Drei Tage nach diesem Briefe trifft Goethe ein harter Schlag: Schillers Tod. »Niemand hatte den Muth, es ihm zu melden«, erzählt Heinrich Voß; »Meyer war bei Goethe, als draußen die Nachricht eintraf, Schiller sei todt. Meyer wurde hinausgerufen, hatte nicht den Muth, zu Goethe zurückzukehren, sondern ging weg, ohne Abschied zu nehmen. Die Einsamkeit, in der sich Goethe befindet, die Verwirrung, die er überall wahrnimmt, das Bestreben, ihm auszuweichen, das ihm nicht entgehen kann, – alles dieses läßt ihn wenig Tröstliches erwarten. ›Ich merke es‹, sagt er endlich, ›Schiller muß sehr krank sein‹, und ist die übrige Zeit des Abends in sich gekehrt. Die gute Vulpius hat doch so viel Fassung, daß sie Goethe nichts entdeckt, sondern nur von einer langen Ohnmacht erzählt, aus der er sich jedoch erholt habe. Goethe läßt sich täuschen, aber er ahnt was Schlimmes. Als er zu Bette gegangen ist, stellt sich die Vulpius, die die ganze Nacht kein Auge zugethan hat, schlafend, um Goethe sicher zu machen, daß kein besorgliches Unglück vorgefallen sei, und Goethe, der die Vulpius ruhig atmen hört, schläft auch am Ende ein. Am Morgen sagt er zur Vulpius: ›Nicht wahr, Schiller war gestern *sehr* krank?‹ Der Nachdruck, den er auf das ›sehr‹ legt, wirkt so heftig auf jene, daß sie sich nicht länger halten kann. Statt ihm zu antworten, fängt sie laut an zu schluchzen. ›Er ist todt?‹ fragt Goethe mit Festigkeit. ›Sie haben es selbst ausgesprochen!‹ antwortet sie. ›Er ist todt‹, wiederholt Goethe noch einmal, wendet sich seitwärts, bedeckt sich die Augen mit den Händen und weint, ohne eine Silbe zu sagen.« –

Während eines mehrtägigen Aufenthaltes in Jena gegen Ende Juni schrieb Goethe das folgende Briefchen.

*

387. *Goethe*

Wie wir voraussahen, bin ich genöthigt, hier zu bleiben, ich schreibe Dir das mit einem herzlichen Gruße. In meinen Sachen steht es hier ganz leidlich, und ich befinde mich auch erträglich, nur will es mit der Geschäftigkeit nicht mehr so lebhaft fort. Morgen Abend bin ich wieder bei Dir. Es wäre hübsch und schicklich, wenn Du morgen frühe Demoiselle Jacobi einen Besuch machtest. Sie ist gar freundlich gegen Dich gesinnt. Lebe recht wohl, grüße August schönstens und liebe mich, wie ich Dich liebe.

Jena, den 27. [Juni] 1805.   G.
Donnerstags.

*

Am 2. Juli schreibt Christiane an Nikolaus Meyer: »Der Geheime Rath befindet sich wieder etwas besser, aber das Übel kommt doch immer wieder, und man ist so zu sagen keinen Augenblick sicher davor, ich lebe in lauter Angst. . . . Heute um 4 Uhr gehen wir nach Lauchstädt und von da nach Halle.« – Die Lauchstädter Badeliste nennt Goethen unterm 3. Juli, wohnhaft bei Herrn Richter, Demoiselle Vulpius erst unterm 4., wohnhaft bei Meister Derpsch, wo schon seit Beginn der Spielzeit die Weimarer Schauspielerin Brand wohnte. Die Bäder übten auf Goethes Befinden eine günstige Wirkung aus. Riemer, der Ende Juli oder Anfang August mit August Goethe auch nach Lauchstädt kam, schreibt von dort aus unterm 5. August über Goethe an Frommann: »Die Tuschbäder bekommen ihm sehr wohl. Er hält auf Diät und ißt des Abends nichts, außer Thee und vielleicht späterhin eine Suppe. Aber lange wird es wohl nicht dauern: denn der Hausgeist wird ihm so lange zureden, daß der Thee ihn schwäche und er etwas Ordentliches genießen müsse etc., wie wir es schon erlebt haben.« In Riemers Begleitung reiste Christiane am 12. August von Lauchstädt nach Weimar ab, gleichzeitig Goethe mit August nach Halle, um von dort aus, in Friedrich August Wolfs Gesellschaft, Magdeburg und Helmstedt zu besuchen. In den Tag- und Jahres-Heften erzählt Goethe: »Mein humoristischer Reisegefährte [Wolf] erlaubte gern, daß mein vierzehnjähriger Sohn August Theil an dieser Fahrt nehmen durfte, und dieses gerieth zur besten geselligen Erheiterung; denn indem der tüchtige, gelehrte Mann den Knaben unausgesetzt zu necken sich zum Geschäft machte, so durfte dieser des Rechts der Nothwehr, welche denn auch, wenn sie gelingen soll, offensiv verfahren muß, sich zu bedienen und wie der Angreifende auch wohl manchmal die Grenze überschreiten zu können glauben, wobei sich denn wohl mitunter die wörtlichen Neckereien in Kitzeln und Balgen zu allgemeiner Heiterkeit, obgleich im Wagen etwas unbequem, zu steigern pflegten.«

*

388. *Goethe*

Helmstädt, den 19.[1] August 1805. Von hier schreibe ich Dir einige Worte, damit Du erfahrest, wie es uns geht, und danke Dir vorher für alle Liebe und Treue, die Du mir auch in der letzten Zeit erwiesen hast; möge es Dir dafür immer recht gut gehen, wozu ich alles, was an mir liegt, zeitlebens beizutragen hoffe.

Montag, den 12., kamen wir glücklich in Halle an. Tags darauf blieben wir daselbst. Unser Wirth gab ein großes Mittagessen, Abends ging ich auf den Berg. Mittwoch, den 14., fuhren wir auf der schönsten Chaussee nach Magdeburg und kamen zeitig an. Donnerstag sahen wir uns um, besuchten mehrmals den Dom, wo besonders schöne Monumente von Erz befindlich sind. Wir gingen an der Elbe hinunter, fuhren über das Wasser, zogen durch die Stadt und waren sehr lustig. Freitag fuhren wir hierher und kamen Abends an. Sonnabend besahen wir die merkwürdigen Kunstwerke, mit denen der Hofrath Beireis sein Haus angefüllt hat, aßen bei ihm und blieben bis in die Nacht. Sonntag früh ging das Sehen wieder von vorne an. Mittag aßen wir beim Abt Henke, blieben lange da und waren Abends allein. Heute geht es so fort, und ich weiß noch nicht, wann wir weggehen.

August liegt noch im Bette, indem ich früh dieses schreibe. Er ist lustig und guter Dinge, streitet sich mit Wolf und macht uns oft zu lachen. Ich befinde mich recht wohl und fühle, daß Bewegung und Zerstreuung mich allein völlig wiederherstellen könnten; ich will daher sehen, daß ich noch ein wenig herumschweife.

[1] Aus: 18.

Du hörst bald mehr von mir, indessen lebe wohl und fahre
fort, mich zu lieben.   G.

Helmstedt verlassend, besuchte man, in Begleitung des
Propstes Henke, den Landrat v. Hagen, genannt »der tolle
Hagen«, in Nienburg, sodann in Halberstadt das Gleim-
Haus, endlich das Bodetal mit der Roßtrappe, und gelangte
über Ballenstedt, Aschersleben und Halle nach Lauchstädt
zurück. Hier beendet Goethe eine kleine Nachkur und ver-
lebt mit August in der Stille seinen Geburtstag, dessen
Datum der folgende Brief an Christiane trägt.

*

389. *Goethe*

Mit Vergnügen wirst Du, mein liebes Kind, von August die
näheren Umstände unserer vierzehntägigen Reise vernehmen, wenn ich Dir im Allgemeinen sage, daß ich mich recht
wohl befunden habe. Noch besser fast als die Bewegung
wirkt die Zerstreuung; denn man hat keine Zeit, über sich
nachzudenken und über diese oder jene kleine Andeutung
eines Übels besorglich zu werden. Von Helmstädt wirst Du
einen Brief von mir erhalten haben. Nun bin ich wieder in
Lauchstädt, wo es sehr still ist. Wenn es nur wenigstens gutes
Wetter wäre! Ich habe vorgezogen, meinen Geburtstag hier
im Stillen zu begehen, um mich bald möglichst zu einigen
Arbeiten zu sammeln. Am liebsten wäre ich nun wieder zu
Hause; doch will ich wohl jene Bequemlichkeit noch einige
Zeit entbehren und mich hier ans Baden und Wassertrinken
halten. Augusten sende ich Dir. Er hat sich gar gut betragen
und die ganze Reise erheitert, er wird Dir manches erzählen.
Nun ists gut, daß er wieder in das Schulgleis kommt und eine
Weile darin fortgeht.
Wenn Du mir Donnerstag, den 5. September, die Pferde

wiederschicken wolltest, würde es wohl die rechte Zeit sein; doch am angenehmsten wäre mirs, wenn Du mich selbst abholen wolltest. Lassen es Deine häuslichen Geschäfte zu und hast Du des Vergnügens am Vogelschießen genug genossen, befindest Du Dich auch recht wohl, so thue es; doch soll es ganz von Dir abhängen. Auch noch etwa Geld müßtest Du mitbringen. Es sind mir nur 10 Thaler übrig geblieben. Die theure Fourage bei der verlängerten Reise hat das meiste gekostet. Bringe etwa 50 Thaler. Es ist immer besser, daß noch etwas übrig bleibe. Könntest Du gleich nach Empfang dieses mir ein paar Worte schreiben und auf die Post geben, so erhalte ich sie zwar spät, aber doch immer eher, als der Wagen zurückkommt. Lebe recht wohl und liebe mich. Wenn es mir gut geht, freue ich mich dessen vorzüglich um Deinetwillen, so wie ich an allen Orten, wo etwas Angenehmes vorkam, ich Dich im Stillen zu mir wünschte.

Lauchstädt, den 28. August 1805.   G.

*

Tags darauf, den 29. August, schickt Goethe den Sohn nach Weimar voraus. Christiane wird, Goethes Wunsche entsprechend, sofort geantwortet und ihre Ankunft in Lauchstädt für den 5. September angekündigt haben. Unter diesem Datum schreibt Goethe an Friedrich August Wolf: »Mein kleiner Hausgeist ist angekommen, und mit solchen Nachrichten und Aufträgen, daß ich wohl eilen muß, morgen Abend zu Hause zu sein . . . . . . Indessen überlegt ich mit meinem kleinen Hausgefährten, ob wir nicht noch schnell zu Ihnen hinüberrutschen sollten. Unsre eigne Kräfte aber und die Kräfte unsrer Thiere berechnend standen wir ungern von dem Vorsatze ab.« So ist anzunehmen, daß Goethe am Abend des 6. Septembers mit seinem kleinen Hausgeiste wohlbehalten in Weimar eintraf. – Bald nach seiner Rückkehr war Goethe für einige Tage in Jena, ebenso im Oktober und November, doch sind uns aus diesen Trennungszeiten keine Briefe überliefert. – Am 25. November berichtet Christiane an Nikolaus Meyer: »Mit meiner Schwester geht es jeden Tag schlimmer; aber dennoch äußert sie immer den Wunsch, wenn Sie hier wären, so würde sie gesund. Mit des Geheimen Raths Gesundheit haben wir die beste Hoffnung. . . . Die glückliche Niederkunft unsrer Großfürstin [am 25. September war der Erbprinz Paul Alexander geboren worden, der jedoch schon am 10. April 1806 starb] wird Ihnen bekannt sein, sowie die Anwesenheit des russischen Kaisers bei uns, welche viel Spectakel und Lärm verursachte. Auch sieht es sehr kriegerisch bei uns aus. Fast alle Tage sehen wir durchziehende preußische Truppen, und unser Theater ist immer voll Officiere.«

1806

Das neue Jahr brachte alsbald viel Unruhe durch oft wechselnde Einquartierung. »Meine Arbeiten und Bemühungen«, klagt Christiane in dieser Zeit gegen Nikolaus Meyer, »häufen sich alle Tage mehr, und ich komme fast den ganzen Tag nicht zu mir selbst; und wegen der Preußen, die bei uns sind, haben wir alle Tage etliche Officiere zu Tische und auch welche im Hause. Und nun kommt noch dazu, daß ich dieses alles ganz allein besorgen muß. Denn die gute Ernestine hat ausgelitten [sie war am 7. Januar gestorben] ... Sie können sich denken, wie unaussprechlich leid mir es thut, daß für diese Jugend keine Hülfe mehr war. Die Tante ist auch ganz stumpf geworden, und ich fürchte auch sehr für sie. Mit dem Geheimen Rath geht es wieder leidlich, aber ich fürchte auch nur, daß es Flickwerk ist. O Gott, wenn ich mir denke, daß eine Zeit kommen könnte, wo ich so ganz allein stehen könnte, das verdürbe mir manche frohe Stunde. Außerdem würden Sie aber, wenn wir uns wieder sehen sollten, [mich] wenig verändert finden, die Tanzlust und alles ist noch wie sonst, nur das ist der Unterschied, daß ich etwas stärker geworden bin, und wenn es das Schicksal zuließe, wäre ich noch immer so heiter als sonst.« Am 4. April schreibt sie an denselben Freund: »Den Verlust, den ich von neuem erlitten habe [die Tante Vulpius war am 1. März gestorben], hat Ihnen mein Bruder schon geschrieben; ich bin aber noch ganz untröstlich darüber, und dazu kommt noch immer die Sorge um den guten Geheimen Rath, mit dem es doch auch noch immer auf der Spitze steht .....
Wenn Sie den August einmal sehen sollten, da würden Sie

sich sehr verwundern, der ist sehr groß und stark geworden . . . itzo wird er eine Reise nach Berlin machen.« Warum
dieser längere Zeit hindurch geplante Besuch Augusts bei
Zelter, von dem in Goethes Briefen an diesen mehrfach die
Rede ist, schließlich doch unterblieb, wissen wir nicht; die
kriegerischen Zeitläufte und vor allem Goethes wechselndes
Befinden werden die Ursache gewesen sein. Eine gründliche
Kur schien dieses Jahr für Goethes Gesundheit dringend
nötig, und so entschloß er sich, nach langer Zeit wieder
einmal die Karlsbader Heilquellen zu gebrauchen. Am 15.
Juni verläßt er Weimar, um erst zwei Wochen in Jena zu
verbringen.

*

390. *Goethe*

Statt des versprochnen Aales sende Dir Dritthalbpfund frischen Lachs und sehe es als ein gutes Zeichen an, daß ich
Dich zum Abschiede so gut tractiren kann.

Dagegen sende mir noch einige Würzburger; denn kein
andrer Wein will mir schmecken, und ich bin verdrüßlich,
wenn mir mein gewohnter Lieblingstrank abgeht.

Ich befinde mich recht wohl, und habe schon manches
gethan. Sonntag, den 29. Juni, früh 3 Uhr ist der Wagen
bestellt, an diesem Tage kannst Du mich mit Deinen Wünschen begleiten. Grüße Augusten. Sage den Vorfall mit
Carolinen doch dem Hofrath Huschke, damit er sehe, ob
nicht etwas zu brauchen ist. Auch forsche, ob nicht Mariane
was abgekriegt hat. Sei hierüber vorsichtig. Ein solches Übel
kann auf die tollste Weise um sich greifen. Sodann aber lebe
wohl und sei lustig und vergnügt, bis wir uns wiedersehen.
Jena, den 17. Juni 1806.   G.

*

Inzwischen hatte in Lauchstädt am 14. Juni die neue Spielzeit des Weimarer Theaters begonnen; Christiane wird in
der Badeliste unterm 20. Juni genannt, sie wohnte wie schon
1805 bei Meister Derpsch. Ihre fröhlichen Berichte über das
Badeleben müssen wir entbehren und uns an deren Wider-
schein in Goethes Briefen genügen lassen.

*

391. *Goethe*

[Jena,] Mittwoch, den 25. Juni 1806.
Da ich eine Gelegenheit habe, Dir diesen Brif bald zuzubringen, so gebe ich Dir Nachricht, daß es mir die Zeit über recht
wohl gegangen ist. Ich habe einiges thun und besorgen
können, so daß ich die Zeit nicht unbenutzt zugebracht habe.
Es bleibt dabei, daß ich Sonntags früh, den 29., abreise, und
ich hoffe, daß es Dir indessen nach Wunsche gegangen ist.
Vom Theater höre ich wenigstens alles Gute und hoffe, es
soll so weiter gehen.

August war hier mit seinen Gesellen. Es hat mich sehr
gefreut, zu sehen, daß es mit seinen körperlichen Kräften
und seinem guten Muth so wohl steht. Ich habe mich einige
Abende recht hübsch mit ihm unterhalten. Sie sind in allen
Bergen und auf allen Schlössern herumgezogen, haben Aal
in der Trießnitz gegessen, und die Johannisfeuer[1] haben wir
zusammen von dem Altan des Daches gesehen. Einige waren hübsch; im Ganzen aber lange nicht so brillant als vor
zwei Jahren. Gute Déjeunés und Bälle wünschend. Ich lege
ein Zettelchen bei, das Du Minchen gelegentlich zustecken
magst.   G.

---

1 Von Goethe verbessert aus Johannisfeyer.

392. *Goethe*

Jena, den 26. Junius 1806.

Dein Brief war mir sehr angenehm, indem ich daraus ersah, was ich hoffte und vermuthete, daß in Lauchstädt für dieses Jahr von außen und von innen alles seinen guten Gang hat. Ich wünsche, daß es so fortgehen möge, und sage Dir noch ein Lebewohl kurz vor unserer Abfahrt.

Ich lege einen Brief an Geh. Rath Wolf bei, den Du nicht nach Halle schickst, sondern aufhebst, bis er einmal herüberkommt, oder Du ihm sonst persönlich begegnest. Grüße die ganze Gesellschaft von mir, besonders was Dir zunächst steht, und mache Dir mit der Brand und der Elsermann gelegentlich einen guten Tag. Ich habe schon darauf gerechnet, daß Du allenfalls etwas mehr ausgibst. Mir ist diese Tage manches Angenehme begegnet. Auch habe ich einen recht hübschen Brief von Herrn von Arnim. So viel für dießmal. Ich entferne mich nun weiter von Dir, und Du wirst Dich also gedulden, bis wieder eine Nachricht von uns ankommt.   G.

*

Am 29. Juni, morgens zwischen 3 und 4 Uhr, reist Goethe in Begleitung Riemers und des Jenaer Schloßkommandanten v. Hendrich nach Karlsbad ab.

*

393. *Goethe*

Karlsbad, den 3. Julius 1806.

Ich will versuchen, Dir eine Nachricht direct nach Lauchstädt zu schicken, weil ich vermuthen kann, daß sie Dir eher zukommt als über Weimar. Du erfährst also durch Gegenwärtiges, daß wir glücklich in Karlsbad angekommen sind.

Sonntags, den 29. Juni, gelangten wir bis Schleiz. Den 30. bis Asch, wo wir um 9 Uhr Abends, im Regen, eine Viertelstunde vors Thor gingen, um in einer Scheur ›Die Hussiten vor Naumburg‹ spielen zu sehen. Den 1. Juli kamen wir bis Eger, wo wir ausruhten und manches, was sich auf Wallenstein bezog, sahen. Gestern, den 2., Abends kamen wir erst hier an. Die Wege waren mitunter ganz erschrecklich, und es regnete auch von Zeit zu Zeit gewaltig. Zum Schlusse aber sind wir hier ganz angenehm logirt und befinden uns wohl. Das gewaltsame Rütteln und Schütteln auf der Reise hat, glaube ich, schon die Hälfte der Cur vollbracht.

Die Gegend ist hier, wie vor Alters, sehr schön. Das Städtchen, seitdem ich es nicht gesehn habe, viel besser aufgeputzt, und außerordentlich angenehme Spaziergänge sind angelegt worden; woran wir uns schon sehr vergnügt haben. Es fehlt nichts, als daß wir nicht alle zusammen hier sind. Wir essen zusammen auf der Stube und werden gut bedient. Das Essen ist hier besser als sonst. Das baare Geld steht sehr hoch, weil die Papiere immer mehr fallen. Das Kopfstück, das sonst 20 Kreuzer galt, wird nun für 32 genommen; und obgleich die Preise gestiegen sind, so zahlt man doch im Grunde nicht viel mehr als sonst. Noch ist kein Theater hier. Es kommt erst Sonntags, den 6. Juli. Mehr sage ich nicht, und wünsche wohl und vergnügt zu leben. Notire doch den Tag, wo Du den Brief erhältst, damit man weiß, wie lange er unterwegs gewesen ist. Wir grüßen alle zum schönsten. Mit dem herzlichsten Lebewohl.   G.

394. *Goethe*

Karlsbad, den 7. Julius 1806.
Da ich nur Gutes zu erzählen habe, so will ich heute zum zweiten Mal schreiben. Mein Brief vom 3. wird angekom-

men sein. Das Wasser hat eine recht gute Wirkung auf mich gemacht, und ich denke, es soll so fortgehen. Seitdem ich den Sprudel trinke, habe ich keine Tropfen eingenommen, und die Verdauung fängt schon an, recht gut ihren Gang zu gehen. Ich werde nun so weiter fortfahren und abwarten, was es werden kann. Übrigens muthet man sich hier viel mehr zu, als zu Hause. Man steht um 5 Uhr auf, geht bei jedem Wetter an den Brunnen, spaziert, steigt Berge, zieht sich an, macht Aufwartung, geht zu Gaste und sonst in Gesellschaft. Man hütet sich weder vor Näße, noch Wind, noch Zug und befindet sich ganz wohl dabei. Ich habe manche alte Bekannte angetroffen und ihrer schon viele neue gemacht. Morgen beziehn wir ein besser Quartier als das bisherige. Die Bälle sind übrigens hier nicht sehr belebt. Von 50 Frauenzimmern, die in weißen Kleiderchen herumsitzen, kommen vielleicht 10 zum Tanz. Übrigens gibt es Pickenicks und Spazierfahrten, die in der schönen Gegend ganz angenehm sind. Ich wünsche Dir viel Vergnügen und werde heut über 8 Tage wieder schreiben. Lebe recht wohl und liebe mich. Diese Tage will ich auch an August schreiben.   G.

Herr von Hendrich und Herr Riemer grüßen zum schönsten.

395. *Goethe*

Karlsbad, den 14. Julius 1806.
Ich schreibe sehr gern wieder, weil ich gute Nachricht von mir zu geben habe, und weil die Briefe so bald hin- und wiedergehen. Der Deine vom 7. Juli ist in vier Tagen zu mir gekommen, und hinwärts, wie ich sehe, bleiben sie auch nicht länger unterwegs. Die Cur schlägt ganz gut bei mir an. Ich habe die Zeit her keine Unbequemlichkeit gehabt und

hoffe das Beste, wenn ich regelmäßig fortfahre. Es gibt hier viel Unterhaltung mit alten Bekannten, die man wiederfindet, so wie mit neuen, die man macht. Madame Unzelmann ist angekommen und wird sich vier Wochen aufhalten. Sonst ist niemand hier, den Du kennst. Es wird aber täglich voller, besonders von Russen und Polen. Auf kurze Zeit möchte ich Dich und August wohl hier sehen; aber im Ganzen ists nicht für euch. Ich freue mich, daß Dirs in Lauchstädt wohlgeht. Bleibe nur daselbst, grüße Augusten, wenn er kommt, und macht euch lustig. So lange ich hier bin, will ich jeden Montag schreiben, da ihr denn etwa jeden Freitag etwas von mir empfangen werdet. Grüße die Brand und die Elsermann und sage ihnen, daß ich etwas für sie mitbringe. Überhaupt, wer freundlich und artig von der Gesellschaft ist, soll etwas haben: denn ich bringe verschiedenes mit. Von dem hiesigen Theater, das noch nicht eröffnet ist, schreibe ich etwas an Genast, von dem Du Dirs kannst erzählen lassen. Lebe recht wohl und grüße Augusten, so wie auch Geh. Rath Wolf und Minchen. Noch setze ich eigenhändig hinzu, daß ich Dich und August herzlich grüße und euch alles Vergnügen wünsche. Wenn es Dich auch etwas mehr kostet, so hats nichts zu sagen. Dein Brief kam den 12. an und war mir um so angenehmer und lieber. Nun sage ich Dir das beste Lebewohl und hoffe bald wieder auf einen Brief von Dir.   G.

396. *Goethe*

[Karlsbad,] Montag, den 21. Julius 1806.
Dieses ist nun der vierte Brief, den Du von mir erhältst. Ich habe indessen nur einen von Dir empfangen, und auf den gegenwärtigen antwortest Du nicht. Indessen erhalte ich wohl noch einige Nachrichten von Dir auf meine vorigen Briefe. Heute über 14 Tage, als den 4. August, denken wir

wieder abzugehen und können den 7. oder 8. wieder in Jena sein. Bleibe indessen nur ruhig mit August in Lauchstädt, bis Du Nachricht von mir erhältst.

Indessen ist es mir sehr wohl gegangen. Ich habe ohne Arznei mit Wassertrinken und Baden mich hingehalten und keinen Anfall von Schmerzen gehabt, und wenn ich die Cur noch so weiter fortbrauche, so denke ich, wird es von guten Folgen sein. Es wird fleißig promenirt, und an Gesellschaft fehlt es auch nicht. Die Badeliste steigt auf 650 Personen, und ich habe manche Bekanntschaft gemacht. Wir essen gewöhnlich zu Hause. Manchmal sind wir zu Gaste geladen. Die hiesige Schauspieler-Gesellschaft hat etwa sechsmal gespielt, ich bin aber noch nicht ins Theater gekommen. Nach allen Erzählungen scheint es wenig Erfreuliches zu leisten. Den Ball hab ich ein einziges Mal besucht, der aber für mich auch nicht unterhaltend war. Von Deinen Bekannten wüßt ich niemand hier, außer den dicken Herrn von Oertzen, den die Frauenzimmer in Lauchstädt vor ein paar Jahren einander abspänstig machten. Er treibt sein altes Wesen fort, aller Welt die Cour zu machen. So viel für heute. Meine Reisegefährten grüßen. Es ist allerlei eingekauft worden. Einen Brief Stecknadeln wirst Du erhalten haben, den ich durch Gelegenheit nach Leipzig schickte. Geht wieder jemand in jene Gegend, so folgt noch etwas.   G.

Lebe wohl und grüße Augusten vielmals. Auch Herrn Genast und Becker und die Frauenzimmer.

Donnerstag, den 24. Julius 1806.
Dieser Brief ist einen Posttag liegen geblieben, welches mir jetzt angenehm ist, weil inzwischen Dein Brief vom 17. Julius ankam. Ich habe zwar wenig hinzuzusetzen; aber doch freut michs, Dir sogleich zu sagen, daß mir Deine Nachrichten viel Vergnügen gemacht haben. Wenn es Dir nach

Deinem Sinne wohlgeht und Augusten auch, so kann mir in der Ferne nichts Erfreulichers begegnen. Dagegen kann ich sagen, daß ich mich von Tag zu Tag besser befinde und daß ich auch für die Folge das Beste hoffe. Wir leben, die kleinen Unbequemlichkeiten der Cur abgerechnet, zwar nicht herrlich, doch in Freuden. An Krebsen und Forellen ist kein Mangel und das übrige Essen ist nicht schlecht. Wir gehen und fahren spazieren; wobei immer ein wenig gezeichnet wird und viele Steine zusammengeklopft werden. Fast täglich gibt es eine neue Bekanntschaft, und man könnte lange hier sein, ohne erschöpft zu haben, was sich alles hier befindet. Übrigens bleibt es bei dem, was auf der vorigen Seite geschrieben steht. Auch erhältst Du von mir noch eine Nachricht vor meiner Abreise. Verweile nur in Lauchstädt, bis ich in Jena angekommen bin; und wenn Du mit August einige mehrere Kosten hast, so nimm es nicht zu Herzen. Ich wünsche nur, euch beide wohl und vergnügt wiederzusehen. Daß es mit dem Theater so gut geht, ist mir höchst angenehm. Grüße die Herrn Genast und Becker, auch Deine nächste Umgebung. Mehr sage ich nicht, damit der Brief geschlossen werde und nicht abermals in dieser Zerstreuung lieben bleibe.

397. *Goethe*

Karlsbad, Montag, den 28. Juli 1806.
Schon vorgestern kam Dein lieber Brief vom 22. hier an und war also nur vier Tage unterweges gewesen. Ich schreibe heute zum vorletzten Mal und heute über acht Tage wahrscheinlich zum letzten Mal; denn ich hoffe, daß unser Wagen richtig eintreffen soll. Es ist mir auch diese letzte Zeit ganz wohl gegangen, und ich wünschte nur, daß ich mich eingerichtet hätte, länger hier zu bleiben, um ein 14 Tage weder

zu trinken, noch zu baden, auf meine Natur Acht zu geben und doch in der Nähe der heilsamen Quelle zu sein, wenn sich irgend ein Übel melden sollte. Doch kann das auf künftiges Jahr geschehen, und wir wollen hoffen, daß wir indessen so durchkommen. Die Hauptsache, wie ich recht wohl bemerke, bleibt immer die Bewegung, und wenn ich sie die nächsten acht Wochen auf eine oder die andre Weise fortsetze, so wird es wohl ganz gut werden. Daß Du Dich lustig machst, ist mir sehr angenehm, und ich erwarte, daß Du mir recht viel erzählst, wenn wir zusammenkommen. Hier geht im Ganzen alles steifer als jemals zu, ob ich mich gleich persönlich keinesweges zu beklagen habe: denn es hinge nur von mir ab, meine Bekanntschaften und Gesellschaften viel weiter auszudehnen. Gestern begegneten mir ganz unerwartet Frau von Brösigke und ihre Tochter, die von Egerbrunn herüberkamen, wo es auch nicht zum heitersten hergehen soll, weil die Östreicher und Polen zwei Parteien machen, die gegeneinander wirken, beide aber weder einen Sachsen, noch einen Preußen unter sich aufnehmen. Frau von Levetzow ist reizender und angenehmer als jemals. Ich bin eine Stunde mit ihr spazieren gegangen und konnte mich kaum von ihr losmachen, so artig war sie und so viel wußte sie zu schwatzen und zu erzählen.

Täglich kommen hier noch mehr Badegäste an. Die Nummern der Liste gehn schon bis 700. In diesen Tagen war das Papiergeld so gefallen, daß der Ducaten 8 Gulden und 30 Kreuzer galt, und das Silbergeld im Verhältniß. Gegenwärtig ist es wieder ein wenig gestiegen. Demungeachtet aber sind die Einwohner von Karlsbad, welche für alle ihre Mühe, Waaren und Auslagen fast nichts anders eingenommen haben, in einer Sorge, die ganz nahe an Verzweiflung gränzt. Was daraus werden soll, kann kein Mensch einsehen. Vorgestern bin ich auch in der Komödie gewesen und werde wohl nicht wieder hineingehen. Selbst diejenigen Schau-

spieler, die noch einige Gestalt und Stimme haben, zeigen
sich fratzenhaft, affectirt und komödiantisch. Ich kann wohl
sagen, daß ich in dem ganzen Stück nicht einen einzigen
wahren Ton gehört habe. Die Weiber sind vollends ganz
abscheulich. Eine einzige ist darunter, die Verdienst hat. Sie
spielt die Rollen der Beck, ist aber doch auch übertrieben
und in ihrem Betragen geschmacklos wie die andern. Doch
wäre diese noch wohl am ersten ins Rechte zu leiten, wenn
sie eine gute Umgebung hätte. Das Stück, das ich sah, war
›Pinto‹, von Vogel bearbeitet. Grüße die Herrn Genast und
Becker und sage ihnen, sie möchten doch nachfragen, ob das
Stück gedruckt ist, und sich Mühe geben, es bald beizuschaf-
fen. Wir können es sehr gut besetzen, und es kann bei uns
eine sehr interessante Repräsentation werden. Gethan habe
ich übrigens nicht viel: denn der Brunnen und die Zerstreuung des hiesigen Lebens lassen einen nicht recht zur Fassung
kommen. Übrigens bleibt es im ganzen bei dem, was ich in
meinem vorigen Briefe geschrieben habe. Bleibe nur in
Lauchstädt, bis Du einen Brief von mir aus Jena erhältst:
denn erst dort wird sich zeigen, ob ich noch nach Lauchstädt
gehen kann und mag. Grüße alles schönstens von mir, Herrn
Geheimerath Wolf und Minchen, Herrn und Frau Geheimerath Loder und alle, die sonst meiner gedenken mögen, so
wie das Theater-Personal, besonders die, welche Dir zunächst sind. Lebe übrigens recht wohl bei Deinen Früh-
stücken, Mittagsessen, Tänzen und Schauspielen.   G.

[*Nachschrift:* Riemer]

Riemer empfiehlt sich Ihnen bestens, so wie Ihren schönen
Begleiterinnen und Umgeberinnen, und Augusten ganz besonders.

*

Goethes letzter Brief aus Karlsbad an Christiane nach Lauchstädt, am 3. August geschrieben, ist nicht bekannt. Am 4., früh 5 Uhr, verläßt Goethe Karlsbad, trifft am 8. in Jena, am 11. in Weimar ein und begibt sich am 15. für zwei Wochen wieder nach Jena. Seine Briefe an Christiane vom 19., 23. und 26. August sind leider nicht bekannt. Vom 1. bis 25. September ist er in Weimar, vom 26. September an abermals in Jena.

*

398. *Goethe*

Jena, den 30. September 1806.

Du erhältst hierbei einen Kasten mit Nüssen, wovon der größte Theil in der Schale und also noch recht frisch ist. Sende mir dagegen ein Pfund Chocolade und 3 Flaschen von dem rothen Weine. Es gibt so schönes Obst hier, daß ich in Versuchung gewesen bin, welches zu kaufen, wenn man nur wüßte, wie man es hinüber bringen sollte. Es geht mir ganz gut hier. Herr von Tümpling hat mich mit einigen Flaschen Eger-Wasser versehen, die mir sehr wohl bekommen. Ich komme nicht viel aus dem Schlosse und treibe meine Geschäfte. Was ich von Herrn Riemer wünsche, steht auf beiliegendem Blatt. Lebe recht wohl, grüße Augusten, schreibe mir, was vorgeht, und schicke mir, was von Briefen und Zeitungen angekommen ist.

Dein Bruder kommt mit Herrn von Tümpling und zwei Frauenzimmern hinüber, er hat sie zu sich eingeladen und wird Dich auch dazu bitten. Sei freundlich, hilf ihm aus und laß sie den Caffee bei Dir nehmen. Wenigstens lade sie auf künftige Zeiten. Lebe wohl und liebe.   G.

*

Am 6. Oktober vormittags trifft Goethe, von Knebel begleitet, wieder in Weimar ein. In die Unruhe, Verwirrung und
Sorge der nächsten Tage versetzen uns besser, als eine Erzählung es könnte, die kurzen Stichworte aus Goethes Tagebuch, wo wir unterm 10. Oktober lesen: »Starker Truppen-
marsch durch die Stadt und die Gegend«; 14. Oktober: »Früh
Kanonade bei Jena, darauf Schlacht bei Kötschau. Deroute
der Preußen. Abends um 5 Uhr flogen die Kanonenkugeln
durch die Dächer. Um ½6 Einzug der Chasseurs. 7 Uhr
Brand, Plünderung, schreckliche Nacht. Erhaltung unseres
Hauses durch Standhaftigkeit und Glück; Lieutenant Noi-
sin«; 15.: »Marschall Lannes im Quartier und General Vic-
tor. . . . Beschäftigt mit Sicherung des Hauses und der Familie«; 16.: »Lannes ab. Gleich drauf Marschall Augereau.
In dem Intervall die größte Sorge. Bemühung um Sauvegar-
den u. s. w., bis endlich das Haus ganz voll Gäste war.« »Mir
war es rührend«, berichtet Heinrich Voß über den 16. Oktober, »wie Goethe am zweiten Abend nach der Schlacht, als
wir um ihn versammelt waren, der Vulpius für ihre Treue in
diesen unruhigen Tagen dankte und mit den Worten schloß:
›So Gott will, sind wir morgen Mittag Mann und Frau‹.«
Unterm 19. Oktober sodann finden wir in Goethes Tagebuch
das inhaltschwere Wort: »Trauung.« Der Eintrag im Trau-
buch der Weimarer Hofkirche lautet: »Sr. Excellenz, Herr
Johann Wolfgang von Göthe, Fürstl. Sächß. Geheimer-Rath
allhier, mit Demoiselle Johanna Christiana Sophia geb. Vulpius, des weil. Herr Johann Friedrich Vulpius, Fürstl. Sächß.
Amts-Copistens allhier, hinterlassene älteste Tochter, sind
Dom. XX post Trinitatis als den 19. Octobris in allhiesiger
Fürstl. Hofkirchen-Sacristei von dem Herrn Oberconsistorial-Rath Günther in der Stille copuliret worden.« Zwei
Tage später meldet Goethe dem Freunde Knebel: »Daß ich
mit meiner guten Kleinen seit vorgestern verehlicht bin,
wird euch freuen. Unsre Trauringe werden vom 14. October

datirt.« – Am 27. schreibt Frau Rat an den Sohn: »Zu Deinem neuen Stand wünsche dir allen Seegen – alles Heil – alles Wohlergehen – da hast du nach meines Hertzens wunsch gehandelt – Gott! Erhalte Euch! Meinen Seegen habt Ihr hiermit in vollem Maas – der Mutter Seegen erhält den Kindern die Häußer – wenn sie schon vor den jetzigen Augenblick nichts weiter in diesen Hochbeinigen erbärmlichen Zeiten thun kan. Aber nur Gedult die Wechsel Briefe die ich von unserm Gott erhalten habe – werden so gewiß bezahlt als jetzt (da ich dieses schreibe) die Sonne scheint, darauf verlaßt Euch – Ihr solt mit Eurem theil zufrieden seyn – das schwöre ich Euch. Grüße meine Liebe Tochter hertzlich – sage Ihr, daß ich Sie Liebe – schätze – verehre.«

1807

Sobald nach den Kriegsstürmen des Jahres 1806 der Frühling ins Land kam, beschloß Goethe, seiner »kleinen Frau«, die alles Ungemach treulich mit ihm durchgekämpft und besiegt hatte, eine ganz besondere Freude zu bereiten; er schickte sie nach Frankfurt zur Mutter, damit sie sich dieser und den dortigen Freunden in ihrer neuen Würde als Frau Geheimde Rath vorstellen sollte. Unterm 23. März heißt es im Tagebuch: »Reiste meine Frau nach Frankfurt ab, und August begleitete sie zu Pferde bis Erfurt.« Christianens Briefe von dieser Reise scheinen sich leider nicht erhalten zu haben.

*

399. *Goethe*

Weimar, den 30. März 1807.
Daß uns die liebe Mutter noch als Genien in Worten und Werken erkennt, freut mich recht sehr. Es ist mehr als jemals nöthig, genialisch zu sein, wenn man nur einigermaßen leben und sich des Lebens erfreuen will.

Daß meine liebe Frau glücklich angekommen, war mir sehr beruhigend zu vernehmen. Der Brief, der mir es meldet, kam ganz genau zur Stunde. Er überzeugt mich von dem, was ich voraussah, daß die Zusammenkunft erfreulich sein würde.

Wegen künftiger Abenteuer werde ich wohl in Karlsbad ein Paar hübschere Pistolen kaufen müssen, die gegenwärtigen sind doch etwas zu colossal.

Auf die Erzählung des Vergangenen freue ich mich. Zum Schreiben mag sich unter den gegenwärtigen Umständen wenig Zeit finden. Dagegen will ich mit meinen Nachrichten etwas umständlicher sein. Denn ich halte dafür, wenn man lange auseinanderbleibt, so soll man sich wechselseitig um das Detail des Lebens nicht bekümmern. Hofft man sich aber bald wiederzusehen, so ist es gut, nicht aus dem Zusammenhange zu kommen.

Zuerst also muß zum Lobe der Köchin gesagt werden, daß sie ihre Sachen vortrefflich macht, gute Waare ankauft und sie mit Sorgfalt zubereitet, sodaß wir es uns jeden Mittag können wohlschmecken lassen. Am Grünen Donnerstag hatten wir uns Kohlsprossen bestellt und Honig zum Nachtisch, um dieses Fest recht würdig zu feiern. August hatte selbst Eier roth und hart gesotten[1]. Da die Fastenbrezeln alle sind, so bäckt die Köchin allerlei Torten und Kuchen, die ihr nicht übel gerathen. Ein Truthahn ist abgeschlachtet, und andre gute Dinge sind im Vorrath.

Mit dem Keller geht es sehr ordentlich. Der Gnome pflegt mich genau zu beobachten, ob ich etwa mich um ein Nößel irren möchte; und so wirst Du die Tabellen mit dem Vorrath übereinstimmend finden.

Außer den beiden gewöhnlichen Gästen haben wir noch niemand zu Tische gesehen. Lortzing hat das Buchstaben-Kästchen abgeliefert, welches sehr schön gerathen ist. Dafür soll er auch auf den Truthahn eingeladen werden.

Mit der Elsermann und Deny war ich am Grünen Donnerstag zu beiderseitiger großen Erbauung in den Treibhäusern. Und nun muß ich theatralische Neuigkeiten melden, weil bei diesem beweglichsten aller Wesen immer etwas Neues und Unerwartetes vorgeht.

Erstlich also ist heut ›Helene‹, welche Oper Mittwoch

1 Dieser Satz nachträglich am Rande.

wiederholt wird. Sonnabend ›Emilia Galotti‹, wozu der Elsermann ihr weißes Atlaskleid fertig ist, über das sie große Freude hat. Nun sind wir daran, ihr noch ein ächt italienisches Morgenkleid zu den ersten Scenen zu erfinden und zuzurichten. Von Hofe her werden sich auch einige Tunicas einfinden, damit das Einsiedelsche Stück recht zum Glanz gelange. Es wird sich aber verzögern, bis Du zurückkommst.

Haide hat um seine Entlassung gebeten und hat sie erhalten. Er geht mit vorteilhaften Bedingungen nach Wien, worüber denn der Nachwuchs höchlich erfreut ist. Reinholds gehen auf Michaeli ab. Es war an ihnen nichts zu halten. Übrigens hat sich von Truppen und Einquartirung nichts merken lassen. Das Einzige, was uns innerlich beunruhigte, war, daß der Frau Herzogin Mutter Durchlaucht drei bis vier Tage bedeutend krank waren. Nun aber hat sichs wieder gegeben, und baldige völlige Herstellung ist zu hoffen.

Unser ganzes Haus befindet sich wohl, August gloriirt über seinen Ritt nach Erfurt, von welchem die Reiter schon vor Tische wieder zurück waren. Er hat sich gestern in einem neuen Starostenkleid gebrüstet.

Über das gute Wetter, das die vergangene Woche anhaltend war, haben wir uns besonders um Deiner Reise willen gefreut. Jetzt schneit es wieder ein wenig. Wir wünschen die beste Witterung zur Frankfurter Messe und allem Zubehör, empfehlen uns allen Freunden, besonders der Frau Syndikus Schlosser, bitten um ein paar Zeilen manchmal und wüßten wenig mehr zu sagen.

Der Brief aus Eisenach[1] ist zur rechten Zeit angekommen. – Mittwoch werden die Damen das erste Mal wieder bei mir zum Frühstück sein. Bei Madame Schopenhauer war es ganz unterhaltend. Das junge Bertuchische Paar fand sich da-

---

1 Über gestrichenem Erfurt.

selbst ein. Demoiselle Bardua hat mich nochmals zu malen
angefangen.   G.

400. *Goethe*

Weimar, den 3. April 1807.
Obgleich heute kein Brief von Frankfurt angekommen, so
will ich doch einen von hier abgehen lassen, um abermals zu
melden, daß alles gut steht, und daß man sich des schönen
Frankfurt und alles Guten, was dort zu genießen ist, mit
Gemütsruhe freuen kann.

Die Herzogin Mutter ist wieder hergestellt, und von
dieser Sorge wären wir also befreit. Von Krieg und Kriegsgeschrei hören wir auch kaum etwas weiter, als was August
gelegentlich mit großem Triumph aus der Bayreuther Zeitung erzählt. Was die häuslichen Dinge betrifft, so ist das
Spargelquadrat nebst den Rabatten umgegraben, obgleich
die Witterung keinesweges günstig ist und wir wieder starken Schnee gehabt haben.

Am Mittwoch ist die regierende Herzogin mit den Damen
wieder zum ersten Mal bei mir gewesen, und ich hoffe, diese
Unterhaltung bis zu meiner Abreise fortzusetzen.

Die Oper ›Helene‹ ist das zweite Mal mit mehr Beifall
gegeben worden als das erste Mal. Morgen bleibt es bei
›Emilia Galotti‹.

Zu dem neuen Maskenstücke ist durch Herrn von Einsiedels Verwendung von Hof her ein prächtiges Kleid für die
Elsermann angekommen, weißer Krepp mit guten Silber-
flintern, Zickzack gestickt, so daß es von weitem wie Zindel
aussieht, nur viel blendender. Wir haben es ihr gestern nach
Tische angezogen, und sie hätte sich gar nicht wieder ausklei-
den mögen. Sonntag theile ich das Stück aus. Die Aufführung
wird sich aber wohl bis zu Deiner Rückkunft verschieben.

Sonst ist von da- und dorther manches Freundliche eingegangen. Das Vergnüglichste aber wird mir sein, wenn Du
Dich mit der lieben Mutter wohlbefindest und glücklich
wieder bei uns anlangst. Wenn Du Deine Ankunft genau
bestimmen kannst, so wollen Dir die Reiter wieder bis
Erfurt entgegen kommen. Lebe recht wohl, empfiehl mich
der lieben Mutter und den Freunden und laß bald wieder
von Dir hören.   G.

*

Dieses Schreiben Goethes ist gemeint, wenn Frau Rath
unterm 7. April an den Sohn schreibt: »Da deine Liebe Frau
gleich nach erhaltung deines Lieben Briefes mit zwey guten
Freunden nach dem Willhelms Baad gefahren ist, und erst
diesen Abend wieder kommt; so hat Sie mich ersucht dir
folgendes zu berichten, daß Sie Sontags den 12. Aprill Vormittags in Erfurth im Römischen Kaiser ankommen wird –
Was Ihr daraus vor Eures Thun und machens etwa thun wolt
– könnt Ihr nun betreiben – Gerne schriebe ich mehr aber
es ist keine einzige Feder im Hauße die etwas taugt.« August
mag der Mutter wieder bis Erfurt entgegengeritten sein; in
Goethes Tagebuch heißt es unterm 12. April: »Um 5 Uhr
kam meine Frau von Frankfurt zurück.« Fünf Tage später
schreibt Goethe an Esther Stock nach Frankfurt: »Sie können leicht denken, wertheste Freundin, daß seit dem 12.
dieses, als dem Tage, wo meine kleine Frau zurückkam,
Frankfurt unser beständiges Gespräch gewesen, und daß es
mir fast zu Muthe ist, als käme ich selbst daher. Haben Sie
tausend Dank für alles Gute und Freundliche, daß Sie der
Reisenden erzeigen wollen, für die eine lebhafte Erinnerung
jener heitern Stunden ein kostbarer Schatz für die Zukunft
bleiben wird.« Und am selben 17. April macht Goethes
Mutter ihrer Herzensfreude über Christiane Luft, indem sie
an ihren Wolfgang schreibt: »Du kanst Gott dancken! So ein

Liebes – herrliches unverdorbenes Gottes Geschöpf findet
mann sehr selten – wie beruhigt bin ich jetzt (da ich Sie
genau kenne) über *alles* was dich angeht – und was mir
unaussprechlich wohl that, war, daß alle Menschen – alle
meine Bekandten Sie liebten – es war eine solche Hertzlich-
keit unter ihnen – die nach 10 Jähriger Bekandtschaft nicht
inniger hätte sein können – mit einem Wort es war ein
glücklicher Gedanke Sich mir und allen meinen Freunden
zu zeigen – *alle* vereinigen sich mit mir dich glücklich zu
preißen.« – Da die Karlsbader Heilquellen im Jahre 1806
überaus wohltätig auf Goethes Befinden gewirkt hatten,
entschloß er sich, sie auch dieses Jahr zu besuchen, und zwar
um so lieber, als er während der ersten Monate des neuen
Jahres wiederholt Anfälle seines alten Übels erlitten hatte.
Schon am 16. Mai trat er die Reise an und verweilte zunächst
einige Tage in Jena.

*

401. *Goethe*

Jena, den 22. Mai 1807.
Für das Überschickte danke ich recht vielmals, besonders
auch für die schönen Spargel, die Du mir hier bestellt hast.
Ich habe dadurch ein ganz einfaches Kunststück gelernt, daß
ich, wenn ich künftig hier etwas haben will, die Botenweiber
bestechen muß, welche die Dinge nach Weimar tragen, und
daß ich sie ihnen bezahle, wie man sie in Weimar zahlt.
Denn es ist recht eigen, hier kann man nichts haben. Den
Aal bleibe ich Dir auch schuldig; Herr von Hendrich aber
will dafür sorgen. Künftigen Montag, den 22., gehe ich weg,
und bin wahrscheinlich den Donnerstag in Karlsbad. Hast
Du mir noch etwas zu sagen und zu schicken, so sende es mir
durch die Botenweiber. Inliegenden Brief schicke sogleich
an Hofrath Meyer und laß Dir etwa seine Antwort ausbitten.

Der Mutter Brief hat mir viel Freude gemacht. Ich sende ihn hierbei zurück. Laß es Dir in Deinem Garten wohlsein. Herr von Hendrich hat wohlfeile Zelter. Sollte man nicht eins davon nehmen, um es in dem mittelsten Rondel, wo Deine Tische und Stühlchen stehen, aufzuschlagen? Schreibe mir Deine Gedanken, so mache ich vielleicht bei meiner Rückkunft einen Handel. Gegenwärtig wüßt ich weiter nichts zu sagen, als daß ich Dir wohlzuleben wünsche und von Karlsbad aus bald schreiben werde. G.

Augusten, den ich schönstens grüße, dient zur Nachricht, daß Karl sein Buch der Buchbinderin Voigt gegeben, welche es, wie er sagt, mitgenommen.

402. *Goethe*

Montag früh um vier Uhr, also früher, als Du diesen Brief erhältst, fahren wir nach Karlsbad ab, und es ist mir denn doch lieb, daß wir von Jena wegkommen. Ich wußte wohl, daß ich nach allem Vergangenen einen Einstand geben mußte, und damit mag es denn auch gut sein. Wenn ich wiederkomme, werde ich mich schon besser in den gegenwärtigen Zustand finden.

Bleibe ja recht ruhig und vergnügt in Deinem friedlichen Thal mit allen denen, die Dich besuchen mögen und können. Es sieht in der Welt sehr toll aus, daß man Gott zu danken hat, wenn man auf einem stillen Fleckchen lebt. Was das Haus und Hauswesen betrifft, verlasse ich mich auf Dich in jedem Falle und gehe ruhig weiter.

Mit dem Zelte hat es sich gar wunderlich gefunden: denn es war eben nicht da, als wir nachsahen. Die Zelter von den Gemeinen lagen in der Kammer, aber das Hauptmannszelt nicht. Du wirst Dich über diesen Verlust in Deiner Laube trösten.

Der Mutter Brief hat mich weit mehr erbaut als der Brief von Bettinen. Diese wenigen Zeilen haben ihr mehr bei mir geschadet, als Deine und Wielands Afterreden. Wie das zusammenhängt, auszulegen, dazu würde ich viele Worte brauchen.

Ich lege ein Blättchen bei, wegen einer Bestellung. Sei so gut und mache sie selbst, denn auf August, den ich demungeachtet herzlich grüße, kann man sich nicht verlassen.

Ingleichen findest Du die Quittung für das Johannisquartal.

Wenn Du Herrn Hofrath Meyer siehst, so grüße ihn vielmals.

Wenn Du einmal herüberkommen willst, wirst Du dem Herrn Major und Demoiselle Huber willkommen sein.

Das schöne Wetter wird wohl noch einige Zeit dauern; wenn wir es vorerst nur auf drei Tage haben, so bin ich schon zufrieden.

Lebe recht wohl und gedenke mein. Wenn alles geht, wie es soll, so sind wir Montags Nacht in Schleiz, Dienstag in Hof, Mittwoch in Eger und Donnerstag in Karlsbad, wohin Du uns mit Deinen Gedanken folgen kannst. Lebe recht wohl, besorge die paar beiliegenden Sachen. Wie ich in Karlsbad angekommen bin, so wird gleich geschrieben.

Jena, den 24. Mai 1807.   G.

*

Am 25. Mai früh kurz nach 4 Uhr fährt Goethe, in Begleitung Riemers, von Jena ab und trifft am 28. nachmittags $1/2 2$ Uhr in Karlsbad ein.

*

Karlsbad, Donnerstag, den 28. Mai,
am Frohnleichnamsfeste 1807.

Daß wir glücklich angekommen sind, will ich durch den
rückkehrenden Kutscher sogleich vermelden.

Montags gelangten wir bis Schleiz, Dienstags bis Hof,
Mittwoch bis Franzenbad, und heute sind wir bei guter Zeit
hier angekommen. Wir hatten das herrlichste Wetter,
trockne Wege und also jeden in seiner Art so gut, als man ihn
finden kann. Da wir uns nicht übereilten, so war es jeden Tag
nur eine Spazierfahrt, und wir konnten nach der Ankunft
noch promeniren, Bekannte besuchen und uns umsehen; wie
wir uns denn das Egerwasser gegen Abend noch vortrefflich
schmecken ließen. An einem reinlichen Festtage sind wir
hier in Karlsbad angekommen und haben lange nichts so
Friedliches und Anmuthiges gesehen. Wir haben unser altes
Quartier ledig gefunden und es sogleich bezogen.

Gegenwärtig sind erst 30 Curgäste angekommen und
manche, wie es sich wohl versteht, angemeldet. Das Papier-
geld ist seit einem Jahre, wie natürlich, sehr gefallen. Das
Kopfstück steht zu 45 Kreuzer. Zwar erhöht man auch die
Forderungen, doch, wie es immer geht, nicht in gleicher
Proportion. Deßhalb dieser für den Einwohner traurige
Umstand dem Fremden, der baar Geld mitbringt, zum Vor-
theil gereicht.

404. *Goethe*

Aus der Beilage, die Herr von Hendrich sendet, wirst Du,
meine Liebe, sehen, daß es uns wohlgegangen und wohlgehet. Nächstens werde ich mehr schreiben. Verzeihe nur,
wenn ich die Spitzen nicht gleich mit dem Kutscher

schicke, der morgen früh um 4 Uhr wieder abgeht. Wenn ich von hier an die Mutter schreibe, will ich der Sache erwähnen und Dir nachher etwas Gutes entweder mitbringen oder, wenn ich in der Zwischenzeit Gelegenheit habe, schicken.

Ich kann Dir nicht ausdrücken, was wir uns glücklich fühlen, in einem friedlichen Lande, unter guten Menschen, nach unserer Bequemlichkeit und Weise nur diese wenigen Stunden gelebt zu haben. Dem Gemüthe nach ist man schon fast ganz geheilt, und der Körper wird ja auch bald nachfolgen.

Lebe recht wohl. Ich werde von Zeit zu Zeit schreiben. Grüße August und Hofrath Meyer zum schönsten.

Karlsbad, den 28. Mai 1807.   G.

405. *Goethe*

Karlsbad, den 2. Juni 1807.
Da morgen die Post in jene[1] Gegend abgeht, will ich ein Briefchen an Dich vorbereiten und Dir sagen, daß ich mich sehr wohl befinde, an Leib und Seele unvergleichlich besser, als da ich von Hause wegging. Wir haben zwar abwechselndes, aber doch im Ganzen sehr angenehmes Wetter, ein sehr hübsches, heiteres Quartier in guter Lage. Bekanntschaften hab ich auch schon gemacht, und so wird das hiesige Leben nach hergebrachter Ordnung fortgeführt. Morgens um 5 Uhr stehe ich auf und gehe an den Brunnen. Zwischen 8 und 9 wird gefrühstückt; dann etwas geruht, angezogen, dictirt, wieder ein wenig spaziert und dann gegessen. Nach Tische wird im Zimmer gezeichnet, gegen Abend auf der Promenade und sonst die Zeit auf eine oder die andre Weise

1 Über gestrichenem Ihre.

hingebracht. Das Essen ist leidlich, so auch der Wein; doch wird man eben nicht verführt, sich zu übernehmen. Morgen ist unsere erste Woche um, und da wird Zahltag sein. Bis jetzt haben wir sehr ordentliche Rechnung geführt. Heute ist Papier eingewechselt worden; da wir denn für 50 gute Gulden 103 Papiergulden erhalten haben. Über acht Tage sollst Du erfahren, was uns eine Woche kostet.

Von Leipzig habe ich sehr gute Nachrichten. Herr Rath Rochlitz war so freundlich, mir einen recht umständlichen Brief zu schreiben. Durch Genast weiß ich die Einnahme, die auch nicht gering ist, und so ginge denn dieses Unternehmen recht schön. In den vier ersten Repräsentationen war die Elsermann noch nicht aufgetreten.

Hier ist noch wenig Gesellschaft, und die leeren Alleen würden Dir nicht gefallen. Doch werden manche Gäste erwartet. Von Spitzen habe ich noch nicht viel Kluges gesehen; aber einen neuen Einfall, der auf Wohlfeilheit angelegt ist, nemlich Grund mit Zacken, der recht gut aussieht; so habe ich auch weder ächte, noch falsche Granaten bisher gesehen. Viele Läden sind noch zu, und ist alles erst im Anfang. Mehr will ich dießmal nicht sagen, damit der Brief nicht liegen bleibe. Von Achttagen zu Achttagen erhältst Du Nachricht, und ich hoffe, auch von Zeit zu Zeit etwas von Dir zu erfahren. Lebe recht wohl und grüße Augusten zum schönsten.   G.

406. *Goethe*

Da ein Bote nach Weimar geht, so versäume ich nicht, Dir ein paar Stück Spitzen zu schicken. Mit den ausgezackten kannst Du Dich indessen beliebig putzen. Von den andern schickst Du allenfalls 3 Ellen an Lieschen und hebst die übrigen zu weiterem Gebrauch oder zum Verschenken auf.

Dagegen wünsche ich Folgendes:

1. Meine Farbenlehre, welche bei Herrn Professor Kästner oder bei Frau[1] Hofrath Schiller sein muß. August wird sie herbei zu schaffen wissen.

2. Die vier Bände meiner Werke. Es liegen noch drei Exemplare in dem Actenschrank in dem Zimmer neben unserer Schlafkammer. Davon nimmst Du eins auf Schweizerpapier, welches leicht zu erkennen ist, weil es weißer ist und die Bände stärker als vom ordinären Druckpapier. Auch liegen zwei Exemplare davon übereinander, anstatt daß vom Druckpapier nur Ein Exemplar noch daneben liegt. Diese Bände zusammen mußt Du wohl in Papier einpacken und mit Bindfaden umschnüren lassen, auch sobald als möglich an Herrn Geheimrath Voigt schicken, weil der Bote bald wieder fortgeht. Du kannst zu dieser Sache Sachsen brauchen, der gut einpackt und bei Geheimerath Voigt die Bestellung machen kann.

Du schreibst mir in Deinem letzten Briefe, Du wollest etwas Gedrucktes, den Geheimerath Wolf betreffend, beilegen; es war aber nicht in dem Packet.

Was von Briefen und Päckchen in der Zwischenzeit angekommen ist, kannst Du auch mitgeben, nur nicht, wenn es zu groß ist. Wäre aber etwas dergleichen gekommen, so könnte es August aufmachen und mir sagen, was es enthielte.

Von unsern jungen Schauspielern habe ich noch nichts gehört. Übrigens sind alle Reisende, die von Leipzig hierher kommen, mit den Aufführungen, denen sie beigewohnt haben, sehr zufrieden.

Ich befinde mich sehr wohl und wünsche nur, daß es continuire. Ich wünsche, daß ihr auch wohl und vergnügt sein möget.

---

1 Nachträglich über der Zeile.

August soll mir eins von den flachen, spitzwinklichten Glasprismen zu den Büchern packen.

Karlsbad, den 9. Juni 1807. G.

Die beiliegenden Haarnadel gehören an Durchlaucht die Prinzeß und sind nur an Demoiselle Lorch zu überschicken.

407. *Goethe*

Karlsbad, den 18. Junius 1807.
Sowohl durch den Boten, als durch Herrn von Herda habe ich von Dir zwar kurze, aber doch erfreuliche Nachricht erhalten, daß ihr wohl seid und so gut als möglich eure Einsamkeit genießt.

Daß die Spitzen zur rechten Zeit angekommen sind, freut mich sehr. Die gezackten sind böhmische und die andern sächsische. Die Fabrikationen beider Länder unterscheiden sich hauptsächlich dadurch, daß jene schönere Muster haben und diese einen gleicheren Grund. Von schwarzen will ich Dir noch etwas mitbringen.

Da einer von den Leuten des Herzogs morgen nach Weimar gesendet wird, so schicke ich Dir zugleich die Granaten mit, die ich Dir angeschafft habe. Die kleinen sind ächt, die großen unächt und werden beiderseits zum Schmuck dienen, besonders so lange die Trauerzeit währt. Übrigens will ich nun mit Kaufen ein bißchen innehalten. Die ordinären Ausgaben sind sehr mäßig, und man kann nicht leicht wohlfeiler leben als hier, wenn man einmal eingerichtet ist. Nur ist die Verführung von allerhand hübschen Sachen so groß, daß man immer etwas einzuhandeln verleitet wird, besonders wenn man damit Freude zu machen denkt.

Von dem Gebrauch des Wassers kann ich noch immer Gutes sagen, und für die Zukunft habe ich auch bessre

Hoffnung, da Doctor Kapp, ein alter Freund und vortrefflicher Arzt, sich meiner annimmt, mein Übel wohl überlegt
und, wie mir scheint, sehr gut beurtheilt hat. Hauptsächlich
läuft alles auf eine sehr genaue Diät hinaus. Ich will noch
etwa acht Tage trinken, dann pausiren und baden, und was
sonst noch weiter für gut befunden wird. Ich lebe übrigens
hier ganz ruhig und vergnügt nach meiner Weise, so daß ich
mich gar nicht wegsehne. Ihr werdet ja indessen wohl auch
die Zeit hinbringen, und es wird sich diesen Sommer für
euch auch wohl noch ein Spaß aufthun.

Schlossern grüße vielmals, wenn er noch bei euch ist.
Weiter wüßte ich nichts zu sagen, als daß der Courier, der
dieses bringt, in einiger Zeit nach Karlsbad zurückkehrt.
Mache daher ein Päckchen für mich zurechte und ersuche
ihn, daß er es bei Dir abhole. Mit der Post schreibe ich bald
wieder und hoffe, immer etwas Gutes melden zu können. G.

408. *Goethe*

Karlsbad, den 24. Juni 1807.
Wie ich aus den verschiedenen Briefen, die wir gewechselt
haben, ersehe, so gehen die Posten von hier auf Weimar und
zurück noch immer sehr langsam; und weil man sich also
Nachrichten und Entschlüsse nicht gut mittheilen kann, so
will ich Dir voraus sagen, wie ich es zu halten gedenke,
damit Du Dich von Deiner Seite darnach richten könnest.

Die veränderte Curart, nach dem Rathe des Doctor Kapp
von Leipzig, schlägt mir sehr gut an, und ich will den
Gebrauch des Wassers auf diese Weise fortsetzen. Dann soll
ich baden, ohne zu trinken, und was weiter für Anordnungen
werden gut befunden werden. Auf den Donnerstag sind wir
4 Wochen hier, und ich habe Lust, auf alle Fälle noch 4 zu
bleiben, weil ich für mich keinen angenehmern und vor-

theilhafteren Aufenthalt wüßte. Zugleich ist mir freilich sehr daran gelegen, noch hier am Orte zu beobachten, wie mir der Gebrauch des Wassers im Ganzen bekommt, und Doctor Kapp, der auch noch eine Zeit lang hier bleibt, Gelegenheit zu geben, daß er meine Zustände noch genauer beurtheilen könne. Er hat mir gerathen, wenn[1] ich nach Hause komme, Spaawasser zu trinken, und ich schreibe deßwegen von hier aus an die Mutter, daß sie mir eine Kiste verschreiben läßt: eine Bemühung, die Herr Nikolaus Schmidt, oder sonst ein Freund, gern übernehmen wird.

Nun von Dir und Deinen Projecten zu reden, so siehst Du hieraus, daß Du mit Deiner Lauchstädter Tour auf meine Rückkunft nicht warten kannst. Ich gebe Dir also folgenden Rath, daß Du das Haus recht gut besorgest und bestellest, Dich nach jemand Soliden umsiehst, der in Deiner Abwesenheit hereinzieht und etwa Deine Stube und Alkoven bewohnt: denn ich bitte Dich inständig, das Haus nicht etwa Augusten und den Mägden allein zu überlassen, weil uns daraus ein großer Verdruß zuwachsen könnte, der allen Spaß verdürbe und eine schlechte Nachcur gäbe.

Da nun die Schauspieler wahrscheinlich nicht lange dieß Jahr in Lauchstädt bleiben, so hinge es von Dir ab, die Zeit zu nutzen und, sobald Du es für gut fändest, hinzugehen, ohne daß Du weiter bei mir anfragtest, noch wegen meines Ausbleibens besorgt wärest. Es soll mir sehr angenehm sein, wenn Du dort gute Zeit hast und Dich wieder einmal auf alte Weise amüsirst. Seit der Einnahme von Danzig haben wir in unsern Gegenden nicht leicht etwas zu besorgen, und überhaupt bist Du ja so nahe, daß Du in Einem Tage wieder zu Hause sein kannst. Schreibe mir nur, wenn Du weggehst und wie lange Du ohngefähr auszubleiben denkst. Nur stelle jemand, wie ich schon gebeten habe, im Hause an, wäre es auch nur, um mich dieser Sorge zu überheben.

1 Nach gestrichenem ein [oder in] Spa.

Sonnabend, den 27. Juni, geht der Herzog von hier ab, und ich werde alsdann erst wieder ein recht einsames und stilles Leben führen; auch hoffe ich, noch manches zu thun, wenn nur erst die Trink- und Badecur vorbei ist, und ich mich hier wie auf einem Lustort vergnüglich aufhalte.

Die Schauspielergesellschaft ist endlich auch hier ange-kommen. Wie sie im Ganzen bestellt ist, kannst Du daraus abnehmen, daß in der ›Camilla‹ unser alter Spitzeder den Herzog und Madame Weyrauch die Camilla gespielt hat. Übrigens ist die Tochter von Spitzeder ein recht hübsches Mädchen geworden, aus der wohl etwas zu machen wäre. Von der Weyrauchschen Tochter will ich nicht dasselbige sagen.

Die Granaten werden nunmehr glücklich angekommen sein, und ich hoffe, sie sollen nebst den Spitzen in Lauchstädt guten Effect thun. August soll ein Paar Pistolen haben. Der Säbel wird schwerer zu finden sein. Überhaupt haben sich die hiesigen Arbeiter gefürchtet, Waffen fertig zu machen, weil sie dachten, man könne sie ihnen, beim Ausbruche eines Krieges, ohne viel Complimente wegnehmen. Von den geschliffenen Glaswaaren bring ich etwas mit, sowohl für die Tafel als für den Theetisch. Denn was den letzten be-trifft, so kannst Du ihn künfigen Winter doch nicht ganz entbehren.

Lebe recht wohl und grüße alle Freunde. Von Lauchstädt aus kannst Du schreiben. Denn über Leipzig kommen die Briefe von dort eher hieher als von Weimar. Lebe recht wohl und gedenke mein.   G.

Riemer empfiehlt sich der gnädigen Frau und Augusten bestens.

Unsern jungen Freund Schlosser grüße vielmals und danke ihm für sein Blättchen. Es thut mir leid, daß ich ihn versäume. Desto angenehmer ist mir die Hoffnung, die er

uns macht, bald wiederzukommen. Augusten grüße gleichfalls schönstens. Wenn er auch einmal etwas ausführlicher
als bisher schreiben wollte, so sollte er gelobt werden.

409. *Goethe*

Durch Herrn Regierungsrath Voigt schicke ich Dir ein
Schwänchen zu Deiner Reise nach Lauchstädt. Meine Absicht ist dabei, daß Du diese Dinge theils zu eigenem Gebrauch verwendest, besonders aber auch, daß Du Personen,
die Dir gefällig sind, einige Artigkeit erzeigen mögest. Ich
habe deßhalb der Kleinigkeiten allerlei zusammengepackt.
Das Kästchen selbst solltest Du der Elsermann schenken und
mit dem Schmuck der falschen Granaten und des bunten
Glases die Theaterfreunde ausputzen, auch mit dem Übrigen nach Belieben verfahren.

Augusten danke für seinen Brief, der etwas länger als
gewöhnlich ausgefallen ist, und sage ihm, daß ein Paar sehr
schöne Pistolen bestellt sind. Was aber den Säbel betrifft, so
haben sie keinen mit metallener Scheide und wollen, wenn
man sie bestellte, sehr hoch hinaus. Auch ist es eigentlich
nur eine Offizierstracht. Die Säbel, unter denen man hier die
Auswahl hat, sind mit damascirten Klingen, die freilich
nicht blinken, mit schwarzen Scheiden, das Beschläge polir-
ter Stahl oder verguldetes Messing. August soll mir zunächst
seine Meinung darüber schreiben, auch was er für ein Ge-
hänge dazu haben will.

Mit eigner Hand setze ich noch einige Worte hinzu. Ich
befinde mich recht wohl, und weil man nach Verordnung
des Arztes gar manche Stunde des Tages nichts thun darf, so
schleiche ich in den Boutiquen herum, handle Kleinigkeiten, wovon ich Dir einen Transport überschicke. Wenn Du
nach Lauchstädt gehst, so mache es Dir recht bequem und

vergnüglich, nimm ein hübsches Quartier und sei überhaupt wegen des Aufwandes nicht ängstlich, wir wollen schon wieder was herbeischaffen. Ich bin schon fleißig hier gewesen und werde es zunächst noch mehr sein. Von dem, was ich Dir übersende, behalte für Dich, was Dir Freude macht, das andre verschenke an Personen, denen Du wohlwillst, und die sich gefällig gegen Dich bezeigen. Lebe wohl, gedenke mein, wie ich Deiner gedenke.

Karlsbad, den 1. Juli 1807.   Goethe.

410. *Goethe*

Herr Regierungs-Rath Voigt machte mir Hoffnung, daß er Sonnabends früh Dir mein Schwänchen zustellen wollte. Indessen finde ich Gelegenheit, Dir wieder ein Wort zu sagen, die ich nicht vorbei lassen will. Es behagt mir hier immer besser, ich bin nun eingewohnt, habe aufgehört zu trinken und fange an zu baden. Gegenwärtig wird den ganzen Tag gezeichnet und illuminirt, und Riemer thut ein Gleiches, wodurch wir uns denn ganz gut unterhalten, und noch eine Weile so fort zu leben wünschen. Was meine körperlichen Zustände betrifft, so seh ich wohl, geht es auf eine sehr vorsichtige Diät hinaus, und daß man wachsam sei, ein Übel, das man nicht heben kann, zu dämpfen und Ausbrüche zu verhüten. Zu keiner größeren Reise habe ich Muth und will, so gut es gehen mag, hier des Lebens genießen.

Dabei bleibt mein Hauptspaß, allerlei für Dich auszudenken, Denn ich muß Dir nur verrathen, daß ich Dir noch eine Kopfkette machen lasse von künstlichen Steinen, die so schön sind, als die natürlichen nicht sein können, und welche Dir gewiß viel Freude machen wird. Ich habe das Werk auf allerlei Weise ausstudirt und zusammengeschafft, so daß es recht vergnüglich werden muß. Das Glaswesen kommt auch nach und nach herbei.

Ich möchte Dir noch von einem trefflichen Manne sagen, den ich habe kennen lernen, und dessen Umgang das Beste ist, was ich hier genieße. Er wird nach Weimar kommen, doch wahrscheinlich nicht eher, als bis ich dort bin. Unser Herzog ist noch hier, wohl und vergnügt. Mehr sage ich heute nicht. Lebe wohl, mein gutes Kind, und grüße Augusten schönstens.

Karlsbad, den 3. Juli 1807.   G.

411. *Goethe*

[Karlsbad, 14. Juli 1807.]
Deinen Brief vom 8. aus Lauchstädt erhalte ich heute am 14. Ich will gleich antworten und dieses Blatt mit der nächsten Post fortschicken, so erhältst Du es noch zur rechten Zeit.

Es war mir sehr erfreulich, daß Dich Herr Regierungsrath Voigt noch erreichte und Dir das Schwänchen auf die Reise mitgeben konnte. Sei nicht zu karg mit dem Inhalt des Kästchens: denn ich bringe Dir noch manches Ähnliche mit. Grüße die Elsermann, danke ihr für ihren Brief und sag ihr, sie soll an mich denken, wenn sie sich im Spiegel besieht. Ich habe Mühe gehabt, einen so klaren hier zu finden; in den gewöhnlichen Kästchen sind sie meistentheils streifig.

Genieße Deines Aufenthalts in Lauchstädt aufs beste. Auch habe ich nichts dagegen, wenn Du auf einige Zeit nach Leipzig gehn willst. Was mich betrifft, so habe ich keine Lust hinzugehen. Ich wüßte mir keinen angenehmern und bequemern Aufenthalt als Karlsbad und werde wohl noch eine Zeit lang hier bleiben. Was sonst Jena für mich war, soll künftig Karlsbad werden. Man kann hier in großer Gesellschaft und ganz allein sein, wie man will; und alles, was mich interessirt und mir Freude macht, kann ich hier finden und treiben. Wohlfeil ist es auch. Die willkürlichen, außerordentlichen Ausgaben betragen das meiste.

Sehr schönes Glaswerk habe ich angeschafft, das eigentlich auch nicht theuer ist, womit Du Tafel und Theetisch zum schönsten ausputzen kannst; und sonst ist auch noch allerlei Geld vertändelt worden, für Sachen, womit ich aber doch Dir und andern einige Freude zu machen hoffe.

Der Herzog ist noch hier und gedenkt, zu Ende der Woche abzugehen. Vielleicht kann ich durch seine Leute etwas nach Weimar bringen.

Mit meinem Befinden geht es sehr gut, besonders seit acht Tagen. Doctor Kapp von Leipzig und Dr. Mitterbacher von hier haben sich sehr viel Mühe gegeben, meine Umstände zu erforschen, und, nachdem ich die eigentliche Brunnen-Cur geendigt, mir eine Arznei verschrieben, die ganz wunderwürdige Wirkungen gethan hat. Ich befinde mich seit den letzten acht Tagen so wohl, als ich mich in Jahren nicht befunden habe. Wenn es dauerhaft ist, so wollen wir Karlsbad und die Ärzte loben. Indessen trinke ich noch alle Morgen von dem gelindesten Brunnen einige Becher mit Milch, wobei ich mich den ganzen Tag nach meiner Art beschäftigen kann. Karl macht seine Sache recht ordentlich, und auch von dieser Seite sind wir besser dran als vorm Jahre. Um aller dieser Ursachen willen werde ich noch hier verweilen, weil ich nun erst anfange, recht zu Hause zu sein.

Du brauchst mir deßhalb nicht wieder zu schreiben, bis Du bestimmen kannst, wenn Du wieder in Weimar sein wirst. Dieses melde mir von Lauchstädt oder von Leipzig aus, weil von dorther die Briefe gar ordentlich ankommen. Ich schreibe Dir alsdann gleich nach Weimar, damit Du erfährst, wie es mit mir steht, und was ich weiter vornehme.

Hier wird gezeichnet, gelesen, mineralogisirt und von Zeit zu Zeit eine Promenade gemacht. Das Wetter ist sehr schön, fast zu heiß. Gestern Abend hatten wir ein starkes Gewitter.

Unter die Menschen komme ich wenig; nur insofern ich bei dem Herzog speise und von ihm in die Welt gezogen werde, sehe ich manchmal verschiedene Personen. In die Komödie komme ich auch nicht mehr. Nur die Wiener Stücke sind höchstens auszuhalten. Heute wird ›Fanchon‹ gegeben; Madame Weyrauch macht das Leyermädchen und Spitzeder den Abbé.

Resident Reinhard mit seiner Familie gehen morgen ab, über Dresden, und kommen[1] wahrscheinlich in einiger Zeit nach Weimar. Sei freundlich gegen sie, wenn sie Dich besuchen, und mache ihnen etwa Gelegenheit, jemand zu sehen und kennen zu lernen. An ihm wirst Du einen ernsthaften, sehr verständigen und wohlwollenden Mann finden. Inwiefern Du zu ihr einiges Verhältniß haben kannst, wird sich geschwind zeigen. Sie ist eine gute Mutter und thätige Gattin, aber belesen, politisch und schreibselig, Eigenschaften, die Du Dir nicht anmaßest. Sie kennt Madame Schopenhauer und hofft, auch mit ihr in Weimar zusammenzutreffen. Mehr wüßte ich jetzt nicht zu sagen, als daß ich Dich ersuche, die Herren Wöchner und die übrige Gesellschaft zu grüßen. Unserm Berlinischen Kleeblatt gönne ich Deine Ankunft in Lauchstädt. Aus den Relationen Genastens und des Herrn Rath Rochlitz konnte ich schon merken, wie es eigentlich mit ihnen stand. Es ist eben auch eine Prüfung, durch die sie hindurch mußten. Da sich Madame Beck als Gast bei der Gesellschaft aufhält, so kannst Du ja wohl einleiten, daß die ›Hagestolzen‹ gegeben werden. Lebe übrigens recht wohl und in der Hoffnung eines fröhlichen Wiedersehens.

Abgeschickt den 16. Juli 1807.   G.

1 kommt.

412. *Goethe*

[Karlsbad, 23./27. Juli 1807.]
Deinen Brief, meine Liebe, datirt: Lauchstädt, den 14. Juli,
habe ich am 21. erhalten und daraus mit Vergnügen ersehen, daß es Dir wohlgeht. Es ist immer angenehm, an
einen Ort wieder zu kommen, wo man in früherer Zeit
vergnügt gewesen ist, in eine Gegend, wo man schon Verhältnisse hat und weiß, wie es daselbst beschaffen ist. Ich
sende den gegenwärtigen Brief nach Weimar, daß er Dich
entweder daselbst empfange oder kurz nach Dir gleichfalls
ankomme.

In meinem Zustand hat sich nichts verändert. Ich befinde
mich sehr wohl und kann nunmehr hoffen, daß es dauern
werde; wobei es nur darauf ankommen wird, inwiefern ich
mich der Ordnung gemäß halten kann, von der ich nun
einmal weiß, daß sie mir convenirt.

Nach Wien habe ich wiederholte Einladungen. Graf
Purgstall, ein alter Bekannter von Jena und aus der Schweiz
her, hat mir sein Haus offerirt, da er sich den Sommer auf
dem Lande aufhält, und was dergleichen Anträge mehr sind.
Ich lasse mich aber dadurch nicht reizen, weil ich alles, was
die Cur gut gemacht hat, durch einen solchen Spaß wieder
verderben könnte. Länger hier zu bleiben aber habe ich
große Lust, wo ich ganz nach meinem Sinne leben und nach
Belieben meiner pflegen kann. Denn die Ärzte gestehen
selbst, daß bei Übeln, welche tiefer liegen, und mit denen
man schon eine Zeit lang behaftet ist, die vierwöchentliche
stürmische Cur wenig heißen will, und daß ein sachterer und
längerer Gebrauch vorzüglichere Wirkung thut.

Das Wetter ist außerordentlich schön. Ich sehe wenig
Menschen, weiß mich aber den ganzen Tag zu beschäftigen
und zu unterhalten.

Frau Stallmeister Böhme und Demoiselle Musculus, Pro-

fessor Fernow und Doctor Schütze sind auch glücklich angekommen, und es zeigen sich täglich neue Curgäste.

Da wir so unerwartet Friede haben, der sich wohl so bald
noch nicht hoffen ließ, so wollen wir auf eine zwar stille und
bescheidene, aber um desto gemüthlichere Art unseres Lebens den nächsten Winter genießen. Richte Dich darauf ein,
daß wir unsere alte Gastfreiheit fortsetzen können. Für
hübsches Geschirr, Tafel und Theetisch auszuputzen, ist
gesorgt. Auch bringe ich Dir eine silberne Thee- und Milchkanne mit, zu der ich zufälligerweise, ohne sonderliche
Kosten, gekommen bin. Der Herzog nemlich, als er wegging,
verehrte mir einen Caminaufsatz von Bronce, der für jemand anders bestimmt gewesen war und zuletzt beim Um-
tausch der Geschenke stehen blieb. Diesen vertauschte ich
mit geringer Aufzahlung gegen jene Geschirre, die Dir
Vergnügen machen werden. Die Kette ist auch fertig und
sieht sehr schön aus. Wenn ich Gelegenheit wüßte, schickte
ich sie zum Geburtstage. Doch wird sie Dir auch später
Vergnügen machen.

Die Glaswaaren will ich einpacken lassen und mit dem
Postwagen fortschicken. Ich adressire sie an Herrn von
Hendrich, der sie Dir hinüberspediren wird. Die wunder-
lichen Salzfässer werden Dir besonders gefallen.

Die Pistolen für August sind auch angeschafft, und so
hätte ich denn ziemlich beisammen, was ich mitbringen
oder schicken wollte. Ich wünsche, daß wir uns dessen
zusammen erfreuen mögen.

Daß Du mit der Theaterwelt, der alten und jungen, in
Verbindung bist und bleibst, ist mir sehr angenehm. Ich
weiß recht gut, daß alle Händel, die in diesem Zirkel entstehen, gar leicht vermieden oder wenigstens viel schneller
abgethan werden könnten, als gewöhnlich geschieht. Wenn
ich zurückkomme, werde ich die Sache auf meine alte Weise
behandeln. Du kannst alle von mir grüßen und ihnen sagen,

daß ich nur wünsche, meine Gesundheit möge auch diesen Winter dauerhaft bleiben, damit ich mich wieder einmal recht ernsthaft und anhaltend einer Anstalt annehmen könne, die so weit gediehen ist, daß es uns denn doch nicht leicht jemand nachmachen wird. Grüße alles zum schönsten und danke Deinem Bruder für die Briefe, die er mir geschrieben, und laß mich erfahren, wie es Dir in der letzten Hälfte des Juli ergangen.

———

Vorstehendes war geschrieben, als Dein Brief vom 21. ankam. Erst war dieß Blatt nach Weimar bestimmt, nun soll es aber nach Lauchstädt, da es Dich dort noch erreichen kann. Daß Du nicht nach Leipzig gehst, find ich ganz vernünftig. Ich wünsche, daß Du zu Hause alles wohl antreffest, wo Du auch bald Briefe von mir haben sollst, wenn ich mir etwas näher überlegt habe, was ich fernerhin vornehmen will. Nach Wien gehe ich auf keine Weise; ob ich aber gerade oder durch einen Umweg nach Hause gehe, bin ich noch unentschieden. Lebe recht wohl, grüße Augusten und alles in Deiner Nähe. Wenn Du in Weimar angekommen bist, so schreibe mir.

Karlsbad, den 27. Julius 1807. G.

*

In Goethes Brief an seinen Sohn vom 31. Juli heißt es: »Das Mütterchen hat vor kurzem in Lauchstädt einen Brief [unsern Brief 411] von mir erhalten, worin alles steht, was ich zu sagen habe ... Grüße die Mutter, wenn sie von Lauchstädt zurückkommt, und gib ihr Inliegendes«, d. h. das am Anfang des folgenden Briefes erwähnte »Stückchen Spitze«.

*

Dein Brief vom zweiten August hat mir viel Vergnügen gemacht, indem ich durch denselben erfuhr, daß Du wieder glücklich nach Hause gelangt bist und alles in gutem Zustande angetroffen hast.

Am 31. Juli schickte ich durch einen Boten einen Brief an August, worin ein Stückchen Spitze für Dich lag; ferner gab ich demselben Boten ein Päckchen mit, worin zwei Salzfässer nach der allerneusten Mode befindlich waren. Ich hoffe, diese Sendung ist glücklich angekommen, so wie Du wohl nun auch einen weitläuftigen Brief vom 27. Juli, den ich nach Lauchstädt schickte, nunmehr wirst erhalten haben. Denn aus Deinem Briefe kann ich nicht vermuthen, daß er Dir noch in Lauchstädt zugekommen sei. Erkundige Dich darnach, denn es wäre mir unangenehm, wenn er verloren gegangen.

Wir haben hier noch immer das schönste Wetter, und mein Befinden ist auch ganz gut. Ich kann mich sehr in Acht nehmen und auf mich Acht geben; welches jetzt die Hauptsache ist, damit ich sehe, wo es hinaus will, und was ich von der Folge zu hoffen habe. Nun möchte ich aber auch Augusten einen Spaß machen, und der sollte darin bestehen. Den 19. oder 20. dieses geht von Jena eine Kutsche leer hieher, welche die Herren Fernow und Schütze[1] abholen soll. Herr Frommann hat die Bestellung davon. Nun wünschte ich, daß August mit dieser Kutsche herführe. Fernow und Schütze[1] gehen den 24. von hier ab, und ich würde durch sie den Wagen bestellen lassen, der mich abholen soll. August bliebe alsdann etwa 8 Tage bei mir, und wir wären zusammen Anfangs September in Weimar. Du gibst ihm etwa 20 Thaler in Kopfstücken mit, die er bei seinen 3 Nachtlagern nicht

---

1 Schütz.

braucht. Es versteht sich, daß Herr Frommann, da der Kutscher ohnedem leer herfahren müßte, einen leidlichen Accord macht, daß August für eine Kleinigkeit herkommt, wie man sonst nur für ein Trinkgeld an die Kutscher eine Retour-Chaise haben kann; wie ich dieses auch in einem beiliegenden Briefe an Herrn Frommann ausgedrückt habe.

Findet also August Vergnügen an dieser Reise, so mag er beiliegenden Brief abschicken, oder mag hinüberreiten und mündlich die Sache abthun. Das gegenwärtige Blatt nimmt Frau Stallmeister Böhme mit, und Du kannst es Freitag früh erhalten. Da sind immer noch 6 bis 7 Tage, ehe die Jenaische Fuhre abgeht. August soll nicht viel mitnehmen, aber doch Schuhe und Strümpfe und einen saubern Rock, daß er sich kann in ehrbarer Gesellschaft sehen lassen. Sollte er jedoch von seiner Thüringer-Waldreise noch nicht zurück sein, oder sonst sich eine Ursache finden, warum ihr seine Reise hieher nicht für räthlich hieltet, so ist das Ganze nur ein Vorschlag und keine Ordre; und er kann sich diesen Spaß aufs nächste Jahr versparen.

In einigen Tagen sende ich einen Kasten ab mit Glaswaaren, auf welchen oben Bücher gepackt sind. Wenn er ankommt, so packe ihn sorgfältig aus. Ich wünsche, daß alles ganz sein möge, besonders die vorzüglich schönen Salatschalen. Die Einladungen nach Wien reißen gar nicht ab, auch nach andern Gegenden in Böhmen. Ich kann mich aber nicht entschließen, meine hiesige Ruhe mit einem andern Aufenthalte als mit Weimar zu vertauschen. Ebenso wenig möchte ich jetzt nach Leipzig; doch ist mirs sehr angenehm, daß Du Dir daselbst gute Bekannten verschafft hast, und daß es Dir überhaupt von der geselligen Seite in Lauchstädt wohlgegangen ist. – August muß nicht vergessen, sich einen Regierungs-Paß geben zu lassen, worin ausdrücklich bemerkt ist, daß er nach Karlsbad gehe, um die Cur zu brauchen. Ferner könnte er die Kofferdecke mitbringen, die bei allenfalls einfallendem Regenwetter immer ein nützliches Reisegeräth ist. Auch soll er uns drei Bouteillen rothen Wein mitbringen, damit wir auch wieder einmal etwas von jener Sorte genießen; dagegen wollen wir sie mit Melniker angefüllt wieder zurückbringen. Weiter wüßt ich nichts hinzuzusetzen als ein Lebewohl dir und allen Freunden.

Karlsbad, den 10. August 1807.   G.

Noch ein paar Worte von eigner Hand, um Dir zu sagen, daß mich herzlich verlangt, wieder bei Dir zu sein, und daß ich mich indessen freue, Augusten hier zu sehen. Mir ist daran gelegen, ihn einige Zeit allein um mich zu haben, daß ich nur wieder einmal sehe, wo es mit ihm hinaus will. Riemer geht vielleicht mit Fernow zurück, und wir andern folgen bald.

Was Deine Ausgaben betrifft, so mache sie nach Deiner Überzeugung, ich billige alles. Ich habe mir etwas von Leipzig kommen lassen, weil ich manches kaufte.

Übrigens bin ich fleißig gewesen, habe viel dictirt und bringe gewiß für das Doppelte meiner Ausgaben Manuscript zurück, an Romanen und kleinen Erzählungen. Auch darüber habe ich mir Plane gemacht. Wie mir denn überhaupt meine hiesige Einsamkeit manchen guten Gedanken zugeführt hat.

Ich lege abermals ein Endchen Spitze bei, daß ja keine Sendung ohne eine kleine Gabe komme. Lebe recht wohl, liebe mich und bereite mir einen geselligen Winter.

Den 10. August 1807.   G.

414. *Goethe*

Karlsbad, den 23. August 1807.

August ist glücklich angekommen und freut und verwundert sich an den seltsamen Felsen, warmen Quellen und dergleichen, daß er sogar gleich angefangen hat, zu zeichnen und zu illuminiren, wobei er, wie es im Anfange geht, wo man noch nichts kann, große Freude hat.

Es ist höchst nöthig, daß Du übers Jahr, wenigstens auf eine Zeit, auch mit hergehst, damit Du wenigstens weißt, wovon die Rede ist, weil das ganze Karlsbader Wesen gar nicht beschrieben werden kann. Augusten schmeckt der Melniker vortrefflich. Es ist so ein Wasserweinchen, das leicht hinunterschleicht, und von dem man viel trinken kann. Wir haben ihm den Spaß gemacht, daß eine Harfen-frau, als wir bei Tische saßen, das famose Lied: »Es kann ja nicht[1] immer so bleiben« zu singen anfing, und was derglei-chen Späße mehr sind. Übrigens aber ist es so leer hier, daß in den Sälen Abends kein Kronleuchter mehr angezündet wird und alle gesellige Vergnügungen aufhören. Die Natur ist aber so schön, das Wetter so gut und die Umgebung so ruhig, daß ich wohl noch gern ein bißchen hier bleiben mag. Ich habe den Kutscher bestellt, daß er den 5. September wieder hier sein soll, so daß wir den siebenten nach Jena abgingen, und also in drei bis vier Tagen daselbst wären; da Du denn bald nähere Nachricht haben solltest. Von einem Fall, der jedoch nicht wahrscheinlich ist, will ich zugleich sprechen. Es wäre nicht unmöglich, daß ich nach Töplitz ginge, da denn meine Begleiter allein nach Weimar zurück-kehren würden. Ich habe zwar keinen eigentlichen Trieb dazu; aber der Herzog hat hier mündlich, und jetzt wieder schriftlich, dergestalt darauf insistirt, daß ich ihn dort be-suchen soll, daß ich noch nicht weiß, ob ich es ablehnen kann und werde. Hiervon sagst Du niemanden nichts; ich sage aber nur gern das Mögliche, ja das Unwahrscheinliche vor-aus, damit es Dir nicht einen[2] unangenehmen Eindruck mache, wenn Du etwa den Wagen ohne mich zurückkehren

---

1 nicht so.
2 Nach gestrichenem etwa.

siehst. Denn auf der Post mag ich gar nicht nach Weimar schreiben, weil die Briefe gar zu lange ausbleiben.

Ich wüßte nun weiter nichts zu sagen. Erst wollte ich Herrn Fernow einiges an Dich mitgeben; ich will es aber lieber selbst bringen. Ich befinde mich ganz leidlich, wenn ich von einem Tag zum andern mein Wesen treiben kann; aber zu irgend etwas Außerordentlichem, wo ich nicht ganz mein eigener Herr bin, mag ich mich nicht entschließen. Lebe recht wohl. G.

Ein Stück Spitzen folgt doch.

*

Am 7. September reist Goethe mit seinen Gefährten von Karlsbad ab und trifft, nach einer Abwesenheit von nahezu vier Monaten, am 11. früh ½11 Uhr wieder in Weimar ein. – Von den Briefen, die während seines Aufenthaltes in Jena vom 11. November bis zum 18. Dezember gewechselt worden sind, ist keiner bekannt.

1808

Am Anfang des neuen Jahres erfreut uns eine anmutige Familienszene an Goethes Mittagstafel. Unterm 3. Januar heißt es im Tagebuch: »Kam die Schachtel von Bettine Brentano mit den Weihnachtsgeschenken«; in seinem Dankbriefe vom 9. erzählt Goethe Bettinen, offenbar mit dichterischer Freude an dem kleinen dramatischen Vorgang: »Sie haben sich, liebe Bettine, als ein wahrer kleiner Christgott erwiesen, wissend und mächtig, eines jeden Bedürfnisse kennend und ausfüllend. Ihre Schachtel kam kurz vor Tische, verdeckt trug ich sie dahin, wo Sie auch einmal saßen, und trank zuerst Augusten aus dem schönen Glase zu. Wie verwundert war er, als ich es ihm schenkte! Darauf wurde Riemer mit Kreuz und Beutel beliehen. Niemand errieth, woher. Auch zeigte ich das höchst künstliche und zierliche Besteck, da wurde die Hausfrau verdrießlich, daß sie leer ausgehen sollte. Nach einer Pause, um ihre Geduld zu prüfen, zog ich endlich den Gewandstoff hervor, das Räthsel war aufgelöst und jedermann im Lob und Preise Bettines fröhlich.« – Zum Osterfest stellte Bettina sich abermals mit einer Geschenksendung ein; im Tagebuch lesen wir unterm 19. April: »Kam ein Kleid von Bettine Brentano an mit verschiedenen Flugschriften.« Tags darauf schreibt Goethe an die Spenderin: ». . . die Frauenzimmer [Christiane und Caroline Ulrich] waren in großer Überlegung, was zu einem angesagten Fest angezogen werden sollte. Nichts wollte recht passen, als eben das schöne Kleid ankam, das denn sogleich nicht geschont wurde. Nehmen Sie recht vielen Dank von uns dafür. Da unter allen Seligkeiten, deren

sich meine Frau vielleicht rühmen möchte, die Schreibselig-
keit die allergeringste ist, so verzeihen Sie, wenn sie nicht
selbst die Freude ausdrückt, die Sie ihr gemacht haben.«

– Vom 23. April bis zum 1. Mai ist Goethe in Jena. August
war bereits am 4. April nach Heidelberg abgereist, um dort
zu studieren.

*

415. *Goethe*

Herr Legations-Rath Bertuch nimmt diese Schachtel mit;
Du findest darin, mein liebes Kind, was die hiesigen Mistbeete vermögen. Einige sehr kleine Sellerie-Pflanzen werden Dich überzeugen, daß diese Art unter acht Tagen noch
nicht brauchbar ist.

Mir geht es ganz gut. Ich habe schon etwas gearbeitet,
worüber ich mich freue, weil dießmal die Pause gar zu lang
war. Werner hat geschrieben und grüßt schönstens, Dich
und Riemer namentlich, auch Madame Schopenhauer. Sein
Brief ist, wie Du denken kannst, geistreich und heiter.

Die Briefe von Frankfurt haben Dir gewiß viel Freude
gemacht. Schicke mir sie wieder. Hier ein Blatt von Bettinen. Die gute Mutter hätte ich sehen mögen. Es thut mir in
ihre Seele wohl.

Mit den Boten schreibe ich mehr und bitte um einiges.
Adieu indeß!

Jena, den 26. April 1808.   G.

416. *Goethe*

Heute früh hab ich Dir schon geschrieben, meine Liebe, und
hole nur weniges nach. Mich freut, an August zu denken;
sein erster Eintritt in die Welt ist so glücklich und so günstig,

daß man wohl hoffen kann, es werde so auch vorwärts gehen. Ich habe einiges gearbeitet. Meyer ist mir ein sehr lieber und werther Gesellschafter. Auf einem besondern Blättchen lege ich bei, was ich geschickt wünsche. Zugleich auch meinen Schlüssel. Sende mir alles Angekommene. Die Schachtel, vermuth ich, enthält Veilchen, die hier im großen Überflusse sind; auch ist alles hier weiter. Schicke nur auch die Schachteln zurück, ich will noch Pflanzen aufzutreiben suchen. Lebe wohl und vergnügt und liebe mich.

[Jena,] den 26. April 1808.   G.

417. *Goethe*

Hierbei kommt wieder eine Schachtel Pflanzen; wenn Du noch mehr willst, darfst Du es nur schreiben, meine Liebe; der Sellerie kommt später. Leider begünstigt mich das Wetter nicht. Wir sitzen meist zu Hause und gehen Abends bei den Freunden herum, wo meist etwas vorgelesen wird. An meiner ›Pandora‹ habe ich etwas gearbeitet und will sehen, obs möglich ist, eh ich weggehe, den Wienern eine Sendung auszufertigen, woran mir in mehr als Einem Sinne viel gelegen ist. Werner hat geschrieben und grüßt vielmal, der Brief ist ein völliger Abdruck seines wunderlichen Wesens.

So gern ich einen Hecht geschickt hätte, habe ich doch nicht dazu gelangen können. Es ist noch zu kalt, darum steigt keiner, auch ist das Wasser sehr groß, und die Flöße geht stark, alles Hindernisse der Fischerei. Doch hat man mir so bald nur möglich einen zugesagt.

Ich will noch einige Tage zusehen, wie es mit meiner Arbeit geht. Auf alle Fälle nehme ich hier einen Wagen und komme ohne weitere Anmeldung. Meyers Nähe macht mir viel Vergnügen, er ist gar so tüchtig, einsichtsvoll und brav.

Augusten will ich von hier aus schreiben. Ich habe Zeit

genug dazu. Ich wünsche, daß er bald einige Freunde finde, an die er sich anschließt; in Frankfurt war er mitten im Getümmel einsam. Lebe wohl, mein gutes Herz! Ich freue mich auf Deinen wohlbepflanzten Garten. Wegen der Fuhre nach Karlsbad hab ich Abrede genommen.

Jena, den 29. April 1808.   G.

*

Am 1. Mai vormittags trifft Goethe wieder in Weimar ein. Schon am 12. tritt er seine diesjährige Badereise an, wiederum in Begleitung Riemers; ohne in Jena sich aufzuhalten, gelangen die Reisenden am 15. Mai abends nach Karlsbad.

*

418. Goethe

[Karlsbad, 16. Mai 1808.]

Wir sind glücklich in Karlsbad angekommen. Der Weg war schlecht, und weil der Wagen vorn aufsitzt, die Fahrt mitunter sehr beschwerlich. Wegen der Rückkehr muß andrer Rath geschafft werden. Das Wetter war im Ganzen gut mit untermischten Regenschauern. Unsre Wirthsleute haben die Zimmer malen lassen, so daß sie ganz munter aussehen. Die Bäume und Blüthen sind gegen bei uns etwa um 14 Tage zurück; doch treibt alles mit Macht, und die Witterung ist sehr angenehm. Ich habe schon heute angefangen, den Brunnen zu trinken, und befinde mich sehr wohl.

Der Kutscher bringt gleich zwei Kistchen, jedes mit 20 kleinen Flaschen Egerwasser mit. Da es so frisch ankommt, so wird es Dir vortrefflich schmecken und wohl bekommen. Ich hätte gewünscht, Dir ein Glas vom Brunnen selbst zu reichen. Überdieß kommt noch ein drittes Kästchen mit verschiedenen Packeten für Dich und andre. Ich lege noch ein besondres Blättchen hinein.

Für dießmal sag ich nichts weiter, als daß ich Dir recht
wohl zu leben wünsche. In einiger Zeit schreibe ich wieder,
sobald ich etwas Weiteres von meinem hiesigen Aufenthalt
zu sagen habe. Das Weitere auf dem Blatt, das im Kästchen
liegt.   Goethe.

419. *Goethe*

Dein lieber, frühzeitiger Brief hat mich sehr gefreut, es war
der erste, den ich hier erhielt. Nun wird auch, was ich durch
den Kutscher sendete, wohl angekommen sein. Dem Eger-
Wasser wünsche gute Wirkung.

Der Frühling ist auch hier außerordentlich schön, alles
blüht und grünt neu auf zwischen den alten Felsen und
Fichtenwäldern. Ich kann dießmal der Gegend besser genießen, ich befinde mich sehr wohl und besteige die Berge wie
vor Alters.

Noch ist es sehr einsam hier. Außer den bekannten Karlsbader Einwohnern habe ich fast mit niemand gesprochen;
dagegen bin ich viele Stunden des Tags unter freiem Himmel theils mit Riemer, theils allein und lasse mir wohl sein.

Da hab ich denn Zeit, allerlei zu überdenken, und da fehlt
es nicht, daß ich mich Deiner und aller Liebe und Treue
erinnre, die Du an mir thust, und mir das Leben so bequem
machst, daß ich nach meiner Weise leben kann; dafür ich
denn auch im Stillen immerfort für Dich und den guten
August sorge, der uns noch viel Freude machen wird. Was
Du von Heidelberg gehört hast, mag für den Anfang recht
gut sein; wenn er nur nicht des Guten zu viel thut und
zunächst müde wird. Doch das wird sich alles geben und eins
aus dem andern entwickeln.

Unsre kleine Wirthschaft geht sehr artig und ordentlich.
Freilich muß man im Gleise bleiben, sich von willkürlichen

Ausgaben enthalten und besonders der Kauf- und Schenk-
lust widerstehen. Auf alle Fälle komme ich leidlicher weg
als vor einem Jahre.

Mit den Theaterfreunden mache Dus nur immer auf alte
Weise, Anfangs nicht zu viel gethan, damit man nicht zurück
zu gehen braucht. Hast Du denn Herrn Meusel und andern,
denen wir eine Artigkeit schuldig sind, etwas erzeigt? Versäume es nicht.

Noch hab ich keine weitern Briefe. Lebe recht wohl. Das
Wetter ist sehr schön, und mir geht es auch sehr gut. Wenn
sich meine Gedanken manchmal an die Gränze von Polen
verlieren, so kehren sie bald wieder über Weimar nach
Heidelberg zurück, und so besuch ich meine lieben Kinder
eins nach dem andern. Lebe recht wohl. Liebe mich und laß
uns immer zusammen verharren. Karls-Bad, den 29. Mai
1808.   G.

420. *Goethe*

Von allen Seiten her hatte ich Briefe, nur nicht von Dir,
wonach mich doch so sehr verlangte. Nun kommt auf einmal
das Kästchen und das Packet, worin nichts als Gutes und
Angenehmes enthalten ist, und worüber ich mich so wie
über Dein Wohlsein von Herzen freue. Mir geht es sehr gut,
sowohl körperlich als geistig, und wird auch manches gearbeitet; doch fängt jetzt schon an die Gesellschaft größer zu
werden, und da gibt es viel Zerstreuung. Die Ankunft von
der Ziegesarschen Familie war mir sehr erfreulich. Ich sehe
sie viel und gehe mit ihnen spazieren. Nun wird es von Tag
zu Tage lebhafter; das Wetter ist aber seit einiger Zeit nicht
so gut wie Anfangs.

Ich lege ein paar Briefe bei, die Dir viel Freude machen werden, von August und der Mutter. Wie es mit Deinem Loos

steht, wirst Du schon wissen, oder auch aus der Mutter Brief ersehen. Nimm ja gleich wieder ein neues Loos: denn was Du nun gewinnst, gehört von Gott und Rechts wegen Dein. Eberweinen gib seine Gesänge zurück. In den einen hat Zelter hineincorrigirt und überhaupt ein recht umständliches Urtheil in einem Briefe über das Ganze gefällt, wovon ein Auszug nachfolgen soll. Auch sage ich heute nichts weiter. Und nun erwarte in Weimar keinen Brief weiter von mir. In Lauchstädt aber sollst Du einen wo nicht finden, doch bald erhalten. Ich wünsche Dir recht viel Vergnügen und guten Fortgang in Deinen kleinen, geselligen Freuden, die uns künftigen Winter auch wieder Frucht tragen sollen. Grüße alles zum schönsten, und schicke Augustens Brief an Frau von Stein. Lebe recht wohl und schreibe mir von Lauchstädt gleich.

Karlsbade, den 12. Juni 1808.   G.

421. *Goethe*

Du hast mich zwar dießmal sehr lange auf einen Brief warten lassen, doch war er mir sehr lieb; und da ich zugleich einen so großen Transport von allerlei erwartetem und unerwartetem Guten erhielt, so war es ein rechter Festabend, als die Russen ankamen.

Da ich mich dießmal so wohl in Karls-Bad befinde und überhaupt mich hier sehr glücklich fühle, so freut es mich außerordentlich, daß Du auch etwas Ähnliches an Lauchstädt hast. Genieße nur des Guten ungetrübt, indem Du Deiner Lebensweise treu bleibst und, wie es die Gelegenheit gibt, immer ein wenig vorwärts rückst, so wirst Du Dich trefflich befinden. Schreibe mir nur bald von Lauchstädt und richte es ein, daß ich wenigstens alle vierzehn Tage Brief und Nachricht erhalte. Auch Genast soll mir berichten, wie die Sachen stehn und gehn.

Daß ich hier in Gesellschaft der alten Äugelchen ein stilles Leben führe, dagegen hast Du wohl nichts einzuwenden; auf alle Fälle wirst Du Dich zu entschädigen wissen, wovon ich mir getreue Nachricht ausbitte. Recht schön wäre es aber, wenn wir uns entschlössen, auf den Herbst eine kleine Reise zusammen zu machen.

Das beiliegende Blatt gib Eberweinen. Freilich wird es ihm mehr zu denken geben, als ihn belehren, denn dazu müßte er Zeltern einige Zeit persönlich sehen und hören. Das Allgemeine, was dieser Meister sagt, trifft mit dem zusammen, was ich Dir einmal sagte: die Eberweinischen Sachen haben wenig Charakter, und das kommt hauptsächlich daher, weil er nicht die rechten Texte wählt und Verse nimmt, die sich als Chorgesang nicht denken lassen.

Unsre Haushaltsordnung ist sich die ersten vier Wochen sehr gleich geblieben, wir brauchen zu Bestreitung alles Nöthigen wöchentlich etwas über 20 Thaler. Das Papiergeld fällt noch immer, dergestalt daß man bei den fixen Ausgaben einigen Vortheil hat; denn Handwerker und Handelsleute steigern ihre Preise von Zeit zu Zeit.

Augustens Briefe machen mir viel Freude. Es ist freilich was Eignes, so allein in der Welt zu stehen und alles baar bezahlen zu müssen, da man zu Hause so vielen Hinterhalt und Ausflüchte hat. Er mag sich noch ein wenig hinhelfen, damit er sieht, was das Geld werth ist; dann kann man ihm ja wohl mit etwas Außerordentlichen beispringen.

Übrigens werden wir beide selbst recht wohl tun, wenn wir wieder zusammenkommen, daß wir unsre Finanzplane, die seit dem 14. October noch nicht recht wieder in Ordnung wollten, gemeinschaftlich bedenken und aufs neue einrichten.

Das Theater betreffend wirst Du in dem bisherigen Gange fortfahren und alles bemerken, damit mir nichts fremd sei, wenn wir wieder zusammenkommen. Grüße sie sämmtlich. Die musikalischen Übungen halte ja zusammen. Es ist diese Unterhaltung mehr werth, als man denkt, wenn man sie haben kann.

Nun lebe recht wohl. Ich habe einen sehr artigen Brief von der Bardua aus Dresden, die sich Dir schönstens empfiehlt. Zum Schlusse sag ich nur noch, daß ich Dir ein Paar köstliche Rindszungen gekauft habe, und will sehen, sie nach Leipzig zu bringen, von wo Du sie leicht erhalten wirst. Ich freue mich auf Nachrichten von Dir.

Karlsbad, den 15. Juni 1808. G.

Um das Service zu haben, mußt ich auf der Fabrik gute Worte geben, nichts ist vorräthig und viel Bestellungen da. Sie wollen mir aber eins machen. Ich habe ein ganz glattes bestellt. In vier Wochen soll ichs haben.

422. *Goethe*

Da ich überzeugt war, daß es Dich freuen würde, einen Brief von mir in Lauchstädt zu finden, so eilte ich, dorthin zu schreiben, und danke Dir nun für die baldige Nachricht Deiner Ankunft. Mir geht es noch immer recht wohl, und ich wünsche nur auch, daß Du Dich bald völlig wiederherstellst. Wenn ich Dir rathen sollte, so machtest Du bald möglichst eine Partie nach Leipzig, besuchtest Herrn Doctor Kappe, brächtest viel Empfehlungen von mir und erzähltest ihm Deinen Fall. Er gibt Dir gewiß einen tüchtigen Rath, und Du hast alsdann den ganzen schönen Sommer vor Dir, um ihn zu befolgen, anstatt daß Du Dich doch jetzt auf eine wunderliche Weise herumschleppst. Schreibe mir doch gleich Deine Gedanken darüber, oder vielmehr führe es aus und schreibe mir von Leipzig.

Ich habe bisher in kleiner, aber guter Gesellschaft gelebt.

Die Ziegesarische Familie ist abgegangen. Wir haben viel gute Stunden gehabt. Fräulein Silvie ist gar lieb und gut, wie sie immer war, wir haben viel zusammen spaziert, und sind immer bei unsern Partien gut davon gekommen, ob es gleich alle Tage regnete. Das ist das Eigne in einem solchen Gebirg, daß in ganz kurzen Entfernungen Regen und gutes Wetter zu gleicher Zeit bestehen kann. Was wirst Du aber sagen, wenn ich Dir erzähle, daß Riemer ein recht hübsches Äugelchen gefunden hat, und noch dazu eins mit Kutsch und Pferden, das ihn mit spazieren nimmt. Was sich in diesem Capitel bei Dir ereignen wird, erfahre ich doch wohl auch.

Daß sie in Weimar gegen Frau von Staël Übels von Dir gesprochen, mußt Du Dich nicht anfechten lassen. Das ist in der Welt nun einmal nicht anders, keiner gönnt dem andern seine Vorzüge, von welcher Art sie auch seien; und da er sie ihm nicht nehmen kann, so verkleinert er, oder läugnet sie, oder sagt gar das Gegentheil. Genieße also, was Dir das Glück gegönnt hat, und was Du Dir erworben hast, und suche Dirs zu erhalten. Wir wollen in unsrer Liebe verharren und uns immer knapper und besser einrichten, damit wir nach unserer Sinnesweise leben können, ohne uns um andre zu bekümmern.

Von Thibaut habe ich einen Brief, auch von Voß, beide übereinstimmend unter sich und mit dem, was wir von August wissen. Er macht seine Sachen ganz artig; und selbst, daß er nicht viel unter Leute mag, in einem kleinen Zirkel lebt, kann man nicht tadeln. Die Zeit, die ihm von Studien übrig bleibt, mag er froh und gemüthlich zubringen.

Wenn das Theater im Ganzen gut geht, bin ich wohl zufrieden; im Einzelnen wird es nie an Händeln fehlen. Wäre ich gegenwärtig gewesen, so würde ich mich sehr deutlich darüber erklärt haben, inwiefern eine Schauspielerin auch gegen ihren Mann von mir geschützt werden muß. Halte, was Dich betrifft, nur das Singechor zusammen. Wer weiß, was daraus entstehen kann, wenn wir es einige Jahre fortsetzen. Und manche Unterhaltung verschafft uns diese kleine Anstalt für den Winter. Grüße die sämmtlichen Glieder, auch die Elsermann. Für Eberwein lege ich ein Blättchen bei, er sendets an Herrn Hofkammerrath Kirms und bringt bei demselben auf eine anständige Weise sein Gesuch gleichfalls an. Das Beste wäre, er sendete das Blatt seinem Vater, daß dieser die Sache mündlich ausmacht, nämlich *wann* Eberwein weggehen kann und *auf wie lange.*

Mit einer Gelegenheit habe ich ein Packet in Wachstuch an Dich bis Leipzig spedirt, das Du nun wohl erhalten hast. Es enthielt keine Kostbarkeiten; aber ein Paar geräucherte Zungen, von der besten Sorte.

Karlsbad fängt nun an, sich zu füllen. Wie wunderlich es bisher aussah, kannst Du Dir vorstellen, wenn ich Dir sage, daß auf dem ersten Balle die Frauenzimmer miteinander tanzten. Auch ist bis jetzt Abends noch keine Gesellschaft in den Sälen. Die Schauspieler-Truppe ist die vom vorigen Jahr.

Zum Schlusse muß ich noch melden, daß auch Marianchen angekommen ist, artig und gescheidt wie immer. Nun lebe recht wohl, gedenke mein und schreibe bald.

Karlsbad, den 2. Juli 1808.   G.

423. *Goethe*

Franzenbrunn bei Eger [13. (?) Juli 1808]. Da ich eine Gelegenheit hatte, hierher zu kommen, so bin ich herüber gefahren, um Dr. Kapp zu sprechen, der mir zu lange ausblieb; er hat mir auch gleich wieder trefflich gerathen und mir von kleinen, aber unbequemen Übeln geholfen.

Ich habe ihm Deinen Fall vorgetragen. Er wünscht, daß Du Doctor Schlegel in Merseburg befragest, ihm die Umstände erzählest und ihn ersuchst, sein Gutachten aufzusetzen, das Du mir alsdann nach Karlsbad schicken wirst so bald als möglich. In einigen Tagen gehe ich wieder hinüber, und von da hörst Du von mir.

Lebe recht wohl, mein liebes Kind. Wir müssen sorgen, daß Du Deine Übel noch vor Winter los wirst. Behalte mich lieb. Antworte aber ja hierauf bald möglichst.   Goethe

424. *Goethe*

Hier, mein liebes Herz, die verlangte Assignation. Thue für Deine Gesundheit, was Du für das Beste hältst, bis wir Dr. Kapp consultiren können. Für mich war es ein rechtes Glück, daß ich nach Franzenbrunn kam. Er hat mich von einigen Unbequemlichkeiten, die mir doch sehr verdrießlich waren, umsomehr als ich mich sonst recht wohl befand, ohne große Umstände geheilt. Nun bleibt er wohl noch in Karlsbad vierzehn Tage neben mir. Nächstens hörst Du mehr. Ich befinde mich so wohl als lange nicht und hoffe, Dich auch so zu sehen. Adieu, geliebtes Kind.

[Karlsbad,] den 22. Juli 1808.   G.

NB. Mit der fahrenden Post erhälst Du eine Schachtel in Wachstuch, worin ein Häubchen, mit aufgestecktem Tuche. Ich wünsche, daß es zu einem Sonntag-Dejeuné ankommen möge.

425. *Goethe*

Du erhältst hierbei, mein liebes Kind, das Kappische Gutachten im Original und in Abschrift. Die letzte behältst Du zu unsrer Nachricht. Kapp sagt: es sei da nichts Bedenkliches, noch

Gefährliches, nur müsse man dazu thun, und räth viel Fuß-Bewegung. Kommst Du nach Weimar zurück, so bade in der Niedermühle und thue Camillen und Schafgarbe in das Bad.

Daß Dir der Lauchstädter Aufenthalt keinen Spaß dieß Jahr gemacht hat, thut mir leid; aber es bleibt sich nichts gleich! wir wollen nun auf Herbst und Winter hoffen.

Mit meinem hiesigen Aufenthalte bin ich noch sehr zufrieden, ich habe mich viel besser befunden und mehr gethan als vor einem Jahre. Ich gehe noch einmal nach Franzenbrunn auf Kapps Verordnung, Trinken und Baden zu wiederholen, das mir außerordentlich wohlgethan.

Am 21. Julius habe ich Dir eine Assignation auf 200 Thaler und eine Schachtel mit einem liebenswürdigen Häubchen geschickt; ich hoffe, zu hören, daß Du beides wohl erhalten hast.

Was wirst Du aber sagen, wenn ich Dir erzähle, daß Bury uns überrascht hat und ein paar Tage bei uns geblieben ist. Noch ganz der Alte, ebenso brav und liebevoll und fahrig. Er hat etwas gemacht, das ich Dir nach Weimar schicke. Du lachst gewiß, wenn Dus eröffnest.

So ist auch seit heute Kaaz hier. Beide grüßen. Eh Du von Lauchstädt gehst, schreibst Du mir. In Weimar erhältst Du bald Nachricht durch Frau von Seebach.

August hat mir einen Brief von Werner geschickt und ist in den Ferien nach Straßburg.

Nun lebe wohl. Heute ist Frau von Eybenberg, sonst Marianchen genannt, von hier abgegangen, sie hat mir viel Freundliches erzeigt. Äugelchen gibts unzählige, wer nur die kostbare Zeit daran wenden könnte und möchte.

Das Liebste ist mir, daß sich Dein Befinden wieder einrichtet, und daß nach Kapps Meinung alles wieder recht hübsch werden kann. Lebe recht wohl, grüße alles und gedenke mein.

Karlsbad, den 1. August 1808.   G.

[Beilage]

Abschrift

Ich glaube, daß außer der Schlaffheit des Darmkanals auch noch eine Schlaffheit der Blutgefäße des Unterleibs vorhanden ist; daher Anhäufungen von Blähungen und Unreinigkeiten in dem ersten und Blutstockungen in den [1] zweiten.

Ich würde zu etwas tonischen Extracten, z. B. von Schafgarbe mit etwas Enzian und dergleichen, zu einem Pulver aus Pomeranzenrinden mit etwas Rhabarber und ein paar Tropfen Cajaputöl, vorzüglich aber zu spirituosen und etwas gewürzhaften Einreibungen rathen.

Die Frau Geheine-Rath muß sich viel Bewegung zu Fuß machen und alle fette und blähende Speisen vermeiden. Zum Getränke wäre rother Wein mit Wasser am zuträglichsten.

[Karlsbad.] Den 1. August 1808.   Kappe.

Es versteht sich, daß Du gleich nach Merseburg gehst, Herrn Dr. Schlegel die Inlage zeigst und seine weitern Verordnungen befolgst. Denn er wird Dir nun freilich erst die Rezepte schreiben.

426. Goethe

Diese Abendstunde, da man wegen der großen Hitze nur in der Nacht ausgehen mag, will ich anwenden, Dir, mein liebes Herz, einiges zu schreiben; am Tage bin ich sehr fleißig. Bis eilf Uhr wird an dem Farbenwesen dictirt; nachher kommt Kaaz, der Landschaftmaler, und da geht es an ein Zeichnen und Pinseln, das nach Tische wieder von vorne anfängt, woran ich mich denn sehr ergötze.

---

1 Aus dem.

Die Schachtel wird nun angekommen sein, auch wirst Du nach Kappes Verordnung nunmehr verfahren, und ich hoffe, es soll besser werden, da denn doch das Übel von keiner Bedeutung zu sein scheint. Wir wollen künftig uns aber nicht so lange mit Unglauben hinschleppen und besonders Kappen auch in Briefen fragen. Ich habe ihn erst recht kennen lernen, was das für ein trefflicher Mann und Arzt ist. Wenn die gute Laune sich nicht einstellen will, so denke nur, über welche ungeheure Übel wir hinausgekommen sind, und wie es uns vor Millionen Menschen gut geht. Ein recht trauriger Fall betrifft den trefflichen Kriegsrath von Stein; seine junge, schöne, liebe Frau ist ihm gestorben, die einzige Tochter sehr reicher Eltern. Auch hier im Bade kann man erinnert werden, wie es in der Welt aussieht, da von allen Enden Menschen zusammenkommen. Es ist ein Jammer, nur hinzuhorchen.

Du thust wohl, in Lauchstädt bis zu Ende zu bleiben, und mir geschieht eine große Liebe. Denn ohne Dich, weißt Du wohl, könnte und möchte ich das Theaterwesen nicht weiter führen. Wenn wir wieder zusammenkommen, machst Du mich mit den Ereignissen des Sommers bekannt, und über den Winter wollen wir auch schon hinauskommen. Auf die Musik freue ich mich bei Eberweins Wiederkehr.

Dein Geburtstag ist doch glücklich und fröhlich gefeiert worden?

Solltest du nicht auf einige Tage nach Dessau gehen? Ich wünschte, daß Du diese Sachen in der schönen Jahrzeit sähest. Wir finden in der Erinnerung auch wieder eine neue Unterhaltung. Daß Du nicht nach Karlsbad kamst, war wohlgethan, ich habe mich an den Gegenden schon so abgelaufen, daß sie kein Interesse mehr für mich haben. Übers Jahr müßtest Du gleich Anfangs mit mir her; nach Deinen Zuständen taugt Dir zwar der hiesige Brunnen nichts, aber es wäre, Dich umzusehen, und wir könnten am Eger-Brunnen länger verweilen, der Dir doch wohltätig ist.

Was mich betrifft, so mag ich noch von hier nicht fort; ich komme so bald nicht wieder in die Arbeit, wie ich jetzt im Zug bin, in Weimar bin ich nicht nötig; ja, der Herzog hat mir von Töplitz sehr freundlich geschrieben, ich solle mir nach Möglichkeit wohlsein lassen. Also will ich es noch eine Weile so forttreiben, bis es unvermeidlich ist, von Wöchnern und Austheilungen zu hören.

Meine Hauswirthschaft geht so ziemlich ihren alten Gang, und seit ich wieder von Eger zurück bin, wieder im Gleise. Einiges zu kaufen, bin ich doch verführt worden. Du wirst aber mich nicht tadeln, wenn ich Dir sage, daß ein sehr schönes Toilettenkästchen, mit allem Zubehör, dabei ist, für Dich bestimmt, das ich Dir gern geschickt hätte; man kann aber dieß Jahr gar nichts mit Gelegenheit wegbringen, und auf der Post werfen sie die Sachen so herum, daß Zerbrechliches nicht gut auf diesem Wege transportirt wird. Einige geschnittne Steine habe ich gekauft, die mir außerordentliche Freude machen.

Ich bin nun fast ganz ohne Gesellschaft, gehe meist allein spazieren, doch nur die Abende, die Du wohl auch genießen wirst. Und nun lebe recht wohl, mein liebstes Kind! Es wird dunkel; und mein Papier geht zu Ende. Liebe mich und gedenke mein.

Karlsbad, den 7. August 1808.   G.

*

Goethes Brief an den Sohn in Heidelberg vom 17. August enthält folgende hierher gehörige Stelle: »Die Mutter war in Lauchstädt nicht ganz zufrieden. Freilich gegen sonstige Jahre mag es still gewesen sein. Die Leipziger kamen wohl zum Schauspiel, fuhren aber gleich wieder fort. Die Einnahmen waren auch nicht wie sonst, doch muß man jetzt mit

allem zufrieden sein und sich nur zu erhalten suchen. Die
Mutter wird vor einigen Tagen wieder in Weimar eingetroffen sein. Schreibe ihr doch bald, wenn Du es noch nicht
gethan hast, . . .«

*

427. *Goethe*

Karlsbad, den 19. August 1808.
Ich muß Dich nun auch in Weimar begrüßen, da Du wieder
daselbst angelangt bist. Ich bin noch immer hier und kann
nicht loskommen. Von allem, was ich zu thun habe, wird
immer was gefördert, und dann kommt wieder etwas Neues
hinzu. So lehrt uns Kaaz, zum Beispiel, allerlei Malerkünste,
die denn auch, so gut es gehn will, ausgeübt werden.

Demungeachtet wäre ich hier schon weg, wenn es in
Franzenbrunn nicht so voll wäre, daß niemand Unterkommen finden kann. Ich will noch acht Tage warten und dann
auf Gerathewohl hinübergehen. Mit dem Bestellen der
Quartiere ist es eine unangenehme Sache.

Da es nun hier gegen das Ende geht, so habe ich Dir
verschiedenes besorgt. Das Service habe ich gestern selbst
noch einmal recht dringend gemacht. Die Fabrik hat zu
wenig Vorrath, und weil ihr Zeit her, wegen Unreinigkeit
der Masse und der Materialien zur Glasur, mehrere Brände
unrein ausgefallen, so haben sie saubere, ganze Service nicht
zusammensortiren können. Das Einzelne, es mag noch so
schlecht ausfallen, wie es will, verkaufen sie ins Land und
besonders nach Karlsbad, wo bei so vielen Gästen eine
Menge Geschirr nöthig ist und vieles zu Grund geht. In die
nähern Ortschaften geht auch viel. Sie sind mit ihren Preisen etwas aufgeschlagen; doch wird das Service zu 12 Personen, wovon ich Dessert, Salzfässer und solche Kleinigkeiten
weggelassen, uns mit dem Transport nicht viel über zwei

Carolins zu stehen kommen. Sie haben mir versprochen, die nächste Woche es abzuschicken.

Auch ein hübsches Seiden-Kleid habe ich Dir angeschafft, ein Zeug, den sie Levantine nennen, königsblau, eine Farbe, die jetzt viel getragen wird. Es werden Kleider draus gemacht, ohne Schleppe, wie eine Art Pekesche, womit man aber überall hingeht, wenn man sich nicht ausdrücklich putzen will.

Mit den Krausen will ich bis nach Franzensbrunn warten. Die Frau, bei der ich das Häubchen gekauft, hatte sehr schöne Sachen von dieser Art.

Chocolade nehme ich etwas mit, und was dergleichen Dinge mehr sind.

In Franzenbrunn werde ich etwa vierzehn Tage bleiben. Du kannst nur sogleich dahin schreiben. Man setzt *Franzenbrunn bei Eger.* Ich melde Dir auch etwas von daher.

Vierzig kleine Flaschen Egerwasser will ich auch abschicken. Es ist mir jetzo ein Weg durch Fuhrleute bekannt geworden.

Ersuche doch Hofrath Meyer, daß er ein Blättchen beilegt und mir Nachricht gibt von dem Befinden der Herzogin, wenn sie wiedergekommen. Er möchte sich aber genau darnach erkundigen. Ferner, wie es sonst in Weimar aussieht. Dein Bruder schreibt mir manchmal Neuigkeiten; aber er ist ein fataler Correspondent: man erfährt nie etwas Ordentliches durch ihn, weil er meistens übertreibt und ohne Noth ängstlich oder wehklagend ist. Grüße mir diejenigen vom Theater, die sich zu Dir halten und sich freundlich meiner erinnern.

Möchtest Du nun, meine Liebe, indem Du in Dein Haus zurückgekommen, auch Deinen guten Humor wieder gefunden haben. Ich wünsche recht schönes Wetter zum Vogelschießen und gute Unterhaltung.

Wenn die Leute Dir Deinen guten Zustand nicht gönnen

und Dir ihn zu verkümmern suchen, so denke nur, daß das
die Art der Welt ist, der wir nicht entgehen. Bekümmre Dich
nur nichts drum, so heißts auch nichts. Wie mancher Schuft
macht sich jetzt ein Geschäft daraus, meine Werke zu verkleinern, ich achte nicht drauf und arbeite fort. Ich habe die
wunderbarsten Anträge, die wir zusammen überlegen wollen.   G.

428. *Goethe*

Karlsbad, den 28. August 1808.
Da es mir bisher so gut gegangen, dachte ich heute, auf
meinen Geburtstag, Dir und mir ein Fest zu bereiten und
Dich nach Franzenbrunn einzuladen, wohin ich übermorgen abgehe. Da es aber gerade auf dem Weg, den Du zu
nehmen hättest, unruhig aussieht, so ist es besser, Du bleibst
zu Hause, und ich suche, bald zu Dir zu kommen. Etwa
vierzehn Tage will ich in Franzenbrunn verweilen, indem
trinken und baden mir gar zu wohl bekommt; welchen Weg
ich alsdann nehme, werden die Umstände entscheiden. In
der Hälfte Septembers denke ich bei Dir zu sein, ich schreibe
auch noch indessen. Du schreibst mir aber nicht mehr, weil
die Briefe mich schwerlich treffen würden. Mit meinem
hiesigen Aufenthalte kann ich wohl zufrieden sein; meine
körperlichen Zustände haben sich recht gut hergestellt, ich
habe manches Vergnügen gehabt und bin fleißig genug
gewesen. Kaaz hat uns die letzten Wochen noch recht zum
zeichnen und malen animirt. Lebe recht wohl. Ich freue
mich herzlich, Dir wieder näher zu rücken und Dich bald zu
erreichen. Sei meinetwegen außer aller Sorge. Gedenke
meiner in Liebe.   G.

*

Am 30. August verläßt Goethe Karlsbad und bleibt zunächst
bis zum 12. September in Franzensbad.

*

429. *Goethe*

Dieses Blatt kann ich durch Frau Obrist von Seebach zu Dir
bringen, um Dir zu sagen, daß ich mich recht wohl befinde
und fleißig bade. Hier muß ich geselliger sein als in Karlsbad, welches denn auch gut ist. Man kann hier Wagen
haben, die einen wenigstens eine Strecke bringen, und so
woll ich etwa in zehen Tagen aufbrechen und dann bald bei
Dir sein, worauf ich mich herzlich freue. Lebe recht wohl
und gedenke mein in Liebe.

Franzenbrunn, den 4. September 1808.   G.

*

Goethens Abreise von Franzensbad erfolgt am 12. September; am 14. trifft er in Jena ein. Tags zuvor, am 13., war seine
Mutter in Frankfurt gestorben.

*

430. *Goethe*

Durch diesen Boten vermelde ich Dir, mein liebes Kind, daß
ich in Jena glücklich angekommen bin. Ich finde hier allerlei zu thun und einzurichten; auch höre ich, daß ihr noch
immer mit Durchmärschen geplagt seid, darum möchte ich
nicht gleich hinüber. Mehr aber noch, weil ich manches von
hier aus erst überschauen möchte.

Deßwegen wünscht ich, Du entschlössest Dich, nach Kötschau zu fahren, etwa Freitag früh, ich wollte auch bei guter
Zeit da sein; Du brächtest mir mit, was indessen angekommen, wenn es nicht gar zu groß ist, und ich brächte Dir von

meiner Seite auch einige hübsche Sachen. Ich erführe von
Dir, was mir zu wissen nöthig ist, und wir könnten zusammen vieles überlegen. Wie sehr wünsche ich, Dich wiederzusehen und Dir zu sagen, wie sehr ich Dich liebe. Lebe
recht wohl und antworte nur kürzlich.

[Jena,] Mittwoch [14. September 1808,] Abends.   G.

*

Demnach wollte Goethe zunächst Freitag, den 16. September, nach viermonatiger Trennung, wenigstens einen Tag
mit Christianen im nahen Kötschau ungestört verleben,
dann aber vorerst noch einige Zeit in Jena bleiben. Am 15.
besucht er die Familie von Ziegesar in Drakendorf; dort
trifft ihn ein Eilbote Christianens, die inzwischen nach Jena
gekommen ist, er eilt sofort zu ihr. Am 17., mittags, treffen
sie in Weimar ein; das Tagebuch vermerkt: »Gegen 1 Uhr
angekommen. Theatralischer Aufputz des Hauses. Sonstiger
Empfang. Mittags alleine. Abends ... Ständchen.« — An
Silvie von Ziegesar berichtet Goethe unterm 21.: »Der Tod
meiner theuren Mutter hat den Eintritt nach Weimar mir
sehr getrübt.«

Aber nicht nur Persönliches, auch Weltgeschichtliches
stürmt auf ihn sofort nach seiner Heimkehr ein. Kaiser
Alexander von Rußland kommt am 25. September nach
Weimar, von Napoleon zum Fürstenkongreß in Erfurt erwartet. Nachdem mit Christiane eiligst alle Abmachungen
für deren Reise nach Frankfurt zur Erledigung der Erbschaftsangelegenheiten und nach Heidelberg zum Besuch
Augusts getroffen worden sind, begibt Goethe sich nach
Erfurt und begrüßt daselbst am 1. Oktober Christianen,
nebst deren Begleiterin Caroline Ulrich, bei ihrer Durchreise. Tags darauf, am 2. Oktober, findet das berühmte
Gespräch zwischen Goethe und Napoleon statt.

*

431. *Goethe*

Eh ich von Erfurt abgehe, muß ich Dir ein Wort sagen und
Dir danken, daß Du mich herübergetrieben hast. Zum
Schauspiel kam ich nicht; aber nachher fügte sich alles zum
Besten. Ich habe dem Kaiser aufgewartet, der sich auf die
gnädigste Weise lange mit mir unterhielt. Nun gehts zu den
Weimarischen Festen, wobei ich Dich wünschte. Manchmal
ist mirs verdrießlich, daß Du so eigensinnig auf Deiner Reise
bestandest. Dann denk ich wieder: es wird wohl gut ausfallen, da so vieles gut ausfällt. Lebe recht wohl. Grüße Deine
Gesellschafterin und alle Freunde. [Erfurt,] Dienstag, den
4. October 1808.   G.

432. *Goethe*

Da ich Dir heute, mein liebstes Kind, die Vollmacht nicht
schicken kann, weil Schumann[1] nicht hier ist, der sie aufsetzen würde, so will ich Dir wenigstens schreiben und Dir
sagen, daß es mir[2] recht gut geht.

Hofrath Sartorius und Frau sind bei mir eingekehrt und
bedauern gar sehr, Dich nicht zu finden; ich will sehen, wie
ich meiner Strohwittwerschaft Ehre mache.

Geh in allem vorsichtig und sachte zu Werke, daß Du
Freunde erwerbest und erhaltest. Wenn die Vertheilung
geschehen ist, schreibe mir; laß nichts verkaufen. Es könnte
nichts schaden, wenn man ein klein Quartier, auf der
Bockenheimer Gasse, oder unter der Allee, nicht weit vom
Schauspielhause nähme und es meublirte. Man muß auf
allerlei denken. Du hättest einen angenehmen Aufenthalt
eine Zeit des Jahres, wir wären eine Zeit lang zusammen.

---

1 Schuhmann.
2 Nach gestrichenem deinen [oder deinem].

Denn für mich wird Karlsbad, für Dich Lauchstädt am Ende doch auch nicht erfreulich. Mehr nicht für heute. Grüße August und pflege ihn wohl.

[Weimar,] den 12. October 1808.   G.

433. *Goethe*

Endlich, mein liebes Kind, erhältst Du die Vollmacht. Schumann war nicht hier, ich mußte sie von Scheibe aufsetzen lassen, dann gab es Aufenthalt bei der Regierung. Du wirst mich darin als Ritter des Sanct Annen-Ordens aufgeführt sehen. Der Kaiser von Frankreich hat mir auch den Orden der Ehrenlegion gegeben, und so wirst Du mich besternt und bebändert wiederfinden und mich hoffentlich wie immer lieb haben und behalten. Ich habe bei dieser Gelegenheit gesehen, daß ich viel Freunde habe, denn viele Menschen freuten sich darüber. Die schönen Kinder bei Hofe waren die artigsten, versicherten, es stünde sehr gut, und die Äugelchen waren unendlich. Sartorius und Frau sind heute nach Jena. Mittwoch gehen sie fort; ich denke, auch alsdann nach Jena zu gehen, um nur des Gastirens überhoben zu sein, das kein Ende nimmt, denn von allen Weltgegenden kamen hier Fremde zusammen. Jetzt verläuft es sich so ziemlich. Oft habe ich gewünscht, Du möchtest hier sein. Nun wünsche ich Dir in Deinen Angelegenheiten guten Succeß, mache alles nach dem Rath der Freunde und nach Deiner Überzeugung. Alsdann besuch Heidelberg, gehe über Würzburg und Bamberg nach Hause, damit Du ein wenig Welt siehst; ich will Dir schreiben, wen Du an gedachten Orten besuchen mußt. Pflege indessen den guten August aufs beste und danke in Heidelberg allen und jeden Freunden schönstens.

Hiermit schließe ich, denn es fehlt nicht an Anlauf und

Störung. Lebe recht wohl. Liebe mich und komme gesund wieder. Weimar, den 16. October 1808.   Goethe.

Eben, da ich siegeln will, kommen Briefe, Tagebuch, u. s. w. an. Taufscheine, Vollmacht wegen des Bürgerrechtes, und was sonst verlangt wird, soll folgen. Noch schwirrt alles von Fremden um mich her. Lebet wohl und vergnügt.

Da mir noch einige Zeit übrig bleibt, so will ich noch ein paar Worte hinzufügen. Benehme Dich im Ganzen in Frankfurt[1], als wenn Du wiederkommen wolltest. Empfange Freundliches und Gutes von jedermann und bemerke nur, womit Du wieder dienen kannst. Herrn Schmidt danke in meinem Namen für die gefällige Aufnahme im Theater. Biete ihm die Manuscripte von ›Götz‹, ›Egmont‹, ›Stella‹ an, sie hätten sie längst gern gehabt. Wie sehr wünscht ich, daß Du für den nächsten Sommer Dir dort ein erfreuliches Plätzchen bereitetest. Ich mag hingehen, wohin ich will, in Weimar werde ich schwerlich sein. Lauchstädt ist nichts mehr für Dich, und das Theater wird sich schon halten und finden.

Was die Aufträge betrifft, so muß man sich an wenige halten. Schlosser ist uns der nächste. Lehnt dieser ab, künftig unsre Geldsachen zu besorgen, so hab ich zu Nikolaus Schmidt das größte Zutrauen.

Seid aufmerksam gegen jedermann. Herrn Mylius vernachlässiget nicht, ich halte viel auf ihn.

Wegen des Taufscheins werde ich die größte Vorsicht brauchen. Es ist wahr, Du hast mich zu lachen gebracht. Was aber doch noch merkwürdiger ist, Kaiser Napoleon hat mich in der[2] Unterredung mit ihm zum Lachen gebracht. Er war überhaupt, auf eine zwar sehr eigne Weise, geneigt und wohlwollend gegen mich. Laß Dir nur die Zeitungen geben,

1 in Frankfurt nachträglich über der Zeile.
2 Nach gestrichenem s.

damit Du das Äußere siehst, was bei uns vorgegangen ist. Gar manches vom Innern sollst Du beim Wiedersehn erfahren.

Übereile und verspäte Dich nicht. Es wird Dir alles gelingen. Was ihr von Papieren, Vollmachten, Briefen verlangt, soll folgen. Heute früh kommt ein alter Freund, den ich in 36 Jahren nicht gesehen. Der ehemalige juristische Hufeland zu Jena[1], jetzt Burgemeister in Danzig, ist auch hier. Viele andre Bekannte. Den Fürsten Primas hab ich auch hier[2] gesprochen. Adieu. Fahrt in eurem Tagebuch fleißig fort. Grüße Carolinen, ich wünsche ihr einen reichen Frankfurter.

August soll seine Stammbücher nur immer bereichern.

434. *Goethe*

Jena, den 25. October 1808.

In Erwartung unsrer verehrten Herzogin, welche heut herüberkommt, schreibe ich Dir, mein geliebtes Weibchen, und freue mich, daß es Dir wohlgeht. Dießmal freilich ist es sehr angenehm, daß ich so viel von Dir erfahre; danke Deiner Gefährtin dafür, und wünsche ihr einen recht hübschen, gradgliedrichen Verehrer zum Schluß, damit sie von Frankfurt ungern scheide. Viel werth ist mir, daß Du schon fühlst, für Dich und mich finde sich dort kein Heil. Laß uns in Thüringen auf unserer alten Stelle verharren und unsre Gesellschaft nicht erweitern, sondern ausbilden.

Einigemal hab ich Gesang gehabt. Die Göttingischen Freunde waren darüber sehr vergnügt. Eberwein ist noch nicht wieder zurück. Er fühlte den großen Vortheil jenes Aufenthalts und hat[3] alles in Bewegung gesetzt, so daß der

1 zu Jena nachträglich über der Zeile.
2 Über gestrichenem in Erfurt.
3 Aus halt.

Hofkammerrath mich selbst ersuchte, ihn dort zu lassen. Um so nöthiger wirst Du sein, daß nicht alles in Stocken geräth. Laß Dich aber dadurch und durch anderes in Deiner Gemüthsruhe und Deinen Frankfurter Geschäften nicht stören. Bringe alles schönstens zur Ordnung, besuche August in Heidelberg, danke seinen Freunden und Gewogenen, und kehre über Würzburg und Bamberg zurück. Wenn Du gut Wetter hast, wird Dir diese Tour viel Freude machen.

Wegen des Bürgerwerdens habe ich mich anders bedacht. Es war ja eigentlich nur ein Wunsch, eine Grille von mir, und gegenwärtig ist es gar nicht nöthig, daß Du und August euch besonders darum bewerbest. Ich dachte, da Frankfurt jetzt einen Souverain hat, so könnte man über verschiedne Umständlichkeiten hinauskommen, wenigstens bei uns wäre alles mit Einem[1] Federstrich des Herzogs abgethan; so aber setzt[2] man dort die alten Reichsstädtischen Förmlichkeiten fort, die uns dießmal incommodiren. Lassen wir also die Sache hinhängen, bis ich vielleicht einmal persönlich den Fürsten darum ersuche. Was sollen wir Taufscheine produciren, die von einer Seite das große Geheimniß frauenzimmerlicher Jahre verrathen und von der andern mit den Trauscheinen nicht zusammenstimmen. Was sollen wir Gelder bezeugen, die niemals da waren, u. s. w. Herrn Landrath Schlosser schreibe ich beiliegend in gleichem Sinne. Er wird es ja auch wohl so gut finden. Man muß auch der Zukunft etwas überlassen.

Den 26.

Durchlaucht die Herzogin mit der Prinzeß und sämmtlichen Damen ihrer Umgebung war gestern bei schönem Wetter hier und alle ganz heiter und vergnügt. Wenn der obere Theil des Schlosses wird eingerichtet sein, kommen sie wohl

1 Aus einem.
2 Aus setzts.

9. *Goethe, 1800. Als Gegenstück zu Abbildung 10*
ausgeführte Kreidezeichnung
von Friedrich Bury.

öfter hierher. Kaiser Napoleon hat manches für Jena bestimmt. Eine Summe zu Aufbauung der Häuser, zu Einrichtung einer katholischen Kirche und so weiter. Glücklicher Weise sind dagegen alle Feste, die man bei uns gegeben, sehr anständig und erfreulich ausgefallen. Auf dem Napoleonsberge ist ein sehr artiger Saal mit einer Säulen-Vorhalle, wie am Römischen Hause, gebaut. Leider siehst Du das nicht, denn er wird abgetragen.

Nun etwas von Freunden! Der Bremische hat an Deinen Bruder einen weitläuftigen Brief geschrieben, woraus erhellet, daß er völlig entschieden ist, nach Weimar zu ziehen. Rechte Freude kann ich nicht daran haben. Er thut es, um wohlfeiler zu leben. Das wäre recht gut, wenn er irgendwo wohlfeil leben könnte. Vom Übrigen sag ich nichts, Du weißt, was davon zu denken ist. Doch muß man es kommen lassen und ihm beihülflich sein. Geheimerath Voigt hat gerathen, er solle erst allein kommen, seine Verhältnisse arrangiren und sodann erst Frau und Sachen holen. Schicke Deine Briefe nur vor wie nach. Diese Tage geh ich zurück. Lebe wohl. Liebe mich recht schön und sei versichert, daß ich mich recht ungeduldig nach den Schlender- und Hätschelstündchen sehne. August schreib ich nächstens.   G.

435. *Goethe*

Da ihr so viel und oft schreibt, so ist es auch billig, daß ich oft Nachricht von mir gebe. Ich bin nun wieder in Weimar, aber auch gleich wieder von Fremden und Andern umgeben, daß es zu gastiren immer Noth thäte; doch will ichs ein- und abstellen, bis Du wiederkommst. Von Jena hast Du einen Brief erhalten, heute kommt Dein Tage-Buch bis zum 27. incl., darüber ich viel Freude habe. Macht es nur mit allen Menschen recht, verbindet euch mit den Zuverlässigen, ergötzt euch mit den Unterhaltenden, und ertragt die Seltsamen und Langweiligen. Übereile Dich nicht, zu kommen, ob Du mir gleich jede Stunde sehr erwünscht und lieb kämest. Vollende das Geschäft, besuche August und handle in Heidelberg wie in Frankfurt.

Eberwein ist wieder da, gestern war zum ersten Mal Gesang. Günthers und ein Karlsbader Äugelchen, Pauline Gotter von Gotha, die bei ihnen wohnt, waren gegenwärtig, auch Freunde. Darauf speiste ich bei Hof auf spezialen Befehl des Herzogs. Alles Andre geht gut. Nur daß ich in 6 Wochen gar nichts gethan habe und aus einer Zerstreuung in die andre gefallen bin.

Im Hause gehts recht gut. Die ersten Kastanien sind angekommen. Die zweiten, mit dem Eingemachten, erwart ich. Im Theater hat sich manches wohl gemacht. ›Sargino‹ ist gegeben. Den ›Fridolin‹ haben wir schon hier, Du brauchst ihn nicht mitzubringen. Die Elsermann müßte den Fridolin machen.

Von Werner, Oehlenschläger und manchen andern Auswärtigen habe ich Grüße an Dich.

Kommst Du nach Heidelberg, so gehe nach Deiner Art sachte zu Werke. Was August wohlgethan, ist Dir das Nächste, dem danke, sei freundlich und wohlgemuth mit ihnen. Was sich sonst zeigt, lehne nicht ab, und schaue ringsumher. Sie hassen und verfolgen sich alle einander, wie man merkt, um nichts und wieder nichts, denn keiner will den andern leiden, ob sie gleich alle sehr bequem leben könnten, wenn alle was wären und gölten. Adieu, lieb Kind. Riemer legt etwas bei. Wenn unser Frankfurter Wesen befestigt ist, wollen wir an Hiesiges denken. Mehr nicht.

[Weimar,] den 31. October 1808.　　　　　　　　G.

436. *Goethe*

Weimar, den 7. November 1808.
Da Du nun Anstalt machst, von Frankfurt abzugehen, will ich versuchen und hoffen, mit diesem Brief Dich noch zu erreichen. Leider gehen die Briefe hinwärts so langsam, daß ich noch nicht einmal weiß, ob Du den meinigen, der Dir das Bürgerwerden für den Augenblick abrieth und vom 27. October war und eigenhändig, erhalten hast. Doch ist das von keiner Bedeutung: denn wenn man auseinander ist, muß jedes nach seiner Überzeugung und nach den Umständen handeln, das Übrige gibt sich alles.

Dein Eingemachtes und die Kastanien sind glücklich angekommen. Die Kasten, und was Du sonst schickst, sollen nicht eröffnet werden, bis Du selbst dabei präsidirst. Alles geht auf die gewohnte Weise, d. h. zwischen dem Guten kommt einmal was Abgeschmacktes und gelegentlich was sehr Abgeschmacktes vor. Da muß man denn nur suchen, es wieder ins Gleiche zu bringen und nicht aufs Äußerste zu gerathen. So sind z. B. beim Theater Dinge vorgekommen, die viel gelinder abgegangen wären, wenn Du dagewesen wärest. Doch hoffe ich die Sache noch so zu halten, daß der Riß wieder zu heilen ist. In die Länge gehts freilich nicht; doch will ich, so lange ich noch einen Zug thun kann, mich nicht ungeschickter Weise gefangen geben.

Allen Freunden, ehe Du von Frankfurt weggehst, wirst Du die besten und verbindlichsten Sachen sagen. Bist Du einmal zurück, so will ich allen denjenigen schreiben, wie Du es für gut und nothwendig hältst.

Wegen Deiner Herreise von Heidelberg weiß ich weiter nichts zu sagen. Von Würzburg aus erkundige Dich selbst. Ich glaube nicht, daß es gut ist, über Bamberg zu gehen, sondern auf Meiningen. Kömmst Du nach Bamberg, so sind Paulus da. Von Meiningen laß Dir auch eben am Orte rathen. Du kannst auf Eisenach, auf Gotha, auf Erfurt Deinen Weg richten. Bei allem ist ein Für und Wider, je nachdem die Jahreszeit sich findet und die Wege. An August habe ich nach Heidelberg geschrieben, und was ich dort von euch wünsche; besonders daß ihr nach Mannheim fahrt und Herrn und Frau von Luck besucht. Es ist mein Wunsch; Du weißt, daß ich nicht gern sage: mein Wille. August drückt sich von solchen Verhältnissen weg, das nehm ich ihm nicht übel. Aber Du mußt diese Personen mit ihm sehen. Du fühlst, warum, und die ganze Sache ist ja nur eine Spazierfahrt. Lebe recht wohl

*

Am selben Tage schreibt Goethe an seinen Sohn: »Da Du in einigen Tagen Deine Mutter erwarten kannst, so will ich Dir auch von väterlicher Seite erscheinen . . . Laß mich ein Wort hören, wenn ihr beisammen seid; ich wünsche nur, daß die Mutter gut Wetter finde, damit sie auch der Gegend froh werde. – Dabei empfehle ich euch, ja ich trage es euch auf, zusammen nach Mannheim zu fahren, damit die Mutter eine Stadt sehe, dergleichen sie noch nicht gesehen hat; wobei ihr aber nothwendig Herrn und Frau von Luck besuchen müßt. Es würde mir sehr unangenehm sein, wenn ihr das nicht thätet: denn er hat sich schon in einem Briefe gegen mich sehr freundschaftlich beklagt, daß Du ihn nicht besucht hast. Dießmal ist es Gelegenheit, alles wieder gut zu machen, und der Mutter, der Du diesen Brief zeigen wirst, kann es nicht anders als zum Vergnügen gereichen. Sie wird eine Komödie dort sehen und die freie Rheingegend. Sogar wäre es mir lieb, wenn ihr Schwetzingen besuchtet. Wenn man einmal so weit von Hause entfernt ist, so muß man die Nachbarschaft, in die man kommt, zu sehen nicht versäumen: denn man gelangt nicht so bald wieder an solche Orte. – . . . Bei uns ist es wieder stille, doch gibt es keine Ruhe;

*10. Christiane, 1800. Als Gegenstück zu Abbildung 9
ausgeführte Kreidezeichnung von
Friedrich Bury.*

Freunde sind immer da, und das Theater läßt seine Mucken nicht. Sage der Mutter, daß ich allerlei hinhalte, bis sie kommt, damit wir auch in diesen Dingen, besonders insofern sie unser Haus wegen der Singstunden berühren, miteinander Abrede nehmen können. – . . . Lebe recht wohl und mache den freundlichen und thätigen Wirth gegen die Mutter und Carolinchen. Ich möchte wohl bei euch sein und einige schöne Stunden auf dem alten Schlosse zubringen.«

– Unterm 23. November heißt es im Tagebuch: »Ankunft meiner Frau; mit Auspacken und Referiren ging der übrige Tag hin«; 24.: »Mittags Demoiselle Ulrich. Über Frankfurt. Auspacken der Frauen.« Am 25. November schreibt Goethe an Knebel: »Meine Frau ist von Frankfurt zurückgekommen, wo sie mir die Liebe erzeigt hat, die Erbschaftsangelegenheiten nach dem Tode meiner guten Mutter auf eine glatte und noble Weise abzuthun. Sie grüßt Dich und die Deinigen vielmals . . .«; sodann unterm 5. December an August: »Dadurch, daß Deine liebe Mutter Dich in Frankfurt gesehen und nachher in Heidelberg besucht hat, fühle ich mich beinahe ebenso, als wenn wir selbst wieder zusammen gewesen wären . . . Von der Reinlichkeit Deiner Wohnung, von Deinen Vögeln, Deiner Aufwartung, und was Dich sonst betrifft, haben mir die Mutter und Carolinchen gar Erfreuliches erzählt; besonders war mir lieb, daß ihr Herrn und Frau von Luck gesehen, die ältesten Freunde auf weimarischem Grund und Boden. – Ich vernehme von der Mutter, daß Du wegen Deiner rothen Backen Anfechtung hast, und daß es Leute gibt, die behaupten, solche Farbe sei eben nicht grade ein Anzeichen guter Gesundheit. Ich hoffe, Du wirst selbst von dieser Gunst der Natur, womit sie Dich bezeichnen wollen, einen bessern Begriff haben, und immer so fort leben, wie bisher, daß Du sie nicht verscherzest. – . . . Über die Erfurter Zusammenkunft der Kaiser und Könige ist eine Art von höchst abgeschmacktem Tagebuch zum Vorschein gekommen. Vielleicht lege ich es Dir bei, wenn die Weihnachtssendung abgeht, welche soeben von der Mutter vorbereitet wird.«

1809

Vom 29. April bis zum 13. Juni wohnt Goethe in Jena, hauptsächlich um ungestört seinen Roman ›Die Wahlverwandtschaften‹ zu fördern.

*

437. *Goethe*

Ich muß Dir, mein liebes Kind, nur selbst Nachricht geben, daß mir meine Fahrt nicht sonderlich bekommen ist, damit Du es nicht etwa von andern erfährst und Dir die Sache schlimmer vorstellst. Schon vier Wochen, wie leicht zu bemerken war, befinde ich mich nicht sonderlich wohl, und in den letzten Tagen habe ich mich mehr als billig angegriffen. Ich dachte, hier zu mehr Gemüths- und körperlicher Ruhe zu kommen, mich zu pflegen und mit Starken zu unterhandeln. Leider griff mich das Übel schon den ersten Abend an, das ich unterwegs beim fahren schon empfand. Leider war Stark, der Onkel, und auch der Neffe nicht hier; doch sah ich mich für die Nacht vor mit allerlei Salben und Balsamen und bin noch so ganz erträglich durchgekommen. Ich bin auch heute schon wieder auf und will mich diät und ruhig halten. Mache Dir also keine Sorge und komme nicht etwa herüber, denn ich wüßte nicht, wo ich Dich unterbringen sollte. Major von Hendrich und von Knebel sind mir zur freundlichen Gesellschaft. Mit den dienstägigen Boten erfährst Du, wie es mir weiter gegangen ist. Ich hoffe, es soll nichts zu sagen haben, weil ich nun aufmerksam bin. Hätte ich früher dazu gethan, so hätte ich diesen Anfall wohl auch übergehen können. Nun wollen wir desto sorgfältiger sein, und meine hiesige Stille wird alles wieder ins Gleiche bringen. Lebe recht wohl und dictire unserer schönen Freundin ein weitläuftigeres Blättchen, als Du selbst zu schreiben pflegst. Ich höre, Du hast Nachrichten von August. Theile sie mir mit. Hiebei folgt auch sein Brief, den ich unter meinen Papieren gefunden habe. Er wird Dir gewiß viel Freude machen. Lebe wohl und mache Deine Einrichtung und gedenke mein.

Jena, den 30. April 1809. G.

438. *Goethe*

Mit den heutigen Boten kann ich Dir, mein liebes Kind, versichern, daß es mir verhältnismäßig ganz leidlich geht. Ich bin schon wieder spazieren gegangen und befinde mich auf dem Cabinet, wo man einheizen kann, gar vergnüglich. Major von Knebel und Hendrich sind den ganzen Tag wechselweise in meiner Nähe. Die gegenwärtigen Zeitläufte geben viel zu sprechen, und wenn ich auch nicht viel zu sagen habe, so habe ich doch viel zu hören. In meinen Geschäften und Arbeiten hole ich das Versäumte nach und will mich einrichten, eine Zeit lang hier zu bleiben, weil ich, ohngeachtet mancher Unbequemlichkeit, doch hier eine Gemüthsruhe habe, zu der ich in Weimar nicht kommen kann. Ich bin noch nirgends hingekommen. Die gute Knebeln hat ihr Zahneinsetzen zu lustig genommen, weil es immer eine Art von Wunde oder Inoculation ist, wie man will. Sie hat einen Fluß bekommen in das Gesicht, an den ganzen Kopf, woran sie viel gelitten hat.

Die Freundinnen aus der Nachbarschaft haben mir indessen sehr köstlichen Spargel und gute Prunellen zugesendet, und ich hoffe, es soll von nun an recht gut gehen. Herr

Geheime Hofrath Stark besucht mich täglich und nimmt sich meiner mit vieler Sorgfalt an.

Ich schicke Dir einen Kasten mit schönen Äpfeln. Die oben aufgebundenen Pflanzen laß in den Rabatten vertheilen und an Stäbchen anbinden. Sonst wüßte ich nichts zu sagen, als daß ich Dir wohl zu leben wünsche, und wünsche, etwas Ausführliches von Dir zu hören. Von den Äpfeln wirst Du mit meinen schönsten Grüßen etwas in der Nachbarschaft abgeben.

Jena, den 2. Mai 1809.   G.

439. *Goethe*

Da ein Expresser nach Weimar geht, so will ich Dir mit wenigen Worten sagen, daß ich mich ganz hübsch befinde. Da das Übel einmal sein sollte, so ist es mir sehr tröstlich, den Geheimen Hofrath Stark in der Nähe zu haben, welcher mir große Sorgfalt beweist. Der Hauptfehler war, daß ich in den letzten vier Wochen, da ich das Übel kommen sah, nicht öfters kleine Dosen Karlsbader Salz oder dergleichen genommen habe. Man macht sich freilich, insofern es nur einigermaßen möglich, bald von aller Arznei los.

Die Äpfel, die ich Dir geschickt habe, werden Dir Vergnügen gemacht haben. Heute Abend hoffe ich von Dir zu hören. Lebe recht wohl und gedenke mein.

Jena, den 3. Mai 1809.   G.

440. *Goethe*

Du hast inzwischen durch einen Expressen wohl von mir einen Brief erhalten. Ich kann heute nicht viel sagen, als daß es mir ganz leidlich geht. Du weißt, wie es nach solchen

Anfällen ist. Man muß sich nur in Acht nehmen, daß man sich nicht gleich wieder für ganz gesund hält, und daß man nicht verdrüßlich wird, wenn es mit Geschäften und Arbeiten nicht gleich fort will.

Unser Tisch ist leider nicht der beste; indessen sorgen die Freundinnen für mich, und so will ich mich nicht beklagen.

Hier schicke ich etwas Weniges Samen. Laß ihn gleich auf eine schattige Stelle säen, die Stelle aber wohl bezeichnen.

Erkundige Dich doch, wie es mit ›Hamlet‹ steht. Ja, Du könntest Genasten kommen lassen und ihm sagen, daß es mir unmöglich sei, die nächste Woche nach Weimar zu kommen. Mittwoch könnte allenfalls ›Egmont‹ gegeben werden; sie waen ja schon darauf vorbereitet. Wie ist ›Herr Lorenz Stark‹ abgelaufen? und was gibt es sonst gutes Neues?

Wegen der Kriegsgeschichten laß Dir gar nicht bange machen. Die Menschen müssen nun einmal Angst haben und machen sich Spaß, den andern Angst zu machen. Das Kriegstheater entfernt sich immer mehr von uns, und es ist höchst wahrscheinlich, daß ich in einigen Wochen nach Karlsbad gehen kann. Denke der Sache von Deiner Seite nach; sprich aber mit niemand darüber. Ich habe schon mit Karln die Sache beredt: wir wollen uns des Herrn von Hendrichs Koffer ausbitten und so wenig an Wäsche und andern Dingen mitnehmen als möglich. Ich werde unsern Wagen und Extrapost nehmen müssen.

Lebe recht wohl und schreibe mir nicht zu kurz.

Jena, dan 5. Mai 1809.   G.

441. *Goethe*

Du erhältst heute, mein liebes Kind, ein großes Packet und wirst die einzelnen Theile desselben aufs beste besorgen. Die Packete an Herrn Genast und Frau von Stein sendest Du gleich fort; das an Herrn Cotta bleibt bei Dir liegen. Er kommt wahrscheinlicher Weise auch schon an dem Morgen an, da Du Gegenwärtiges erhältst, wie er mir von Leipzig aus geschrieben hat. Es thut mir sehr leid, daß ich ihn nicht sprechen kann; aber es ist mir jetzt ganz unmöglich, nach Weimar zu gehen. Ich erhole mich kaum von dem bösen, krankhaften Überfall und betreibe meine nothwendigsten Arbeiten kaum nothdürftig. Ob ich nach Karlsbad komme, wird täglich zweifelhafter, und ich habe mehr als Eine Ursache, mich in Acht zu nehmen. Hier tröstet mich noch die Gegenwart des Geheimen Hofrath Stark, der sich treulich meiner annimmt, und in der Ruhe und Einsamkeit kann ich mich allenfalls erholen. Auch habe ich mich eingerichtet, so daß ich trotz allen Übeln nicht ganz unthätig bin. Der Druck an der Farbenlehre geht fort, und ich habe Hoffnung zu andern guten Dingen. Ich habe deßwegen Genast geschrieben, man möchte ›Hamlet‹ auf Mittwoch, den 17., ansetzen. Kann ich Dienstag zur Hauptprobe kommen, so will ich nicht fehlen. Fühle ich mich aber nicht, wie ich sein sollte, so kann diese erste Aufführung ja wohl auch ohne mich geschehen. Dieß ist nicht ein Stück für einmal, und ich kann bei Wiederholung desselben noch immer einwirken. Grüße Wolffs und so auch die theatralischen Nachbarn und schreibe mir Deine Gedanken.

Laß Dir an den schönen Tagen wohl sein. Sie werden nicht besser kommen; und wenn Du Dich leidlich befindest, so sieh ja immer gute Freunde und Personen, denen Du was Artiges erzeigen willst. Es ist hierzu die beste Jahreszeit. Wenn Du manchmal des Abends lange Weile hast, so laß Dichs nicht verdrießen. Solltest Du 14 Tage in Jena zubringen, so würdest Du umkommen: denn wie kummervoll sich hier die Familien und Gesellschaften behelfen müssen, um nur eine Art von Unterhaltung zu haben, davon kannst Du Dir keinen Begriff machen.

Mir hingegen ist es für den Augenblick ein höchst glück-licher Aufenthalt. Wäre ich klug gewesen, so hätte ich dem letzten Anfall ausweichen können; aber von nun an hab ich mir auch vorgesetzt, mich durch nichts Äußeres so leicht wieder auf ein Letztes treiben zu lassen.

Jetzt lebe recht wohl und grüße Carolinchen und ersuche sie, daß sie mir, indem Du dictirst, recht viel schreibt. Nächsten Sonnabend, oder wenn Dein Bruder wieder hin-übergeht, erfährst Du mehr von mir. Keine Sorge brauchst Du nicht für mich zu haben. Unser Essen ist ganz leidlich, und die Freundinnen helfen mit Spargel und andern guten Dingen nach. Lebe recht wohl und sei nicht karg mit Wei-marischen Nachrichten.

Die beiden beigelegten Briefe laß nur heute Abend auf die Post geben.

Jena, den 9. Mai 1809.   G.

Vielleicht sprichst Du Herrn Cotta; so grüß ihn von mir zum schönsten.

442. *Goethe*

Für Deinen ausführlichen Brief danke ich Dir zum aller-schönsten. Sende mir ja einen ähnlichen alle Boten-Tage. Ich will dagegen auch von mir etwas umständlich verneh-men lassen. Du kannst nichts Bessers thun, als Dich des Gartens mit Freunden zu erfreuen. Grüße alles, was Dich umgibt, zum schönsten. Man kann mir nichts Angeneh-mers erzeigen, als wenn es möglich gemacht wird, daß der ›Hamlet‹ dießmal ohne mein weiteres Zuthun glücklich zu Stande kommt. Ich fühle erst, wie nothwendig ich es habe, mich von einem so langen und verdrüßlichen Winter zu erholen und mich noch überdieß von einem neuen, unerwarteten Anfall herzustellen. Doch wird es wohl gehen, wenn ich mich eine Zeit lang im Stillen pflegen kann. Ich schreibe Dir dieß im botanischen Garten, wo ich mir eine Art von zweiter Wohnung aufgeschlagen habe und mich ganz vergnüglich befinde. Lebe recht wohl, grüße alles. Nächstens mehr.

Jena, den 10. Mai 1809. G.

443. *Goethe*

Jena, den 12. Mai 1809.

Da Riemer wegen eines starken Schnupfens heut in seinem Quartiere bleibt, so sage ich Dir nur kürzlich und eigenhändig, daß es mir ganz wohl geht. Freilich muß ich mich in Acht nehmen. Indessen geht mir, was ich arbeite, gut von Statten, und mehr bedarf ich nicht. Wenn ich noch einige Zeit hier bin, soll der Roman, hoffe ich, zum Druck befördert sein. Denn ich lasse ihn hier drucken, und es soll damit, wie mit einigen andern Dingen, rasch gehen. Worüber Du Dich erfreuen wirst. Sage mir, wie Dirs geht. Grüße alles; und insofern Du es vermagst, so trage dazu bei, daß ich ruhig hier bleiben kann. Lebe recht wohl. G.

*

Am 16. Mai schreibt Goethe einen nicht bekannten Brief an Christiane; er enthielt wahrscheinlich den Wunsch, seine Frau möge für einen Tag nach Jena kommen. Das Tagebuch vermerkt Christianens Ankunft am 18., ihre Abreise am 19. Mai.

*

Ich schicke Dir, mein liebes Kind, einen Kasten, eine
Schachtel, einen Topf, das alles lässest Du in die Rabatten
pflanzen. Der Pflanze im Topf lässest Du gleich eine hübsche Stange geben, denn sie geht hoch. Mir geht es ganz
leidlich. Das Beste ist, daß ich etwas thun kann. Heute
kommt der Herzog. Das gibt einen Stillstand in unsern
Arbeiten, der mir aber doch in mehr als Einem Sinne
erfreulich ist. Lebe wohl. Schicke mir die Bücher, die ich
wünschte, oder bringe sie mir mit. Ihr kommt doch Sonntag?

[Jena,] den 26. Mai 1809. G.

*

Tagebuch, 28. Mai: »Kam meine Frau mit Wolffs, Elser-
mann und Lortzing. Bei Frommanns zu Mittage. Nachher zu
Hause. Bei Frau von Knebel. Abends zu Frommann«; 29.:
»Ging meine Frau mit der Gesellschaft weg.«

*

445. *Goethe*

Du wirst nun wohl Herrn Kaaz bei Dir einlogirt haben, und
was das häusliche Behagen betrifft, wird er meine Abwesenheit nicht bemerken. Ich schreibe ihm selbst und Hofrath
Meyern zu gleicher Zeit, und ich bin überzeugt, daß seine
Ausstellung, und was er sonst wünscht, gleichfalls gut gerathen werde. Ich werde mit Vergnügen davon durch die
rückkehrenden Boten und mehr noch künftigen Sonnabend
belehrt werden. Wende alles, was Du kannst, die nächsten
acht Tage von mir ab: denn ich bin gerade jetzt in der Arbeit
so begriffen, wie ich sie seit einem Jahre nicht habe anfassen
können. Würde ich jetzo gestört, so wäre alles für mich
verloren, was ich ganz nahe vor mir sehe, und was in kurzer

Zeit zu erreichen ist. Wie gesagt, mein Kind, laß nur die nächsten Tage nichts an mich heran, was abzuhalten ist. Alle Geschäfte sind ja ohnehin im Gange. Dagegen wollen wir auch an euch denken und euch von Zeit zu Zeit einen Fisch und ein gut Stück Wildpret schicken, damit ihr es in gutem Frieden genießet und euch weiter nichts anfechten lasset.

Solltest Du noch etwas von Pflanzen brauchen, so schreibe es mir. Grüße die kleine Gesellschaft, die Dich neulich begleitete. So viel ich bemerken kann, haben sie einen guten Eindruck zurückgelassen. Weiter wüßte ich nichts zu sagen, als daß ich Dir wohl zu leben wünsche.

Jena, den 30. Mai 1809.   G.

446. *Goethe*

Jena, den 2. Juni 1809.
Heute weiß ich Dir, mein liebes Kind, wenig zu sagen. Gestern ist Frau von Stein, Frau von Seebach und Fräulein Bose hier gewesen, und wir haben bei Knebels zusammen gespeist. Meine Arbeiten gehen ganz ordentlich fort, und ich denke in vierzehn Tagen ziemlich weit zu sein. Schreibe mir, wie Dirs mit Deinem Gaste geht, ob er vergnügt und fleißig ist. Er soll mir von Zeit zu Zeit etwas von sich sagen. Ich bin voller Verlangen, seine Sachen zu sehen, und werde mich einrichten, sie nicht zu versäumen. Du hast mir allerlei Papiere geschickt, aber kein Conceptpapier; es liegt in demselbigen Schränkchen, aber ganz unter den andern. Es ist ziemlich grau, und Du wirst es leicht unterscheiden können. Ich schicke Gegenwärtiges durch Sprung, der uns den ›Hamlet‹ ankündigt. Vielleicht siehst Du Besuch von Jena. Ich bin recht neugierig, wie er zum zweiten Male geht. Passe wohl auf und schreibe mir darüber. Lebe recht wohl.   G.

Ich schicke Dir, mein liebes Kind, durch die Freunde noch einen Gruß und will einiges nachbringen, was ich gestern versäumte.

Was die neuen Bauanlagen in der Ackerwand betrifft, so ist der Vorschlag der: Durchlaucht der Herzog geben fünf Bauplätze, umsonst, an fünf Baulustige, doch mit der Bedingung, daß die Häuser in zwei bis drei Jahren bewohnbar seien. Wer anno 1812 den ersten Januar das Haus nicht fertig hat, verliert sein Recht darauf: es wird an den Meistbietenden verkauft, und er zwar entschädigt, aber der neue Besitzer muß sich engagiren, im Laufe des gedachten Jahrs den Bau zu vollenden.

Aufs Bauen werden wir uns in der Welt wohl nicht mehr einlassen, und wir müssen also abwarten, ob noch etwas aus der Sache wird, und was wir für Nachbarn kriegen. Das Schlimmste ist, daß es aussieht, als wenn sie die Linie der Koppenfelsischen Scheune halten wollten, welches ich abzulehnen suchen werde. Das Beigeschlossene schicke ja gleich an Herrn von Müffling. Sage aber niemand weiter von dem, was ich Dir hier mittheile.

Gib etwa Überbringern mündlich Aufklärung, wie es mit meinem rothen Wein aussieht, und ob Du Dich nicht etwa vergriffen hast. Denn der an mich geschickte, rothgesiegelte ist viel dunkler als der sonstige und will mir gar nicht behagen. Ich habe mir einige Flaschen von den hiesigen Freunden geborgt.

Kein Fisch kann heute mitkommen; doch hat man mir einen auf den Dienstag versprochen. Lebe recht wohl und grüße Herrn Kaaz und die Freunde zum schönsten, und seid gesund und vergnügt.

Jena, den 3. Juni 1809. G.

Es geht mir noch immer vor wie nach. Ich habe mich über nichts zu beklagen, als etwa, daß das Essen nicht immer das erfreulichste ist. Die Freundinnen thun noch immer mit Spargel und sonst noch das Beste.

Werner war einen Tag bei uns. Ich habe ihn Morgens bei mir und Abends bei Frommanns gesehen, bin ihm freundlich und gut begegnet, so daß er von dieser Seite auch ganz heiter abscheiden konnte. Er las eine Art von Ballade, eine dreifache Heirath schildernd, vor, die ihm vielen Beifall erwarb.

Mit den Bauplätzen im Welschen Garten wollen wir uns nicht abgeben. So viel kann ich Dir zum Troste sagen, daß die Häuser weit hinein gerückt werden, und uns eine nahe Nachbarschaft künftig nicht zur Last fällt. Auch ist meine alte und neue Gesinnung, den untern Garten für uns und besonders für August zu erhalten. Es müßten denn günstige Umstände eintreten, die wir jetzt nicht voraussehen können.

In einem langen Kasten erhältst Du vierundzwanzig Diptampflanzen. Laß sie gleich im Garten herum setzen, wo sie noch anzubringen sind: denn Deine Rabatten sind wohl schon voll genug. Alles Neugepflanzte muß bei der jetzigen Witterung fleißig begossen werden.

Ich hoffe, bis diesen Abend sollen auch die verlangten Kohlrabi- und Kohlpflanzen beisammen sein. Ist ein Fischchen anzutreffen, so erhältst Du es gleichfalls. Mit dem neulichen Wein mag es ein Mißgriff gewesen sein: denn der zuletzt überschickte ist wieder der rechte. Es wäre mir lieb, wenn das noch vorräthige Geld nicht angegriffen würde, und Du das nöthige vom Johannis-Quartal nähmest. Mit dem, was ich hier habe, komme ich zwar bis dahin aus; beim Weggehen aber, wo die Trinkgelder zu heben sind, werde ich noch Succurs brauchen. Die Interims-Quittung schicke ich Dir mit den nächsten Boten.

Mit meinen Arbeiten geht es gut, und wenn nichts weiter dazwischen kommt, gedenke ich zu Johannis Dich hier zu erwarten und mich einzurichten, daß wir alsdann zusammen wieder zurück können: denn bis dahin läßt sich noch vieles thun.

Lebe recht wohl, grüße Deine nächsten Umgebungen, und wenn ich was sollte vergessen haben, so erinnere mich. Ein paar leichte Nachtwestchen könntest Du mir schicken.

Grüße Herrn Kaaz zum allerschönsten; und obgleich ein Künstler nicht gerne schreibt, so ersuche ihn doch, mir gelegentlich zu melden, wie es ihm geht. Es stehn bei mir viele kleine Brettchen herum, auch ein saubres Reißbrett, das der Prinzeß gehört. Wenn Kaaz diese brauchen kann, besonders da er vielleicht schon gegenwärtig der Prinzeß einigen Unterricht gibt, so gib die Bretter nur hin. Was draufgeklebt ist, kann man nur herunterschneiden, und Du hebst es mir auf. Von den Diptampflanzen, und wenn ich sonst etwas von Blumenpflanzen schicke, kannst Du Frau von Milkau etwas mit unsrer Empfehlung zukommen lassen, um so mehr, als unsres Gärtners Sohn bei ihr in Diensten steht und uns auch manches Gefällige erzeigt. –

Unzelmann ist heute bei mir gewesen und schien ganz munter und getrost. Lebe recht wohl und vergnüge Dich mit Deiner nächsten Umgebung.

Jena, den 6. Juni 1809.   Goethe.

449. *Goethe*

Jena, den 9. Juni 1809.

Da Du, mein liebes Kind, den Sonntag früh zu uns kommst, so weiß ich weiter nichts zu sagen, als daß das Fischlein, welches ich abgeschlachtet und zappelnd noch angesehen habe, Dir den Sonnabend mit guten Freunden wohlschmecken möge.

Habe die Gefälligkeit, mir ein Pfund Chocolade mitzubringen und einige Fläschchen Malaga. Das kannst Du aber auch den Boten mitgeben. Mir geht es gerade so leidlich, als ich erwarte, und das Weitere wollen wir besprechen, wenn wir zusammenkommen.

Gestern habe ich wieder ein Theater-Frauenzimmerkleid angeschafft; es wäre aber eine neue Königin der Nacht und Gott weiß welche Cleopatra zu erfinden, um es mit Würde tragen zu können, Du wirst selbst darüber urtheilen, wenn ich Dirs vorzeige. Lebe recht wohl und gedenke mein. Es ist sehr gescheit, daß ihr euch in der schönsten Jahreszeit einige Bewegung macht. Durch die Boten kannst Du mir ja wohl wissen lassen, um welche Zeit ich Dich eigentlich zu erwarten habe.   G.

Du thätest mir eine Liebe, wenn Du mir mein Kästchen mit geschnittenen Steinen mitbrächtest. Du müßtest aber etwas Weiches oben auflegen, damit sich im fahren nichts verrückte, weil ungefaßte Steine dabei sind.

*

Tagebuch, 11. Juni: »Kam meine Frau durch, als sie nach Kahla fuhr«; 12.: »Besuch von meiner Frau, die von Kahla zurückkam. Mittags aß dieselbe mit uns«; 13.: »Nach Tische [allein] abgefahren . . . Einen Wagen abgeschickt, um die Zurückgebliebenen [wohl Christiane und Caroline Ulrich] zu holen.« – Tagebuch, 8. Juli: »Ging meine Frau nach Jena«; 10.: »Kam meine Frau mit Fräulein Goldacker und Demoiselle Eylenstein von Jena zurück.«

Am 23. Juli begibt Goethe sich zur Weiterarbeit an den ›Wahlverwandtschaften‹ abermals für viele Wochen nach Jena.

*

450. *Goethe*

Ob ich Dir gleich, mein liebes Kind, nicht viel zu sagen habe,
so will ich doch vermelden, daß es mir ganz wohl geht. Wir
sind fleißig, und wenn wir so fortfahren, so werden wir mit
Zufriedenheit zurückkehren. Künftige Woche wird angefangen am Roman zu drucken. Heute früh habe ich Dir mit
Deines Bruders Kutscher etwas Radieschen geschickt und
zugleich eine Schublade, die noch in Deine Blumen-
Commode gehört; eine andre folgt nach. Mit den Boten
erhältst Du eine Schachtel Kirschen und einige Feigen darauf, welche letzteren[1] Du Herrn von Wolzogen schickst.

Weiter wüßte ich nichts für dießmal und wünsche Dir
recht wohl zu leben.

Jena, den 25. Juli 1809.   G.

451. *Goethe*

Noch einiges will ich nachbringen und vor allem einige
schöne Grüße von der kleinen Nachbarin, die mich manchmal besucht; das Kind ist gar zu artig und möchte gern
wieder nach Weimar. Ich habe es eben mit Kaaz, der sich
bestens empfiehlt, auf das Cabinet geschickt.

Mit dem Essen sind wir recht wohl zufrieden, und mir
geht es überhaupt ganz gut. Die ersten Bogen des Romans
sind in die Druckerei, und es braucht nur sechs bis acht
Wochen Ruhe und Sammlung, so ist die Sache abgethan,
und ich kann an etwas Anders gehen. Riemer ist mir auf die
beste Weise behülflich. Nun habe ich aber auch eine recht
dringende Bitte an Dich, daß Du die Frauen von Schiller,
Wolzogen, Egloffstein, Schardt, und wenn es nur auf eine

---

1 welche letzteren über gestrichenem die.

Viertelstunde wäre, besuchest und ihnen von mir freundliche Grüße bringest. Versäume das ja nicht und sage mir,
wie Du es ausgerichtet hast.

Für mich wünsche ich weiter nichts als ein leidliches
Befinden, daß ich in diesen paar Monaten mit meiner
vorgesetzten Arbeit fertig werde, das Übrige wird sich geben.

Lebe recht wohl und sei überzeugt, daß ich Dich von
Herzen liebe, und daß ich mich auf die Ankunft unsres guten
Knaben mit Dir im Stillen freue und eben deßwegen man-
ches abzuthun wünsche. Lebe recht wohl.   G.

Vor allem Andern ist der Essig gut besorgt worden, und Du
wirst ihn wahrscheinlich bald erhalten: denn entweder
bringt ihn der Mann selbst, weil er eine größere Lieferung
nach Hof bringt, oder das Fäßchen kommt hieher. Ich habe
einen halben Eimer bestellt. Wenn Du mehr brauchst, so
darfst Du mirs nur schreiben.

Die mitkommenden Feigen schickst Du gleich an Herrn
von Wolzogen, mit meiner Empfehlung. Es sind immer noch
die Winterfeigen; indessen laß nur wünschen, daß sie wohl
schmecken und wohl bekommen mögen.

Was ich durch die Boten herüber wünsche, steht auf
einem besondern Blatt. Findet sich nicht alles gleich, so
kann es den nächsten Botentag geschickt werden.

Jena, den 28. Juli 1809.   G.

[Beilage]

Nachstehende Dinge wünschte ich von Hause zu erhalten.
Dieselben aufzusuchen, würde Sachse behülflich sein.

1. In dem Actenschranke, in meinem Schlafzimmer, liegt
ein Packet in Folio, einer starken Hand hoch, mit Bindfaden
zusammengebunden. Die Aufschrift ist: Osteologica. Es

sieht ihm nicht leicht ein andres Packet ähnlich, was zugleich in diesem Schranke liegt.

2. In meiner Bibliothek, auf dem großen Repositorium links, gegen das Fenster zu, und zwar, wenn ich mich recht erinnere, auf den Reihen unter den Pulten, stehen zwei Bücher in Quart, in grüne Pappe gebunden. Sie sind Manuscript und betreffen die Gebirgskunde. Auch ihnen ist kein andres Buch ähnlich.

3. Ein Einschlag-Lineal, d. h. ein Lineal, das an einem Ende noch ein Querholz hat, — es liegt auf meinem Schreibtisch, wahrscheinlich auf der Galerie des rechten Schränkchens.

Diese Dinge wünschte ich, gut gepackt, mit dem Boten zu erhalten.

452. *Goethe*

Frau Hofräthin Schopenhauer wird Dir, mein liebes Kind, einen Braten und eine Schachtel mit Kirschen überbracht haben, wovon ich guten Genuß wünsche. Es geht uns hier ganz gut. Kaaz hat sich wohlbefunden, und geht morgen früh ab. Ich habe ihm Geld mitgegeben, daß er Suppen-Ingredienzien schicken soll, wozu er auch etwas Parmesan-Käse legen will, als welcher zu den Macaronis ganz unentbehrlich ist.

Knebel scheint sich in seiner Strohwittwerschaft ganz wohl zu befinden; doch ist er mir etwas nachdenklicher als sonst, und ich denke, in kurzem wird sich eine Vereinigung der alten Zustände wiedergefunden haben. Der Knabe wird alle Tage braver und besser, nur fehlt es ihm an Beschäftigung und Anregung von außen. Wenn er unter vielen seines gleichen wäre und recht lebhaften Unterricht erhielte, so könnte etwas aus ihm werden.

Wir haben den Druck des Romans angefangen, ohne zu wissen, wie wir damit zu Ende kommen wollen. Indessen, wenn wir den August und September gut anwenden, so ist Hoffnung, daß wir fertig werden. Nutze von Deiner Seite diese beiden Monate, so gut es gehen will, um Dich auf den Winter vorzubereiten und die guten Tage zu genießen, die wir zu erwarten haben: denn freilich fängt auch der August regnicht und unfreundlich an.

Mit dem Essig, so nahe auch Golmsdorf liegt, ist es doch ein bißchen langsam gegangen; es thäte Noth, daß man alle seine Ausrichtungen von der Art selbst machte, zu Fuß oder zu Pferd. Indessen hoffe ich, Dir Donnerstag oder Freitag einen halben Eimer von dem besten auf einem Schubkarren zu schicken, da ich Dich denn bitte, die Badewanne mit zurückzugeben, da ich denn doch mich auch von Zeit zu Zeit im Wasser erfrischen will. Für dießmal lebe wohl und schicke mir alles, was angekommen ist. Es muß auch eine Rolle mit Kupferstichen gekommen sein, wenigstens habe ich den Brief erhalten, der sie ankündigt.

Jena, den 1. August 1809.   G.

453. *Goethe*

Durch den Bibliothekarius habe ich Dir schon drei Fische, sowie auch Kirschen geschickt. Ich wünsche, daß die ersten Dir wohl bekommen mögen; und was die andern betrifft, so kannst Du deren noch mehr haben, wenn Du sie verlangst. Sie sind aber auch hier rar und theuer.

Ich bin es sehr wohl zufrieden, daß Du Dir eine vergnügliche Reise nach Gera machst. Schreibe mir näher, wie ihr sie einrichten wollt. Wahrscheinlich macht ihr sie an Einem Tag und geht nur durch Jena durch.

Nun wünschte ich, daß Du mir Folgendes schicktest: *die*

12 Bände meiner Werke, die auf dem Repositorium an der Thüre stehen, in braune Pappe gebunden; einige Theile davon sind schon in blau Papier eingeschlagen. Sachse wird sie einpacken und vorher jeden Theil besonders einwickeln, auch das Packet mit Bindfaden nicht so gewaltsam zuschnüren, damit die Bände nicht leiden.

Auch könntest Du mir, je ehr je lieber, durch Gottschalk die Badewanne herübertransportiren lassen, der mir sie schon einmal gebracht hat. Zugleich wünsche ich aber die Apothekerwaaren, die in meinem Acten-Schranke stehen, im Schächtelchen und in den kleinen Gläschen.

In meinem Vorzimmer müssen auch noch einige große, leere[1] Portefeuilles stehen, davon ich eins auch wohl herüber haben möchte; doch daß es nicht naß wird.

Weiter weiß ich nichts zu sagen, als daß es uns ganz wohl geht, weil unsre Geschäfte im Gange sind. Lebe recht wohl und sei Sonntags mit Deinen Gästen vergnügt.

Jena, den 4. August 1809.

G.

454. *Goethe*

Ich danke Dir, daß Du mir das Verlangte so bald geschickt hast. Das Übrige erwarte ich mit den Boten-Weibern.

Den Essig hast Du vielleicht jetzt schon erhalten: denn der Mann hat Deine Adresse abgeholt und versprach, heute nach Weimar zu fahren.

Es soll mir lieb sein, Dich Sonnabend auf einen Augenblick zu sehen, und wünsche gutes Wetter zu eurer Reise; vielleicht reinigt sich der Himmel bis dorthin. Den Mann, der die Wanne gebracht hat, habe ich hier bezahlt.

---

1 Nachträglich über der Zeile

Weiter weiß ich nichts zu sagen, als daß ich Dir wohl zu leben wünsche.

Jena, den 5. August 1809.   G.

454 a. *Riemer* (in Goethes Auftrag)

Gnädige Frau,
Sie erhalten hierbei etwas Neues vom Jahre, das vermuthlich in Weimar noch nicht zu haben ist, und wovon wir wünschen, daß Sie es mit gutem Appetit verzehren mögen.

Der Herr Geheimerath befindet sich wohl und empfiehlt sich Ihnen bestens. Einige Besuche halten ihn ab, sonst würde er selbst geschrieben haben. Er bittet nur noch um *ein paar Pfund Chocolade* und um *einige Bouteillen von seinem leichten rothen Wein*, der diese Tage her einigen Zuspruch erhalten.

Das Egerwasser ist angekommen; das Weitere wird er persönlich mit Ihnen besprechen, wenn wir das Vergnügen haben, Sie auf den Sonnabend bei uns zu sehen. In dieser angenehmen Erwartung empfehle ich mich zu geneigtem Andenken.

Jena, den 8. August 1809.   Ihr F. W. Riemer.

Clemens Brentano ist soeben angekommen und geht nach Halle, von wo er in Kurzem wieder zurück, hier und durch Weimar geht.

*

Tagebuch, 21. August: »Kam meine Frau von Gera; und blieb zu Tische und fuhr um 4 Uhr weg.«

*

Deine Boten sind glücklich angekommen, und ich danke Dir für alles Übersendete. Was August betrifft, werde ich besorgen, indem ich eben an Cotta schreibe. Nur thut mir leid, daß ich Dir keine Bohnen senden kann. Mach die Sache mit der Wenzeln ab: denn sonst quäle ich mich vergebens, Bohnen auszumachen und zu kaufen, und zuletzt muß doch der Transport bezahlt werden. Morgen kommen Witzel und Genast, denen Du vielleicht was mitgibst. Vielleicht habe ich ihnen auch etwas mitzugeben. Inliegendes stelle Deinem Bruder zu, und lebe recht wohl.

Jena, den 22. August 1809. G.

*

Tagebuch, 28. August: »War meine Frau mit Madame Wolff, Demoiselle Engels und Elsermann angekommen. Den Morgen in ihrer Gesellschaft zugebracht. Mittags mit denselben und Herrn von Knebel gegessen. Nach Tische reisten sie ab.«

*

456. *Goethe*

Jena, den 29. August 1809.
Nochmals vielen Dank für den gestrigen Besuch, und was ihr alles Freundliches gebracht habt. Ich bin heute wieder in meinen Fleiß zurückgekehrt und hoffe, es soll alles ganz gut werden. Ich wünsche nichts mehr, als daß beim Theater alles einen freudigen und willigen Gang gehe, damit ich den September noch hier bleiben kann.

Heute kann ich nichts übersenden; denn der Hirsch ist hier nicht zerwürkt worden, sondern im Ganzen nach Weimar gekommen, da Du denn wohl suchen wirst, Dir ein Stück davon zu verschaffen. Wegen der Bohnen wirst Du am besten thun, es mit den Boten abzureden. Laß Dir doch auch durch sie immer frische Kartoffeln bringen, die hier sehr gut sind, und was dergleichen sonst wäre. Lebe recht wohl und grüße alles zum schönsten. G.

457. *Goethe*

Gestern waren die sämmtlichen Herrschaften mit allem Gefolge hier. Es war ein sehr lebhafter, wegen des schönen Wetters aber sehr angenehmer Tag. Heute geht der Hofgärtner Wagner hinüber und bringt Dir dieß. Er wird Dir wegen des Legens der überschickten Zwiebeln einiges sagen. Lebe recht wohl! Mir geht es ganz gut. Heute Abend hoffe ich von Dir zu hören.

[Jena,] den 2. September 1809. G.

458. *Goethe*

Es thut mir sehr leid, mein liebes Kind, daß Du Dich gerade zu einer Zeit nicht recht wohl befindest, wo ich wünschte, daß Du Dirs recht wohl machtest. Dictire nur Carolinchen einigermaßen ausführlich, wie es mit Deinen Übeln steht, damit ich es Starken vorlegen kann: denn so ins Allgemeine kann doch kein Arzt etwas verordnen. Es soll mir recht angenehm sein, Dich diese Woche hier zu sehen, besonders wenn ichs Mittags voraus weiß, und[1] daß Du nicht zu früh kommst: denn die Morgen müssen jetzt sehr ernstlich angewendet werden. wenn wir mit unserer Arbeit diesen Monat fertig werden wollen.

Ich hoffe, daß das Theater in diesen drei Wochen so sachte

1 Nachträglich über der Zeile.

in den Gang kommt. Im October will ich alsdann recht gern eingreifen, und es soll nicht lange währen, so wollen wir bedeutende und harmonische Vorstellungen sehen. Grüße alle und jede und fahre fort, die Freunde und Wohlwollende zu sehen und zu erfreuen.

Die Herrschaften waren hier recht vergnügt, und ich habe durch ihre Gegenwart auch einen frohen Tag gehabt.

Siehe nur, daß Du zum Vortheil unseres Gartens, wenn die herrschaftlichen Kutscher herüberfahren, einige Säcke mitgibst, damit es uns an dem feinen Sand nicht fehle.

Wegen Bohnen, Birnen, Erdäpfeln u. s. w. mache es mit den Boten-Weibern ab, so erhältst Du alles sicher und so gut, als wenn ich es erst hier[1] anschaffte und fortschickte. Vor allen Dingen bemerke mir den Tag, wenn Du herüberkommst.

Jena, den 5. September 1809.   G.

459. *Goethe*

Wie ich aus Deinen Briefen sehe und auch sonst vermuthen kann, so ist eigentlich jetzt zwischen uns nichts mündlich zu verabreden nothwendig, und ob ich Dich gleich ganz gerne wiedersähe und spräche, so sind wir doch mit unsern Arbeiten in einer so gedrängten Lage, daß es mir lieber ist, Du kommst jetzt nicht herüber: denn wir müssen jede Stunde zusammennehmen, und ich sehe noch kaum, wie wir fertig werden wollen. Herr Geh. Hofrath Stark wird Dich besuchen, sobald er hinüberkommt, und sich um Deine Zustände erkundigen. Beim Theater grüße die Gutgesinnten und fahret nur so fort wie bisher. Jeder Einzelne hat Vortheil davon, wenn er etwas um des Ganzen willen thut, sollte es ihm auch nicht ganz angenehm sein.

---

1 erst hier aus hier erst.

Sprich einmal mit Witzeln, der seine Sache noch immer sehr gut macht, und schreibe mir von jeder Vorstellung, wie sie abläuft.

Die Feigen, die Du mir schicktest, waren zum Theil noch nicht völlig reif. Laß sie immer noch einen oder ein paar Botentage hängen, bis sie recht braun werden.

In zwei Briefen von Frau von Schiller und Wernern bist Du schönstens gegrüßt. Der letzte hat von Tübingen geschrieben und ist zu Frau von Staël nach Coppet gegangen.

Knebel ist schon wieder allein, denn seine Frau ist abermals nach Weimar gegangen. Er ist aber nur desto lustiger, wenn er selbst den Wirth macht.

Lebe recht wohl und bereite vor Michaelis so gut, als Du kannst, noch manches Gute für künftigen Winter vor. Ich befinde mich ganz leidlich, muß aber auf eine pedantische Weise meine Diät und andre Lebensordnung halten, und ich muß suchen, auch in Weimar auf alle Weise dabei zu bleiben.

Jena, den 8. September 1809.   G.

Wenn Du uns etwas Gutes erzeigen wolltest, so würdest Du uns eine geräucherte Zunge, aber schon abgekocht, herüberschicken. An solchen Dingen fehlt es uns, besonders Abends, und wenn etwa ein guter Freund kommt.

Ferner erdenke Dir etwas und schenke es Rinaldo in meinem Namen, als wenn ich es geschickt hätte, damit der gute Junge auch von dieser Seite eine Art von Freude hat. Nächstens mehr.

460. *Goethe*

Da Du einmal kommen willst, so sage ich Dir lieber gleich, daß es mir recht angenehm sein wird, denn es gibt doch mehr zu besprechen, als man glaubt.

Da ist zum Exempel der alte Handel zwischen Riemer und der Nachbarin, von dem Du mir schon früher erzähltest, ausgebrochen. Ich bin überzeugt, daß es nichts ist als eine lüsterne Liebelei, die weiter nichts hinter sich hat. Aber die Frau ist krank geworden und hat dem Manne Gott weiß was erzählt. Du weißt das alles wohl schon besser. Auf alle Fälle wünschte ich, Du ließest die Premsler kommen, die eine Art Vertraute gemacht hat, und hörtest, wie alles steht. Sprächst allenfalls Hirschfelden selber, damit wo möglich das Aufsehen nicht ärger wird. Denn der Mann droht mit Scheidung, und was sonst noch alles vorgeht. Du wirst durch Deine Klugheit und Thätigkeit alles zu vermitteln suchen. Jetzt sage ich weiter nichts, als daß ich Dich herzlich liebe und mich freue, für Dich und das Bübchen zu leben und fleißig zu sein.

Inliegendes bitte gleich zu bestellen.

Jena, den 10. September 1809. G.

461. *Goethe*

Da das Wetter so sehr schlecht ist, und Dein Bruder sich übel befindet, so werde ich Dich wohl in diesen Tagen nicht sehen. Sage mir deßwegen durch die Boten einige Worte.

Schicke mir ein paar Pfund Chocolade, denn von dieser und vom Weine lebe ich jetzt vorzüglich. Kannst Du uns noch eine geräucherte Zunge schicken wie die letztere, so wirst Du uns Gutes erzeigen.

Mein Geschäft hier geht ganz gut und wird auch hoffentlich so zu Ende gelangen, ob ich gleich gestehe, daß das einbrechende Regenwetter und der wilde Herbst mir auf den Winter Grauen erregt. Du hast Dir indeß gewiß schon allerlei ausgedacht, wie wir jene unfreundliche Jahrszeit zusammen zubringen wollen.

Ich bin neugierig zu hören, wie sich Freund Meyer anläßt,

und wie es mit seiner Einrichtung werden wird. Behandle ihn nach unsrer Übereinkunft. Ich wünsche ihm alles Gute und will ihn gern auf das freundlichste behandlen, nur daß die Nachbarschaft uns nicht zu großer Gemeinschaft führe. Unsere Theaterangelegenheiten empfehle ich Dir aufs neue. Mir wäre gar nicht bange dafür, wenn wir nur gute Stücke hätten, damit sich sowohl die Schauspieler, als ich für die Aufführung wirklich interessieren könnten. Indessen wollen wir unser Bestes thun, und vielleicht kommt uns irgend ein Zufall zu Hülfe.

Wegen der Frau von Arnswald, dächte ich, fragtest Du die Frau von Egloffstein, die Du doch einmal wohl siehst. Machte sich das aber nicht, so irrst Du gewiß nicht, wenn Du Dich, sobald sie die Nachfrage verbittet, bei ihr anmelden lässest und ihr[1] einen Besuch abstattest.

Mehr weiß ich für dießmal nicht zu sagen und wünsche nur, Dich an einem recht schönen Tage hier zu sehen.

Jena, den 12. September 1809.   G.

*

Tagebuch, 14. September: »Kam meine Frau mit Demoiselle Ulrich, Bibliothekars [Vulpius] und Rath Meyer von Bremen. Nach Tische fuhren sie wieder weg. Morgens war ich mit meiner Frau im Paradiese und Harrasischen Garten gewesen.«

*

462. *Goethe*

Zuerst danke ich Dir und Deiner schönen Begleiterin für den angenehmen Besuch; sodann schicke ich ein Bändchen, aber nur unter den folgenden Bedingungen:

---

1 Nachträglich über der Zeile.

1. Daß ihr es bei verschlossenen Thüren leset.

2. Daß es niemand erfährt, daß ihrs gelesen habt.

3. Daß ich es künftigen Mittwoch wiedererhalte.

4. Daß mir alsdann zugleich etwas geschrieben werde von dem, was unter euch beim Lesen vorgegangen.

Weiter weiß ich gerade jetzt nichts zu sagen, auch nichts zu verlangen, weil übrigens alles unter uns abgeredet worden. Schreibe mir übrigens, wenn irgend etwas vorkommen sollte, und vergiß nicht, in der Schublade, der mittelsten, rechts an meinem Schreibtisch, mir das Packet Manuscript zu schicken, welches mit einem braunen, schmalen Bändchen zugebunden ist. Lebe recht wohl und bereite uns eine leidliche Winterexistenz vor.

Jena, den 15. September 1809.   G.

463. *Goethe*

August soll mir auf das schönste willkommen sein, um so mehr da er gerade nach meinen Wünschen anlangt. Ich gönne ihm und euch ein fröhliches Zusammensein. Er soll sich erst recht zu Hause fühlen, seine Freunde, sein hinterlassenes Museum, Haus, Garten, Theater, und was sonst erfreulich ist, genießen und sich dabei wohlbehaben. Dazu braucht es einige Zeit, und es wird mir viel Freude machen, wenn er mir, so oft es Gelegenheit gibt, einige Worte meldet.

Ich brauche wenigstens noch acht Tage, um mit demjenigen in Ordnung zu kommen, was ich mir vorgenommen habe; nicht allein mit dem Druck des Romans muß ich im Reinen sein, sondern auch mit Briefen, welche ich diese Zeit her schuldig geworden, und mit andern Dingen. Wenn ihr euch also unter einander vergnügt, so denkt nur, daß ich die nächsten Tage zubringe, um bald mit euch ohne Störung vergnügt zu sein. Ich bitte Dich inständig, mir alle Besuche

abzuhalten; jedes wahre Geschäft läßt sich schriftlich abthun, besonders wenn es ordentlich gedacht ist und gut
vorgetragen wird.

August wird vor allen Dingen sich ruhig verhalten, wie
ihn auch der Mangel der Garderobe selbst nöthigt. Allein
wie er einigermaßen ausgehen kann, und ehe er sonst wohin
oder herumgeht, so wartet er dem Herrn Geheimenrath
Voigt auf und empfiehlt sich ihm, mehr durch gutes Betragen, als durch Worte. So viel für heute, da wir ja einen jeden
Tag einander schreiben und von einander Nachricht haben
können.

Jena, den 20. September 1809.   G.

464. *Goethe*

Jena, den 22. September 1809.
Die gestrigen Freunde sind mir nicht zu gelegner Zeit
gekommen. Ich war schon des Morgens nicht ganz wohl und
hätte mich abwarten sollen. Da ich mich aber zwang, bei
Tische zu erscheinen, so wurde mirs zuletzt so schlimm, daß
ich fortgehn mußte und nicht Abschied nehmen konnte.
Doch bin ich durch die Beihülfe unsers Stark dießmal ziemlich schnell über die Sache hinausgekommen und habe die
Nacht ganz gut, obgleich unterbrochen geschlafen. Heute
bin ich im Bett geblieben; wir können aber unsere Arbeiten
demungeachtet fortsetzen.

Weil ihr euch über den ersten Theil des Romans so
freundlich geäußert habt, so soll die Hälfte des zweiten bis
an einen Abschnitt die nächste Woche unter eben den Bedingungen zu euch gelangen. Du schickst mir den Band wieder,
den Du in Händen hast, und wir hoffen nun, das Ende bald
zu erreichen. Doch brauchen wir, wenn kein Hinderniß dazwischen kommt, immer noch zehn Tage. Wenn Du etwa

hören solltest, daß jemand zu mir herüberkommen will, so
lehne es ja ab: denn es kommt doch, wie ich auch dießmal
gesehen habe, für die Besuchenden auch nicht das Geringste
heraus. Lebe recht wohl und grüße Carolinchen.   G.

465. *Goethe*

Da mein hiesiger Aufenthalt zu Ende geht, so denke ich an
allerlei, und Dein Gedanke ist gar nicht unrecht, daß ich
manches auf einmal nach Weimar kommen lasse. Noch ein
sehr brauchbarer Schrank steht bei Hendrich; ein Stein- und
Bücher-Kasten ist schon gepackt. Manches Andere wird sich
finden; und da Du noch ein Fäßchen von dem Muß willst, so
thut man am Ende besser, daß man eine eigene Fuhre
nimmt, als daß man die Sachen einzeln schickt und doch am
Ende, durch Tragerlohn und Trinkgelder, der Transport
theuer genug wird.

Nun ersuche ich Dich aber, mir nächstens Folgendes zu
schicken und keinen Punct zu versäumen.

1. Vor allen andern Dingen Geld, dessen ich höchst benö-
thigt bin, weil, wie es zu gehn pflegt, die Rechnung auch zu
Hause ohne den Wirth gemacht wird.

2. Von der Dresdner Grütze so viel, daß ich mir alle
Morgen kann in den Bouillon das Nöthige einrühren lassen.

3. Könntest Du mir eine Liebe thun, wenn Du mir Kalbs-
füße in Gelée, die nicht gar zu sauer wäre, Sonnabend mit
den Boten schicktest. Es ist mir gar angenehm, außer der
Zeit etwas dieser Art zu genießen, und hier kann man es
nicht haben, wie man wünscht.

4. Nun noch etwas ganz Entgegengesetztes und Unge-
nießbares.

Du erinnerst Dich, daß in dem mineralogischen, untern
Zimmer des Gartenhauses einige Stangen Erz befindlich

596

waren. Sie sind schwer und sehen rauh aus. Wenn ich nicht irre, so liegen sie jetzt hinter dem Mineralien-Schrank links, gegen das Fenster zu. Wo Du sie aber auch finden mögest, so schicke mir eine davon. Weiter wüßte ich jetzt nichts auf Deinen Brief als von mir selbst zu sagen. Gutes brauch ich euch nicht zu wünschen: denn ihr habts.

Was die Fuhre betrifft, so bestimme ich Dir nächstens den Tag, wenn Du sie herüberschicken sollst.

Grüße Carolinchen und die Theaterfreunde, die gewiß auch Augusten wiederzusehen viel Freude haben.

Ich wiederhole, daß, wenn August artig sein will, so wendet er eine halbe Stunde des Tags dran, mir zu schreiben. Es ist gar nicht übel, in solcher Nähe sich durch Briefe und Billete zu unterhalten. Ebenso könntest Du Carolinchen sagen, daß sie mir schriebe, wenn Du auch nicht dictirtest.

Ich will nur eins bemerken; da sich in der Welt so viel durch Zufall macht, so wünschte ich nicht, daß August auf eine pedantische Weise diese oder jene Personen zu sehen vermiede. Besonders wünschte ich aber, daß er, wenn er sich nur einigermaßen produciren kann, den[1] Prinzen Bernhard auf irgend eine Weise zu sehen, zu sprechen, ihm aufzuwarten suchte; welches um so eher geschehen kann, als er gar keine weiteren Hofverhältnisse hat und also sich nicht erst von oben herein zu präsentiren braucht.

Nehmt also dieses zur Regel. Alles was sich zufällig gibt, das sucht zu benutzen und zu beobachten, und schreibt mir mit jeder Post, was sich ereignet hat.

Jena, den 26. September 1809.   G.

---

1 dem.

466. *Goethe*

Da ich Dir eine schöne Pflanze schicke, die ein Mann hinüberträgt, so füge ich noch einige Worte hinzu: sei so gut, die gedachte Pflanze in das Zimmer neben meiner Schlafkammer zu stellen, damit sie Licht und Sonne genug habe. Dort kann sie bleiben, bis ich komme.

Die Terrine ist glücklich angelangt so wie das Übrige, und ich wünsche nur, daß ihr euch bei euren Freuden und Tänzen recht wohl befinden mögt. Mir[1] geht es wieder ganz leidlich, doch muß ich mich mehr als jemals in Acht nehmen. Auf den Mittwoch erfahrt ihr, wann ich zurückkomme. Laß indessen in meinem Zimmer manchmal einheizen und es bei schönen Sonnen-Mittagen etwas lüften. Lebe recht wohl, grüße Augusten schönstens und Carolinchen. Lebe recht wohl.

Jena, den 30. September 1809.   G.

467. *Goethe*

Heute sieht es nun einem völligen Auszug ähnlich. Du erhältst nach beiliegendem Verzeichniß allerlei. Die Kistchen und das Packet Kupferstiche bleiben uneröffnet.

Ich wünsche, daß es euch wohlgehe. Mit unserm Geschäft wirds nicht lange mehr dauern, nur noch zwei Capitel sind zu drucken. Grüße August. Herr Präsident von Müffling und Hofkammer-Rath Kirms ist zu besuchen, wenn es nicht schon geschehen ist.

Grüße Carolinchen und die Theaterfreunde. Und lebet recht wohl.

Jena, den 2. October 1809.   G.

---

1 Nach gestrichenem Hier.

Jena, den 3. October 1809.

Heute habe ich nicht viel zu sagen, als daß ich mich nach und nach losmache und Sonnabend, den 7., früh bei euch zu sein hoffe. Es wird zwar gerade jetzt schönes Wetter, welches ich wohl eine Zeit lang hier genießen möchte, da ich so viel unfreundliches ausgestanden; doch muß auch wohl dieses Aufenthalts endlich ein Ende werden.

Schreibe mir, wie es euch geht, und ersuche Augusten, seine Reisebeschreibung bis ans Ende fortzusetzen, damit ich das Vergnügen habe, ihn noch schriftlich in Weimar anlangen zu sehen.

Der Roman kommt in diesen Tagen zu Stande, ob ich gleich kaum werde ein vollständiges Exemplar mitbringen können. Es wird alsdann manches hin und wieder zu erzählen sein. Zu meinem Empfang erbitte ich mir einen recht guten, französischen Bouillon und wünsche, recht wohl zu leben. G.

*

Am 7. Oktober gegen 11 Uhr vormittags traf Goethe wieder in Weimar ein.

1810

In diesem Jahre ist Goethe vom 12. März bis zum 2. Oktober von Weimar abwesend, zunächst acht Wochen in Jena.

*

469. *Goethe*

[Jena, 13. März 1810.]

Wir sind glücklich hier angekommen, obgleich Wetter und Weg höchst unangenehm waren. Der Hecht, den Dir August gesendet hat, ist gewiß gut empfangen worden. Wenn ihr uns auch etwas Schmackhaftes dagegen schickt, so soll gelegentlich wieder ein Fisch folgen; sonst gewöhnen wir uns an, sie selbst zu essen.

Sende mir einen von den schwächeren Ästen des Wachholderbaums, nur etwa eine Elle lang; wir wollen einen Versuch machen und sehen, was damit zu thun ist. August legt sich eine artige Sammlung von Holzmustern an; dazu soll auch ein Stück verwendet werden.

Er befindet sich übrigens recht wohl und geht schön gerade. Ich hoffe, Carolinchen wird es auch thun.

Sende mir einige Abputztücher, damit es so reinlich um mich bleibe, wie es gegenwärtig ist.

Schicke uns auch von solchen Calendern auf Pappe gezogen, sie liegen auf dem Bücherrepositorium meines Schreibtisches, rechts, ganz oben. Riemers rothes Brieftäschchen ist am Sonntage im Saale liegen geblieben. Er erbittet sichs zurück.

Noch einiges würde ich hinzusetzen; aber August hat mir

so allerlei vorerzählt, daß die Boten drüber ankommen. Besorge nur das Beiliegende recht ordentlich und lebe wohl.

G.

[*Nachschrift:* August]

Ich bin den ganzen Nachmittag beim guten Vater gewesen, kann Ihnen also nichts wünschen, als daß der Hecht gut bekommen möge. Grüßen Sie Demoiselle Ulrich.   August.

470. *Goethe*

Da es denn doch nicht wohl angeht, daß man einen so angenehmen Besuch verbittet, so sollt ihr eben Freitags nach eurer Bequemlichkeit willkommen sein. Das Tagebuch ist recht schön und reichlich, das Übrige wollen wir mündlich besprechen.

G.

[*Nachschrift:* August]

Da der Kasten dießmal so reichlich mit Würsten und andern Eßwaren angefüllt war, so muß ich beinahe glauben, daß Sie mich damit bestechen wollten, um ein gutes Wort für Sie, wegen des Balles, beim Vater einzulegen. Auf Wiedersehen. Besonders haben mir die drei Lungenstrudel sehr gut geschmeckt[1].   August.

Jena, den 14. März 1810.

*

Tagebuch, 16. März: »Kam meine Frau und Demoiselle Ulrich«; 17.: »Mittags die Frauenzimmer ... Abends vor

---

1 Dieser Satz nachträglich eingeschoben.

dem Ball die Frauenzimmer«; 18.: »Spazieren mit den Frauenzimmern und dem Oberst [von Hendrich]. Mittags zusammen gegessen«; 19.: »Spazieren mit den Frauenzimmern«,
die noch am selben Tage nach Weimar scheinen zurückgekehrt zu sein.

*

471. *Goethe*

Um folgende Besorgungen wollte ich Dich dießmal gebeten
haben:

Erstlich wird Herr von Knebel nach Weimar kommen,
den Du ohne mein Erinnern gut aufnehmen wirst. Sodann
aber suchst Du, in der mittleren Schublade meines großen
Schreibtisches, rechts, ein Packet, worauf

Saul

geschrieben steht. Dieses eröffnest Du und gibst ihm, was es
enthält.

Zweitens hängen in dem Schranke rechts eben dieses
Schreibtisches kleine messingene Schlösser mit Schlüsselchen. Diese schicke mir mit den rückkehrenden Boten.

Da unser guter Knebel mit den Seinigen Dich zu Mittag
heimsuchen wird, so richte Dich darauf ein. Ich hoffe, daß
Du dieses Blatt noch zur rechten Zeit erhältst.

Von meiner Seite habe ich, zu ihrer besseren Aufnahme,
hierbei auch noch ein Blättchen wegen Entrée des Freundes
in meine Loge, solange er in Weimar ist, und ein zweites
geschrieben, damit Du für die Familie auch Billette ins
Parterre erhalten kannst. Mache übrigens alles, wie Du
glaubst, daß es recht ist.

August hat sich auch entschlossen, zur schönen ›Müllerin‹
zu wandern. Vielleicht ist er früher da als Gegenwärtiges.
Du wirst auf alle Fälle einen wohlbesetzten Tisch haben.
Lebe recht wohl und schicke uns manchmal Froschkeul-

chen. Die übersendeten waren ganz vortrefflich. Grüße Carolinchen.

Jena, den 23. März 1810. G.

472. *Goethe*

[Jena, 27. März 1810.]
Heute schreib ich Dir wenig, mein liebes Kind, ich habe
Besuch, und die Boten wollen fort.

Entschuldige mich bei Herrn Hofkammerrath und
Genast, daß ich nur schicke und nicht schreibe. Wegen des
Treuterischen Hauses schreibe ich nächstens. Auch wegen
andrer Dinge, die ich geschickt wünsche.

Kannst Du die Dose finden, die ich von Stuttgart geschickt kriegte, von dem grünen Stein mit Granaten, sie
steht auf meinem Schreibtische in einer kleinen weißen
Schachtel, so schicke sie.

Grüße Carlinchen schönstens. August speist und dämmert. Lebe wohl, liebe mich. G.

473. *Goethe*

Da ich Dienstags nicht schreiben konnte, so will ich sehen,
diesen Brief früher als Sonnabend zu Dir zu bringen und Dir
von mancherlei Dingen Nachricht zu geben.

1. Was das Treutersche Haus betrifft, so liegt ein Blatt
an Genast nach Deinen Gesinnungen bei, welche mit den
meinigen völlig übereinstimmen. August denkt ebenso,
und wir finden beide kein großes Unglück, wenn auch
am Ende die Planke wieder hergestellt und unser Garten
um so viel kleiner würde. Dieß ist die beste Gesinnung,
um nicht übertheuert zu werden. Kann man dieses Be-

sitzthum auf eine leidliche Weise acquiriren, so ist es etwas Anders.

2. Was den ›Saul‹ betrifft, der sich nicht finden will, so wären drei Personen denkbar, denen ich ihn gegeben hätte: erstlich Genast, zweitens Wolff, drittens Fräulein von Knebel. Erkundige Dich deßhalb, finden muß er sich.

3. Das Holz des Wachholderbaums hebe ja sorgfältig auf und laß nichts mehr davon zerschneiden. Es ist viel kostbarer, als wir jetzt denken: denn dergleichen ist unter keiner Bedingung wieder zu haben, und ich würde nicht rathen, ein größeres Möbel daraus machen zu lassen, sondern kleinere Dinge, womit es aber noch Zeit ist: denn das Holz kann immer noch austrocknen.

4. Was Deine beiden Schränkchen betrifft, so wird August den Sonnabend, wenn er hinüberkommt, das Maß nehmen, und alsdann will ich Dir hüben ein Paar, wie Du sie verlangst, von Pappelholz machen lassen, welches gut in die Augen fällt und ein Zimmer sehr putzt. Auch arbeiten die hiesigen Tischer ungleich besser und wohlfeiler als die Weimarischen. Die Sache wird mit Herrn Obrist von Hendrich besprochen, und August betreibt sie alsdann.

5. Was die Hof-Trauer betrifft, so brauchst Du mir niemals den Zettel zu schicken. Richte Du Dich vielmehr darnach: denn es schickt sich immer, daß Du Hof-Trauer trägst, wie Du es dießmal auch gethan hast. Von Frankfurt laß Dir kommen, was für gut gehalten wird, daß Du bei den Vermählungsfeierlichkeiten, inwiefern Du dazugezogen wirst, anständig erscheinen kannst.

6. Den Brief von Schlossern habe ich erhalten; es ist leider nur Verlust daraus zu ersehen. Indessen, da die ganze Welt verliert, so wollen wir uns nicht ausschließen.

7. Frau von Knebel hat ein Hütchen für Dich bestellt, welches hoffentlich fertig wird, um mit den Boten Sonn-

11. Goethe, 1806.
Ölgemälde von Ferdinand Jagemann

abend anzukommen. Das ihrige, wonach es gemacht wird, ist freilich niedlich genug.

8. Wenn Du etwas weißt, was Carolinchen Vergnügen machte, so sage es mir entweder, oder, wenn Du die Sachen von Frankfurt verschreibst, laß ihr auch etwas mitkommen.

9. Die schwarzen Beinkleider sind angekommen und passen gut. Den schwarzen Hofrock laß mir zu einem Frack umändern. Die alten Beinkleider will ich für Heinrich schicken. August will meinen alten Überrock haben.

10. Der Frau von Heygendorf empfehle mich vielmals. Sobald es hier freundlich wird, soll sie förmlich eingeladen werden. Wenn sie sich einrichtet, ein paar Tage hier zu bleiben, so wollen wir schon für ein artig Quartier sorgen: denn in einem Tage hin- und wiederzufahren ist für sie und das Kind nicht rathsam. Alles Übrige Sonnabend mit dem Boten.

Jena, den 29. März 1810.   G.

11. Federnelken, und zwar gefüllte, erhältst Du, sobald es rechte Zeit ist, sie zu verpflanzen. Das Allzufrühe hilf nichts. Auch schicke ich Rapontica-Samen, welchen zu säen es auch noch Zeit hat. Hebe nur dazu einige gute, sonnige Beetchen auf.

474. *Goethe*

Heute weiß ich, mein liebes Kind, nicht viel zu schreiben: denn in dem gestrigen, durch Herrn von Egloffstein abgesendeten Brief habe ich alles möglichst bedacht. Ist etwas vergessen, so erinnere mich.

Meine Arbeiten gehen insofern gut, daß wir hoffen können, bald fertig zu werden. Freilich keine Störungen dürfen eintreten, und wir werden euch nicht eher einladen, als bis wir recht auf dem grünen Zweige sitzen.

August kommt wieder zu euch hinüber, und ich freue mich seiner, auf mehr als Eine Weise; aber es ist doch etwas Wunderbares in der Sache. Wenn ich es recht übersehe und bedenke, so ist mir sein Heidelbergischer Aufenthalt lieber als sein Jenaischer: es kommt schon etwas Kümmeltürkisches in ihn. Ich habe niemals einen so deutlichen Begriff von diesem Worte gehabt als jetzt. Ich will ihm seinen Sommer nicht verderben, und Du brauchst ihm hiervon nichts merken zu lassen; aber wenn es so fortgeht, so muß er auf Michael wieder in eine andere Welt, nach Göttingen, oder wohin es auch sein mag. Da viel Zeit bis dahin ist, so wollen wirs besprechen; aber ich sage es voraus, weil ich nicht viel mehr Zeit habe, etwas lange auf dem Herzen zu behalten.

Du erhältst einen ganzen Kasten voll köstliche, gefüllte Federnelken. Lasse sie nicht zu nahe aneinander pflanzen: denn sie bestocken sich sehr. Den Kasten schicke zurück.

Auch lege ich Rapontica-Samen bei, davon Du die Hälfte jetzt auf ein wohlbestelltes Ländchen säen kannst, die andere Hälfte erst im Mai auf ein anderes. Wie diese Pflanzen übrigens zu behandeln sind, besprechen wir noch weiter mündlich.

Das Hütchen, hoffe ich, ist auch glücklich angekommen. Es ist wirklich sehr artig, und ich glaube, daß es Dir gut steht.

Frau von Knebel kommt auch schon wieder hinüber, und August ist vielleicht früher bei Dir als Gegenwärtiges.

Die Mitglieder der Singestunde grüße zum schönsten. Wenn ich wieder hinüberkomme, so müssen wir einen recht vergnügten Donnerstag haben. Erkundige dich im Stillen, ob in der Charwoche ein Oratorium oder etwas dergleichen stattfinden soll. Ich werde mich darnach richten.

Lebe wohl und versäume nicht, zu dictiren, was vorgeht, und grüße Deinen hübschen Secretär.

Jena, den 30. März 1810.   G.

August ist glücklich zurückgekommen, hat uns viel erzählt und war von der Aufführung des ›Hamlets‹ besonders erbaut. Mir geht es auch ganz gut, und wir werden vor Ostern, wo nicht fertig, doch ziemlich weit sein.

Habe Dank für das überschickte Gute. Die Näpfchen sollen heute sämmtlich wieder zurückkommen.

Schicke mir wieder etwas Franzwein, und von Zeit zu Zeit, auch ohne meine Erinnerung, einige Fläschchen.

Von der schwarzen Weste will Karl nichts wissen: er sagt, daß er sie nie gesehen habe.

Das eine Paar Beinkleider für Heinrich kommt mit.

In Deinem Garten wird alles wohl schön bestellt sein. Ich habe vergessen anzuzeigen, daß die Nelken etwas tief gesetzt sein wollen; doch wird das der Gärtner, als ein verständiger Mann, schon für sich gethan haben.

Ich gehe hier viel spazieren, und das schöne Wetter gefällt mir sehr wohl.

Für heute wüßte ich nichts mehr zu sagen; sollte ich etwas vergessen haben, so sei so gut und erinnere es. Lebe recht wohl und grüße Carolinchen.

Jena, den 3. April 1810.   G.

*

Tagebuch, 6. April: »Kam nach Tische meine Frau [und Caroline Ulrich]«; 7.: ». . . mit den Frauenzimmern und August auf die Löbstedter Wiesen. Ferner in den botanischen Garten. Zu Tische alle beisammen. Abends gingen die Frauenzimmer auf den Ball«; 8.: »Mit den Frauenzimmern spazieren . . . Abens bei Major von Knebel. Gezeichnet, während die übrige Gesellschaft tanzte«; 11.: »Gingen die Meinigen nach Weimar.«

*

Schon gar manches von dem, was ich gewünscht habe, ist angekommen. Sei so gut und schicke mir das Blättchen zurück, worauf alles steht, damit ich zuletzt weiß, ob auch alles hier ist.

Hofrath Meyer wird kommen und einiges aussuchen. Das überlasse ihm, oder übernimm es und schicke es mir, oder besorge es sonst, wie es sich fügen will. Nur bitte ich Dich, gib diesen Sachen einige Aufmerksamkeit, daß sie nicht bloß im Sturm geschehen, und daraus Confusionen entspringen, wie leider schon der Fall war.

Ich habe noch gar mancherlei, was ich herüberwünschte, und will es nach und nach verlangen. Ich hoffe, ihr werdet euch wohlbefinden und auf eure Weise vergnügt sein. Der Schnee hat mich auf einige Tage eingesperrt: es wird aber nur bald um desto besseres Wetter werden.

Schicke mir ja von Zeit zu Zeit etwas Genießbares: denn unser Tisch ist sehr schlecht und wird noch schlechter werden, wenn Hanburys weggehn. Lebe recht wohl, grüße den Schirmvoigt und Carolinchen. Wegen dieser habe ich recht umständlich und treulich an Herrn Geh. Rath von Voigt geschrieben.

Jena, den 13. April 1810.   G.

Dein Bruder hat mir alles recht ordentlich überliefert, und ich schreibe mit den Boten mehr. Dieses gebe ich mit den Bouteillen an den Kutscher, der euch selbst erzählen mag, wie es zugegangen ist, daß er unterwegs umgeworfen hat. Der Bibliothekar hat am Backen einigen Schaden genommen, der aber schon durch guten Hendrichischen Wundbalsam auf dem besten Wege der Heilung ist. Ich sage dieß nur, damit nicht etwa die klatschige Fama das Übel größer macht, als es ist, damit sie etwas zu sagen habe. Lebe recht wohl.

Jena, den 17. April 1810.   G.

478. *Goethe*

Alles, was ich gewünscht habe, ist recht glücklich und gut angekommen, deßwegen Du auch ganz besonders gelobt sein sollst. Ganz allein fehlt noch das Holz vom Wachholderbaum, wovon ich Dich um einen stärkern und schwächern Ast bitte.

Unsere Geschäfte gehen hier sehr gut; nur bringt mich leider das Essen beinahe zur Verzweiflung. Ich übertreibe nicht, wenn ich sage, daß ich vier, fünf Tage bloß von Cervelatwurst, Brot und rothem Wein gelebt. Auch sehe ich unter den hiesigen Umständen gar keine Rettung und wäre, weil es mir zuletzt doch schädlich werden muß, schon wieder hinübergefahren, wenn es unser Geschäft nur einigermaßen zuließe. Ich bitte Dich also aufs allerinständigste, mir mit jedem Boten-Tage etwas Gutes, Gebratenes, einen Schöpsenbraten, einen Kapaun, ja einen Truthahn zu schicken, *es mag kosten, was es will*, damit wir nur zum Frühstück, zum Abendessen, und wenn es zu Mittag gar zu schlecht ist, irgend etwas haben, was sich nicht vom Schwein herschreibt. Ich mag Dir nicht sagen, wie verdrießlich und ärgerlich ich die Zeit her gewesen bin, wenn ich mit einem übertriebenen und ganz unschicklichen Aufwand entweder hungern oder etwas genießen mußte, was mir offenbar schädlich war.

Alles Andere, was von uns selbst abhängt, geht sehr gut, und wir werden zur rechten Zeit fertig. Daß der Bibliothekar schon heute kommt, hindert, daß der Schreiber dieses nicht mit dem Wagen zurückkehrt. Ich wiederhole, daß der kleine Unfall, den der Bibliothekar gehabt, von keiner Bedeutung ist. Wegen Carolinchen ist, hoffe ich, schon ein Rescript an die Regierung gegangen. Erkundigt euch immer wieder einmal darnach und laßt die Sache nicht ruhen. Weiter wüßte ich für den Augenblick nichts, womit ich Dich plagen oder belästigen möchte. Schreibt mir aber doch, und zwar etwas ausführlich, wie es mit der ›Schweizerfamilie‹ gegangen ist. Wenn August von seiner Tour zurückkommt, so ermuntere ihn ja, daß er mir eine recht ausführliche, hübsche Relation schreibt. Lebe recht wohl und besorge Inliegendes, besonders an Ludecus, recht pünctlich: denn es enthält Geld und Geldeswerth.

Jena, den 17. April 1810.   G.

479. *Goethe*

Auf eure freundliche Einladung können wir uns leider nicht einfinden: denn gerade in diesen Tagen und in der nächsten Woche steht uns noch das Schwerste bevor. Wir müssen also aushalten, es sei, auf welche Art es auch sei.

Doch haben Deine Wohlthaten theils an und vor sich selbst sehr gute Wirkung gethan, theils auch anderes Gute herbeigeführt, und wir haben uns in der letzten Zeit, was das Essen betrifft, um vieles besser befunden. Sende uns nur mit jedem Botentage etwas Abgebratenes, es sei, was es sei, damit ich nur zum Frühstück und Nachtisch etwas Kaltes habe, das mir allein wohlschmeckt und mir allein wohlbekommt.

Zahnpulver schicke ich hier eine kleine Gabe. Herrn von Hendrich werde ich wegen solcher Schächtelchen erinnern. Daß Du mir die beiden Flaschen Franzwein aufgeopfert hast, weiß ich Dir großen Dank. Die eine hat uns schon besonders gut geschmeckt; die andere wollen wir mit desto mehr Verstand trinken.

Frage doch auch August gleich, wenn er wiederkommt, ob ich ihm ein ganz kleines, französisch sehr schön geschriebenes Büchelchen, die Feierlichkeiten in Cleve, zum Geburtstag des Kaisers, und das Andenken der Johanna Sebus betreffend, etwa gegeben habe. Es ist mir verschwunden, und ich weiß nicht, wohin.

Heute sage ich nichts weiter. Nächstens werde ich Dich ersuchen, mir wieder einiges zu schicken. Nach meinem Wunsche und nach der Nothwendigkeit müssen wir noch einmal nach Weimar hinüber. Wann dieß geschehen kann, weiß ich nicht zu sagen. Unangemeldet kommen wir nicht; aber wir finden auf jede Weise alles besser, als wir es hier verlassen. Ich wünsche, recht wohl zu leben und umständlich zu vernehmen, wie man sich befindet.

Jena, den 20. April 1810.   G.

Noch eins! Man hat von Seiten der Theater-Commission bei mir den Wunsch geäußert, den neuen Capellmeister und seine Frau auf unsere Bank, wenigstens für die Zeit des gegenwärtig laufenden Theaterjahrs, zu bringen.

Ich habe doch Witzeln darauf einen Platz und eine Art von Aufsicht übergeben. Dieser ist nun krank und gewiß lange nicht im Schauspiel gewesen. Carolinchen wird am besten sagen können, wie es jetzt auf der Bank aussieht, damit ich einen Entschluß fassen kann: denn ich möchte diesen Personen gern eine Gefälligkeit erzeigen, ohne doch jemanden zu vertreiben, obgleich die Sämmtlichen, die darauf sitzen, außer etwa dem schönen eben genannten Kinde, uns deßhalb nicht den mindesten Dank wissen. Erkundige Dich nach der Sache, schreibe mir Deine Meinung: denn ich habe mir die Resolution offen behalten.

Sei so gut und schicke mir ein paar Pfund Chocolade.

611

Augusten bitte gefälligst zu sagen, daß ich sein Stammbuch besorgt habe, es aber leider heute nicht mitschicken kann, indem es bei Frommanns liegt, die in diesem Augenblick, wo die Botenfrauen eben abgehen wollen, nicht zu Hause sind. Es erfolgt nächstens.

Das Beste zum Feste wünschend und mich geneigtestem Andenken empfehlend   Riemer.

480. *Goethe*

Die Chocolade ist mir sehr zur guten Stunde angekommen: denn ich habe diesen Morgen allerlei Proben gemacht mit Kaffee und hiesiger Chocolade, es hat aber nicht gehen wollen.

Gleichfalls danke ich für die guten gebratenen Bissen. Schicke mir ja wieder etwas dergleichen. Dafür folgen auch hiermit die besten Fische, die ich wünsche, daß ihr sie in guter Gesellschaft wohlbereitet verzehren möget.

Mir geht es ganz gut, nur daß unsere Arbeit sich noch immer etwas mehr in die Länge zieht.

Schreibt mir nur hübsch fleißig euer Tagebuch. Ich habe nicht viel Besonderes zu erzählen. Für Augusten habe ich das Verlangte beigepackt. Lebet recht wohl und gedenkt an uns. Ob und wann es hinüberzukommen möglich ist, weiß ich noch nicht zu sagen.

Jena, den 24. April 1810.   G.

Für das Übersendete sollst Du vielen Dank haben. Laß es uns nicht an Nößeln Franzwein und an halben Braten nicht fehlen. Schicktest du mir etwas Spargel, der doch nun auch hervorkriechen sollte, so würde ich es auch gut aufnehmen. Die Freundinnen haben mir hier die Erstlinge zugetheilt. Du erhältst hiermit mancherlei. Ich hoffe einen Aal. Aalraupen haben wir auch verzehrt, welches wirklich kein schlechter Fisch ist. Pflanzen erhältst Du auch, und auch Federnelken. Dagegen bitte ich Dich inständig: schicke mir Kasten und Schachteln zurück! Es ist noch einer drüben von den ersten Federnelken. Eine Schachtel, die Wagnern gehört. Nun kommt wieder ein Kasten. Laß den nicht bei Dir stehen. Die Leute geben sehr gerne das, was drin ist, aber die Gehäuse wollen sie wiederhaben.

Mache dem guten Rinaldo einmal eine Artigkeit und sage, daß sie von mir komme. Das artige Kind hat mir ein paar Mal geschrieben und Zeichnungen geschickt; aber ich komme nicht dazu, auszudenken, wie ich ihm auch etwas Erfreuliches erzeigen könnte.

Lebet recht wohl und genießet des guten Tages. Wenn August Sonntag zu mir herüberkommt, so soll er wohl empfangen sein. Wann wir bei euch anlangen, das wissen wir noch nicht zu sagen: denn ob wir gleich fleißig sind, so verspätet sich doch unser Vorhaben. Davon wird jedoch in der nächsten Woche besser die Rede sein können.

Denke nur ja auf alles, was ich etwa zu meiner Abreise noch bedarf, oder was vorher entschieden sein muß: denn ich möchte sie beeilen so viel als möglich. Das Karlsbad, wenn auch nur die Hälfte von dem wahr ist, was man sagt, wird dieß Jahr so voll, daß man nicht früh genug anlangen kann. Lebe recht wohl, und versäumt nicht das Tagebuch.

Jena, den 27. April 1810.   G.

Der Besuch von August war uns sehr angenehm. Wir hätten gewünscht, daß er länger geblieben wäre. Warum er so schnell forteilt, wird er Dir selbst erzählen. Sage Lortzingen etwas Freundliches darüber, daß ich ihn nicht zu Tisch behalten habe. Wir haben wenig zu essen, und ich wollte mich doch auch mit August etwas freier unterhalten. Die Morcheln in der Schachtel sind für Aten; sie soll sie aber gleich kochen, weil sie noch so ziemlich frisch sind. Die Bohnen schickt Madame Frommann.

Nun laß mir vor allen Dingen noch einen blauen Überrock, ein Paar schwarze Hosen und ein Paar Stiefeln machen. Diese soll aber der Schuster ja nicht enger machen als die letzten, wegen der warmen Strümpfe.

Ferner schicke mir zunächst aus der mittelsten Schublade rechter Hand meines Schreibtisches die zwei hübschen Portefeuilles, das violettsammtne, und das andre mit zwei Farben gestickte von der Herzogin von Curland.

August wird Dir sagen, wie ich über die letzten vierzehn Tage denke. Ich halte es mit euch für besser, nicht mit herüberzukommen. Riemer käme etwa den 9., zu Schillers Gedächtnißfeier. Ihr brächtet ihn Sonnabend wieder zurück. Wir blieben den Sonntag zusammen, und dann ging' ich Montag oder Dienstag fort. Es ist allerdings nothwendig, daß ich nach Karlsbad eile, weil es eine große Noth um Quartiere sein wird; ob es mir gleich nicht bange ist, unterzukommen.

Lebe recht wohl! Denke alles recht durch und bereite es vor, daß am Ende nichts fehlt. Die Pässe laß auch auf der Polizei ausfertigen und sie vom Sonntag Jubilate, das ist den 13.Mai, datiren. Übrigens sagst Du niemanden, weder wann ich gehe, noch daß ich nicht mehr hinüberkomme. Hast Du denn Madame Dillon besucht?

Jena, den 29. April 1810.   G.

Jena, den 1. Mai 1810.

Unsere Dinge werden sich alle nach und nach ganz gut machen. Vieles habe ich nun schon erhalten, besorge noch gefällig das Fehlende.

Vor allen Dingen die Pässe. Den Stiefel schickt Karl; ich wünsche aber, daß er zurückkomme, wenn der Schuster das Maaß darnach genommen hat. Die beiden Orden, sowohl den französischen als den russischen mit dem großen Bande, bringe wohleingepackt mit; man weiß nicht, ob man nicht in den Fall kommt, sie zu brauchen.

Wegen unserer Hin- und Wiederfahrten wollen wir es so einrichten. Riemer kommt auf alle Fälle Mittwoch, den 9., und es soll mir lieb sein, wenn ihr alsdann alle zusammen Sonnabend zu guter Zeit anlangt, da ihr denn ein gut Mittagessen finden sollt. Ich will mich einrichten, daß ich erst Dienstag, den 15., abgehe. In diesen drei Tagen haben wir übrig Zeit, alles zu besprechen. Karl bleibt hier. Er will das Geld für den Überrock nehmen, welches mir auch ganz recht ist. Grüße Weißern zum schönsten und sage ihm Folgendes: eine förmliche Bestellung auf die Büste der Prinzeß in Marmor könnte ich vor meiner Abreise nicht auswirken; allein man müßte in der Welt auch etwas riskiren. Er soll mit sich zu Rathe gehen, ob er wagen mag, die Büste auf seine Gefahr zu machen, da er den Marmor doch hat, und Zeit auch. Rückt die Arbeit vor, die Zeit der Vermählung und des Abschieds ruckt heran: so will ich mein Möglichstes thun, daß die Herrschaften sie behalten, und er zu seinen Wünschen gelange. Es ist mit solchen Dingen, wie mit Waaren. Bestellen würde man sie nicht, wenn sie aber fertig sind und gut aussehen, so nimmt man sie wohl. Er soll nur aufmerken, was die Leute an der Gipsbüste loben und tadeln, und Hofrath Meyer zu Rathe ziehn.

Du sagst mir nicht, daß Du bei Madame Dillon gewesen seist. Ich wünsche es gar sehr. Versäumt nicht hinzugehen, noch ehe ich abreise.

Von den Geschirren kommt hier wieder etwas zurück. Von dem weißen Weine möchte ich immer wieder etwas und auch auf die Reise. Ich trinke ihn gerne, und er bekommt mir gut.

Lebe recht wohl! Ich möchte gar zu gern euren Garten sehen, der sehr hübsch sein muß, aber ich würde ihn doch kaum genießen können. Grüße Carolinchen und August und denke über alles nach, was Du mir etwa mitzugeben hast. Riemern gebe ich über verschiedenes noch Aufträge. Die Portefeuilles sind glücklich angekommen. – Lebe wohl! Die Inlagen baldigst zu besorgen!

484. *Goethe*

Wenn Herr Buchhändler Zimmer von Heidelberg in meinem Hause nachfragt, so wird ihm Gegenwärtiges übergeben, um denselben zu benachrichtigen, daß Herr Hofrath Meyer Aufträge wegen des bewußten Geschäftes erhalten habe und Herrn Zimmer deßhalb erwarte.

Jena, den 2. Mai 1810. Goethe.

485. *Goethe*

Ich habe Dir, mein liebes Kind, zwar heute eigentlich nichts zu sagen, doch will ich, da eine Gelegenheit geht, Dir einige Aufträge geben und ein freundliches Wort hinzufügen. Habe die Güte, beiliegende Briefe und Packete zu besorgen. Die Gegenwart von August war uns gestern sehr erfreulich. Wir haben allerlei Späße zusammen gehabt, wovon er Dir wird erzählt haben. Eberwein hat mich auch gefreut. Er ist gar verständig und ordentlich, geschickt, fleißig und anhaltend; welches zu seinem Metier und zu seinen Zwecken besonders nöthig ist. Ich zweifle nicht, daß er seinen Sing-Unterricht, sowohl bei Einzelnen als bei unsrer Anstalt, recht gut fortsetzen wird. Im Ganzen weiß ich nur zu sagen: Wer sich nähert, den stoßt nicht zurück, und wer sich entfernt, den haltet nicht fest, und wer wiederkommt, den nehmt auf, als wenn er nicht weg gewesen wäre. Alles kommt darauf an, daß der Faden nicht abreißt, das Übrige will im Einzelnen alles nichts heißen.

Durch die Boten und durch Riemer, welcher Mittwochs noch kommt, schicke ich und schreibe, was allenfalls noch zu besorgen ist. Laß mir dagegen auch wissen, was Dich allenfalls interessiert. Sonnabend kommen wir noch einmal zusammen und wir wollen, hoffe ich, die paar Tage ganz vergnügt sein. Lebe recht wohl, besorge aber ja die sämmtlichen Inlagen bald möglichst: denn einige haben Eile. Lebe recht wohl.

Jena, den 7. Mai 1810. G.

*

Vom 12. bis zum 15. Mai besucht Christiane Goethen, der am 16. früh 8 Uhr mit Riemer abermals nach Karlsbad reist. Unmittelbar vor der Abfahrt ist der folgende Brief geschrieben.

*

486. *Goethe*

Wir sind gestern Abend mit Langermann und Seebeck bis gegen Mitternacht bei Knebel gewesen und hatten so viel einzupacken übrig gelassen, daß wir heute früh erst um 8 Uhr fortkommen. Alles, was ich von Papieren und sonst zurücklassen mußte, ist in einen großen Kasten geschlagen, den Färber übernommen hat, um ihn in der Bibliothek aufzubewahren. Es befindet sich auch der Stier von Bronze drin.

Den großen Orden habe ich auch hier gelassen und nebst der schönen Dose Herrn von Hendrich aufzubewahren gegeben. Du erhältst hier einen Brief an Kammer-Secretär Ludecus. Schicke ihm denselben hin, und wenn er zu Dir kommt und nachfragt, so zeige ihm das Papier, welches gleichfalls beiliegt, benimm Dich aber ruhig und glimpflich, und mache überhaupt von der Sache kein Aufsehen.

In dem violetten Couvert ist der Brief von Schlossern befindlich, wegen der östreichischen Obligationen. Diesen hebe wohl auf, bis ich ihn zu den Acten nehmen kann, wo er hingehört.

Übrigens will ich Gott danken, wenn wir im Wagen sitzen, weil immer noch etwas Neues sich hervorthut. Weiter weiß ich nichts, als daß wir Dir von Herzen wohlzuleben wünschen.

[Jena,] Mittwochs, den 16. Mai 1810.   G.

487. *Goethe*

Pößneck, den 16. Mai 1810.
Nachdem mit vieler Mühe alles noch eingepackt und geordnet war, fuhren wir um 8 Uhr von Jena aus und kamen bei dem schönsten Wetter und den besten Wegen hier um 3 Uhr an und wurden sogleich mit den trefflichsten Schmerlen bewirthet, welche wir gern getheilt hätten, wenn die Abwesenden uns näher gewesen wären. Weiter wäre für dießmal nichts zu sagen. Morgen geht es sehr frühe fort. Wohin wir gelangen, soll Abends gemeldet werden.

Hof, den 17.

Heute haben wir schon etwas mehr zu erzählen. Wir sind nach jenaischer Uhr um 4 Uhr von Pößneck weggefahren, bei bedecktem Himmel und sehr angenehmem Wetter. Gleich hinter der Stadt geht es bergauf, und das dauert ein paar Stunden, da es denn ein wenig langsam vorwärtsrückt. Auf der Höhe fuhren wir desto geschwinder: denn die Wege waren durchaus trefflich, weil es hier in langer Zeit keinen anhaltenden Regen gegeben hat. Wir hielten in einem Fichtenwäldchen stille, [aßen] die letzten Coteletten von Jena und tranken noch von unserm gewohnten, rothen Wein; indessen sangen die Haidelerchen, und wir fuhren vergnügt weiter. In Schleiz frühstückten wir und fuhren gegen Mittag weg; fast auf beständig guten Wegen und unter wenigem Sprühregen kamen wir um $\frac{1}{2}7$ glücklich nach Hof, wo wir denn ausruhen und morgen weiterfahren.

Franzenbrunn, den 18. Mai.

Heute früh fuhren wir etwas später von Hof aus, hatten ganz herrliches Wetter und einen Weg, so gut er nur sein konnte, und so fuhren wir geschwind dahin und waren sehr vergnügt. An dem großen Quarzfelsen, von welchem August mehr zu sagen wissen wird, verzehrten wir die letzte jenaische Taube und tranken von dem Franzwein. Dann sahen wir bald das schöne Thal des Egerkreises vor uns liegen, und darin die hellen Häuser Franzenbrunns in der Entfernung von 2 Stunden. Sobald wir angekommen waren, gingen wir zum Brunnen und tranken daselbst vortreffliches Wasser, welches wir gern euch zugetrunken hätten. Ich mußte mir recht Gewalt anthun, um nicht zu viel zu trinken.

Unterwegs begegnete mir Feuerstein von Weimar, der eben eine große Ladung Egerwasser für Weimar und Jena abführte. Er versprach mir, Dir ein[1] Kistchen von etwa

1 Nach gestrichenem etwa.

18 Flaschen zu verschaffen; weil ich aber nicht weiß, ob er es leisten kann, und ich wünsche, daß Du diesen Sommer die Cur recht ernstlich brauchst, auch daß Carolinchen immer ein Glas mittrinke, so schicke ich Dir noch zwei Kistchen durch den Fuhrmann, jedes zu 20 Flaschen, um so mehr, da es sich hält, wenn Du es nicht aufbrauchen solltest. Wir hoffen, morgen bei guter Zeit in Karlsbad zu sein und eure Commissionen zu machen. Nur erinnere ich nochmals, daß ja an den Merseburger Arzt geschrieben wird, damit in Zeiten eine ordentliche Cur angefangen werde, und der Lauchstädter Aufenthalt desto vergnüglicher sei.

Karlsbad, den 19. Mai.
Heute fuhren wir bei guter Zeit ab, und hätten beim schönsten Tage auch den schönsten Weg gehabt, denn es hat in langer Zeit hier nicht geregnet, wenn man nicht unglücklicher Weise hier zu Lande die Chausséen besserte, wobei es denn manchen Umweg und manche Stöße gab. Indessen sind wir glücklich und froh hier angelangt, haben unser Quartier frei und Karlsbad wie sonst, ja verschönert gefunden. Mehr nicht für heute, weil wir noch die Stecknadel-Commissionen besorgen und uns einrichten müssen. An Madame Herder gib die drei Pakete mit beiliegendem Papier. Ich schicke Dir auch ein Dutzend[1] zinnerne Löffel zum Spaß; es kostet 5 Kopfstückchen. Seitdem die guten Leute ihr Silber hingeben mußten (denn niemand darf außer den Löffeln etwas Silbernes im Hause haben), so raffiniren die Zinnarbeiter auf alle Weise und machen die schönsten Sachen. Wenn sie nicht so beschwerlich zu transportiren wären, so schickte ich Dir in der Folge noch manches. Von den Stecknadeln kommt nur ein halb ℔, weil man, bei dem Verhältniß des Papiergeldes zum Silber, nicht so geschwind

---

1 Nach gestrichenem halb.

überschlagen kann, wie es sich gegen die vorigen Jahre verhält, und ob die Leute einen freventlich übertheuern, weil man Eile hat.

Doch habe ich nicht unterlassen wollen, Dir auch noch ein paar hundert Nähnadeln zu schicken: es sind die beiden größten Sorten. Unter diesen sind noch drei Nummern 6, 5 und 4; könnt ihr von diesen etwas brauchen, so schreibe es nur.

Ich habe mich auf der Reise sehr wohl befunden; wir haben uns aber auch keineswegs übereilt und sind ruhiger hier angekommen, als wir oft von Jena nach Weimar gelangen. Mir macht es ein ganz wundersames Vergnügen, wieder auf dem alten Flecke zu sein und eine schöne, ruhige Zeit vor mir zu sehen, wo man sich pflegen, eine heilsame Quelle brauchen, und dabei gar vieles thun und abthun kann. Versäume nur nicht, an den Merseburger Arzt zu schreiben, und behandle Deine Cur hübsch regelmäßig. An Egerwasser fehlt Dirs nicht; ich bin überzeugt, daß es überhaupt und Dir besonders heilsam ist.

Schreibe mir ja bald und grüße Deinen lieben Secretarius, dem von Steck- und Nähnadeln ohnehin sein Theil werden wird. Auch liegen Stricknadeln bei; wenn sie nicht recht sind, so schreibe nur.

Augustens Krug ist eingepackt, der Fuhrmann soll ihm denselben in Jena übergeben. Mehr kann ich nicht sagen: denn das Packet muß geschlossen sein.   G.

488. *Christiane*

Lieber Geheimerath,
Dein lieber Brief hat mich recht aufgeheitert, weil ich daraus ersehe, daß Du recht wohl und vergnügt angekommen bist. Ich habe meine Recepte wiedergefunden und

befinde mich schon etwas besser; auch habe ich schon von dem Egerwasser, welches ich gleich den Tag nebst Deinem Brief erhielt, getrunken. Feuerstein hat mir 9 große Bouteillen geschickt; die erste, welche wir aufmachten, war so vortrefflich, daß ich sie mit Caroline ausgetrunken habe. Doch kommt es mir sehr theuer vor; ich habe ihm für die 9 Flaschen 3 Thaler 6 Groschen 9 Pfennige bezahlen müssen. Doch sagte er mir, daß er in 14 Tagen wieder hinfahre, und weil er da ein Packet mitnehmen kann, so will ich Dir alle Briefe und Zeitungen schicken. Da bitte ich Dich, wenn es möglich ist, mir einen Wiener Shawl zu schicken, damit ich ihn noch zur Vermählung hätte. Für die schönen Steck-, Näh-, und Stricknadeln danken wir; von letztern könnten wir einige Gestricke etwas stärker brauchen, von den Nähnadeln könnten wir die folgenden Nummern auch brauchen. Dieses könnte Feuerstein alles wieder mitbringen. Seit wir wieder von Jena zurück sind, haben mich folgende Damen besucht: die Schopenhauer, welche künftigen Donnerstag nach Ronneburg geht, die Frau von Schiller, die Hofmarschallin und Comteß Egloffstein und die Frau von Seebach. Gestern war auch der Herr von Lewandowski bei uns, welcher uns sagte, daß nächstens die Miß Dillon[1] uns zu einer Partie nach Ettersburg und Tiefurt einladen würde. Künftige Woche ist Jahrmarkt in Jena, und wir denken einige Zeit hinüber zu gehen. Wir bitten aber recht bald wieder um einen Brief von Dir. Unsere Singstunden gehen hier ruhig fort. Heute wird durch folgende Theater-Sänger eine Messe bei der Frau von Heygendorf aufgeführt, welche der neue Capellmeister dirigiert, nämlich Herr Moltke, Herr Stromeyer, Herr Strobe und Mamsell Engels[2]; unsere Singstunde hält aber Eberwein dennoch heute, das Chor und die übrigen, welche nicht dort sind, kommen zu uns. Auch singt

1 Dülon.
2 Engel.

Unzelmann mit bei der Heygendorf. Eberwein macht seine Sachen recht brav; ich habe ihm das Geld gegeben, und er läßt Dir vielmal dafür danken. Wir waren auch bei der Frau Capellmeister Müllern; es sind sehr artige Leute, ich habe mir vorgenommen, sie nächstens einzuladen. Auch hat mich Frau von Wolzogen besucht, und ich bin gestern auch wieder bei ihr gewesen; sie ist sehr mit einpacken beschäftigt, weil sie bald wegreist und das Haus dem Herzog verkauft hat. Frau von Humboldt wird sie in Frankfurt treffen; sie läßt Dich vielmals grüßen, und ehe sie weg geht, will sie noch einen Abend bei mir im Garten zubringen. Bei dem Theater geht alles ruhig und still fort. ›So sind sie alle‹ kann künftigen Sonnabend nicht gegeben werden, denn als der Capellmeister die zweite Probe halten wollte, waren alle Finale weg, man weiß nicht, wie es zugegangen ist, und der arme Organist[1] Eylenstein sitzt auf der Wache, weil er sie im Theater hat liegen lassen; man vermuthet, daß es bloß, um dem Capellmeister einen Possen zu thun, geschehen ist. Nie habe ich Genasten noch in solcher Angst gesehen als wie da. Was aber das Schauspiel betrifft, ist alles ruhig, und alles freut sich, von mir zu hören, daß Du Dich so wohl befindest. Wir trinken Wasser und gehen viel spazieren. Die Cölner Bilder hat noch niemand abgeholt; auch liegt ein großes Packet von Cotta da, schreib mir, ob ich es aufmachen und was damit geschehen soll, es sind gedruckte Sachen. Cotta wird wohl nun wiederkommen und den Karl Schiller mitnehmen. Wir haben hier sehr schönes, fruchtbares Wetter, und ich bin jetzt dabei, Krautland und Garten, alles zupflanzen zu lassen, um, wenn Du wieder zurückkömmst, Dir meine schöne Ernte von allem zeigen zu können. Auch blühen dieses Jahr alle Obstbäume in unserm Garten so schön, als ich es lange Zeit nicht gesehen habe, und der

1 arme Organist nachträglich über der Zeile.

Garten und Gartenhaus ist unser beständiger Aufenthalt. Neues wissen wir weiter gar nichts zu sagen, und wir empfehlen uns ferner Deiner Liebe und Güte.

Gleich nach der Rückkehr von Jena bekam ich einen Besuch von einem Meerweibchen und befand mich auch gleich besser und zufriedener. Ich habe auch viel Vertrauen zu dem Egerwasser. Und die Medicin, das wird ja alles wohl wieder in Ordnung bringen. Ist denn die Bettine[1] in Karlsbad angekommen und die Frau von Eybenberg? Und hier sagt man, die Silvie und Gottern gingen auch hin. Was willst Du denn mit allen Äuglichen anfangen? Das wird zu viel. Vergiß nur nicht ganz Dein ältstes, mich, ich bitte Dich, denke doch auch zuweilen an mich. Ich will indeß fest auf Dich vertrauen, man mag sagen, was man will. Denn Du bist es doch allein, der meiner gedenkt.

Lebe wohl und behalte lieb   C. v. Goethe.
Weimar, den 24. Mai [1810].

489. *Goethe*

Karlsbad. Sonntag, den 27. Mai 1810. Wir sind nunmehr acht Tage hier und haben also schon etwas zu erzählen. Wir haben uns vor allen Dingen überall umgesehen und die alten und neuentstandenen Wege meistens schon durchspaziert. Der Ausbruch des Sprudels, der sich vorm Jahre im September ereignete, und die Bemühungen, die man sich gibt, die Quelle wieder herzustellen, hat auch meine Aufmerksamkeit sehr beschäftigt. Auch bin ich so ziemlich fleißig im Zeichnen gewesen. Dabei ist manches dictirt worden, wenigstens zur Vorbereitung für künftige Arbeiten.

---

1 bediene.

Das schöne Wetter, das wir auf der Reise gehabt, hielt auch hier die ersten Tage noch an, zu unserm größten Vergnügen, indem wir uns bei so guter Zeit und fröhlichem Sonnenschein überall umsehen konnten. Nun aber ist seit 3-4 Tagen Regenwetter eingetreten, welches mich weniger genirt als andre, weil ich den Brunnen aussetzen kann. Ich befinde mich übrigens recht wohl, wie ich lange nicht gewesen: denn ich will nur gern gestehn, daß mirs auf die letzte Zeit in Jena sehr übel zu Muthe war.

Das Papiergeld steht sehr niedrig. Wir haben für 100 Gulden Sächsisch 362 Gulden in Bancozetteln erhalten. Allein dießmal kommt es uns nicht zu Gute, indem die Victualien und Waaren in gleicher Maße gestiegen sind; ja die Leute wissen gar nicht mehr, was sie fordern sollen, um sich sicher zu stellen, weil die Bancozettel immer noch fallen, so daß man z. B. das Quartier und alles, was feste Preise hat, in der Folge immer wohlfeiler bezahlt. Und so macht es die Menschen durchaus, wie gesagt, verwirrt, und man wird es selbst, wenn man die Summen hört, die man ausgegeben hat. Reducirt man sie auf Silbergeld, so verschwindet freilich das Übertriebene; aber doch ist, wie gesagt, alles theurer als vor zwei Jahren. Wenn Du Gelegenheit hast, dieß Herrn Geheimen Hofrath Stark wissen zu lassen, so thue es ja, damit er sich darnach einrichte.

Die Portionen Essen sind gleichfalls kleiner als jemals. Man muß ihrer drei nehmen statt zwei. Der Kaffee wird in den nächsten Monaten so gut wie völlig verboten und wird wenigstens theuer genug zu bezahlen sein. Dem allen ungeachtet wird mein hiesiger Aufenthalt nicht theurer als in Jena zu stehen kommen. Wenn ein paar Wochen herum sind, will ich Dir darüber einmal etwas Ausführliches schicken.

Wein werden wir wohl von Prag kommen lassen. Ich habe deßhalb einen Auftrag für Madame Hanbury und werde bei dieser Gelegenheit auch für mich einige Sorge tragen. Curgäste sind noch nicht viel hier. Die Prinzeß Marianne von Sachsen ist sehr freundlich und gesprächig am Brunnen und unterhält sich mit jedermann, so auch auf der Promenade. Sie sieht aber niemand bei sich, wodurch man denn aller Aufwartung und aller gêne überhoben ist. Sodann fehlt es nicht an schönen und interessanten Personen, und täglich kommen neue Gesichter. Die Kaiserin von Östreich kommt den 6. und wohnt schräg gegen uns über. Sie ist aber sehr krank und wird keine große Differenz im öffentlichen Leben machen. So viel für dießmal. Grüße Carolinchen und August, und lebe recht wohl!   G.

Seid ja so gut und antwortet gleich auf diesen Brief und meldet mir den Tag, wann er angekommen, damit man einigermaßen weiß, inwiefern man sich communiciren kann.

490. *Goethe*

Karlsbad, den 3. Juni 1810.
Dein lieber Brief vom 24. Mai ist acht Tage gelaufen. Einen von Deinem Bruder habe ich in fünfen erhalten. Man muß also nur schreiben, am Ende kommen die Blätter doch an.

Einen Shawl habe ich Dir gekauft bei einem Händler, der unmittelbar von Wien kam. Er gefällt mir besser als alle die, welche die Damen jetzt hier umhaben, davon die meisten noch mit den langen, garstigen, geschwänzten Blumen sind. Diese ist man nun endlich einmal los, und die neuen Bordüren sind sehr viel schöner. Die Shawls sind jetzt viereckt, und ich hoffe, dieser soll Dir gefallen. Ich habe mich entschlossen, Dir ihn wohl eingepackt auf der fahrenden Post zu schicken. Er soll Donnerstag, den 7., hier abgehen. Wenn er ankommt, schreibe mir das Datum der Ankunft und auch, was das Porto macht, damit man sich in andern Fällen danach richten kann. Es ist freilich hier eine böse Sache mit den Posten und der Versendung durch dieselben. Ich lege ein kleines Halstuch für Carolinchen bei, welches recht hasig ist und ihr Freude machen wird. Von Nadeln und andern Dingen soll nächstens die Rede sein.

Die neun Eger-Wasser-Flaschen hat man Dich[1] freilich sehr theuer bezahlen lassen. Ein Kästchen mit den 40 kleinen, wie ich Dir zwei schickte, kostet am Brunnen nur 2 Thaler Sächsisch und noch weniger, wenn man sie in Papier zahlte. Doch ist freilich der Transport zu rechnen. Laß sie Dir nur wohl schmecken und wohl bekommen.

Das schöne Wetter hat uns verlassen. Nun hat es geregnet und ist sehr kalt geworden. Wir hoffen indessen auf bessere Tage, und wie die Sonne scheint, ist es auch gleich wieder hübsch. Täglich kommen neue Gäste, und im Juli wird es übermäßig voll werden. Für diesen Monat ist kein Quartier in einer guten Lage mehr zu finden. Frau von Eybenberg kommt Anfangs Juli. Von Bettinen habe ich nichts gehört. Es ist nicht wahrscheinlich, daß von Jena oder Weimar noch jemand komme, außer Madame Bohn, die mit Madame Hanbury den 12. Juni ankommen wird. Ein Brief vom 27. Mai von mir wird bei Dir angekommen sein. Ich schreibe von Zeit zu Zeit.

Es ist hier zwar alles theurer als vor zwei Jahren, aber wir leben doch durchaus wohlfeiler als in Jena: denn wir bestreiten Miethe, Tisch, Wein, Frühstück, Nebensachen und sonstige kleine Ausgaben mit 30 Thalern gut Geld, die Woche. Nächsten Mittwoch, den 6., kommt die Kaiserin von Östreich hier an, da es denn keinen geringen Zufluß von Menschen geben wird.

---

1 Über gestrichenem mich.

Dienstag, den 5. Juni.

Dieser Brief ist liegen geblieben und geht nur erst einen Tag vor dem Shawl ab, welcher also wohl bald nachfolgen wird. Was das kleine Tüchelchen für Carolinen betrifft, so wird es nur an den Seiten gesäumt, wo es abgeschnitten ist. Die Franzen bleiben, wie sie sind, und dienen zum Zierat.

Es liegen ein Dutzend Exemplare eines Gedichts bei, der Kaiserin bei ihrer Ankunft von der Karlsbader Jugend über- reicht. Besorge, daß etwa 4 nach Hof, 3 in die Stadt, 3 nach Jena kommen, und ein paar behalte für Dich. Das Wetter ist seit 8 Tagen ganz abscheulich. Es hat gegraupelt, geregnet, geschneit, und wir haben einheizen müssen. Übrigens aber geht alles ganz vergnügt und lustig zu, und ich befinde mich besser als seit langer Zeit.

Der Shawl ist sehr gut eingepackt und wird hoffentlich unbeschädigt ankommen. Schreibe mir gleich und laß mich erfahren, wie es bei euch steht. Da Herr Hofrath Stark, wie ich höre, noch hieher geht, so schicke mir durch ihn, was etwa nöthig ist. G.

491. *Goethe*

Karls-Bad, den 6. Juni 1810.

In diesem Briefchen, das den Shawl begleiten soll, will ich aber auch einmal eigenhändig sagen: daß ich recht oft und in herzlicher Liebe Dein gedenke und Plane mache, wie wir künftiges Jahr einige Zeit hier zusammen zubringen kön- nen. Für dießmal kommt der Schleier, der Dir gewiß gefal- len wird, wenigstens haben wir alle drei ihn für den schön- sten gehalten. Ich wünsche, daß er glücklich ankommt, schreibe mir seinen Empfang. Versäume ja nicht diesen Sommer alle Arten von Cur in Weimar und Lauchstädt. Am letzten Orte laß Dir das Baden empfohlen sein. Grüße August, von dem ich noch nichts vernommen habe. Auch Carolinchen grüße, sie soll sich in meinem Namen mit dem Tüchelchen putzen. Schreibe mir auch, wie hoch man den Shawl bei euch schätzt. Lebe recht wohl und gedenke mein in Liebe.   G.

492. *Christiane*

[Weimar, 6. Juni 1810.] No. 3.

Lieber Geheimerath,

Du wünschest gleich auf Deinen vorigen Brief Antwort. Ich habe mich sehr gefreut, wieder so bald etwas von Dir zu hören; ich bekam ihn schon am dritten Juni, er ist also nur sieben Tage gegangen. Zwei Briefe sind nun schon von mir unterweges, dieses ist der dritte; wir wollen sie nummeriren, um zu sehen, ob sie alle ankommen. Von unserm jenaischen Aufenthalt wirst Du nun schon alles wissen. Die Hoheit hat erfahren, daß in Jena alle Menschen gesund werden, und ist deßhalb gestern auch dahin geeilt und denkt 14 Tage da zuzubringen; sie wohnt in Knebels altem Logis bei Hellfelds und hat auch das Garten-Haus und Garten gerade über mit. Zu ihrer Begleitung ist die Gräfin Henckel, Gräfin Fritsch, Miß Dillon[1] und eine Russin, wie auch die kleine Prinzeß. Der Obrist hatte, ehe wir abreisten, alle Hände voll zu thun, und August schreibt heute, daß das Paradies und der Schloß-hof von allem Gras gereinigt und sehr ausgeschmückt werde. Der Herzog und Herzogin befinden sich wieder etwas besser. ›So sind sie alle‹ ist endlich aufgeführt worden; wir waren noch in Jena, aber man sagt allgemein, daß man seit Kranzens Direction nicht so eine Symphonie gehört hätte, und sie ist sehr applaudirt worden; er hat auch ein ganz

1 Dulon.

neues Arrangement im Theater gemacht, wie die Musici
sitzen müssen, so daß die Violinen und die blasenden Instrumente, wie sie zusammengehören, auch beisammen sitzen.
Den Violinen hat er einigen Raum zum ausstreichen gegeben, welchen freilich die blasenden Instrumente nicht brauchen. In der ersten Probe hatte sich jeder aber[1] seinen Stuhl
auf den alten Fleck gesetzt, so daß er so bös wurde und jedem
sagte, daß er so etwas nie wieder leiden würde, und daß
beinah Bucholz wegen dieser Veränderung, weil er es gethan
hatte, vom Herzog wäre ins Gefängniß gekommen; es ist
nämlich ein neues erbaut worden unter dem Schloßthurm,
wo schon viele von der Dienerschaft gesessen haben, die es
aber würklich auch verdient haben, weil sie ihre Nebenmen-
schen bemakelt haben.

Du schreibst mir, daß es in Karlsbad Regenwetter gibt;
dieß ist aber noch lange nicht so übel als bei uns, wo es drei
Nächte hindurch Eis gefroren hat. Ich erfuhr in Jena, daß
Bohnen, Gurken bei uns erfroren wären, und kaufte mir da
alles wieder frisch. Wie ich ankam, sah ich, daß es doch
beinah alles zur Hälfte erfroren war. Ich habe sie gleich
eingeweicht und den anderen Tag die erfrorenen herausge-
zogen und wieder frische gelegt. Ich möchte nur wissen, wie
es käme, daß sie nicht alle in einer Reihe erfroren wären,
sondern nur einzelne. Dorthe [?], welche immer die Bedenk-
lichkeit ist, hat in meiner Abwesenheit die Orangenbäume
mit Tüchern behängt, und so sind sie gerettet; die aber im
Park bei der Frau von Stein sind alle gelb, und in Belvedere
hat man sie wieder ins Gewächshaus schaffen müssen. Allen
Leuten sind beinah die Kartoffel erfroren; doch die meinigen, welche ich heute früh mit Carolinen besucht habe, sind
so groß und stehen so schön, daß es würklich eine Freude ist,
sie anzuschauen. Doch scheint es, als hätte der Türkische

1 seinen aber.

Waizen etwas gelitten. Heute fängt es an bei uns sehr schön zu werden, und ich finde es hier in meinem Häuschen recht vergnüglich und liebenswürdig. Die Russen machen uns noch immer die Cour, und wir werden wohl in diesen Tagen einen Ball in Tiefurt haben. Heute gehen wir in ›Die Braut von Messina‹. Unsere Singstunden gehen auch ruhig fort. Künftigen Freitag gehen die Ferien in Jena an, und August kommt herüber. Den 15., heißt es, kommen die Prinzen, den 17. soll das Vogelschießen angehen, wovon Du auch gehörig Nachricht bekommen sollst, denn ich habe mir vorgenommen, Dir bestimmt alle acht Tage zu schreiben, einmal mit der Post und einmal durch Herrn Genast, welcher mir es angeboten hat. Bei uns ist hier Jahrmarkt, er ist so brillant, als ich noch keinen erlebt habe. Ich habe da beinah alle Damen vom Hof und Adel gesprochen und gesehen, welche Dich alle herzlich grüßen und sich nach Deinem Wohl bei mir erkundigt [haben]. Die Kaufleute hatten alles Mögliche zu verkaufen, nur keine Shawls, welche mir gefallen hätten, sie waren so gewöhnlich; und doch haben die Damen hier die allerschönsten, weil sie sich alle welche von Leipzig verschrieben haben oder daselbst eingekauft. Ich wage daher meine Bitte nochmals, Dich um einen zu bitten, und wenn Du vielleicht Gelegenheit hast, nach Leipzig, früher als Feuerstein hinkommt, ihn mir zu schicken, weil ich ihn sehr nothwendig brauche, und hier gar kein hübscher zu haben ist. Du hattest dem kleinen Secretarius eine Artigkeit zugedacht. Diesem habe ich das Jahrmarkt einen schönen Hut gekauft, vor welchen sie ihren freundlichen Dank abstattet. [1] sind nun wieder vier Tage hier, und noch nichts ist wegen ihrer Angelegenheit erschienen. Gott sei Dank, daß ich nie denke von den Gerichten abzuhängen, denn das kann einen zu Vezweifelung bringen. Doch hören

1 Name durch Tintenstriche unleserlich gemacht.

wir überall, daß es besser stehen soll, als man geglaubt hat, und daß es eben deßhalb so lange dauert. Jetzt weißt Du alles, wie es mit uns steht, und kannst uns beinah in unserm Gartenhaus sitzen sehn. Schlosser hat mir auch einen sehr freundlichen Brief geschrieben und dabei gemeldet, daß die Tochter von dem Syndicus Hoffnung hat, bald ein kleines Wesen um sich zu erblicken; so auch hat er mir geschrieben, daß er alles spare in die Casse, welche Dir gehört, um nach der Badezeit, zu Michaelin Dir etwas Ansehnliches zu schicken. Ich habe immer vergessen Dir zu schreiben, daß mir die zinnernen Löffel viel Freude gemacht haben, und ich es mache wie die gute Mutter, und habe das Silber bei Seite gelegt. Wenn niemand bei mir ist oder nur gute Freunde, so esse ich mit Zinn, und dieses Jahrmarkt will ich mir auch noch einen Vorlegelöffel kaufen, und ich habe mir fest vorgenommen, nicht eher wieder mit Silber zu essen, bis Du zu uns zurückkehrst, welcher Tag bei uns festlich begangen werden soll. Bedenke aber auch den 12. Juli, da wollen wir Deine Gesundheit trinken, und Du wirst mit Riemer die meinige trinken. Lebe wohl und behalte mich lieb.

C. v. Goethe.

493. *Goethe*

Karlsbad, den 12. Juni 1810.
Deinen lieben Brief, eingeschlossen in den des Herrn Genast vom 7. Juni, empfange ich eben, als ich im Begriff war, den gegenwärtigen zu schreiben. Prinz Bernhard, der auf einige Tage hier war, um der Kaiserin aufzuwarten, geht unmittelbar nach Weimar und nimmt diesen Brief mit, begleitet von einem Korbe mit Trüffeln und getrockneten Schwämmen und einem Packetchen für August. Hätte ich gewußt, daß so eine schöne Gelegenheit kommen könnte, so hätte ich den

Shawl noch zurückbehalten; er ist aber den 7. Juni schon abgegangen mit der fahrenden Post und kommt vielleicht zugleich mit diesem in Deine Hände.

Es ist sehr freundlich, daß ihr so umständlich schreibt. Setze es ja alle 8 Tage fort; ich will auch nicht verfehlen, es zu thun. Ich wünsche, daß Deine neue Pflanzung gut gedeihen möge, und bedaure, daß Dein Garten so viel gelitten hat. Uns begünstigt das Wetter hier auch nicht; doch gibt es einzelne schöne Momente, und ich lasse mir alles gefallen, weil ich so gerne hier bin und mich recht wohl befinde.

Die Kaiserin und die sächsischen Herrschaften fahren fort, die hiesige Gesellschaft zu beleben und aufzumuntern. Sie sehen niemanden bei sich, aber auf Spaziergängen sowohl, als in den Sälen nähert man sich ihnen, und sie unterhalten sich sehr freundlich mit jedermann. Es ist ausdrücklich verlangt worden, daß niemand sich in Kleidung und sonst geniren solle. Die Hofleute selbst gehen beständig in Stiefeln, um gutes Beispiel zu geben. In dem Saal, wo die Kaiserin sich befindet, stehen mehrere Spieltische für die Herren, und die jungen Frauenzimmer sind aufgemuntert worden, in dem äußern Saale kleine Spiele zu spielen.

Da ich gleich von Anfang mich zur Gesellschaft gehalten habe, so habe ich schon viel Bekanntschaft gemacht; und esse auch manchmal auswärts, welches mir ganz leidlich bekommt, doch nicht so gut, als wenn ich zu Hause ein frugaleres Mahl einnehme. Jeder gute Augenblick wird zum spazierengehen benutzt. Gezeichnet habe ich auch schon manches, und die übrigen Arbeiten gedeihen auch nach und nach.

Wenn dieser Brief zu euch kommt, so erhalte ich vielleicht zugleich Nachricht, daß die gegenwärtige Sendung und der Shawl glücklich angelangt sind. Da die zinnernen Löffel Beifall erhalten haben, so schaffe ich vielleicht noch etwas von Zinn an: denn sie machen es gar zu hübsch.

Sonst gibt es noch manches hier, welches man anzuschaffen versucht wäre; doch muß man sich zurückhalten, weil es ohnehin durchaus theurer ist als vor Zeiten.

Dießmal will ich nichts weiter hinzufügen, als den Wunsch, daß euch dieses Blatt möge im Gartenhaus heiter und lustig antreffen. Versäumet ja nicht, mir zu schreiben, da denn doch die Briefe endlich, obgleich nicht so bald, als billig wäre, ankommen.

Zu der Lauchstädter Reise werdet ihr euch nun wohl vorbereiten. Vorher wünsche ich vergnügliches Vogelschießen und fröhliche Hochzeitfeste.   G.

Grüße Hern Genast schönstens und ersuche ihn, daß er mir von Zeit zu Zeit schreibe. Über unsre theatralischen und musicalischen Angelegenheiten bin ich völlig ruhig und überzeugt, daß alles diesen Sommer so gehen wird, um nächste Michael wieder in das alte Weimarische Gleis zu kommen.

Beiliegendes gib Augusten und sage ihm, ein Kästchen, wie er es wünscht, werde nachkommen: in diesem Augenblick sei es nicht zu haben gewesen.

Ich lege auch noch ein paar Hundert Nadeln bei, welche sie hier Stopfnadeln nennen und noch einmal so theuer verkaufen als die andern. Schreibt mir, wie es damit ist, und wiefern ihr sie brauchen könnt; es gibt noch eine größere und mehrere kleinere Sorten, alle von gleichem Preis.

Sage Augusten, er solle ja dem Prinzen Bernhard gleich aufwarten: denn es war sein Erstes, daß er nach ihm fragte. Nun weiß ich weiter nichts zu sagen, als daß ich recht wohl zu leben und bald von euch zu hören wünsche.

[Weimar, 14. Juni 1810.]

Lieber Geheimerath,

Deine drei lieben Briefe habe ich alle richtig erhalten; den letzten, vom dritten Juni, habe ich den 12. erhalten. Ich freue mich allemal sehr, etwas von Dir zu hören. Der Herr Hofkammerrath hatte die Güte, mir zu sagen, daß er an Dich schrieb', und wir setzen uns auch gleich zum Schreibtisch; er hat Bestellungen für Iffland zu machen, laß ja den ›Götz‹ nicht vergessen sein. Ich sprach mit dem Herrn Hofkammerrath davon, und er wunderte sich, daß Du das Geld noch nicht hättest. Es gibt also auch eine gute Gelegenheit, es von Deiner Seite zu erinnern. Beim Theater geht alles recht gut; ›Rochus Pumpernickel‹ ist mit großem Beifall aufgeführt worden, und die Gallerie hat sich einmal wieder etwas Rechtes zu Gute gethan. Und die Erscheinung eines Pferdes zum ersten Mal that auch seine Würkung, denn Unzelmann kam würklich auf einer kleinen, artigen Falbe geritten, und das Pferd bekam gleich sein Applaudissement. Auch kamen vier niedliche Tiroler vor, welche, wie es der Herr Capellmeister eingerichtet hatte, jodeln mußten. Die Lortzingen hatte sich einen von den Buben ausgebeten, sie sah so niedlich aus und tanzte mit so viel Geschick, daß alle junge Leute ganz außer sich waren. Sie wird überhaupt als Weibchen alle Tage liebenswürdiger. Nun auch etwas von uns. Seit wir wieder von Jena zurück sind, haben wir bei dem neuen Tanzmeister Stunden genommen. Es ist allemal bei jedem Mitglied abwechselnd große Tanzstunde, und so waren wir am Freitag, den 8., bei der Frau von Reitzenstein, weil die kleine Beust auch Tanzstunde hat; am Dienstag, den 12., war es bei Helldorfs, und morgen Freitag, den 15., ist es bei mir. Wir sind alle ganz wohl mit ihm zufrieden. Bei der jetzigen Gesellschaft sind Niebeckers, Staffs, Kinder von

Egloffsteins, von der Frau von Germar, der junge Wolzogen, Schillers Kinder, die Goldacker und noch einige Kinder. Seine schönsten Tänze sind Française, Bolero[1], Triolet, Monteviva, Birgotine. Ich suche das Leichtste und Passendste für mich aus, das Andere überlasse ich Carolinen; auch lerne ich recht hübsche Pas zur Ecossaise, diese Bewegung ist vorzüglich bei meiner Cur sehr gut, welche mich zwar ein bißchen angreift. Auch finde ich schon, daß ich etwas schmäler werde, denn ich habe schon die 9 großen Flaschen und eine Kiste von den 20 ganz allein ausgetrunken, und nun fange ich an der zweiten an. Etwas schwach fühle ich mich dabei, aber doch viel heiterer als sonst. Nun kommt von unseren Festlichkeiten etwas. Heute kommen die Prinzen von Mecklenburg und Prinz Bernhard, auch ist schon Prinz Wilhelm von Preußen da. Künftigen Dienstag geht das Vogelschießen an. August ist hier und hat Ferien. Das Vogelschießen soll nur 7 Tage dauern, die ersten Tage will er hier bleiben, und nicht eher herüberkommen, als wenn man ihn zu den Feierlichkeiten einladen oder brauchen sollte. Er ist jetzt sehr im Stein-Cabinet beschäftigt und bringt die meiste Zeit des Tages im Garten-Haus bei Deinem Cabinet zu; jetzt ist er eben an den Versteinerungen. Auch muß Heinrich früh 5 Uhr mit ihm nach dem Steinbruch wandern, und ich bin im Ganzen recht wohl mit ihm zufrieden, er ist auch oft bei Egloffsteins, weil der Karl hier angekommen ist; sie machen manchmal kleine Partien, zu welchen sie ihn jedesmal einladen. Ich und Caroline freuen uns unendlich auf das Ankommen der Post, welche den Shawl und das Tüchelchen mitbringen soll, und sagen Dir im voraus unseren herzlichsten Dank; ich zähle alle Tage, wenn die Post ankommen kann. Die Gedichte will ich besorgen. Das Packet an Hofrath Meyer habe ich besorgt. Cotta ist schon seit zwölf Tagen

---

1 Volero.

wieder abgereist; ich habe also den Brief hier liegen lassen.
Den Herrn Zimmer aus Heidelberg habe ich selbst gesprochen und ihm das Portefeuille übergeben. Nun kommt auch
ein kleiner Auftrag von der Fräulein Beust. Sie hat mich
gebeten, ob Du ihr nicht auf beiliegendes Zettelchen gleich
eine kleine Antwort geben könntest; sie will nämlich wieder
mit der Frau von Seebach z   [1] reisen. Die Schauspieler-Gesellschaft wird wahrscheinlich den 28. von hier
nach Lauchstädt gehen, und ich denke ohngefähr den 12.
Juli nachzufolgen.

Du kannst mir aber noch viel bis dahin schreiben, und
vielleicht finde ich da wieder einen Brief, wenn ich ankomme. Die Festlichkeiten sollen Dir alle geschrieben werden. Lebe wohl, denn ich [bin] sehr vergnügt, daß Du Dich
so wohl befindest. Behalte mich lieb und denke mein.

C. v. Goethe.

495. *Christiane*

Weimar, den 19. Juni 1810. No. 5.
Lieber, bester Geheimerath,
Dein lieber eigenhändiger[2] Brief nebst dem schönen Shawl
hat mich ganz glücklich gemacht, denn so einen liebenswürdigen, schönen Shawl habe ich, so lange ich lebe, nicht
gehabt; auch das kleine Tüchelchen ist ganz vortrefflich. Ich
und Caroline haben beim Auspacken unsere Freude so laut
werden lassen, daß August um Ruhe bitten[3] mußte, damit er
ins Postbuch quittiren konnte; er kam den 18. an und kostet
ohngefähr 19 Groschen Porto. Soeben besuchte mich der
Herr Regierungsrath von Müller, er freute sich mit mir und

1 Lücke infolge Ausschneidens des Siegels.
2 Die ersten drei Worte Deinen lieben eigenhändigen.
3 bieten (doch ist das um deutlich und nicht als uns lesbar).

sagte, daß er bestimmt hier unter 10 Carolin nicht gekauft würde. Ich habe ihm gleich eins von den Gedichten geschenkt. Auch hatte ich schon früher mit der Gräfin Beust gesprochen, welche mir auch drei an Hof besorgt hat, nämlich eins an Durchlauchte Prinzeß, an Durchlauchte Herzogin und an die Hoheit, und eins an Herzog, welches ich der Frau von Heygendorf geschickt habe; nach Jena werde ich die übrigen auch besorgen. Mir geht es ganz leidlich, außerdem daß mich doch das viele Wasser wohl ein bißchen geschwächt hat, ich fühle mich nicht mehr so stark wie sonst, Freude und Leid zu ertragen; doch, hoffe ich, soll das Bad Lauchstädt mich wieder stärken. Das Gedicht ist außerordentlich schön, Prinz Bernhard hat allerwegen erzählt, daß die Kaiserin zu ihm gesagt hätte, er sollte Dir sagen: daß Du doch recht oft mit ihr sprechen möchtest, weil sie sich so gern mit Dir unterhielt'. Nun auch etwas von uns. Unsere Tanzstunden setzen wir recht ordentlich fort, und aus der letzten Tanzstunde bei uns wurde ein kleiner Ball, wo von den Personen hier ein Zettelchen folgt, sowohl Zuschauer als Tanzende; und ich wurde genöthigt, ihnen etwas Kaltes aufschneiden zu lassen, worüber sich denn die Kinder ungemein freuten, und wir waren von vier Uhr bis halb Elf zusammen; die Comteß Egloffstein war die letzte beim Scheiden. Jetzt sind wir beschäftigt, sowohl unsern Putz zum Vogelschießen, welches heute seinen Anfang nimmt, zu ordnen, als auch zu den Festlichkeiten, die nun kommen sollen. Doch gestehe ich Dir ganz aufrichtig, daß ich sehr zufrieden bin, nicht unter die Damen zu gehören, welche immer an Hof gehen müssen, denn die Ausgaben von Kleinigkeiten könnten leicht meine Casse ruinieren; denn da ist bald der Fächer aus der Mode, und die Krause kann man nicht an Hof tragen und jenen Kragen nicht, so daß man ganz confus wird. Doch für einmal will ich alles mitmachen, und wir geben uns alle mögliche Mühe, nicht proper, aber doch sauber und modern zu erscheinen.

Den 20. Juni. Gestern haben wir mit August und meinem Bruder im Schießhaus gespeist; nach Tische kam der ganze Hof, außer der Hoheit nicht, welche gleich nach Tische wieder nach Jena reiste, weil die kleine Prinzeß da noch sehr krank ist; doch soll sie jetzt außer Gefahr sein. Das hält auch den armen Stark noch in Jena zurück. Es wurde im Schießhaus getanzt, August und alle jungen Leute wurden vom Hofmarschall aufgefordert mit zu tanzen. Die beiden Prinzen kamen gleich, sobald sie nur in [den] Saal getreten waren, zu mir und begrüßten mich recht herzlich und freundlich, so auch Carolinen; sie lassen Dich beide grüßen und wünschen, daß die Cur für Dich recht heilsam sei, so auch der Herr von Oertzen und Herr von Rantzau. Durchlauchte Prinzeß war auch sehr genädig gegen mich, auch schickte die Herzogin die Gräfin Beust zu mir und ließ mir für die Gedichte danken; überhaupt haben sich alle Hof- und andere Damen gegen uns beide so benommen, daß wir ganz glücklich und zufrieden nach Hause kamen. Frau von Helvig läßt sich Dir auch empfehlen. Wir haben jedes etwa sechs bis acht Tänze getanzt, und um halb elf Uhr, als sich der Hof zu Tische setzte, gingen wir zu Hause; August hat alles abgewartet, aber jetzt schläft er noch, und wir können von weiter nicht Nachricht geben. Der ganze Hof ist freilich nicht so freudig als sonst, weil unser guter Herzog sehr leidet und sich nur zu allen diesen Festlichkeiten zwingt, und auch, weil die Hoheit nicht viel Antheil wegen des kranken Kindes nehmen wird. Doch, so viel ich weiß, soll den Freitag über 8 Tage Ressource-Ball sein, wo wir denn unsere neuen Tänze aufführen werden. August ist sehr vergnügt und wünscht von Deiner Güte, wenn es möglich ist, so ein Stück, wie Carolinens Tüchelchen ist, zu einer Weste zu haben. Da wir jetzt schreiben, so überläßt er uns, alles Dir zu melden;

sobald wir aber weg sind, wird er es von Jena aus thun. Da der Herzog so nach dem Bade eilt, so soll die Vermählung schon den zweiten sein. So denke ich, daß wir vielleicht auch schon den achten nach Lauchstädt gehen; doch denke ich, Dir darüber den nächsten Post-Tag bestimmt zu schreiben. Alle vom Hof wünschen freilich nur Dich hier. Ich glaube, man vermuthet, daß Du doch wohl auch ein kleines Gedicht oder sonst etwas schicken wirst; man wollte von mir hören, doch ich weiß ja von nichts. Nun auch etwas vom Theater. ›Der 24. Februar‹ wurde gegeben, doch nicht so gut als das erste Mal; Haide hat sehr gut gespielt, doch sagen alle, sie hätten gewünscht, daß Du wieder eine Probe davon gehalten hättest. August, den doch so leicht nichts mürbe machen kann, den hat dieses Stück ganz zerbröckelt. Haide kam nach dem Theater noch zu uns, und August konnte sich gar nicht beruhigen; auch hatte [es] Carolinen ganz mitgenommen. Ich bin noch die Standhafteste gewesen, doch aus dem Theater mußte ich beinah gehen. Den Prinzen soll es auch sehr gefallen haben. Übrigens wird Deine Farbenlehre von Falk so gepredigt, daß er nie ausgeht, ohne ein Prisma bei sich zu haben, und im Geheimen hält er sogar einigen Damen Vorlesung darüber; er hat mich auch durch einige Freundinnen ersuchen lassen, ihm die großen Schirme von Dir zu leihen, ich werde es auch auf einige Tage thun, doch ehe ich weggehe, sie mir wieder ausbitten. Seine Frau ist wieder glücklich mit einem Sohn entbunden worden, so auch die Frau von Ziegesar. Der Shawl, so wie das Tüchelchen, wird sehr bewundert, und Du wirst gelobt, und wir sagen Dir nochmals unsern wärmsten Dank dafür. Und da wir doch immer bitten dürfen, so bitten wir nur um einige Schönstifte, welche bei uns ganz ausgegangen sind. Von Briefen scheint mir nicht viel Bedeutendes da zu sein; nur die ersten Tage kamen einige. Vielleicht kann ich sie durch dem Herzog seine Leute oder sonst jemand Sicheres mitgeben. Stark, der ohnehin krank ist, und andere Leute sind ängstlich, Briefe mitzunehmen. Und nun, da man weiß, daß Du im Karlsbad bist, werden wohl auch wenige ankommen. Ich fange nun an, alles Nöthige gut zu verwahren, um alsdann ruhig reisen zu können. Lebe wohl und schreibe mir bald.

496. *Christiane*

Weimar, den 25. Juni 1810.

Lieber, bester Geheimerath,

Den 21. war schon der dritte Tag vom Vogelschießen. August ging den Morgen auf das Schloß, besuchte Prinz Bernhard und überbrachte den fürstlichen Personen die Exemplare von der ›Farbenlehre‹. Die Herzogin war mit der Prinzeß nach Jena gereist, um die Hoheit zu besuchen; sobald als sie auf ihr Zimmer zurückkam, schickte sie auch sogleich an August und ließ ihm danken. Wir wurden alle zusammen denselben Tag von Egloffsteins eingeladen, ins Schießhaus zu kommen, und wir gingen auch mit diesen in [den] Saal, und sobald wir hineintraten, ließ die Herzogin August zu sich kommen und hat ihm viele Grüße an Dich aufgetragen und den besten Dank. Alsdann begleiteten wir die Prinzen und die Prinzeß unter das Zelt vom Schießen, wo unsere Prinzeß sehr vergnügt und freundlich war; durch vieles Bitten ließ sie sich bewegen, auch mit der Pistole zu schießen. August wurde auch zu der Prinzeß unters Zelt gerufen, wo sie gesagt hat: sie würde Dir selbst schriftlich danken. Auch unsere Prinzen waren sehr freundlich. Es wurde sehr spät, als die Herrschaft wieder in [den] Saal zurückging; sie speisten da; weil mich aber das haußenstehen im Saal ennuyirt, solange die Herrschaft speiset, und nur die Bürgerlichen tanzen, und es so curios aussieht, wenn man erst unter ihnen war, so ging ich mit August und Caroline zu Hause, wo wir ein gutes Abendbrod verzehrten und uns dann zu Bette legten. August ging den andern Tag nach Jena zurück, wo er auch das Exemplar der Hoheit selbst überreichen will. Die kleine Prinzeß ist noch immer sehr schwächlich; mich dauert nur der gute Stark, daß der nicht fort kann. Nun denke Dir aber, was zu allen diesen Festlichkeiten gekommen ist: wir haben nämlich seit drei Tagen starke Einquartirung, so daß ich den einen Tag acht Mann bekommen habe. Ich hatte mir nämlich Gemeine ausgebeten, und wir sind deßhalb nicht wieder ins Schießhaus gekommen. Übrigens bin ich mit den Leuten sehr zufrieden; wenn man ihnen ihre Sachen ordentlich gibt, verlangen sie doch nichts Übertriebenes, und sie sind freundlich und gut. Als Hausherrn habe ich mir Haide ins Haus genommen, denn es sind doch meistens Franzosen und wenige Deutsche darunter. Der General Morard[1] logirt im Palais und brachte 4 Damen mit ins Theater, in die Herrschaftliche Loge; sie saßen rechter Hand neben der Herzogin und kamen unter dem Stück, und es machte allgemeines Aufsehen. Die Herzogin war sehr freundlich und gut gegen sie. Es wurde ›Der Wasserträger‹ sehr gut gegeben, so daß meine gemeinen Soldaten sagten: sie hätten es in Frankreich nicht so gut gesehen. Ich schicke nämlich meine Einquartirung immer ins Theater; ich lasse mir statt meiner Parterre-Billets Gallerie-Billets geben, und so kann ich auch ruhig hineingehen. Heute ist ›Der Tyroler Wastel‹, die Einquartirung hat Rasttag, und ich werde sie wieder hinein schicken. Mittwoch, den 27., ist ›Rochus Pumpernickel‹ als das letzte Stück, denn Donnerstag, den 28., reist die Gesellschaft. Madame Teller ist so krank, daß sie nicht mitreisen kann, und ich glaube schwerlich, daß Du sie noch wieder antreffen wirst. Mamsell Engels muß einstweilen

1 Muron.

viele Rollen von ihr übernehmen; freilich wird sie sich als Frau vom Götz nicht so gut machen als die Teller. Die Vermählung ist den zweiten; den 5. werden die jungen Herrschaften abreisen. Ich und Caroline gehen bestimmt den 6. Juli von hier ab; ich habe wieder mein altes Logis auf dem Markt bekommen und sehe dem Tag mit Freuden entgegen, wo ich von hier abreisen werde. Das Eger-Wasser von Feuerstein und eine Kiste von Deinem sind nun getrunken. Die eine Kiste will ich mit nach Lauchstädt nehmen. Von den Festlichkeiten wird es hier so viel nicht geben. Auf den Freitag ist großer Ressourcen-Ball, wozu die Herrschaften auch eingeladen sind. Gestern war trotz der Einquartirung doch große Tanzstunde bei mir, weil wir nämlich allerlei probiren, was da getanzt werden soll. Wie alles abgegangen ist, sollst Du im nächsten Brief erfahren, denn von hier aus schreibe ich Dir noch einen Brief. Nun etwas von der Haushaltung. Ich habe nämlich alles, was von Schuhmacher-Rechnungen hier für Dich und August war, beinah bezahlen müssen. Dann gab es auch einige Reparaturen im Haus; auch habe ich für den künftigen Winter meine Butter angeschafft, Essig zum einmachen, und dergleichen. Und das, was für August und mich zu den Festlichkeiten nöthig war, kostet auch etwas. Ich habe mich so eingerichtet, daß ich wohl 6 bis 8 Wochen mit dem, was ich habe, reiche und meine Lauchstädter Ausgaben davon zu bestreiten denke. Auch kostet mich die Einquartirung bestimmt zwanzig Thaler; doch wenn wir sie auswärts hätten, kostete es wohl viermal zwanzig. Sollten wir Einquartirung bekommen unter der Zeit, daß ich in Lauchstädt bin, so wird der Sprachmeister Körner in unserem Hause alles besorgen; doch hat mir die Polizei versprochen, daß ich in meiner Abwesenheit keine bekommen soll, denn ich habe mich dieses Mal schon beschwert, daß ich zu viel habe. Nun also wegen des Geldes. Wenn ich Ende August wieder zurückkomme, so habe ich freilich gar keins, und in Lauchstädt ist es doch auch ängstlich, wenn man zuletzt gar kein Geld mehr hat. So dächte ich so, daß Du mir vielleicht ein Papierchen zu 100 Thalern hinschicktest, nur eine Anweisung an Frege; ich verspreche, es nicht auszugeben, als bis ich es in Weimar nothwendig brauche. Die Haushaltung geht freilich immer fort und kann [niemals][1] still stehen, weil man immer für die Zukunft sorgen [muß][1]. Das große Zimmer ist auch wieder gemalt und recht [schön][1] geworden; jetzt bin ich daran, die Möbels in Ordnung zu bringen, und lasse alle Thüren und Einfassungen im Zimmer wieder bohnen. Auch werden alle Öfen umgesetzt und der Kochofen ganz neu reparirt, damit, wenn Du wiederkommst, alles in der größten Ordnung ist. Kommst Du eher als Ende August, so gehe ich auch früher von Lauchstädt weg; sonst bliebe ich da, bis die Gesellschaft weggeht, denn ohne Dich mag ich fast gar nicht in Weimar sein. Über meinen Shawl habe ich aber eine große Freude, er wird allgemein bewundert. Nach diesem Brief schreibe mir nicht mehr nach Weimar; ich wünschte, daß ich wieder in Lauchstädt einen anträf. Die ganze Gesellschaft vom Theater empfiehlt sich Deinem Andenken, besonders aber Deny, welcher äußerte, daß, wenn Madame Teller sterben sollte, seine Frau auch in diesem Fach aushelfen wollte; komische Alte habe sie schon mit Beifall gespielt. Und sie wünscht weiter nichts, als, wenn Du zurückkommst, bei Dir einmal eine Probe von dieser Art abzulegen. Lortzing hat den Graf Balken bekommen und dankt von ganzem Herzen. Bis jetzt ist alles in der größten Ruhe; und von Lauchstädt sollst Du ein Mehrers erfahren.

Lebe wohl und denke mein.   C. v. Goethe.

---

1 Durch Ausschneiden des Siegels verloren.

Karlsbad, den 27. Juni 1810.

Nachdem mir lange Zeit die Briefe ausgeblieben waren, so kamen sie endlich alle an Einem Morgen und machten mir um desto mehr Vergnügen. Ich konnte hoffen, daß der Shawl und das Tüchelchen würden gute Aufnahme finden. Sie sind, Gott sei Dank! um vieles wohlfeiler als die Schätzung, die Du mir schreibst. In ähnlichen Dingen, als kleinern Shawls, Halstüchern und Kleidern dieser Art, ist wieder aufs neue so viel Lustiges angekommen, daß man sich wirklich enthalten muß, kein Geld auszugeben. Auf alle Fälle soll August eine solche Weste haben: denn ich hatte mir selbst eine zugedacht.

Was ich aber nicht ganz loben kann, das ist, daß ihr gar nichts meldet von der freundlichen Sendung, die ich durch die Leute des Prinzen Bernhard gemacht habe, so daß ich also gar nicht weiß, ob sie zu euch gekommen ist. Augusten hatte der Schreiber dieses ein Schwänchen zusammengemacht von Stecknadeln, Ohr-Kleinigkeiten; auch waren Nähnadeln dabei. Von allem diesem hören wir nichts. Auch hatten wir einen schönen Rohrkorb mit getrockneten Trüffeln und Schwämmen dazu gethan. Aller dieser guten Gaben erwähnt ihr mit keinem Wort, und wir müssen nur hoffen, daß sie glücklich zu euch gekommen sind.

Mir ist es bisher ganz wohl gegangen; aber freilich, daß ich wünschen müßte, das ganze Jahr in Karlsbad zu sein. Denn gerade der mäßige Gebrauch des Wassers, wie ich mich dessen jetzt bediene, ist das Rechte. Ich nehme auch noch ein paar Becher Sprudel Abends und befinde mich vortrefflich dabei. Es zeigt sich keine Spur von Krampf, woran ich in Jena noch unendlich gelitten habe, ohne jemanden etwas zu sagen, weil es nicht unerträglich war, und ich mich von einem Augenblick zum andern mit Hoffnung hinhalf.

Dagegen habe ich hier eine recht gute Art zu sein. Die Gegenwart der Kaiserin und der sächsischen Herrschaften hat uns, diese Wochen her, in Athem erhalten und beschäftigt. Nachdem wir die verschiedenen Momente des Hierseins der liebenswürdigen Monarchin, so gut wir nur konnten, gefeiert, so ertheilte sie mir den Auftrag, den Karlsbadern in ihrem Namen zu sagen, wie ungern sie von hier weggehe, wie sehr sie sich hier gefallen habe, und wie lebhaft sie wiederzukehren wünsche. Auch diese schwierige Aufgabe habe ich zu lösen gesucht, und ich schicke nächstens die kleine Sammlung der Gedichte. Indessen ängstigt es mich, daß darüber gerade die Zeit hingegangen ist, die ich bestimmt hatte, unserer lieben Prinzessin und ihrem Gemahl, nach meiner Art etwas Freundliches zu sagen. Ich werde dieses nun wohl nachbringen müssen, und wünsche, daß die Festlichkeiten recht froh und freudig mögen vollbracht werden. Das Übelbefinden des Herzogs und des Enkelchens hat mir einen traurigen Eindruck gemacht.

Du kannst von mir noch einen Brief in Weimar erwarten, da Du erst den 12. Juli nach Lauchstädt gehst. Auf alle Fälle aber sollst Du dort etwas von mir finden.

Die Schirme zur Farbenlehre kannst Du Herrn Falk nur lassen, wenn Du auch weggehst. Empfiehl mich aller Welt und danke fürs Andenken. Lebe recht wohl und nimm von dem Tanzlehrer alles, was Dir gemäß ist. Der Fräulein Beust kann ich für kein Quartier stehen, am allerwenigsten für eine so kurze Zeit. Alles ist schon bestellt, und ich will nicht rathen, auf gut Glück hieher zu kommen. Wollen es die Frauenzimmer aber thun, so bin ich bei den ›Drei Mohren‹ zu finden, bin gerne hülfreich, stehe aber für nichts. Ich habe die letzten Zeilen der vorigen Seite ausgestrichen, weil ich nicht rathen kann, auf gut Glück hieher zu kommen. Fräulein Riedesel hat es gewagt, begnügt sich aber auch mit einem sehr engen Quartier in einer keineswegs erfreulichen

Lage. Herr und Frau von Riedesel sind früher angekommen und haben, um ein geräumiges Quartier zu finden, sich entschließen müssen, auf den Schloßberg zu ziehen. Sage dieses mit meinen vielen Empfehlungen an Fräulein von Beust und Frau von Seebach. In Franzenbrunn und Teplitz ist es noch viel voller. An diesen beiden Orten ist gar kein Unterkommen mehr. Nun will ich schließen und Dir ein herzliches Lebewohl wünschen. Vor Deiner Abreise nach Lauchstädt kannst Du mir wohl noch einmal von Weimar schreiben. Wenn Du hingegen nach Lauchstädt kommst, sollst Du unter Herrn Genasts Adresse etwas von mir finden. Ob ich sonst etwas schicken kann, weiß ich nicht: denn die Leipziger, die hier sind, gehen erst nach Eger. Lebe recht wohl und grüße Carolinchen und die Theaterfreunde.   G.

498. *Goethe*

Vor einigen Tagen sendete ich durch Herrn von Helldorf ein Packet an Dich ab, das allerlei Gutes enthält und das Du wahrscheinlich gleichzeitig mit dem gegenwärtigen Blatte erhalten wirst. Gedenket meiner bei einer Tasse Chocolade, und wenn im Theater ein Pfefferminzküchelchen genommen wird. Dein ausführlicher Brief vom 25. Juni hat mir viel Vergnügen gemacht, schreibe mir von Lauchstädt dergleichen. Carolinchen soll geliebt sein, daß sie so viel auf ein Blatt bringt. Mir geht es recht wohl, und wenn ich diese Wasser immer neben mir hätte, wäre mir für nichts bange. Seit der Abreise der Kaiserin habe ich mich in die Enge gezogen. Es gehen ohnehin schon die Personen der ersten Zeit und die meisten meiner Bekannten fort. Indessen kommt unter so vielen Menschen immer einmal wieder ein alter Bekannter, oder es findet sich etwas interessantes Neues. Von Äugelchen hat sich noch gar nichts gefunden. Die Gegenwart der Kaiserin wird für mich nicht ohne Folgen sein, man hat mir vertraut, daß sie mir eine Artigkeit erzeigen werde, die mich um so mehr freuen müsse, weil sie sich selbst etwas ausgedacht. Du sagst niemand davon, denn so etwas muß man abwarten. Es kann gar manches dazwischen kommen, das die besten Absichten der Großen hindert. Nach Wien bin ich von hunderten eingeladen. Ich habe es nicht abgesagt, aber mir auf jeden Fall vorbehalten, Augusten an die Wohlwollenden zu adressiren. Er wird überall willkommen sein. Bis jetzt hab ich von dem edlen Jüngling keine Zeile erhalten, so daß ich nicht weiß, ob er die durch des Prinzen Bernhard Leute überschickte Sachen bekommen hat. Auch schreibst Du mir nichts von den getrockneten Trüffeln und Schwämmen, die in einen flachen Korb gepackt waren. Ich lege Dir ein Blättchen an den Cassir bei, er wird ja wohl dieß Jahr genugsamen Überschuß haben, Dir das Wenige auszuzahlen.

Den 12. Juli wollen wir mit den besten Wünschen feiern. Ich hoffe, indessen von euch zu hören. Es geht mir ganz wohl und wünsche Dir das Gleiche. Dabei bin ich ziemlich fleißig und habe schon allerlei zu Stande gebracht.

Ich lege die Gedichte bei, die ich zusammen drucken ließ. Jedes wurde durch eine besondere Gelegenheit veranlaßt, das letzte durch die Kaiserin selbst, welche verlangte, daß ich in ihrem Namen den Karlsbadern etwas Freundliches sagen sollte. Ihr werdet sehen, wie ich mich aus der Sache gezogen habe. Grüße Herrn Genast zum schönsten, er wird mir wohl schon geschrieben haben, wenn Gegenwärtiges ankommt. Auch die Übrigen grüße und trage wie sonst alles bei, daß die Sache gut und ordentlich geht. Richte Dich auf alle Fälle ein, so lange zu bleiben wie die Gesellschaft; denn ich werde meine Nachhausereise nicht beschleunigen. Ich muß noch gar manches vorher thun und ausrichten. Lebe recht wohl und sei meiner eingedenk.

Karls-Bad, den 3. Juli 1810. G.

Weimar, den 3. Juli 1810.

Lieber Geheimerath,

Daß wir Dir nichts von der Ankunft der Trüffeln und Schwämme gemeldet haben, worüber ich mich sehr gefreut, war bloß die Ankunft des Shawls und Tüchelchens Schuld, weil beides zugleich ankam, und ich und Caroline waren für Freude keine Menschen, ich habe nicht leicht etwas so lieb gehabt als diesen Shawl, und da wirst Du wohl verzeihen. Die Trauung ist schon am 1. Juli vollzogen worden; ich ging einige Tage vorher zu der Frau Hofmarschallin und erfuhr, daß von Damen niemand zu dieser Feierlichkeit eingeladen würde als die, welche an Hof präsentirt wären, und wo auch den Sonntag vorher eine ganze Menge erst präsentirt wurden. Freitags vorher gab die Ressource dem Hof einen Ball, und ich brachte da einiges von meinem Putz an und erschien so, daß es bei jedermann Beifall fand. Alles vom Hof war sehr freundlich und gesprächig gegen mich, so auch gegen Caroline; nur war von Seiten der Vorsteher zu nichts keine Anstalt, und alles lief schief ab, und zur Unbequemlichkeit aller Tanzenden und nicht Tanzenden hatten sie beinah einen ganzen Tannen- und Eichenwald in den Saal gebracht, so daß einem der Geruch von diesen Kräutern und Lauben, welche sie gebaut hatten, ganz weh machte. Von allen ihren andern Anstalten, die nichts taugten, können wir Dir nur mündlich erzählen, weil es viel zu weitläufig wäre zu schreiben. Ich habe diese Zeit viele Fremde von Jena bei mir gesehen, die alle zu diesen Festen kamen: Knebel, Frommanns und mehrere; alle sind einige Tage bei mir geblieben, so daß ich zuletzt recht verdrüßlich wurde und wünschte, ich wäre früher nach Lauchstädt gegangen. Den Trauungs-Tag sind wir den ganzen Tag nicht aus dem Haus gekommen. Den Abend waren wir zu dem Herrn von Lewandowski eingeladen, um das Feuerwerk zu sehen; wir gingen auch hin, fanden eine zahlreiche Gesellschaft von Herren und Damen, worunter auch der Propst war, und wurden so gut bewirthet, daß bei jeder Rakete auch ein Champagner-Stöpsel in die Höhe flog; und wir hatten uns beide lange nicht so gut amüsirt. Auch finden wir in näherem Umgang diesen Mann besser, als wir gedacht haben. Den zweiten Tag nach der Vermählung war wieder allerlei zu sehen, was Du in Augusts Brief liest; und wir gingen wieder hin, um alles vorbeiziehen zu sehen, und fanden wieder eine andere Gesellschaft da, worunter sich auch der Herr General-Superintendente nebst seiner Gemahlin befand, und kamen erst spät des Abends zu Hause. Heute ist August zu einem brillanten Hofball eingeladen worden wie auch zu Souper; ich habe ihn recht herausgeputzt und, da es regnete, auch sogar hinauffahren lassen. Und unter der Zeit, daß die tanzen, schreibe ich Dir. Die Festlichkeiten sind nun beinah vorbei, weil unser Durchlauchter Herzog seiner Gesundheit wegen so nach dem Bad eilt; und wir sind entschlossen, übermorgen, den 6., nach Lauchstädt zu gehen, worauf ich mich würklich sehr freue, um auch einmal wieder zur Ruhe zu kommen. Denn ich kann würklich sagen: so lange Du weg bist, bin ich beinah keinen Tag ohne Fremde gewesen, und dieß kostet einen doch am Ende nur Geld. Mit meiner Gesundheit geht es zwar leidlich, doch fühle ich im Ganzen noch immer eine Schwäche in mir, die ich nicht zu erklären weiß, so daß mich alles mehr angreift als sonst. Nun denke ich aber, das vortreffliche Lauchstädt, das Bad, und mein Merseburger Doctor sollen alles wieder herstellen, und ich werde Dich recht bald davon benachrichtigen. Caroline freut sich auch recht sehr darauf; und das Haus sollst Du bei Deiner Rückkehr auch in der schönsten Ordnung finden. Den Tod der Madame Teller wirst Du wohl von Genast erfahren haben. Madame Ackermann wird Dich wohl nun mit vielen Schreiben incommodiren. Aber zu einem Engagement wollte ich doch ja nicht rathen; es ist doch besser, Junge zu engagiren, da enige bei der Gesellschaft doch schon alt sind. Herr und Madame Wolff waren bei mir, um Abschied zu nehmen, und empfehlen sich Deinem ferneren Wohlwollen. Sophie Teller soll nach Petersburg transportirt werden.

Einige Briefe, welche an Dich angekommen sind, habe ich meinem Bruder geben müssen, da er mir sagt, daß sie der Herr Geheimsecretär Vogel mitnehmen wollte. Rinaldo ist mit seiner Mutter sechs Wochen in Meiningen gewesen und heute wieder zurückgekehrt; er hat mich gebeten, ihn bei Dir zu empfehlen. Vergiß nicht, dem armen Wurm etwas mitzubringen, etwa ein Westchen oder Halstüchelchen; er ist recht geschickt geworden und verdient es würklich. Mit der kleinen Prinzeß geht es wieder etwas besser, doch haben die Ärzte noch immer keine Hoffnung zu ihrer völligen Genesung. Die Hoheit wird auch heute Abend oder morgen früh wieder nach Jena gehen, und so wird bald alles hier still werden. Das Gedicht, welches Du zur Ankunft der Kaiserin gemacht hast, gefällt hier sehr, ich habe nur Ein Exemplar behalten, und es geht immer in der Stadt herum zum lesen und abschreiben. August hat sich bei seinem Hiersein in Weimar recht gut benommen, so daß man allgemein mit ihm zufrieden ist. Unsere Tanzübungen[1], an welchen August auch manchmal Theil genommen, gehen bis den Tag vor meiner Abreise fort. Ich und Caroline und zwei Fräulein von Milkau haben auf dem letzten Ressource-Ball mit auch vier eingelernten Tänzern eine sehr schöne Quadrille getanzt[2], welche sich nicht wie andere mit Ronde [?] anfängt und auch nicht so endigt; wir hatten sehr viele Zuschauer, und sie hat allgemein gefallen. Aber ein Spaß wurde den Kindern vereitelt. Caroline, die Mamsell Kästner, Fräulein Goldacker

1 Tanzübung.
2 Könnte auch heißen gedreht.

und die Schumann hatten eine spanische Menuett einge-
lernt, welche sie mit Bändern und Figuren tanzen sollten, wo
auf jedem Band ein Gedicht stand, nämlich zwei an die
Prinzeß und zwei an den Prinzen gerichtet waren, und es
wurde ihnen von dem Herrn Vorsteher verweigert. Schumann und Ziegesar [?], welche sich dieß ausgedacht hatten,
haben sich freilich nicht wenig geärgert, und die Herrschaft,
welche schon davon benachrichtigt war, hat es von der
Ressource sehr übel aufgenommen. Und so hat es beinah bei
allen Feierlichkeiten Händel gegeben, weil in nichts keine
Ordnung war. Das Hauptgedicht von der Ressource hatte
Professor Schulze gemacht, welches mit Thränen anfängt
und auch so endigt. Die Gedichte von den Kindern wurden
auf Verlangen des Hofes den Tag nach dem Ball durch den
Herrn Rath Schumann an die Prinzeß geschickt, wo wieder
zwei von Schulze dabei waren, welche bloß aus dem Jesus
Sirach geschrieben waren; und eins hat der Professor Kästner gemacht. Caroline ihr Gedicht hatte mein Bruder gemacht, und ich muß, ohne ihn zu rühmen, sagen, daß es das
beste war. Wir heben alles auf, um Dir es zu zeigen. Es ist
auch allgemein gelobt worden; der hat überhaupt viel dich-
ten müssen, er hat auch das Gedicht für die Böttcher und [für
die] Bauern-Hochzeit machen müssen. Ich habe sie noch
nicht gesehen, sie sollen aber in ihrer Art auch recht gut sein;
so auch für der Prinzeß ihre Amme, und dergleichen mehrere. Auch haben Wielands auf dem Ball ein Gedicht überreicht; und die Prinzeß, welche auf dem Ball sehr freundlich
mit mir gesprochen hat, hat mir einen recht herzlichen Gruß
an Dich aufgetragen, so auch die beiden Prinzen. Hast Du
denn wegen Deines Bildes an Kügelgen geschrieben? vergiß
es ja nicht. Die Schopenhauer ist jetzt mit Müllern in Dresden; sein Bruder, der Student, besuchte uns auch bei diesen
Festlichkeiten, und aus diesen seinen Reden kann ich freilich nichts Anderes schließen, als daß sie ihn würklich

heirathet. Sie hat schon in Ronneburg in seinem Haus logirt, und seine erste Geliebte hat sich das so zu Herzen genommen, daß sie wahnsinnig geworden ist. Nun denke Dir aber nur, Caroline hat auch noch gar nichts zugeschickt bekommen. Ich habe den Regierungs-Rath Voigt, so oft ich ihn gesehen habe, erinnert, und er hat mir versichert, daß es nur an ihm läge, es auszufertigen, und es solle bald geschehen. Caroline ist selbst zu ihm gegangen, und so hat er uns eine Woche nach der andern vertröstet, und Caroline hat sich genöthigt gesehen, zwei Erinnerungs-Schreiben bei der Regierung einzugeben, worauf wir aber auch noch keine Antwort haben. Gott weiß, wie dieß alles zusammenhängt. Weiter weiß ich Dir heute nichts zu sagen.

Den 5. Juli.

Da Der Brief liegend bleiben muß, und wir diese Nacht weggehen, so will ich dir selbst noch schreiben. Ich freue mich sehr, daß Dir das Bad so gut bekommt und Dir so heilsam ist; und mein einziger Wunsch ist, Dich recht gesund und froh wiederzusehen.

Ich denke, es soll mir künftiges Jahr auch gut sein, und vielleicht hilft es mir auch von dem bösen Magen-Krampf, der, wenn man es so leicht nimmt, doch zuletzt auch übel werden kann. Denn die arme Teller hat daran sterben müssen. Ich bin freilich nicht so ganz schwach wie diese, aber durch die Länge kann einem doch so ein Übel sehr schaden. Dieses Mal will ich nun sehen, was Lauchstädt thut.

Die Feierlichkeiten haben gestern mit einer Abend-Musik ihren Abschluß gemacht, und August ist wieder nach Jena. Auf dem Hofball hat es ihm sehr gefallen, und soll Dir Grüße von allen Herrschaften schreiben. Ich war gestern bei der Frau von Heygendorf gewesen; die läßt Dir auch viele Grüße sagen. Ich bin recht froh, daß ich aus Weimar komm, denn es ist seit drei Wochen von Fremden nicht leer gewor-

den und hat mich viel gekostet; so auch 8 Tage Einquartirung. In Lauchstädt will ich mich recht klein einrichten,
denn ich habe gar nicht viel Geld mehr. Denn August hat
doch auch hier was haben müssen. Ich verlasse mich auf
Deine Güte, sonst siehet es übel aus.

Lebe wohl und schreibe mir bald.   C. v. Goethe.

500. *Christiane*

Lauchstädt, den 11. Juli 1810.

Lieber, bester Geheimerath,

Freitag, den 6. Juli, kamen wir glücklich um ein Uhr des
Mittags in Lauchstädt an; Carolinen gefiel es gleich sehr, wir
beschäftigten uns mit auspacken und ruheten aus. Sonnabend begrüßten wir erst die Allee und den berühmten
Teich; ich erfuhr zu meiner größten Freude, daß der Herr
von Helldorf bei dem Doctor Koch etwas an mich abgegeben
hätte. Ich schickte sogleich hin. Und wie sehr ich mich
freute über das schöne Becherchen, kannst Du Dir wohl
denken; und mein wärmster Dank folgt hier. Die Chocolade
wollen wir auf Deine Gesundheit verzehren. Die Gedichte
sind sehr schön, das letzte hat mir noch besser als das erste
gefallen. Ich habe sie fast alle ausgetheilt. Badegäste sind
etliche 80 Familien hier, worunter ich auch einige Bekannte
gefunden habe. Auch ist der Kammerrath Frege aus Leipzig
hier; die meisten sind Leipziger. Im Theater habe ich es
freilich noch nicht voll gesehen; das kommt dadurch[1], daß
die Gesellschaft in Halle fast täglich spielt, so auch die
Sonntage, so daß beinah niemand von Halle kommt. Die
Freitage und Dienstage, wo hier nicht gespielt wird, machen
sowohl die Schauspieler, als auch die Badegäste Partien nach

---

1 durch.

Halle. Künftigen Freitag denken wir vielleicht auch eine Partie zu machen. Man muß sich hier, da es an jungen Leuten fehlt, so gut als möglich zu amüsiren suchen. Vorigen Sonntag war es sehr angenehm hier, wo wir auch ein paar hübsche junge Edelleute kennen gelernt haben, einen Herrn von Pön [?] und Herrn von Morgenstern aus Mecklenburg, welche sehr gut tanzten. Ersterer wird nach Teplitz gehen, und ich werde ihm vielleicht einen Brief an Dich mitgeben; sie sind wieder in Leipzig, kommen aber zu nächstem Sonnabend und Sonntag wieder. Übrigens haben wir uns gut eingerichtet, und ich will Dir um des Spaßes Willen schreiben, wie theuer es ohngefähr hier ist. Im Salon haben wir abonnirt; vor Caroline zahle ich 8 Groschen, für mich 12 Groschen, also wöchentlich 6 Thaler. Fürs Logis gebe ich mit zwei Betten 2 Thaler 8 Groschen, denn ich habe wegen des Badens meine Köchin mitgenommen, und unsere zwei Betten waren beim Transport. Wenn ich keine Neben-Ausgaben mache, so brauche ich ohngefähr für das Gewöhn-liche 10 Thaler wöchentlich; aber leider hat man mich schon zu drei Soupers dansant gequält, mich aufzuschreiben, wo es à Person 16 Groschen gekostet hat; und da wir doch gern tanzen, so hätte ich es auch ungern ausgeschlagen. Und für welcher Ausgabe ich mich noch fürchte, ist diese: es ist nämlich Montag über acht Tage ein Jubiläum hier, es wird 100 Jahre, daß das Bad in diesem Zustand ist, alle Armen sollen gespeist werden, und ein großes Souper und Diner ist veranstaltet, wo es à Person einen Laubthaler kosten soll. Auch soll jeder Badegast etwas für die Armen beitragen; von mir werden sie wenig bekommen. Der Kammerrath Frege hat schon 200 Thaler dazu gewidmet. Mit meiner Gesund-heit geht es alle Tage besser. Den Merseburger Arzt habe ich noch nicht sprechen können, weil er eine kleine Reise ge-macht hat. Ich will auch vor der Hand nicht in meine Gesundheit stürmen mit Arzeneien, da mir das Egerwasser allein so gut bekommt. Ich trinke jetzo an der letzten Kiste. Auf den Donnerstag will ich anfangen zu baden. Bis jetzt habe ich gar keine Anwandlung von Magenkrämpfen mehr. Der hiesige Arzt hat mir gerathen, nach dem Bad ein Glas Malaga zu trinken, und dieses will ich auch thun, weil das Baden den Magen doch wieder angreift. Wenn Du etwa noch Gelegenheit hast, eine Kiste Egerwasser zu besorgen, so thue es ja, denn ich habe auch sogar das vorjährige mit ausgetrunken und habe nur noch 16 kleine Fläschchen, welche bald alle sein werden. Künftiges Jahr, wenn Du nach Karlsbad gehst, werde ich erst nach Eger gehen und dann nach Karlsbad; so, glaube ich, wird es gut sein. Das mineralische Wasser ist doch das beste. Von Schauspielen wurden folgende hier gegeben: den Sonnabend ›Das Räuschchen‹, welches nicht gut ging; Sonntag ›Tyroler Wastel‹, welcher sehr gut gegeben wurde; Montag ›Die Mitschuldigen‹, wo sie alle ganz vortrefflich gespielt haben, besonders Lortzing, und darauf ›Die kurze Ehe‹, welche auch sehr gefiel. Sonnabend war der Canzler Niemeyer mit seiner Frau hier, welcher sich Dir vielmals empfehlen läßt; wir haben uns wechselseitig sehr gefreut, einander wiederzusehn. So fröhlich wie sonst ist es freilich nicht hier; und wenn man nicht im Salon speiste, wo es doch mitunter immer lustig ist, so hätte man gar nichts. Doch wir amüsiren uns außerdem so gut, wie wir können. Besser ist es immer als in Weimar; und es ist doch gut, wenn man einmal den Zustand wieder verändert. Desto häuslicher und froher werde ich alsdenn wieder in Weimar sein. Sei nur so gut und schicke mir noch ein kleines Papierchen, ich könnte es hier gleich an Frege geben; ausgeben will ich hier nicht viel davon, es ist nur, daß ich nicht ganz ohne Geld in Weimar bin. Ich wollte wohl welches ohne Papier von Dir bekommen, aber das mag ich nicht. Badegäste kommen noch alle Tage an; und ich glaube, bis in die Mitte dieses Monats wird es noch ziemlich voll hier werden. Freilich gegen Karlsbad ist es nichts; worauf wir uns denn freilich sehr freuen, übers Jahr mit Dir zu sein. Denn hier kann es nie wieder für das Theater etwas werden, wegen der Gesellschaft in Halle, denn alles von Halle und den umliegenden Gegenden geht in das Hallische Theater. Es wird jetzt eine große Kirche dazu eingerichtet, und es soll sehr schön werden, wie mir Niemeyer sagt. Auch in dem Hallischen Bade sollen so viel Gäste wieder [?] sein; sobald wir da gewesen sind, wollen wir Dir alles bestimmt schreiben, wie es aussieht. Ich sage Dir nochmals meinen schönsten Dank für das Überschickte. Aus dem Becherchen wird alle Tage in der Allee getrunken. Schreibe mir ja recht bald wieder, denn es macht mir immer die größte Freude zu hören, wie es geht. Der alte Karlsbader hatte hier schon mehrere Gedichte ausgeteilt; er hat mir auch versprochen, daß ich die Badelisten von ihm bekommen soll. Ist denn Bettine noch nicht da? Du wirst auch nun einen Brief von mir durch Vogeln bekommen haben, welcher mir sagte, daß er Dir ihn gleich von Dresden aus schicken wollte. Alles vom Theater empfiehlt sich Dir, besonders [1] und ihr Mann, so auch Wolff, welcher mir sagt, daß er nächstens an Dich schreiben wird. Ich bin heute mit ihm, weil wir beide Egerwasser trinken, spazieren gegangen, und da haben wir viel von Dir gesprochen. Wenn ich nur manchmal so ein Stündchen könnte bei Dir sein, dieses ist mein Wunsch.

Nun lebe wohl und denke mein.   C. v. Goethe.

---

[1] Name unleserlich.

[Lauchstädt, 15. Juli 1810.]

Lieber Geheimerath,

Es hat sich nach und nach von Badegästen hier so angefüllt, daß über 200 Personen hier sind und viele Fremde, die immer ab- und zugehen. Nun wissen sie sich beim Theater nicht zu helfen und geben gewöhnlich, wegen Abgang der Madame Teller, kleine und nicht gern gesehene Stücke, und das bloß, weil sie der Engels in den neuen Rollen die Kleider von der Teller nicht hier geben wollen; und ohne Kleider kann sie doch die Rollen nicht übernehmen, denn ihre Garderobe ist doch nicht darauf eingerichtet. Und weil, wie Du weißt, wie immer kein Entschluß von Weimar kommt, so werden darüber auch die guten Stücke vorenthalten. Gestern war ›Egmont‹; da war es wohl voll, und es wurde recht gut und zur Zufriedenheit aller Zuschauer gegeben. Die Scene mit Egmont und Clärchen ist außerordentlich gut gegangen, und ich und Caroline haben uns an diesem Stück einmal wieder recht erbaut. Nach dem Theater war großes Souper dansant, wo wir uns auch gut amüsirt und neue Bekanntschaften gemacht haben. Der alte Ufel [?] und mehrere alte Verehrer sind auch angekommen. Vorigen Freitag fuhr eine große Gesellschaft nach Halle; wir ließen uns auch bereden, mit Herrn Riquet dahin zu fahren. Wir sahen uns in Halle um, konnten aber, da wir nicht allein waren und von der Gesellschaft abhingen, nicht zu Niemeyers gehen. Wir gingen ins Theater, welches aber nicht wie ein Theater, sondern wie ein Pferdestall aussieht, denn es ist eine alte Reitbahn gewesen. Es wird aber ein sehr großes, neues Theater in einer Kirche eingerichtet, wo nach 4 Wochen schon gespielt werden soll. Es wurde die Oper ›Das Sonntagskind‹ aufgeführt; doch wurde so schlecht gesungen und gespielt, daß wir nur einen Act aushalten konnten. Doch haben wir uns einmal recht ausgelacht. Einige Männer darunter könnten wohl gut sein, doch das weibliche Personal ist gar nicht zum ansehen. Wir waren schon ein Viertel auf elf Uhr des Abends wieder in Lauchstädt. Gestern ist der Capellmeister Müller von Weimar hier angekommen, um das Bad zu brauchen; er hat mir gleich eine Karte geschickt und mich auch gleich in der Allee aufgesucht. Wir haben viel von Dir und vom Theater gesprochen; er hat mir aufgetragen, ihn Dir zu empfehlen und Dir zu schreiben, daß künftigen Winter sein einziges Bestreben nur sein sollte, Dir in Ansehung der Oper Freude zu machen, und auch wegen unserer kleinen Singakademie alles Mögliche dazu beizutragen, daß es Dich auch erfreuen sollte. Er meint, ohne daß Du in Weimar wärst, hätte er nichts anfangen wollen; doch er habe für das Ganze [?] so viel Ernst und Freude, daß er wünschte, selbst mitzuwürken. Doch, meinte er, wäre Deine Gegenwart hauptsächlich dazu nöthig, das Übrige gäbe sich von selbst. Er spricht recht gut und gescheut über jede Lage; ich höre nur zu und lasse mir erzählen. Die Hoheit hat auch viel von unserer Singstunde mit ihm gesprochen. Wegen des Theaters bitte ich Dich, sei doch so gut mir ein kleines Zettelchen beizulegen, daß ich manchmal ein paar Billets bekomme, und daß mein Mädchen auf den zweiten Platz gehn kann; vergiß dieß ja nicht, der Cassir wünscht es nur um der Ordnung Willen. Auch bitte ich Dich, mir ja eine kleine Assignation an Frege zu schicken, denn ich möchte hier doch wohl noch etwas brauchen; denn der Merseburger Doctor und andere kleine Ausgaben, auf die ich nicht gerechnet habe, kommen mir doch noch in den Weg. Diesen Brief will mir Herr Riquet von Leipzig bestellen; schreib mir doch, wenn er angekommen ist, und antworte mir recht bald darauf. Eben, als ich dieses Blatt schließen will, kommt mir Dein lieber Brief von eigner Hand, mit den Gedichten und der Assignation an den Cassir richtig an; ich danke vielmals für Deine Güte, sowohl für das Geld, als auch für die Aufmerksamkeit, daß Du mir die schönen Gedichte geschickt hast, welche ich heute alle meinen Leipziger Freunden zu lesen geben werde. Heute wird es überhaupt ein äußerst brillanter Tag; und heute über 8 Tage soll ein großes Jubiläum gefeiert werden, wozu freilich die Badegäste das Beste beitragen müssen. Von August und mir mußt Du nun einen Brief erhalten haben, welchen wir den Tag vor unserer Abreise geschrieben, wo wir auch von allem, was Prinz Bernhard mitgebracht, erwähnen und danken. Ich habe Dir auch schon einen Brief von hier durch Genast geschicket. Aber sehr freun mich die 2 Briefe von Deiner Hand. Behalte mir nur Deine Liebe, so bin ich zufrieden und glücklich.

Lebe wohl und gesund.   C. v. Goethe.

502. *Christiane*

Lauchstädt, den 18. Juli 1810.
Dein letzter Brief, mein Lieber, hat mir viel Freude gemacht. Du mußt nun wieder drei Briefe von mir haben, einen von Weimar kurz vor meiner Abreise, wo auch einer von August dabei war, schreib mir ja, ob Du diesen erhalten hast; einen durch Herrn Genast, und einen habe ich gerade nach Leipzig geschickt, und diesen besorgt mir Herr Kaufmann Riquet. Es fängt hier an recht brillant zu werden. Wir haben hier vier Tage hintereinander getanzt, und die größten Feste des Jubiläums stehen uns noch bevor, welches künftigen Montag gefeiert wird, wo alle Badegäste mit in die Kirche ziehen, und die Damen sich alle weiß und blau kleiden. Carolinen gefällt es hier sehr gut, und mir bekommt das Baden und Tanzen beides außerordentlich gut. Je mehr ich Bewegung habe, desto besser befinde ich mich. Und nun

denke Dir[1] unsere große Freude: am Sonntag besuchte uns der Herr von Arntsschildt [?] und noch ein[2] junger[3] Hannoveraner, Herr von Klenke; sie hatten von Göttingen aus Geschäfte in Halle und von August durch Briefe erfahren, daß wir in Lauchstädt wären. Das war für diese Tage wegen des Tanzens für uns eine große Glückseligkeit, weil wir an jungen Tänzern hier großen Mangel leiden. Sie können aber zu unserer Betrübniß nur bis Freitag hier bleiben; doch habe ich einen Brief bekommen von August, daß zu den großen Feierlichkeiten die beiden Schmidte von Jena kommen wollen. Und wenn sich so die Tänzer wechselseitig ablösen, so können wir es schon mit ansehen. Deine schönen Gedichte haben hier allgemein gefallen; Blümner und mehrere haben sich es abgeschrieben, und Wolff hat sie declamiren müssen. Ich freue mich nur sehr, daß Dir das Wasser so gut bekommt; und so gern als ich Dich wieder bei mir sehe, so wünsche ich doch, daß Du es brauchst [so lange,] als es geht. Denn ich hoffe, daß wir noch einen schönen Herbst zusammen in Weimar zubringen wollen, wo Du im Häuschen alles wieder aufgeputzt und sauber finden sollst. Meinen Geburtstag werde ich wohl noch in Lauchstädt feiern. Den 12. Juli habe ich mit Carolinen zu Hause gefeiert; wir haben des Morgens von Deiner guten Chocolade getrunken, des Mittags speisten wir im Salon, wo es sich gerade so traf, daß uns die beiden Grafen von Schulenburg mit Champagner, worin sich Eis befand, regalirten, und so tranken wir beide im Stillen Deine Gesundheit; und des Abends waren wir allein und haben Dich hoch leben lassen. Die Gesellschaft wird wohl bis in die Mitte August hier bleiben; wenn aber die Einnahme so fort gehet wie jetzt, so wird sich wohl Herr Genast zureden lassen und vielleicht bis Ende August hier bleiben.

1 ich Dir.
2 einen.
3 jungen.

Das Längste ohngefähr, wie ich denke zu bleiben, wenn die Gesellschaft nicht früher weggeht, ist ohngefähr bis zum 20.; doch läßt sich darüber noch viel schreiben. Ich schreibe Dir bestimmt 8 Tage vorher, ehe ich weggehe. In Giebichenstein und auf dem Petersberg sind wir noch nicht gewesen; für so eine Partie kann man gleich eine Woche auskommen, deßhalb wollen wir abwarten, bis sich es etwas wohlfeiler machen läßt. Am Montag wurde ›Jery und Bätely‹, welches recht gut ging, und ›Der 24. Februar‹ aufgeführt. Es war alles mäuschenstill im Theater, und es ging beinah wieder so gut als die erste Vorstellung. Sie haben sich alle drei sehr viel Mühe gegeben; Haide hat besonders großen Beifall eingeerntet. Die Damen sind alle ohne Ohnmacht heraus gekommen, aber essen konnte niemand viel. Die Urtheile waren verschieden; Canzler Niemeyer wollte es nicht behagen und fand es zu gräßlich, doch seine Frau Gemahlin schien mehr Theil daran zu nehmen, doch durfte sie sich nicht so ganz für ihrem Herrn Gemahl äußern. Viel junge Leute fanden die Sprache des Stücks so vortrefflich, daß sie sagten: Werner hätte es nicht allein gemacht. Ich wollte dieses Mal in keine betrübte Stimmung kommen, weil mich alles doch zu sehr angreift; bin also abwechselnd heraus und herein gegangen und habe in der Zeit an etwas Anderes gedacht; und wenn ich wieder hereinkam, hat es mir doch außerordentlich gefallen. Caroline hat sich aber wieder ganz durchklopfen lassen, und ich glaube, sie sähe es noch einmal. Überhaupt hat es der jungen Welt sehr gefallen. Heute wird ›Fridolin‹ gegeben. Was sie zu den großen Feierlichkeiten geben, weiß ich noch nicht. In der Allee werden schon große Bogen zu transparenten Sachen aufgestellt, wo sich Lortzing wohl verewigen wird. Den 16. ist Aten[1] ihr Geburtstag gewesen, ich habe sie mit nichts anbinden können. Wenn

1 Athen.

sich vielleicht eine Gelegenheit fände, wo Du mir etwas für sie schicken könntest; oder bringe ihr eine Kleinigkeit mit, vielleicht etwas in die Ohren zu hängen oder sonst eine Kleinigkeit. Sie ist zu ihrem Geburtstag verreist gewesen. Der Herr Canzler Gutschmidt, welcher auch mit seiner Frau Gemahlin hier ist, empfiehlt sich Dir; er hat jetzt viel zu thun, um den Badegästen ihr Geld, welches zum Jubiläum eincassirt worden ist, auszugeben. Der Herr Capellmeister Müller hält sich sehr zu uns, so auch Herr Stromeyer, welcher mich schon einige Mal besucht hat. Das Egerwasser wird hier sehr häufig getrunken, und mit dem meinigen bin ich nun auch bald fertig. Diesen Sommer werde ich es wohl nun sein lassen müssen, denn ich habe beinah drei Kisten getrunken, und in die Länge greift es doch sehr an. Übers Jahr werde ich es ja wohl an der Quelle trinken, und das in Deiner Gesellschaft. Schreib mir doch, ob Du Dich von einem Jenaischen Kutscher wieder abholen läßt, oder wie Du es zu machen gedenkst. Beiliegendes Blättchen sei doch so gut und gib Herrn Riemer. Vorigen Freitag ist unsere Prinzeß mit ihrem Gemahl in Halle angekommen und den Sonnabend früh von da abgereist. Wir waren schon früher wieder weggereist; wäre ich noch dagewesen, so hätte ich ihr meine Aufwartung noch einmal gemacht. Der Obrist von Seebach war hier und hat mir gesagt, daß noch einige Festlichkeiten in Weimar im Stern und Park gewesen sind, und daß der Abschied von allen Damen und Herren sehr traurig gewesen ist, so daß beinah ganz Weimar geweint hat, wie die Prinzeß zum Thor heraus gefahren ist. Ich bin recht froh, daß ich nicht da war, denn es that mir schon sehr weh, wie zum letzten Mal Theater in Weimar war, und ich mir dachte, daß ich sie zum letzten Mal auf ihrem Platz sitzen sähe. Dieses hat mir schon so leid gethan, denn sie war die letzte Zeit gar freundlich und liebevoll mit allen Menschen.

Weiter weiß ich Dir für heute nichts zu sagen, als daß ich

wünsche, daß [Du] recht gesund zurückekommen mögest, und daß Du mich lieb behältst, so lieb wie ich Dich.

C. v. Goethe.

503. *Goethe*

Es war mir sehr angenehm, zu erfahren, daß meine kleine Sendung, durch Herrn von Helldorf, und mein Brief bei Dir wohl angekommen, und ich will nicht zaudern, auf Dein Letzteres einiges freundlich zu erwiedern.

Ich habe mich seit der Zeit nicht so gut wie im Anfang aufgeführt und bin von einigen Übeln angegriffen worden, von denen mich aber Stark glücklich befreit hat, der eben angekommen war; nun ist alles wieder in Ordnung, und ich befinde mich recht schön. Eigentlich war ich selbst Schuld an meinem Unfall. Ich hatte aufgehört zu trinken, und wollte nun gleich anfangen zu arbeiten, welches nicht ganz klug war. Stark selbst befindet sich abwechselnd, und ich will noch einige Zeit hier zusehen und dann nach Töplitz zum Herzog gehen. Stark räth mir die dortigen Bäder und das Eger-Wasser. Von diesem will ich noch ein paar Kisten nach Weimar schicken, wovon ich mir Eine[1] aufzuheben bitte.

Zelter war acht Tage hier, seine Gegenwart hat mir viel Freude gemacht, ich treffe ihn wieder in Töplitz. Auch ist Geh. Rath Wolf noch bei uns, wodurch wir denn auch auf mancherlei Weise erfreut und gefördert werden.

Von Bettinen hab ich einen Brief ohne Ort und Datum; sie ist aber in Böhmen, etwa eine Tagreise von hier, kommt aber nicht und schreibt: wenn ich nach Hause käme, würde ich entweder sie selbst oder einen langen Brief finden. Ich

---

1 Aus eine.

glaube das letzte, schwerlich lassen ihre Verwandte sie aus den Händen.

Frau von Eybenberg ist angekommen. Bei der großen Noth um Quartiere hab ich ihr das meinige abgetreten und bin eine Treppe höher gezogen. So führen wir denn ein ganz freundliches Leben zusammen. Doch aufrichtig gesprochen, so will es nicht mehr mit uns fort wie sonst; sie ist ganz unendlich politisch und auf eine Weise, daß wir nicht eben zusammenstimmen. Da schweigt man denn lieber, und bei Ermangelung anderes Interesses wird die Unterhaltung ein wenig lahm.

Ich freue mich, Dich wiederzusehen, um einmal wieder ganz offen mich mittheilen und ausreden zu können.

Riemer ist recht brav und geht mir in allem zur Hand; auch ist er überall geschätzt und wohl aufgenommen. Es hinge nur von ihm ab, sich weiter zu verbreiten. Er leistet mir aber sehr freundlich Gesellschaft, und so steht alles sehr gut. Wir essen zu Hause, und ich sehe seit den letzten vierzehn Tagen wenig Gesellschaft. Auch Frau von Eybenberg hat eine Societät, in die ich nicht komme, und so leb ich auf meine gewöhnliche Art ziemlich eingezogen.

Daß Lauchstädt sich bevölkert, dazu wünsche ich Dir Glück. Lasse Dir Cur und Zerstreuung wohlbekommen. Herr Müller sei freundlich und versichre ihn meiner besten Neigung. Es wird mich sehr glücklich machen, wenn er mit mir überzeugt ist: daß es gar nicht nöthig ist, sich immer zu ärgern in einer Sache, die eigentlich zum[1] Vergnügen gereichen soll.

Halte deßhalb zu allen Gliedern des Theaters ein gutes Verhältniß, insofern es nur möglich sein will. Grüße Genasten, er wird sich nach seiner Art wohl durchhelfen. Freilich spürt man in solchen Fällen, was Unentschlossenheit und allerlei

1 Aus zu.

Nebenrücksichten für Schaden bringen. Mögen sies doch in ihrer Casse fühlen.

Lebe recht wohl. Schreibe mir von nun an nach Töplitz *in den ›Drei Äpfeln‹.* Unterhaltet euch gut mit alten und neuen Verehrern. Carolinchen viel Grüße. Von August hab ich einen Brief.

Karlsbad, den 22. Juli 1810.   G.

504. *Christiane*

Lauchstädt, den 24. Juli 1810.

Lieber Geheimerath,
Unser Aufenthalt in Lauchstädt wird immer lustiger, weil wir täglich mehr Bekanntschaft machen und theils auch viele alte Bekannte wieder gefunden haben, worunter besonders der Kaufmann Riquet aus Leipzig gehört. Überhaupt sind die Leipziger außerordentlich artig gegen uns. Seit zehn bis zwölf Tagen haben wir täglich einige Stunden getanzt und dieses, glaube ich, vollendet meine Cur besser, nebst dem Wasser, als alle Medicin; denn die Ärzte behaupten so, ich wäre vor lauter Gesundheit krank. Nun etwas von den hiesigen Festlichkeiten. Zwei Tage vor dem Jubiläum sah man schon nichts als Reiter und Wagen, und in ganz Lauchstädt war auch nicht ein Kämmerchen zu haben. Und es wurde folgender Maßen gefeiert. Sonnabend wurde ›So sind sie alle‹ gegeben, unser Capellmeister Müller dirigirte diese Oper, und sie wurde mit diesem kleinen Orchester zum Verwundern gut gegeben. Die kleine Genast spielte die Rolle von dem Kammermädchen, welche nachher als Doctor kömmt, recht niedlich. Mamsell Häßler erntete großen Beifall ein. Die Einnahme war diesen Tag 250 Thaler. Den Abend nach der Komödie wurde das Fest mit Kanonen angekündigt, worauf ein großes Souper dansant folgte.

666

Sonntag früh 9 Uhr wurden alle Badegäste in [den] Salon eingeladen, wo die Herren blau und die Damen blau und weiß erscheinen mußten, wo von da um den Brunnen herum in die Kirche gezogen wurde; den Anfang machte die Jugend, welche die kleinen Prinzen und Prinzessinnen von dem Prinzen Emil von Holstein anführten, darauf folgte die Prinzeß selbst und nach ihr alle Damen paarweis; so auch führte der Prinz den Zug der Männer an. Unter dem Donner der Kanonen und Glockengeläute kamen wir glücklich in der Kirche an, wo der hiesige Pastor eine sehr schöne Rede hielt, wo denn der König, unser Herzog von Weimar, und besonders die Künstler wurden gelobt und gepriesen. Vor und nach der Predigt wurde eine sehr schöne Kirchen-Musik von dem Capellmeister Müller und von unsern Sängern und Sängerinnen aufgeführt. Alsdenn ging der Zug wieder nach dem Salon, wo dann unter Gesang und Trompeten und Pauken zwei Linden hinter dem Brunnen, nach dem Salon zu, gepflanzt wurden, den hundertjährigen gegenüber. Alsdenn folgte ein großes Diner im Saal von 280 Personen; 200 speisten im Freien, und im kleinen Pavillon wurde auf Kosten der Badegäste gespeist, worunter sich denn Heinrichs Eltern auch befanden. Nach Tische unterhielt[en] das Publicum die Leipziger Hoboisten; um 6 Uhr wurde das Theater eröffnet, wo das Gedränge so war, daß über 200 wieder weggehen mußten; und man weiß sich sogar bei der Eröffnung zu erinnern, daß die Einnahme nicht so stark gewesen sei: sie haben nämlich 417 Thaler eingenommen. Es wurde ›Die Junggesellen-Wirthschaft‹ recht gut gegeben; vorher ging ›Haß den Frauen‹, welches hätte besser gehen können; zuletzt ein Epilog von Herrn Blümner, welches ein ländliches Fest vorstellte, wo Bauern und Bäuerinnen erschienen, welche den Baum bekränzten, die Lortzing als Nymphe über dem Brunnen nahm sich recht gut aus. Madame Wolff sprach den Epilog wie immer sehr gut. Den Epilog wirst Du wahrscheinlich zu lesen bekommen; mir kam es vor, als hätte man Deine Gedichte aus dem Karlsbad sehr dabei benutzt, doch bleibt dieß unter uns. Nach Endigung des Schauspiels war die ganze Allee illuminirt, und die hundertjährigen Linden bekränzt, so auch bis in ihre Wipfel illuminiert; transparente Vese in Bogen standen über dem Brunnen. Der Saal war mit Guirlanden geziert, und eine transparente Sonne stand über dem Namen des Königs. Beim Souper war alles auf Kosten der Badegäste beim Theater eingeladen, so auch die Capelle. Nach Tische führte der Prinz Emil eine Polonaise durch die ganze Allee auf, alsdann begann der Tanz. Gestern war kein Theater, aber Souper dansant. Den Freund von Giebichenstein habe ich auch gesprochen; er wollte Erklärung von mir haben, warum Du mit ihm zürntest. Ich habe mir damit herausgeholfen: daß ich von nichts wüßte, und ihn etwas beruhigt wieder zurückgeschickt. Er hat mich sehr dringend nach Giebichenstein eingeladen, welches ich aber wohlweislich nicht erfüllen werde. Diese Woche bekomme ich den zweiten Theil von seinen Briefen, welche ich hier lesen will. So auch war incognito der schönen Frau ihr Mann aus Weimar hier; man durfte sich aber hier in der Allee nicht sehn lassen, weil sonst einige Wechsel von Leipzig bezahlt[1] sein wollten. Und so haben ihn Wolffs verborgen, und man hat sich dadurch bei den Leipzigern sehr geschadet. So auch ist Freund Mahlmann hier gewesen; sobald er aber auf dem Theater erschienen ist, haben ihn Haide und Stromeyer herunter complimentirt, und er hat sich auch gleich von Lauchstädt entfernt. Dieses sind alle unsere Neuigkeiten. Gestern sind Freund [?] Bülow und der schöne Schmidt mit seinem Bruder angekommen, welches uns auch nicht wenig gefallen hat. Schreib mir doch, ob Du von August aus Jena einen Brief

1 sonst bezahlt.

bekommen hast, der Dämmerfürst hat mir bloß durch seine Freunde einige Grüße bringen lassen, aber weiter nichts. Schmidt sagte mir aber zu meiner Freude, er sei ungeheuer fleißig. Nun wird es hier auch wieder allmählich leerer werden, denn bis in die Mitte August dauert doch nur eigentlich der Spaß. Ich denke so ohngefähr den 15. oder 16. August forzugehen; ich will 8 oder 14 Tage früher als die Gesellschaft in Weimar sein, weil ich noch verschiedenes in meiner Haushaltung zu besorgen habe. Es ist aber sehr gut, daß ich dieses Jahr wieder hier war, denn ich habe vielerlei im Stillen für Lortzings würken können, wo ich denn doch täglich mehr sehe, daß die gewissen Leuten nur ein Dorn im Auge ist, und wovon ich Dir allerlei zu erzählen habe. Doch da ich hier war, und man sich von der andern Seite bei den Leipzigern selbst geschadet hat, so geht alles besser, als man sich wünschen kann. Deny nebst seiner Frau empfehlen sich Dir; es geht den armen Leuten[1] hier sehr knapp. Die Magdeburger Gesellschaft hat der Frau Anträge gethan, in Halle zu spielen; sie glaubte aber, dadurch bei Dir zu verlieren, und hat es lieber nicht gethan. Denys Bruder ist bei dieser Gesellschaft; er ist weit hübscher als unser Deny und soll auch recht gut spielen. Dieser empfiehlt sich auch, wenn bei uns etwas vorfallen sollte, in Deine Genade.

Die Schreiberin empfiehlt sich unterthänig.

505. *Goethe*

Euren Brief vom 24. Juli erhalte ich am siebenten Tage und will auch gleich dankbar ein Wörtchen dagegen vernehmen lassen. Euer Jubiläum hat auch meine besten Segnungen, da alles so wohl abgelaufen ist und anständig, und das Theater

---

[1] Kann auch Luder heißen.

das Seinige gethan und erworben hat. Besonders freut mich, daß Capellmeister Müller eingreift; ich wäre sehr glücklich, wenn mir das auf künftigen Winter so viel Vergnügen machen könnte, was mir sonst so viel Verdruß gemacht hat.

Ich zweifle nicht, daß alter und neuer Äugelchen vollauf sein wird, dazu wünsche auch Glück. Macht euch in jener Gegend so viel Freude wie möglich; hier ists immer was Wunderliches und eine Confusion, die mir beinahe selbst verdrießlich wird. Mit der lieben Hausfreundin bleibts, wie ich Dir schon gesagt habe; so angenehm und liebreich sie ist, so gehn wir doch nicht auseinander, daß sie nicht etwas gesagt hätte, was mich verdrießt. Es ist wie in der Acker-wand.

In meinem Wesen gehe ich übrigens immer so fort nach meiner Art; und wenn auch nicht jeden Tag etwas gefertigt wird, so wird doch stets vorbereitet, und dann gehts auf einmal. Es fehlt mir nicht an vielerlei[1] Dingen, die mich interessiren.

Von August habe ich endlich auch einen ganz verständi-gen Brief, er scheint auch auf seine Weise vor sich hinzuge-hen und wenigstens immer einiges zuzulernen. Das erste halbe Jahr war es wirklich ein Verderb für ihn, daß Schö-mann ein Gegner von Thibaut ist, den August so sehr verehrt und deßhalb jenen nicht leiden konnte. Leider hats in Jena wieder Händel gesetzt mit Landsmannschaftlichen und dergleichen Verhältnissen. August hat sich aber, wie mir Herr von Hendrich schreibt, aus allem entfernt gehalten. Es ist sehr gut, daß er das Zeug in Heidelberg durchgearbeitet hat. Vielleicht haben Dir Schmidt und Bülow das Nähere erzählt.

Ich mache ihm einige Kleinigkeiten zusammen und schicke sie ihm nächstens mit Gelegenheit. Sonst habe ich nichts weiter angeschafft. Das Steigen und Fallen des Pa-

1 vierley.

piergeldes und das Steigen aller Preise macht einen so confus, daß man nicht weiß, ob etwas wohlfeil oder theuer ist. Steck- und Nähnadeln habe noch genommen. Übrigens habe ich keinen hübscheren Shawl gesehn unter denen, die nicht ächt sind, als der, den ich Dir schickte.

Zelters Gegenwart hat mich sehr glücklich gemacht, wahrscheinlich finde ich ihn noch in Töplitz. Ich wäre schon dorthin abgegangen, wenn ich sicher wäre, Quartier zu finden. Karlsbad leert sich schon, aber Franzenbrunn und Töplitz füllen sich.

Geh. Rath Wolf ist auch noch hier, aber ich sehe ihn wenig. Spazierfahrten, Gasterein, hübsche Frauen ziehen ihn an, und da hat er gar nicht unrecht.

Die überschickte Silhouette, physiognomisch genommen, sieht aus wie ein Frauenzimmerchen, das sein eigen Köpfchen hat. Ich danke schönstens fürs Andenken.

Grüße Herrn Genast aufs beste, nicht weniger Herrn Müller. Suche wenigstens mit Wolff in einem guten Verhältniß zu bleiben, wenn es auch mit ihr nicht geht. Lortzings grüße, auch Denys. Ich habe gegen sie alle den besten Willen. Was sich zu Michael thun und machen läßt, wollen wir sehen. Es ist mir von großem Werth, daß Du wieder in Lauchstädt warst. Denn gewöhnlich kochen sie im Sommer einen garstigen Hexenbrei, den ich im Winter schmackhaft machen soll.

Lebet recht wohl und vergnügt. Von nun an schreibe ich nach Weimar. Besonders, gleich wenn ich in Töplitz ankomme. Lebet wohl!

Karlsbad, den 1. August 1810.   G.

*

Vom 4. August bis zum 16. September Goethe in Teplitz.

*

671

Töplitz den 8. August 1810.
Da sich eine Gelegenheit findet, diesen Brief bis Dresden zu bringen, will ich sogleich melden, daß wir in Töplitz glücklich angekommen sind. Nachdem unser Aufenthalt in Karlsbad 11 Wochen gedauert hatte, gingen wir den 4. August von dort ab. Ich will nicht läugnen, daß die letzte Zeit mir nicht die angenehmste war: denn da sich meine Übel wieder meldeten, so verminderte sich das große Zutrauen auf Karlsbad einigermaßen. Das Wetter war sehr schlimm, so daß unter vierzehn Tagen kaum einer rein und heiter gewesen wäre. Und so war mirs denn ganz angenehm, zu vernehmen, daß man in Töplitz für mein Unterkommen gesorgt hatte. Hier ist es freilich um vieles heiterer als in Karlsbad, die Gegend weiter und erfreulicher. Auch haben wir gutes Wetter sowohl hier, als auf der Reise gehabt. An Gesellschaft fehlt mir es auch nicht, da der Herzog hier ist, bei dem ich speise, auch mit ihm die Abende beim Fürst Clary zubringe, wo viel Menschen sind. Zelters Gegenwart macht mich sehr glücklich. Morgen will ich anfangen zu baden, und mich sodann in der Gegend umsehen. Für dießmal lebe recht wohl. Ich werde von Zeit zu Zeit schreiben, wie es mir geht.

G.

Für die Nachrichten vom Jubiläum danke ich zum schönsten. Sie trafen mich noch in Karlsbad.

[*Nachschrift:* Riemer]

Für das gütige Andenken der gnädigen Frau und der Demoiselle Ulrich meinen gehorsamsten Dank. Den Auftrag des Herrn Eberwein werde ich mich bemühen zu erfüllen. Die letzte Zeit war in Karlsbad zu unruhig; ich denke, daß es mir hier gelingen wird, etwas auszudenken. Er soll es schon zu rechter Zeit erhalten. Mich zu fernerem Wohlwollen angelegentlichst empfehlend und das Beste wünschend

F. W. Riemer.

507. *Goethe*

Fräulein von Riedesel wird dieses Blatt mit über die Berge nehmen, und es soll Dich bei Deiner Ankunft in Weimar begrüßen. Vor allen Dingen muß ich Dir ein Abenteuer erzählen. Ich war eben in ein neues Quartier gezogen und saß ganz ruhig auf meinem Zimmer. Da geht die Thüre auf, und ein Frauenzimmer kommt herein. Ich denke, es hat sich jemand von unsern Mitbewohnern verirrt; aber siehe, es ist Bettine, die auf mich zugesprungen kommt und noch völlig ist, wie wir sie gekannt haben. Sie geht mit Savignys nach Berlin und kommt mit diesen auf dem Wege von Prag her hier durch. Morgen gehen sie wieder weg. Sie hat mir Unendliches erzählt von alten und neuen Abenteuern. Am Ende geht es denn doch wohl auf eine Heirat mit Arnim aus. Lebe für dießmal recht wohl. Ich habe schon ein paar Bäder genommen, die mir ganz gut anschlagen. Der Herzog befindet sich abwechselnd. Zelter ist immer der Alte. Seine Gegenwart macht mich sehr glücklich. Grüße Carolinchen und August.

Töplitz, den 11. August 1810.   G.

508. *Goethe*

Töplitz, den 13. August 1810.

Zu einer Depesche, welche der Geheime Secretär Vogel absendet, leg ich nur ein paar Worte bei. Deinen lieben Brief

673

von Lauchstädt habe ich erhalten, es thut mir leid, zu vernehmen, daß Du Dich nicht wohl befunden, und daß der Jubiläums-Gottesdienst so einen übeln Erfolg gehabt. Pflege Dich zu Hause, bis wir wieder zusammenkommen. Empfiehl mich Frau von Heygendorf und wünsche ihr Glück zum jungen Sohn. Du wirst ihr ja auf allerlei Weise assistiren. Mir geht es hier ganz wohl, nur macht das Bad etwas schwach im Kopfe. Thun kann man gar nichts.

Bettine ist gestern fort. Sie war wircklich hübscher und liebenswürdiger wie sonst. Aber gegen andre Menschen sehr unartig. Mit Arnim ists wohl gewiß. Lebe recht wohl. Schwarze Spitzen bringe ich.   G.

509. *Goethe*

Töplitz, den 20. August 1810.
Dein lieber Brief vom 11. August, der mir eure Ankunft in Weimar meldet, hat mich glücklich erreicht. Du mußt nun gegenwärtig zwei von mir aus Töplitz erhalten haben, einen durch Fräulein von Riedesel, und einen, den der Geheime Secretär Vogel eingeschlossen hatte.

Die Bäder bekommen mir noch sehr wohl, und ich vermuthe fast, daß mich Töplitz künftig von Karlsbad abziehen wird: denn da ich dort von meinen Übeln nicht ganz frei geblieben bin[1], so hat sich der unbedingte Glaube und die Sicherheit etwas vermindert. Auch ist die Gegend hier viel lustiger, und wir haben eine recht heitere Wohnung.

Die vielfachen Einladungen nach Prag und Wien werden mich dießmal nicht bewegen, eine Reise an diese Orte zu machen. Ich will erst die Abreise des Herzogs erwarten, dem das Bad jetzt besser zuschlägt als Anfangs, und alsdann über

---

1 Über gestrichenem sind.

Dresden zu euch zurückkehren. Bei dieser Gelegenheit will ich mit Kügelgen sprechen, ob er lieber ein Bild von mir nach der Natur nochmals malen, oder das erste copiren will. Es soll alsdann in einem schönen Rahmen, wohl eingepackt, an den guten Schlosser wandern, der sich freilich mit unsern Sachen viel Mühe gibt. Grüße Frau von Heygendorf schönstens, und sei ihr behülflich und beiräthig. Frau von Dankelmann und Luise Seidler sind auch hier angekommen. Mehr sage ich nicht, als daß ich wünsche, es möge euch wohlgehen. Auf der Rückseite steht meine Adresse für die nächsten Briefe.   G.

An

Herrn Geheimenrath von Goethe

bei dem Königl. Sächsischen   Excellenz

Hauptmann Herrn   zu

von Verlohren   Dresden.

wohnhaft in der Seegasse

an der Zahngassen-Ecke.

510. *Goethe*

Töplitz, den 28. August 1810.

Ich hoffe, daß ihr diesen Tag vergnüglich feiern werdet, besonders wenn ihr so schön Wetter habt, wie es hier ist. Karl hat mir heute früh einen herzlichen Glückwunsch gebracht, und dabei ists geblieben. Niemand weiß von meinem Feste, und ich werde es wohl im Stillen zubringen.

Die Bäder bekommen mir außerordentlich wohl. Dieß war um so erwünschter, als ich dießmal in Karlsbad kein Glück hatte. Von meinen Übeln blieb ich nicht ganz frei, die Arbeit wollte nicht vom Flecke, das Wetter war abscheulich, und die Gesellschaft in politischen Spannungen. Deßhalb ich seit Abreise der Kaiserin kaum einen vergnügten Tag hatte. Die hiesigen Bäder dagegen haben mich auf eine wunderwürdige Weise hergestellt. Du erinnerst Dich, daß Capellmeister Müller sie mir sehr dringend empfahl. Grüße ihn schönstens und sage ihm: es sei wirklich alles Gute für mich daraus erfolgt. Auch für Deine Zustände würden sie sehr heilsam sein. Vielleicht brauchst Du sie nächstes Jahr und siehst Dresden bei dieser Gelegenheit, das nur sieben Meile von hier liegt. Der Herzog geht den 31. ab. Ich will noch eine Woche länger bleiben, sodann über Dresden und Freiberg nach Hause gehen und zu Michael bei euch sein. Die Gegend ist hier außerordentlich schön, besonders zum spazierenfahren, denn es liegen viel Schlösser, Städtchen und Lustörter umher. Alle Menschen sind gutmüthig, gastfrei und würden wie im Himmel sein, wenn die unseligen, politischen Spaltungen nicht wären. Übers Jahr gehe ich wieder hierher, und dann kannst Du mit Carolinchen nachkommen. Zu tanzen gibts wenig; aber desto mehr Rutscherchen.

An Äugelchen fehlts nicht, jungen und alten, bekannten und unbekannten; und was das Beste ist, alles geht geschwind vorbei. Die Herzogin von Curland hat mich freundlich auf ihr Gut eingeladen, das bei Altenburg liegt. Wahrscheinlich besuche ich sie auf der Rückreise. Sehr wichtig ist mir, daß ich den König von Holland habe kennen lernen, mit dem ich in Einem Hause wohne. Ich sehe ihn öfter, und er hat Vertrauen und Güte gegen mich, wovon ich Dir manches zu erzählen habe.

Im Schauspiel bin ich wenig; sie haben einen einzigen Acteur, der brav ist; die übrigen sind unglaublich schlecht, und die Liebhaberinnen sehr häßlich. Einen Brief von August habe ich erhalten. Grüße ihn schönstens und so auch die Theaterfreunde. Richte alles recht ordentlich ein, damit wir einen frohen Winter haben. Ich wünsche öfter Freunde bei Tisch und die Musikübungen recht thätig und treulich fortgesetzt. Wenn Carolinchen recht artig ist, soll sie übers Jahr hier auch baden. G.

*

Am 16. September früh ½5 Uhr verläßt Goethe Teplitz und trifft zwölf Stunden später in Dresden ein.

*

511. *Goethe*

Hiermit sei Dir, mein liebes Kind, vermeldet, daß ich in Dresden den 16. zu guter Zeit glücklich angekommen bin. Mir gefällt es sehr wohl, das Wetter ist schön, die Bekannten freundlich und die Kunstsachen unerschöpflich. Ich wollte, Du wärest hier, daß wir ein vierzehn Tage vergnüglich leben könnten. Nach Hofe werde ich wahrscheinlich nicht gehen. Wenn ich alles gesehen und Freunde und Bekannte besucht habe, so gehe ich ab; auf Land- und Wasserfahrten lass ich mich nicht ein.

Vor Michael siehst Du mich jedoch nicht, denn ich gehe noch auf Freiberg und zur Herzogin von Curland nach Löbichau. Deinen einladenden Brief habe ich noch in Töplitz erhalten, allein es ist mir nicht möglich, zu kommen, wie der Hof-Kammer-Rath wünscht. Grüße ihn jedoch auf das beste.

Der Herzog hatte mich nach Eisenberg zum Fürsten Lobkowitz gesendet (Frau von Heygendorf wird Dir sagen, warum), sonst wäre ich schon seit acht Tagen hier, ja wohl schon wieder fort.

Grüße alles zum schönsten, und lebe vergnügt. Ich befinde mich ganz wohl. Ich will sehen, daß ich so nach Hause komme.

In Jena halte ich mich nicht länger auf, als nöthig ist, Knebel und Hendrich zu grüßen. Auf alle Fälle erhältst Du noch Briefe von mir. Lebe recht wohl, liebe mich und grüße Deine Juvenile.

Den 18. September 1810. Dresden. G.

*

Am 26. September reist Goethe von Dresden ab, hält sich zwei Tage in Freiberg, zwei Tage in Altenburg und Löbichau auf und langt am 2. Oktober nachmittags, nach einer Abwesenheit von mehr als sieben Monaten, wohlbehalten in Weimar an. – Von Familienereignissen aus dem letzten Viertel des Jahres wäre zu erwähnen, daß, wie das Tagebuch vermerkt, August am 15. Oktober sein Dekret als Kammerassessor erhält.

1811

Vom 9. bis zum 21. Januar Goethe in Jena.

*

512. *Goethe*

Der Ziegenhainer Botanicus geht nach Weimar und überbringt dieses Päckchen früher, als es durch die Boten gekommen wäre. Thut ihm etwas zu Gute, erwärmt und erquickt
ihn. Wir sind glücklich hier angekommen, haben nur wenig
gefroren und bei Herrn von Hendrich eine gute Mahlzeit
gefunden. Die Zimmer sind auch nun ziemlich durchge-
heizt, und wir werden uns bald eingerichtet haben, obgleich
die ersten Tage immer mancherlei Unbequemlichkeiten
gefühlt werden. Der Herr Obrist und August haben zusammen einen Rathkauf von einem Fäßchen Pricken gemacht,
welches zwei Schock enthält, die jeder zur Hälfte verzehren
will. Ich dachte eine Mandel für Dich zu erhalten; sie sind
aber nicht geneigt, sie abzugeben. So viel für dießmal.

Jena, den 10. Januar 1811.   G.

513. *Goethe*

Jena, den 11. Januar 1811.
Durch den Botanicus von Ziegenhain[1] werdet ihr heute ein
Packet erhalten und die Inlagen wohl besorgt haben. Hier-

---

1 Ziegenhan.

bei folgt nur ein Brief an Hofrath Meyer, den ich gleich zu bestellen bitte.

Ferner wünschte ich das Zeichenbrett herüber zu haben, das in Deinen Zimmern in irgend einer Ecke stehen muß. Die alte Ruine von Graupen in Böhmen ist darauf gezogen. Man kann ein andres Papier mit einigen Stecknadeln drüber stecken und den Botenfrauen anempfehlen, daß es nicht gerieben wird.

Briefe und Packete wünsche ich hieher zu erhalten, auch sonstige Nachricht, ob etwas vorgefallen ist. Weiter weiß ich nichts zu sagen, als daß ich wohl zu leben wünsche. Das Wetter wird bei euch so schön sein wie hier. Freilich ist es der Schlittenfahrt nicht günstig.   G.

514. *Christiane*

[Weimar, 13. Januar 1811.]
Mittwoch nach Deiner Abreise fuhren wir etwas Schlitten und gingen Abends ins Theater, wo ›Lorenz Stark‹ so gut gegeben wurde, daß würklich aus diesem Stück etwas wurde; besonders aber hat Madame Lortzing die Schmeichelscenen mit dem Vater so schön und gut gespielt, daß sie bei jeder Scene hat applaudirt bekommen.

Donnerstags früh ist unsere Singstunde von allen Mitgliedern besucht worden, und alles ist gut von Statten gegangen. Im Deckenzimmer speisten 12 Personen, wo außer den gewöhnlichen Sängern sich niemand als Fräulein Barisch befand. Zehn Chorschüler waren in meinem Zimmer bei Tische, welche sehr vergnügt waren, Deine und meine Gesundheit, jedoch mit dem größten Anstand, tranken; nach Tische reichte ich ihnen ihre Packetchen, und mit dankbaren Herzen eilten sie nach Hause.

Deny, welcher sich Dir zu Genaden empfehlen läßt, hat

mir aufgetragen, Dir zu melden, daß seine Frau mit einem Sohn glücklich entbunden ist. Graf Krokow, welcher sich hat bei Hof vorstellen lassen, machte mir gestern seine Visite, er wollte auch Dich gern sehen und bittet um die Erlaubniß bei Deiner Zurückkunft.

Das wilde Schwein, welches Du in Jena erwartest, ist von Hummelshain gerade hierher gekommen; es kam gerade, als wir bei Tische waren, und aus Versehen hat der Bote nur sein Botenlohn bekommen, und wie ich aus beifolgendem Zettel sehe, muß das Schwein noch in Hummelshain bezahlt werden, welches Du wohl besorgen wirst. Ich hätte Dir gern durch den Mundkoch Weise[1] den Kopf gleich zurechte machen lassen, wenn nicht das Schwein, weil es zu sehr gefroren war, erst einige Tage im Keller liegen müßte. Mittwoch Abend aber sollst Du ihn, recht schön zurechte gemacht, hinüber bekommen; und da August so neidisch mit seinen Bricken ist, so laß ihm auch von diesen Wohltaten nichts zu Theil werden.

Weiter weiß ich heute nichts zu sagen, als daß ich wünsche, daß es Dir recht wohl und nach Deinem Willen in Jena gehen möchte. Wir sind hier recht fleißig und mit Wäsche beschäftigt. Mit nächster Post erhältst Du einen ausführlichen Brief über die ›Teufelsmühle‹. Lebe recht wohl. Und wenn Dir so ein Fäßchen Bricken vorkommt, so schicke uns welche.

Lebe wohl und denke mein.

1 Weiße.

[Weimar, 13. Januar 1811.]

Da soeben Herr Raabe mir bei der Frau Hofräthin Schopen-
hauer sagt, daß er morgen zu Dir ging', so ergreife ich die
Feder, um Dir etwas von der ›Teufelsmühle‹ zu schreiben.
Das Stück ist eine zweite ›Saalnixe‹, nur noch etwas düm-
mer; doch haben sich unsere Schauspieler alle mögliche
Mühe gegeben, etwas daraus zu machen, doch wollte ihre
Declamation gar nicht zu dem Unsinn passen. Herr Uhlich
hat aber allgemein gefallen, und ich glaube auch nach
meinem Urtheil, daß er als Buffon viel besser als Frey wäre.
Das Mädchen wäre ganz leidlich gewesen, wenn sie nicht
eine so unausstehliche Sprache hätte. Von unsern Schauspielern war am liebenswürdigsten die Genast und Unzelmann.
Unserm verwöhnten Publicum hat es gar nicht gefallen
wollen, doch schien es die Herrschaft zu amüsiren, denn es
wurde in der Loge viel gelacht; so schien es auch dem Herzog
sehr zu gefallen, und die Gallerie applaudirte und lachte;
besonders aber hätte man dem Maschinenmeister applaudiren sollen, denn es ging alles sehr gut. Neues weiß ich weiter
nichts, als daß Seyffarth hier gewesen ist und hat wollen
seine Aufwartung als Hof-Secretär machen[1].

Daß wir Hoffnung haben, daß in Deiner Anwesenheit in
Jena Ball sein soll, und wir Dich also wohl auf einen Tag
besuchen, aber uns bloß zu Tische einladen werden.

Madame Beck, welche eben hier, empfiehlt sich diesem
edlen, großen Mann zu Genaden.

Bis dahin lebe wohl und denke mein.

C. v. Goethe.

1 gemacht.

Vor allen Dingen will ich zuerst mein nächstes Bedürfniß melden, und dieses ist um Wein von meiner Sorte, denn Herr von Hendrich hat leider keinen von dieser Art, und ich habe mich die Zeit her theuer und unbequem behelfen müssen, weil ich vergaß, früher darum zu schreiben.

Wenn ihr mir den zugerichteten Schweinskopf schickt, so vergeßt die Sauce nicht: denn hier ist dergleichen schwer zu haben; wie denn auch unser gewöhnliches Essen so wenig erfreulich ist als sonst. Die Freunde geben uns manchmal etwas zum besten.

Da ihr uns nicht wolltet der Pferde genießen lassen, so haben euch die Götter gestraft, indem sie nicht allein keinen neuen Schnee gesendet, sondern sogar den alten recht langsam, nach und nach, vor euren Augen in Wasser und Schmutz verwandelt.

Der gute Raabe ist hier. Ich wünsche, daß ihm mein Bild gelinge; die Stunden will ich ihm gern gewähren. Wir thun zwar hier nicht viel Bedeutendes, aber doch immer viel mehr als zu Hause, und ich werde manches Alte und Stockende los, wodurch sich aufs Frühjahr ein neues Leben hoffen läßt.

Heute ist Karl Knebels Geburtstag. Er wird 15 Jahr alt, und ist als Studiosus inscribirt worden. Dieses denkt er sich heute als eine besondere Lust, wird aber schon in der nächsten Woche ihm und seinen lieben Eltern zu mancher Verwicklung und Verwirrung gereichen. August zeigt sich bei dieser Gelegenheit recht brav, indem er diesem einheimischen Fuchs eine Richtung gibt, die ihm vortheilhaft sein kann.

Raabe hat uns manche Weimarische Geschichte erzählt, und wir sehen daraus, daß es weder auf Redouten, noch Jagden sehr geziemend hergeht. Daß der Teufels-Müller kein recht feines Mehl liefern würde, sah ich wohl voraus. Ich bin zufrieden, daß es nur nothdürftig durchgegangen ist, und doch sagen immer die Leute: »Warum gibt man dieß und das Stück nicht? Es ist ja auf allen Theatern gespielt worden.«

Das beikommende Zeichenbüchlein erbitte ich mir wieder zurück. Es sollte euch nur die Silhouetten überbringen, die der jetzt anwesende Silhouetteur ausgefertigt hat. Stoßt euch nicht an die weißen Läppchen und barbarischen Uniformen. Das kann nun einmal nicht anders gemacht werden. Der Silhouetteur hat hier viel zu thun, und wenn er nach Weimar kommt, wird ihn Frau von Schopenhauer, hoffen wir, auch beschützen. Laßt das Stammbuch einigen Personen sehen. Saget dieser Freundin zugleich, daß sie den Aufsatz, wegen des Ausspielens des Barduaschen Gemäldes, nächstens erhalten soll.

Schreibe mir, was euch sonst begegnet, wie die Theater-Vorstellungen ablaufen. Meine Absicht ist, heute über acht Tage, Dienstags, den 22., zu Mittag bei euch zu sein. Auf alle Fälle könnt ihr in der Zwischenzeit, auf mehr als Einem Wege, das Nähere vernehmen.

Sende auch von dem andern Wein mit herüber: denn der hiesige geht zu Ende; und da wir nicht ohne Gäste sind, so erneut sich dieses Bedürfniß immer wieder.

Von einem Balle habe ich nichts vernommen. Freilich komme ich auch nicht leicht in Verhältniß mit Balllustigen. Doch wollen wir auch dieses dem Schicksal und seinen Dienern, den Studenten, überlassen. Lebet recht wohl.

Jena, den 15. Januar 1811.   G.

517. *Christiane*

[Weimar, 16. Januar, 1811.]

Zuerst müssen wir Dir melden, wie sehr uns die schöne und ähnliche Silhouette erfreut hat; es gefällt mir besser als alle Gemälde von Dir, weil es so sehr ähnlich ist. Und wenn es möglich ist, so bitten wir noch um zwei Silhouetten von Dir, denn eine ist für mich und eine für die Ulrich, nun wünscht aber auch Ate[1] und noch jemand eine.

Mit der Jagd-Partie ist es leider wahr; doch hat Stromeyer den armen Teufel Deny dazu verführt. Letzterer hat zum Glück keine Flinte gehabt, Stromeyer seine ist von dem Jäger zerschlagen worden, und weil sie nicht sein eigen war, so muß er sie bezahlen. Durchlauchter Herzog hat die Genade gehabt, die Strafe in Geld verwandeln zu lassen, so daß Deny 6 und Stromeyer 15 Thaler zahlen muß.

Pippo, welcher schon im Park sich so sehr vergangen hat wegen der Schlägerei und zuletzt auf der Redoute dem Faß den Boden ausgestoßen hat, ist gestern in Begleitung von zwei Gendarmen und zwei Husaren mit einer Schrift von der Policei, daß er in solcher Gesellschaft von jedem Ort über die Grenze gebracht wird, bis er an Ort und Stelle ist und nie das Weimarische Land wieder betreten darf. Herr von Gemeiner hat als erweichter Oncle ihm 40 Thaler noch mit auf die Reise gegeben.

Die Freude über die Zerschmelzung des Schnees kam gewiß nur von Herrn Riemer; doch die Götter, welche uns immer beschützen, haben uns die Nacht schon wieder einen kleinen Schnee gegeben, und jetzt, indem wir schreiben, fallen auch schon wieder einige Flöckchen vom Himmel, und Herr Haberle, welchen wir am Sonntag bei der Schopenhauer haben kennen lernen, hat uns noch zwei große

---

1 Athe.

Schneee prophezeit, einen in diesem und einen im folgenden Monat.

Das wilde Schwein habe ich schön eingepeizt und hoffe, Dir künftigen Dienstag etwas davon vorzusetzen.

Bei Deny ist morgen Kindtaufe, wozu ich eingeladen bin. Die Gevattern sind folgende: die Gräfin Fritsch, Fräulein Baumbach, Herr Hofmarschall Ende und Kammerherr Bielke[1]. Am Montag wurde ›Haß den Frauen‹ von Wolffs sehr gut dargestellt, auch gingen ›Die Blinden von Toledo‹ sehr gut, die Häßler hat wieder recht schön gesungen. Von ›Lorenz Stark‹ hatte ich Dir geschrieben, daß es so gut gegeben worden ist; die Hoheit hat es so gefreut, daß sie dem alten Malcolmi zur Belohnung seines schönen Spiels 10 Louisd'or geschickt hat, welcher darüber ganz außer sich vor Freude und sehr gerührt gewesen ist. Die Lortzing hätte ebenso viel verdient, doch gönne ich es dem Alten. August sage aber, daß wir beide sehr böse auf ihn wären, daß er nicht einmal den Kasten schicke, wenn er uns auch keines Briefes würdigen wollte; ich hätte heute recht gut den Kopf hinein thun können. Bitte mir also die Schachtel und Flasche wieder aus.

[*Beilage*]

Den Schweinskopf betreffend.

Der Kopf liegt in der Schachtel; die Sauce, in welche der Kopf gleich gelegt werden muß, und so lange bis er aufgegessen ist, muß er drinnen liegen bleiben; die Senf-Sauce, welche dazu gemacht wird, sagte der Mundkoch Weise, sollst Du nur gleich bei dem Mundkoch Steinert bestellen lassen, dieser wisse schon, wie er sie machen sollte. Wir hätten sie hier machen lassen, er sagte aber: es wäre besser, wenn sie

---

1 Pülke.

gleich auf der Stelle gemacht würde. Dieß läßt Dir ja Hendrich wohl gleich machen.

518. *Goethe*

Herr Raabe fährt nach Weimar, und es wäre mir angenehm, durch den rückkehrenden Kutscher einige Flaschen Wein zu erhalten, weil wir alles das Überschickte schon von der Erde weggetrunken haben. Künftighin muß ich mir einen größeren Keller hier anlegen. Der vortreffliche Juvenil versäumt auch nicht, seinen Theil von der hellen Sorte zu trinken, und so weiß man gar nicht, wo dieses Gewächs des Weinstocks alles hinkommt. Lebet recht wohl, nur laßt euch nicht von einem Ball verführen, den man, wie ich höre, vielleicht auf den Dienstag ansetzen will. Es wäre mir sehr schrecklich, euch im Mühlthal zu begegnen. Auf fröhliches Wiedersehen.

Jena, den 18. Januar 1811.   G.

519. *Christiane*

[Weimar, 19. Januar 1811.]
Erstlich, da wir gestern geschlachtet haben, folgen hier 2 Leber-Würste, eine Blutwurst und ein kleines Preßköpfchen. Herr von Wrisberg, welcher von Leipzig zurückgekommen ist, hat uns allerlei Späße mitgebracht. Dafür haben wir ihn auch gestern zur Schlachtschüssel eingeladen, wie auch Herrn von Poseck, Herrn von Lewandowski, Herrn Hofmedicus Schwabe, Herrn Strobe, Herrn Unzelmann, die Mamsell Engels und Mamsell Müller. Wir waren sehr vergnügt, es ist bis 1 Uhr gesungen und Guitarre gespielt worden; Herr von Wrisberg versicherte mir, daß er in ganz

Weimar keinen solchen vergnügten Abend gehabt hätte; er empfiehlt sich Dir zu Genaden und läßt Dir melden, daß die Dienstags-Gesellschaft künftigen Dienstag und für immer im Palais-Saal gehalten wird; die Abonnenten haben sich vermehrt, wie auch die Liebhaber, und man hofft, daß es künftig recht brillant werden wird.

Nun kommt aber eine curiose Geschichte, nämlich: Herr von Bülow hat uns sagen lassen, daß künftigen Dienstag Ball sein würde, und er heute selbst herüber käme, um uns einzuladen; wir möchten es zum zweiten Mal nicht gern dem Mecklenburger abschlagen, thun Dir also einen Vorschlag, daß Du bis Mittwoch drüben bleibst oder Montag nach Tische herüber kömmst. Wenn Du drüben bleibst, so wollen wir, ich, Caroline und Mamsell Müller, in der ›Sonne‹ absteigen; solltest Du aber herüber müssen, so gingen wir in Dein Logis, doch wäre es freilich lieber, wenn Du drüben bleiben könntest. Da wir von Deiner großen Güte überzeugt sind, so wirst Du alles zum besten einrichten. Freilich könntest Du vielleicht einen Brief mit der Post oder sonst durch jemand, der herüber kömmt, schicken, damit wir Deinen Rath und Willen vernähmen. Freilich möchten wir gern hinüber, und die Müller freut sich auch schon darauf. Wenn es nicht anders ist, und Du just den Dienstag herüber mußt, so bist Du den Mittag 1 Uhr bestimmt da; und wir führen erst um 2 oder 3 und wären noch zeitig genug zum Ball da. Wenn Du uns nichts schreibst, so soll es bei dem letzten Vorschlag bleiben, und wir wollen uns so darauf einrichten.

Wegen des Weines habe ich Dir nicht mehr schicken können, weil die Botenfrau nicht mehr tragen konnte; heute sollst Du wieder ebenso viel haben.

Von Herrn Raabe haben wir weder von ihm, noch von seinem Schätzchen etwas vernommen.

Soeben erfahre ich, daß Haide sehr krank an einem bösen Hals ist, so daß er bestimmt bis Mittwoch nicht spielen kann,

12. Christiane, 1807.
Ölgemälde von Caroline Bardua

und ›Johanna von Montfaucon‹ wohl nicht wird sein können. Also wäre es wohl das Beste, Du entschlössest Dich und
bliebst bis Donnerstag früh in Jena. Oder aber, daß wir aus
aller Noth kommen, so sei so gut und wende 2 Kopfstück an
uns und schicke uns morgen einen expressen Boten, wie Du
alles halten willst. Auf alle Fälle fahren wir erst den Dienstag nach Tische weg und steigen entweder bei Frommanns
oder in der ›Sonne‹ ab.

520. *Goethe*

Nach reiflicher Überlegung aller Umstände haben wir uns
entschlossen, Montags früh bei guter Zeit von hier abzufah-
ren und bei euch zu Tische zu sein. Kämen wir auch nach
Eins, so laßt euch nicht irren: denn ich weiß doch nicht,
wann wir hier wegkommen. Auf diese Weise findet ihr das
Nest Dienstags rein, habt eure Bequemlichkeit, und wir
gewinnen unsre Stunden in Weimar, und somit ist allen
geholfen.

Die schönen Würste haben ein gar gutes Ansehen, und so
ist alles in der besten Ordnung. Gegenwärtiges sende ich
durch den guten jungen Stark[1], dem Du etwas Freundliches
erzeigen magst. Lebe recht wohl bis auf frohes Wiedersehen.

Jena, den 19. Januar 1811.   G.

*

Zwei Tage später, am 21. Januar, kehrte Goethe bei strenger
Kälte mittags nach 1 Uhr heim. Christiane fuhr am 22., in
Begleitung Caroline Ulrichs, nach Jena, wo sie bis zum 24.
blieb. – Die nächsten drei Monate brachten für Christiane
besonders schöne Abende, da Goethe ihr die ersten Bücher

---

1 Starke.

von ›Dichtung und Wahrheit‹ frisch aus der Handschrift vorlas. – Am 12. Mai reist Goethe nach Karlsbad; Christiane und Caroline Ulrich treffen am 29. Mai gleichfalls dort ein. In den Tag- und Jahres-Heften erzählt Goethe: während dieses Badeaufenthalts habe ihn die frühere Lust am Zeichnen, am »Durchstöbern und Durchklopfen der allzu bekannten Felsmassen« gänzlich verlassen. »In Gesellschaft von lebenslustigen Freunden und Freundinnen übergab ich mich einer tagverzehrenden Zerstreuung. Die herkömmliche Promenade zu Fuß und Wandern gaben Raum genug, sich nach allen Seiten zu bewegen; die näheren sowohl, als die entfernten Lustorte wurden besucht.« Dieselben Tatsachen, nur farbig frischer, berichtet Goethe in seinem Briefe an Zelter vom 26. Juni: »Für dießmal hat es [Karlsbad] für mich eine eigene Physiognomie gehabt. Weil meine Frau hieher kam und die Equipage bei sich hatte, dadurch bin ich ins Freiere und Weitre gelangt, mehr als die letztern Jahre, und habe mich auch an der Gegend und an ihrem Inhalt wieder frisch ergetzt, weil ich sie mit frischen Personen, die über gar manches in ein billiges Erstaunen geriethen und sich sehr wohl gefielen, durchwandern konnte.« – Schon am 28. Juni verläßt Goethe Karlsbad, während Christiane noch zwei Wochen daselbst bleibt.

*

521. *Christiane*

Karlsbad, den 30. Juni 1811.
Daß Du auch siehest, wie es uns in Deiner Abwesenheit gehet, so schreiben wir gleich. Freitag früh, als Du weg warst, beschäftigten wir uns gleich mit aus- und einräumen, besuchten Frau von der Recke, welche nicht zu Hause war. Frau von Flies trafen wir zu Hause an und überbrachten ihr das bewußte Buch, wo sie sich über das versprochne Blättchen sehr

freute und Dir tausend Dank sagen läßt. Vor Tische machte uns Frau von der Recke einen Besuch, mit dem Worte, daß ich sehe, daß mir dieser ganz allein gelte, und ladete uns zugleich ein, um 4 Uhr zu ihr zu kommen. Wir speisten zu Hause, gingen um 4 Uhr zur Frau von der Recke, fanden da Frau von Flies, Frau von Oppenheimer, Mamsell Saaling[1], Herrn von Rönne und die Frau Generalin von Dresden. Um 6 Uhr fuhren wir mit Frau von der Recke spazieren, ich mit der Frau von der Recke in einem Wagen, und Uli mit Frau Seebald; um 7 Uhr kamen wir wieder zurück, speisten kalte Ente, tranken um 8 Uhr beim läuten Deine Gesundheit, eilten alsdenn zur kleinen Capelle, um unsere Gebete für Dich zum Himmel zu schicken, kehrten vergnügt zurück.

Sonnabend ging ich wie gewöhnlich am Brunnen und badete; um 11 Uhr fuhren wir mit Diakonus[2] nach Wehediz, wo sich dieselben 6 und wir 2 Bouteillen Ruster mitnahmen; wir tranken zwar nur zusammen 3 Nößel, doch hätte beinah Deine Prophezeiung eingetroffen, wir kamen alle 4 sehr froh und lustig nach Hause und wurden von der Frau von Flies zu einer Partie nach Fischern eingeladen, aßen Forellen und Krebse. Wir fuhren mit ihr allein dahin, doch kamen von Hans Heiling zurück eine Partie von unsere Leut, welche sich auch an unsere Gesellschaft anschlossen, es waren nämlich folgende: Mademoiselle Saaling[3], Frau von Oppenheimer und die kleine unbekannte Dame, der bekannte Herr und ein Rittmeister aus Wien. Das Schönste war, daß wir uns in dieser Gesellschaft so amüsirt haben, als wir vorher nicht glaubten, und uns die schönen Forellen und Krebse nichts kosteten. Wir kamen erst Abends um 10 Uhr zurück. Heute sind wir von Herrn von Nitzschwitz[4] zu Bolza

---

1 Sahlin.
2 Djakus (so auch weiterhin).
3 Sohlen.
4 Nitwitz.

eingeladen und morgen von dem Herrn von Loeben, auf dem Hammer. Diesen Morgen am Brunnen habe ich viel Bekannte und Unbekannte gesprochen, bin auch lange mit Frau von der Recke und der Herzogin von Acerenza auf- und abgegangen, und alles grüßt Dich herzlich. Jetzt werden die Kleider zum Ball und Diner zurecht gelegt, dann fahren wir spazieren. In unserm neuen Logis gefällt es uns recht wohl, und wenn ich einmal allein herginge, würde ich mir kein bessers wünschen. Nun wünschen wir weiter nichts, als Dich bei unserer Ankunft recht gesund und wohl anzutreffen. Bis dahin lebe recht wohl und behalte mich recht lieb und grüße meinen lieben August.   C. v. Goethe.

Es kommen alle Tage mehr Fremde.

*

Wie Christiane die letzten zwei Wochen in Karlsbad verlebt, zeigt uns ihr Tagebuch über diese Zeit.

521 a. *Christianes Brief-Tagebuch*

[30. Juni bis 15. Juli 1811.]
Sonntag Mittag speisten wir in Gesellschaft von 27 Personen bei Bolza, das Essen war sehr gut, wir zahlten à Person 10 Gulden und tranken etwas Ruster dazu. Um 7 Uhr holte uns Frau von der Recke zum Ball ab; der Ball war dieses mal nicht so voll, aber weit angenehmer zum tanzen, die Ulrich hat Schuh' und Strümpfe durchgetanzt; sogar die Frau von der Recke tanzte Polonaise. Alle Prinzessinnen trugen mir viele Grüße an Dich auf, die Hohenzollern hat mir beson- ders viel Schönes an Dich aufgetragen; auch haben wir mit den Prinzessinnen Oblaten[1] gespeist.

1 Obelaten.

Gräfin von der Recke erzählte eine merkwürdige Geschichte von Frau von Wedel. Wir blieben bis nach 10 Uhr auf dem Ball und gingen vergnügt nach Hause.

Montag früh wie gewöhnlich getrunken und gebadet. Um halb Eins fuhren wir in Gesellschaft des Kammerherrn Skribenski nach dem Hammer, wo wir aßen. Nach Tische gingen wir nach der nahen Porcelainfabrique; bei unserer Rückkehr hatte sich die Gesellschaft vermehrt, und alle Prinzessinnen waren da; wir fuhren aber unsern gewöhnlichen Spazierweg auf der neuen Chaussée; zu Hause fanden wir den Herrn Boisserée, welchen wir mit Gießhübler [?] Wasser und Wein erquickten; wir blieben zusammen.

Dienstag früh ging Boisserée mit mir an [den] Brunnen und machte Bekanntschaft mit Mamsell Saaling. Zu Mittag speisten wir im Kleinen Versailles, wo wir Gäste von Frau von Flies waren. Nach Tische fuhren wir spazieren, Abends speisten wir zu Hause. Die neu angekommene Dame wurde als Leiche aus dem Hause getragen, welches mich so angriff, daß ich bis 11 Uhr aufblieb und die ganze Nacht nicht schlafen konnte. Das größte Unglück war noch dazu, daß wir unsern guten Diakonus sehr krank zu Hause fanden.

Mittwoch früh bekam mir das Trinken sehr übel, am Sprudel wurde ich so krank, daß mich Boisserée nach Hause bringen mußte; doch nach einem Frühstück, welches wir in der Puppschen Allee genossen, wurde es mir wieder besser. Zu Mittag hatte uns der Kammerherr Skribenski bei Bolza eingeladen; es war eine Gesellschaft von 20 Personen, wir speisten im Freien sehr gut. Nach Tische fuhren wir spazieren. Abends waren wir bei Himmel, welcher sehr schön spielte; von da gingen wir mit Boisserée und dem Kammerherrn nach dem Posthof, wo wir die Saaling antrafen mit ihrer Gesellschaft und einen jungen Baron von Wickman aus Liefland kennen lernten. Wir gingen zusammen nach Hause.

Donnerstag früh wurde getrunken und gebadet; ich machte Bekanntschaft mit einem Grafen Zichy. Zu Mittag speisten wir im Sächsischen Saal. Nach Tische besuchte uns der Kammerherr und Poskowski. Den Abend gingen wir auf den Ball; der Ball war besser als sonst, wir tanzten beide sehr viel, besonders mit Herrn von Riedesel, Esterhazi und einem jungen Curländer.

Freitag früh getrunken und gebadet, ich machte Bekanntschaft mit dem Prinzen Louis Liechtenstein. Früh besuchte uns Körner, gegen Mittag machten wir einen Gegenbesuch; sie nahmen uns freundlich auf, doch war der Sohn sehr krank. Wir fuhren noch vor Tische mit Diakonus nach Wehediz; speisten zu Hause. Nach Tische mit einer Gesellschaft nach Dallwitz; wir kamen bald zurück und waren Abends in der Capelle.

Sonnabend früh am Brunnen; mit Rönne spazieren gefahren; den Mittag speisten wir auf dem Posthof. Eine spaßhafte Geschichte von Frau von Bocksdorf ist zu bemerken. Wir fuhren mit dem Herrn von Skribenski nach der neuen Chaussée, und von da gingen wir zusammen ins Theater. Den Abend waren wir bei der Gräfin von der Recke.

Sonntag, den 7. Juli, früh am Brunnen und bei Frau von Flies und Frau von der Recke; wir speisten zu Hause; nach Tische mit Diakonus spazieren gefahren; Abends nach der Capelle.

Montag Morgens am Brunnen, Bekanntschaft gemacht mit einem Baron Wickman aus Curland; alsdann zu Körners und zur Generalin. Den Mittag zu Hause; nach Tische mit Rönne die neue Chaussée über Eich zum ersten Mal gefahren. Gegen Abend nahm Herr von Skribenski Abschied. Wir gingen zur Capelle.

Dienstag getrunken und gebadet, Bekanntschaft gemacht mit einem Graf Wartensleben[1]; wir gingen in Gesellschaft

1 Wardesleben

von dem und Baron Wickman bis an [den] Posthof, frühstückten und fuhren mit der Stock und Mamsell Körner spazieren, verloren unterwegs eine Schraube, bekamen sie aber glücklicher Weise wieder.

Den Mittag speisten wir in Gesellschaft der Gräfin von der Recke bei Himmel, wo wir ganz vortrefflich aßen und uns sehr amüsirten. Abends kam der Oberforstmeister Fritsch von Weimar; um 8 Uhr gingen wir nach der Capelle und legten uns beruhigt zu Bette.

Mittwoch früh getrunken und gebadet; frühstückten in der Allee, gingen mit Prinz Louis den Choteckschen Weg nach Hause, beschäftigten uns mit Kleinigkeiten einzupacken. Doctor Schütz nahm Abschied, auch besuchten uns Körners und Baron von Wickman. Den Mittag speisten wir zu Hause, fuhren mit Körners nach dem Hammer. Den Abend waren wir bei Himmel, in Gesellschaft der Gräfin Recke, der Fürstin Hohenzollern, der Gräfin [1], welche beide wegen langer Bekanntschaft am Brunnen sehr artig gegen uns waren. Die Hohenzollern ladete uns ein, morgen mit ihr auf den Ball zu gehen. Übrigens war die Gesellschaft sehr groß, und Himmel spielte himmlisch.

Donnerstag in der Allee gefrühstückt, wo wir viel Bekannte antrafen, auch setzte sich der Graf Wartensleben und Prinz Louis zu uns; es waren diesen Morgen sehr viel Tische, wo Damen frühstückten. Körners holten uns von da zum spazierengehen ab; alsdann besuchten wir Frau von Flies und Oppenheimer[2]. Der Hofrath Meyer besuchte uns. Den Mittag speisten wir zu Hause. Nach Tische fuhren wir beide spazieren; es begegnete uns Herr von Riedesel, mit welchem die Pferde durchgegangen waren, in einem traurigen Zustande. Wir putzten uns sehr schön zum Ball, die Fürstin von Hohenzollern holte uns ab; bei unserer Ankunft war der Ball

---

1 Die Handschrift hat hier eine Lücke für den vergessenen Namen.
2 Offenheimer.

schon ganz brillant. Die Fürstin und ich wurden beide der Prinzeß von Sachsen vorgestellt. Wir tanzten viel und fanden auch einen neu erstandenen [?] Bekannten, den schönen Graf von Schulenburg, welcher sich auch gleich engagirte. Wir fuhren mit Frau Seebald und dem Baron Sievers[1] nach Hause.

Freitag früh nicht getrunken und gebadet. In der Puppschen Allee gefrühstückt. Um 11 Uhr zu Himmel, wo nichts wie Prinzen und Fürstinnen waren, und ich mit Prinz Moritz sehr viel vom Geheimerath gesprochen habe; das Concert dauerte bis 1 Uhr. Wir speisten im Sächsischen Saal, der Minister von Nostitz war mein Nachbar, und ich habe mich sehr gut mit ihm unterhalten. Nach Tische fuhren wir den gewöhnlichen Weg nach dem Hammer. Abends waren wir in der Capelle, zu Hause begleiteten uns Prinz Moritz und Louis von Liechtenstein.

Sonnabend frühstückten wir in der Allee, gingen in Geleitung einiger Herren bis zum Posthof. Von da machten wir alle unsere Abschiedsbesuche; bei der Gräfin Recke lernten wir den Herrn von Thümmel kennen. Am leidesten that uns der Abschied von Frau Gräfin Recke. Auch waren wir bei der Herzogin von Hohenzollern.

Den Mittag aß Fräulein Seebald bei uns. Nach Tische fuhren wir, Fräulein Seebald, Oberforstmeister Fritsch, Baron Sievers und Baron Wickman nach Elbogen, und waren da bis 8 Uhr sehr vergnügt.

Sonntag früh packten wir ein und machten noch viele Abschiedsbesuche. Uns besuchte Baron von Wickman, Fräulein von Hendrich und Körners. Den Mittag aßen wir zu Hause. Nach Tische war Herr und Frau Diakonus und Doctor Mitterbacher[2] bei uns. Gegen Abend kam Fritsch und Himmel. Wir gingen um 7 Uhr zur Capelle zurück;

1 Siefert.
2 Mittenbach.

begleiteten uns die beiden Prinzen Liechtenstein und Graf Schulenburg, nahmen Abschied, und wir gingen zu Hause.

Montag früh 8 Uhr reisten wir von Karlsbad ab; vorher besuchten uns noch Herr und Frau von Nitzschwitz, und viele Bekannte versammelten sich noch vor unserer Thüre. Mittag um 2 Uhr kamen wir mit Frau von Flies in Franzenbrunn an. Ich bekam aber so das Heimweh, daß ich gleich beschloß, morgen früh um 4 Uhr abzureisen.

*

Goethes Tagebuch, Jena, 17. Juli: »Kamen die Frauenzimmer von Karlsbad«; 19.: »Früh fuhren die Frauenzimmer nach Weimar.« Goethe folgte ihnen erst am 27. Juli und verbringt den übrigen Teil des Jahres, von zwei kurzen Aufenthalten in Jena abgesehen, in Weimar.

1812

Diesmal tritt Goethe seine Badereise schon am 20. April an, verweilt aber zunächst zehn Tage in Jena.

*

522. *Goethe*

Da ich durch Frau von Schiller Gelegenheit habe, so will ich Dir, mein liebes Kind, Nachricht von mir geben und Dir anzeigen, daß ich meinen Vorsatz, sogleich von hier wegzu-gehen, geändert habe. Das Wetter will sich nicht herstellen, die Wege sind abscheulich; doch würde mich das nicht abhalten, wenn nicht noch ein anderer Umstand dazu käme.

Der Kaiser von Frankreich, der über Bayreuth und Hof geht, ist noch nicht durch, ja, es ist noch ungewiß, wenn er kommt, und da wäre es sehr unangenehm, der großen Masse zu begegnen, die vor ihm her, hinter ihm drein und ihm zur Seite geht. Ich will mich also noch etwa acht Tage länger aufhalten, und das um so lieber, als ich glaube, hier etwas thun zu können. Du erfährst nächstens das Weitere, und ich schicke auf alle Fälle den Wagen, um euch noch einmal zu sehen. August verzieht auch noch so lange.

Hier schicke ich: Reseda-Same in Menge,

Stiefmütterchensamen sehr wenig, weil er selten ist. Laßt also den Raum unter dem Steine gegen der Gartenthür über graben, von Unkraut reinigen und recht sauber zurechte machen, und besäet ihn weitläufig mit dem Wenigen; kann ich mehr schicken, so könnt ihr immer noch einmal aufsäen. Finde ich keinen weiter, so hat es auch nichts zu sagen, denn im Herbste säet er sich selbst aus, und übers Jahr ist der ganze Raum dicht voll.

Beikommende Paquete sende an die Herrn Meyer und Kruse. Gegen das beiliegende Blättchen erhältst Du die 200 Thaler von dem letzteren, hebe sie auf, bringe sie mit. Indessen lebe recht wohl!

Jena, den 23. April 1812. G.

*

Vom 27. bis zum 29. April hat Goethe Christianen und Caroline Ulrich als Besuch in Jena. Am 30. reist er nach Böhmen ab.

*

523. *Goethe*

Ausführliche Relation
der Reise von Jena nach Karlsbad.

Donnerstag, den 30. April.
Früh halb 6 Uhr von Jena, beim schönsten Wetter; die Nebel sanken und stiegen, der Himmel überzog sich nach und nach, im Orlathale war es drückend heiß. Um ein Uhr langten wir in Podelwitz[1] an, es donnerte von fern. Gegen 2 Uhr begann ein sehr starker, allgemeiner Landregen, der ¾ Stunden lang dauerte; hernach regnete es ab. Um 4 Uhr aufgebrochen, der Himmel war noch ganz bedeckt; das Wetter schien sich wieder zu setzen. Der Regen hatte sich bis Schleiz erstreckt, wo wir ein Viertel auf 9 Uhr ankamen.

---

1 Pudelwitz.

Freitag, den 1. Mai.

Früh halb 8 Uhr von Schleiz ab. Sehr schöner Morgen. Gegen 11 Uhr nach Gfäll. Nach halb 12 Uhr wieder von da weg. Gewitterregen, doch ohne Donner. Artiger Mauthinspector zu Töpen. – Um 3 Uhr in Hof angelangt und im ›*Hirsche*‹ eingekehrt. – Promenade auf die Höhe über Hof, wo wir die Stadt übersahen, die sich zertheilenden Gewitterwolken betrachteten, mit einem säenden Mädchen uns unterhielten und um 6 Uhr in den Gasthof zurückkehrten. Das Wetter klärte sich vor Sonnenuntergang völlig auf, so, daß der Himmel fast ganz rein ward. – Hübsche Lage des Gasthofs zum ›Hirsch‹ auf der Höhe vor dem Oberthor, große Lebendigkeit, hübsche Mädchen, muntere Kinder, viel Beweglichkeit, italienische Truppen, bei der günstigen Witterung alles mit ackern und säen auf den umliegenden Feldern beschäftigt. Die Truppen hatten Dunkelbraun und Gelb. – Der vielen Fuhren nicht zu vergessen, die uns, schwer beladen, theils entgegenkamen, theils in Hof an uns vorbei fuhren. Unzählige Kinderkütschchen. – Durchaus Wohlhäbigkeit.

Sonnabend, den 2. Mai.

Halb 5 Uhr aufgestanden; Nebel über der ganzen Gegend, doch helle im Zenith, man sah den Mond. Die schon längst aufgegangene Sonne erschien endlich, als Mond, ohne Strahlen; der Rauch der Össen stieg gerade in die Höhe, die Nebel sanken immer mehr. 150 Wagen, jeder mit 2 Ochsen bespannt, zogen vorbei; die Wagen, wie man sie in Italien sieht, die Räder und Gestelle schwer und alterthümlich; oben waren Bretterkasten, groß, aber flach aufgesetzt; die Ochsen graulich, falb, gesprenkelt; mehrere wurden lahm nebenher geführt, und ihr Mangel, an den letzten Wagen, durch Vorspanne ersetzt. Es waren auch Feldschmieden dabei; das Ganze wurde von den braunen Soldaten escortirt. – Dreiviertel auf 6 Uhr abgefahren; nach und nach reinigte sich der Himmel ganz, die sämmtlichen, leicht zu übersehenden Bergäcker waren mit eifrig Pflügenden und Säenden belebt; der helle Sonnenschein gar erfreulich; der Weg von sehr verschiedener Art, aber nicht schlimmer, als er bei trockener Jahreszeit sein würde.

Zu Neuhaus gefüttert; einiges gezeichnet. Die Straße war frequenter an Wanderern, als sie sonst zu sein pflegt; die Vögel sangen in den Fichtenwäldern, und alles war gutes Muths. Der Anblick ins Eger-Thal war herrlich, die ganze Gegend, bis auf die entferntesten Gebirge, nach Karlsbad zu, konnte man deutlich sehen; so war auch, bei reinem Himmel, alles Übrige klar. In Franzensbrunn, wo wir halb 5 Uhr anlangten, fanden wir die Kastanienknospen aufgebrochen, ingleichen die Lärchenbäume, und mußten die Einsicht und die Sorgfalt loben, mit der man einen Canal, von der Brücke an, diagonal durchs Ried gezogen und dadurch dem Wasser einen sehr schnellen Ablauf verschafft hat; man sieht dessen nur sehr wenig noch auf dieser großen Fläche. Das Dampf-bad ist auch mit einem Häuschen überbaut, und gleich neben dem Badebrunnen, noch eine stärkere Quelle weiter gefaßt, die höher gespannt ist, durch eine Röhre abläuft, so daß man die Gefäße bequemer füllen kann. An den Wegen von Hof bis hierher ist wenig oder nichts gebessert, einige haben sich sehr verschlimmert, wie der von Neuhaus auf Asch. Dieser Ort ist noch der abscheulichste in der ganzen Christenheit. Auf der Seite von Franzensbrunn nach dem Lande zu macht man große Anstalten zum bauen; wahr-scheinlich haben die ungeheueren Miethen, vom vorigen Jahr, den Egeranern Lust gemacht. – Die Luft ist vollkom-men rein und klar und mild.

Sonntag, den 3. Mai.
Gleichfalls der klarste und schönste Tag, wir fuhren um 6 Uhr weg, hielten einen Augenblick in Mariakulm an,

fuhren vergnügt weiter fort, wozu einige Späße des Kutschers nicht wenig beitrugen. Um 3 Uhr waren wir in Karlsbad; unsere Frau Wirthin, die nach Dallwitz gehen wollte, begegnete uns unfern der Egerbrücke; in dem engen Thale von Karlsbad war es wirklich heiß, und nun, da wir in der oberen Etage wohnen, glüht uns das Schindeldach der ›Drei Lerchen‹ wirlich an, wenn wir zum Fenster hinaussehen. Es wäre ein völliger Juli, wenn die dürren Bäume uns nicht erinnerten, wie früh es noch ist. Nun lebet wohl, in acht Tagen schreiben wir ein Mehreres. Karlsbad, den 3. Mai 1812. G.

524. *Goethe*

Das Wetter ist fürtrefflich und für uns, wie für den Feldbau wünschenswerth. Die Castanien auf der Wiese geben schon Schatten, die Blüthen brechen hervor, und in kurzer Zeit wird kein dürrer Zweig mehr zu sehen sein. Mein Befinden ist gut, und die Arbeiten gehen von Statten.

Deßhalb lassen wir uns nicht anfechten, wenn uns die ökonomische Seite unseres Aufenthalts etwas Bedenken macht. Das Silber ist seit einigen Tagen sehr gefallen; wir haben es nur noch zur Noth mit 100 gegen 1000 alte Banknoten, d. h. Einlösungsscheine 200, verwechseln können. Da nun die Leute nach den letzten rechnen und von den vorjährigen Preisen wenig heruntergehet[1], so sehet ihr die ungeheure Differenz.

Wir suchen sie durch Ökonomie auszugleichen. Ich wohne im dritten Stock und spare also die Hälfte der Miethe. Durch die Gefälligkeit des Postmeisters, den ich mit der neuen Zuckerfabrication bekannt machte, haben wir noch

---

1 Von Goethe geändert aus heruntergehen.

kurz vor Thorschluß 80[1] Bouteillen Ofner[2] (leider klein Gemäß) um billigen Preis bezogen und sind also wegen dieses Hauptpunctes sicher. Andere Menagen sind auch beliebt, und so stehen wir, sowohl in der Hauptsache, als in der Casse, sehr gut.

Wollt ihr nun auch dieses Jahr der Gesundheit wegen hier sein und dabei noch manches unschätzbare Vergnügen der Gegend genießen, auf allen Saus und Braus des vorigen Jahres aber Verzicht thun, so seid ihr den 21. Juni willkommen und werdet in fünf Wochen das Hauptgeschäft abthun und Ende Juli erquickt und froh nach Hause zurückkehren.

Zu einer solchen veränderten Lebensart wird der heurige Zustand von Karlsbad das Seinige genugsam beitragen. Nicht allein sind wenig Quartiere bestellt, sondern mehrere und bedeutende Personen haben wieder abgeschrieben, woraus erhellet, daß an eine brillante Gesellschaft nicht zu denken ist. Demohngeachtet werden sich im Juli wahrscheinlich so viele Personen einfinden, als nöthig sind, um hier eines angenehmen Umgangs zu pflegen. Vor allem aber rathe ich Dir, Deinen Weinbedarf mitzubringen, weil dieser Artikel dieses Jahr, wegen des zu unserem Nachtheil schwankenden Curses, unerträglich theuer werden müßte. Ein sehr mäßiger Melniker kostet jetzt schon die Flasche 13 Groschen 6 ₰ Sächsisch. Einen starken und edlen Wein zu schaffen, würde, nach diesem Maaßstabe, theuer genug zu stehen kommen.

Ich habe einen Brief von Herrn Hofkammerrath erhalten, auf den eine offene Antwort beiliegt. August wird sehen, ob er das Manuscript findet. Laß allenfalls Pollak rufen, der es kennt und vielleicht ausspürt. Ich höre mit Vergnügen, daß die ›Sühne‹ gute Wirkung gethan hat. Der Brief des Herrn Hofkammerraths ist acht Tage gegangen. Wenn auch dieser

1 Von Goethe geändert aus 8.
2 Von Goethe über der Zeile nachgetragen.

hinauswärts etwas geschwinder geht, so hoffe ich doch kaum, vor Trinitatis etwas von euch zu hören. Sage mir Deine Gedanken, und ich will alsdann den letzten Entschluß melden, wie es werden kann und soll; denn bei diesem Postgange ist des Hin- und Herschreibens nicht viel zu unternehmen. Was ich wünsche, daß ihr mitbringt, schreibe ich alsdann. Vergiß aber ja ein Fläschchen Kartoffelsyrup und Kartoffelzucker nicht; man ist hier sehr neugierig darauf.

Von Wehediz ist auch nicht viel Erfreuliches zu erzählen; wir waren draußen und haben das hübsche Kind nicht einmal gesehen. Die Übrigen erheiterten kaum ihre Gesichter, als sie mich wiedersahen und nach Dir fragten: so sind die Menschen alle durch Erhöhung des Curses gedruckt, wodurch ihnen alles noch theurer vorkommen muß als uns, die wir denn doch unsere hiesigen Ausgaben mit den thüringischen vergleichen können. Alles Fuhrwesen stockt mit dem Handel, an wohlfeilen Weineinkauf ist nicht zu denken, und deßwegen der so oft besuchte Keller völlig leer. Und so ist auch das Wehedizer Paradies verschwunden, und man muß sich nach etwas Anderem umsehen.

Kutsch und Pferde werden freilich die ganze Sache weit lustiger machen, und die guten Thiere sollen den theueren Hafer schon wieder abverdienen. Jetzt machen wir weite Fußpromenaden von mehreren Stunden, kommen sehr müde nach Hause, befinden uns aber sehr wohl dabei, welches wir euch auch wünschen und uns baldige, hübsch umständliche Antwort erbitten.

Ich hoffe, daß der Brief durch den Kutscher, wie die Kiste Egerwasser glücklich angelangt ist.　　　Herzlich grüßend

G.

Karlsbad, den 13. Mai 1812.

525. *Goethe*

Heute, Freitag, den 22., erhalten wir euer freundliches Schreiben vom 15., welches sich auf die erste Sendung durch den Kutscher bezieht; indessen werdet ihr erhalten haben einen eigenhändigen Brief vom 10. und einen anderen, umständlicheren, vom 13.

Da nun hieraus zu ersehen ist, daß die Briefe hin und her jedesmal ohngefähr acht Tage laufen, so muß man im Wechsel schreiben, wenn man einigermaßen in Verbindung bleiben will.

Vor allen Dingen wollen wir also die näheren Umstände unseres hiesigen Aufenthalts vermelden. Seit unserem letzten haben sich die Aspecten eher verbessert, als verschlimmert, und wir haben uns durch eine gute Ökonomie mit dem vorigen Jahre ins Gleiche zu setzen gesucht.

Der Werth des Silbers ist wieder gestiegen, es steht ohngefähr auf 220. Ich habe mich mit Prag in Connexion gesetzt, um nicht immer in den Händen der hiesigen Juden zu sein.

Nach dem Gelde ist wohl der Wein am ersten werth, daß man sein gedenke. Wir haben unseren Bedarf bis Ende Juni im Keller; alles aber wohl überlegt, mußt Du Dir nothwendig, was Du zu brauchen glaubst, mitbringen.

Das fruchtbare, den Wiesen und dem Sommergetraide ersprießliche Wetter erniedrigt vielleicht auch den Preis der Fourage, und das Essen ist auf alle Fälle besser und wohlfeiler, als bei Herrn Steiner in Jena.

Die Wehedizer, durch unsere Ankunft erfreut, bringen schon wieder die köstlichste Butter. Wenn August einmal seine Schenkhosen anziehen sollte, so siehe, daß Du einen Goldpfennig für Rösen erwischest. Sie haben uns für den Juli nicht ganz ohne Hoffnung von lustigem Wein gelassen; vor einem Jahre, sagen sie, hätten sie hundert Eimer verschenkt, doch nicht mit dem größten Vortheil. Die Herren Fremden wären artig gewesen und hätten bezahlt, die aus dem Lande hätten sich betrunken, tumultuirt und wären schuldig geblieben.

Seit einigen Tagen haben wir abwechselnd Gewitter und Regen, welches uns aber in unserem schönen Zimmerchen nicht rührt. Ich finde immer so viel Zeit, um mir im Trocknen eine artige Skizze zu holen, die ich nachher zu Hause ausführe.

Der Sprudel rast gewaltiger als jemals. Am Neubrunn ist der Aufenthalt ganz abscheulich, weil gebaut wird. Wenns regnet, weiß man nicht, wohin zu treten, geschweige wohin zu gehen.

Kein Blatt von der Liste ist noch nicht ausgegeben, indessen kommt doch täglich etwa eine Partie. Herr von Rönne ist der einzige ältere Bekannte. Zu Deiner größten Zufriedenheit aber kann ich Dir melden, daß Frau von Recke bald hier eintreffen wird. Sie ist schon in Töplitz und hat mich durch Doctor Mitterbacher grüßen lassen. Ich werde durch ein freundliches Betragen euch einen freundlichen Empfang vorbereiten.

Dem Herrn Hofrath Meyer vermelde meinen schönsten Gruß und sage ihm, er möchte sich nicht abwendig machen lassen, nach Karlsbad zu kommen; wer ordentlich leben wolle, lebe hier noch immer wohlfeil genug.

Sodann wünschte ich denn doch auch zu hören, wie es mit Professor Riemer geht, ob er sich bei euch sehen läßt, und, wenn nicht, ob ihr sonst etwas von ihm vernehmt. Es ist mir gar zu viel daran gelegen, zu wissen, wie er sich in seinem neuen Zustande befindet.

Grüßt mir alle Freunde, besonders die, die euch freundlich besuchen. Ich hoffe, daß ihr mir eine Radirung von Wolf mitbringen werdet.

Für die Theaternachrichten danke ich, es ist recht gut,

daß Du Dich der Lefevre annimmst. Siehe zu, daß Du sie für den Sommer gut unterbringst.

Noch ist zu vermelden, daß euere vorjährige Gönner und Freunde, der Graf Zichy in den ›Drei Lerchen‹, Herr Kreishauptmann von Nitzschwitz aus Leipzig in der ›Harfe‹ angekommen, und daß also immer mehr Gäste zu hoffen sind.

Wollt ihr mir von Zeit zu Zeit schreiben, wie es euch geht, so ist es wohlgethan; ich werde noch manches von mir hören lassen und meinen letzten Brief an August adressiren.

Lebet nun recht wohl, die Inlage bitte ich zu beherzigen; den 21. soll alles zu euerem Empfang bereitet[1] sein.

Karlsbad, den 24. Mai 1812.   G.

[*Nachschrift:* John an Goethes Sohn]

Lange schon, lieber Assessor, hast Du kein Wörtchen von Dir hören lassen, und wenn es gleich löblich ist, daß Du Dich der Kammerangelegenheiten, die freilich, wie mir sehr wohl bekannt ist, in jetziger Jahreszeit sich etwas zu häufen pflegen, so ernstlich annimmst, so mußt Du doch auch bedenken, daß Dein Herr Vater sowohl, als meine Wenigkeit recht sehr wünschen, bald so ausführlich, als nur möglich, Nachricht zu erhalten, wie es seither in Weimar gegangen.

– Wir leben hier ungestört, fleißig und vergnügt. Der Herr Geh. Rath ist wohl; auf sein gütiges Anrathen trinke ich jetzt den Neubrunnen, der mir vortrefflich bekommt.

Eine kleine Mineraliensammlung, die wir angefangen, ist schon bis zu etlichen und achtzig Stück angewachsen und soll hoffentlich bald complett sein.

Nächstens werden wir auch einen Versuch der Stärkezuckerbereitung machen; die Gefäße sind schon bestellt.

An Unterhaltung fehlt es auf keine Weise. Hinlänglich

---

1 Aus bereit.

gewähren solche die Geschäfte und die Spaziergänge in der herrlichen Gegend, so wie durch die Stadt, wo man sich an den zierlichen, schlanken Gestalten, den munteren Gesichtern, dem glattgeflochtenen Haar und großen, schwarzen Augen der artigen Karlsbaderinnen erfreut. – Das schöne Wehedizer Röschen habe ich noch nicht zu sehen bekommen können. Laß Dich mit dem Goldpfennig ja nicht faul finden!

Der schöne Tag rückt immer näher, an dem die Schimmelchen angetrappelt kommen und unserem Kreis fröhlichen Zuwachs bringen werden. Könntest Du doch Deine Frau Mutter begleiten und die Nachtigallen des Weimarischen Parks mitbringen, dann wäre Karlsbad vollkommen schön; letztere fehlen leider.

Bist Du vielleicht in den unteren Garten gezogen?

Ist die Partie nach Dornburg schon vor sich gegangen?

Warst Du noch, wie Du zu thun Lust hattest, in Ilmenau?

Hast Du die Güte gehabt, die bewußten Bücher zu Reichel zu senden?

Werde nicht böse über die mancherlei Fragen, empfiehl mich gehorsamst Deiner Frau Mutter (deren Auftrag ich bei dem Nadler bestens besorgt habe), der Demoiselle Ulrich, Engels und Wolffs, und antworte bald

Deinem C. John.

526. *Goethe*

Karlsbad, den 3. Juni 1812.

Heute wollen wir nicht mehr als das Nöthige sagen, da wir dem Tag entgegensehen, an welchem wir hoffen können, euch hier zu empfangen. Wenn es im Ilmthale schön ist, so könnt ihr gewiß denken, daß es im Töpel- und Egerthale gleichfalls herrlich aussehe. Zu gewissen Stunden wünscht man sich mehr Augen, damit man nur alles recht einnehmen könne. Bis jetzt sind sechs und vierzig Familien hier; der Erbprinz von Mecklenburg ist gestern hier angekommen, welches Du in Weimar verkündigen kannst.

Den 21. sollt ihr eine wohl eingerichtete Haushaltung finden und es euch darin recht wohl sein lassen. Mich abzuholen, wird kein Wagen bestellt; ich will euere Ankunft erst abwarten und mich nachher entschließen. Lebet recht wohl! grüßet alle Freunde.

Hier folgen nun einige Commissionen.

1. Einige Buch Papier von dem, auf welches gegenwärtiger Brief geschrieben ist. Es liegt davon in meiner untersten Schublade rechts des großen Schreibtisches. Wäre es ja ausgegangen, so verschaffst Du solches wohl von der Geheimen Canzelei.

2. Ein Stange gut Siegellack.

3. Ein Exemplar der ›Wahlverwandtschaften‹. Sie liegen in derselben Schublade, die oben bezeichnet ist, aber ganz hinten.

4. Da der Zucker hier so theuer ist wie der Caffee, so bringe Dir auch welchen mit.

5. Unter den angekommenen Briefen wird ein Brief von Magister Stimmel in Leipzig sein (ich lege ein Blättchen von seiner Hand mit bei). Diesen macht August auf, und wenn er, wie wahrscheinlich, Nachricht enthält, wie es mit der Hackertischen Verloosung abgelaufen, so wird er solchen an Hofrath Meyer übergeben, welcher die Gefälligkeit haben wird, Durchlaucht die Herzogin und Erbprinzessin mit dem Inhalt bekannt zu machen. Beide Damen haben eingelegt.

6. Fragt Herrn Hofrath Meyer, ob er an mich etwas zu bestellen hat? G.

Nunmehr wüßte ich weiter nichts zu sagen; sollte mir noch etwas einfallen, so habe ich noch zwei Posttage, an denen ich Briefe absenden kann, die ihr erhalten könnt.

Frau von Recke hat mir von Töplitz geschrieben und läßt Dich schönstens grüßen; sie wird in diesen Tagen erwartet. Graf Zichy hat auch nach Dir gefragt.

Nun lebet schönstens wohl! wenn ihr nach Ankunft dieses Briefes noch einmal schreibt, so kann ich den Brief vor dem 21. erhalten.

*

Unbekannt ist das nächste, im Tagebuch unterm 7. Juni vermerkte Schreiben Goethes: »An Frau Geh. Räthin von Goethe nach Weimar, Bestellung der mitzubringenden Sachen und Schlußberedung.« Am 19. Juni trifft Christiane mit Caroline Ulrich in Karlsbad ein. Über das gemeinsame Leben berichtet Goethe in einem Brief an den Sohn vom 30. Juni: »Du erhältst hierdurch, mein lieber Sohn, die Nachricht, daß die Mutter glücklich angelangt ist und ihr die Cur sehr wohl bekömmt. Auch befindet sich gute Gesellschaft hier zu ihrer Unterhaltung, und jedermann benimmt sich gegen uns sehr freundlich, Frau von Recke, Graf und Gräfin Stolberg, Graf Geßler, vorzüglich aber Prinz Friedrich von Gotha, bei dem wir gestern sämmtlich gespeist und sehr gute Musik gehört haben.« – Am 14. Juli siedelt Goethe nach Teplitz über, von wo er erst am 12. August nach Karlsbad zurückkehrt.

*

527. Goethe

So muß ich denn wohl auch vermelden, wie es mir bisher gegangen. Bei gutem Wetter und leidlichem Wege, war ich Dienstag Mittage hier und wurde aufs beste und freundlichste empfangen. Es würde sehr anmaßlich aussehen, wenn ich schriftlich erzählen wollte, mit wie viel Gnade und Auszeichnung man mich hier beglückt; das soll also aufs mündliche verspart sein. Durchlaucht der Herzog ist wohl und munter, Fürst Lichnowsky immer der alte. Prinzeß Marianne von Sachsen hat nach Dir gefragt und einen Gruß an Dich mir aufgetragen. Die Abschrift der Gedichte ist, durch unglaubliche Saumseligkeit der Post, erst gestern, den 18., angekommen, und ist also 14 Tage unterwegs gewesen. Das ist aber auch zum Glück ausgeschlagen. Der Herzog schickte sie gleich Ihrer Majestät und nach Tafel befahl die Kaiserin auf die anmuthigste Weise, daß ich sie vorlesen sollte, welches wohl das sicherste Zeichen der Zufriedenheit war. Darauf erfuhr ich noch das Angenehme, daß einer der ersten Staatsmänner gegen mich vertraulich äußerte: er kenne gar[1] wohl die Schwierigkeit der Aufgabe und sehe mit Vergnügen, wie glücklich sie gelöst sei. Dieß wird besonders Johnen freuen, welcher am besten weiß, wie bedenklich mir die Sache gewesen. Fast alle Morgen habe ich das Glück gehabt, der Kaiserin vorzulesen. Sie spricht meistens dazwischen und äußert sich über die bedeutendsten Gegenstände mit außerordentlichem Geist und Originalität. Man kann sich kaum einen Begiff von ihren Vorzügen machen. Ihr werdet über gewisse Dinge, die ich zu erzählen habe, erstaunen, beinahe erschrecken.

Schon dreimal war ich zur Tafel geladen. Da ist sie denn, wo möglich, noch heitrer und anmuthiger als sonst; sie neckt diesen oder jenen von den Gästen und reizt ihn zum Widerspruch, und weiß der Sache zuletzt immer eine angenehme Wendung zu geben.

Und so müßt[2] ich noch immer fort erzählen, ob ich mir gleich vornahm, alles auf meine Rückkunft zu versparen.

1 Nachträglich über der Zeile.
2 Aus muß.

Gestern zeigte sie uns nach der Tafel eine sogenannte Toilette, ein kostbar verziertes Kistchen, worin alle denkbaren Bedürfnisse einer Reisewirthschaft enthalten sind. Die Kaiserin von Frankreich hat sie mitgebracht. Jedes einzelne Stück kann als ein Kunstwerk und Meisterstück betrachtet werden.

Ich wohne im ›Goldnen Schiff‹, in der alten Ecke, der Herzog in den Zimmern des Königs von Holland. Die Aussicht ist sehr schön, ich wünschte wohl, euch einen Mittag bewirthen und einen Abend mit euch ausfahren[1] zu können. Die Pferde kommen mir sehr zu Gute, besonders da ich nach dem Bade fahren muß, welches eine kleine Viertelstunde entfernt liegt. Fräulein von Stetten hat mir das Paquet sogleich zugeschickt, und ich habe daraus nicht viel, aber doch einiges von Weimar vernommen. Gar wunderlich ists hier mit den Preisen der Dinge, einiges wohlfeiler, andres theurer[2], im Ganzen würde es sich vielleicht gleichstellen.

Was meine Rückkunft betrifft, kann ich so viel sagen: daß meine Absicht sei, Sonntag, den 26., hier abzureisen und also Montag Mittag bei euch zu sein. Es ist mir auch ganz wahrscheinlich, daß das die rechte Zeit sein werde. Gewiß kann ich nichts sagen. Ändert sichs, so schreib ich. Dabei wünsche ich nur, daß ihr auch vergnügt eure Tage zubringt und mit Ernst die Cur gebraucht.

Empfehlet mich allen Gönnern und Freunden. Sage Prinz Friedrich Durchlaucht, daß ich nicht mit Beethoven sein kann, ohne zu wünschen, daß es im ›Goldnen Strauß‹ geschehen möge; zusammengefaßter, energischer, inniger habe ich noch keinen Künstler gesehen. Ich begreife recht gut, wie er gegen die Welt wunderlich stehen muß. Unserm trefflichen Meyer tausend Grüße. Euch alles Gute!

[Teplitz,] Sonntag, den 19. Julius 1812.   G.

1 Aus ausführen.
2 andres theurer nachträglich über der Zeile.

13. Christiane, 1811.
Miniaturgemälde von Joseph Raabe

In diesen Tagen dachte ich, mein liebes Kind, bei Dir zu sein, jetzt aber muß ich vermelden, daß ich noch so bald nicht kommen kann. Die Kaiserin geht erst den 10. August, und so werde ich nicht vor dem 12. wieder in Karlsbad eintreffen. Würde Dir das zu lange, so dürftest Du nur gleich an Herrn von Hendrich schreiben, der schickte Dir Timlers Wagen, Du nähmst den großen Coffer und packtest auf, was Du könntest, ließest mir aber den kleinen stehen, in den ich alsdenn packen würde, was mir zu schwer ist, und ihn auf die Post geben würde. Johns Steine, in ein Kästchen gepackt, nahmst Du auch mit.

Solltest Du Dich aber in Karlsbad gefallen, so ist es mir ganz lieb, wenn Du bleibst und meine Ankunft abwartest. Da der Magenkrampf sich leider wieder eingestellt hat, so wäre es wohl gut, wenn Du die Cur verlängertest, besonders wenn Du fleißig badetest. Hierüber müßtest Du mit Dr. Mitterbacher hübsch ordentlich sprechen. Doch vielleicht hast Du das schon gethan. Wenn Du Geld brauchst, so wird John schon verwechseln.

Mir geht es hier sehr gut. Der Kaiserin Gnade scheint täglich zuzunehmen, indem sie sich immer gleich bleibt; auch ihre Umgebungen sind mir günstig, und ich kann nicht mehr und nichts Bessers wünschen. Das Baden bekommt mir sehr wohl. Der Herzog ist wohl und vergnügt, das Wetter schön, und ich hoffe, daß ihr auch der guten Tage so viel möglich genießen werdet.

Grüße Hofrath Meyer schönstens und sage ihm: ich habe eine Nachbildung des *Moses* von Michelangelo in Bronze gekauft, die sehr schön und wahrscheinlich aus dem 16. Jahrhundert ist. Wie er sitzt, ist die Figur 13 Weimarische Zoll hoch. Also eine schöne Größe. Das Nackte ist wohl verstanden. Bart und Gewänder von der größten Ausführung.

Es ist Herr von Beethoven von hier auf einige Tage nach Karlsbad gegangen: wenn ihr ihn finden könnt, so brächte mir der am schnellsten einen Brief. Wäre er schon wieder fort, so geht Fürst Moritz von Liechtenstein in einigen Tagen hierher; durch diesen wünschte ich eine umständliche Nachricht zu erhalten, wie es euch geht, und was ihr beschließet. Bleibt ihr in Karlsbad, so ziehet, wie verabredet, hinauf, wenn Meyer abreist. Weiter wüßt ich nichts zu sagen. Lebe recht wohl, grüße Carolinchen und John. Dieser soll mir auch mit jener Gelegenheit schreiben. Schickt mir auch, was an mich vielleicht angekommen ist. Nun Adieu! Meine besten Wünsche auf ein fröhliches, liebevolles Wiedersehn!

Töplitz, den 27. Juli 1812. G.

529. *Goethe*

Töplitz, den 1. August.
Dein lieber Brief ist gestern Abend angekommen, und so will ich denn gleich wieder etwas vermelden. Das Baden bekommt mir sehr wohl, ob ich es gleich weder ordentlich, noch mit Ruhe brauchen kann. Meine Stunde ist Morgens von Fünf bis Sechs, da ich denn ganz gewiß ein frisches Bad finde, den übrigen ist nicht zu trauen. Die Kaiserin sehe ich täglich bei ihr selbst; auf Spaziergängen und Fahrten, bei Tafel und immer ist sie sich gleich, heiter, geistreich, anmuthig, verbindlich, und dabei kann man sagen, daß sie sich immer von neuen Seiten zeigt und jedermann in Verwunderung setzt. Sie hat ein klein Theaterstück in diesen Tagen geschrieben, das ich ein wenig zurecht gerückt habe. Es soll gespielt werden die nächste Woche. Hievon sagst Du niemanden. Ich lese täglich vor, heute waren Fürst Moritz und seine Gemahlin gegenwärtig. Sie brachten mir einige Nachricht von Dir. Die Churprinzeß von Hessen ist gar eine liebe

Dame. Es freut mich, daß Du sie gesehen und gesprochen hast. Den 10., Abends, geht hier alles fort, womit ich bisher gelebt; ich denke den 12. bei euch zu sein, erwartet mich aber nicht zu bestimmt, man weiß nicht, was vorkommt. Es ist ganz recht, daß ihr bleibt, der andre Vorschlag brachte keinen Vortheil, noch Zeitgewinn.

Was Du mir wegen der Haushaltung sagen wirst, soll mir sehr willkommen sein, so wie auch, daß ich in Jena besser leben kann. Zwar diesen Herbst werde ich wenig drüben sein können. Richte nur vorläufig unser Weimarisches Wesen gut ein. Da ich den Wagen hier habe, bin ich viel in der Gegend umhergefahren; auch war ich in Aussig, wo die Elbe vorbeifließt und eine sehr angenehme, abwechselnde Gegend belebt.

Zum *Sechsten* wünsche ich das beste Glück; es thut mir recht leid, ihn nicht gegenwärtig mit feiern zu können, ich will es in der Ferne thun. Laßt es euch zusammen wohl sein. Grüße Uli zum schönsten. Danke John für seinen Brief. Wenn ich die Sendung durch Beethoven erhalte, schreibe ich noch einmal; dann wirds nicht mehr nöthig sein. Lebe recht wohl und liebe mich.

Abgesendet den 2. August 1812.   G.

530. *Goethe*

Von Dir zu hören, hat mich sehr gefreut; es bleibt aber beim Alten. Die Kaiserin geht den 10. Abends, und so kann ich den 12. bei euch sein. Wir besprechen noch alles, und ihr geht, ich folge. Jedes andre Arrangement führt zu weit, und wir wollen sehen, daß wir abschließen.

Mir geht es täglich besser. Es ist nicht zu berechnen, was dieß Verhältniß für Folgen haben kann.

Die Briefe und Packete durch Beyer und die Leute des

Prinzen August erwarte ich, sende aber nichts weiter. Denn ich komme, wie gesagt.

Wegen des Curses fügt euch in die Zeit, es ist nicht anders. Bade nur fleißig.

Von Arnims nehme ich nicht die mindeste Notiz, ich bin sehr froh, daß ich die Tollhäusler los bin.

Lebet recht wohl und gedenket mein in Liebe.

Teplitz, den 5. August 1812.   G.

Grüßet alles nach gehöriger Art und Weise.

531. *Goethe*

[Teplitz,] den 5. August 1812.

Viel Glück zum sechsten!

Durch Gefälligkeit des Grafen Corneillan nur ein paar Worte. Alles bleibt, wie schon geschrieben. So herrlich und köstlich aber alles ist, so soll mirs doch lieb sein, wieder bei den ›Drei Mohren‹ einzukehren. In dem Stücke der Kaiserin habe ich zuletzt noch die Hauptrolle übernehmen müssen, wenn es zu Stande kommen sollte. Nun kannst Du wohl denken, daß es Zeit ist, zu enden. Da es ihr aber den größten Spaß macht, und sie über alle Begriffe gut, klug und theilnehmend ist, so thut jederman das Letzte. Lebe wohl. Bis auf fröhliches Wiedersehn.   G.

*

Am 12. August trifft Goethe wieder in Karlsbad ein; drei Tage später reist Christiane mit ihrer Begleiterin nach Weimar ab.

*

Karlsbad, den 27. August 1812

Da euere Briefe mir so bald Nachricht gaben, wie es um euch steht, so ist es billig, daß ich auch wieder etwas von mir vernehmen lasse. Seit euerer Abreise sind nun schon vierzehn Tage vergangen, und ich sehe mit Betrübniß, daß nun auch mein Scheiden bald heranruckt. Bei dem sehr schönen Wetter und denen fast ganz im Freien genießbaren Tagen wird Karlsbad immer anmuthiger, ob es gleich ganz von Fremden verlassen ist, und bei den Wenigen, die sich hier befinden, aus mehreren Ursachen keine besondere Heiterkeit wohnt. Meine fortgesetzten Beschäftigungen, der Umgang mit Staatsrath Langermann, ein wenig Zeichnen und Lectüre lassen mir die Zeit unvermerkt hinfließen, und die große Ruhe im Haus und sonst macht mir den Aufenthalt sehr erquicklich. Nun wäre es erst die rechte Zeit, sich der Equipage zu bedienen und sich das Land umher noch einmal zu besehen.

Der alte Müller ist noch immer fleißig und dienstfertig und hört nicht auf, von allen Ecken und Enden Steine zusammenzuschleppen, wenn man nur einigermaßen einen Wink gibt, was man wünsche. Dieser Alte ist aber auch beinahe das einzige Lebenszeichen von Karlsbad. Madame Mayer ist fort, ein Fremder nach dem andern schließt den Laden, und die Einwohner, die immer noch zufriedener sein können, als es Anschein hatte, sind alle gedrückt und traurig. Der Werth des Silbers fällt noch immer, sie wollen jetzt nur hundert und fünf und vierzig für 100 geben. In Prag und den übrigen Theilen des Erblandes fallen die Preise wegen der herrlichen Ernte. In Karlsbad ist alles beim Alten und die Einwohner so übel dran als die Fremden. Ich bin höchst neugierig, wie sich dieses Wesen in einem halben Jahr wird eingerichtet haben.

Grüße Augusten schönstens; ich freue mich über seinen Geschäftsgang, seine Reise und seine Aussichten. Wir sprechen uns nun bald selbst, und da, denke ich, solls vergnüglich vorwärts gehn.

Die Sache wegen Frankfurt muß wohl ruhen, bis ich wiederkomme; denn ohne Schlossers Mitwissen dürfen wir keinen Schritt thun. Daß eine Freundin die Sache indessen hat einleiten wollen, ist des besten Dankes werth.

Grüßet alle Freunde. Euere schnelle Reise hat mir sehr wohl gefallen; ich will sehn, ob ich nicht ein Gleiches thun kann. Ergetzt euch beim Vogelschießen, so gut es sich thun läßt, und gedenket mein.   G.

533. *Goethe*

Da euer lieber Brief vom 31. August zu rechter Zeit angelangt ist, so hoffe ich, der gegenwärtige soll auch einige Tage vor mir ankommen.

Die Nachrichten von dem gnädigen und freundlichen Empfang, den Du erfahren, so wie die mehrere Nachfrage nach mir, machen mir nun auch Lust und Muth, wieder zurückzukehren. Karlsbad ist nun wirklich wie ausgestorben, alle fremde Läden sind zu, und selbst die von Karlsbadern besetzten kleinen Boutiquen werden nach und nach geschlossen. Alle Tage geht von den letzten einer fort, und es bleiben nur wenige Nordländer, die wegen ihres gemeinschaftlichen Interesses im Stillen zusammenhalten. Das Wetter hingegen ist seit einigen Tagen so angenehm, als man sichs wünschen kann. Besonders weil der Sommer so feucht war, sind alle Bäume noch über die Maaßen grün, die Kastanien, Akazien, Pappeln zeichnen sich vorzüglich aus.

Sollte es etwa jemand interessiren, so kannst Du erzählen, daß es in Töplitz sehr brillant hergeht, daß sehr viele Feste gegeben werden, sowohl durch die Prinzen, als den König selbst, der sich sehr aufgeheitert haben soll, und dieses soll noch bis in die Hälfte des Septembers währen.

Indessen wird es an euerem Vogelschießen auch nicht an guten Tagen gefehlt haben; und nun, da gar das Schauspiel wieder zurück ist, so sind wohl alle Wünsche vorläufig erfüllt. Grüße mir die Mitglieder, die sich bei Dir präsentiren, und horche, ob sie nicht etwa selbst Vorschläge zu neuen Stücken mitbringen: denn mir ist sehr wenig Brauchbares vorgekommen. Bemerke übrigens, wie die Verhältnisse stehen, damit ich mich bei meiner Ankunft gleich darnach richten kann.

Von uns kann ich noch hinzufügen, daß wir in voriger Woche zwei sehr große Promenaden mit dem alten Müller gemacht haben, eine vier- und eine sechsstündige. Dabei sind viele Steine geklopft und nach Hause geschafft worden; wie sich denn überhaupt, zu Müllers großer Freude, noch zuletzt mehrere Personen für diese Dinge[1] interessirt und von seinen Collectionen gekauft haben. Übrigens wird ein wenig gezeichnet, viel geschrieben und abgeschrieben, so daß wir auch von dieser Seite ziemlich beruhigt nach Hause gehen werden.

Weiter wüßte ich nun nichts hinzuzufügen, als daß ich Dich ersuche, überall viel Empfehlungen auszurichten und meiner in Liebe zu gedenken, bis ich selbst wieder erscheine. Auf die Pisangblüthen freue ich mich; ich erinnere mich zwar derselben noch von Alters her, aber nicht ganz deutlich. Zur Ordnung im Haus gratulire, so wie zu der reichlichen Kartoffelernte.

Karlsbad, den 7. September 1812.   G.

NB. Es wäre sehr schön, wenn ihr euch nach Krebsen umthätet; diese habe ich den ganzen Sommer entbehrt, und

1 Durch Abreißen des Siegels verloren mit Ausnahme des D.

möchte nun noch zuletzt, ehe die R. gar zu sehr über Hand nehmen, einmal eine Schüssel vor mir sehen.

*

Am 12. September reist Goethe von Karlsbad ab und trifft, nach kurzem Aufenthalt in Jena, am 16. nachmittags ½2 Uhr in Weimar ein. – Vom 1. bis zum 24. November Goethe in Jena.

*

534. *Goethe*

Ich schreibe Dir, mein liebes Kind, in einem eignen Falle. Seitdem mir der leichte rothe Wein nicht mehr schmeckt, bekommt er mir nicht. Siehe doch zu, ob die letzten Flaschen noch vom vorigen sind oder vom neuen. Wenn Du noch nicht an Ramann geschrieben hast, so bestelle nur von dem Deinigen; oder contremandire den Auftrag. Ich trinke die Johnischen Nößel, er von meinem Wein. Sende also nur Languedoc, bis man sieht, wo es hinaus will. Nicht mehr. Lebe wohl.

[Jena,] den 4. November 1812.   G.

535. *Goethe*

Da man euch liebenwürdige, unruhige Ungethüme doch einmal nicht los wird, man mag sich stellen, wie man will, so soll es mir recht angenehm sein, zu hören, daß ihr in der ›Sonne‹ glücklich angekommen seid. Laßt mir es melden, und wenn es schön Wetter ist, so kann der Morgen noch zu Spaziergängen und Besuchen, ist es häßlich, zu Revision meiner kleinen Haushaltung angewendet werden. Ich bin sehr zufrieden mit Heinrichen und der Köchin; ja, der Ernst, womit wir die Sache treiben, ist eine Lust und Spaß. Um nicht aus dem Gleise zu kommen, habe ich einen Karpfen von Winzerle für mein Geld kommen lassen und die polnische Sauce gleich aus der Tasche bezahlt. Das dient zur Unterhaltung, will aber zugleich so viel sagen, daß ihr hoffentlich so viel mitbringen werdet, um die genaue Wirthschaft für das herrliche Gastmahl zu entschädigen, welches euch bereitet ist, und das ich soeben mit der Köchin verabredet habe.

Ein Brief, den Du inzwischen erhalten hast, hat Dir gesagt, daß ich mich wenigstens für den Augenblick an den Languedoc halten muß. Bringe also von diesem ein halb Dutzend Flaschen mit, von dem Elsasser dagegen können wir einige mit zurücknehmen.

Es ist mir sehr angenehm, daß wir gerade am Ende von diesen acht Tagen alles besprechen können. Wenn es sich fortsetzen läßt, wie es angefangen ist, so kann es von den schönsten Folgen sein. Nur bedaure ich euch freilich, daß ihr in Absicht auf die Küche nun[1] leidet; doch kann es euch in diesem Puncte niemals so schlimm ergehn, als es mir[2] ergangen ist.

Ein herzliches Lebewohl, auf baldiges Wiedersehen.

Jena, den 6. November 1812.   G.

Nachschrift.

Gestern Abend habe ich auch Minchen wiedergesehn. Ich überließ es dem Zufall, wie ich mit ihr zusammenkommen sollte. Der hat sich auch recht artig erwiesen, und es war eben recht. Sie ist nun eben um ein paar Jahre älter. An Gestalt und Betragen u. s. w. aber immer noch so hübsch und so artig, daß ich mir gar nicht übel[3] nehme, sie einmal mehr als billig geliebt[4] zu haben.

---

1 Über gestrichenem auch.
2 Nach gestrichenem euch.
3 Durch Lösen des Siegels in Verlust geraten.
4 Die letzten 5 Buchstaben durch Lösen des Siegels verloren.

Überhaupt kommt mir dießmal in Jena alles völlig wie vor mehreren Jahren vor. Knebel ist ganz allerliebst, und eine gewisse vernünftige Thätigkeit und Denkweise scheint wieder aufzutauchen, da wir bisher unter Bestialitäten mancherlei Art gelitten haben. Wenn des guten Voigts Coffre nicht wäre, so wüßte ich nichts zu wünschen, denn was meine Arbeiten betrifft, so ist für die kurze Zeit genug geschehn.

*

Goethes Tagebuch, 7. November: »Gegen 12 Uhr die Frauenzimmer. Speisten wir zusammen ... Nach 6 Uhr die Frauenzimmer zu einer kleinen Collation. Gingen auf den Ball«; 8.: »Die Frauenzimmer in Zwätzen ... Abends Herr von Hendrich und Knebel. Letzterer blieb zum Whist«; 9.: »Die Frauenzimmer zum Frühstück und Abschied zu nehmen.«

*

536. *Goethe*

Nach der Abfahrt der lieben und lustigen Frauen hat sich der gute und lobenswürdige Fleiß wieder eingefunden, es ist aber demohngeachtet eine gewisse Lücke entstanden. Ich glaube, es würde am besten sein, wenn ihr wieder gelegentlich in den Klippsteinischen Garten zögt; und wenn ihr euch auch daselbst wie[1] der selige Geheimderath Sternberg vorkommen solltet, so würde euch doch immer eine Kalbsbrust an die guten, alten Zeiten erinnern können.

Da ihr indessen bis dahin, daß diese goldne Zeit eintritt, durch meine Entfernung ziemlich leidet und sehr gut empfindet, daß die Stelle der Köchin in euerem Hause unbesetzt

---

1 Nach gestrichenem gelegentlich.

ist, so will ich nur zu einigem Ersatz versichern, daß hier alles vortrefflich geht. Heute früh gab es große Händel über ein Feldhuhn, welches Heinrich, ohne anzufragen, vom Rentbeamten für 5 Groschen angenommen hatte. Diesen Proceß schlichtete ich salomonisch dadurch, daß ich bezahlte und mir dieses Huhn außerordentlich zum Frühstück vorbehielt. Ferner hat die Köchin mir den morgendlichen Weinschaum für heute abdisputirt und mir dafür ein ganz vortreffliches Zwischenessen, welches sie künftig auf gleiche Bedingungen wiederholen soll, bereitet. Genug, es ist an dem ganzen Zustand nichts auszusetzen.

Mit größtem Schrecken werdet ihr jedoch bemerkt haben, daß Karten und Spielmarquen zurückgeblieben sind. Sie folgen hiebei um so lieber, als sie mir kein Glück gebracht, ja mich vielmehr um einen Karpfen mit polnischer Sauce *gebracht* haben. – Nun lebet recht wohl und sendet durch die Botenfrauen wenigstens einiges, daß wir wieder *einigerma-ßen* wenigstens zu unserem Schaden kommen.

Jena, den 10. November 1812. G.

537. *Goethe*

Wenn Du Dich, mein liebes Kind, in der Küche plagst, und ihr demohngeachtet mit dem Mittag-Essen manchmal nicht ganz zufrieden seid, so denkt, daß es mir inzwischen ganz wohl geht, und daß ich mich auch wieder einmal plage, wenn ihr euch gut befindet. Die Haushaltung geht immer ordentlich und zugleich spaßhaft fort. Was ich außerordentlich genießen will, bezahle ich baar, und so ist alles im Gleichen. Nur will der Wein immer nicht auslangen: denn wir selbst und einige Freunde nach Tische consumiren immer etwas mehr, als ausgesetzt ist. Sende deßwegen immer noch etwas Languedoc und Würzburger; der Elsasser wird wohl reichen. Seit ihr weg seid, habe ich außer Knebeln und den bekannten Haus- und Studienfreunden niemand gesehen.

Meine Geschäfte gehen gut. Wenn ich auch irgend etwas zu erinnern finde, so gibt es doch nichts Fatales, und ich denke, in acht Tagen alles so zu stellen, daß ich vor Februar nicht wieder herüber zu gehen brauche. Meine eignen Arbeiten machen sich auch recht hübsch; und ich brauche nach meiner Berechnung hier nicht viel mehr dafür zu thun. Wenn ihr also Sonnabend, den 21., anlangen wollt, so habe ich nichts dagegen einzuwenden. Meldet mir das Nähere und bringet gute Gaben mit, damit wir einmal wieder etwas Neues erleben. Grüßet alle Freunde und besorget die Inlagen aufs allerbeste: denn es sind lauter bedeutende Dinge.

Und somit Lebewohl! Weiter wüßte ich nichts zu sagen, als daß ich mich an der Hoffnung eines frohen Wiedersehens ergetze.

Jena, den 13. November 1812. G.

538. *Goethe*

Wir können nicht anders sagen, als daß vor wie nach alles sehr gut geht; die Köchin sowohl, als Heinrich gehen in ihrer Regel fort, und so weiß man täglich und wöchentlich, woran man ist, worauf denn doch am Ende alles ankommt. Meine Geschäfte und Ausarbeitungen machen sich auch gut, ja es thut sich sogar noch manches unerwartet Angenehme hervor.

Karl hat auf seiner Durchreise nach Karlsbad Abschied genommen, und ich habe ihm das noch zugesagte Vierteljahr ausgezahlt. Es ist mir sehr lieb, daß ein Verhältniß, das so lange gedauert und das doch zuletzt nicht mehr haltbar war, sich noch so leidlich auflöste. Ich habe ihn mit einigen Ermahnungen und Hoffnungen entlassen.

Wir vernehmen, daß große Bewegungen in Jena waren, wegen Tag und Stunde des Tanzens, auch sind uns die allerverschiedensten Nachrichten davon zugekommen. Nun aber scheint es gewiß, daß Sonntag ein Thé dansant sein soll, und ich erwarte daher die so liebe, als unruhige Nachbarschaft *Sonntags früh*, damit ja nicht die Weimaraner in Nichtachtung des Theaters den Jenensern ein böses Beispiel geben.

Wie es hernach zu halten sei, wird sich besprechen lassen; vorzüglich aber will ich anrathen, daß an Victualien und sonst allem Guten ein hinreichender Transport mit herüberkomme, damit nicht, wie schon mehr geschehn, mein Ende das Mittel und den Anfang aufzehre.

Denn bis jetzt haben wir uns löblich gehalten, und nach diesem Anschnitt kann ich künftig in Jena einen recht zufriedenen Aufenthalt haben. Verzeihe mir aber, wenn ich, um künftig einem verdrüßlichen, allgemeinen Aufwaschen vorzubeugen, im Einzelnen nörgele, wie ich es jetzt mit Heinrichen um die Lichtstümpchen thue. Karl reiste nicht als ein selbstständiger Herr von uns ab, wenn wir selbstständige Herrn gewesen wären.

Denn übrigens wollen wir an unserm Leibe und Gaumen[1] nicht sparen, noch auch sonst knickern; deßwegen *sende* und *bringe* noch etwas *Languedoc*, welcher nun einmal an der Tagesordnung ist.

Hiermit wollen wir denn abgeschlossen haben; denn ich wüßte nichts hinweiter hinzuzuthun. Sehr angenehm würde es mir sein, zu vernehmen, wie ›Romeo und Julie‹ reüssirt, wie es mit dem ›Herbsttag‹ abgelaufen. Ich weiß recht wohl, daß ihr ein so rasches Leben habt, daß ihr an Abwesende nicht denken könnt; aber daß ihr, so wie der Assessor, von den unendlich langen Tagen auch nicht einmal eine Viertel-

[1] Über gestrichenem Gange.

stunde abmüßigen könnt, um mich in den unendlich langen Jenaischen Winterabenden einigermaßen zu unterhalten, kann ich nicht gut finden. Ihr solltet bedenken, daß es mit den Äugelchen nicht mehr gehen will, die man denn doch am Ende zu Hülfe rufen müßte, wenn ihr gar zu sorglos seid. Mit dieser Drohung empfehle ich mich zum schönsten.

Jena, den 17. November 1812.   G.

*

Am 22. November kommen die »Frauenzimmer« abermals nach Jena, am 23. wird mit ihnen, wie das Tagebuch festhält, »verschiedenes über Haushaltung gesprochen«; die gemeinsame Heimkehr erfolgt am 24. – Schon am 4. oder 5. Dezember muß irgendeine Lustbarkeit die »liebenswürdigen, unruhigen Ungethüme« wieder nach Jena gezogen haben. Am 6., unter dem Goethe in sein Tagebuch diktirt: »Die Frauenzimmer waren ausgeblieben«, wird er das folgende Briefchen erhalten haben.

*

539. *Christiane*

[Jena, 6. December 1812.]

Lieber Geheimerath!

Da ich überzeugt bin, daß Du uns kein Vergnügen störst, so will ich nur mit ein paar Worten melden, daß wir erst den Dienstag früh in Weimar ankommen können. Der Ball war sehr brillant, und heute haben Sturms, Döbereiners, Gruners und mehrere eine Partie nach Zwätzen arrangirt, wo wir auch wieder bis jetzt getanzt haben. Und morgen sind wir zu Knebels eingeladen; die Knebel hat es uns als einen Beweis unserer Freundschaft angerechnet, wenn ich bleiben würde. Laß es nur gleich der Köchin wissen, die sich in allem helfen kann. Ich und Uli empfehlen uns zu fernerer Genade und Wohlwollen.

Abends um 8 Uhr in Eile. C. v. Goethe

*

Tagebuch, 8. Dezember: »Kamen die Frauenzimmer von Jena zurück.« — Seltsam wirkt der, Welttragödie und häusliches Idyll mit derselben Gewissenhaftigkeit gelassen nebeneinander buchende Tagebucheintrag vom 15. Dezember: »Herr von Wolbock, die Durchreise des Kaisers [Napoleon] notificirend, sowie daß er sich nach mir erkundigt. Abends Rabusche gespielt mit den Frauenzimmern und zu Tische geblieben.«

1813

Am 15. April faßt Goethe den Entschluß, nach Teplitz zu reisen, und fährt am 17. früh 6 Uhr ab, um erst am 19. August nach Weimar zurückzukehren. Leider haben die Briefe Christianens aus dieser Trennungszeit von vier Monaten sich nicht erhalten.

*

540. *Goethe*

[Naumburg, 17. April 1813.]
Denen lieben Personen, die uns von Weimar weggetrieben haben, sind wir schon einen sehr angenehmen Morgen schuldig geworden. Vor Seebachsburg begegnete uns ein Regiment Husaren, ihre Hütten und Zelte fanden wir leer; es sah aus, als wenn der Krieg für immer von uns Abschied nehmen wollte. Die Jenaischen Boten brachten Blumen und Paquete vor wie nach, und als wir nach Roßla zu einlenkten, fanden wir alles im tiefsten Frieden; freilich stiller als im Frieden, denn wir vermißten die Fuhrleute, die sonst um diese Zeit auf die Leipziger Messe zogen. Das Wetter bewölkte und entwölkte sich, zum Regen konnte es nicht kommen. Die Luft war warm und angenehm. Mein Begleiter erzählte mir eine alte Geisterlegende, die sich sogleich, als wir in Eckartsberge still hielten, rhythmisch ausbildet[e]. Sie wird Herrn Riemer gesendet werden mit der Bitte, solche vorzulesen, aber nicht aus Handen zu geben. Auf immer gleich ruhigem Wege kamen wir vor der Mittagsstunde im ›Scheffel‹ an, wo uns ein alter Kellner mit großer

Gemüthsruhe in den bekannten alten Zimmern empfing, uns jedoch nachher mit Gemüthlichkeit, als er merkte, daß wir gemüthlich seien, die neusten Kriegsereignisse erzählte. Die Pässe wollten ihm gar nicht ernsthaft vorkommen; doch versprach er, wenn wir es verlangten, sie vidiren zu lassen.

Da es Morgens früh gar zu sehr gestaubt hatte, gingen wir nach dem Dom, um Regen zu erbitten; allein der Himmel erhörte uns zu früh, und wir wären beinah tüchtig durchgenetzt worden. Wir gelangten jedoch glücklich in das altheilige, nunmehr vermodernde Gebäude, woraus wir gern einiges durch Kauf, Tausch oder Plünderung an uns gebracht hätten. Unter den Schnitzwerken der Chorstühle sind sehr hübsche Gedanken. Ein ganz dürrer, rebenartiger Stab schlängelt sich und wird durch mitumschlungene, akanthartige Blätter belebt. Noch sehr schöne gemalte Fensterscheiben sind übrig; ein Teppich, von dem die Theile der Figuren und des Grundes einzeln verfertigt und hernach mehr zusammengestrickt, als -genäht sind. Manches Größere und Kleinere von Bronze. Das Bild einer heiligen Schusterstochter, die zum Wahrzeichen den Schuh noch auf der Hand trägt. Ein Graf hatte sie wegen ihrer großen Schönheit geehelicht. Er starb früh, und sie nahm den Schleier. Sie muß sehr hübsch gewesen sein, da sie, nicht zum besten gemalt, etwas aufgefrischt und noch ein wenig lackirt, doch immer noch reizend genug aussieht. Was aber besonders Freund Meyern zu erzählen bitte, ist Folgendes. Das steinerne Bild eines Bischofs, Gerhard von Goch, hat mich in Erstaunen gesetzt; das heißt, das Gesicht. Er ward 1414 installirt, zog aufs Concilium zu Costnitz 1416 und ist derjenige, dem die Naumburger ihre Angst und wir das vortreffliche Schauspiel ›Die Hussiten‹ verdanken. Er starb 1422. Nun aber kommt die Hauptsache. Das Gesicht nämlich ist so individuell, charakteristisch, in allen seinen Theilen übereinstimmend, bedeutend und ganz vortrefflich. Die übrige Figur ist stumpf und deutet auf keinen sonderlichen Künstler. Nun erkläre ich mir dieses Wunder daraus, daß man sein Gesicht nach dem Tode abgegossen und ein nachahmungsfähiger Künstler diesen Abguß genau wiedergegeben habe. Dieses wird mir um so wahrscheinlicher, weil in den Augen eine Art von falscher Bewegung erscheint, und auch die Züge des untern Gesichts, bei sehr großer Natürlichkeit, doch nicht lebendig sind. Uralte Hautreliefs, gleichzeitig mit dem Kirchenbau. Sie stellen in einem Fries die Passion vor, sind höchst merkwürdig. Ich erinnere mich keiner ähnlichen. Doch konnte ich sie nicht scharf genug sehn und wüßte nichts weiter darüber zu sagen: denn wir eilten freilich wieder aus dem Heiligthume, wo es aus mehr als Einer Ursache feucht, kalt und unfreundlich war. Solche Räume, wenn sie nicht durch Meßopfer erwärmt werden, sind höchst unerfreulich. An sehr schönen und eleganten, zwischen die katholischen Pfeiler eingeschobenen, protestantischen Glasstühlen ist kein Mangel, so daß die Honoratioren sich nicht zu beschweren haben. Auf mein Befragen versicherte mir der Küster, der Prediger habe sich in diesem weiten und wunderlich durchbrochenen Raum gar nicht anzugreifen, wenn er nur deutlich articulire und das letzte Wort so genau ausspreche wie das erste. Das ist also ohngefähr, wie auf dem Weimarischen Theater und wie überall, und hieraus kann man sehen, was reisen für einen großen Nutzen bringt. Übrigens sind die Merkwürdigkeiten unerschöpflich. Das Wichtigste, ein sonst höchst bewallfahrtetes, wunderthätiges Marienbild steht nun in einer protestantischen Ecke, und der Küster versicherte, der Kopf sei hohl, mit Wasser gefüllt hätten muthwillige Fischlein dem Bilde sonst Thränen ausgepreßt. Ich habe Sünder gekannt mit hohlen Köpfen, denen auch solche Fischlein, im Gehirn schwimmend[d], zu gelegener und ungelegener Zeit Thränen auspreßten. Ich übergehe einige andere Hauptnebenpuncte, als die Bestien am Gesims, welche Wasser spieen, wenns regnete, zur Ergetzung der Christenheit, und was dem sonst mehr sein mag.

Dresden, den 21. April.

Vorstehendes war gleich den 17., Abends, in Naumburg geschrieben und sollte, zum Beweis meines Wohlbefindens, sogleich abgehn; allein der Postcurs war gehemmt, und wir mußten das Blättchen mit uns nehmen. Am Ostertage hatten wir auf dem Wege nach Leipzig trübes und stürmisches Wetter, fortdauernd vortrefflichen Weg, aber so menschenleer, daß man in der Wüste zu fahren glaubte. Der Himmel heiterte sich auf, und schon um 12 Uhr zogen wir in Leipzig im Hôtel de Saxe ein. In Markranstädt hatten wir einige Russen gesehn, die sich mit irgend einer Art von Spiel divertirten. Ein sehr gutes Essen stellte uns wieder her, wir durchzogen die Stadt, die gerade wegen des schneidenden Windes nicht erfreulich war. Abends gingen wir ins Declamatorium des Herrn Solbrig. Hohler, geist- und geschmackloser ist mir nicht leicht etwas vorgekommen; das Publicum aber hat mir gefallen. Es mochten gewiß[1] an 300 Thaler eingekommen[2] sein, sie applaudirten aber nur ein einzig Mal, als er den Kaiser Alexander hoch leben ließ. Hätte der arme Schlucker sein Handwerk verstanden, so hätte er gleich *»Wohl auf, Cameraden! aufs Pferd, aufs Pferd!«*[3] angestimmt, und hätte gewiß große Sensationen erregt. Dagegen fing er mit jämmerlichem Ton das elendeste aller jammervollen deutschen Lieder zu recitiren an: *»Ich habe geliebet, nun lieb ich nicht mehr.«* Es rührte sich aber hierauf, so wie nach andern ähnlichen Dingen keine Hand weiter, und wir machten uns in Zeiten davon. Dagegen schrieben wir zu

---

1 Davor gestrichen ihm.
2 Von Goethe geändert aus ingekommen.
3 Von Goethe nachträglich unterstrichen.

unserer Lust die von August erzählte Todtentanzlegende in[1]) paßlichen Reimen auf. Sie soll dem Prinzen Bernhard dedicirt und übersendet werden. An Spargel und an sonstigem Guten hat es auch nicht gefehlt.

Montag, den 19., fuhren wir ohne irgend ein Ereigniß, bei guten und leeren Straßen auf Wurzen, wo wir neben der Fähre eine ganz neue Militarbrücke fanden. In Oschatz fanden wir einen leidlichen Gasthof zum ›Löwen‹ und schrieben daselbst eine Parodie des Solbrigschen Lieds, sie beginnt: *»Ich habe geliebt, nun lieb ich erst recht!«* und so geht es denn weiter. Von Leipzig heraus war die Gegend beschneit und bereift, das thauete aber weg und verlor sich; von[2] einer gar freundlichen Abendsonne beleuchtet sahen wir das schöne Elbthal vor uns und gelangten zu rechter Zeit nach Meißen in den ›Ring‹. Ein großes Fourage-Magazin gegenüber versorgten[3] unzählige Fuhren, weßhalb die Wagen den ganzen Platz einnahmen. Eine Wittwe mit zwei Töchtern versorgte den Gasthof in dieser schweren Zeit, die jüngste erinnerte mich an euere glückliche Art, zu sein. Sie erzählte die Verbrennung der Brücke mit großer Gemüthsruhe, und wie die Flamme in der Nacht sehr schön ausgesehn habe. Die zusammenstürzende Brücke schwomm brennend fort und landete am Holzhof; weil aber nicht das mindeste Lüftchen wehte, so erlosch alles nach und nach. In anderthalb Stunden war das ganze Feuerwerk vorbei. Ferner erzählte sie von den Kranken und Gefangenen, die sie gespeiset hätte, von der Einquartirung in den letzten Zeiten, wie die Kosaken ihre Pferde abgesattelt, sich in Kähne gesetzt und die Pferde nachschwimmen lassen. Das war alles vorübergegangen, und Meißen befand sich vor wie nach. Dieß ists, was am meisten aufheitert, wenn man an Orte

---

1 Davor gestrichen und in hastigen.
2 Über gestrichenem bei.
3 Von Goethe geändert aus versorgte.

kommt, wo der Krieg wirklich getobt hat, und doch noch alles auf den Füßen findet.

Dienstag, der 20., war ein sehr angenehmer und unterrichtender Tag. Vor allen Dingen bestiegen wir das Schloß und besahen uns zuerst die Porcellainfabrik. Die Vorrathssäle nämlich. Es ist eigen und beinah unglaublich, daß man wenig darin findet, was man in seiner Haushaltung besitzen möchte. Das Übel liegt nämlich darin. Weil man zu viel Arbeiter hatte (es waren vor 20 Jahren über 700), so wollte man sie beschäftigen und ließ immer von allem, was gerade Mode war, sehr viel in Vorrath arbeiten. Die Mode veränderte sich, der Vorrath blieb stehn. Man wagte nicht, diese Dinge zu verauctioniren oder in weite Weltgegenden um ein Geringes zu versenden, und so blieb alles beisammen. Es ist die tollste Ausstellung von allem, was nicht mehr gefällt und nicht mehr gefallen kann, und das nicht etwa eins, sondern in ganzen Massen zu hunderten, ja zu tausenden. Jetzt sind der Arbeiter etwa über 300. Hauptmann von Wedel, ein Bruder unsers guten Oberforstmeisters, hat die Direction, freute sich sehr, einen Weimaraner zu sehn, und war äußerst gefällig. Hinter den wohlgeputzten Scheiben einer Wohnung auf dem Schloßplatze sahen wir eine von den lieblichsten Erscheinungen. Ein schönes Mädchen, von etwa 4 Jahren, wurde eben zum 3. Feiertage von der Mutter angezogen und stand auf dem dunkeln Grunde wie ein Porträtchen, das van Dyk und Rubens nicht schöner hätten malen können. Die Schönheit des Kindes, die günstige Beleuchtung, der dunkle Grund, der Firnis des Glases, alles trug dazu bei, daß man sich nicht satt sehen konnte; und als ihr nun die Mutter das Halskräuschen umlegte, war das Bildchen völlig fertig. Während der ganzen Zeit sah sie uns an und schien beinah zu empfinden, daß es was Artiges sei, so aufmerksam angesehn zu werden. Der Dom, der auf demselben Platze steht, hat aus mehreren Ursachen äußerlich nichts Anziehendes, inwendig aber ist es das schlankste, schönste aller Gebäude jener Zeit, die ich kenne; durch keine Monumente verdüstert, durch keine Emporkirche verderbt, gelblich angestrichen, durch weiße Glasscheiben erhellt, nur das einzige Mittelfenster des Chors hat sich bunt erhalten. In eben[1] dem Chor waren mir auffallend und neu die aus Stein gehauenen Baldachine über den Sitzen der Domherrn. Es sind Capellen und Burgen, die in der Luft schweben, und das Geistliche mit dem Ritterlichen wechselt immer ab. Ein höchst schickliche Verzierung, wenn man denkt, daß die Domherren altritterlichen Geschlechts waren und die Capellen[2] ihren Thürmen verdankten. Ich habe mir gleich eine Zeichnung davon gemacht, die den ganzen Begriff gibt, den man durch[3] Beschreibung niemandem geben kann.

Zum Frühmahl ward ein Karpfen mit polnischer Sauce genossen, wie er uns den Abend vorher schon trefflich geschmeckt hatte. Ich besah noch die Pfeiler der abgebrannten Brücke und fuhr um halb 1 ab. Bei halb bedecktem Himmel war die Luft kühl, und doch Sonnenblicke so reichlich, daß wir die vergnüglichste Fahrt hatten. Wir zogen über die neugeschlagene Schiffbrücke und dann an dem rechten Ufer der Elbe hin, das über alle Begriffe cultivirt und mit Häusern bebaut ist, die erst einzeln, dann mehrere Stunden lang zusammenhängend, eine unendliche Vorstadt bilden. In der Neustadt fanden wir alles auf dem alten Fleck, der metallne König galoppirte nach wie vor auf derselben Stelle unversehrt. In Weimar hatten sie ihm schon durch die Explosion der Brückenbogen einen Arm weggeschlagen. Schon ½ Stunde vor der Stadt begegneten uns reichliche Spaziergänger, sogar eine lesende Dame; auf der Brücke aber erschien der 3. Feiertag in seinem völligen Glanze, unzäh-

---

1 In eben aus Die neben.
2 Von Goethe geändert aus Capelle.
3 Davor gestrichen sich.

lige Herren und Damen spazierten hin und wieder. Die beiden gesprengten Bogen sind durch Holzgerippe wieder hergestellt, aber nicht bis zur Höhe der steinernen Brücke, weßwegen man hinunter- und wieder hinauffahren muß. Was diesen Mißstand veranlaßt, erfuhren wir nicht. Auch die Stadt war sehr belebt. In der Moritzstraße hielten Russen, erwartend eine selige Bequartierung. Uns aber gings wunderlich: denn als ich an der Wohnung des Prinzen Bernhard anfuhr, begegnete mir Hauptmann Verlohren und erzählte, daß er eben das Haus geräumt und für die Hoheiten eingerichtet habe. Ich bewunderte die gute Austheilung und anständige Einrichtung, fand auch Körners und andere Damen daselbst, welche diese Anstalten beurtheilen wollten und billigten. Hauptmann Verlohren verschaffte uns sogleich ein ander Quartier in der 1. Etage seiner Wohnung, bei Herrn Hofrath von Burgsdorf. Wir sind auf das allerbequemste eingerichtet, finden gute Bedienung, herrliches und nicht zu theures Essen in einem nahen Traiteurhause; unser Wein hat bis heute gehalten, der Rack natürlich auch. Herrn von Ende besuchte ich heute früh, sodann Körners, wo ich Herrn *Arndt*[1] antraf, der sich als Patriot durch Schriften bekannt gemacht. Und so weit wären wir gekommen, bis zu halb 3 nach Tische den 21. April. Leider ist nun der Wein ausgegangen, und der doppelt so theure schmeckt nicht. Nun wünscht man recht wohl zu leben und hofft auf die Fortsetzung.

[Dresden, 22./25. April 1813.]
Mittwoch, den 21., Nachmittag gingen wir zu den Mengsischen Gypsen, waren mehrere Stunden vollkommen vergnügt und belehrten uns aufs beste. Viele Russen gingen auf und ab und ließen sich von dem Inspector was vorerzählen.

---

1 Von Goethe nachträglich unterstrichen.

Ein junger, hübscher Officier hielt sich in der Gegend, wo ich war, und als ich es bemerkte, redete ich ihn an. Er nannte sich einen Herrn von Nolten, der Mann war mir bekannt. Einer seiner Verwandten hat eine Zeit lang in Jena, Weimar und Rudolstadt gelebt. Vielleicht erinnert ihr euch dessen. Ich sagte, wenn er nach Weimar käm, solle er mein Haus besuchen; es ist gar nicht unmöglich, und wer weiß, was so eine Bekanntschaft für Nutzen bringen kann.

Regierungsrath Graff von Königsberg, dessen sich August erinnern wird, ist hier bei der Verwaltungscommission angestellt. Er hatte sehr große Freude, mich zu sehn. Abends gingen wir ins Schauspiel. ›Cosi fan tutte‹, italienisch, war angekündigt. Nein! so ein Schreckniß ist mir niemals vorgekommen. Alte, vermagerte, ja lahme Frauen, statt der lustigen Dirnen, Liebhaber, steif und stockig über alle Begriffe, der Buffo nicht der Rede werth; der Gesang gerade nicht schlecht, aber unerfreulich. Mir ward so angst, daß ich mich flüchtete, wie die Officiere ins Schiff stiegen. Auf dem Rückwege begegnete mir ein großer Volksauflauf, über den weg ein schöner Postzug hervorragte, eine treffliche Reisechaise mit Vache[1] und auf dem Bocke der Hofmockel. Der Wagen hielt vor einem Hause, ich drängte mich durchs Volk und sah Schweveln aussteigen; den 4. April hatte er in Weimar von mir Abschied genommen. Welch ein wunderliches Wiederantreffen. Herr von Ende und Verlohren haben sich seiner angenommen, er hat einen Arzt und gute Wartung.

Des Nachts gegen 11 weckte mich eine fürchterliche Erscheinung. Die Straße war von Fackellicht erhellt, und ein wildes Kriegsgetöse hatte mich aus dem Schlafe geschreckt. Eine Colonne hatte in der Straße Halt gemacht. Es war eine unangesagte Einquartierung. Ganz verwünscht sah es aus,

---

1 Wasche.

wenn sich die Thore der großen Häuser aufthaten und 10, 20, 30 bei Fackelschein in ein Gebäude hineinstürzten. Doch sind die Wirthe das nun schon gewohnt, sie haben Stuben und Lager, wie sie konnten, eingerichtet. Essen halten sie schon gekocht parat und wärmen es nur. Dicke Grütze, Rindfleisch und Sauerkraut, Kartoffelsalat mit viel Zwiebeln und Knoblauch, Brandtewein sind die Hauptingredienzien des Gastmahls. Donnerstags, den 22., gingen wir nach dem Kupferstichcabinet, wo wir uns an großen Bänden nach Raphael gar trefflich ergetzten, alte Bekanntschaften erneuerten und neue ganz unvermuthet machten. Nach Tisch auf die Galerie. Die besten Sachen sind auf Königstein geflüchtet, aber an dem, was zurückblieb, hätte man ein Jahr zu sehn; doch war das Erste, was uns der Inspector Demiany verkündigte, daß Director Riedel auf dem Königstein sei, um alles wieder herbeizuholen. Das wollen wir denn auch abwarten und als ein Glückszeichen ansehn.

Dresden ist freilich jetzt sehr lebhaft; wenn man denkt, daß es schon für sich im Gewissen 40 000 Einwohner hat, was dieses schon in Friedenszeiten für eine Bewegung gibt, und was für Bedürfnisse für eine solche Menge müssen zusammengeschafft werden. Nächstens soll eine Übersicht des Wochenmarkts[1] folgen, insofern es möglich ist.

Auffallend war folgende Erscheinung: Chorschüler, aber nicht etwa in langen Mänteln wie sonst, sondern in knappen, schwarzen Fracks und überhaupt schwarz gekleidet, etwa 30 an der Zahl, gingen, 4 Mann hoch, Arm in Arm mit großen Stürmern auf den Köpfen, der Präfect voraus, durch die Straßen. Sie marschirten nach der Melodie eines Gassenhauers, der ohngefähr so heißen mag:

1 Wochenmarks.

So gehen wir gassaten[1],
Wir lustigen[2]) Cameraden,
Und ziehen frank und frei.

Und was man uns genommen,
Das haben wir nicht bekommen;
Und wenn uns nun der Teufel holt,
So sind wir auch dabei.

Vor den ansehnlichsten Häusern und auch vor dem unsern machten sie Fronte, sangen einen Vers desselben Lieds oder auch eines etwas ernsteren, und dann zogen sie weiter. Der militärische Geist war auch schon völlig in diese Schwarzröcke gefahren.

Daß die Kosaken, die auf dem Markte halten, von allen Menschen umgeben und angestaunt werden, ohne sich in ihrer Gemüthsruhe im mindesten stören zu lassen, darf ich kaum sagen; aber wie lief jung und alt zusammen, als sie ein Kameel mitbrachten, zum ächten asiatischen Wahrzeichen. Ich sah mehrere dieser seltsamen Fremdlinge vor einem Laden stehn, wo Nürnberger Tand feil war. Sie kauften Nadelbüchsen und hatten große Freude an den Pferdchen, besonders aber an den bespannten Kutschen. Sie unterhielten sich darüber, deuteten auf alles ganz nah mit einer gewissen naiven Anmuth hin, berührten aber nichts.

Auf demselben Spaziergang kaufte ich einen *Fündling*. Ihr müßt aber nicht erschrecken, als wenn die Familie vermehrt werden sollte, vielmehr dient Herrn Riemer zur Nachricht, daß es ein seltsames Gestein seie, dem man keinen Namen geben kann, und das sich vielleicht nur einmal findet. Daß Truppen, besonders aber Officiere, zu Pferd und zu Fuß, in Wagen und auf Wagen hin- und

1 Gassaten aus gassaten.
2 Aus lustgen.

herziehen, läßt sich denken. An Fourage-Fuhren fehlt es nicht, vom Lande kommen viele Menschen herein, und es ist ein großes Treiben den ganzen Tag. Dazwischen fehlt es nicht an Orgelmännern, seltsam gekleideten Kindern, die Kunststücke machen, und sonst an Buden und Läden, wo, wie an der Messe, allerlei Wunderliches zu sehn ist.

Ich habe mir einen Plan von Dresden angeschafft und mache mich nach demselben mit der Stadt und den Vorstädten bekannt. Bewegung und Zerstreuung thun mir gar wohl. Ich fange nun erst an, mich wieder zu erkennen. Geht es euch auch gut, so bleibt mir nichts weiter zu wünschen. Ich habe noch nicht viel Personen gesehn, und ist auch nicht viel Freude dabei. Man hört nichts, als was man leider schon mit sich selbst hat abthun müssen. Das Vergangene zu hören, ist ekelhaft, und wer wüßte von der Zukunft was zu sagen. Proclamationen, Befehle, Gedichte und Flugschriften gibts unzählige. Für August wird eine vollständige Sammlung gemacht.

Wenn es Dir, mein liebes Kind, so gut geht, als Du es um mich sonst und jetzt verdienst, so kannst Du zufrieden sein. Die Bewegung und Zerstreuung hat mich bald wieder hergestellt. Lebe recht wohl und liebe mich. Vogel besorgt Dir alles an mich.

[Dresden,] den 25. April 1813.   G.

Beiliegende Blätter gibts Du nicht aus der Hand, vorlesen[1] könnt ihr daraus nach Belieben und Schicklichkeit. Gedichte kommen nächstens.

---

1 Davor gestrichen näch[stens]. Vgl. das letzte Wort des Briefes.

Teplitz, den 10. Mai 1813.
Seit meiner Abreise habe ich manche Blätter dictirt, die, wie
ich hoffe, nach und nach in euere Hände kommen werden.
Gestern erhielt ich das Schreiben vom 30. April, wofür
Wolffen der schönste Dank gesagt sein soll, so wie für alles
Gute, was er euch in diesen unruhigen Zeiten geleistet hat.
Mir ist es durchaus wohl gegangen, und nichts als Angenehmes und Unterrichtendes ist mir begegnet. Ich recapitulire
kurz die Geschichte der vergangenen drei Wochen. Den 17.
übernachteten wir in Naumburg, den 18. in Leipzig, den
19. in Meißen; den 20. besahen wir uns früh in Meißen und
langten Abends in Dresden an. Die Wege waren durchaus
vortrefflich und das Wetter meist sehr schön. Den 21. sahen
wir uns in Dresden um, betrachteten besonders die Mengsischen Gypsabgüsse, den 22. das Kupferstichcabinet und auf
der Galerie. Ich sah mich in den Vorstädten um; den 23.
fuhren wir nach Tharandt und hatten eine lehrreiche Unterhaltung mit Forstrath Cotta, auch fand ich O'Carolls daselbst. Den 24. kam der russische Kaiser und der König von
Preußen nach Dresden. Sonntag, den 25., reisten wir um
Mittag ab und nach Pirna. Den 26., nach einer Fahrt von 9
Stunden, kamen wir nach Teplitz, den 27. kam der Kaiser
von Rußland, die Hoheit zu besuchen. Mittwoch, den 28.,
fing ich an zu baden, Abends fuhren wir gegen Bilin. Den 29.
nach Graupen, die Zinnwerke zu besuchen. Den 30. Mittags
und Abends bei der Hoheit. Meine Arbeiten waren seit
meiner Ankunft gut von Statten gegangen. Vom 1. Mai bis
den 8. gebadet, gearbeitet, und in der Gegend umhergefahren. Den 9. fuhr die Hoheit mit ihrer Schwester Katharina,
welche den 7. Abends angekommen war, nach Prag.
Das Baden bekommt mir ganz außerordentlich wohl, ich
wüßte nicht, mich jemals besser befunden zu haben. Die

Zahl der Curgäste vermehrt sich täglich durch Blessirte und Personen von Dresden. Die Einlösungsscheine haben seit unserm Hiersein zwischen 142 und 160 geschwankt. Der Aufwand ist dem Karlsbader vom vorigen Jahre ohngefähr gleich. Kutsch und Pferde machen die größte Annehmlichkeit des Aufenthalts. Der Kutscher versieht allen Dienst hinlänglich; wir wohnen in einem kleinen Gartenhause und haben die schönsten Blüthen vor uns. Da ich wegen eurer im Ganzen beruhigt bin, so wüßte ich mir weiter nichts zu wünschen. Schreibt mir manchmal auf dem eingeschlagenen Wege, ich werde das Gleiche thun. Lebet recht wohl! in Hoffnung eines fröhlichen Wiedersehns. Grüßet alle Freunde.

542. *Goethe*

Ob Du, mein liebes Kind, die Geschichte unserer ersten Reisetage, die ich bei Herrn von Verlohren in Dresden zurückließ, erhalten hast, ist freilich sehr ungewiß. Auch ist erst gestern über Eger ein Brief an Dich abgegangen. Weil dieser aber wahrscheinlich geschwinder zu Dir kommt, so will ich Dir dessen Inhalt kürzlich wiederholen, vorher aber sagen, daß mich der Brief vom 30. April höchlich vergnügt hat, für den, so wie für alles andre Gute Wolffen der beste Dank werden soll.

Sonnabend, den 17., kamen wir zeitig nach Naumburg und besahn uns noch in der Stadt. Den 18. waren wir in Leipzig und konnten uns umsehn. Abends gingen wir in ein Declamatorium. Den 19. kamen wir Abends nach Meißen, bei dem herrlichsten Weg und dem besten Wetter. Uns begegneten fast keine Truppen. Den 20. besahen wir uns im Dom und sonst, und fuhren Abends nach Dresden. Den 21. und 22. besahen wir die Merkwürdigkeiten von Dresden.

Den 23. fuhren wir nach Tharandt, wo wir den Forstrath Cotta besuchten. Den 24. kamen Kaiser und König. Es war ein unendliches Treiben und Wesen. Den 25. fuhren wir nach Pirna und hatten daselbst einen sehr schönen Abend. Den 26. um 3 Uhr waren wir in Töplitz. Ich fing gleich an zu baden, spazieren zu fahren und zu arbeiten. Die umliegende Gegend besuche ich fleißig. So ging es fort bis Sonntag, den 9. Da erhielt ich euren Brief, der mich sehr beruhigte. Die Hoheit ging nach Tafel ab, und seit der Zeit hab ich im Stillen mein einfaches Leben fortgetrieben. Das Bad bekommt mir wieder ganz vortrefflich, und es fehlt mir nichts als öftere und ausführlichere Nachricht von euch.

Ein herzliches Lebewohl.

Teplitz, den 14. Mai 1813.   G.

543. *Goethe*

[Teplitz, 27. April 1813.]

Freitag, den 23., fuhren wir nach Tharandt. Der Weg dahin durch ein Thal an der Weißeritz hinauf, das sich bald sehr verengt, bald wieder erweitert und zu schönem Feldbau Gelegenheit gibt, ist höchst angenehm. Die Lage des Badeörtchens selbst ist wirklich gefällig. An dem Puncte, wo zwei Thäler zusammenkommen, steht die Ruine eines großen und weitläuftigen Schlosses auf einer isolirten Anhöhe. Um dieselbe und in die beiden Thäler hinauf ist der Ort gebaut, das Badehaus groß und geräumig und auch zum logiren eingerichtet. Ich erneuerte die Bekanntschaft mit Herrn Forstrath Cotta, dessen Anstalt, junge Leute zum Forstwesen zu bilden, sehr gut gedeiht. Andere Erziehungsinstitute schließen sich an und greifen ineinander. Auch besuchte ich Herrn von O'Caroll, der mit Tochter und Enkel sich in jenes friedliche Eckchen der Welt geflüchtet hat. Wir speisten und tranken gut und waren Abends zur rechten Zeit wieder zu Hause. Ich besuchte noch Frau von Grotthuß.

Sonnabends früh war alles auf den Beinen, weil man die Ankunft der Potentaten erwartete. Ich ging über die Brücke und besuchte Kügelgen in der Neustadt. Kosaken, Ulanen, andere Reuterei, Fuhrwerke aller Art, von den schlechtsten Kibitken bis zu den kostbarsten Reisewagen, bewegten sich hereinwärts, die wohlmontirte und sich gut präsentirende Dresdner Bürgergarde hinauswärts. Die Ankunft der hohen Häupter verzog sich. Ich ging wieder zurück nach Hause, sodann mit meiner Wirthin, Frau von Burgsdorf, in die Canzlei des Finanzcollegiums, deren Fenster gerade auf die Brücke gingen. Doch als mirs da zu warm und zu eng ward, ging ich mit Forstrath Cotta wieder in die Neustadt, nach dem Schwarzen Thor, wo man ein paar bekränzte Säulen aufgerichtet hatte, an deren Fuß die Bewillkommnung vor sich gehn und hübsche, weißgekleidete Kinder wie gewöhnlich Blumen streuen sollten. Hier erfuhr ich den Unfall, welcher Weimar betroffen hatte, auf eine Weise, die mich mehr verdroß, als erschreckte. Meine eigne, so wunderbare und unvorsetzliche Entfernung gab mir die Hoffnung, daß auch von euch das Übel werde entfernt geblieben sein. Kaiser und König ritten endlich ein; es war $\frac{1}{2}$1 Uhr. Die Garden, wundersam schön, männlich und militarisch, folgten, bei 8000 Mann Infanterie. Mit Noth kamen wir zurück in die Stadt. Auf dem Neumarkte hielten Kaiser und König. Hier sah ich noch den Rest der Infanterie, alsdann Cavallerie und starke Artillerie vorbei defilieren. Nachts war Illumination, fast durchaus mit Lichtern hinter den Fenstern. Ein einziges Haus hatte einen transparenten Tempel, daneben Inschriften mit ziemlich kleinen Buchstaben, an welchen die Zuschauer die Schärfe ihrer Augen übten, ohne daß sie solche ganz hätten lesen können. Überhaupt scheint man, was diese Dinge betrifft, in Dresden nicht stark zu sein. So waren die Festone, womit die beiden Empfangssäulen oben verbunden waren, dergestalt dünn und mager, daß man sie den Mädchen auf die Kleider hätte garniren können. Ein starker Wind trieb sie nach der Stadt zu, so daß die hereinreitenden Fürsten wenig davon gesehn haben.

Sonntag *Quasimodogeniti*, den 25. Da entschieden war, daß die Hoheit nicht herüberkommen, sondern der Kaiser sie in Töplitz besuchen würde, so machten wir die Vorbereitungen zur Abreise. Ich dankte Herrn und Frau Hofrath von Burgsdorf, meinen freundlichen Wirthen, für gute Aufnahme, ingleichen Herrn Hauptmann Verlohren für seine Vorsorge. Wir wurden aus der Ressource, deren Vorsteher er ist, trefflich, reichlich und wohlfeil gespeist und getränkt.

Um 1 Uhr fuhren wir auf vortrefflichem Weg und bei herrlichem Wetter nach Pirna. Es liegt gar anmuthig an der Elbe. Wir kehrten im ›Rößchen‹ ein. Nach Tische besuchten wir den Dom, der ein merkwürdiges Gebäude ist. Nicht so alt wie der Meißner, aber doch auch sehr lobenswürdig. Die hie und da eingeschriebenen Jahrszahlen deuten auf die Mitte des 16. Jahrhunderts. Außen ist zwar ein Basrelief von 1404, das aber bei einem neuen Bau nur eingemauert scheint. Das Merkwürdigste war uns der Taufstein. Um den runden Fuß desselben, auf dem vierecken Sockel, sind zusammenhängende Gruppen von Kindern angebracht, wie folgt (siehe nächste Seite).

Dieß sind die Vorstellungen der vier Seiten, wobei zu bemerken ist, daß immer die letzte Figur der einen Seite, perspectivisch, mit in die folgende Seite componirt. Man sieht leicht, daß der Gedanke sehr naiv ist: denn was könnte man artiger thun, als die Kindheit um den Taufstein versammeln. Die Compositionen sind durchaus kunstgerecht, die einzelnen Stellungen allerliebst, die Figürchen ohngefähr 6 Zoll hoch. Ich will suchen, eine Zeichnung davon zu erhalten.

Erste Seite[1]

Drei schlafende, ein erwachtes, zwei, die sich mit den Haaren
betendes   eines kleinern beschäftigten

Zweite Seite, gegen den Altar gekehrt[1]

     Ein verbindendes Ein verbindendes
     Ein Schildhaltendes Ein Tafelhaltendes Ein Schildhaltendes
            1561.

Dritte Seite, Fortsetzung der ersten[1]

  Zwei spielen mit einem Zwei sich liebkosende Ein trinkendes
Hunde, ein drittes will Theil nehmen

Vierte Seite, gegen die Kirche gekehrt[1]

     Ein drittes durch die Theilnahme
  Drei Mußverzehrende   verbindendes   Zwei Obstverzehrende

---

[1] Alles kursiv Gedruckte ist von Goethe nachträglich hinzugefügt.

Wir gingen nach dem Flusse, der die Gegend sehr belebt, sahen mehrere auf- und abfahrende Schiffe. Diese sind sehr lang, vielleicht 90-100 Fuß. Ein solches Schiff trägt 1800 bis 2000 Scheffel (Dresdner) Getraide. Die Pirnaischen Steine werden auch darauf nach Dresden und weiter transportirt. Ein dergleichen mit Steinen beladenes Schiff strandete Sonnabends an einem Pfeiler der Dresdner Brücke. Die Schiffer waren sonst gewohnt, durch die jetzt gesprengten Bogen zu fahren, und sind noch nicht genug unterrichtet, wie sie durch die andern durchkommen sollen, besonders da wegen der verschütteten 2 Bogen der Strom durch die übrigen gewaltsamer durchzieht. An dem Elbufer der Stadt Pirna fanden wir dergleichen Steine, die oberwärts herabkommen, mehr jedoch große, aufgesetzte Haufen Kalksteine, 2 bis 3 Stunden von Pirna, bei Nensdorf und Borne gebrochen. Er muß mit dem Thonschiefer verwandt sein, denn er hat eine ganz schiefrige Lage. Auch Mühlsteine fanden wir von Kotta, eine Stunde von Pirna. Wir unterhielten uns mit einem entlassenen sächsischen Artilleristen, der uns allerlei Notizen gab, uns auf die Höhe hinter den Sonnenstein führte. Der Sonnenuntergang war unendlich schön, höherauchig; die Scheibe feuerroth und noch röther der Wiederschein im Wasser. Die Aussicht nach dem Königstein und Lilienstein sehr interessant. Seitdem Torgau zur Festung bestimmt ist, so hat man den Sonnenstein, ein weitläuftiges Schloß gleich über Pirna, zum Irren-, Kranken- und Besserungshaus mit großen Kosten eingerichtet, ansehnliche Gärten ummauert, pp. Die Anstalt soll vortrefflich sein und von einem geschickten Arzte Biniz[1] besorgt.

Montag, den 26., fuhren wir um 6 Uhr von Pirna ab, kamen um halb 11 in Peterswalde an, verweilten eine Stunde. Bei der Capelle war die Aussicht ganz wunderbar.

1 Von Goethe nachträglich in die frei gelassene Lücke gesetzt.

Durch starken Höhenrauch waren die hinter einander stehenden Bergreihen vortrefflich abgestuft. Um 3 Uhr in Töplitz im ›Schiff‹ eingekehrt und zwar im Gartenhause. Es ward ausgepackt. Nach Tische kam Herr von Ende. Abends ging ich zur Hoheit. Es regnete indessen sehr stark.

———

Teplitz, den 21. Mai 1813.
Ich hoffe, Du wirst die sechs ersten Blätter meines Reisetagebuchs, die ich bei Herrn von Verlohren zurückließ, jetzo wohl erhalten haben. Auch schrieb ich ein Zettelchen durch einen Weimarischen Kutscher (Knecht bei Herrn Sorge) am 9. Mai, ferner den 10. über Karlsbad und den 14. durch Graf Edling. Die beiden letzten waren ziemlich gleichlautend, es ist also genug, wenn Du nur einen erhalten hast. Von mir kann ich nur sagen, daß ich mich recht wohl befinde. Das Bad thut seine alten Dienste. Wir sind fleißig und fahren sodann in der Gegend umher. Ohne die Equipage wäre hier nicht zu leben: denn da man so nah am Kriegsschauplatz ist, daß man Nachts sogar manchmal die Feuerzeichen am Himmel sieht, wenn irgend ein unglücklicher Ort brennt; da man von lauter Flüchtigen, Blessirten, Geängstigten umgeben ist, so sucht man gern in die Weite zu kommen, wenn man zu Hause sein bißchen Geschäft abgethan hat. Der Frühling ist hier unendlich schön, besonders blühn die Kastanien jetzt im Park und an allen Wegen auf das allervollkommenste. Das Leben ist ohngefähr so theuer hier, wie vor dem Jahre in Karlsbad. Es wird wenig Unterschied sein.

Hiernächst muß ich den Kutscher loben, der nicht allein Pferde und Geschirr, wie immer, sehr gut hält, sondern auch seinen übrigen Dienst dergestalt versieht, daß man es nicht besser wünschen kann. Schon durch seine Ehrlichkeit wird mehr erspart, als zu berechnen ist.

Euere durch Herrn von Spiegel gesendeten Briefe sind

mir von Prag zugekommen. Sie haben mir sehr viel Vergnügen gemacht. In der jetzigen Zeit kann man nur Gott
danken, wenn man auf seinen Füßen stehen bleibt. Das
Unglück, was jetzt Dresden und die Gegend aussteht, darf
man sich gar nicht vergegenwärtigen. Ich habe bis jetzt 17
Mal gebadet, und will so fortfahren. Alles kommt darauf an,
wie meine Arbeit von Statten geht. Bis jetzt läßt sie sich gut
an. Der künftige Monat muß ausweisen, was weiter zu thun
ist. Grüße Professor Riemer zum schönsten und theil ihm
das Gegenwärtige mit. Ich danke ihm für seine Zuschrift.
Ich habe mir die griechische und römische Technologie in
Dresden angeschafft und studire sie fleißig. Sobald ein paar
Bücher der Biographie im Reinen sind, sende ich sie ab.
Auch Hofrath Meyer grüße zum schönsten und laß ihm
besonders die Stelle vom Taufstein zu Pirna lesen; diese ist
ihm zugedacht. August soll gleichfalls Dank für sein Briefchen haben. Könnt ihr mir auf irgend eine Weise wieder
etwas zubringen, so thut es. Frau von Stein alles Liebe und
Gute, wie allen Freunden und Nachbarn, nicht weniger
Wolffs und sämmtlichen Schauspielgenossen. So viel für
dießmal, mit dem herzlichsten Lebewohl! welches auch dem
kleinen Mandarinen gelten soll.   G.

Da es mir nun, wie Du siehst, so wohl als möglich geht, so
danke ich Dir herzlich für den Antrieb, mich hierher zu
begeben. Einige Tage später wäre es unmöglich gewesen.
Was Du erduldet hast, möge eine fröhliche Folgezeit vergelten. Bis jetzt steht alles noch schwankend, so daß man
keinen Plan machen, noch sich etwas vornehmen kann; sobald dieß möglich ist, hörst Du mehr von mir. Indessen
schreibe ich von Zeit zu Zeit, laßt mich auch etwas vernehmen.

August soll mich dem Erbprinzen, sowie dem Prinzen
Bernhard bestens empfehlen. Letzterem sende ich das

Mährchen vom *Todtentanze*, in eine Ballade verwandelt, mit gegenwärtiger Gelegenheit und hoffe, es wird Spaß machen.

Von Karl kann ich euch so viel sagen, daß derselbe, obgleich von seiner Geliebten und Schwiegermutter begünstigt, noch nicht zu seinem Ziele gelangen können. Weil aber doch zuletzt durch Beharrlichkeit alles möglich wird, so wird sich das auch machen. Er ist gegenwärtig hier, um gewisser Negotiationen willen, zu deren Beförderung ich ihm ein zweites Attestat, ohngefähr im Sinn des ersten, nicht versage. Die Beharrlichkeit, wie gesagt, von Mutter und Tochter scheint immer die gleiche, und sie wird es denn doch noch zuletzt dahin bringen, daß wir Karln als Hausbesitzer in Karlsbad, wozu ihn sein Name schon berechtigt, dereinst begrüßen werden.

544. *Goethe*

Teplitz, den 1. Juni 1813.
Gestern langte Dein Brief vom 24.[1] glücklich an, ist also nicht länger wie billig unterwegs gewesen. Überhaupt sendet nur alles durch Vogeln an Verlohren, da erhalte ich es am sichersten und geschwindesten. Es freut mich sehr, daß ihr die bisherigen Unbilden mit gutem Muthe ertragen habt. Fahret ja so fort und in der Lage, in der ihr seid, beklagt euch ja über nichts: denn wie es in denen Gegenden aussieht, wo die Armeen wirklich zusammentreffen, das darf man sich gar nicht vergegenwärtigen. Wir befinden uns wohl und sind fleißig. In kurzer Zeit wird das Manuscript an Riemer abgehn, dem ich alsdann schreibe. Ich habe jetzt nur zwei Briefe von Dir; der mittlere, durch Frau von Berg, scheint noch unterwegs zu sein. Meine Sendung durch Stallmeister

---

1 Geändert aus unleserlicher Zahl.

Sievers wird nun auch in eueren Händen sein. Und so wäre nun alles wieder zwischen uns im Gange. Ich schreibe deßhalb auch gleich wieder, ob ich schon nicht viel zu melden habe. Der gute Voigt thut mir sehr leid. August soll mich ja gelegentlich dem Herrn Geh. Rath empfehlen und ihm meine Theilnahme bezeigen. Auch möchte ich etwas von Meyer und Knebel hören, wie es denen gegangen ist, und wie sie sich befinden. Körners sind noch hier, in einer sehr unangenehmen Lage. Ihr Sohn ist bei den Preußen, und sie mögen überhaupt beim Einrücken der nordischen Alliirten etwas laut gewesen sein, deßwegen, scheint es, mögen sie nicht gern nach Dresden zurück. Ich fahre sie einen Tag um den andern spazieren; es ist dieß doch Unterhaltung und Zeitvertreib. Dr. Schütze ist auch von Karlsbad hier angekommen, wird aber bald nach Dresden gehn. Sonst ist von alten Bekannten niemand hier außer Dr. Kapp und die Gräfin Brühl. Auch diese seh ich selten und sonst gar niemand. Die Gegend ist jetzt unendlich schön und das Wetter herrlich, recht für ein warmes Bad geeignet. Ich wünsche Dir auch schönes Wetter und reichliche Gartenfrüchte. Wegen 20 kleiner Flaschen Egerbrunnen geht heute ein Brief an den Inspector ab. Die Pferde befinden sich sehr wohl, es wird ihnen nicht viel zugemuthet. Der Kutscher macht seine Sachen vor wie nach höchst lobenswürdig, und läßt mir manchmal merken, daß er auch gegen Dich belobt sein möchte. Das Essen ist hier nicht sonderlich und theuer, der Wein auch nicht wohlfeil, indessen läßt es sich ertragen. Ich habe schon 28 Bäder genommen und werde im Juni so fortfahren. Vielleicht läßt sich in 4 Wochen eher entscheiden, was man thun will. Schreibt mir von Zeit zu Zeit dasselbige. Grüße Augusten zum schönsten. Er soll ja mit seinem Weimarischen Zustande zufrieden sein, wenn er auch manchmal lästig ist. Was die jungen Geschäftsleute hier ausstehn, die für Freund und Feind die Bedürfnisse

herbeischaffen sollen und deßhalb immer mit im Felde
liegen müssen, geht über alle Begriffe. Grüßet alles. Hier-
neben steht das verlangte Liedchen, dem man freilich Tag
und Stunde nicht ansieht, wo es entstanden ist. Es findet sich
leicht eine Melodie dazu. Wenn ich zurückkomme, soll mich
die Engels damit empfangen.   G.

    Ich habe geliebet, nun lieb ich erst recht;
Erst war ich der Diener, nun bin ich der Knecht,
Erst war ich der Diener von allen;
Nun fesselt mich diese charmante Person,
Sie thuet mir alles zur Liebe, zum Lohn;
Sie kann nur allein mir gefallen.

    Ich habe geglaubet, nun glaub ich erst recht;
Und geht es auch wunderlich, geht es auch schlecht,
Ich bleibe beim gläubigen Orden.
So düster es oft und so dunkel es war
In drängenden Nöthen, in naher Gefahr,
Auf einmal ists lichter geworden.

    Ich habe gespeiset, nun speis ich erst gut;
Bei heiterem Sinne, mit fröhlichem Blut
Ist alles an Tafel vergessen.
Die Jugend verschlingt nur, dann sauset sie fort;
Ich liebe zu tafeln am lustigen Ort,
Ich kost und ich schmecke beim Essen.

    Ich habe getrunken, nun trink ich erst gern;
Der Wein, er erhöht uns, er macht uns zum Herrn
Und löset die sklavischen Zungen.
Ja! schonet nur nicht das erquickende Naß;
Denn schwindet der älteste Wein aus dem Faß,
So altern dagegen die jungen.

Ich habe getanzt und dem Tanze gelobt;
Und wird auch kein Schleifer, kein Walzer getobt,
So drehn wir ein sittiges Tänzchen.
Und wer sich der Blumen recht viele verflicht,
Und hält auch die ein' und die andere nicht,
Ihm bleibet ein munteres Kränzchen.

Drum frisch nur aufs neue, bedenke dich nicht!
Denn wer sich die Rosen, die blühenden, bricht,
Den kützeln fürwahr nur die Dornen.
So heute wie gestern es flimmert der Stern;
Nur halte von hängenden Köpfen dich fern
Und lebe dir immer von vornen.

Entsprungen Leipzig, den 18. April 1813, in Solbrigs Declamatorium, geschrieben Oschatz, den 19. April, bei einem
sehr friedlichen Mittagsessen.

Ich lege noch ein Blättchen bei, um Dir zu sagen, daß ich von
Wien sehr erfreuliche Nachrichten habe, die mich überzeugen, daß Ihro Majestät fortfahren, in Gnade und Huld
meiner zu gedenken. Über die Rede zu Wielands Andenken
hat sie mir das Freundlichste sagen lassen. In so trüben
Zeiten, wo man kaum mehr weiß, wohin man die Augen
richten soll, thut ein solcher Sonnenblick gar zu wohl.

Wolffs Brief, den Du mir ankündigst, will ich abwarten
und ihm sodann selbst schreiben und ihm für seinen treuen
Beistand vorläufigen Dank sagen. Grüße das Ehepaar unterdessen zum allerschönsten.

Wie es unserer Schopenhauer ergangen, möchte ich doch
auch wissen. Grüße sie von mir und versichere sie meiner
Theilnahme.

545. *Goethe*

[Teplitz, 6. Juni 1813.]

Pfingsten, das liebste, lieblichste Fest bringt mir einen Brief von Dir, bis auf einen sind alle angekommen; da Du aber sie gleichlautend ausstelltest, so weiß ich, wie es ohngefähr bei euch aussieht, und wiederhole: danket Gott, daß ihr so davongekommen seid, ich habe ganz Anderes gesehen.

Ein Brief an Wolff wird angekommen sein. Ich sprach von Johns Krankheit, er ist wieder besser. Das Übel hat er sich durch einen temperleinischen Eigensinn zugezogen, es ward aber sehr ernsthaft. Nun ist er besser, ich habe mich der Lage gemäß eingerichtet, und an meiner Arbeit schadets mir nicht. Ich hatte so sehr viel vorgearbeitet, daß ich einige Wochen zur Revision brauche. Ich komme mit allem, was ich mir vorgenommen, sehr gut zu Stande. Am goldenen Ei solls nicht fehlen. Daß Du das Mögliche thust, weiß ich und erkenn es; fahre so fort und vergnüge Dich dazwischen, bis wir uns wieder in der Gegenwart einer treuen Liebe erfreuen können.

Zur Communication brauchts nun weiter keine Umstände. Schreibt mir nur direct nach *Töplitz* durch *Dresden*, so habe ich den Brief bald genug. Ohngefähr am 10. Tag.

Gesellschaft seh ich fast gar nicht, sie sind alle im Augenblick ersoffen und quälen sich von Morgen zu Abend mit widersprechenden Neuigkeiten; aber mit meiner Hauptsache geht es gut und muß immer noch besser gehn, da mir das Bad sehr wohl bekommt, und ich Zeit habe, alles wohl zu überlegen.

Wenn Du meinen Brief nicht lesen kannst, so wird Uli aushelfen, ich gewöhne mir fast ihre Hand an, es sieht fast aus, als wenn ich in sie verliebt wäre.

Kannst Du mir ohne große Beschwerlichkeit etwas von unsern Jenaischen Freunden sagen, und wie diese durch die

Zeit durchgekommen sind? Vom guten Knebel möchte ich gern etwas wissen. Sie haben es vielleicht leidlicher gehabt als ihr.

Seit dem 27.[1] Mai, dem Datum Deines letzten Briefes, wirst Du erhalten haben:

1. Ein Paquet durch Stallmeister Sievers unterm 24.

2. Einen Brief. Antwort auf Deinen vom 24. Mit Liedchen und Nachricht des besorgten Brunnens unterm 1. Juni.

NB. am 5. ging ein Brief an Wolff ab.

So weit war ich gestern gekommen. Heute noch einiges. Ich freue mich sehr, daß alles bei euch wieder im alten Gleise geht, die Besorgung der Gärten, das Theater und das liebe Belvedere. Fahret so fort, das Nöthige zu tun und euch zu vergnügen.

Melde mir doch auch etwas von Geh. Regierungs-Rath von Müller und grüße ihn schönstens. Ingleichen von Falk, auch diesem sage ich ein freundlich Wort, Lortzings nicht weniger.

Ich wünschte nur, Du könntest ein paar Tage mit mir in meinem Gartenhause sein. Das Gärtchen ist klein, liegt aber frei und hat die schönste Aussicht. Das Baden bekommt mir sehr gut, auch habe ich einen guten Wein gefunden und kann alle Tage Krebse haben; so siehst Du also, daß mir nichts abgeht.

John hat gut geschlafen, und es steht viel besser mit ihm. Madame Schopenhauer viel Grüße! wie ist es ihr da draußen ergangen? Meldet mir so nach und nach, was sich sagen läßt, und behaltet mich lieb. Teplitz, den 7. Juni 1813, als am 2. Pfingsttage.   G.

Frau von Heygendorf die schönsten Grüße, auch Herrn Hofkammer-Rath und Genast.

---

1 Über gestrichenem: 24.

546. *Goethe*

[Teplitz, 10. Juni 1813.]
Wie euch der Sonntag immer etwas Gefährliches gebracht
hat, so war es bei mir umgekehrt; jederzeit begegnete mir
etwas Erwünschtes an diesem Tage, und zwar nach Maßgabe ·
seines Namens, als Jubilate, Exaudi, u. s. w.

Durch die mehreren Briefe, die nun alle bei mir angekommen sind, seh ich nun, wie es bei euch steht; wir müssen
eben wie alle Welt abwarten, was es geben kann. Der Stillstand läßt uns Frieden hoffen. Indessen wird der Besuch,
wenn ihr welchen habt, desto eher bei euch bleiben.

Ich habe nun schon 36 mal gebadet und befinde mich
dabei sehr wohl und thätig; auch wohne ich so hübsch und
bin so gut eingerichtet, daß ich mich nicht wegsehne. Nirgends könnte ich meine Arbeit auf den Grad fördern wie
hier, ich denke, sie soll gelingen.

[Teplitz,] den 14. Juni 1813.
Vorstehendes war geschrieben, als sich ein Reitknecht meldet, der nach Weimar geht. Ich will dieß Blättchen gleich
mitgeben. Er wird euch sagen, daß er mich ganz wohl in
meinem Gärtchen angetroffen hat.

John ruckt sich auch wieder zurechte. Deine und Augustens Briefe bis zum 6. Juni habe alle erhalten. Auch einen
sehr werthen Brief vom Herzog.

Schlossern habe direct über Eger geschrieben. Eine Anweisung für Ramann lege ich bei. Schlosser ist avertirt.

Das Andre für August. Es sind keine Neuigkeiten, aber
Originalpapiere.

Soeben fällt mir ein, die Rolle hinzuzufügen. Adieu.   G.
Dem Überbringer erzeigst Du was Angenehmes.

Teplitz, den 26. Juni 1813. a.

Es ist ein sehr guter Gedanke, mein liebes Kind, daß Du die Briefe von so langer Zeit her ordnest, so wie es sehr artig war, daß Du sie alle aufgehoben hast. Woran soll man sich mehr ergetzen in diesen Tagen, wo so vieles vergeht, als an dem Zeugniß, daß es selbst auf Erden noch etwas Unvergängliches gibt. Augusts gute Einrichtung mit den Papiertaschen hat also auch auf Dich gewirkt. Sie kommt mir auch zu Statten: denn ich habe mir, bei meiner Ankunft, dergleichen zusammengeleimt und habe alles in besserer Ordnung als vor dem Jahre.

Deine Briefe sind alle glücklich angekommen und, wie ich daraus ersehe, auch die meinigen bei euch. Wir hätten es uns aber bequemer machen können, wenn wir sie gleich Anfangs numerirt hätten. Da braucht es nicht so viele Wiederholungen, deßwegen will ich auch gleich die gegenwärtigen Blätter[1] oben in der Ecke mit a und so fort[2] bezeichnen: denn ich werde Dir doch noch von hier aus mehr als einmal[3] schreiben.

Mit dem dritten Bande geht es seinen Gang. Das erste Buch und den größten Theil des zweiten habe ich nach Dresden geschickt, adressirt an August. Wahrscheinlich nimmt es Peucer mit nach Weimar. Ich werde mich nicht vom Platze bewegen, bis ich mit den übrigen so weit bin, daß es mir nicht mehr fehlen kann. So eine Arbeit ist viel größer, ja ungeheuerer, als man es sich vorstellt. Da ich aber noch drei Monate Zeit habe, so brauche ich mich nicht gerade zu ängstigen.

Da Dir das kalte Bad zwischen Weimar und Belvedere

1 Von Goethe über der Zeile nachgetragen.
2 und so fort von Goethe über der Zeile nachgetragen.
3 Von Goethe aus einen geändert.

wohl bekommen ist, so brauchst Du Dich über die Whistmarken nicht zu betrüben. Wenn Du sie nicht wieder erhältst, so finden sich in Dresden wohl dieselbigen oder
andere.

Vor allen Dingen muß ich nun die Ankunft des Herzogs
erwarten. Es ist mir sehr angenehm, daß er sich entschlossen
hat; er hätte sonst gewiß den traurigsten Winter verlebt. Ich
wünsche nur, daß es ihm so wohl bekommt wie mir. Ich
habe mich sehr lange nicht so gut befunden, aber freilich
auch schon fünfundvierzigmal gebadet und mich sehr diät
gehalten, wozu die hiesige Küche freilich den besten Anlaß
gibt.

Die Theurung ist freilich groß in dieser Gegend, indem
unsere Wirthe selbst 1 ½ Kopfstück für eine Mandel Eier
geben müssen. Ein gebratenes, kleines Huhn wird zu 1
Gulden (2 Kopfstück)[1] angerechnet, die Flasche Melniker 15
Groschen. So genau wir leben, kommen wir die Woche nur
mit 50 Gulden Sächsisch aus, und da darf kein merkliches
Extraordinarium Statt finden. Die ersten Einlösungsscheine
habe ich von Prag zu 157, die letzten zu 152 erhalten.

Unsere Wohnung ist und bleibt sehr angenehm, aber die
Kälte ist groß, so wie die Trockne; über beides werden große
Klagen von Badegästen und Landleuten geführt.

Ich sehe nun fast gar niemand mehr: denn da die Sachen
überhaupt so confus und ungewiß stehn, so sind die Menschen noch confuser und ungewisser. Ich halte mich an
meine Arbeit, wie es auch am Ende jeder thun muß, er mag
ein Geschäft oder ein Handwerk haben, welches er will.

Daß Du Dich so gut eingerichtet hast, freut mich gar sehr.
Deine Gegenwart erspart uns wenigstens die Hälfte von
dem, was es sonst kosten würde: denn Du kannst doch gar
manches ableiten und das Unvermeidliche wohlfeiler ein-

---

1 Die Klammer nachträglich über der Zeile.

richten; auch soll Dir dafür der schönste Dank gesagt sein, und ich hoffe, wir wollen das, was uns übrig bleibt, noch vergnüglich genießen.

Auch Uli grüße besonders. Sie soll gelobt sein, daß mein Westchen auch zur Zeit der Noth nicht zurückgesetzt hat. Ich verlange sehr danach. Vielleicht habt ihr den glücklichen Gedanken gehabt, es des Herzogs Leuten mitzugeben. Es ist auch recht schön und glücklich, daß sie sich den fatalen Verlust nicht allzu sehr zu Herzen nimmt. Bleibt immer hübsch einig und vergnügt unter unserm Dache, und wir wollen noch eine Zeit lang zusehn.

Heute hab ich einen merkwürdigen Besuch gehabt und zwar Herrn von Dankelmann, der sich sehr angelegentlich nach seiner Frau und Kindern erkundigt. Sein rechtes Auge war mit einer schwarzen Binde bedeckt, welche zugleich diese ganze Seite des Kopfs verhüllte.

Er hatte bei einem der leichten Corps gestanden, welches im Eislebischen operirte, wo man sich ganz wohl befunden haben mag. Von seinem Chef an den General Wintzingerode beordert, wohnte er der Schlacht vom (b.) 2. Mai mit guter Besonnenheit bei: denn er wußte recht hübsche Rechenschaft davon zu geben. Durch einen Sturz mit dem Pferde gequetscht und sonst beschädigt, retirirte er mit den Alliirten, erhielt die Erlaubniß, in Großenhain über der Elbe sich zu curiren und zu pflegen, mußte aber auch von da fort und wurde, als er sein Corps wieder aufsuchte, von russischen Marodeurs geplündert und mißhandelt. Endlich gelangte er nach Breslau und glaubte sich in Sicherheit; allein die Franzosen rückten unvermuthet ein und nahmen ihn nebst noch ein paar hundert Officieren gefangen. Bei dieser Gelegenheit wurde er abermals ausgeplündert und erhielt eine Kopfwunde, durch welche das Auge mit zu leiden scheint; und so ist er denn wieder nach Sachsen gekommen, hat sich, wie es scheint, selbst ranzionirt, sieht sich nun in Böhmen um und

14. Christiane, um 1812.
Büste von K. G. Weißer

will durch einen Umweg wieder nach Preußen. Dieses hat er mir erzählt, und ich schreibe es umständlich, weil man doch auch in Weimar die Schicksale dieses wunderlichen und unglücklichen Menschen nicht ungern vernehmen wird.

Dieses ist einer von den vielen Tausenden, die jetzt in der Irre herumgehn und nicht wissen, welchem Heiligen sie sich widmen sollen. Am schlimmsten sind die königlich sächsischen Landeskinder dran, besonders die, welche bei Leipzig den 18. Juni gefangen worden. Man verfährt gegen sie, ihr Vermögen, ihre Eltern sehr streng, und sie werden von niemand bedauert, weil selbst die Wohlwollenden doch immer meinen, sie hätten es können bleiben lassen.

Den 27. Juni.

Die Sonntage fahren fort, sich immer sehr gut gegen mich zu betragen, und so hab ich gestern spät endlich den Brief durch Frau von Berg erhalten. Er machte mir viel Freude, weil ich auch zurück sah, daß ihr euch, den Umständen nach, leidlich und immer thätig und resolut verhalten habt. Allen tüchtigen Menschen bleibt durchaus nicht weiter zu thun, und wenn der Schmied immer sein Hufeisen schmiedet und die Köchin immer kocht, so ist das Nothwendige und Rechte gethan im Krieg wie im Frieden. Alles reden, schwätzen und klatschen ist vom Übel.

Durch Frau von Berg habe ich denn auch erst heute früh die recht umständlichen und eigentlichen Nachrichten von mancherlei Dingen, die sich dort ereignet, erhalten, und die ich nur im Allgemeinsten gewußt, daher sie mir nicht wohl begreiflich schienen. Diese Damen haben sich lange genug in jener Gegend aufgehalten und manches gehört, wodurch ihre Relationen ziemlich vollständig werden konnten.

Frau von Schiller hatte Deinen Brief eingeschlossen. Empfiehl mich ihr zum allerschönsten; ich bin sehr dankbar, daß sie meiner auch in der Abwesenheit freundlich gedenkt.

Dagegen habe ich auch für sie fleißig gearbeitet, ich hoffe, sie soll sich dessen nächsten Winter erfreuen.

Von Wien hab ich wieder einen himmlischen Brief, und es ist sehr glücklich, daß man vom Südost etwas höchst Erfreuliches vernimmt, da von Nordwest nichts als Unheil zu erwarten steht. Niemand kann auch nur für den nächsten Tag gut sagen. Meine Lage wird durch die Ankunft des Herzogs sehr gesichert: denn es mag erfolgen, was da will, so ist er davon doch immer eher unterrichtet als wir Particuliers, und es ist meine Schuldigkeit und zugleich mein Vortheil, mich an ihn anzuschließen. Haltet euch nur an eurer Stelle, so gut ihr könnt, und wegen meiner seid unbesorgt; ich will schon das Meinige thun, damit meine Abwesenheit unserem Zusammensein zum Vortheil gereiche.

Den 28.

Was die nächste Zeit und die Zukunft betrifft, so wollen wir ganz ruhig sein. Dieß wiederhole ich Dir: thue nur jedes in jedem Augenblick das Seinige.

Wegen John wird manches zu besprechen sein; er ist gut, aber krank, durch körperliche Anlage und vielleicht durch Schuld. Dießmal übertrag ichs, es kostet mich, aber es hat mir noch nicht geschadet. Man muß jetzt alle Verhältnisse respectiren und Gott danken, wenn man leidliche Tage hat. Mein Befinden ist sehr gut und läßt mir alles zu, was ich will und soll. Wir erwarten den Herzog zur Cur, die Großfürstin Katharine als Durchreisende. Ich will aber mein Packet schließen, damit es der nächste Bote, an dem es nicht fehlen wird, mitnimmt. Lebe wohl. Liebe mich.

Erfahrung gibt Zutrauen, Zutrauen Hoffnung, und Hoffnung läßt nicht zu Schanden werden. So stehts ohngefähr geschrieben. G.

Teplitz, den 1. Juli 1813. c.

Ich will immer noch ein neues Blatt anfangen, da ich doch noch manches zu erzählen habe. Die Großfürstin *Katharina* war gestern hier, auf einem kleinen Umwege, den sie macht, nach Karlsbad zu gehen. Ich ward veranlaßt, sie zu sehen, und habe sie der Großfürstin *Marie* sehr ähnlich gefunden. Sie ist um weniges größer, aber im Gesicht, an Gestalt und Betragen erkennt man das Schwesterliche. Sie war sehr freundlich, und mir ist es höchst angenehm, ihr aufgewartet zu haben.

Eine merkwürdige Bekanntschaft habe ich sodann gemacht, einen Rittmeister von Schwane[n]feld, der den Gesandten in Gotha überfallen, Schwebeln entführt und sonst auf dem Thüringer Wald sein Wesen getrieben hat. Es ist ein junger Mann, von starkem Körperbau, regelmäßigem Gesicht, dem Bart und straubige Haare etwas Wildes geben. Im Gespräch ist er zwar kurz gebunden, aber bedeutend und, wenn er seine Abenteuer erzählt, ganz charmant, ja geistreich. Da er in diesem Feldzuge, so kurz er war, viel gewagt, gethan und gelitten hat, so ist er heimlich ergrimmt, daß nichts aus allen den Anstalten geworden ist, und spricht unter Vertrauten ganz offen über die vielen Fehler und Versehen, die von Anfang vorkamen. Er macht die Personen, ihre Reden und Betragen, besonders die alten Generale, gar treffend nach und sagt überhaupt viel, was ich ihm nicht nachsagen möchte. Er kommt Abends in den Garten herunter, und wenn nicht zu viel Personen beisammen sind, ist er offen und unterhaltend. Er hat mich mehr als einmal bis zu Thränen lachen gemacht.

Von diesen Dingen sagt ihr nur den Vertrautesten. Meine Briefe überhaupt gebt ihr nicht aus Händen; erzählen und vorlesen daraus werdet ihr mit Vorsicht. Ich wünsche nur, daß wir wieder so weit sein mögen, um reden zu dürfen wie dieser Soldat, der, als passionirter Theilnehmer, vernünftiger und mäßiger von allem spricht, als die sämmtlichen müßigen, philisterhaften Zuschauer.

Die Verlängerung des Waffenstillstandes beruhigt uns hier; die Einrichtung des Schlosses und der Stadt Gitschin zu einem Congreß gibt die besten Hoffnungen denen, die den Frieden wünschen. Worunter ich denn auch im Stillen gehöre. Denn laut darf man mit solchen Gesinnungen nicht sein. Lebe recht wohl. Du hörst bald wieder von mir. Grüße alles.   G.

Am 3. Juli.

Nun kann ich euch noch vermelden, daß euer Brief vom 26. Juni bei mir angekommen ist, und ich freue mich, daraus zu ersehen, daß es euch leidlich geht; nur beunruhigts mich einigermaßen, daß ihr einer Rolle nicht gedenkt, die ich dem Weimarischen Reitknecht mitgegeben habe, der am 14. Juni von hier abging. Auf dieser Rolle war, nebst andern Dingen, eine Anweisung für Ramann auf 300 Gulden Rheinisch an Schlosser aufgewickelt. Erkundigt euch sogleich, wenn sie nicht angekommen sein sollte, nach diesem Menschen, dessen Namen ich leider nicht weiß[1]. Und August müßte gleich an Schlosser schreiben, daß die Assignation nicht honorirt würde, wenn sie nicht durch eure Hände gegangen ist. Ich tröste mich damit, daß ihr oft etwas in Briefen vergeßt und auslaßt, was man gern wissen möchte. Lebe recht wohl. In Prag war ich noch nicht. NB. Desport hat von Dresden ein Packet an August mitgenommen. Gebt mir bald Nachricht, so wie von der Rolle.

Da die Sache wegen der übersendeten Rolle von Bedeutung ist, so lege ich deßhalb noch ein besonderes Zettelchen bei.

Den 14. Juni kam ein Weimarischer Reitknecht zu mir,

---

1 Die Worte nach diesem . . . nicht weiß nachträglich am Rande hinzugefügt.

dessen Namen ich leider nicht gefragt habe, und sagte, er gehe mit Pferden, die bisher krank gewesen, nunmehr auch nach Weimar, und fragte, ob ich etwas zu bestellen hätte?

Ich gab ihm hierauf eine Rolle mit, auf welche Folgendes gewickelt war:

1. ein Kupfer, die Sprengung der Dresdner Brücke vorstellend.

2. eine Anweisung für Ramann auf 300 Gulden Rheinisch.

3. ein Brief an Dich.

Dieser Reitknecht hätte eigentlich den dritten Tag in Weimar sein müssen; da aber zu jener Zeit die Freicorps noch im Voigtland schwärmten, wovon wir nicht unterrichtet waren, und ihr nichts von der Ankunft derselben meldet, so habe ich allerdings Ursache, besorgt zu sein. Zwar wird mich Herr von Seebach, welcher nächstens mit dem Herzog hier erwartet wird, hierüber schon aufklären; sollte er[1] aber nicht angekommen sein, wie ihr ja bei Herrn Hofkammerrath gleich Nachricht einziehn könnt, so müßte der Herr Lyceumsdirector Schlosser in Frankfurt sogleich davon benachrichtigt werden.

Teplitz, den 3. Juli 1813.   G.

Soeben fällt mir ein, daß ihr wahrscheinlich in denen Herrn von Seebach mitgegebnen Briefen der Rolle gedacht habt; ich will also dessen Ankunft, welche in einigen Tagen erfolgen wird, ruhig abwarten.   G.

---

1 Aus es.

548. *Goethe*

Teplitz, den 1. Juli 1813. d.
Damit ich nicht irre werde, will ich gleich dieses Blatt
fortsetzen.

Den 6.
Gestern Abend sind Durchlaucht der Herzog angekommen.
Es ist mir sehr lieb für ihn, daß er[1] dieser Bäder sich in
einiger Ruhe bedienen kann, und wünsche nur, daß sie ihm
so wohl thun als mir.

Die Sorge wegen der Rolle ist mir nunmehr ganz benommen; und ob ihr gleich der Assignation für Ramann nicht
erwähnt, so hoffe ich doch, ihr habt sie ihm zugestellt, und
die Sache ist in Richtigkeit.

Auf meine Anfrage, ob ein Brief an Wolff, der am 5. Juni
von hier abgegangen und zwar über Eger, angekommen sei,
hat mir auch niemand geantwortet. Ihr seid recht liebe
Kinder, aber ich bitte, wenn ihr schreibt, so seht die letzten
Briefe an und meldet das Gewünschte.

Ich werde diesem Briefe eine Anweisung an Frege auf 300
Thaler beilegen, damit haltet Haus und besorgt die
Zwangs-Anleihe, so gut es gehen will. Zwar ist es freilich
hart, daß man das, was man soeben mühselig verdient hat,
gleich wieder hergeben soll; indessen muß man schon zufrieden sein, daß man es verdienen konnte. Von Hauptmann von
Böhme und nun von Durchlaucht dem Herzog habe ich so
viel von euren Schicksalen gehört, daß ich gerne zahlen will,
ohne gelitten zu haben, da ich doch, wenn ich mitgelitten
hätte, noch darüber auch zahlen müßte.

Es geht eine Gelegenheit nach Weimar, also schnell
Adieu.

1 der.

Ich erwarte nun Nachricht, daß das Manuscript für Riemer und ein kleines Packet unterm 3. Juli bei euch angekommen sei. Lebet recht wohl. Wir haben jetzt hier herrlich Wetter.   G.

549. *Goethe*

Teplitz, den 16. Juli 1813. e.
Soeben erhalte ich euren Brief mit der Nachricht von Augusts Krankheit und ziemlicher Genesung; dagegen habe auch nur Klagen zu schreiben: denn John hat einen Rückfall gehabt, und die Ärzte wollen, er soll nach Karlsbad gehen. Ich habe mich möglichst zusammengenommen, daß ich in der Hauptsache nicht gehindert ward; aber Unannehmliches und Kosten genugt hat es mir verursacht. Ich will ihn bald nach Karlsbad schicken und ihm das Michaels-Quartal vorschießen, mehr kann ich nicht thun. Es wird daher nothwendig, daß man seinen Eltern die Sache zwar schonend, aber deutlich vorstellt, damit sie für seinen ferneren Aufenthalt und seine Rückreise sorgen. Er wird seine Zustände selbst geschrieben haben, sie waren und sind sehr schlimm. Überlegt also die Sache und sprich mit der Mutter schonend, aber vernehmlich und meldet mir das Weitere gelegentlich.

Daß August von einer solchen Krankheit überfallen worden, ist sonderbar genug, er soll sich nur bei der Genesung schonen; denn das ist gerade die gefährlichste Zeit. Ich habe diese Tage viel an ihn gedacht und ihn zu mir gewünscht, indem ich die Zinnwerke von Zinnwalde und Altenberg besah. Ich bringe schöne Suiten mit. Grüße ihn schönstens. Das ist ein leidiges Jahr!

Riemer danke für seinen Brief, er hat mir viel Freude gemacht. Die Folge des Manuscripts kommt auch bald.

Die Hoheit ist hier mit dem Erbprinzen, sie hat mir ein paar sehr artige Bronze-Leuchter mitgebracht und ist wie immer allerliebst, aber auch von der Zeit unendlich gedruckt. Der Herzog ist wohl und munter, und mit mir ist es immer im Gleichen.

August soll sich nur in Acht nehmen, denn diese Krankheiten, wenn sie glücklich vorübergehen, bringen eher Nutzen als Schaden.

Für John dagegen fürchte ich sehr; wir wollen sehen, was das Karlsbad leistet. Dr. Stark ist hier und hat sich seiner freundlich angenommen.

Nun lebet wohl. Habt Dank für alles Gute und Sorgfältige, es wird ja wohl bessere Jahre geben. Alle Briefe sind mir richtig geworden. Nun lebe wohl und gedenke mein! Den 12. Juli habe ich bei einem großen Gastmahl im Stillen gefeiert.   G.

550. *Goethe*

Hierbei, mein liebstes Kind, findest Du ein Blatt, das Du Johns Eltern mittheilen magst; die Sache muß ein Ende nehmen, wie Du Heinrichen zuletzt auch entlassen mußtest. Diese Menschen, wie es ihnen wohlgeht, wollen sich und nicht der Herrschaft leben, und so ist es besser, man scheidet. Wenn Du zu[1] Johns übrigen Untugenden noch eine schwere Krankheit denkst, der man alles verzeihen muß, so stellst Du Dir vor, was ich gelitten habe. Er ist prätentios, speisewählerisch, genäschig, trunkliebend, dämperich und arbeitet nie zur rechten Zeit. Überhaupt war es mit Riemer eine andere Sache. John[2] schreibt nur reinlich und gut, weiter leistet er auch nichts, und das kann man wohlfeiler haben. Mein Gedanke wäre, niemanden wieder ins Haus zu nehmen,

1 Nachträglich über der Zeile.
2 Über gestrichenem Dieser.

sondern einen jungen Menschen zu dingen, der die Morgen-
stunden für mich schriebe und nachher an seine[1] Geschäfte
ginge[2]; was sodann bei mir[3] vorfiele, da könnte mir August
beistehn, ich hülfe mir auch wohl selber, wie ich ja auch jetzt
thun muß. Überlege die Sache, und wir werden ja wohl auch
darüber hinauskommen. Grüße die genesenden Kinder. Das
sind ja seltsame Ereignisse! Es ist nicht genug, daß man von
außen gedrängt und verletzt wird, man hat auch noch mit
innerlichen Zufällen zu kämpfen. Behalte guten Muth! Mir
will er oft ausgehen: denn in der totalen Einsamkeit, in der
ich lebe, wird es doch zuletzt ganz schrecklich. Ich habe nun
auch gar niemand, dem ich sagen könnte, wie mir zu Muthe
sei. Daß ich mich so wohl als möglich befinde, ist das größte
Glück. Auch meine Arbeit habe ich trotz aller Hindernisse
weit genug gebracht. Doch steht mir noch ein schweres
Stück bevor. Lebe recht wohl. Liebe mich und grüße alles.

Teplitz, den 23. Juli 1813.   Goethe

Dienemann beträgt sich musterhaft in allem.

551. *Goethe*

Geheime Secretär Vogel schreibt schon einige Tage für mich,
nun rückt die Arbeit wieder, und ich bin wieder zufrieden.
Verzeihe mir nur, wenn meine letzten Briefe allzu verdrießlich waren, es stürmte gar so mancherlei auf mich los; nun
geht es aber schon wieder besser. Ich wiederhole nicht, was
in dem Brief an Riemer steht, laß Dir ihn vorweisen.

Hauptmann Böhme, der diese Depesche überbringt, wird
Dir sagen, daß ich mich recht wohl befinde. Der Herzog ist

---

1 Über gestrichenem andre.
2 Über der Zeile nachgetragen.
3 sodann bei mir über gestrichenem nachher.

auch wohl und munter, wie ihm denn Teplitz immer bekommt und behagt. Herr von Wolfskeel und Peucer waren
hier, sie konnten nicht Guts genug von der französischen
Komödie und nicht Trauriges genug von dem Zustand von
Dresden erzählen. Auch dieß verleidet mir die Lust, dorthin
zu gehen und des trefflichen Theaters zu genießen. Ich
denke jetzt nur, meine Arbeit zu vollenden und zu euch
zurückzukehren; ich habe es recht satt, wie Schillers Taucher, *allein in der gräßlichen Einsamkeit* und wohl gar *unter
den Ungeheuern der traurigen Öde* zu leben. Die Teplitzer
Wasser aber versöhnen freilich mit allem. Nun lebe wohl,
liebe mich und grüße alles. [Teplitz,] den 27. Juli 1813. G.

Mit John wollen wir es sachte gehen lassen; was gut und
recht ist, wird sich geben.

552. *Goethe*

Es sind zwar seit einiger Zeit allerlei Paquete und Briefe an
euch gelegentlich abgegangen, welche auch nach und nach
wohl ankommen werden. Jetzt will ich nur durch eine
abermalige Gelegenheit melden, daß ich mich ganz wohl
befinde. John ist in Karlsbad und bessert sich. Ich werde für
seinen dortigen Unterhalt, sowie für seine Nachhausereise
Sorge tragen; vielleicht kann er mit Dr. Stark, der im Gefolg
Durchlaucht Herzogs dieser Tage nach Franzenbrunn geht,
zur Rückreise Gesellschaft machen. Was an mich gelangen
soll, wird an Herrn Hauptmann Verlohren in Dresden geschickt. In kurzer Zeit sollt ihr erfahren, wohin ich mich
wende. In vierzehn Tagen wird Töplitz eine völlige Einöde
sein. Mehr wüßte ich für jetzt nichts mehr zu sagen, als daß
ich euch allen recht wohl zu leben wünsche.

Töplitz, den 1. August 1813.   G.

553. *Goethe*

Ich kann Dir, mein allerliebstes Kind, nicht genug danken, daß Du Dich so ruhig, gefaßt und zugleich thätig erhältst, alles gut einrichtest und August und Uli wieder aufquäkelst. Wir wollen, hoffe ich, gesund wieder zusammentreffen. Der Herzog geht nächsten Freitag ab; sodann werde ich noch einige Tage zusehen, mich einrichten und auf Dresden wandern. Von da sollst Du gleich Nachricht haben, ich denke mich nicht lange dort zu verweilen. Daß Du die Whistmarken wiederbekommen hast, ist sehr artig und ein gutes Zeichen. Des Herzogs Küchkalesche bringt vier Steinkasten mit, die werden nicht eröffnet, bis ich komme. Wegen John habe ich aus vielen Ursachen, die ich nicht anführen will, mit Geh. Secretär Vogel verabredet, daß der für seine Cur in Karlsbad und für dessen Rückkehr sorgt. Gib Johns Eltern hievon Nachricht[1]. In der Entfernung wäre hierüber zu handeln nicht möglich. Jetzt lebe wohl, gedenke mein und liebe mich.

Teplitz, den 3. August 1813.   G.

An Riemer die schönsten Grüße. Er wird nun längst abermals eine Sendung Manuscript erhalten haben. Grüße alles. Besonders auch Herrn Hofkammerrath.

Noch will ich hinzufügen, daß mich Dein Blatt auf den ganzen Tag vergnügt gemacht hat.

*

Am 10. August, morgens 6 Uhr, reist Goethe von Teplitz ab.

*

1 Dieser Satz am Rande nachgetragen.

In Dresden bin ich am 10., Nachmittags um 3 Uhr, beim schönsten Wetter, glücklich angelangt, noch zeitig genug, um einen Theil des Napoleon-Festes, das auf diesen Tag verlegt war, mit anzusehen.

Nachts Feuerwerk und Illumination. Nun will ich einige Tage zusehen und dann zu euch zurückkehren. Wie sehr freue ich mich darauf.

Riemern sage, der Postmeister von Peterswalde habe mir seinen lieben Brief überreicht; überall würde er mich gefreut haben, aber an der jetzt so bedeutenden Gränze am meisten. Alles, was Riemer am Manuscript beliebt, billige im Voraus.

Nun lebet recht wohl. Ich schreibe nun nicht wieder.

[Dresden,] den 11. August 1813.   G.

Für John ist in Karlsbad und Franzenbrunn gesorgt.

Die Pferde bringe ich nicht in natura, aber in Kopfstücken mit. Ich habe sie, da das eine lahm geworden, noch glücklich genug in Teplitz verkauft.

555. *Goethe*

Da eben eine Stafette abgeht, so melde ich Dir, mein liebstes Kind, daß ich bald möglichst von hier abgehe und bald bei euch zu sein hoffe. Worauf ich mich sehr freue. Ein paar höchst vergnügte Tage habe ich hier zugebracht. Grüße alles. Dresden, den 14. August 1813.   Goethe.

*

Drei Tage später, am 17. August, früh 5 Uhr, fährt Goethe von Dresden ab und gelangt über Waldheim, Rochlitz, Altenburg, Gera, Köstritz, Jena am 19., abends 9 Uhr, nach

einer Abwesenheit von mehr als vier Monaten, nach Weimar. Nachträglich konnte er nun mit Christiane in aller
Stille die Feier seiner silbernen Hochzeit begehen. – Eine
Unpäßlichkeit, die ihn am 22. befiel und sogar das Herbei-
rufen des Arztes nötig machte, scheint die Seinigen veranlaßt zu haben, ihn zu einem kleinen Ausflug in den Thüringer Wald zu bereden. Im Tagebuch heißt es unterm 25.
August: »Augusts Anregung meiner Abreise. Unruhe wegen
der annahenden Österreicher«; 26.: »Entschluß, nach Ilmenau zu gehen. Vorbereitung. Abreise um 10 Uhr. Kleine
Gedichte.« So verlebt Goethe seinen 64. Geburtstag im
»immergrünen Hain« der Ilmenauer Waldberge.

*

555 a. *Goethe*

[Stadt-Ilm, 26. August 1813.]
Ich ging im Walde
So vor mich hin,
Und nichts zu suchen
Das war mein Sinn.

Im Schatten sah ich
Ein Blümchen stehn,
Wie Sterne blinkend,
Wie Äuglein schön.

Ich wollt es brechen,
Da sagt' es fein:
Soll ich zum Welken
Gebrochen sein?

Mit allen Wurzeln
Hob ich es aus

Und trugs zum[1] Garten
Am hübschen Haus.

Ich pflanzt es wieder
Am kühlen Ort;
Nun zweigt und blüht es
Mir immer fort.

26. August 1813.

556. *Goethe*

[Ilmenau.] Am 28. August 1813.
Ich wachte zeitig auf, ohne mich des Tags zu erinnern. Ein
Kranz mit Glück auf! von Bergrath Voigt, den mir Dienemann ans Bette brachte, erinnerte mich erst (s. No. 1); ich
war noch nicht angezogen, als ich Durchlaucht den Herzog,
den Prinzen und Gefolge herankommen sah, und eilte auf
der Straße entgegen. Da gab es freundliche Begrüßungen,
und kaum waren sie auf meinem Zimmer, als drei kleine
Mädchen mit Sträußen und Goldpapier-Bogen auf Tellern
hereintraten. Das Gedicht (No. 2) von Serenissimo entdeckt
ich zuletzt. (No. 3) vom Grafen Edling. (No. 4) noch unbekannt. (No. 5) von Fritsch. Kaum hatte man sich damit
bekannt gemacht, so traten drei hübsche Mädchen herein,
jede einen Kranz haltend; sie recitirten ihre Gedichte (No. 6.
7. 8) gar hübsch, und als die letzte mir den Kranz aufsetzte,
küßte ich sie gar behaglich und holte es bei den andern nach.
Bald hierauf kamen die Mütter und Großmütter mit den
Enkeln und kleinsten Kindern und brachten eine bekränzte
Kartoffel-Torte. Welche, so heiß sie war, dem Prinzen Bern-

---

1 Über gestrichenem pflanzts im.

hard fürtrefflich schmeckte. Und so war unerwartet ein sehr artiges, mannigfaltiges, wohlgemeintes, ja rührendes Fest entstanden, wo ich im Sürtout und ohne Halsbinde figurirte. So viel für dießmal. Ich siegle, damit es bei nächster Gelegenheit abgehe. Das war also auch wieder ein guter Rath, der mich nach Ilmenau hinwies. Daß ich unterwegs heiter war, saht ihr aus den Verslein. Gestern war ich sechs Stunden zu Pferde, welches mir sehr wohl bekam. Meine überraschende Ankunft machte viel Spaß. – Möget ihr dergleichen genießen!   G.

[Beilagen]   No. 1.

Glückauf, zu dem heutigen festlichen
Tage!
dem 28. August 1813.

No. 2.

Ilmenau

28. *August* 1813.

Wer mal vom Weibe geboren ist,
Der spare füran keine List,
Den Lebensfaden lang zu spinnen
Und täglich nur darauf zu sinnen,
Wie Wohlsein, Lust und Fröhlichkeit
Ihn bei dem Spinnen stets geleit'.
Dieß Künstchen hast du wohl verstanden,
Du spannest gut in fremden Landen,
Sowie zu Haus; dein Faden zwirnte fest.
Nun drehe fort, und halte steif den Rest.
Mein Rath ist, wünsch an diesem Tage:
Entfernt von dir sei alle Plage.

An

Herrn Geheimen Rath von Goethe.

Sagt, wo bin ich hingerathen?
Lacht doch hier kein blauer Himmel,
Tragen Berge nur Kartoffeln,
Wehen gar zu rauhe Lüfte,
Ach! wo bin ich hingerathen? –
Halt! ich sehe, den ich suche,
Den der Sonnengott erzogen,
Mit der Lyra, reich besaitet,
In den feuchten Wäldern sitzen.
Nun, so soll sein Blick mir lachen,
Und sein feurig Wort mich wärmen;
Ja, er soll den deutschen Wald
Zum Orangenhaine zaubern. –
Heißt das aber Kunst zu leben,
Wenn ich fodre, statt zu geben? –
Ei! die ausgelassne Freude
Kümmert kein Decorum heute.
Heute schenkt' er uns sich selber,
Laßt die Schenkung fest uns halten,
Und die Parzen kniend flehen,
Daß sie lang und rosenhell
Ihm das seidne Fädchen drehen.
Wandl er tief in Norden ein,
Doch will ich sein Schatte sein.
Wenn ihn seine Deutschen ehren,
Soll es meine Roma hören.
O, wer weiß, sieht er mich gerne,
Denket, ach! der milden Ferne,
Wo ihm Amor schalkhaft lachte

Und, um stille Mitternacht,
Brauner Mädchen Küsse brachte.

Ilmenau, den 28. August 1813.   G. v. E.

Dem
Hochbetrauten Beschützer
und Patrono
der
magnifiquen Academiae Jenensis
überreicht
diese sich so nennende Gratulation,
ein
ungenannter, doch wohlgekannter
Musensohn.

Ilmenau
am Thüringer Walde,
den 28. August 1813.

Mich sendet Academia
Zu ihrem Mäcenaten,
Ich soll in bester Formula –
Obgleich ganz unberathen –
Begratuliren diesen Tag;
Ach, helfe doch, wer helfen mag.

Ich ging oft ins Collegium,
Wie Professores wissen;
Die Weisheit hab ich, ohne Ruhm,
An Schuhen abgerissen;
Doch Verse machen lernt ich nie,
Ich trieb Natur-Philosophie.

Ich steh in Jena, dacht ichs schon,
Wie Butter an der Sonne,
Es stockt die Gratulation
An diesem Tag der Wonne;
Doch hab ich Ehre gnug daran,
Daß ich mit dir nur reden kann.

Erdenk dir selber, großer Geist!
Was Professores wollten,
Als sie – darob ich hergereist –
Dir Wünsche multum zollten.
Denn ich, der Bruder Studio,
Ich sage nur:

Leb lang und froh!

X. Y. Z.

No. 5

Gegrüßet seist Du im Bergland!
oft erfreue Dich die Felswand,
einst geborsten am schroffen Rand.
treue Freunde umgeben Dich
heut recht innig und freuen sich
einer wie alle! glaubs sicherlich.

No. 6.

Erste Jungfrau.
Dich suchten wir, geehrter Mann!
Und zittern, Dich zu finden.
Wiss, es gebot ein hoher Geist,
Die Kränze Dir zu winden.
Und wir – wir dachten nur des Glücks
Und nicht an unsre Schwächen;
Was wir gewünscht und nie gehofft –
Kann, wer das fühlt, wohl sprechen? –

Auch hörst du keinen Wunsch von mir,
Du schaffst Dir selbst die Welten,
Und zauberst Alle mit hinein —
O! laß mich schweigend dieß vergelten.
(Übergibt den Kranz von Vergißmeinnicht.)

No. 7.

Zweite Jungfrau.

Der Liebe Wort gilt überall,
　Du wirst es freundlich hören;
Drum, was die Schwester nicht gewagt,
　Wag ich, Dir zu beschwören.
Dein Geist, der in das Tiefste blickt,
　Zum Höchsten Brücken bauet,
Bedarf doch zu des Lebens Glück
　Des Herzens, dem er trauet;
Drum nimm im Kranz das stille Pfand
　Der herzlichen Verehrung.
Vergiß nicht, die Dir alles weihn;
　Gib allen oft Belehrung.
　(Übergibt den Rosenkranz.)

No. 8.

Dritte Jungfrau.

Ihr Schwestern, laßt auch mich zum Wort!
Zwar weiß ichs kaum zu sagen,
Doch hier in unserm freien Wald,
Hier läßt sein Blick michs wagen.
Was hölfe Geist und Kraft und Glück,
Will Dich die Freude fliehen?
Sie jagt ich von den Bergen auf,
Um bei Dir einzuziehen.
Daß sie nun gleich, zu unsrer Lust,
Auf Deiner Stirne throne! —

Für dich trug längst der ewge Wald
Die helle Eichenkrone.
(Übergibt einen Eichenkranz.)

557. *Goethe*

Vogel hat mir so schöne Federn geschnitten, daß dadurch die
Lust, zu schreiben, bei mir erregt wird. Vom 28. wißt ihr das
meiste, nur muß ich noch melden, daß Abends der Stadtrath
mir ein Ständchen brachte und durch die Vorsteher etwas
Freundliches sagen ließ.

Am 27. war ich sechs Stunden zu Pferde und sah bei dieser
Gelegenheit einen großen und schönen Theil der Gegend.
Am 29. ward wieder ausgeritten, in die Gebirge. Abend Ball
auf dem sehr wohlgebauten Felsenkeller-Saal, wo ich euch
auch wohl hätte mögen herumspringen sehen. Das alles ist
mir wohl bekommen, und ich habe auch schon gute Gedanken gehabt. Heute, den 30., bin ich zu Hause geblieben, um
auszuruhen und mit Bergrath Voigt allerlei Mineralogisches
zu treiben. Für August habe ich wieder sechs hübsche Versteinerungen ausgesucht. Er soll die sämmtlichen pseudo-
vulkanischen Producte, die auf dem runden Tischchen in
dem Garten-Zimmer liegen, in eine Schachtel packen und
mit nächster Gelegenheit herauf schicken. Ich suche dagegen, euch etwas von dem wahrhaften Angelröder Schafkäse
zu verschaffen.

Der Gedanke war höchst glücklich, mich hierher zu diri-
giren. Es gefällt mir so wohl, und ich denke hier zu bleiben;
denn in dieser Ruhe und Abgeschiedenheit gelingt mir
gewiß manche Arbeit. Grüße Riemern! Erfreut euch jedes
beruhigten Tages.

Schönsten Dank für den Brief. Hier das Neuste vom Tage.
Ihr könnt eure Namen in schönster Glorie lesen.

Was ich thun will, bin noch nicht entschieden; lebet recht wohl.

[Ilmenau,] den 30. August 1813.   G.

*

Am 2. September bei guter Zeit kehrt Goethe nach Weimar zurück, um tags darauf seinem Fürsten im Römischen Hause seine Glückwünsche zum Geburtstag persönlich darbringen zu können.

1814

In jenen Jahren, als Goethe das Freigut Ober-Roßla besaß
(1798-1803), war es sonderbarerweise zum Natürlichen,
Selbstverständlichen niemals gekommen: zu einem mehr-
wöchigen, heitern Aufenthalte der Familie auf dem Lande
in der Nähe Weimars. Der Frühling 1814 brachte dieses
Glück. In dem kleinen Städtchen Berka an der Ilm, das
damals noch einen ganz dörflichen Charakter hatte, war seit
kurzem, dank der Aufmerksamkeit, die Goethe und der
Erbprinz Karl Friedrich der dort entdeckten Schwefelquelle
geschenkt hatten, eine Badeanstalt eingerichtet worden.
Hier, in der ländlichen Stille, gedachte Goethe einige dringende Arbeiten (darunter das Festspiel ›Des Epimenides
Erwachen‹ für Berlin) rasch zu fördern. Schon am 12. April,
dann wieder am 5. Mai hatte Christiane eine gute Wohnge-
legenheit im ›Edelhof‹ vorbereitet; am 12. Mai siedelt sie
dorthin über, Goethe folgt am 13. und verbringt daselbst
sechs Wochen in heiterster Geselligkeit und fleißiger Arbeit.
Am 25. Juni trifft Freund Zelter in Berka ein, mit ihm kehrt
Goethe am 28. nach Weimar zurück, während Christiane in
Gesellschaft Caroline Ulrichs (die sich inzwischen mit Riemer verlobt hatte) noch einige Zeit in Berka bleibt. – Vier
Wochen später, am 25. Juli, reist Goethe nach dem Rheingau, um in Wiesbaden eine Kur zu brauchen, wie die bescheidenen Heilwasser Berkas sie ihm nicht zu bieten ver-
mochten.

*

557. a. *Goethe*

Artges Häuschen hab ich klein,
Und, darin verstecket,
Bin ich vor der Sonne Schein,
Gar bequem, bedecket:
Denn da gibt es Schalterlein,
Federchen und Lädchen;
Finde mich so wohl allein,
Als mit hübschen Mädchen.

Denn, o Wunder! mir zur Lust
Regen sich die Wälder,
Drückte gern an meine Brust
Die beblümten Felder.
Und so tanzen auch vorbei
Die vollkommnen Berge;
Fehlt nur noch das Lustgeschrei
Der vertrackten Zwerge.

Doch so gänzlich still und stumm
Rennt es mir vorüber,
Meistens grad und oft auch krumm,
Und so ist mirs lieber.
Wenn ichs recht betrachten will
Und es ernst gewahre,
Steht vielleicht das alles still,
Und ich selber fahre.

Eisenach, den 25. Juli 1814
    Abends 6 Uhr.   G.

[Hanau, 28.] Juli, 1814.

Zuvörderst also muß ich die charmante Person loben, welche mich das Fahrhäuschen zu betreten bewog; bei der großen Hitze, dem Staub und dergleichen wäre ich sonst vergangen.

Den 25. schrieb ich viele Gedichte an *Hafis*, die meisten gut. Mittags Gotha, im ›Mohren‹ wars behäglich. Herrn und Frau von Franckenberg hatte unterwegs besucht. Um sechs Uhr in Eisenach, vom Schloß-Voigt wohl empfangen, regalirte mich selbst mit einer Kaltschale, deren Ingredienzien jedem Reisenden empfehle. Die Herren von Göchhausen und von Egloffstein besuchten mich.

Den 26., fünf Uhr von Eisenach. Herrlicher Duftmorgen um die Wartburg. Köstlicher Tag überhaupt. In Hünfeld fand ich Jahrmarkt und bemerkte einige Späße. Um 6 Uhr im Posthaus zu Fulda. Ließ mir erzählen und erquickte mich. Magister Petri vom Gymnasium suchte mich auf. Den Tag über hatte ich weniger Gedichte geschrieben und sehr wenige gut.

Den 27. verließ ich Fulda, beim heitersten Himmel, von der Höhe betrachtet ich noch das herrliche Pfaffenthal, das, zu seinem Schaden, jetzt niemanden angehört. Bei Neuhof reifes Korn. Zwischen Schlüchtern und Salmünster Flachs- und Hanfbrechen durch Städtchen und Dörfer, Haus an Haus. Der erste Storch auf der Wiese und erstes Kornerndten. Weiter nach Gelnhausen zu. Vor diesem Orte Weinberge, sodann dieß alte Gehocke, das schrecklicher, nach den letzten Leiden, aussieht als je. Ich besuchte die Burg Kaiser Friedrich des Rothbarts. Eine höchste Merkwürdigkeit. Ruine, theilweise noch gut zu erkennen, von festem Sandstein. Säulenknäufe und Wandzieraten wie von gestern. *Würde*, aber *engsinnig, Zierlust*, ohne Begriff von *Verhältnissen*. So möcht ich im kurzen das Ganze charakterisieren. Um Sieben in Hanau.

Jene Burg liegt eine Viertelstunde von Gelnhausen; was man so nennt, ist eigentlich eine Insel, von lebendigem Wasser umflossen. Der alte Kaiserliche Palast nimmt nur einen Theil davon ein. Der übrige Raum ist mit meist schlechten, theils einfallenden, von Juden bewohnten Häusern besetzt. Denn hier ist ein Asyl. Die Insel war[1] nie der Stadt unterworfen, sondern an die Burg Friedberg gekommen. Zeichnete jemand im rechten Sinne die Reste des Palastes, so gäbe es ein höchst interessantes Blatt. Vielleicht ists Herrn Hundeshagen gelungen, der jetzt in Wiesbaden angestellt ist.

Mein Weg zu und von der Burg, in der größten Hitze, setzte mich in Wasser; ich mußte mich umkleiden und war sehr zufrieden, als ich in Hanau ankam, wo ich mich wieder herstellte.

Geh. Rath Leonhard ist nicht hier. Bruder und Factor haben mir viel gezeigt. August wäre erschrocken, wenn er den Vorrath Versteinerungen gesehen hätte, der daliegen muß, wenn die Sammlungen eingerichtet werden sollen. Von jeder Sorte centnerweis, und was im losen Gestein gesessen, einzeln abgesondert und gewaschen. Ganze Schubladen voll Turbiniten, pp., wie bei Conditorn die Macronen und gebackne Mandeln. August[2] thut sehr übel, wenn er sich nicht mit dieser Firma in Connexion setzt. Sie erwarten aus Paris eine Sendung, wer weiß wo alles her, und sie werden uns in jedem Betracht begünstigen.

Grüßet Ulinen und Riemer, saget Meyer vom Kaiser-Palaste. Es ist eine Hitze, von der ich keinen Begriff mehr hatte.

NB. 1. Heut früh Sechse war ich auf dem Thurn. Es ist eine Weite und Schöne des Thals, an die man sich auch erst wieder gewöhnen muß.

1 Aus ward.
2 Aus Er.

NB. 2. Der Plan zur Oper ›Der Löwenstuhl‹ ist gestern zu Stande gekommen und heute abgeschrieben.

NB. 3. und das Angenehmste: Schwalbacher Wasser soll von Frankfurt abgehen, es ist ein Himmelstrank.

Hanau, [28. Juli] 1814.   G.

Und nun, nach Werners Beispiel, an der Seite ein Lob der Gemüse. Wirsching und Kohlrabi, wie ich sie in vielen Jahren nicht gegessen. Nun steht meine Hoffnung auf Artischocken!

Ein Liebchen ist der Zeitvertreib, auf den ich jetzt mich spitze,
Sie hat einen gar so schlanken Leib und trägt eine Stachelmütze.

559. *Goethe*

[Frankfurt, 29.] Juli [1814].
Also fuhr ich zu Frankfurt ein, Freitag Abends, den 28.; die Stadt war illuminirt, und ich, wie Fritz Frommann, nicht wenig über diese Attention betroffen. Allein meine Bescheidenheit fand einen Schlupfwinkel, indem der König von Preußen, gleichfalls incognito, angekommen war. Ich bedankte mich daher nicht und ging, auf Karlen gestützt, durch die erhellte Stadt hin und her. Wo die Lampen nicht leuchteten, schien der Mond desto heller. Auf der Brücke verwunderte ich mich über die neuen Gebäude und konnte überall wohl bemerken, was sich verschlimmert hatte, was bestand, und was neu heraufgekommen war. Zuletzt ging ich an unserm alten Hause vorbei. Die Haus-Uhr schlug drinne. Es war ein sehr bekannter Ton, denn der Nachfolger

im Hausbesitz hatte sie in der Auction gekauft und sie am alten Platze stehen lassen. Gar vieles war in der Stadt unverändert geblieben.

Heut, den 29., früh ging ich zum Bockenheimer Thor hinaus und freute mich über die neu entstandene Welt. Erst ging ich links, dann rechts und ans Eschenheimer Thor. Die Anlagen sind gut und schön.

Sodann zu Schlossers, wo mich Frau Schöff, nach der Erkennung, freundlichst bewillkommte. Christian war lieb und gut und verständig. Köstliche alte Kupfer sah ich da, und manches neuere Gute. Der ältere Bruder kam auch, und viel wurde geschwatzt.

Willemer ist auf der Mühle, Riesen konnt ich, der Hitze wegen, nicht aufsuchen. Zwei-, dreimal des Tages kleid ich mich um und weiß im Zimmer kaum wohin. Ich hoffe, diesen seltsamen Zustand gewohnt zu werden. Zur Nachtzeit will ich auf Wiesbaden, der Mondschein begünstigt mich.

Director Schlosser spedirt das Schwalbacher Wasser nach Eisenach, an Burgemeister Sältzer. Jetzt ein Lebewohl im Schweiß meines Angesichts und Körpers.   G.

560. *Goethe*

Wiesbaden also, den *1. August 1814.* Die Bewegung einer glücklichen Reise, die überwarme Jahrszeit, das erquickliche Schwalbacher Wasser, und die wenigen warmen Bäder wirken schon so gut auf mein ganzes Wesen, daß ich mir das Beste verspreche. Solchen Anfang und solche Hoffnungen braucht es aber auch, daß ich den hiesigen Aufenthalt erträglich finde, wo alles zusammenkommt, was ich hasse, und noch drüber. Nächstens sende eine Litanei, und ihr werdet mich bedauern. Doch zu Steuer der Wahrheit sei gesagt:

eigentlich ist die Schuld mir beizumessen, der ich die Güter und Gaben, die solch eine Gegend, solch ein Zustand darbietet, nicht mehr genießen kann. Denn euch andern lebenslustigen Hasenfüßen wäre hier das köstlichste Gastmahl bereitet. Vier Chausseen, die von Hügeln und Bergen in die Tiefe führen, wo der Ort liegt, stieben den ganzen Tag von Zu- und Abfahrenden, von Lust- und Spazierfahrenden. Da solls nach Mainz, Biebrich, Elfeld, Schlangenbad, Schwalbach, und wohin alles. Da liegen für Fußgänger verfallne Schlösser, mit Erfrischungs-Örtern, im nächsten Gebirg. Da, und so weiter! *Zelter*, ein furchtbarer Fußwandrer, hat das alles schon durchstrichen, als Liebhaber von allen Sorten Erheiterung, das alles schon durchfahren, durch $\left\{\begin{array}{l}\text{trunken}[1]\\[6pt]\text{gessen}\end{array}\right\}$ und will, ich soll das auch thun. Ich hoffe, die Lust dazu soll kommen, er muß sich meinetwegen nicht binden; einige Stunden des Tags mit ihm sind mir die größte Erquickung, das Übrige theilt sich ein.

Hundeshagen wird mir zu viel Freude und Nutzen sein. Er ist viel besser als das, was er zu Markte bringt. Und das geht ganz natürlich zu. In der Gegenwart erkennt man sein redliches Streben, den Reichthum seiner Erwerbnisse; aber um alles dieß zusammenhänglich, anschaulich mitzutheilen, fehlt ihm, daß er den Stoff nicht ganz durchdringt und nicht Herr der Form ist; daher erscheint auf den Blättern Übertriebenheit und Leerheit[2], die seiner Unterhaltung keineswegs vorzuwerfen sind. Über Gelnhausen hat er mir die schönsten Dinge gesagt. Auf meiner Rückreise hoff ich das mit Augen zu sehen. Er scheint die Zeiten kritisch zu sondern und, da er von der Technik ausgeht, das Wachsende derselben sehr schön und einsichtig auszulegen.

1 Nachträglich über der Zeile.
2 Umgestellt aus Übertriebenheit und Leerheit auf den Blättern.

Riemer und Meyer werden sich an dieser Stelle erfreuen.

Auch Geologisches und sonst noch manches alterthümliche Gute erwartet mich.

Für die Hasen aber ist hier ein Saal gebaut, welcher den Weimarischen Schloß- und Schießhaussaal vereint darstellt und größer ist als jene beide zusammen. NB. der Erbauer ist, auf Wolzogens Veranlassung, in Weimar gewesen und hat sich zu diesem Tragelaphen die Glieder geholt[1]. Diesen, Sonntags, mit Tafelreihen ausgerichtet zu sehen, woran köstlich gespeist und getrunken wird, das ist so was, wornach man lüstern sein könnte. Die Anlage davor und überhaupt das Ganze ist imposant für jeden, der nicht mit allzu reinen architektonischen Forderungen einhertritt. Nein! so einen Sonntag wollt ich euch wünschen! Denkt nur! Schon belauft sich die Badeliste über 3000, sage dreitausend, wäre auch nur die Hälfte davon noch da. Nun der Zudrang von allen Seiten, man darf sagen, daß 10 000 Menschen in Bewegung sind. Nun leb wohl. Führe mich Gott gestärkt dem Koppenfelsischen Giebel entgegen.   G.

561. *Christiane*

Berka an der Ilm, den 3. August 1814.
Dein liebes Gedicht von Eisenach hat mir sehr viel Freude gemacht. Dienstag und Mittwoch nach Deiner Abreise gab ich zwei Theegesellschaften: den ersten Tag die Schopenhauer mit ihrer ganzen Umgebung, so daß es vierzehn Personen waren; Mittwoch die Dillon, den Propst und mehrere von der Suite. Donnerstag früh bekam ich Deinen Brief von Eisenach; gegen Abend gingen wir nach Berka. Freitag kam die gewöhnliche Gesellschaft, doch mehr Herren als Damen. Durchlauchter Prinz kam selbst unter das Zelt, so

---

1 Dieser Satz am Rande nachgetragen.

auch alle die Herren von Hof, und Graf Edling führte mich im Saal; Uli und die anderen Damen wurden von andern Herren hineingeführt. Sonnabend ging still vorüber; Sonntag waren über 300 Menschen hier, und Montag kam schon wieder der Prinz. Dienstag war der König in Weimar. Mittwoch früh reiste er mit der Hoheit ab. Wir waren den Dienstag bei Herrn Dreyßig in Tonndorf, wo alles sehr schön war, die Levkojen waren in ihrem besten Flor, so auch die Nelken; Gillens und mehrere Badegäste waren mit. Der Pachter, der sich einen fröhlichen Tag machen wollte, hatte Abends nach Tische die Musikanten im Saal bestellt, und es wurde getanzt; um 10 Uhr aber gingen wir zu Hause. Der Saal wird jetzt recht brillant; diese Woche werden die Fenster noch fertig, die Maler haben auch schon den Accord machen müssen. August ist heute nach Jena gereist und hat mir Deine zwei lieben Briefe von Hanau und Frankfurt heraus geschickt. Ich freue mich sehr, daß Dir der Rath, mit dem zugemachten Wagen zu fahren, so wohlthat. Das Wasser sollte mich freuen, wenn es noch zu Berka käm. Ich lebe jetzt weit wohlfeiler hier. Die Köchin kocht für August und uns in Weimar sogar den Kaffee in Bouteillen, und so leben wir recht wohlfeil. Ich habe auch nun schon sechs Mal hintereinander gebadet und trinke Selter-Wasser dabei, welches mir scheint recht gut zu bekommen. Von Wiesbaden werden wir wohl auch bald Nachricht von Dir bekommen. Von der Ankunft des Herzogs ist noch gar nicht die Rede. Frau von Heygendorf ist nach Karlsbad gereist mit dem Professor. Uli empfiehlt sich zu Gnaden.

Und ich bitte, mich lieb zu behalten.   C. v. Goethe.

[*Nachschrift:* Riemer]

Ich bitte, das Couvert zu öffnen, um das eröffnete Siegel sich zu erklären.

562. *Goethe*

Wiesbaden, *Sonntag, den 7. August 1814.*
Nun muß ich auch wieder einmal melden, wie mir es geht,
welches gar nicht schlecht ist. Ich habe mein Quartier verändert und bewohne nun ein sehr angenehmes Zimmer, das
des Morgens nicht von der Sonne leidet, Nachmittags sehr
wenig. Das Bad bekommt mir wohl, ob es gleich angreifi-
scher sein mag als das Teplitzer; Zelter ist brav wie immer
und vermittelt mich der Gesellschaft. Daß ich mich leidlich
befinde, könnt ihr daraus sehen, daß ich täglich an der
Wirthstafel speise, die nie unter hundert Gästen ist, und wo
es weder an Hitze, noch an Lärm, noch an Fliegen fehlt. Den
3. August waren wir, eingeladen, in Mainz. Der Geburtstag
des Königs ward sehr anständig gefeiert. Früh militarischer
Gottesdienst unter freiem Himmel, auf einer Aue nah dem
Rhein, dann große Mittagstafel in einem hohen, geräumi-
gen Saale, gutes Essen und Trinken. Abends Feuerwerk,
sodann Ball. Von allem diesem habe ich mein bescheiden
Theil hingenommen. Das Übrige hätte ich euch gegönnt.
Der frische Lachs schmeckt mir noch immer, obgleich die
Hiesigen sagen: die Zeit sei vorbei. Der Anblick des Rheins
und der Gegend umher ist freilich etwas einzig Schönes.
Man würde die Bewohner dieses Bezirks beneiden, wenn sie
nicht so unendlich ausgestanden hätten. Doch scheinen sie
alle Noth so ziemlich vergessen zu haben und erlustigen sich
aufs beste. Heut wird in Schwalbach das Portiunkel-Fest
gefeiert, da fährt, reitet und läuft alles hin. Das Wetter ist
immer sehr schön und nicht gar so heiß die letzten Tage. Ich
finde hier mancherlei Unterhaltung. Hundeshagen gefällt
mir immer besser. Er hat recht schöne Kenntnisse und viel
Thätigkeit. Gestern sah ich eine wunderbare Erscheinung,
einen jungen Mann, Advocaten in Darmstadt, ganz zum
Schauspieler geboren. Schöne Gestalt, schickliche Bewegun-

gen, wohlklingende Stimme; er declamirte, in einer Art von Hamlets Kleide, Schillers ›Glocke‹. Leider ist er, in Absicht auf Declamation, ganz auf falschem Wege; er müßte völlig umlernen, wenn er bei uns Glück machen wollte. Frage Herrn Geh. Hof-Rath, was er ihm geben will, wenn ich ihn engagire. Es ist nur Scherz! Er wird schwerlich aufs Theater gehen; und wenn er sich nicht bekehren ließe, möcht ich ihn nicht einmal. Aber ein prächtiger Bursche ists.

Montag, den 8. *August* 1814.

Gestern war ich in Biebrich zur Tafel, die Herrschaften sehr gnädig und freundlich. Der Gesellschaftssaal eine Galerie, man sieht an einer Seite den Rhein, an der andern den Lustgarten. Es ist völlig ein Mährchen. Der runde Speisesaal tritt etwas vor die Linie des Gebäudes. Die Herzogin, neben der ich saß, sitzt gerade so, daß man durchs offne Fenster den herunterfließenden Rhein vor einen See halten kann, an dessen jenseitigem Ufer Mainz liegt. Ganz in der Ferne sieht man die Berge der Bergstraße und den Melibocus. Der Tag war sehr schön. Allerlei gute Bissen wurden genossen: Artischocken, sodann zum Nachtisch frische Mandeln, Maulbeeren und dergleichen, das ich in vielen Jahren nicht geschmeckt. Nach Tafel besah man den Park und eine recht artig angelegte Ritterburg. Von dem Altan ist die Aussicht sehr schön. August kann von diesem theilweise erzählen. Die Vegetation im Garten und Park sehr lebhaft. Platanen von großer Schönheit, so auch babylonische Weiden von außerordentlicher Größe. Zelter war zu Fuße hinüber gegangen und fuhr mit nach Hause. Dann besuchten uns einige Freunde, und so war der Tag geschlossen.

Ferner muß ich noch eines gar artigen und fast zu reichlichen Festes erwähnen, welches uns die Fräulein von Stein, Schwestern unsres ehemaligen Oberforstmeisters, Sonnabend, den 6., in der Nähe eines alten Schlosses, Sonneberg genannt, gegeben. Es liegt diese Ruine, etwa eine Stunde, auf einer noch fruchtbaren Höhe. Der Abend war schön, des guten Getränkes ein Überfluß, und die Gesellschaft munter durch Erzählungen aus dem letzten Kriege. Nun will ich aber schließen. Gestern hatte ich Besuch von Brentano und Guaita, Herrn und Damen. Meline ist noch immer recht hübsch. Madame Hollweg war auch darunter. Schon vor einigen Tagen besuchte mich Willemer mit seiner kleinen Gefährtin. Und so gibts immer was Neues. Nun lebet wohl.

G.

563. *Goethe*

[Wiesbaden, 13. August 1814.]
Zuvörderst also wirst Du abermals gerühmt, mein liebes Kind, daß Du mich in diese Gegend zu gehen bewogen. Erde, Himmel und Menschen sind anders, alles hat einen heitern Charakter und wird mir täglich wohlthätiger. Die Verhältnisse eines Badegastes sind mir nun auch schon deutlicher; ich habe ein sauberes, kühles Quartier bezogen, speise auf dem Zimmer und lebe ganz nach meiner Weise. Unter den hiesigen Angestellten und Geschäftsleuten gibt es bedeutende Männer, ich habe schon mehrere kennen gelernt. Oberbergrath Cramer besitzt ein trefflich Mineralien-Cabinet, das mich schon viele Abende beschäftigt. Das Schwalbacher Wasser, zusammen mit dem hiesigen Bade, bekommt mir sehr wohl, und so geht ein Tag nach dem andern hin, vergnüglich, heilsam und nützlich. Riese hat mich besucht, er ist gar treu, gut und verständig. Gerning ist auch hier, spielt aber eine wunderliche Rolle, die mir noch nicht ganz klar ist. Er mischt sich in vieles, macht den Unterhändler, Mäkler, Versprecher. Als Dichter, Antiquar, Journalist sucht er auch Einfluß und scheint nirgends Vertrauen zu erregen.

Überhaupt scheinen sich die Menschen nicht aneinander zu schließen. In einem Orte, wo man täglich unter ein Dutzend Lustpartien wählen kann, müssen sich Gesellschaften und Familien sehr zerstreuen. Auch das Geschäftsleben hat einen weiteren und lustigern Wirkungskreis. Ich will mir das alles recht ansehen. Der dirigirende Minister und alle oberen Staatsbeamten sind junge Männer, die auch für den Genuß arbeiten und für ihre Thätigkeit einen schönen Spielraum haben. Der Herzog ist in den Siebzigen, nimmt sich vorzüglich des Militärs an, das aus schönen, jungen Leuten besteht. Der hier garnisonirende Theil ist fast gekleidet wie unsre.

Wiesbaden liegt in einem weiten Thal, das vorwärts, nach Süden, von Hügeln, nordwärts von Bergen begränzt wird. Besteigt man die letzteren: so hat man eine unendliche und höchst schöne Aussicht.

> (Vorstehendes war geschrieben Sonnabend,
> den 13. August. Was mir seit jener Zeit Gutes
> begegnet, enthält das nächste Blatt.)

Sonntag, den 14., speiste ich abermals in *Bieberich*, wo ich wieder gnädige, freundliche Herrschaften, treffliche Tafel und köstliche Weine fand. *Montags* hatte ich den Einfall, nach Rüdesheim zu gehen, und fuhr mit Bergrath Cramer und Zelter nach Tische ab, durch das übermäßig schöne *Rheingau*. Wir kamen zeitig genug an, daß wir bei Sonnen-Untergang die alte, von Graf *Ingelheim*, auf eine gar löbliche Weise, wiederhergestellte römische Ruine besteigen konnten. August mag davon[1] erzählen. Dienstag, den 16., war auf dem jenseitigen Rheinufer große erste Wallfahrt zu einer, nach dem Kriege, wiederhergestellten Capelle, dem heiligen *Rochus* gewidmet. Wir setzten über beim heitersten Wetter

---

[1] Aus das.

und fanden auf der Höhe wohl 10 000 Menschen, um das Kirchlein sich versammelnd. Die Mannigfaltigkeit und Lust dieses Festes ist schriftlich nicht zu beschreiben. Bis Mittag währte das Gedränge. Dann gingen wir nach *Bingen* hinunter, fuhren im Kahn durchs Bingerloch hin und zurück und ließen uns nach Rüdesheim hinauf ziehen. Nachdem wir trefflich gespeist, fuhren wir nach *Elfeld*, blieben im Gasthaus zur ›Rose‹, das unmittelbar auf den Rhein sieht. Morgens regnete es gewaltig, nach so langer Dürre höchst erwünscht. Doch konnten wir abfahren, besuchten Herrn von *Gerning* in *Schierstein* und waren zur rechten Tafelzeit hier. Abends im Cursaal und sodann Donnerstag, den 18., mit einer großen Gesellschaft auf der *Platte*, wo es denn lustig zuging. Indessen befleißige ich mich des Badens und Schwalbacher Wassers, und befinde mich sehr wohl.

Riemern danke für die mir mitgetheilten Correspondenz-Nachrichten. Ich schreibe nächstens dagegen. August soll sich auf die Versteinerungen freuen. Die aus der Übergangs-Epoche sind sehr wichtig. Grüße Ulinen und sagt mir gelegentlich, wie es euch geht. Meine Absicht ist, bis Anfang September hier zu bleiben. Sendet mir deßhalb spätere Briefe an Schlosser. Die Kastanien gerathen nicht reichlich, doch will ich für eine tüchtige Sendung sorgen. Jetzt lebet wohl, grüßet Hofrath Meyer. Zelter ist prächtig und lobt auch die Wirkung des Bades. Adieu.

[Wiesbaden, 19. August 1814.]   G.

564. *Christiane*

Weimar, den 25. August 1814.
Lieber, guter Geheimerath, ich freue mich recht sehr, aus Deinen Briefen zu sehen, daß Dir alles nach Wunsche geht, und Du mich wieder ein bißchen gelobt hast. Wie Du weg

warst, befand ich mich gar nicht wohl; es wurde mir von Huschken gerathen, nach Berka zu gehen und ordentlich zu baden, und habe Selterwasser getrunken des Morgens. Im Ganzen war es in Berka recht hübsch. Jetzt sind wir wieder zu Hause; und da ich nun weiß, daß Du bald kommst, so soll das Haus recht ordentlich zurecht gemacht werden. Das Schwalbacher Wasser habe ich nicht bekommen. Ich habe achtzehn Bäder in Berka genommen, und nun wollen wir sehen, was es für Würkung macht. Wir freuen uns alle recht sehr, Dich gesund und vergnügt wiederzusehen. Schon wird der Herzog wieder erwartet, und man fängt wieder an, alles grün zu machen. Ich bin noch wie ehedem bei der Schopenhauer, welche Dich sehr freundlich grüßen läßt. Sie ist auch sehr krank gewesen. Der Geheime Hofrath, mit welchem ich gesprochen habe, sendet Dir hier diesen Brief; ich habe das Couvert heruntergenommen, weil der Brief doch zu stark war. Aus diesem Briefe siehst Du allenfalls, wie es aussieht.

In unsrem Logis in Berka, die grüne Stube ausgenommen, wohnen Linkers, der Rath Brunnquell, der Geheime Regierungsrath Müller. Es gefällt allen Leuten, nur niemand ist mit dem Essen aus der Apotheke zufrieden. Am Sonntag habe ich ganz allein in der Kirche Gevatter gestanden und zwar bei der Frau, die uns aufgewartet hat; die Menschen waren ganz glücklich. Die Hebamme sagte zu den Leuten: »Ihr könnt zufrieden sein, denn so eine Taufe ist noch nicht in Berka gewesen.« Die ganze Kirche war voll, alle Badegäste waren darinne; der mir auffallende war der Herr Generalsuperintendent Löffler aus Gotha. Und sogar spielte unser Herr Organist die Orgel, welches sonst beim taufen nicht der Fall ist. Ich habe mir durch dieses ganz Berka zum Freund gemacht. Das Wetter war sehr schlecht; wir tranken den Kaffee in der Königin Oborea. Es kamen viele Herren aus Weimar; und als acht bis neun Paar haben wir uns recht amüsirt. Jetzt wird sehr viel eingemacht und alles vor den Winter vorbereitet. Schreib uns recht bald, wann Du ohngefähr zu kommen denkst. Leb wohl, ich bin wie immer Dein, so lange ich lebe.

Uli legt sich Ew. Exzellenz zu Füßen und wünscht nichts mehr, als bald ihr Amt wieder als Secretär anzutreten.

565. *Goethe*

Du erhältst hier, mein liebes Kind, einen alten Brief mit einem gleichzeitigen Blättchen; der Freund hat in der Zeit Gelegenheit gehabt, sich mündlich zu erklären. Ich wünsche allen Glück und Heil, da es mir sehr wohl geht. Das Bad bekommt mir trefflich, die Menschen sind gut und freundlich, und die Gegend himmlisch in der Runde. Seit meinem Letzten vom 19. bin ich in Mainz gewesen, wo der Herzog eintraf. Mit ihm war ich sodann hier und in Biebrich; wenn Gegenwärtiges ankommt, wird er bei euch schon eingezogen sein.

Meinen Geburtstag haben sie mehr als billig gefeiert. Äbtissin von Stein lud uns den 27. Abends ein, es war eine Gesellschaft von etwa 12 Personen, alle bekannt. Sie verzögerten das Mahl bis zwölf Uhr und feierten diesen Eintritt wie einen Neujahrstag. Frau von Holzhausen gab den 28. ein großes und überreichliches Frühstück im Cursaal. Mittags fuhr ich nach Biebrich, wo die wahrhaft wohlwollenden Herrschaften und die Wohlgesinnten des Hofes mir Glück wünschten. Abends hatte ich Zelter, Schlosser und einen Dritten bei mir zu Tische. Frau Brentano-Birkenstock hatte mir früh, von *Winkel*, 10 Flaschen des ächtesten Weines gesendet; davon wurden die Freunde nun erfreut, und alles endigte zum besten. Schlosser überbrachte gleichfalls früh eine ungeheure Schachtel mit Artischocken, Früchten und

Blumen. Ferner hatte ich von den Damen zwei Blumentöpfe mit hohen Sträußern erhalten; das alles diente zum Zierat, wie zum Genuß. Eine Chocoladen-Tasse mit hiesigen Gegenden darf ich auch nicht vergessen, ob ich gleich manches Andre nicht erwähne. Jedoch mußt Du August sagen, daß mir verehrt worden ist ein wohlerhaltner, goldner Denar mit dem Bilde des *Caligula* auf der einen, des *Augusts* auf der andern Seite, beide wunderschön, der erste vollkommen frisch.

Und so müßte ich noch allerlei Gutes erzählen, wenn ich nicht endigen und diese Blätter absenden wollte. Lebet wohl, grüße Ulinen, und schreibet gelegentlich. Noch etwa 14 Tage bleibe ich hier und in der Gegend. Dann gehts auf Frankfurt, Darmstadt, Heidelberg. Zurück und dann nach Hause. Worauf ich mich sehr freue. Zelter geht heute ab, den Rhein hinunter. Den werde ich sehr vermissen. Und nun lebt wohl! Wiesbaden, den 29. August 1814.   G.

566. *Goethe*

Sehr lange habe ich nichts von euch gehört, möge das ein Zeichen sein, daß ihr euch wohlbefindet. Mir ist es die letzte Zeit gar gut ergangen, woran das schöne Wetter nicht wenigen Antheil hat.

Montag, den 12. September. Fuhr ich mit Ober-Berg-Rath Cramer von Wiesbaden ab, über den Weilbacher Schwefelbrunnen, den ich euch nach Berka gewünscht hätte. Er liegt einsam, unter hohen Pappeln, mitten im Kornfelde, und strömt aus vier Röhren unendliches Wasser. Dieß wird weit und breit verführt. Keine Badeanstalt ist nicht dabei. Bei Schlossers war ich freundlich empfangen und schön logirt. Ein Brief von Herrn von Müller machte mir viel Vergnügen.

Dienstags, den 13. Ging ich ganz früh durch das Meßgewühl, wo man lauter frohe Gesichter sah. Seit dreißig Jahren war keine solche Messe gewesen. Ein Kaufmann mußte Wache vor seinen Laden stellen. Die Sachsen und Voigtländer sind alles gleich losgeworden. Bestellungen wurden auf halbe Jahre gegeben. Frau Melber, Brentanos, Gerning wurden besucht, die schönen Umgebungen der Stadt beschaut. Abends bei Schlossers.

Mittwoch, den 14. Durch die Messe zu Riese, Madame Stock, Vohs, pp. Im Braunfels, wo die vielen, unübersehlichen Waaren den schönsten Anblick geben. Mittag bei Melbers. Der Doctor Melber ist ein wackrer, thätiger Mann, der sich in eine gute Lage versetzt hat und seiner Mutter alles Liebe erzeigt. Sie fühlt sich sehr glücklich, ist im 81. Jahre munter und thätig. Mineraliensammlungen. Schauspiel[1]. Nicht schlecht, aber freudelos. Wilde Thiere, Bereuter; alles hintereinander bis tief in die Nacht.

Donnerstag, den 15. Visiten, bei Bethmann, Nikolaus Schmidt, Städel. Mittag bei Brentano (Franz). Nach Tische herrliche Fahrt um die Stadt, auf den Mühlberg, zu Willemer auf die Mühle. Er war sehr freundlich, der Sonnenuntergang unendlich schön. ›Wilhelm Tell‹, nicht ergötzlich.

Freitag, den 16. Bei dem Landschaftsmaler Schütz. Dessen schöne Zeichnungen der Rheingegenden. Altdeutsche Bilder; zu Prinz Bernhard, Fürst Reuß, andre Visiten. Bei Madame Stock zu Mittag. Riese war von der Gesellschaft. ›Titus‹. Löbliche Vorstellung. Bei Brentanos.

Sonnabend, den 17. Bei dem Kunsthändler Silberberg. Treffliche Sachen, aber sehr theuer. Mit Schütz in das Museum. Ein köstlicher Martin Schön daselbst und andres Gute. Eine aus Surinam zurückgekommene, alte Bekannte: Frau Generalin von Panhuys[2], geb. von Barkhaus. Bei Herrn

1 Über gestrichenem Wilhelm Tell.
2 Panheus.

von Hügel zu Tische. Boisserée war angekommen, Abends Windischmann; mit beiden bei Schlosser zu Nacht.

Sonntag, den 18. Geschenk des Stammbuchs aller Stammbücher. Ein Baron Burkana, aus Aleppo in Syrien, reist die Kreuz und quer durch Europa und nöthigt alle, die ihm aufstoßen, ihm etwas zu schreiben. Die Zeit seiner Wanderschaft dauert von 1748 bis 1776, wo er in Wien 70 Jahr alt starb. In zwei dicke Octavbände hat man die hinterlassnen Blätter zusammengebunden, die ich mitbringe. Unter manchen unberühmten Namen stehen die berühmtesten: Voltaire und Montesquieu an der Spitze. Übrigens ist auch diese Sammlung wegen der Handschriften verschiedner Nationen und Regionen merkwürdig. Es ist eine große Acquisition. Sah ich die Gemälde-Sammlung des Herren Dr. Grambs, besuchte einige Freunde in den Gärten, fuhr sodann mit Madame Brentano und Städel zu Willemer. Der Tag war höchst schön, der Wirth munter, Mariane wohl. (Das letzte Mal hatten wir sie nicht gesehen.) Dießmal sahen wir die Sonne, auf einem Thürmchen, das Willemer auf dem Mühlberg gebaut hat, untergehn. Die Aussicht ist ganz köstlich.

So viel für dießmal, die Fortsetzung folgt.

Frankfurt, den 21. September 1814.   G.

567. *Goethe*

[Frankfurt, 22. September 1814.]
Nun will ich gleich meine gestrige Relation fortsetzen!

Montag, den 19. Kam Boisserée. Zu Mittag bei Georg Brentano. Sodann nach Rödelheim beim schönsten Wetter. Herrlicher Sonnenuntergang hinter dem Taunusgebirge. ›Braut von Messina‹. Sie gaben sich Mühe; aber sie sind auf solche Stücke nicht eingerichtet.

Dienstag, den 20. Kam Windischmann von Aschaffenburg. Machte verschiedne Visiten. Speiste bei Fürst Reuß. Besuchte Frau Stock, wo ich Frau von Malapert fand und ihre Tochter und Enkel, auch eine Tochter von Crespel. Abends war ich zu Hause mit jenem Stammbuch beschäftigt. Es stehen gewiß über hundert der berühmtesten Personen darin. Le Chevalier d'Eon (ungewiß, ob nicht ein Andrer des Namens). Aber von Gelehrten desto mehr sichre.

Mittwoch, den 21. September. Bei Dr. Grambs, den Rest seiner Gemälde, besonders aber schöne Copien, in Wasserfarbe, berühmter Gemälde. Mit Schelver einige Stunden. Bei Herrn von Bethmann zu Tische. Dessen Familie. Zur Fürstin von Nassau. Bei Baron Hügel. Dessen Fräulein Tochter spielte Händelische Sonaten, die mich an die Bachischen des Badekönigs erinnerten. Zeitig zu Bette.

Donnerstag, den 22. Mit Schelver. Jene gewirkte Tapeten gesehen, die ehmals in Weimar vorgezeigt wurden. Bei meinem alten Freunde Passavant. Zu Frau von Holzhausen, auf ihrem sehr schön gelegnen Gute vor der Stadt. Mittag mit Schlossers. Dann zu Herrn Städel, dessen Gemälde zu sehen. Abends[1] bei Du Fay im Garten.

Freitag, den 23., wird zu einigen Visiten und Besichtigungen genutzt werden. Morgen Sonnabend gehe mit Christian Schlosser nach Heidelberg. Sobald ich zurückkomme, schreibe ich. Und werde mich dann nicht lange aufhalten; denn ich sehne mich denn doch wieder nach Hause. Nun lebet wohl und grüßet alles.

Und so seht ihr denn, daß ich meine Zeit gut angewendet und mich vielfach vergnügt habe. Morgen, *Sonnabend*, den 24., gehe mit Christian Schlosser nach Heidelberg; sobald ich zurückkomme, schreibe ich; es wäre mir angenehm, etwas von euch zu finden. In diesen Tagen gehen drei Kisten an Herrn Burg[e]meister Sältzer nach Eisenach, 2 mit Mi-

---

1 Nach gestrichenem Freitag, den 23. Mit Schelver. Die gewirkt.

neralien bleiben uneröffnet, bis ich komme: 1. Mit Wein, gezeichnet X, mag eröffnet und etwas davon genossen werden. Das Schwalbacher Wasser wird auch angekommen sein. Einen wunderlichen Einkauf habe gemacht. Ein tausend Stöpsel der ausgesuchtesten, die sich fanden. Wohlfeiler als bei uns die schlechtesten. Diese werden überall untergesteckt und sind leicht zu transportiren. An einigen Stücken Cattun und Westen wirds auch nicht fehlen. So viel für dießmal.

[Frankfurt,] den 23. September 1814. Goethe.

568. *Christiane*

Lieber, guter Geheimerath.
Wir wollen Dir nur in größter Eile melden, daß Du uns alle in der besten Gesundheit finden wirst. Aus Deinem Brief haben wir gesehen, daß es Dir recht wohl gegangen ist, und ich freue mich recht sehr, daß ich doch die Ursache war, daß Du wieder einmal in diese Gegend kamst. Und nun, da es zum Winter geht, erwarten wir Dich alle mit größter Sehnsucht. Das Theater hat wieder seinen Anfang genommen, und die Schauspieler wünschen alle nur Deine Zurückkunft; die Engels ist auch wieder zurück und soll den nächsten Sonnabend spielen. Wolff ist recht krank, aber so gut dabei, daß es mir sehr bange vor ihm[1] ist; sie und er empfehlen sich beide Deiner Gewogenheit, und so das ganze Theater.

Bei diesem schönen Wetter fahren wir oft aus nach Tiefurt, Berka u. s. w. Auch waren wir gestern in Jena und Zwätzen, die Wolff war mit uns; und als wir zurückkamen, fanden wir Deinen lieben Brief. Grüße ja alle Bekannte in Frankfurt von mir. Herr Professor Riemer, welcher bei uns

---

1 So, aber wohl beabsichtigt vor ihn (d. h. für ihn, für seine Gesundheit).

ist, empfiehlt sich auch Deinem gütigen Andenken, so auch Uli.

Karl soll wegen des Zucker und Kaffees nicht vergessen; wenn nämlich der Kaffee nicht mehr als 9 Groschen 6 Pfennige kostet und der Zucker 13 Groschen, so bekomme ich ihn von Citronenfrauen.

So wie ich mich dieses Mal auf Dich freue, läßt sich nicht beschreiben, ich darf mir es gar nicht denken. Nun lebe wohl. Mit Liebe erwarte ich Dich wie immer und bin glücklich.

Weimar, den 26. September 1814.   C. v. Goethe.

569. *Goethe*

[Heidelberg, 28. September 1814.]
Sonnabend, den 24. Um sechs Uhr von Frankfurt ab bei einem frischen Nebel, der den Fluß und sodann auch, aufsteigend und sich verbreitend, die Gegend einhüllte. Wir kamen so nach Darmstadt, der Himmel heiterte sich völlig auf, so daß wir die Bergstraße in ihrem ganzen Glanze genossen. Die Nüsse wurden eben abgeschlagen, die Birnen erwarteten ihre Reife. So ging es von Station zu Station ohne Aufenthalt, bis endlich Weinheim und zuletzt Heidelberg erreicht ward. Den Sonnenuntergang sahen wir noch von der Brücke. Bei Boisserées fand ich das lieblichste Quartier, ein großes Zimmer neben der Gemälde-Sammlung. August wird sich des Sickingischen Hauses erinnern auf dem großen Platze, dem Schloß gegenüber. Hinter welchem der Mond bald herauf kam und zu einem freundlichen Abendessen leuchtete.

Sonntag, den 25. Begann die Betrachtung der alten Meisterwerke des Niederlandes, und da muß man bekennen, daß sie wohl eine Wallfahrt werth sind. Ich wünschte, daß alle

Freunde sie sähen; besonders habe ich mir Freund Meyer, zu meinem eignen und der Sache Besten, an die Seite gewünscht. Ich darf nicht anfangen, davon zu reden; so viel sage ich nur, daß die beiden Boisserées, mit ihrem Freunde Bertram, das große Verdienst des Sammlens und Erhaltens dieser Kostbarkeiten durch genießbare Aufstellung und einsichtige Unterhaltung erhöhen. Sage Hofrath Meyer: gewisse Phrasen bespotte man in diesem Cirkel wie bei uns. Ich besuchte Paulus, Thibaut und Voß, fand alle drei wohl und munter. Gegen Abend erstiegen wir das Schloß, das Thal erschien in aller seiner Pracht, und die Sonne ging herrlich unter. Der Schein hinter den Vogesen her glüht bis in die Nacht. Ich ging zeitig zu Bette.

Montag, 26. Gestern war *van Eyck* an der Tages-Ordnung, heute sein Schüler *Hemling*. Um diese zu begreifen, werden auch die Vorgänger in Betracht gezogen, und da tritt ein neues Unbegreifliches ein. Doch läßt sich der Gang dieser Kunst auf Begriffe bringen, die aber umständlich zu entwickeln sind. Zugleich machten mir Voß, Thibaut und Paulus Gegenbesuch, der sehr angenehm vor jenen Bildern angenommen und begrüßt werden konnte. Mittags aßen wir zusammen, und ein muntrer junger Arzt, Professor Neef, speiste mit uns. Unter andern erzählte man Geschichten von der Juden Lebenslust und ihrer Freigebigkeit gegen den Arzt. Nach Tische Fortsetzung der Bilder-Beschauung und -Verehrung. Frau von Humboldt mit ihrer Familie war angekommen. Ein Spaziergang mit Boisserée und ein Besuch bei Frau von Humboldt schlossen den Tag.

Dienstag, den 27. Man setzte die Betrachtung nachfolgender Meister fort. *Johann Schoreel*, zeichnet sich aus, er soll der erste gewesen sein, der aus Italien die Vortheile der transalpinischen Kunst herübergebracht. Seine Arbeiten setzen, in ihrer Art, abermals in Erstaunen. Auf ihn folgt *Heemskerk*, von welchem viele Bilder, dem Heiligen Mauritius gleich, den Meyer in Weimar, copirt von Frau von Helvig, gesehen. Zwischen alle diese setzt sich *Lucas von Leyden* hinein, gleichsam abgeschlossen für sich; er sondert sich auf eine eigne Art von seinen Zeitgenossen. Alle diese Bilder sind gut erhalten und meist von großem Format. Oft Altarblätter mit beiden Flügeln. Mittag bei Paulus, mit Voß und Familie. Abends Spaziergang, den Necker hinauf und zurück auf die Brücke.

So viel für dießmal. Ich werde fortfahren, mein Tagebuch zu senden. Theile dieses Blatt Hofrath Meyer mit, schönstens grüßend, sowie alle Nächsten und Freunde.   G.

Raaben fand ich hier, er wird nächstens in Weimar eintreffen.

570. *Goethe*

Heidelberg [1. October 1814].

Mittwoch, den 28. September. Wiederholte Betrachtung der Bilder des *Schoreel* in Gesellschaft von *Johann van Eycks, Heemskerks* und *Albert Dürers* Werken. Sodann ward der große van Eyck, die Anbetung der Könige, mit seinen beiden Flügeln, der Verkündigung und Darstellung im Tempel, zusammen aufgestellt, wozu sie schöne Vorrichtung haben. Diese drei streiten mit einem vierten um den Vorzug, Lukas, der die säugende Mutter Gottes malt. Selbst wenn man sie oft gesehen hat, hält man diese Bilder nicht für möglich. Ich suche mir jetzt den Gang dieser Kunst so gut, als es gehen will, zu vergegenwärtigen; auch bei ihr greift die politische und Kirchengeschichte mächtig ein. Die Besitzer haben die Sache gut studirt und erleichtern die Einsicht auf alle Weise.

Mittags bei Voß mit Paulus, wo es recht vergnüglich herging. Sodann spazieren. Abends bei Frau von Humboldt.

Nachts die Geschichte der Meister, die mir bekannt geworden, im Descamps gelesen.

Donnerstag, den 29. September. Byzantinische und *Niederländische gräcisirende* Bilder. Nach *Eyck* auf Goldgrund gemalte. Johann van Eycks Altar aus der Ferne gesehen. *Quintin Messis.* (Miniaturen aus Meßbüchern. Übereinstimmung der älteren[1] Zeiten in sich. Ungeheures Element, das kirchliche, worin unzählige Künstler Unterhalt und Gelegenheit finden. Mosaik, Schnitzwerk[2], Goldschmieds Arbeit, Fresco, Miniatur-Malerei, Stickerei, Teppiche, Fahnen, alles in ganzen Gilden und Brüderschaften. Traditionen der Art, die Characktere und Geschichten vorzustellen, von denen man erst gar nicht abwich, und auch zuletzt immer das Wesentliche beibehielt.)

Bei Thibaut, in großer Männergesellschaft, sehr munter und vergnügt. Unser freundlicher Wirth trank Augusts Gesundheit mit theilnehmender Liebe. Zu Hause, noch einiges gesehen. Zu Paulus, zu Frau von Humboldt, welche sich zur Abreise anschickte. Herrlicher Mondenschein.

Freitag, den 30. September. Spazierte früh erst[3] über die Brücke und zurück, die Sonne bezwang die Nebel. Durch die Stadt, zum Karlsthor hinaus, den Necker aufwärts im Schatten der Felsen. Es war der herrlichste Herbstmorgen. Ein wunderlicher Mann redete mich an, Namens Loos, ein Arzt, wollte Augusten gekannt haben. Ich erfuhr allerlei von ihm. Dann begegnete mir[4] Paulus, und nun fing es an, heiß zu werden.

Zu Hause wurden wieder die besten Bilder hervorgerufen, nebeneinander gestellt und verglichen.

Mittags speisten wir bei Herrn Minister von Reitzenstein,

---

1 Nachträglich über der Zeile.
2 Nach gestrichenem Malerei.
3 Nach gestrichenem des.
4 Nachträglich über der Zeile.

in sehr angenehmer Gesellschaft; zu Hause discurrirten wir bis gegen Abend. Brachten einige Stunden bei Herrn Domherr von Wambolt zu.

Das Wetter war noch immer schön, obgleich die Hähne schon Morgens gekräht hatten.

Sonnabend, den 1. October, bei einem obgleich windigen, doch heitern Morgen auf das Schloß. Die Anlage des Gartens ist einzig reizend[1], wie die Aussicht heiter und reich. Die Gräben, Terrassen, Wälle so hübsch und reinlich angelegt, daß es mit den alten ruinirten Thürnen, Gebäuden und Epheumauren den gefälligsten Contrast macht.

Dann las ich einiges, betrachtete mehrere Bilder, unter andern des *Martin Heemskerk*, mit Aufmerksamkeit. Von Cöln und den Niederlanden, und was alles dort noch aufbewahrt ist, ward viel gesprochen. Zu Mittag im Hause, mit denen Herrn von Reitzenstein und Thibaut. Die Bilder, die man bisher einzeln betrachtet, waren nun in den drei Zimmern zusammen aufgehängt. Sie überwiegen alle Pracht, die sich der Reichste geben kann. Heute Abend werden mehrere Freunde zusammenkommen. Morgen fahren wir nach Mannheim, ich werde vor allem *Lucks* besuchen und ins Theater gehen. Davon vernehmt ihr das Weitere. Und nun Adieu. G.

571. *Goethe*

[Heidelberg, 6. (?) October 1814.]
Sonntag früh, den 2., fuhren wir nach Mannheim. Der starke Nordost konnte uns im Fahrhäuschen nichts anhaben und hatte den Himmel ganz rein gefegt. Die schöne Ebne, in der Ferne von Gebirgen begrenzt, lag klarest vor uns. Ich fuhr

---

1 Nach gestrichenem P[aradiesisch?].

mit Boisserée, dem älteren, und wir gelangten gesprächig zum regelmäßigen Mannheim. Zuerst besuchte ich Herrn von Luck, dann Frau von Seckendorf, sah bei Geh. Rath Drais ein schönes Bild. Dann mit Luck in den Schloßgarten, der sehr schöne, freie Ansichten zeigt. Dürre und kalter Wind machten ihn dießmal weniger angenehm. In den Gasthof zu den ›Drei Königen‹ zu Tische, die übrigen Gesellen waren auch angekommen. Gegen Abend zu Herrn von Pfenning, dem Schwiegersohn der Frau von Dalberg, er nahm uns mit ins Schauspiel, wo ein Stück der Frau von Weißenthurn, ›Johann von Friedland‹, uns gewaltig zusetzte. Nach eingenommenen zwei Acten beurlaubten wir uns und fuhren zurück, da wir denn um ein Uhr bei hellem Mondschein glücklich in Heidelberg wieder anlangten.

Montag, den 3., beschauten wir die Zeichnungen des Cölner Doms, es sind deren fast so viele fertig, als zum Werke gehören, und sehr fürtrefflich. Die Probedrücke der radierten sind auch lobenswerth. Vor Tische zu Paulus; die Tochter ist ein gar hübsch Frauenzimmerchen geworden, und scheint noch immer ihre Eigenheiten zu bewahren. Der Sohn, klein für sein Alter, ist ein gar muntrer, neckischer Junge. Wir aßen zusammen zu Hause, umgeben von trefflichen Kunstwerken. Ich besuchte Voß in seiner Burg und fand ihn wie gewöhnlich. Am Abend, oder vielmehr zu Nacht, wurden einige Bilder, die es vorzüglich vertragen, bei Erleuchtung angesehen, da man sich denn über das lebhafte Vortreten derselben verwundern mußte. Alsdann wurden allerlei Geschichten erzählt, wie sich manche Zuschauer betragen, da es denn freilich manches zu lachen gibt. Ich ging zeitig zu Bette. Und las erwachend *Thibauts* kleine Schrift: ›Über die Nothwendigkeit eines allgemeinen bürgerlichen Rechts für Deutschland‹. Sie läßt, mit großer Sachkenntniß, uns tief in die Übel schauen, ohne sehr die Hoffnung zu beleben, daß sie gehoben werden könnten.

Dienstag, den 4., lockte uns der völlig klare Morgen, bei leidlicher Ostluft, aufs Schloß, wo wir des angenehmsten Spaziergangs bei trefflicher Aussicht genossen. Die Gegend sieht Morgens so rein und frisch und sonntäglich aus, daß man nichts Friedlichers denken kann. Darauf betrachteten wir zu Hause die Risse vieler Kirchen, die von der Zeit vor Karl dem Großen bis zum Cölner Dom gebaut worden und meist in Cöln und der Nachbarschaft befindlich sind. Einige leider nunmehr abgetragen. Paulus war bei uns zu Tische. Wir besuchten den Botanischen Garten, fanden die Gärtner beschäftigt, ihre Pflanzen vor dem eindringenden Nord zu flüchten, entdeckten einen Kolben Wälsch-Korn durch den Brand wundersam entstellt: die Körner aufgeschwollen, mit schwarzem Pulver gefüllt. Ich bringe dieß seltsame Exemplar in Spiritus mit. Abends zu Hause, unter mannigfachen Gesprächen über Kunst- und Weltgeschichte, auch manches Moralische und Religiose. – Daß man in Mannheim eurer in Liebe gedacht, will ich nachholen.

Mittwoch, den 5. October. Lockte mich der schönste Sonnenschein früh aufs Schloß, wo ich mich in dem Labyrinth von Ruinen, Terrassen und Garten-Anlagen ergötzte und die heiterste Gegend abermals zu bewundern Gelegenheit hatte. Als ich eben herabsteigen wollte, überraschte mich die Gegenwart des Erbprinzen, den ich sodann zu den Merkwürdigkeiten des Schlosses begleitete. Er besuchte darauf die Sammlung der Boisserées und verließ Heidelberg alsbald. Ein großes Diner von Professoren, Civilbeamten und sonstigen Honorationen im Karlsberg, wozu[1] man mich einlud, war sehr anständig und munter; es wurden Gesundheiten genug getrunken, um zuletzt eine allgemeine Munterkeit zu verbreiten. Den Abend brachten wir unter mancherlei Gesprächen hin, und so war auch dieser Tag gut angewendet. –

1 Davor gestrichen Hof.

Bemerken muß ich hier, daß Kastanien schon angeschafft worden und, gleich den Stöpseln, in mancherlei Gepäck vertheilt, mit nach Hause geführt werden. Mein Nächstes[1] berichtet mehr vom Künftigen. Dießmal nur noch ein freundliches Andenken.   G.

572. *Goethe*

[Darmstadt, 10. October 1814.]
Donnerstag, den 6. October. Hatte Boisserée Copien der Originalrisse der vorzüglichsten Thürme und Kirchenvorderseiten an die Wände gesteckt und ging solche mit mir durch, nach den Jahren und Eigenschaften. Gleichfalls waren, zu diesem Zweck, vielerlei Werke und Kupfer zur Hand, an welchen man den Gang der Kunst gleichfalls beobachten konnte. Dieses lehrreiche Studium beschäftigte uns den ganzen Morgen. Graf Hochberg besuchte mich und trug mir einen Gruß an August auf. Zu Tische waren Herr von Wamboldt und Justiz-Rath Martin. Nach Tische stiegen[2] wir durch einen nach dem Rheinthale zu gelegnen Garten des Herrn von Smidts, gelangten bis zu den Riesensteinen, welches herabgestürzte, ungeheure Sandsteinblöcke sind. Sahen einen, zwar verhüllten, doch schönen Sonnenuntergang und stiegen herab in das Wohnhaus, welches Frau von Munck gegenwärtig bewohnt, ihr Gemahl ist in Karlsruhe. Sie erinnerte sich sehr freundlich der Gefälligkeit, welche August für sie gehabt, und trug mir Grüße an ihn auf. Abends las ich noch etwas von Thibaut und bewunderte abermals seine Einsichten.

Freitag, den 7. October. Thibauts Arbeit zu Ende gelesen. Mit Boisserée Fortsetzung gestriger architektonischer Be-

1 nächstens.
2 Über gestrichenem gingen.

trachtungen. Professor Voß brachte mir die neue Ausgabe des Homers zum Geschenk. Sprach von Griesens Calderon. Zu Professor Thibaut, zu Herrn von Reitzenstein, zu Paulus. Zu Tische waren: Kirchenrath Abegg,   [1]

Eine Promenade gegen das Karlsthor dauerte nicht lange, ich studirte zu Hause das Gesehne und Gehörte durch. Dann ward beschlossen, Sonntags von hier ab nach Darmstadt zu gehen. Abends saßen wir abermals in den Bilderzimmern beisammen, beleuchteten einen wundersamen Lukas von Leyden, sodann den größeren Hemling, lasen einige Lebensbeschreibungen der Maler und schieden vergnügt. Es ist gerade Zeit, daß ich von hinnen gehe. Fürs erste Mal ist es genug, nun müßte man wieder[2] von vorne zu weiterer Ausführung anfangen.

Sonnabend, den 8. Noch einiges Architektonische. Dann Spaziergang den Necker aufwärts, rechts hinauf zum Wolfsbrunn. Mittag für uns. Dann zu Voß, den ich wegen Beharrlichkeit in seinem Übersetzungswesen bewundern mußte. Zu Paulus, wo eine ganz muntre Zeit verbracht wurde. Zu Hause machte der Frau Amtmann, deren Zimmer ich eigentlich bewohne, Besuch, und hörte recht gut und schön Reichardts Compositionen meiner Lieder singen.

Hofrath Thibaut war später noch bei uns zu einigem warmen Bischof, da denn manches durchgesprochen wurde. Ungern nahm man Abschied von den Zimmern, in denen so viele Schätze augenfällig, andre verhüllt stehen. Sie sind in der Gegenwart so vollkommen, daß man wünschen muß, sie immer wieder zu sehen. Einige lästige Besuche waren abgeleitet worden, aber manches Gute wiederholt, und so war diese Epoche abgeschlossen.

Sonntag, den 9. Früh sechs Uhr von Heidelberg beim schönsten Sonnen-Morgen abgefahren. Bei Weinheim war

1 Folgt Lücke für die entfallenen Namen.
2 Nachträglich über der Zeile.

die Gegend köstlich. In Heppenheim frühstückten wir. In Darmstadt kamen wir gerade zur Table d'Hôte. Nachher spazierte ich mit Schlosser durch die ebne, staubige Stadt. Mancherlei kam zur Sprache. Abends ward der ›Wasserträger‹ gegeben. Das Orchester ist ganz fürtrefflich, die Sänger gut, das Haus geräumig, die Zuschauer still und aufmerksam. Applaudirt wird wenig.

Und nähere ich mich denn immer wieder meinem Ziel, bald bei euch zu sein. Heute, Montag, den 10., besehe ich hier die Museen, gehe an Hof und gedenke morgen in Frankfurt zu sein, wo ich Nachrichten von euch zu finden hoffe, die ich so lange entbehre. Somit lebet wohl. Das Wetter ist sehr schön, aber kalt; doch ist auf der Reise das trockne am wünschenswerthesten. Lebet wohl!   G.

573. *Goethe*

[Frankfurt, 12. October 1814.]
Montag, den 10. In Darmstadt. Um acht Uhr aufs Museum, welches im Schlosse errichtet worden. Es hat Herrn Schleiermacher zum Vorsteher, der es gegründet. Es ist merkwürdig wegen der Mannigfaltigkeit seines Inhalts, sowie durch den Werth seiner einzelnen Schätze. Wenn dieser Anlage nach fortgefahren wird, so kann das Schloß zu Darmstadt sich künftig mit dem Schloß von Ambras vergleichen. Herrliche Gyps-Abgüsse hat es vor diesem genannten älteren voraus. Die Pallas Velletri sah ich hier zuerst, dann manches Bekannte, sehr schön gegossen, wieder. Einige Basreliefs von dem Tempel der Pallas zu Athen erfreuten mich höchlich. Ein solches Wunderliche muß man mit Augen gesehen haben. Ein Pferdekopf von den Venetianischen – und was müßte man nicht alles registriren! Von da an möchte wohl aus allen Kunstepochen, bis

auf die neuste Zeit, wohl irgend ein Musterstück zu finden sein.

(Siehe die dritte Seite.)

Dienstag, den 11. Wiederholte meinen Besuch auf dem Museum und besah mir noch alle vorzügliche Werke, die ich mir gestern gemerkt hatte. Darauf zu einem Architekten, Moller, der sehr geschickt ist und den Boisserées an ihrem Werke behülflich gewesen. Durch den sonderbarsten Zufall hat dieser den Original-Aufriß des[1] Cölner Doms entdeckt, wodurch jene Arbeit sehr gefördert und genauer bestimmt wird. Ferner besuchte ich Primavesi, der früher die Aussichten von Heidelberg radirte, nun aber Theater-Maler in Darmstadt ist. Hierauf zu Prinz Christian, der mich freundlich empfing und mich kurz vor meiner Abreise noch besuchte. Sulpiz Boisserée blieb, und ich fuhr mit Schlosser ab. Ein Schaden am Rad hielt uns in Langen auf, doch kamen wir zu rechter Zeit nach Frankfurt, wo uns Frau Schöff Schlosser gar liebreich empfing. Nach einer heitern Abendtafel gings zu Bette. Überhaupt ist mir nicht leicht etwas so glücklich gelungen als diese Heidelberger Expedition, wovon eine umständliche Relation in euren Händen sein wird: denn dieß ist der fünfte Brief, den ich seit dem 28. September absende.

(Supplement zum Montag.) Bei Hofe war ich zu Tafel, die Großherzogin sehr freundlich und früherer Zeiten eingedenk. Der Großherzog speist nicht mit, weil er am Fuße leidet. Ihm wartete ich in seinem Zimmer auf, wo er sich nach allem, was ihm in Weimar lieb und werth ist, erkundigte. Wenn August Gelegenheit findet, Durchlaucht der Herzogin von den hiesigen Herrschaften, auch von Prinz Christian, das Beste zu sagen, so soll ers nicht versäumen.

---

1 den.

Auch nach Frau von Wedel und Stein ward gefragt und Herrn von Einsiedel, und mir viele Empfehlungen aufgetragen.

(Nun geht es wieder nach Frankfurt.)

Mittwoch, den 12. Gestern Abend fand ich euren Brief. Ihr sagt mir in Eil, daß ihr euch sehr wohl befindet, das ist freilich besser, als wenn ihr mit vielen Worten von einem schlechten Zustand Nachricht gäbet; doch hätte etwas mehr auch nicht geschadet. Heute besucht ich Gerning, dann Frau Melber, Mittag speiste Herr von Buchholtz mit uns. Nach Tische ging ich in eine Kupferstich-Auction und kaufte für einen Kronenthaler sehr schöne Sachen. Abend zu Frau Geheimeräthin Willemer: denn dieser unser würdiger Freund ist nunmehr in forma verheirathet. Sie ist so freundlich und gut wie vormals. Er war nicht zu Hause. Mit Schlossern ging ich sodann auf die Brücke und an der Schönen Aussicht hin; und nun bin ich zu Hause, erwartend, was morgen kommen wird. Jetzt lebet wohl. Nächstens erfahrt ihr, wie lange meines Bleibens hier sein wird. Grüßet Wolffs und pflegt ihn aufs beste.   G.

574. *Goethe*

Donnerstag, den 13. Spazieren mit Schlosser auf die Brücke, in die Leonhardkirche, wo noch alterthümliche Architektur von Zeiten Karl des Großen befindlich. Zu Demoiselle Servière, in den Brönnerischen Buchladen, welcher mit viel Geschmack und Eleganz angelegt ist. Zu Herrn Staatsrath Molitor. Zu Herrn von Schellersheim. Es ist der bekannte Deutsche, der sich so lange in Florenz aufhielt und auf geschnittne Steine, Goldmünzen und Antiquitäten von edlem Metall sammelt. Wir sahen eine silberne Statue, nicht gar 3 Zoll hoch, aus römischer Zeit, einen Ziegenhirten vorstellend, man kann nichts Artigers sehen. Von den Gemmen bringe ich Abdrücke mit. Bei Frau Brentano-Birkenstock zu Tische. Spazieren gefahren. Herrlicher Sonnenuntergang. Wir fuhren zum[1] Bockenheimer Thor hinaus, über den Gärten rechts herum nach Bornheim. Abends bei Herrn von Hügel. Die Fräulein spielte Händelische Sonaten und Ouvertüren. Am Familien-Tisch, mancherlei Gespräche über Vergangnes und manche gegenwärtige und nächste Verhältnisse.

Freitag, den 14. Zu Herrn von Schellersheim, um die Gemmen und Münzen weiter zu betrachten. Er hat ganz köstliche Dinge, wovon wir die Abdrücke genommen. Dann zu Geh. Rath Willemer. Nur Frau Städel war bei Tische, Schlosser, ich und das junge Ehepaar. Wir waren sehr lustig und blieben lange beisammen, so daß ich von diesem Tage keine weitere Begebenheiten zu erzählen habe.

Sonnabend, den 15. Ging ich zu Frau Stock, wo über die bevorstehenden Feierlichkeiten gesprochen wurde. Dann durch die Stadt, begegnete Riesen, mit dem ich die Anstalten der Gerüste besah, die man zur Illumination aufführt. Vor dem Fahrthor fand ich mich mit Schlosser zusammen; wir fuhren über, zu Herrn Salzwedel, dessen Mineralien-Sammlung wir besahen. Sie enthält köstliche Exemplare, allein die vielen Kriegsstürme haben dem Besitzer die Lust daran verkümmert. Mittags mit der Familie, dann zu Herrn Städel, der uns Zeichnungen wies. Unschätzbare Dinge. Über drei Dutzend Guercin, eins immer besser gedacht und ausgeführt als das andre. Federzeichnungen. Ein Original Mantegna, Rothstein. Von Cambiaso[2] allerliebste Sachen. Einen Julius Roman, der ihn ganz charakterisirt, fast das Wundersamste, was ich von ihm gesehen habe. Vielleicht

1 zu.
2 Cambiagi.

ists möglich, eine Durchzeichnung davon zu erlangen. Noch andere treffliche Sachen, doch unter falschem Namen.

Zu Madame Brentano. Frauenzimmer-Sitzung wegen der Nationaltracht. Wir empfahlen uns bald, um nicht nach solchen Geheimnissen lüstern zu scheinen. Solltet ihr auch eingeladen werden, euch von außen zu nationalisiren, so bedenkt, daß einige englische Cattune mitkommen, welche, obgleich fremder Stoff, doch gar gut kleiden. Ferner ist auch für Nähnadeln gesorgt, von der größten Brauchbarkeit. Kastanien sind aufgehäuft, daß Karl nicht mehr weiß wo mit hin.

Und so geht es mir fast auch mit allem, was ich gesehen, und mit den vielen Menschen, die mir vorgekommen. Ich wünsche uns nur einen ruhigen Winter, daß ich erzählen und mittheilen kann. Meine Briefe hebt wohl auf, denn seit Heidelberg habe ich mein Calender-Tagebuch ausgesetzt.

Nun muß ich auch von der Schlosserischen Familie erzählen! Die Frau Schöff ist wohl und im Hause immerfort thätig, im Umgang sehr verständig, klug und einsichtig; auch sie hat diese Jahre her unendlich ausgestanden, ihre Ruhe und Gleichmuth ist musterhaft. Der ältere Sohn ist nach Wien mit seiner Frau. Er reiste denselben Tag, als wir nach Heidelberg gingen, und ist glücklich dort angekommen. Mit Christian komme ich sehr gut zurecht, er ist liebevoll und thätig, kennt die Stadt und die Verhältnisse; dadurch wird er mir sehr nützlich, indem ich mich mit meinem Betragen darnach richten kann. Auch besitzt nicht leicht jemand hier so viel Wissen, so viel Kunstkenntniß und Liebe. Sein guter Wille gegen mich ist vollkommen. Und da jeder Mensch doch in allen Hauptpuncten für sich selbst sorgen muß, so mische ich mich weder in seine innre Angelegenheiten, noch in das, was andre Menschen besonders betrifft. Die allgemeinen Gesellschafts-Verhältnisse sind für mich deßhalb höchst angenehm. Dieses schreibe Sonntags.

15. August von Goethe, o. J.
Zeichnung von Julia Gräfin Egloffstein

Ein nächstes Blatt wird die Begebenheiten dieses Tags berichten.

Sonntag, den 16. [October 1814,] Frankfurt.   G.

575. *Goethe*

[Frankfurt, 20. October 1814.]

Sonntag, den 16., besuchte mich Gerning, manches beredend. Sodann ging ich mit Schlosser auf den Katharinen-Thurn. Der Land-Sturm zu Roß und Fuß zog, vom Exerciren, die Gallengasse herein und stellte sich auf der Zeil. Ich bedauerte, daß die gute Mutter nicht auch das von ihrem Fenster aus mit anschaute. Angekündigt war eine Gemälde-Ausstellung zur Auction. Daselbst fanden wir Portraits, in Cassel erbeutet, in Coblenz verkauft, sämmtlich von Gérard (vielleicht dessen nächsten Schülern als Mitwirkern): Napoleon, Josephine, König und Königin von Spanien und Westphalen, alle weiland; aber trefflich gemalt. Besonders Sammt, Seide, Stickerei und Passament über alle Begriffe. Mich besuchte Herr Willms, ehmals unser, jetzt noch Souffleur des hiesigen Theaters. In guten Umständen, sogar Kunstliebhaber und Kupferstichsammler. Zu Herrn Geh. Rath Guaita zu Tische, Meline die Hausfrau, die ganze Familie beisammen. Fröhliche Tafel. Alle sprechen, wie sie denken, und sind gutes Muths. Englische und französche Caricaturen. Später nochmals zu Guaita. Vermehrte Gesellschaft.

Montag[1]*, den 17.* Um acht Uhr zu Schütz, wo wir die Bilder alter deutscher Kunst, wie sie aus den aufgehobnen Klöstern genommen worden, abermals betrachteten. Freilich konnten wir sie besser schätzen und beurtheilen, nachdem wir die Sammlung in Heidelberg so wohl studirt hat-

---

1 Über gestrichenem Sonnabend.

ten. Wir beschäftigten uns damit bis gegen zwölf Uhr, da wir denn zu Brentanos gingen, dort zu speisen. Madame Jordis, welche von Paris zurückgekommen, war auch daselbst. Nach Tische fuhren wir nach Offenbach, wo wir zuerst in dem Metzlerischen Garten eine Strelitzia Reginä[1] mit vielen Blumen blühend fanden, zwar nicht in der ersten Schönheit, doch immer interessant genug, ferner andre bedeutende, wohlerhaltne Pflanzen. Von da zu Herrn Meyer, seine Sammlung inländischer Vögel zu beschauen, die sehr schön aufgestellt und merkwürdig ist. Dann fuhren wir zurück und gelangten, unter dem Geläute aller Glocken, die das morgende Fest verkündigten, nach Hause. Zu Herrn von Hügel zum Thee.

Die Feierlichkeiten von Dienstag und Mittwoch[2] vermelden euch vorläufig die Zeitungen, sie waren sehr glänzend. Heute, Donnerstag, den 20., gehe nach Hanau und bin Dienstag oder Mittwoch, wills Gott, in Weimar. Ich freue mich sehr, euch wiederzusehen. Es ist der Außenwelt nun genug, wir wollen es nun wieder im Innern versuchen. Lebt wohl und liebt!   G.

[*Beilage*]

Publicandum.

Die Feier des Jahrestags des ewig denkwürdigen Sieges bei Leipzig, welchem Deutschland seine Befreiung verdankt, ist der gerechte Wunsch *Eines Hochedlen Raths* und gesammter Löblichen Bürgerschaft.

Je mehr *Ein Hochedler Rath* von der Allgemeinheit dieses Wunsches überzeugt ist, desto vertrauensvoller erwartet *Hochderselbe* von sämmtlichen hiesigen Bürgern und Einwohnern, daß jeder aus allen Kräften dazu mitwirken werde, daß nichts die Würde dieses Festes störe.

1 Aus Reginae.
2 und Mittwoch über der Zeile nachgetragen.

Damit aber das Ganze nach einer bestimmten Ordnung und im Zusammenhange vor sich gehe, wird Folgendes zur allgemeinen Kenntniß gebracht:

Beschreibung der am 18. und 19. October 1814 zum Jahres Gedächtniß der Schlacht bei Leipzig Statt habenden Festlichkeiten.

§ 1.

Das in ganz Deutschland gefeiert werdende Fest wird am 17. October in der Abendstunde von 5 bis 6 Uhr, durch das Läuten aller Glocken in der Stadt und auf den Dorfschaften angekündigt, welches am 18. Morgens von 6 bis 7 Uhr wiederholt wird.

§ 2.

Der 18. October ist theils religiöser Feiertag, theils Volksfest.

Die religiöse Feier dauert bis 5 Uhr Nachmittags, von wo an sich das Publicum der Freude auf eine Weise überläßt, welche dem Dankgefühl gegen den Allmächtigen und der unmittelbar vorangegangenen religiösen Feier angemessen ist.

§ 3.

Während der religiösen Feier müssen alle Läden, Gewölbe und Werkstätten geschlossen sein.

§ 4.

Um zehn Uhr Vormittags wird in allen christlichen Kirchen Gottesdienst gehalten. Der Rath verfügt sich in Corpore unter dem gewöhnlichen Kirchen-Geläute in die St. Katharinen-Kirche, allwo der Bürger-Ausschuß sich ebenfalls einfindet, und sodann feierlicher Gottesdienst gehalten wird, zu welchem eigne Texte und ein eignes Dankgebet gedruckt sind.

Nach dem Gottesdienst wird in allen Kirchen ein feierliches Te Deum angestimmt – so wie feierliche Gebete in der Synagoge der israelitischen Gemeinde verordnet sind.

§ 5.

Während des Gottesdienstes in der Hauptkirche wird die gewöhnliche Sammlung für die Armen eingestellt, dagegen nach der Kirche an allen Ausgängen Becken ausgesetzt.

Das darin gesammelte Geld ist den Armen, vorzüglich aber den bei der Leipziger Schlacht Verwundeten und den Wittwen und Waisen gefallener Sieger gewidmet.

Gleichen Zweck hat die Sammlung in den andern christlichen Kirchen und in der Synagoge der israelitischen Gemeinde, so wie alle an diesem Tag gemacht werdende öffentliche Sammlungen.

§ 6.

Während der Vormittägigen Feier werden 101 Kanonenschüsse gelöst.

§ 7.

Die dahier befindlichen Kranken und Verwundeten in den Militärhospitälern, so wie alle Gefangene werden an diesem Mittag gespeist.

§ 8.

Von 3 bis 4 Uhr Nachmittags, als der Stunde, wo die *Allerhöchsten Verbündeten* die Nachricht des entscheidenden Sieges erhielten, wird von den drei Hauptthürmen der St. Katharinen-, St. Nikolai- und Dom-Kirche nach den vier Richtungen jedes dieser Thürme die Melodie eigens hierzu gedruckter Danklieder mit vollständiger, aus blasenden Instrumenten bestehender, Musik angestimmt.

Auf dem Römerberg, dem Paradeplatz, dem freien Platz

vorm Leinwandshaus, und an dem Einigkeitsbrunnen, so wie zu Sachsenhausen werden sich die Schullehrer mit ihren Schulkindern versammeln, um diese Lieder ebenfalls feierlich anzustimmen.

Dasselbe geschieht in den Dorfschaften auf den Gemeindeplätzen.

Bei allenfalls ungünstiger Witterung hat dieses in den Kirchen zu geschehen.

§ 9.

Von 4 bis 5 Uhr wird mit allen Glocken, zum Schluß der religiösen Feier, geläutet.

§ 10.

Das Bockenheimer-, St. Gallen-, Allerheiligen- und Affenthor sind am 18. October wegen der an diesem Abend Statt habenden Beleuchtung der Wartthürme bis Mitternacht ein- und auslaßfrei offen. NB. Der Feldberg, der Melibocus und andre sind mit Feuern gekrönt.

§ 11.

Am 19. October Abends 7 Uhr wird die ganze Stadt, alle öffentliche Gebäude, Plätze, die Brücke und die Stadtthürme bis Mitternacht erleuchtet.

Vor dem Römer wird ein, der Feier des Tages entsprechendes Transparent aufgestellt, welches die Dankgefühle, wovon hiesige Stadt gegen die Allerhöchsten Verbündeten für die wiedergeschenkte Freiheit durchdrungen ist, an den Tag legt.

An einem vor diesem Transparent aufgestellten Altare, so wie an mehreren öffentlichen Plätzen werden Sammlungen zu dem oben § 5 erwähnten Zwecke veranstaltet.

Von dem St. Nicolai-Thurme aus wird, während der Beleuchtung, in Zwischenräumen feierliche Musik gemacht.

Wenn *Ein Hochedler Rath* durch diese Verordnungen Seinen eignen Gefühlen sowohl, als den Wünschen Löblicher Bürgerschaft entsprochen zu haben glaubt, so erwartet *Hochderselbe* dagegen von den bekannten biedern Gesinnungen Seiner Mitbürger, so wie aller hiesiger Einwohner, daß dieselbe Feier des religiösen Theils dieses Festes durch reine Gottesverehrung und Dank gegen die alles leitende Vorsehung würdig begehen, während der, der öffentlichen allgemeinen Freude gewidmeten Zeit aber durch Ordnung und sittliches Betragen sich auszeichnen und im Wohlthun wetteifern werden.

Frankfurt am Main, den 13. October 1814. *Stadt-Canzlei.*

Dieses so nahestehende Fest hier mit zu feiern, wird mir viel Vergnügen machen. Möge das weimarsche auch fröhlich ausfallen. G.

*

Am 20. Oktober, nachmittags 2 Uhr, reist Goethe von Frankfurt ab, hält sich bis zum 24. in Hanau auf und gelangt über Gelnhausen, Fulda und Eisenach nach Weimar, wo er am 27., nachmittags 4 Uhr, eintrifft. – Nicht lange darnach verliert Christiane ihre langjährige Gesellschafterin Caroline Ulrich, da diese am 8. November die Gattin Riemers wird. – Vom 4. bis zum 21. (oder 22.) Dezember hält Goethe sich in Jena auf, doch sind aus dieser Zeit keine Briefe bekannt.

Wie in den letzten Monaten des vergangenen Jahres, so arbeitet Goethe zu Anfang des neuen mit jugendlicher Kraft an seiner neusten Aufgabe: der dichterischen Aneignung der persisch-orientalischen Welt; daneben fördert er rüstig die neue Gesamt-Ausgabe seiner Werke. Christiane aber beginnt unversehens ernstlich zu erkranken. Lakonisch vermerkt das Tagebuch unterm 9. Januar (einem Montag): »Doppelter Unfall. Mittag gestört. Herstellung«; und nicht minder dunkel, für uns wenigstens, heißt es einige Tage später in einem Brief Goethes an den Minister v. Voigt: »Freilich war der Unfall erzeugende Unfall, den mir ein wunderlich Geschick Dienstag [?] zwischen 1 und 2 Uhr zudachte, etwas derb, und nur die liebevolle Theilnahme würdiger Freunde und Freundinnen (bei denen alles Gute verweilen möge!) konnte uns so schnell wieder aufrichten und herstellen, wenn ich gleich nicht leugnen will, daß die Nachempfindung mir noch in allen Gliedern liegt.« Es scheint, daß durch die Überfülle des Blutes, die Christianen öfters zu schaffen gemacht hatte, jetzt ein Schlaganfall verursacht worden war. An den Arzt Kieser in Jena schreibt Goethe unterm 27. Februar: »Meine Frau wird in diesen Tagen nach Jena gehen, da ihr eine Ortsveränderung und Zerstreuung sehr nöthig thut. Haben Sie die Güte, ihr einige Aufmerksamkeit zu schenken. Herr Hofrath Stark ist von allem unterrichtet, es würde mir sehr erwünscht sein, wenn Sie mit ihm über ihren Zustand conferiren möchten.« Unterm 1. März heißt es im Tagebuch: »Meine Frau ließ zur Ader«; tags darauf fährt Christiane in Begleitung von Madame Kirsch nach Jena, wo sie bis zum 13. in ärztlicher Behandlung bleibt.

*

576. *Goethe*

Nur mit einigen Worten will ich melden, daß es mir ganz wohl gehet, und ich mein Zeit theils allein, theils mit August, Riemer und Meyer zubringe; überall wird Ordnung möglichst hergestellt. Habe Dank für die gegebenen Nachrichten. Mein größter Wunsch ist, daß Du Dich glücklich wieder herstellen mögest. Grüße alle Freunde und entschuldige mich, daß ich nicht schreibe; es gibt diesen Morgen gar zu viel zu thun.

Alles Gute und Vergnügliche wünschend.

Weimar, den 4. März 1815.   G.

577. *Christiane*

[Jena, 5. (oder 6.) März 1815.]

Ich befinde mich jetzt ganz leidlich hier. Gesehn habe ich noch niemand als Kieser und Stark, die Frau von Knebel, Marezolls, die Seidler, und alles freut sich, mich wiederzusehen. Knebel wird geschrieben haben, was Stark über meine Diät gesagt hat. Jetzt fehlt mir weiter nichts, als daß ich meinen Magen noch in Ordnung bringen muß; und dieses wird hoffentlich auch bald geschehn. Heute sind wir bis Winzerle gefahren, und nach Tische sind wir bei dem schönen Sonnenschein bis an das Geleits-Haus spazieren gegangen und zurück um den ganzen Graben, welches mir bis jetzt wohl bekommen. Und nachdem ich ein Whistchen[1] gemacht habe, hoffe ich auch gut zu schlafen.

1 wüstgen.

Weiter weiß ich nichts, als daß ich Dich von ganzem Herzen liebe und mich recht freue, Dich wiederzusehen. Grüße August. Die Kirsch empfiehlt sich zu Genaden.

C. v. Goethe.

578. *Christiane*

[Jena, 8. März 1815.]

Mit mir gehet es alle Tage besser, und ich hoffe recht bald wieder hergestellt zu sein. Stark wird Dir schon geschrieben haben. Sonnabend war der Tag wie gewöhnlich, früh gefahren und dann den Nachmittag gegangen. Das Gehen wird mir doch nicht mehr so sauer wie im Anfang. Die Seidler habe ich seit Sonnabend nicht wieder gesehen; sie ist nach Saalfeld gereist. Sonntag früh war ich bei Voigts, wo mir die Frau von Löwenich besonders gefallen hat. Die Voigten gefällt mir noch besser als die andre Schwester. Morgen ziehen die Mutter und Schwester zur Griesbach. Auch ging ich zu Frommans, traf sie aber nicht zu Hause. Den Nachmittag fuhren wir mit der Knebeln spazieren, und bei der Zurückkunft wurde Whist[1] gespielt. Auch besuchte mich die Marezoll. Bachmann ist fast jeden Abend da. Wagner hat mir recht schöne Blumen geschickt, worüber ich mich recht gefreut habe. Montag ließen mir Knebels keine Ruhe, ich müßte Mittag da essen; sie hatten auch lauter zarte Speisen gekocht, die mir auch bis jetzt wohl bekommen sind. Früh hatte ich einige Besuche, dann fuhren wir aus bis 1 Uhr, wo wir gleich bei Knebels abstiegen, und um 6 Uhr holte uns der Kutscher wieder ab.

Knebeln habe ich sehr munter gefunden. Er sehnet sich sehr nach Dir; sollte es nicht möglich sein, daß Du auf einen oder ein paar Tage rüberkommen könntest? Du sollst Deine

1 wüst.

Stube und Dein Schlafzimmer ganz vor Dich allein haben. Schreib mir darüber Deinen Willen. Auch wünscht es der Berg-Rath Voigt sehr, Dich einmal hier zu sehen. Heute, den 8., machte ich des Morgens einige Besuche, bei der Voigten, der alten, und Mamsell Seidler, Gruner, und der Steinen, und bei mir war die Klimschen, Madame Frommann und Schemann; gleich nach dem Essen sind wir bis Winzerle gefahren und haben uns sehr über das schöne Wetter gefreut. Diesen Abend besuchen mich Marezolls und der Graf Reuß auf ein Boston[1]. Und so wäre denn der heutige Tag beschlossen. Der Himmel wird helfen, daß die übrigen auch gut und gesund beschlossen werden.

Lebe wohl und behalte mich so lieb, als ich es schon von Dir überzeugt bin.

Dein Dich ewig liebender Schatz

C. v. Goethe.

579. *Goethe*

Aus Deinem Briefe habe ich mit Vergnügen gesehen, daß es gut geht, und wünsche nichts weiter als glückliche Folge. Grüße mir alle Freunde und entschuldige mich, wenn ich nicht schreibe. Mein Katarrh hat so[2] überhandgenommen, daß mir selbst das Dictiren beschwerlich wird, wodurch ich denn, wenigstens für den Augenblick, verhindert bin, euch zu besuchen. Übrigens scheint sich allerlei Angenehmes ereignen zu wollen. Die Berliner schreiben, daß sie den ›Epimenides‹ den 30. März aufführen werden, zu Ehren der Einnahme von Paris; dieser Gedanke wäre denn ganz gut, wenn nicht wieder etwas Albernes dazwischen kommt. Da

1 Folgt zu mir (im Vorhergehenden kommen statt besuchen mich voraussetzend).
2 Davor gestrichen mir.

ich nicht an Hof gehen konnte, als der Herzog von Gotha hier war, so hat er mir die Ehre erzeigt[1], mich zu besuchen. Er war sehr gnädig und in seinen Äußerungen mäßig und wohlwollend. Diesen Charakter hat er auch dießmal nicht überall behauptet.

August steht mir in allen Dingen bei, Meyer und Riemer besuchen mich oft, auch wird viel geschrieben, und es geht in allem vorwärts. Auch sind die Kupfer und Zeichnungen unterdessen geordnet worden.

Ich lege ein Packetchen für Harras bei, es ist veronesischer Broccoli-Samen, zugleich 4 Körner von Pinien. Wenn der Broccoli gut geräth, so soll er uns auf den Herbst von Zeit zu Zeit etwas herüberschicken. Unser Gärtner mag sich nicht weiter damit abgeben, und mag auch wohl Recht haben.

Grüße alle Freunde, gedenke meiner und laß mich mit jedem Botentage etwas von Dir wissen.

Weimar, den 8. März 1815.   G.

580. *Christiane*

Jena, den [8. bis] 10. März 1815.
Daß Du Dich nicht wohl befindest, hat mir viele Sorge gemacht; meine Sehnsucht, Dich wiederzusehen, ist groß, daß ich mir fest vorgenommen habe, Montag früh von hier abzureisen, um den Mittag einzutreffen. Auch, hoffe ich, wirst Du Dich gewiß über mich freuen, wie viel froher und heitrer ich jetzt bin, als ich war, da ich abreiste. Es wäre auch ein Wunder, wenn ich es nicht wäre, da die Menschen hier sich alle Mühe geben, meinen Aufenthalt so angenehm als möglich zu machen. Bis Dienstag weißt Du, wie es mir

---

1 erzeugt.

ergangen. Heute, als den Mittwoch, war ich zu Voigts zum Thee gebeten, wo ich es wagte hin zu gehen. Und es ist mir recht wohl bekommen; ich nehme mich allenthalben sehr in Acht. Donnerstag waren wir bei die Frau Professor Köthen, auch zum Thee und recht vergnügt, denn sie waren alle sehr artig gegen mich. Man macht mir allenthalben einen Spiel-Tisch, und so vergehet die Zeit, ich weiß nicht wie. Das schöne Wetter hat uns den Rücken gewandt, und wir haben hier den völligen April. Wenn es doch noch bis Montag gehalten hätte! so aber werden wir unsre Spazier-Fahrten einstellen müssen. Soeben bin ich wieder heute Nachmittag bei Knebels eingeladen, und morgen zu Gruners.

Auch habe ich noch eine Bitte um einige [1]. Ich hätte recht gut auskommen können, wenn ich nicht so viel Holz hätte kaufen müssen; ich habe schon vor 8 Thaler 12 Groschen gebraucht. Auch muß ich noch die Apotheke bezahlen. Nun kommt auch etwas Erfreuliches, welches mich sehr überraschte. Gestern früh kam der Berg-Rath Lenz zu mir; so heiter und vergnügt habe ich ihn noch nicht gesehen. Auf einmal brachte er mir, mit einem geheimniß-vollen Lächlen, das Diplom als Ehrenmitglied der Minera-lischen Gesellschaft aus der Tasche. Ich freute mich sehr, setzte ihm eine Bouteille Wein vor, da haben wir Deine Gesundheit getrunken und Dich recht hoch leben lassen. So vergnügt habe ich Lenzen noch niemals gesehen.

Soeben fällt mir bei, daß ich vergessen habe, Karln zu sagen, daß es nach meinen Öfen gesehen werden muß, weil es ein wenig rauchte. Dürfte ich Dich daher bitten, es ihm zu sagen.

Es ist itzo mein einziger Gedanke, Dich wiederzusehen und Dir zu sagen, wie lieb ich Dich habe. Und wie freue ich mich, wenn ich jeden Morgen, wie ich aufwache, Dir dan-

---

1 Nicht entziffert: Spetschs (Speziesthaler?).

ken kann, wie meine Kräfte wieder zugenommen haben. Ich danke auch alle Morgen Gott dafür. Nun lebe wohl und denke mein.   C. v. Goethe.

Die alte Lorsbach ist auch eine liebe Frau, und die Tochter ein liebes Kind.

581. *Goethe*

Nichts könnte mir angenehmer zu hören sein, als daß Du Dich wohlbefindest und Dich nach und nach erholst; aber eben deßwegen wünsche ich, daß Du Dich einrichtest, noch einige Zeit drüben zu bleiben. Meinen Katarrh muß ich abwarten, dabei kann mir niemand helfen; aber wer gegenwärtig sein muß, dem wird grade ein solches Übel lästig und langweilig. Ich führe mein Leben wie immer durch, es geschieht alle Tage etwas. August macht seine Sachen ganz ordentlich, Meyer und Riemer kommen meistens die Abende.

Da Du nun drüben gute Unterhaltung hast und nach dem stürmischen Wetter der letzten Tage guter Zeit entgegen siehst, so seh ich nicht ein, warum Du den Ort verändern willst. Richte Dich ein, daß Du den Montag nach Palmarum wieder hier bist, da läßt sich mancherlei vorarbeiten und verabreden, ehe die Höchsten Herrschaften kommen. Das wird wieder einen gewaltigen Sturm geben, möge er der letzte dieser Art sein.

Rath Völkel wird heute erwartet, von der Ankunft der Hoheit weiß man noch nichts Gewisses. Durchlaucht Herzog sind auf den 29. hujus angekündigt.

Nun habe ich auch einen Brief von dem Graf Brühl als Königlichem Theater-Intendanten, worin er mir meldet, daß ›Epimenides‹ zur Feier des Jahrestags der Einnahme von

Paris gegeben werden solle. Ich habe ihm zu diesem Zweck noch einiges hinzureimen müssen, und so kommt denn dieses langbearbeitete und verschobene Werk auch endlich zu Stande.

Beiliegenden Brief gib Lenzen mit meinem Dank zurück. Dieser Biedermann findet doch noch immer Gelegenheit, sich einen Spaß zu machen. Die ›Proserpina‹ gib Knebeln: es ist zwar immer noch die alte, die er kennt, und die neue Musik, so wie die Gebärden können wir mit Worten nicht überliefern.

An Voigt schreibe ich ein Blättchen, das Du ihm übergeben wirst. Sonst wüßte ich nicht viel zu sagen bei dem einfachen Lebenslauf, den wir führen. Der Orient gibt noch immer die meiste Beschäftigung.

Und somit lebe wohl, grüße Madame Kirsch und alle Freunde, vor allen Dingen aber sorge für Erheitrung und Erneuerung alter angenehmer Bilder. Danke Herrn Hofrath Stark für seine umständliche und gute Relation. Und so nochmals das beste Lebewohl!

Herzlich theilnehmend und das Beste wünschend

Weimar, den 11. März 1815.   G.

Auch ist das Nothwendigste nicht vergessen.

*

Schon am 8. März hatte Goethe seinem jungen Freunde Christian Schlosser in Frankfurt geschrieben: »Meine gute Frau, die sich von einer schweren Krankheit wieder erholt, grüßt mit mir Ihre verehrte Frau Mutter auf das herzlichste. Sie soll nach Karlsbad gehen, und ich wünschte, ihr mit ein paar neuen Kleidern eine kleine Freude zu machen. Zwei Muster liegen bei, das seidene zeigt nur den Stoff an, nicht die Farbe, welche nach beliebiger Einsicht gewählt werden könnte; von jedem bittet man um 14 Ellen. Bitten Sie wegen dieser Bemühung um gütiges Verzeihen.« Am 3. April bekennt er in einem Briefe an Willemer: »Ich habe viel gelitten, meine gute Frau war zwei Querfinger vom Tode. Jetzt ist sie wieder auf den Beinen.« Vom 11. April an ist Christiane abermals für eine Woche in Jena.

*

582. *Christiane*

Jena, den 11. April 1815.
Es wird Dich freuen, wenn ich Dir schreibe, daß wir noch vor 11 Uhr gut und glücklich hier angekommen sind. Wir würden den Weg noch eher zurückgelegt haben, wenn wir nicht durch viele Preußen, welche in Hohlstedt frühstückten, aufgehalten worden wären; denn es machte doch einige Schwierigkeiten, ehe die Menge Wagens uns Platz machen konnten.

Zimmer und Wirth waren beide sehr freundlich bei unserer Ankunft, und das Wetter ist hier sehr schön und um einen guten Theil wärmer als in Weimar.

Da mich die Reise gar nicht ermüdet hat, werde ich diesen Nachmittag noch einen kleinen Spaziergang machen und dann zu Knebels und noch zu einigen von meinen Bekannten gehen.

Nun lebe wohl und denke mein. Ich liebe Dich sehr. Hier bin ich aber wie ein Vogel so vergnügt. Dein treuer Schatz
C. v. Goethe.

583. *Goethe*

Ich freue mich gar sehr, daß Dein Hauptwunsch und Zweck erfüllt ist; so können wir denn wieder eine Weile ohne Sorgen leben.

Mein Tag geht sehr angenehm hin. Ich bin fleißig. Mittags leistet August Gesellschaft, die Köchin ist lobenswerth. Abends kommt Hofrath Meyer, und so geht es früh wieder von vornen an. Aus dem Hause sehn ich mich nicht. Wie es in Jena aussieht, kann ich mir denken. Der Menge kann man nicht übelnehmen, wenn sie bei so großen, drohenden Übeln Verrath fürchtet. Nur mag ich nicht Zeuge ihrer Verwirrungen sein. Bleibe, solange Dirs behagt. Auch uns bist Du immer willkommen!

Weimar, den 15. April 1815.   G.

Dank für die Spargel!

*

Schneller, als man zu hoffen gewagt, hatte Christianens kräftige Natur den ernsten Anfall überwunden; es war anzunehmen, daß eine Badekur in Karlsbad ihre Gesundheit völlig wiederherstellen werde. Und so trat Goethe getrost am 24. Mai seine Sommerreise an, die ihn abermals in die geliebten Main- und Rheingegenden führte. Daß während dieser sonnevollen Reisetage »sich ein Quell gedrängter Lieder ununterbrochen neu gebar«, lassen Goethes Briefe an seine Frau kaum ahnen. Dafür vernehmen wir von Christianens kleinen Erlebnissen mehr, als es während der letzten Jahre der Fall war.

*

584. *Goethe*

Kund und zu wissen jedermann, den es zu wissen freut, daß ich

in Erfurt   7½ Uhr.
in Gotha 11 Uhr.
Eisenach   3 Uhr.

eingetroffen. Daß mich unterwegs sogleich die guten Geister des Orients besucht und mancherlei Gutes eingegeben, wovon vieles auf das Papier gebracht wurde. Nun lebet wohl und gedenkt mein.

Eisenach, den 24. Mai 1815.   G.

Nahe bei Gotha, gegen Eisenach, finden sich auf den Chausseehaufen viele Ammonshörner und Pektiniten, aus[1] einem schwachen Steinlager. Wie der Kalkstein stärker und fester wird, hören sie auf.

585. *Goethe*

Wiesbaden. Sonnabend, den 27. Mai 1815.
Vor allen Dingen also die Fortsetzung der Stationen.

Den 25. Mai	Den 26. Mai	Den 27. Mai
von Eisenach		
ab 6 Uhr	von Fuld 5 $\frac{1}{4}$	von Frankfurt 8 $\frac{3}{4}$
von Berka ab 8 $\frac{1}{4}$	Neuhof 7	Hattersheim[3] 11
von Vach[2] ab 11	Schlüchtern 10	Wiesbaden 1 $\frac{1}{2}$
von Buttlar ab 1 $\frac{1}{2}$	Salmünster 11 $\frac{1}{2}$	
von Hünefeld ab 3 $\frac{3}{4}$	Gelnhausen 1	
in Fulda ange-	Hanau 6	
kommen 6 $\frac{1}{2}$	Frankfurt 8	

Durchaus ist alles gut gegangen. Hier hab ich gerade das gewünschte Zimmer getroffen. Ich richte mich ein. Die Reise war nicht unfruchtbar. Mein ›Divan‹ ist mit[4] 18 Assessoren vermehrt worden. In Frankfurt hab ich niemand gesehen. Wenn man von der Höhe vor Wiesbaden den Rhein

---

1 Davor gestrichen in.
2 Fach.
3 Hadersheim.
4 mich.

sieht, von Oppenheim herab, bei Mainz vorbeifließen, und
wie er dann, gegen Elfeld, die große Aue in sich faßt, und
weiter hinab die Reihe von Ortschaften, der Johannisberg
und bis Bingen die Landschaft erscheint, so weiß man doch,
warum man Augen hat. Dieß zu erfahren, war mir sehr
nöthig. Nun lebet wohl und liebet.   G.

586. *Christiane*

[Weimar, 31. Mai 1815.]
Deinen lieben Brief von Eisenach hab ich mit Freuden
gelesen, denn ich sah auch daraus, daß Du sehr schnell reisen
kannst, und so bin ich Dir in Gedanken gefolgt. Augusten
bekomm ich Tage lang nicht zu sehen; von früh an geht es
auf die Rabenjagd, wo er heute schon zum dritten Male ist,
und gewöhnlich vor Nachmittags 3 Uhr nicht zurückkommt.
Durch die Feier des Jubiläums hat er sich großen Ruhm
erworben: der Legations-Rath Kirms hat ihn gestern besucht und selbst gedankt. Die Soupés beim Erbgroßherzog
hören nicht auf. Ich besorge unterdessen meine Wirthschaft,
Krautländer und den Garten, und befinde mich leidlich, und
so kommt denn die Zeit immer näher herbei, wo wir abzureisen gedenken; es bleibt beim 4. Juni.

Nun kommt aber etwas, warum ich Dich bitten wollte,
nämlich: die Treutern ist sehr krank, und ich vermuthe, daß
ich sie nicht wieder lebend antreffen werde. Wenn Du daher
Augusten erinnern wolltest, daß er die Sache nicht in der
Dämmrung ließe, oder gäbst geradezu Genasten den Auftrag, wie Du es fürs zweckmäßigste hältst; denn es sind schon
einige Liebhaber da, und meinen Gedanken nach dürfte es
uns hier auf einige hundert Thaler nicht ankommen.

Nun lebe wohl und denke mein. Von Karlsbad ein Mehres.
Behalte mich nur so lieb, wie ich Dich habe. C. v. Goethe.

587. *Goethe*

Wiesbaden [31. Mai 1815.]

Nun bin ich so ziemlich eingerichtet, ich wohne allerliebst, aber theuer, esse gut und wohlfeil; Wein habe ich von Frankfurt verschrieben und werde mich also in diesen Hauptpuncten bald wohl versorgt finden. Morgens, nach köstlichem Schwalbacher Wasser, bade ich in dem heilsamen Wiesbade; das alles bekommt mir recht gut, und ich kann dabei thätig sein. *Neapel* rückt vor, so wie *Sicilien*; diese lustigen Erinnerungen unterhalten mich, ohne die mindeste Anstrengung. Ich habe sie so oft erzählt, daß es Zeit ist, sie auf dem Papier zu befestigen. Oberbergrath *Cramer* und Bibliothekar *Hundeshagen* sind freundlich, theilnehmend, hülfreich, wie voriges Jahr. Major von *Luck* aus Mainz hat mich schon besucht, von niemand weiter habe ich gehört und lebe also in der erwünschtesten Einsamkeit. Des Tages gehe ich zweimal spazieren, die Gegend erscheint herrlicher, je mehr man sie sieht und schätzt.

Es ist das heiterste Wetter, freilich zum Schaden des Land- und Gartenbaues, sie haben in zehn Wochen keinen anhaltenden Regen gehabt. Indessen genießt man schon hier Schotenerbsen, auch ausgelieferte; was aber besonders erfreulich ist, wird doch immer der *Salmen* bleiben, dessen Portion mit trefflicher Gelée man, zu jeder Stunde, für 30 Kreuzer im Cursaal haben kann. Es ist jetzt grade seine rechte Zeit; ich muß mich nur in Acht nehmen, daß ich mich nicht daran überesse. Herzkirschen stehen schon, in großen Körben, an allen Ecken.

Unter den Pflanzen ist mir eine gefüllte *Lychnis* vorgekommen, als Gartenschmuck das Schönste, was man sehen kann; auf den Herbst, hoffe ich, soll man uns Pflanzen schicken. Die Rosen blühen vollkommen, die Nachtigallen singen, wie man nur wünscht, und so ist es keine Kunst, sich

nach *Schiras* zu versetzen. Auch sind die neuen Glieder des
›*Divans*‹ reinlich eingeschaltet und ein frischer Adreßcalender der ganzen Versammlung geschrieben, die sich nunmehr
auf hundert beläuft, die Beigänger und kleine Dienerschaft
nicht gerechnet.

Und so sind denn die Tage der Reise und des hiesigen
Aufenthalts froh und nützlich zugebracht. Die Fortsetzung
nächstens.

Sonntag, den 4. Juni.
Nun bin ich volle acht Tage hier, und alles läßt sich sehr gut
an. Ich trinke das Weilbacher Schwefelwasser mit Milch,
bade täglich und dictire dabei immer fort. Nach der Badeliste sind schon vierhundert Gäste hier, die ich nicht bemerke:
der Ort ist groß, sie sind alle wahrhaft krank, und dann
komme ich auch weder an öffentliche Tische, noch Orte.
Bergrath Cramers bedeutendes Cabinet unterhält mich wie
voriges Jahr; schon weiß ich mir die metallreichen Gegenden, bis nach der Grafschaft Mark hin, besser zu vergegenwärtigen, und der Umgang mit diesem biedern, verständi-
gen, unterrichteten Mann ist mir belehrend und erheiternd.

Die hiesige Bibliothek, alle Zeitungen, Staatsblätter und
Journale anschaffend, sie in der schönsten Ordnung mitthei-
lend, bewirkt gleichfalls eine für den Fremden sehr günstige
Unterhaltung.

Mittwoch, den 7. Juni 1815.
Und nun zum Schlusse einiges! Deinen lieben Brief habe
erhalten. Du wirst nun in Karlsbad sein. An Genast schreibe
ich. August lassen wir gewähren. Brentanos haben mich
freundlichst besucht, Wein zurückgelassen und mich liebevoll eingeladen. Auch hier wird mir das Beste erwiesen.
Beuthers Decorationen läßt mich Geh. [Rath] Pfeiffer nach
und nach sehen, wenn das Schauspiel vorbei ist. Von denen

Sachen, die Du kennst, sehr schöne. Eingerichtet bin ich zum Besten. Das hoffe ich nun von Dir auch zu hören. Heut über 14 Tage schreib ich wieder. Melde mir, wenn dieser Brief ankommt. Grüße die Geleitende.   G.

Karl macht seine Sachen sehr gut. Heute war Gewitter und Platzregen.

Die Liebe das Beste!

588. *Christiane*

Karlsbad, den 9. Juni 1815.

Deinen lieben Brief aus Wiesbaden habe ich noch in Weimar erhalten und mich sehr gefreut über die schnelle Reise. Sonntag, als den 4. d. M., reisten wir früh 6 Uhr von Weimar ab und kamen bei guter Zeit in Kahle an, von da wir den folgenden Morgen früh 5 Uhr wieder abreisten. Der Kutscher führte die Schimmel, und ein freundlicher Kutscher saß auf dem Bock. Um 3 Uhr kamen wir in Schleiz an, aßen schnell, um uns bald zu Bette zu legen. Bis Hof, den 6., ist uns nichts Merkwürdiges begegnet. Es ging wie immer, wir waren müde und legten uns bald nieder. Allein, wie wir von Hof weg waren und kamen in den Rehauer[1] Wald, so wurden wir sehr angenehm überrascht: es begegneten uns 2 Trotschken[2], die wir von weitem vor Russen hielten und schon ziemlich verlegen waren; aber wie groß war unser Erstaunen, als es näher kam und wir sahen, daß es unser Groß-Herzog war. Er grüßte uns sehr freundlich; wie er einige Schritte vorbei war, fragte er seine Leute, wer wir wären. Er ließ sogleich halten und stieg aus, um zu meinem Wagen zu kommen. Wie ich es sahe, so stieg ich geschwind

1 Riegauer.
2 Trockten.

aus, um ihm entgegen zu gehen. Er war sehr gnädig und fragte gleich nach Dir, erkundigte sich nach meinem Befinden und wünschte mir Glück zu meiner Cur. Es war ein wunderschöner Russe bei ihm, es mußte ein Fürst sein, er hatte eine Menge Orden, war noch jung und war, was man einen schönen Mann nennen kann. Wir haben ihn den ganzen Weg nicht vergessen können.

Den 7. kamen wir auch glücklich in Franzen-Brunnen an, wo wir nur so viel Zeit hatten, eher es regnete, an den Brunnen zu gehen. Überhaupt haben wir bis hieher viel Glück gehabt, wir haben auf der ganzen Reise auch nicht den geringsten Anstoß gehabt. Den 8., Nachmittag, kamen wir glücklich und wohlbehalten hier an; und der Herr Graf, den wir gleich nach einem Logis fragten, sagte uns, daß bei dem Burgemeister auf der Wiese, in der ›Schönen Königin‹ noch das oberste zu haben sei. Wir schickten danach, wurden des Handels einig, die Woche 5 Gulden Sächsisch. Es ist zwar[1] hoch, allein sehr freundlich und hat eine sehr schöne Aussicht. Gestern waren wir sehr mit auspacken beschäftigt. Die Kirschen ist von allem, was sie gesehen hat, sehr bezaubert; besonders hat sie der Sprudel sehr überrascht. Und sie hat noch nicht alles gesehen, die Zeit war zu kurz; sie hat nur ein Stückchen Spazierengang und den Neubrunnen und den Sprudel [gesehen]. Heute früh haben wir Salz genommen und sind beide sehr matt, und wollen sehen, wie uns morgen der Brunnen bekommen wird.

Mir gehet es ganz leidlich. Ich bin heute sehr zufrieden, daß es mir die Reise so gut gegangen hat, und ich glaube, daß es mir sehr nöthig ware, einmal wieder was zu brauchen. Die Frau von Reck und auch die Herzogin von Curland ist wieder hier. Nun lebe wohl und liebe mich, wie ich Dich liebe, und gedenke mein.   C. v. Goethe.

Bade-Gäste sind 180 hier.

1 zwahrt.

Dein Brief war nur zehn Tage unterwegs, deßhalb schreibe ich sogleich wieder. Meinen umständlichen Brief, der den achten von hier abging, wirst Du erhalten haben. Da es im Karlsbad denn doch einmal aufs steigen angesehen ist, so habt ihr wohlgethan, in die Höhe zu ziehn. Die Aussicht ist immer höchst angenehm und auch bei Regenwetter tröstlich.

Ich lebe hier ganz einfach fort; man kann auch nicht viel Sprünge machen, denn das Bad ist auf die Länge doch angreifend und regt die Übel auf, die man gerne los sein möchte. Die Ärzte verweisen uns zur Geduld und Ordnung. Übrigens ist es hier so stille wie im tiefsten Frieden. Sähe ich Sonntags in Biebrich nicht Östreicher und Preußen, so wüßte ich gar nicht, daß Krieg bevorsteht, und glaubte den Zeitungen kaum, deren mir täglich eine große Menge mitgetheilt wird.

In Biebrich habe ich den Erzherzog Karl gesprochen, der sich sehr freundlich und gnädig erwies. Sonst ist niemand Bekanntes unter den Curgästen.

Mein Speisewirth nährt mich zwar nicht köstlich, dabei ist aber angenehm, daß sie einem zubereiten, was man ihnen schickt. Brentanos haben mich von Frankfurt mit Artischocken versehen; heute sind große Krebse gekauft worden, von welchen das Stück etwas über 3 Kreuzer kostet. An Confect und getrockneten Früchten zum Nachtisch, nicht weniger an Chocolade lassen es die Freunde auch nicht fehlen. Rothen und weißen Wein ließen sie mir gleichfalls zurück. Ferner habe ich einen Petit Burgunder verschrieben, die Bouteille einen leichten Gulden hier auf der Stelle, ein sehr angenehmer und trinkbarer Wein. Auf einem nahen Lustorte, der Geisberg genannt, findet sich treffliches Pöckelfleisch, von welchem mir der freundliche Wirth manchmal ein Stück herein sendet. Denkt ihr nun noch gutes Brot und Bretzeln darzu, so seht ihr ein, daß mir von dieser Seite nichts abgeht.

August hat mir den Verlauf jener Feierlichkeit umständlich beschrieben, es war alles recht schicklich und ordentlich; später habe ich noch ein Gedicht gesandt und dadurch meine Theilnahme aus der Ferne bewiesen.

Von Landsleuten hat mich Riese schon besucht und ein alter achtzigjähriger Forstmann. Sodann kann ich vermelden, daß der Magnetismus in Frankfurt und überhaupt in dieser ganzen Gegend, besonders unter jungen Ärzten, im Schwange ist.

————

Und hier, im Gegensatz von so hohen Dingen, das Maß der Krebse, die ich heute gespeist. Schwarz von Schalen, auf dem Puncte des Übergangs, die alte Hülle abzuwerfen.

Weimarisch Maß über 7 Zoll[1]

Um die Seite noch anzufüllen, will ich noch allerlei, wie es mir einfällt, hinzufügen. Abermals haben sich schöne Mineralien bei mir eingefunden; von Zeit zu Zeit wird ein Spaziergang in die Steinbrüche und auf die Bauplätze unternommen, wo allerlei Merkwürdiges zusammengepocht wird. Für Jena wird auch ein interessanter Kasten zusammengepackt. Herr Oberbergrath Cramer, als Gevatter von Lenz, wird sich dabei hervorthun.

Gebaut wird hier sehr viel; die Anlagen dazu sind höchst

1 [Da das Maß mit Rücksicht auf die Größe des Buches um die Hälfte verkürzt werden mußte, erhält man die Länge der Krebse, wie Goethe sie in seinem Briefe (einem Quartbogen) angibt, wenn man die obige Länge doppelt nimmt.]

verständig und lobenswürdig, die Linien, wornach gebaut
werden muß, wohl überlegt. Es gibt Straßen, die der größten
Stadt Ehre machen würden. Alles greift eins ins andere; was
aus den Kellern ausgegraben wird, schafft man in Vertiefungen, die ein kleiner Bach verursachte und durchfloß, dadurch entstehen sehr schöne Gärten. Aufgeregt zu diesem
Bauen werden die Einwohner durch die günstigsten Umstände. Die Plätze erhalten sie von der Herrschaft, ein ansehnliches, verhältnißmäßiges Baudouceur dazu, dagegen
sie vorschriftsmäßig bauen müssen. Ein unerschöpflicher
Steinbruch von talkartigem Thonschiefer in der Nähe liefert
das Material.

Und so lebe recht wohl. Versäume nicht, mir wenigstens
drei complete Kreuzkrystalle von Müllern mitzubringen.
Grüße ihn schönstens. Die Briefe an mich werden immer an
Schlosser adressirt.

Wiesbaden, den 17. Juni 1815.   G.

590. *Christiane*

Karlsbad, den 19. Juni 1815.
Deinen lieben Brief habe ich den 15. erhalten, und gleich
nach meiner Ankunft habe ich Dir geschrieben; den wirst
Du schon erhalten haben. Schreib mir doch auch, wenn Du
ihn erhalten hast. Aus Deinem Brief sehe ich, daß es mit den
Gewittern ziemlich übereintrifft. Den 7., Abend, als wir in
Franzen-Brunnen waren, sahen wir ein schreckliches Gewitter nach Karls-Bad zu ziehen, und [als] wir den 8. hier
ankamen, sahen wir schreckliche Verwüstung, denn es war
den Abend zuvor ein Wolkenbruch hier niedergegangen,
und seit der Zeit hat[1] es alle Tage geregnet, einen mehr,

---

1 Aus ist.

einen weniger. Man muß jeden Augenblick stehlen, wenn man spazieren gehen will; und das ist die Schuld, daß wir bis jetzt noch nicht viel gesehen haben. Bekanntschaften habe ich gar keine, außer Riquets, welche aber schon den Sonntag wieder weggehen, und Madame Brede[1], welche von Wien kömmt und in Stuttgart engagirt ist. Sie erkannte mich am Brunnen gleich wieder, ich aber mußte mich besinnen, denn es sind 7 Jahr, daß ich sie in Lauchstädt gesehen habe. Da sahe ich doch, daß mein Gedächtniß gelitten hat. Es sind nun beinahe 14 Tage, daß wir hier sind, und 4 Wochen werde ich wohl noch hier bleiben müssen; denn seit ich hier bin, habe ich einen starken Schnupfen, welches aber Mitterbacher gutheißt. Ich befinde mich doch schon um vieles besser als zu Hause. Die Kirschen macht jede neue Entdeckung glücklich, und in einer solchen Stimmung empfiehlt sie sich Dir. Das Capellchen wird fast jeden Tag besucht; es führt ein schöner Weg auf die Höhe. Wir stiegen hinauf, fanden wieder ein kleines Capellchen; von da kamen wir zu einem Tempel, der mit Gesellschaft angefüllt war. Wir wußten nicht, wo der Weg hin ging, es fing an abwärts zu gehen; wir schritten zu in der Hoffnung, einen Ausweg zu finden. Als wir am Ausweg kamen, stritten wir uns, wo wir waren, bis uns ein Mann den rechten Weg zeigte; es war weit über den Posthof. Auf diese Motion hat uns unser Mittags-Brod vortrefflich geschmeckt. Auch läßt Dich[2] die Frau von Recke, die Herzogin von Curland freundlich grüßen; auch Tiedge[3] empfiehlt sich Dir, auch die starke Hofdame aus Prag, deren Name ich vergessen habe.

Madame Mayer habe ich auch besucht; der alte Müller hat mich besucht. Überhaupt alles, was Dich hier kennt, fragt nach Dir und bittet um Empfehlung.

1 Bröthe.
2 sich.
3 Dütge.

Vergangnen Sonnabend Abend waren wir zu einem Pick-nick im Posthofe eingeladen, es war Ball; alle Equipagen fuhren hinaus. Es sind einige Prinzen hier, doch keine bekannten. Von Wien ist niemand da, auch nicht Ein Bekannter. Im Ganzen ist alles theurer als sonst hier. Wir essen vom Grafen, weil es da am wohlfeilsten ist. Im ›Hecht‹ ist es sehr theuer. Doch daß wir die Gulden eingekauft haben, haben wir wohlgethan, denn je mehr Fremde kommen, je mehr steigt das Papier.

Auch sind wir im Theater gewesen. Es wurde ›Der Rehbock‹ gegeben; das Stück reizte uns nicht sowohl, als die mimischen Vorstellungen, die uns sehr gelobt worden waren, und sie haben uns auch sehr wohl gefallen. Überhaupt finde ich, daß die Gesellschaft [sich] recht gebessert hat, denn Lortzings beide Rollen waren ganz artig besetzt. Man hat mir auch einen Zettel geschickt, den ein Schauspieler selbst brachte.

Daß Dir alles so gut gehet, [ist] die Hauptsache, und ich denke, wir wollen recht frohe Dir alles erzählen. Alle Tage wird, wie wir zu Tische kommen, das erste Glas Wein trinken, Deine Gesundheit getrunken. Wasser und Wein sind unser Bestes, denn das Essen ist mir wieder schlechter vorgekommen. Wenn nur erst das Wetter besser wird, alsdann ist alles gut. Ich bin schon ganz anders als zu Hause, sehe aber ein, daß ich sehr krank war. Ich bin aber auch nur glücklich durch Dich und Deine Liebe, und mir ist nur betrübt[1], daß es Dir so viel kostet. Doch Du gibst es mir gerne. Nun lebe wohl.   C. v. Goethe.

---

1 bedrbült.

Deinen lieben Brief vom 19. Juni habe zu rechter Zeit erhalten, den meinigen vom 17. wirst Du auch empfangen haben. Möge Dir es recht wohl gegangen sein! Persönlich habe mich auch recht gut befunden; leider ist mir aber Karl krank geworden, wodurch denn freilich manche Unbequemlichkeit entsprang. Da wir aber einen sehr geschickten Arzt haben, so war die Sorge geringer; ich suchte meine Zeit möglichst zu nutzen, und nun geht alles wieder ganz leidlich und wird nächstens im alten Wege sein. Besuche von Frankfurt hab ich mehrere gehabt. Jetzt ist Christian Schlosser bei mir zu sehr angenehmer und nützlicher Unterhaltung, die, bei immer trübem und kaltem Wetter, um so erwünschter ist. Einige schöne Tage habe auf dem Lande zugebracht. Sonntags fahre nach Biebrich[1]. Gestern war ich mit Frau von Linker dort. Durch diese habe ich Briefe und Nachrichten von Weimar erhalten, auch ein sehr artiges Täßchen von Granit mit Stahlarbeit, von der Erbprinzeß Hohheit.

Wegen des Treuterischen Hauses ist Vorsehung getroffen. Daß August zum Kammerjunker erhoben worden, weiß ich zu schätzen. Er aber genösse der Ehre noch lieber, wenn auch was Klingendes dabei gewesen wäre. Das wird auch kommen.

Kräuter, höre ich, benimmt sich sehr gut, August lobt ihn. Es war nicht anders zu vermuthen. Solch ein Wesen ist mir höchst nöthig.

Ehe Karl krank wurde, habe ich ihm viel dictirt und das Corrigirte abschreiben lassen, daß ich also doch nicht ganz leer nach Hause komme. Wenn wir nur erst wieder zusammen sind, wird sich manches schicken und richten.

Vielleicht ist ein Brief von Dir unterwegs. Wenn Du

---

1 Biberich.

diesen erhältst, schreibe mir noch einmal, was Du zu thun gedenkst, und dann nicht weiter. Ich denke, noch ein Stückchen Badecur mitzunehmen, in Frankfurt wenige Tage mich herumzucomplimentiren und dann nach Hause zu eilen. Die Menschen sind alle so erstaunend in Agitation, daß ich mich recht wieder zum Koppenfelsischen Giebel sehne.

Brentanos fahren fort, sehr freundlich zu sein, sie haben mir Wein und alles Erfreuliche gesendet und gebracht. Georg hat seine schöne Frau verloren. Er ist nach Ems und wollte mich aufs freundlichste mit sich. Franz und Frau waren schon zweimal hier.

Eine große, stille und laute Freude ist in dieser Gegend wegen des errungenen Siegs. Wäre die Schlacht verloren gegangen, so hätte man die unruhige, unglückliche Nachbarschaft schon wieder auf dem Halse. Unterdessen bedauert jede Familie einen Todten, Verwundeten, Vermißten, Verstummten. Und dieß gibt bei so großem Glück dem Aufenthalt eine traurige Stimmung; auch Blessirte kommen nach und nach. Charpie und Bandagen werden in Massen über den Rhein gesendet. Die vorjährigen Vereine sind wieder in voller Thätigkeit. Und doch ist alles froh, weil man bedenkt, daß diese Übel von dem allergrößten hätten verschlungen werden können.

Nun lebe recht wohl an Deinen böhmischen Felsen. Grüße alles zum schönsten. Namentlich die Herzogin von Curland Durchlaucht, Frau von Recke und Tiedge. Schützens auch, die wohl noch da sind. Deine Gesellschaft zum besten. Schöbe sich nicht so manches dazwischen, was ich nicht wegräumen kann, so wäre ich Anfangs August in Weimar. Schreibe mir, wann Du dort zu sein gedenkst.

Wiesbaden, den 11. Juli 1815.   G.

Karls-Bad, den 19. Juli 1815.
Deinen lieben Brief vom 11. Juli habe ich den 18. erhalten
und mich sehr gefreut. Daß Karl krank geworden, betrübt
mich, da Du wahrscheinlich manche Bequemlichkeit hast
entbehren müssen. Mit mir gehet [es] nun auch alle Tage
besser. Getrunken habe ich gestern zum letzten Mal; gebadet habe ich nur einmal, weil es mir nicht bekam. Nun soll
ich noch 14 Tage nach Eger gehen und [versuchen,] ob mir
das Baden dort bekömmt. Freitag, den 21., früh werde ich
hingehen und denke also den 8. oder 9. August in Weimar
zu sein. Solltest Du auch ein paar Tage früher kommen, so
will ich schon anordnen, daß Du alles in Ordnung finden
sollst. Ich freue mich sehr, wieder nach Hause zu kommen,
denn es fehlt einem doch an mancherlei im Auslande.
Wenn wir erst wieder gesund zusammen sind, dann ist alles gut. Und ich denke, daß wir so ziemlich zusammen
kommen.

Weimaraner sind viel hier. Dich grüßt die Heygendorf
und Schopenhauer, und viele Karlsbader, welche sich Deiner erinnern. Wegen des schlechten Wetters haben wir wenig Veränderung gehabt, wir haben die Momente stehlen
müssen; aber das Nöthigste haben wir doch gesehen. Der
Kutscher hat sich musterhaft betragen. Aber ohne Equipage
wäre es nicht möglich hier zu sein. Auch die Schimmelchen
befinden sich wohl; sie fahren die Frau von Heygendorf alle
Morgen ins Bad.

Der gestrige Tag war mir ein sehr erfreulicher Tag. Kurz
nachher als ich Deinen lieben Brief erhalten, ging ich mit
der Kirschen nach dem Choteckschen Weg und wollte noch
einmal Madame Mayer besuchen, wo sie mir sagte, daß Du
einen Orden vom Kaiser erhalten hättest oder würdest.
Damit Du mir glaubst, so überschicke ich es Dir gedruckt;

ich schmeichelte mir, ich würde die Erste sein, von der Du es erfährst, aber Du wirst es wohl schon wissen.

Daß August Kammer-Junker worden ist, hat er mir auch durch die Heygendorf gemeldet. Daß Kräuter sich gut benehmen würde, habe ich gleich geglaubt, denn er hat mir auch viel Freundliches erzeigt.

Die Herzogin von Curland ist fort und grüßt herzlich. Bei Frau von Recke war ich am Montag zu Tische, sie bleibt immer so herzlich und gut gegen mich; das Nähere stehet im Tagebuche. Sie gehet morgen nach Franzen-Brunnen. Und ich übermorgen; dann wollen wir sehen, was das vor Würkung thun wird. Die Gulden steigen alle Tage, der Gulden stehet jetzt auf ein Kopfstück. Ich muß mir doch noch etwas einwechseln, eher ich nach Franzen-Brunnen gehe. Ich hoffe, Du wirst im Ganzen mit unsrer Wirthschaft zufrieden sein; denn ich habe verschiednes gekauft, was man nicht wieder so wohlfeil bekömmt. Auch bringe ich Dir Chocolade mit, weil es die Mayern nicht anders that. Nun denke Dir einmal, ich habe einen unverhofften Besuch gehabt. Ehlers ist hier; er freute sich sehr, mich noch zu treffen. Er gibt heute ein Concert, ich freue mich, ihn wieder einmal zu hören. Den Zettel bringe ich mit. Wenn Du nach Frankfurt kommst, [grüße][1] alles von mir, besonders Christian; bringe mir   [1] etwas zu einem Überrock mit, denn wegen dem ü[blen][1] Wetter habe ich meinen immer anziehen müssen, und da ist er ziemlich hin; nur keinen   [2] die Schlosser weiß es schon, so etwas von   [2].

Die Freude des Wiedersehens kann ich mir gar nicht oft genug denken. Ich habe Dir vielerlei zu sagen und freu mich sehr, wenn wir zusammenkommen. Lebe recht wohl bis auf Wiedersehen. Die Kirschen empfiehlt sich.

C. v. Goethe.

[1] Lücke durch Ausschneiden des Siegels.
[2] Unleserlich.

Endlich muß ich denn doch die Stockung unterbrechen, die in unsern Briefwechsel gekommen ist. Täglich hoffte auf Briefe von Dir, da mir August unter dem 7. August Deine Ankunft und Geburtstagsfeier gemeldet hatte. Wahrscheinlich habt ihr mir nicht mehr geschrieben, weil ich die Absicht äußerte, früher zu kommen. Folgendes zum Ersatz des bisherigen Schweigens.

Am 11. August fuhr ich von Wiesbaden ab, mit Boisserée nach Mainz; am 12. durch Frankfurt auf die Gerbermühle, wo ich freundlichst empfangen wurde. Die ersten Tage ungünstige Witterung, doch wurde die Stadt besucht, Freunde und Sammlungen. Am 16. überraschten mich Abends Herzog und Herzogin von Cumberland. Am 17. fand den Erbgroßherzog von Mecklenburg-Strelitz und Frau von Berg noch im ›Römischen Kaiser‹. Jenes hohe Paar war schon abgereist.

Von da bis zum 21. Täglich Besuch, Mittagsgäste, Abendspazierfahrt. Nun holte Herr Nikolaus Schmidt mich ab aufs Forsthaus, zum Hochzeitsfeste einer Enkelin der Tante Melber.

Den 22. In der Stadt. Grambs' Cabinet. Bei Schlossers zu Tische. Gemälde bei Städel.

Den 24. Kam Dr. Seebeck. Mit ihm nach der Stadt. Bei Herrn von Hügel gespeist. Bis zum 27. Beschäftigung mit Seebeck, Boisserée, Schlosser. Ersterer zog auf die Mühle. Die andern gingen ab und zu. Wie mehrere Freunde.

Den 28. Früh Musik auf dem Wasser. Allerlei artige und lustige Geschenke. Gesellschaft zu Tische. Wobei Riese und die Obbenannten. Nach Tische mehrere. Sehr schöner Tag. Die Gegend herrlich. Und so sind wir denn bis hierher gelangt. Schreibe mir weniges. Von Deinem Befinden vorzüglich. Bei Schlossers findet mich der Brief. Von mir hört ihr noch. Seidenmuster lege ich bei. Sende das gewählte gleich zurück. Die Messe ist noch nicht angegangen, und schon wird wüthend gekauft und verkauft. Nun Adieu. Grüße und liebe.

[Frankfurt,] den 30. August 1815.   G.

Die Muster schicke nicht. Ich will das gefälligste wählen, damit es nicht weggekauft werde.

594. *Christiane*

Weimar, den 5. September 1815.
Da ich von Deiner Güte und Liebe so überzeugt bin und in Karlsbad den letzten Brief vom 11. Juli erhalten habe, wo Du meintest, Du wolltest Anfangs Augusts in Weimar sein, so habe ich seit der Zeit von Tag zu Tag auf einen Brief von Dir gehofft, und so verging mir hier ein Tag still nach dem andern. Den 29. August war Vogelschießen hier, welches ich auch auf einige Stunden besuchte: die Großherzogin, der Erbgroßherzog und alles erkundigte sich, wenn Du kämest; ich konnte ihnen aber keine genügende Antwort geben, da ich es selbst nicht wußte. Und den Zeitungen nach warst Du im Begriff, um dem Verlangen des Großherzogs zu willfahren, nach Baden zu gehen und dann noch der Belagerung von Hüningen beizuwohnen. Daher kommt unser Schweigen.

Ich habe allen Damen meine Visite gemacht, sie waren sehr artig und haben mir alle sehr viele Grüße an Dich aufgetragen; besonders die Frau von Linker, welche sich mit sehr viel Feuer der schönen, angenehmen Stunden in Wiesbaden erinnerte. Die Gräfin Fritsch, Frau von Egloffstein, Fräulein von Baumbach u.a.m. haben mir Gegenvisiten gemacht; auch Frau von Stein ist einigemal hier gewesen.

Und alles lobt unsern August in seinem neuen Stande bei Hof; und es kommt mir selbst vor, als wenn er sich auch recht gut darein fände. Zum Geburtstag des Großherzogs, als den 3. September, hat sich alles in den neuen Uniformen gezeigt, und sie soll Augusten recht gut gestanden haben. Ich habe ihn nicht darin gesehen, denn ich war in Berka, wo es auch recht schön ist und Dich alles herwünscht. So ein Herbsttag, wie wir sie jetzt haben, kann doppelt schön in Berka genossen werden. Doch in Frankfurt mag es nicht minder schön sein. Ich wünsche mich vielmal im Stillen hin; denn da wir uns so lange nicht gesehen haben, ist das Verlangen nach Deiner Nähe um so stärker. Mit meiner Gesundheit geht es leidlich, und daß es noch besser wird, hoffe ich zuversichtlich. Nur sollte man hier mehr Zerstreuung haben; denn meine Anwesenheit in Karlsbad selbst hatte wenig Erfreuliches und Erheiterndes für mich wegen der übeln Witterung; man mußte so ängstlich nach jedem guten Moment haschen. Hier gehe ich alle Tage aus, fahre aus, und so verrinnt die Zeit. Abends habe ich gewöhnlich eine kleine Spielgesellschaft bei mir, oder ich bin zu einer solchen anderswo eingeladen. Nun denk Dir aber auch mein Erstaunen: ich saß ruhig am Fenster und sah von weiten jemand kommen, der Fritz Stein ähnlich sah; es kam aber jemand unterdessen zur Thür herein; und ich ward verhindert, mich von der Wahrheit meiner Muthmaßung zu überzeugen. Ich setzte mich wieder ruhig hin; es klopfte an meine Kammerthür, ich machte auf, und Fritz Stein trat mir entgegen mit den Worten: »Ich bin wie vor alten Zeiten da.« Wir lachten zusammen, und er blieb sehr lang bei mir. Augusten, sagte er, wolle er unter den Cavaliers am Hofe zu erkennen suchen; es war grade, wie August Dienst hatte. Er schickte mir diesen Brief, der hier folgt, und bat mich sehr, ihn Dir bald zuzustellen. Weiter ist mir nichts Neues, noch Angenehmes hier begegnet. Die

*16. Christianes Grabstätte auf dem Friedhof der Sankt-Jakobskirche
in Weimar. Nach einem Foto von Louis Held, Weimar*

Erkennungsscene zwischen August und Stein ist sehr lustig bei Hofe erfolgt.

Nun lebe wohl bis auf Wiedersehen, und grüße alles in Frankfurt, besonders die Schlossers und Willemers. Auf das seidene Zeug freu [ich] mich.   Deine C. v. Goethe.

595. *Goethe*

Von Dir wieder ein Wort zu vernehmen, war mir sehr erfreulich. Wohl hat uns beide der Sommer übel behandelt, und darin hast Du vollkommen recht, daß man sich durch äußere Gegenstände von der Betrachtung seines innern Zustandes zerstreuen müsse. Die angenehmsten Tage, die ich zubrachte, waren immer die, wo alles so schnell zuging, daß ich nicht an mich denken konnte. Deßhalb mache Dir so viel Bewegung und Veränderung, als Du kannst, in diesen schönen Tagen und denke darauf, wie wir diesen Winter abwechselnd die Tage zubringen. Etwas Musik wäre sehr wünschenswerth, es ist das unschuldigste und angenehmste Bindungsmittel der Gesellschaft. Gegenwärtig bin ich in der Stadt, allein, in Willemers Wohnung, deren unschätzbare Aussicht Du kennst. Von Morgens bis Abends ists unter meinen Fenstern lebendig; Tags laufe in der Stadt herum, Menschen und Sammlungen zu sehen. Frankfurt stickt voll Merkwürdigkeiten.

Seebeck war hier und wohnte mit auf der Mühle, Boisserée ist noch hier, Schlossers sind förderlich und liebreich. Wie gerne gönnt ich Dir nur vierzehn Tage in dieser unendlich schönen Gegend! Mittags esse ich manchmal im ›Schwanen‹ an Wirths-Tafel, das ist auch in der Messe unterhaltend. Riese ist noch unverändert. Alle suche ich auch zu fördern, und alle sind froh und freundlich. Das seiden Zeug ist gekauft, es gefällt jedermann. Manche Kleinigkeit bring ich mit; denke, wem man eine Artigkeit erzeigt? Riemers, Madame Kirsch, Kräuter, und wem sonst?

Fritz Stein versäumt zu haben, thut mir leid. Sein Brief ist gar liebreich und verständig. Suche die Mutter und übrige Frauen im Guten zu erhalten. In kleinen und großen Städten, an Hof, wie im Freistaat ist Ruhe und nachgiebige Beharrlichkeit das Einzige, was leidlich durchs Leben bringt. Daß wir in Weimar sind, daß August sich in das Hofwesen so gut findet, ist unschätzbar. Wie sich das alles in diesen Paradies-Gegenden treibt und reibt, ist höchst unerquicklich. Wie sehr wünsche ich, über alles das mit Dir zu sprechen und wenigstens für die nächste Zeit hierüber Maßregeln zu nehmen. Herr und Frau von Mettingh sind hier, ich habe sie aber noch nicht finden können. Hofrath Schweitzer besuchte ich. Szen grüßt Augusten vielmal. Wegen meiner Rückkehr sag ich Folgendes: Da es in vielem Betracht so schicklich als räthlich ist, daß ich dem Großherzog unterwegs begegne, so halte ich mich hier so lange auf, bis er zurückkehrt, und sehe ihn wahrscheinlich in Heidelberg und kehre über Würzburg zurück. Das Nähere erfährst Du. Möge ich euch froh und gesund antreffen! Zu einiger Unterhaltung sende ein Kästchen ab mit dem Postwagen, darin ihr euch vergnüglich theilen werdet.

Gar mancherlei habe ich vorgearbeitet, welches diesen Winter fertig werden soll. Grüße August, Kräuter und die Freunde in der Stadt. Hofrath Meyer sage: daß ich ihn oft vermisse, indem ich Kunstwerke aller Art beschaue. August möge mich den Herrschaften empfehlen! Und nun lebe wohl, meine herzlich Geliebte, und denke auf Unterhaltung für den Winter.

Frankfurt, den 12. September 1815.   G.

596. *Christiane*

Das Liebste zu hören ist, daß Du so vergnügt und wohl bist, und ich will mich nun gern wegen Deiner so verspäteten Zurückkunft zu trösten suchen. Ich gehe viel zu Riemers und sehe überhaupt alle Menschen; und die Desportsche Auction verschafft mir jetzo des Nachmittags eine artige Unterhaltung, nur muß man sich selbst bewachen, daß man ihr nicht so viel Geld zuwendet.

Da Du in Frankfurt so herumgehst, so wirst Du auch die Frau Stock sehen, grüße sie herzlich von mir. Ich wünsche mich freilich sehr oft in die schöne Gegend zu Dir; wir wollen sehn, was sich übers Jahr thun läßt.

Soeben fuhr Frau von Heygendorf mit 4 Pferden bei mir vorbei, und ich kann nicht läugnen, daß in mir der geheime Wunsch, mitreisen zu können, lebhaft wurde, denn die Schweiz und Mailand mag gewiß sehenswerth genug sein. Wäre ich doch nur erst ganz wieder hergestellt und wohl, dann würde ich die Erfüllung des Wunsches, auch noch einmal mit Dir solch eine Reise zu machen, für viel ausführbarer halten; doch für jetzt will ich erst sehen, ob ich noch ein paar Tage nach Jena gehen kann. Die Adelheid ist aber in Eisenach; vielleicht kommt sie bald zurück.

Der Geheime Regierungsrath Müller ist vor ein paar Tagen bei mir gewesen; auch habe ich diese Woche meine Karlsbader Bekannten zu Tische gehabt, diese waren: der Dr. Köhler, Collaborator Vent und der Regierungsbotenmeister Schwabe. Und so schleicht mir ein Tag nach dem andern hin.

Nun etwas von Häuslichkeiten: ich habe für den Winter sehr viele Gurken und Bohnen und dergleichen eingemacht, von den Odysseeischen, langnäsigen Völkern habe ich vier Stück im Hause; und so ist im Ganzen meine Wirthschaft ziemlich gut bestellt. Nur fehlt bei uns das Obst; wenn Du

nur Gelegenheit[1] fändest, für etwas getrocknetes Obst zu
sorgen. Auf den ankommenden Kasten freut man sich, wie
sonst auf die Judenkrämchen. August sagt mir, er würde Dir
selbst schreiben.

Nun lebe wohl und glücklich, da bin ich zufrieden.

Deine[2] C. v. Goethe.

Weimar, den 14. September 1815.

597. *Goethe*

Mit den schönsten Grüßen, im Begriff, nach Heidelberg zu
fahren. [Frankfurt,] den 18. September 1815.   G.

598. *Goethe*

[Heidelberg, 26. und 27. September 1815.]
Dein lieber Brief vom 14. ist mir heute, den 26., in Heidelberg geworden. Ich begrüße Dich von Herzen und fahre fort,
zu erzählen. Seit meinem Letzten ist mirs durchaus wohl
gegangen. Ich blieb in Frankfurt bis den 15. Durchkroch die
Stadt und habe viel gesehn und erfahren. Nun zog ich mit
Boisserée auf die Mühle, nachdem ich das Krämchen an
Dich abgesendet hatte. Nach zwei muntern Tagen zogen wir
beide auf Darmstadt, wo ich mich am Museum sehr ergötzte
und meinen gnädigsten Herrschaften aufwartete, auch
Künstler und gute Leute sah. Am 20. trafen wir zu Mittag in
Heidelberg ein. Die Bergstraße war über alle Begriffe schön
und herrlich. Die Freunde wurden besucht, das Schloß bestiegen, allerlei vorgenommen, bei Paulus arabisch geschrieben.

---

1 Nach gestrichenem für solches zu sorgen.
2 Dein [doch ist kaum anzunehmen, daß als Vorname Christel gedacht ist].

Am 22. kamen Willemers und Frau Städel. Voll Wohlwollen und Theilnahme. Sie blieben bis den 26. früh, sahen und besahen sich alles. Die guten Frauen grüßen Dich schönstens, auch Willemer den August. Indessen war ein Brief von Frau von Heygendorf gekommen, die in Mannheim den Großherzog erwartet. Er wäre schon längst hier, aber er macht den Weg jagend. Der Großherzog von Baden ist auch ein großer Jäger, Prinz Christian von Darmstadt ist auch dabei. Wir wollen es ihnen gönnen nach so viel Noth und Leiden. Die Russen gehen in drei Colonnen durch Franken, täglich ziehen sie hier eilig durch. Da sie so geschwind gehen, werden sie bald vorüber sein, worauf ich hoffe, um den Rückweg über Würzburg zu machen. Nach Frankfurt möcht ich nicht wieder. Es ist schwer, sich von so viel Verwandten, Bekannten und Freunden loszumachen; dazu kommen noch so viele Fremde, die man nicht umgehen kann, noch will.

Erinnerst Du Dich des schönen Russen mit Einem Arm! Er begegnete mir gestern, auf dem Schloß, wir freuten uns beiderseits des Wiedersehns. Er wird durch Weimar kommen. Sodann besuchte mich ein gleichfalls hübscher Junge, der auch schon auf euch guten Eindruck machte: von Bülow. Er kommt von Paris, erzählt die seltsamsten Verworrenheiten von dort. Er fragte theilnehmend nach Dir; ich gab ihm Gelegenheit, von Ulinen zu reden, welches ihm sehr wohl that. Kieser ist in Paris, hat die Aufsicht über alle preußische Hospitäler und noch andre! Bülow erzählte dieß scherzend. Jener thue doch solche große Thaten nur aus Verzweiflung, meinte er. Bülow ist würklich recht hübsch und angenehm.

So wie auf die Gerbermühle, bei schönen Tagen, so zu den köstlichen Bildern wirst Du hergewünscht. Ich arbeite einen Aufsatz aus über meine Reise, Herr von Stein forderte mich auf. Überall find ich nur Gutes und Liebes; bin überall willkommen, weil ich die Menschen lasse, wie sie sind, niemanden etwas nehme, sondern nur empfange und gebe. Wenn man zu Hause den Menschen so vieles nachsähe, als man auswärts thut, man könnte einen Himmel um sich verbreiten; freilich ist auf der Reise alles vorübergehend, und das Druckende läßt sich ausweichen.

Deßhalb freu ich mich sehr, daß Du mit Riemers gut stehst; ich wünsche diesen Winter mit ihm das nähere Verhältniß, denn ich bringe viel zu thun mit, bedarf seiner Hülfe und kann ihm helfen. Kräuter kriegt auch vollauf zu thun; diesen grüße.

Zwei Kisten werden ankommen, auch ein Coffre; laßt sie stehn, bis ich komme. Das Kästchen habt ihr längst, ich hoffe, zur Freude. Getrocknetes Obst schickt Frau Schöff Schlosser.

Sage August: Herr von Gerning habe die berühmte Vase, aus orientalischem Alabaster, welche im Kloster Eibingen, als Gefäß von Cana in Galiläa, aufbewahrt wurde, großmüthig spendirt; grüß Hofrath Meyer und sag ihm dasselbe. Übrigens habe noch gar hübsche Alter- und Neuthümer verehrt erhalten.

Nun wüßte nur noch das Wichtigste hinzuzufügen, den Wunsch, daß Du Dich immer mehr herstellen mögest. Dich zu zerstreuen, ist die Hauptsache; sieh immer Leute, und leite Dir und mir manches gute Verhältniß ein. Sobald der Großherzog da war, schreibe ich wieder. Vielleicht folg ich[1] ihm nach Mannheim. Lebe recht wohl und liebe mich. Verlangend, Dich wiederzusehen, die besten Wünsche.

Heidelberg, den 27. September 1815.   G.

*

Am 7. Oktober reist Goethe von Heidelberg ab; Sulpiz Boisserée begleitet ihn bis Würzburg. Über Meiningen und

[1] Über der Zeile nachgetragen.

Schmalkalden gelangt Goethe am 10. Oktober nach Gotha und trifft tags darauf, nach einer Abwesenheit von fast fünf Monaten, wohlbehalten in Weimar ein.

1816

Am 11. Mai begibt Goethe sich für einige Wochen nach Jena. Wie sein eigenes Befinden, so war das Christianens seither ganz befriedigend gewesen; dafür sprechen auch kleinere Lustfahrten Christianens in die Nachbarschaft: Oßmannstedt und Jena, deren Goethes Tagebuch unterm 2., 12. und 16. Januar gedenkt. Goethes Briefe an Christiane aus den nächsten Wochen sind leider nicht bekannt.

*

599. *Christiane*

Weimar, den 15. Mai 1816.
Tausend Dank für alles Überschickte. Bei uns ist alles in Tumult, der Zauberlehrling ist in allen Zimmern eingekehrt; Deine Zimmer sind aber alle schon fertig. Minchen ist mit Arbeit noch ganz beschäftiget.

Der neue Schauspieler ist, wie Du weißt, sehr hübsch und hat sehr lebhaft gespielt gegen unsern. Hier folgen auch noch 6 Bouteillen Wein.

Lebe wohl und denke mein.   C. v. Goethe.

600. *Christiane*

Weimar, den 18. Mai 1816.
Ich freue mich unendlich, daß Dirs gut geht, denn das ist ja unser aller Glück. Daß Du das vorige Mal nicht mehr geschrieben hast, war nicht meine Schuld; Kräuter, der mich

am besten versteht und in meiner Correspondenz der Brauchbarste ist, war an diesem Tage früh weggefahren, und ich sah mich genöthigt, um Dir doch nur einiges zu schreiben, Franken von der Bibliothek holen zu lassen, mit dem ich nicht so recht fertig werden konnte, daher die wenigen Zeilen. Jetzt aber, da mir Kräuter wieder zur Hand ist, hoff ich, soll es besser fließen.

Die Bestätigung Deines Wohlbefindens aus dem Munde des Canzler Müller hat mich sehr vergnügt. Auch ich befinde mich leidlich; ich benutze jeden Sonnenblick, um in freie Luft zu kommen, die mir so wohl thut. Im Allgemeinen aber ist die gegenwärtige Witterung in unserm Thale nicht die angenehmste, es ist kühl, naß, windig, alles auf einmal.

Dein Garten steht gegenwärtig in seiner größten Pracht, und es macht wirklich verdrüßlich, daß die üble Witterung so wenig im Freien zu sein erlaubt. Die Äpfelbäume blühen in höchster Fülle, es steht Blüthe an Blüthe, die Rabatten vor Deinen Fenstern schmücken die schönsten gefüllten Tulipanen, deren schöne Farben die stolzen Kaiserkronen verdunkeln, und trotz der geringen Wärme und den kühlen Nächten reift doch alles der Vollkommenheit entgegen. Möge Dich die schöne Blüthe in Jena für diese Entbehrung reichlichst entschädigen.

Wäre nur recht viel Neues und Interessantes bei uns vorgefallen, meine Feder sollte nicht ermüden, Dir alles haarklein zu erzählen; so aber fehlt es mir gänzlich an dergleichen, alles geht seinen ruhigen Gang fort, und was ich Dir ja noch würde erzählt haben, das hat mir schon August in seinem Briefe, über dessen Länge Du Dich dießmal freuen wirst, weggenommen.

Nun lebe wohl und vergnügt.   C. v. Goethe.

Unmittelbar nach der Absendung dieses frühlingfrohen Briefes wurde Christiane von einem ähnlichen Anfall wie

1814 betroffen, von dem sie sich jedoch gleichfalls in kurzer
Zeit erholte. Schon unterm 21. Mai vermerkt Goethes Tagebuch: »[Durch] Huschke bessere Nachricht vom Hause«,
und am 22. schreibt Christiane selbst ihm wie folgt.

*

601. *Christiane*

Lieber Geheimerath!
Ich habe Dich um Verzeihung zu bitten, daß ich Deinen gut
gemeinten Rath wegen des Aderlasses nicht schleunig genug nachgekommen, wodurch höchst wahrscheinlich ich
diesem Unfalle entgangen wäre. Ich danke Gott, daß es so
glücklich überstanden ist. Gegenwärtig befinde ich mich
ziemlich wohl, der Kopf ist mir sehr leicht, alle Sinne sind
frei und heiter, und nirgends[1] ist mehr ein[2] Druck oder
betäubende Schwere zu bemerken. Nur die spanische Fliege
incommodirt mich noch etwas.

Leb nun wohl und gedenke mein.

Weimar, den 22. Mai 1816.

Champagner ist dießmal in unserm Keller gar nicht zu
finden. Ramann hat mir noch keinen geschickt. *Wertheimer*,
2 Bouteillen, folgen anbei.   C. v. Goethe.

*

Das sind die letzten Zeilen, die uns von diesem Briefwechsel
erhalten sind. Wenige Tage, nachdem Christiane sie abgesandt, am 29. Mai, verdunkeln sich ihre »frei und heiter«
gewordenen Sinne, sie erkrankt bedenklich. Goethe eilt von
Jena herbei; nach kurzer Besserung verschlimmert ihr Zustand sich schnell; sorgenvollste Tage und Nächte folgen;

1 Nach gestrichenem nichts.
2 Nach gestrichenem der.

auch die Dienstboten erkranken, Goethe selbst wird von einem plötzlichen, heftigen Fieberanfall niedergeworfen. Unterm 5. Juni heißt es in seinem Tagebuch: »Den ganzen Tag im Bett zugebracht. Meine Frau in äußerster Gefahr. Die Köchin und Minchen leidlich. Mein Sohn Helfer, Rathgeber, ja einziger haltbarer Punct in dieser Verwirrung«; am 6.: »Gut geschlafen und viel besser. Nahes Ende meiner Frau. Letzter fürchterlicher Kampf ihrer Natur. Sie verschied gegen Mittag. Leere und Todtenstille in und außer mir.« —

Zwei Tage später setzt Goethe Freund Zelter von dem Geschehenen in Kenntniß: »Wenn ich Dir, derber, geprüfter Erdensohn, vermelde, daß meine liebe, kleine Frau uns in diesen Tagen verlassen, so weißt Du, was es heißen will.« Der Vereinsamte sucht sich zu sammeln. Er versucht auszusprechen, was er verloren; zögernd schreibt er die trostlosen Worte nieder: »Ich kann weiter keinen Gewinn des Lebens haben, als ihren Verlust zu bedauern«, dann rhythmisch umgebildet:

> Du versuchst, o Sonne, vergebens
> Durch die düstren Wolken zu scheinen!
> Der ganze Gewinn meines Lebens
> Ist, ihren Verlust zu beweinen.

Bald aber entreißt er sich diesem Zustande dumpfer Verzweiflung; männlich entschlossen wendet er sich wieder dem Leben, der Arbeit zu. Und wie eine heiter-ernste Grabschrift für Christiane empfinden wir jene Verse, die, ihr wahres Wesen aussprechend, jetzt entstanden sein mögen:

> Ein rascher Sinn, der keinen Zweifel hegt,
> Stets denkt und thut und niemals überlegt,
> Ein treues Herz, das wie empfängt, so gibt,

Genießt und mittheilt, lebt, indem es liebt.
Froh glänzend Auge, Wange frisch und roth,
Nie schön gepriesen, hübsch bis in den Tod.

*   *
*

Anhang

Erläuterungen

Goethes Briefe befinden sich (mit Ausnahme von Nr. 398) im Goethe-und-Schiller-Archiv, und zwar lose, nach den Jahren geordnet, in mehreren Umschlägen und Papiertaschen; der erste dieser Umschläge trägt die Aufschrift »1792-1795 Briefe von mir an meine Frau« und enthält, der Zeitfolge zuwider, als erstes Stück das unter Nr. 555a mitgeteilte Gedicht sowie eine von Schreiberhand geschriebene Besuchskarte Christianens »Frau Geheime Räthin Goethe p – p – C.« – In den Erläuterungen ist bei jedem Briefe nach dem Datum in Klammern Band und Seite angegeben, wo er sich in der Weimarer Gesamtausgabe von Goethes Briefen gedruckt findet. Angaben darüber, ob der Brief eigenhändig geschrieben ist oder von Schreiberhand, Mitteilungen über eigenhändige Verbesserungen und über die Adressen, ebenso über die Namen der Schreiber sind nur in besonderen Fällen gemacht worden.

Christianens Briefe (nebst den Briefchen Augusts) befinden sich sämtlich im Goethe-und-Schiller-Archiv, eingeheftet in die Jahreshefte der »Eingegangenen Briefe«; nur die von Lauchstedt aus geschriebenen Briefe aus dem Jahre 1810 (nebst einigen aus dem Jahre 1811) sind nicht eingeheftet, sondern lose, der Zeitfolge nach, in einer besonderen Papiertasche verwahrt, die von Goethes Hand die Aufschrift trägt »Briefe von Lauchstedt 1810 Vli's Hand«. In den Erläuterungen ist bei jedem Briefe nah dem Datum in Klammern die ihm entsprechende Seitenzahl des betreffenden Jahresheftes angegeben.

Für einige, in der Einführung und in den Erläuterungen häufiger genannte Handschriften und Druckwerke sind folgende Abkürzungen gebraucht worden:

Bettina = Bettina von Arnim. Goethes Briefwechsel mit einem Kinde. Hsg. von Jonas Fränkel Band 1/3. Jena 1906.

Br. = Goethes Briefe Band 1/50 ... Weimar 1887/1912. (Goethes

Werke. Hsg. im Auftrage der Großherzogin Sophie von Sachsen. IV. Abteilung.)

C.-Meyer I = Freundschaftliche Briefe von Goethe und seiner Frau an Nicolaus Meyer. Aus den Jahren 1800 bis 1831. [Hsg. von Salomon Hirzel.] Leipzig 1856.

C.-Meyer II = Briefe von Goethes Frau an Nicolaus Meyer. Mit Einleitung, Facsimiles, einer Lebensskizze Nicolaus Meyers und Porträts. [Hsg. von?] Straßburg 1887.

EBr. = Eingegangene Briefe (Handschriften in Goethes Nachlaß).

Eichendorff = Tagebücher des Freiherrn Joseph von Eichendorff. Mit Vorwort und Anmerkungen von Wilhelm Kosch. Regensburg [1908].

FB. = Fourir-Bücher des Hofmarschall-Amtes zu Weimar (Handschriften).

Geiger = Goethe und die Seinen. Quellenmäßige Darstellungen über Goethes Haus von Ludwig Geiger. Leipzig 1908.

Gespräche = Goethes Gespräche Gesamtausgabe. Neu hsg. von Flodoard Frhr. von Biedermann unter Mitwirkung von Max Morris, Hans Gerhard Gräf und Leonhard L. Mackall. Band 1/5. Leipzig 1909/11.

GJ. = Goethe-Jahrbuch. Hsg. von Dr. Ludwig Geiger. Band 1/34. Frankfurt a. M. 1880/1913.

Gräf = Goethe über seine Dichtungen. Versuch einer Sammlung aller Äußerungen des Dichters über seine poetischen Werke von Dr. Hans Gerhard Gräf. Band 1/9. Frankfurt a. M. 1901/14.

Morris = Goethe-Studien von Max Morris. Band 1/2. Zweite veränderte Auflage. Berlin 1902.

Pasqué = Goethes Theaterleitung in Weimar. In Episoden und Urkunden dargestellt von Ernst Pasqué. Band 1/2. Leipzig 1863.

Reinhold = Bad Lauchstedt, seine literarischen Denkwürdigkeiten und sein Goethetheater nach Berichten der Zeitgenossen dargestellt. Von Dr. phil. Heinrich Reinhold. 2. verm. und verb. Auflage. Halle a. d. S. 1914.

Riemer = Mittheilungen über Goethe. Aus mündlichen und schriftlichen, gedruckten und ungedruckten Quellen. Von Dr. Friedrich Wilhelm Riemer. Band 1/2. Berlin 1841.

Riemers Tgb. = Aus den Tagebüchern Riemers, des vertrauten Freundes von Goethe. Mitgeteilt von Robert Keil. (Deutsche Revue 1886 Jan.-, Mai-, Oct.-Heft, 1887 Jan.-, Febr.-, März-, Juli-, Oct.-Heft.)

SdGG. = Schriften der Goethe-Gesellschaft. Band 1 flg. Weimar 1885 flg.

TB. = Todten-Bücher der Stadtkirche zu Weimar (Handschriften).

Tgb. = Goethes Tagebücher Band 1/13. Weimar 1887/1903. (Goethes Werke. Hsg. im Auftrage der Großherzogin Sophie von Sachsen. III. Abteilung.)

TP. = Tauf-Protokolle   der Hofkirche und der Stadtkirche zu
TrP. = Trau-Protokolle   Weimar (Handschriften).

Voß = Goethe und Schiller in Briefen von Heinrich Voß. Briefauszüge, in Tagebuchform zeitlich geordnet und mt Erläuterungen hsg. von Dr. Hans Gerhard Gräf. Leipzig [1896]. (Reclams Universal-Bibliothek 3581/2.)

W. = Goethes Werke. Hsg. im Auftrage der Großherzogin Sophie von Sachsen. Band 1/53. Weimar 1887/1914.

*

1. Goethe, 1792 Aug. 9 (Br. 10, 1). – *Wir*: G., Heinrich Meyer (der dem Freunde bis Gotha das Geleit gab) und G's Diener Paul Götze. – *von Wanzen gequält*: G's gewöhnliches Leiden auf Reisen (vgl. G. an Schiller, 1797 Aug. 30). – *Zimmerleute*: die beim Umbau in G's Haus tätig waren. – *Krämchen*: auch »Judenkrämchen«, mundartlich für Geschenksendung, die manchmal beim Handelsjuden auf der Messe eingekauft wurde; es bestand diesmal in Kleiderstoff und Spitzen (vgl. S. 63).

2. Goethe, 1792 Aug. 17 (Br. 10, 5). – *Deinen Brief*: nicht bekannt.

3. Goethe, 1792 Aug. 21 (Br. 10, 7). – *Äugelchen*: dieser Lieblingsausdruck von G's Haus- und Familiensprache (Christiane schreibt zumeist mundartlich »Äuglichen«) bedeutet bald die Tätigkeit »liebäugeln«, bald die Person, mit der man liebäugelt; er klingt leise an in dem Gedicht ›Gefunden‹: »Wie Äuglein schön« und in einer Hudhud-Strophe: »Nistet äuglend, wie scharmant!«, mit starker Betonung des Sinnlichen dagegen in dem Gedicht ›Frech und froh‹:

>»Nur von Tüchtgen will ich wissen,
Heißem Äuglen, derben Küssen«,
und findet noch spät seine Verklärung in den Diwan-Versen:
»Über meines Liebchens Äugeln
Stehn verwundert alle Leute.«

4. Goethe, 1792 Aug. 25 (Br. 10, 8). – *Wo das Trier in der Welt liegt:* Christiane durfte gewiß von sich bekennen, wie G's Mutter (an den Sohn, 1792 Dez. 4): »Ich bin eine schlechte geografin.«

5. Goethe, 1792 Aug. 28 (Br. 10, 10). – *Bei dem Herzoge:* Karl August. – *Herr Meyer . . . gibt ihn . . . Voigt'* d. h. Christianens Antwortbrief: G. gleichzeitig an Voigt: ». . . erlauben Sie, daß Herr Meyer Ihnen ein Briefchen zustelle, und schicken Sie mir es doch mit dem nächsten Packete, daß ich einige Nachricht von den Meinigen erhalte«, und an H. Meyer: »Schicken Sie mir bald einen Brief [von Christiane] und schreiben ein Wort.«

6. Goethe, 1792 Sept. 2 (Br. 10, 13). – *Aus Paris:* diese Hoffnung erfüllte sich nicht; vgl. S. 64.

7. Goethe, 1792 Sept. 8 (Br. 10, 14). – *Körbchen . . . mit Liqueur:* vgl. S. 63. – *im vordern Quartier:* Goethes bewohnten zunächst nur das Hinterhaus, da der bisherige Besitzer, Helmershausen, das Recht hatte, einige Räumlichkeiten des Vorderhauses noch eine Zeitlang zu behalten (vgl. zu S. 64).

8. Goethe, 1792 Sept. 10 (Br. 10, 17). – *Körbchen mit Liqueur . . . Päcktchen mit Zuckerwerk:* In der ›Campagne‹ (3. September) unterläßt G. nicht, die guten Verduner Liqueure und »Dragéen, überzuckerte kleine Gewürzkörner, in saubern cylindrischen Deuten« zu erwähnen, und gedenkt auch des nach Weimar gesandten Kistchens, »wodurch sich denn die Freundinnen zu Hause in höchster Beruhigung überzeugen mochten, daß wir in einem Lande wallfahrteten, wo Geist und Süßigkeit niemals ausgehen dürfen«.

Daß zwischen den Briefen 8 und 9 einer an Christiane verlorengegangen ist, beweist die Numerierung (die übrigens schon nach Brief 9 in Vergessenheit geriet).

9. Goethe, 1792 Sept. 27 (Nr. 10, 24). – *Dein Briefchen:* nicht bekannt. – *hervorziehst:* in das Vorderhaus (vgl. S. 61-64.)

10. Goethe, 1792 Okt. 10 (Br. 10, 29). – *das Dich betrüben konnte:*

die Stelle über seine Eifersucht S. 62. – *dem Herrn Geh. Assistenz-Rath:* an C. G. Voigt, Okt. 15: »Helmershausen ist ja wohl ausgezogen und die Meinigen völlig im Besitze des Quartiers. Haben Sie die Güte, Ihre Hand nicht abzuziehen.« – *die Treppe:* G. an H. Meyer, Okt. 15: »Was unser Haus betrifft, so wollt ich Sie bitten, sobald Frost zu befürchten ist, nichts weiter mit tapeziren und malen zu unternehmen. Wir wollen diesen Winter mit allem zufrieden sein. Da die Tüncher so langsam gearbeitet haben, wird wohl das Treppenhaus nicht ganz fertig werden, es hat aber nichts zu sagen.« – *in die Komödie:* das Hoftheater hatte Okt. 4 mit Kotzebues Schauspiel ›*Der Papagoy*‹ die Winterspielzeit eröffnet.

11. Goethe, 1792 Nov. 4 (Br. 10, 37). – *der König:* Friedrich Wilhelm II. von Preußen.

12. Goethe, 1792 Nov. 15 (Br. 10, 39). – *schön eingerichtet:* in Pempelfort (damals außerhalb der Stadt gelegen, jetzt im Besitz des Düsseldorfer Künstlervereins ›Malkasten‹, mit Erinnerungen an die Familie Jacobi), wo G. den Freund schon 1774 besucht hatte.

13. Christiane, 1793 Mai 13 (EBr. 1793, 153); Adresse von fremder Hand. Der Brief wurde (wie EBr. 1793, 156 zeigt) durch H. Meyer Mai 16 abgeschickt. – *Hof-Rath:* Stark. – *Schlampamps-Stündchen:* Plauder- und Kose-Stündchen; auch das Zeitwort »schlampampsen« kommt vor (S. 87); G. selbst sagt »Schlender- und Hätschelstündchen« (S. 563). – *Jule:* Singen und Johlen der Studenten. – *Beilage:* Christiane hat dem dreijährigen Söhnchen beim Schreiben die Hand geführt.

14. Goethe, 1793 Mai 17 (Br. 10, 1); in der Weimarer Ausgabe irrtümlich unter das Jahr 1792 gestellt und »12. August« datiert; daß das unvollständige Datum der Handschrift durch »Mai 1793« richtig ergänzt wird, beweist die Erwähnung sowohl von Christianens Schwangerschaft (S. 71) als auch von deren Aufenthalt in Jena mit August (S. 71). – *in meinem Hause:* G's Mutter an den Sohn, März 15: »Es ist Raum genug in der Frau Aja ihrem Häußlein, kome du nur – freylich mußt du dich mit dem zweyten Stockwerck begnügen.« – *wenn ihr:* d. h. wann ihr. – *Caraco:* »eine Art Damen-Spencer, mit einer kleinen schoß-

artigen Verzierung am Ende des Rücktheils« (Heyses Fremdwörterbuch). – *Krabskrälligkeit:* Schwangerschaft (eine ganz
befriedigende Erklärung des Ausdrucks ist, soviel ich sehn kann,
noch nicht gegeben worden; vgl. Frankfurter Zeitung 1905 Aug.
31 und Sept. 6); eine andre Bezeichnung für denselben Zustand
»Pfuiteufelchen« begegnet zuerst S. 73.

15. Christiane, 1793 Mai 24? (EBr. 1793, 162); der Tag ist nach
    dem Datum von H. Meyers Brief an G. (EBr. 1793, 158) zu
    vermuten. – *beiden Kinder:* August und ein kleiner Spielkame-
    rad. – *den Garten:* am Haus in der Stadt (Hausgarten) und am
    Gartenhäuschen im Park (»alter« und »unterer« Garten). –
    Komödie: ›Ignez de Castro‹, Trauerspiel des Grafen v. Soden. –
    Jacobin: Max Jacobi, Sohn von G's Freund in Pempelfort, stu-
    dierte von Ostern 1793 bis Ostern 1795 in Jena Medizin, ver-
    kehrte viel in der Familie G's, der ihm mit Rat und Tat beistand;
    G. an F. H. Jacobi, 1793 Febr. 27 (nicht: 22): »Maxens Bette ist
    auch schon in meinem Hause bereitet, er mag sich bei mir zum
    Schritte von Pempelfort nach Jena gewöhnen.« Vgl. zu S. 140 –
    Frau Burgemeistern: Bohl. – *Pfuiteufelchen:* vgl. zu S. 72 Krabs-
    krälligkeit.

16. Goethe, 1793 Mai 29. 31 (Br. 10, 60). – *große Stadt:* Mainz. – *in
    ein Dorf . . . einquartirt:* Ober-Olm. – *das Hauptquartier:* Marien-
    born. – *Verwundeten und Todten:* unter letzteren die Weimaraner
    Offiziere Major v. Laviere und Rittmeister Voß (vgl. G. an
    Herder, Juni 2); G. an C. G. Voigt, Mai 31: »Welche sonderbare
    Empfindung mir das war, als ich, wie es Tag wurde, hinunter ritt
    und erwarten mußte, *wen* ich dort nun todt oder verwundet
    fände! – . . . nehmen [Sie] Sich der Meinigen an, wenn mir ein
    Unfall begegnen sollte.«

18. Christiane, 1793 Juni 7 (EBr. 1793, 189). – *schöne Tuch:* nicht
    »Schämtuch« (wie Br. 10, 378 irrtümlich angegeben ist). –
    Gruß von der lieben Mutter: nicht bekannt. – *habe an die liebe
    Mutter geschrieben:* Brief nicht bekannt. – *Schätzchen:* junge
    Freundinnen. – *Wernern:* etwa die Frau des Kammermusicus
    Heinrich Gottfried W. oder die des Hofmusicus Friedrich Lud-
    wig W. oder die des Hofmusicus und Organisten an der St.
    Jacobskirche Johann August W., der 1794 März 17 starb (TB.

der Stadtkirche 1791/1804, 43). – *Burkhardtin:* nicht sicher festzustellen (es gab zur Zeit 4 Unterbeamte mit Namen B. in Weimar). – *Doctor:* der weiter unten genannte Huschke. – *Sonntag:* Juni 2.

19. Goethe, 1793 Juni 7 (Br. 10, 71). – *gewisse Umstände:* Christianens Schwangerschaft.

20. Christiane, 1793 Juni 14 (EBr. 1793, 202). – *5 Briefe:* von denen 2 nicht überliefert sind. – *einen von Jena:* Nr. 13. – *Herzogin:* Anna Amalia.

21. Goethe, 1793 Juni 14 (Br. 10, 76). – *an meine Mutter geschrieben:* vgl. zu S. 76 und wegen Frau Rats Antwort zu S. 82.

22. Christiane, 1793 Juni 17 oder 18 (EBr. 1793, 220). – *Hofgärtner vom Belvedere:* Johann Reichert. – *Bauverwalter:* Steffany. – *Kleine Häuschen neben uns:* über das östlich anstoßende »Fränkische Haus« schreibt Philipp Seidel Juli 16 (EBr. 1793, 256) an?: G. biete 300 Taler, Frankes Witwe, die die Mansarde bewohnte, 405 Taler. Im Erdgeschoß war eine Schusterwerkstatt. Vgl. S. 84. G. verzichtete auf den Ankauf (an C. G. Voigt, Juli 27).

24. Christiane, 1793 Juni Ende (EBr. 1793, 226). – *rechten lieben Brief:* datiert Juni 20, unterzeichnet »Ihre Freundin Goethe«. – *wieder geantwortet:* Brief nicht bekannt. – *Hofgärtner:* vgl. zu S. 80. – *Jacobi:* vgl. zu S. 14; G. an F. H. Jacobi, Juli 7: »Es ist mir lieb, daß Max auch in meiner Abwesenheit sich zu den Meinigen hält. Auf der kleinen Insel des festen Landes, die sie bewohnen, ist er gern gesehen und gut aufgehoben.«

25. Goethe, 1793 Juli (Br. 10, 86). – *Mutter hat Dir geantwortet:* vgl. zu S. 82. – *Wegen des Häuschens:* vgl. zu S. 80; G. an Voigt, Juli 3: »Wie steht es mit dem Verkaufe des kleines Hauses neben dem meinigen?«

26. Christiane, 1793 Juli 5 (EBr. 1793, 233). – *der heutige:* Nr. 23.

27. Goethe, 1793 Juli 10 (Br. 10, 93). – *Moritz todt:* gestorben Juni 26 in Berlin; Christiane hatte ihn gut kennengelernt, als er, 1788 Dez. 4 aus Italien in Weimar eingetroffen, zwei Monate in G's Haus wohnte. G. an F. H. Jacobi, Aug. 19: »Hab ich Dir schon gesagt, wie sehr ich Leid um den armen Moritz getragen habe? Ich verliere einen guten *Gesellen* an ihm.«

28. Christiane, 1793 Juli Mitte (EBr. 1793, 253). – *Aber so bin ich:*

das betonte »so« mundartlich für: sonst, im allgemeinen (ebenso in Nr. 74 und öfters). – *Doctor:* Huschke.

29. Christiane, 1793 Juli 19 (EBr. 1793, 266). – *Frau Räthin:* G's Mutter hatte mit Brief von Juli 11 (unterzeichnet »Ihrer ergebenen Dienerin Goethe«) geschickt: »1 gantzes Stück Bettzwilch ... 2¾ Ehlen zum zweyten Pfühl ... ein Taffelgedeck von 1 Taffeltuch und 12 Servietten.« *Artischocken:* Lieblingsspeise G's, vgl. S. 784. – *kramseligen:* zur Haussprache gehörig, wie das Zeitwort »gramseln« (zuerst S. 181), soviel wie: Trübsal, Gramsal blasen.

30. Christiane, 1793 Juli 25 (EBr. 1793, 274). – *Dein Brief:* unbekannt; die Übergabe von Mainz war Juli 22 erfolgt.

31. Goethe, 1793 Aug. 1 (Br. 10, 101). – *Gore:* über ihn spricht G. ausführlich in der ›Belagerung von Mainz‹ unter Juli 15.

32. Christiane, 1793 Aug. 8 (EBr. 1793, 288). – *Altan:* G. hatte ihn im Frühjahr 1777 an der Südseite des Gartenhäuschens errichten lassen (vgl. Tgb. 1777 März 17). Nach dem Abbruch dieses um 1800 baufällig gewordenen »Angebäudes« fanden die noch brauchbaren Balken, Bretter und Latten im Jahre 1802 bei Ausbesserungsarbeiten in dem Freigut Ober-Roßla Verwendung (Aufzeichnung von 1802 Okt. 11 in den Akten, Ober-Roßla betr.).

33. Goethe, 1793 Aug. 9 (Br. 10, 102). – *Devisen:* darunter wohl auch die von G. an Fritz v. Stein Okt. 23 mitgeteilten: »Devise eines Reichen: pain bis et liberté, oder eines Erzjuden: ›Wenig, aber mit Recht‹.«

Zu G's Geburtstag schrieb Vulpius für den kleinen August folgenden Glückwunsch (EBr. 1793, 319):

Liebes Väterchen!

Dein Geburtstag ist heute,
Darüber habe ich eine große Freude;
Ich wünsche: Du möchtest noch hundert Jahre fein
Gesund und zufrieden, wie jetzo, sein.

Den 28. August 1793.   August.

35. Christiane, 1793 Sept. Ende oder Okt. Anfang (EBr. 1793, 373). – *courios zu Muthe:* infolge der nahenden Niederkunft. Unter den Briefen an G. aus dem September findet sich (EBr.

1793, 364), ein Blättchen Herders an G. über den »modus« der Taufe »zu Vermeidung des Aufsehens«.

36. Christiane, 1793 Okt. Anfang (EBr. 1793, 380); Adresse eigenhändig: an Herrn Geheime Raht vonn Gotte Jena. (Auf der leeren 3. Seite Bleistiftzeichnung G's). – *Mittwoch:* Okt. 2 oder 9. Geburt von G's 3. Kinde, einem Mädchen, Donnerstag, November 21, früh 6 Uhr; Taufe am selben Tage abends 5 Uhr im Hause, durch den Kollaborator Hahrseim; Name *Carolina;* Pate: Demoiselle Juliana Augusta Vulpius (TP. der Hofkirche 1787/97, 327). Das Kindchen starb Dez. 4 am »Steckfluß« und wurde mit der Viertel-Schule beerdigt (TB. der Stadtkirche 1791/1804, 38).

37. Goethe, 1794 Juli 30/Aug. 1 (Br. 10, 176). – *Deinem Geburtstage:* G. meint den 6. August; dieser Irrtum, der immer wiederkehrt, rührt offenbar daher, daß Christiane ihren Geburtstag (Juni 1) mit dem ihrer jüngeren Schwester Sophie Friederike Charlotte (1781 Aug. 6) verwechselt hat. Der Eintrag über Christianens Geburt im TP. der Hofkirche 1755/65, 354 lautet: »H. Johann Friedrich Vulpius, F., Sächß. Amts. Copistens alhier, und Fraun Christienen Margarethen gebor. Riehlin, Töchterlein, ist gebohren Sonnabends den 1. Jun. a. c. Abends halb 9 Uhr, und Montags darauf als den 3. dito, nachmittags ¾ auf 1 Uhr, von dem Herrn Hof-Diac. Gottschalg getauft worden. Empfieng in der Heil. Taufe die Namen Johanna Christina Sophia. Die Taufpathen waren 1. Jungfer Friederice Sophia Wirsingin, Herrn August Heinrich Wirsings, Hochfürst. Sächß. Rent-Secretarii alhier, eheleib. älteste Jungfer Tochter; 2. Herr Anthon Justus Friedrich Schmidt, F Sächß. Hofadvocat alhier; 3. Frau Christiana Sophia Riehlin, verehelichte Kesselringin, Herrn Carl Heinrich Kesselrings, F. Sächß. Amts-Actuarii alhier, Eheliebste.«

39. Christiane, 1795 Jan. 12 (EBr. 1795, 3). – *Ihnen:* warum hier und in Nr. 40 plötzlich die Anrede »Sie« eintritt, ist nicht einzusehen; auch weiterhin begegnen gelegentliche Rückfälle zum »Sie«. – *Beilage:* adressiert »an meinen lieben Vater Weimar Frei nach Jena«.

40. Christiane, 1795 Jan. 14 (EBr. 1795, 15); im Datum ist »oder

16.« zu streichen. – *Sonntag:* Jan. 11. – *Komödie:* ›Glück bessert Thorheit‹, Lustspiel nach dem Englischen der Miß Lee von F. L. Schröder. – *Ernestine:* Christianens um 10 Jahre jüngere Schwester.

41. Goethe, 1795 April 3 (Br. 10, 247). – *meine Sachen:* Besprechung mit Schiller wegen der ›Horen‹, naturwissenschaftliche Studien bei Loder, Batsch und Göttling, Überwachung der Wasserbauarbeiten an der Saale und der baulichen Veränderungen im botanischen Garten.

43. Christiane, 1795 April 9 (EBr. 1795, 116). – *Sonnabend:* April 11.

45. Christiane, 1795 April 11 (EBr. 1795, 120). – *Komödie:* ›Das Portrait der Mutter‹, Lustspiel von F. L. Schröder. – *›Wilhelm‹:* Band 1 der ›Lehrjahre‹, Anfang 1795 erschienen.
Zur Zwischenbemerkung. Christanens Jenaer Torzettel von April 14 (für Demoiselle »Volpius« und Gesellschaft) hat sich erhalten, da G. ihn als Umschlag für den Entwurf von Versen aus Faust II, Helena-Akt, benutzte (W. 15 [2], 69 H[40]).

46. Christiane, 1795 April 16 oder 17 (EBr. 1795, 128); auf der eigenhändigen Adresse der Zusatz: »nebst 12 Flaschen Wein und Einer Schadel« (wegen »Schadel« vgl. zu Nr. 424).

47. Christiane, 1795 April 18 oder 19 (EBr. 1795, 140). – *ausgenommen:* undeutlich geschrieben, aber wohl gemeint; »ausnehmen« alter Ausdruck für »beim Kaufmann auswählen, kaufen«.

48. Christiane, 1795 April 19 oder 20 (EBr. 1795, 141). – *künftige Woche doch:* erst nach 2 Wochen (Mai 2) kehrte G. zurück.

49. Goethe, 1795 Juli 2 (Br. 10, 275). – *Donnerstag:* das war aber Juli 2; demnach muß das Briefchen vorm 2. geschrieben und das Datum erst unmittelbar vor der Abreise hinzugefügt worden sein.

50. Goethe, 1795 Juli 7 (Br. 10, 275). – *viel Bekanntschaft . . . Äugelchen:* unter andern Friederike Brun, Rahel Levin (spätere Frau Varnhagen v. Ense), Sarah v. Grotthuß, geb. Meyer, und deren Schwester Marianne Meyer (spätere Frau v. Eybenberg); vgl. Gespräche 1, 231/7.

51. Goethe, 1795 Juli 15 (Br. 10, 277). – Die beiden Verse schon im Tagebuch der Reise nach Schlesien 1790 (vgl. Gräf 7, 174 Nr. 372). – *Meyern:* Heinrich M.

52. Goethe, 1795 Juli 19 (Br. 10, 278). – *Hoffnung auf Arbeit:* G. gedachte den Badeaufenthalt »einer Revision meiner naturwissenschaftlichen Bemühungen zu widmen« (an Schiller, Juni 18) und einer letzten Durchsicht von Buch 5 der ›Lehrjahre‹.

56. Goethe, 1795 Sept. 2 (Br. 10, 294). – *Sonntag:* Sept. 6. – *die Bergleute einen Aufzug:* wie alljährlich zur Feier von Karl Augusts Geburtstag, Sept. 3. – *in die Kirche will er nicht:* G. an C. G. Voigt, Sept. 2: »Morgen zieht er mit den Bergleuten auf, will aber nicht mit in die Kirche. Es scheint, das entschiedne Heidenthum erbt auf ihn fort.«

58. Christiane, 1795 Okt. 16 (EBr. 1795, 315). – *Koffer … Frau Räthin:* diese schreibt, ebenfalls am 16., an G.: »Dein Koffer ist wohlbehalten angekommen« und bittet dringend, G. möge bald kommen, »damit ich nicht Tagelang (wie seit Sonntag [Okt. 11] der Fall war) am Fenster mich blind gucke und jede Postschäße vor die deinige halte«.

60. Christiane, 1795 Okt. 16 (EBr. 1795, 322). – *Prinz Bernhard:* Karl Augusts 2. Sohn, zur Zeit 3 Jahre alt.
Geburt von G's 4. Kinde, einem Knaben, Freitag, Oktober 30 (nicht Nov. 1), abends; Taufe Oktober 31 abends ½6 Uhr im Hause, durch den Kollaborator Hahrsein; Name *Karl;* Pate: Demoiselle Jul. Aug. Vulpius (TP. der Hofkirche 1787/97), 438).

62. Christiane, 1795 Nov. 10 (EBr. 1795, 347). – *Doctor … Liebern:* Huschke und die Wartefrau.
Tod des Söhnchens Karl: da G. selbst Nov. 16 an H. Meyer berichtet: »Ein kleiner Ankömmling hat uns schon wieder verlassen«, und Nov. 17 an Schillers Frau schreibt, der Kleine sei »gestern«, also am 16., gestorben, wird das Datum in TB. der Stadtkirche 1791/1804, 65: Nov. 18 wohl auf Irrtum beruhen. Die Beisetzung fand mit der Viertelschule statt, den Tag nennt das TB. nicht.

63. Goethe, 1796 Jan. 8 (Br. 11, 4). – *siebenten Buche:* der ›Lehrjahre‹. – *Die Götzen:* wohl die auch S. 227 Genannte. – *hatte ich Gäste:* nach Tgb. am 6. mittags C. G. Voigt und Kammerherrn v. Milkau; dieser, Polizeimajor von Jena, wohnte gleich G'n im Schloß.

64. Christiane, 1796 Jan. 9, (EBr. 1795, 11). – *Mittewoche:* Jan. 6.

65. Goethe, 1796 Jan. 12 (Br. 11, 4). – *siebentes Buch:* ›Lehrjahre‹.

66. Christiane, 1796 Jan. 13 (EBr. 1796, 7). – *Madame Becker:* geb. Neumann; sie hatte die Marianne schon bei der ersten Aufführung am Hoftheater (1792 Jan. 21) gespielt. (Bei der Uraufführung, einer Liebhabervorstellung, 1776 Nov. 21, hatte G. den Wilhelm, Amalie Kotzebue die Marianne gespielt.) – ›*Prozeß:* Lustspiel von Herklots.

67. Goethe, 1796 Jan. 15 (Br. 11, 5). – *siebentes Buch:* ›Lehrjahre‹. – *Cabinet:* die im Schloß untergebrachte, naturwissenschaftliche Sammlung.

68. Christiane, 1796 Febr. 17 oder 18 (EBr. 1796, 64). – *Krautland:* dieses hatte die Katasternummer 2130 und lag nördlich des Lottenbaches, etwa an der Stelle des Hauses Nr. 27 der heutigen Lassenstraße, nördlich der jetzigen Lottenstraße. Nach der von Christiane unterzeichneten Urkunde vom 23. März 1796 (sie schrieb: 22.) kaufte der Raths-Bau-Kämmerer Joh. Ehrhard Stichling als Vormund Christianens in deren Vollmacht das dem Wachtmeister Joh. Gottlieb Kratz in Weimar gehörige »hinter der Lotte neben Frau Maroldin gelegene Krautland, so dem Rathe lehnet, vor 60 Reichsthaler, in Laubthalern à 1 Thaler 15 Groschen« (Handelsbuch de anno 1796, Bl. 366/8, im Großh. Sächs. Amtsgericht zu Weimar). Goethe vermachte das Land in seinem Testament vom 6. Januar 1831, § 13, seinem Diener J. F. Krause (W. 53, 333). – *12 Mann Statisten:* vom Theater, die bei einer Hof-Festlichkeit mitgewirkt hatten (2 diese Angelegenheit betreffende Briefchen von Luise v. Göchhausen an G. in EBr. 1796, 41. 43).

69. Goethe. 1796 Febr. 19 (Br. 11, 33).– *gestern ... geschrieben:* Brief nicht bekannt. – *Böttcher:* vielleicht K. A. Böttiger? – *hervor:* aus dem im Hinterhaus gelegenen Zimmer G's.

71. Goethe, 1796 Febr. 20 (Br. 11, 34); der erste der uns erhaltenen Briefe G's an Christianen, der nicht eigenhändig, sondern von Schreiberhand geschrieben ist. – *Roman:* ›Lehrjahre‹.

72. Christiane, 1796 Febr. 21 (EBr. 1796, 69). – ›*Knicker:* Oper von Dittersdorf ›Hieronymus Knicker‹. – *neuen Sänger:* Leißring in der Rolle des Ferdinand. – *Roman:* ›Lehrjahre‹. – *Werner ... der Musicus:* vgl. zu S. 77.

Daß zwischen Nr. 72 und 74 ein oder zwei Briefe G's liegen, die nicht bekannt sind, beweisen die Worte Christianens S. 122: »Daß es mit dem Roman nicht gehen will.«

73. Christiane, 1796 Febr. 24 (EBr. 1796, 79). – *Capital:* Hauptschlüssel.

74. Christiane, 1796 Febr. 27 (EBr. 1796, 87). – *‚Käppchen‘:* Oper von Dittersdorf ›Das rothe Käppchen‹. – *so schien sie mir:* vgl. zu Nr. 28.

75. Christiane, 1796 März 2 (EBr. 1796, 94). – *Mariannichen:* die zu Nr. 50 genannte Marianne Meyer; vgl. den Schluß des Briefes. – *neuen Sänger:* der zu S. 119 Genannte als Leutnant v. Felsenberg. – *›Vetter aus Lissabon‹:* F. L. Schröders bürgerliches Familiengemälde ›Der Vetter in Lissabon‹.
Zwischen Nr. 75 ud 76 fehlt ein Brief G's; vgl. Nr. 76.

76. Christiane, 1796 März 5 (EBr. 1796, 101). – *›Aussteuer‹:* Schauspiel von Iffland, März 3 gegeben. – *›Sonnenfest‹:* Oper von Wenzel Müller, ›Das S. der Braminen‹. – *Freitagesgesellschaft:* 1791 von G. angeregt (an Karl August, Juli 1), gegründet Juli 5 von G., C. G. Voigt, Wieland, Bertuch, Knebel, Bode, Herder und Buchholz zum Zweck wissenschaftlicher Vorträge in monatlichen Versammlungen; sie bestand nur bis 1797; vgl. G. an C. G. Voigt 1796 März 3, an Schiller 1796 Okt. 15 und G's erläuternden Aufsatz aus dem Jahre 1824 (W. 42 (2), 454; GJ. 19, 14). Die ›Statuten‹ und einige Protokolle bei O. Jahn: Goethes Briefe an C. G. v. Voigt S. 443/52, weiteres bei K. A. Böttiger: Literarische Zustände und Zeitgenossen 1, 23/47. – *so Ostern:* mundartlich für: sowieso, überdies, noch dazu.

77. Goethe, 1796 März 7 (Br. 11, 43); eigenhändig nur S. 125 »Ich habe so viel« bis »G.« – *so viel gearbeitet:* an den ›Lehrjahren‹, daneben an der Übersetzung des ›Benvenuto Cellini‹.

78. Goethe, 1796 April 29 (Br. 11, 59). – *Meine Sachen:* vgl. zu Nr. 77. Zwischen Nr. 78 und 82 sind uns mehrere Briefe Christianens verloren.

80. Goethe, 1796 Mai 4 (Br. 11, 61). – *Karl:* Schillers 3jähriges Söhnchen; G. an Schiller Juli 9, als die zweite Niederkunft von dessen Frau herannahte: »Wollten Sie uns im Falle, daß sich Ihre Familie vermehrt, für die erste Zeit Karln herüber schicken, so würde er Augusten sehr willkommen sein und, in Gesellschaft

der vielen Kinder, die sich in meinem Hause und Garten versammeln, sich recht wohl befinden.«

82. Christiane, 1796 Mai 14 (EBr. 1796, 198); der Zusatz im Datum »(oder 18.?)« ist wohl zu streichen; G. wird in einem nicht bekannten Briefe über den Tag des Kommens usw. geschrieben haben.

Zur Zwischenbemerkung. *mein Ehstand ist eben 8 Jahre ... alt:* daß G. und Christiane den 12. (nicht den 13.) Juli als den Tag ihrer Eheschließung betrachteten und feierten, beweisen die Stellen ihrer Briefe S. 451 und S. 661, 766. Deshalb wäre G's Brief an Schiller wohl besser vom 12. zu datieren, in der Annahme: daß G. Schillers Brief vom 12. abends noch am selben Abend beantwortet habe.

83. Goethe, 1796 Aug. 22 (Br. 11, 168). – *Bauverwalter:* vgl. zu S. 80. – *Versuche und Arbeiten aller Art:* außer dem zu Nr. 77 Genannten naturwissenschaftliche Studien, besonders Raupen und Schmetterlinge betreffend.

85. Goethe, 1796 Sept. 4 (Br. 11, 181). – *Hofmedicus:* Huschke. – *inliegendes Heft:* nicht ermittelt.

86. Goethe, 1796 Sept. 6 (Br. 11, 184). – *Stallmeister:* Seidler. – *zur Frau von Stein:* G. an diese tags darauf:»Erlauben Sie auch ferner [seit Ende März d. J. hatte August, zuerst in Gesellschaft von Schillers Karl, dann allein Frau v. Stein öfters besucht] meinem armen Jungen, daß er sich Ihrer Gegenwart erfreuen und sich an Ihrem Anblick bilden dürfe. Ich kann nicht ohne Rührung daran denken, daß Sie ihm so wohl wollen«; Frau v. Steins Antwort, Sept. 10, schließt mit den Worten: »Sie müssens meinem Herzen eigentlich sehr natürlich finden, daß ich Ihr Kind so lieb haben muß.«

87. Goethe, 1796 Sept. 9 (Br. 11, 189). – *große Idylle:* ›Hermann und Dorothea‹.

88. Goethe, 1796 Sept. 11 (Br. 11, 191). – *gestern schrieb:* G. meint wohl seinen Brief vom 9. – *Hochzeitfeste:* der Bürger und Weißbäcker J. A. L. Reinhardt heiratete Sept. 15 Caroline Christiane Henr. Bürcke, Tochter des Hofbötchers Theodor David Bürcke (TrP. der Hofkirche 1762/1800, 538, der Stadtkirche 1784/1821, 118c) – *meiner Arbeit:* vgl. zu Nr. 87.

89. Goethe, 1796 Sept. 13 (Br. 11, 197). – *Hochzeit:* vgl. zu S. 132 – *Idylle:* vgl. zu Nr. 87. – *Probedruck von dem . . . Kupfer:* für Schillers Musen-Almanach für das Jahr 1797 (Xenien-Almanach).

90. Christiane, 1796 Sept. 14.? (EBr. 1796, 314). – *Buchbinder:* Schillers Almanach betr. – *das Gut:* erste Erwähnung des Freigutes zu Ober-Roßla, das zwei Jahre später von G. käuflich erworben wurde. – *Bauverwalter:* vgl. zu S. 20. – *Abdrücke von Starken:* vgl. zu S. 133.

91. Christiane, 1796 Sept. 25 (EBr. 1796, 336). – *Buchbinder:* vgl. zu S. 133.

92. Christiane, 1796 Sept. 30 oder Okt. 1 (EBr. 1796, 339); in der eigenhändigen Adresse der Name wieder »Gotte« geschrieben wie in Nr. 36. – *solchen Umständen:* G. wird in einem nicht bekannten Briefe über Schillers Söhnchen Ernst, geboren Juli 11, ähnlich geschrieben haben wie Sept. 30 an C. G. Voigt: ». . . ich habe nicht Muth, den guten Schiller in seiner gegenwärtigen Lage zu verlassen, sein Vater ist vor kurzem [Sept. 7] gestorben, und sein jüngster Knabe scheint auch in kurzem wieder abscheiden zu wollen.« – *Buchbinder . . . Starke:* vgl. zu S. 133. (Starke an G. in dieser Angelegenheit Sept. 26, Okt. 3, EBr. 1796, 338. 347). – *Exemplar:* von Schillers Almanach oder von dessen ersten beiden (>Alexis und Dora< enthaltenden) Bogen. – *Christ-Kram:* dessen Frau Aja in ihrem Briefe an G. Sept. 17 als schon »gepackt-ambalirt« gedenkt. – *das Äugelchen:* nicht ermittelt (Marianne Meyer? sie hatte Ende Sept. G'n in Weimar besuchen wollen).

93. Goethe, 1796 Okt. 31/Nov. 1 (Br. 11, 253); eigenhändig nur das zwischen den beiden Daten Stehende. – *Judenkrämchen:* vgl. zu S. 135. – *meine Geschäfte:* Anordnungen wegen des in der Nacht Okt. 22/3 auf dem Martinröder Stollen eingetretenen Bruches, infolgedessen die Abflußwege der Wasser verschüttet waren (vgl. Julius Voigt: Goethe und Ilmenau S. 137-140.

94. Goethe, 1796 Nov. 3 (Br. 11, 255). – *Tod des Wirthes:* des »guten Türk« (G an C. G. Voigt, Nov. 3). – *Mein Geschäft:* vgl. zu Nr. 93. – *Bergrath:* J. K. W. Voigt.

95. Christiane, 1796 Nov. 6 (EBr. 1796, 391). – *Schiller . . . geschrie-*

ben: Brief nicht bekannt; Schiller an G., Okt. 31: »Ich habe . . . an Mademoiselle Vulpius geschrieben, mir, wenn sie dazu kommen kann, die bei Ihnen noch vorräthig liegende [Exemplare des Musen-Almanachs] auf Druckpapier zu senden.«

96. Goethe, 1797 Jan. 1 (Br. 12, 3). – *interessante Menschen . . . alte Freunde und Bekannte:* unter jenen der Abbé Sabatier, der Naturforscher Dr. Fischer und der junge Österreicher Graf Moritz Fries, Student der Rechte, unter diesen der Hofmeister des Letztgenannten Franz Lerse, die Leipziger Adam Oeser und Christian Felix Weiße, die Frankfurter Moritz Bethmann und Gontard. – *Kunstwerke:* darunter Bilder von Domenichino (?), Lairesse und Bourdon; in Dessau kam dazu Angelika Kauffmanns ›Amor und Psyche‹. – *ein Cabinet:* »Früh die Gemälde des Herrn Otto besehen, welcher schöne Dietrich von allerlei Manier hat, auch sonst manche gute Sachen« (Tgb. Jan. 1). – *Gastmahl:* bei Chevalier La-Motte. – *Abendessen:* bei Frege.

97. Goethe, 1797 Jan. 3 (Br. 12, 3). – *Der Jude:* Elkan. – *das Gedicht:* ›Hermann und Dorothea‹. – *Jacobi:* vgl. zu S. 73 und Br. 12, 394/5.

98. Christiane, 1797 Febr. 21/2 (EBr. 1797, 85); vgl. das Faksimile; gedruckt die Worte: »wie Du in Kötschau . . . so wunderlich« Br. 12, 404. – *Komödie:* ›Das Landmädchen‹, Lustspiel von d'Arien. – *Aufsätzchen:* entweder Kopfputz (oder Kleiderbesatz) für Christiane, oder eine Zimmerverzierung; das letztere macht G's Bemerkung S. 142 wahrscheinlich (jedenfalls keine Stil- und Schreib-Übungen in G's Auftrag, wie manche irrtümlich angenommen haben). – *Deine beiden Hasen:* oft wiederkehrender Ausdruck der Familiensprache für ein weich anschmiegendes, zärtliches, liebevolles Wesen, ebenso: hasig, Hasigkeit, hasen (Zeitwort) und Hasenfuß. – *Gakala:* Spitzname, nicht ermittelt (dieselbe Person wie S. 472 »Galla«?). – *Schönfuß:* hier und S. 174 geschrieben »Sckenfuhs« und »Schkenfus«; da ich in dieser Wortform keinen Sinn zu finden vermochte, habe ich vorerst »Schönfuß« eingesetzt (etwa ehelicher Ausdruck für Amor?) und wäre für Mitteilung einer besseren Deutung dankbar. – *zum Gedicht:* ›Hermann und Dorothea‹.

99. Goethe, 1797 Febr. 24 (Br. 12, 52). – *allerlei Dingen:* darunter

die Farbenlehre. – *zum Gedicht:* ›Hermann und Dorothea‹. *wegen des ›Nathans‹:* in dem Caroline Jagemann die Recha spielen sollte; sie war Febr. 18 zum erstenmal am Weimarer Hoftheater aufgetreten (in Wranitzkys Oper ›Oberon, König der Elfen‹).

100. Christiane, 1797 Febr. 25 (EBr. 1797, 87). – *das Gedicht:* ›Hermann und Dorothea‹. – *in Italien:* schon seit 1796 plante G. eine dritte Reise nach Italien. – *Dienstag:* Febr. 28, zugleich Fastnacht.

101. Christiane, 1797 März 1 (EBr. 1797, 97). – *Bürgemeister:* falls der von Weimar gemeint ist, entweder J. C. Häublein oder J. H. S. Rentsch. – *das Gedicht:* ›Hermann und Dorothea‹.

102. Goethe, 1797 März 3 (Br. 12, 60). – *das Gedicht:* ›Hermann und Dorothea‹.

103. Christiane, 1797 März 3/4 (EBr. 1797, 103). – *Gastmahl:* März 1; vgl. S. 143. – *Komödie … Jagemann:* sie sang den Prosper in der Oper ›Die Wilden‹ von Schmieder; gleichfalls anerkennend Kirms an G., März 4 (Wieland sei »ganz enthusiasmirt« gewesen) und Vulpius an G., März 5 (EBr. 1797, 105. 117). – *Plan:* Frauenplan, an dem das Goethe-Haus liegt. – *das Gedicht:* ›Hermann und Dorothea‹. – *Burgemeister:* vgl. zu S. 143.

104. Goethe, 1797 März 5 (Br. 12, 61); eigenhändig nur die kurze Nachschrift. – *von Hamburg Nachricht:* durch F. Perthes, der, angeregt von F. H. Jacobi, Febr. 25 an G. geschrieben hatte (EBr. 1797, 109). – *Museum:* G's eigene Sammlungen. – *dem Gedichte:* ›Hermann und Dorothea‹.

105. Goethe, 1797 März 7 (Br. 12, 62). – *dem Gedichte:* ›Hermann und Dorothea‹. – *wegen Riehls:* Vulpius an G., März 5: der alte »Theater-Friedrich« (Theaterdiener Friedrich Höpfner) sei soeben gestorben, »da bitten wir nun, ich, meine Schwester und August, gar sehr, Dieselben möchten doch bei dieser Gelegenheit auf den armen Capelldiener Riehl reflectiren, der mit jährlichem Gehalt von 50 Thalern mit seinen armen [6] Kindern beinahe verhungern muß« (EBr. 1797, 118); vgl. S. 148 und E. v. d. Hellen in Br. 12, 406. – *Silhouetten:* sie stellten die Nike dar, die G. durch Körners Vermittlung 1796 aus dem Nachlaß von J. F. Wacker in Dresden erworben hatte und die er H. Meyern brieflich Mai 20/2 ausführlich beschreibt.

106. Christiane, 1797 März 8? (EBr. 1797, 121). – *schon einmal schuld:* durch den mehrtägigen Besuch in Jena 1796 Sept. (vgl. S. 134. – *Riehl:* vgl. zu S. 147. – *Rommel:* vgl. Herzog Karl August an G., März 9, und G. an Karl August, März 13/4. – *Walter . . . Eckebrecht:* Unklarheit durch Ausfall eines oder mehrerer Wörter.

107. Goethe, 1797 März 10 (Br. 12, 63); eigenhändig nur das Datum. *Anwesenheit des Herzogs:* Karl August war vom 7. abends bis 8. abends in Jena (Tgb.). – *meinem Gedicht:* ›Hermann und Dorothea‹. – *Packet . . . an Fräulein Gore:* darin Exemplare der zu S. 147 genannten Silhouette (vgl. Br. 12, 406). – *Starke . . . einen Thaler:* wohl für die S. 147 genannten Silhouetten.

109. Goethe, 1797 März 14 (Br. 12, 64). – *Spielplatz:* für August. – *mein Gedicht:* ›Hermann und Dorothea‹. – *nach Berlin:* an W. v. Humboldt, der die Druckvorlage nach erfolgter Durchsicht an den Berliner Verleger F. Vieweg weitergab. – *Theaterdieners:* vgl. zu S. 147.

110. Christiane, 1797 März 15 (EBr. 1797, 132). – *das Gedicht:* ›Hermann und Dorothea‹. – *alten Garten:* vgl. zu S. 73.

111. Goethe, 1797 März 17 (Br. 12, 71); eigenhändig. – *die Sachen:* ›Hermann und Dorothea‹, daneben hauptsächlich optische Studien.

113. Goethe, 1797 März 21 (Br. 12, 76); auf der Adresse der Zusatz »Nebst 6 Bouteillen«. – *des Gedichts:* ›Hermann und Dorothea‹.

114. Christiane, 1797 März 22 (EBr. 1797, 156. 160). – *Böttiger seinem:* von März 21 (EBr. 1797, 155). – *Beilage:* adressiert »An Herren Geheimmer von Geothe Raht«.

115. Goethe, 1797 März 24 (Br. 12, 76); eigenhändig nur die Schlußworte »und liebe mich«. – *neue Ideen:* darunter den Plan zu einem »Jagd-Epos« (der späteren ›Novelle‹), der noch vor dem völligen Abschluß von ›Hermann und Dorothea‹ auftauchte.

116. Christiane, 1797 März 25 (EBr. 1797, 166. 170). – *6 zu Tische:* Christiane, August, die Tante Vulpius, die Schwester Ernestine Vulpius, das Dienstmädchen und die Köchin. – *Starke den Thaler:* vgl. zu S. 149 – *Bild von Meyern:* Kopie von Annibale Carraccis Gemälde ›Genius des Ruhms‹ in der Galerie zu Dresden, die H. Meyer dort 1794 gemalt und G. zunächst in seinem

Hause aufbewahrt hatte (vgl. Hans Wahl: Briefwechsel des Herzogs-Großherzogs Carl August mit Goethe 1, 424. 437). – *Römische Haus:* nach dessen Fertigstellung seit 1797 Lieblingswohnung Karl Augusts.

117. Goethe, 1797 März 26 (Br. 12, 77); eigenhändig. Tgb., März 26: »Bote nach Weimar mit Geld.« – *Stück seiner Arbeit:* wahrscheinlich Teile der ›Piccolomini‹.

Nicht bekannt ist der im Briefverzeichnis 1797 unter Mai 23 vermerkte Brief G's an »Dem. Vulpius. Rechnungen verlangt« (Br. 12, 461).

119. Christiane, 1797 Mai 24.? (EBr. 1797, 250). – *in Tiefurt:* hier hatte Mai 23 der Pacht-Mahlmüller Johannes Timotheus Oschatz die Tochter Christiane Maria des Anspänners Johann Christian Grobe geheiratet. Des letzteren Frau ist wahrscheinlich die S. 256, 300 genannte »Frau Grobin«. (Bei Grobes wohnte der Überlieferung nach Wieland häufig, wenn er in Tiefurt war.) – *Habtanz:* gemeint ist wohl der »Hopswalzer« oder »Hopser« (Ekossaisen-Walzer). – *zum Feste:* Himmelfahrt, Mai 25.

120. Goethe, 1797 Mai 26 (Br. 12, 129). – *Hochzeitspaß:* vgl. zu Nr. 119. – *Quittung:* über die von Karl August (Brief von Mai 21) für das Jenaer Mineralien-Kabinett an G. übersandten Opale.

121. Christiane, 1797 Mai 26 (EBr. 1797, 275). – *unglückselige Theater-Dichter:* Christianens Bruder. Seit Jahren in beständiger Geldnot, hatte er G'n wiederholt um ein festes Gehalt für seine Theaterarbeiten, um Anstellung als Sekretär bei der Bibliothek gebeten (EBr. 1795, 228/9); jetzt hatte er sich abermals März 14 bittend an G. gewandt: es fehle ihm »beinahe an allem, was zu den unentbehrlichen Lebensnothwendigkeiten gehört, vom Gelde bis zum Holze« (EBr. 1797, 130; vgl. auch die Briefe von Kirms an Vulpius, März 13, und an G., März 15, EBr. 1797, 139. 134), und war als »Registrator« an der Bibliothek mit 100 Talern Jahresgehalt angestellt worden (EBr. 1797, 146. 150). An G. schreibt er März 25: »August hat sich, glaube ich, am meisten über meine Bibliotheks-Erhöhung gefreut« (EBr. 1797, 171). Zu Weihnachten 1800 endlich erhielt er das Dekret als »Bibliotheks-Secretär« (EBr. 1800, 575).

122. Christiane, 1797 Mai 27 (EBr. 1797, 272). – *an Meyern:*

Heinrich M. in Italien, wohin Gerning zu reisen im Begriff war;
vgl. Nr. 123/4.

123. Goethe, 1797 Mai 28 (Br. 12, 132); eigenhändig von »Herr
Cotta« an. – *Veränderung von Schillers Wohnung:* Sch. hatte Mai
2 seine in unmittelbarer Nähe des Schlosses gelegene Wohnung
(im Griesbachschen Haus) mit seinem neu erworbenen Garten-
haus an der Leutra vertauscht, wodurch die Entfernung von G.
(im Schloß) sich erheblich vergrößert hatte; vgl. S. 230. – *drei
Hemden:* für H. Meyer; vgl. Nr. 122, 124. – *Die Angelegenheit:*
Christianens Bruder betreffend; vgl. zu S. 159-161 – *Doppellouisd'oren:* Honorar für G's Beiträge zu Schillers ›Horen‹.

124. Christiane, 1797 Mai 29 (EBr. 1797, 288. 293). – *in meinem
Brief:* d. h. in dem an Christiane gerichteten, Nr. 123. – *die
Hemden:* vgl. S. 160 f. – *Sonnabend . . . in dem ›Petermännchen‹:*
Mai 27 war der zweite Teil dieses »tragi-komischen Mährchens«
von Weigl in neuer Bearbeitung aufgeführt worden (Christiane
Becker, geb. Neumann, gab darin, für das Weimarer Publikum
zum letztenmal, die Euphrosyne; vgl. zu S. 202 f.). – *Walter:* auf
dem Theaterzettel nicht genannt. – *kleine Götzen:* auf dem
Theaterzettel nicht genannt; sie spielte ein Fischermädchen. Vgl.
S. 171. Die Angabe bei Pasqué 1, 143. 2, 291: sie sei 1804 in
Weimar als Madame Zülch gestorben, läßt sich aus den Weimarer Kirchenbüchern nicht bestätigen (nach TP. der Hofkirche
1777/87, 296 starb 1804 die 1783 Juni 29 geborene Maria Christiane Elisabetha Caroline Götze, Tochter des Hoflaufers Johann
Heinrich Götze, deren Lebensalter 1797, 14 Jahre, auf die in
Rede Stehende gut passen würde). – *Das Äuglichen:* nicht ermittelt (vgl. S. 202). – *Cotta:* vgl. zu S. 161 f. – *werden itzo auch
sparsam:* Charles Gore und seine drei Töchter Hanna, Emilia
und Elizabeth waren bekannt wegen ihrer Leutseligkeit und
Freigebigkeit. – *Sommergewächs:* einjährige Blumenpflanzen
(vgl. ›Die Wahlverwandtschaften‹ Teil 2, Schluß von Kap. 9). –
Beilage: der Brief ist von andrer Hand (Eisert?) mit Blei vorge-
schrieben, von August mit Tinte nachgezogen (nur die Nachschrift selbständig geschrieben). G. an Fritz v. Stein, April 26:
». . . jetzt wird er [August] unter Herrn Professor Kästners Aufsicht von einem jungen Eisert unterrichtet.«

125. Goethe, 1797 Mai 30 (Br. 12, 133). – *Brief an meine Mutter:* »wegen Familienangelegenheiten« (Briefverzeichnis 1797, Br. 12, 462) nicht bekannt; aus der Antwort der Mutter, Juni 5, zu erschließen: ». . . so will ich doch auf deine Erbschaft Verzicht und überhaupt alles thun was dir Vergnügen machen kan – damit du ruhig und ohne Kummer die Reiße antretten – und noch 40 Jahre theils in Italien theils in Weimar des Lebens genüßen kannst und solts«; vgl. G. an Karl August, Juli 22. – *daß wir . . . reisen können:* nach Frankfurt; G. wollte Frau und Sohn der Mutter vorstellen und mit dieser Vermögensangelegenheiten besprechen (vgl. G. an Karl August, Juni 6).

126. Christiane, 1797 Mai 31 (EBr. 1797, 291). – *Komödie wegen der Madame:* in Ifflands Lustspiel ›Die Reise nach der Stadt‹ spielte Madame Erfurth die Rolle der Madame Traut; ihre Antrittsrolle war Mai 22 die Eulalia in Kotzebues ›Menschenhaß und Reue‹ gewesen (kann man die hierauf bezügliche, nicht entzifferte Stelle lesen: »In der betrübten Schönen«?). – *die Feiertage:* Pfingsten, Juni 4/5. – *Comptoir:* Bertuchs Landes-Industrie-Comptoir. – *geschlossene Gesellschaft:* der später »Erholung« genannte Verein? – *Deinen Brief:* wird nicht Nr. 125 sein, sondern ein nicht bekanntes Schreiben, in dem G. Christianen auffordert, Juni 1 nach Jena zu kommen.
Zur Zwischenbemerkung. Zu dem Ausflug nach Dornburg vgl. das Übungsbriefchen Augusts auf S. 174.

128. Christiane, 1797 Juni 3? (EBr. 1797, 303). – *bewußte Sachen:* Kauf des Freigutes zu Ober-Roßla (oder des Gutes zu Oßmannstedt, auf das G. gleichzeitig bot; vgl. G. an C. G. Voigt, Okt. 25). G's Brief von Juni 3: »Wegen der Hebung der 100 Ducaten« (Briefverzeichnis 1797, Nr. 12, 462) ist nicht bekannt; vgl. Nr. 130.

129. Christiane, 1797 Juni 5 (EBr. 1797, 304). – *Brief . . . der Frau Räthin:* von Juni 2. – *Pfingsten, das liebliche Fest:* Anfangsworte von G's ›Reineke Fuchs‹ (das einzige Zitat aus den Dichtungen G's in Christianens Briefen). – *nach Lauchstädt:* dort sollte die Spielzeit des Weimarer Hoftheaters Juni 18 beginnen. – *Herder:* der älteste Sohn, Gottfried, heiratete (zu Vater Gleims Leidwesen nicht eine von dessen Nichten, sondern) die Tochter des

Weimarer Kaufmanns Johann Christoph Schmidt (TrP. der Hofkirche 1762/1800, 553). – ›*Jesuiten*‹: Schauspiel von J. G. L.
Hagemeister, bearbeitet von Vulpius; vgl. S. 168 f. – *Raritätskasten:* Guckkasten, in dem durch Pappfigürchen »schöne Rari-
täten«, d. h. zumeist biblische oder weltgeschichtliche Begebenheiten dargestellt waren (vgl. Max Herrmann: Jahrmarktsfest zu
Plundersweilern, Berlin 1900, S. 16/42).

130. Goethe, 1797 Juni 6 (Br. 12, 144). – *100 Ducaten:* Honorar für
›Hermann und Dorothea‹; vgl. G an Böttiger, Juni 3. – *Nummer
des Looses:* am Schluß zu S. 167 genannten Briefes. – *Schluß des
Gedichtes:* ›Hermann und Dorothea‹ wurde tags darauf, Juni 7,
vollendet. – *Gespenster-Romanze:* ›Die Braut von Korinth‹, entstanden Juni 4/5, veröffentlicht in Schillers Musen-Almanach
für 1798.

131. Christiane, 1797 Juni 7 (EBr. 1797, 307. 311). – *Den Brief und
das Geld:* vgl. zu Nr. 130. – ›*Jesuiten*‹: vgl. zu S. 168 f. – ›*Oberon*‹:
die von Vulpius textlich bearbeitete Oper von Wranitzky; Jagemann: Oberon, Leißring: Hüon, Weyrauch: Amanda (die kleine
Götz [vgl. zu S. 162] gab den Puck). – *auf unserer Seite:* der
rechten (G. an Kirms, Juni 9: »Einen Husaren auf die rechte
Seite zu stellen, habe ich schon früher urgirt, es ist aber nie
geschehen«); vgl. auch G. an das Hofmarschallamt, Juni 9. –
Lavater: wahrscheinlich der nach der Matrikel freilich erst 1798
Okt. 23 immatrikulierte Schweizer Diethelm Lavater, über dessen Vater und Studium die Matrikel jedoch keinerlei Angaben
macht. – *wieder etwas fertig:* ›Die Braut von Korinth‹, vgl. zu
S. 168. – *Götze:* vgl. zu S. 162 und G. an Kirms, Juni 9.

132. Goethe, 1797 Juni 9 (Br. 12, 150). – *Brief meiner Mutter:* den
zu S. 167 genannten. – *das Gedicht:* ›Hermann und Dorothea‹. –
unermüdet am Almanach: für ihn war am 6./7. (und 9.) ›Der Gott
und die Bajadere‹ fertig geworden. – *inliegende Briefe:* an G's
Mutter, Kirms, C. G. Voigt, Böttiger (Briefverzeichnis 1797, Nr.
12, 463).

133. Christiane, 1797 Juni 9? (EBr. 1797, 323. 318). – *Brief von der
Frau Räthin:* vgl. zu S. 167 – *Götzen:* vgl. zu S. 162. – *Friedrich:*
vgl. zu S. 147 f. – *nicht bleistiftüberzogen:* vgl. zu S. 163 f. –
Marianne: die zu S. 104 Genannte; der Brief ist nicht bekannt,

ebensowenig der durch den Herzog Karl August Juni 17 an G. übersandte, in dem sie vielleicht ihren Besuch in Weimar für Ende Juli ankündigte (vgl. G. an Schiller, Juli 26, und L. Geiger: GJ. 14, 108). – *Herr von Schönfuß:* vgl. zu S. 142 – *nach Dornburg:* vgl. die Zwischenbemerkung nach Nr. 126.

134. Christiane, 1797 Juni 10 oder 11 (EBr. 1797, 327), *Frau Vice-Präsident:* C. G. Voigts Gattin.

135. Goethe, 1797 Juni 13 (Br. 12, 157); Briefverzeichnis 1797 (Br. 12, 463); »Obiges [Briefe an Böttiger und Kirms] eingeschlossen, nebst 1 Schachtel Obst.«

136. Christiane, 1797 Juni 14 (EBr. 1797, 343. 336). – *Burgemeister:* J. J. Bohl. – *Friedrichen:* vgl. zu S. 162.

137. Goethe, 1797 Juni 14 (Br. 12, 160); eigenhändig nur der letzte Satz und das Datum. – *inliegenden Brief:* an Gerning (von Juni 14), Antwort auf Gernings Brief von Juni 10 (EBr. 1797, 328).

138. Christiane, 1797 Aug. 7 (EBr. 1797, 407). – *Deinen Geist:* G's Schreiber, der sie bis Hanau geleitete.

139. Goethe, 1797 Aug. 9 (Br. 12, 221). – *›Müllerin‹:* Operette von Paesiello. – *in dieser Wohnung:* im 2. Stock des Hauses zum »Goldnen Brunnen« am Roßmarkt, wo Frau Rat seit Sommer 1795 wohnte (vgl. ihre Briefe an G. von 1795 Mai 16 und Aug. 24).

140. Christiane, 1797 Aug. 8/11 (EBr. 1797, 411). – *›Weißen Schwan‹:* in Frankfurt, wo Christiane mit August gewohnt und G. die Mittage mit ihnen gegessen hatte (vgl. Tgb. Aug. 4/7). – *Gericht-Secretär:* P. H. Köhler. – *Schafnüsse:* die größte Art der vielfach abartenden Früchte des Walnußbaums, auch »Pferde-, Roß-, Riesen-, Polter-Nuß« genannt.

142. Christiane, 1797 Aug. 13 (EBr. 1797, 416); mit Christianens eignem Siegel (Postament mit einem zierlichen V und Blumengewinden geschmückt, darauf eine Schale mit Blumen). – *diesen Brief:* d. h. den an G's Mutter gerichteten, in Nr. 142 beigelegten; nicht bekannt. – *schöne Leuchter:* in dem Faszikel, ›Inventarium über das Neue Haus 1797‹ (Geh. Haupt- und Staats-Archiv, Weimar, B 9155b) werden 2 kleinere Leuchter genannt, die sich im »gelben« Zimmer befanden, und ein im »blauen« Zimmer in der Kuppel befestigter »sehr schöner von böhmischem Glas

geschliffener Kronleuchter«, der reich mit Gold und Bronze verziert war. – *Globus:* wegen eines solchen stand G. mit dem Buchhändler Fleischer in Leipzig in Unterhandlung (vgl. Briefverzeichnis 1797, Br. 12, 471 unter Nov. 23).

143. Goethe, 1797 Aug. 15 (Br. 12, 236); eigenhändig nur der Schluß (S. 190 von »Und nun« an. – *Dein Tagebuch:* d. h. Brief 140. – ›Palmira‹: Oper von Salieri, Aug. 13 aufgeführt; über die von Fuentes gemalten Dekorationen vgl. G. an Schiller, Aug. 14. – *Von Hamburg . . . Seeschnecken:* durch Perthes? – *daß der Säbel, den ich mitbringe:* statt »daß ich den Säbel mitbringe«; bei dieser Satzbau-Entgleisung möchte ich eher einen Hörfehler des Schreibers vermuten, als daß ich sie (wie Br. 12, 408 geschieht) einer besonderen »Flüchtigkeit« in G's Briefen an Christiane zuschriebe, von der ich nichts wahrnehmen kann. In andern Briefen G's, z. B. in denen an Schiller, begegnet Ähnliches, als Hör- und Schreibfehler Aufzufassendes. Daß G. in seinen Briefen an Christiane besonders bequem und »läßlich« im Ausdruck ist, wird niemandem entgehen, ist aber etwas anderes als Flüchtigkeit. – *An das Wasser:* an den Main, den G. gleich am 4. morgens den Seinen gezeigt hatte (Tgb.). – *Komödie . . ., wo wir so vergnügt zusammen:* am 5. in der Oper ›Der Deserteur‹ von Monsigny (Text von Sedaine), am 6. in dem Trauerspiel ›Die Tempelherren‹ von J. N. v. Kalchberg (Bühnenbearbeitung von Kaffka).

144. Christiane, 1797 Aug. 16 (EBr. 1797, 423. 425); Adresse »An den lieben Geheimen Rath«. – *Hunnius:* er solle den zu Ostern d. J. abgegangenen Buffo J. A. Gatto ersetzen und wurde nebst seiner Frau in Weimar »mit Sehnsucht erwartet«, weil die Gesellschaft »zur Aufführung gewisser beliebter Stücke nicht vollzählig genug« war (G. an. K. M. E. v. Moll in Salzburg, Juli 2); vgl. S. 202. – *Frau von Wedel . . . Packet:* G. hatte am ersten Reisetag, Juli 31, in Erfurt unter den in Frankfurt zu erledigenden Aufträgen vermerkt: »Packet von Frau v. Wedel an Herrn v. Wiesenhüten« (Tgb.), und schrieb Aug. 21 darüber an Frau v. Wedel (Briefverzeichnis 1797, Br. 12, 466).

145. Christiane, 1797 Aug. 18 (EBr. 1797, 427). – *der Doctor:* Huschke; er berichtete Ende August selbst an G. über Augusts

Krankheit (Darmkatarrh mit Fieber), deren Behandlung und merkliche Besserung (EBr. 1797, 441). — *kommen die Schauspieler:* aus Lauchstädt zurück. — *Markgräfin von Baden hier mit 2 Prinzessinnen:* Erbprinzessin Amalia von Baden-Durlach (eine Schwester der Herzogin Luise), nebst ihrem Gemahl Erbprinz Karl und ihren Töchtern Friederike und Maria; die erstere hatte sich Aug. 15 in Erfurt mit dem König Gustaf IV. Adolf von Schweden verlobt; vgl. Karl August an G., Aug. 23. — *Frau von Wedel:* vgl. zu S. 191, 194.

146. Christiane, 1797 vor Aug. 24 (EBr. 1797, 436). — *fremde Herrschaft:* aus der Begleitung der zu S. 193 f. genannten Fürstlichkeiten? In G's Briefverzeichnis 1797 ist kein Brief an Fräulein v. Waldner vermerkt. — *Sonnabend:* Aug. 19. — *Die Eberwein ... ihr Liebhaber:* Caroline Rosina, E., Tochter von A. B. Eberwein, und J. A. Wettich, Sohn des Churf. Sächs. Stutenmeisters Joh. Mart. Wettich in Döhlen bei Torgau; die Hochzeit fand in Weimar 1798 Febr. 27 statt (TrP. der Stadtkirche 1784/1821, 132).

147. Goethe, 1797 Aug. 24 (Br. 12, 252); eigenhändig nur der Schluß von »Lebe recht wohl« an. Briefverzeichnis 1797 (Br. 12, 467): »Beruhigung wegen der Reise nach Italien. Sorge für das Kind wegen den bösen Augen, besonders auf Reisen. Beilage an Herrn Zapff. Nachricht von dem 81ger für Herrn Bauverwalter [Steffany] — und dessen baldige Ankunft. Anweisung auf zweihundert Thaler bei Herrn Geh. Rath Voigt. — Preise verschiedner Victualien überschickt. Nebst der Tasse von Frau Räthin Goethe. Um 2 Bände Hufelands, über langes Leben, geschrieben.« (Ebenda über den Inhalt des gleichzeitigen Briefs an C. G. Voigt: »Um Erhebung des Michaelis-Quartals gebeten. Davon 200 Thaler an Demoiselle Vulpius gegen Quittung zu übersenden.«) *mit dem Doctor:* vgl. zu S. 193, 196 — *Blättchen an Herrn Zapff:* nicht bekannt. — *Hufelands Buch:* ›Makrobiotik oder die Kunst, das menschliche Leben zu verlängern‹, 1796 erschienen; das Werk erregte Frau Raths höchsten Unwillen, nicht durch seinen Inhalt, sondern weil es mit lateinischen, d. h. nach Frau Ajas Meinung »vor die größte Menschenhälfte unbrauchbahren Lettern« gedruckt war (an G., 1798 März 12). —

mit einem dankbaren, heitern Briefe: nicht bekannt; G's Mutter dankt ihr Sept. 23. – *beiliegendes Blättchen;* nicht bekannt.

148. Goethe, 1797 Aug. 28 (Br. 17, 271); eigenhändig nur der kleine Schlußabsatz. – *nach so langer Zeit:* seit dem Herbst 1775, denn 1779 auf der Reise in die Schweiz, 1792 und 1793 auf dem Wege zur Campagne in Frankreich und zur Belagerung von Mainz hatte G. sich nur wenige Tage in Frankfurt aufgehalten. – *artiges Zimmer:* im Gasthof zur ›Sonne‹ (Tgb. Heilbronn, Aug. 27). – *alte Bekannte . . . auch neue:* unter jenen Cotta, unter diesen Rapp, Dannecker, Tiedemann, Wing, Harper. – *viel Bekanntschaften:* darunter Thouret, v. Madeweis, Zumsteeg. – *in der Gegend:* Ausflug nach Hohenheim (Sept. 1) und Neckar-Rems (Sept. 3).

149. Goethe, 1797 Sept. 11/2 (Br. 12, 296); eigenhändig nur die Nachschrift von »Nun muß ich« (S. 201) an. Briefverzeichnis 1797 (Br. 12, 469). – *Scheunen vorm Erfurter Thor:* Aug. 31 war das Feuer durch Blitzschlag entstanden und hatte mehr als 40 Scheunen eingeäschert, die am Schweinemarkt (an der Westseite des jetzigen Karlsplatzes) standen. Die von G. im Febr. 1798 ausgearbeiteten Vorschläge zur Verlegung der Scheunen und zur Bebauung der Brandstätte sind jetzt, nebst dem von G. gezeichneten Lageplan, von Julius Wahle in W. 53, 257/66 veröffentlicht worden. Vulpius berichtet an G. über das Ereignis Sept. 1 (EBr. 1797, 517); vgl. auch C T. Musculus: Euphrosyne S. 8. – *der Kleine wieder auf gutem Wege:* vgl. zu S. 193.

151. Christiane, 1797 Sept. 25 (EBr. 1797, 463). – *›Rothe Kappe‹:* die zu S. 75, 202 genannte Oper von Dittersdorf, in der Hunnius (vgl. zu S. 190, 202, 208) als Antrittsrolle den Dorfschulzen Nietsche sang. – *die neue als Ophelia:* Madame Schlanzovsky (auf den Theaterzetteln so und auch Schlansofsky geschrieben) in der Antrittsrolle als Nachfolgerin von Christiane Becker, die zum letztenmal in *Weimar* als Ophelia (Juni 14), in *Lauchstädt* als Euphrosyne (Juli 17 [nicht 16]) in dem zu S. 162, 202 genannten Stück die Bretter betreten hatte, dann tödlich erkrankt und Sept. 22 gestorben war. Über das Spiel der Schlanzovsky äußert Vulpius sich gegen G. beifällig. Okt. 2: sie sei eine »sehr routirte Schauspielerin, und weiß, *was* sie sagt. Aber – ihr Spiel ist

markirt. Doch wird sich das geben« (EBr. 1797, 470). – *dem jenaischen Äuglichen:* wohl dem schon S. 162 genannten.

152. Goethe, 1797 Sept. 23/6 (Br. 12, 305); eigenhändig »Nun muß ich« (S. 204 f.) bis zum Ende. – *heute schreibt . . . Schiller:* »Ihr Kleiner, höre ich, ist ganz wieder hergestellt.« – *das gute Glück:* dem G. im Frühling 1777 in seinem Garten am Park das Kubus-Kugel-Denkmal errichtet hatte (ἀγαϑη τυχη, vgl. Tgb. 1776 Dez. 25, 1777 April 5). – *Brief von . . . Voigt:* diesem antwortet G., Sept. 26: »Daß ich den Kleinen wieder gesund und froh bei Ihnen denken kann, wie Sie die Güte haben, seine Reiseerinnerungen rege zu machen und ihm so zu einer weitern Ausbildung zu verhelfen, ist mir unschätzbar.« – *Beilage:* fast gleichlautend mit der Sept. 26 an Schiller gesandten. – *andere . . . Basaltfelsen:* Hohenkrähen und Hohenstoffeln, sämtlich Phonolithkegel, nur stellenweise mit Basalt durchsetzt.

153. Christiane, 1797 Okt. 2 (EBr. 1797, 473. 467). – *in der »Lilla«:* Sept. 25 in der Oper ›Cosa rara‹ von Martin (auch unter dem Titel ›Lilla oder Schönheit und Tugend‹), worin Madame Hunnius als Königin Isabella ihre Antrittsrolle gab. – *2 Neue:* die zu S. 202 genannte Madame Schlanzovsky und Demoiselle Tilly, die Christiane wohl Okt. 1 in ihrer Antrittsrolle als Klara in dem Ritterschauspiel ›Klara von Hoheneichen‹ von C. H. Spieß gesehen hatte. – *eine Beckern:* vgl. zu S. 202. – *Von der guten Mutter:* Brief von Sept. 23. – *Globus:* vgl. zu S. 187. – *Seeschnecken;* vgl. zu S. 189 – *Beilage . . . Hertels Wilhelm:* aus den TP. der beiden Weimarer Kirchen nicht festzustellen.

154. Goethe, 1797 Okt. 13 (Br. 12, 323); eigenhändig nur S. 211 »Grüße und küsse« bis »kennen lernen«. – *11 Tage:* Sept. 28 bis Okt. 8.

155. Goethe, 1797 Okt. 17 (Br. 12, 336). – *über 14 Stunden abgelegen:* in Sankt Gallen, vgl. S. 213.

156. Goethe, 1797 Okt. 25 (Br. 12, 348); eigenhändig, mit Ausnahme der Nachschrift von »Sage Deinem Bruder« an. – *Todtenfeier:* Christiane Becker (vgl. zu S. 202) war Sept. 25 abends auf dem Jakobsfriedhof beigesetzt, am 26. durch eine kirchliche Feier am Grabe geehrt worden; Vulpius hatte für die am 29. abgehaltene Gedächtnisfeier im Theater eine Rede in Versen

verfaßt, die, von Vohs gesprochen, beifällig aufgenommen worden war; vgl. Musculus: Euphrosyne S. 9, und Kirms an G., Okt. 2 (SdGG, 6, 91). – *Amalfi:* Weigls Oper ›Die Prinzessin von Amalfi‹ kam 1798 Jan. 6 in Weimar zur Aufführung. – *sein Werk:* Vulpius an G., Okt. 2 (EBr. 1797, 469): er plane nach Art des *Joinville,* den Schiller in seinen historischen Mémoires mitgeteilt, eine Sammlung von dergleichen »*Selbsterzählungen* ehrwürdiger Deutschen«; »diese möchte ich theils aus der lateinischen, theils aus der deutschen Sprache, einem Tone, der zwar immer noch schlicht und gerade, vorzeitgemäß deutsch klingt, aber doch sich *jetzt* lesen läßt, treuherzig (mit Weglassung alles Unnützen pp.) nacherzählen«; bittet um G's Vermittlung bei Cotta. (Vielleicht hat der »kleine historische Versuch«, den G. an Schiller Dez. 9 zur Beurteilung schickt, auf diese Angelegenheit Bezug.)

158. Christiane, 1798 März 20/1 (EBr. 1798, 116). – *Komödie:* Ifflands Schauspiel ›Die Aussteuer‹. – *alte Kotzebuen:* diese hatte G'n vor kurzem gebeten, bei den Stücken ihres Sohnes »die nothwendigen Verbesserungen mit eigner Meisterhand vorzunehmen und sie nicht Pfuschern zu überlassen« (Br. 13, 387); in G's beruhigender Antwort, März 17, heißt es zum Schluß: »Bleiben Sie übrigens eine fleißige und freundliche Zuschauerin unseres Schauspiels.«

159. Goethe, 1798 März 23 (Br. 13, 103). – *Pachter aus dem Blankenhainischen:* Becker in Kiliansroda. – *den Köttendorfer:* Tischner.

160. Christiane, 1798 März 24 (EBr. 1798, 122). – *Beilage. kleine Karl:* Schillers Sohn.

161. Goethe, 1798 März 27 (Br. 13, 103). – *nicht gethan, was ich wünschte:* wohl Arbeit am ›Faust‹, die erst im April gelang, oder ›Achilleis‹ (oder das Tell-Epos? vgl. G. an Meyer, März 23). – *ein Blättchen:* nicht bekannt.

162. Christiane, 1798 März 28 (EBr. 1798, 130). – *Beilage. ›Cosa rara:‹* vgl. zu S. 208. – *Herr Benda:* als Infant von Spanien.

163. Goethe, 1798 März 30 (Br. 13, 104). – *Flur-Karten:* vom Jahre 1791; J. C. Weise wollte sie für G. abzeichnen (Weise an G., März 28, EBr. 1798, 129). – *nicht, was ich wünsche:* vgl. zu S. 218.

164. Christiane, 1798 März 31 (EBr. 1798, 139). – *Komödie:* ›Die Hochzeit des Figaro‹ von Mozart. – *Brief an die liebe Mutter:*

nicht bekannt. – *Die Madonna:* Meyers Kopie von Raffaels Madonna della sedia (G. an Meyer, März 23). – *Beilage. Brief an die liebe Großmama:* vgl. Schluß von Nr. 166.

166. Goethe, 1798 April 2 (Br. 13, 106). – *Mittwoch:* April 4. – *Termin:* wegen der Verpachtung des Gutes Ober-Roßla.

167. Goethe, 1798 April 3 (Br. 13, 107). – *nicht gegangen, wie ich wünschte:* vgl. zu S. 218.

168. Christiane, 1798 April 3 (EBr. 1798, 155. 158). – *begieren:* in den Wörterbüchern über thüringische Mundarten nicht zu finden, vielleicht »begären« zu lesen, d. h. über etwas »gären«, sprechen, schwatzen (einen Schwätzer bezeichnet man in Weimar noch heute scherzweise als »A. W. G.«, d. h. »Altes Weimarisches Gärluder«).

169. Goethe, 1798 April 4 (Br. 3, 109). – *Unser hoher Gast:* Herzog Karl August. – *Herrn Professor:* H. Meyer.

170. Goethe, 1798 Mai 22 (Br. 13, 152). – *unsere gemeinschaftlichen Arbeiten:* für G's Zeitschrift ›Propyläen‹. – *in unserm Werke:* den ›Propyläen‹.

171. Christiane, 1798 Mai 22 (EBr. 1798, 209). – *Pastorin von Rossel:* Frau Reimann, Tochter des Landschaftskassen-Revisors C. L. Ortmann in Weimar. – *die Hochzeiten:* 3 Kinder des Obristen Alex. Christoph v. Seebach auf Stedten heirateten an *einem* Tage, Mai 21, und zwar: 1. seine Tochter Amalia den Sohn der Frau v. Stein, Karl v. Stein auf Kochberg; 2. sein Sohn Ludwig Ernst Rudolf Gustav die Tochter des Kammerherrn K. A. P. v. Beulwitz, Caroline Christiane Augusta v. Beulwitz; 3. seine Tochter Charlotte Elisabeth Sophie Wilhelmine den Sohn des dänischen Kammerherrn Detlev v. Ahlefeld, Johann Rudolf v. Ahlefeld; außerdem wurden gleichzeitig getraut H. F. v. Breitenbauch auf Bucha und Dorothea v. Oldershausen. Die Trauungen wurden durch Herder vollzogen (TrP. der Hofkirche 1762/1800, 575/8), nach dem Fourir-Buch in der Wohnung der Frau v. Stein, »wobei sämmtliche Herrschaften zugegen waren«. Das Theater, in dem Mai 21 nicht gespielt wurde, war für die Hochzeitsfeier freigegeben worden. – *Die alten Götzen:* wohl die auch S. 113 Genannte. – *Beilage. mein Onkel:* Vulpius. – *kleinen Karl:* Schillers Sohn, dem August vor kurzem durch G. einen

Brunnen und ein Püppchen geschickt hatte (G. an Schillers Frau, April 14).

173. Goethe, 1798 Mai 25 (Br. 13, 156). – *bei Schiller im Garten:* vgl. zu S. 160. – *Interessantes zusammen gelesen:* Mai 21/4 allabendlich W. v. Humboldts Manuskript ›Über Goethes Hermann und Dorothea‹ (1799 als Band 1 seiner ›Aesthetischen Versuche‹ erschienen). – *Für den Kleinen . . . ein Briefchen:* nicht bekannt. – *unsern Meister:* H. Meyer.

174. Christiane, 1798 Mai 25 (EBr. 1798, 221). – *das Fest:* Pfingsten, Mai 27/8. – *Frau Pastorin:* aus Ober-Roßla, vgl. zu S. 227. – *lange Baron:* der in den folgenden Briefen mehrfach genannte Friedrich v. Lätzow aus Paakens im Jeverschen, Student in Jena (die Matrikel gibt nur seinen Namen, als Heimat Jever und als Datum der Immatrikulation 1797 Mai 18 an), der ein Liebesverhältnis mit G's Schwägerin Ernestine angeknüpft hatte (vgl. S. 236. 269, 271); seine Mutter, die mit ihrer Tochter in schlechten Vermögensverhältnissen lebte, versagte ihre Einwilligung zur Heirat und ließ das G'n durch den Pastor H. Toel mitteilen (dessen Brief von 1799 Jan. 25, EBr. 1799, 63; vgl. Br. 14, 247). In G's Antwort (undatiertes Konzept von Ende Jan. oder Anfang Febr.) heißt es: »Das Frauenzimmer hat, so viel mir bekannt ist, ihm nur insofern einiges Gehör gegeben, als die Einwilligung der Seinigen möglich scheinen konnte, und wird sich immer so betragen haben, um der Achtung ihres Freundes auf jeden Fall gewiß zu sein«; G. gibt den Rat, dem jungen Manne »auf sein Gesuch keine entschieden abschlägliche Antwort zu geben, indem er dadurch nur verwirrt und zu hartnäckigem Widerstand aufgereizt werden könnte«; vor allem aber: ihn möglichst bald nach Hause zu berufen (Br. 14, 16). Ein Brief v. Lützows an G., 1798 Sept. 21, Sendung von spanischem Wein betr., EBr. 1798, 453.

G's Brief von Mai 29 (Briefverzeichnis 1798, Br. 13, 433) ist nicht bekannt.

175. Christiane, 1798 Mai 30 (EBr. 1798, 233). – *Wein von . . . Wolzogen:* aus der herzoglichen Kellerei (der Wolzogen vorstand) für das Fest der Gutsübergabe in Ober-Roßla, vgl. S. 242. – *Beilage. Götze:* wohl der zu S. 255 Genannte.

L. Geist an Christiane. *Der Herzog:* Tgb. Mai 31: »Mit Serenissimo von der Reitbahn ins Schloß«, Juni 1: »Mittags bei Serenissimo auf dem Zimmer. Nach Tafel reisten Serenissimus ab«; die Gespräche Karl Augusts mit G. betrafen vor allem den Schloßbau und den Umbau im Theater, die durch den eben aus Stuttgart eingetroffenen Thouret gefördert werden sollten. G's Brief von Juni 8 ist nicht bekannt (Briefverzeichnis 1798, Br. 13, 433: »Demoiselle Vulpius, August, Erdbeere übersendet«).

176. Christiane, 1798 Juni 8 (EBr. 1798, 241). – *Karten:* die S. 219 genannten Flurkarten, vgl. G. an Rühlemann, Juni 8. – *bewußten Sachen:* es scheint nach dem folgenden fast, als habe v. Lützow mit Ernestine Verlobung gefeiert; vgl. zu S. 231. – *Beilage. ›Schachmaschine‹:* Lustspiel von H. Beck. – *daß ich meine liebe Tante:* hieraus geht hervor, daß August, wenigstens jetzt, nicht bei Prof. Kästner wohnte (vgl. dagegen E. v. d. Hellen: Goethes Briefe, Ausgewählt 4, 76); er war nur zu gewissen Stunden des Tages dort, um unter Aufsicht Eiserts zu arbeiten.

177. Goethe, 1798 Juni 11 (Br. 13, 174). – *Brief an Gores:* nicht bekannt, Einladung nach Jena enthaltend (Tgb.).

178. Christiane, 1798 Juni 12 (EBr. 13, 255); auf der eigenhändigen Adresse der Zusatz: »nebst 8 Bouteillen, 2 Nößel mit Wein. Ein Packet mit Wäsche, eine Schachtel.« – *wie es zuging:* wahrscheinlich hatte Christiane das »Kummerfeldsche Wasser« gebraucht, das dessen Erfinderin, die ehemalige Schauspielerin Caroline Schultze, spätere Frau Kummerfeld, seit 1796 zum Verkauf ausbot. Das Wasser (heute in der Hofapotheke zu Weimar erhältlich) vertreibt, wie es in der von der Erfinderin verfaßten Anweisung heißt, »alle im Gesicht habenden Kupfer-, Finnen- und Hitzbläschen«. So hätte G., der als Student in Leipzig Caroline Schultze als Miß Sara Sampson und in Weißes ›Romeo und Julie‹ als Julie bewundert, ihr auch kleine Gedichte gewidnet hatte, jetzt der Kummerfelden in Versen für die Wohltat danken können, die sie Christianen erwiesen. Vgl. S. 484 »Waschwasser«, und Christianens Brief an Nik. Meyer, 1804 März 25, woraus hervorgeht, daß zur Bereitung des Wassers »Märzenschnee« verwendet wurde.

179. Goethe, 1798 Juni 12 (Br. 13, 175). – *Gedicht auf die Beckern:*

›Euphrosyne‹, nach Tgb. Juni 13 »geendigt«. – *glatten Gesicht:* siehe oben. – *Gedichte für den Almanach:* Schillers Musen-Almanach für 1799, der außer ›Euphrosyne‹ die (Juni 15/7 entstandenen) Gedichte ›Sängerwürde‹ (später ›Deutscher Parnaß‹ überschrieben), ›Die Musageten‹, ›Das Blümlein Wunderschön‹, ›Der Müllerin Verrath‹ und ›Die Metamorphose der Pflanzen‹ brachte. – *Gores und die französische Gesellschaft:* Tgb. Juni 14: »Kamen von Weimar Fouquets, Gores und Fräulein Waldner.«

180. Christiane, 1798 Juni 13 (EBr. 1798, 260). – *nach Erfurt:* vgl. S. 243-246. – *Beilage. wieder nach Hause komme:* vgl. zu S. 235. – *Kloster:* der Zisterzienserinnen, als solches um 1530 aufgehoben; ein Teil der zu ihm gehörigen Gebäude dient jetzt als Pfarrhaus.

181. Christiane, 1798 Juni 16 (EBr. 1798, 269). – *als die Boten-Frau kam:* G's Brief vom Juni 15 nicht bekannt (Briefverzeichnis 1798, Br. 13, 433).

182. Goethe, 1798 Juni 17 (Br. 13, 179); eigenhändig nur S. 243 »Bei der Übergabe« bis »küsse den Kleinen«. – *einen Aufsatz:* Reinschrift nicht bekannt; Konzept, datiert Juni 17, in dem ›Separat-Fascikel Ober-Roßla 1797/8‹; hierin ebenfalls das Konzept des im folgenden genannten »Zettels«, das Verzeichnis der Gäste für Juni 23 enthaltend. – *Von Herrn von Wolzogen:* vgl. zu S. 233. *Rühlemann zum Beistande:* G an diesen, Juni 17: seine Gegenwart in Roßla werde ihm »diejenige Zufriedenheit und Sicherheit verschaffen, die man empfindet, wenn man bei irgend einem Geschäft einen Mann in der Nähe weiß, der es völlig übersieht, und dessen Charakter man sowohl, als dessen Einsicht völlig vertrauen kann«.

183. Christiane, 1798 Juni 18 (EBr. 1798, 283); die Worte »Da ich nunmehr« bis »alle sehr geputzt« gedruckt Br. 13, 401. – *Unsere Fahrt:* nach Erfurt, vgl. S. 240-246. – *nunmehr ganz glatt;* vgl. zu S. 238.

184. Vulpius, 1798 Juni 19 (EBr. 1788, 287); die auf Bibliothekangelegenheiten bezügliche Nachschrift und die darauffolgende Unterschrift sind hier weggelassen.

185. Goethe, 1798 Juni 20 (Br. 13, 186); eigenhändig nur die

Nachschrift »Auch gib« bis »G.« Der Brief ging erst am 21. ab (Tgb.), unter dem das Briefverzeichnis 1798 ihn auch verzeichnet. – *Erfurter Tour:* vgl. S. 240-246. – *der Registrator schreibt:* in Nr. 184. – *Brief von Fräulein von Göchhausen:* G. lud sie nach Roßla ein; sie antwortete zusagend Juni 24. (EBr. 1798, 294). – *Die Arbeiten:* darunter die zu S. 238 genannten Gedichte. – *glattes Gesichtchen;* vgl. S. 244.

187. Goethe, 1798 Juni 21 (Br. 13, 191); Zusatz auf der Adresse: »Überbringer erhält 1 Groschen Trinkgeld.« – *Sonnabends:* Juni 23. – *Pfarrer:* C. F. Reimann; G. soll auch später vorgezogen haben, bei ihm zu wohnen, statt in seinem eigenen Gute, weil des Pfarrers sonniges Gastzimmer gemütlicher war als die etwas düsteren Gutszimmer.

190. Christiane, 1798 Juli 16 oder 17 (EBr. 1798, 330. 334). – *die Schätzchen:* vgl. zu S. 76. – *von dem Müller:* nicht genau festzustellen; vielleicht der Amtsverwalter und Kammergutspächter Weidner in Nieder-Roßla, dessen Witwe jedenfalls später die Besitzerin der Mühle war. – *Beilage.* Adresse »An meinen lieben Vater«; die Schrift des Briefchens, das offenbar ohne alle Hilfe geschrieben ist, beweist, daß bei den früheren und späteren Briefen der Lehrer geholfen hat und erst ein Konzept gemacht worden ist.

191. Goethe, 1798 Aug. 3 (Br. 13, 237). – *verschiednen Dingen:* hauptsächlich Arbeit für die ›Propyläen‹. – *der ›Niobe‹:* H. Meyers Aufsatz ›Niobe mit ihren Kindern‹.

191 a. August, 1798 Aug. 3 (EBr. 1798, 359); Christianens Brief nicht bekannt; er muß, nach G's Trostbrief (Nr. 192) zu schließen, lebhafte Klagen, wohl über Klatsch und Mißreden, enthalten haben, und wurde vermutlich deshalb von G. vernichtet.

192. Goethe, 1798 Aug. 5 (Br. 13, 240); eigenhändig. – *Deinem Geburtstag:* vgl. zu Nr. 37. – *Betrübe Dich nicht:* vgl. zu Nr. 191a.

193. Christiane, 1798 Aug. 5 (EBr. 1798, 372); die Worte »Ich habe Deine Liebe« bis »froh machen« gedruckt Br. 13, 409. – *meinen Geburtstag:* vgl. zu Nr. 37.
G's Brief von Aug. 7 (Briefverzeichnis 1798, Br. 13, 435) nicht bekannt.

195. Goethe, 1798 Aug. 10 (Br. 13, 245); eigenhändig. Der Brief ist

vielleicht nur eine Nachschrift G's zu einem diktierten Briefe (vgl. E. v. d. Hellen: Br. 13, 410). – *Meine Arbeiten:* für die ›Propyläen‹.

196. Christiane, 1798 Aug. 13 (EBr. 1798, 384. 391); eigenhändig adressiert: »An Herrn Geheimer [!] von Goethe in Jena.« – *Canzler:* wahrscheinlich der Maurermeister J. G. Canzler in Ober-Roßla (aus den Rechnungen ergibt sich, daß auch der Böttcher Georg Cantzler und ein Adam Canzler in Ober-Roßla für G. gearbeitet haben). – *Götze:* Wilhelm G. (Diener oder Gärtner G's? vgl. August an G., S. 234; sein Brief, der unserer Nr. 196 beilag, beginnt: »Bester Herr Geheimderath, wenn Sie sich noch recht wohl befinden, so soll es mir lieb sein«, und schließt: »Leben Sie wohl und hoffen Sie nicht Böses von mir« (EBr. 1798, 385). – *Beilage. Tröbel:* zum Freigut gehörige, geschützte, für Gemüse- und Obstbau geeignete Bodensenkung westlich vom Dorfe, an deren Südseite eine gefaßte Quelle; vgl. S. 387.

Zu G's Geburtstag stellte August sich mit einem 6 Seiten langen Glückwunschschreiben ein, voll guter Vorsätze für Fleiß usw. Christiane brachte Blumen aus Ober-Roßla dar, begleitet von folgendem Gedicht, von Vulpius geschrieben, aber wohl von Christiane selbst mit August zusammengeschmiedet (EBr. 1798, 413):

> »Diese Blumen sind aus Roßla gekommen;
> Sie freuen sich und haben vernommen,
> Daß auch das Blümchen auf dem Gänse-Rain
> Würde angenehm und willkommen sein.
> Drum erscheinen sie heute ganz zierlich,
> Wünschen viel Glück und Freude manierlich,
> Wünschen, noch sechzig Jahre zu kommen,
> Und werden erscheinen in ländlicher Tracht,
> Natürlich und unbeklommen
> Immer, wie sies dieses Jahr haben gemacht.«

197. Christiane, 1798 Sept 26? (EBr. 1798, 475. 479). – *Beilage:* liegt zwar bei Nr. 200, muß aber vor den Besuch in Buttstädt fallen, da August nichts über diese Fahrt schreibt (vgl. auch die Worte Augusts »Gestern bin ich« mit »Gestern waren wir« in Nr. 199).

198. Goethe, 1798 Sept. 27 (Br. 13, 278). – *Meine Arbeiten:* ›Diderots Versuch über die Malerei‹ für die ›Propyläen‹ und der Aufsatz ›Weimarischer neudecorirter Theatersaal. Dramatische Bearbeitung der Wallensteinischen Geschichte durch Schiller‹ für die Allgemeine Zeitung.

199. Christiane, 1798 Sept. 29 (EBr. 1798, 467). – *wegen des Theaters:* dessen Umbau der Vollendung sich näherte.

201. Goethe, 1798 Okt. 15 (Br. 13, 289); eigenhändig nur die beiden Büchertitel auf S. 258. – *den Prinzen:* Karl Friedrich. – *im Keller:* der Herzoglichen Kellerei.

202. Christiane, 1798 Okt. 15 (EBr. 1798, 500). – *den Büchern:* den beiden S. 258 genannten.

203. Christiane, 1798 Okt. 16 (EBr. 1798, 504). – *Beilage.* ›*Fähndrich:*‹ Lustspiel von F. L. Schröder; darin gab F. Cordemann seine Antrittsrolle als Wilhelm v. Vizar (Vulpius an G., Okt. 19: »Er wird der hiesigen Bühne sehr brauchbar werden«, EBr. 1798, 515). – *Onkel:* Vulpius.

204. Christiane, 1798 Okt. 19 (EBr. 1798, 517). – *Wegen des Hauses kannst Du außer Sorge sein:* demnach scheint G. seine schon Aug. 10 (S. 254) ausgesprochene Mahnung in einem nicht bekannten Briefe zwischen Okt. 16/9 wiederholt zu haben.

205. Goethe, 1798 Nov. 14 (Br. 13, 308). – *Briefe, . . . nach Frankfurt:* an G's Mutter; vgl. Nr. 206. – *Meine Geschäfte:* vor allem Farbenlehre.

206. Christiane, 1798 Nov. 14 (EBr. 1798, 552). – *Brief an die Mutter:* nicht bekannt; Frau Rat dankt Nov. 23 in ihrem Brief an G.

207. Christiane, 1798 Nov. 15 (EBr. 1798, 556). – *Gerning . . . wird Dich . . . besuchen:* im Tgb. unter Nov. 20 und 25 erwähnt. – *der guten Mutter ihre Silhouette:* »in Lebensgröße« ist gewiß nicht wörtlich zu nehmen, sondern bedeutet: in ganzer Gestalt. Die Silhouette (vielleicht von demselben Künstler verfertigt, den Frau Rat in ihrem Brief an Ludwig und Luise Nicolovius 1796 Febr. 1 erwähnt) wird in dem Verzeichnis der Bildnisse bei Karl Heinemann: Goethes Mutter (2. Aufl., Leipzig 1892), S. 341 nicht aufgeführt und ist nach gütiger Mitteilung der Direktion des Goethe-National-Museums daselbst weder vorhanden noch

bekannt, muß demnach als verschollen betrachtet werden. – *Die Oper:* Dittersdorfs ›Hieronymus Knicker‹; vgl. Augusts Brief S. 264.

G's Antwort auf Nr. 207 von Nov. 16 (Briefverzeichnis 1798, Br. 13, 437) nicht bekannt.

208. Christiane, 1798 Nov. 17? (EBr. 1798, 567. 564. – *Professor:* H. Meyer. – *Beilage. Malcolmi:* als Kaufmann Tobias Filtz; vgl. S. 263.

210. Goethe, 1798 Nov. 20 (Br. 13, 315); eigenhändig. – *Wegen des Kopfwehs:* vgl. S. 264. f., 267. – *Doctor:* Huschke. – *Meine Arbeiten:* Diderots ›Versuch über die Malerei‹.

211. Christiane, 1798 Nov. 21 (EBr. 1798, 576. 580). – *Herr Richter:* Jean Paul; er lebte seit Oktober in Weimar. Vgl. S. 271. *bei Schütz:* Tgb. Nov. 24: »Abends bei Schütz. Waren zugegen: Böttiger, Richter, Loder, Hufeland, Mereau, Succow mit Frauen.« – *Herrn Professor:* H. Meyer. – *Komödie:* Ifflands Lustspiel ›Leichter Sinn‹. – *meiner Köchin:* mit ihr war es so schlimm, daß Augusts Neujahrsglückwunsch diesmal lautete: »An meine liebe Mutter! Ich wünsche Ihnen zum Neuenjahre eine gute Köchin, die Sie niemals ärgern thut. Von August Goethe am 1. Januar 1799« (EBr. 1799, 10). – *Beilage. blauen Bibliothek:* die von Bertuch begründete ›Blaue Bibliothek aller Nationen‹, eine Sammlung von Volksmärchen, Sagen, komischen Romanen, Schnurren u. a., erschien 1790/1800 in 12 Bänden (vgl. W. Feldmann: Friedrich Justin Bertuch, S. 26).

G's Brief von Nov. 23 (Briefverzeichnis 1798, Br. 13, 437), ist nicht bekannt; vgl. S. 269.

212. Christiane, 1798 Nov. 24 (EBr. 1798, 586. 583); in der Orthographie des Originals gedruckt von »Jtzo gehen bei uns« bis »vergnügt zusammen sein« Br. 13, 421 (statt »verbittern« liest E. v. d. Hellen »verleidern«). – *Komödie:* die zu S. 266 genannte Vorstellung am 21. – *Meisel:* der Lehn-Sekretär Gottlieb Meißel (so schreibt er sich selbst, EBr. 1800, 268). Nach Weimarischem Klatschgerücht sollte G. die Absicht haben: Amalie v. Imhoff zu heiraten. – *Kutsche und Pferde:* vgl. S. 277. – *Dein lieber Brief:* vgl. die Zwischenbemerkung in den Erläuterungen vor Nr. 212. – *Beilage. Baumgarten:* Bertuch-Froriepscher Garten.

213. Goethe, 1798 Nov. 25 (Br. 13, 319); eigenhändig. – *Mit meinen Arbeiten:* vor allem ›Der Sammler und die Seinigen‹.

214. Goethe, 1798 Nov. 27 (Br. 13, 321). – *einen Brief erhalten:* Nr. 213. – *Meine Arbeiten:* wie in Nr. 213.

215. Christiane, 1798 Nov. 27 (EBr. 1798, 599. 600). – *Deinen lieben Brief:* Nr. 213. – *Die Verliebten:* vgl. zu S. 231. – *Herrn Richter . . . in Jena ein Räuschchen:* vgl. S. 266 und Jean Paul an Otto, 1799 Jan. 27: »Noch in keinem Jahre . . . trank ich so viel« (Gespräche 1, 273).

216. Christiane, 1798 Nov. 29 (EBr. 1798, 604/5); Christiane schreibt diesmal auf Bleistiftlinien, die August gezogen haben mag. – *Harmonika:* der Glasharmonika-Virtuose Hierling scheint Nov. 29 ein nicht öffentliches Konzert im Theater gegeben zu haben; er lädt in den ›Weimarischen Wöchentlichen Anzeigen‹, Dez. 1, Nr. 96, zu einem öffentlichen Konzert im Theater für Dez. 4 ein und führt an: er habe die Gnade gehabt, sich mit Beifall vor der Landesherrschaft hören lassen zu dürfen.

217. Goethe, 1799 Febr. 8 (Br. 14, 18). – *unsere gestrige Fahrt:* »mit Schiller im Schlitten« (Tgb. Febr. 7). – *fleißig gewesen:* Farbenlehre.

217 a. August, 1799 Febr. 9 (EBr. 1799, 58). *Frau Professorin:* Kästner. – *Feuer in Ehringsdorf:* nach der Ortschronik von Ober-Weimar und Ehringsdorf Band I wurden (Febr. 7) 5 Wohnhäuser und 9 Scheunen eingeäschert; vgl. S. 279 f.

218. Goethe, 1799 Febr. 12 (Br. 14, 19). – *Meine Arbeiten:* Farbenlehre. – *Wildpret:* Rehbraten (Tgb.). – *inliegendes Briefchen:* nicht bekannt. – *Das Buch:* wohl das in Nr. 217 genannte.

218 a. August, 1799 Febr. 12 oder 13 (EBr. 1799, 55). – ›*Stille Wasser sind tief:*‹ Lustspiel von F. L. Schröder, Febr. 11; Vohs: Baron Wiburg, Beck: Herr v. Rehberg.

219. Goethe, 1799 Febr. 15 (Br. 14, 21); Tgb. vermerkt am Schlusse einer großen »Expedition nach Weimar« (Sendungen an H. Meyer, Vulpius, C. G. Voigt, Herder enthaltend): »[Brief] An August mit einer Schachtel Zuckerwerk und der Großmutter Brief. Alles in einem Paquet an Demoiselle Vulpius.« – ›*Albert von Thurneisen:*‹ Trauerspiel von Iffland, Febr. 13. – *Mit den Pferden:* vgl. S. 268 und Nr. 226 Ph. Seidel an G., Febr. 14: freut

sich, daß G. sich Pferde anschaffen wolle, »denn ich fange an zu begreifen, daß ohne diese vornehmen Thiere eine nicht gemeine Existenz immer unvollständig bleibt«; »Mamsell Vulpius sagt mir, daß Sie gern Auskunft haben möchten, was Sie an Fourage auf 2 Pferde erhielten, und was an dem Rückständigen etwa zu gewinnen sein könnte«; folgt die Berechnung, mit dem Ergebnis: da G's Deputat mit Michaelis 1798 angegangen, so könne G. an der halbjährigen Fourage einen reinen Gewinn von 40 Talern 2 Groschen 6 Pfennigen machen (EBr. 1799, 34). – *Meine Arbeiten:* Farbenlehre und ›Propyläen‹.

220. Goethe, 1799 Febr. 19 (Br. 14, 27). – *des Doctors:* Huschke.

220 a. August, 1799 Febr. 20 (EBr. 1799, 45). – *›Wie machen sie es in der Komödie?‹* Lustspiel von W. H. Brömel, Febr. 18. – *›Juristen und Bauer‹:* Lustspiel von J. Rautenstrauch; Becker: Rechenmeister Grübler.

221. Goethe, 1799 Febr. 20 (Br. 14, 28); die Nachschrift eigenhändig. – *meine Arbeiten:* Anzeige der ›Propyläen‹ und Anzeige von Schillers ›Piccolomini‹, beides für die Allgemeine Zeitung; ferner Aufsatz über die ›Chalkographische Gesellschaft zu Dessau‹ (mit H. Meyer) für die ›Propyläen‹. – *Frau Postverwaltern:* Eber.

221 a. August, 1799 Febr. 20 (EBr. 1799, 42). – *kleinen Karl:* Schillers Sohn.

221 b. August, 1799 Febr. 22? (EBr. 1799, 51). – *Ehringsdorf:* vgl. zu S. 275.

222. Christiane, 1799 März 23 (EBr. 1799, 96. 98). – *kleines Tagebuch:* Nr. 223. – *Beilage. kleinen Stein:* Dietrich v. Stein, das 6jährige Söhnchen des Hof- und Jagdjunkers Wilhelm v. Stein. – *Götze:* wohl der mit August nahezu gleichaltrige Johann Karl Nikolaus G., Sohn des Hofmusikus Ernst Johann Karl G., geb. 1791 Febr. 10 (TrP. der Hofkirche 1787/97), 182).
Unter März 25. 26. 27 sind im Tgb. Briefe und Expeditionen nach Weimar vermerkt.

223. Christiane, 1799 März 27 (EBr. 1799, 103/5; von »Redoute, wo ich« bis »schlief ein« (S. 282) gedruckt (Br. 14, 256). – *Komödie:* März 25, ›Hamlet‹. – *Spitzeder:* Vater des nachmals berühmten Joseph Sp., er gab März 27 seine Antrittsrolle als

Osmin in Mozarts ›Entführung aus dem Serail; vgl. S. 283 –
Beilage. Ernsten: Kästner?

März 29, Tgb.: »Expedition nach Weimar.«

224. Christiane, 1799 März 30 (EBr. 1799, 107. 112). – *Spitzeder:*
vgl. zu S. 282. – *setzen der Bäume:* G. ließ im Tröbel (vgl. zu
S. 255) Apfel- und Birnbäume pflanzen. – *dem Pachter:* Fischer. –
Meerweibchen: auch »Meerweiblichkeit«; die Herkunft dieser
poetischen, der Ehesprache Goethes angehörigen (in den Wörterbüchern, soviel ich sehe, nirgends gebuchten) Bezeichnung
für die monatliche Regel war nicht zu ermitteln. Friedrich Kluge
vermutet italienischen Ursprung (Venedig?).

April 1, Tgb.: »Expedition nach Weimar.«

225. Goethe, 1799 April 2 (Br. 14, 63); Schluß von »Ich füge noch«
an eigenhändig. – *Meine Arbeit:* ›Achilleis‹. – *Baumpflanzung:*
vgl. zu S. 283. – *einem dürren:* es wäre richtiger gewesen »ein
dürrer«, als süddeutsche Mundart, unverändert zu lassen (wie
auch in der Weimarer Ausgabe geschehen ist), anstatt es als
Verhören des Schreibers aufzufassen.

226. Christiane, 1799 April 2 (EBr. 1799, 130. 129). – *Barmer:*
erbärmlich tuender Jammerer; Hendrich teilt in seinem undatierten Brief an Christiane mit: auf seine Equipage seien 500, auf
seine Chaise 400 Taler geboten worden; »Da ich Dames gerne
gefällig lebe, und ich glaube, daß Ihnen vorzüglich daran liegt,
eine niedliche und sichere Equipage zu haben, so habe ich
geglaubt, Ihnen hiervon Nachricht geben zu müssen«; bittet um
Antwort (EBr. 1799, 129). An den Bauverwalter Steffany hatte
Hendrich März 11 geschrieben: für die Gesamtsumme von 600
Talern wolle er an G. verkaufen: 2 Wallachen, 1 Batarde (bedeck-
ter, leichter Wiener Wagen), fein lackiert, mit Tuch ausgeschlagen, 2 Kutschgeschirre, 2 Pferdedecken, 2 Trensen, 2 Halfter
(EBr. 1799, 72). – *Beilage. ›Fremden:* Lustspiel von Iffland, April
1; Vohs und Frau: Kaufmann Freesen und dessen Frau.

April 4, Tgb.: »Expedition nach Weimar . . . [Brief an] Demoiselle Vulpius. Billet an Hendrich.« Nicht bekannt.

227. Christiane, 1799 April 5 (EBr. 1799, 131. 135). – *Mit dem
Herrn von Hendrich:* vgl. zu S. 286.

228. Christiane, 1799 April 6 (EBr. 1799, 139). – *›Zauberflöte‹:* sie

war bis zu diesem Tage innerhalb 5 Jahren (seit 1794) vom Weimarer Hoftheater 54mal, davon in Weimar 33mal, aufgeführt worden.

229. Goethe, 1799 Mai 3 (Br. 14, 73); Tgb.: »An Demoiselle Vulpius: Wegen der Pferde, wegen des Heideloffischen Packets. Den obigen Brief [an H. Meyer] mit eingeschlossen, nebst einem Kistchen J. G. G. sign.« – *Herr Professor:* H. Meyer; er kehrte Mai 3 morgens nach Weimar zurück (Tgb.). – *am 15. Februar:* mit Nr. 219. – *meiner Arbeit:* ›Der Sammler und die Seinigen‹.

230. Christiane, 1799 Mai 3 (EBr. 1799, 159. 157); gedruckt die Sätze »Wegen des Packet« bis »geblieben wäre« und »hier wäre manches« bis »mit meinem Leben stehen« Br. 14, 259. – *schick mir ihn den Mittewoch:* Tgb. Mai 5: »Weinzettel an Demoiselle Vulpius.« – *Beilage. den Steiger:* Apoldaer Steiger wird das Stück der Fahrstraße Jena–Apolda genannt, das aus dem Mühltal steil nach der Hochebene ansteigt. – *›Das Epigramm‹:* Lustspiel von Kotzebue, Mai 1.

231. Goethe, 1799 Mai 7 (Br. 14, 78). – *zu den Feiertagen:* Pfingsten, Mai 12/3. – *in meiner Arbeit:* ›Der Sammler und die Seinigen.‹

232. Christiane, 1799 Mai 7 (EBr. 1799, 164. 162); die Worte »Mit Heideloffen« bis »im Februar erhalten« gedruckt Br. 14, 260. – *Brunnen-Fege:* oder Born-Fege, altes, hier und da bis in die Gegenwart fortlebendes Fest bei Gelegenheit der jährlichen Brunnenreinigung. Über eine Feier der Bornfege in Jena findet sich in der betreffenden Literatur nichts. Wie aus einer gedrängten Übersicht der Ausflüge G's während des Monats Mai hervorgeht, die sich auf einem freien Blatt des Tgb. am Schluß des Monats April vorfindet (Tgb. 2, 352), besuchte G. mit Christiane und August am 20. die Bornfege in Golmsdorf. (Nach gütiger Mitteilung der Universitäts-Bibliothek zu Jena wurde die Bornfege in dem Dorfe Beutnitz »bis zum Ende des 19. Jahrhunderts alljährlich am Donnerstag nach Pfingsten« gefeiert, d. h. 1799 also Mai 16.) – *Fischers:* dem Pächter des Gutes Ober-Roßla. – *Beilage. Dietrich:* Friedrich Gottlieb D., Hofgärtner beim Park in Weimar, später Garteninspektor in Eisenach, von dem G. in der Morphologie, Abschnitt ›Der Verfasser teilt die Geschichte seiner

botanischen Studien mit‹, ausführlich spricht (er war ein Oheim jenes Dietrich, dessen tapfere Frau Amalie durch das Buch ihrer Tochter ›Amalie Dietrich Ein Leben erzählt von Charitas Bischoff‹ weit bekannt und berühmt geworden ist). Vgl. S. 344.

233. Goethe, 1799 Mai 9 (Br. 14, 83); eigenhändig, mit Ausnahme der Nachschrift. – *Bornfege:* vgl. zu S. 292.

234. Christiane, 1799 Mai 10 (EBr. 1799, 178. 170). – *so ein schönes Exemplar von ›Hermann und Dorothea‹:* wahrscheinlich meint Christiane die kostbarste, zum Geschenk an Damen bestimmte Ausgabe in Einband von gewirkter Seide, der Messer und Schere beigegeben war (vgl. Schiller an Böttiger, 1797 Okt. 18), denn Frau Rat sagt in ihrem an G. gerichteten Dankbrief, Mai 24, ausdrücklich: »das Werck verdint solche verschönerungen.« Vgl. übrigens S. 296.

235. Christiane, 1799 Mai 12 (EBr. 1799, 180). – *in dem Garten-Haus:* das in dem (S. 722 genannten) Klippsteinschen Garten lag. (Schon 1797 hatte G. in Jena in Unterhandlungen gestanden wegen Pachtung eines Gartenhauses und Ankaufs eines Gartens; vgl. P. Götze an G., 1797 April 7. 16, EBr. 1797, 197. 210.)

236. Goethe, 1799 Mai 12 (Br. 14, 90); bis »vergnügen und ausschwätzen« eigenhändig. – *Brunnenfege:* vgl. zu S. 292. – *am Garten:* vgl. zu Nr. 235. – *eins für die Mutter:* vgl. zu S. 294.
Mai 14, Tgb.: »[Brief an] Demoiselle Vulpius. Brief der Mutter [von Mai 10] zurück. Wegen ihrer nächsten Ankunft . . .« (Diesen nicht bekannten Brief beantwortet Christiane durch Nr. 237.) Daß auch ein Briefchen an August beilag, beweist dessen Antwort.

237. Christiane, 1799 Mai 15 (EBr. 1799, 195. 189). – *im Garten:* vgl. zu Nr. 235. – *Hofgärtner:* entweder der zu S. 292 Genannte oder Johann Sckell in Belvedere. – *Kästchen:* Frau Rat hatte Mai 10 gebeten, »bey dem Weimarer Hoffgärtner ein Kistgen Nordamerikanischer Holtzarten« für Frau Elisabeth v. Bethmann zu besorgen. – *Lützow hat geschrieben:* jedenfalls in der zu S. 231 erwähnten Angelegenheit; er war zur Zeit in seiner Heimat und berichtete auch über die damals in Jever spielende Theatergesellschaft (Vulpius an G., Mai 15, EBr. 1799, 192).
Mai 17, Tgb.: »[Brief] An Demoiselle Vulpius. Schlüssel zum

Schreibtisch wegen ›Wallenstein‹ und ›Piccolomini‹. Auftrag
wegen ›Don Quixote‹. Durch Bauinspector Steffany.«
238. Christiane, 1799 Aug. 6 (EBr. 1799, 265/7). – *Beilage. Karl:*
Schillers Sohn.
239. Goethe, 1799 Aug. 23 (Br. 14, 164). – *Gesellschaft guter*
Freundinnen: im Tgb. nicht vermerkt.
August 28: Zu G's Geburtstag wartet August dem Vater mit
einem säuberlich geschriebenen, wohl von seinem Lehrer Eisert
verfaßten Gedicht auf (EBr. 1799, 282).
240. Goethe, 1799 Sept. 17 (Br. 14, 182). – *Herrn Professor:* H.
Meyer.
241. Christiane, 1799 Sept. 18 (EBr. 1799, 303. 301). – *Beilage.*
Althansbirnen: da eine Birnenart dieses Namens nicht bekannt
zu sein scheint, ist wohl »Altansbirnen« zu lesen, d. h. Birnen
von einem Baume, der nahe dem Altan an G's Gartenhäuschen
stand; vgl. zu Nr. 32.
241 a. August, 1799 Sept. 21 (EBr. 1799, 308); Christianens Brief
nicht bekannt. Tgb. Sept. 22: »Briefe und Packete von Weimar.«
Sept. 24, Tgb.: ». . . [Brief] an Demoiselle Vulpius.«
242. Christiane, 1799 Sept. 25 (EBr. 1799, 314. 318); gedruckt:
»Deine Zimmer« bis »wie immer nichts« Br. 14, 280. – *Einrich-*
tung des Theaters: die Winterspielzeit sollte Sept. 30 beginnen.
243. Christiane, 1799 Sept. 28 (EBr. 1799, 325. 323). – *Plätze im*
Theater: vgl. S. 306. – *Beilage. Karl und Ernst:* Schillers Söhne.
Okt. 1, Tgb.: »[Briefe] An August und Demoiselle Vulpius.«
244. Christiane, 1799 Okt. 2 (EBr. 1799, 334. 338). – *Deine Arbei-*
ten: vor allem ›Mahomet‹. – *Nähe der beiden Gärten:* am Park; sie
waren Zaunnachbarn« (vgl. W. Bode: Goethes Leben im Garten
am Stern, S. 28/9). – *Meine Bank:* im Theater; vgl. S. 304. – *auf*
die Leuchtenburg ziehen: humoristischer Ausdruck für »ich
werde nächstens verrückt (und muß in das Irrenhaus auf der
Leuchtenburg)«; vgl. S. 299. G. sah sich dadurch zu einem
Beruhigungsbrief (Nr. 245) veranlaßt.
245. Goethe, 1799 Okt. 3 (Br. 14, 195); eigenhändig. Tgb. Okt. 4:
»[Brief] An Demoiselle Vulpius, mit einem Weinzettel auf 6
Bouteillen.« *nur einzelne Sachen:* darunter auch ›Faust‹ und
Farbenlehre. – *französisches Trauerspiel:* Voltaires ›Mahomet‹. –

Stallmeister: Seidler (Tgb. Sept. 24: »Mit dem Stallmeister wegen des Pferdes«).

246. Christiane, 1799 Okt. 6 (EBr. 1799, 349. 360). In den verhältnismäßig sauberen, bis ans Ende gleichmäßigen Schriftzügen dieses Briefes spiegelt sich Christianens Freude über G's beschwichtigende Zeilen; ihr Gemüt war beruhigt. – *das Stück:* ›Mahomet‹. – *Komödie:* F. L. Schröders Lustspiel ›Der Ring‹, Okt. 5 (nicht 6); deshalb muß Christiane den Brief am 5. geschrieben und den Schluß oder nur das Datum erst am 6. hinzugefügt haben.

Okt. 6, Tgb.: »Expresser nach Weimar . . . [Brief] An Demoiselle Vulpius, den August herüber zu schicken.«

249. Goethe, 1799 Okt. 8 (Br. 14, 198); eigenhändig. – *Hofmedicus:* Huschke. – *bringe mit, was:* ›Mahomet‹, dessen Bearbeitung G. Okt. 11 beendete.

250. Christiane, 1799 Okt. 9 (EBr. 1799, 359). – *Doctor:* Huschke.

251. Goethe, 1799 Okt. 11 (Br. 14, 199); eigenhändig. – *August ist gar artig:* Tgb. Okt. 9: »Mit August auf dem [mineralogischen] Cabinet«; 11: »Nachmittag mit den Kindern [August und Karl Schiller] auf der Lobeda-Burg«; am Abend dieses Tages wurde Schillers Tochter Caroline geboren. – *Montag:* Okt. 14.

Nov. 12, Tgb.: »[Briefe an] Herrn Hofmedicus Huschke wegen eines Recepts; Demoiselle Vulpius, Bestellung desselben.«

253. Christiane, 1799 Nove. 13 (EBr. 1799, 395/7). – *zur guten Stunde nach Jena:* am 12. hatte G. in einem nicht bekannten Briefe an C. G. Voigt über »die neusten hiesigen Unruhen« (Tgb.) geschrieben; es handelte sich um Studentenkrawalle. – *meine Kinder:* Schiller hatte Nov. 6 den Sohn Karl bei Goethes gelassen, um das Hauswesen zu entlasten, da seine Frau krank war und die Vorbereitungen zur Übersiedelung nach Weimar (Dez. 3) begannen. G. an Schiller, Nov. 8: »Karl befindet sich in seinem neuen Zustand ganz leidlich, nur beim Eintritt der Nacht tritt auch, wie es bei Kindern immer geschieht, die Sehnsucht nach dem gewohnten Zustande ein.« Karl blieb bis Nov. 25 in G's Familie, vgl. Nr. 254/6. 260.

Nov. 15: Tgb. vermerkt einen Brief an Christiane.

254. Christiane, 1799 Nov. 16 (EBr. 1799, 407/9). – *unser Pachter:*

Fischer in Ober-Roßla. – *mit Karlen:* Schillers Sohn. – *Komödie:* d'Allayracs Oper ›Die Wilden‹.

255. Christiane, 1799 Nov. 20 (EBr. 1799, 318. 410); G's Brief vom 19., den Christiane hiermit beantwortet, ist im Tgb. nicht vermerkt. – *Die Optik:* seit Nov. 16 hatte G. die Farbenlehre wieder in Angriff genommen (Tgb.). – *Die Kinder:* August und Schillers Karl. – *So habe ich:* der Ton liegt auf »So« in der zu Nr. 28 bemerkten Bedeutung.

257. Christiane, 1799 Nov. 23 (EBr. 1799, 431). – *Weinzettel:* im Tgb. nicht vermerkt. – *Herr Professor:* H. Meyer. – *Karl:* Schillers Sohn. – *Frau Hofräthin:* Schiller.

258. Goethe, 1799 Nov. 24 (Br. 14, 221); eigenhändig. – *Mein Fleiß:* Farbenlehre.

259. Christiane, 1799 Nov. 25 (EBr. 1799, 435). – *Schmidt:* ob hier der Frankfurter Kaufmann Philipp Nikolaus Sch., der Freund und »Finanzminister« der Frau Rat, gemeint ist, konnte ich nicht feststellen. – *Gustel heute bei Dir:* vgl. Nr. 260. Tgb. Nov. 25: ». . . kam August. Frau v. Stein«; 26.: »Mit August spazieren nach den Teufelslöchern. . . . [Brief] An Demoiselle Vulpius.«

260. Christiane, 1799 Nov. 27 (EBr. 1799, 440). – *daß beide dableiben sollten:* August und Karl Schiller.
Nov. 29, Tgb.: »[Brief] An die Demoiselle Vulpius. Durch Herrn [Heinrich] Meyer«; in diesem nicht bekannten Brief hatte G. jedenfalls wegen der in Nr. 261/2 besprochenen Aufnahme von Schillers Kindern (einschließlich des Säuglings Caroline und deren Amme) geschrieben, um Schillers beim Umzug nach Weimar am 3. Dezember zu entlasten.

261. Christiane, 1799 Nov. 29 (EBr. 1799, 446). – *Die beiden Kinder,* . . . *mit der Amme und dem kleinen Kinde:* vgl. die Erläuterungen zwischen Nr. 260/1.

262. Goethe, 1799 Dez. 1 (Br. 14, 229); eigenhändig. – *Wegen Schillers Kindern:* vgl. die Erläuterungen zwischen Nr. 260/1. – *Rudolph:* Diener und Schreiber Schillers. – *Meine Arbeiten:* für die ›Propyläen‹ und Farbenlehre.
Die im Tgb. unter Dez. 4 und 6 vermerkten Briefe G's sind nicht bekannt.

1800 April 11, August an den Vater von Buttstädt aus, wohin er mit seinem Lehrer Eisert gereist war: »Ich bin bei dem Herrn Reimann gewesen. Er sagte mir: er habe seinem Bruder [dem Pfarrer Reimann in Ober-Roßla] geschrieben, daß er dem Pachter [Fischer] sagen sollte, Pfähle und Dornen bereit zu halten, den dritten Feiertag wolle er selbst nach Roßla und das Übrige besorgen«; »Meiner lieben Mutter wünsche ich eine glückliche Reise und viel Spaß in Nieder-Roßla« (EBr. 180, 97).

264. Christiane, 1800 Mai 3 (in dem Faszikel ›Reisetagebuch zur Leipziger Ostermesse 1800‹). – *Deine Messe:* die Geschenksendung, vor allem wohl Kleiderstoffe enthaltend (vgl. unten »Kattunkleidchen«) hatte G. gleich am ersten Tage nach seiner Ankunft in Leipzig besorgt, April 29: »zu mehrern Handelsleuten« (Tgb.). – *Bury:* seit Ende Oktober 1799 in Weimar, wohnte in G's Haus. Vgl. G. an Schiller, 1799 Nov. 2, an Hirt, 1799 Nov. 4. – *1. Beilage. mein Onkel:* Vulpius. – *2. Beilage. die Farbe des Mantels:* auf dem leider noch immer verschollenen Goethe-Bildnis, das Bury jetzt entworfen hatte und im Juni und Juli ausführte. In der Besprechung des Bildes, die Alois Hirt im Herbst 1800 veröffentlichte, heißt es: »Trefflich sticht der Scharlachmantel gegen das blaue Unterkleid und die dunkeln Fonds ab« (vgl. F. Zarncke: Kurzgefaßtes Verzeichniß der Originalaufnahmen von Goethe's Bildniß, S. 26; K. Th. Gaedertz: Bei Goethes zu Gaste, S. 360; E. Schulte-Strathaus: Die Bildnisse Goethes, S. 43).

265. Goethe, 1800 Mai 4 (Br. 15, 63); von »Ich freue mich darauf« an eigenhändig. – *in meinem Briefe:* nicht bekannt.

266. Vulpius, 1800 Mai 5 (wie Nr. 264) – ›*Rinaldini*:‹ Vulpius hatte seinen, 1798 erschienenen Räuberroman ›Rinaldo Rinaldini‹, der mit großem Beifall aufgenommen worden war, jetzt zu einem Schauerdrama bearbeitet (es erfuhr in der Neuen Allgemeinen Deutschen Bibliothek 58, 364 eine sehr abfällige Besprechung).

267. Goethe, 1800 Mai 5 (Br. 15, 65). – *meinen Brief:* Nr. 265. Zwischenbemerkung. *verschiednes einzukaufen:* das im Reisetagebuch enthaltene Ausgaben-Verzeichnis führt u. a. an: 4 Hüte (4 Taler 4 Groschen), 31 Ellen Kattun (10 Tl. 20 Gr.), 2 Sonnenschirmchen (2 Tl. 14 Gr.), 10 Ellen Musselin (6 Tl. 18 Gr.), 1

Fächer zum Aufziehen (2 Tl. 2 Gr.), 4 Salzfässerchen (14 Gr.), 1 Halstuch für Herrn Eisert (12 Gr.), Augustchen nach und nach (12 Gr.). – ›*Ariadne auf Naxos*‹: Melodrama von J. C. Brandes und G. Benda. – ›*Abällino*‹: Trauerspiel von H. Zschokke (Theaterzettel im Reisetagebuch).

269. Christiane, 1800 Juli 26 (EBr. 1800, 284. 296); beantwortet einen nicht bekannten, im Tgb. nicht vermerkten Brief G's von Juli 25. – *Meyer:* Nikolaus M. – *Beilage. Frau Legations-Räthin:* Bertuchs Frau.

270. Goethe, 1800 Juli 27 (Br. 15, 90); eigenhändig. – *meinen Arbeiten:* ›Tancred‹.

271. Goethe, 1800 Juli 29 (Br. 15, 90); *Herrn Professor:* H. Meyer; er war am 28. nach Jena gekommen (Tgb.). – *nach Roßla:* vgl. Nr. 272.

272. Christiane, 1800 Juli 30 (EBr. 1800, 305. 307). – *Wir haben 5:* ich vermute jetzt, daß Christiane »Karauschen« schreiben wollte.

August 28: Geburtstagsglückwunsch Augusts in Versen in den EBr. 1800, 343.

274. Christiane, 1800 Sept. 13 (EBr. 1800, 372. 368). – *Beilage. Freundes Karls:* Schillers Sohn, sein Geburtstag war aber der 14. September. – Das diesen Briefen beiliegende Schreiben von Vulpius an G. hat die Nachschrift: »Ramanns Quittung und seinen Brief wird meine Schwester mitsenden« (EBr. 1800, 366).

275. Christiane, 1800 Sept. 17 (EBr. 1800, 383. 381). – *Meyer:* der Hausfreund Nikolaus M.; er hatte Juli 13 Abschied von Goethes genommen (Tgb.), um nach Bremen zu reisen, und jetzt Sept. 4 an G. geschrieben: er wolle am 13. Bremen verlassen, um über Weimar, wo er »zu Ende der darauf folgenden Woche« einzutreffen gedenke, nach Wien zu reisen (EBr. 1800, 374).

276. Christiane, 1800 Sept. 20 (EBr. 1800, 392. 390). – *Meyer:* vgl. zu Nr. 275. – *Herrn Professor:* H. Meyer; er fuhr am 21. mit Schiller nach Jena und kehrte abends nach Weimar zurück (Tgb.). – *Beilage. des Walfisches:* wegen der Absendung des Skeletts für das Museum in Jena hatte G. Sept. 10 an Nik. Meyer geschrieben (Tgb.).

277. Goethe, 1800 Sept. 21 (Br. 15, 110); eigenhändig. – *muß ich es*

uns doch versagen: diese für Christianen schmerzliche Absage veranlaßte G'n wohl mit zu der humoristischen Äußerung im Brief an Schiller von Sept. 23: »Um mir nicht den Fluch der Ehefrauen noch mehr zuzuziehen, als er schon auf mir liegt, will ich Sie nicht zu Ihrer Heimreise aufmuntern.« – *noch wenig gethan:* ›Faust‹ (Helena-Akt) und Farbenlehre. – *zu Pastor Günther:* in Mattstädt. – *Meyern:* Nikolaus M., er besuchte G'n am 25. (Tgb.). – *meiner neusten Gedichte:* der Verleger Unger hatte auf G's Wunsch Exemplare von Band 7 der ›Neuen Schriften‹ (erschienen im Frühling 1800) mit dem Titel ›Göthe's neueste Gedichte‹ versehen, die G. zu Geschenkzwecken benutzte (G. an Unger, April 2). – *Registrator:* Vulpius.

278. Christiane, 1800 Sept. 24 (EBr. 1800, 396. 402). – *auf unserm Plan:* Frauenplan. – *3 junge Bursche:* im TB. 1791/1804, 159 wird in dieser Zeit als am Scharlachfieber verstorben nur der 17 Jahre alte Adam Samuel Zeitz, Sohn des Fuhrmanns Zeitz, genannt (gestorben Sept. 11). – *Meyer:* Nikolaus M. – *Professor:* H. Meyer; er schreibt an G., Sept. 26: »an die Mamsell Vulpius habe die 3 Carolin abgegeben« (EBr. 1800, 410). – *Beilage. Milvius:* richtiger Milvus, eine Falkenart.

279. Christiane, 1800 Sept. 27 (EBr. 1800, 409. 414); beantwortet einen nicht bekannten Brief G's Sept. 26: (Tgb.). – *Kammermeister:* Löschner. – *Karte von Jena:* Vulpius an G., Sept. 27: »Meine Schwester will wissen, wo sie ist, und will sie mitschicken. Ich hoffe, sie wird dieselbe finden« (EBr. 1800, 411). – *Beilage. die süßen Weinbeere:* nach S. 340 scheinen sie nicht oder nur zum Teil für August und Christiane bestimmt gewesen zu sein. – *Milvius:* vgl. zu S. 338.

280. Christiane, 1800 Sept. 29 (EBr. 1800, 419); beantwortet einen nicht bekannten Brief G's vom 28. (Tgb.). – *Rathkauf:* Kauf, der gerät, d. h. der Vorteil bringt, bei dem man Geld spart, ebenso S. 679 (Grimms Wörterbuch führt als einzigen Beleg eine Stelle aus K. A. Böttiger: Literarische Zustände und Zeitgenossen an). – *schreib mir ein paar freundliche Worte:* das tat G. in einem nicht bekannten Briefe vom 30. (Tgb.).

281. Christiane, 1800 Okt. 1 (EBr. 1800, 423. 421). – *Mißverständniß:* vgl. zu Nr. 279 Beilage. – *Komödie:* Eröffnung der Winter-

spielzeit mit Kotzebues Lustspiel ›Der Besuch oder Die Sucht zu glänzen‹. – ›*Heilige Genoveva:*‹ ›Leben und Tod der heiligen Genoveva‹. G. selbst hatte sie durch eine Vorlesung Tiecks an zwei Abenden 1799 Dez. 5/6 (Tgb.) kennengelernt, die, wie G. 1829 Sept. 9 an Tieck schreibt, »mich so sehr hinriß, daß ich die nahertönende Thurmglocke überhörte, und Mitternacht unvermuthet herbeikam«. Bei der Vorlesung der zweiten Hälfte war G's Sohn auch anwesend (vgl. Gespräche 1, 279). Vgl. auch ›Tag- und Jahres-Hefte‹ 1799 und Gespräche 4, 418, Nr. 3023. – *Beilage. Milvius:* vgl. zu S. 338 – *dem Prinzen:* dem 8jährigen Karl Bernhard.

283. Christiane, 1800 Nov. 19 (EBr. 1800, 493/5); Antwort auf einen nicht bekannten Brief G's vom 18. (Tgb.). – *Beilage. im Theater:* Nov. 17 Kotzebues Schauspiel ›Die Corsen‹.

284. Christiane, 1800 Dez. 13 (EBr. 1800, 540/2). – *das Kistchen:* wohl die in Nr. 286 genannte Weihnachtssendung der Frau Rat. – *Beilage. mein Stammbuch:* vgl. S. 347, sowie Walther Vulpius: Das Stammbuch von August von Goethe (Deutsche Rundschau 1891 Juliheft S. 71, Augustheft S. 241) und Gräf 7, 363.

285. Goethe, 1800 Dez. 16 (Br. 15, 335); der Brief muß durch einen andern, nicht bekannten, vielleicht nur an August gerichteten ersetzt worden sein; Tgb. Dez. 16: »Briefe nach Weimar. An August, sein Stammbuch zurück.« – *Meine Arbeit:* ›Tancred‹. – *Meyer von Bamberg:* Nikolaus M.; er hatte infolge der kriegerischen Ereignisse seine Reise nach Wien aufgeben müssen. Vgl. S. 346 unten und G. an N. Meyer, Dez. 30.

286. Christiane, 1800 Dez. 16/7 (EBr. 1800, 559). – *Die gute Mutter!:* vgl. deren das »Christkindlein« ankündigenden Brief an G. vom 8. – *Feier des Jubiläums:* zum Beginn des neuen Jahrhunderts, die aber nicht zustande kam; vgl. G. an Schiller: Nov. 18, Dez. 22, Schiller an Körner: Nov. 16, an G.: Nov. 19, Dez. 18; ferner Ludwig Geiger: Aus Alt-Weimar S. 1/2 und besonders August Sauer: Die Deutschen Säculardichtungen an der Wende des 18. und 19. Jahrhunderts S. XCIX/CIII. – *Professor:* H. Meyer. – *Am Sonnabend:* Dez. 20; der Brief wurde aber, wie Nr. 287 zeigt, im Gegenteil besonders kurz. – *Schreib doch der guten Mutter:* G. schrieb Dez. 22 »Dank für den Weihnachten« (Tgb.).

287. Christiane, 1800 Dez. 20 (EBr. 1800, 571. 569). – *Professor:* H. Meyer. – *Beilage. Schiller hat . . . eingeschrieben:* »Holder Knabe, dich liebt das Glück, . . .« Dez. 17.

1801. Zwischenbemerkung vor Nr. 289. Das Zeugnis über G's »Reden an den Erlöser« bei Riemer 1, 121 (vgl. Gräf 9, 807).

289. Christiane, 1801 April 16 (EBr. 1801, 160). – *Die Pachtern:* Fischer. Die Übernahme des Gutes durch den neuen Pächter Reimann erfolgte April 24 (Tgb.), die eigentliche Übergabe erst Juni 29 (vgl. S. 356).

290. Christiane, 1801 April 27/8 (EBr. 1801, 186). – *Herrn Gern:* er hatte als Gast am 25. den Sarastro in Mozarts ›Zauberflöte‹, am 27. den Axur in Salieris ›Tarare‹ gesungen; Sonnabend, Mai 2 (vgl. weiter unten) schloß er sein Gastspiel als Leporello in Mozarts ›Don Juan‹. – *morgen:* in J. F. Jüngers Lustspiel ›Maske für Maske‹. – *auf dem Lindenberge:* an der Westseite des Dorfes, damals zum Freigut gehörig, jetzt Tanzplan für die Kirchweihfeste. G's Brief vom 28. (Tgb.; auch im Brief an Steffany vom 28. genannt) ist nicht bekannt.

291. Goethe (und Geist), 1801 Juni 6 (Br. 15, 237. 354); eigenhändig. Der Brief kam erst nach 3 Wochen, Juni 25, bei Christiane an, wie aus H. Meyers Brief an G. vom 26. hervorgeht; Meyer fügt hinzu: »Mademoiselle Vulpius würde Ihnen wohl darauf geantwortet haben, wenn sie gewußt hätte, daß sich eine neue Gelegenheit zeigen würde, Briefe abgehen zu lassen; allein sie ist eben gestern nach Naumburg gefahren« (EBr. 1801, 284). – *›Die neuen Arkadier‹:* heroisch-komische Oper von Franz Süßmeyer. – *Terkalion:* richtig Terkaleon, ein böser Dämon.

292. Christiane, 1801 Juni 23 oder 24 (EBr. 1801, 285). – *der neue Pachter . . . die Übergabe:* vgl. zu S. 351 – [S. 249.] *Auf Cassel:* dort war, um Christiane für die lange Einsamkeit zu entschädigen, für den Monat August ein Zusammentreffen verabredet worden; vgl. S. 366. – *in Brunnen fällt!:* bildlicher Ausdruck, der in den Briefen des jungen G. öfters begegnet (z. B. an Auguste zu Stolberg, 1775 Sept. 15). – *Prinz von Baden:* Juni 18 traf der Erbprinz von Baden-Durlach mit seinem Sohne Karl zum Besuch am Hof ein, am 19. folgte die Erbprinzessin mit ihren Töchtern Amalia und Maria; sie blieben bis zum 21. (FB.).

293. Goethe, 1801 Juni 26 (Br. 15, 239); der Brief ist, wie Tgb. und der Ausdruck »Gestern« (S. 357) beweist, nicht am 26., sondern am 25. geschrieben. – *Hügel ⁵/₄ Stunden von hier:* Tgb. Juni 24: »Nach Tische mit Herrn Rector Werner auf dem Kristallberg hinter Lügde.«

Juni 29, Vulpius an G.: meldet, daß alles wohl sei. »Meine Schwester ist in Naumburg und Sulza gewesen, und heute übergibt sie in Roßla dem Pachter das Gut. Übermorgen will sie schreiben« (EBr. 1801, 279). Dieser Brief Christianens von Juli 1 ist nicht bekannt.

294. Goethe, 1801 Juni 30 (Br. 15, 241). – *Mein Brief aus Göttingen:* Nr. 291. – *des Herzogs Ankunft:* er kam Juli 9 (Tgb.). – *Acquisition des schönen Siegels:* Meyer hatte seinen Brief an G. vom 26. mit einem Amethyst gesiegelt, der durch Tausch in seinen Besitz gelangt war (EBr. 1801, 284).

295. Christiane, 1801 Juli 3 (EBr. 1801, 277). – *Herr Professor:* H. Meyer.

296. Goethe, 1801 Juli 12 (Br. 15, 246); eigenhändig. – *Herrn Professor:* H. Meyer.

297. Goethe, 1801 Juli 24 (Br. 15, 248); eigenhändig. – *fleißig sein:* Farbenlehre. – *Professor:* H. Meyer. – *Instrumentmacher Krämer:* bei ihm hatte G. bereits Juni 11 für die Zeit von Mitte Juli bis Mitte August im 1. Stock 2 Zimmer nach der Allee hinaus, nebst 1 Kammer hinten hinaus, mit 3 Betten, für 3 Friedrichd'or gemietet (Acta der Reise nach Pyrmont 1801, Blatt 7).

298. Christiane, 1801 Juli 27 (EBr. 1801, 268). – *gute Mutter hat... geschrieben:* Juli 10; Frau Rat beantwortet einen Brief Christianens, der Nachricht von der Übernahme des Freigutes durch den neuen Pachter (vgl. zu S. 351) gegeben haben wird: »Sie meine Liebe Tochter haben sehr wohl gethan das Gut zu verpachten – legen Sie Sich ja nicht mehr Last auf als Sie tragen können – Ihre Gesundheit könte drunter leiden – wo doch so viel sowohl für meinen Sohn, als vor uns alle daran gelegen ist – Es ist recht schön daß Sie meine Liebe, so eine Brave Hauß-Mutter sind – aber mann kann auch dem guten zu viel thun. Schonen Sie also ich bitte Ihnen Ihre *uns allen so* theure Gesundheit!«

299. Goethe, 1801 Juli 31 (Br. 15, 249). – *artig Quartier:* vgl. zu
S. 363. – *nahe gelegenen Berge:* der S. 366 genannte Hainberg.

300. Christiane, 1801 Aug. 5 (EBr. 1801, 265. 270). – *Bauinspector:*
Steffany; er zahlte Christianen 4 Karolin aus zur Reise nach
Kassel, deren Empfang sie Aug. 12 bescheinigt (in den auf
Ober-Roßla bezüglichen Papieren ›45 Stück Belege nebst ver-
schiedenen Beilagen‹, Nr. 26). – *was hinten arbeitet:* im Schloß.
Zwischenbemerkung. ›*Camilla*‹: Oper von Paer.

301. Christiane, 1801 Aug. 26 oder 27 (EBr. 1801, 291): vielleicht
lag diesem Briefe der Glückwunsch Augusts zum 28. (in Versen)
bei, den G. in den EBr. 1801, 258 aufbewahrt hat.

301 a. August, 1801 Nov. 4 (EBr. 1801, 379). – *bei dem Prinzen:*
Karl Bernhard.
Nov. 6: Tgb. vermerkt einen nicht bekannten Brief an Christiane
»wegen den herüberzusendenden Wagen«.

302. Christiane, 1801 Nov. 7 (EBr. 1801, 390. 388). – *die Jagemann:* als Iphigenie in Glucks ›Iphigenie auf Tauris‹. – *Beilage.*
»*Jüngst sprach mein Herr, der Bader*«: Lied des Barbiergesellen
Adam aus dem Singspiel ›Der Dorfbarbier‹ von Beethovens
Lehrer J. Schenk, das in Weimar, mit Ehlers als Adam, bisher
dreimal aufgeführt worden war (1801 Febr. 11, März 23, Mai
30).

303. Goethe, 1802 Jan. 19 (Br. 16, 10); das Begleitbriefchen an
August (»mit einem Stück blauem Gyps« (Tgb.) nicht bekannt.
– *Hofkammerrath:* Kirms.

304. Christiane, 1802 Jan. 20 (EBr. 1802, 28. 25). – *mein lieber
Schatz:* in der Absicht, diesen Brief nach Kräften gut und richtig
zu schreiben (was auch gelang und von G. sofort lobend aner-
kannt wurde, vgl. Schluß von Nr. 305), hat Christiane das Wort
»Schatz«, ehe sie es niederschrieb, auf dem vor ihr liegenden
Briefe G's erst zweimal versucht; zuerst wurde »Satz«, dann
»Sahtz« daraus, schließlich gelang es aber sehr gut. – *habe mir
großen Ruhm erworben:* dieser Ausbruch naiver Freude wirkt
angenehmer als die hämische Bemerkung in Karl v. Steins Brief
an seinen Bruder Fritz von Jan. 9: »Niemand fährt aber mit einer
triumphierenderen Miene und mit mehr Passion, scheint es, als
der dicke Geheimrath Goethe neben seiner Gattin sitzend«

(L. Rohmann: Briefe an Fritz v. Stein, S. 81). – *Hofkammerrath:* Kirms. – *Beilage. den Onkel:* Vulpius, der bei der Ordnung des Büttnerschen Nachlasses half.

305. Goethe, 1802 Jan. 22 (Br. 16, 19); an August sandte G. gleichzeitig »einen Schriftstein« (Tgb.). – *meinen Arbeiten:* ›Die natürliche Tochter‹. – *neuen Commandanten:* v. Hendrich. – *Redoute:* zur Vorfeier des Geburtstags der Herzogin Luise sollte am 29. G's ›Maskenzug. Zum 30. Januar 1802‹ aufgeführt werden; in ihm wirkte August als Amor mit; »Zwar ist er zu einer solchen Function fast zu groß«, hatte G. Jan. 17 an Henriette v. Egloffstein geschrieben, »doch wächst ja auch das Urbild manchmal über Nacht, so daß man sich vor ihm kaum erwehren kann.« – *Gräfin:* Henriette v. Egloffstein. – *akademischen Zahnstocher:* Nik. Meyer an G., Jan. 20: »Die Zahnstocher, welche Ihnen die Demoiselle überschickt, kommen, wie das Papier, worin sie gewickelt sind, beweist, direct aus Coimbra; es ist vermuthlich ein Stück von dem Hefte des Studenten, der sie geschnitten hat; ich habe geglaubt, sie würden Ihnen vielleicht angenehm sein« (EBr. 1802, 24). – *Die Abende:* Tgb. Jan. 19: »Abends bei Loder mit Paulus«; 20.: »Abends bei Hufeland im Kränzchen«; 21: »Abends bei Loders zum Thee in großer Gesellschaft.« – *vorigen Brieftag:* vgl. zu Nr. 304.

306. Christiane, 1802 Jan. 22/3 (EBr. 1802, 42. 39). – *armen Professor:* H. Meyer; er litt, wie er Jan. 19 an G. schrieb, an »Schwielen und Flecken«; vgl. Nr. 310. – *Der Meyer:* Nikolaus. – *die alte Großmama:* die auch in Augusts Briefchen genannte Frau v. Egloffstein. – *denn ich wär, denn ich wär:* aus einem damals beliebten Liede? – *noch gar nichts fertig:* für den Maskenzug, vgl. zu S. 372.

307. Christiane, 1802 Jan. 25 (EBr. 1802, 49. 54). – *Begleitung:* wohl eine Magd. – *Frau Gräfin:* Henriette v. Egloffstein. – *wennehr:* mundartlich für: wann.

308. Christiane, 1802 Febr. 10 (EBr. 1802, 62. 64). – *daß er einen hatte:* Tgb. Febr. 9: »[Brief] An August, eine Schachtel mit Steinen«, nicht bekannt. – *Beilage. bei dem Prinzen: Karl Bernhard. – den Jon:* veranlaßt durch A. W. Schlegels Schauspiel ›Jon‹, das Jan. 2 und 4 in Weimar aufgeführt worden war.

309. Goethe, 1802 Febr. 12 (Br. 16, 31); eigenhändig. Tgb.: »[Brief] An Demoiselle Vulpius, nebst einer Schachtel mit Mineralien für Augustchen.« – *die Arbeit:* ›Die natürliche Tochter‹.

310. Christiane, 1802 Febr. 13 (EBr. 1802, 74. 72). – *wegen des Professor:* H. Meyer; vgl. zu S. 373 – *dem Meyer:* Nikolaus.

311. Goethe, 1802 Febr. 16 (Br. 16, 40); das beigelegte Briefchen an August »mit dem Katalog des Büttnerschen Nachlasses« (Tgb.) ist nicht bekannt. – *Bauinspektor:* Steffany. – *poetischen Angelegenheiten:* ›Die natürliche Tochter‹.

312. Christiane, 1802 Febr. 16/7 (EBr. 1802, 90. 92). – *Den Professor:* H. Meyer, vgl. S. 373, 377. – *unsern Haus-Doctor:* Nik. Meyer. – *Die neue Schauspielerin:* Wilhelmine Maaß; sie spielte als Antrittsrolle am 17. die Kathinka in dem (von Vulpius bearbeiteten) Schauspiel ›Das Mädchen von Marienburg‹ von Kratter; vgl. S. 381 f. Über ihre »glückliche Individualität« äußert G. sich in den ›Tag- und Jahresheften‹ zu 1802 – *auch Meyer krank:* Nikolaus M., vgl. S. 381. – *Beilage. der Prinz:* Karl Bernhard.

313. Christiane, 1802 Febr. 18 (EBr. 1802, 95); gedruckt nur die Worte »es kann sich auch . . . in einen kleinen Schatz verlieben« (Br. 16, 411). – *die neue Schauspielerin:* Maaß, vgl. zu S. 380. – *Caspers:* Fanny, die jüngere der beiden Schwestern C., die gleichzeitig von 1800 bis Ostern 1802 am Weimarer Hoftheater tätig waren. – *unser Doctor:* Nik. Meyer, vgl. S. 380. – *Herrn Professor:* H. Meyer.

314. Goethe, 1802 Febr. 19 (Br. 16, 41); eigenhändig. Das beigelegte Briefchen an August »mit der zinnernen Medaille« (Tgb.) ist nicht bekannt. – *der Doctor:* Nik. Meyer. – *einigen poetischen Arbeiten:* neben Fortschritten an der ›Natürlichen Tochter‹ die Gedichte, ›Schäfers Klagelied‹, ›Generalbeichte‹ und ›Tischlied‹.

315. Christiane, 1802 Febr. 20 (EBr. 1802, 101. 103). – *Deine Arbeiten:* vgl. zu S. 382. – *die Frau Gräfin:* Henriette v. Egloffstein?

315 a. August, 1802 März 6 (EBr. 1802, 128). – *Akanticone:* auch Arendalith genannt (zu den Epidoten gehörig). – *vom Prinzen:* Karl Bernhard.

316. Goethe, 1802 März 9 (Br. 16, 50); eigenhändig nur der Schluß von »Lebe recht wohl« an. Das beigelegte Briefchen an August

»mit einigen Mineralien« (Tgb.) ist nicht bekannt. – *einiges gelesen:* die in G's Brief an Schiller vom 9. genannten ›Mémoires historiques et politiques du règne de Louis XVI.‹ von Soulavie zur Arbeit an der ›Natürlichen Tochter‹. – *jüngsten Tochter:* Sylvie; G. war am 5. und 6. bei Loders mit ihnen zusammen gewesen (Tgb.).

317. Goethe, 1802 März 12 (Br. 16, 50); eigenhändig ›Wegen des Skeletts‹ bis zur Unterschrift. *Dr. Meyern:* Nikolaus. – *Exemplare meiner letzten Gedichte:* der zu Nr. 277 genannte Band; Vulpius an G., März 16: »Der Buchbinder hat die Gedichte noch nicht fertig, zu meinem großen Ärger!« (EBr. 1802, 159).

318. Christiane, 1802 März 13 (EBr. 1802, 146. 148). – *unser Pachter:* Reimann. – *Quelle . . . im Tröbel:* vgl. zu S. 255. – *den Doctor:* Nik. Meyer. – *Auction:* ein Teil des Büttnerschen Nachlasses wurde versteigert; vgl. den Schluß von Nr. 320.

319. Christiane, 1802 März 15 (EBr. 1802, 147. 150). – *Die Schätzchen:* vgl. zu S. 76.

320. Goethe, 1802 März 15 (Br. 16, 53); auf der Adresse der Zusatz »Nebst einem Kistchen D. V. Sign. frank.« Nach Tgb. ging der Brief erst am 16. ab. – *Auction:* vgl. zu S. 387 – *inliegenden Briefe:* nicht bekannt.

321. Goethe, 1802 März 17 (Br. 16, 56). – *etwas . . . zu erstehen:* auf der zu S. 387 genannten Auktion.

322. Christiane, 1802 März 17 (EBr. 1802, 155. 160). – *Bauinspector:* Steffany. – *Beilage. Auction:* vgl. zu S. 387.
März 19: G muß in einem (im Tgb. nicht vermerkten) Briefe an diesem Tage seine Heimkehr für den 22. in Aussicht gestellt haben, worauf Nr. 323 die Antwort ist.

324. Goethe, 1802 April 6 (Br. 16, 65). – *einiges gearbeitet:* vgl. den Schluß der vorhergehenden Zwischenbemerkung. *sein Bruder:* – der Ober-Roßlaer Pfarrer Reimann.

325. Christiane, 1802 April 28 (EBr. 1802, 222. 220). – *Krautland:* vgl. zu S. 116 f. – *Beilage. Herrn Präsident:* Herder. – *zu dem Prinzen:* Karl Bernhard. – *Prager:* böhmische Musikanten (›Wallensteins Lager‹ Vers 481: »Lustig! lustig! da kommen die Prager!«).

326. Christiane, 1802 Mai 1 (EBr. 1802, 223). – *Rechnung wie das Milchmädchen:* Perrette, in Lafontaines Fabel.

327. Christiane, 1802 Mai 2 (EBr. 1802, 229). – *nach der Komödie:* Mozarts ›So sind sie alle‹.

328. Goethe, 1802 Mai 4 (Br. 16, 77); das beigefügte Briefchen »An Augustchen« (Tgb.) nicht bekannt. – *sehr fleißig:* an der ›Natürlichen Tochter‹.

329. Christiane, 1802 Mai 5 (EBR. 1802, 242/4.); gedruckt nur die Worte »Ich freu mich recht« bis »zu hören« und »das war vor Lachen nicht auszuhalten« (Br. 16, 422). – *Deiner Arbeit:* ›Die natürliche Tochter‹. – *einige Tage recht krank:* Christiane befand sich in der ersten Zeit einer neuen Schwangerschaft – *eine Ariadne:* am 3. war Elise Bürger in dem Melodrama ›Ariadne auf Naxos‹ vn J. C Brandes und G. Benda als Gast aufgetreten; vgl. Augusts Urteil in der Beilage.

330. Goethe, 1802 Mai 7 (Br. 16, 81); eigenhändig mit Ausnahme der Nachschrift. – *Arbeiten:* ›Die natürliche Tochter‹.

332. Goethe, 1802 Mai 11 (Br. 16, 86); eigenhändig. – *›Iphigenie‹:* G's Schauspiel wurde Mai 15. zum erstenmal am Hoftheater aufgeführt. – *meine Arbeiten:* ›Die natürliche Tochter‹. – *Kammerherr und Major:* v. Hendrich.

333. Christiane, 1802 Mai 12 (EBr. 1802, 256. 254.). – *Deiner Arbeit:* ›Die natürliche Tochter‹. – *Beilage. Schiller:* Karl.

334. Goethe, 1802 Juni 8 (Br. 16, 91). – *mit meiner Arbeit:* ›Was wir bringen‹. – *Besuch in Drakendorf:* bei Ziegesars.
Zwischenbemerkung. Der zu Nr. 196 genannte Götze schrieb Juni 29 nach Lauchstädt an Christiane: »Werthgeschätzte Demoiselle, Demoiselle Ernstinchen und Tantchen lassen sich Ihnen bestens empfehlen und freun sich recht sehr, daß es Ihnen so wohl gefällt; in dem Garten wird recht fleißig gearbeitet, und auch wird das Holz gefahren. Hier sind die Strümpfe auch für den Herrn Geh. Rath mitgeschickt, welche Geist verlangt hat. Ernstinchen und Tantchen lassen auch Augustchen viele Complimente sagen. Wenn ich Ihnen drum bitten darf, so grüßen Sie meine Schwester. Ich verbleibe Ihr gehorsamer Diener W. Götze« (EBr. 1802, 358).

336. Christiane, 1802 Juli 16 oder 17 (EBr. 1802, 427); Antwort auf einen im Tgb. nicht vermerkten Brief G's vom 15. oder 16. – *dem Wöchener:* Schauspieler Heinrich Becker. – *Der Professor:* H. Meyer.

337. Christiane, 1802 Aug. 4 (nicht: 7; EBr. 1802, 403/5). – *Beilage*. Diese ist hier irrtümlich angefügt, sie gehört zu Nr. 338. Dagegen gehört zu Nr. 337 folgendes Briefchen Augusts (EBr. 1802, 401):

»Lieber Vater!

Ich hoffe, daß Sie gestern glücklich nach Jena gekommen sind. Heute kam ein Mineralienhändler zu uns und wollte Sie gern sprechen. Als wir ihm aber sagten, Sie wären nach Jena gereiset, lud er mich ein, seine Mineralien zu besehen. Er logirt im ›Schwane‹, und ich werde ihm bald einen Besuch machen. Er sagte uns auch, daß er über acht Tage nach Jena reisen würde, wo Sie seine Mineralien wahrscheinlich auch zu sehen bekommen werden. Vergessen Sie auf Ihren Spaziergängen die Insecten nicht. Ich habe gestern einen seltenen Erdläufer gefangen. Leben Sie wohl. Weimar, den 4. August 1802.   A. Goethe.«

338. Christiane, 1802 Aug. 7 (nicht: 9 oder 10; EBr. 1802, 410). – *Nieder-Roßler Pachter*: Weichner. – *Bauinspector*: Steffany. – *Reitschmied*: Schröter. – *Stallmeister*: v. Seebach in Weimar (oder Seidler in Jena).

339. Christiane, 1802 Aug. 11 (EBr. 1802, 419. 415). – *itzigen Umständen*: vgl. zu S. 397. – *der Hofrath*: J. C. Stark. – *Stallmeister von Jena*: Seidler.

340. Christiane, 1802 Aug. 14 (EBr. 1802, 424/6). – *Herrn Stallmeister*: Seidler in Jena. – *Beilage. Schauspieler angekommen*: von Lauchstädt, wo sie am 12. die letzte Vorstellung gegeben hatten.

341. Goethe, 1802 Aug. 17 (Br. 16, 115. 429); eigenhändig nur der Schluß von »Thue Dir« an bis »G.«

342. Christiane, 1802 Aug. 18 (EBr. 1802, 438. 440). – *hier folget ein Brief*: wahrscheinlich von Frau v. Herda in Eisenach (ebenso in Nr. 343); vgl. G. an Frau v. Herda, Nov. 5., über »die mir freundschaftlich überlassenen Pferde.« – *Stallmeister*: v. Seebach. – *Brief vom Doctor*: Nik. Meyer; in Christianens Antwort an ihn vom 23. heißt es: »Hier lebe ich ganz still, komme gar zu niemand, finde bloß Freude an der Haushaltung und an weiter nichts . . . schreiben Sie mir nur recht oft, denn dieses ist meine

einzige Freude, etwas von Ihnen zu hören. Überhaupt wünsche ich mir wegen etwas [der bevorstehenden Niederkunft?] nur eine Stunde mit Ihnen zu sprechen, was sich nicht dem Papier anvertrauen läßt; doch bitte ich Sie, darauf antworten Sie mir nicht« (C.-Meyer II 21).

343. Goethe, 1802 Aug. 19 (Br. 16, 116); eigenhändig nur der Schluß von »Ich verlange sehr« an. – *Brief wegen der Pferde:* vgl. zu S. 409.

344. Christiane, 1802 Aug. 21 (EBr. 1802, 449. 455). – *die Pferde:* der Handel wird Ende des Monats zum Abschluß gekommen sein; Tgb. Sept. 2: »Kamen die neuen Pferde.« – *Stallmeister:* Seidler.

Zwischenbemerkung. Zum Geburtstag überraschte August den Vater durch einen Glückwunsch in lateinischer Sprache (EBr. 1802, 465). – Über Geburt und Tod des Töchterchens findet sich im TP. der Hofkirche 1798/1808, 242 der Eintrag: es sei am 18. Dez., »wegen zugestoßener Schwäche von der Wehmutter, Frau Gottschalgin, genothtaufet« worden (Taufname nicht genannt) und am 19. »an einem Stöckfluß verstorben«; nach dem TB. der Stadtkirche 1791/1804, 213 wurde es am 22. mit der Viertelschule beerdigt. Vulpius schreibt 1803 Jan. 19 an Nik. Meyer: das Mädchen hätte durch seine Frau aus der Taufe gehoben werden und den Namen »Kathinka« erhalten sollen (GJ. 2, 416).

346. Christiane, 1803 April 20 (EBr. 1803, 187). – ›*Lilla:*‹ vgl. zu Nr. 153.

347. Goethe, 1803 Mai 4/5 (Br. 16, 221). – *Nachdem wir:* G., sein Schreiber Geist und der Schauspieler Bloß. – *die Hallen:* der noch heute vorhandene Wandelgang mit zahlreichen Verkaufsständen.

349. Christiane, 1803 Mai etwa 27 (EBr. 1803, 231. 236). – *dieses Fest:* Pfingsten, Mai 29. – *Zelter:* er kam Anfang Juni nach Weimar (G. an Unger, Juni 8). – *Beilage.* ›*Saalnixe:*‹ Kauers Oper ›Das Donauweibchen‹, in der Bearbeitung von Vulpius ›Die Saalnixe‹ betitelt, war in diesem Jahr März 5 aufgeführt worden, eine Wiederholung folgte während dieser Spielzeit in Weimar nicht, sondern erst in Lauchstädt, Juli 23.

350. Christiane, 1803 Juni 13/4 (EBr. 1803, 261). – *unser Karl:* der
Diener. – *Lauterbach:* entweder der Wirth Johann Gottlieb L. im
Gasthaus zur ›Stadt Weimar‹, wo Christiane wohnte (er besaß
zugleich das ›Hôtel de Saxe‹ in Weimar), oder dessen Sohn Karl
Friedrich L., gelernter Mundkoch, der als Junggeselle in Buttstädt lebte (Buttstädter Kirchenprotokoll der Verstorbenen
1822/47: 1824 Nr. 30; Kirchenprotokoll der Kopulierten und
Verstorbenen, Band 2, 1816 Nr. 21). – *Unzelmann:* er spielte am
11. in der Eröffnungsvorstellung (›Die Braut von Messina‹) den
Olivier (einen der Boten, die im Personen-Verzeichnis ohne
Namen sind, aber auf dem Theaterzettel als Lanzelot und Olivier
aufgeführt wurden), am 13. in Ifflands Schauspiel ›Alte Zeit und
neue Zeit‹ den Louis. – *»Es waren so selige Tage«:* C. A. Overbecks
Lied »Das waren mir selige Tage«, Melodie von F. F. Hurka. –
›Saalnixe‹: vgl. zu S. 420.

351. Christiane, 1803 Juni 15/20 (EBr. 1803, 270. 265). – *zu dem
Italiener:* der weiterhin öfters genannte Sangusto. – *außer der
Maaß:* als Recha. – *Die Wöchner:* A. Genast und Becker. – *An
wen dieß Gedichte ist:* an ein wegen Krankheit in Weimar
zurückgebliebenes Mitglied des Hoftheaters? – ›Opferfest‹: Win-
ters Oper ›Das unterbrochene Opfer‹ (auf dem Theaterzettel
nicht ›Opferfest‹); Mirrha: Jagemann; deren Gespielen Guliru:
Silie, Balisa: Baranius, Sira: Götz; Roka: Ehlers. – *Herrn Canzler:*
v. Gutschmid. – ›Schreibe-Pult‹: (oder die Gefahren der Jugend)
Schauspiel von Kotzebue. – *Ehlers . . . wegen der Frei-Exemplare:* vgl. zu S. 428.

352. Goethe, 1803 Juni 21 (Br. 16, 241); eigenhändig. – *an dem
kleinen Stücke:* Max Morris hat mit guten Gründen wahrscheinlich gemacht, daß hier das Drama ›Der Löwenstuhl‹ gemeint sei
(GJ. 31, 101/3). – *wegen seiner Exemplare:* vermutlich auf das
Heft ›Gesänge mit Begleitung der Chittarra eingerichtet von
Wilhelm Ehlers‹ bezüglich, dessen Erscheinen bevorstand (es
enthält 10 Gedichte G's); vgl. S. 426 f., 440, sowie Gräf 7, 392.

353. Christiane, 1803 Juni 20/6 (EBr. 1803, 274. 279. 286). – ›Maria Stuart‹: Jagemann: Maria Stuart, Cordemann: Leicester. –
Grimmer: er gab den Grafen Bellievre; in Weimar war er noch
gar nicht aufgetreten. – *In Deinem Logis:* beim Advokaten

Rothe. – *Die Fremde aus Andros*: Niemeyers Bearbeitung der ›Andria‹ des Terenz; sie war in Weimar Juni 6 zum erstenmal gegeben worden. Schiller an seine Frau von Lauchstädt aus, Juli 6: »Die ›Fremde aus Andros‹ . . . hat nichts gethan, und es ist am Schluß sogar von einigen gepfiffen worden.« Oels gab den Pamphilus, Silie: Glycere, Becker: Davus, Ehlers: Byrrhia. – *Cotta*: wahrscheinlich verschrieben für: Bode (vgl. S. 432). – *Kartusche*: die am Bandelier über die Schulter getragene Patronentasche. – ›*Offene Fehde*‹: Lustspiel von L. F. Huber. – ›*Scherz und Ernst*‹: Spiel in Versen von J. L. Stoll; Jagemann: Cephise. – ›*Der Herbsttag*‹: Schauspiel von Iffland. – *Gesprochen habe ich sie*: d. h. Reichardts, die Christianen eingeladen hatten, sie in Giebichenstein zu besuchen.

354. Goethe, 1803 Juni 28 (Br. 16, 242); eigenhändig mit Ausnahme der Nachschrift. – *eine wichtige Arbeit*: Farbenlehre. – *aus beiliegendem Blatt*: Brief der Frau Rath an G. von Juni 24, der ihren Besuch bei der Königin Luise von Preußen auf deren Einladung in Wilhelmsbad bei Hanau schildert, wo auch der Herzog Karl August zugegen war; »Gott!!! welche Freude vor mich«; »die Königin ging an einen Schrank und brachte ein kostbares goldenes Halsgeschmeide und nun erstaune!!! Befestigte es um meinen Hals mit Ihren eigenen Händen – biß zu Thränen gerührt – konte ich nur schlecht dancken.« G. an Zelter, Juli 28: »Ihre schöne Königin hat auf der Reise viel Glückliche gemacht, niemand glücklicher als meine Mutter, ihr konnte in den letzten Lebensjahren nichts Erfreulicheres begegnen.« – *das Gut übergeben*: an den bisherigen Pachter Reimann; vgl. S. 461.

355. Goethe, 1803 Juli 3 (Br. 16, 249); eigenhändig. – *die Taschenbücher*: 1. ›Die natürliche Tochter‹, 2. ›Der Geselligkeit gewidmete Lieder‹ in dem von Wieland und G. gemeinsam unternommenen ›Taschenbuch für das Jahr 1804‹; beides wurde bei Frommann in Jena gedruckt; vgl. S. 440. – *Schiller*: er war am 2. in Lauchstädt eingetroffen. – *den Wöchnern . . . Hofkammer-Rath*: A. Genast und Becker; Kirms.

356. Christiane, 1803 Juni 27/Juli 4 (EBr. 1803, 296). – *wegkapern, den Oertzen*: vgl. S. 501. – *das große Haus vom Kirchhof gegen-*

über: möglicherweise das jetzige Gasthaus ›Goldner Stern‹. – *den König und die Königin:* von Preußen. – *›Iphigenie‹:* Glucks ›Iphigenie auf Tauris‹. – *Deinel:* kann auch Dimel (Thümmel?) heißen; in der sehr lückenhaften Badeliste (die auch Christianen nicht anführt) nicht zu ermitteln. – *›Die Schachmaschine‹:* Lustspiel von H. Beck. – *der guten Mutter ihr Brief:* vgl. zu S. 433. – *›Die theatralischen Abenteuer‹:* Oper von Cimarosa. – *›Die Hussiten‹:* Kotzebues Schauspiel ›Die Hussiten vor Naumburg im Jahre 1432‹. – *›Der Stammbaum‹:* Lustspiel von C. L. Heyne (Anton-Wall). – *ein großes Gewitter kam:* vgl. S. 493. Schiller an seine Frau, Juli 4: ». . . es war eine drückende Gewitterluft, und ich habe mich weit hinweg gewünscht . . . wobei die Donnerschläge und besonders der Regen so heftig schallten, daß eine Stunde lang man fast kein Wort der Schauspieler verstand und die Handlung nur aus der Pantomime errathen mußte . . . Wenn sehr heftige Blitze kamen, so flohen viele Frauenzimmer aus dem Haus heraus, es war eine ganz erstaunliche Störung« (vgl. auch Schiller an G., Juli 6; andre Berichte bei Reinhold S. 148/9). – *Zahlung des Geldes:* bei der Gutsübergabe, vgl. zu S. 434. – *Schiller logirt auf dem Kohl-Hofe:* beim Gärtner Rabeding nahe dem Kohlhof.

357. Goethe, 1803 Juli 5 (Br. 16, 251); eigenhändig nur der Zusatz »Grüß ihn von mir« (S. 440). – *Dürrschmidt:* vielleicht ist der Museumsdiener Dürrbaum gemeint. – *wegen des Drucks der Taschenbücher:* vgl. zu S. 434. – *Noten von Ehlers:* in dem zu S. 428 genannten Hefte. – *Vornehmen und Unternehmen:* neue Bühnenbearbeitung des ›Götz von Berlichingen‹, vgl. G. an Schiller, Juli 5. – *Sonnabend, Sonntag und Montag:* Juli 2/4, bei den Aufführungen von ›Wallensteins Lager‹, der ›Braut von Messina‹ und der ›Natürlichen Tochter‹. – *Wöchner:* A. Genast und Becker.

358. Goethe, 1803 Juli 7 (Br. 16, 253): eigenhändig. – *Mit der Geldzahlung:* aus Anlaß der Gutsübergabe, vgl. zu S. 434. – *Meine Arbeiten:* vgl. zu S. 440.

359. Christiane, 1803 Juli 4/10 (EBr. 1803, 311). – *›Die natürliche Tochter‹:* Juli 4; Graff: Herzog, Müller: Hofmeisterin. – *Prinz Eugen:* von Württemberg; vgl. Schiller an G., Juli 6, an

W. v. Wolzogen, Sept. 4. – *Schmalz aus Königsberg:* jetzt aber in Halle Direktor der Universität. – *von dem König und der Königin:* von Preußen. – *von der guten Mutter:* vgl. zu S. 433. – *das Reiterlied:* aus ›Wallensteins Lager‹. – *Ich sprach lange mit …* *Schiller:* dieser an seine Frau, Juli 6, bezeichnend genug: »Aus Weimar ist die Oberforstmeister Stein und ihre Mutter hier, … sonst ist außer dem Theater nichts von weiblicher Welt aus Weimar hier.« – *Der Geheime Rath:* Schmalz. – *heftiges Gewitter:* vgl. zu S. 439. – *von dem Feldzuge:* Schiller erzählt von diesem »Maneuvre« im Brief an seine Frau vom 9. – *›Die Brüder‹:* Terenzens Komödie in der Bearbeitung F. H. v. Einsiedels. – *›Der Hausverkauf‹:* Lustspiel von Herzfeld (?). – *unser Schwarzköpfchen:* vgl. S. 465. – *nach Giebichenstein:* zu Reichardts. – *Die ältste:* Luise, die musikalisch sehr begabte älteste Tochter aus Reichardts erster Ehe (mit Juliane Benda); sie hatte sich, nachdem ihr Verlobter F. A. Eschen im Jahre 1800 tödlich verunglückt war, mit dem Maler Gareis verlobt, der jetzt in Florenz schwer erkrankt und gestorben war. – *Lottchen:* eine der beiden Töchter aus Reichardts zweiter Ehe; ihr Bräutigam hieß Pistor. – *Julichen:* zweite Tochter aus Reichardts erster Ehe, heiratete den Präsidenten Stelzer in Halberstadt. – *Die hübsche Dicke:* Friederike; sie heiratete 1811 Karl v. Raumer. (Die von Christiane nicht erwähnte Tochter Hannchen heiratete im September 1803 Henrik Steffens.) – *Deinem gestrigen Briefe:* Nr. 357. – *bringt Gille Marianne als Frau:* er heiratete im Juli Marianne Pfuhl. – *Madame Giese [?] aus Leipzig:* unter Juli 9 in der Badeliste nicht verzeichnet (vielleicht die unter Juli 13 aufgeführte Madame Güttig aus Leipzig). – *›Das Mädchen von Marienburg‹:* (oder Die Liebschaft Peter des Großen), fürstliches Familiengemälde von F. Kratter; Maaß: Kathinka. – *Herrn Hofrath besuchen:* Schiller. – *Deinen Brief:* Nr. 358.

360. Christiane, 1803 Juli 11 (EBr. 1803, 326. 331). – *noch ein paar Worte dazu:* d. h. zu Nr. 359. – *›Der argwöhnische Liebhaber‹:* Schauspiel von C. F. Bretzner; Becker: Baldrian Klau, Haide: Hofrat Albert. – *Kanzler:* v. Gutschmidt in Merseburg. – *Herr Hofrath:* Schiller. – *Loos:* »Töpfer auf Jahrmärkten haben die Gewohnheit, verschiedene ihrer Waaren zusammenzustellen

und mit einander zu veräußern; das heißt ein Loos Töpferge-
schirr« (Grimm: Deutsches Wörterbuch 6, 1156). – *Wöchner:* A.
Genast und Becker. – *der Silie ihren Bräutigam:* Claude Marie
(den Grimmer spielte). – *heut und morgen . . . Deine Gesundheit:*
im Gedanken an den Hochzeitstag, vgl. zu Nr. 82.

361. Christiane, 1803 Juli 12/3 (EBr. 1803, 328). – *Herrn Hofrath:*
Schiller. – *In der ›Jungfrau . . . Die Miller:* Schiller an Körner,
Mai 12 (in Weimar erste Aufführung April 23): »Die Jungfrau
von Orleans wurde von einer Schauspielerin gespielt, welche
sonst nicht im Besitz der großen Rollen ist, hier aber durch ein
glückliches Zusammentreffen ihrer eigenen Individualität und
einer großen Routine dahin kam, etwas Vortreffliches zu leisten.« – *›Der Hausfriede‹:* (Titel ›Hausfrieden‹) Lustspiel von
Iffland. – *Rudolf:* Schillers Diener.

362. Goethe, 1803 Juli 12/4 (Br. 16, 256); eigenhändig. – *Deinen
Brief:* Nr. 359. – *die Kaufgelder:* vgl. zu S. 441. – *Deinen Brief von
gestern.* Nr. 360. – *Herr Hofrath:* Schiller. – *Deinen Brief gebracht:* Nr. 361. – *durch einen lieben Boten:* August.

363. Christiane, 1803 Juli 14/8 (EBr. 1803, 340). – *Herrn Hofrath:* Schiller. – *›Der Hausfriede‹:* vgl. zu S. 453. – *›Alarcos‹«* Fr.
Schlegels Trauerspiel; Haide: Alarcos, Graff: Dagobert, Maaß:
Donna Clara; vgl. S. 458. Karl v. Raumer, damals Student in
Halle, berichtet (›Leben von ihm selbst erzählt‹, Stuttgart
1866, S. 39): »Als Friedrich Schlegels ›Alarcos‹ aufgeführt
ward, hielten wir es für unsere Pflicht, dieß Trauerspiel gegen
eine antischlegelsche Partei zu vertreten, wiewohl unsere Bewunderung mehr principiell und daher ziemlich kühl war.« –
»*Pereat Coubu!«:* man muß wohl lesen »Kuhbuh!« d. h. Kotzebue. – *eine Nichte:* Luise Mitgau. – *ein Dichter:* Anton Niemeyer, der 20jährige Sohn von August Hermann N.; seine
›Gedichte‹ waren soeben (zusammen mit solchen von K. A.
Döring) in Halle erschienen. Briefe von ihm an Christiane und
an G. aus den Jahren 1804/5 finden sich in den EBr. – *›Das
Epigramm‹:* Maaß: Caroline, Haide: Dr. Busch. – *›Alarcos‹:* vgl.
zu S. 456. – *›Der Neffe als Onkel‹:* Schillers Bearbeitung des
Lustspiels von Picard; Maaß: Sophie (Silie auf den Zetteln
nicht genannt).

364. Christiane, 1803 Juli 18/9 (EBr. 1803, 347). – *›Die Jäger‹:* Ifflands »ländliches Sittengemälde«.

365. Goethe, 1803 Juli 20 (Br. 16, 259); eigenhändig. – *Gutsübergabe:* vgl. zu S. 440. Die Kaufsumme hatte 13 125 Reichstaler (39 375 Mark) betragen, G. verkaufte das Gut jetzt für 15 500 Reichstaler; die Urkunde darüber ist von Juli 16 datiert.

366. Christiane, 1803 Juli 23 (EBr. 1803, 349); gedruckt die Worte »es ist mit tanzen . . . just genug« (S. 462) Br. 16, 459. – *›Die Jäger‹:* vgl. zu S. 459. – *›Der Wildfang‹:* Lustspiel von Kotzebue. – *›Die Räuber‹:* da dieser Titel verpönt war, hieß es auf dem Theaterzettel ›Karl Moor‹. – *›Die Saalnixe‹:* vgl. zu S. 420. – *›Herr von Hopfenkeim‹:* Fastnachtsposse von G. Reinbek. – *›Die Mohrin‹:* Fr. H. v. Einsiedels Bearbeitung des ›Eunuchus‹ von Terenz.

367. Christiane, 1803 Aug. 10 (EBr. 1803, 381). – *die Münzen:* als Geschenk von Nik. Meyer (vgl. G. an diesen, Sept. 6). – *Freitag mit den Schauspielern zu thun:* sie gaben am 11. in Lauchstädt als Abschiedsvorstellung ›Clavigo‹ und kehrten am 12. (Freitag) nach Weimar zurück, um am 16. schon wieder in Rudolstadt zu spielen. – *Komödie bei Lievie:* nicht zu ermitteln.

368. Christiane, 1803 Aug. 17/9 (EBr. 16, 391). – *mit dem Herrn Major:* v. Hendrich. – *Noth- und Hülfs-Conferenz wegen Halle:* wohin C. G. Schütz, der Mitbegründer und Leiter der ›Allgemeinen Litteratur-Zeitung‹ in Jena, diese jetzt verlegen wollte; vgl. ›Tag- und Jahres-Hefte‹ von 1803. – *Frau Doctorin:* nicht ermittelt.

369. Goethe, 1803 Aug. 20 (Br. 16, 269); eigenhändig. – *Brief von Silien:* sie hatte G'n schon Aug. 15 brieflich mitgeteilt, daß ihre Mutter schwer krank sei (EBr. 1803, 397). – *Schwarzköpfchen:* im Tgb. nicht genannt; es ist der von Christine in ihren Briefen aus Lauchstädt wiederholt erwähnte »recht artige Mensch aus Breslau« (S. 432), den sie auch »unser Schwarzköpfchen« nennt (S. 446). – *Herrn Major:* v. Hendrich.

370. Christiane, 1803 Nov. 5 (EBr. 1803, 526. 524). – *in der ›Versöhnung‹:* Schauspiel von Kotzebue, Nov. 2
Nov. 7, Vulpius an G.: »E. E. sende ich hierbei einen Brief, den meine Schwester aus Versehen am Sonnabend hat liegen lassen« (EBr. 1803, 537).

371. Christiane, 1803 Nov. 9 (EBr. 1803, 540. 539). – *von dem Doctor:* Nik. Meyer. – *›Die deutschen Kleinstädter‹:* Lustspiel von Kotzebue, Nov. 7; Baranius: Frau Brendel, Becker: Sperling. – *›Der Lorbeerkranz‹:* (oder Die Macht der Gesetze), Schauspiel von Ziegler; Wolff: Kammerjunker v. Windeck. – *Beilage. aus der Campischen Reisebeschreibung:* ›Robinson Crusoe der Jüngere‹. – *Zettel für den Herrn Riemer:* dessen freien Eintritt im Theater betreffend; ebenso S. 471.

372. Christiane, 1803 Nov. 29? (EBr. 1803, 568). – *Kastanien von der Mutter:* daß ihr die Beschaffung der üblichen Sendung dieses Jahr »viel unlusten« machte, zeigt ihr Brief an G. und die Seinen von Nov. 10; wie der Wein, so waren diese Kastanien nicht geraten.

373. Christiane, 1803 Nov. 30 (EBr. 1803, 579/80). – *›Portrait der Mutter‹:* (oder Die Privatkomödie), Lustspiel von F. L. Schröder; Haide (Wolff); Bernheim. – *Don Ranudo:* Titelrolle (von Becker, nicht von Wolff gespielt) in Kotzebues Bearbeitung von Holbergs Lustspiel, erste Aufführung Dez. 14; Wolff gab darin den Gonzalo della mare. – *den drei neuen Stücken:* 1. das eben genannte Lustspiel von Holberg-Kotzebue; 2. Kotzebues Schauspiel ›Hugo Grotius‹ (vgl. aber S. 581); 3. Racines ›Mithridat‹. – *Akademie:* hier in der Bedeutung von Konzert. – *Beilage.* August schreibt hier, durch Riemer beeinflußt, in lateinischen Buchstaben und römischen Zahlen. – *Zettel für den Herrn Riemer:* vgl. zu S. 469. – *Zettel für den Sonnabend:* Dez. 3 (›Die Saal-Nixe‹).

374. Christiane, 1803 Dez. 3 (EBr. 1803, 589. 595. 588). – *Galla:* dieselbe Persönlichkeit wie S. 70 »Gakala«?

375. Christiane, 1803 Dez. 7 (EBr. 1803, 612/4). – *›Hugo Grotius‹:* vgl. zu S. 470. – *Beilage. beim Prinzen:* Karl Bernhard.

376. Christiane, 1803 Dez. 9 (EBr. 1803, 621/3). – *morgen:* vielmehr am 11. (vgl. die Zwischenbemerkung S. 475). – *Beilage. die beiden Briefe:* vom 9., nicht bekannt; Tgb.: »[Sendung] An August mit dem Vogel und der Rose von Jericho.«

378. Christiane, 1803 Dez. 14 (EBr. 1803, 637/8). – *Herr Hofkammerrath:* Kirms. – *die Kleider von Frankfurt:* Frau Rat an G., Dez. 2: »Meine Liebe Tochter schriebe mir neulich Sie würde etwas Corpulent die Kleider würden zu enge – da hat nun das

Christkindlen davor gesorgt und bringt zwey schöne neue Kleider das eine von Taffend die Farbe Egyptische Erde und einen
Catun der sich vortrefflich waschen läßt — und den Jedermann
vor Seidenzeug ansieht — mit einem Wort schön schön.«

379. Christiane, 1803 Dez. 15 (EBr. 1803, 643). — *junge Herr:* der in
Nr. 378 genannte Cassel (?).

380. Christiane, 1803 Dez. 17 (EBr. 16, 666. 668). — *Herr von Stein:*
welcher? — *Beilage. Meerzeisige:* Leinfinken, auch Birken-, Berg-
oder Flachs-Zeisige genannt (Carduelis linaria).

381. Christiane, 1803 Dez. 18 (EBr. 1803, 670). — *›Der Wasserträger‹:* erste Aufführung dieser Oper Cherubinis in Weimar.
Jagemann: Constanze, Ehlers: Micheli; es wurde eine Lieb-
lingsoper G's, weil er den Gegenstand ebenso vollkommen
fand wie die Musik (Gespräch mit Eckermann, 1828 Okt. 9). —
Müller: der Kammer-Musicus, der die Oper schon in Lauchstädt dirigiert hatte (der neue Konzertmeister Destouches war
wohl durch Krankheit verhindert). — *Der junge Mann:* vgl. zu
S. 477.

1804 Mai 30. Als G. Ende Mai in Jena war (das Tgb. enthält
nichts über diese Zeit), schrieb August an ihn (EBr. 1804, 201):

Lieber Vater,

Hier überschicke ich Ihnen einige Briefe und Zeitungen. Ich
habe mich sehr gefreut, als ich hörte, daß Sie schon morgen
Abend hier eintreffen werden. Ich befinde mich recht wohl und
schlafe alle Nacht mit der Mutter im Garten, wo es jetzt recht
schön ist. Jetzt muß es in Jena auch recht schön sein, und ich
wünschte mich hinüber, da wollten wir recht spazieren gehen.
Sagen Sie dem Herrn Bergrath Lenz viele Empfehlungen von
mir.

Leben Sie recht wohl.

Weimar, den 30. Mai 1804.   A. Goethe.

383. Goethe, 1804 Juli 17 (Br. 17, 157); eigenhändig. — *›Götz‹:*
schon seit Febr. 18 versuchte G., eine neue Bühnenbearbeitung
zustande zu bringen, »um ihn zu einem Bissen zusammenzukne-
ten, den unser deutsches Publicum allenfalls auf einmal hinun-

terschluckt« (an Zelter, Febr. 27); in der neuen Fassung wurde das Stück Sept. 22 zum erstenmal in Weimar aufgeführt. – *Stall-Cassiren:* Frau Burckhardt, geb. Stenger; über den Vorfall ist aus den Akten nichts zu ermitteln.

384. Goethe, 1804 Juli 24 (Br. 17, 162); eigenhändig. – *Voßens:* der Dichter Johann Heinrich V. und dessen Sohn Heinrich, der seit kurzem in Weimar als Lehrer am Gymnasium tätig war. – *Karl:* der Diener. – ›*Götz:* vgl. zu S. 482. – *die freimüthigen und eleganten Mißgönner:* Kotzebue und Garlieb Merkel in ihrem Organ ›Der Freimüthige, oder Ernst und Scherz, Berlinische Zeitung für gebildete und unbefangene Leser‹, und die ›Zeitschrift für die elegante Welt‹. – *Königin Mutter von Preußen:* die Witwe Friedrich Wilhelms II. – ›*Tell:* in Lauchstädt Juni 23 und Juli 2 aufgeführt; H. Becker, als Wöchner, berichtet in seinem Briefe an Kirms von Juni 25 ausführlich über den festlichen Empfang, den das Theater am 23. der hohen Frau bereitete (Briefe an Schiller. Hsg. von L. Urlichs, S. 567 f.). – *Waschwasser:* das zu S. 237 genannte. – Herrn Kanzler: v. Gutschmid.

385. Goethe, 1804 Juli 28 (Br. 17, 167); eigenhändig. – *auf Deinen Geburtstag:* vgl. zu Nr. 37.

386. Goethe, 1804 Aug. 1 (Br. 17, 175); eigenhändig. – *von einer Tochter entbunden:* Emilie Schiller, Juli 25.

1804 Sept. 19, Christiane an Nik. Meyer: »Wir sind in Lauchstädt und Halle gewesen. Zuerst ich allein auf 4 Wochen, dann noch auf 14 Tage mit dem Herrn Geheime Rath . . . Auch hat der Geheime Rath seinen ›Götz von Berlichingen‹ ganz umgearbeitet, der diese Woche [Sept. 22] zum ersten Mal gegeben wird« (C.-Meyer I 94).

1805 *April.* Während des Aufenthaltes bei der Großmutter schrieb August folgendes Briefchen nach Hause (EBr. 1805, 59):

Frankfurt, den 23. April 1805.

Lieber Vater,

Ich kann Ihnen weiter nichts Merkwürdiges schreiben, aber da Sie wünschten alle Posttage etwas von mir zu sehen, so schreibe ich. Ich werde den 2. Mai hier Abends abreisen und Sonnabend den 4. in Erfurt eintreffen, aber erst gegen Abend, ich wünschte gleich von da abreisen zu können und bitte also um die Kutsche.

Grüßen Sie die Mutter und Herrn Riemer vielmals von mir.
August Goethe.

387. Goethe, 1805 Juni 27 (Br. 19, 21); eigenhändig. – *Demoiselle Jacobi:* F. H. Jacobi hielt sich auf der Reise nach Ems und München eine Woche (Juni 23 bis Juli 1) in Weimar und Jena auf; ob eine seiner Schwestern oder seine Tochter Clara hier gemeint ist, bleibt zweifelhaft.

Zwischenbemerkung. Über die Aug. 3 stattgehabte Vorstellung des ›Götz von Berlichingen‹ vermerkt Eichendorff, damals Student der Rechte in Halle, in seinem Tagebuch: »... da die Vorstellung nicht sogleich anfangen wollte, machten die Studenten, von denen das Theater wimmelte, mit ihren Kanonen und Pfundsporen einen so unbändigen Lärm, da sich alles die Ohren zuhalten mußte. Um desto mehr aber erfreute uns das vortreffliche Trauerspiel und die nicht minder gute Darstellung . . . S. E. der Geheime Rath v. Goethe saß selbst mit seiner Demoiselle Vulpius in der Loge und blickte so herab auf das Entzücken, welches das Kind seines Geistes rings verbreitete« (Eichendorff S. 106).

388. Goethe, 1805 Aug. 19 (Br. 19, 44); eigenhändig. – *Unser Wirth:* F. A. Wolf. – *auf den Berg:* d. h. nach Giebichenstein.

389. Goethe, 1805 Aug. 28 (Br. 19, 46); eigenhändig. – *zu einigen Arbeiten:* darunter die groß geplante Dichtung ›Schillers Todtenfeier‹, die leider unvollendet geblieben ist. – *nur 10 Thaler übrig geblieben:* G. hatte sogar bei F. A. Wolfs Tochter Minchen Schulden in der Höhe von 20 Talern 14 Groschen machen und dem Barbier das Trinkgeld schuldigbleiben müssen (vgl. G. an F. A. Wolf, Sept. 5).

1806. Zwischenbemerkung. *Tod von Christianens Schwester und Tante.* Ernestine starb Jan. 7 mittags 12 Uhr an Auszehrung und wurde am 12. beerdigt; die Tante Juliane verschied März 1 früh 7 Uhr am Schlagfluß und wurde am 4. begraben (TB. 1806, 27b. 31); vgl. Vulpius an Nik. Meyer, 1806 Jan. 7 und März 3 (GJ.2, 423). – *Augusts Reise nach Berlin:* sie soll nach E. v. d. Hellen

(Goethes Mutter. In einer Auswahl aus ihrem Briefwechsel dargestellt, S. 234) daran gescheitert sein, daß G. keinen auf den Namen Goethe lautenden Paß für August erhalten konnte (vgl. S. 175).

390. Goethe, 1806 Juni 17 (Br. 19, 133); eigenhändig. – *manches gethan:* die naturwissenschaftlichen Anstalten betreffend (vgl. G. an C. G. Voigt, Juni 17). – *mit Carolinen:* Ulrich. – *Mariane:* wohl das Stubenmädchen; über die Art der Krankheit konnte ich nichts ermitteln.

391. Goethe, 1806 Juni 25 (Br. 19, 143). – *habe einiges thun...* *können«:* darunter die Besprechung dreier neuerdings erschienenen Dichtungen von P. F. F. Buchholz, Friederike Unger und Caroline Paulus (W. 40, 367). – *August... mit seinen Gesellen:* im Tgb. nicht erwähnt. – *Johannisfeuer:* Juni 24 (»vor zwei Jahren«, 1804, hatte G. bei dieser Gelegenheit aus dem Stegreif den Vierzeiler geprägt »Johannisfeuer sei unverwehrt«). – *Minchen:* Tochter von F. A. Wolf.

392. Goethe, 1806 Juni 26 (Br. 19, 146); im Tgb. erst unter Juni 27 vermerkt. – *daß Du allenfalls etwas mehr ausgibst:* bei G's Briefen an Christiane befindet sich folgender Zettel G's: »Sollte Demoiselle Vulpius etwas Geld in Lauchstädt bedürfen, so kann Herr Cassir Bergfeld derselben solches gegen Quittung einhändigen, von mir bei der Rückkehr zu ersetzen. Weimar, den 15. Juni 1806. Goethe.« – *Brief von Herrn von Arnim:* aus Karsdorf, beendet Mai 28 (SdGG. 14, 97). – *von uns:* G. und Riemer.

393. Goethe, 1806 Juli 3 (Br. 19, 154); eigenhändig nur die letzten vier Worte. – ›*Die Hussiten vor Naumburg‹:* vgl. zu S. 436 f. – *ganz angenehm logirt:* vgl. zu S. 499. – *wie vor Alters:* seit 11 Jahren (1795) war G. nicht wieder in Karlsbad gewesen (vgl. S. 103 ff.).

394. Goethe, 1806 Juli 7 (Br. 19, 155); eigenhändig nur der Schluß von »Lebe recht wohl« an und die Nachschrift. – *ein besser Quartier:* in den ›Drei Mohren‹ bei Frau Lucia Heilingötter, wo G. von jetzt an regelmäßig wohnte.

395. Goethe, 1806 Juli 14 (Br. 19, 157); eigenhändig nur der Schluß von »Noch setze ich« an. Antwort auf den im Tgb. unterm 12. vermerkten Brief Christianens vom 7. – *Madame Unzelmann:* Tgb. vermerkt ihre Ankunft unterm 12. – *bringe*

verschiedenes mit: darunter mehr als 21 Ellen Spitzen (vgl. Tgb. 3, 417). – *Minchen:* Wolfs Tochter.

396. Goethe, 1806 Juli 21 (Br. 19, 161). – *Herrn von Oertzen:* vgl. S. 435. – *Meine Reisegefährten:* Riemer und v. Hendrich. – *allerlei eingekauft:* vgl. zu S. 500. – *die Frauenzimmer:* d. h. die Schauspielerinnen. – *Deine Nachrichten:* Christiane wird auch von ihrem Besuch in Halle zur Feier der Prorektor-Wahl erzählt haben, über die Eichendorff in seinem Tagebuch vermerkt: »Aus des Prorectors [J. E. E. Maaß] Hause die Schauspielerin Brand und Goethes Vulpius [d. h. Christiane] herausguckend. Unten unter den Studenten der junge Goethe, in grüner polnischer Jacke mit Quasten, nicht groß, jung und zart und – geschminkt. Der große Studentenkreis über den ganzen Markt, der innere bunte Kreis der Burschen in Wichs, ihr Blitzen und Zusammenschlagen der Hieber, die wankenden Federn, das einstimmige Vivat, mit Trompeten und Pauken der akademischen Freiheit gebracht, das alte Lied: »Ein freies Leben führen wir« etc. mit Musikbegleitung von vielleicht mehr als 6-700 Studenten auf offenem Markte gesungen, machte einen fürchterlich schönen Eindruck. Darauf wurde die Nacht hindurch wie gewöhnlich auf dem Rathskeller in Wein kommerschirt, wobei auch der Schauspieler Unzelmann aus Weimar und der Sohn des Ministers v. Goethe tapfer mittranken« (Eichendorff S. 140).

397. Goethe, 1806 Juli 28 (Br. 19, 165). – *Brief vom 22.:* Ankunft im Tgb. unter Juli 26 vermerkt. – *Frau von Brösigke und ihre Tochter:* Tgb. Juli 27: »Frau v. Brösikge und Frau v. Levetzow (Pandora [vgl. Gräf 6, 23 zu Nr. 3535])«; der letzteren Tochter Ulrike, zur Zeit 2 Jahre alt, wurde 17 Jahre später von G. in der Marienbader ›Elegie‹ als das »allgeliebte Wesen« verherrlicht. – *von Egerbrunn:* d. h. Franzensbad. – *Vorgestern ... in der Komödie:* Tgb. Juli 26: »Um 4 Uhr in das Schauspiel. Ward ›Pinto‹ aufgeführt.« Das Schauspiel ›Pinto oder Die Verschwörung in Portugal‹ von W. Vogel wurde in Weimar zuerst 1807 Okt. 10 aufgeführt.

August 1, Tgb.: »Briefe von Lauchstädt.«

398. Goethe, 1806 Sept. 30 (Br. 19, 193); die Handschrift befindet sich im Kestner-Museum zu Hannover (Culemannsche Samm-

lung, Katalog V Nr. 9); die durch Werner Deetjen gütigst ausgeführte Vergleichung ermöglichte einige Berichtigungen. –
meine Geschäfte: Ordnung der in Karlsbad gesammelten Steine,
unter Beihilfe des Mineralogen Lenz.

Okt. 19. Trauung. Der Eintrag in TrP. der Hofkirche 1801/21, 67
lautet: »Sr. Excellenz, Herr Johann Wolfgang von Göthe, Fürstl.
Sächß. Geheimer-Rath, allhier, mit Demoiselle Johanna Christiana Sophia geb. Vulpius, des weil. Herr Johann Friedrich
Vulpius, Fürstl. Sächß. Amts-Copistens allhier, hinterlassene
älteste Tochter, sind Dom. XX post Trinitatis als den 19. Octobris
in allhiesiger Fürstl. Hofkirchen-Sacristei von dem »Herrn
Oberconsistorial-Rath Günther in der Stille copuliret worden.«

399. Goethe, 1807 März 30 (Br. 19, 291). – *Pistolen:* es scheint, daß
Christiane die ihren, wie schon 1797 auf der Rückfahrt nach
Weimar (S. 182), habe »ein bißchen weiter als sonst herausgucken« lassen müssen; vgl. Frau Rats Brief an Christiane zu
S. 514. – *Grünen Donnerstag:* März 26. – *den beiden gewöhnlichen Gästen:* Deny und Demoiselle Elsermann. – *›Helene‹:* Oper
von Méhul. – *das Einsiedelsche Stück :* ›Das Gespenst‹, Bearbeitung der ›Mostellaria‹ des Plautus; erste und einzige Aufführung
in Weimar April 29. Vgl. S. 511. – *Herzogin Mutter:* vgl. S. 511;
sie verschied April 10. – *Mittwoch . . . die Damen:* April 1; G's
Mittwoch-Gesellschaft, die sich um 10 Uhr vormittags bei ihm
versammelte, um wissenschaftliche Vorträge zu hören; außer der
Herzogin Luise erschienen Charl. v. Stein, Charl. v. Schiller,
Knebels Schwester Henriette u. a.; G. an Knebel, 1805 Dez. 7:
»Der Mittwoch treibt mich immer an, über das Ganze und
Einzelne [hier ist die Farbenlehre gemeint] zu denken, und
fördert mich sehr.« – *Bei Madame Schopenhauer:* April 26 und 29
(Tgb.) – *Das junge Bertuchische Paar:* Karl Bertuch hatte im
März 1807 Henriette Feder aus Dessau geheiratet. – *nochmals zu
malen angefangen:* Tgb. April 27: »Bei . . . Demoiselle Bardua«;
diese hatte, nach einem ersten Versuch im Jahre 1805, im
Dezember 1806 ein zweites Bildnis G's begonnen (Tgb. 1806
Dez. 12); hier ist wohl die Weiterarbeit an diesem zweiten
Bildnis gemeint (kein drittes).

400. Goethe, 1807 April 3 (Br. 19, 295). – *Herzogin Mutter:* siehe

oben. – *Krieg und Kriegsgeschrei:* Faust I, Szene Vor dem Tor, Vers 861. – Mittwoch: vgl. zu Nr. 399. – *Oper ›Helene‹:* vgl. zu S. 509. – *dem neuen Maskenstücke:* vgl. zu S. 510. – *für die Elsermann:* der G. die Rolle der Philematium selbst einstudierte (Tgb. März 15, April 6). – *manches Freundliche eingegangen:* darunter vor allem das G'n gewidmete Werk A. v. Humboldts ›Ideen zu einer Geographie der Pflanzen‹ (G. an A. v. Humboldt, April 3). – *die Reiter:* August und vermutlich Deny.

401. Goethe, 1807 Mai 22 (Br. 19, 333). – *Inliegenden Brief:* von G. selbst, am 22. geschrieben. – *Der Mutter Brief:* an Christiane, vom 16.; in diesem »langen wohlstilisirten« Brief (wie Frau Rat ihn selbst nennt) heißt es u. a.: ». . . da ich aber nun das Vergnügen habe Ihnen genauer zu kennen – durch die Kriegs trublen die Sie so meisterhaft bestanden haben [vgl. S. 508] in meinem Glauben an Ihnen gestärckt und befestigt; so haben meine Sorgen um alles was in Ihrem Wirckungs Kreiße liegt – von oben biß gantz herunter ein Ende. Das alles hat die nähre Bekandschaft mit Ihnen Bewerkscheligt – Gott erhalte und seegne Ihnen vor alle Ihre Liebe und Treue.« – *Zelter:* vgl. S. 514. – *Karl:* G's Diener Eisfeld.

402. Goethe, 1807 Mai 24 (Br. 19, 335). – *fahren wir:* G. mit Riemer. – *dem Zelte:* vgl. S. 514. – *Der Mutter Brief:* an Christiane, von Mai 19, dem ein (nicht bekanntes) »Brieflein von der kleinen Brentano« an G. beilag, die diesen April 23 (Tgb.) zum erstenmal besucht hatte. G's Mutter an Bettina, Mai 19: »Meine Freude war groß da ich von meiner Schwieger Tochter hörte daß du in Weimar gewesen wärest – du hast viel vergnügen dort verbreitet – nur bedauerte man daß dein Aufenthalt so kurtz war.« – *lege ein Blättchen bei:* fehlt. – *dem Herrn Major:* v. Hendrich.

403. Goethe, 1807 Mai 28 (Br. 19, 340). – *unser altes Quartier:* zu den ›Drei Mohren‹; vgl. zu Seite 540.

404. Goethe, 1807 Mai 28 (Br. 19, 340); auch die Adresse »An meine Frau« von Riemers Hand. – *Beilage:* Nr. 403. – *die Spitzen:* vgl. S. 518, 520.

405. Goethe, 1807 Juni 2 (Br. 19, 342). – *Von Leipzig:* wo das Weimarische Hoftheater von Mai 24 bis Juli 5 Gastvorstellungen

gab. – *Rochlitz:* er berichtet Mai 30 ausführlich über die ersten vier Vorstellungen, Mai 24: G's Prolog und ›Don Carlos‹, 26: Paers Oper ›Camilla‹, 28: ›Die Mitschuldigen‹ und Kotzebues Lustspiel ›Das Geständniß‹, 29: G's ›Iphigenie auf Tauris‹ und Contessas Lustspiel ›Das Räthsel‹.

406. Goethe, 1807 Juni 9 (Br. 19, 344); Tgb. Juni 9: »Expedition eines Packets, das durch einen Boten nach Weimar gehen sollte. Einige Stücke Spitzen, die Haarnadeln für die Prinzessin [Caroline].« – *an Lieschen:* Elisabeth Hoch, die G's Mutter die Wirtschaft führte (Tgb. Juli 20: »Brief an Frau Räthin Goethe mit Spitzen an Lieschen«; G's Mutter dankt im Namen der »Ließel« Aug. 17). – *vier Bände meiner Werke:* Band 1/4 der ersten Cottaschen Ausgabe: sie waren März 16 in Weimar eingetroffen (Tgb.). – *unsern jungen Schauspielern:* vgl. zu S. 518 – *die Prinzeß:* Caroline, in deren Stammbuch G. während dieser Wochen mancherlei zeichnete (vgl. Gräf 7, 427 zu Nr. 841).

407. Goethe, 1807 Juni 18 (Br. 19, 351). – *die Granaten:* Tgb. Juni 4: »Glasgranaten gehandelt«, 8: »Der Steinschleiferin aus Turnau einige Granaten abgekauft.« – *die Trauerzeit:* wegen Anna Amalias Ableben; vgl. zu S. 510 f. – *Schlossern:* hier wie S. 524 ist wahrscheinlich Fritz Schl. gemeint; G's Mutter an Christiane, Juli 9: »Schlosser ist glücklich angelangt – und kann nicht genung rühmen und preißen wie gut und herrlich es Ihm bey Euch ergangen ist.«

408. Goethe, 1807 Juni 24 (Br. 19, 353). – *schreibe ... von hier aus an die Mutter:* dieser im Tgb. Juni 24 vermerkte Brief ist nicht bekannt; Frau Rat meldet die Absendung des Spaa-Wassers Juli 9 an Christiane. – *die Schauspieler ... in Lauchstädt:* sie spielten nur von Juli 5 bis August 2 daselbst, um August 4/31 abermals ein Gastspiel in Leipzig zu geben. – *Einnahme von Danzig:* durch die Franzosen, Mai 24. – ›*Camilla‹:* Oper von Paer, war Juni 19 in Karlsbad gegeben worden (Tgb.). – *Granaten:* vgl. zu S. 520 – *guten Effect:* vielleicht humoristische Anspielung auf eine Stelle im ›Triumph der Empfindsamkeit‹ Akt II (vgl. Gräf 6, 373 zu Nr. 4339). – *Riemer empfiehlt sich:* als Schreiber des Briefes. – *Freund Schlosser:* vgl. zu S. 521.

409. Goethe, 1807 Juli 1 (Br. 19, 362); eigenhändig der Schluß von

»Mit eigner Hand« an. – *Schwänchen:* von G. mit Vorliebe gebrauchter Ausdruck für eine Geschenksendung; vgl. S. 526, 645 sowie die W. 6, 434/5 angeführten Belegstellen. – *Das Kästchen:* vgl. S. 526 – *des Arztes:* Kapp. – *schon fleißig hier gewesen:* ›Die neue Melusine‹, ›Die gefährliche Wette‹, ›Der Mann von funfzig Jahren‹ waren zur Zeit bereits niedergeschrieben, ein Schema zur ›Pilgernden Thörin‹ entworfen, andre »romanhafte Motive zu den ›Wanderjahren‹« wurden in den folgenden Wochen wiederholt »überdacht«. Vgl. S. 534.

410. Goethe, 1807 Juli 3 (Br. 19, 365); eigenhändig. Auf der Adresse von unbekannter Hand die Bemerkung: »Diesen Brief hat Ihr Herr Sohn laut Ihrer gütigen Erlaubniß geöffnet, auch er empfiehlt sich Ihnen auf das herzlichste.« – *mein Schwänchen:* vgl. zu S. 524. – *eine Kopfkette:* Tgb. Juni 9: »Zum Juwelier Knoll, dessen Arbeit angesehen«, 11: »zum Goldschmied Knoll; den Lapislazuli zum Fassen gegeben«, Juli 21: »Negoz mit Knoll«, 22: »zu Knoll, wegen des Halsbandes«, 24: »Die Kette mit nachgeahmten Edelsteinen vom Goldschmied.« Vgl. S. 530. – *von einem trefflichen Manne:* K. F. Reinhard; vgl. S. 528.

411. Goethe, 1807 Juli 14/6 (Br. 19, 369); nur die letzte Zeile eigenhändig. – *das Schwänchen:* vgl. zu S. 524. – *Karl:* vgl. zu S. 514. – *›Fanchon‹:* Lustspiel mit Gesängen nach dem Französischen von Kotzebue, Musik von Himmel. – *Sie ist ... schreibselig:* dafür zeugen ihre den Verkehr mit G. lebhaft schildernden Briefe an ihre Mutter (Gespräche, 1, 494/501). Von Weimar aus schrieb Reinhard Aug. 9 an G.: »Ihrer Frau und Meyern verdanken wir den Anblick Ihrer Kunstschätze und jede angenehme Stunde, die wir nicht am Hof oder im Wolzogenschen Haus zubrachten« (Briefwechsel zwischen Goethe und Reinhard S. 5). – *die Herren Wöchner:* A. Genast und Becker. – *Berlinischen Kleeblatt:* nicht ermittelt. – *›Hagestolzen‹:* Lustspiel von Iffland.

412. Goethe, 1807 Juli 23/7 (Br. 19, 372); zur Datierung Tgb. Juli 23: »Briefe an meine Frau ... angefangen.« – *nach Weimar:* vgl. dagegen S. 531. – *Nach Wien ... Einladungen:* vgl. S. 533. Der einladende Brief des Grafen v. Purgstall, in dem derselbe sich als »das Organ meiner Landsleute« bezeichnet, von Juli 7, ist gedruckt SdGG. 18, 249; G. antwortete ihm ablehnend Aug. 28.

Vgl. G. an Charl. v. Stein, Aug. 10, und Tgb. Juli 24: ». . .
Geheimer Rath von Faßbender. Abermalige Einladung nach
Wien.« – *Fernow . . . Schütze:* ihre Ankunft ist im Tgb. Juli 17
vermerkt. – *unerwartet Friede:* Friede zu Tilsit Juli 7 und 9; Tgb.
Juli 10: »Nachricht von den Friedenspräliminarien.« – *silberne
Thee- und Milchkanne:* Tgb. Juli 15: »Bei Franz Mayer wegen
des Austausches der Broncen«, 18: »Bei Mayer, Thee- und
Milchkanne gegen die Broncen umgetauscht.« – *Die Kette:* vgl.
zu S. 525 f. *zum Geburtstage:* vgl. zu Nr. 37. – *Salzfässer:* sie
wurden Juli 31 abgeschickt (Tgb.).

413. Goethe, 1807 Aug. 10 (Br. 19, 382); von »Noch ein paar
Worte« (S. 534) an eigenhändig. – *Dein Brief:* Tgb. Aug. 8: »Brief
von Weimar.« – *beiliegenden Briefe an Herrn Frommann:* nicht
bekannt. – *Einladungen nach Wien:* vgl. zu S. 529. – *habe viel
dictirt:* vgl. zu S. 525.

414. Goethe, 1807 Aug. 23 (Br. 19, 389); eigenhändig nur der
Schluß von »Lebe recht wohl« an. – *August . . . angekommen:*
Tgb. Aug. 22: »Nach Tische kam August, mit mehreren Briefen.« – *das famose Lied:* von Kotzebue, Melodie von Himmel
(vgl. Hoffmann v. Fallersleben: Unsere Volksthümlichen Lieder,
3. Aufl., Leipzig 1869, S. 46).
August 28, Tgb.: »[Brief] An meine Frau«; nicht bekannt.

415. Goethe, 1808 April 26 (Br. 20, 50); eigenhändig. (Zu beiden
Seiten des »G.« der Unterschrift hat Christiane, im Begriff, den
Brief zu beantworten, erst die Feder versucht und sich bemüht,
regelrechte D zu schreiben.) – *schon etwas gearbeitet:* ›Pandora‹.
– *Werner hat geschrieben:* Zacharias W. war von 1807 Dez. 19 bis
1808 März 28 in Weimar gewesen (Tgb.); sein Brief an G. von
April 15 (gedruckt SdGG. 14, 3) enthält die Worte: »Ihrer trefflichen Gattin küsse ich die Hände mit tiefer Rührung; was sie ist,
habe ich erst in der letzten Abschieds Minute erfahren; sie
verdient es, die Marthe meines Meisters und Herrn zu sein.« Vgl.
S. 539. – *Die Briefe von Frankfurt:* von G's Mutter an Christiane,
April 22, und wohl von August, der an diesem Tage von Frankfurt nach Heidelberg abreiste. – *Blatt von Bettinen:* nicht bekannt; G. antwortet ihr Mai 4.

416. Goethe, 1808 April 26 (Br. 20, 51); eigenhändig. – *sein erster*

Eintritt in die Welt: über das Fest, welches der Fürst-Primas
v. Dalberg G's Mutter und Sohn gab, vgl. Frau Rat an Christiane, April 22, und Bettina an Christiane, April 7 (Bettina
1, 148). – *Meyer:* Heinrich M., vgl. S. 539. – *besondern Blättchen:*
nicht bekannt.

417. Goethe, 1808 April 29 (Br. 20, 53); eigenhändig. – *den Wienern:* Leo v. Seckendorf und J. L. Stoll, den Herausgebern der
Zeitschrift ›Prometheus‹, in deren erstem und zweitem Heft
Bruchstücke der Dichtung zuerst erschienen sind. – *Werner hat
geschrieben:* vgl. zu S. 538. – *Meyer:* vgl. zu S. 539. – *in Frankfurt:*
vgl. S. 538.

418. Goethe, 1808 Mai 16 (Br. 20, 65); Tgb. Mai 16: »[Brief] An
meine Frau nebst 1 ℔ Stecknadeln, 1 ℔ Chocolade und 400
Nähnadeln.« – *Unsre Wirthsleute:* vgl. zu S. 999; G. an seinen
Sohn, Juni 3: »Die Wände unserer Zimmer, die Du noch weiß
gekannt hast, sind recht freundlich in bunte Felder abgetheilt
und mit lustigen Einfassungen versehen.« – *ein besondres Blättchen:* nicht bekannt.

419. Goethe, 1808 Mai 29 (Br. 20, 69); eigenhändig. – *Dein...
Brief:* Tgb. Mai 25: »Brief von . . . meiner Frau«; G. nennt ihn in
seinem Briefe an August, Juni 3, ein »lakonisches Blatt«. – *was
ich durch den Kutscher sendete:* vgl. zu Nr. 418. – *Meusel:* wahrscheinlich ist der S. 268 genannte Meißel gemeint. – *an die
Gränze von Polen:?*

420. Goethe, 1808 Juni 12 (Br. 20, 78); Tgb. Juni 12: »[Brief] An
meine Frau, eingeschlossen die Eberweinischen Noten, Briefe
von Ziegesars und einen an Frau von Stein.« – *Von allen Seiten... Briefe:* das Tgb. verzeichnet solche von August (am 3.),
Fritz v. Stein (am 6.,), Bettina (am 7.), Knebel, Hendrich, Vulpius (am 8.), Frau Rat (am 10.). – *das Kästchen:* Tgb. Juni 12:
»Kästchen von Weimar durch den russischen Diakonus [Ego-
row] überbracht.« – *manches gearbeitet:* die ›Wahlverwandtschaften‹. – *Ziegesarschen Familie:* im Tgb. zuerst am 8. und 9.
genannt. – *der Mutter Brief:* von Juni 3. – *Zelter... in einem
Briefe:* von April 6 (beendet Mai 7); G. hatte Kompositionen des
jungen Karl E. an Zelter zur Beurteilung geschickt (vgl. G. an
Zelter, April 20).

421. Goethe, 1808 Juni 15 (Br. 20, 81), eigenhändig; Tgb. Juni 15:
»[Brief] An meine Frau nach Lauchstädt mit dem Auszug aus
Zelters Briefe, für Eberwein.« – *die Russen:* vgl. zu S. 542. – *der
alten Äugelchen:* Sylvie v. Ziegesar und Pauline Gotter. – *beiliegende Blatt:* vgl. S. 542. – *alles baar bezahlen zu müssen:* Christiane an August, Anfang Juni: »Sei nur wegen der Ausgaben
ruhig und denke nur, daß der liebe Vater so gut ist, daß er Dir
gewiß geben wird, was Du brauchst, wenn er weiß, daß Du es
ordentlich anwendest, und auf eine Kleinigkeit von mir kannst
Du auch immer rechnen« (GJ. 10, 13). – *Die musikalischen
Übungen:* von G's Hauskapelle; vgl. S. 546 f. über das »Singechor«. – *Brief von der Bardua:* im Tgb. unterm 14. vermerkt. –
das Service: vgl. S. 553.

422. Goethe, 1808 Juli 2 (Br. 20, 101); eigenhändig. – *Die Ziegesarische Familie:* sie war Juli 1 nach Franzensbad gereist
(Tgb.). – *Frau von Staël:* sie war Juni 9/19 abermals in Weimar
gewesen; G. an Charl. v. Stein, Juli 2: »Frau von Staël in Weimar kann ich mir recht gut denken... Sie treibt ihr Wesen
ohne viel nach andern zu fragen. Sie wirkt, erregt wo nicht
Bewunderung, doch Verwunderung, mißfällt besonders den
Frauen, und läßt einen üblen Leumund hinter sich.« – *Brief,
... von Voß:* d. h. dem Sohne Heinrich, im Tgb. Juni 28 vermerkt. – *das Singechor:* vgl. zu S. 544. – *wann Eberwein weggehen kann:* zu Zelter nach Berlin; vgl. G. an Zelter, Sept. 19.
– *Marianchen:* Frau v. Eybenberg; im Tgb. schon Juli 17 erwähnt. Vgl. zu Nr. 50.
Juli 5, Tgb.: »[Brief] An meine Frau nach Lauchstädt, wegen Dr.
Kapp, mitgeschickt einen Brief von August«; nicht bekannt.

423. Goethe, 1808 Juli 13? (Br. 20, 114), eigenhändig; Tgb. Juli 13:
»[Brief] Nach Lauchstädt.« – *hierher zu kommen:* Tgb. Juli 9:
»Mit Frau Generalin v. Berg nach 9 Uhr abgefahren... Um 7
Uhr in Franzenbrunn«; G. blieb daselbst bis zum 21. abends und
traf am 22. früh 6 Uhr wieder in Karlsbad ein.

424. Goethe, 1808 Juli 22 (Br. 20, 117), eigenhändig; Tgb. Juli 21:
»Nach Lauchstädt mit einer Assignation von 200 Thalern Säch-
sisch. Nach Lauchstädt eine Schachtel mit einem Häubchen.« –
Schatel: so die Handschrift, Änderung nicht nötig (Schatel in

engem Anschluß an ital. scatola, wie Schatulle); auch Christiane braucht gelegentlich »Schadel« (vgl. zu Nr. 46).

425. Goethe, 1808 Aug. 1 (Br. 20, 124); eigenhändig. – *Niedermühle:* unterhalb der Kegelbrücke an der Ilm (jetzt Karlsmühle). – *Lauchstädter Aufenthalt:* vgl. die Zwischenbemerkung nach Nr. 426. – *Bury:* Tgb. Juli 23: »Überraschung durch Burys Ankunft«; 24: »Mittags Burg. Über Berlin, Dresden. Kunst und Leben«; 25: »Bury portraitirte. Von seinem Leben, Ereignissen, Arbeiten, Gesinnungen, Meinungen, Überzeugungen. Zusammen gegessen«; 26: »Burry portraitirte . . . Mittags Bury«; 27: »Bury zeichnete . . . Bury nahm Abschied.« G. an H. Meyer, Aug. 17: ausführlich über Bury; »Ich habe meiner Frau etwas geschickt, was er hier gemacht hat. Wenn ich nicht irre, so werden Sie ihn in seiner besten Seite darin wieder erkennen.« Das jetzt entstandene Bildnis G's von Bury (Umrißzeichnung, Zarncke: Kurzgefaßtes Verzeichniß Nr. 31), das, wie G. in den Tag- und Jahres-Heften 1808 erzählt, »meine Familie als erfreuliches Denkmal jener Zeit in der Folge zu schätzen wußte«, befindet sich noch heute im Goethe-Haus zu Weimar. – *Brief von Werner:* aus Heidelberg, Juli 12 (SdGG. 14, 9).

426. Goethe, 1808 Aug. 7 (Br. 20, 131); eigenhändig. – *Die Schachtel:* vgl. zu Nr. 424. – *Kriegsrath von Stein:* Fritz v. Steins erste Frau Helene, geb. v. Stosch, war Juli 18 im Wochenbett gestorben. – *Eberweins Wiederkehr:* vgl. zu S. 547. – *Dein Geburtstag:* vgl. zu Nr. 37. – [S. 416.] *in die Arbeit:* Geschichte der Farbenlehre. – *gechnittene Steine:* G. erwarb deren 4 durch Vermittlung der Frau v. Eybenberg für 120 Taler Sächsisch (Tgb. Aug. 7; G. an Frau v. Eybenberg, Aug. 7; vgl. auch G. an H. Meyer, Juli 3 und undatiert, Ende Juli, Br. 20, 123).

427. Goethe, 1808 Aug. 19 (Br. 20, 151), eigenhändig nur der Schluß von »Möchtest Du nun« an, im Tgb. unter Aug. 20 vermerkt. – *Das Service:* vgl. S. 545. – *wenn sie wiedergekommen:* von Schloß Wilhelmstal; die Herzogin war das ganze Jahr hindurch leidend.

428. Goethe, 1808 Aug. 28 (Br. 20, 160); eigenhändig. – *fleißig genug gewesen:* Geschichte der Farbenlehre, ›Die Wahlverwandtschaften‹, Hackerts Biographie; G. an Frau v. Eybenberg, Aug. 22:

»Von mir kann ich so viel sagen, daß ich meine Tage gerade so zubringe, als wenn ich erst mein Fortkommen in der Welt suchen wollte. Ich bin unausgesetzt auf allerlei Weise fleißig.«

Zwischenbemerkung nach Nr. 430. Frau Rat war am 13. Sept. gestorben. Vulpius an August, Sept. 21: »Hier traf sie [die Todesnachricht] am 17. ein, gerade an dem Tage, als Dein Vater hieher zurück kam. Das Haus war mit Kränzen, Guirlanden, Teppichen behangen, mit Orangeriebäumen besetzt, und die Fußboden mit Blumen bestreut. Nach Tische mußte es Deinem Vater gesagt werden. Er war ganz hin« (GJ. 10, 17).

431. Goethe, 1808 Okt. 4 (Br. 20, 172); eigenhändig. – *Eh ich von Erfurt abgehe:* Tgb. Okt. 4: »Um 2 Uhr nach Weimar.« – *Zum Schauspiel:* Tgb. Sept. 29: »Gegen Abend nach Erfurt. Zum Schauspiel kam ich zu spät. Es war [Racines] ›Andromache‹.« – *dem Kaiser aufgewartet:* vgl. S. 560. – *Deine Gesellschafterin:* Caroline Ulrich.

Okt. 8, Tgb.: »[Brief] An meine Frau nach Frankfurt.«

Okt. 10, Tgb.: »[Brief] An Frau Geh. Räthin von Goethe nach Frankfurt am Main.«

432. Goethe, 1808 Okt. 12 (Br. 20, 175); eigenhändig. – *Sartorius und Frau:* im Tgb. unter Okt. 8 zuerst genannt. – *pflege ihn wohl:* von Augusts Erkrankung (Ruhr) im September hatte G. durch Achim v. Arnims Brief, Sept. 29, erfahren (SdGG. 14, 135); vgl. G. an August, Dez. 5, an Thibaut, 1809 Jan. 22, A. v. Arnim an Bettina, Sept. 27 (R. Steig: Achim von Arnim und Bettina Brentano S. 202).

433. Goethe, 1808 Okt. 16 (Br. 20, 182), eigenhändig; links von der Unterschrift (S. 560) klebt eine kleine dreieckige Probe von hellrotem, geripptem Seidenstoff. – *Sanct Annen-Ordens:* Tgb. Okt. 15: »Annen-Orden«; Kaiser Alexander von Rußland hatte ihn jetzt an G. und Wieland verliehen. – *Orden der Ehrenlegion:* im Tgb. Okt. 14. vermerkt: von Napoleon an G. und Wieland verliehen. – *Sartorius und Frau:* nach dem Tgb. waren sie am 16. mittags bei G., reisten am 19. ab. – *Pflege . . . August:* vgl. zu S. 559. *wegen des Bürgerrechtes:* vgl. zu S 562. – *ein alter Freund:* Schönborn; Tgb. Okt. 17: »Der alte Freund Schönberg [irrig für: Schönborn], über dessen bisheriges Leben, Reisen. Gegenwär-

tige Lage.« – *Den Fürsten Primas:* Tgb. Okt. 7: »Sprach den Fürst
Primas [Dalberg] bei Frau von Wolzogen.« – *Carolinen:* Ulrich.
434. Goethe, 1808 Okt. 25/6 (Br. 20, 187), eigenhändig; Antwort
auf einen nach Riemers Tgb. Okt. 20 eingetroffenen Brief Christianens. Tgb. Okt. 27: »[Brief] An meine Frau nach Frankfurt
am Main. Wegen dem Bürgerwerden pp. Eingeschlossen an
Landrath Schlosser.« – *Herzogin:* Tgb. Okt. 25: »Kam die Herzogin ins [Mineralogische] Museum, in den Botanischen Garten . . . Abreise der Herrschaft nach Tafel.« Vgl. S. 562. – *Deine
Gefährtin:* Caroline Ulrich. – *Die Göttingischen Freunde:* Sartorius und dessen Frau; während deren Anwesenheit Tgb. Okt. 13:
»Abends Concert.« – *Eberwein:* vgl. zu S. 547. – *Hofkammerrath:*
Kirms. – *Wegen des Bürgerwerdens:* vgl. das Folgende und S. 560,
sowie die ausführliche Darstellung über G's (Ende 1817 erfolg-
tes) Ausscheiden aus dem Frankfurter Bürgerverbande von Rudolf Jung (GJ. 13, 213). – *Souverain:* Fürst-Primas v. Dalberg. –
mit den Trauscheinen: vgl. zu Nr. 398; in ihm ist über Christianens Alter keine Angabe gemacht. – *Schlosser schreibe ich beiliegend:* unter Okt. 26: »Daß die Meinigen in dem gegenwärtigen
Augenblick das Frankfurter Bürgerrecht gewinnen, ist eigentlich nicht unumgänglich nothwendig. Es war ein Wunsch von
mir, um auch für die Zukunft alles arrangirt zu sehen. Da aber
so manche Dinge dabei zur Sprache kommen, die man lieber
nicht anregt, so dächte ich, man könnte die Sache gegenwärtig
ruhen lassen und in der Folge bei günstiger Gelegenheit mit
dem Gesuch wieder hervortreten. – Aufrichtig zu sein, so sind
wir in unsern Verhältnissen gewöhnt, oder verwöhnt, daß in
Fällen, wo etwas Versäumtes nachzuholen, etwas Verfehltes zu
verbessern ist, der Souverain, mit Beseitigung üblicher Formen,
den Mantel der Gnade überzieht, und das Vergangene der Vergessenheit widmet. Ich glaube wohl, daß dorten, bei kaum
veränderter Verfassung, dergleichen nicht so ganz leicht sei. Da
wir aber nicht gedrungen sind, so warten wir lieber einige Zeit
ab. Vielleicht gelingt es mir einmal persönlich, um so mehr, als
ich hoffen kann, meine liebe Vaterstadt auch wieder zu sehen
und unserm Fürsten aufzuwarten schuldig bin.« – *Auf dem
Napoleonsberge:* d. h. auf dem Windknollen, wo der Grenzstein

Nr. 15 der Flurgrenze Jena-Cospeda »Napoleonstein« genannt
wird, weil Napoleon dort in der Nacht vor der Schlacht bei Jena
biwakiert hat. – *Der Bremische:* Nikolaus Meyer; er zog, aus
Gesundheitsrücksichten Bremen verlassend, nicht nach Weimar,
sondern nach Minden. Doch zogen die Erwägungen sich noch
durch das ganze Jahr 1809 hin, so daß Christiane 1809 Ende
März an August schreiben konnte: »Daß Meyer von Bremen
Rath hier geworden ist, weißt Du wohl, und daß er auf Johanni
zu uns nach Weimar zieht und Huschken sein Haus gekauft hat«
(GJ. 10, 33). Vgl. S. 592 f. nach Christianens Brief an Nik. Meyer,
1809 Nov. 12 (C.-Meyer I 106).

435. Goethe, 1808 Okt. 31 (Br. 20, 195); eigenhändig. – *wieder in
Weimar:* seit Okt. 29 (Tgb.). – *Eberwein ist wieder da:* vgl. zu
S. 547. Tgb. Okt. 30: »Gesang. Oberconsistorial-Rath Günther
und Frau. Demoiselle Gotter von Gotha. Graf Borkowski und
Bonnard.« – ›*Sargino*‹: (oder Der Zögling der Liebe), Oper von
Paer, Okt. 29. – ›*Fridolin*‹: (oder Der Gang nach dem Eisenham-
mer), Schauspiel von F. Holbein; in Weimar erst 1809 April 12
zum erstenmal aufgeführt. Christiane hatte das Stück Okt. 27 im
Frankfurter Theater gesehen (vgl. ihren Brief an August, Okt.
28, GJ. 10, 20). – *Von Werner:* aus Zürich, Sept. 24. (SdGG.
14, 14). – *Oehlenschläger:* ein Brief desselben von Sept. 4 im
Archiv (ungedruckt). – *Riemer legt etwas bei:* Brief an August,
Okt. 30 (GJ. 10, 20).

436. Goethe, 1808 Nov. 7 (Br. 20, 199). – *von Frankfurt abzugehen:*
Christiane stellt die Abreise nach Heidelberg in ihrem Brief an
August, Nov. 5, auf den 11. in Aussicht, doch verzögerte die
Abreise sich bis zum 14. (GJ. 10, 21). – *vom 27. October:* Tag der
Absendung, vgl. zu Nr. 434. – *beim Theater Dinge vorgekommen:*
infolge der bei Gelegenheit einer Unpäßlichkeit des Sängers
Morhard durch die Handlungsweise Caroline Jagemanns und
Karl Augusts selbst herbeigeführten Spannung bat G. Nov. 10
den Herzog, ihn von einem Geschäft zu entbinden, das seinem
Zustand als Theaterleiter »zur Hölle« mache (vgl. die ein-
gehende Darstellung von Julius Wahle, SdGG. 6, 312). – *An
August . . . geschrieben:* s. S. 566 f. – *Herrn und Frau von Luck:*
der erstere hatte sich in einem Briefe an G., Juli 24., freund-

schaftlich beklagt, daß August sie noch nicht besucht habe (GJ. 10, 81). Wie aus einem ungedruckten Briefe von Heinrich Voß an Christiane vom 8. Dezember hervorgeht, begleitete Voß die Reisenden nach Schwetzingen und Mannheim; Voß schreibt: »Lucks, besonders sie, die lebendige Frau, ist noch ganz froh über Ihren Besuch; sie hat mir schon einmal geschrieben, und einmal durch den Baron von Rönne bitten lassen, sie auf das herzlichste zu grüßen.«

Zur Zwischenbemerkung. Riemers Tgb. Nov. 23: »Mittags traf die Geh. Räthin ein... Abends... Ward der Geh. Räthin ein Ständchen von Janitscharen-Musik gebracht. Nachher ihr Tagebuch von der Reise vorgelesen«; Dez. 1: »Nach Tische mit Goethe, der Geh. Räthin die Theaterangelegenheiten besprochen. Goethes Vorschlag. Einwendungen dagegen und Offens«; Dez. 2: »Abends... über Theaterangelegenheiten, und der Geh. Räthin Vorschlag von *gänzlicher* Separation der Oper vom Schauspiel und Drama überhaupt auch des Personals.«

437. Goethe, 1809 April 30 (Br. 20, 320). – *Fahrt nicht sonderlich bekommen:* Tgb. April 29: »Abend und Nacht schlimm zugebracht«, 30: »Früh im Bette geblieben.« – *unserer schönen Freundin:* Caroline Ulrich.

438. Goethe, 1809 Mai 2 (Br. 20, 322). – *auf dem Cabinet:* dem mineralogischen; Tgb. Mai 2: »Auf dem Museum mit Lenz. Nachher mit Knebel ebendaselbst.« – *In meinen... Arbeiten:* Geschichte der Farbenlehre, ›Wilhelm Meisters Wanderjahre‹. – *Freundinnen aus der Nachbarschaft:* Frommanns und Ziegesars in Drakendorf. – *in der Nachbarschaft:* bei Charl. v. Stein.

440. Goethe, 1809 Mai 5 (Br. 20, 324). – *die Freundinnen:* vgl. zu S. 570. – *›Hamlet‹:* vgl. S. 570; er wurde am 17. aufgeführt. – *›Herr Lorenz Stark‹:* (oder Die deutsche Familie), Schauspiel nach Engels Roman von F. L. Schmidt, war am 3. aufgeführt worden. – *mit Karln:* Eisfeld, G's Diener.

441. Goethe, 1809 Mai 9 (Br. 20, 327). – *das an Herrn Cotta:* Tgb. Mai 9: »Packet an Cotta, enthaltend die Oehlenschlägerschen Trauerspiele und den Beitrag zum Damencalender«, d. h. die das ›Taschenbuch für Damen für das Jahr 1810‹ eröffnenden, ersten vier Kapitel des ersten Buches von ›Wilhelm Meisters Wander-

jahren‹. – *meine nothwendigsten Arbeiten:* Geschichte der Farbenlehre. » ›*Hamlet‹:* vgl. zu S. 572. – *Solltest Du 14 Tage in Jena
zubringen:* G. an Charl. v. Stein, Juni 6: ». . . ist doch alles, was
mich in Jena umgibt, so trümmerhaft gegen vorige Zeiten, und
ehe man sichs versieht, stolpert man einmal wieder über einen
Erdhöcker, wo, wie man zu sagen pflegt, der Spielmann oder der
Hund begraben liegt.« – *Carolinchen:* Ulrich. – *die Freundinnen:*
vgl. zu S. 570. – *beiden beigelegten Briefe:* an J. F. H. Schlosser
und Gerning (Tgb.).

442. Goethe, 1809 Mai 10 (Br. 20, 330). – *Deinen ausführlichen
Brief:* Tgb. Mai 10: »Botschaft von Weimar«. – ›*Hamlet‹:* vgl. zu
S. 572.

443. Goethe, 1809 Mai 12 (Br. 20, 332); eigenhändig. – *Riemer:*
daß er G's Geduld durch »böse Laune« in der letzten Zeit »auf
starke Proben gestellt« hatte (vgl. G. an Riemer, Mai 19),
verschweigt G. Christianen. – *was ich arbeite:* ›Wahlverwandtschaften‹.

Zur Zwischenbemerkung. Riemers Tgb. Mai 18: »Kam Frau
v. Goethe, mit der Bibliothekar Vulpius«, 19: ›Ging die Geheimeräthin nach Weimar zurück.«

444. Goethe, 1809 Mai 26 (Br. 20, 337); eigenhändig. – *etwas thun
kann:* Geschichte der Farbenlehre und ›Wahlverwandtschaften‹.
– *der Herzog:* er verließ Jena schon am 27. abends wieder (Tgb.).
Zur Zwischenbemerkung. Riemers Tgb.: »Kam Frau Geheime
Rath mir Wolffs, Elsermann und Lortzing. Mit den Frauenzimmern aufs [mineralogische] Cabinet und auf die Plattform des
Schlosses. Mittags speisten wir sämmtlich bei Frommanns. Fuhren die Damen nach der Trießnitz. Abends wieder bei Frommanns.« Vgl. den Schluß von Nr. 445.

445. Goethe, 1809 Mai 30 (Br. 20, 338). – *Kaaz:* er veranstaltete in
Weimar und Jena eine Ausstellung seiner Gemälde und gab der
Prinzessin Caroline einige Wochen hindurch Zeichenunterricht
(vgl. G. an Kaaz und H. Meyer, Mai 30, an Charl. v. Stein, Juni 6,
und W. v. Biedermann: Goethe und Dresden, S. 123/5). – *in der
Arbeit:* ›Wahlverwandtschaften‹. – *Gesellschaft, die Dich neulich
begleitete:* vgl. die Zwischenbemerkung nach Nr. 444.

446. Goethe, 1809 Juni 2 (Br. 20, 347). – *Meine Arbeiten:* ›Wahl-

verwandtschaften‹. – *Deinem Gaste:* Kaaz, vgl. zu S. 576. – ›*Hamlet:*‹ er wurde am 3. wiederholt.

447. Goethe, 1809 Juni 3 (Br. 20, 349). – *durch die Freunde:* wahrscheinlich Frommanns. – *Bauanlagen in der Ackerwand:* vgl. S. 439. – *Das Beigeschlossene:* Tgb. Juni 3: »Aufsatz an Herrn von Müffling«, den Bebauungsplan betreffend.

448. Goethe, 1809 Juni 6 (Br. 20, 350). – *Die Freundinnen:* vgl. zu S. 570. – *Werner:* Tgb. Juni 4: »Bibliothekar Walch und Werner . . . Abends mit Major von Knebel zu Frommanns, wo Werner und Gries, Demoiselle Seidler, Madame Bohn und Demoiselle Wesselhöft. Las Werner seine neue Ballade von den drei Freiern vor«, d. h. ›Die drei Reiter. Ballade. Ein Ehestands-Lied‹. – *Bauplätzen im Welschen Garten:* vgl. S. 578. Tgb. Juni 5: »Über die neuen Bauanlagen in der Ackerwand nachgedacht.« – *meinen Arbeiten:* ›Wahlverwandtschaften‹. – *Prinzeß:* Caroline; vgl. zu S. 576. – *Unzelmann:* im Tgb. nicht erwähnt; er hatte im Nov. 1808 Demoiselle Silie geheiratet.

450. Goethe, 1809 Juli 25 (Br. 21, 11), auf der Adresse der Zusatz: »nebst einer Schachtel«. – *Wir:* G. mit Riemer. – *am Roman:* ›Wahlverwandtschaften‹.

451. Goethe, 1809 Juli 28 (Br. 21, 12); bis zur ersten Unterschrift »G.« eigenhändig. – *der kleinen Nachbarin:* nicht ermittelt. – *Kaaz:* er war vom 26. bis Aug. 2 in Jena (Tgb.); vgl. S. 584. – *Cabinet:* Mineralogisches Museum. – *des Romans:* ›Wahlverwandtschaften‹; den Anfang hatte G. am Morgen dieses Tages in die Druckerei geschickt und erhielt am 30. den ersten Bogen (Tgb.). – *unsres guten Knaben:* August sollte nach Schluß des Semesters Heidelberg verlassen, dessen Klima ihm nicht zu bekommen schien, und vom Herbst an in Jena seine Studien fortsetzen. – *der Essig:* vgl. S. 585 f.

452. Goethe, 1809 Aug. 1 (Br. 21, 17). – *Hofräthin Schopenhauer:* G. war mit ihr Juli 27 abends bei Frommanns zusammen gewesen (Tgb.). – *Knebel:* dessen eheliche Verhältnisse Schwierigkeiten bereiteten; vgl. G's Brief an Knebel von Juli 11 und H. v. Knebel-Doeberitz: Carl Ludwig v. Knebel S. 96. – *Der Knabe:* Knebels dreizehnjähriger Sohn Karl. – *des Romans:* ›Wahlverwandtschaften‹, vgl. zu S. 582. – *Essig:* vgl. S. 583. – *Badewanne:*

vgl. S. 585 f. – *Rolle mit Kupferstichen:* sie traf, von H. Meyer gesendet, am 2. ein (Tgb.); vgl. G. an H. Meyer, Aug. 11.

453. Goethe, 1809 Aug. 4 (Br. 21, 22). – *Bibliothekarius:* Vulpius. – *unsre Geschäfte:* Drucklegung der ›Wahlverwandtschaften‹, wobei Riemer half.

454. Goethe, 1809 Aug. 5 (Br. 21, 29). – *Essig:* vgl. S. 583. – *Sonnabend:* vgl. zu S. 586. – *die Wanne:* Tgb. Aug. 6: »Zum ersten Mal gebadet«, weitere Bäder im Tgb. vermerkt unter Aug. 7. 8. 10. 17, Sept. 4.

454 a. Riemer (in Goethes Auftrag), 1809 Aug. 8 (bei G's Briefen an Christiane). – *Einige Besuche:* Clemens Brentano und die Familie Ziegesar von Drakendorf (Tgb.). – *Egerwasser:* d. h. Franzensbader; Tgb. Aug. 9: »Egerwasser im botanischen Garten getrunken.« – *auf den Sonnabend:* Aug. 12, unter dem Riemers Tgb. bemerkt: »Früh ging die Geh. Räthin hier durch nach Gera«, während G's Tgb. keinen Vermerk enthält.

Zur Zwischenbemerkung. Daß Christiane auch in Köstritz und Ronneburg gewesen war, ersehen wir aus Riemers Tgb. vom 21.

455. Goethe, 1809 Aug. 22 (Br. 21, 39). – *Was August betrifft:* er brauchte für den Rest seines Aufenthaltes in Heidelberg noch einen »Nachschuß« an Geld; vgl. G's Brief an ihn vom 24., dem ein nicht bekannter »Brief an Cotta« beilag nebst einer Anweisung auf 360 Gulden (Tgb.). – *Inliegendes:* nicht bekannt.

Zur Zwischenbemerkung. Nach Riemers Tgb. waren die in G's Tgb. vom 28. Genannten schon am 27. in Jena eingetroffen; Riemer vermerkt weiter: »Zu Hanburys. Unterhaltung über Verdienstlichkeit in der Liebe, oder Glück. Man kann niemals sagen, daß man die Liebe verdiene, sie ist ein freies Geschenk. – 28. August. Früh gingen die Damen zu Goethe, den sie mit Gesang und Blumen aufweckten. Mit Goethe und den Damen auf die Museen . . . Nach Tische Guitarre.«

456. Goethe, 1809 Aug. 29 (Br. 21, 47). – *in meinen Fleiß zurückgekehrt:* ›Wahlverwandtschaften‹.

457. Goethe, 1809 Sept. 2 (Br. 21, 49); eigenhändig. – G. gleichzeitig an Charl. v. Stein: »Die gestrige Anwesenheit unsrer gnädigsten Herrschaften erleichterte mir die Gewährung des Wunsches, noch eine Zeit lang hierbleiben zu können, ja nicht eher

wegzugehen als nach völlig vollbrachter Arbeit«, d. h. nach Fertigstellung des Drucks der ›Wahlverwandtschaften‹.

458. Goethe, 1809 Sept. 5 (Br. 21, 50). – *unserer Arbeit:* ›Wahlverwandtschaften‹. – *das Theater:* die Spielzeit in Weimar hatte schon Aug. 19 begonnen. – *Die Herrschaften:* vgl. Nr. 457.

459. Goethe, 1809 Sept 8 (Br. 21, 56). – [S. 449.] *unsern Arbeiten:* ›Wahlverwandtschaften‹. – *Briefen von Frau von Schiller und Wernern:* jener aus Rudolstadt, Aug. 27 (GJ. 4, 259), dieser aus Tübingen, Aug. 22 (SdGG. 14, 38). – *Knebel:* vgl. zu S. 584. – *Rinaldo:* der Sohn von Christianens Bruder; vgl. S. 613, 651.

460. Goethe, 1809 Sept. 10 (Br. 21, 59), eigenhändig; im Tgb. schon unterm 9. vermerkt, mit dem Zusatz »durch Frau Stallmeister Seidler«. – *der Nachbarin:* Frau des Kammermusicus Hirschfeld.

461. Goethe, 1809 Sept. 12 (Br. 21, 62). – *Mein Geschäft:* ›Wahlverwandtschaften‹. – *Freund Meyer:* Nikolaus M., vgl. zu S. 563.

462. Goethe, 1809 Sept. 15 (Br. 21, 64). – *ein Bändchen:* Teil 1 der ›Wahlverwandtschaften‹; vgl. S. 594. – *künftigen Mittwoch:* Sept. 20.

463. Goethe, 1809 Sept. 20 (Br. 21, 74); im Tgb. schon unterm 19. vermerkt. – *August:* er wurde Anfang Oktober aus Heidelberg zurückerwartet, traf aber schon Sept. 25 oder 26 in Weimar ein.

464. Goethe, 1809 Sept. 22 (Br. 21, 75). – *Die gestrigen Freunde:* »Dr. [Nikolaus] Meyer und Lortzing von Weimar. Dieselben zu Tische. . . . Befand mich nicht ganz wohl, doch ging der Anfall bald vorbei« (Tgb.). – *ersten Theil des Romans:* vgl. Nr. 462.

465. Goethe, 1809 Sept. 26 (Br. 21, 81). – *des Gartenhauses:* am Garten der Stadtwohnung.

466. Goethe, 1809 Sept. 30 (Br. 21, 94); im Tgb. schon unterm 29. vermerkt.

467. Goethe, 1809 Okt. 2 (Br. 21. 106), eigenhändig; im Tgb. nicht vermerkt. – *unserm Geschäft:* ›Wahlverwandtschaften‹.
1810 März 12, Riemers Tgb.: »Um 9 Uhr von Weimar gefahren. Weinte die Geh. Räthin und Demoiselle Ulrich sehr.«

469. Goethe, 1810 März 13 (Br. 21, 206), der letzte Absatz eigenhändig; zur Datierung Tgb. März 13: »Briefe nach Weimar«. – *des Wachholderbaums:* dieser, wahrscheinlich der älteste Baum

im Garten am Park, 43 Fuß hoch, am Fuß 17 Zoll im Durchmesser, war durch einen heftigen Sturm in der Nacht vom 30. zum 31. Januar 1809 umgebrochen worden; Tgb. 1809 Febr. 4: »Um 11 Uhr in den untern Garten, den umgestürzten Wachholderbaum zu besehen. Mittags Professor Oken. Nach Tische mit ihm und der Familie nochmals in den Garten. Kam Professor Meyer und Professor Voigt dahin.« Goethe berichtet über das Ereignis in seinen Briefen an August von 1809 Febr. 5 und März 31. Die auf seine Veranlassung angefertigten Zeichnungen des Baumes befinden sich in der Großherzogl. Bibliothek zu Weimar. Vgl. S. 604, 609 und Wilhelm Bode: Goethes Leben im Garten am Stern S. 340/2.

470. Goethe, 1810 März 14 (Br. 21, 208). – [S. 459]. *Das Tagebuch:* d. h. das jedenfalls von Caroline Ulrich geschriebene Brieftagebuch über die Ereignisse von 12./4. März; Tgb. März 14: »Abends Sendung von Weimar.« – Nachschrift. *wegen des Balles:* In den EBr. 1810, 100/1 findet sich ein Brief des Rechtskandidaten P. v. Lowtzow in Jena (wahrscheinlich eines Studiengenossen Augusts) an Christiane, der eine Einladung nach Jena enthält.

471. Goethe, 1810 März 23 (Br. 21, 212). – *Saul:* vgl. S. 604. Alfieris Tragödie wurde in Knebels Übersetzung 1811 April 6 zum erstenmal in Weimar aufgeführt. – *zur schönen ›Müllerin‹:* Paesiellos Oper wurde am 24. in Weimar aufgeführt.

472. Goethe, 1810 März 27 (Br. 21, 218), eigenhändig; die Datierung der Weimarer Ausgabe auf den 24. kann nicht richtig sein, da es unterm 24. im Tgb. heißt: »August war nach Weimar gegangen«, unterm 26.: »kam August«, d. h. von Weimar zurück. Untem 27. vermerkt das Tgb. Besuche von B. R. Abeken, Dr. Seebeck und v. Hendrich, ferner »Zu Mittag August. . . . Die ›Belagerung von Smolensk‹ an Herrn Genast. Verschiedene Expeditionen an Herrn Hofkammerrath Kirms«, was alles zum Inhalt von G's Brief paßt. – *des Treuterischen Hauses:* vgl. Nr. 473. – *die Dose:* ein Geschenk von Leon de Yacovleff, mit dem G. 1807 in Karlsbad verkehrt hatte; damals hatte G. das Kunstwerk bereits gesehen (Tgb. 1807 Juni 26). Der Besitzer übersandte die Dose mit Brief von 1809 Dez. 30 von Stuttgart aus, G. dankte 1810 Febr. 5 (Br. 30, 129). Vgl. S. 618 sowie G. an K. F.

v. Reinhard, 1810 April 22, ferner A. Fresenius: Br. 22, 405/6. –
August... dämmert: d. h. ist nach seiner Gewohnheit in
»Dumpfheit« und Träumerei versunken, weshalb er auch den
Spitznamen »Dämmerfürst« erhielt (S. 668 f.); vgl. auch G's
Urteil über das Wesen des Sohnes S. 606. Das Wort »dämmern«
scheint im Jahre 1808 aus dem Heidelberger Studentenkreis in
Goethes Familiensprache aufgenommen worden zu sein, denn
Christiane schreibt, nach ihrer Rückkehr aus Frankfurt, von
Weimar aus Nov. 30 an August: »das Wort Dämmern hat hier
sehr viel Beifall gefunden« (GJ. 10, 24); vgl. B. Suphan: GJ.
10, 82.

473. Goethe, 1810 März 29 (Br. 21, 218). – *Dienstags:* am 27., vgl.
den Anfang von Nr. 472. – *Treutersche Haus:* zum Ankauf dieses
Nachbargrundstücks kam es erst 1815; vgl. S. 842, sowie G. an
August 1815 Juli 11, an A. Genast 1815 Juli 15 und an Soph.
Carol. v. Hopfgarten, 1818 Jan. 2. – *›Saul:* vgl. zu S. 602. – *Holz
des Wachholderbaums:* vgl. zu S. 600. – *Hof-Trauer:* wegen des
März eingetretenen Todes der Prinzessin Dorothea von Braun-
schweig, einer Schwester der Herzogin-Mutter Anna Amalia. –
Vermählungsfeierlichkeiten: Prinzessin Caroline heiratete am 1.
Juli d. J. den Erbprinzen Friedrich Ludwig von Mecklenburg-
Schwerin; vgl. S. 649 f. – *Brief von Schlossern:* vgl. S. 618. – *das
Kind:* den vierjährigen Sohn Karl Wolfgang.

474. Goethe, 1810 März 30 (Br. 21, 222). – *Meine Arbeiten:* Geschichte der Farbenlehre. – *August:* er ging nach Weimar, um die
am 31. stattfindende Aufführung des ›Hamlet‹ zu sehen (vgl. Nr.
475); April 2 war er nach dem Tgb. wieder in Jena. – *Kümmeltürkisches:* »Kümmeltürke« nach Grimms Wörterbuch studenti-
scher Ausdruck für »Philister«, nach F. Kluges Etymologischem
Wörterbuch dagegen bedeutet er in der Studentensprache seit
1790 den »aus dem Bannkreise der Universitätsstadt gebürtigen
Studenten«; vgl. zu S. 603. – *Deinen hübschen Secretär:* Caroline
Ulrich.

475. Goethe, 1810 April 3 (Br. 21, 224). – *Aufführung des ›Hamlets:* März 31. – *ziemlich weit sein:* mit der Drucklegung des
Polemischen Teils und der Redaktion der Geschichte der Farbenlehre. – *Karl:* G's Diener Eisfeld.

476. Goethe, 1810 April 13 (Br. 21, 227). – *Schirmvoigt:* August, der die Osterferien teils in Weimar, teils auf einer Reise zur Jagd nach Gerstungen verbrachte; vgl. zu S. 613. – *an Herrn Geh. Rath von Voigt:* Brief (vom 13., Tgb.), nicht bekannt, ebensowenig die Angelegenheit, von der auch S. 611, 631 f., 653 die Rede ist und die vermutlich Vermögensverhältnisse Caroline Ulrichs, die eine Waise war, betraf.

477. Goethe, 1810 April 17 (Br. 21, 231); auf der Adresse der Zusatz: »nebst einer Kiste«. – *Der Bibliothekar:* Vulpius.

478. Goethe, 1810 April 17 (Br. 21, 231). – *Wachholderbaum:* vgl. zu S. 600. – *Unsere Geschäfte:* vgl. zu S. 606. – *der Bibliothekar:* Vulpius. – *Schreiber dieses:* Riemer. – *Wegen Carolinchen:* vgl. zu S. 608. – ›*Schweizerfamilie:* Oper von Weigl, am 14. aufgeführt. – *an Ludecus:* Tgb. April 17: »Avisbrief an Frege nach Leipzig wegen der 800 Thaler, zugleich Anweisung derselben an Ludecus.«

479. Goethe, 1810 April 20 (Br. 21, 237). – *Einladung:* wahrscheinlich zum 22., Ostersonntag. – *das Schwerste:* Abschluß der Farbenlehre. – *Feierlichkeiten in Cleve:* man hatte den Jahrestag der Katastrophe, bei der die siebzehnjährige Johanna Sebus den Tod fand (in der Nacht vom 12. zum 13. Januar 1809), und Napoleons Geburtstag, als welcher lange Zeit Jan. 7 (statt Aug. 15) galt, zusammen gefeiert. – *den neuen Capellmeister:* Aug. Eberh. Müller (seit 1810), Nachfolger von Destouches. – *auf unsere Bank:* die beiden Schreiben G's an die Hoftheater-Kommission von April 20 und 22 beziehen sich auf diese Angelegenheit (danach hatte G. selbst früher auf der fraglichen Bank, die »unmittelbar an die Bank der Kammerfrauen« stieß, gesessen). – *Nachschrift. zum Feste:* Ostern, April 22.

480. Goethe, 1810 April 24 (Br. 21, 246). – *unsere Arbeit:* Abschluß der Farbenlehre.

481. Goethe, 1810 April 27 (Br. 21, 246). – *Die Freundinnen:* Frau Frommann und Ziegesars. – *Wagnern:* Hofgärtner. – *Rinaldo:* vgl. zu S. 591. – *unser Vorhaben:* vgl. zu S. 611.

482. Goethe, 1810 April 29 (Br. 21, 253). – *Besuch von August:* am selben Tage: Tgb.: »Kam August. Nachher Lortzing. August aß mit uns und erzählte von seinen Jagdfreuden in Gerstungen und

ritt nach Tische weg.« – *für Aten:* die Köchin, deren wirklicher Name nicht zu ermitteln war; vgl. ›S. 655, 662, 685. – *Schillers Gedächtnißfeier:* an deren Schluß wieder, wie schon 1805/6, das ›Lied von der Glocke‹ szenisch dargestellt und G's ›Epilog‹ dazu (um 1 Strophe bereichert) von Amalie Wolff gesprochen werden sollten.

483. Goethe, 1810 Mai 1 (Br. 21, 261). – *Karl:* der Diener Eisfeld. – *beiden Orden:* die zu S. 559 genannten. – *Büste der Prinzeß:* Caroline, vgl. zu S. 604. – *Die Portefeuilles:* vgl. S. 614.

484. Goethe, 1810 Mai 2 (Br. 21, 270); Christiane sollte den Brief Zimmern übergeben, deshalb die Adresse: »An Herrn Zimmer, angesehenen Buchhändler zu Heidelberg, gegenwärtig in Weimar.« – *wegen des bewußten Geschäftes:* Begutachtung von sechs Zeichnungen des Kölner Doms, die Sulpiz Boisserée übersandte; vgl. dessen Brief an G. von Mai 8 (Sulpiz Boisserée 2, 1) und G's Briefe an K. F. v. Reinhard, Mai 14, und an Boisserée, Mai 15.

485. Goethe, 1810 Mai 7 (Br. 21, 275). – *allerlei Späße:* Tgb. Mai 6: »Kam August . . . Eberwein, der mit uns speiste. Tanzmeister von Rudolstadt. Nach Tische russische Lieder.« – *unsrer Anstalt:* G's Hauskapelle.
Zur Zwischenbemerkung. Riemers Tgb. Mai 14: »Zu Knebel, wo Goethe und seine Frau. Eifersüchtiges Weinen derselben. Deßhalb bald nach Hause. Nachher zusammen, doch Sie ohne Antheil«; Mai 15: »Mittags die Geh. Räthin zu Tische. Verdrießlichkeiten aus Eifersucht. Apaisiert hernach.«

486. Goethe, 1810 Mai 16 (Br. 21, 302). – *Stier von Bronze:* G. hatte dieses aus dem 16. Jahrhundert stammende italienische Kunstwerk durch Knebels Vermittelung erworben; vgl. G. an Knebel, Mai 16 und Juni 12, sowie M. Schuette: *Das Goethe-National-Museum zu Weimar S. 35.* – Dose: vgl. zu S. 603. – *Brief von Schlossern:* vgl. S. 604.

487. Goethe, 1810 Mai 16/9 (Br. 21, 303); Tgb. Mai 19: »Stecknadeln an Madame Herder und meine Frau. Nähnadeln an letztere. 1 Dutzend zinnerne Löffel an dieselbe. 2 Sätze Stricknadeln deßgleichen. Alles an Herrn Obrist von Hendrich adressirt. Geld nach Franzensbrunn für 2 Kisten Egerwasser. Glaskrug an August.« – *großen Quarzfelsen:* zwischen Asch und Franzensbad;

August hatte ihn 1807 Sept. 8 kennengelernt (Tgb.); der Felsen gehört zu sogenannten Romersreuter Schweiz. Vgl. auch ›Briefwechsel und mündlicher Verkehr zwischen Goethe und dem Rathe Grüner‹ S. 203. – *Merseburger Arzt:* Schlegel, vgl. S. 621. – *unser Quartier:* ›Drei Mohren‹. – *Deinen lieben Secretarius:* Caroline Ulrich.

488. Christiane, 1810 Mai 24 (in besondrem Umschlag); Carol. Ulrichs Hand, von »Gleich nach der Rückkehr« an eigenhändig. – *zur Vermählung:* vgl. zu S. 604. – *nach Ronneburg:* vgl. S. 653. – *der neue Capellmeister:* A. E. Müller, vgl. zu S. 610. – *Frau von Wolzogen:* sie reiste nach der Schweiz, um ihren Sohn Adolf nach Yverdun zu bringen (vgl. Charl. Schiller an G., Juni 18, GJ. 4, 267); ihr Gatte war 1809 gestorben. – ‹*So sind sie alle*›: Mozarts Oper; wegen der Aufführung (Juni 2) unter Leitung des neuen Kapellmeisters A. E. Müller vgl. S. 629. – *Cölner Bilder:* die zu Nr. 484 genannten Zeichnungen. – *Karl Schiller:* er ging nach Tübingen, um Forstwissenschaft zu studieren. – *Meerweibchen:* vgl. zu S. 284.

489. Goethe, 1810 Mai 27 (Br. 21, 313). – *für künftige Arbeiten:* ›Dichtung und Wahrheit‹, wozu G. jetzt Schemata diktierte.

490. Goethe, 1810 Juni 3/5 (Br. 21, 315); im Tgb. unterm 6. vermerkt. – *Dein lieber Brief:* Nr. 488, Juni 1 in Karlsbad angekommen (Tgb.). – *Shawl:* Tgb. Juni 1: »Shawls angesehen.« – *Exemplare eines Gedichts:* ›Der Kaiserin Ankunft‹, das erste der »im Namen der Bürgerschaft von Karlsbad« verfaßten Gedichte; die Überreichung fand erst am 6. statt.

491. Goethe, 1810 Juni 6 (Br. 21, 318), eigenhändig; auf der von Riemer geschriebenen Adresse der Zusatz: »mit einem Packet [den Schal enthaltend] in schwarzem Wachstuch unter derselben Adresse 100 fl. an Werth«; abgesandt Juni 7 (Tgb.). – *alle drei:* G., Riemer und wahrscheinlich Herr v. Tümpling aus Jena.

492. Christiane, 1810 Juni 6 (in besondrem Umschlag); Carol. Ulrichs Hand; letzter Satz eigenhändig. – *unserm jenaischen Aufenthalt:* Nach Knebels Briefen an G. von Juni 3 und an seine Schwester von Juni 4 (deren Briefwechsel S. 451) ist anzunehmen, daß Christiane Knebeln Nr. 487 mitgeteilt habe. – *Die Hoheit:* Maria Paulowna. – *die kleine Prinzeß:* Maria, zweijährig:

vgl. S. 639. – *Der Obrist:* v. Hendrich. – ›*So sind sie alle*‹*:* vgl. zu
S. 623. – *Die Russen:* unter ihnen der Sekretär der Großfürstin
Maria Paulowna Lewandowsky (vgl. Charlotte v. Schiller und
ihre Freunde 1, 595). – *die Prinzen:* die S. 489 genannten. – *dem
kleinen Secretarius:* Carol. Ulrich. – *wegen ihrer Angelegenheit:*
vgl. zu S. 608. – *Tochter von dem Syndicus:* J. G. Schlossers Tochter aus zweiter Ehe Henriette, die 1809 den Kaufmann Hasen-
clever geheiratet hatte. – *den 12. Juli:* vgl. S. 648 und zu S. 128.

493. Goethe, 1810 Juni 12 (Br. 21, 325). – *die sächsischen Herr-
schaften:* außer der S. 626 genannten Prinzessin Marianne, Prinz
Anton und dessen Familie. – *Hochzeitsfeste:* vgl. zu S. 604. –
Beiliegendes: nicht bekannt.

494. Christiane, 1810 Juni 14 (in besondrem Umschlag); Carol.
Ulrichs Hand, von »Du kannst mir aber« an eigenhändig. –
Hofkammerrath: Kirms. – [S. 488.] ›*Götz*‹*:* er war unter Iffland
bereits 1805 in Berlin aufgeführt woden (vgl. G. an Zelter 1805
Okt. 12). Wegen des um diese Zeit von der Mannheimer Bühne
gewünschten Manuskripts schrieb G. Juni 27 und Aug. 20 an
Kirms. – ›*Rochus Pumpernickel*‹*:* Quodlibet von Stegmayer, Juni
9 und 11 aufgeführt (vgl. G. an die Hoftheater-Kommission, Mai
7). – *Herr Capellmeister:* A. G. Müller. – *neuen Tanzmeister:*
Name nicht ermittelt. – *Schillers Kinder:* Ernst und Caroline; vgl.
Schillers Frau an G., Juni 18 (GJ. 4, 265/6). – *Triolet:* eine
besondere Art von Ekossaise. – *Monteviva, Birgotine:* in den mir
zugänglichen Werken über den Tanz von R. Voß und F. M.
Böhme nicht zu ermitteln. – *Prinzen von Mecklenburg:* Erbprinz
Friedrich Ludwig, als Bräutigam, und Prinz Gustav; am 13. war
außer dem Prinzen Wilhelm von Preußen auch Prinz Leopold
von Hessen-Homburg in Weimar eingetroffen (FB.). – *Prinz
Bernhard:* vgl. S. 632. – *im Garten-Haus:* im Garten der Stadtwohnung. – *Die Gedichte:* die Exemplare des zu S. 628 genannten. – *das Portefeuille:* vgl. Nr. 484.

495. Christiane, 1810 Juni 19/20 (in besonderem Umschlag); Carol. Ulrichs Hand. – *eigenhändiger Brief:* Nr. 491. – *von den
Gedichten:* Exemplar des zu S. 628 genannten. – *Prinzeß:* Caroline. – *Unsere Tanzstunden:* vgl. S. 635. – *ein Zettelchen:* nicht
überliefert. – *proper:* hier in der älteren Bedeutung: eigentüm-

lich. – *Hoheit:* Maria Paulowna. – *kleine Prinzeß:* Maria, vgl.
S. 629. – *Hofmarschall:* v. Egloffstein. – *beiden Prinzen:* von
Mecklenburg-Schwerin, vgl. zu S. 636. – *die Gedichte:* Exemplare des zu S. 628 genannten. – *unsere neuen Tänze:* vgl. S. 635.
– *nach dem Bade:* Teplitz. – *ein kleines Gedicht:* G. konnte zur
Vermählungsfeier der Prinzessin Caroline zu seinem Leidwesen
keine poetische Gabe darbringen (vgl. S. 497), auch nachträglich
gelang es ihm nicht; vgl. Gräf 7, 494 zu Nr. 981. – *›Der 24. Februar‹:* von Zach. Werner, Juni 18 (erste Aufführung in Weimar
Febr. 24 dieses Jahres). Daß die mecklenburgischen Prinzen das
Stück besonders zu sehen gewünscht hatten, geht aus Charl.
Schillers Brief an G. von Juni 18 hervor (GJ. 4, 267). Vgl. auch
über die Vorstellung in Lauchstädt S. 662 f. – *die großen Schirme:*
vgl. S. 646. – *mit einem Sohn entbunden:* Guido Adelbert Falk,
geboren Juni 9; unter den Taufpaten befand sich J. H. Meyer. –
so auch die Frau von Ziegesar: Tochter Flavie, geboren Juni 19.

496. Christiane, 1810 Juni 25 (in besondrem Umschlag); Carol.
Ulrichs Hand, nur letzter Satz eigenhändig. – *›Farbenlehre‹:* G.
hat das Werk der Herzogin Luise gewidmet. – *Hoheit:* Maria
Paulowna. – *das Exemplar:* der Farbenlehre. – *4 Damen:* darun-
ter seine Gattin (FB.). – *›Der Wasserträger‹:* von Cherubini, Juni
23. – *›Der Tyroler Wastel‹:* Operette von Haibel. – *Mittwoch, den
27.:* statt des genannten Stückes wurden ›Die Mitschuldigen‹ und
Steigenteschs Lustspiel ›Die Kleinigkeiten‹ gegeben. – *Madame
Teller:* sie starb bereits am 27. – *Graf Balken:* in H. Becks
Lustspiel ›Die Schachmaschine‹ (in der letzten Zeit war diese
Rolle von Becker und Frey gespielt worden).

497. Goethe, 1810 Juni 27 (Br. 21, 331). – *der Schreiber dieses:*
Riemer. – *Schwänchen:* vgl. zu S. 524. – *sächsischen Herrschaften:*
vgl. zu S. 633. – *Sammlung der Gedichte:* die vier später unter
dem Titel ›Im Namen der Bürgerschaft von Karlsbad‹ vereinigten von 1810; vgl. S. 648. – *nach meiner Art etwas Freundliches:*
vgl. zu S. 640. – *des Enkelchens:* Prinzeß Maria, vgl. S. 629, 639,
652. – [S. 497.] *Schirme zur Farbenlehre:* vgl. S. 640. – *von dem
Tanzlehrer:* vgl. S. 635. – *die letzten Zeilen der vorigen Seite:* d. h.
den unmittelbar vorhergehendenSatz (der jedoch nicht ausgestrichen ist).

498. Goethe, 1810 Juli 3 (Br. 21, 337), eigenhändig; im Tgb. unterm 4. vermerkt:»Brief an meine Frau nach Lauchstädt mit den Gedichten an die Kaiserin.« – *ein Packet an Dich:* Tgb. Juni 30; »Packet nach Lauchstädt an meine Frau durch Herrn von Helldorf, mit Chocolade, Pfeffermünze und einem Glase nebst Brief«; dieser Brief G's ist nicht bekannt. Übrigens vgl. S. 654. – *eine Artigkeit erzeigen:* sie verehrte G'n eine goldene, mit Brillanten besetzte und mit ihrem Namen geschmückte Dose, die aber erst 1811 Febr. 18 (Tgb.) bei G. eintraf; vgl. Graf Althann an G., 1810 Dez. 1 (SdGG. 17, 22) und G. an Graf Althann, 1811 Jan. 23, ferner A. Sauer: SdGG. 17, XXXVII. – *Den 12. Juli:* vgl. zu S. 128. – *allerlei zu Stande gebracht:* Arbeit an den ›Wanderjahren‹. – *die Gedichte:* vgl. zu S. 646.

499. Christiane, 1810 Juli 3/5 (in besonderm Umschlag); Carol. Ulrichs Hand, von »Den 5. Juli« an eigenhändig. – *Die Trauung:* vgl. zu S. 604; außer den zu S. 636 genannten Fürstlichkeiten waren der Herzog und die Herzogin von Gotha anwesend. – *Frau Hofmarschallin:* v. Egloffstein. – *der Propst:* Yasnowsky. – *General-Superintendente:* J. L. G. Vogt. – *nach dem Bad:* Teplitz. – *Merseburger Doctor:* Schlegel. – *Tod der Madame Teller:* vgl. zu S. 642. – *Madame Ackermann:* sie war, zur Zeit in Naumburg, schon unter Bellomo 1784/91 in Weimar tätig gewesen, hatte 1803 daselbst gastiert, ohne angestellt zu werden, und kehrte 1811 April dahin zurück (vgl. Pasqué 2, 66/8). – *Sophie Teller:* Tochter der verstorbenen Madame Teller; sie blieb bis 1813 Mitglied des Weimarer Hoftheaters. – *Rinaldo:* vgl. zu S. 591. – *kleinen Prinzeß:* Maria, vgl. S. 629, 639, 646. – *Die Hoheit:* Maria Paulowna. – *Das Gedicht:* vgl. zu S. 628. *für die Böttcher und für die Bauern-Hochzeit:* Knebel an seine Schwester Henriette, Juli 8: »Einmal hätte ich Dich schon hier gewünscht, und zwar zu einer Bauernhochzeit, welche einige Bursche und Bürgermädchen den zweiten Tag auf dem Schloßhof aufgeführt haben. Es war völlig wie ein heitres flammändisches Gemälde, voll Leben und Munterkeit, und ich weiß mir gar nicht zu erinnern, daß ein guter Spaß so gut gelungen hätte. Sie kamen in vier Wagen an, und dann wurde getanzt. Ich kann nicht ohne Vergnügen dran denken, wie ganz vortrefflich jedes seine Rolle spielte, so herz-

lich lustig, nichts zu viel, noch zu wenig. . . . Früher hatten die Böttcher einen Tanz, der auch recht schön war. Unter der Menge von Zuschauern saßen einige auf dem Dach vom Schloß und vom grünen Thurm« (Briefwechsel S. 463). Die beiden anonymen Gedichte von Vulpius liegen im Umschlag der Briefe Christianens von 1810: 1., Anrede an ein Durchlauchtigstes Brautpaar, gehalten bei einem fröhlichen Böttcher-Tanze zu Weimar, den ersten Juli 1810‹, 2. ›Einem Hochfürstlichen Ehepaare wünschet Segen, Glück, und Freude ein Brautpaar vom Lande, nebst Gefolge, zu Weimar, am 2. Juli 1810‹. – *Wielands . . . ein Gedicht überreicht:* ein Gedicht Wielands zur Vermählung der Prinzessin Caroline scheint bis jetzt nicht bekannt geworden zu sein (vgl. Bernhard Seuffert: Prolegomena zu einer Wieland-Ausgabe VI 86). – *wegen Deines Bildes:* vgl. S. 675. – *Mit Müllern:* v. Gerstenbergk, genannt Müller. – *Caroline . . . nichts zugeschickt bekommen:* vgl. zu S. 608.

500. Christiane, 1810 Juli 11 (in besonderem Umschlag); Carol. Ulrichs Hand, letzter Satz eigenhändig. – *schöne Becherchen:* in der zu S. 647 genannten Sendung. – *Die Gedichte*: vgl. zu S. 646. – *meine Köchin:* vgl. zu S. 614. – *Merseburger Arzt:* Schlegel. – *Der hiesige Arzt:* Koch. – ›*Das Räuschchen‹:* Lustspiel von Bretzner. – ›*Tyroler Wastel‹:* Operette von Haibel. – *besonders Lortzing:* als Wirt. – ›*Die kurze Ehe‹:* Lustspiel von Sonnleithner.

501. Christiane, 1810 Juli 15 (in besondrem Umschlag); Carol. Ulrichs Hand, Schluß (von »Ich habe Dir auch« an) eigenhändig. – ›*Das Sonntagskind‹:* von Wenzel Müller. – *Die Hoheit:* Maria Paulowna. – *Merseburger Doctor:* Schlegel. – *Dein lieber Brief:* Nr. 498. – *den Gedichten:* vgl. S. 661 und zu S. 646.

502. Christiane, 1810 Juli 18 (in besonderm Umschlag); Carol. Ulrichs Hand, von »Weiter weiß ich« an eigenhändig. – *Herr von Arntsschildt [?]:* vielleicht v. Arnswaldt, ein Sohn des späteren Staatsministers in Hannover? – *die beiden Schmidte von Jena:* Universitätsfreunde Augusts? vgl. S. 668. – *Deine schönen Gedichte:* vgl. zu S. 646 sowie unten S. 668. – *Meinen Geburtstag:* vgl. zu S. 95 – *Den 12. Juli:* vgl. zu S. 128. – *Grafen von Schulenburg:* die Lauchstädter Badeliste nennt unter Juli 10 einen Premierleutnant Grafen v. d. Schulenburg vom Regiment

Garde du Corps. – *alle drei:* Haide als Kunz Kuruth, Amalie Wolff als Trude, deren Gatte als Kurt; vgl. auch zu S. 640. – ›*Fridolin*‹ (oder Der Gang nach dem Eisenhammer), Schauspiel von Holbein. – *Alten:* vgl. zu S. 614. – *unsere Prinzeß mit ihrem Gemahl:* vgl. zu S. 604. Über den Abschied der Herrschaften von Weimar Juli 13 berichtet Henriette v. Knebel an ihren Bruder, Juli 14 (Briefwechsel S. 466). – *zum letzten Mal Theater in Weimar:* Juni 27 (vgl. zu S. 642).

503. Goethe, 1810 Juli 22 (Br. 21, 357), eigenhändig. – *meine kleine Sendung:* vgl. zu S. 647. – *Stark:* er war Juli 7 abends angekommen (Tgb.). – *Zelter:* Tgb. Juli 15: »Kam Zelter«, 20: »Abends Zelter zum letzten Male«; vgl. S. 664. – *Wolf:* vgl. S. 671. – *Von Bettinen hab ich einen Brief:* nicht bekannt; Bettina, die sich zur Zeit in Bukowan bei Pilsen aufhielt und von dort aus vor kurzem brieflich ihr Jawort an Arnim gegeben hatte, traf im August, auf der Reise nach Berlin, in Teplitz mit G. zusammen; vgl. Nr. 507. – *Frau von Eybenberg:* sie war Juli 8 in Karlsbad eingetroffen (Tgb.); über ihren Verkehr mit G. vgl. S. 669.

504. Christiane, 1810 Juli 24 (in besonderm Umschlag); Carol. Ulrichs Hand. – *Sonnabend:* Juli 22. – *Die kleine Genast:* Nannette. – *Mamsell Häßler:* Lotte. – *der hiesige Pastor:* K. W. J. Schroeder. – ›*Die Junggesellen-Wirthschaft*‹: Singspiel von Girowetz. – ›*Haß den Frauen*‹: Lustspiel von Blümner. – *Epilog:* abgedruckt bei Reinhold S. 98. – *Deine Gedichte:* vgl. zu S. 646, 661. – *Freund von Giebichenstein:* Reichardt; dieser scheint während seiner letzten Anwesenheit in Weimar im März d. J. nicht mit G. zusammengetroffen zu sein (vgl. jedoch Tgb. März 5); übrigens vgl. Knebel an seine Schwester Henriette, 1810 März 8 (Briefwechsel S. 421). – *zweiten Theil von seinen Briefen:* ›Vertraute Briefe aus Wien‹ (1810). – *Mahlmann:* er hatte sich als Herausgeber der ›Zeitung für die elegante Welt‹ durch ungünstige Besprechungen über das Weimarer Hoftheater bei diesem verhaßt gemacht (vgl. Julius Wahle: SdGG. 6, 179/84). – *der Dämmerfürst:* vgl. zu S. 603.

505. Goethe, 1810 Aug. 1 (Br. 21, 366), eigenhändig. – *der lieben Hausfreundin:* Frau v. Eybenberg, vgl. S. 665. – *wie in der Ackerwand:* bei Frau v. Stein – *stets vorbereitet:* Lektüre für

>Dichtung und Wahrheit<, Arbeit an den >Wanderjahren<. – *Zelters Gegenwart:* vgl. zu S. 664. – *Wolf:* vgl. S. 664.

506. Goethe, 1810 Aug. 8 (Br. 21, 369). – *Nachrichten vom Jubiläum:* in Nr. 504. – *Nachschrift. Auftrag des Herrn Eberwein:* bezieht sich wohl auf einen von Riemer zu liefernden Text für eine Komposition.

507. Goethe, 1810 Aug. 11 (Br. 21, 370), eigenhändig. – *neues Quartier:* Tgb. Aug. 9: »Ausgezogen ins Goldne Schiff.« – *Bettine:* vgl. zu S. 664 f. – *von alten und neuen Abenteuern:* Tgb. Aug. 11: »Mit Bettinen im Park spazieren. Umständliche Erzählung von ihrem Verhältniß zu Fräulein Günderode. Charakter dieses merkwürdigen Mädchens und Tod.«

508. Goethe, 1810 Aug. 13 (Br. 21, 371), eigenhändig. – *Deinen lieben Brief von Lauchstädt:* nicht bekannt. – *zum jungen Sohn:* August v. Heygendorf, geboren Aug. 10; vgl. S. 675.

509. Goethe, 1810 Aug. 20 (Br. 21, 372). – *Brief vom 11. August:* nicht bekannt. – *Kügelgen:* vgl. S. 652 sowie G. an Schlosser, Dezember 14, an Kügelgen, Dezember 26, und F. Zarncke: Kurzgefaßtes Verzeichnis S. 31/2. – *Frau von Heygendorf:* vgl. zu S. 675.

510. Goethe, 1810 Aug. 28 (Br. 21, 375), eigenhändig; Abgang im Tgb. unterm 29. vermerkt. – *Karl:* der Diener Eisfeld. – *die Arbeit:* vgl. zu S. 670. – *Rutscherchen:* Wagenfahrten in die Umgegend. – *auf ihr Gut:* Löbichau; vgl. S. 676. – *König von Holland:* Louis Bonaparte; vgl. G. an Knebel, Aug. 30 sowie besonders J. Falk: Goethe aus näherm persönlichen Umgange dargestellt, S. 141, und B. Suphan: GJ. 15, 111.

511. Goethe, 1810 Sept. 18 (Br. 21, 386), eigenhändig. – *nach Löbichau:* vgl. S. 677. *Deinen einladenden Brief:* nicht bekannt; die Einladung bezog sich vielleicht auf die für Sept. 24 angesetzte Aufführung des >Torquato Tasso<. – *Hof-Kammer-Rath:* Kirms. – *nach Eisenberg:* G. war von Sept. 8/12 daselbst, um mit dem bayrischen Kammersänger Brizzi wegen eines Gastspiels in Weimar persönlich zu verhandeln, insbesondere über die Aufführung von Paers Oper >Achille<; vgl. G. an Karl August, Sept. 13/4. – *Deine Juvenile:* den Sohn (wie S. 687) und Caroline Ulrich.

512. Goethe, 1811 Jan. 10 (Br. 22, 7). – *Ziegenhainer Botanicus:*
Dietrich, vgl. zu S. 292. – *dieses Päckchen:* drei in Weimar zu
bestellende Briefe enthaltend; vgl. Nr. 513. – *Die Zimmer:* im
Hause des Polizeiinspektors Bischoff (jetzt Gastwirtschaft zum
›Herzog Bernhard‹) nahe dem Schloß (vgl. Voß S. 168). – Rath-
kauf: vgl. zu S. 340.

513. Goethe, 1811 Jan. 11 (Br. 22, 12). – *Botanicus von Ziegenhain:*
Dietrich, vgl. zu S. 292. – *ein Packet:* vgl. Nr. 512. – *Ruine von
Graupen:* Zeichnung G's aus dem Jahre 1810, wiedergegeben auf
Blatt 17 (oder 18) in den SdGG. Band 3.

514. Christiane, 1811 Jan. 13 (in besonderm Umschlag); Carol.
Ulrichs Hand, letzte Zeile eigenhändig. – ›*Lorenz Stark:*‹ (oder
Die deutsche Familie) Schauspiel von F. L. Schmidt; Lorenz
Stark: Malcolmi, dessen Tochter Sophie: Beate Lortzing; vgl.
S. 686. – *Barisch:* Parish? – *Deny . . . seine Frau:* Dennys zweiter
Sohn Constantin Roderich Friedrich Wilhelm Emil, geb. Jan. 8
(TP. der Hofkirche 1809/19, 117). – *Graf Krokow:* aus Preußen,
Jan. 8 bei Hof vorgestellt (FB.). – ›*Teufelsmühle:*‹ (am Wiener
Berge) Oper von Wenzel Müller, Jan. 12 zum erstenmal aufge-
führt (vgl. Nr. 515); Uhlich (als Antrittsrolle): Schildknappe
Kaspar, dessen Tochter Th. [Therese?]: Schutzgeist Jriel, Unzel-
mann: Kellner des Wirts, Demoiselle Genast: Märtchen.

515. Christiane, 1811 Jan. 13 (in besonderm Umschlag); Carol.
Ulrichs Hand, Schluß von »Bis dahin« an eigenhändig. – ›*Teu-
felsmühle:*‹ vgl. Nr. 514. – ›*Saalnixe:*‹ vgl. zu S. 420. – *Das
Mädchen:* Uhlichs Tochter.

516. Goethe, 1811 Jan. 15 (Br. 22, 14). – *mein Bild:* Miniaturölge-
mälde auf Metallplatte, im Besitz von Sanitätsrat Dr. Vulpius in
Weimar; es entstand in den Monaten Januar bis April und galt
als »zum Sprechen ähnlich« (vgl. Zarncke: Kurzgefaßtes Verzeichnis Nr. 35a). Raabe malte jetzt auch Christiane und August.
– *nicht viel Bedeutendes:* Bearbeitung von ›Philipp Hackert‹. –
Weimarische Geschichten: darunter die von Christiane in Nr. 517
erwähnte. – *Teufels-Müller:* vgl. zu S. 681. – *Der Silhouetteur:* der
Name des Künstlers nicht ermittelt; G's Schattenriß in Hofuni-
form befindet sich im Goethe-Hause. Vgl. Nr. 517, G. an Trebra,
1811 Febr. 16, und Zarncke: Kurzgefaßtes Verzeichnis Nr. 78a. b.

– *wegen des Ausspielens des Barduaschen Gemäldes:* Kopie von Raffaels Madonna della sedia; die Verlosung, bei der C. G. v. Voigt das Bild gewann, fand März 26 bei Johanna Schopenhauer statt (Tgb.); vgl. Riemer an Frommann, 1811 März 27 (F. Heitmüller: Aus dem Goethehause S. 181).

517. Christiane, 1811 Jan. 16 (in besonderm Umschlag); Carol. Ulrichs Hand – *Silhouette:* vgl. zu Nr. 516. – *Ate:* vgl. zu S. 614. – *Bei Deny:* vgl. zu S. 680 f. – ›*Haß den Frauen‹:* Lustspiel von Blümner, Jan. 14. – ›*Die [zwei] Blinden von Toledo‹:* Oper von Méhul, Jan. 14. – ›*Lorenz Stark‹:* vgl. zu S. 680.

518. Goethe, 1811 Jan. 18 (Br. 22, 17). – *Der vortreffliche Juvenil:* August (wie am Schluß von Nr. 511).

519. Christiane, 1811 Jan. 19 (in besonderm Umschlag); Carol. Ulrichs Hand. – ›*Johanna vn Montfaucon‹:* Schauspiel von Kotzebue, konnte erst Febr. 20 gegeben werden.

520. Goethe, 1811 Jan. 19 (Br. 22, 19). – *jungen Stark:* sein Vater war Jan. 11 in Jena gestorben.

521. Christiane, 1811 Juni 30 (in besonderm Umschlag); Carol. Ulrichs Hand, Schluß von »Bis dahin« an eigenhändig. – *Frau Generalin von Dresden:* Baronin v. Feilitzsch (Liste der Kur- und Badegäste Nr. 521). – *Diakonus:* Egorow, an der russischen Kirche in Weimar. – *Rittmeister aus Wien:* v. Carli (Liste der Kur- und Badegäste Nr. 420). – *neuen Logis:* bis dahin hatte sie mit G. in den ›Drei Mohren‹ gewohnt.

521. a. Christanens Brief-Tagebuch, 1811 Juni 30 bis Juli 15 (in besonderm Umschlag); Carol. Ulrichs Hand. – *Boisserée:* in der Liste der Kur- und Badegäste unter Juli 2, Nr. 588, als »Particulier Sulp. v. Boisserée aus Kölln am Main [!]« angeführt; über seinen Aufenthalt in Karlsbad berichtet Boisserée, mit mehrfacher Erwähnung Christianens, brieflich an Bertram, Juli 8 (Sulpiz Boisserée 1, 140). – *Diakonus:* vgl. zu S. 691. – *Baron von Wickman:* vermutlich ist »Johann v. Wiecken, Edelmann aus Curland« gemeint (Liste der Kur- und Badegäste Juni 30, Nr. 530). – *Graf Zichy:* vgl. S. 707. – *Poskowsky:* der in der Liste der Kur- und Badegäste schon unter Mai 31, Nr. 69 angeführte Paßkowski? – *Körner:* dieser gedenkt des Zusammentreffens mit Christiane in seinen Briefen an G. von Juli 3 und Aug. 14 (GJ.

4, 305. 8, 58). – *der Sohn sehr krank:* Theodor Körner litt am kalten Fieber. – *Baron Wickman; vgl. zu S. 693.* – *Generalin:* vgl. zu S. 691. – *Graf Wartensleben:* Graf Karl, preußischer Schloßhauptmann zu Berlin, oder Graf Ludwig, preußischer Kämmerer (Liste der Kur- und Badegäste Juli 6, Nr. 680, Juli 8, Nr. 739). – *Doctor Schütz:* wahrscheinlich Stephan Schütze aus Weimar. – *Himmel spielte himmlisch:* ähnlich hatte G. das naheliegende Wortspiel schon 1807 in dem Gedicht ›An Uranius‹ benutzt. – *Hofrath Meyer:* Heinrich M., dessen Boisserée in dem zu S. 693 genannten Brief an Bertram gedenkt. – *Graf von Schulenburg:* die Liste der Kur- und Badegäste nennt zwei dieses Namens, Juli 10, Nr. 776: Graf Sch. aus Bodendorf, und Juli 13, Nr. 839: Graf Karl v. d. Sch., Gardeleutnant aus Dresden. – *Prinz Moritz:* Fürst M. von Liechtenstein. – *Herr und Frau Diakonus:* vgl. zu S. 691.

522. Goethe, 1812 April 23 (Br. 22, 351). – *Kruse:* Tgb. April 23: »Herrn Rath Kruse, die Bergwerksobligation nebst Schreiben.« Die im Tgb. unter April 24 und 26 vermerkten Briefe G's an Christiane sind nicht bekannt.

523. Goethe, 1812 Mai 3 (Br. 23, 1); auf der Adresse der Zusatz: »mit einem Kästchen Egerwasser an den Bibliotheksdiener Färber in Jena abzugeben durch den rückkehrenden Kutscher.« – *Asch. Dieser Ort... der abscheulichste:* Klagen über den elenden Zustand dieser Stadt finden sich auch anderwärts; so nennt Fernow sie in seinem Briefe an Johanna Schopenhauer von 1807 Juli 18 »ein ganz schändliches Nest«, das eigentlich in einen »Aschenhaufen« verwandelt werden müßte (Joh. Schopenhauer: Sämmtliche Schriften 2, 184). – *Frau Wirthin:* Heilingötter in den ›Drei Mohren‹.

Tgb. Mai 10 »[Brief an] Frau v. Goethe, Weimar, eigenhändig« (vgl. S. 328); Mai 12: »Briefe von Weimar.«

524. Goethe, 1812 Mai 13 (Br. 23, 14); eigenhändig nur der Schluß »Herzlich grüßend. G.« – *die Arbeiten:* ›Dichtung und Wahrheit‹. – *mit der neuen Zuckerfabrication:* Tgb. Mai 7: »Dem Postmeister von dem Stärkezucker gesprochen.« Über diesen wichtigen Gegenstand hatte G. in den letzten Wochen vielfach mit Döbereiner verhandelt; vgl. Tgb. April 12. 21. 28 und G's Brief an Seebeck von April 29, der schließt: »Die Ökonomen sind

nun schon dahinter her, welche Kartoffel die stärkereichste und zugleich an Menge der Knollen die ergiebigste ist.« – *eine offene Antwort:* nicht bekannt; Tgb. Mai 13: »Auftrag an Hofkammerrath Kirms wegen der Theatermanuskripte«, d. h. Abschriften von ›Egmont‹ und ›Götz von Berlichingen‹ für Iffland; vgl. G. an diesen, Mai 14. – *›Sühne‹:* Theodor Körners Trauerspiel, in Weimar Mai 4 aufgeführt. – *das hübsche Kind:* Röschen, die Tochter des Weinwirts; vgl. S. 705. 708. – *Kiste Egerwasser:* vgl. zu Nr. 523.

525. Goethe, 1812 Mai 24 (Br. 23, 26). – *erste Sendung:* Nr. 523. – *Brief vom 10.:* nicht bekannt. – *für Rösen:* vgl. zu S. 704. – *Meyer:* er kam auch nach Karlsbad (Tgb. Juli 4). – *Riemer:* er hatte 1812, aus G's Hause scheidend, eine Stelle als Professor am Gymnasium in Weimar angetreten, fühlte sich in dieser Tätigkeit aber wenig befriedigt. – *Wolf:* wahrscheinlich ist hier nicht ein sonst unbekannter Radierer dieses Namens in Weimar gemeint (wie Br. 30, 185 angenommen wird), sondern der Schauspieler P. A. Wolff, der von früher Jugend an viel zeichnete und malte, auch während einiger Jahre in einer Kunst- und Landkartenhandlung in Berlin tätig war (vgl. Max Martersteig: Pius Alexander Wolff, Leipzig 1879, S. 6/7). – *Lefevre:* seit Anfang des Jahres am Hoftheater tätig. – *die Inlage:* nicht bekannt, wohl gleichlautend mit den folgenden, im Konzept vorhandenen Bemerkungen (Br. 23, 445):

»Was mitzubringen wäre:
1. Alle Briefe
2. Die Allgemeine Zeitung. Wenn sie August finden kann, vom Anfang des Jahrs.
3. Das Mineralogische Taschenbuch von Leonhard.
4. Ein Fläschchen Syrup und eine Schachtel Stärkezucker.
5. Einige Pfund Kaffee, der hier äußerst theuer ist.
6. Einige Pfund Tabak von verschiedenen Sorten. Frage darüber echte Tabaksraucher um Rath. Der Assessor [August] soll sich an Herrn Geh. Kammerrath Büttner wenden.
7. Lasse Dir viele Katalogen von Färber zu bewußtem Gebrauch mitgeben: dergleichen Nothwendigkeiten sind hier rar.
8. Den Goldpfennig für Rösen nicht zu vergessen.«

– *Nachschrift. John:* der humoristisch vertrauliche Ton dieses Briefes erklärt sich daraus, daß John Schulkamerad und Studiengenosse Augusts gewesen war. Er hatte nach Riemers Weggang im März d. J. dessen Stelle als Sekretär G's übernommen.

526. Goethe, 1812 Juni 3 (Br. 23, 30). – *der Hackertischen Verloosung:* vgl. den Abschnitt ›Hinterlassens‹ in den Nachträgen zu ›Philipp Hackert‹.

527. Goethe, 1812 Juli 19 (Br. 23, 43); eigenhändig. – *der Herzog:* Karl August. – *Gedichte:* die drei von G. später in der Gruppe ›Im Namen der Bürgerschaft von Karlsbad‹ mit den 1810 entstandenen Gedichten vereinigten, Huldigungsgedichte an die Kaiserin Maria Ludovikc, den Kaiser Franz I. von Österreich und die Kaiserin Marie Luise von Frankreich; die für die Kaiserin von Österreich bestimmte Abschrift war bereits Juli 5 von Karlsbad an den Herzog Karl August nach Teplitz abgegangen (Tgb.). – *einer der ersten Staatsmänner:* der Oberstburggraf von Böhmen Graf Chotek; vgl. G. an Charl. v. Stein, Aug. 15, und Gräf 7, 559/60. – *des Königs von Holland:* vgl. zu S. 676. – *Prinz Friedrich:* dem S. 709 genannten Erbprinzen von Mecklenburg-Schwerin. – *Beethoven:* im Tgb. unter dem Datum dieses Briefes zum erstenmal genannt; vgl. S. 714.

528. Goethe, 1812 Juli 27 (Br. 23, 45); eigenhändig. – *Der Herzog:* Karl August. – *Moses:* Tgb. Juli 22: »Moses gekauft«; vgl. G. an H. Meyer, Aug. 14, und Gespräch mit Soret (bei Eckermann), 1830 Mai 12.

529. Goethe, 1812 Aug. 1/2 (Br. 23, 47); eigenhändig. – *Dein lieber Brief:* Tgb. Juli 31: »Briefe von Karlsbad.« – *Theaterstück:* das Lustspiel ›Die Wette‹; G. hatte es jedoch nicht »zurecht gerückt«, sondern es, nachdem ihm Juli 28 die »Aufgabe, das Betragen zweier durch eine Wette getrennter Liebenden« (Tgb.) gestellt worden war, Juli 29 und 30 selbst verfaßt (Tgb.); G. selbst hatte darin die Rolle des Dorn übernommen, erkrankte aber, so daß die Aufführung nicht stattfinden konnte; vgl. Gräf 6, 446/8 und Chronik des Wiener Goethe-Vereins 26, 36. – *Ich lese täglich vor:* G. hatte an diesem Tage das Gedicht ›Wirkung in die Ferne‹ gelesen, Juli 20 Elegien, Juli 21 aus ›Pandora‹ und ›Der neue Pausias und sein Blumenmädchen‹, Juli 31 Szenen aus, ›Iphige-

nie‹ und Schillersche Balladen (Tgb.). – *in Aussig:* Juli 26. – *Zum Sechsten:* vgl. zu Nr. 37.

530. Goethe, 1812 Aug. 5 (Br. 23, 51); eigenhändig. – *Beyer:* wahrscheinlich der im Tgb. Aug. 6 genannte »Dr. Beyer von Wien«, da G. zugleich in Tgb. vermerkt: »Packet von Karlsbad.« – *Prinzen August:* von Preußen, im Tgb. Aug. 8 zuerst genannt. – *Arnims:* auf sie geht das an diesem Tage entstandene Epigramm ›Den Zudringlichen‹:

> Was nicht zusammen geht, das soll sich meiden!
> Ich hindr euch nicht, wo's euch beliebt, zu weiden:
> Denn ihr seid neu und ich bin alt geboren.
> Macht, was ihr wollt; nur laßt mich ungeschoren!

Achin v. Arnim war mit seiner Frau Bettina und deren Schwester v. Savigny Juli 24 in Teplitz eingetroffen (nach der Kurliste bei R. M. Werner: Goethe und Gräfin O'Donell, S. 197); wegen der 1811 in Wien eingetretenen Entzweiung mit G. vgl. SdGG. 14, 355/6 und vor allem R. Steig: Christiane v. Goethe und Bettina Brentano (Jahrbuch der Goethe-Gesellschaft Band 3).

531. Goethe, 1812 Aug. 5 (Br. 23, 52); eigenhändig. – *dem Stücke der Kaiserin:* vgl. zu S. 714.

Aug. 22, Tgb.: »[Brief] An meine Frau.«

532. Goethe, 1812 Aug. 27 (Br. 23, 77). – *Beschäftigungen:* vornehmlich Arbeit an ›Dichtung und Wahrheit‹. – *Lectüre:* darunter Caroline Pichlers ›Agathokles‹ (Tgb. Aug. 17/9) und Apostelgeschichte (Tgb. Aug. 23. 25). – *Madame Mayer:* die Handschrift hat »Meyer«, doch ist hier, wie der Zusammenhang ergibt, offenbar nicht Heinrich Meyers Frau zu verstehen, die G. gewiß als »Frau Hofräthin Meyer« bezeichnet haben würde, sondern die Frau des Galanteriewarenhändlers Frau Mayer aus Wien, bei der G. oft einsprach. – *Augusten . . . seine Reise:* nach Eisenach in Amtsgeschäften; vgl. G. an C. G. v. Voigt, Aug. 14. – *Sache wegen Frankfurt:* Verkauf bayrischer Obligationen betreffend; vgl. G. an J. F. H. Schlosser, Sept. 21. – *eine Freundin:* nicht ermittelt.

533. Goethe, 1812 Sept. 7 (Br. 23, 90). – *Nordländer:* unter ihnen der Graf v. Alopeus (Tgb. Sept. 2). – *die Prinzen, . . . den König:* von Sachsen; die Kurliste nennt: Prinz Maximilian, Friedrich,

Clemens und Johann (R. M. Werner: Goethe und Gräfin O'Do-
nell, S. 198). – *das Schauspiel wieder zurück:* aus Halle, wo von
Juni 11 bis Aug. 31 gespielt worden war; in Weimar war die
Spielzeit Sept. 3 eröffnet worden. – *zwei sehr große Promenaden:*
Tgb. Sept. 1: »Nach Tische mit Langermann und Müller zu dem
Pseudo-Vulkan hinter der Gobes-Mühle. Spät zurück«, Sept. 3:
»Nach Tische mit Langermann und Müller über den Berg an die
Fähre, übergesetzt; nach Dallwitz gegangen bis zu dem Pseudo-
vulkan über Hohendorf; durch Hohendorf über Wehediz zu-
rück.« – *viel geschrieben:* an ›Dichtung und Wahrheit‹.

534. Goethe, 1812 Nov. 4 (Br. 23, 124.); eigenhändig. – *Languedoc:*
vgl. S. 721.

535. Goethe, 1812 Nov. 6 (Br. 23, 125). – *Minchen:* Wilhelmine
Herzlieb, die sich seit Okt. 24 als Braut von Johann Gottfried
Pfund in Jena bei Frommanns aufhielt (vgl. K. T. Gaedertz:
Goethes Minchen, 2. Aufl., S 108/9); Tgb. Nov. 5: »Bei From-
manns.« Vgl. auch G. an Zelter, 1813 Jan. 15. – *des guten Voigts
Coffre:* dem Botaniker F. S. Voigt war auf der Reise in Erfurt ein
Koffer abhanden gekommen; vgl. Tgb. Okt. 4, Nov. 3, und G. an
Karl August, Nov. 14. – *meine Arbeiten:* ›Dichtung und Wahr-
heit‹.
Zwischenbemerkung. *Whist:* vgl. S. 723.

536. Goethe, 1812 Nov. 10 (Br. 23, 130). – *Klippsteinischen Garten:*
wo Christiane 1799 gewohnt hatte; vgl. zu Nr. 235. – *Sternberg:*
über ihn vermochte ich nichts zu erfahren. – *Rentbeamten:*
Rentkommissär Kühn? – *Karten und Spielmarquen:* vgl. die
Zwischenbemerkung auf S. 722.

537. Goethe, 1812 Nov. 13 (Br. 23, 137). – *Haus- und Studienfreunden:* v. Hendrich, F. S. Voigt, Kieser, v. Münchow (Tgb.). –
Meine Geschäfte: ›Dichtung und Wahrheit‹, daneben Erwägungen über das in Berka bei Weimar einzurichtende Schwefelbad
(vgl. H. G. Gräf: Goethe in Berka an der Ilm, Weimar 1911,
S. 11/20). – *die Inlagen:* 9 im Tgb. verzeichnete Briefe.

538. Goethe, 1812 Nov. 17 (Br. 23, 156). – *Meine Geschäfte:* die zu
Nr. 537 genannten, ferner Jahresbericht über die wissenschaft-
lichen Anstalten zu Jena. – *manches unerwartet Angenehme:*
wahrscheinlich ist die Aussicht gemeint, Iffland bald wieder in

Weimar auftreten zu sehen (vgl. G. an Kirms, Nov. 16). – *Karl:* der Diener Eisfeld; Tgb. Okt. 26: »Ward Karl entlassen«, Nov. 17: »Karl ging durch Jena nach Karlsbad.« Er heiratete später eine Tochter von G's Karlsbader Wirtin Heilingötter; vgl. S. 749 – *unruhige Nachbarschaft:* Anspielung auf den Neben-Titel von Wenzel Müllers Oper ›Die musikalische Tischlerfamilie‹. – ›*Romeo und Julie‹:* in G's Bearbeitung Nov. 14 aufgeführt. – ›*Herbsttag‹:* Ifflands Schauspiel, Nov. 16 aufgeführt.

539. Christiane, 1812 Dez. 6 (EBr. 1812, 166); Carol. Ulrichs Hand, letzte Zeile eigenhändig.

540. Goethe, 1813 April 17/25 (Br. 23, 317); nur der Schluß, von S. 739 »Wenn es Dir« an, eigenhändig. Zur Datierung vgl. Adolf Strack: GJ. 24, 265 (die hier gemachten Angaben sind nicht alle haltbar: so kann die Stelle über den »Fündling«, S. 738, nicht April 22 früh niedergeschrieben sein). – *von Weimar weggetrieben:* Knebel an seine Schwester Henriette, April 22: »Er [Goethe] hatte sich vorgenommen, es diesen Sommer, wo möglich, in Weimar auszuhalten, ... Auf inständiges Zureden seiner Frau hat er sich endlich schleunig entschlossen, abzureisen, und das Glück hat ihm dadurch gewollt, daß er die Szenen, die sich gleich Tags darauf in Weimar durch Besetzung der Franzosen und Vertreibung des preußischen Pickets zugetragen, nicht daselbst mit erlebte« (Briefwechsel S. 650). Vgl. den Brief C. G. Voigt an K. A. Böttiger von April 17 bei L. Geiger: Aus Alt-Weimar, S. 201/2. – *Mein Begleiter:* K. John. – *Geisterlegende:* ›Der getreue Eckart‹. – im ›*Scheffel‹:* Gasthof zu Naumburg; vgl. L. Geiger: GJ. 20, 83. – *heiligen Schusterstochter:* wahrscheinlich das Bild der heiligen Mechtildis am Barbara-Altar (GJ. 20, 85). – ›*Die Hussiten‹:* das zu S. 437 f. genannte Schauspiel von Kotzebue. – *Art von Spiel:* Tgb. April 18: »... ihrer zwei schienen mit einem Stäbchen etwas zu entscheiden, nach der Art, wie es bei uns im Ballspiele mit der Pritsche geschieht.« – »*Ich habe geliebet«:* der Verfasser ist unbekannt; abgedruckt bei W. v. Biedermann: Goethe und Leipzig 2, 84. – *Eine Witwe:* Frau J. C. Freyer. – *Verbrennung der Brücke:* April 12 (vgl. GJ. 20, 86). – *schwomm:* die Br. 23, 322 vorgenommene Änderung im »schwamm« ist unnötig (vgl. Grimms Wörterbuch 9, 2627). –

metallne König: das vergoldete Bronzestandbild Augusts des
Starken, nahe der Augustusbrücke, von der zwei Bogen und
Pfeiler auf Befehl Davousts März 19 gesprengt worden waren
(vgl. GJ. 20, 86). – *bei . . . Burgsdorf:* in der Seestraße Haus Nr. 20
(vgl. W. v. Biedermann: Goethe und Dresden S. 30/1). – *nahen
Traiteurhause:* der S. 744 genannten Ressource. – *Rack:* soviel
wie Arrak. – *Arndt:* vgl. dessen ›Erinnerungen aus dem äußeren
Leben‹ (Gespräche 2, 179/80) – *von dem Inspector:* Demiany. –
Vache: »eine mit Leder überzogene Aufschnallkiste, ein Deckbe-
hälter auf Reisewagen« (Heyses Fremdwörterbuch). – *Schwebeln:* Schwebel hatte, als Legationssekretär bei dem französischen Gesandten St. Aignan in Weimar, mit diesem April 4 die
Stadt verlassen und war April 12 durch den Rittmeister
v. Schwanenfeld von Gotha aus entführt worden; vgl. S. 761. –
im Gewissen: soviel wie: sicherlich, mindestens. – *gassaten:* gas-
satim (ire), durch die Gassen. – *was man uns genommen:* d. h. was
die Lehrer uns vorenthalten haben, das haben wir »angeblich,
nach der falschen Aussage der Lehrer, von dem mildthätigen,
schenkenden Publicum gar nicht bekommen« (Schnorr v. Ca-
rolsfeld: GJ. 21, 293). – *Fündling:* April 22 (Tgb.). – *Beiliegende
Blätter:* d. h. die von G. mit den Ziffern 1 bis 6 versehenen
Blätter dieses Briefes, dessen Fortsetzung Nr. 543 bildet.
Mai 9, Tgb.: »Brief von Weimar . . . Zettelchen an meine Frau
durch einen Lohnkutscher«; vgl. S. 747.

541. Goethe, 1813 Mai 10 (Br. 23, 337; abgegangen über Karls-
bad-Eger Mai 13, vgl. S. 579. 584. – *manche Blätter:* die den
ersten Teil von Nr. 543 bilden. – *die Hoheit:* Maria Paulowna. –
Meine Arbeiten: ›Dichtung und Wahrheit‹ Teil 3. – *Schwester
Katharina:* Tgb. Mai 7: »Kam die Herzogin von Oldenburg.« –
Der Kutscher: Dienemann; vgl. S. 747, 749 – *in einem kleinen
Gartenhause:* zum ›Goldnen Schiff‹ gehörig, vgl. S. 747.

542. Goethe, 1813 Mai 14 (Br. 23, 339); vgl. S. 747. – *Geschichte
unserer ersten Reisetage:* Nr. 540. – *gestern über Eger ein Brief:*
Nr. 541. – *Kaiser und König:* vgl. S. 742 oben. – *Die Hoheit:* Maria
Paulowna.

543. Goethe, 1813 Mai 21 (Br. 23, 342); eigenhändig nur S. 748 f.
»Da es mir nun« bis »Spaß machen«. Fortsetzung des ausführli-

chen Reiseberichts in Nr. 540; abgegangen Mai 24 (Tgb.). – *Thal an der Weißeritz hinauf:* Plauensche Grund. – *der Potentaten:* die S. 740 oben genannten. – *Kügelgen:* vgl. W. v. Kügelgen: Jugenderinnerungen eines alten Mannes, Teil 2 Kap. VIII (Gespräche 2, 180), und GJ. 20, 87/8. – *Unfall, welcher Weimar betroffen:* es war April 18 nahe bei der Stadt, am Kegeltor und selbst in den Straßen zu einem heftigen Gefecht zwischen dem Blücherschen Korps und der französischen Avantgarde des Marschalls Ney unter General Souham gekommen; der Sohn C. G. v. Voigts und Kammerherr v. Spiegel waren auf Befehl Souhams arretiert worden (vgl. F. v. Müller: Erinnerungen aus den Kriegszeiten von 1806-1813, Braunschweig 1851, S. 275/7, und Knebel an seine Schwester Henriette, April 22, Briefwechsel S. 650/1. Voigts Sohn starb an den Folgen dieser Ereignisse bereits Mai 13; vgl. S. 750. – *die Hoheit:* Großfürstin Maria Paulowna. – *Pirna.... den Dom:* 1502 bis 1546 erbaut; der im folgenden beschriebene Taufstein trägt die Jahreszahl 1561 (vgl. GJ. 20, 86). – *die jetzt gesprengten Bogen:* vgl. zu S. 734 f. – *sechs ersten Blätter:* Nr. 540. – *Zettelchen:* vgl. die Erläuterung zwischen Nr. 540/1. – *den 10. über Karlsbad:* Nr. 541; G. hatte diesen Brief als Einschluß nach Karlsbad an Elisa v. d. Recke gesandt, die ihn weiterbeförderte; ihr Begleitschreiben an Christiane von Mai 19 ist GJ. 20, 89 veröffentlicht. – *den 14.:* Nr. 542. – *Feuerzeichen am Himmel:* Tgb. Mai 12: »Nachts Feuerschein über dem Gebirge«. – *den Kutscher:* vgl. zu S. 741. – *Dresden und die Gegend:* Mai 8 Kampf um die Stadt, Einzug der Franzosen; Tgb. Mai 8: »Alle waren in Bewegung und Sorge wegen des zu erwartenden Einmarsches der Franzosen in Dresden. ... begegneten uns preußische Reiter mit Handpferden. In der Stadt waren mehrere blessirte Russen angekommen. Napoleon in Dresden.« – *meine Arbeit:* ›Dichtung und Wahrheit‹, Teil 3. – *Technologie:* von Ernesti, im Tgb. schon April 12 genannt. – *Mandarinen:* vielleicht Carol. Ulrich. – *Karl: Eisfeld;* vgl. zu S. 724.

544. Goethe, 1813 Juni 1 (Br. 23, 353). – *bisherigen Unbilden:* außer den zu S. 743 genannten Schrecknissen auch noch starke Einquartierung; Luise Seidler an Pauline Gotter, Juni 22: »Bei Goethes fand ich ... alles voll Einquartirung«; diese »hält sie

[Christianen] sehr wider ihren Willen festgebannt, indessen hoffen sie, den Geheimrath noch abzuholen« (Im neuen Reich 1875 Nr. 19, S. 730). – *das Manuscript:* von ›Dichtung und Wahrheit‹ Buch 11 und 12, das G. mit Brief von Juni 20 Riemern überschickt; vgl. aber zu S. 756. – *der mittlere, durch Frau von Berg;* vgl. S. 759. – *Sendung durch Stallmeister Sievers:* Nr. 543. – *Der gute Voigt:* vgl. zu S. 743. – *an den Inspector:* Musil, in Franzensbad (Tgb.). – *Der Kutscher:* vgl. zu S. 741. – *wo es entstanden:* vgl. S. 731 f., 752. – *Sie thuet mir alles:* später geändert in »Sie thut mir auch alles«. – *von Wien:* durch die Gräfin Josephine O'Donell; doch ist deren nach dem Tgb. Mai 29 angelangter Brief nicht bekannt (vgl. SdGG. 17, 323). Vgl. S. 760. – *Rede zu Wielands Andenken:* sie war durch den Herzog Karl August der Kaiserin von Österreich übermittelt worden (vgl. SdGG. 17, LV. 324).

545. Goethe, 1813 Juni 6/7 (Br. 23, 360); eigenhändig, da der Schreiber John Juni 3 erkrankt war. – *Pfingsten, ... Fest:* Anspielung auf den Anfang von G's ›Reineke Fuchs‹; vgl. zu S. 167. – *einen Brief von Dir:* Tgb. Juni 6: »Brief von Hause, der vierte, vom 27. Mai.« – *Brief an Wolff:* nicht bekannt, im Tgb. Juni 5 vermerkt; vgl. S. 754. – *temperleinischen Eigensinn:* d. h. durch Saumseligkeit, wie der alles verschiebende, immer Zeit vertändelnde Kaufmann Temperlein in dem Lustspiel ›Herr Temperlein oder Wie die Zeit vergeht!‹, einer anonymen Bearbeitung von Picards ›Monsieur Musard, ou Comme le temps passe‹ (erschienen im ›Familientheater nach neuen französischen Lieblingsstücken‹, Erstes Bändchen, Leipzig 1808, S. 59). Das Stück war vom Weimarer Hoftheater dreimal aufgeführt worden (zuerst 1807 Juli 26 in Lauchstädt). – *Am goldenen Ei:* Honorar von Cotta. – *meiner Hauptsache:* der Fortführung von ›Dichtung und Wahrheit‹ Teil 3. – *Wenn Du meinen Brief nicht lesen kannst:* Maria Belli, geb. Gontard, erzählt von Christiane: »Einst war sie hier [in Frankfurt], bekam einen Brief von ihm [Goethe], und da sie nicht lesen konnte, bat sie ein junges Mädchen, welches gerade bei ihr war, denselben ihr vorzulesen. Er kam ihr so zärtlich vor, daß sie glaubte, diese habe falsch gelesen, um Spott mit ihr zu treiben; sie eilte damit zu Frau Schöff Stock und war

hocherfreut, die nämlichen Worte zu hören« (Leben in Frankfurt am Main 3, 106/7). – *Vom guten Knebel:* dieser schrieb Juli 2 von Jena aus an seine Schwester Henriette: wenn der Himmel nicht bald helfe, seien sie, infolge der ununterbrochenen Durchmärsche, der Not nahe: Mein Winkel hier im Garten ist so ziemlich noch von der Unruhe und vom Lärm verschont geblieben« (Briefwechsel S. 652). – *Paquet ... unterm 24.:* Nr. 543. – *Brief ... unterm 1. Juni:* Nr. 544. – *Brief an Wolff:* vgl. zu S. 753. – *Hofkammer-Rath:* Kirms.

Juni 8, Tgb.: »Brief von zu Hause, Antwort auf die Sendung vom 24.«, d. h. auf Nr. 543.

546. Goethe, 1813 Juni 10/4 (Br. 23, 365); eigenhändig; Tgb. Juni 14: »Eine Rolle mit dem Kupfer der Sprengung der Dresdner Brücke. Einigen Novis. Anweisung für Ramann. Brief an meine Frau. Durch einen Weimarischen Reitknecht.« Vgl. S. 762. – *Der Stillstand:* Waffenstillstand von Poischwitz, Juni 5 bis Juli 26, später verlängert bis Aug. 10; vgl. S. 762. – *36mal gebadet:* Juni 10 (Tgb.), danach das Anfangsdatum ergänzt. – *Brief vom Herzog:* Karl August, nicht bekannt. – *Schlosser ist avertirt:* G. an J. F. H. Schlosser, Juni 11: »Eine Assignation auf 300 f. habe an Weinhändler Ramann in Erfurt ausgestellt.«

Juni 21, Tgb.: »Rittmeister Böhme. Brief von Hause, vom 16.«; vgl. S. 764.

547. Goethe, 1813 Juni 26/Juli 3 (Br. 23, 376); eigenhändig das Datum auf S. 756, 759 »Die Sonntage« bis »ist vom Übel«, S. 760. »Den 28.« bis S. 762 »so wie von der Rolle«, S. 764. Mitte. – *daß Du die Briefe ... ordnest:* darunter G's Briefe aus Italien; vgl. Luise Seidler an Pauline Gotter, Juni 22 (Im neuen Reich 1875 Nr. 19, S. 730). – *dem dritten Bande:* ›Dichtung und Wahrheit‹. – *adressirt an August:* Buch 11 und 12, mit Brief an August von Juni 23; vgl. Tgb. Juni 23 und 30. – *Whistmarken:* vgl. S. 769. – *Ankunft des Herzogs:* Karl August traf Juli 5 in Teplitz ein (Tgb.); vgl. S. 764. – *den fatalen Verlust:* an Geld infolge des Krieges. – *Dankelmann:* vielleicht der Schwager der Frau v. Heygendorf; vgl. L. Geiger: GJ. 20, 92 und C. Schüddekopf: Nr. 23, 506. – *Schlacht vom 2. Mai:* bei Groß-Görschen – *Brief durch Frau von Berg:* vgl. S. 749; Tgb. Juni 27: »Frau v. Berg und

Mengden, Briefe von zu Haus.« – *Frau von Schiller:* deren Brief scheint verschollen zu sein. – *Von Wien . . . Brief:* von der Gräfin Josephine O'Donell, nicht bekannt. Vgl. S. 753. – *Wegen John:* vgl. S. 753. – *Schwane[n]feld:* Tgb. Juni 29: »Im Garten. Rittmeister v. Schwane[n]feld erzählte seine Abenteuer bei Eröffnung der unglücklichen Campagne.« Vgl. F. v. Schwanenfeld: Aus den Denkwürdigkeiten eines alten Soldaten, Breslau 1862, S. 4 (Gespräche 2, 187). – *Schwebeln entführt:* vgl. zu S. 736. – *des Waffenstillstandes:* vgl. zu S. 755. – *einer Rolle:* vgl. zu Nr. 546. – *an Schlosser:* vgl. zu S. 755. – *Packet an August:* vgl. zu S. 756. – *ein besonderes Zettelchen:* eben das Blatt, worauf diese Worte und das Folgende geschrieben sind. – *Hofkammerrath:* Kirms.

548. Goethe, 1813 Juli 1/6 (Br. 23, 395), eigenhändig; im Tgb. erst unterm 9. als abgegangen vermerkt. – *wegen der Rolle:* vgl. zu Nr. 546 und S. 762. – *Assignation für Ramann:* vgl. zu Nr. 546. – *Brief an Wolff:* vgl. S. 753. – *Hauptmann von Böhme:* er hatte G'n Christianens Brief von Juni 16 überbracht (Tgb.). – *Manuscript für Riemer:* vgl. zu S. 756. – *Packet unterm 3. Juli:* Nr. 547.

549. Goethe, 1813 Juli 16 (Br. 23, 400), eigenhändig; im Tgb. schon unter Juli 15 als abgegangen vermerkt. – *John:* vgl. S. 753. – *er soll nach Karlsbad:* Johns Abreise dahin erfolgte Juli 18 (Tgb.). – *August . . . Krankheit:* Masern; vgl. Ottilie v. Pogwisch an ihre Mutter, Juli 14 (SdGG. 27, 20). – *Zinnwalde und Altenberg:* Juli 9/11 (Tgb.); vgl. G's ausführliche Schilderung ›Ausflug nach Zinnwalde und Altenberg‹ (Naturwiss. Schriften 9, 139), in der die Daten ungenau angegeben sind. – *Folge des Manuscripts:* ›Dichtung und Wahrheit‹ Buch 13 und 14; vgl. G. an Riemer, Juli 24. – *Die Hoheit:* Maria Paulowna; sie war Juli 13 eingetroffen (Tgb.). – *Den 12. Juli:* an dem G. vor 25 Jahren seine Ehe mit Christiane schloß (vgl. zu Nr. 555a); Tgb. Juli 12: »Mittag bei Serenissimo«.

550. Goethe, 1813 Juli 23 (Br. 23, 406); eigenhändig. – *ein Blatt:* nicht bekannt; zur Sache vgl. S. 753, 764. – *dämperich:* vielleicht soviel wie »dämpfig«, was in Thüringen (nach Grimms Wörterbuch 2, 720) »kurzatmig, engbrüstig« bedeutet; doch scheint mir der Zusammenhang wahrscheinlicher zu machen, daß das Wort sich hier nicht auf einen unverschuldeten körperlichen Mangel

wie Engbrüstigkeit bezieht, sondern, die vorher aufgezählten Untugenden ergänzend, mit »dämmen«, d. h. schlemmen, schwelgen, zusammenhängt, oder, zum folgenden überleitend, mit »dämmern«, in dem zu S. 603 angeführten Sinne. – *weiter leistet er auch nichts:* mehr Gerechtigkeit erweist G. dem Unglücklichen, wenn er über ihn an H. L. Verlohren schreibt (24. Jan. 1814.): »Seine schöne Kenntniß der lateinischen Sprache, so wie einiger neueren, seine schon früh geprüfte Gewandtheit in den Rechtswissenschaften, ferner eine leichte Fassungskraft und schöne Handschrift, eine angenehme Unterhaltung, eine Gabe, sich fremden Personen vortheilhaft darzustellen, nicht weniger Aufträge persönlich geschickt auszurichten, machten ihn zu einem sehr erwünschten Gesellschafter.« – *die genesenden Kinder:* August (vgl. zu S. 765) und Caroline Ulrich, die wohl auch die Masern bekommen hatte; vgl. S. 769. – *meine Arbeit ... noch ein schweres Stück:* Abschluß von ›Dichtung und Wahrheit‹, Buch 14? – *Dienemann:* vgl. S. 747.

551. Goethe, 1813 Julo 27 (Br. 23, 414). eigenhändig; im Tgb. unterm 28. als abgegangen vermerkt. – *die Arbeit:* ›Dichtung und Wahrheit‹ Teil 3. – *Brief an Riemer:* von Juli 27, oder der frühere von Juli 24. – *französischen Komödie:* mit Talma, den G. auf der Rückreise in Dresden mehrfach sprach (Tgb. Aug. 11/2). – *Mit John:* vgl. Nr. 552.

552. Goethe, 1813, Aug. 1 (Br. 23, 421). – *John ... bessert sich:* vgl. Johns ausführlichen Brief an G. aus Karlsbad, Juli 25 (GJ. 20, 421).

553. Goethe, 1813 Aug. 3 (Br. 23, 422); eigenhändig. – *August und Uli:* vgl. zu S. 765, 767 – *nächsten Freitag:* Aug. 6 (Tgb.). – *Whistmarken:* vgl. S. 757. – *Wegen John:* vgl. Nr. 552. – *Sendung Manuscript:* vgl. zu S. 765. – *Hofkammerrath:* Kirms.

554. Goethe, 1813 Aug. 11 (Br. 23, 427); eigenhändig. – *des Napoleons Festes:* Napoleons Geburtstag Aug. 15. – *Riemern ... seinen lieben Brief:* von Aug. 3 über ›Dichtung und Wahrheit‹ Buch 13 und 14. – *Die Pferde:* Tgb. Aug. 7: »Pferdehandel«; 8: »Verkauf der Pferde 300 f. W. W.«

Zwischenbemerkung. *Kleine Gedichte:* außer Nr. 555 a das Rätsel auf die Herbstzeitlose für Riemer: »Da sind sie wieder.«

555 a. Goethe, 1813 Aug. 26 (W. 1, 25. 374; hier mit den unrichtigen Angaben »pflückts« statt »pflanzts« in den Lesarten zu Strophe 4 und »immerfort« statt »immer fort« zu Strophe 5); eigenhändig mit Bleistift und in lateinischer Schrift, ebenso die Adresse »Frau v. Goethe«. Nachträgliches Huldigungsgedicht zum 12. Juli 1813, dem Gedenktag ihrer fünfundzwanzigjährigen Verbindung, entstanden zwischen Weimar und Stadt-Ilm, niedergeschrieben an letzterem Ort. Gedruckt, mit kleinen Änderungen (so in Vers 7: »Wie Sterne leuchtend«), zuerst 1815 mit der Überschrift ›Gefunden‹ in der zweiten Cottaschen Gesamtausgabe der Werke 1, 26.

556. Goethe, 1813 Aug. 28 (Br. 23, 429); eigenhändig. – *den Prinzen:* Bernhard. – *Das Gedicht (No. 2) von Serenissimo:* eine lakonisch-kräftige Gegengabe für G's Gedicht an den Herzog ›Ilmenau, am 3. September 1783‹. – *ihre Gedichte* (No. 6. 7. 8): verfaßt vom Ilmenauer Justizamtmann Ackermann. – *aus den Verslein:* die in der Zwischenbemerkung zu S. 605 genannten beiden Gedichte.

557. Goethe, 1813 Aug. 30 (Br. 23, 430), eigenhändig; die Nachschrift von »Schönsten Dank« an auf einem besondern Blättchen. – *in dem Garten-Zimmer:* im Gartenhäuschen am Hausgarten. – *das Neueste vom Tage:* unbekannt.

557 a. Goethe, 1814 Juli 25 (W. 3, 55. 390. 53, 549); eigenhändig in lateinischer Schrift. Gedruckt mit kleinen Änderungen erst 1827 mit der Überschrift ›Der neue Copernicus‹ in der dritten Cottaschen Gesamtausgabe der Werke 3, 61; ursprünglich sollte das Gedicht mit der Überschrift ›Vision‹ (die eine von Juli 26 datierte Handschrift hat) dem ›Diwan‹ eingegliedert werden. Es scheint mir *nicht* Beilage zu Nr. 558 gewesen zu sein (wie J. Wahle: W. 53, 549 annimmt), sondern mit dem nicht bekannten, am 28. in Weimar eingetroffenen Brief am 25. von Eisenach aus an Christiane abgegangen zu sein (vgl. zu Nr. 561), und ist deshalb hier als besondere Nummer gedruckt worden. – *Artges Häuschen:* der geschlossene Reisewagen, vgl. »Fahrhäuschen« in Nr. 558. 571 Anfang und S. 788. – *vertrackten Zwerge:* d. h. karikaturartig verzerrten Zwerge: in dieser ursprünglichen Bedeutung (von »vertrecken« = verziehen) begegnet das Wort

auch sonst bei G., z. B. in der Italienischen Reise, Venedig, Den 6. Oktober: »meist schöne Männer, keine einzige vertrackte Gestalt« (W. 30, 128). G. hat den Vers später geändert in: »Aufgeregter Zwerge«.

558. Goethe, 1814 Juli 28 (Br. 25, 1); eigenhändig. – *die charmante Person:* Zitat aus dem Gedicht ›Gewohnt‹ gethan‹, Vers 4. – *Gedichte an Hafis, die meisten gut:* solche Selbstbeurteilung findet sich bei G. äußerst selten; vom 25. sind Handschriften folgender Diwan-Gedichte datiert: ›Phänomen‹, ›Liebliches‹, »Sollt' einmal durch Erfurt fahren«, ›Der neue Copernicus‹ (vgl. Gräf 7, 625). – *unterwegs:* d. h. in Siebleben vor Gotha. – *Schloß-Voigt:* Constantin Metschke. – *bemerkte einige Späße:* darunter das Gedicht ›Jahrmarkt zu Hünfeld‹. – *weniger Gedichte:* von 9 Diwan-Gedichten sind Handschriften mit dem Datum des 26. vorhanden (vgl. Gräf 7, 625). – *jetzt niemanden angehört:* das Bistum Fulda, 1810 bis 1813 zum Großherzogtum Frankfurt gehörig, wurde erst 1815 von Preußen besetzt und bald darauf zwischen Bayern und Kurhessen aufgeteilt. – *Hundeshagen:* die erste Auflage von dessen Werk ›Kaiser Friedrichs I. Barbarossa Palast in der Burg zu Gelnhausen‹ war durch das Bombardement von Hanau 1813 Okt. 30/1 vernichtet worden (vgl. G's Schrift ›Kunst und Alterthum am Rhein und Main‹, Abschnitt: Wiesbaden); eine neue Ausgabe erschien erst 1819. – *Factor:* J. Menge (Tgb. Juli 28). – *Oper ›Der Löwenstuhl‹:* Arbeit daran ist im Tgb. unter Juli 28/9 und Aug. 1 vermerkt (vgl. Gräf 5, 327. 331/2); leider blieb die Dichtung unvollendet. – *Werners Beispiel:* wohl Zacharias W., obgleich sich in dessen Briefen an G. (SdGG. Band 13) dergleichen nicht findet. – *Artischocken:* vgl. zu S. 88.

559. Goethe, 1814 Juli 29 (Br. 25, 4); eigenhändig. – *wie Fritz Frommann:* im August 1906; vgl. Frau Rat an den Sohn, 1806 Aug. 19: »Du kanst denken wie freundlich Herr Frommann von mir empfangen wurde da ich durch Ihn deinen Lieben Brief emfing – ... Illuminationen – Feyerwerck – und der gleichen aber kein Zeichen der Freude.« – *Karlen:* den Diener Stadelmann. – *unserm alten Hause:* zur Zeit im Besitz der Witwe Rössing (vgl. O. Volger: Goethes Vaterhaus, Frankfurt 1863, S. 171). – *Die Haus-Uhr:* seit G's Geburtstag 1828, als Geschenk

des Großherzogs Georg von Mecklenburg-Strelitz, im Goethe-Haus zu Weimar.

560. Goethe, 1814 Aug. 1 (Br. 25, 6); eigenhändig. — *Hasenfüßen:* vgl. zu S. 141 (hier also und S. 787 nicht im Sinne von »Angsthasen«, auch gewiß nicht in der älteren Bedeutung »Tor, Narr, Geck«, vgl. Grimms Wörterbuch 4[2], 529. 536/7). — *Zelter:* er war bereits Juli 12 in Wiesbaen eingetroffen (vgl. seinen Brief an G., Juli 15). — *was er zu Markte bringt:* vgl. GJ. 6, 126. — *die Hasen:* vgl. zu S. 786. — *der Erbauer:* Zais. — *Tragelaphen:* eigentlich »Bockhirsch« (Fabeltier des Orients), ein von G. auch für seine Faust-Dichtung (Brief an Schiller, 1797 Dez. 6) gebrauchter Ausdruck zur Bezeichnung eines wunderlichen Gebildes, in dem einander Widersprechendes verschmolzen erscheint.

561. Christiane, 1814 Aug. 3 (EBr. 1814, 300); Carol. Ulrichs Hand, nur der Schlußsatz »Und ich bitte« eigenhändig. — *Dein liebes Gedicht:* Nr. 557a. — *Propst:* Yasnowsky. — *Deinen Brief von Eisenach:* nicht bekannt; vgl. zu Nr. 557a. — *Durchlauchter Prinz:* Karl Friedrich. — *der König:* Friedrich Wilhelm III. von Preußen war, begleitet von Prinz Wilhelm, Aug. 1 nachmittags 4 Uhr in Weimar eingetroffen und Aug. 2 früh 5 Uhr nach Berlin weitergereist. Kurz darauf, gleichfalls am 2., war der Erbprinz Karl Friedrich mit seiner Gemahlin nach Franzensbad abgereist (FB.). — *Dreyßig in Tonndorf:* der Kaufmann D. betrieb, nachdem er mit seiner in Tonndorf begründeten Fabrik für französische Spielkarten Bankrott gemacht hatte, eine Blumengärtnerei, aus der G. und Christiane manches bezogen (vgl. G's Gedicht ›Pfingsten‹); er ertrank, wie aus dem Tonndorfer Kirchenbuch hervorgeht, 1822 durch einen unglücklichen Zufall in seinem Fischteich. Das kleine zierliche Mausoleum, das die Witwe ihm in seinem Garten errichtete, steht noch heute; die Gärtnerei als solche besteht nicht mehr. Tonndorf, damals noch preußisch, kam erst 1815 zu Weimar (vgl. Hermann Freiherr v. Egloffstein: Carl August auf dem Wiener Kongreß, Jena 1915, S. 124.). — *Der Pachter:* Der Ratskellerwirt Tränkler oder der Gastwirt Langenberg. Der Apotheker Nikolai hatte, durch Erlaß Karl Augusts von 1813 Juni 26, das Recht erhalten, für die Badegäste von Juni bis September eine Speisewirtschaft zu führen (Akten der Ge-

meinde Berka an der Ilm, Fasz. 35 Blatt 12); diese Befugnis war 1814 auf den Nachfolger in der Apotheke, Fiedler, übergegangen; vgl. S. 794. – *Der Saal:* in dem noch heute stehenden Kurhause. – *Deine zwei lieben Briefe:* Nr. 558/9. – *dem Professor:* Heinrich Meyer. – *das eröffnete Siegel:* nicht mehr erkennbar.

562. Goethe, 1814 Aug. 7/8 (Br. 25, 11); eigenhändig. – *mein Quartier verändert:* aus dem Gasthof zum ›Adler‹ war G. Aug. 5 in den ›Bären‹ übergesiedelt (Tgb.); vgl. S. 791. – *des Königs:* von Preußen. – *Hundeshagen:* vgl. S. 618. – *einen jungen Mann:* Hallwachs. – *Geh. Hof-Rath:* Kirms. – *in Biebrich ... die Herrschaften:* Herzog Friedrich August von Nassau (vgl. S. 792) und dessen Gemahlin Luise, geb. Prizessin von Waldeck. – *einige Freunde:* Tgb. nennt nur »Hauptmann v. Luck. Bibliothekar Hundeshagen.« – *die Fräulein von Stein:* Eleonore (Pröpstin zu Waitzenbach bei Würzburg, vgl. S. 795 und Christiane v. St. – *kleinen Gefährtin:* Marianne Jung, deren Hochzeit mit Willemer Sept. 27 stattfand; vgl. S. 812.

563. Goethe, 1814 Aug. 13/9 (Br. 25, 17); eigenhändig. – *kühles Quartier:* vgl. zu S. 789. – *Cramer:* vgl. G. an August, Aug. 8. – *Riese:* im Tgb. Aug. 10 und 11 genannt. – *Gerning:* Aug. 12 und 19 im Tgb. erwähnt; das Folgende »Er mischt sich in vieles« vielleicht (wie E. v. d. Hellen: Goethes Briefe. Ausgewählt 5, 181 annimmt) Anspielung auf das in Weimar häufig aufgeführte Lustspiel von Jünger ›Er mischt sich in alles‹. – *Der dirigirende Minister:* Marschall v. Bieberstein. – *Der Herzog:* vgl. zu S. 790. – *Die Mannigfaltigkeit und Lust dieses Festes:* von G. im ›St. Rochus-Fest zu Bingen‹ geschildert. – *Correspondenz-Nachrichten:* Auszüge aus den inzwischen für G. angekommenen Briefen. – *an Schlosser:* nach Frankfurt.

564. Christiane, 1814 Aug. 25 (EBr. 1814, 340); Carol. Ulrichs Hand, nur die Worte »Leb wohl« bis »ich lebe« (S. 795) eigenhändig. – *der Herzog wieder erwartet:* seit Mitte Juli hatte man in Weimar die umfassendsten Vorbereitungen getroffen, Karl August würdig zu empfangen, er kehrte erst Sept. 1 zurück (vgl. G's Gedicht »Was haben wir nicht für Kränze gewunden!«). – *Der Geheime Hofrath:* Kirms. – *In unsrem Logis:* dem sogenannten Edelhof auf dem rechten Ufer der Ilm. – *Essen aus der*

Apotheke: vgl. zu S. 788. – *Gevatter gestanden:* Aug. 21, bei dem
Aug. 15 gebornen Sohn des Bürgers und Handarbeiters Nuß-
baum (Berkaer Kirchenbuch Band 6, S. 29); dieses Patenkind
Christianens wurde Holzhauer. – *Herr Organist:* Schütz, der
S. 799 genannte »Badekönig«, d. h. Badinspektor (vgl. H. G.
Gräf: Goethe in Berka an der Ilm, S. 30/42. – *Königin Oborea:*
(Arborea?) nicht nachweisbar.

565. Goethe, 1814 Aug. 29 (Br. 25, 25); eigenhändig. – *einen alten
Brief:* damit kann G's Brief an August vom selben Tage (auf den
Br. 25, 350 hingewiesen wird) kaum gemeint sein; vielleicht
bezieht sich auf ihn der Vermerk im Tgb.: »Brief Uli«. – *der
Freund:* Gerning? die Beziehung ist unbekannt. – *der Herzog:*
Tgb. Aug. 23: »Kam Geh. Secretär Vogel. Mit ihm nach Mainz
[nicht: Wiesbaden]. Mit Serenissimo bis tief in die Nacht.« –
Äbtissin von Stein: vgl. zu S. 790. – [S. 626.] *einen Dritten:* F.
v. Luck (Tgb.). – *Frau Brentano-Birkenstock:* vgl. G's Dankbrief
an sie von Aug. 28.

566. Goethe, 1814 Sept. 21 (Br. 25, 37); eigenhändig. – *Doctor
Melber:* er war der Hausarzt von G's Mutter gewesen; vgl. GJ.
1, 263/5. – *Mineraliensammlungen:* über das mineralogische Ka-
binett der Senckenbergischen Stiftung, das zur Zeit von Neuburg
(Tgb. Sept. 14) geordnet wurde, vgl. ›Kunst und Alterthum am
Rhein und Main‹, Abschnitt: Frankfurt (W. 34[1], 123). – *Schau-
spiel:* ›Das Dorf im Gebürge oder Die glückliche Rückkehr‹,
Schauspiel mit Gesang von Weigl, und ›Der Vetter aus Bremen‹
von Theodor Körner. – *auf die Mühle:* Gerbermühle, oberhalb
Frankfurts, Willemers Sommersitz; vgl. S. 798. – *Altdeutsche
Bilder:* Tgb.: »Roger von der Weyden, geb. 1480 † 1528. Burg-
mayr. Martin Schön und dem ähnlich Grünewald.« – *Prinz
Bernhard:* von Weimar. – *Fürst Reuß:* Heinrich XIII. von Reuß-
Greiz, in den Jahren 1813/5 Generalgouverneur von Frankfurt
am Main. – *Bei Madame Stock zu Mittag:* diese schrieb Okt. 2 an
Christiane hocherfreut über G's Anwesenheit in Frankfurt; »er
schenkte mir einige Stunden, ja er aß auch freundschaftlich mit
mir zu Mittag. Ihre Gesundheit, meine Beste, brachte ich aus,
und er freute sich herzlich mit uns, er eine so gute Frau und ich
eine so liebe Freundin zu haben« (EBr. 1814, 428). – ›Titus‹: die

Vorstellung fand auf G's Wunsch statt, ebenso am 19. die ›Braut von Messina‹ (vgl. Weimars Festgrüße zum 18. August 1899, S. 114 Anmerkung 15). – *Geschenk des Stammbuchs:* durch Antonia Brentano; vgl. deren das Stammbuch begleitenden Brief an G. von Sept. 18 (Weimars Festgrüße S. 115 Anmerkung 20) und G's Dankbriefchen vom selben Tage, sowie Rudolf Jung: Goethes Briefwechsel mit Antonie Brentano, S. 25. 27. Vgl. S. 799. – *einige Freunde:* Tgb. Sept. 18: »Du Fay. Guaita. Beide im Garten.« – *zu Willemer:* auf die Gerbermühle (Tgb.) – *Das letzte Mal:* d. h. am 15., vgl. S. 797.

567. Goethe, 1814 Sept. 22/3 (Br. 25, 40); eigenhändig. – *›Braut von Messina‹:* vgl. zu S. 797. – *verschiedne Visiten:* Tgb. Sept. 20: »Gräfin Coudenhofen. Engländerinnen an ihrer Statt. Herr Leers. Frau Städel.« – *Stammbuch:* vgl. zu S. 798. – *des Badekönigs:* Schütz in Berka, vgl. zu S. 794. Im übrigen vgl. S. 813. – *vor der Stadt:* »auf der Öde« (Tgb.). – *bei Du Fay:* Schwiegervater von J. F. H. Schlosser.

568. Christiane, 1814 Sept. 26 (EBr. 1814, 356); Carol. Ulrichs Hand, der Schluß von »So wie ich mich« an, außer dem Datum, eigenhändig. Gedruckt nur die Worte »Wolff ist ... Deiner Gewogenheit«: Weimars Festgrüße zum 28. August 1899, S. 116 Anmerkung 29. – *in größter Eile:* vgl. G's Rüge deshalb S. 812 oben. – *Deinem Brief:* Nr. 566. – *Das Theater:* es war Sept. 10 wieder eröffnet worden. – *Karl:* Stadelmann.

569. Goethe, 1814 Sept. 28 (Br. 25, 42); eigenhändig. Zur Datierung vgl. S. 811. – [S. 632]. *Betrachtung der alten Meisterwerke:* vgl. ›Kunst und Alterthum am Rhein und Main‹, Abschnitt: Heidelberg. – *Frau von Humboldt:* vgl. Gespräche 2, 276/7.

570. Goethe, 1814 Okt. 1 (Br. 25, 45); eigenhändig. – *Descamps:* ›Vie des peintres flamands, allemands et hollandais‹ (Paris 1753/63). – *vor allem Lucks:* vgl. S. 807.

571. Goethe, 1814 Okt. 6? (Br. 25, 48); eigenhändig. – *Fahrhäuschen:* vgl. zu S. 780. – *und wir gelangten ... Mannheim:* regelrechter Hexameter, Anspielung auf ›Hermann und Dorothea‹ Vers 24 des 3. Gesangs: »Und das freundliche Mannheim, das gleich und heiter gebaut ist.« – *die übrigen Gesellen:* die Brüder Boisserée und vielleicht Bertram. – *›Johann von Friedland‹:*

vielmehr ›Johann Herzog von Finnland‹. – *Zeichnungen des Cölner Doms:* sie erschienen in dem Werk ›Geschichte und Beschreibung des Doms von Cöln‹ (Stuttgart 1823/32). – *die Tochter:* Sophie Caroline; sie wurde 1818 A. W. Schlegels zweite Frau. – *Der Sohn:* August Wilhelm, zwölfjährig (er starb schon 1819), der »Schenke« des ›Westöstlichen Diwans‹ (vgl. Tgb. 1815 Sept. 20 und G. an S. Boisserée 1815 (Dez. 21). – *Thibauts kleine Schrift:* sie war vor kurzem in dessen ›Civilistischen Abhandlungen‹ erschienen. – *in Mannheim:* bei v. Lucks, in Erinnerung von Christianens Besuch im Jahre 1808; vgl. zu S. 566. – *des Erbprinzen:* Markgrafen von Baden? – *Diner ... im Karlsberg:* vgl. Voß S. 111 (Gespräche 2, 282). – *Kastanien:* mit diesen bevorzugten Früchten versahen auch Schlossers noch im Spätherbst das Goethe-Haus in Weimar (Brief von Maria Schlosser an Christiane, Nov. 10, EBr. 1814, 432).

572. Goethe, 1814 Okt. 10 (Br. 25, 53); eigenhändig. – *Professor Voß:* Heinrich, der älteste Sohn Voßens. – *Griesens Calderon:* diese Übersetzung von Calderóns Werken begann jetzt zu erscheinen; die in Band 1 enthaltene ›Zenobia‹ wurde in Weimar bereits 1815 Jan. 30 aufgeführt. – *der Frau Amtmann:* Sartorius, geb. Schmuck; sie war mit ihrem Vater, dem kurfürstlich pfälzischen Hofkammerrat und Domanialverwalter Johann Karl Schmuck, Miteigentümerin des Hauses, in dem auch die Brüder Boisserée wohnten. – ›*Wasserträger:* vgl. zu S. 479.

573. Goethe, 1814 Okt. 12 (Br. 25, 56); eigenhändig. – *Moller:* vgl. wegen dieses Besuchs und des neu aufgefundenen, 13 ½ Fuß großen »Original-Aufrisses« S. Boisserée an seinen Bruder, Okt. 10 (Sulpiz Boisserée 1, 226). – *Prinz Christian:* Bruder der Herzogin Luise von Weimar. – *der fünfte Brief:* danach müßte G. die drei Briefe Nr. 570/2 in fünf Stunden haben abgehen lassen; »fünfte« wird jedoch Irrtum sein statt »vierte«. – *euren Brief:* Nr. 568. – *Frau Geheimeräthin Willemer:* vgl. zu S. 790. – *pflegt ihn:* vgl. S. 800.

574. Goethe, 1814 Okt. 16 (Br. 25, 59); eigenhändig. – *Die Fräulein:* vgl. S. 799. – *die bevorstehenden Feierlichkeiten:* vgl. S. 816. – *wegen der Nationaltracht:* zu dieser Frage hatte Willemer sich öffentlich geäußert in seinem Schriftchen ›Ein Wort an Deutsch-

lands Frauen‹ und tat es nochmals in seinem Vorwort zu dem im Morgenblatt 1814 Dez. 2 anonym erschienenen Gedicht ›Gespräch zwischen Völkertracht und Mode‹ von Sophie Jassoy (vgl. T. Creizenach: Briefwechsel zwischen Goethe und Marianne von Willemer, 2. Aufl. S. 28/9. – *Karl:* Stadelmann. – *Calender-Tagebuch:* die bedauerliche Lücke geht von Sept. 23 bis Okt. 13. – *ist nach Wien:* J. F. H. Schlosser nahm als Vertreter der Stadt Frankfurt am Wiener Kongreß teil.

575. Goethe, 1814 Okt. 20 (Br. 25, 63); eigenhändig. – *die gute Mutter:* vgl. deren Brief an G., 1795 Aug. 24. – *Die Feierlichkeiten:* vgl. besonders S. Boisserée an Amalia v. Helvig, Okt. 23 (Sulpiz Boisserée 2, 227/8). – *Beilage.* Gedrucktes Folioblatt, auf dem G. zu § 10 und am Schluß das hier in Textgröße Gesetzte mit Bleistift hinzugefügt hat.

Zwischenbemerkung von Nr. 576. In Christianens Tagebuch, das von ihrer eigenen Hand Einträge nur unter Jan. 1/4 und 9 enthält, heißt es unter Jan. 9: »War ich sehr krank.« Vgl. Schillers Frau an Knebel, Febr. 8 (Briefe von Schillers Gattin an einen vertrauten Freund, S. 177, und Riemer an Frommann, undatiert (Ferdinand Heitmüller: Aus dem Goethehause, S. 226).

576. Goethe, 1815 März 4 (Br. 25, 218). – *Meyer:* Heinrich M.

577. Christiane, 1815 März 5 oder 6 (EBr. 1815, 111); geschrieben ist der Brief, mit Ausnahme des eigenhändigen Schlusses von »Weiter weiß ich« an, von Christianens Begleiterin Madame Kirsch (von G. und Christiane meist »Kirscht« geschrieben). Ich halte für wahrscheinlich, daß von den zahlreichen Vertreterinnen der Namen Kirsch und Kirscht in Weimar hier nur Johanna Christiane Sophia Kirsch in Frage kommt, Tochter des Pastors Johann Christian Müller zu Troistedt und Schoppendorf, die am 5. Mai 1800 den Weimarer Bürger und Besitzer des Kaffeehauses Johann Christian Wilhelm Kirsch (Sohn des Fürstl. Sächs. Hofsprachmeisters Johann Georg Kirsch) geheiratet hatte (TrP. der Hofkirche 1762/1800, 622). – *Knebel wird geschrieben haben:* März 3 hatte Knebel an G. gemeldet: die »wunderlich strenge Diät« der Weimarer Ärzte habe Christianen mitgenommen, die Jenaer Ärzte seien »milder«, und es sei kein Zweifel, daß das hypochondrische Wesen, das nur von Schöpfung herrühre, sich

bei einer »mäßigen, etwas geistigen Nahrung« verlieren werde (ungedruckt, EBr. 1815, 109).

578. Christiane, 1815 März 8 (EBr. 1815, 120); Frau Kirschs Hand, der Schluß von »Lebe wohl« an eigenhändig. – *Stark:* er schrieb an G., März 8: »Seit dem Hiersein ist es recht gut gegangen. Alle Functionen sind in der besten Ordnung, das Gemüth ist heiter. Ich habe fleißige Bewegung in freier Luft empfohlen, welches treulich befolgt wird. Um 11 Uhr wird spazieren gefahren. Nach Tische eine Stunde gegangen. Die Strenge der Diät habe ich in etwas vermindert, weil der Magen anfing zu leiden. Spuren von Lähmung oder Krampf haben sich gar nicht gezeigt. Das Wetter begünstigt den hiesigen Aufenthalt. Deßhalb habe ich, ich hoffe mit Ew. Excellenz Genehmigung, gerathen, so lange, als die Witterung gut und freundlich sein wird, den Aufenthalt zu verlängern, weil wirklich unsere gemischte Thal- und Bergluft den Nerven mehr zusagt als die Luft um Weimar« (EBr. 1815, 122); vgl. S. 828. – *bei Voigts:* dem (S. 824 genannten) Botaniker Friedrich Siegmund V., der eine Tochter der Frau v. Löwenich zur Frau hatte. – *Wagner:* der Hofgärtner in Jena (vgl. den Schluß von G's Brief an C. G. v. Voigt, März 10?). – *der Voigten:* der Mutter des eben genannten Botanikers.

579. Goethe, 1815 März 8 (Br. 25, 223). – *Katarrh:* Tgb. März 6: »Böser Katarrh.« – *Die Berliner:* Graf Brühl an G., Febr. 28 (Br. 25, 392), vgl. S. 827; ferner der Verleger Duncker an G., Febr. 28 (vgl. Tgb. März 6 und Gräf 3, 358). – *nicht an Hof gehen konnte:* vgl. G. an F. K. E. v. Haake, März 5. – *wird viel geschrieben:* Vorarbeiten für die Noten und Abhandlungen zum ›Diwan‹ und Korrespondenz, ›Des Epimenides Erwachen‹ betreffend. – *die Kupfer:* vgl. Tgb. März 1. – *Broccoli:* italienischer Sprossen- und Spargelkohl, eine Art Blumenkohl, dessen Bau die größte Sorgfalt erfordert. – *Unser Gärtner:* der Hofgärtner für den Park J. W. Grosse?

580. Christiane, 1815 März 8/10 (EBr. 1815, 125); Frau Kirschs Hand, der Schluß von »Es ist itzo« an eigenhändig. – *Voigts:* vgl. zu S. 823. – *Mineralischen Gesellschaft:* der von Lenz 1798 gegründeten Mineralogischen Societät, deren Präsident G. seit 1804 Okt. 22 war (vgl. W. 26, 362 Zeile 29); sie zählte »sowohl

in Deutschland, als in den übrigen europäischen Reichen, ja sogar in entfernten Welttheilen ansehnliche Mitglieder« (G's Aufsatz, ›Mineralogische Gesellschaft‹, Naturwissenschaftliche Schriften 13, 269). – *Karln:* Stadelmann.

581. Goethe, 1815 März 11 (Br. 25, 230); eigenhändig nur der Schluß von »Herzlich theilnehmend« an; mit Ausnahme des Datums. – *Meinen Katarrh:* vgl. zu S. 824; Tgb. März 11: »Nachmittag wegen Übelbefindens in das hintere Zimmer«, 12.: »Den Tag über in meiner Stube geblieben.« – *Montag nach Palmarum:* März 20 – *der Hoheit:* Maria Paulowna. – *Brief von . . . Brühl:* vgl. zu S. 825. – *hinzureimen müssen:* Strophe 3 des Schlußchors (Vers 971/8); vgl. G. an Brühl, März 12. – *sich einen Spaß zu machen:* durch das S. 828 Mitgeteilte. – *›Proserpina‹:* Exemplar des Textbuches für die Febr. 4. 6, März 6 stattgehabten Aufführungen: ›Proserpina. Melodram von Goethe, Musik von Eberwein. Weimar, zur Feyer des zweiten Februars 1815‹ (vgl. Gräf 6 95/6). – *An Voigt:* den zu S. 824 Genannten, nicht bekannt. – *Der Orient:* vgl. zu S. 824. – *Stark . . . Relation:* den zu S. 823 mitgeteilten Brief. – *das Nothwendigste:* das S. 826 gewünschte Geld.

582. Christiane, 1815 April 11 (EBr. 1815, 173); unbekannte Hand, der Schluß von »Nun lebe wohl« an eigenhändig. Gedruckt die Worte »Hier bin ich« bis »Goethe« Br. 25, 400.

583. Goethe, 1815 April 15 (Br. 25, 263); eigenhändig. – *bin fleißig:* Redaktion der ›Italienischen Reise‹; vgl. S. 833.

584. Goethe, 1815 Mai 24 (Br. 26, 1); eigenhändig. – *vieles auf das Papier gebracht:* wegen der jetzt entstandenen Diwan-Gedichte vgl. Gräf 8, 38.

585. Goethe, 1815 Mai 27 (Br. 26, 2); eigenhändig. – *das gewünschte Zimmer:* im ›Bären‹ (wie 1814, vgl. zu S. 789. – *18 Assessoren:* vgl. Gräf 8, 38/9.

586. Christiane, 1815 Ende Mai (EBr. 1815, 283); Kräuters Hand, der Schlußabsatz eigenhändig. – *Feier des Jubiläums:* am 30. feierten Karl Kirms und E. K. C. v. Schardt ihr fünfzigjähriges Dienstjubiläum, zu dem G. nachträglich Juni 11 das Gedicht »Frage nicht, durch welche Pforte« einsandte; vgl. Tgb. Mai 19, Juni 10/1, und G. an August, Juni 11, sowie unten S. 838. – *die Treutern:* Besitzerin des Nachbarhauses; vgl. S. 603.

587. Goethe, 1815 Mai 31/Juni 7 (Br. 26, 4); eigenhändig nur der
Schluß von »Mittwoch, den 7. Juni 1815« an; abgegangen Juni 8,
vgl. S. 837. – *von Frankfurt verschrieben:* Tgb. Mai 29: »[Brief an]
Weinhändler Cappes.« – *Luck ... schon besucht:* Mai 29 (Tgb.).
– *ausgelieferte:* mundartlich für: aus den Schoten herausgelöste.
– *frischen Adreßcalender:* das Mai 30 (Tgb.) angelegte Verzeichnis ›Des deutschen Divans mannigfaltige Glieder‹ (s. Gräf
8, 40. 9, 943 Tab. XVII). – *An Genast:* vgl. S. 832; G. schrieb an
ihn erst Juli 15 (vgl. G. an August, Juni 8 und Juli 11). –
Brentanos: Juni 6 (Tgb.). – *Beuthers Decorationen:* vgl. G. an
August, Juni 8, sowie Tgb. Juni 4. 6. 14 und ›Tag- und Jahres-
Hefte‹ 1815. Eine Ausstellung von Dekorationen Beuthers
wurde in Weimar 1816 veranstaltet (vgl. G. an C. G. v. Voigt,
1816 April 8). – *Karl:* Stadelmann.

588. Christiane, 1815 Juni 9 (EBr. 1815, 305); Frau Kirschs Hand,
der Schluß von »Mir gehet es« an eigenhändig. – *Brief aus
Wiesbaden:* Nr. 585. – *daß es unser Groß-Herzog war:* Karl
August kehrte vom Kongreß aus Wien zurück und traf am 8.
nachmittags in Weimar ein (FB.). Christianens Bericht über
diese Begegnung läßt sich aus ihrem Tagebuch vervollständi-
gen« »Er [Karl August] fragte gleich nach Dir. Ich war so
bestürzt, daß ich mich versprach und anstatt Wiesbaden Teplitz
sagte. Er half mir aber gleich, indem er sagte: er habe gehört, Du
seist am Rhein; da fiel es mir erst ein, daß ich mich versprochen
hatte.« – *ein wunderschöner Russe:* der russische Rittmeister
v. Tomson (FB.); in ihrem Tagebuch gesteht Christiane scherz-
haft: daß er »nicht wenig dazu beigetragen hat, meine Verwirrung zu vergrößern«. – *der Herr Graf:* Bolza, Besitzer des Gasthofs zum ›Goldenen Schild‹.

589. Goethe, 1815 Juni 17 (Br. 26, 16); der Schluß von »Und so
lebe« an eigenhändig. – *Dein Brief:* Nr. 588; er war 9 (nicht 10)
Tage unterwegs gewesen. – *Erzherzog Karl:* vgl. Tgb. Juni 11/3;
er hatte G'n sein 1814 in Wien erschienenes, dreibändiges Werk
›Grundzüge der Strategie, erläutert durch die Darstellung des
Feldzugs von 1796 in Deutschland‹ zur Lektüre gegeben. – *jener
Feierlichkeit ... ein Gedicht:* vgl. zu S. 832. – *Forstmann:* G's
Schulkamerad Kehr; wie hier nicht, so nannte G. seinen Namen

auch nicht gegen Boisserée und Cramer (vgl. Sulpiz Boisserée 1, 261). – *von Müllern:* dem Steinschneider in Karlsbad: vgl. S. 719, 840.

590. Christiane, 1815 Juni 19 (EBr. 1815, 308); Frau Kirschs Hand, der Schluß von »Daß Dir alles« an eigenhändig. – *Deinen lieben Brief:* Nr. 587. – *Madame Brede:* Karlsbader Kurliste 1815 Juni 15 Nr. 297; in Christianens Tagebuch unter Juni 16 genannt. Sie kam 1818 an das Weimarer Hoftheater, wo sie bis 1820 blieb (Pasqué 2, 284). – *Hofdame aus Prag:* Gräfin Buquoy, Gemahlin des Grafen Ludwig B. (Kurliste Juni 10 Nr. 221)? – *Madame Mayer:* vgl. zu S. 717. – *einige Prinzen:* Christianens Tagebuch nennt mehrmals die Prinzen Constantin und Paul von Württemberg; »er [Prinz Paul] ist eine schöne Figur und tanzt ganz allerliebst. Er hatte viel Geschmack in Ansehung der Tänzerinnen, er wählte sich immer die besten« (Juni 18). – *vom Grafen:* Bolza, vgl. zu S. 836. – *›Der Rehbock‹:* (oder Die schuldlosen Schuldbewußten), Lustspiel von Kotzebue, das Christiane vor ihrer Reise in Weimar Mai 22 oder 31 gesehen hatte; Lortzing: Pachter Grauschimmel, dessen Frau, geb. Elsermann: Baronin Freiling. Die Aufführung in Karlsbad hatte am 14. stattgefunden (Christianens Tagebuch).

591. Goethe, 1815 Juli 11 (Br. 26, 34); eigenhändig. Nach dem Tgb. Juli 12 abgegangen. – *zu rechter Zeit erhalten:* Tgb. Juni 26: »Brief von Karlsbad.« – *Karl:* der Diener Stadelmann; vgl. G. an August, Juli 5. – *auf dem Lande zugebracht:* Tgb. Juli 3: »auf der Nonnenmühle«, 6: »Fahrt auf den Nürnberger Hof«. – *Frau von Linker:* vgl. S. 847. – *Täßchen von Granit:* wegen dieser Streusandbüchse an G's geliebtem Urgestein, einem Geschenk Maria Paulownas, vgl. G. an J. H. Meyer, Juli 5, und die Bemerkung Rulands Br. 26, 362. – *Treuterischen Hauses:* vl. zu Nr. 587. – *Kammerjunker:* vgl. G. an August, Juli 5, an Karl August, Juli 20; August hatte G'n Juni 26 gemeldet, daß er das Dekret Juni 20 erhalten habe (Br. 26, 361). Vgl. S. 848. – *viel dictirt:* ›Italienische Reise‹. – *Georg:* Brentano, dessen Frau Mai 23 gestorben war. – *Franz:* Brentano. – *des errungenen Siegs:* in der Schlacht bei Waterloo, Juni 18 (vgl. Tgb. Juni 21/2). – *die unruhige* ... *Nachbarschaft:* vgl. zu S. 725. – *Schützens:* Stephan Sch. nebst Frau.

592. Christiane, 1815 Juli 19 (EBr. 1815, 349): Frau Kirschs Hand, der letzte Absatz eigenhändig. – *Karl:* vgl. zu S. 842. *Der Kutscher:* Dienemann. – *Orden vom Kaiser:* Kommandeurkreuz des österreichischen Leopold-Ordens; G. erhielt die Nachricht durch v. Hügel an dem Tage, wo Christiane diesen Brief schrieb, vgl. Tgb. Juli 19, sowie G an August und an den Großherzog Karl August, Juli 20, an Metternich, Aug. 4, und Chronik des Wiener Goethe-Vereins, 12, 31. Christianens Tagebuch, Juli 18: »Wie groß war meine Freude, als mir Madame Mayer erzählte, daß sie in [der] Zeitung gelesen: der Herr Geheimde Rath habe von dem österreichischen Kaiser einen Orden bekommen. Sie gab mir sogleich das Zeitungs-Blatt, wo es darinne stand; ich schnitt die Stelle heraus, und da ich meinem Mann schrieb, so wollte ich es mitschicken. Ich träumte mir, ich sei die Erste, von der er es erfahren sollte. Wahrscheinlich weiß er es aber, ehe er meinen Brief bekommt. Es sei! ich will den Gedanken festhalten und den Tag so heiter beschließen, als er angefangen hat.« – *August Kammer-Junker:* vgl. zu S. 842. – *das Nähere ... im Tagebuche:* daselbst unter Juli 17: »Ich war diesen Mittag zur Frau von Recke gebeten, wo es mir sehr wohl gefallen hat; es war da die Schopenhauer, ein preußischer Minister [die hier folgende Lücke für den Namen ist entweder durch: v. Voß, oder: v. Schuckmann auszufüllen, die beide gleichzeitig in Karlsbad waren, Kurliste Juli 5 Nr. 640, Juli 11 Nr. 802], ein Graf aus Prag [folgt Lücke für den Namen, wahrscheinlich: Buquoy], ein Doctor aus Tirol [folgt Lücke für den Namen], Tiedge und Frau von Recke. Es ist weiter keine Gesundheit getrunken worden als meinem Manne seine. Und das Essen war gut.« – *Ehlers ist hier:* Christianens Tagebuch, Juli 15: »Wir waren kaum nach Hause, als sich ein Herr Ehlers bei mir melden ließ. Ich wußte nicht, ob ich meinen Augen trauen sollte, als er schon zu uns ins Zimmer stürzte, es war Ehlers, der bei uns in Weimar war. Ich freute mich sehr, er war ganz außer sich vor Freude. Er sagt, er habe sehr gehofft, den Herrn Geheimde Rath hier zu sehen. Er ist recht dick geworden, und er kommt mir auch größer vor. Er ist noch ganz entzückt, wenn er von Weimar spricht; wir haben ein paar Stunden recht angenehm verplaudert.« Über das Konzert,

das im Böhmischen Saal abgehalten wurde, heißt es in Christianens Tagebuch, Juli 19: »Ehlers hat ganz vortrefflich gesungen; auch die Heygendorf hat eine schöne Arie gesungen. Sie haben beide viel Beifall erhalten. Es waren über 400 [kann auch 900 heißen sollen] Menschen da; es war mir lieb, daß er so eine gute Einnahme hatte.« Am 20. vermerkt Christiane im Tagebuch: »Ohngefähr um 11 Uhr kam Ehlers bei uns, um uns zu sagen, daß er heute Abend 6 Uhr nach Prag reise; er habe einen Brief bekommen, er müsse den Sonntag spielen. Und brachte die Guitarre mit, weil er mir versprochen hatte, noch etwas vorzuspielen. Er erfreute uns mit ein paar schönen Liedern; besonders war ein Abschieds-Lied dabei, das konnte er ohne Rührung nicht weiter singen. Und so lief er fort. Mir ging es auch nahe; ich war froh, daß er ging, er ist doch ein guter Mensch!« − *Christian:* Schlosser.

593. Goethe, 1815 Aug. 30 (Br. 26, 70); eigenhändig; im Tgb. unterm 31. als abgegangen vermerkt. − *Deine Ankunft:* sie war Juli 31 erfolgt. − *Geburtstagsfeier:* vgl. zu Nr. 37. − *Herzog und Herzogin von Cumberland:* vgl. die beiden Vierzeiler G's »Wohl erleuchtet, glühend milde« und »Doch am Morgen ward es klar«, und Chronik des Wiener Goethe-Vereins Band 14. Nr. 9 (Festgabe zur Enthüllung des Wiener Goethedenkmals) S. 21/4, sowie Gräf 8, 643 Nr. 2819. − *Enkelin der Tante Melber:* Tgb. Aug. 21: »Hochzeit des Baumeisters Heß und Demoiselle [Neuburg]«; vgl. Sulpiz Boisserée 1, 271. − *Grambs' Cabinet: Tgb. Aug. 22: »Zu Grambs. Blumenzeichnungen. Rembrandtische Sammlung.«* − *mehrere Freunde:* Tgb. Aug. 25: »Savigny und Frau. Guaita und Frau«, 27: »Mittag Scharf und Frau, auch Frau Städel.« − *Den 28.:* über die Geburtstagsfeier vgl. Gespräche 2, 328/30.

594. Christiane, 1815 Sept. 5 (EBr. 1815, 416); Kräuters Hand, der letzte Absatz eigenhändig. − *Frau von Linker:* vgl. S. 842. − *August in seinem neuen Stande:* vgl. zu S. 842. − *diesen Brief:* von Aug. 28, Glückwünsche zum Geburtstag enthaltend, ohne Erwähnung Christianens (EBr. 1815, 418); vgl. S. 849 f.).

595. Goethe, 1815 Sept. 12 (Br. 26, 78); eigenhändig. − *Von Dir wieder ein Wort:* Tgb. Sept. 10: »Brief von Weimar.« − *Fritz Stein:*

vgl. zu S. 848. – *bis er zurückkehrt:* aus Baden-Baden. – *ein Kästchen:* Tgb. Sept. 15: »Kistchen nach Weimar.« – *mancherlei habe ich vorgearbeitet:* insbesondere den Aufsatz ›Kunst und Alterthum am Rhein und Main‹ betreffend; vgl. S. 853 f.

596. Christiane, 1815 (Sept. 14 (EBr. 1815, 439); Kräuters Hand, vom Schlußsatz an (außer dem Datum) eigenhändig. – *Frau von Heygendorf:* vgl. S. 853. – *Adelheid:* nicht ermittelt. – *Judenkrämchen:* vgl. zu S. 57.

597. Goethe, 1815 Sept. 18 (Br. 26, 82); eigenhändig. – *nach Heidelberg:* Sept. 18/9 blieb G. in Darmstadt.

598. Goethe, 1815 Sept. 26/7 (Br. 26, 86); eigenhändig. – *Das Krämchen:* vgl. zu S. 849. – *Künstler und gute Leute:* Tgb. Sept. 19: »Bei Moller. Primavesi Abends. Münzmeister Fehr. Oberforstrath Becker. Söhne des Geh. Cabinet-Secretärs Schleiermacher.« – *Die Freunde:* Tgb. Sept. 20: »Zu Reitzenstein. Thibaut. Voß.« – *Brief von Frau von Heygendorf:* von Sept. 23 (EBr. 1815, 434); vgl. S. 851. – *Russen mit Einem Arm:* Gerhardt v. Reutern; er war im April 1814 in Weimar gewesen (vgl. FB. April 10). – *von Bülow:* vgl. S. 231. – *nur aus Verzweiflung:* Kieser hatte auch zu denen gehört, über die Luise Seidler an Pauline Gotter 1813 Juni 22 schrieb: »Mademoiselle Ulrich macht täglich neue Unglückliche; wie viele Herzen hat sie nun geraubt, und immer bleibt sie kalt! Sie ist jetzt aber auch wieder sehr hübsch« (Im neuen Reich 1875 Nr. 19 S. 731). – *Das Kästchen:* vgl. zu S. 850. – *die berühmte Vase:* vgl. G. an August, 1814 Aug. 29. – *der Großherzog:* er kam Sept. 28 nach Heidelberg, blieb am 29. daselbst und reiste am 30. nach Mannheim, begleitet von G., der Okt. 1 nach Heidelberg zurückkehrte (Tgb.).

599. Christiane, 1816 Mai 15 (EBr. 1816, 178); Frankes Hand, letzte Zeile eigenhändig. – *der Zauberlehrling:* auch August braucht gelegentlich für großes Reinmachen im Hause diesen G's Ballade entnommenen Vergleich (Brief an G., 1814 Dez. 10, EBr. 1814, 463). – *neue Schauspieler:* Hölken, Mitglied des Hoftheaters in Darmstadt, war Mai 13 als Gast in der (sonst von Lortzing gegebenen) Rolle des Karl Baum in Vogels Schauspiel ›Reue und Ersatz‹ aufgetreten.

600. Christiane, 1816 Mai 18 (EBr. 1816, 185); Kräuters Hand, letzte Zeile eigenhändig.

601. Christiane, 1816 Mai 22 (EBr. 1816, 191, auf der 4. Seite von Augusts Brief an G. vom selben Tage); Kräuters Hand, nur die Namensunterschrift eigenhändig. – *wegen des Aderlasses:* dieser war erst Mai 19 vorgenommen und danach eine spanische Fliege gelegt worden (Christianens Tagebuch).

Zur Schlußbemerkung: Tgb. Juni 6: »Meine Frau um 12 Uhr Nachts ins Leichenhaus«; 8: »Meine Frau früh um 4 Uhr begraben. . . . Um 3 Uhr Collecte meiner Frau von Vogt gehalten. Der Eintrag im TB. 1816, 64 lautet: »Die Hochwohlgeb. Frau, Frau Johanna Christiana Sophia von Göthe geb. Vulpius, Sr. Excellenz, des Herrn Johann Wolfgang von Göthe Großherzogl. S. Weimar, wirkl. Geheimen Raths Ehegattin starb Donnerstags, den 6. Juni Mittags halb 12 Uhr, 51 Jahr 5 Tage alt, am Blutschlag, und wurde Sonnabends, den 8. ej. früh 4 Uhr Standesmäßig vom Leichenhause, und zwar mit Gesang des Chores mit der Ganzen Schule erster Classe beerdiget, der gewöhnliche Leichen-Sermon oder Nachmittags 3 Uhr von dem Herrn General-Superintendenten Vogt in der Stadtkirche gehalten.«

*   *

*

Bildnachweis

Die Originale der Abbildungen, die in der vorliegenden Ausgabe
von Goethes Briefwechsel mit seiner Frau (wie auch schon in den
früheren Ausgaben) reproduziert wurden, befinden sich im Goe-
the- und Schiller-Archiv der Stiftung Weimarer Klassik in Weimar;
das Original der Abbildung 2 wird im Freien Deutschen Hochstift,
Goethemuseum Frankfurt am Main aufbewahrt.

1. Christiane Vulpius. Federzeichnung von Goethe, um 1789
2. Christianes Handschrift. Aus dem Brief Nr. 98: 21. und 22.
   Februar 1797
3. Christiane, im Gartenhäuschen am Park eingeschlafen. Bleistiftzeichnung von Goethe, 1789
4. Der 42jährige Goethe. Kreidezeichnung von Johann Heinrich
   Lips, 1791
5. Christiane im Jägerhaus in Weimar. Zeichnung von Johann
   Heinrich Lips, 1791
6. Christiane und ihr dreijähriger Sohn August, 1792. Gemälde in
   Wasserfarben von Heinrich Meyer
7. Christiane und der vierjährige August. 1793. Radierung von
   K. W. Lieber (1821) nach einer Federzeichnung von Goethe
8. Blick auf die Kirche von Ober-Roßla nach einer Fotografie von
   Johann Gräf
9. u. 10. sowie Umschlag- und Kassettenmotiv. Goethe und Christiane, 1800. Als Gegenstücke ausgeführte Kreidezeichnungen
   von Friedrich Bury
11. Goethe, 1806. Ölgemälde von Ferdinand Jagemann
12. Christiane, 1807. Ölgemälde von Caroline Bardua
13. Christiane, 1811. Miniaturgemälde von Joseph Raabe
14. Christiane, um 1812. Büste von K. G. Weißer
15. August von Goethe, o. J. Zeichnung von Julia Gräfin Egloffstein
16. Christianes Grabstätte auf dem Friedhof der Sankt-Jakobs-
    kirche in Weimar. Nach einem Foto von Louis Held, Weimar

Nachbemerkung zu dieser Ausgabe
von Karl Eibl

Bonadea, die anspruchsvolle Nymphomanin in Musils ›Mann ohne Eigenschaften‹, ist in die strenge Liebesschule der Ermelinda Tuzzi gegangen und erzählt Ulrich nun von ihren neuen Erkenntnissen: Eine Frau von Stein habe es da in Goethes Leben gegeben und noch eine ›andere‹, eine »Vulp – – na, wie heißt sie doch: sie hat so einen halb unanständigen Namen?« Jedenfalls weiß Bonadea, daß dies »die bekannte Sexualpartnerin des alternden Olympiers« war. Das Verhältnis Goethes zu den beiden Frauen gilt in ihrem Kreis als Beleg dafür, »daß die geistig höchststehenden Männer leider nur bei minderwertigen Frauen ihre volle Befriedigung zu finden scheinen, während sie bei seelisch gleichgestellten Frauen versagen.« – Dieses Stereotyp dürfte noch heute das gängigste Deutungsmuster für Goethes Ehe sein, obwohl es für eine Lebensgemeinschaft von mehr als einem Vierteljahrhundert sicherlich unangemessen ist. Goethes Ehe war ein Ärgernis für die Zeitgenossen, und sie blieb auch für spätere Zeiten ein Ärgernis, das man durch derartige Schablonen zu beseitigen suchte. Immer wieder griff man auf Riemers Deutung der Heirat im Jahr 1806 zurück, die dieser wohl schon in der Absicht angeboten hatte, das Ärgernis plausibel zu machen: Goethe habe Christiane aus Dankbarkeit dafür geheiratet, daß sie ihm bei der Besetzung Weimars das Leben gerettet hatte. Und in neueren, ›aufgeklärten‹ Zeiten wird mit besonderem Eifer der Frau Rätin Wort vom »Bettschatz« wiederholt. Noch Richard Friedenthal meint in seiner Goethe-Biographie, es sei »nicht einmal sicher, ob sie ihn auf dem gemeinsamen Lager je anders als mit Sie angesprochen hat«.

Ein Blick in Christianes Briefe hätte solche Unsicherheit beseitigen können. Sie wurden erstmals 1916 von Hans Gerhard Gräf unter dem Titel »Goethes Briefwechsel mit seiner Frau« herausgegeben. Schon 1917 wurde eine zweite Auflage notwendig. Eine

dritte erschien 1921, nun unter dem Titel »Goethes Ehe in Briefen«
– und im Textbestand auf weniger als die Hälfte gekürzt. Unglück-
licherweise wurde der Titel dieser Auswahl auch für die Ausgabe
von 1937 verwendet, die nun wieder den gesamten Textbestand
brachte, so daß der Titel »Goethes Ehe in Briefen« nun sowohl die
Gesamtausgabe wie die gekürzte Ausgabe bezeichnete. 1956 erschien die gekürzte Ausgabe noch einmal im Leipziger Insel-
Verlag.

Die vorliegende Ausgabe folgt der Gesamtausgabe von 1937
(Goethes Ehe in Briefen. Herausgegeben von Hans Gerhard Gräf.
Rütten & Loening Verlag, Potsdam). Sie erschien 1989 in zwei
Bänden im Insel Verlag Frankfurt am Main als insel taschenbuch
1100 unter dem Titel »Goethes Briefwechsel mit seiner Frau«.

Gräfs erste Ausgabe des Briefwechsels blieb nicht ohne Widerspruch. Als »taktloses Entkleiden, Herumschnüffeln im Unterzeug,
Kammerdienerdienstfertigkeit« (Karl Scheffler) wurde sie abqua-
lifiziert. Solche Einwürfe sind nicht ganz unbegründet. Voyeuris-
mus und jenes Ressentiment, das dem Genie etwas anzuhängen
wünscht, finden hier mancherlei Nahrung. Der Gutwillige jedoch
wird eher die konkrete Humanität wahrnehmen, mit der dieses
ungleiche Paar seine problemreiche Partnerschaft zu gestalten
suchte. Und er wird eingeführt in die praktische Dimension einer
grundlegenden Denkform Goethes; denn wahrscheinlich ist diese
Ehe zutiefst mit Goethes Begriff des ›Symbolischen‹ verknüpft, der
es ihm ermöglichte, in der kontingenten Hülle dieser ›ungebilde-
ten Person‹ immer auch den Menschen im vollen Sinne der Idee
wahrzunehmen, zu respektieren und zu lieben. Gräf zitiert am
Ende seiner Einführung zwei »Zahme Xenien«, die der verstorbenen Christiane gelten (»Gott hab ich und die Kleine . . .«); aber er
bricht zu früh ab. Es folgen in der Reihe noch zwei weitere:

> »Sie betrog dich geraume Zeit,
> Nun siehst du wohl sie war ein Schein.«
> Was weißt du denn von Wirklichkeit;
> War sie drum weniger mein?

>Betrogen bist du zum Erbarmen
Nun läßt sie dich allein!«
Und war es nur ein Schein:
Sie lag in meinen Armen,
War sie drum weniger mein?

Mag sein, daß Gräf die Gedichte deshalb nicht mitzitiert hat, weil
er damals ein allzu vordergründiges Mißverständnis der Rede vom
>Betrug< im Sinne böswilliger Weimarer Klatschtradition befürch-
ten mußte. Tatsächlich aber weisen diese Verse Christiane einen Ort
in der Nachbarschaft des >wahren Scheins< und des Entschwindens
der Helena-Figur des »Faust II« zu und lassen etwas von der Tie-
fendimension dieser Beziehung ahnen.

Goethe selbst hat die in den vorliegenden Briefen dokumentierte
Seite seines Lebens nicht verleugnet. Er hat die Briefe für die
Nachwelt aufbewahrt, als er in den letzten Jahren seines Lebens
seinen Nachlaß ordnete. Er hat sie, als hätte er selbst schon mit
ihrer Publikation gerechnet, sogar >gereinigt<: Aus den Jahren 1804
bis 1809 sind keine Briefe Christianes überliefert. Wir wissen aus
Zeugnissen der Zeitgenossen, etwa Riemers (und indirekt natürlich auch aus den »Wahlverwandtschaften«), daß diese krisenhaf-
ten Jahre des Übergangs ins Alter auch Jahre einer Ehekrise waren.

Einen Überblick über die Literatur zu Goethe und Christiane
gibt Deborah Vietor-Engländer, »Der Wandel des Christiane-Bil-
des 1916-1982«, in: Goethe-Jahrbuch 102 (1985), S. 280-284. Ihr
Befund ist nicht sehr erfreulich. Allzuviel phantasievolle Betulich-
keit hat sich auf diesem Feld breitgemacht. Erwähnenswert ist nur
»Christiane. Lebenskunst und Menschlichkeit in Goethes Ehe« von
Wolfgang Vulpius, einem Nachfahren von Christianes Bruder Christian August (drei Auflagen, Weimar 1949, 1953 und 1964). – Im
vorliegenden Band wurde auch Gräfs Einführung beibehalten. Gerade die leichte Patina, die für heutigen Geschmack gelegentlich
über dem Stil liegt, kann bewußtmachen, daß unsere Deutungen
einer Beziehung wie der zwischen Goethe und seiner Frau immer
mit zeitbedingten Unzulänglichkeiten behaftet sind und daß es
notwendig ist, in der Wahrnehmung der Zeugnisse selbst das Stück
Leben aufzuhaschen, das sie dokumentieren.

Namenverzeichnis

Brecht, Handelsmann in Weimar 160 f.

Brede, Madame, Schauspielerin, 1818/20 in Weimar 841

Breitenbauch, Dorothea Elis. Wilh. v., geb. v. Oldershausen, seit 1798 Frau des Folgenden 227

–, Heinr. Ferd. v., auf Bucha, Hofjunker, Offizier in Weimar 227

–, Spielkamerad Augusts 378

Bremen 563, 593

Brentano, Antonia Jos., geb. Edle v. Birkenstock, seit 1798 Frau von Franz B. (1780/1869) 791, 795, 798, 813 f., 816, 834, 837, 843

–, Bettina – s. Arnim

–, Clemens Wencesl. Mar. (1778/1842) 587

–, Franz Domin. Mar. Jos. (1765/1844) 791, 795-798, 816, 834, 837, 843

–, Georg Mich. Ant. Jos., Handelsmann in Frankfurt a. M. 798, 843

–, Gunda – s. Savigny

–, Maria, geb. Schröder, seit 1803 Frau von Georg B. (gest. 1815) 843

–, Meline – s. Guaita

Breslau 432, 436, 450, 758

Bretzner, Christoph Friedr., Kaufmann, Bühnenschriftsteller (1748/1807): Arg-

wöhnische Liebhaber 449. – Räuschchen 656

Brizzi, Antonio, Opernsänger (geb. 1774) 677

Brömel, Wilh. Heinr. (1754/1808): Wie machen sie es in der Komödie? 278

Brönner, Heinr. Karl Remig., Buchhändler in Frankfurt a. M. 503

Brösigke, Ulrike v., geb. v. Löwenklau 503

Brown, John, schott. Arzt (1735/88) 381

Brühl, Christine (Tina), Gräfin v., geb. v. Schleierweber u. Friedenau, Mutter des Folgenden (1756/1816) 750 (?)

–, Karl Friedr. Mor. Paul, Graf v., seit 1815 Theaterintendant in Berlin (1772/1837) 824, 827

Brunnquell, Daniel Wilh., Wegebaukommissar in Weimar 335 f., 794

–, Karl Paul Emil Theod., Spielkamerad Augusts, später Landesdirektionssekretär in Weimar (1790/1835) 401

Buchholtz, Franz Ferd. v., Beamter des österr. General-Gouvernements in Frankfurt a. M. 812

Bucholz, Friedr. Emanuel, Diener bei der Hofkapelle in Weimar 630

Fehr, Münzmeister in Darmstadt 852

Feilitzsch, Baronin v., geb. v. Schönberg, Frau des Kommandanten Baron Wilh. v. F. in Dresden 691, 694

Feldberg im Taunus 819

Fernow, Karl Ludw. (1763/1808) 466, 475, 530, 532, 534, 536

Feuerstein, Handelsmann in Weimar 619, 622, 631, 643

Fiedler, Joh. Jak. Wilh., Apotheker in Berka a. d. J. 795

Finnland, Johann, Herzog v. 807

Firks, v. 423, 435, 451, 457

Fischer, Joh. Friedr., Landwirt, bis 1798 in Oberweimar, 1798/1801 Pächter des Gutes Ober-Roßla 216 f., 221, 227 f., 230 ff., 240 f., 243, 248 f., 255, 256 (?), 260 (?), 292, 314, 349 f., 353, 420, 907

–, dessen Bruder 248 (?), 256 (?), 283

–, dessen Schwester – s. Slevogt

–, dessen Frau 221, 228, 230, 238, 241, 243 f., 248, 255, 292, 349

Fischern, Dorf bei Karlsbad 691

Flies, Eleonore v., geb. v. Eskeles 691, 693 f., 697

Florenz 132, 150, 263, 812

Fouqué (Fouquet?), v. 191

Fouquet, Graf v., in Weimar 191 (?), 239, 301

–, dessen Frau 239

Franckenberg, Friederike v., geb. v. Rüxleben, Frau des Folgenden (1746/1832) 783

–, Sylv. Friedr. Ludw. v., Staatsmann in Gotha, auf Siebleben (1728/1815) 783

Franke, Joh. Mich. Bernh., Bibliothekschreiber in Weimar (1779/1837) 857

–, Hauswirt Christianens in Lauchstädt 382

Franken 213, 853

Frankfurt am Main 58 f., 63, 65 f., 69, 71, 73 f., 90 ff., 108, 160, 179 f., 182 f., 185 f., 188, 190 f., 193, 197, 200 ff., 204 f., 208, 210 f., 213 f., 250, 262, 319, 345, 476, 486 ff., 508, 510 ff, 538, 556-562, 564-567, 604 f., 623, 718, 763, 784 f., 788, 796-800, 810-820, 828, 831 ff., 837 f., 842 f., 845 f., 848-853, 928. – Affentor 819; Allerheiligen-Tor 819; Bockenheimer Gasse 558; Bockenheimer Tor 785, 813, 819; Braunfels 797; Brönnerscher Laden 813; Bürgerrecht G.s 560, 562, 565; Dom 819; Einigkeitsbrunnen 819; Eschenheimer Tor 785; Fahrtor 813; Forsthaus

Johann Wolfgang Goethe
im Insel Verlag

Werke in sechs Bänden. Jubiläumsausgabe. Herausgegeben von Friedmar Apel, Hendrik Birus, Dieter Borchmeyer, Jans-Georg Dewitz, Wolf von Engelhardt, Stefan Greif, Herbert Jaumann, Andrea Ruhlig, Albrecht Schöne, Wilhelm Voßkamp, Manfred Wenzel und Waltraud Wiethölter. Redaktion: Hans-Georg Dewitz. Leinen

Der junge Goethe in seiner Zeit. Texte und Kontexte. Sämtliche Werke, Briefe, Tagebücher und Schriften bis 1775. Bilder, Handschriften, Zeugnisse und Werke der Zeitgenossen. Bildungsmuster der Epoche. Kommentare, Chronik, Register. In zwei Bänden und einer CD-ROM. Herausgegeben von Karl Eibl, Fotis Jannidis und Marianne Willems. Leinen

Einzelausgaben

Alle Freuden, die unendlichen. Liebesgedichte und Interpretationen. Herausgegeben von Marcel Reich-Ranicki. IB 1028

Dichtung und Wahrheit. Mit zeitgenössischen Illustrationen, ausgewählt von Jörn Göres. 2 Bde. Leder

Dichtung und Wahrheit. 3 Bde. in Kassette. Mit Bildmaterial. it 149-151

Dichtung und Wahrheit. Herausgegeben von Jörn Göres. Mit zeitgenössischen Illustrationen. In einem Band. it 2288

Elegie von Marienbad. Faksimile einer Urhandschrift. September 1823. Mit einem Kommentarband. Herausgegeben von Christoph Michel und Jürgen Behrens. Mit einem Geleitwort von Arthur Henkel. Leder

Erotische Gedichte. Gedichte, Skizzen und Fragmente. Herausgegeben von Andreas Ammer. it 1225

Faust. Gesamtausgabe. Leinen und Leder

Faust. Erster und zweiter Teil. Herausgegeben und mit einem Nachwort versehen von Jörn Göres. it 2283

Faust. Erster Teil. Nachwort von Jörn Göres. Illustrationen von Eugène Delacroix. it 50

Faust. Zweiter Teil. Mit Federzeichnungen von Max Beckmann. Mit einem Nachwort zum Text von Jörn Göres und zu den Zeichnungen von Friedhelm Fischer. it 100

Faust. Zweiter Teil. Faksimile der Erstausgabe. Leder

Urfaust. Faust. Ein Fragment. Faust. Eine Tragödie. Paralleldruck der drei Fassungen. 2 Bde. in Kassette. Herausgegeben von Werner Keller. it 625

Gedichte. Sämtliche Gedichte in zeitlicher Folge. Herausgegeben von Heinz Nicolai. it 1400 und it 2281

54/1/5.98

Johann Wolfgang Goethe
im Insel Verlag

54/2/5.98

Johann Wolfgang Goethe
im Insel Verlag